Découvrez l'histoire par les archives de presse

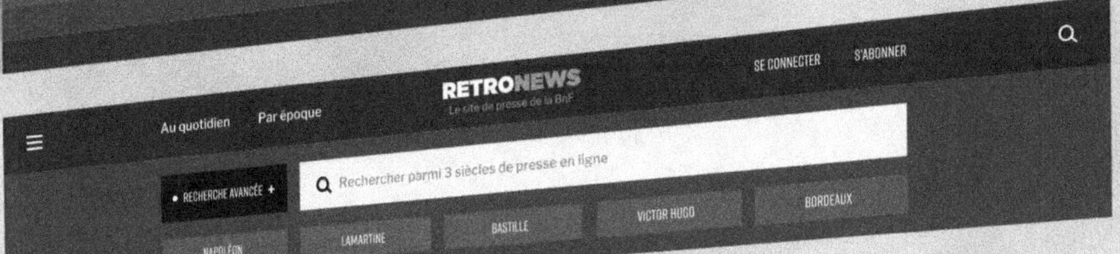

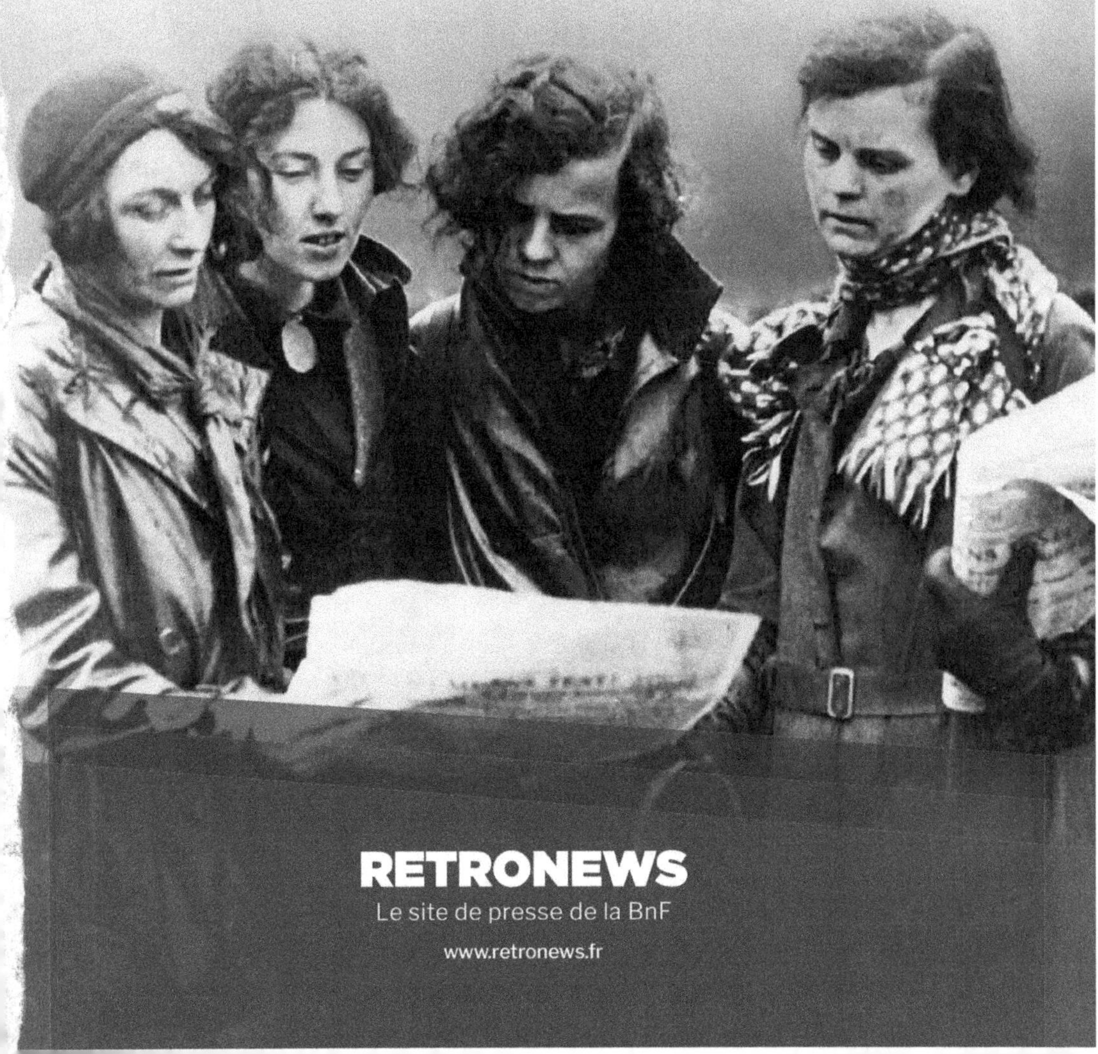

COLLECTION

DU JOURNAL

LA LUMIÈRE.

N°

COLLECTION

DU JOURNAL

LA LUMIÈRE

BEAUX-ARTS. — HÉLIOGRAPHIE. — SCIENCES.

FONDÉ ET DIRIGÉ

PAR M. B. R. DE MONFORT,

FONDATEUR DE LA SOCIÉTÉ HÉLIOGRAPHIQUE DE PARIS.

PREMIÈRE ANNÉE. — 1851.

AVEC

UNE TABLE GÉNÉRALE DES MATIÈRES

Prix, 15 fr., broché, et 18 fr. relié.

PARIS, RUE DE L'ARCADE, 15.

TYPOGRAPHIE
DE HENNUYER, RUE LEMERCIER, 24.
Batignolles.

—

.1851

TABLE DES MATIÈRES.

TABLE DES MATIÈRES.

N° 1.

LA LUMIÈRE

9 FÉVRIER 1851.

JOURNAL NON POLITIQUE,

PARAISSANT TOUS LES HUIT JOURS.

BEAUX-ARTS — HÉLIOGRAPHIE — SCIENCES.

BUREAUX, N° 15, RUE DE L'ARCADE, A LA SOCIÉTÉ HÉLIOGRAPHIQUE.

PARIS.— PRIX : UN AN, 16 F.; 6 MOIS, 10 F.; 3 MOIS, 6 F.— DÉPARTEMENTS, UN AN 18 F.; 6 MOIS, 11 F.; 3 MOIS, 7 F.— ÉTRANGER, UN AN, 20 F.; 6 MOIS, 12 F.; 3 MOIS, 8 F.— CHAQUE N° 50 CENT.

SOMMAIRE

BUT DU JOURNAL *LA LUMIÈRE.*

Parmi les hommes du monde, il en est peu qui n'aient un désir ardent de connaître ce que les sciences, les beaux-arts, les découvertes apportent jour par jour de trésors au centre de la civilisation. Il n'est pas une ville, pas un bourg de nos départements où il ne se rencontre une société, un homme voué au culte des arts, à qui rien de ce qui est science et progrès n'est étranger. Cet homme possède un laboratoire, un atelier. Il essaye, il vérifie, souvent même il découvre, il produit et contribue ainsi pour sa part à l'œuvre de l'agrandissement continu des richesses intellectuelles. On le consulte, il est prêt; par nous, il sera prêt à répondre. C'est à l'homme du monde des capitales, c'est aux sociétés savantes des villes, c'est à l'artiste solitaire de nos départements, que s'adresse ce journal. La Lumière sera fidèle à son titre. Aucune influence ne nous détournera de la voie dans laquelle, dès aujourd'hui, nous entrons sans emphase et sans prospectus. Nous blâmerons ce qui nous paraîtra blâmable; mais, avant tout, notre tâche sera d'examiner ce qui est bon, beau, intéressant et nouveau. Étrangers à la politique, nous en consolerons les victimes. Dans nos colonnes, la littérature n'aura d'autre place que son influence sur la perfection de notre rédaction, surtout en ce qui concerne les beaux-arts, au sujet desquels notre invincible devise sera :

Rien n'est beau que le vrai; mais il faut le choisir.

Dans chacune des nombreuses Sociétés savantes de Paris et de Londres, nous aurons un ami dévoué, une sentinelle qui veillera pour que rien d'utile, de nouveau, de curieux ne survienne, sans qu'aussitôt nous n'en soyons informés et mis en mesure de rendre un service. Nos rédacteurs sont des savants; ils écrivent, non pour les savants, mais pour tout le monde. Les obscurités de la science leur sont familières; ses formules ne s'offrent au public, la plupart du temps, que comme les signes d'une langue étrangère, nous saurons leur donner de lucides traductions.

L'héliographie, cette science nouvelle qui comprend le daguerréotype ou dessin par les procédés perfectionnés de M. Daguerre (sur plaques métalliques), et la photographie ou dessin par la lumière (sur papier), l'héliographie occupe la place la plus importante de notre feuille. Voué aux intérêts de la SOCIÉTÉ HÉLIOGRAPHIQUE, le journal la LUMIÈRE s'appuiera des avis bienveillants, se fortifiera du contact des intelligences considérables qui composent cette Société. L'héliographie occupe aujourd'hui une place incontestable entre les beaux-arts et la science. Elle participe des beaux-arts par l'imitation de la nature, *l'imitation intelligente de la nature choisie*, elle participe de la science dans ses rapports avec la chimie et la physique.

Il n'existe pas en Europe un opticien spécial pour l'héliographie. Nous aurons un rédacteur spécial pour l'optique; nous dirons les travaux, les découvertes des hommes les plus actifs en ce genre. Les opticiens de Paris, de Londres, de l'Allemagne; les fabriques de glaces, de flint et de crown glass; la théorie de l'objectif, encore aujourd'hui incertaine, celle des foyers et des chambres obscures seront autant de sujets traités suivant le haut intérêt qu'ils inspirent.

Il manque un chimiste spécial pour l'héliographie, nous aurons un rédacteur spécial pour la chimie; il traitera des diverses fabriques de produits chimiques et de leurs différences essentielles, selon les localités. Les matières premières seront étudiées dans toutes leurs transformations. Le brome, l'iode, leur extraction parmi les varechs sur les bords de la mer; les mines de mercure, leur exploitation, les conditions de vente, toutes les substances chimiques tenant de près ou de loin à l'héliographie seront l'objet d'un traité spécial. Les savants chimistes et alchimistes à qui nous sommes redevables d'importantes découvertes auront leur biographie dans notre recueil.

La papeterie héliographique est à créer. Wattmann et Turner, en Angleterre; Canson et Lacroix, en France, ont fait de louables efforts pour produire des papiers photographiques, rien n'est assuré encore à cet égard; les combinaisons les plus savantes échouent, et lorsque, découragés, les fabricants se confient au hasard, la réussite parfois dépasse toute prévision. Les artistes photographes connaissent les années où tel papier de telle fabrique a été bon. Un de nos plus savants collègues traitera toutes les questions relatives à la composition et à la fabrication des papiers; il révélera des trésors enfouis dans des boutiques de province; l'acte de naissance des papiers a aujourd'hui une importance imprévue.

Les photographies les plus distingués préparent des notes au moyen desquels on pourra, sans maître, suivre pas à pas toutes les manipulations nécessaires à la reproduction de la nature au moyen de clichés soit de verre, soit de papier.

La couleur obtenue sur métal, et en partie fixée par MM. E. Becquerel et Niépce de Saint-Victor, donne lieu aujourd'hui à de graves réformes dans la théorie de la lumière et de la couleur; nous tendrons la main à tous les efforts dans cette carrière difficile et nouvelle. Nous aurions appelé à nous tous les hommes de bonne volonté; mais, aux premiers bruits de notre projet de journal, les meilleurs ont devancé notre appel.

F.-A. RENARD.

DES SOCIÉTÉS

EN GÉNÉRAL

ET DE LA

SOCIÉTÉ HÉLIOGRAPHIQUE EN PARTICULIER.

Il est peu de mots dans notre langue dont la signification soit aussi étendue que celle du mot société. La société humaine, la société européenne, la société française, voilà les grandes acceptions. Les sociétés d'assurances maritimes, contre l'incendie, en commandite, en participation, sont régies par nos codes; les sociétés savantes, en grand nombre à Paris, sont fondées sur des règlements particuliers et très-variés. Enfin, il y a des sociétés d'amis où il s'agit de parties d'échecs, de dîners à jour fixe, etc., etc.

La Société héliographique, fondée en 1851, peut être classée entre les sociétés savantes et les sociétés d'amis. Elle n'offre ni prix ni médailles comme les sociétés d'encouragement, elle ne reçoit pas comme l'Institut de dépôts cachetés, mais elle remplit un rôle utile, surtout dans les arts naissants. Elle met en rapport les uns avec les autres les hommes isolés qui cherchent chacun à part, et qui luttent pendant de longues années contre des obstacles que par communication, par échange, par causeries, ils eussent franchis en une heure.

Du reste, comme nos lecteurs ont intérêt à connaître cette société d'où procède le journal LA LUMIÈRE, il n'est pas sans intérêt d'en faire connaître les statuts.

STATUTS

DE LA SOCIÉTÉ HÉLIOGRAPHIQUE.

ARTICLE PREMIER. Les fondateurs se proposent, par l'association, de hâter les perfectionnements de la photographie.

ART. 2. Les réunions auront lieu les premier et troisième vendredi de chaque mois; les salons sont ouverts à 7 h. 1/2. Il n'y a pas de cotisation.

ART. 3. L'objet des réunions est : 1° la communication réciproque des œuvres; 2° l'échange volontaire des œuvres et des procédés; 3° la confidence toute facultative des découvertes.

ART. 4. Lorsqu'un sociétaire jugera à propos de faire connaître un perfectionnement, une découverte, un projet même, que sa communication sera faite à la Société et pour la Société, elle sera inscrite dans un livre destiné à l'enregistrement des actes, la date en sera constatée et certifiée sur ce registre.

ART. 5. Les personnes étrangères à la Société pourront demander l'insertion d'une découverte relative à l'héliographie et prendre date dans le registre lorsque cette communication aura été agréée par le Comité.

ART. 6. Chaque sociétaire peut prendre connaissance du registre pendant la durée des séances.

ART. 7. En cas de dissolution de la Société, les registres seront déposés à la Conservation des Manuscrits de la Bibliothèque nationale.

ART. 8. Aucun membre ne doit faire part au dehors des procédés ou découvertes confiés à la Société. Cet engagement d'honneur se contracte par le fait seul de la présence aux réunions. (Il n'est question ici que des communications faites avec recommandation par les auteurs, d'en réserver la connaissance à la Société.)

ART. 9. L'auteur d'une communication pourra en demander une expédition conforme qui lui est délivrée avec l'empreinte du cachet de la Société et les signatures d'un certain nombre de sociétaires.

ART. 10. La Société publie annuellement un album auquel chaque membre est appelé par le Comité à contribuer, selon ses lumières et ses moyens.

ART. 11. Le produit de cet album, déduction faite des acquisitions de pièces photographiques, frais de reliure et autres, sera employé aux dépenses de la Société, ainsi qu'aux expériences jugées nécessaires.

ART. 12. La présentation d'un candidat sera faite par trois membres au moins; sa nomination n'aura lieu que dans la séance qui suivra la présentation. L'admission sera prononcée au scrutin secret, elle n'aura lieu qu'avec le suffrage des trois quarts au moins des membres présents.

DES SÉANCES.

ART. 13. La séance de la Société héliographique n'est autre chose, en principe, qu'une *réunion* agréable, où la causerie permet à chacun de choisir ses interlocuteurs. Les sociétaires sont des *invités*.

ART. 14. Le photographe, le peintre, le littérateur, le savant, le sculpteur, l'architecte, l'opticien, le graveur, se consultent et se rendent des services mutuels.

ART. 15. Comme dans certains cas la séance aura un caractère général à l'occasion de communications intéressant toute l'assemblée, le président du comité d'invitation siégeant au bureau, assisté d'un secrétaire, agitera la sonnette, et le silence sera observé pendant la durée de la communication et des observations auxquelles elle aura donné lieu. Immédiatement après, les causeries reprendront leur cours.

ART. 16. Une demande de communication générale peut être adressée, soit au président, soit au secrétaire, soit à l'un de MM. les membres du comité d'invitation, qui veillera à l'accomplissement des formalités de l'article 15 ci-dessus.

ART. 17. Toute autre demande sera adressée au président; le secrétaire transmettra les réponses du comité.

ART. 18. L'article 8 des statuts ayant été l'objet de quelques objections, le comité déclare qu'il n'est question que des communications enregistrées dans le livre des

actes, avec recommandation faite par les auteurs d'en réserver la connaissance à la Société.

La fondation du journal *la Lumière* n'est autre chose
que le complément de l'article 18.

La Société héliographique fonctionne avec une telle aisance qu'elle semble n'avoir ni gouvernement ni organisation. Dans un cercle où règne le bien-être, qui songe à
l'administrateur? sinon pour le remercier. Dans un théâtre, si l'auteur et l'acteur nous plaisent, qui pense à se
mêler des combinaisons du directeur?

La Providence n'est-elle pas le mieux réglé et le moins
visible des gouvernements. L'opinion de la Société héliographique est que les sociétaires ou invités ne doivent
pas avoir à s'occuper d'un comité qui veille à leur bien-
être et à leurs progrès.

PIÈCES A L'APPUI.

I.

Peu de jours après la révolution de Février, un rendez-
vous général fut donné à tous les gens de lettres, peintres,
sculpteurs, architectes et artistes quelconques; le lieu indiqué était la salle Valentino, rue Saint-Honoré, le but,
de nommer un chef, un directeur, un mapa des beaux-
arts. Les fouriéristes et les débris du saint-simonisme
avaient provoqué cet appel. A notre arrivée, c'était vers
onze heures du matin, la séance était ouverte.

Dans les profondeurs de cette salle ténébreuse s'agitait
une foule dont les bruits n'avaient rien d'humain. Quelque tremblement de terre, la chute du Rhin à Schaffhau-
sen, les épanchements du Niagara pourraient peut-être en
donner l'idée. Sur les bancs d'un amphithéâtre, celui de
l'orchestre probablement, étaient entassés les candidats.
Au centre, on distinguait des membres de l'Institut peintres, à droite, des littérateurs, à gauche, des artistes dramatiques, compositeurs, etc., et en face, une plaine
immense d'électeurs passionnés; les candidats au mapa-
pisme essayaient à tour de rôle de se faire entendre, mais
la voix du peintre était refoulée par les cris non! non!
non! dix mille fois répétés des littérateurs, des architectes,
des artistes dramatiques, et ainsi pour chacun des chefs
de chaque profession à tour de rôle. Dans le moment où
notre petite société pénétrait, un par vigueur, au milieu de ces flots humains, un des membres de l'Institut
placés au centre venait de se rasseoir abîmé par la tempête.

M. Ingres, porté par son entourage à prendre la parole,
se leva. On vit ses lèvres s'agiter, sa main faire des gestes
bienveillants, tantôt appuyée en plein sur sa poitrine, tantôt renversée modestement, cette main qui a peint *Œdipe
trouvant grâce devant le sphinx antique*, cette main ne
commanda pas le silence aux sphinx de la salle Valentino!
elle ne trouva pas grâce devant eux! Les voisins du peintre
ne purent, au milieu des vociférations poussées par les
corporations rivales, entendre le plus énergique des sons
qu'il semblait émettre, autant qu'on pouvait en juger de
près et de loin au mouvement de ses lèvres. M. Ingres,
pâle, ému au dernier point, retomba terrassé sur son siège.

En ce moment, au côté droit de la salle, un homme se
penche sur la rampe, fait des gestes expressifs; on reconnait
Frédérik-Lemaître. Son regard luisant se répand sur la
foule qui lui concède enfin la parole. Beau geste, bel organe; peut-être la pensée n'avait-elle pas été mûrie suffisamment, peut-être le rôle était-il trop inattendu. A la
première hésitation, le célèbre tragédien fut réduit à un
mouvement de lèvres agitées dans le vide; anéanti à son
tour, il se résigna dans sa chute.

Bientôt après, Alexandre Dumas prit ou crut prendre
la parole; les cris alors devinrent des hurlements, des
râles de rage. Le geste de Dumas était violent; en certain
moment, sa pose était celle du Mercure volant le Jean de
Bologne. Dumas tomba terrassé, lui aussi, sur son banc.
Alors, avec sa gaieté ordinaire, il montra deux rangées de
dents blanches, et il envoya rapidement des gestes d'ami,
des bonjours accentués à ses connaissances du parterre;
son rôle avait cessé.

Je ne décrirai pas davantage cette séance, où M. Daly
César, architecte, dut un moment la parole à un formidable
coup de poing appliqué sur la tribune. La journée se termi-
na par une débandade générale, sans le moindre résultat
pour l'art et les artistes.

On en parla comme d'une scène déplorable, nous la te-
nons pour une des plus belles instructions philosophiques
des temps modernes: c'est tout ce qu'il est permis d'en
dire dans un journal non politique. Il résulte de cette
expérience que l'élection, parmi les artistes, n'est pas toujours un bon moyen d'organisation.

D'autres Sociétés que nous pourrions citer ont réussi à
former leur bureau; elles ont échoué dans les discussions
auxquelles donna lieu la rédaction de leur règlement.
D'autres, enfin, ont réussi à faire un bureau, un règlement
compliqué et à fonctionner; celles-ci ont des commissions, des sous-commissions: l'inexactitude et l'ennui, les
discours d'apparat et la futilité du cérémonial, les ruinant
à la longue. Combien d'heures perdues dans une assemblée
qui écoute une discussion entre Vadius et Trissotin, lesquels, chacun à leur tour, lèvent la main en disant: *Je
demande la parole.*

Ces diverses considérations auraient pu précéder, à titre
de préliminaires et de motifs, ce que nous avons dit de
l'organisation de la Société héliographique; mais nous
présentons ces faits comme pièces à l'appui. Et pour
montrer que le comité d'initiative de la Société héliographique n'a pas manqué d'études pratiques pour fonder une
bonne et durable organisation, nous citerons encore une
de nos expériences.

II.

Dans les années qui précédèrent 1830, une Société s'était
formée parmi les artistes des nouvelles écoles d'alors. Elle
avait pour objet un dîner le 10 de chaque mois: rien de
plus agréable, de plus cordial que cette réunion, où se
formèrent quelques relations d'amitié que le temps n'a en
rien affaiblies.

A la fin de 1831, plusieurs membres de cette Société
pensèrent qu'il fallait s'ORGANISER et avoir un RÉGLEMENT.
Voici la liste des sociétaires inscrits pour les dîners du 10:

MM. Arago (E.), Barre, Barye, Becquet, Bellangé (Hip-
polyte), Boulanger (Louis), Champmartin, Charlet, Chasles
(Philarète), Chenavard (Aimé), Cogniet (Léon), Decaisne,
Delacroix (Eugène), Dumas (Alexandre), Dupont (Hen-
riquel), Feuillet (Félix), Huet (Paul), Hugo (Victor), Isabey
(Eugène), Janin (Jules), Johannot (Alfred), Johannot (Tony),
Lœve-Weimar, Meccuri, Mérimée (Prosper), Moine (An-
tonin), Monnier (Henri), Pierret (J.-B.), Poterlet, Ricourt
(Jules), Robelin, Roqueplan (Camille), Rue (Gédéon),
Saint-Evre, Sauvageot (Charles), Schœlcher (Victor), Siga-
lon (Xavier), Sue (Eugène), De Triqueti (Henri), De Viel-
Castel (le comte Horace), De Vigny (le comte Alfred),
Ziegler (Jules), Zimmermann.

On nomma une commission composée de MM. CHASLES
(Philarète), FEUILLET DE CONCHES, MÉRIMÉE (Prosper),
SCHŒLCHER (Victor), ZIEGLER (Jules).

A la première réunion de la commission, un projet de
règlement en douze petits articles fut présenté par le dernier de ces membres. Ayant été considéré comme trop bref,
on vota la reproduction du *factum*, et la copie en fut distri-
buée à chacun des commissaires.

A la séance suivante, deux de ces messieurs apportèrent
un règlement, que dis-je! un code complet; des combinaisons civiles et pénales y faisaient le plus grand honneur à leurs auteurs, MM. Mérimée et Horace de Viel-
Castel. Le règlement fut voté d'enthousiasme, il se termi-
nait par ces mots: *Délibéré en séance, le 10 avril 1832,
promulgué le 10 mai suivant.* Imprimé par Didot en un
joli volume, cartonné, doré sur tranche, grâce aux soins de
l'ingénieux chef de division du protocole aux affaires étrangères, M. Feuillet de Conches, le règlement fut envoyé à
tous les sociétaires. Au 10 du mois suivant, à l'heure convenue, les membres de la commission étaient au lieu de la
réunion, attendant les convives... Pas un des sociétaires
ne se présenta, la hauteur et la perfection du règlement
avaient anéanti la charmante association des dîners du 10.

Nous avons lieu d'espérer que la Société héliographique
ne périra pas ainsi; nous avons pleine confiance dans l'ex-
périence de plusieurs de ses membres. Cette réunion est
ainsi composée: M. le baron GROS, président; MM. BAYARD,
— Ed. BECQUEREL, — Benjamin DELESSERT, — E. DURIEU,—
MESTRAL, — de MONTFORT, — L. de LABORDE, — NIÉPCE DE
SAINT-VICTOR, — J. ZIEGLER, *Membres du comité.*— AGUADO,
— ARNOUX, — AUSSANDON, — BALDUS, — BARRE, — CHAMP-
FLEURY, — C. CHEVALIER, — COUSIN, — DELACROIX (Eugène),
— DESMAISONS,—FORTIER, — C. LE GRAY,— comte d'HAUSSON-
VILLE, — HOREAU, — LEMAÎTRE, — LESECQ, — LEREBOURS,—
LEISSE, — de MERCEY, — de MONTSGUIOU,— prince de MONT-
LÉART, — PECCARÈRE, — DU PONCEAU, — PUECH, — PUILLE,—
REGNAULT, — SCHLUMBERGER, — RENARD,— WEY (Francis),—
VIGIER.— Cette liste incomplète augmente de jour en jour.
Si l'importance des communications faites à la Société a été
en progressant, le désir d'y assister ne l'a pas été moins.

ZIEGLER.

DE L'INFLUENCE DE L'HÉLIOGRAPHIE

SUR LES BEAUX-ARTS.

I.

Il y a deux mois, l'un des plus habiles praticiens du
procédé nouveau de la photographie, M. Le Gray, envoyait au jury de l'exposition de 1850, neuf dessins sur
papier, représentant des paysages, des portraits d'après
nature, et d'après des tableaux. Quand on eut admiré la
perfection surprenante des résultats obtenus, l'on se trouva
embarrassé pour classer des ouvrages dignes de rivaliser
avec les œuvres d'art les plus achevées, et qui toutefois,
accomplis par un procédé purement théorique, ne se rattachent point d'une manière directe à la pratique du dessin.
Rangées parmi les lithographies, les œuvres de l'habile
héliographe furent annoncées sous cette rubrique au *Livret*
de l'exposition actuelle.

Mais il survint une sous-commission qui, envisageant la
question à un autre point de vue, fit retirer les dessins de
M. Le Gray.

Les premiers juges les avaient considérés comme œuvres
d'art; les seconds les ont classés parmi les produits de la
science. Nous serions fort empêché de savoir à qui donner
raison.

Évidemment l'héliographie procède de la chimie et de la
physique; mais, de toute évidence aussi, cette découverte,
perfectionnée de jour en jour, est appelée à exercer dans
le domaine de l'art une influence immédiate et profonde.

Appelé naguère à examiner les derniers résultats obtenus
par des hommes studieux, zélés et pleins d'expérience, nous
avons été frappé d'un étonnement très-vif. La photographie
est, en quelque sorte un trait d'union entre le daguerréotype et l'art proprement dit. Il semble qu'en passant sur le
papier, le mécanisme se soit animé; que l'appareil se soit
élevé à l'intelligence qui combine les effets, simplifie l'exécution, interprète la nature et ajoute à la reproduction des
plans et des lignes, l'expression du sentiment ou des physionomies.

En effet, la photographie s'exerce sur une gamme de
tons excessivement étendue; depuis l'indication fugitive et
vaporeuse, mais précise encore, telle que M. Vidal parvient
à la fixer d'un souffle, jusqu'au relief violent et contrasté de
Rembrandt, jusqu'à une intensité de ton qui défie les ressources de la gravure. Telle est la souplesse de cet instrument, qu'il justifie successivement les genres les plus
opposés, les qualités les plus diverses, et même les *manières* les plus individuelles. Dans une série de paysages
ou d'autres sujets, nous avons vu tour à tour des Joyant et
des Piranèse, des Decamps, des Metzu, des Corot, des
Ruysdaël, des Marilhat, fortuitement éclos de la seule fantaisie de la nature. On eût dit qu'elle s'était plu, avec une
docilité capricieuse, à rendre hommage à la plupart des
peintres qui l'ont si diversement encensée.

Telle est donc la première réponse de cette nature
jusque là muette, questionnée tant de fois, et qui se prêtait,
lui inerte, à de si nombreuses hypothèses. L'héliographie
donne une voix, l'arme d'un langage et l'invite à rédiger
ses *Mémoires*.

Fait consolant et bizarre! elle consacre à peu près tout
ce que l'opinion publique a successivement exalté. Ainsi
l'esthétique pure n'a rien à perdre à cette épreuve; elle ne
peut qu'y gagner en hardiesse, en expérience, tandis que
les couches inférieures de l'art, celles où le succès douteux
dépend de la routine, du procédé manuel, et se limite à la
tradition stérile, se trouvent dissoutes et annihilées.

Il est arrivé plus d'une fois que certains genres, inves-
tis d'une vogue passagère, ont disparu avec la mode qui
les avait recommandés. Sans parler des traits à la Silhouette, et pour se borner à des productions plus relevées,
rappelons les lavis à l'encre de Chine, puis à la seppia, si
fort appréciés sous Louis XVI; plus tard, les gouaches,
compromis harmonieux et ternes entre le dessin et la peinture; puis, les petits crayonnages tels que les exécutait
Lantara, si souvent imité... La passion de l'effet, l'amour
de la couleur ont fait pâlir ces pratiques mal défendues
par l'artifice du métier. L'aquarelle a remplacé ces procédés; puis, la peinture à l'huile est devenue si populaire,
que l'aquarelle à son tour se voit supplantée.

Au fond, ce qui tend à s'effacer d'une manière constante, c'est la marque sensible de la manutention, c'est
l'artifice du procédé et la complication du travail. A moins
de se rapprocher du dessin, ou de paraître empreinte d'une
forte émanation de la couleur, la gravure devient froide à
nos yeux; la classique vigueur *des tailles* est de moins en
moins appréciée; la lithographie, plus immédiatement assimilable au dessin naïf, fait des progrès incessants.

C'est dans ces circonstances que se présente l'héliographie: que produira-t-elle? Sans contredit, d'anciens
genres vont disparaître; une révolution s'effectuera, lente,
profonde, et salutaire comme toutes les révolutions vraie-
ment dignes de ce titre. Mais, ce qui doit advenir, est-il
possible déjà de le pressentir? Assurément.

Précisons en quatre mots le résultat définitif: les artistes
vraiment originaux, loin d'être atteints, devront à l'invention nouvelle des ressources imprévues, et prendront un
plus large essor. Les gens de métier, *les mécaniques*, ainsi
que l'on disait jadis, seront abattus.

La photographie traduit à merveille: pour la surpasser,
il faudra traduire et *interpréter*. Elle est donc propre à faire
ressortir les qualités personnelles de dessinateurs tels que
M. Desmaisons qui copie Vidal avec tant de finesse; que
M. Soulanges-Teissier qui a cette année, retracé Decamps
avec souplesse; que M. Monilleron, l'aigle de la litho graphie, qui s'assimile par des qualités particulières, les
compositions dont il s'inspire; que M. Aubry-Lecomte,
qui séduit par la dextérité charmante, par la finesse et la
précision de son crayon, ou que M. Français, le plus subtil commentateur de nos paysagistes.

Ce dernier nous fournirait des exemples faciles à saisir.
Pour en choisir un seul, il est certain que la photographie
reproduirait avec une incomparable fidélité *la Matinée* de
M. Corot; mais elle ne compléterait pas le tableau, elle
n'en interpréterait pas l'esprit, elle n'en éclaircirait pas

intention poétique en y ajoutant comme l'a fait M. Français, dans sa lithographie, l'impression d'une pensée personnelle et délicate.

Cependant, la photographie est très souple, surtout dans la reproduction de la nature; parfois, elle procède par masses, dédaignant le détail comme un maître habile, justifiant la théorie des sacrifices, et donnant, ici l'avantage à la forme, et là aux oppositions de tons. Cette intelligente fantaisie est beaucoup moins libre dans les daguerréotypes sur plaques de métal. Il y a plus : le goût particulier du photographe perce dans son œuvre, pour matérielle qu'elle semble; les épreuves obtenues par des artistes sont supérieures à celles des érudits. Les premiers choisissent mieux leurs sujets, recherchent avec succès des effets dont ils ont le sentiment inné, et l'influence de l'*individu* est assez perceptible pour que les amateurs-experts, à la vue d'une planche sur papier, devinent d'ordinaire le praticien qui l'a obtenue.

Ces explications fournies, abordons succinctement une idée curieuse, celle des diverses branches de l'art que la photographie met en péril; puis signalons, parmi les travaux des artistes, ceux qui sont destinés à fructifier de cette invention. Nous n'aurons pas à nous préoccuper de ce qui échappe à cette atteinte ou se soustrait à cette influence, car elle ne laissera rien d'intact et se fera sentir partout.

Le résultat le plus complet, le plus destructif, portera sur les dessins, les gravures ou les lithographies représentant des villes, des monuments, des églises, des ruines, des bas-reliefs, et en général des sujets d'architecture. Sur ce terrain, la lutte serait chimérique : une médiocre épreuve héliographique du portail de Chartres ou de Bourges sera toujours préférable, et comme fini, et comme réalité, et comme relief, et comme précision, à la gravure la plus accomplie. Dans ces sortes de sujets, la reproduction plastique est tout, et la photographie en est la perfection idéale.

Telle est même la puissance presque fantastique du procédé, qu'il permet à l'examinateur d'un dessin d'architecture de l'explorer comme la nature même, et d'y faire des découvertes inaperçues sur le terrain. Cette assertion sera éclaircie et appuyée par une récente anecdote.

Il y a quinze mois, M. le baron Gros, alors ministre plénipotentiaire en Grèce, fixa, par le moyen du daguerréotype, un point de vue pris à l'Acropole d'Athènes. Là se trouvaient disséminés des ruines, des pierres sculptées, des fragments de toute espèce. De retour à Paris, à la suite d'une mission délicate et honorablement remplie, M. le baron Gros revit ses souvenirs de voyage, et considéra, à l'aide d'une loupe, les débris amoncelés au premier plan de sa vue de l'Acropole. Tout à coup, à l'aide du verre grossissant, il découvrit sur une pierre une figure antique et fort curieuse, qui lui avait jusqu'alors échappé. C'était un lion qui dévore un serpent, esquissé en creux et d'un âge si reculé, que ce monument unique fut attribué à un art voisin de l'époque égyptienne. Le microscope a permis de relever ce document précieux, révélé par le daguerréotype, à sept cents lieues d'Athènes, et lui restituer des proportions aisément accessibles à l'étude.

Ainsi, ce prodigieux mécanisme rend ce que l'on voit et ce que l'œil ne peut distinguer; si bien que, comme dans la nature, le spectateur en se rapprochant plus ou moins, à l'aide de lentilles graduées, perçoit des détails infinis, quand l'ensemble des objets ne suffit plus à sa curiosité. On conçoit que l'héliographie, s'exerçant sur une surface plane comme la toile d'un tableau, en reproduit l'image et l'effet avec une exactitude mathématique. Il y a là une précieuse ressource pour obtenir, à l'usage du graveur, des réductions excellentes; mais la supériorité même du résultat condamne à périr comme insuffisante toute autre copie bornée à la seule imitation, sans coopération de la pensée qui rehausse d'un esprit particulier la traduction du modèle. Morghen, Nicolas Chapron, graveur des *loges* de Raphaël d'Urbin, donnent assurément du maître une idée plus haute et plus complète que ne le ferait le daguerréotype. Un portrait rendu par Nanteuil ou par Drevet, d'après Mignard ou Rigault, vit deux fois, respire d'un double souffle, et c'est ainsi que le portrait gravé de Bossuet est supérieur à l'original. L'héliographie ne peut aller au delà de son modèle : c'est un fidèle agent, ce n'est pas une intelligence. Mais, on le pressent avec nous, ce procédé matériel, invincible dans les limites de son domaine, abolit virtuellement toute autre imitation réduite à n'être rien de plus.

Tout dessinateur, tout lithographe, ou tout graveur dépourvu des inspirations de l'artiste, risquera donc de se voir supplanté, et entre deux machines, la plus parfaite, la plus rapide, la moins coûteuse, sera nécessairement préférée.

N'est-il pas étrange et providentiel que les révolutions opérées par les progrès de l'intelligence humaine surviennent si à propos et se présentent juste à l'heure où des solutions sont attendues? Sous le régime libéral et peu éclairé qui a gouverné les arts depuis vingt ans, le nombre des artistes s'est multiplié et le talent s'est éparpillé en petite monnaie. Quiconque eut à sa disposition une influence, a été à même d'exploiter son heureuse médiocrité, et, pour s'improviser artiste, il a suffi de quelque habileté pratique mise en valeur par l'enrôlement dans une coterie. De là cette cohue de peintres, sans cesse recrutée, qui absorbe les fonds de l'État, inonde le pays de productions vaines et enlève, par une concurrence illimitée, la légitime assistance du gouvernement aux hommes supérieurs, aux artistes éminents condamnés à la gêne et à la stérilité. Cette armée de peintres des deux sexes étant désormais impossible à défrayer, il devenait aussi indispensable qu'impossible de trancher dans le vif et d'opérer un triage que l'héliographie a pour mission d'accomplir, dans un temps donné, avec une équité parfaite. Cette découverte, il faut se hâter de le dire pour intimider les ambitions vulgaires, amènera la destruction des couches inférieures de l'art.

La comparaison des œuvres débiles avec la reproduction pure et véridique de la nature, régénérera le goût public et la rendra difficile. Une estampe photographiée sera préférée à une peinture vicieuse, car elle satisfera davantage. La classe aisée, qui ne s'élevait que jusqu'au portrait à bas prix, d'une fidélité douteuse, adoptera forcément la photographie si limpide, si précise, si animée dans ses produits; et quand on pourra, pour un prix modique, se procurer l'image exquise du paysage que l'on aime, du site où l'on a rêvé, du coteau où s'élève le toit natal, du tableau que l'on a goûté, l'on délaissera les mauvais tableaux, les méchants dessins et les gravures médiocres.

Combien d'honnêtes gens se verront contraints de renoncer à un métier sans profit et sans gloire, de chercher fortune ailleurs, de rendre libre, comme on eût dit autrefois, le chemin qui conduit au temple des arts; de se fa re justice enfin, en quittant la peinture, qui n'est pour eux qu'une séduction perfide, et n'aurait jamais dû devenir le gagne-pain de la médiocrité!

(La suite au prochain numéro.)

FRANCIS WEY.

NOUVELLE SUBSTANCE ACCÉLÉRATRICE
POUR LA PHOTOGRAPHIE.

Les résultats obtenus aujourd'hui par la photographie laissent généralement peu de chose à désirer : netteté de l'image, tons vigoureux, modelé des lumières et des demi-teintes fidèlement continué dans les ombres, telles sont les qualités qui se rencontrent réunies dans la plupart des dessins nombreux présentés à la Société héliographique. Mais, en revanche, combien sont longues encore les manutentions multipliées par lesquelles une feuille de papier doit passer pour arriver à cet état magique qui nous permet de la faire figurer dans un cadre ou un album à côté d'une eau-forte de Rembrandt, d'une gravure de Calamatta, d'Henriquel ou de Piranèse! Aussi les photographes sont-ils actuellement à la recherche des moyens accélérateurs qui leur permettront d'obtenir sur verre et sur papier des images que le daguerréotype a encore l'avantage de produire plus rapidement. Pourquoi leurs efforts n'aboutiraient-ils pas à ce désirable résultat? Pour nous qui, dans ce journal, nous ferons souvent l'écho des séances de la Société héliographique, un de nos plus impérieux devoirs sera de tenir nos lecteurs au courant de toutes les améliorations communiquées sur cette question pour être livrées à la publicité; aussi sommes-nous heureux que l'occasion se soit présentée d'entrer dans la voie dès aujourd'hui.

M. Regnault, de l'Académie des Sciences, professeur au collège de France, a fait part dernièrement à la Société héliographique d'une préparation à l'aide de laquelle il obtient, en beaucoup moins de temps que par les moyens d'usage, l'apparition de l'image négative. On sait que, quand le papier négatif placé au fond de la chambre obscure vient d'être impressionné, il faut pour faire apparaître l'image, appliquer le côté sensible de ce papier sur une solution d'acide gallique; cette opération ne durait pas moins de 10 à 30 minutes, suivant que l'impression lumineuse avait été plus ou moins active; M. Regnault est parvenu à réduire de beaucoup cette opération en employant l'acide *pyrogallique* au lieu de l'acide gallique. Les proportions dont il a fait usage sont : un gramme d'acide pyrogallique pour un litre d'eau distillée. Les travaux nombreux et variés auxquels la position de M. Regnault le force à se livrer ne lui ont pas permis de pousser ses expériences sur ce sujet assez loin pour pouvoir assurer que les proportions qu'il indique sont les plus avantageuses; mais le résultat obtenu a été assez marqué déjà pour que son auteur se soit déterminé à le faire connaître et à engager fortement MM. les photographes à diriger dans cette voie leurs expériences journalières, ne doutant pas que leurs efforts ne soient bientôt couronnés d'un plein succès. Cette communication a été accueillie par une attention soutenue et une vive reconnaissance.

M. Regnault prépare l'acide pyrogallique en chauffant avec précaution de l'extrait de noix de galle évaporé, dans une terrine recouverte d'un cône en carton; les cristaux d'acide pyrogallique se subliment sur les parois de ce cône.

F.-A. RENARD.

TEMPS PRIMITIFS DE L'HÉLIOGRAPHIE.

En donnant au mot HÉLIOGRAPHIE la signification la plus étendue parmi les termes qui expriment le dessin sur plaques, sur papier, sur verre, etc., nous avons eu pour objet, avant tout, de rendre un juste hommage à la mémoire de JOSEPH-NICÉPHORE NIÉPCE, l'inventeur de cet art, auquel M. Daguerre ajouta les plus heureux perfectionnements. Comme dans les prochains numéros de ce journal nous publierons une suite de lettres inédites et fort intéressantes de M. Niépce, nous croyons utile de reproduire d'abord les pièces suivantes, sauf à nous conformer plus tard à l'ordre chronologique :   F.-A. RENARD.

LETTRE
DE M. NIÉPCE A M. DAGUERRE.

« Châlon-sur-Saône, 4 juin 1827.

« Monsieur,

« Vous recevrez presque en même temps que ma lettre
« une caisse contenant une planche d'étain gravée d'après
« mes procédés héliographiques, et une épreuve de cette
« même planche, très-défectueuse et beaucoup trop faible.
« Vous jugerez par là que j'ai besoin de toute votre indulgence, et que si je me suis enfin décidé à vous adresser
« cet envoi, c'est uniquement pour répondre *au désir* que
« vous avez bien voulu me témoigner. Je crois, malgré
« cela, que ce genre d'application n'est point à dédaigner,
« puisque j'ai pu, quoique étranger à l'art du dessin et de
« la gravure, obtenir un semblable résultat. Je vous prie,
« monsieur, de me dire ce que vous en pensez. Ce résultat
« n'est même pas récent, il date du printemps passé;
« depuis lors j'ai été détourné de mes recherches par d'autres occupations. Je vais les reprendre aujourd'hui, que
« la campagne est dans tout l'éclat de sa parure, *et me*
« *livrer exclusivement à la copie des points de vue d'après*
« *nature.* C'est sans doute ce que cet objet peut offrir de
« plus intéressant; mais je ne me dissimule point non
« plus les difficultés qu'il présente au travail de la gravure.
« L'entreprise est donc bien au-dessus de mes forces; aussi
« toute mon ambition se borne-t-elle à pouvoir démontrer
« par des résultats plus ou moins satisfaisants la possibilité
« d'une réussite complète, si une main habile et exercée
« aux procédés de l'aquatinta coopérait par la suite à ce
« travail. Vous me demanderez probablement, monsieur,
« pourquoi je grave sur étain au lieu de graver sur cuivre.
« Je me suis bien servi également de ce dernier métal;
« mais pour mes premiers essais j'ai dû préférer l'étain,
« dont je m'étais d'ailleurs procuré quelques planches
« destinées à mes *expériences dans la chambre noire*, la
« blancheur éclatante de ce métal le rendant bien plus
« propre à réfléchir l'image des objets représentés.
« Je pense, monsieur, que vous aurez donné suite à vos
« premiers essais; vous étiez en trop beau chemin pour en
« rester là; *Nous occupant du même objet*, nous devons
« trouver un égal intérêt dans la réciprocité de nos efforts
« pour atteindre le but. J'apprendrai donc avec bien de la
« satisfaction que la nouvelle expérience que vous avez
« faite à l'aide de votre chambre noire perfectionnée a eu
« un succès conforme à votre attente. Dans ce cas, mon-
« sieur, *et s'il n'y a pas d'indiscrétion de ma part, je se-*
« *rais aussi désireux d'en connaître le résultat* que je se-
« rais flatté de pouvoir vous offrir celui de mes recherches
« du même genre, qui vont m'occuper.

« Agréez, etc. »

CONTRAT
PASSÉ ENTRE MM. NIÉPCE ET DAGUERRE.

ARTICLE PREMIER. Il y aura, entre MM. Niépce et Daguerre, société sous la raison de commerce *Niépce-Daguerre* pour coopérer au perfectionnement de ladite découverte, inventée par M. Niépce et perfectionnée par M. Daguerre.

ART. 2. La durée de cette société sera de dix années, à partir du 14 décembre courant, et elle ne pourra être dissoute avant ce terme sans le consentement mutuel des parties intéressées. En cas de décès de l'un des deux associés, celui-ci sera remplacé dans ladite société, pendant le reste des dix années qui ne seraient pas expirées, par celui qui le remplace naturellement. Et encore, en cas de décès de l'un des deux associés, ladite découverte ne pourra jamais être publiée que sous les deux noms désignés dans l'article précédent.

ART. 3. Aussitôt après la signature du présent traité, M. Niépce devra confier à M. Daguerre, sous le sceau du secret, qui devra être conservé à peine de tous dépens, dommages-intérêts, le principe sur lequel repose sa découverte, et lui fournir les documents les plus exacts et les plus circonstanciés sur la nature, l'emploi et les différents modes d'applications des procédés qui s'y rattachent, afin de mettre par là plus d'ensemble et de célérité dans les recherches et les expériences dirigées vers le but du perfectionnement et de l'utilisation de la découverte.

Art. 4. M. Daguerre s'engage, sous les susdites peines, à garder le plus grand secret, tant sur le principe fondamental de la découverte que sur la nature, l'emploi et les applications des procédés qui lui seront communiqués, et à coopérer autant qu'il lui sera possible aux améliorations jugées nécessaires par l'utile intervention de ses lumières et de ses talents.

Art. 5. M. Niépce met et abandonne à la société, à titre de mise, son invention, représentant la valeur de la moitié des produits dont elle sera susceptible, et M. Daguerre y apporte une nouvelle combinaison de chambre noire, ses talents et son industrie, équivalant à l'autre moitié des susdits produits.

Art. 6. Aussitôt après la signature du présent traité, M. Daguerre devra confier à M. Niépce, sous le sceau du secret, quoique être conservé à peine de tous dépens, dommages-intérêts, le principe sur lequel repose le perfectionnement qu'il a apporté à la chambre noire, et lui fournir les documents les plus précis sur la nature dudit perfectionnement.

Art. 7. Les sieurs Niépce et Daguerre fourniront par moitié à la caisse commune les fonds nécessaires à l'établissement de la société.

Art. 8. Lorsque les associés jugeront convenable de faire l'application de ladite découverte au procédé de la gravure, c'est-à-dire de constater les avantages qui résulteraient pour un graveur de l'application desdits procédés qui lui procureraient par là une ébauche avancée, MM. Niépce et Daguerre s'engagent à ne choisir aucune autre personne que M. Lemaître pour faire ladite application.

Art. 7. Lors du traité définitif, les associés nommeront entre eux le directeur et le caissier de la société, dont le siége sera à Paris. Le directeur dirigera les opérations arrêtées par les associés, et le caissier recevra et payera les bons et mandats délivrés par le directeur dans l'intérêt de la société.

Art. 10. Les fonctions du directeur et du caissier seront de la durée du présent traité; néanmoins ils pourront être réélus. Leurs fonctions seront gratuites, ou il leur sera alloué une retenue sur les produits, selon qu'il sera jugé convenable par les associés lors du traité définitif.

Art. 11. Chaque mois, le caissier rendra ses comptes au directeur, en donnant l'état de situation de la société; et à chaque semestre, les associés se partageront le bénéfices, ainsi qu'il est dit ci après.

Art. 12. Les comptes du caissier et l'état de situation seront arrêtés, signés et paraphés chaque semestre par les deux associés.

Art. 13. Les améliorations et perfectionnements apportés à ladite découverte, ainsi que les perfectionnements apportés à la chambre noire, seront et demeureront acquis au profit des deux associés, qui, lorsqu'ils seront parvenus au but qu'ils se proposent, feront un traité définitif entre eux, sur les bases du présent.

Art. 14. Les bénéfices des associés, dans les produits nets de la société, seront répartis par moitié entre M. Niépce, en sa qualité d'inventeur, et M. Daguerre, pour ses perfectionnements.

Art. 15. Les contestations qui pourraient s'élever entre les associés, à raison de l'exécution du présent, seront jugées définitivement sans appel ni recours en cassation, par des arbitres nommés par chacune des parties à l'amiable, conformément à l'article 51 du Code de Commerce.

Art. 16. En cas de dissolution de cette société, la liquidation s'en fera par le caissier, à l'amiable, ou par les associés ensemble, ou enfin par une personne tierce qu'ils nommeront à l'amiable, ou qui sera nommée par le tribunal compétent, à la diligence du plus actif des associés.

Le tout a été ainsi réglé provisoirement entre les parties, qui, pour l'exécution du présent, font élection de domicile en leurs demeures respectives, ci-dessus désignées.

Fait double et signé à Châlon-sur-Saône, le 14 décembre 1829.

J'approuve, quoique non écrit de ma main.

J.-N. NIÉPCE.

J'approuve, quoique non écrit de ma main.

DAGUERRE.

Enregistré à Châlon-sur-Saône, le 13 mars 1830, f° 52, c° 9 et suivantes. Reçu 5 fr. 50 c., 10° compris.

Signé DUCORDEAUX.

LETTRE

ADRESSÉE LE 27 FÉVRIER 1839 AU RÉDACTEUR DE LA GAZETTE DE LITTÉRATURE DE LONDRES,

PAR M. F. BAUER, MEMBRE DE LA SOCIÉTÉ ROYALE DE LONDRES.

Monsieur,

Je vois avec un grande satisfaction dans l'un des derniers numéros de votre précieuse publication (la *Gazette littéraire*) la grande attention que vous donnez à ce que vous appelez la nouvelle découverte dans les beaux-arts; et j'espère que le peu de faits relatifs à cet intéressant sujet, que je vous communique par cette lettre, attireront encore plus votre attention !

Dans le mois de septembre 1827, un Français, M. Joseph-Nicéphore Niépce de Châlon-sur-Saône, arriva à Kiew, pour rendre visite à son frère, qui avait été longtemps en Angleterre, et y était dangereusement malade. Je fis bientôt connaissance avec M. Niépce. Il m'apprit alors *qu'il avait fait l'importante et intéressante découverte de fixer d'une manière permanente l'image de tout objet par l'action spontanée de la lumière.* Il me montra plusieurs spécimens très-intéressants, tant d'images fixées sur des planches d'étain poli que des impressions faites sur le papier d'après ces planches préparées par son procédé chimique. M. Niépce appelle ces spécimens *les premiers résultats de mes longues recherches.* M. Niépce désira que son intéressante et importante découverte fût connue de la Société royale de Londres, et qu'ainsi la priorité de sa découverte fût établie. Je l'engageai en conséquence à rédiger un écrit ou un mémoire sur ce sujet, qui serait alors présenté à la Société; il le fit; il écrivit cela à Kiew, et le data du 8 décembre 1827.

J'ai le plaisir de vous envoyer sous ce pli une traduction de cet intéressant mémoire.

M. Niépce fut bientôt présenté à quelques uns des membres les plus influents de la Société royale, auxquels il remit son mémoire et plusieurs spécimens de sa découverte; mais, quoiqu'il ait eu plusieurs entrevues avec ces membres, qui avaient pu délibérer pendant plusieurs semaines sur son mémoire, comme M. Niépce ne voulut pas expliquer son secret, alors le mémoire et tous les spécimens lui furent rendus, et le sujet ne fut plus jamais présenté à la Société.

M. Niépce fut obligé par de pressantes affaires de famille de retourner en France dans le commencement de février 1828; et environ quinze jours après son départ, son frère mourut à Kiew. Cet événement causa naturellement une grande interruption dans les recherches scientifiques de M. Niépce : nous continuâmes cependant une correspondance amicale pendant quelque temps; mais une lettre que je reçus de lui, datée du 9 janvier 1829, fut la dernière. Dans cette lettre, comme dans toutes les autres, il parle toujours du succès de ses recherches, et il exprime l'espoir fondé que dans l'été suivant il sera en état de compléter sa découverte, et il me promet de me communiquer fidèlement et promptement le résultat final de ses longues recherches. Mais depuis ce jour (9 janvier 1829) je n'avais rien su ni entendu de M. Niépce, ou de son héliographie, jusqu'au 12 janvier 1839, quand mon attention fut attirée par la *Gazette littéraire*, rapportant un article de la *Gazette de France*, daté de Paris le 6 janvier 1839, et signé H. Gaucheraut, dans lequel je trouvai, à ma grande surprise, que M. Daguerre, justement célèbre par son Diorama, non seulement réclame le mérite d'avoir découvert le premier cet art intéressant et important, mais veut encore lui imprimer son propre nom ! Je me rappelle bien que M. Daguerre était lié avec M. Niépce; mais je n'ai jamais entendu ni compris qu'il eût pris une part active aux recherches de M. Niépce autrement qu'en l'encourageant à persévérer dans ses travaux. Je sais aussi que M. Daguerre s'était occupé avec zèle de recherches et d'expériences dans lesquelles il obtenait des succès; mais cet *objet était différent à une grande distance* de celui de M. Niépce : c'est ce que M. Daguerre appelle maintenant *sa décomposition de la lumière*; moyen par lequel il produit l'étonnant et admirable effet de ses représentations du Diorama, et dont les récits merveilleux remplissent les papiers publics. (Voyez le *Morning-Post.*) Mais sa *découverte de la décomposition de la lumière* est une chose *grandement différente de la découverte de fixer d'une manière permanente les objets par l'action de la lumière.*

Quoique cette dernière découverte soit en grande partie également rapportée dans le journal français (voyez la *Gazette de France* du 6 janvier 1839), dans lequel on parle pour la première fois du daguerréotype comme il suit : « C'est avec un grand plaisir que nous annonçons l'importante découverte faite par M. Daguerre, le célèbre peintre du Diorama, etc.; » et ensuite . « M. Daguerre a découvert une méthode de fixer les images qui sont représentées au foyer d'une chambre noire, etc.; et une seconde fois : « MM. Arago, Biot et de Humboldt se sont assurés de la réalité de cette découverte, qui mérite leur admiration, et M. Arago, dans peu de jours, la fera connaître à l'Académie des Sciences; » vers la fin de l'article, l'auteur nous donne l'important avis suivant : « M. Daguerre *avoue généreusement que la première idée de ce procédé* lui fut donnée, il y a quinze ans, par M. Niépce, de Châlon-sur-Saône, mais dans un tel état d'imperfection, qu'il lui a fallu un travail long et persévérant pour atteindre le but. »

Maintenant, je ne pense pas que M. Niépce ait pu donner quelque idée imparfaite il y a quinze ans, car les spécimens apportés par M. Niépce, et exposés en Angleterre en 1827 (et dont quelques-uns sont encore entre mes mains), étaient tout aussi parfaits que les produits de M. Daguerre décrits dans les papiers français de 1839, et cependant c'est la première fois que le nom de Niépce est mentionné !... Dans un journal subséquent est un article daté de Paris, le 9 janvier 1839, dans lequel, après plusieurs éloges, ceci est établi : « M. Arago a fait, le 7 de ce mois, une communication verbale à l'Académie des Sciences sur la belle découverte de M. Daguerre; » et dans l'article suivant : « Considérant la grande utilité de cette découverte pour le public, et l'extrême simplicité du procédé, qui est telle, que tout le monde peut s'en servir, M. Arago pense qu'il serait impossible, au moyen d'un brevet ni autrement, d'assurer à l'inventeur les avantages qu'il doit retirer de sa découverte, et il croit que le meilleur moyen pour le gouvernement serait d'en faire l'acquisition, et de la livrer au public. » Mais le nom de M. Niépce n'est pas mentionné dans ce rapport, ce qui est, je l'avoue, incompréhensible: Pour moi, qui ai l'honneur de connaître particulièrement M. le baron de Humboldt et M. Arago, et qui professe l'opinion qu'il n'y a pas d'hommes plus savants et plus honorables ! je crois que tout lecteur impartial, en réunissant la déclaration formelle de M. Niépce et le généreux aveu de M. Daguerre, sera convaincu, comme moi, que M. Niépce est l'inventeur de cet art intéressant. Quoique, pendant la longue période de dix ans et l'interruption et l'entière cessation de notre correspondance en 1829, M. Daguerre ait pu faire beaucoup de progrès; quoique, surtout, s'il a acheté loyalement le secret de M. Niépce, je pense qu'il doive retirer le plus grand profit possible de la vente de ce secret, le mérite de l'invention de l'héliographie n'en restera pas moins à mon estimable ami, Nicéphore Niépce !

Je n'ai vu aucun dessin de photogénie de M. Talbot; mais d'après ce que je vois dans les journaux, je conjecture qu'il prétend avoir fait des expériences très-intéressantes dans les quatre ou cinq années qui viennent de s'écouler : mais il me semble que son procédé est basé sur le même principe que la découverte de M. Niépce, et si M. Talbot réussit à fixer d'une manière permanente l'image de la nature sur le papier, il aura certainement fait le plus important, car il aura fait le plus utile !

Avant de quitter l'Angleterre, M. Niépce me présenta plusieurs intéressants spécimens de son art nouvellement découvert. L'un d'eux est sa première expérience heureuse pour fixer l'image de la nature; une autre planche préparée avec ce qu'il appelle le procédé chimique pour agir sur une planche de cuivre, comme une gravure à l'eau forte, et pour prendre des impressions de cette même planche.

Si vous, monsieur, ou quelqu'un s'occupant d'art ou de sciences, attachait quelque intérêt à ce sujet, et désirait voir les spécimens que j'ai en ma possession, il peut passer à ma maison, et je serais heureux de les lui montrer, et de lui donner toutes les explications qu'il désirera.

Cette communication, monsieur, est entièrement à votre service, et vous pouvez en faire l'usage que vous jugerez convenable; en accusant la réception de cette communication dans votre prochaine publication, je saurai qu'elle vous est parvenue, et vous obligerez beaucoup, monsieur, votre très-humble serviteur,

FRANCIS BAUER, F. R. S.,
Eglantine Cottage, Kew green, 27 février 1830.

N° 2.

LA LUMIÈRE

JOURNAL NON POLITIQUE,

PARAISSANT TOUS LES HUIT JOURS.

16 FÉVRIER 1851.

BEAUX-ARTS — HÉLIOGRAPHIE — SCIENCES.

BUREAUX, N° 15, RUE DE L'ARCADE, A LA SOCIÉTÉ HÉLIOGRAPHIQUE.

PARIS.—PRIX : UN AN, 16 F.; 6 MOIS, 10 F.; 3 MOIS, 6 F.—DÉPARTEMENTS, UN AN 18 F.; 6 MOIS, 11 F.; 3 MOIS, 7 F.—ÉTRANGER, UN AN, 20 F.; 6 MOIS, 12 F.; 3 MOIS, 8 F.—CHAQUE N° 50 CENT.

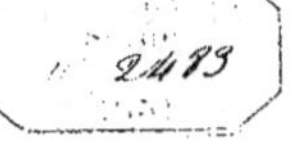

SOCIÉTÉS SAVANTES.

INSTITUT.

Notre journal, en inscrivant en tête de ses colonnes les mots *beaux-arts, héliographie, science*, a tracé tout un programme ; il s'est ouvert une voie que nul jusqu'ici n'a parcourue.

On rencontre, il est vrai, de nombreux journaux de physique, de chimie, de médecine, d'histoire naturelle et même de psychologie ; quelques revues traitent de la peinture et de l'architecture ; mais nulle publication périodique ne s'est proposé d'allier les arts à la science en maintenant entre eux, comme trait d'union, l'héliographie.

Mieux que de longues dissertations, cette découverte récente prouve la solidarité des connaissances humaines et l'appui réciproque qu'elles doivent se prêter ; c'est, pour le peintre, un exemple de la nécessité de connaître tout ce que la physique peut lui fournir de documents sur la lumière, sur sa nature intime et ses décompositions connues ou inconnues de couleurs ; c'est un exemple, pour le physicien, de l'extension que peuvent prendre ses travaux et des excursions qu'il peut et doit faire sur le domaine de l'artiste.

Parcourez l'échelle des sciences, et vous verrez chacune d'elles apporter un tribut aux arts. Est-il nécessaire de rappeler ce que l'anatomie peut donner de puissance au peintre ? Ce que la physiologie et la connaissance des tempéraments ajoutent de profondeur à ses conceptions ? Ce que la botanique et l'histoire naturelle fournissent d'agents et de vérités à son pinceau ? Ce que la perspective appelle de moyens dans ses productions ? Prenez la philosophie, et vous la trouverez aussi nécessaire à l'artiste qu'à l'homme d'État.

La raison de cette union nécessaire des deux branches des connaissances humaines est facile à saisir : l'une d'elle exprime l'analyse mathématique d'une série de faits, et la formule qui les rassemble en une résultante unique et abstraite ; l'autre saisit cette formule, la dépouille de ce qu'elle a d'abstrait, d'occulte, de pénible, parfois de repoussant, et la jette vivante, ornée, pleine de séductions au milieu des populations.

On peut dire avec assurance que sans l'appui des arts, mais les conceptions de Bacon, de Galilée, de Descartes, de Newton ne seraient sorties des sommités sociales pour devenir populaires ; la science aurait marché, mais l'espèce humaine serait encore immobile. Qui ne sait que l'art a été pour moitié et plus dans la renaissance !

Mais à mesure que les temps progressent et que les connaissances s'étendent, cette concentration en un seul individu devient plus difficile. Quel homme obligé de se livrer aux longues et pénibles études qu'exigent l'architecture, la peinture, la statuaire, peut consacrer dix ans de sa vie à suivre dans tous leurs détails la physique et l'histoire naturelle, surtout quand il les trouve hérissées de formules abstraites, de néologismes, de termes spéciaux, de grec, de latin, enfin de tout ce qui constitue les arcanes scientifiques !

Ces difficultés sont bien plus insurmontables encore pour l'homme du monde. De fortes études lui donnent le goût et l'habitude de la méditation ; il sent le besoin de développer son intelligence et de suivre dans plusieurs directions les progrès de l'humanité, mais les voies et moyens lui manquent : autour de lui n'apparaissent que des impossibilités ; s'il veut se maintenir au niveau du siècle, vingt publications périodiques lui sont nécessaires ; et de plus, il doit chercher au milieu de leurs nombreuses colonnes les lignes bien clair-semées qu'il lui importe de connaître. Notre journal a précisément pour but d'aplanir ces difficultés, il simplifie la science, la dépouille de sa rude écorce, la dore d'un reflet de l'art, et la présente attrayante et facile à ses lecteurs. Dégagés de toute préoccupation politique, de tout intérêt national, nous devons être l'écho des sociétés savantes de la France et de l'étranger. Toute découverte intéressante, à quelque titre que ce soit, trouvera place dans nos colonnes, tout homme de mérite aura l'appui de nos publications.

Nous espérons ainsi offrir un résumé des tendances et des travaux des corps savants : nous voulons favoriser leur influence en leur prêtant l'appui de la publicité ; nous dirons dans quelles voies ils veulent entraîner l'esprit humain, en indiquant une ou plusieurs années à l'avance les questions mises au concours. Trop souvent elles ne sont connues des gens du monde qu'au moment de la distribution des prix : elles perdent ainsi les efforts et les loisirs de bien des concurrents.

Nous allons, tout d'abord, donner la liste des prix proposés par l'Institut de France et donner les conditions du concours.

Les ouvrages écrits en français ou en latin devront parvenir, francs de port, au secrétariat de l'Institut, avant le premier avril de l'année où le prix doit être décerné. Ils porteront une épigraphe ou devise répétée dans un billet qui contiendra le nom de l'auteur.

ACADÉMIE FRANÇAISE.

L'Académie propose pour sujet d'un prix d'éloquence à décerner en 1852, *l'éloge de Bernardin de Saint-Pierre*. Ce prix sera une médaille d'or de la valeur de mille francs. Les ouvrages envoyés au concours ne seront reçus que jusqu'au premier mars 1852.

L'Académie a proposé pour sujet de deux prix à décerner en 1852, les deux questions suivantes :

1° *Rechercher l'influence de la charité dans le monde romain, durant les premiers siècles de notre ère ; et après avoir établi comment, en respectant profondément le droit et la propriété, elle agissait par persuasion à titre de vertu religieuse, montrer par ses institutions l'esprit nouveau dont elle pénétra la société civile.*

2° *Rechercher les traces de l'influence que la littérature et le génie de l'Italie exercèrent sur les lettres françaises au XVIe siècle et dans une partie du XVIIe siècle, et, en montrant les rapports et les différences des deux peuples, indiquer ce que gagna le génie français à se rapprocher surtout de l'antiquité.*

Chacun des prix sera une médaille d'or de la valeur de trois mille francs.

Les ouvrages envoyés au concours ne seront reçus que jusqu'au 31 décembre 1851.

A partir du premier janvier 1851, l'Académie s'occupera de l'examen annuel relatif aux prix fondés par feu le baron Gobert, pour *le morceau le plus éloquent d'histoire de France*, et pour *celui dont le mérite en approchera le plus*.

L'académie comprendra, dans cet examen, les ouvrages nouveaux sur l'histoire de France, qui auront paru depuis le premier janvier 1850.

Les ouvrages précédemment couronnés conserveront les prix annuels, d'après la volonté expresse du testateur, jusqu'à déclaration de meilleurs ouvrages.

M. Maillé Latour-Landry a légué à l'Académie française et à l'Académie des Beaux-Arts une somme de 30,000 francs à employer en rentes sur l'État, pour la fondation d'un secours à accorder, chaque année, *à un jeune écrivain ou artiste pauvre dont le talent, déjà remarquable, paraîtra mériter d'être encouragé à poursuivre sa carrière dans les lettres ou les beaux arts.* L'académie française donnera le prix en 1852.

Dans le prochain numéro paraîtra la liste des prix proposés par l'Académie des sciences.

Qu'on ne s'étonne pas de voir l'Académie française mentionnée avant les sociétés savantes. Son ancienneté et la place qu'elle occupe dans l'Institut nous ont paru une condition de hiérarchie qu'il était convenable d'observer.

Dr CLAVEL.

CHAMBRE OBSCURE BLANCHIE A L'INTÉRIEUR.

IODE ET SUBSTANCE ACCÉLÉRATRICE.

Les journaux ont annoncé dernièrement que l'on employait avec succès en Allemagne, un nouveau moyen d'accélérer dans la chambre obscure l'action des rayons lumineux qui la traversent pour aller impressionner le papier à couche sensible sur lequel l'image doit se produire. Il s'agissait de blanchir tout l'intérieur de cette chambre obscure au lieu de le noircir, comme l'usage, d'accord en cela avec la théorie, l'avait fait pratiquer jusqu'à présent. Au dire de ces mêmes journaux, des expériences récentes faites en France par d'habiles opérateurs auraient donné des résultats satisfaisants. Il faudrait donc se résigner à passer du blanc au noir sans transition, si de nouveaux essais, recommencés dans toutes les conditions voulues, venaient confirmer un fait que j'admets, sous toutes réserves, quand il s'agit d'obtenir une image sur papier, mais que je repousse, jusqu'à plus ample informé du moins, lorsque l'image doit être produite sur une plaque daguerrienne. Une opinion exprimée en ces termes ne peut s'appuyer que sur des faits, et voici les expériences que j'ai répétées plusieurs fois en obtenant toujours le même résultat. J'ai partagé l'intérieur de ma chambre obscure en deux compartiments égaux, au moyen d'une cloison perpendiculaire de carton qui touchait d'un côté la surface de l'objectif et de l'autre la glace dépolie. L'un des compartiments a été doublé de velours de coton noir, l'autre de carton bien blanc et mat, et pour avoir un modèle également éclairé partout, j'ai voulu reproduire dans un salon et au moyen de la lumière douce d'une fenêtre située au nord, une gravure récemment publiée d'après un tableau de Papety.

Les deux expériences se faisaient donc sur la même plaque, et dans les mêmes conditions ; même double, même préparation de la couche sensible, même lumière, même durée du temps d'exposition dans les *deux* chambres, etc., etc., etc., j'avais ainsi simultanément deux épreuves obtenues dans des conditions parfaitement identiques, mais l'une dans la chambre noire, et l'autre dans la chambre blanche. La première épreuve, ou pour mieux dire la moitié de la plaque impressionnée dans la chambre noire a *toujours* été vigoureuse et limpide ; l'autre moitié, constamment *molle et voilée.* Ces expériences, répétées ensuite au plein air et sur des monuments éclairés par le soleil, n'ont donné les mêmes résultats, mais plus tranchés encore qu'ils ne l'avaient été dans les dessins obtenus au moyen de la faible lumière des appartements.

Il faut remarquer que je ne me sers pas ici du mot *passée* en parlant du côté de l'épreuve venue dans la chambre blanche, car rien n'était *solarisé*, rien dans les clairs n'était devenu creux et bleuâtre, résultat si connu d'une trop longue exposition à la lumière. Il y avait sur toute cette moitié de l'épreuve un léger voile, produit par une faible couche de vapeurs mercurielles uniformément attachée sur toute sa surface, et il devait en être ainsi. Dans la chambre noire, il n'y a pour ainsi dire qu'une seule lumière qui arrive sur la plaque, c'est celle qui, partant de l'objet à reproduire, traverse l'objectif pour aller frapper directement la couche sensible, car la lumière diffuse, celle qui émane ou de ces mêmes rayons directs, ou de la surface réfléchissante du métal, est absorbée et détruite par le velours de coton noir qui tapisse l'intérieur de la chambre. Dans le côté blanc, au contraire, il y a deux lumières bien distinctes et qui agissent l'une et l'autre sur la plaque : l'une est la lumière directe et pure qui dessine l'image, l'autre est celle que les parois blanches réfléchissent et qui rayonnent en tout sens, forme dans l'intérieur de la chambre blanche une atmosphère lumineuse qui impressionne uniformément toute la surface sensible du doublé.

Puisqu'aux rayons directs viennent s'ajouter des rayons réfléchis, nul doute que l'intensité des premiers ne soit augmentée et qu'ils n'agissent avec plus de promptitude sur l'iodure d'argent, que s'ils le frappaient seuls ; il y aura donc accélération de l'impression lumineuse dans le compartiment blanchi, mais en même temps la pureté de l'image en souffrira puisque les ombres et les demi-teintes qui devraient être totalement ou en partie privées de lumière, en recevront une quantité uniformément égale à celle qui est venue donner plus d'action aux rayons qui forment les parties éclairées du dessin.

On peut cependant conclure de ce qui précède que dans des circonstances données, comme par exemple quand il faut opérer avec une faible lumière ou dans un espace de temps très court, on pourrait se servir de la chambre blanchie, et en obtenir des résultats assez satisfaisants, sinon parfaits ; mais ceci ne serait que l'exception à la règle, et toutes les fois que l'on voudra obtenir une empreinte vigoureuse et limpide, il faudra s'en tenir à la chambre noire rendue aussi obscure que possible.

Il va sans dire que je ne parle ici que pour la plaque métallique. L'image que la lumière produit sur le papier, ne résulte pas comme celle qui se forme sur l'argent d'une couche blanche de mercure qui vient se déposer en plus ou moins grande quantité sur tous les points où la lumière a frappé la couche sensible. Les conditions ne sont donc pas les mêmes dans les deux procédés, et de nombreuses expériences devront être faites à ce sujet. Déjà M. Blanquart-Evrard est venu appuyer de son autorité les essais de Munich ; il faut donc attendre encore et étudier un phénomène que la théorie ne vient pas appuyer.

Je ne veux pas terminer cet exposé sans insérer ici et comme preuve d'impartialité quelques lignes extraites d'une lettre que j'ai reçue aujourd'hui même de Pétersbourg.

Elle est datée du 30 janvier, et je copie textuellement :

« Que pensez-vous de la chambre noire garnie de blanc « à l'intérieur? Voilà donc toutes vos précautions, tout « votre système velouté renversé de fond en comble! Le « fait est que l'opération est facile, la sensibilité de la « plaque doublée, pas la moindre altération de la couche « sensible, et qu'il n'y a plus moyen de solariser l'épreuve! « Cette découverte est admirable, mes premières expé- « riences m'ont donné des résultats merveilleux et je vais « blanchir jusqu'aux pieds de tous mes appareils! »

Quelques lignes plus loin, cependant ce premier enthousiasme semble se calmer un peu, et mon correspondant se demande si de nouvelles expériences ne viendront pas s'opposer à ce changement de couleur qui lui plaît tant aujourd'hui. Je ne crois pas me tromper en lui prédisant qu'il reviendra au noir avant peut-être que ma réponse ne lui arrive. Des épreuves comparatives faites sur des plaques différentes ne sont pas concluantes, car il est à peu près impossible de préparer deux plaques de manière à ce que leur sensibilité soit la même. Il faut absolument que les deux essais soient faits sur la même plaque en même temps, et voici un fait remarquable dont il faut tenir compte. Si en regardant la plaque à double épreuve, on cache avec un écran la partie venue dans le compartiment doublé de velour noir, l'autre moitié paraît jolie et harmonieuse, mais elle devient immédiatement molle et comme voilée dès qu'on découvre la partie limpide qui se trouvait cachée. Seule, elle paraissait bien ; comparée, elle devient presque mauvaise.

Je recommencerai encore de nouvelles expériences dans ma double chambre noire et blanche, mais, sans croire d'avance, je l'avoue, à un autre résultat que celui que j'ai obtenu.   Bon GROS.

(La suite au prochain numéro.)

CORRESPONDANCE.

Paris, le 13 février, 1851.

Monsieur,

Je vous envoie le rapport du jury de la dernière exposition qui vient de paraître. Je désirerais que les 13 pages (de la 529e à la 542e), soient reproduites dans votre journal, afin de donner les motifs d'une distribution de récompenses qu'on n'a pas bien comprise ne connaissant pas les exigences d'une exposition industrielle. Je n'ai pu parler de M. Gros qui n'avait pas d'épreuves exposées ; mais son talent est assez connu pour que cette omission obligée ne le blesse pas. Vous trouverez qu'il est juste de faire connaître les efforts qui furent faits alors afin d'en encourager de nouveau.

Agréez, Monsieur, l'assurance de ma considération très-distinguée.   LÉON DE LABORDE.

Nous insérerons ce rapport sur la dernière exposition de l'industrie dans le prochain numéro.

DE L'INFLUENCE DE L'HÉLIOGRAPHIE

SUR LES BEAUX-ARTS.

(Suite.)

COURTES RÉFLEXIONS SUR L'EXPOSITION DE 1850.

II.

Quand un laboureur promène à travers champs le soc affilé de la charrue, que de folles herbes, que de plantes parasites, de racines mortes et de fleurs inutiles ne le voit-on pas trancher et anéantir à la surface de la terre! Cependant, son entreprise est salutaire, sa destruction est féconde : purgé des végétations gourmandes, le sol donnera au bon grain qui lui sera confié tous ses sucs nourriciers, et, l'hiver venu, la plaine changée en un tapis vert offrira l'espoir d'une moisson pure et dorée.

Telle est l'action future de l'héliographie dans le vaste champ des arts. Nous avons entrevu la destinée des herbes parasites ; occupons-nous de la moisson.

Il est aisé de signaler, dès aujourd'hui, les résultats bienfaisants d'une découverte qui fera de nouveaux progrès sous l'impulsion des élans de la science.

Dans notre pensée, le talent du portrait n'a qu'à gagner à la rivalité de la photographie : d'abord, la peinture, loin de rien redouter, est susceptible d'acquérir, du côté du modelé, du dessin, certaines qualités solides, en possédant un moyen facile de se rendre compte de l'effet exact des ombres et des demi-teintes, transportées de la nature sur une surface plane. A côté d'un résultat précis, l'à peu près devient de plus en plus insuffisant : le génie de l'artiste se verra donc contraint à dépasser par la vraisemblance ou l'esprit de l'interprétation, la puissance de la vérité matérielle. Et comme la perfectibilité humaine est illimitée, elle triomphera de ces obstacles heureux.

Ils sont considérables, cependant : l'héliographie, à l'état actuel, s'empare d'une image si rapidement, que le praticien est à même de saisir au vol l'expression la plus animée, la plus caractérisée, la plus fugitive ; une seconde lui suffit pour dérober le sourire, le nuage qui assombrit un instant la physionomie, la lueur intelligente qui l'éclaire quand le modèle va parler.

Si ces précieuses leçons ne sont pas perdues, l'art de peindre l'expression s'élèvera jusqu'au sublime. Comme le daguerréotype est impuissant à donner aux images la couleur et les dimensions de la nature (deux moyens importants de pousser la réalité jusqu'à l'illusion), le portrait peint et le portrait de grandeur naturelle resteront hors de toute concurrence. Seulement, ils s'exécuteront dans des conditions plus rigoureuses ; ils pourront et ils devront posséder, avec leurs qualités propres, celles dont la photographie aura dicté l'exigence.

Quant aux portraits de petite dimension, ils résisteront pourvu que, joignant la poésie à la vérité, ils se proposent d'embellir la nature sans la démentir, de l'interpréter par la noblesse du style ou par le rayonnement de certaines grâces insaisissables. Du reste, l'élévation générale du niveau de l'art, laisse toutes choses dans le même rapport de proportions. Si chacun se met à faire des portraits avec une épreuve de photographie pour guide, le mérite des plus habiles sera aussi rare, aussi apprécié qu'il l'est aujourd'hui sans le secours du procédé ; et la preuve, c'est que déjà quelques peintres ayant essayé de mettre à profit le daguerréotype se sont rebutés, n'en ont tiré qu'une timidité bizarre, et ont reculé avec effroi. Tous à la vérité ne furent point si malheureux ; mais l'héliographie n'a servi que les plus forts, tandis qu'elle a insinué aux autres le soupçon de leur néant.

Puis, si l'on est femme et jeune, on veut être belle et léguer à la postérité un aimable procès-verbal de ses attraits. La question est d'être décrite comme on est ; et telle que l'on se voit, ainsi l'on prétend être. On appelle un peintre, on espère un flatteur ; le daguerréotype n'est qu'un traître.

Il vous répartit du nez sans économie ; la bouche en cœur et pas de sa compétence, la tradition des yeux fendus en amandes est supérieure à ses moyens. L'atelier où l'on rajeunit ne sera jamais désert. Par ces diverses raisons, la miniature ne sera pas compromise : elle unit la couleur aux grâces précieuses ; traitée avec beaucoup d'esprit, elle parle au cœur et correspond aux sentiments intimes. Rien pourrait-il remplacer les miniatures de madame de Mirbel et de quelques autres peintres consommés dans cet art difficile !

Sur ce point, d'ailleurs, et dans certaines circonstances, la photographie est impuissante : elle ne saurait reproduire l'équivalent de la teinte azurée des prunelles : le bleu céleste échappant à l'action des agents chimiques, reste intraduisible, et les yeux bleus, quand leur nuance est pure, ne ressortent pas ; ils s'offrent blêmes. Ce phénomène rend, en nombre d'occasions, la photographie insuffisante, il le faut avouer.

Mais, tout en cédant à la supériorité de la peinture, le daguerréotype est susceptible de lui prêter une ressource unique pour parvenir au degré de réalité qui souvent lui a fait défaut. Certaines petites toiles si lumineuses, si claires et si fermes tout à la fois, seraient d'une exécution surhumaine, si l'héliographie ne donnait la clef de cette sorcellerie à des gens peu empressés de la ramasser, parce qu'ils seraient inhabiles à s'en servir.

Comment énumérer les divers avantages que la photographie est susceptible d'apporter à l'exécution de la grande peinture?

La figure nue, parfaitement étudiée au point de vue anatomique, est à peu près ignorée par rapport au mouvement, à la vie, chez les peuples chrétiens et aux climats du Nord où l'on est hermétiquement vêtu. Le temps où nous sommes se prête bien mal aux épopées : car les deux principaux éléments du style font défaut aux observations journalières ; à savoir la forme nue et les draperies. D'où il suit que nos idées sur le corps humain, trop justement qualifié *d'académie* dans nos écoles, n'ont été longtemps que de simples préjugés de routine. L'ensemble de ces préjugés, transmis d'âge en âge, et imposés par des professeurs-machines, constituait l'art du dessin. Telle fut l'éducation des jeunes artistes : on leur apprenait par cœur la figure, comme on leur enseignait à tracer un paraphe, et, le plus adroit en cette façon de calligraphie, on l'envoyait à Rome étudier l'homme sur des pierres cassées.

Aussi la mode a-t-elle signalé son passage dans nos notions de la forme corporelle. Le moyen-âge passa tout au laminoir et à la filière ; Michel-Ange, qui fit le contraire, créa une école herculéenne, noueuse et musclée, qui dura deux siècles. Après quoi, le corps humain livide, pauvre, strapassé, sous l'impulsion de Vanloo et de quelques autres, fut rendu semblable aux cadavres : c'était l'engouement des études anatomiques, et le premier pas d'une pédanterie chirurgico-picturale. On doit à une fausse interprétation de l'antique l'immobilité et la vogue de ces tableaux étranges des Maîtres de l'Empire, où des corps de marbre servent de supports à des têtes de bois.

Par les procédés de l'héliographie, une seconde nous suffit pour saisir, dans un temps d'arrêt fugitif, une figure nue librement agissante, et les modèles ainsi accusés fournissent déjà des leçons bien autrement précises que celles des statues et des écorchés anatomiques. L'héliographie mettra dorénavant les types humains, consacrés d'âge en âge, à l'abri des fantaisies de la mode ; c'est le germe d'une révolution contre le système des *poncifs*, au profit de la réalité. Grâce à une invention de la science, le modelé cessant d'être savant, rentrera dans le domaine de l'art.

La même théorie est applicable aux draperies. Il s'agit, je le suppose, d'un sujet historique, grec ou romain : que fait l'artiste? Il copie la tête, les jambes, les bras d'un modèle, puis il ajuste des étoffes sur un sac de son, appelé mannequin. Ces étoffes, leurs plis, leurs aspects n'ont point été produits par le mouvement naturel de la figure ; elles voilent les contours d'un monstre inerte. Les membres agissants n'ont pas donné lieu aux allures prises par l'étoffe. Or, pour se rendre compte des motifs d'une draperie, ne faut-il pas savoir quelle attitude a précédé la pose actuelle? Un homme se détourne et s'arrête : la draperie change de maintien et participe de deux modes d'action ; — le personnage marchait, son corps prend rapidement une impulsion nouvelle, et le vêtement plus rebelle obéit à deux influences contraires.

Difficiles à exprimer, ces finesses de la vie dans les œuvres plastiques n'en sont pas moins d'une incontestable évidence. A l'aide de la photographie, l'on peut habiller le modèle, le faire agir, et fixer le mouvement dans toute son énergique spontanéité. Cette épreuve obtenue, la statue, le tableau s'exécutent dans le calme, avec certitude, et le temps concédé à l'étude minutieuse, n'affaiblit point le jet de la pensée.

On le voit, le résultat final de la découverte est l'élévation des couches supérieures de l'art.

Il semble que déjà le public, plus affriandé de vérité, devienne moins exigeant du côté du style et des beautés convenues, pour se tourner avec curiosité vers le culte du réel. Dès qu'une tendance de ce genre se manifeste, le langage, algèbre des idées, le constate à l'instant, et le néologisme ébauche l'histoire avant l'heure. Nous voyons des peintres très-peu soucieux d'Aristote, de la ligne serpentine et de l'amour de l'idéal, qui se qualifient de *simplistes*, de *naturalistes*, de *réalistes*.

Presque tous les paysagistes s'approchent plus ou moins de cette voie frayée vers la religion de l'abrupte nature ; et les hommes de procédé, de théories manuelles, les coryphées de la brosse ou du *chic artistique*, barbarisme créés naguère pour d'autres innovations, se voient tenus échec.

Que l'on en soit certain, l'héliographie est loin d'être étrangère à ces symptômes singuliers. Violente et outrée, comme toutes les réactions, celle-ci n'a pas donné son dernier mot ; elle opère une transition, et déjà cette émeute radicale a passionné diversement la foule qui se porte au Palais-National avec une ardeur extrême.

Au surplus, la critique vulgaire exercée par les passants a changé de texte : on recueille très peu de réflexions sur le dessin ou sur la couleur, et l'intérêt du moment n'est plus là. — Ceci est vrai, cela est beau... Voilà qui est réel ; voilà qui l'est moins ; et voici qui est laid... Tels sont les propos qui circulent.

Il s'introduit, pour l'appréciation des ouvrages, un élément nouveau, et l'on est pourvu, de par le daguerréotype, d'une pierre de touche qui aide à classer en deux catégories les peintures et la sculpture même.

Relativement à l'exactitude, à la vérité locale, la peinture historique est destinée à gagner beaucoup du côté de l'intérêt qui s'attache à la mise en scène. Une épreuve photographiée de tel ou tel pays, d'un site, d'un monument, est si facile à obtenir par correspondance et sans se déplacer, que la banalité cessera d'être permise. Ces épreuves indiqueront à la fois, et l'objet du tableau, et la proportion des figures, que l'on exagère ou que l'on réduit pour produire certains effets, avec une audacieuse intrépidité.

Au lieu d'être calqués sur les vieux Maîtres, les cartons servant de matériaux, inépuisables dans leur diversité, seront tirés de la nature et extraits des cinq parties du monde. On pourra comparer les proportions de l'homme civilisé de l'Europe avec celles du Nègre de l'Afrique, de l'Indien de l'Asie, ou du Sauvage des Amériques. Ces distinctions furent impraticables, jusqu'ici, à un degré précis.

Quelle vie, quelle vigueur de relief ne faudra-t-il pas imprimer à des personnages placés sur un théâtre dont la nature même aura fait les frais et arrêté les plans? sacrifier les fonds devient impossible ; la pierre de touche photographique condamnerait l'artiste. Il se verra contraint à renforcer la valeur et l'exécution des objets créés par sa fantaisie pour peupler la scène.

A nos yeux, ces conditions d'exigence ouvrent un champ plus vaste à l'imagination mieux assurée de ses moyens, plus confiante en sa faculté d'exprimer, et plus hardie à s'élever aux régions de l'idéa), parce que, se sachant pourvue d'une boussole, elle s'égare à plaisir sans risquer de se perdre.

En résumé, tous les arts ont à gagner à la connaissance de la vérité ; car la pensée saura toujours s'assimiler l'interprétation idéale. Plus le terrain où ils prennent leur élan est ferme et solide, plus leur essor sera puissant. La poésie, la littérature même, ces sources vives de l'inspiration pour l'artiste, sont atteintes à leur tour par cette iconographie nouvelle. La description se renferme dans les limites du vrai : l'emphatique exagération soumise à un contrôle exact, réprime ses boursouflures : il faut créer l'intérêt et non fabriquer la nature. Les fictions des voyageurs, grands distributeurs de méprises et de données controuvées étant démasquées, l'on s'étonnera de revoir, sous leurs proportions sincères, la plupart des monuments célèbres, des sites fameux, des ruines antiques accrus jusqu'à des dimensions cyclopéennes par les récits hyperboliques des touristes.

Confessons aussi que les dessinateurs se sont rendus complices de nombre d'erreurs. Pour n'en citer qu'une, — tous ceux qui ont copié l'Alhambra, y ont placé des personnages qu'ils ont rapetissés de moitié, pour doubler la grandeur du monument. L'un de ces artistes, interpellé à cet égard, avouait avec franchise qu'il n'avait pas osé se soustraire à l'usage...

Que de déceptions ces flatteuses infidélités préparent aux pèlerins futurs! Nous les avons subies, le daguerréotype sous les yeux, en parcourant avec surprise ces petits pouvoirs moresques dont l'aspect a arraché des pages désenchantées à Théophile Gautier, touriste assez habile, écrivain assez riche, assez coloré pour se rendre attachant sans cesser d'être consciencieux.

Sur ce terrain donc, l'art littéraire se voit forcé de s'élever, et de remplacer, par des qualités de style, par la grâce ou la vigueur de la pensée, l'équivoque attrait du mensonge. En somme, il faut beaucoup plus de talent pour être vrai, que pour se dispenser de l'être. Cette maxime, dont l'application embrasse toutes les ramifications des arts, caractérise la portée définitive de l'héliographie, l'une des trois merveilles de notre siècle. Et comme la vérité accessible à tous sera le mobile et le guide forcé du génie, le niveau de l'art s'élèvera.

FRANCIS WEY.

TEMPS PRIMITIFS DE L'HÉLIOGRAPHIE.

On a pu voir, dans le Numéro précédent DE LA LUMIÈRE, que l'article 8 du contrat passé entre MM. Niepce et Daguerre désignait M. Lemaître, graveur, à l'exclusion de tout autre, pour l'application des procédés de L'HÉLIOGRAPHIE à la gravure dans le cas où les deux associés eussent jugé cette application convenable. La correspondance entre M. Niepce et M. Lemaître jettera un nouveau jour sur l'histoire si intéressante de cette découverte. Nous devons ces pièces à l'obligeance de M. Lemaître.

LETTRE DE M. NIÉPCE A M. LEMAITRE.

Châlon-sur-Saône, le 17 janv'er 1827.

Monsieur,

Il y a environ dix-huit mois, que M. de Champmartin vous remit deux petites planches de cuivre, vernies et prêtes à recevoir l'action de l'eau forte. Vous eûtes la complaisance d'en faire l'essai devant lui ; et je profite avec empressement de l'occasion qui se présente pour vous prier d'agréer, à ce sujet, mes tardifs et sincères remerciments. Cet essai, toutefois, malgré les précautions que vous voulûtes bien prendre, ne réussit point ; ce qu'il faut attribuer au vernis appliqué en couche trop mince, ou à sa mauvaise qualité. Je ne vous entretiendrai pas , monsieur , de la nature de mes recherches, dont l'essai en question était un résultat fort imparfait. M. de Champmartin, mon beau-frère a dû vous en parler, et vous en aurez appris davantage par M. le comte de Mandelot, qui a la bonté de s'intéresser d'une manière toute particulière au succès de ma découverte. Instruits de ses rapports avec vous, monsieur, et sachant combien vous désirez lui être agréable, j'ose me prévaloir de sa recommandation pour réclamer un nouveau témoignage d'obligeance de votre part. Je serais bien aise de soumettre à votre examen quelques nouveaux essais gravés sur étain pur. Persuadé qu'il me serait difficile de trouver à la fois un juge plus impartial et plus éclairé, je ne craindrais pas de provoquer la critique la plus sévère, et je réclamerais également avec confiance l'appui de vos sages conseils : ils me seraient aussi utiles, aussi nécessaires l'un que l'autre pour me guider dans un art où vous excellez, monsieur, et dont j'ignore bien davantage encore la pratique que la théorie. Veuillez me mander si vous consentez à l'envoi proposé. D'après l'opinion extrêmement avantageuse que j'ai conçue de vous, monsieur, j'ai tout lieu d'espérer.

Agréez, je vous prie, monsieur, les assurances de ma considération très-distinguée.

J.-N. NIÉPCE,
Rue de l'Oratoire, 1 (Saône-et-Loire).

M. LEMAITRE A M. NIÉPCE.

Paris, le 22 janvier 1827.

Monsieur,

Lorsque M. le comte de Mandelot me parla de votre admirable découverte, je le priai de ne pas m'épargner, si le peu d'expérience que j'ai acquise en gravure pouvait être utile.

Je suis très-fâché de n'avoir pas réussi dans les deux essais que M. de Champmartin m'a fait soumettre à l'action de l'eau forte, je crois que la cause peut en être attribuée à la faiblesse du vernis, ayant employé pour une planche de l'acide nitrique étendu d'eau, réduit à 15 degrés, et pour l'autre de l'acide acétique, le vernis a été détruit plus promptement par l'acide acétique. Je serai peut-être plus heureux une autre fois, et puisque vous croyez que je peux vous être utile, je vous prie de ne pas vous gêner et de me faire les envois que vous désirerez, je m'empresserai d'y répondre.

J'ai vu avec plaisir que vous avez amélioré votre vernis par une petite planche gravée dont je fis faire quelques épreuves à M. le comte de Mandelot.

Vous me parlez de plusieurs essais sur étain; s'ils sont pour faire mordre, comme je n'ai jamais gravé à l'eau forte sur l'étain, je vous prie d'avoir la complaisance de m'envoyer une petite plaque du même métal, afin que je puisse, avant d'employer l'eau forte sur vos essais, comparer l'action qu'elle peut avoir sur ce métal avec celle qu'elle a sur le cuivre, pour connaître le degré auquel je pourrai l'employer; je vous ferai part des observations que j'aurai faites.

J'ai l'honneur, etc. LEMAITRE.

M. NIÉPCE A M. LEMAITRE.

Châlon-sur-Saône, le 2 février 1827.

Monsieur,

D'après les offres on ne peut pas plus obligeantes que vous voulez bien me faire dans votre réponse du 22 janvier, je m'empresse de vous adresser *la quantité de cinq planches d'étain* que j'ai fait enregistrer et affranchir au bureau des diligences, et qui vous parviendront en même temps que ma lettre.

La plus grande de ces cinq planches est la copie d'une gravure représentant la vierge, l'enfant Jésus, et saint Joseph. Les quatre autres, plus petites, sont une double copie d'un portrait et d'un paysage. Ces planches, comme vous le verrez, monsieur, ne sont pas sur vernis, mais gravées toutes faiblement , à *l'acide acétique assez allongé de vinaigre de bois*, surtout celles qui représentent le paysage. Je crois avoir moins mal réussi dans la copie du portrait. Je vous prie donc de les examiner, et de vouloir bien me dire franchement ce que vous en pensez. Je suis ici totalement dépourvu de ressources de ce côté-là ; n'ayant même pu me procurer un mauvais morceau de planche gravée à l'eau-forte, pour me servir au moins de terme de comparaison; ce qui, à défaut de conseils, et surtout de connaissance pratique de ma part, m'eût été d'un grand secours; car j'agis en quelque sorte, au hasard. Depuis les deux derniers mois de l'automne, j'ai suspendu mon travail que je ne pourrai reprendre qu'au retour de la belle saison. Je m'occuperai alors principalement, monsieur, à graver des *points de vue d'après nature*, à l'aide de la *chambre noire* perfectionnée : cette application de mes procédés, vous paraîtra peut-être d'un grand intérêt. Ce qu'il y a de certain, c'est que les expériences de ce genre, faites précédemment, me font augurer un heureux résultat pour celles qui auront lieu par la suite. Votre obligeante intervention, monsieur, ne pourra qu'y contribuer très puissamment: et j'en éprouverai une double satisfaction , puisque cette circonstance me permettrait de vous offrir d'y concourir d'une manière encore plus efficace , en vous associant aux avantages qui pourront résulter de ma découverte. La réputation méritée dont vous jouissez, monsieur, m'est un sûr garant que ma confiance ne saurait être mieux placée qu'en vous, sous tous les rapports.

Recevez, je vous prie les assurances de ma considération.

J.-N. NIÉPCE,
Rue de l'Oratoire, 1 (Saône-et-Loire).

P. S. Connaissez-vous, monsieur, un des inventeurs du *Diorama*, M. Daguerre? Voici pourquoi je vous fais cette question. Ce monsieur ayant été informé, je ne sais trop comment, de l'objet de mes recherches, m'écrivit l'an passé dans le courant de janvier, pour me faire savoir que depuis fort long-temps, il s'occupait du même objet, et pour me demander si j'avais été plus heureux que lui, dans mes résultats. Cependant, à l'en croire, il en aurait déjà obtenu de très étonnants; et malgré cela, il me priait de lui dire d'abord, si je croyais la chose possible. Je ne vous dissimulerai pas, monsieur, qu'une pareille incohérence d'idées, eut lieu de me surprendre pour ne rien dire de plus. J'en fus d'autant plus discret et réservé dans mes expressions, et toute fois, je lui écrivis d'une manière assez honnête, assez obligeante, pour provoquer de sa part une nouvelle réponse. Je ne la reçois qu'aujourd'hui, c'est-à-dire après un intervalle de plus d'un an ; et il me l'adresse uniquement pour savoir où j'en suis, et pour me prier de lui faire *passer une épreuve, bien qu'il doute qu'il soit possible d'être entièrement satisfait des ombres par ce procédé de gravure; ce qui le fait tenter des recherches dans une autre application, tenant plutôt à la perfection qu'à la multiplicité.* Je vais le laisser dans la voie de la *perfection*, et par une réponse laconique, couper court à des relations dont la *multiplicité*, comme vous pouvez bien le penser, pourrait me devenir également désagréable et fatigante. Veuillez me mander si vous connaissez personnellement M. Daguerre, et quelle opinion vous avez de lui.

(*Suite de la correspondance au prochain numéro.*)

SCIENCE.

NOTE DE M. NIEPCE DE SAINT-VICTOR

sur les

PROPRIÉTÉS PARTICULIÈRES A QUELQUES AGENTS CHIMIQUES.

M. Niepce de Saint-Victor, neveu de Joseph-Nicéphore Niepce, s'occupe avec une infatigable persévérance de découvertes héliographiques. La fixation des couleurs est le but auquel il aspire ; déjà, grâce à l'intervention des expériences de M. E. Becquerel, les résultats les plus encourageants ont été obtenus. M. Niepce de Saint-Victor, devant nous faire une suite de communications curieuses et intéressantes, nous croyons devoir commencer par l'exposé suivant :

PREMIÈRE PARTIE.

De l'iode et de ses effets.

Je crois avoir le premier découvert dans l'iode une propriété que l'on était loin d'y soupçonner, la propriété de se porter sur les noirs d'une gravure, d'une écriture, etc , à l'exclusion des blancs. Ainsi une gravure est soumise à la vapeur de l'iode pendant dix minutes environ, à une température de 15 à 20 degrés ; on emploie 15 grammes d'iode par décimètre carré (il faudrait plus de temps si la température était moins élevée); on applique ensuite cette gravure sur du papier collé à l'amidon, en ayant soin préalablement de le mouiller avec une eau acidulée a

1 degré d'acide sulfurique pur. Les épreuves, après avoir été pressées avec un tampon de linge, présentent un dessin d'une admirable pureté; mais, en séchant, il devient vaporeux, tandis que, si l'on opère sur un papier enduit d'une ou de deux couches d'empois, le dessin sera non-seulement plus net, mais il se conservera beaucoup mieux. Ce qu'il y a de plus extraordinaire, c'est que l'on peut tirer plusieurs exemplaires de la même gravure sans lui faire subir de nouvelles préparations, et les dernières épreuves sont toujours les plus nettes; car, en laissant très-longtemps la gravure exposée à la vapeur d'iode, les blancs finissent par s'en imprégner, si le papier est collé à l'amidon; mais les noirs en retiennent toujours plus que les blancs, quelle que soit la durée de l'exposition.

J'ai trouvé le moyen de reproduire par le même procédé toute espèce de dessin, soit que celui-ci ait été fait à l'encre grasse ou aqueuse (pourvu que cette dernière ne contienne pas de gomme, soit qu'il l'ait été à l'encre de Chine ou à la mine de plomb; en un mot, tout ce qui a trait peut être reproduit (n'importe la couleur); seulement il faut faire subir à ces dessins les préparations suivantes : on les plonge pendant quelques minutes dans une eau légèrement ammoniacale, puis on les passe dans une eau acidulée avec les acides sulfurique, azotique et chlorhydrique, et on les laisse sécher; c'est alors qu'on les expose à la vapeur d'iode, et qu'on répète le procédé décrit plus haut. Par ce moyen, on parvient à décalquer des dessins qui jusqu'ici n'auraient pu l'être autrement, par exemple des dessins qui seraient dans la pâte du papier. On peut aussi ne reproduire qu'une des deux images qui se trouvent sur le recto et le verso d'une même feuille de papier; il suffit, pour cela, de ne laisser que très-peu de temps la gravure exposée à la vapeur d'iode, afin qu'elle n'ait pas le temps de se porter sur les caractères opposés. On peut aussi, au moyen d'une couche de gomme, ne reproduire qu'une partie du dessin.

J'ai indiqué la nécessité que le papier qui doit recevoir une gravure soit collé avec de l'amidon, parce qu'en effet la matière colorée du dessin est de l'iodure d'amidon; d'après cela, j'ai eu l'idée d'enduire d'empois une feuille de papier, et, ce qui est bien préférable, la surface d'un corps dur et poli, tel qu'une plaque de porcelaine, de ver opale, de verre, d'albâtre et d'ivoire, et d'opérer ensuite comme j'opérais sur le papier : le résultat, comme je l'avais prévu, a été d'une supériorité incontestable relativement aux dessins produits sur simple papier collé à l'amidon.

On obtient aussi une grande pureté de traits et beaucoup plus de solidité.

Après avoir exposé la gravure à la vapeur d'iode, il faut l'appliquer d'abord sur des feuilles de papier collé à l'amidon, et, lorsque l'image est bien nette, on mouille la surface amidonnée d'eau aiguisée à 1 degré d'acide sulfurique, et l'on applique la gravure en l'étendant avec un rouleau de linge doux et très-serré. On tamponne par-dessus très-légèrement un linge, afin qu'il y ait un contact parfait. On recouvre ensuite la gravure avec un linge imbibé d'eau acidulée, et on la laisse pendant un temps plus ou moins long, en raison de la température.

Lorsque le dessin résultant de cette opération est parfaitement sec, on y passe, si l'on veut, un vernis à tableau; et, si on peut le mettre sous verre, il acquiert une telle fixité, que j'en ai conservé depuis plus de huit mois sans aucun changement notable.

Les dessins sur porcelaine et sur verre opal imitent parfaitement la miniature et peuvent s'appliquer, sans le moindre inconvénient, sur tous les vases de porcelaine non usuels; mais, dans ce dernier cas, le vernis est indispensable.

Lorsque je veux reproduire une gravure, je me sers de préférence de verre opale, derrière lequel je colle une feuille de papier pour le rendre moins transparent : on obtient sur cette plaque une image renversée; mais, en opérant sur une feuille de verre ordinaire que l'on retourne ensuite, l'épreuve se trouve alors redressée, et il suffit de placer derrière une feuille de papier ou de verre opale, pour faire ressortir le dessin. On peut aussi le conserver comme vitrail; mais, dans ce cas, il faut placer le dessin entre deux feuilles de verre, afin de le préserver de tout contact et en assurer la solidité.

Cette dernière application sera très-avantageuse pour la fantasmagorie.

On peut obtenir des dessins de plusieurs couleurs, tel que le bleu, le violet et le rouge, suivant que l'amidon est plus ou moins cuit; dans le premier cas, il porte au rouge; il en est de même du plus ou moins d'acide.

On obtient du bistre plus ou moins foncé en soumettant une épreuve à la vapeur d'ammoniaque; mais, pour cela, il faut qu'elle soit très-vigoureuse et qu'il y ait peu d'acide. Les épreuves ainsi bistrées reprendraient leur couleur primitive, si on les vernissait après cette opération.

On peut également donner la couleur bistre avec de l'iodure de potassium très-étendu d'eau. L'opération doit se faire par immersion; on laisse ensuite sécher à l'air et à la lumière pour obtenir du bistre.

Avant de passer à d'autres faits, j'indiquerai tout ce qui peut faciliter l'application de ce procédé de reproduction des gravures au moyen de l'iode sur une couche d'empois, car, tout simple qu'il paraît être, il n'en demande pas moins une étude pratique pour obtenir de bons résultats. La première condition est de bien préparer l'empois, et, la cuisson doit être faite à un degré de chaleur qu'on ne doit pas dépasser; il ne faut pas attendre que l'amidon soit fondu, parce qu'alors il deviendrait trop clair et n'aurait plus aucune viscosité. Cependant il doit être aussi cuit que possible pour que les dessins aient une grande solidité. Le procédé le meilleur à suivre est de prendre 15 grammes d'amidon (le plus fin possible), et de le délayer avec 15 grammes d'eau, puis d'en ajouter 250 grammes; de mettre le mélange sur le feu dans un vase de porcelaine, de l'agiter constamment, et, après trente ou quarante secondes d'ébullition, de le laisser refroidir, d'enlever la couche épaisse qui s'est formée à sa surface, et de l'étendre ensuite avec un pinceau. On donne une seconde couche en sens contraire lorsque la première est sèche, mais toujours de façon que la dernière soit transversale au dessin que l'on veut reproduire. Je préviens que l'empois ne peut se conserver plus de vingt-quatre heures, surtout en été.

Ayant essayé de tous les acides comme mordant pour fixer les dessins d'iodure d'amidon, j'ai reconnu que l'acide sulfurique bien pur donnait la plus belle couleur bleue et le plus de solidité, sans qu'il soit nécessaire de vernir les épreuves; mais, pour en éviter l'action corrosive, il faut rincer la gravure à grande eau, puis ensuite la passer dans une eau ammoniacale. Avec cette précaution, elle n'est nullement altérée; mais on n'emploie ce moyen que lorsqu'on ne veut plus en tirer de copie.

Il faut éviter le plus possible de mettre de l'amidon sur les gravures, car il est excessivement difficile, pour ne pas dire impossible, de l'enlever. Cependant j'indiquerai le moyen qui m'a le mieux réussi et qui consiste à passer la gravure dans l'acide azotique à 25 degrés; on la rince ensuite à grande eau, puis on la plonge dans de l'eau ammoniacale. Si cette opération est bien faite, la gravure n'est nullement altérée, et l'on peut en tirer de très-belles épreuves sans qu'il soit nécessaire de répéter cette opération, à moins cependant d'y appliquer une nouvelle couche d'empois.

La gravure, quoique recouverte d'une couche d'empois, n'est pas altérée, mais on ne peut plus la reproduire sur amidon.

Je dois aussi prévenir que dans la reproduction d'une gravure tous les points noirs ou colorés qui se trouvent presque toujours dans la pâte du papier se reproduisent comme les traits de la gravure; il faut, dans ce cas, les faire disparaître de l'épreuve en les touchant avec de l'ammoniaque, ou par tout autre moyen.

Je parlerai maintenant des épreuves que l'on peut obtenir sur différents métaux. Ainsi, en exposant une gravure à la vapeur d'iode, elle doit être très-sèche, afin que les blancs s'en imprègnent, et il ne faut la laisser que quelques minutes seulement exposée à la vapeur d'iode; l'appliquant ensuite (sans la mouiller), sur une plaque d'argent, la mettant sous presse, on a, au bout de cinq à six minutes une reproduction des plus fidèles de la gravure; en exposant ensuite cette plaque à la vapeur du mercure, on obtient une image semblable à l'épreuve daguerrienne.

Sur le cuivre, on opère comme il vient d'être dit pour l'argent, et l'on soumet ensuite cette plaque à la vapeur de l'ammoniaque liquide, que l'on chauffe de manière à élever la température de 50 à 60 degrés; on peut même la porter à l'ébullition; mais il faut, dans tous les cas, n'exposer la plaque de cuivre que lorsque les premières vapeurs se sont dégagées de la bºle : car, pour cette opération, il en faut une dans le genre de celles dont on se sert pour le mercure. On ne laisse la plaque sur cette vapeur que pendant deux à trois minutes seulement, surtout si l'ammoniaque est bouillante; il faut aussi avoir la précaution de retirer la lampe à l'instant où l'on expose la plaque. On nettoie ensuite cette même plaque avec de l'eau pure et un peu de tripoli. Après cette opération, l'image apparaît en noir comme la précédente; et, de plus, la modification produite par le contact de l'ammoniaque s'étend à une telle profondeur dans la plaque, qu'elle ne peut disparaître qu'en usant sensiblement le métal même.

Ce dessin est inaltérable à l'air et à la lumière, et résiste à l'eau aiguisée d'acide sulfurique, ou azotique, ou chlorhydrique.

On peut aussi reproduire sur du fer, du plomb, de l'étain et du laiton; mais je ne connais pas de moyen d'y fixer l'image.

Si l'on veut avoir un dessin d'une grande pureté, il faut non-seulement faire sécher parfaitement la gravure avant de l'exposer à la vapeur d'iode, mais il faut encore faire volatiliser cette substance à une température de 15 à 20 degrés; car, si l'atmosphère est humide, cela empêche la pureté du dessin et peut, après l'opération, l'enlever très-promptement.

L'humidité est donc plus à craindre que l'air et la lumière.

Il faut aussi, lorsqu'on opère sur métaux, faire sécher de nouveau la gravure avant de recommencer une seconde épreuve. Lorsqu'une gravure a été, à plusieurs reprises, exposée à la vapeur d'iode, elle finit par bleuir si le papier est collé à l'amidon; mais, dans ce cas, il suffit de chauffer la gravure pour que l'iode se volatilise très-promptement, et, si l'on veut la nettoyer instantanément, il suffira de la plonger dans une eau ammoniacale.

Des nombreuses expériences que j'ai faites sur l'iode, je ne citerai ici que celles dont je suis certain. Ainsi j'ai huilé une gravure à l'encre grasse, et, lorsqu'elle a été sèche, je l'ai exposée à la vapeur d'iode. Les résultats ont été analogues aux précédents, sauf que le dessin était un peu moins apparent. J'ai ensuite crayonné des dessins sur une feuille de papier blanc (collé à l'amidon), avec du fusain, de l'encre aqueuse (sans gomme), et du plomb : eh bien, tous ces dessins se sont reproduits et se reproduisent encore plus nettement lorsqu'ils ont été tracés sur papier préparé pour la peinture à l'huile. J'ai pris ensuite un tableau à l'huile (non verni), et je l'ai reproduit également, à l'exception de certaines couleurs composées de substances qui ne prennent pas l'iode. Il en est de même des gravures coloriées. On comprendra cela quand je dirai qu'une gravure soumise à la vapeur du mercure ou du soufre ne prend plus l'iode; il en est de même si on la trempe dans du nitrate de mercure étendu d'eau, dans du nitrate d'argent, dans des sulfates de cuivre, de zinc, etc; l'oxyde de cuivre, le minium, l'outremer, le cinabre, l'orpin, la céruse, la gélatine, l'albumine et la gomme produisent le même effet, et il y a encore certainement bien d'autres substances. Cependant les dessins faits avec ces matières peuvent se reproduire en leur faisant subir, avec quelques modifications, la préparation indiquée plus haut; aussi puis-je dire que je n'ai pas trouvé de dessins que je n'aie pu reproduire, à l'exception de ceux qui sont faits avec l'iodure d'amidon.

Les gravures qui se reproduisent le mieux sans aucune préparation sont celles qui sont à l'encre grasse, et si on les trempe dans de l'eau acidulée d'acide azotique, ou chlorhydrique, ou sulfurique, elles prennent encore plus promptement l'iode et le conservent plus longtemps.

Je parlerai maintenant d'une seconde propriété que j'ai reconnue à l'iode, et qui est tout à fait indépendante de la première : c'est celle dont elle jouit de se porter sur les dessins en relief et sur tous les corps qui offrent des pointes ou des arêtes, quelles qu'en soient la couleur et la composition.

Ainsi tous les timbres secs sur papier blanc se reproduisent parfaitement.

Les tranches ou arêtes d'une bande de verre ou de marbre se reproduisent également; les mêmes effets ont lieu avec d'autres fluides élastiques, gaz ou vapeurs, tels que la fumée du phosphore exposé à l'air et la vapeur de l'acide azotique, et surtout celle du soufre. Mais l'iode n'en a pas moins la propriété dont j'ai parlé au commencement, puisque j'ai obtenu les résultats suivants. J'ai réuni un morceau de bois blanc et un morceau d'ébène, après les avoir collés, je les ai rabotés ensemble, ce qui m'a donné une tablette blanche et noire parfaitement plane; je l'ai ensuite soumise à la vapeur d'iode, puis appliquée sur une plaque de cuivre : la bande noire seule s'est reproduite. J'ai fait de pareils assemblages avec de la craie et une pierre noire, avec de la soie blanche et de la noire; j'ai pris ensuite une tablette composée de buis et de bois blanc teint en noir avec de l'encre de chapelier, et j'ai obtenu les mêmes résultats.

Enfin j'ai pris des plumes d'oiseaux présentant du noir et du blanc, telles que celles provenant des ailes d'une pie ou celles de la queue d'un vanneau : les ayant soumises à la vapeur d'iode, les plumes noires différaient des blanches d'une manière sensible. J'ai fait, avec les mêmes plumes, huit à dix épreuves qui toutes m'ont donné une ligne de démarcation très-prononcée entre le noir et le blanc. Cependant il arrive parfois que ce sont les plumes noires qui dominent, d'autres fois il n'y a plus de démarcation entre celles-ci et les blanches. Cela tient à la préparation de la plume, de même qu'il m'est arrivé aussi d'obtenir avec une gravure une épreuve renversée, mais cela est très-rare.

Nièpce de Saint-Victor.

(La suite à un prochain numéro.)

AVIS. *Toutes les demandes et réclamations relatives au service, toutes les lettres et communications relatives à la rédaction doivent être adressées affranchies au secrétaire de la rédaction. Les articles envoyés, et qui n'ont pas été insérés sont brûlés et ne sont pas rendus. Les demandes d'abonnement doivent être accompagnées d'un mandat sur la Poste ou les Messageries.*

Le Secrétaire de rédaction F.-A. RENARD, *Gérant.*

Impr. RENARD et Cᵉ, succ. de Lacrampe, rue Damiette, 2.

N° 3.

LA LUMIÈRE

JOURNAL NON POLITIQUE,

PARAISSANT TOUS LES HUIT JOURS,

23 FÉVRIER 1851.

BEAUX-ARTS — HÉLIOGRAPHIE — SCIENCES.

BUREAUX, N° 13, RUE DE L'ARCADE, A LA SOCIÉTÉ HÉLIOGRAPHIQUE.

PARIS. — PRIX : UN AN, 16 F.; 6 MOIS, 10 F.; 3 MOIS, 6 F. — DÉPARTEMENTS, UN AN 18 F.; 6 MOIS, 14 F.; 3 MOIS. 7 F. — ÉTRANGER, UN AN, 20 F.; 6 MOIS, 12 F.; 3 MOIS, 8 F. — CHAQUE N° 50 CENT.

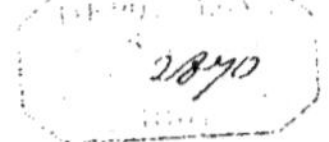

ACADÉMIE DES SCIENCES.

SÉANCE DU LUNDI 17 FÉVRIER.

Expérience de M. LÉON FOUCAULT. — Voyage de M. ROCHET D'HÉRICOURT. — Prix pour 1852 et 1853.

Au début de la séance la discussion s'est engagée sur l'expérience de M. Foucault; expérience qui a pour but de démontrer physiquement et sans prendre les astres pour point de comparaison, le mouvement de rotation de la terre.

Voici l'origine de la découverte de M. Foucault. Ce jeune savant s'est transporté, en imagination bien entendu, jusqu'au pôle : il a installé directement sur l'axe de la terre, un pendule formé d'une boule de métal soutenue par un fil d'acier, puis il a imprimé des mouvements d'oscillation dans un plan déterminé et représentant, par exemple, le méridien de Paris. Le pendule, par suite de l'inertie de la matière, a du évidemment maintenir sa position dans l'espace, tandis que la terre opérait son mouvement de rotation de l'ouest à l'est, si bien qu'après avoir représenté le méridien de Paris, le plan d'oscillation a représenté successivement, dans les vingt-quatre heures, tous les degrés de longitude.

En se rapprochant de l'équateur, l'expérience devenait moins facile et moins décisive, cependant le calcul indiqua à M. Foucault qu'elle pouvait pleinement réussir sous la latitude de Paris.

A la voûte d'une cave fut scellée une plaque de fonte qui donna un point d'appui solide à un fil d'acier soutenant une boule de cuivre de 5 kilogrammes. Ce pendule long de 2 mètres fut mis en branle et, en moins d'une heure, on vit le plan d'oscillation se déplacer et justifier toutes les prévisions.

L'expérience a été renouvelée à l'Observatoire avec un pendule de 11 mètres de long, et quelques oscillations ont suffi pour amener une déviation sensible.

Après quelques observations de M. Poinsot, sur la découverte de M. Foucault, l'Académie a écouté un rapport sur le voyage en Abyssinie de M. Rochet d'Héricourt.

Cet explorateur visita, à deux reprises, de 1839 à 1843, quelques portions du continent africain; il partit de nouveau en 1847 avec la mission de parcourir le royaume de Choa. Des instructions et des instruments lui furent donnés par l'Académie, qui se faisait rendre compte, dans sa dernière séance, des résultats obtenus.

M. Rochet, au moyen d'expériences barométriques, a mesuré la hauteur de plusieurs montagnes ou plateaux. Il a trouvé le Sinaï élevé de 1968 mètres au dessus du niveau de la mer; l'Arabie-Pétrée renfermant des montagnes de 2450 mètres d'élévation, enfin des plateaux de l'Abyssinie hauts de 1750 mètres et plus. Dans cette contrée montagneuse et tourmentée, il existe des coupures pratiquées au milieu des bancs de roche de 600 mètres d'épaisseur : des torrents roulent au fond de ces vallées profondes qui partout offrent au voyageur la plus belle et la plus riche végétation.

L'Académie a reçu de M. Rochet quelques échantillons de minéraux, de plantes et d'animaux; parmi ces derniers se trouve un poisson curieux en ce qu'il vit dans des sources chaudes de 44 degrés. Un autre produit de l'Abyssinie est un mouton dont la toison peut remplacer avantageusement les laines longues que la France tire d'Angleterre. M. Rochet a ramené deux de ces animaux, un mâle et une femelle, déposés au Jardin des Plantes. La femelle a succombé; mais le mâle, accouplé à des brebis d'Europe, a déjà donné des produits qui peuvent devenir éminemment utiles à notre industrie et mériter au courageux voyageur la reconnaissance du pays en même temps que les remerciments de l'Académie.

Nous allons, conformément à notre promesse, donner la liste des prix proposés par l'Institut pour 1852 et 1853.

GRAND PRIX DE MATHÉMATIQUES POUR 1852.

Médaille d'or de trois mille francs.

Trouver l'intégrale de l'équation connue du mouvement de la chaleur, pour le cas d'un ellipsoïde homogène, dont la surface a un pouvoir rayonnant constant, et qui, après avoir été primitivement échauffé d'une manière quelconque, se refroidit dans un milieu de température donnée.

Les mémoires devront être arrivés au secrétariat de l'Académie de Sciences avant le 1er octobre 1852.

GRAND PRIX DE MATHÉMATIQUES POUR 1853.

Médaille d'or de trois mille francs.

Trouver pour un exposant entier quelconque n les solutions en nombres entiers et inégaux de l'équation $x^n + y^n = z^n$, *ou prouver qu'elle n'en a pas.*

Dépôt avant le 1er mars 1853.

GRAND PRIX DE MATHÉMATIQUES POUR 1853.

Médaille d'or de trois mille francs.

Trouver les intégrales des équations de l'équilibre intérieur d'un corps solide, élastique et homogène, dont toutes les dimensions sont fixées, par exemple d'un parallelipipède ou d'un cylindre droit, en supposant connues les pressions ou tractions inégales exercées aux différents points de sa surface.

Dépôt au secrétariat avant le 1er novembre 1852.

GRAND PRIX DE MATHÉMATIQUES POUR 1854.

Médaille d'or de trois mille francs.

Établir les équations des mouvements généraux de l'atmosphère terrestre, en ayant égard à la rotation de la terre, à l'action calorifique du soleil, et aux forces attractives du soleil et de la lune.

Dépôt des Mémoires avant le 1er janvier 1854.

PRIX EXTRAORDINAIRE SUR L'APPLICATION DE LA VAPEUR A LA NAVIGATION, POUR 1853.

Six mille francs.

Au meilleur ouvrage ou mémoire sur l'emploi le plus avantageux de la vapeur pour la marche des navires, et sur le système de mécanisme, d'installation, d'arrimage et d'armement qu'on doit préférer pour cette classe de bâtiments.

Dépôt des mémoires au secrétariat, avant le 1er décembre 1852.

D' CLAVEL.

CHAMBRE OBSCURE BLANCHIE A L'INTÉRIEUR.

(Suite.)

IODE ET SUBSTANCE ACCÉLÉRATRICE.

Voici maintenant une amélioration assez sensible dans la manière de préparer l'iode, et la chaux chloro-bromée qui s'emploient dans les boîtes à surface de terre poreuse. Je puis d'autant mieux la recommander, qu'une expérience de cinq ou six mois déjà ne me laisse aucun doute sur ses résultats. J'avais remarqué que l'iode et la chaux chlorobromée s'imprégnaient souvent d'humidité, à ce point que les molécules de ces substances adhéraient les unes aux autres, et que j'avais de la peine à les faire changer de place dans leur boîte, malgré les secousses violentes que je leur imprimais. Il y avait deux inconvénients à cet état de choses : d'abord l'humidité elle-même, qui nuit toujours aux opérations daguerriennes, et en second lieu, ne pouvant plus bien remuer et mêler ensemble les différentes parties de la chaux préparée, l'évaporation n'était pas égale, et les plaques se recouvraient de teintes diversement colorées. Après de nombreux essais, il m'a semblé que les préparations suivantes corrigeaient, en partie du moins, les inconvénients que je cherchais à combattre. Je broie l'iode en poudre impalpable et je le mêle avec de la magnésie calcinée, de telle sorte que le mélange ressemble à du chocolat réduit à l'état de poussière sèche. Je crois que la proportion, en volume, est d'une partie d'iode sur une et demie à peu près de magnésie.

Quant à la chaux chloro-bromée, je la mêle avec deux pour cent d'iode, réduit préalablement en poudre très fine : ce mélange se fait dans un flacon bouché à l'émeri; s'il contient 100 grammes de chaux chlorobromée, on y ajoute 2 grammes d'iode bien pulvérisé, et on le secoue vivement et à plusieurs reprises. La chaux se décolore sensiblement; elle semble même piquée de petites taches jaunes, mais qui disparaissent par un mélange plus intime, et la substance se présente sous l'aspect d'une poussière rouge brique jaunâtre, sentant très fort le chlorure de brôme.

Ces deux substances ainsi préparées, l'iode et la magnésie, et la chaux chloro-bromée et l'iode, sont employées comme à l'ordinaire, dans les boîtes à biscuit poreux ou dans les cuvettes, et l'on obtient avec elles une grande sensibilité sur la plaque, et des tons gras et chauds qui me paraissent remarquables.

Je laisse le jour sur l'iode mêlé de magnésie jusqu'à ce qu'elle passe au rouge légèrement rosé; sur la chaux chloro-bromée mêlée d'un peu d'iode jusqu'à ce qu'elle prenne un aspect rose tirant un peu sur le lilas, et enfin au second iodage, un temps égal à peu près à un peu plus de la moitié de celui qui a été nécessaire pour obtenir le premier ton.

Bon GROS.

RAPPORT DU JURY CENTRAL

DE L'EXPOSITION DES PRODUITS DE L'INDUSTRIE EN 1849.

HÉLIOGRAPHIE.

M. LÉON DE LABORDE, rapporteur.

CONSIDÉRATIONS GÉNÉRALES.

L'action des rayons du soleil sur certaines substances était depuis longtemps un fait acquis à la science, et l'on avait déjà obtenu, sur du papier imprégné de chlorure d'argent, des effets significatifs, lorsque deux hommes ingénieux, MM. Niepce et Daguerre, combinant ensemble les données de la chimie et le goût des arts, amenèrent ce principe encore vague à un degré de perfection si extraordinaire et à une manipulation déjà si simple, que l'admiration pour les résultats obtenus se confondait avec le désir de voir passer dans le domaine public ce qui était encore la propriété des inventeurs.

Le dernier gouvernement, accessible à toutes les propositions qui ont pour but, en signalant les grands progrès de la science, de relever la gloire de la France, en même temps qu'elles permettent de récompenser dignement des savants dont les efforts ne sont que trop désintéressés, le dernier gouvernement s'empressa de satisfaire le vœu généralement exprimé; les Chambres répondirent à son appel, et l'un des inventeurs, celui qui, à juste titre, réclamait la principale part de l'ingénieuse combinaison de l'iode et du mercure sur le métal, M. Daguerre donna son nom à l'invention.

M. Niepce était mort (5 juillet 1833); M. Daguerre, en recevant des Chambres une récompense nationale, s'était engagé à rendre publiques toutes ses nouvelles conquêtes; mais il arriva une chose singulière : tandis que l'inventeur, après avoir déclaré qu'il serait impossible de rendre la nature vivante, n'inventait plus rien, le public, mis en possession du procédé, le rendait simple, facile, et tellement prompt, qu'on l'appliqua presque exclusivement au portrait.

L'espace nous manquerait, et ce n'est, d'ailleurs, pas le lieu pour détailler toutes les ressources de l'héliographie, si nous voulions faire ressortir son influence sur les arts et sa portée industrielle; il suffira de dire que toutes les sciences l'ont mis à contribution, que tous les arts se sont ressentis de sa perfection, en puisant dans ses qualités merveilleuses des enseignements précieux, que l'industrie enfin, et sur ce point il nous serait facile de nous étendre, que l'industrie a trouvé de larges débouchés dans la vente en France et l'exportation jusqu'en Amérique des substances chimiques, les usines et les planeurs dans la fabrication des plaques, les opticiens et les menuisiers dans la disposition des appareils, les faiseurs de cartonnages et de cadres dans une foule de combinaisons que rendent nécessaires les 100,000 portraits et vues qui se conservent chaque année, sans compter un chiffre bien autrement considérable d'opérations infructueuses.

Il nous a paru juste de citer ici les artistes et les amateurs qui, après MM. Niepce et Daguerre, ont fait faire à cette invention les plus importants progrès, au moins ceux dont les épreuves ont été placées dans les galeries de l'exposition par nos principaux opticiens; la commission des instruments de précision rendra compte des perfectionnements apportés dans la construction des appareils, dans la fabrication des verres; ici nous ne devons prendre en considération que les résultats obtenus et les services rendus par quelques hommes habiles.

En premier lieu, M. Blanquart-Évrard, de Lille, l'héliographe le plus zélé, le plus heureux dans ses ingénieuses combinaisons, et, j'ajouterai à tous ces mérites, le plus libéral dans ses communications. — M. Martens, graveur distingué, qui, à l'habileté de l'opérateur, dont il a donné des preuves en tous genres, réunit le titre d'inventeur de l'appareil panoramique, disposition neuve et féconde qui permet de promener une image d'une grande étendue sous le foyer de l'objectif, de manière à obtenir sur chaque point d'une longue surface une même action de lumière combinée avec une égale précision. — M. Thévenin, graveur aussi, qui a cherché dans l'héliographie de nouvelles ressources pour son art. — M. Chevalier, opticien, a exposé sa suite de vues des monuments de l'Italie, exécutées avec un de ses objectifs, et qui nous ont semblé ajouter de nouvelles qualités d'effet et d'harmonie aux qualités déjà conquises par d'autres opérateurs. — Enfin, M. Lewiski, un amateur qui est devenu un maître, tant ses épreuves ont jouté un charme d'harmonie générale à cette vivacité de précision, à cette netteté de contours qui est le propre de l'invention de M. Daguerre. Nous devons au concours de tant d'efforts intelligents et dévoués une habileté d'exécution et une certitude dans les opérations qui ont amené l'héliographie sur plaque de métal à la dernière limite du progrès.

Quant à des perfectionnements essentiels, à des méthodes nouvelles, aucun des exposants n'en a le mérite; M. Thompson lui-même n'est qu'un importateur des procédés américains. Cette manière d'opérer, qui rend les manipulations faciles et simples, les résultats à peu près certain et plus satisfaisants, a été adoptée par tous ceux qui s'occupent d'héliographie. Je dois bien à mentionner la grandeur des plaques, et par suite la grandeur des proportions et l'étendue de vues; mais le principal mérite en revient aux opticiens auteurs des objectifs; il y a aussi l'habileté du coloriage, il y aurait enfin la conquête immense de la reproduction de la couleur, si M. Becquerel avait poussé plus loin sa découverte; mais il s'est arrêté comme satisfait d'avoir fait le premier pas qui ouvre la carrière et qui établit la possibilité de donner à l'héliographie son dernier développement.

C'est après avoir obtenu tous ces perfectionnements, c'est après avoir mis dans la circulation des millions de plaques, qu'on remarqua les défauts de ces images miroitantes, les inconvénients de ces dessins qui s'effacent, de ces glaces destinées à les préserver qui se brisent. On comprit dès lors que le progrès devait être dans l'emploi du papier, et on remonta aux essais des Wegwood, Davy, Charles, abandonnés par Niepce et perfectionnés par Talbot. Nous n'avons pas à écrire l'héliographie ni à en suivre tous les développements; mais nous avons dû rechercher les avantages des nouveaux procédés sur papier en les comparant aux procédés déjà anciens de l'héliographie sur plaque; ces avantages nous ont paru évidents : ils transforment en art pratique ce qui était réservé à certaines conditions de fortune; ils mettent ainsi à la portée de tous les artistes une ressource merveilleuse, en rendant l'attirail nécessaire d'une acquisition peu coûteuse, d'un transport commode et d'une conservation facile, tandis qu'il était cher, embarrassant et fragile.

Le bon marché est incontestable, aussitôt qu'on a calmé la fièvre des premiers essais, et que de sang-froid on procède régulièrement au dosage et à la préparation des papiers. Une épreuve sur papier revient, tout compris, à trois sous; elle coûte sur plaque, dans les mêmes dimensions, 6 francs.

La facilité du transport peut s'établir ainsi : l'approvisionnement de deux cents grandes plaques avec leurs verres coûterait 1,200 francs; il exigerait une caisse volumineuse, et pèserait 100 kilogrammes, c'est-à-dire qu'il serait d'un transport difficile et coûteux, tandis qu'on enferme deux cents feuilles de papier dans un portefeuille qui n'a ni l'épaisseur, ni le poids d'un mince volume in-4°, et tous ces feuillets, convertis en épreuves, n'ont pas même besoin des précautions qu'exigent les dessins; ils se p'acent les uns sur les autres, ils se roulent, ils se pressent sans éprouver la moindre altération, car l'image n'est pas seulement apparente à la surface du papier, elle a pénétré dans son épaisseur, elle fait corps avec lui, c'est le papier même.

Les résultats obtenus jusqu'à présent, les progrès immenses faits en peu d'années, permettent d'espérer un succès plus complet. Les épreuves présentées au jury sont défectueuses sous quelques rapports : tantôt, la netteté est satisfaisante, mais l'effet manque; si l'effet au contraire séduit à première vue, on s'aperçoit bientôt que tous les détails nagent dans un vague qui, pour être harmonieux, n'en est pas moins confus. Les portraits de celui-ci sont vivement éclairés, mais durement accentués; les portraits de celui-là sont pleins d'harmonie, mais ils sont restés sombres, est-il pour ainsi dire poussé au noir. L'héliographie rencontre, il est vrai, plus d'un obstacle : le plus réel semble résider dans la nature même du papier, dans la composition de sa pâte, dans la disposition de sa trame; cet obstacle doit tomber devant l'intelligence de nos fabricants de papier, qui ont résolu déjà de bien autres difficultés. Afin de venir en aide aux efforts que nous attendons de leur industrie, nous avons adressé une série de questions à nos différents opérateurs, nous avons fait et fait faire de nombreux essais sur les papiers sortis de nos fabriques, enfin nous offrons à leur sagacité des instructions détaillées[1].

Quel que soit le succès de nos papeteries, d'autres ressources sont ouvertes à l'avenir. M. Niepce de Saint-Victor, chez qui l'esprit inventif est devenu un héritage de famille et l'étude de l'action de la lumière comme une carrière obligée, M. Niepce de Saint-Victor remplace heureusement le papier par l'albumine mélangée d'iode et étendue sur glace. MM. Bayard, Blanquart-Évrard et Martens ont obtenu des résultats qui montrent les ressources de ce nouveau procédé.

Telle est donc la situation où le jury a trouvé, où il laisse cet art : l'héliographie sur plaque arrivée à une grande perfection dans ses résultats, parvenue à une facilité extrême dans les procédés, l'héliographie sur papier ayant fait des pas immenses, et à la veille d'atteindre une perfection qui ne laisserait plus rien à désirer, si le souffle de vie, cette inspiration du génie que Dieu n'a mis que dans l'homme, pouvait entrer dans une machine; mais l'industrie pas plus que l'art ne verra un instrument remplacer le génie de l'artiste. La machine ne supplantera jamais la main guidée par l'intelligence, elle ne peut que lui venir en aide; et elle lui devient d'un véritable secours si, en faisant tout ce qui lui est donné de faire, elle permet à l'homme de réserver son habileté pour créer et d'employer toute son attention à la direction intelligente. Dans la fabrique, l'artiste multipliera encore à l'infini ces riches bouquets, ces souples guirlandes, ces ornements pris judicieusement dans tous les styles; il continuera à être l'auteur de toutes ces inventions marquées au coin du bon goût, et qui depuis tant d'années enchaînent la mode au milieu de nous. Mais ces inventions, l'artiste les puise ailleurs que dans son cerveau : il lui faut, de temps à autre, renouveler en face de la nature la matière première de ses idées; et si cette observation est longue, si ces études demandent beaucoup de temps, qui payera ce chômage forcé? L'industrie. Si, au contraire, l'artiste peut, en plaçant une chambre noire devant les objets de ses études, les reproduire en dix secondes au lieu de semaines entières qu'exigerait un dessin à la main; s'il peut rendre avec une grande exactitude et un charme inappréciable tous les détails des habiles combinaisons de ses dessins, ici les feuilles des arbres, dans la netteté de leurs contours, avec la délicatesse de leurs fibres; là, les fleurs et les fruits; un jour, les monuments, les sculptures et les tableaux de nos artistes; un autre jour, les premiers plans de ses vues et les horizons de ses paysages; s'il peut faire tout cela dans ses moments perdus, presque instantanément, qui en profitera? L'industrie la première, puis l'artiste aussi, car ces études *mécaniques* formeront son musée. Pour tout autre que pour lui, cette reproduction de la nature, prise sur le fait, semble morte malgré sa perfection : il lui manque la couleur, le mouvement, il lui manque un souffle de vie; mais, comme au temps des fables, ce sera encore le génie de l'artiste qui fera sortir de ces matériaux inertes les mille compositions animées par la puissance de son talent.

Le jury a donné une attention toute particulière à cette invention, dont l'influence sur les arts et l'industrie est déjà très-sensible et sera immense dans l'avenir.

(*La suite au prochain numéro.*)

COMMUNICATION INTÉRESSANTE.

Un héliographe étranger s'est présenté ces jours derniers à Paris, annonçant des perfectionnements inconnus et nouveaux dans l'exécution des portraits héliographiques sur papier et dans la reproduction des images de toute sorte, soit en noir, soit en couleur. Animé de la plus vive sollicitude pour les progrès de l'art nouveau, je cours à son atelier et voyant la netteté des fonds de ses portraits, quoique les images ne soient pas meilleures que celles de mes amis Mestral et Le Gray, et, tout en soupçonnant de longues et adroites retouches, je lui ai demandé de m'initier à ses procédés en lui payant largement ses leçons avec l'engagement de ne communiquer son secret à personne. Il s'est refusé constamment à mes offres comme à celles de personnes intermédiaires qui s'étaient chargées de le fléchir. Notre collègue, M. Bayard, ayant été informé du désir que j'avais manifesté, s'empressa de mettre à ma disposition le procédé qui suit et qu'il m'a autorisé à faire connaître à nos lecteurs. Ces perfectionnements, identiques quant aux résultats, à ceux du photographe étranger comprennent, outre ce qui a rapport aux portraits, groupes, etc., l'art particulier de faire les ciels dégradés comme dans la nature, les nuages et les fonds de tout genre.

Il y a déjà quelques années que M. Bayard fait usage de ce procédé. Il l'a communiqué à plusieurs amateurs et, entre autres, à M. Cousin, photographe distingué, qui en a tiré un très bon parti dans quelques ciels de ses paysages.

FONDS DES PORTRAITS.

Avec la pointe bien tranchante d'un canif, on découpe sur un morceau de verre une épreuve positive d'un portrait, en suivant très exactement tous les contours de la tête, du corps, etc., pour séparer entièrement le personnage du fond et obtenir ainsi deux patrons, dont l'un recouvre le portrait et l'autre le fond du cliché. On noircit ces deux patrons. On ajuste avec soin le fond découpé à celui du négatif en le collant par les bords, puis on tire une épreuve positive dont le fond, qui étant garanti de l'action de la lumière, restera blanc. Sur l'épreuve obtenue on applique l'autre patron qui lui est destiné et on le maintient avec une glace mince. Si dans cet état on expose le tout à la lumière, le papier noircira également dans toutes les parties qui ne sont pas garanties; mais si, au contraire, tout est recouvert d'un écran, que l'on fasse glisser lentement, pour n'exposer à la lumière qu'une partie du papier impressionnable en commençant par un coin et descendant au coin opposé, en imprimant à cet écran un léger mouvement de va et vient, la portion découverte en premier sera beaucoup plus tintée que celle découverte en dernier, et le résultat donnera un fond parfaitement dégradé. S'agit-il de former une espèce d'auréole au portrait de manière que les teintes soient graduées du centre à la circonférence; on prend une feuille de papier de soie dont on forme une boule que l'on tourne au centre de l'image, en la resserrant de plus en plus; cette boule, projetant son ombre, empêche le papier positif de noircir aux endroits qu'il plaît à l'artiste de ménager.

Pour faire cette opération avec facilité, on doit éviter la lumière directe du soleil.

Voilà pour ce qui concerne le portrait : parlons maintenant du procédé au moyen duquel on fait les ciels avec leur dégradation aérienne et les nuages. Ceci est un secret pour l'artiste allemand lui-même auquel nous sommes charmés de rendre le service qu'il nous a refusé.

CIELS TEINTÉS, DÉGRADÉS OU AVEC NUAGES.

Après avoir découpé le monument, la statue, les masses d'arbres ou de rochers qui se profilent sur le ciel, on masque, sur une épreuve que l'on vient de tirer, l'image produite en laissant le ciel à nu, et l'on opère comme pour le portrait, en retirant graduellement de haut en bas l'écran qui recouvre le châssis, en l'agitant légèrement pour estomper le travail de la lumière. On obtient ainsi comme pour le portrait un fond que l'on peut varier et mettre en harmonie avec le reste du tableau. Les nuages se font en superposant à ce ciel des nuages découpés avec art, qu'on agite de temps à autre, pour que leurs contours n'aient pas la sécheresse de la découpure. C'est ainsi que MM. Bayard et Cousin ont présenté à la société héliographique des ciels qui faisaient l'étonnement des artistes, au nombre desquels M. de Mercey, l'illustre paysagiste, se faisait remarquer par son admiration et les élog s dont il a honoré ces messieurs. Tels sont ces procédés qui relient intimement l'héliographie aux beaux arts.

De Montfort.

AVERTISSEMENT.

Nous avons appris il y a peu de jours qu'une saisie avait été opérée dans un établissement photographique de portraits. Il paraîtrait, si nous sommes bien informés, que la personne qui exploitait cette industrie avait cru pouvoir, sans inconvénient, faire déposer galvaniquement sur ses vieilles plaques de doublé hors de service et sur des plaques de cuivre neuves une couche d'argent chimiquement pur, non-seulement comme but d'une faible économie, si toutefois elle existe pour les plaques de cuivre, mais surtout comme moyen efficace d'obtenir de plus belles épreuves.

Ces plaques n'étaient jamais vendues comme cuivre doublé ou argenté, et ne sortaient de l'établissement que sous forme de portraits au daguerréotype.

Peu de plaques et une petite cuve contenant quelques litres de bain d'argent ont été saisis dans le belvédère même où l'on avait journellement les personnes inconnues qui venaient demander leur portrait, et ce fait seul prouve la bonne foi de l'opérateur et la tranquillité parfaite dans laquelle il se trouvait.

Nous ne connaissons pas assez la législation sur les brevets pour préjuger la suite de cette affaire, bien insignifiante comme valeur, mais qui peut offrir de l'intérêt comme principe, si elle est poursuivie. Nous engageons toutefois, les personnes qui se trouveraient dans la position de l'artiste saisi, à s'abstenir provisoirement d'abord, et définitivement ensuite, si le droit n'était pas de leur côté.

PRIX PROPOSÉS

par la Société d'Encouragement

POUR HATER LES PROGRÈS DE L'HÉLIOGRAPHIE.

La Société d'Encouragement pour l'industrie nationale à laquelle l'héliographie doit déjà de grands sacrifices, a, de nouveau, dans le cours de l'année qui vient de s'écouler, créé une suite de prix dans le but d'activer les progrès de cet art. La commission de photographie a eu l'heureuse idée d'appeler à ses délibérations les principaux artistes et amateurs héliographes, afin de s'éclairer de leur expérience, de sorte que les différents programmes des prix proposés sont bien l'expression des lacunes qui restent à remplir, en ce moment, dans l'art héliographique. Voici ces programmes

F. A. Renard.

PREMIÈRE SÉRIE.

ÉPREUVES SUR PAPIER OU AUTRE SUBSTANCE NON MÉTALLIQUE.

Au point de vue général. — Une médaille de la valeur de DEUX CENTS FRANCS pour des papiers sans colle, d'une pâte pure et homogène, feutrée de façon à rendre les dilatations et contractions uniformes en tous sens.

Au point de vue de la commodité des opérations. — Une médaille de la valeur de CINQ CENTS FRANCS pour des feuilles très-minces d'une matière non métallique, autre que le verre et le papier, susceptibles d'être rapidement impressionnées, soit négativement, soit positivement, sans déformation permanente, d'un transport commode et d'un emploi économique.

Au point de vue de la sûreté des opérations. — Une médaille de la valeur de CINQ CENTS FRANCS pour des encollages ou autres préparations des papiers négatifs pour les rendre, d'un effet plus certain ; ces encollages ou autres préparations devront pouvoir être donnés à l'avance et conserver leur efficacité pendant un laps de temps de quinze jours au moins.

Au point de vue de la grandeur et de la rapidité des épreuves. — Une médaille de la valeur de CINQ CENTS FRANCS, pour des portraits d'après nature, de grandeur de plaque normale au moins, sur papier ou autre substance non métallique en feuille mince, reçus en un temps au moins moitié moindre que celui actuellement nécessaire dans des circonstances analogues.

Au point de vue de la perfection des contours et des lignes. — Une médaille de la valeur de TROIS CENTS FRANCS, pour un enduit ou préparation des épreuves positives qui assure la perfection des images par la planimétrie de la surface impressionnée ; l'enduit ou préparation devra résister aux opérations successives pour se trouver sous l'image terminée et fixée.

Au point de vue de la facilité des opérations. — Une médaille de la valeur de TROIS CENTS FRANCS pour un procédé d'application en couche régulière de l'albumine ou autre substance impressionnable sur verre ou autre matière translucide de dimension de plaque normale au moins.

DEUXIÈME SÉRIE.

ÉPREUVES SUR MÉTAL.

Au point de vue de l'agrément de l'aspect. — Une médaille de la valeur de TROIS CENTS FRANCS, pour un procédé enlevant d'une façon radicale le miroitage des épreuves recueillies sur plaqué d'argent.

Au point de vue de la commodité et de l'économie. — Une médaille de la valeur de TROIS CENTS FRANCS, pour des feuilles métalliques ou autres *très-minces*, économiques et faciles à transporter, remplaçant avec avantage les plaques actuelles de cuivre argenté pour les opérations de la photographie par l'iode et le mercure.

Au point de vue économique. — Une médaille de la valeur de CENT FRANCS pour des objectifs simples en verre convenablement coloré.

Au point de vue du plus grand progrès désirable. — Un grand prix de CINQ MILLE FRANCS pour la reproduction directe des objets avec leurs couleurs naturelles.

CONDITIONS GÉNÉRALES.

Tous les procédés devront être pratiqués et d'un résultat certain; aucune partie ne pourra être gardée secrète.

Les images positives et négatives devront avoir une fixité égale au moins à celles des sépias ou aquarelles.

Les concurrents auront la faculté de prendre des brevets pour leurs procédés.

Le présent programme a été arrêté en commission des arts photographiques, et rédigé après une discussion générale à laquelle ont été admis tous les amateurs et artistes photographes qui ont pris part à de précédents concours.

TEMPS PRIMITIFS DE L'HÉLIOGRAPHIE.

(Suite).

M. LEMAITRE A M. NIÉPCE.

Paris, le 7 février 1827.

Monsieur,

J'ai reçu cinq planches gravées, avant votre lettre, le commissionnaire m'a fait payer un droit d'enregistrement de 38 fr.; c'est bien peu pour en parler, mais je vous le dis, parce que vous m'annoncez avoir affranchi cet envoi.

Vous me dites que ces planches sont gravées faiblement, malheureusement elles sont gravées trop faiblement. La planche représentant la Sainte-Famille est assez bien venue sous le rapport des contours et de la pureté des tailles; mais on aurait de la peine à en obtenir une épreuve qui, je suis assuré, ne viendrait que par places; les petits accidents et le sablé occasionné par la fragilité du vernis viendraient plutôt que la gravure. Des deux paysages, celui qui est gravé par accident a seulement un ciel qui offre une teinte qui paraîtrait être le résultat de la gravure à l'*aqua tinta*; si elle n'était pleine de taches et d'un sablé inégal, les devants, qui devraient être assez vigoureux, ne donneraient aucun résultat à l'impression. L'autre est généralement gravé, mais bien faiblement, trop faiblement et trop également; la partie des devants, sous la masse d'arbres, au lieu d'être la plus vigoureuse de la gravure, serait, après le ciel, la plus faible. Les deux portraits sont les meilleurs essais que vous ayez faits; mais que de travail vous avez encore à faire si vous voulez atteindre la perfection! Celui des deux portraits qui est le mieux gravé, c'est-à-dire le plus profondément, donnerait à l'impression l'épreuve d'une planche usée par un fort tirage. Toutes les tailles sont bien marquées, surtout celles des demi-teintes du camail et de la toque, qui sont d'un résultat satisfaisant. Mais celles des ombres sont tout à fait confondues, pas assez creuses et toutes arrondies, vous avez dû vous en apercevoir, surtout dans la teinte du fond, où les tailles sont tout à fait arrondies; elles devraient, au contraire, être de vive arrête; plus la gravure est de vive arrête, plus elle est belle et pure et elle donne alors de bonnes épreuves; la tête est assez bien, mais pleine d'un petit sablé qui existe dans les parties claires de toutes les planches. J'aurais désiré faire faire seulement une ou deux épreuves de quelques unes des planches, afin d'être plus certain de la justesse de mon opinion, mais j'ai craint de commettre une indiscrétion en le faisant sans y être autorisé par vous.

J'aurais désiré pouvoir vous envoyer de bonne planches gravées; celles que je grave ne me restent pas, ou elles me servent continuellement. Cependant il me reste une préparation à l'eau forte d'une vue sur les tours de la cathédrale de Paris, que j'ai faite, étant plus jeune, comme étude; le travail n'en est pas tout à fait mauvais et la morsure en est assez belle. Elle est à votre disposition.

Je suis fâché que vous n'ayez pas persisté à faire vos essais sur cuivre, je crains que sur étain vous n'ayez toujours des tailles rondes, et quand même vous obtiendriez une belle gravure, elle s'arrondirait et s'userait facilement après un petit nombre d'épreuves; ce métal est trop mou pour supporter longtemps le frottement des serpillières, des linges, et de la main passée sur le blanc, dont on se sert pour essuyer les planches. On ne se sert guère de planches d'étain que pour graver la musique et les dessins d'étoffes, que l'on grave profondément et que l'on essuie très légèrement à l'impression.

Je crains bien aussi que lorsque vous réussiriez à rendre fidèlement tous les traits d'une gravure, vous ne puissiez jamais arriver aux différentes teintes et aux finesses qui caractérisent après le dessin une bonne estampe; car comment puis-je croire qu'avec le secours d'un acide vous obteniez ce que nous avons de la peine à avoir avec le secours d'un bon vernis de différents acides, différentes morsures et du travail de plusieurs *burins variés dans leur forme* (sans le secours de l'eau forte), joints à la force ou à la légèreté de la main, selon que les teintes doivent être vigoureuses ou faibles. Je vous prie d'excuser cette observation, mais elle est faite par un graveur qui sent toute la difficulté qu'il éprouve en exécutant.

Vous voyez que je ne vous ménage pas, je vous offre franchement les avis que vous me demandez, d'ailleurs votre découverte a d'autres côtés assez beaux pour se passer de cet avantage, l'on pourrait retoucher au burin les parties défectueuses, ce que l'on est obligé de faire à toutes les gravures à l'eau forte. L'un de vos portraits, s'il était gravé sur cuivre comme il l'est sur étain, et qu'on le retouchât, pourrait faire une gravure passable, mais il y aurait beaucoup à travailler.

J'attends beaucoup de vos essais d'après nature, cette découverte m'a semblé extraordinaire et d'abord incompréhensible. Cependant j'ai la certitude que vous réussirez en pensant à vos essais de gravure, et alors à la possibilité de fixer les rayons de la chambre noire. Je souhaite de tout mon cœur que cette tentative soit couronnée d'un plein succès, car c'est une découverte qui doit être dans les arts d'une grande utilité, et qui fera peut-être autant de sensation qu la lithographie en a faite à son apparition. Cependant je crains que votre gravure n'atteigne pas à la perfection désirable, je souhaite me tromper; je vous offre le secours de mon burin, s'il devenait nécessaire.

Je vous remercie avec reconnaissance de la proposition que vous me faites de m'associer aux avantages qui pourvent résulter de votre découverte. Si je vous suis utile, je vous laisse la liberté d'agir comme vous voudrez.

Vous me demandez si je connais M. Daguerre? Il y a plusieurs années que, sans le connaître particulièrement, j'allai dans des soirées où je le rencontrai. Au printemps dernier, ayant été chargé par un éditeur de graver un de ses tableaux qui est dans la galerie du Luxembourg, j'allai lui montrer le dessin que je fis d'après; voilà comment je fis sa connaissance; je ne l'ai vu depuis qu'en allant voir un de ses tableaux au Diorama, et je dois lui soumettre, à la fin du mois, une épreuve de ma gravure, qui est presque achevée.

Quant à l'opinion que j'ai de lui, M. Daguerre, comme peintre, a un grand talent d'imitation et un goût exquis pour les ajustements de ses tableaux. Je lui crois une intelligence rare pour ce qui a rapport aux machines et aux effets de la *lumière*; l'amateur en visitant son établissement peut s'en convaincre facilement, je sais qu'il s'occupe depuis longtemps du perfectionnement de la chambre noire, sans néanmoins avoir connu le but de son travail que par vous et M. le comte de Mandelot à qui vous en avez parlé.

Je vous prie de compter sur ma discrétion et d'agréer l'assurance de mes sentiments distingués.

Votre très-humble serviteur,

Lemaitre.

Je vous enverrai vos planches lorsque vous le désirerez, et la planche gravée que je mets à votre disposition quand vous en aurez besoin.

SCIENCE.

NOTE DE M. NIÉPCE DE SAINT-VICTOR

sur les

PROPRIÉTÉS PARTICULIÈRES A QUELQUES AGENTS CHIMIQUES.

(Suite.)

J'ai ensuite plongé une gravure dans de l'eau d'iode pendant quelques minutes, et après l'avoir rincée à grande eau pour enlever tout l'iode qui aurait pu s'attacher aux blancs de la gravure, quoique celle-ci fût sur papier collé à la gélatine, je l'ai ensuite appliquée sur un papier collé à l'amidon, et j'ai obtenu une épreuve parfaitement nette, comme si j'avais opéré avec la vapeur d'iode.

Si l'on place une gravure iodée entre deux plaques de métal, l'image se reproduira sur les deux plaques; elle sera renversée d'un côté et redressée de l'autre.

Une gravure collée sur une feuille de verre et exposée à la vapeur d'iode se reproduira tout aussi bien que si elle eût été exposée à l'air libre.

J'ai répété toutes ces expériences dans l'obscurité la plus complète qu'on puisse obtenir; je les ai faites même dans le vide, et toujours les mêmes phénomènes se sont manifestés.

J'ai fait également des expériences avec le chlore et le brôme : le premier m'a donné les mêmes résultats que l'iode; mais le dessin reproduit est si faible, qu'il faut souffler sur le métal pour l'apercevoir, ou bien soumettre la plaque de cuivre à la vapeur d'ammoniaque et la plaque d'argent à la vapeur du mercure, pour que l'image apparaisse visiblement.

Je n'ai rien obtenu avec le brôme; presque toutes mes expériences ont été faites sur des plaques d'argent ou de cuivre : j'indique cela, parce qu'il est plus facile de juger de l'effet que sur le papier.

De même qu'il faut une température élevée de 15 à 20 degrés pour que ces expériences et celles qui suivent réussissent bien.

Je terminerai cet article en citant une expérience pleine d'intérêt pour la théorie : c'est qu'ayant appliqué une couche d'empois sur du plaqué d'argent propre au daguerréotype, le dessin d'une gravure que je comptais reproduire sur la couche d'empois s'est fixé sur le métal sans laisser de trace que sur la couche d'empois : il est donc clair que l'iode a passé au métal, en faveur d'une affinité plus grande pour lui que pour l'amidon.

Une seconde expérience dont le résultat était bien prévu vient à l'appui de la première; elle est très curieuse à voir. Si l'on prend un dessin fait avec de l'iode sur une feuille de verre ordinaire enduite d'un couche d'empois, que l'on place cette feuille de verre sur une plaque d'argent ou de cuivre, en ayant soin préalablement de mouiller la couche d'empois, on voit alors l'image quitter l'amidon pour se porter sur la plaque de métal, et dans très-peu de temps l'amidon est décoloré.

Enfin, si l'on enduit une gravure d'une couche d'empois et qu'on veuille ensuite en tirer une copie (après l'avoir soumise à l'action de l'iode) sur papier collé à l'amidon ou sur une couche d'empois, rien ne se reproduira; mais en appliquant cette même gravure, étant mouillée, sur une plaque d'argent ou de cuivre, les noirs se reproduisent en raison de la plus grande affinité de l'iode pour le métal que pour l'amidon.

DEUXIÈME PARTIE.

Du phosphore et du soufre.

J'ai trouvé au produit de la combustion lente du phosphore exposé à l'air libre la même propriété qu'à l'iode, de se porter sur les noirs d'une gravure et de toute espèce de dessins, quelle que soit la nature chimique du noir.

Ainsi, en soumettant une gravure à la vapeur du phosphore brûlant lentement dans l'air, et l'appliquant ensuite sur une plaque de cuivre, la mettant sous presse pendant quelques minutes, la soumettant après à la vapeur de l'ammoniaque liquide non chauffée, on a un dessin parfaitement net et très-visible; le dessin n'apparaît nullement lorsqu'on sépare la gravure de la plaque de cuivre, et il faut absolument recourir à l'ammoniaque pour le rendre visible, de même que, si on veut l'avoir sur une plaque d'argent, il faut soumettre celle-ci à la vapeur du mercure.

J'ai tracé des raies noires et blanches avec des couleurs à l'huile sur de la toile à tableaux; je les ai soumises à cette même vapeur, et les bandes noires seulement se sont reproduites sur la plaque de métal, c'est-à-dire que les bandes noires s'étant imprégnées de vapeur, et qu'ayant été mises en contact avec le cuivre, la vapeur a agi sur le métal, et les bandes blanches qui n'en contenaient pas ont laissé le cuivre à nu. Cette plaque ayant été soumise à la vapeur d'ammoniaque, l'immage est devenue très-visible.

Quelle que soit la durée de l'exposition d'une gravure à la vapeur du phosphore, les noirs seuls s'en imprègnent; mais, dans le cas où elle resterait longtemps, le dessin apparaît sur la plaque, comme si l'on y avait tracé des caractère avec un morceau de phosphore.

Le soufre a une propriété aussi prononcée que celle de l'iode pour se porter sur les noirs d'une gravure; ainsi, en soumettant une gravure à la vapeur du soufre qu'on a préalablement chauffé jusqu'à ce qu'il soit près de s'enflammer, l'y laissant pendant cinq minutes environ, l'appliquant ensuite sur une plaque d'argent ou de cuivre, on a, au bout de dix minutes de pression, une image très-visible et très-bien fixée.

C'est une opération très-facile à faire et qui, par cela même, pourra être très-utile aux graveurs sur métaux. Je préviens aussi que ce dessin résiste à l'eau forte.

La vapeur de sulfure d'arsenic jaune (orpiment) chauffé dans l'air donne à la gravure qu'on y expose la propriété d'imprimer sa propre image comme la vapeur du soufre.

Le soufre a une propriété remarquable pour se porter sur les tranches et les reliefs de même que sur les pointes. Ainsi, en ayant exposé, dans une atmosphère chargée de soufre, des aiguilles dont les pointes étaient placées dans toutes les directions, dans l'espace de quelques minutes ces pointes ont été chargées de soufre sans que le corps des aiguilles en présentât d'une manière sensible.

Dans la tablette composée de bois blanc et d'ébène que l'on expose à la vapeur du soufre, c'est toujours la bande noire qui se reproduit.

J'ai également obtenu une épreuve positive avec le deutochlorure de mercure (sublimé). Si l'on passe ce dessin sur cuivre à la vapeur d'ammoniaque, il apparaît beaucoup mieux et se trouve très-bien fixé.

TROISIÈME PARTIE.

De l'acide azotique et de l'hypochlorite de chaux.

Avec l'acide azotique, j'ai obtenu les résultats suivants :
En soumettant une gravure (quelle que soit la composition du noir) à la vapeur qui se dégage de l'acide azotique pur, l'appliquant ensuite sur une plaque d'argent ou de cuivre, l'y laissant pendant quelques minutes, on obtient une épreuve négative très-visible. Les blancs sont chargés d'une vapeur blanche, et les noirs sont le cuivre pur.

Une gravure huilée et des caractères tracés avec du fusain sur du papier blanc m'ont donné les mêmes résultats. J'ai ensuite soumis à la même vapeur une tablette composée de bois blanc et d'ébène, une autre composée de bois et de bois blanc teint en noir avec de l'encre aqueuse : toujours les bandes blanches seules se sont reproduites.

Je préviens que, si on laisse longtemps une gravure exposée à la vapeur de cet acide, les noirs finissent par s'imprégner comme les blancs, et que la plaque de métal sur laquelle on a appliqué la gravure se trouve alors recouverte d'une couche uniforme qui n'offre plus aucune trace de dessin.

Une gravure ne peut servir qu'à faire une ou deux épreuves au plus : il faut, après cela, la laisser à l'air pendant vingt-quatre heures avant de pouvoir opérer de nouveau, et souvent elle ne reproduit plus rien. On voit par là que l'effet n'est pas caractérisé comme les autres substances; cependant il existe, puisque j'ai obtenu les résultats suivants :

Ayant trempé des caractères d'imprimerie dans de l'acide azotique pur (avec l'attention de les retirer tout de suite), je les ai appliqués sur une plaque de cuivre, et les ayant enlevés après un certain temps, j'ai trouvé des caractères en relief ressemblant à une planche typographique.

Si l'on trempe une gravure dans de l'eau acidulée d'acide azotique, très-longtemps si l'on veut; qu'on la laisse sécher jusqu'à ce qu'elle n'ait plus qu'un peu d'humidité, et qu'on l'applique ensuite sur une plaque de métal, on a une épreuve négative habituellement très-lisible; mais, dans le cas où elle ne le serait pas, il suffit de souffler sur la plaque pour faire paraître le dessin. Une plume noire et blanche, traitée de la même manière, m'a donné également une épreuve où le blanc seul s'est reproduit : résultat inverse de celui qu'on obtient en imprimant sur le métal la plume qui a été exposée à la vapeur d'iode.

L'acide chlorhydrique produit à peu près le même effet que l'acide azotique; mais ce dernier est bien préférable.

NIÉPCE DE SAINT-VICTOR.

(*La suite à un prochain numéro.*)

ANNONCES.

Le Secrétaire de rédaction F.-A. RENARD, *Gérant.*

Impr. BÉNARD et Cⁱᵉ, succ. de Lacrampe, rue Damiette, 2.

TARIF DES ANNONCES

DE

LA LUMIÈRE

BEAUX-ARTS. — HÉLIOGRAPHIE. — SCIENCES.

Les annonces concernant L'HÉLIOGRAPHIE, la fabrication *des appareils* et la vente *des produits chimiques* pour la PHOTOGRAPHIE et le DAGUERRÉOTYPE, les ouvrages publiés sur ces matières et en général sur les SCIENCES et les BEAUX-ARTS, seront *seules admises*, et seront insérées à la quatrième page de ce Journal.

Le prix en est fixé à 60 centimes la ligne.

Chaque Abonné a droit à des annonces *gratuites* jusqu'à concurrence du prix de son abonnement.

NOTA. *La Lumière* rendra compte de tous les ouvrages concernant l'héliographie, les sciences et les beaux-arts qui lui seront adressés et auront été agréés par la rédaction du Journal.

Le bureau des Annonces est établi au siége même du Journal

RUE DE L'ARCADE, 15.

LA LUMIÈRE

JOURNAL NON POLITIQUE,

PARAISSANT TOUS LES HUIT JOURS.

BEAUX-ARTS — HÉLIOGRAPHIE — SCIENCES.

BUREAUX, N° 18, RUE DE L'ARCADE, A LA SOCIÉTÉ HÉLIOGRAPHIQUE.

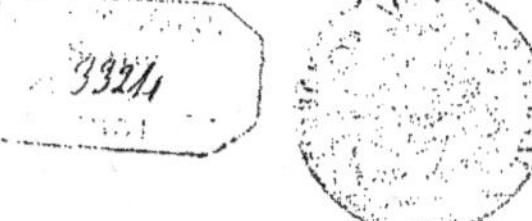

PARIS.—PRIX : UN AN, 16 F.; 6 MOIS, 10 F.; 3 MOIS, 6 F.— DÉPARTEMENTS, UN AN 18 F.; 6 MOIS, 11 F.; 3 MOIS, 7 F.— ÉTRANGER, UN AN, 20 F.; 6 MOIS, 12 F.; 3 MOIS, 8 F.— CHAQUE N° 50 CENT.

SCIENCES.

ÉTUDES SUR L'AGENT LUMINEUX.

Avant Galilée, les gaz étaient à peine considérés comme de la matière : leur subtilité les rejetait en dehors du domaine de la physique ; ils étaient des *esprits*, des *vapeurs* (aura), que les alchimistes, au grand péril de leur corps et de leur âme, osaient quelquefois analyser et employer pour composer des philtres ou pour rechercher la pierre philosophale. Mais depuis que le célèbre professeur de Pise s'avisa de peser l'air atmosphérique, on dut considérer comme agents matériels les gaz et les vapeurs ; on dut, par une progression facile à prévoir, admettre comme matériels les fluides impondérables, tels que la lumière, le calorique, l'électricité et l'agent nerveux.

La notion des corps ou substances n'arrive à l'entendement que par les phénomènes, ou, ce qui revient au même, par l'impression sur les sens. Quand la matière agit, à la fois, sur plusieurs sens, comme font les solides et les liquides, l'étude en devient facile ; les phénomènes abondent, et la physique trouve de nombreux points d'appui pour ses expériences ; mais déjà les gaz ne peuvent agir simultanément que sur deux sens : quant aux fluides impondérables, chacun d'eux n'affecte qu'un appareil. Le calorique agit sur le tact, la lumière agit sur la vue, l'électricité se manifeste seulement sous forme d'étincelle, c'est-à-dire de calorique et de lumière ; le fluide nerveux, tout en jouant un rôle important dans toutes les sensations, n'agit sur aucun sens : aussi est-il admis seulement par analogie et sous forme d'hypothèse.

Chacun voit dès lors pourquoi les fluides impondérables sont une des dernières acquisitions de la science, et pourquoi leur étude est à la fois si difficile et si incomplète : ils jouent un rôle immense dans tous les changements, dans tous les actes de ce monde; ils constituent les forces par lesquelles s'explique l'existence de la matière brute et organisée : bien connus, ils nous diraient la vie de l'homme comme celle du coquillage et de l'arbrisseau; mais des siècles s'écouleront avant que la science ait acquis la notion exacte des fluides impondérables. Chaque jour elle multiplie ses observations et ses découvertes; chaque jour elle agrandit le cadre de ses travaux, sans pouvoir le remplir.

Cependant, avec ce qu'elle sait déjà, elle opère des prodiges ; les paratonnerres, la télégraphie instantanée, la dorure et l'argenture par voie humide, un mode d'éclairage d'une excessive puissance disent assez, sans compter mille inventions moins importantes, quel agent elle a trouvé dans l'électricité : l'emploi de la vapeur, les calorifères, les progrès dans la fusion des métaux indiquent l'utilité de l'étude du calorique ; enfin les perfectionnements apportés dans les instruments d'optique, et plus que tout cela, l'héliographie, disent la puissance de l'agent lumineux. Employer les rayons du soleil pour retracer sur les métaux ou sur le papier l'image d'un édifice, d'une contrée, d'un animal, d'une fleur, d'une personne ; user de ce qu'il y a de plus fugitif en ce monde pour produire une figure indélébile, serait certainement une opération magique, si elle ne se faisait dans le dix-neuvième siècle.

On ne croit plus guère à la magie de notre temps, et cependant peu de personnes, en voyant le portrait produit par l'héliographie, savent comment agit la lumière, quelle est sa nature, quelles sont ses propriétés. Les mêmes des opérateurs qui usent de l'invention de Niepce et de Daguerre sans avoir des notions physiques bien exactes. Ils ignorent ce qu'est le fluide lumineux, ses différences, quand il provient du soleil ou quand il est produit artificiellement, la puissance chimique qu'il renferme, sa vitesse de transmission, enfin le mécanisme de la décomposition pour la production des couleurs. De là une foule d'expériences inutiles; de là des tentatives sans but et sans direction ; lorsque des notions exactes les rendraient fructueuses.

Ce journal, en se proposant de favoriser l'héliographie, doit donc, dans sa partie scientifique, étudier avant tout l'agent lumineux, en donner à ses lecteurs les notions les plus simples, les plus claires et partant les plus utiles, retracer les plus légères découvertes de l'optique, enfin imprimer, s'il y a lieu, une direction aux tentatives des photographes.

DE LA LUMIÈRE.

Si nous en croyons les physiciens et les astronomes des temps modernes, le vide absolu n'existe pas dans la nature : l'espace immense qui sépare les étoiles fixes et l'atmosphère des planètes est occupé par une substance très-ténue, l'*éther*, le fluide impondérable par excellence. Loin d'être doué d'attraction, comme les corps pondérables, l'éther porte en lui un principe répulsif ; il empêche les astres de se réunir et de s'agglomérer. Loin d'être impénétrable, il circule au sein des corps sous des formes diverses; sa subtilité est telle qu'il pénètre partout, et cependant il offre une certaine résistance à la course rapide des comètes, car il projette en arrière leur atmosphère lumineuse : il peut, sous l'empire de certaines modifications, devenir tour à tour de l'électricité, du calorique, enfin de la lumière.

Tout corps lumineux a pour effet d'imprimer à l'éther ambiant une sorte de vibration analogue à celle que subit l'atmosphère dans la production du son. Cette vibration constitue la lumière, et si elle ne rencontre pas d'obstacle elle se transmet, en ligne droite, et avec une vitesse de 67,000 lieues ou 268,000,000 de mètres par seconde. Voici comment a pu être calculée une marche aussi rapide. Rœmer, en recherchant la cause des inégalités remarquées dans les mouvements des satellites de Jupiter, par l'observation de leurs éclipses, trouva bientôt qu'elle dépendait des retards éprouvés par la lumière pour parvenir jusqu'à nous. Quand la terre se trouvait placée entre Jupiter et le soleil, la disparition des satellites devançait le calcul ; au contraire, quand la terre se trouvait placée de l'autre côté du soleil, le retard était de 16 minutes 1/2 environ ; d'où il conclut que la lumière mettait ce temps pour traverser l'orbite terrestre, et parcourait les 53,000,000 de lieues qui nous séparent du soleil en 8 minutes 13 secondes. La même force vibratile et la même vitesse de transmission est-elle acquise à la lumière produite artificiellement à la surface de la terre, et cheminant dans l'atmosphère ? Il est permis d'en douter ; des expériences récentes tendent même à démontrer que les rayons lumineux traversent les corps diaphanes, tels que l'eau, l'air, le verre, en ralentissant insensiblement leur marche.

Les rayons lumineux, à mesure qu'ils s'éloignent du point d'émergence occupent un plus grand espace, sans pouvoir se multiplier : ils deviennent de plus en plus rares et le calcul a fait découvrir que leur nombre est en raison inverse du carré de la distance.

Une autre cause de la décroissance de la lumière tient aux milieux qu'elle traverse. Tous retiennent quelques rayons, mais les uns les laissent passer en grand nombre et pour cette raison sont dits transparents ou diaphanes; d'autres, au contraire, arrêtent la totalité de la lumière et sont appelés opaques. L'une de leurs faces est dans l'ombre, tandis que l'autre est éclairée, devient lumineuse,

et peut en répercutant les rayons qu'elle reçoit, éclairer, à son tour, les corps voisins.

Voilà donc trois espèces de lumière : celle qui est directe : celle qui a traversé des corps diaphanes et celle qui est réfléchie. Chacune deviendra dans la suite l'objet d'une étude approfondie.

Dr CLAVEL.

NOTE SUR LA PHOTOGRAPHIE SUR PAPIER,

PAR M. C. LABORDE,

Professeur de physique à Pigelin, près Nevers.

[Communiquée à la Société d'Encouragement par M. Charles Chevalier.]

« Plusieurs opérateurs suppriment le premier bain d'azotate d'argent, et passent tout simplement la feuille de papier à l'iodure de potassium avant l'application de l'acéto-azotate d'argent : ce procédé plus simple donne facilement de bons résultats ; mais les noirs de l'épreuve négative m'ont toujours paru moins vigoureux que lorsqu'on pratique la double opération indiquée par M. Talbot. La présence d'un sel d'argent dans la première couche détermine sans doute la lumière à agir plus profondément. Pour réunir les avantages des deux procédés, j'ai cherché à introduire le sel d'argent dans le bain même d'iodure de potassium, et je suis parvenu à préparer, par une seule immersion, une couche qui devient très-sensible sous l'acéto-azotate d'argent, et qui donne à l'épreuve négative des blancs purs et des noirs vigoureux. Voici les détails de cette préparation :

Cyanure blanc de potassium.... 1 gramme.
Eau distillée............ 50 id.

« Dans cette solution, l'on jette peu à peu, et autant qu'elle en puisse dissoudre, de l'iodure d'argent récemment précipité, et après l'avoir filtré, on l'ajoute au bain d'iodure de potassium, composé de :

Eau.............. 60 grammes.
Iodure de potassium...... 4 id.

« Le papier est étendu à la surface du bain ; lorsqu'il s'y est bien développé, on l'en retire, et après l'avoir égoutté on l'applique sur un papier buvard, et l'on peut s'en servir immédiatement. Pour préparer l'iodure d'argent, on verse peu à peu une solution d'azotate d'argent dans une solution d'iodure de potassium ; le précipité, d'abord blanchâtre, reste en suspension tant qu'il y a excès d'iodure de potassium ; lorsqu'il jaunit et qu'il commence à s'agglomérer, on le lave avec soin, et on le dissout aussitôt dans le cyanure blanc de potassium.

« Il est certain que l'image est formée sur la couche sensible dès les premiers instants de son exposition dans la chambre obscure, puisqu'on peut l'achever avec un verre continuateur. Le point important est de trouver une substance qui la fasse ressortir ou qui puisse favoriser l'action de l'acide gallique ; sous ce rapport l'*acétate de chaux* et l'*azotate de plomb*, associés à l'acide gallique, jouissent de propriétés remarquables, et font ressortir, chacun à leur manière, l'effet de radiations que l'acide gallique seul est impuissant à manifester. Deux grammes d'acétate de chaux ajoutés à cent grammes de la solution ordinaire d'acide gallique, font venir rapidement l'image, et donnent des noirs très-intenses. Une trop forte proportion d'acétate de chaux fait noircir les blancs de l'épreuve; mais on peut suspendre cet effet en ajoutant à la solution de l'acide acétique. L'acétate de chaux possède une autre propriété qui peut intéresser les chimistes, il augmente considérablement le pouvoir dissolvant de l'eau pour l'acide gallique. Certaines préparations sur papier exigent, pour montrer l'image qui s'y est formée, une forte solution d'acide gallique; l'eau peut en dissoudre dix et vingt fois plus, si l'on veut, en augmentant progressivement la dose d'acétate de chaux. »

« L'azotate de plomb ne peut être associé à l'acide gallique que lorsque celui-ci est dissout dans l'eau distillée ; la proportion employée doit être beaucoup plus faible que celle de l'acétate de chaux. L'image vient très-promptement, et dans tous ses détails ; les noirs sont mieux *fondus*, mais moins vigoureux, et presque nivelés entre eux, ce qui donne à l'épreuve positive une certaine mollesse que l'on peut rechercher quelquefois ; on peut donc à volonté, obtenir de la vigueur à l'aide de l'acétate de chaux, ou de la douceur dans les épreuves avec l'azotate de plomb. J'ai vainement cherché à réunir ces deux avantages dans la même solution : l'azotate de plomb peut être mélangé à l'acétate de chaux, sans changement apparent ; chacun des sels peut être ajouté séparément à l'acide gallique, mais, s'ils sont réunis, l'acide gallique y détermine aussitôt un précipité. L'acide gallique donnant un corps insoluble avec l'acétate de plomb, entraîne, par cela même, la formation de ce dernier sel, par échange de base et d'acide. »

« Lorsque l'acéto-azotate d'argent contient une trop faible proportion d'acide acétique, les blancs de l'épreuve noircissent facilement sous l'action de l'acide gallique ; or, cette proportion variant continuellement par suite de la volatilité de l'acide acétique, il en résulte qu'une cause d'erreur vient incessamment en compliquer tant d'autres qui paraissent souvent insaisissables. L'azotate de zinc, qui est un produit fixe, peut, en grande partie, remplacer l'acide acétique ; il augmente la sensibilité de la couche impressionnable, et les blancs de l'épreuve se soutiennent très-longtemps sous l'action de l'acide gallique ; il permet même de donner, au premier bain d'iodure de potassium, une réaction alcaline par la potasse ou l'ammoniaque, ce que l'on ne peut pas faire avec l'acéto-azote d'argent ordinaire, sans que les blancs ne noircissent aussitôt, lorsque l'on fait venir l'image. J'indique les proportions suivantes, sans assurer qu'elles soient les meilleures :

    Azotate de zinc. . . . .   2 grammes.
    Azotate d'argent. . . . . . .   4 id.
    Acide acétique cristallisable. 2 id. au plus.
    Eau.. . . . .   60 grammes.

« On pourrait doubler la proportion d'azotate de zinc ; mais il faudrait alors diminuer de moitié la quantité d'acide acétique. »

« Je décrirai ici un petit appareil qui, sans rien ajouter à la science de la photographie, peut en faciliter la pratique ; c'est un laboratoire portatif qui permet à l'opérateur d'être en pleine lumière dans toutes ses manipulations. »

« Il se compose d'une caisse en bois de 55 centimètres de longueur sur 30 centimètres de largeur et 30 centimètres de hauteur. »

« Le couvercle à charnières, est percé d'une ouverture sur laquelle on adapte un *verre jaune*, assez grand pour laisser voir facilement tout ce qui se passe à l'intérieur. Le devant de la caisse présente deux trous assez larges pour que l'avant-bras puisse s'y mouvoir avec facilité ; deux manches en étoffe sont fixées par leurs bords à l'entrée de ces trous, et se terminent à leur extrémité opposée par un bracelet élastique qui s'applique exactement autour du poignet, lorsqu'on y enfonce les bras. La boîte contenant le matériel nécessaire aux opérations qui doivent se faire dans l'obscurité, on peut, à travers le verre jaune, suivre tous les mouvements des mains, et, avec un peu d'habitude, appliquer la feuille de papier sur l'acéto-azote d'argent, et la placer dans son châssis aussi facilement qu'au dehors ; on dégage ensuite ses bras de l'intérieur de la boîte, et, levant le couvercle, on en retire le châssis fermé et prêt à être placé dans la chambre obscure : lorsque l'image est reçue, on introduit de nouveau le châssis dans la caisse pour venir l'acide gallique, etc..... »

« Je ne décris pas les dispositions intérieures de la boîte, car chacun peut les approprier au procédé qu'il a adopté. Elle contient facilement tous les objets nécessaires aux opérations ; portée sur un support en X qui se ferme dans le voyage, elle peut, en rase campagne, servir elle-même de soutien à la chambre obscure. »

« Cette constante uniformité dans les manipulations, au milieu des circonstances les plus diverses, est une garantie de succès qui sera appréciée des opérateurs. »

C. LABORDE.

RAPPORT DU JURY CENTRAL

DE L'EXPOSITION DES PRODUITS DE L'INDUSTRIE EN 1849.

M. LÉON DE LABORDE, rapporteur.
(Suite.)

RÉCOMPENSES.

§ 1er. HÉLIOGRAPHIE SUR PLAQUES DE MÉTAL.

M. WARREN THOMPSON, boulevard Poissonnière, 14 bis, à Paris.

La dimension des portraits exposés par M. Warren Thompson, surtout son propre portrait en pied et la scène des buveurs composée par lui, offre les résultats heureux d'une difficulté vaincue. On désirerait, sans doute, trouver dans les traits moins de déformation, et dans la manière d'éclairer le modèle une lumière plus franche, un effet mieux accusé ; mais, tels qu'ils sont, ils surpassent de beaucoup, en grandeur, en clarté et en réussite générale, ce qu'on avait produit jusqu'à ce jour. Ajoutons que M. Thompson, procède avec une sûreté et une rapidité rares, qu'il dessert une clientèle nombreuse, et répond, en un mot, aux conditions les plus appréciées par le jury. Il a perfectionné les procédés, il les a rendus plus faciles, plus sûrs ; il a atteint enfin un chiffre d'affaires qu'on peut appeler considérable dans cette industrie.

Le jury lui décerne une MÉDAILLE DE BRONZE.

M. VAILLAT, Palais-National, 43, à Paris.

Maintenir sa réputation dans un public nombreux, accroître sa clientèle et produire avec certitude des épreuves toujours constantes sous le rapport de la vigueur du ton et de la netteté des détails, tel est le caractère de l'atelier de M. Vaillat, qui ne produit pas moins de 2,000 portraits par année, au prix moyen de 10 fr. Ajoutons que cet opticien a été un des premiers à se consacrer à cet art ; qu'il en a suivi et souvent devancé les progrès avec persévérance ; enfin, et c'est aussi un mérite, qu'il s'est prêté aux communications les plus libérales en formant un grand nombre d'élèves parmi les artistes et les amateurs.

Le jury lui décerne une MÉDAILLE DE BRONZE.

M. SABATIER-BLOT, Palais-National, 129, à Paris.

Le jury de 1844 mentionnait honorablement les travaux de M. Sabatier-Blot, qui n'a pas cessé, depuis cette époque, d'exercer son art avec succès. Seulement, il nous a semblé qu'il était entré dans une fausse voie, conséquence d'un engouement exagéré pour la vivacité de la lumière. La personne qui pose dans son atelier n'est pas seulement éclairée par la lumière vive du dehors, elle reçoit aussi de droite, de gauche, de face et de côté des reflets renvoyés soit par des écrans blancs et bleus, soit par des glaces. Ainsi illuminées, la nature perd son modelé, et l'œil ne retrouve plus les effets d'ombre qu'il est habitué à voir dans le jeu de la physionomie. Les plaques, déjà miroitantes, le deviennent davantage ; la précision des contours est remplacée par l'ondulation d'un mirage, et la netteté des détails par un *flou* lumineux qui rappelle un effet d'incendie. Il est regrettable que M. Sabatier-Blot perde ainsi le mérite de la parfaite préparation de ses plaques, depuis les plus petites, préparées aux polissoirs longs, jusqu'aux plus grandes, polies au moyen d'une machine ingénieuse dont il est l'inventeur.

Le jury rappelle en sa faveur la *mention honorable* qu'il a obtenue en 1844.

M. ANDRIEUX, place du Carrousel, 2, à Paris.

Le sentiment des arts, une grande précision dans toutes les manipulations, une recherche attentive des procédés les plus perfectionnés, distinguent l'atelier de M. Andrieux, et l'ont recommandé à l'attention du jury, qui a remarqué les poses heureuses, les effets bien calculés qu'il donne à ses modèles, la réussite presque toujours égale de ses opérations et les beaux résultats qu'il obtient.

Le jury lui accorde une *mention honorable*.

MM. BISSON frères, boulevard des Italiens, 11, à Paris.

MM. Bisson père et fils ont été longtemps à la tête des héliographes qui les premiers s'emparèrent des procédés de M. Daguerre. Le jury n'a oublié ni les beaux portraits, ni les planches d'histoire naturelle qui leur valurent, en 1844, une citation favorable. Cette année, MM. Bisson frères continuent d'exercer cet art ; mais d'autres poursuites, d'autres préoccupations les ont distraits de ces recherches, et ils se sont laissé devancer. Toutefois, ils comptent encore parmi nos opérateurs habiles, et on a pu s'en convaincre en regardant la collection complète des portraits de nos deux Assemblées, qui a été lithographiée d'après leurs héliographies. Quand ils voudront s'appliquer exclusivement à cet art, ils reprendront leur rang et ils rendront de nouveaux services.

Dans cette espérance, le jury leur accorde une *mention honorable*.

M. J. THIERRY, à Lyon (Rhône).

M. Thierry de Lyon avait deux titres différents à l'attention du jury : il a présenté des épreuves de paysage très remarquables, et il a cherché à faciliter les opérations de l'héliographie en composant et en mettant dans le commerce une liqueur qu'il appelle *invariable*. Au point de perfection où en est arrivé cet art, nous ne pouvons compter pour un progrès une préparation immuable, qui n'est tout au plus qu'un guide-âne à l'usage des commençants ou des opérateurs dépourvus de ce sens observateur qui, seul, dirige au milieu des circonstances très diverses où l'on se trouve. La couche d'iode et de bromure de chaux est si facile à suivre, au moyen des nouvelles boîtes, dans les divers degrés de sensibilité que l'atmosphère exige, qu'il n'est pas nécessaire, qu'il peut être fâcheux d'en immobiliser la puissance.

En ne considérant que les épreuves exposées par M. Thierry, on acquiert la conviction qu'il est maître de son art. Jamais on n'a rendu des vues générales avec des premiers plans aussi bien accusés et une dégradation aussi complète de teintes pour tous les plans successifs que forment, dans l'éloignement, les mouvements du terrain.

Le jury décerne à cet habile opérateur une *mention honorable*.

M. PLUMIER, rue Vivienne, 36, à Paris.

Nous avons dit que tous les héliographes procédaient aujourd'hui d'une manière uniforme ; les opérations, en effet, sont les mêmes, les substances et le matériel identiquement les mêmes. Ce qui diffère, c'est, comme dans toute autre industrie, l'intelligence, le goût, et une sorte d'instinct qui constituent la vocation. M. Plumier possède toutes ces qualités à un degré remarquable ; il leur doit la régularité de ses préparations, qui donnent à toutes ses épreuves un ton argentin et vigoureux qu'on reconnaît de prime-abord, et le constant succès de ses opérations, qui lui ont conquis sa clientèle et qui l'étendent.

Le jury lui accorde une *citation favorable*.

M. DERUSSY, rue des Prouvaires, 3, à Paris.

M. Ph. Derussy a obtenu, en 1844, une citation favorable ; il a, depuis cette époque, considérablement étendu le cercle de ses affaires. Aujourd'hui il produit près de 3,000 portraits par année, et ces portraits sont bien exécutés.

Le jury lui accorde la *citation favorable*.

---

§ 2. HÉLIOGRAPHIE SUR PAPIER.

M. BAYARD, rue de la Paix, 81, aux Batignolles (Seine).

M. Bayard a suivi de bien près MM. Niepce et Daguerre dans l'emploi de l'iode, il a rivalisé avec M. Talbot pour l'application de l'héliographie sur papier, enfin il présente des épreuves exécutées sur verre par un procédé qu'il avoue être analogue à celui qu'a publié M. Niepce de Saint-Victor, mais qu'il prétend avoir mis à exécution avant la communication qui en a été faite à l'Académie des sciences. Le jury n'avait à examiner ni ces titres honorables, ni ces prétentions, sans doute bien fondées ; il aurait désiré trouver dans les communications que M. Bayard lui a faites plus d'ouverture, plus de franchise, plus de libéralité ; il croit que la science et que M. Bayard lui-même y auraient gagné l'une en progrès réels, l'autre en titres à la reconnaissance des savants et à la munificence du Gouvernement ; mais, ne considérant que les cadres exposés par cet habile opérateur, il s'est convaincu que les résultats obtenus par lui, après douze années de persévérantes recherches, étaient les plus satisfaisants dans les conditions essentielles de cet art : la netteté, la précision, l'effet. Jamais aucun opérateur, en aucun pays, n'a produit sur papier des vues aussi détaillées, aussi pures de contours, aussi fraîches et vigoureuses d'effet. Si l'on ajoute à la beauté des résultats, les avantages du procédé, qui permet de préparer les glaces plusieurs jours à l'avance, de les transporter au loin, de les soumettre à l'action de la lumière et de revenir chez soi, plusieurs jours après, pour les fixer à son aise, on reconnaîtra que M. Bayard a fait un véritable progrès, et, s'il n'est pas l'inventeur du procédé, qu'il a été au moins le premier à obtenir des épreuves de cette dimension et de cette beauté.

En considération de ces efforts persévérants, de ces résultats remarquables, le jury décerne à M. Bayard une MÉDAILLE D'ARGENT.

M. GUSTAVE LEGRAY, rue de Richelieu, 110, à Paris

Ce jeune peintre s'est appliqué aux sujets qui rentraient dans ses premières études, au portrait et à la reproduction des peintures et des objets d'art. Il est parvenu à donner au portrait une netteté qui semblait réservée à la plaque, et une harmonie qui va quelquefois (c'est là son tort), jusqu'à la monotonie. Les tableaux qu'il a copiés, les objets d'art qu'il a reproduits sont des chefs-d'œuvre de fini précieux et de fidélité flatteuse. Les artistes trouveront une grande ressource dans cette facilité de reproduction de tous les matériaux qui leur sont nécessaires, et qui forment comme les outils de leur travail.

M. Legray n'est pas inventeur, il n'a pas de procédé qui lui soit particulier ; mais, doué d'une intelligence rare et d'une persévérance précieuse, il combine heureusement tout ce qui peut faire progresser son art, il fait mieux encore, il communique avec la plus grande libéralité les méthodes qui lui réussissent, et il acquiert ainsi des titres à l'estime des artistes et à la faveur du jury, qui lui accorde une MÉDAILLE DE BRONZE.

MM. GUILLOT-SAGNEZ, rue Vivienne, 56, à Paris.

Le soleil est l'ouvrier prompt, fidèle, habile que l'héliographe appelle à son aide ; mais, de même qu'il y a ouvrier et ouvrier, il y a soleil et soleil, et M. Guillot-Sagnez a eu le bon esprit de s'associer l'astre qui inonde de lumière l'Italie et l'Orient. On sent que ses vues sont éclairées par des rayons vifs, limpides, éclatants, qui vont, par reflets, donner de la clarté aux ombres elles-mêmes. Parmi ses portraits on remarque celui du pape Pie IX et un berger de la campagne de Rome : l'effet général s'unit à la finesse des détails. Le Moïse de Michel-Ange est d'autant mieux réussi, que, dans l'impossibilité de le déplacer, cette héliographie a été exécutée dans les plus mauvaises conditions d'éclairage. M. Guillot-Sagnez a détaillé libéralement, dans une brochure très bien faite, tous ses procédés ; si des circonstances particulières ont suspendu ses recherches, il y a lieu d'espérer qu'il s'y consacrera de nouveau : nous avons beaucoup à attendre de sa sagacité.

Le jury lui décerne une MÉDAILLE DE BRONZE.

---

§ 3. HÉLIOGRAPHIE COLORIÉE.

M. V. MAUCOMBLE, rue de Grammont, 26 à Paris.

Un vœu général a suivi les premières communications de M. Daguerre et les succès obtenus après lui. On s'est dit : « Quand trouvera-t-on le moyen de transmettre, avec les noirs et les clairs de l'image, les couleurs propres à chaque objet ? » M. Becquerel a répondu : « Je reproduis le prisme. » Et on a cru que la découverte était faite. Mais il fallait fixer ce prisme, il fallait que les couleurs des objets vinssent à leur place se fondre avec leurs nuances et avec les dégradations de la lumière qui forment l'effet et la perspective. Nous en sommes encore loin, s'il est vrai que ce savant renonce à poursuivre ses recherches ; nous en sommes peut-être bien près, tant il y a d'inconnu et de hasard dans cette mystérieuse action de la lumière.

Les épreuves daguerriennes placées dans les galeries de l'exposition ne nous obligent pas à traiter cette intéressante question scientifique, les opérateurs ont tourné la difficulté. Ils se sont contentés de colorier la plaque au pinceau et à l'estompe. Nous dirons notre avis sur ce développement donné à l'héliographie.

Au point de vue industriel, c'est, sans aucun doute, un perfectionnement ; car beaucoup de personnes, que rebutait l'aspect noir et métallique des portraits sur plaque, en ont rempli leurs maisons quand la couleur leur a donné quelque apparence de vie. Le portrait est devenu véritablement populaire, à partir de ce moment.

Au point de vue de l'art, ce mérite est contestable. Une épreuve sortie de la chambre noire est une merveille par elle-même et dans ses conditions propres. Tout ce qu'on ajoute à la main peut avoir quelque charme ; mais, en fait, ces additions sont autant de pris sur les qualités qui sont l'essence et le mérite de l'héliographie. Le jury devait donc reconnaître l'utilité du coloriage sous le rapport industriel, et signaler l'habileté des exposants qui exploitent cette manière avec le plus de succès.

M. Maucomble est sans rival en ce genre, peintre en miniature assez habile, il est devenu excellent opérateur, et il a su employer son goût dans les arts pour poser ses modèles, son talent d'héliographe à produire des plaques au ton le plus convenable, enfin l'habileté de son pinceau et de ses estompes à fixer une couleur brillante sur la plaque au moyen d'un travail ingénieux de frottis, de pointillés et de hachures. Cette addition manuelle élève beaucoup le prix d'un portrait, mais elle en relève aussi le mérite aux yeux du public. M. Maucomble exécute, chaque année, un grand nombre de portraits, qui semblent, au premier aspect, de brillantes miniatures, et méritent le succès qu'ils ont généralement.

Le jury lui décerne une MÉDAILLE DE BRONZE.

MM. MAYER frères, passage Verdeau, 13 bis, à Paris.

La rapidité d'exécution, la réussite des épreuves, le brillant du coloriage sont réunis dans l'atelier de MM. Mayer frères, qui, en outre, vendent des chambres noires habilement modifiées par eux et fabriquées pour leur compte. Des substances mélangées d'après leur formule, et des boîtes de couleurs préparées exprès pour le coloriage de leur invention. Le portrait est leur spécialité, ils le réussissent et le colorient à merveille, aussi en produisent-ils chaque année un très-grand nombre. Ils ont exposé aussi quelques vues d'un fini précieux, où le mouvement des eaux, dans une rivière, leur calme, dans un lac, sont rendus merveilleusement. Un poste qu'on relève, dans une ville hollandaise, est saisi au moment où les deux officiers se donnent à l'oreille le mot d'ordre, et le sujet à lui seul sert à prouver la rapidité de l'exécution. MM. Mayer ne sont étrangers à aucune partie de leur art, et le jury leur décerne une MÉDAILLE DE BRONZE.

---

§ 4. MENUISERIE APPLIQUÉE A L'HÉLIOGRAPHIE.

M. G. SCHIERTZ, rue de la Huchette, 29, à Paris.

L'ébénisterie, appliquée exclusivement aux appareils d'héliographie, devait former une spécialité ; **M.** Schiertz s'en est emparé avec un succès qui fut signalé, en 1844, par le jury : il obtint alors une médaille de bronze. Depuis cinq ans cet habile ouvrier n'a pas cessé de suivre les progrès de cet art, de s'associer à tous ses perfectionnements, de les hâter même en saisissant, dans les plaintes des opérateurs, comme dans leurs tentatives, les modifications qu'il était nécessaire d'apporter dans les instruments dont ils se servent, et dans le bagage qu'ils sont obligés de traîner avec eux. Chambre noire, châssis de toutes sortes, pieds et supports de toutes dimensions, boîtes de voyage, etc., ont été exécutés par M. Schiertz avec une intelligence rare et une conscience qui, depuis onze années, ne se sont pas démenties. Son atelier est lui-même un titre à l'attention du jury ; car toutes les opérations s'exécutent mécaniquement par des moyens ingénieux de son invention, qui assurent à sa fabrication toute la précision réclamée par la science.

La commission des beaux-arts, réunie à celle des instruments de précision, lui accorde une MÉDAILLE D'ARGENT.

CORRESPONDANCE.

Nous avons reçu un grand nombre de lettres dans lesquelles leurs auteurs applaudissent vivement, et sincèrement, à la pensée qui a présidé à la fondation du journal *la Lumière*, voyant dans cette publication le moyen le plus propre à développer les progrès de *la Photographie*, qu'ils regardent, avec nous, comme appelée à rendre d'éminents services aux sciences et aux beaux-arts.

Parmi ces lettres nous citerons seulement la suivante parce que, tout en y résumant la pensée commune à toutes les autres, son auteur y émet de judicieuses considérations qui lui sont propres, et y appelle de tous ses vœux un important perfectionnement que nous sommes heureux de pouvoir lui promettre dans un délai très prochain. Voici la lettre de notre nouvel abonné :

« Toulon, le 21 février 1851. »

« Monsieur ,

« Il vient de me tomber entre les mains votre journal « intitulé *la Lumière*. Les promesses qu'il donne de pu« blier toutes les découvertes qui se font en Photographie « m'engagent à m'y abonner. »

« Je désire sincèrement que les auteurs des articles sur « la photographie ne craignent point d'entrer dans les dé« tails les plus minutieux ; c'est à ces détails, aux précau« tions à prendre, à un certain tour de main qu'on ne sau« rait trop s'appliquer à faire comprendre, que seront tou« jours dus les succès dans cette branche si attachante, si « intéressante des sciences. »

« La photographie sur papier ne pourra, suivant moi, « approcher de la finesse admirable de la daguerréotypie, « qu'autant qu'on parviendra à opérer sur le papier *sec et* « *glacé* ; de quelque manière qu'on s'y prenne, dès qu'il « faut mouiller le papier, le grain grossit, et la finesse, « dans les détails, disparaît en partie. »

« Les marins sont particulièrement intéressés aux pro« grès de cet art ; s'il eût été connu à l'époque où j'ai com« mencé ma carrière militaire, les deux cent mille lieues « que j'ai faites sur mer, pour aller dans divers pays, me « rendraient riche aujourd'hui de la plus rare, de la plus « magnifique collection de vues de tous les points impor« tants du globe. Un de mes amis, haut placé dans la « science à Paris, m'a parlé dernièrement d'une méthode « sur papier sec venant d'Angleterre, il ne la connaissait « pas encore ; je désire beaucoup la voir publier dans votre « journal. »

« Agréez, etc. »

Signé G. LUGEOL,

Capitaine de vaisseau, commandant le vaisseau le Napoléon, à Toulon.

En attendant que nous puissions publier le procédé anglais dont parle M. le capitaine Lugeol, nous sommes autorisé à annoncer à nos lecteurs une communication semblable, justement désirée depuis longtemps par tous les amateurs photographes, c'est celle de notre collègue M. Bayard, qui va nous livrer son procédé sur papier à sec. Les expériences faites par lui, dans cette direction, remontent à l'année 1843 ; alors il avait déjà dans le commerce un certain nombre de ses dessins, et il les présentait à l'Académie des sciences, le 14 décembre 1840, au reste, comme on le voit dans le rapport du jury central que nous venons de donner ci-dessus, c'est en grande partie à la beauté de ces résultats que s'adresse la récompense décernée à M. Bayard. Mais, si on a pu regretter les retards que celui-ci a apportés dans sa communication, on ne doit pas moins voir avec peine, selon nous, la rigueur avec laquelle le rapport du jury a fait mention de lui à ce sujet. Qui ne sait les hésitations que met d'ordinaire un auteur consciencieux et

---

désintéressé à faire connaître le résultat de ses laborieuses recherches! Il se propose avant tout d'épargner aux personnes qui vont profiter de sa découverte tout le mal que celle-ci lui a coûté, il veut, en un mot, autant que possible, la leur livrer à son dernier degré de perfectionnement : c'est là ce que s'est proposé M. Bayard.

F. A. RENARD.

DES FAUX ALCHIMISTES

ET DE LEURS MANŒUVRES AU MOYEN-AGE.

Nous devons à l'obligeance de M. de Montfort la communication de cette curieuse notice sur les frauduleuses manipulations de certains alchimistes ; elle est littéralement traduite du savant Berzélius. Parmi les adeptes du *grand art* qui cherchaient à opérer la transmutation des métaux, il y avait, et des gens de bonne foi, et des fripons habiles à exploiter la crédulité publique : ces derniers seuls savaient faire de l'or.

Quant aux autres, ils s'égaraient en conscience, épuisant dans ces recherches coûteuses leur fortune, leur santé, leur intelligence, etc., parfois rencontrant au fond des creusets et des cornues des résultats étranges, inespérés. Comme nous aurons à parler souvent de ces alchimistes, auteurs involontaires d'une foule de découvertes, il sera bon de les séparer des charlatans qui, avec le même but apparent, faisaient des dupes et déshonoraient le culte de la pierre philosophale.

Le document si peu connu de l'illustre Berzélius marquera cette distinction et nous fera connaître les procédés chimiques par la vertu desquels ces faux prophètes en imposaient à leurs contemporains.

« Il est peu surprenant que, durant l'enfance de la chimie, l'on ait cru à la transmutation des métaux ; mais la persistance, pendant huit siècles, d'une semblable erreur, est tout à fait remarquable.

« De la fin du douzième siècle aux premières années du dix-neuvième, il s'est perpétué une race particulière d'empiriques qui ont trafiqué de diverses recettes pour faire de l'or. A diverses reprises, ils réussirent à tromper plusieurs princes crédules, et, chargés de butin, ils surent se dérober aux poursuites avant qu'on pût s'apercevoir de leur fraude. La chimie est arrivée à une perfection qui rend désormais impossible le retour des alchimistes ; cependant il ne sera pas sans intérêt de connaître quelques-unes des méthodes dont ils se servaient jadis pour produire de l'or. Ils fabriquaient ce métal avec d'autres métaux, ordinairement avec l'argent ou le mercure.

« Pour transmuter l'argent et en faire de l'or, ils s'y prenaient de la manière suivante : on dissolvait par la voie sèche un peu d'or dans du sulfure alcalin en chauffant du sel de Glauber dans un creuset, y ajoutant du charbon mêlé à de petits morceaux d'or ou à certains sels d'or pulvérisés, encore inconnus pour la plupart. La personne qui en voulait tromper devait jeter ensuite cette masse fondue un morceau d'argent métallique qui précipitait l'or de sa combinaison Après avoir continué la fusion, on obtenait enfin un régule métallique d'or, et dans la scorie il se trouvait du sulfure d'argent.

« D'autres alchimistes laissaient refroidir la masse aurifère fondue et non encore traitée par l'argent ; ils pulvérisaient cette masse et l'appelaient poudre de flux teignant secrète. Une partie d'argent en fusion avec deux parties de cette poudre donnait également de l'or métallique.

« D'autres encore dissolvaient cet alcali sulfuré et renfermant de l'or, ils appelaient la solution Gradirwasser, et ils y plongeaient de l'argent. Il se précipitait de l'or à la surface de cet argent, ce qui faisait croire à la transmutation de ce dernier.

« Pour convertir le mercure en or, on suivait plusieurs méthodes, ou bien on tâchait de glisser secrètement de l'amalgame d'or parmi le mercure ; ou bien on remuait ce dernier, soit avec une carte dans laquelle on avait caché de l'oxide d'or, soit avec du papier sur lequel on avait écrit avec de l'encre mêlée infiniment à de l'oxide d'or. Quelques-uns se servaient pour cela de papier dont l'écriture était poudrée avec du sable renfermant de l'or très divisé. Quand alors on exposait au feu ce mercure, il est clair qu'après la combustion du papier et l'évaporation du mercure, on avait de l'or pur pour résidu.

« Daniel de Transylvanie préparait une poudre aurifère qu'il faisait vendre dans beaucoup de pharmacies d'Italie, sous le nom d'usufur, comme médicament universel. Il l'ordonnait avec d'autres substances que ses malades devaient acheter dans les pharmacies où l'on préparait les autres médicaments, mais sans y ajouter sa poudre d'or, qu'il gardait pour lui. Ce Daniel enseigna son art de faire de l'or au duc de Florence, Côme Ier, pour une somme de 20,000 ducats, qu'il emporta aussitôt qu'on la lui eût payée, et après qu'il eût enseigné au duc à réduire l'or contenu dans son usufur.

« L'histoire de Suède offre des exemples d'alchimistes qui avaient acquis une grande renommée.

« Le lieutenant-général Paykull, fait prisonnier de guerre en 1705, fut condamné à mort par Charles XII. Paykull s'offrit, sous la condition qu'on lui accordât la vie, à faire annuellement pour un million de richsthaler en or, sans que ni le roi ni le pays eussent de dépenses à faire. Urban Ajarne, chimiste renommé de son temps, était convaincu que Paykull pouvait transformer le plomb en or. Le général d'artillerie Hamilton fut témoin de cet essai, Paykull mêlait les ingrédients en sa présence; Hamilton les emportait chez lui, et les échangeait contre d'autres qu'il avait achetés lui-même. Paykull les mêla avec sa teinture, à laquelle il ajouta une certaine quantité de plomb, il fondit le tout et obtint une masse d'or de la valeur de 14 r. ducats. On en fit des doubles ducats, avec cette inscription « *Hoc aurum arte chimica conflavit. Holmix* 1706. o.t.v. *Paykull.*

« D'après la recette que donna Paykull au général Hamilton, le procédé consistait en trois opérations, dont chacune est assez compliquée.

« On fondait d'abord, sans autre but qu'une vaine et ridicule charlatanerie, du sulfure d'antimoine. Puis venait le véritable secret, consistant en deux poudres, dont l'une était du cinabre qu'on faisait bouillir en trois fois avec de l'esprit-de-vin, jusqu'à ce que l'alcool eût disparu : l'autre poudre était de l'oxyde de fer ou *crocus martis*, qu'on obtenait artificiellement au moyen de l'acide nitrique. Ces poudres, mêlées avec du sulfure d'antimoine, étaient conservées dans un vase fermé, où elles demeuraient en digestion pendant quarante jours. Ensuite, on devait fondre ensemble un drachme dudit mélange avec une livre de sulfure d'antimoine, plus une once de nitre purifié, et opérer la réduction de la mixture. Au fond du vase il se trouvait alors un amas d'une masse métallique blanche et rayonnée, qu'on brûlait encore dans le creuset ouvert, tant qu'il se dégageait de la fumée, et jusqu'à ce que l'or restât seul.

« On devine facilement la fraude : le cinabre et le *crocus martis* peuvent être mêlés à des quantités de poudre d'or assez considérables, sans qu'on puisse s'en apercevoir à l'aspect du mélange. Par la fusion des oxydes avec le sulfure d'antimoine, on purifie l'or de l'étain auquel il est allié; et enfin, par l'évaporation, on dégage l'antimoine de l'or restant.

« La recette la plus ordinaire des fabricants d'or est la suivante. On met en digestion, dans un creuset de fer, du mercure avec du vert d'Espagne, du vitriol, du sel et du vinaigre fort, jusqu'à ce que le mercure ait acquis la consistance du beurre : on le remue sans cesse avec une spatule de fer, puis on l'enlève du creuset et on le lave. Le mercure fluide est passé au travers d'une peau ; la masse qui reste, et qui est de l'amalgame de cuivre, est transformée en petites pastilles qu'on cémente dans le creuset avec un mélange de parties égales de gurmekja et de tutie en poudre. Enfin on chauffe le creu; et à la forge : au fond du creuset se trouve alors un culot métallique, c'est-à-dire l'or demandé. Le gurmekja réduit ici le tutie (oxyde de zinc impur) qui se combine avec le cuivre de l'amalgame pour donner du laiton.

« Ce procédé vaut les précédents. »

« Bruzélius. »

TEMPS PRIMITIFS DE L'HÉLIOGRAPHIE.
(Suite).

M. NIÉPCE A M. LEMAITRE.

Châlon-sur-Saône, le 16 février 1827.

Monsieur,

J'ai reçu votre lettre en réponse à la mienne qui vous annonçait l'envoi des planches. Je suis surpris et peiné de voir qu'on vous a fait subir un droit de 55 centimes, puisque le port de ces planches avait été affranchi à raison de 2 francs 40 centimes. Comme il n'est ni juste ni convenable que vous supportiez cet excédant de dépense, je m'arrangerai de manière que vous en soyez remboursé.

Je suis bien aise, Monsieur, d'avoir provoqué toute la franchise et la sévérité de votre critique dans l'examen de mes faibles essais ; je vous en remercie sincèrement, et il ne me reste plus qu'à en profiter, si la tâche n'est pas au-dessus de mes forces. Vous voyez que je ne me décourage point, mais que je ne me fais pas illusion : je ne sens que trop, effectivement, quelle serait la témérité de l'entreprise comparée à l'insuffisance de mes moyens, si, pour réussir, il me fallait employer les ressources d'un art dont vous connaissez, Monsieur, toutes les finesses, et, malgré cela, vous présente tant de difficultés. Toute mon ambition se bornerait donc à pouvoir constater, par des résultats positifs, la possibilité d'un succès satisfaisant dans les différentes applications de ma découverte. Les observations que vous m'adressez sont bien fondées et parfaitement justes. En effet, j'ai toujours remarqué moi-même, dans mes essais de gravure sur pierre, sur cuivre et sur étain, ce sablé et cette rondeur des tailles que vous signalez. Le sablé est bien certainement produit par la fragilité ou la perméabilité du vernis appliqué en couche trop mince; mais, quant à ce qui concerne l'arrondissement et la con-

fusion des tailles dans la partie des ombres, je ne puis, Monsieur, en expliquer la cause qu'en l'attribuant à la divergence des rayons *lumineux, et à la résistance plus ou moins grande qu'ils éprouvent dans leur transmission ;* inconvénient qui, autant que je puis croire, n'existerait plus s'il m'était possible de remplacer par l'emploi du *mégascope*, les procédés dont je me sers pour la copie des gravures. Vous allez sans doute m'objecter qu'en admettant les suppositions les plus favorables, vous ne concevez pas comment je pourrais me passer des secours de l'art. Là-dessus, Monsieur, je vous prierai de considérer que, qu'alors l'office de la main se réduirait à verser l'acide sur la planche qui se trouverait attaquée et creusée dans le rapport de la *dégradation des teintes* ; car, s'il en était autrement, je devrais, à plus forte raison, désespérer de fixer l'image des objets représentés dans la *chambre noire*; cette image, qu'on peut regarder comme le beau idéal du *lavis*, étant toute composée de nuances extrêmement délicates : cependant mon procédé est susceptible de les retenir et de les exprimer avec une grande fidélité. Je ne prétends pas dire par là qu'il soit de même possible d'obtenir ce résultat sur métal à l'aide des acides ; car le genre de *l'aqua tinta* dont je n'ai d'ailleurs qu'une idée très-superficielle, me semble présenter de grandes difficultés. Mais, s'il fallait renoncer à l'avantage de multiplier les épreuves par le moyen de la gravure, on aurait du moins celui de se procurer une copie exacte et inaltérable de la nature, par ce même procédé.

Vous êtes fâché, Monsieur, que je n'aie pas persisté à faire mes essais sur cuivre. A dire vrai, je n'y ai point renoncé ; et si depuis je me suis servi de planches d'étain, c'est parce que je les avais fait venir pour ma chambre noire ; ce métal, à cause de sa blancheur, me paraissant mériter préalablement la préférence.

Je suis aussi flatté que reconnaissant de l'offre que vous voulez bien me faire de votre burin; mais je n'oserai le réclamer que dans le cas où j'obtiendrai, par la suite, des résultats plus dignes de votre suffrage. La crainte de vous paraître indiscret m'avait empêché de vous prier, Monsieur, de faire tirer une ou deux épreuves de celles de mes planches qui en sont susceptibles. Vous m'obligeriez donc si vous aviez la complaisance, en me renvoyant les planches, d'y joindre quelques épreuves. J'accepte aussi, avec grand plaisir, la *préparation à l'eau forte* que vous voulez bien mettre si obligeamment à ma disposition. Je ne pense pas, Monsieur, que vous vouliez vous en défaire ; car, dans ce cas, je ne pourrais les accepter qu'avec une restriction, comme pour les épreuves : je sens que j'ai déjà trop abusé peut-être de vos bontés.

Agréez, je vous prie, Monsieur, les assurances de ma parfaite considération.

J.-N. NIÉPCE,
Rue de l'Oratoire, 1.

M. LEMAITRE A M. NIÉPCE.

Paris, le 5 mars 1827.

Monsieur,

Vous recevrez, presque en même temps que cette lettre, par les messageries royales, vos cinq planches gravées avec cinq épreuves qui ont été faites, devant moi, avec beaucoup de soin, la planche de la Sainte-Famille a donné à l'épreuve un peu plus que je ne m'attendais. La comparaison de ces épreuves avec les originaux vaudra peut-être mieux pour vous que tout ce que je vous en ai dit, les contours et tous les détails, même les travaux fins, sont reproduits avec exactitude par votre gravure, mais, ce qui lui manque encore, c'est de l'effet et la véritable valeur de chaque teinte, ce que vous pourrez observer dans le cuivre gravé que je vous envoie et auquel j'ai joint une épreuve : cependant cette gravure n'étant qu'une préparation, tout l'effet désirable n'y existe pas, il n'y a pas de ciel et les devants ne sont pas encore assez vigoureux ; vous vous apercevrez, par le brillant de certaines tailles, que quelques parties ont été retouchées au burin, mais vous en trouverez encore de pure eau forte, comme les lointains et la continuation du monument au second plan, et même dans les devants, comme l'ange sonnant de la trompette.

Mon intention n'est pas de me défaire de cette planche, car elle me sert très-souvent pour connaître si du papier de nouvelle fabrique est propre à l'impression. Je vous prie de garder ce cuivre pendant plusieurs mois, enfin autant que vous en aurez besoin. Je vous prie de ne pas craindre d'abuser et de croire que c'est avec un grand plaisir que je réponds à vos demandes.

Je suis, etc.

LEMAITRE.

M. NIÉPCE A M. LEMAITRE.

Châlon-sur-Saône, le 17 mars 1827.

Monsieur,

Conformément à votre lettre d'avis du 5 de ce mois, j'ai reçu mes cinq planches gravées avec votre préparation sur cuivre, et les *six* épreuves qui les accompagnaient. Je suis on ne peut plus sensible à ce qu'il y a d'honnête et d'obligeant dans vos procédés à mon égard; je vous prie d'en agréer mes remercîments ainsi que l'expression de ma gratitude ; mais, indépendemment des soins que vous avez bien voulu prendre, et que je ne puis trop apprécier, vous avez fait quelques frais qui devaient être à ma charge, et sur lesquels j'aurais désiré que vous vous fussiez expliqué franchement. Au reste, si vous persistez à garder le silence là-dessus, mes rapports ultérieurs avec vous, Monsieur, me fourniront certainement l'agréable occasion de vous témoigner toute ma reconnaissance : je ferai même ce qui pourra dépendre de moi pour le faire naître.

Quoiqu'il y ait une grande différence entre mes épreuves et les originaux, il y en a beaucoup moins qu'entre ces mêmes épreuves et celles que j'avais fait tirer à Dijon ; ce qui me met du moins à la portée d'établir une comparaison, et de prévenir, par la suite, autant qu'il sera en mon pouvoir, les incorrections et les nombreuses défectuosités de mon travail; toute mon ambition, de ce côté-là se bornant à constater par des faits positifs que l'application de mes procédés pour la gravure, confiée à des mains habiles, aurait les résultats les plus avantageux et les plus satisfaisants. Votre eau forte surtout, Monsieur, quoique d'une perfection désespérante pour moi, me sera fort utile. Je me félicite donc de l'avoir pendant quelques mois à ma disposition : je l'étudierai comme la leçon instructive d'un grand maître, et vous pouvez être assuré que j'en aurai le plus grand soin.

Vous m'accordez un intérêt trop bienveillant pour que je doive craindre, Monsieur, d'en réclamer un nouveau témoignage persuadé que vous ne me le refuserez pas. Nous n'avons point ici de marchands de gravures, de sorte qu'il m'est impossible de m'en procurer. Comme celles dont je me sers sont plus ou moins détériorées par mes procédés, je ne veux y mettre qu'un prix très modique qui ne dépasserait pas deux francs par gravure, l'un portant l'autre, et j'en aurais assez de six ou huit tout au plus, tant paysages que figures et intérieurs, parmi lesquelles quelques-unes à *l'aqua tinta* : en vous priant, Monsieur, d'observer que le papier de ces gravures doit être d'un *grain fin*, et avoir surtout *peu d'épaisseur* afin d'être rendu transparent à l'aide du vernis. Vous voudrez bien avoir la complaisance de m'en indiquer la valeur ainsi que les frais accessoires, et je vous en ferai passer de suite le montant, soit par le bureau des postes, soit par celui des messageries royales.

Pardonnez mon importunité, et recevez, je vous prie, Monsieur, les assurances réitérées de ma parfaite considération.

J.-N. NIÉPCE.

P.-S. Ces gravures ne doivent pas dépasser la grandeur de mes petites planches d'étain et de la plus grande ; mes planches de cuivre ayant, à peu près, les mêmes dimensions.

Le Secrétaire de rédaction F.-A. RENARD, *Gérant.*

Impr. RENARD et Cie, succ. de Lacrampe, rue Damiette, 2.

N° 5.

9 MARS 1851

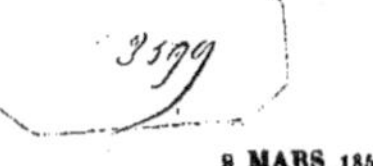

LA LUMIÈRE

JOURNAL NON POLITIQUE
HEBDOMADAIRE

BEAUX-ARTS — HÉLIOGRAPHIE — SCIENCES.

BUREAUX, A PARIS, N° 15, RUE DE L'ARCADE, A LA SOCIÉTÉ HÉLIOGRAPHIQUE.

ET A LONDRES, UNITED PATENT OFFICE DE MM. GARDISSAL ET Cᵉ, 7, CALTHORPE STREET, GREY'S INN LANE, HOLBORN.

PARIS.—PRIX : UN AN, 16 F.; 6 MOIS, 10 F.; 3 MOIS, 6 F.—DÉPARTEMENTS, UN AN, 18 F.; 6 MOIS, 11 F.; 3 MOIS, 7 F.—ÉTRANGER, UN AN, 20 F.; 6 MOIS, 12 F.; 3 MOIS, 8 F.—CHAQUE N° 50 CENT.

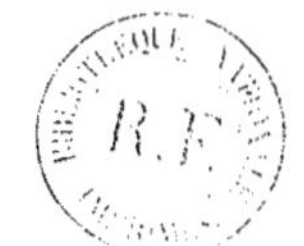

A NOS LECTEURS.

—

Les lettres que nous recevons journellement, les questions nombreuses qui nous sont adressées, nous ont démontré l'opportunité de donner des éclaircissements plus détaillés sur le but de notre journal, sur le plan de nos travaux, et sur la diversité des sujets qu'embrassera le cadre de la publication. En conséquence, nous avons confié à l'un de nos collaborateurs le soin de développer, pour l'édification de nos abonnés et de nos rédacteurs, l'aperçu rapidement tracé à la première page du journal la Lumière.

EXPOSÉ SOMMAIRE
DU BUT ET DES PRINCIPAUX ÉLÉMENTS DU JOURNAL.

L'isolement où vivaient autrefois les adeptes de la science, la difficulté des communications, l'insuffisance des moyens de publicité, la nécessité d'élaborer dans l'ombre et de garder son secret, telles sont les causes principales qui ont retardé si longtemps le progrès des connaissances humaines.

C'est au profit des sciences que le problème si compliqué de l'association a trouvé sa solution la plus pacifique et la plus salutaire. L'association des idées, des recherches, des découvertes partielles; le concours des efforts particuliers à un but commun; le rayonnement des travaux à un centre où tout s'élucide et se coordonne; ce sont là des bienfaits dus aux institutions modernes, et qui, grâce à l'impulsion des Académies scientifiques, ont permis à notre époque d'atteindre à des résultats que jadis on entrevoyait à peine, en l'espace de deux ou trois siècles.

Ces observations expliquent la fondation du journal la Lumière, destiné à favoriser l'essor d'une découverte considérable, fructueuse déjà, incomplète encore, dont les phénomènes lumineux constituent le principe, et qui, partout exploitée, objet de perfectionnements poursuivis sans relâche et d'améliorations incessantes, tient les esprits attentifs à des solutions avidement attendues.

Afin d'en accélérer l'avènement, un certain nombre de praticiens habiles, réunis à des physiciens, à des chimistes, à des opticiens, à des artistes, à des érudits de tout genre, ont formé, avec le concours bienveillant de quelques membres de l'Académie des sciences, une Compagnie spéciale, la SOCIÉTÉ HÉLIOGRAPHIQUE, où chacun apporte le tribut de son expérience, le produit de ses essais; où l'on recueille, enfin, au profit de l'idée commune, l'ensemble des efforts et des lumières de tous.

Aisément accessible, indépendante et point dogmatique, fondée sans patronage, par l'initiative d'un ami libéral et dévoué de la science, la Société héliographique, à peine créée, a donné des résultats heureux. Les documents y affluaient, et l'utilité de ces communications pour le perfectionnement d'une découverte si importante, si complexe, si féconde, apparut dès l'abord dans toute sa réalité.

C'est pourquoi la pensée qui avait conçu le plan de la Société héliographique a résolu de la pourvoir d'un organe spécial, d'un moyen de publicité, propre à répartir parmi les travailleurs isolés de l'étranger, de Paris ou des provinces, les fruits des recherches accomplies au sein de la Société; bref, à fournir aux praticiens séparés par la distance, un moyen facile de correspondre entr'eux et de participer à l'œuvre générale.

Tel est le principe qui recommande la publication de ce recueil hebdomadaire.

Fidèle à l'intention libérale qui avait constitué la Société héliographique, l'associé qui l'a réunie a voulu que le journal, indépendant en ses allures, la servît sans y être asservi; qu'il appartînt à la science seule; que, restant en dehors des doctrines exclusives, ou des influences dominantes, il devînt, comme un salon, le terrain neutre où toute idée profitable pût être émise et commentée. On appréciera les avantages d'une combinaison qui fait appel à l'émulation, et obstacle à l'esprit de rivalité.

Nous justifierons sans peine de l'opportunité et de l'intérêt du journal la Lumière, à l'aide de quelques réflexions concises sur l'héliographie, qui embrasse les procédés du daguerréotype sur métal, et ceux de la photographie, art de reproduire les objets naturels sur le papier, à l'aide de la lumière : perfectionnement naguère inespéré, réalisé maintenant, et qui s'élève à son apogée par une progression si énergique, qu'il offre déjà des résultats admirables. La prochaine influence de ce moyen économique de remplacer, en bien des occasions, le dessin, la lithographie, la gravure, et d'atteindre à la perfection idéale de la reproduction des sites, des monuments, des figures ou des tableaux, n'échappe à aucune intelligence. La photographie contient le germe d'une révolution dans les arts, et fournira de nouvelles branches aux exploitations industrielles.

L'héliographie attend encore des opticiens spéciaux, qui exerceront une action directe sur les fabriques de flint et de crown-glass : sous l'impulsion de la découverte nouvelle, on fixera sans doute la théorie de l'objectif encore incertaine. La manipulation des produits chimiques, considérée au point de vue de l'héliographie, est un thème assez neuf, très-étendu, et qui nous occupera souvent. D'autre part, la couleur, obtenue sur le métal, et en partie fixée par MM. Becquerel et Niepce, remet en discussion, grâce à des phénomènes imprévus, les théories antérieures sur la décomposition de la lumière; textes curieux, dignes de l'attention de la science, car les découvertes s'enchaînent, et l'analyse, du détail remonte à l'ensemble des choses. Mais, des diverses branches industrielles, celle qui sera soumise aux plus grandes recherches, c'est la papeterie ; car en dépit des efforts de Turner, de Wattmann, en Angleterre; en France, de Lacroix et de Canson, la papeterie photographique reste à créer. Puis, enfin, quand le procédé se trouvera à la portée de chacun, ne faudra-t-il pas fonder une et bientôt cent imprimeries photographiques !

Ainsi, l'héliographie embrasse la science et les beaux-arts : ce mécanisme de la fantaisie, comme elle, choisit son modèle, le copie, et qui plus est, l'interprète; il remonte aux sciences exactes, par la chimie et la physique; enfin, artiste d'un genre unique et bizarre, c'est de l'industrie qu'il attend ses progrès dans la reproduction de la nature.

Par son caractère, par la diversité de son rôle et de ses moyens d'action, l'héliographie, point de jonction entre la science et l'art, imprime à un journal spécial une double physionomie. Principalement consacré aux progrès de l'héliographie, le journal la Lumière, puisant des ressources multipliées et dans le domaine scientifique, et dans celui des beaux-arts, rapprochera des éléments jusqu'alors l'un à l'autre étrangers, et découvrira, de jour en jour, des relations inaperçues entre les ramifications les plus opposées de l'intelligence humaine.

Quelques développements préciseront ces projets et donneront, en quelque sorte, le frontispice de cette publication.

PARTIE DIDACTIQUE. — Principalement consacré aux intérêts de l'héliographie, dont il a pour mission d'accélérer les progrès, le journal LA LUMIÈRE rendra compte des inventions relatives au daguerréotype ou à la photographie, ainsi que des diverses méthodes employées soit en France, soit en Angleterre, en Allemagne, ou en Amérique où les procédés sont fort avancés et où l'on entretiendra d'actives correspondances.

Remontant à la naissance de l'art héliographique, nous en retracerons les intéressantes annales; nous ferons connaître les gisements et les modes d'extraction des matières premières employées dans l'héliographie; le brôme, l'iode, les mines de mercure, les exploitations curieuses des substances chimiques, seront l'objet d'études attachantes, approfondies, variées; et nous aurons soin de guider l'amateur ou le praticien dans le choix et l'acquisition de ces matières.

Nous aurons un rédacteur spécial pour la chimie appliquée; il traitera de la fabrication des produits chimiques, de leurs différences essentielles selon les localités, et des transformations successives des matières premières.

La papeterie héliographique sera, de la part d'un de nos confrères les plus éminents, l'objet d'études neuves et très-utiles; édifié par de scrupuleuses observations, il révélera, à ce sujet, des trésors enfouis dans des boutiques de province : on sait qu'aujourd'hui l'acte de naissance des papiers reçoit une importance imprévue.

Les photographes les plus experts nous préparent des notes, au moyen desquelles on pourra suivre, sans maître et pas à pas, les manipulations nécessaires à la reproduction de la nature, au moyen de clichés de verre ou de papier.

Nous suivrons avec intérêt les progrès quotidiens de l'héliographie du côté de la couleur; problème assez avancé déjà pour faire entrevoir l'espérance d'une solution, dont le journal rapprochera le terme.

Comme les diverses branches de la science ont entre elles une connexion intime, semblables aux rameaux d'un même arbre, nous tiendrons nos lecteurs au courant des travaux remarquables et des découvertes accomplies à travers le monde.

Nous avons des correspondants à peu près partout; nous aurons dans chacune des Sociétés savantes de Paris ou de Londres des rédacteurs assidus, chargés de nous informer de ce qui apparaîtra de piquant, de remarquable et de curieux.

Ces collaborateurs sont des savants; les obscurités techniques leur sont familières; ils les éclairciront pour nos lecteurs : car la Lumière doit être aisément accessible à tout le monde.

Lorsque la clarté d'un sujet, abstrait de sa nature, laissera les moyens descriptifs insuffisants, on intercalera des figures dans le corps du journal, pour aider à l'intelligence du texte.

Notre dessein est de rendre compte des ouvrages concernant l'héliographie, la science et les beaux-arts, qui nous seront adressés; de recevoir et de livrer à nos abonnés toutes les notes, tous les procédés, toutes les explications, tous les perfectionnements, toutes les théories susceptibles de leur être utiles. Le savant isolé, le praticien des villes de province ou de l'étranger, les sociétés savantes des divers pays, trouveront dans nos colonnes un moyen de correspondre, d'unir leurs efforts, de s'entr'aider, et de connaître, par un bulletin régulier, l'ensemble des travaux épars qui concourent au but poursuivi par chacun en particulier.

PARTIE LITTÉRAIRE. — L'héliographie confine à la littérature, par l'étude de la nature et par les beaux-arts. Nous avons dû, pour satisfaire à une double exigence, nous assurer d'une rédaction littéraire jeune, active et assez dégagée des préjugés anciens, pour saisir librement les aperçus nouveaux, les idées inédites dont l'héliographie est destinée à préparer l'avénement.

L'influence graduelle de cette découverte sur l'art contemporain sera probablement remarquable, et l'on aura lieu de la constater de jour en jour. Il sera curieux et instructif de signaler la part de l'imagination, de débattre les questions du style, du beau idéal, de la fantaisie, en prenant pour base le vrai matériel, la réalité absolue dont le daguerréotype apporte la formule éprouvée. Ce cadre est très-vaste : le dessin, la perspective, les effets, toutes les portions intégrantes de l'œuvre du peintre se verront soumises à un contrôle impossible jusque-là : c'est, dans la critique, l'introduction d'un élément neuf et primordial. Les conditions actuelles et futures de la gravure et de la lithographie ressortissent à ce genre d'études littéraires.

A la littérature se rattache aussi une mission descriptive. La Société héliographique reçoit journellement communication d'épreuves représentant des sites lointains et inconnus, des monuments historiques, des ruines de la Grèce, de l'Egypte ou de l'Inde; enfin, des sujets d'un haut intérêt pour le savant, pour le naturaliste, pour l'artiste ou l'antiquaire : — sujets rendus pour la première fois dans leur exquise réalité, et qui parfois défieraient le crayon ou le pinceau les plus habiles et les plus minutieux. Ces épreuves-là sont des révélations.

Lorsque des planches d'un si vif intérêt nous seront communiquées, nous aurons soin d'en donner des descriptions, d'autant plus intéressantes qu'elles peuvent s'élever jusqu'à une pénétration presque fantastique du détail, et livrer, à l'aide du microscope, des secrets que la nature même ne donne pas toujours. C'est ainsi que M. le baron Gros a retrouvé, à Paris, en examinant une vue prise à l'acropole d'Athènes, un bas-relief étrange, qu'il avait reproduit sans le voir, et que nul voyageur n'avait, jusque-là, signalé.

Par une extension très-naturelle de ce principe, nous nous proposons de publier, en guise de notices, les comptes-rendus des excursions lointaines de nos artistes héliographes. Rédigés sur leurs notes, et en vue de la nature même dont leurs œuvres sont la plus immédiate émanation, ces voyages héliographiques contiendront des renseignements précieux pour l'histoire archéologique ou artistique des différents pays, fixeront des notions incomplètes et redresseront nombre d'erreurs vulgaires.

La science même nous fournira un élément littéraire nouveau dont elle tirera profit. Dans ce siècle, où elle gouverne le monde, elle n'apparaît au public qu'à l'état peu populaire de problème et presque de sorcellerie. On jouit des plus admirables inventions sans les comprendre; sans admirer, dans leur lutte intime et si dramatique, les esprits qui ont soumis et discipliné la matière. Nul homme bien élevé n'ignore comment un général ou un orateur ont, l'un battu l'ennemi, l'autre désarçonné ou escaladé un ministère; et, peu de personnes savent (chose plus utile et plus grande, plus durable surtout!) comment des générations obscures d'hommes de génie ont, dans de secrets labeurs, par des combinaisons fortuites ou par des prodiges de subtilité, conquis à l'univers, qui a oublié leurs noms, des trésors tels que l'électricité, la vapeur, l'héliographie, les métiers à la Jacquart, l'horlogerie, la télescopie; les métaux rares, l'iode, le phosphore, les éthers, etc...

Chacune des conquêtes de la chimie ou de la physique recèle un drame aussi singulier qu'inconnu.

Notre intention est de pénétrer dans ces mystérieux arcanes; de descendre dans les profondeurs des laboratoires, d'esquisser la pittoresque histoire de la science, d'exhumer ces chercheurs, ces essayeurs dont la race n'est pas éteinte; de faire le récit des découvertes dues aux empiriques; de retracer même la biographie des alchimistes les plus remarquables; rêveurs qui, marchant à leurs risques hors des sentiers de la science, ont d'âge en âge planté des jalons dans des terres inconnues où il a fallu les suivre.

La science exacte, unie à l'amour du merveilleux, engendre l'idée fixe qui est une sorte de folie. Nous devons à cette folie presque toutes les grandes découvertes, et, il faut bien le dire, l'héliographie, comme la vapeur, comme le magnétisme ou les phénomènes électro-galvaniques, est le produit de l'alchimie, dans un siècle où les chercheurs munis d'une érudition solide savent qu'il est devenu raisonnable de rêver l'impossible.

Nous aurons souvent aussi à nous occuper des monuments historiques, à signaler aux photographes ceux qui n'ont pas été reproduits, ceux qui sont menacés de disparaître, ou de restaurations propres à en gâter le ton local, afin qu'ils se hâtent de les copier. Des notices accompagneront naturellement ces sortes d'avis que nous recevrons et que nous transmettrons avec un égal empressement.

Les nouvelles concernant l'édilité ou les arts, dans les grandes capitales ou dans les villes pittoresques célèbres, seront l'objet de notre attention, et nous les livrerons à nos abonnés, qu'elles intéressent. Car ce journal s'adresse à toutes les classes intelligentes, aux gens du monde, comme aux érudits, à tous ceux qui prennent intérêt aux belles choses, et qui cherchent, jusque dans leurs loisirs,

le charme d'un intérêt noble et les attraits d'une préoccupation élevée.

En résumé, le but de cette publication est de satisfaire à la fois aux intérêts de l'héliographie, et à ceux de la science en général, dépourvue d'un organe périodique propre à en populariser les découvertes. L'espoir des fondateurs de LA LUMIÈRE est d'appeler la sympathie du savant sur les beaux-arts; de l'amateur, sur les travaux de l'érudition; du public enfin, sur ce double élément de curiosité ou d'instruction, à la faveur de l'héliographie, qui unit la science et l'art dans la recherche d'un seul et même but.

Le dessein d'une semblable publication, entièrement nouvelle pour le fond comme pour la forme, convient à une période si fertile en découvertes étranges; LA LUMIÈRE en contiendra les annales. Et cette pensée a le mérite de l'à-propos; car des correspondances de Londres nous annoncent déjà qu'elle y trouvera des imitateurs.

FRANCIS WEY.

CORRESPONDANCE.

Un de nos abonnés de Londres nous écrit la lettre suivante :

A M. LE RÉDACTEUR DE *la Lumière*.

Londres, 25 février 1851.

Monsieur,

La photographie avait besoin d'un centre d'action, pour donner une impulsion vigoureuse aux découvertes et aux perfectionnements qui doivent compléter cette nouvelle science. C'est donc une idée heureuse et féconde que celle qui a présidé à l'établissement du journal *la Lumière*, et il appartenait à la France de la concevoir, de l'exécuter. Mais cet exemple utile sera, je l'espère, bientôt suivi par l'Angleterre; et alors les deux pays auront chacun leur tribune, où viendront se discuter les questions de l'art et de la science photographiques. Nous ne serons plus isolés, comme nous l'avons été jusqu'à présent; nos travaux ne seront plus séparés, nous nous aiderons les uns les autres; chaque invention utile procurera à son auteur la juste récompense qui l'engage à la publier, et la science ne sera plus retardée dans ses progrès.

Faute de savoir régulièrement ce qui se passe hors de notre pays, nous finissons par nous imaginer que nous sommes les seuls, ou du moins les plus avancés dans une science; cependant il n'en est aucune qui ne doive dés progrès à des travaux séparés, simultanément suivis dans tous les centres de civilisation. Il ne peut en être autrement, et tout ce qui peut tendre à mettre tous ces centres en communication continuelle imprimera un essor salutaire aux développements de la science et du progrès. Le journal *la Lumière* est destiné à exercer une influence considérable sur les travaux de la photographie; il détruira l'empirisme et repoussera l'ignorance, qui est toujours accompagnée de charlatanisme. Sa tâche sera un peu difficile; il aura à satisfaire beaucoup d'exigences d'amour-propre, à se garantir des influences particulières, à ne connaître aucuns amis au milieu des travaux de sa rédaction, à être juste envers tous et à n'être injuste à l'égard de personne. Il devra permettre à chacun de donner ses idées, de réclamer quand il s'agit de priorité dans un procédé ou dans une invention, d'offrir de nouvelles théories, et de discuter celles qui ont été antérieurement reçues.

Je serai charmé de voir s'ouvrir dans votre journal des discussions sur la question de la séparation des foyers visuel et photogénique, sur la variation constante dans cette séparation. Mes premières découvertes sur ce point important de photographie datent de l'année 1844. J'ai publié plusieurs mémoires qui traitent de ce fait, et dans le dernier que je viens de déposer à l'Académie des sciences pour en faire la communication, j'ai cherché à donner une théorie de la cause des variations. Ces mémoires contiennent en outre la description du *focimètre*, instrument pour s'assurer de la séparation et de la variation des deux foyers; du *photographomètre* et du *dynactinomètre* (1), autres instruments pour mesurer l'intensité de la lumière photogénique et comparer la puissance des objectifs. Vous trouverez peut-être que la description de ces divers instruments mérite l'intérêt de vos abonnés, et si vous avez besoin de quelques renseignements sur leur usage et sur leur utilité, je me ferai un plaisir de vous les communiquer.

J'aurai à vous entretenir d'autres sujets, tels que les substances accélératrices dans le daguerréotype, l'opération du mercure, le polissage des plaques, enfin de tout

(1) Nous nous proposons de donner le dessin et la description du dynactinomètre de M. Claudet dans un de nos prochains numéros.

ce qui intéresse la simplification et la perfection du procédé. Je ne fais aucun secret, et j'honore trop la photographie pour lui faire l'injure de croire que la supériorité dans cet art ne consiste que dans certaines manipulations cachées. S'il en était ainsi, ce ne serait plus un art : on ferait de la photographie comme on joue de l'orgue de Barbarie.

Avant de finir cette lettre, je vous demande la permission de dire un mot d'un appareil appelé *multiplicateur*, et qu'un photographe de Paris a donné comme son invention, et tellement, qu'il a pris un brevet pour s'en assurer le monopole. *Cette invention est la mienne.* A l'Exposition de 1844, j'exposai plusieurs daguerréotypes faits de cette manière; entre autres, une plaque sur laquelle mon portrait était répété douze fois, dans toutes les positions du visage, depuis le profil de gauche jusqu'au profil de droite. Mon appareil était bien simple : j'avais un cadre qui se mouvait dans le sens vertical et dans le sens horizontal par une double coulisse; sur chaque coulisse était indiqué le point auquel il fallait amener le cadre, pour le faire passer successivement devant une ouverture pratiquée au foyer de la chambre obscure. En fait d'invention, il n'est pas permis d'ignorer ce qui a été fait par d'autres dans la même voie. Mon instrument a été vu par un grand nombre de personnes depuis l'année 1844, et je n'en ai fait aucun secret; je ne lui ai jamais cru d'autre mérite que celui d'être curieux, mais il n'est d'aucune utilité dans la pratique.

J'ai l'honneur, etc.

A. CLAUDET.
18, Kunz William street, Strand.

SCIENCES.

ÉLECTROGRAPHIE. — TÉLÉGRAPHIE.

Dans notre dernier article, nous avons cherché à établir certaines analogies entre le fluide lumineux et le fluide électrique. Nous avons cité leur rapidité de mouvement et d'action, leur subtilité, leur nature impondérable, etc. Mais nous avons omis leur similitude de réaction en présence de certains sels métalliques, et les compositions ou décompositions que l'un et l'autre produisent. La lumière comme agent chimique, n'agit rapidement que dans des circonstances restreintes et limitées : au contraire, l'électricité est, de tous les agents de décomposition, le plus énergique. Elle peut, bien mieux que la lumière, tracer des lignes sombres ou claires sur les plaques métalliques et sur du papier préparé; elle peut même varier à l'infini la couleur de ces lignes, parce que le nombre des sels qu'elle décompose est très-considérable.

Supposons que sur une feuille de papier imbibée de dissolutions métalliques et mise en communication avec le pôle négatif d'une pile électrique, nous venions à promener l'extrémité du conducteur positif, nous produirons aussitôt des caractères noirs, bleus, bruns, rouges, verts... selon la nature du sel décomposé. Nous pourrons écrire comme avec une plume; nous pourrons même, à la rigueur, dessiner un portrait.

Admettons maintenant un système de télégraphie analogue à celui qui existe entre Paris et Rouen; supposons un système d'aiguilles qui puisse se mouvoir d'une façon identique, dans les deux villes, sous l'influence de l'électricité; on pourra, depuis Paris, écrire sur du papier placé à Rouen, le fluide électrique servant à la fois d'encre et de moteur.

Telles sont les indications de la théorie; elles vont jusqu'à admettre la possibilité de dessiner à 40 lieues de distance et au delà. Mais il est loin d'en être de même pour la pratique; l'écriture et le dessin supposent une complication de mouvements incompatibles avec ce que peut produire une aiguille mue par l'électricité. Cette aiguille, étant articulée, ne peut guère qu'osciller à droite ou à gauche, c'est-à-dire rapprocher ou éloigner sa pointe d'un point déterminé. Elle est réduite à tracer une succession de points ou de lignes droites sur le papier préparé à cet effet, si bien que le nombre des signes télégraphiques est très-restreint et leur figure très-peu variée.

C'est cependant avec ces éléments que M. Charles Chevalier vient d'exécuter, sur les dessins de M. Bain et avec la direction immédiate de M. Lardner, un télégraphe électrique qui peut transmettre 400 mots par minute au lieu de 8 mots qui expriment le summum d'action des télégraphes ordinaires. Voici comment ont procédé nos habiles expérimentateurs.

Un plateau de cuivre, de $0^m 50$ de diamètre environ, supporte une feuille de papier de même dimension, imbibée préalablement d'une solution d'acide chlorhydrique, d'acide nitrique et de cyanure jaune de potassium; la circonférence du papier est collée exactement sur son support au moyen de la gomme-laque, qui sert en outre de moyen d'isolement, au point de vue électrique.

Du centre du plateau, placé horizontalement, s'élève une tige isolante qui s'articule, à angle droit, avec une autre tige parallèle au disque de cuivre, et destinée à servir à la fois de conducteur électrique et de support à une aiguille mobile. Cette dernière est en fer doux ; sa pointe touche le papier, à la surface duquel elle amène le courant électrique.

Un mécanisme très-simple fait décrire, d'un mouvement égal, au plateau et au papier qu'il supporte, une succession de révolutions. Chaque tour, au moyen d'une vis d'appel, fait glisser sur la tige horizontale et rapproche de quelques millimètres du centre du plateau l'aiguille, dont la pointe, partant de la circonférence, trace, non pas des cercles concentriques, mais une ligne spirale d'une très-grande étendue. Cette ligne est imaginaire et ne saurait frapper l'œil, à moins que l'aiguille en fer ne conduise un courant électrique qui, amené à la surface du papier, et obligé de le traverser pour continuer sa marche et gagner le disque de cuivre, produit une réaction chimique, dont le résultat est de décomposer le cyanure potassique et de le transformer en bleu de Prusse (cyanure ferrique), au moyen de quelques parcelles de fer enlevées à l'extrémité de l'aiguille ; dans ce cas, une ligne bleue très-apparente est tracée sur le papier.

Si le courant électrique est interrompu à courts intervalles, la ligne bleue présente une foule d'intersections blanches ; elle n'est plus qu'une succession de points, si les interruptions du courant sont très-rapides ; de telle sorte qu'on peut, à quarante lieues de distance, obtenir des points plus ou moins rapprochés, des lignes de dimensions plus ou moins variées ; la seule difficulté est de mesurer exactement le temps d'interruption ou de continuité du courant électrique.

M. Bain est parvenu à vaincre cet obstacle, en mettant à profit les propriétés isolantes d'un ruban de papier percé de trous et de lignes plus ou moins étendues, dont l'ordre représente, en caractères hiéroglyphiques, la dépêche à transmettre. Le ruban, primitivement enroulé sur un treuil, se dévide peu à peu, et passe, d'un mouvement égal, dans une solution de continuité fort mince, qui, au point d'émission, est pratiquée entre les conducteurs du courant électrique. Quand le papier est intact, le courant est entièrement interrompu ; il reprend, pour un temps fort court, quand un des trous pratiqués dans le papier rétablit la continuité du conducteur, et, dans ce cas, un point bleu est produit sur le disque tournant. Ce point devient une ligne, s'il y a une ouverture linéaire dans le ruban de papier, parce qu'alors le courant électrique se prolonge davantage ; enfin, la longueur des interruptions entre les lignes et les points bleus correspond exactement aux espaces où le ruban de papier est intact.

Chacun, après cette explication, peut imaginer avec quelle rapidité peut être transmise une dépêche télégraphique, quand elle a été imprimée au moyen de trous sur le ruban isolant ; mais cette dernière opération serait longue avec les moyens mécaniques ordinaires ; elle manquerait de précision à moins de soins très-minutieux ; voici comment M. Bain est parvenu à la rendre courte et précise. Le ruban de papier se déroule et passe à l'extrémité d'un levier portant un emporte-pièce. Le doigt, frappant un coup sur le levier, fait mouvoir l'emporte-pièce qui pratique un trou rond dans le papier ; plusieurs coups rapprochés produisent des trous qui empiètent les uns sur les autres et se traduisent en une ligne ; les intervalles entre les percussions sur le levier mesurent les intervalles ménagés entre les ouvertures qui représentent les caractères de la dépêche.

Ceci est évidemment une simplification, mais elle demande de la part de l'opérateur beaucoup d'habitude et une grande précision de mouvement. Il ne peut mesurer les intervalles entre les trous qu'il pratique, qu'en se guidant sur une espèce de mesure analogue à celle qui conduit le musicien, lorsqu'il frappe les touches d'un piano.

En somme, la découverte de M. Bain peut être un fait précieux. Le seul reproche qu'on puisse faire à son mode de télégraphie, c'est la complication, et peut-être aussi la confusion des caractères tracés, quand on opère à de grandes distances. Il est d'expérience que le courant électrique perd de son instantanéité ; les points s'allongent et deviennent des lignes : les dépêches deviennent illisibles.

Nous ne désespérons pas cependant de voir disparaître ces imperfections. Les obstacles surmontés nous donnent une haute idée des forces de M. Bain ; qu'il poursuive son œuvre, nous donnerons à ses travaux toute la publicité dont dispose notre journal.

Docteur Clavel.

LA PHOTOGRAPHIE

APPLIQUÉE A LA REPRODUCTION DES INSTRUMENTS DE PHYSIQUE.

M. Regnault, de l'Académie des sciences, a entretenu dernièrement la Société héliographique d'un parti fort utile qu'il a su tirer de l'héliographie sur papier pour la reproduction des instruments de physique, la plupart fort compliqués, et qu'il est conséquemment difficile de bien représenter avec les ressources ordinaires du dessin. M. Regnault commence, comme cela se fait habituellement, par obtenir une épreuve négative ; puis, avec celle-ci, une épreuve positive, représentant les objets qu'il a l'intention de faire graver. Mais, comme ces objets sont le plus communément en verre ou en cuivre poli, et que ces matières sont assez ingrates à l'action photographique, on n'obtient ainsi que souvent à désirer, et ne sont ni assez nets ni assez complets pour pouvoir, en cet état, être confiés au graveur. Que fait alors M. Regnault ? Il arrête ses dessins à l'encre de Chine, en retraçant tous les détails avec la plume et le tire-ligne ; puis il lave ces dessins dans un réactif pour détruire l'image photographique, en sorte qu'il lui reste définitivement sur le papier blanc des dessins au trait d'une pureté et d'une exactitude parfaites.

De quelle ressource ce mode de procéder ne serait-il pas également pour toutes les grandes machines, les locomotives de chemin de fer, par exemple, dont le mécanisme est si compliqué, et dont la reproduction exige, par cela même, tant de précision et de netteté !

F.-A. Renard.

FONDS DES PORTRAITS.

LETTRE D'UN ABONNÉ.

(*Voir notre numéro du 23 février dernier.*)

Paris, 27 février 1851.

« Monsieur,

« Vous avez donné place, dans le dernier numéro du journal *la Lumière*, à la description d'un procédé qui a pour but de faire des fonds factices aux portraits photographiques, d'un tout autre ton que l'image, et gradués de telle sorte que certaines parties se trouvent ou claires ou foncées, suivant la nécessité artistique.

« Ce procédé n'est pas nouveau ; il est mis en pratique, depuis plusieurs années, par M. Leblanc, photographe français fort habile ; seulement on y a ajouté, depuis quelque temps, en Allemagne, un perfectionnement qui a pour but d'obvier à la sécheresse qui résulte toujours d'un simple découpage du négatif ; ce moyen est notamment employé par le photographe étranger dont M. de Monfort parle dans sa communication.

« Puisque vous paraissez attacher quelque importance à ce procédé, permettez-moi de le compléter par la description du perfectionnement dont je viens de vous entretenir.

« Les contours de l'image négative sont noircis à l'encre de Chine, dans une largeur de 7 à 8 millimètres, de manière qu'entre le découpage et le papier noir, qui doit préserver le fond du positif et lesdits contours, il puisse exister une solution de continuité de 2 ou 3 millimètres.

« Après la bonne venue de l'image positive, le négatif est retiré et remplacé par la silhouette, qui doit être ajustée aussi exactement que possible, afin de laisser peu de chose à raccorder entre cette image et le fond.

« Autant que possible, l'opération de la venue du fond doit être faite au soleil, c'est le moyen de l'obtenir promptement et sans tache.

« Je n'ai rien de plus à ajouter, car le surplus de la description se trouve dans la note de M. de Monfort.

« Agréez, etc.

« Auguste Rmor. »

NOUVELLES DIVERSES.

MM. Glénisson et Terreil fils viennent d'annoncer à l'Académie des sciences, par l'organe de M. Pelouze, qu'ils sont parvenus à opérer la disparition complète du miroitage métallique des épreuves daguerriennes. Nous donnerons les détails de cette importante communication dans notre prochain numéro.

ARGENTURE DU VERRE PAR LE COTON-POUDRE. — M. Wohl a découvert, il y a peu de temps, qu'une solution de coton-poudre dans une lessive caustique possède à un haut degré la propriété de précipiter à l'état métallique l'argent de ses dissolutions.

Le coton-poudre, mis en contact avec une lessive caustique, ne tarde pas à s'y dissoudre, et donne un liquide très-brun un peu épais. Si l'on verse dans cette solution alcaline quelques gouttes de nitrate d'argent, et que l'on ajoute de l'ammoniaque jusqu'à dissolution complète de l'oxyde d'argent formé, dissolution qu'on facilite par la chaleur d'un bain-marie, le liquide prend bientôt une couleur brun foncé, fait effervescence, et la totalité de l'argent se précipite sur les parois du vase, en produisant un miroir d'un brillant bien supérieur à celui des surfaces miroitantes formées à l'aide des essences ou de l'aldéhyde ammoniaque. La facilité avec laquelle ce miroir se produit permettra peut-être à ce nouveau procédé d'acquérir une certaine importance pratique.

Le coton-poudre ne possède pas seul la propriété dont il est fait mention ici ; les substances, telles que le sucre de canne, le sucre de lait, la mannite, les gommes, qui donnent avec l'acide nitrique des produits explosifs, l'acide nitro-picrique (ou acide carbazotique) (4), produisent dans les mêmes circonstances des surfaces métalliques réfléchissantes.

Voilà donc un nouveau procédé d'argenture du verre à ajouter à ceux que l'on doit déjà à MM. Drayton, Meurer, Tourasse, Stenhonse, Choron, procédés qui reposent sur l'action que l'alcool et certaines essences exercent sur le nitrate d'argent ammoniacal.

— MM. Dumont et Callaud viennent de faire, au Conseil municipal de Nantes, la proposition de régler par la voie du fluide galvanique toutes les horloges de cette grande ville. En combinant cette innovation avec l'établissement d'un télégraphe électrique entre Nantes et la mer, il sera possible de lire la même heure et au même instant, non-seulement dans toute l'enceinte de la ville de Nantes, mais encore dans les ports principaux du littoral de la Loire, ce qui sera d'une très-grande utilité pour la navigation au long cours ou du littoral de la Loire. Le Conseil municipal de Nantes, s'associant à cette pensée, vient de voter un crédit de 1,000 fr. destiné à faire des essais.

— Une nouvelle application de la machine aérostatique dirigeable de MM. Dupuis Delcourt et Régnier a eu lieu hier à Paris. L'aéronaute, dans sa conférence de vendredi dernier au Cercle agricole, rue de Baune, avait expliqué le mécanisme particulier de l'hélice conchoïde, déjà expérimentée en 1848 par M. Régnier, et avait établi l'état présent de l'aérostation. Comme les conférences du Cercle agricole ont lieu le soir, dans de vastes salons éclairés, l'expérience au gaz avait été remise à hier dimanche. Elle a eu lieu à deux heures. MM. Dupuis Delcourt et Régnier ont fait mouvoir dans tous les sens, monter et descendre librement leur petit ballon modèle, d'environ 4 mètres de longueur. L'hélice fonctionne au moyen d'un ressort d'horlogerie : sous l'inclinaison calculée du gouvernail, la machine tourne d'elle-même et se dirige circulairement, en décrivant des lignes courbes plus ou moins allongées. On annonce la suite des expériences et des applications en grand de ce système.

TEMPS PRIMITIFS DE L'HÉLIOGRAPHIE.

(Suite.)

M. LEMAITRE A M. NIEPCE.

Le 28 mars 1827.

Monsieur,

Vous recevrez, presque aussitôt que ma lettre, huit gravures, quatre *eau-forte et burin* et quatre *aquatinta et manière noire* ; comme il existe peu de petites gravures de ce dernier genre, je n'ai presque pas eu à choisir. J'ai été plus heureux pour les gravures au burin, qui sont fort belles et d'un prix très-modique, en raison de leur beauté : ces huit gravures coûtent 15 fr. Vous trouverez le prix de chacune coté au bas de leur marge : ces gravures sont variées autant que possible pour leur format ; le papier est fin ; je désire qu'il soit assez mince pour votre opération. J'ai choisi parmi les épreuves celles qui se trouvaient sur le papier le moins épais ; car on imprime maintenant presque toutes les estampes sur du papier très-fort ; néanmoins, je crois qu'il peut être rendu très-transparent.

Il n'y a de frais accessoires, dont vous me parlez, que cinq épreuves, que je vous ai envoyées, et que j'ai fait tirer pour 4 fr.

Agréez, Monsieur, etc.

LEMAITRE.

Châlon-sur-Saône, le 3 avril 1827.

M. NIEPCE A M. LEMAITRE.

Monsieur,

Je n'ai reçu qu'hier les huit gravures que vous avez eu la complaisance de me procurer, et dont votre lettre du 28 mars m'annonçait l'envoi. Je m'empresse de vous en adresser la valeur montant à la somme de 15 francs, qui vous parviendra franche de port, par le bureau des postes dont vous trouverez la reconnaissance ci-jointe. Ma lettre et l'argent partiront par le courrier de jeudi.

Je suis parfaitement satisfait des gravures, ainsi que de la modicité de leur prix ; je ne pouvais mieux m'adresser qu'à vous, Monsieur, sous tous les rapports, pour cette petite emplette ; c'est aussi le motif qui m'a mis dans le

(1) Acide formé par l'action de l'acide nitrique sur l'indigo, la soie, la laine, l'aloès, etc.

cas de réclamer votre obligeante intervention. Agréez donc, je vous prie, mes bien sincères remerciements comme l'expression et le gage préalable de ma gratitude.

J'avais oublié de vous dire, dans ma dernière lettre, que M. Daguerre m'a écrit et m'a envoyé un petit dessin très-élégamment encadré, fait à la seppia et terminé à l'aide de son procédé. Ce dessin, qui représente un intérieur, produit beaucoup d'effet, mais il est difficile de déterminer ce qui est uniquement le résultat de l'application du procédé, puisque le pinceau y est intervenu. Peut-être, Monsieur, connaîtrez-vous déjà cette sorte de dessin que l'auteur appelle *dessin-fumée*, et qui se vend chez Alphonse Giroux.

Quelle qu'ait pu être l'intention de M. Daguerre, comme une prévenance en vaut une autre, je lui ferai passer une planche d'étain, légèrement gravée d'après mes procédés, en choisissant pour sujet une des gravures que vous m'avez envoyées, cette communication ne pouvant en aucune manière compromettre le secret de ma découverte.

Veuillez, Monsieur, recevoir l'assurance accoutumée de mes sentiments les plus distingués.

J. N. NIEPCE.

NOTE DE M. NIEPCE DE SAINT-VICTOR.

sur les

PROPRIÉTÉS PARTICULIÈRES A QUELQUES AGENTS CHIMIQUES.

(Fin.)

L'hypochlorite de chaux (chlorure de chaux) donne également une épreuve négative; mais, pour cela, il faut le chauffer de 50 à 60 degrés, résultat opposé à celui que produit le chlore. L'épreuve est encore négative si l'on plonge une gravure dans du chlorure de chaux liquide, tandis que l'épreuve est positive si on la trempe dans du chlore pur.

Lorsqu'une gravure est exposée au contact du chlorure de chaux liquide ou à sa vapeur, en l'appliquant sur un papier de tournesol bleu, les blancs de la gravure sont reproduits en blanc et les noirs en bleu; tandis que, si la gravure est exposée au contact du chlore liquide ou à sa vapeur, le résultat est inverse, c'est-à-dire que les noirs sont reproduits en rouge.

NIEPCE DE SAINT-VICTOR.

DE LA PHOTOGRAPHIE SUR VERRE,

PAR LE MÊME.

Quoique ce travail ne soit qu'ébauché, je le publie tel qu'il est, ne doutant pas des rapides progrès qu'il fera dans des mains plus exercées que les miennes, et par des personnes qui opéreront dans de meilleures conditions qu'il ne m'a été permis de le faire.

Je vais indiquer les moyens que j'ai employés, et qui m'ont donné des résultats satisfaisants, sans être parfaits; comme tout dépend de la préparation de la plaque, je crois devoir donner la meilleure manière de préparer l'empois.

Je prends 5 grammes d'amidon, que je délaye avec 5 grammes d'eau, puis j'y ajoute encore 95 grammes, après quoi j'y mêle 35 centigrammes d'iodure de potassium étendus dans 5 grammes d'eau. Je mets sur le feu : lorsque l'amidon est cuit, je le laisse refroidir, puis je le passe dans un linge, et c'est alors que je le coule sur les plaques de verre, ayant l'attention d'en couvrir toute la surface le plus également possible. Après les avoir essuyées en dessous, je les pose sur un plan parfaitement horizontal, afin de les sécher assez rapidement au soleil ou à l'étuve, pour obtenir un enduit qui ne soit pas fendillé, c'est-à-dire pour que le verre ne se couvre pas de cercles où l'enduit est moins épais qu'ailleurs (effet produit, selon moi, par l'iodure de potassium). Je préviens que l'amidon doit toujours être préparé dans un vase de porcelaine, et que la quantité de 5 grammes que je viens d'indiquer est suffisante pour conduire une dizaine de plaques, dites *d'un quart*. On voit par là qu'il est facile de préparer un grand nombre de plaques à la fois. Il importe encore de ne pas y laisser de bulles d'air, qui feraient autant de petits trous dans les épreuves.

La plaque étant préparée de cette manière, il suffira, lorsqu'on voudra opérer, d'y appliquer de l'*acéto-nitrate*, au moyen d'un papier trempé à plusieurs reprises dans cette composition; on prendra ensuite un second papier imprégné d'eau distillée, que l'on passera sur la plaque. Un second moyen consiste à imprégner préalablement la couche d'empois d'eau distillée, avant de mettre l'acéto-nitrate; dans ce dernier cas, l'image est bien plus noire, mais l'exposition à la lumière doit être un peu plus longue que par le premier moyen que j'ai indiqué.

On expose ensuite la plaque dans la chambre obscure, et on l'y tient un peu plus de temps peut-être que s'il s'agissait d'un papier préparé par le procédé de M. Blanquart. Cependant j'ai obtenu des épreuves très-noires en vingt ou vingt-cinq secondes au soleil, et en une minute à l'ombre. L'opération est conduite ensuite comme s'il s'agissait de papier, c'est-à-dire que l'on se sert de l'acide gallique pour faire paraître le dessin, et du bromure de potassium pour le fixer.

Tel est le premier procédé dont je me suis servi; mais, ayant eu l'idée d'employer l'albumine (blanc d'œuf), j'ai obtenu des produits bien supérieurs sous tous les rapports, et je crois que c'est à cette dernière substance qu'il faudra donner la préférence.

Voici la manière dont j'ai préparé mes plaques : j'ai pris dans le blanc d'œuf la partie la plus claire (cette espèce d'eau albumineuse), dans laquelle j'ai mis de l'iodure de potassium; puis, après l'avoir coulée sur les plaques, je l'ai laissée sécher à la température ordinaire (si elle était trop élevée, la couche d'albumine se gercerait). Lorsque l'on veut opérer, on applique l'acéto-nitrate en le versant sur la plaque, de manière à en couvrir toute la surface à la fois; mais il serait préférable de la plonger dans cette composition pour obtenir un enduit bien uni.

L'acéto-nitrate rend l'albumine insoluble dans l'eau et lui donne une grande adhérence au verre. Avec l'albumine, il faut exposer un peu plus longtemps à l'action de la lumière que quand on opère avec l'amidon; l'action de l'acide gallique est également plus longue; mais, en compensation, on obtient une pureté et une finesse de traits remarquables, et qui, je crois, pourront un jour atteindre à la perfection d'une image sur la plaque d'argent.

NIEPCE DE SAINT-VICTOR.

(*La suite à un prochain numéro.*)

AVIS. — Dévoués aux intérêts des héliographes et des hommes de savoir, nous devons nous efforcer de propager leurs travaux : nos *Annonces* seront exclusivement réservées à l'héliographie, aux industries dont elle est l'objet, aux beaux-arts et aux sciences. Elles auront une valeur sérieuse, car loin d'être banales, elles ne recommanderont que des publications honorables et des objets utiles.

(*Voir le tarif ci-après.*)

Toutes les demandes et réclamations relatives au service, toutes les lettres et communications relatives à la rédaction doivent être adressées, affranchies, à M. F.-A. Renard, secrétaire de la rédaction, au bureau du journal. Les demandes d'abonnement seront accompagnées d'un mandat sur la poste ou les messageries.

Le Secrétaire de rédaction F.-A. RENARD, *Gérant.*

Imprimerie de MENNUYER et Cⁱᵉ, rue Lemercier, 24. Batignolles.

LA LUMIÈRE

JOURNAL NON POLITIQUE
HEBDOMADAIRE.

BEAUX-ARTS — HÉLIOGRAPHIE — SCIENCES.

BUREAUX, A PARIS, N° 15, RUE DE L'ARCADE, A LA SOCIÉTÉ HÉLIOGRAPHIQUE.

ET A LONDRES, UNITED PATENT OFFICE DE MM. GARDISSAL ET C°, 7, CALTHORPE STREET, GREY'S INN LANE, HOLBORN.

PARIS.—PRIX : UN AN, 16 F.; 6 MOIS, 10 F.; 3 MOIS, 6 F.—DÉPARTEMENTS, UN AN, 18 F.; 6 MOIS, 11 F.; 3 MOIS, 7 F.—ÉTRANGER, UN AN, 20 F.; 6 MOIS, 12 F.; 3 MOIS, 8 F.—CHAQUE N° 50 CENT.

SOMMAIRE.

ACADÉMIE DES SCIENCES.

ÉPREUVES DAGUERRIENNES. DISPARITION COMPLÈTE DU MIROITAGE MÉTALLIQUE [1].

La perfection des images obtenues par l'action de la lumière solaire sur les plaques métalliques tient au poli des surfaces et à l'absence des plus petites aspérités. Mais cette double condition de réussite entraîne un inconvénient sérieux; nous voulons parler des reflets qui fatiguent notre œil, le détournent de sa contemplation, et trop souvent lui envoient notre propre image, mêlée à celle qu'il veut découvrir.

Nombre d'héliographes ont cherché le remède à ce mal, mais nul n'avait réussi dans ses tentatives. L'un employait des moyens mécaniques toujours longs, imparfaits et dispendieux; l'autre, en s'adressant à des agents chimiques, détruisait l'image daguerrienne en même temps que le poli des plaques métalliques.

Plus heureux, MM. Génisson et Terreil fils ont obtenu des épreuves à peu près dépourvues de reflets miroités et dont les imperfections tiennent plus au peu d'habitude des expérimentateurs qu'à l'impuissance de leur procédé.

Ce dernier tient à cette propriété bien connue du chlorure de mercure d'empêcher le chlorure d'argent de se colorer à la lumière : partant de là, MM. Terreil et Génisson soumettent l'épreuve daguerrienne, après le lavage avec l'hyposulfite de soude, à l'influence d'une eau régale très-faible, dont l'action est de transformer en chlorure d'argent et de mercure inaltérable à la lumière l'amalgame qui constitue les parties blanches de l'épreuve, et qui produit les noirs du chlorure d'argent altérable. L'opération terminée, le rapport des teintes se conserve et l'image est fixée comme par le chlorure d'or.

Les reflets de miroir ont disparu, et l'épreuve semble obtenue sur un papier très-fin, avec cette nuance, cependant, qu'au lieu de présenter les teintes tranchées et vives que nous offrent les produits de la photographie, l'image est pâle, décolorée, brumeuse; elle semble recueillie par un temps de brouillard ou pendant le crépuscule.

C'est une découverte qui attend évidemment des perfectionnements : nous la livrons aux milliers d'héliographes répandus à la surface de la France et des contrées étrangères; nous appelons leurs expériences et leurs travaux avec la certitude, grâce à l'étendue de notre correspondance, d'avoir bientôt à leur annoncer de nouveaux progrès.

L'OXYGÈNE EXTRAIT DE L'AIR ATMOSPHÉRIQUE.

Peu de personnes ignorent le rôle immense que le gaz oxygène joue dans la nature : il est pour la matière inorganique le principe de toute combustion, et l'origine d'une foule de combinaisons chimiques; il est pour la matière organisée une des conditions essentielles de la vie. Sans oxygène, une graine ne saurait germer, croître, végéter, en un mot; sans lui, la respiration, la circulation

[1] Nous recevons, mais trop tard pour pouvoir l'insérer dans ce numéro, une réclamation de M. Gaudin au sujet de cette communication de MM. Génisson et Terreil fils; nous donnerons cette réclamation prochainement.

et la calorification animales seraient impossibles; ôtez-le de notre atmosphère, et une mort générale envahit la surface de la terre.

Supposons, au contraire, qu'on vienne à augmenter ses proportions dans l'air qui alimente un feu de forge, et tout aussitôt le calorique produit dans un temps donné peut doubler, et même tripler; quelques hectolitres d'oxygène introduits dans une serre doivent accélérer la croissance des plantes, dans des proportions dont l'expérience seule peut poser la limite; versés dans un appartement et renouvelés de temps à autre, ils doivent accélérer la respiration, la circulation, et tous les actes organiques qui en dépendent; ils peuvent ranimer le vieillard, rappeler promptement à la vie l'homme atteint d'asphyxie, aviver les constitutions débiles, et guérir certaines maladies froides et atoniques, telles que les scrofules et plusieurs affections du système osseux.

Toutes ces opérations demandent des flots d'oxygène, et jusqu'ici la science était limitée aux quelques litres de gaz qu'elle extrait péniblement du peroxyde de manganèse; M. Boussingault vient d'ouvrir la voie à de vastes expériences, en donnant les moyens d'extraire, par torrents et à peu de frais, l'oxygène contenu dans l'air atmosphérique.

Le savant académicien s'est fondé sur la propriété que possède la baryte (protoxyde de baryum) de se suroxyder par le contact de l'air chaud, desséché et privé d'acide carbonique; puis de restituer, étant chauffée au rouge, tout l'oxygène dépassant le premier degré d'oxydation. 10 kilogrammes de baryte complètement suroxydés peuvent fournir, par la calcination, 700 litres d'oxygène pur; puis, revenus à l'état de protoxyde, soustraire à l'atmosphère la même dose d'oxygène, pour la restituer encore, et ainsi de suite jusqu'à l'infini; si bien que la même baryte peut, au prix de quelques précautions, servir à une multitude d'opérations.

Dans le procédé usité par M. Boussingault, un tube de grès verni et rempli de fragments de baryte porte, à l'une de ses extrémités, un robinet destiné à faciliter ou à intercepter le passage de l'air. A l'autre extrémité du tube est un double prolongement dont chaque branche est munie d'un robinet. L'un de ces derniers communique avec un vase fermé et rempli d'eau : l'écoulement de celle-ci tend à faire le vide et produit une aspiration qui force l'air atmosphérique, préalablement dépouillé d'humidité et d'acide carbonique, de pénétrer, par le premier robinet, dans le tube chauffé au rouge sombre et de lui céder son oxygène.

La suroxydation étant complète, les deux robinets dont il vient d'être question sont fermés, tandis qu'on ouvre le troisième qui communique avec un gazomètre : la combustion est activée dans le fourneau, une grande chaleur se développe, et en quelques instants tout l'oxygène employé à la suroxydation se sépare de la baryte et passe dans le gazomètre. Toute communication est alors interceptée entre ce dernier et le tube, puis l'opération recommence.

Cet appareil exécuté sur de vastes proportions, et utilisant les grandes quantités de baryte extraite par le procédé de M. Dubrunfaut, peut livrer à l'industrie, au commerce, à la médecine, de grandes quantités d'oxygène, soit à l'état gazeux, soit à l'état de bioxyde d'hydrogène : cette dernière substance doit être, dans la thérapeutique, dans la teinture et le blanchiment des toiles écrues, d'une extrême utilité : sa cherté seule en a restreint l'emploi jusqu'ici.

FABRICATION DES PIERRES PRÉCIEUSES.

Les pierres précieuses, la perle exceptée, sont des cristaux. La cristallisation suppose toujours un corps tenu en dissolution dans un liquide qui, s'évaporant peu à peu, laisse échapper quelques-unes des molécules qu'il ne peut plus dissoudre. Celles-ci, en raison de leur figure primitive, se rangent et s'agglomèrent dans un ordre déterminé, pour représenter tantôt des pyramides complètes ou tronquées, tantôt des prismes, tantôt des parallélipipèdes, etc. Supposons que les substances qui composent un rubis ou une topaze soient solubles dans l'eau distillée, la dissolution

étant préalablement faite, on obtiendra des cristaux de rubis ou de topaze, comme on obtient des cristaux de sucre, d'alun ou de sulfate de cuivre.

Mais une des propriétés des pierres précieuses est d'être précisément insolubles dans les liquides qui n'altèrent pas leur composition; elles ne sauraient donc être produites par la voie humide.

Tout au contraire, un grand nombre d'entre elles peuvent, sous l'influence d'un feu ardent, entrer en fusion et se dissoudre dans une substance minérale encore plus fusible. Maintenant, que cette substance, par suite de l'action prolongée de la fournaise, vienne à se volatiliser, elle abandonnera peu à peu les molécules de la pierre précieuse, et ces molécules pourront s'agglomérer par les lois ordinaires de la cristallisation.

M. Ebelmen, directeur de la manufacture de porcelaine de Sèvres, poursuit depuis longtemps cette donnée. Après avoir fait quelques tentatives couronnées d'un demi-succès, il vient, en opérant avec des fours à feu continu, d'obtenir des résultats plus fructueux. Il a enfermé dans des capsules de platine un mélange d'alumine, de magnésie et d'acide borique; il a placé le tout dans les moufles dont se sert M. Bapterosses pour la confection des boutons en pâte céramique, puis il a soumis sa préparation pendant plusieurs jours à un feu ardent. Le résultat a été des rubis spinelles parfaitement reconnaissables, et qui ont plusieurs millimètres de diamètre.

D'autres cristallisations obtenues par M. Ebelmen permettent d'entrevoir l'extension que doit prendre la fabrication des pierres précieuses. Du reste, l'inventeur voit dans sa découverte, moins une opération lucrative qu'un moyen de faire progresser la minéralogie, en lui fournissant, dans toute leur pureté, des espèces chimiques autour desquelles viendront se grouper les minéraux du même ordre.

CLAVEL.

SOCIÉTÉ HÉLIOGRAPHIQUE.

Séance du 7 mars 1851.

La Société héliographique, privée, dans sa dernière séance, de la présence de son président M. le baron Gros, que d'impérieuses occupations empêchent momentanément de se rendre à ses réunions, était présidée par M. J. ZIEGLER, auquel le Comité venait de confier tout récemment, en même temps qu'à M. LÉON DE LABORDE, les fonctions de vice-président. La réunion était fort nombreuse et on y souleva des questions de la plus haute importance. Deux de ces questions ont été immédiatement confiées à l'examen de deux Commissions : 1° celle due à l'initiative de M. LÉON DE LABORDE, et relative à la direction qu'il convient de donner à la fabrication des papiers photographiques français au point de vue de leur amélioration; 2° celle relative à la fondation d'une imprimerie photographique, dont la grande utilité a été également indiquée par M. LÉON DE LABORDE.

La première Commission a été composée de MM. BAYARD, LÉON DE LABORDE et SCHUMBERGER.

La seconde, de MM. LÉON DE LABORDE, G. LE GRAY et LE SECQ.

Nous nous ferons un devoir de tenir nos lecteurs au courant des travaux de ces deux Commissions qui, comme on le voit, ont à s'occuper des deux questions dont les solutions sont peut-être les plus essentielles aux progrès et à l'avenir de la photographie.

Une discussion s'est élevée ensuite sur une question également fort importante : c'est celle de la fabrication des objectifs de premier ordre, que l'Allemagne semble s'être appropriée presque exclusivement par l'effet des soins et de l'habileté que ses opticiens apportent dans la taille et la combinaison des verres dont la matière première cependant est un produit de notre propre fabrication.

C'est là, suivant la juste expression dont s'est servi le président de la Société, un fait regrettable, que la fabrication française doit comprendre, et contre lequel il est de son devoir de lutter avec ardeur et persévérance. Une Commission sera bientôt désignée parmi les membres de la Société, pour s'occuper de cette grave question.

La séance s'est terminée par une proposition de M. Cousin, que l'unanimité des membres présents a accueillie avec la plus franche sympathie : M. Cousin propose la création d'un album, qui serait l'*Album de la Société héliographique*, en permanence au siège de la Société, et dans lequel on pourra constater chaque jour les progrès que l'art nouveau fait en France ; tous les membres de la Société seraient invités à déposer dans cet album des dessins obtenus par les procédés dont ils se servent. Ces dessins porteraient la signature de l'auteur, la date de l'obtention de l'épreuve, le procédé mis en usage, et peut-être encore le mode de manutention et le temps d'exposition à la chambre. Au surplus, l'examen et la solution de ces questions, qui ont toutes leur intérêt, sont soumis à une Commission composée de MM. Bayard, Cousin, Benjamin Delessert, Meissonnier, Mestral et de Monfort.

Il a été arrêté ensuite qu'en cas de dissolution de la Société, l'album dont il s'agit sera déposé au cabinet de conservation des estampes de la Bibliothèque Nationale.

F. A. Renard.

PROCÉDÉ PHOTOGRAPHIQUE.

Un de nos plus habiles photographes, M. Mestral, nous adresse le procédé suivant qu'il a reçu d'Allemagne. Ce procédé a donné d'excellents résultats ; nous nous empressons de le communiquer à nos lecteurs, en attendant la publication que nous nous proposons de faire prochainement de ceux de MM. Bayard et Le Gray.

1° On fait dissoudre 16 grammes d'iodure de potassium dans 310 grammes d'eau distillée ; cette solution est ensuite décomposée par 8 ou 10 gouttes d'une dissolution concentrée de cyanure de potassium ;

2° On dissout ensuite 20 grammes de nitrate d'argent fondu dans 310 grammes d'eau distillée, en ajoutant 24 grammes d'acide acétique.

On pose le papier environ une minute sur la solution n° 1, et on sèche au buvard ; on le pose ensuite pendant quatre à six secondes sur la solution n° 2, après quoi on l'étend sur une ardoise ou une glace recouverte d'un papier mouillé ; ou bien encore on opère entre deux glaces, en mettant également une doublure de papier humide, non collé, qui s'empare de la surabondance du liquide ; cela fait, on expose à la chambre obscure.

Étant retirée de la chambre, on plonge la feuille de papier dans une solution saturée d'acide gallique.

Lorsque l'image est suffisamment développée dans l'acide gallique, on lave le papier pendant une minute environ dans de l'esprit de vin, et on fixe l'épreuve en la mettant pendant une ou deux minutes dans une solution d'hyposulfite bouillant (une partie d'hyposulfite pour dix parties d'eau, en poids). L'ébullition est, pour ce cas, expressément recommandée.

M. Mestral a vu quelques épreuves fixées au bromure (24 grammes par litre d'eau).

Les Allemands opèrent le cirage de l'épreuve en mélant à la cire et d'avance une petite quantité de graisse de cerf ; le papier dont ils se servent de préférence provient de la fabrique de MM. Causon où il est désigné sous le nom de *papier photographique négatif* ; ses dimensions sont de 45 centimètres de longueur sur 50 de largeur, et il pèse environ 7 kilog. et demi la rame.

LETTRE DE M. ZIÉGLER A M. DE MONTFORT

SUR LA QUESTION DU COLORIAGE.

Monsieur,

J'ai souvent émis devant vous l'opinion qu'on ne doit ni retoucher ni colorier les épreuves héliographiques, et cependant vous me demandez avec insistance une note sur la couleur appliquée à l'héliographie.

Le temps n'est pas venu encore de décrire les procédés au moyen desquels MM. Becquerel et Niepce de Saint-Victor réussissent à fixer, pour un temps, sur plaques d'argent, les couleurs du spectre et celles de certaines images. De telles découvertes, dont nous avons pu nous assurer par nos yeux et par nos mains, ont un immense intérêt pour la science et pour l'art, tandis que la question du coloriage des épreuves héliographiques n'est qu'un fait vulgaire qui se lie aux divers procédés d'enluminure pratiqués d'ancienne date. On pourrait même considérer en général le coloriage des gravures comme un acte de sauvagerie dont le Juif errant, entouré de sa complainte, est le type principal, présent à tous les souvenirs. Si cet humble ornement des chaumières devait figurer comme point de départ dans une note sur le coloriage, je pourrais donner aux lecteurs

de la Lumière une description des ateliers de M. Pellerin, où se fabriquent les innombrables images qui portent son nom : les ayant visités il y a plusieurs années, j'en dirai quelques mots.

L'opération du coloriage à Épinal, chef-lieu du département des Vosges, est d'une simplicité agreste. Les couleurs sont à l'état pâteux ; elles s'appliquent par frottement avec une large et courte brosse imprégnée de couleur. La palette est une pierre plate. Pour ménager les contours, l'ouvrier ajuste sur les gravures de laiton découpées. Chaque teinte exige un cliché et une brosse réservée à cette teinte ; ce procédé des plus simples a été employé très-anciennement. Si la complainte de Pellerin orne la hutte du bûcheron, la lithographie coloriée trouve à son tour une place chez l'ouvrier des villes ; les ateliers de coloriage dont elle sort ne sont plus à Épinal, mais généralement à Paris. Ici on emploie le pinceau proprement dit et la couleur à l'eau gommée ; l'atelier se compose principalement d'une table ronde entourée d'ouvrières d'inégale beauté, qui se passent les feuilles où chacune pose la couleur dont elle tient le pinceau. Cette division du travail produit la netteté, la franchise des teintes et la rapidité de l'exécution : la lithographie coloriée occupe dans l'opinion commune un degré d'estime supérieur. La gravure des complaintes est moins considérée.

Cette appréciation est-elle justement motivée ? je ne me suis pas proposé de trancher de pareilles difficultés ; qu'il me suffise, puisque cela vous est agréable, de donner quelques détails sur les procédés *secrets* du coloriage des plaques daguerriennes.

La coloration des daguerréotypes n'est, à proprement parler, qu'un glacis au pastel. Les couleurs sont des poudres impalpables obtenues par le broiement des substances colorantes les plus subtiles ; on comprend que la qualité de ces couleurs doit varier comme celle des matières premières, et qu'un rouge, par exemple, pourra être fugace s'il provient de la cochenille, qu'il pourra noircir étant composé de minium, tandis qu'il aura une durée constante s'il provient des garances préparées par Mme Gobert. L'extrême ténuité de ces couleurs veut être obtenue par la lévigation dans l'eau, le broyage à l'alcool ou par des moyens de ventilation faciles à imaginer. Les couleurs pour le daguerréotype se vendent toutes préparées et enfermées dans de petits tubes en cristal. La palette est représentée par un livret dont les feuilles contiennent la poudre estompée, où puise l'enlumineur. Les pinceaux sont de martre fauve ; ils doivent être fins, fermes et veloutés. Le coloriage doit être rapide et léger ; pour chaque teinte, un pinceau est exclusivement employé. Voilà les moyens pratiques : le goût et le talent de l'opérateur ne sont pas sans influence sur les résultats. Une épreuve retouchée par Latour se distinguerait certainement des ouvrages de M. X., du Palais-National, ou de M. Y., des boulevards. Afin de rendre les teintes plus adhérentes, on peut introduire dans l'eau distillée du lavage, qui est la dernière opération du daguerréotype, une faible parcelle de gomme arabique dissoute ; l'adhérence qui en résulte permet même d'employer, dans les accessoires, quelques touches de gouache, opération délicate qui exige une main exercée.

Si l'intérêt que vous portez à cette communication allait jusqu'à désirer connaître les matières colorantes renfermées dans les tubes de cristal, des *secrets* du coloriage nous aurions à passer aux *arcanes* de la préparation des produits chimiques. Je ne crois pas m'écarter beaucoup de la vérité en indiquant :

Pour la couleur blanche le blanc de plomb, le blanc de bismuth, l'argile blanche, le blanc d'Espagne, le blanc de zinc.

Jaune. Ocre jaune naturel, oxyde de cadmium, turbith, jaune de chrome, jaune de Naples.

Rouge. Laques de Smyrne de Mme Gobert, pourpre d'or et carmin, laques de Fernambouc, cinabre, vermillon, rouge brun, rouge de chrome.

Bleu. Outre-mer, cobalt, outre-mer Guimet, bleu de Prusse, indigo.

Chacune des couleurs qui précèdent, mêlée de blancs en quantités différentes, peut former des séries de tons. Comme avec les trois couleurs primitives, *jaune*, *rouge* et *bleu*, on peut faire les couleurs mixtes *orangé*, *vert* et *violet*, ainsi que toutes les couleurs *composites*, dont le nombre est infini, il est inutile d'indiquer d'autres matières, comme la terre verte, la terre d'Ombre, etc. Les noirs étant donnés par le bruni de la plaque, s'ils étaient nécessaires, le noir de fumée calciné serait le meilleur.

Un chimiste, comme nous le demandons, exclusivement voué à l'héliographie, aurait à expérimenter toutes ces fines poussières sur la plaque polie ; plusieurs de celles qu'emploient les héliographes attaquent le métal et font paraître dans les clairs certains points noirs qui proviennent de quelque oxydation provoquée par la matière colorante. Il y a beaucoup à faire en toutes choses. On a dit justement : *Rien n'est impossible*; on peut dire avec la même justesse : *Tout est difficile*.

Le coloriage des épreuves photographiques (sur papier)

se fait avec les couleurs à l'aquarelle ; une certaine vigueur dans les ombres de l'épreuve à colorier est une condition de réussite en ce genre. Si les couleurs appliquées avec abondance et crudité sont lavées à grande eau avec un large pinceau, il en restera des traces suffisantes pour représenter une coloration fondue et harmonieuse. En dire davantage serait faire un traité de l'aquarelle.

Il existe, en Angleterre, un usage qui fait effort pour s'introduire en France, parmi les photographes ; je veux parler de la retouche au pinceau des épreuves et du dessin photographiques ; on ne saurait assez blâmer cette pratique déplorable. Les hommes capables de retoucher la nature peuvent seuls oser retoucher une épreuve héliographique ; or, quels sont les hommes capables de retoucher la nature ? Qu'on me pardonne de faire intervenir de tels noms dans une telle question. Je ne vois guère que des artistes comme Léonard de Vinci, Raphael ou Phidias, qui aient le droit de prendre une aussi grande liberté : or, ni l'Angleterre, ni les boulevards de Paris, ne possèdent, que je sache, rien de semblable ; on doit, conséquemment, s'abstenir de retoucher les œuvres du Soleil. Lorsqu'une épreuve est mauvaise, le seul parti à prendre est d'en faire une meilleure. Si l'épreuve est bonne, chaque retouche, chaque couleur appliquée en diminue la valeur, et cette détérioration est d'autant plus rapide, que le pinceau est entre des mains moins habiles. Le plus faible pointillé d'un ignorant est une tache évidente. Il n'est pas rare, cependant, de voir des épreuves pointillées en entier de la sorte. Le goût flottant du public a besoin d'être mis en garde contre la direction que tendent à lui imprimer ces trompeuses apparences de perfectionnement.

Agréez, monsieur, etc...

J. Ziegler.

PRÉJUGÉS LITTÉRAIRES CONTRE LA SCIENCE.

DIDEROT EMPIRIQUE SANS LE SAVOIR.

Nous aurons plus d'une fois à signaler les utopies des rêveurs d'autrefois, réalisées depuis, et les découvertes anticipées des empiriques. Un fait remarquable et assez triste, c'est que les préjugés du vulgaire contre les génies aventureux de la science furent constamment entretenus par les gens de lettres. Jadis, tout homme qui alignait des vers ou philosophait en beau style, se croyait pourvu de la science infuse et du droit de dédaigner l'inconnu.

Galilée fut critiqué en très-beau langage ; Molière a persiflé Descartes ; plus d'un critique s'est égayé aux dépens de Léonard de Vinci, qui a raconté comme quoi il était parvenu à lancer des projectiles au moyen de la vapeur de l'eau bouillante ; Cyrano de Bergerac, inventeur capricieux d'une sorte d'aérostat, impossible à la vérité, mais dirigé par un procédé assez ingénieux, fut berné pendant un siècle. On sait de quels quolibets l'émétique et la saignée furent le prétexte. On a souvent rappelé le passage dédaigneux d'une lettre célèbre où l'inventeur de la vapeur, considérée comme force motrice, est bafoué dans le cabanon où *sa folie* l'avait fait plonger.

Mme de Sévigné, dans sa lettre CXXV, mentionne un autre fait, expliqué depuis, et qu'elle accompagne de réflexions propres à faire comprendre la nature et la portée des obstacles opposés de son temps à l'esprit d'innovation. Il s'agissait d'un garçon de Vitré, ancien laquais de M. de Coulanges et qui possédait, dit-elle à Mme de Grignan, « le secret de cet homme dont vous avez entendu parler à Paris. »

Quel était cet homme ? je l'ignore ; mais quant au secret, le voici avec les réflexions qu'il suggère à une femme si distinguée :

« ... Entre mille choses qui sont toutes miraculeuses, et que je ne comprends pas que l'on souffre à cause des conséquences, je ne m'arrête qu'à une petite que j'ai vu bientôt faite : c'est de lui voir couler dans la bouche dix ou douze gouttes de cire d'Espagne toute allumée, et dans sa main, et de n'en être non plus ému que si c'eût été de l'eau, sans mine, sans grimaces, sa langue aussi belle après cette légère opération que devant. J'en avais fort entendu parler. Mais de voir cela de près et aussi familièrement dans ma chambre, me causa un extrême étonnement. Cela prouve votre philosophie, ma bonne, et qu'assurément *le feu n'est point chaud, et ne nous cause le sentiment de la chaleur que selon la disposition des parties*. »

Mme de Grignan était bien supérieure à sa mère dans la pénétration des causes premières des phénomènes naturels. Cette dernière poursuit :

« Mais comprenez-vous qu'il y ait une sorte de liqueur dont on puisse se frotter avec assez de confiance, pour faire fondre de la cire d'Espagne ou du plomb sur sa langue, et marcher sur des barres de fer toutes rouges ? *Que deviendront les épreuves d'innocence de nos siècles passés ? Je crains même que nos miracles n'en souffrent auprès des mauvais esprits. Mais n'y a-t-il pas eu de tout temps de vrais miracles et des tours de passe-passe ?* »

La même expérience a été renouvelée de nos jours, et

ne dame qui l'avait osé faire me disait : — Quelle heureuse découverte pour les fondeurs, les étameurs et les autres forgerons, sans cesse exposés à se brûler !

L'esprit de deux siècles se résume en ces réflexions d'un sentiment si opposé.

Cent ans après Mme de Sévigné, du temps de l'*Encyclopédie*, Voltaire s'écriait : — Que l'on me fasse un grain de blé, et je croirai à la chimie !

Et le lendemain, changeant d'humeur, il vantait la chimie. Mesmer et ses adeptes furent-ils assez tympanisés ! Quand on eut imaginé d'éclairer les villes avec de l'hydrogène carboné, les gens de lettres se hâtèrent de prophétiser que l'on ferait sauter Paris. Lorsqu'on trouva le bleu de Prusse et qu'on fit des essais sur des préparations gélatineuses, un humoriste annonça qu'on allait pétrir du pain avec des os de morts pulvérisés. C'est avec des préjugés de ce genre, qu'à la fin du règne de Louis XIV, on proscrivit les perruques et les étoffes de verre filé, dont on faisait même des pantoufles, témoin celles de Cendrillon ; sous ce prétexte que le verre pulvérisé s'insinuait dans les veines.

Parfois il advenait qu'un auteur, en se jouant, en se raillant agréablement des découvertes nouvelles, se lançait dans l'inconnu, donnait l'essor à sa fantaisie, et s'exagérait les conséquences du phénomène, jusqu'à l'absurde, imaginait une série d'audacieuses hypothèses.

Or, il est arrivé, depuis, que la réalité a laissé ces suppositions fantastiques bien loin derrière elle. Mais, en pareil cas, le pauvre inventeur était traité de cuistre, de fripon ou de charlatan.

C'est de la sorte que se comporta un jour Diderot, le philosophe sans préjugés et la sentinelle avancée de l'avenir, comme on dirait aujourd'hui.

La victime de cette boutade fut un physicien surnommé Comus. Qu'était-ce que ce *Comus* ? Rabbe nous l'apprendra en nous faisant entrevoir la situation mixte que subissaient il y a quatre-vingt-neuf ans, entre les bateleurs et les savants, les physiciens qui n'étaient pas grands seigneurs.

Le vrai nom de ce Comus, né à Paris en 1731, était Nicolas-Philippe Ledru : il est, dit-on, l'aïeul de M. Ledru-Rollin. Écoutons M. Rabbe, le biographe de Comus :

« ... Ses progrès dans la physique expérimentale lui firent une réputation immense dans tous les pays qu'il parcourut. Habile observateur des phénomènes de la nature, il sut les soumettre à des expériences qui parurent des prestiges dans leur nouveauté, qui amusèrent toujours, émerveillèrent souvent ceux qui les virent, et qui eussent fait brûler leur auteur trois ou quatre siècles plus tôt. L'habitude de s'exercer dans cet art agréable lui avait acquis une telle connaissance du corps humain, qu'à l'inspection des différentes attitudes et du jeu de la physionomie d'un homme, il devinait ce qui se passait dans son âme. Tout ce qu'il disait était embelli d'ailleurs par les charmes d'une élocution facile, qui amusait autant l'assemblée que les secrets qu'il dévoilait. Au retour d'un voyage à l'étranger, Louis XV le plaça auprès du duc de Bourgogne, en qualité de physicien, et le nomma ensuite professeur de mathématique des enfants de France.

« Étant à Londres en 1766, il y fit construire par Nairn des boussoles horizontales et verticales, et plusieurs autres instruments de physique. Il donna le modèle d'une aiguille d'inclinaison, dont Philipps se servit dans son voyage au pôle boréal. Il obtint encore de Louis XV un brevet pour convertir le fer en acier, à la manière de Knight, et pour la fabrication de toute espèce d'instruments de physique. Ses vues s'étendant avec ses connaissances, il conçut le projet de composer des cartes nautiques d'après un autre système que celui de Halley. Il compulsa à cet effet le dépôt des cartes de la marine et les cartons qui renfermaient les observations magnétiques, et traça, après un travail immense, ses nouvelles cartes, dont il remit des exemplaires manuscrits au voyageur Lapeyrouse, en présence de Louis XVI, le 22 mai 1785. Revenu à ses idées favorites de physique amusante, il imagina la *Fantasmagorie*, qui n'est qu'un effet de catoptrique.

« Ses premiers essais eurent lieu en 1772, mais elle n'arriva à son degré de perfection qu'en 1777. C'est à cette époque que l'empereur Joseph II assista à deux de ses séances particulières. Un esprit observateur sait étendre le cercle des connaissances humaines : Ledru imagina d'appliquer l'électricité à la thérapeutique, et combattit les affections nerveuses, notamment l'épilepsie et la catalepsie. Le bruit de ses succès parvint jusqu'à la Faculté de médecine qui nomma une commission pour les constater. Le rapport avantageux qu'elle fit sur cette découverte valut à Ledru et à ses deux fils le titre de physiciens du roi. Les amusements dont Ledru avait fait jouir les Parisiens ne purent le garantir des effets de la Terreur, non plus que la méthode curative qu'il leur avait procurée ; il fut incarcéré et ne dut la vie qu'au 9 thermidor. Il alla jouir quelque temps de sa liberté à Fontenay-aux-Roses, et revint à Paris, où il mourut en 1807. »

Tel est l'homme que Diderot, sans respect pour un mérite incontestable, traite de *charlatan du rempart*, à propos d'une invention destinée à refleurir dans un siècle meilleur et à faire le tour du monde. Il s'agit de la télégraphie électrique, entrevue, à ce qu'il paraît, par Comus-Ledru, quelques années avant l'apparition du magnétisme et des phénomènes électro-chimiques.

C'est un passage peu connu d'une lettre de Diderot à Mlle Voland, du 28 juillet 1762, qui seule a conservé le souvenir de ce fait singulier :

« Voilà donc une de mes lettres perdue ; et qui sait ce qu'il y a dans cette lettre, en quelles mains elle est tombée, et l'usage qu'on en fera ? Comus ne perfectionnera-t-il pas son secret ? Ce Comus est un charlatan du rempart qui tourne l'esprit à tous nos physiciens. Son secret consiste à établir de la correspondance d'une chambre à une autre, entre deux personnes, sans le secours sensible d'aucun agent intermédiaire. Si cet homme-là étend un jour la correspondance d'une ville à une autre, d'un endroit à quelques centaines de lieues de cet endroit, la jolie chose ! Il ne s'agirait plus que d'avoir chacun sa boîte ; ces boîtes seraient comme deux petites imprimeries, où tout ce qui s'imprimerait dans l'une, subitement s'imprimerait dans l'autre... Trève de plaisanteries. »

Quel *charlatan* que ce Comus ! « Il tourne la tête à tous nos physiciens... » Parlez-nous d'un savant qui se tienne en repos, et ne tourne la tête à personne !

Mais Diderot sait bien le punir d'usurper ainsi sur le privilège des philosophes. Il suffit pour cela de forcer les conséquences de l'invention télégraphique (le mot était encore inconnu), de la rendre burlesque, et de s'écrier : *la jolie chose !* Puis l'utopie exposée, on donne en riant la manière de la mettre en pratique. *Trève de plaisanteries !* conclut Diderot, et pour venir à de plus graves sujets, il entame des commérages ridicules.

Les siècles marchent ; il se trouve que, prophète à son insu, Diderot a décrit à merveille le télégraphe électrique, et que sa plaisanterie devient le seul endroit sérieux de sa lettre.

Il faut finir par une moralité : la littérature française a toujours été trop grande dame pour descendre à s'instruire, et le savoir pratique était jadis, à son sens, le lot dédaigné des artisans. Il est temps pour elle de s'arracher à son salon, de visiter les laboratoires et de quitter parfois Phœbus-Apollon pour l'antre de Vulcain, afin d'éviter la disgrâce des grands esprits du temps passé, à qui la postérité reproche d'avoir dénigré ce qu'ils n'avaient pu concevoir.

FRANCIS WEY.

AVIS. — Nous prévenons nos abonnés nouvellement inscrits que les deux premiers numéros de *la Lumière* étant épuisés, il ne nous sera possible de les leur envoyer qu'après leur réimpression, qui va avoir lieu cette semaine.

NOUVELLES DIVERSES.

Une grande activité se fait remarquer, en ce moment, dans les travaux d'embellissement de la grande cour intérieure du Louvre. Une cinquantaine d'ouvriers, tailleurs de pierre, maçons, plombiers, terrassiers et jardiniers, y sont journellement occupés. Aujourd'hui, on a commencé à démolir le piédestal de l'ancienne statue du duc d'Orléans. Sur cet emplacement on va établir un bassin avec gerbe jaillissante, à l'instar de celle du rond-point des Champs-Elysées. Deux des jardins établis dans les grands carrés sont presque terminés ; il ne reste plus qu'à poser une grille d'entourage. Les deux autres viennent d'être commencés. Les conduites d'eau et de gaz sont posées. Enfin on s'occupe, près des jardins terminés, de l'établissement de larges trottoirs qui régneront sur toute la longueur des deux travées qui divisent la cour. Au bas des trottoirs est une rigole taillée dans le granit, destinée à faciliter l'écoulement des eaux. Avec l'activité qui règne dans ces travaux, tout fait espérer qu'ils seront terminés avant la fin du mois de mai.

— Les démolitions des îlots de maisons qui sont compris dans le périmètre tracé pour le prolongement de la rue de Rivoli et la formation des abords du Louvre se poursuivent activement. Le 19 mars, il sera encore procédé à l'adjudication des matériaux à provenir de ces démolitions. Les maisons qui doivent cette fois-ci tomber sous le marteau des maçons sont celles situées : 1° rue du Musée, numéros 1, 5, 7, 9, 11, 13 ; rue Saint-Thomas-du-Louvre, numéros 10, 12, 14, 16 ; 2° rue du Musée, numéro 19, et rue Saint-Thomas-du-Louvre, numéros 2, 4, 6 ; 3° impasse du Doyenné, numéro 5, et rue du Doyenné, numéros 6, 8, 3 ; 4° rue du Chantre, numéros 6 et 20 ; rue de la Bibliothèque, numéros 9, 11, 13, et 15.

— La télégraphie électrique va être mise en Belgique, comme en France, à la disposition des intérêts privés. Il paraît certain que l'ouverture des diverses lignes, annoncée depuis longtemps, puis toujours remise, y aura lieu enfin du 15 au 20 mars courant. Déjà un arrêté royal est rendu pour régler le service qui va être inauguré. Le maximum de la longueur pour une dépêche est fixé à 100 mots, sauf les cas où le télégraphe ne serait pas requis pour d'autres communications, et où cette longueur pourrait alors être dépassée. Il sera payé pour transmettre une dépêche de 1 à 75 kilomètres de distance : 3 fr. 50 c. pour 1 à 20 mots, 5 fr. pour 21 à 50 mots, 7 fr. 50 c. pour 51 à 100 mots. Ces prix seront doublés pour une distance de 76 à 200 kilom., et triplés au delà de 200 kilom. Lorsque les lignes belges fonctionneront, Paris se trouvera en correspondance télégraphique directe avec Berlin, Hambourg, Vienne, et la plupart des autres grandes villes de l'Allemagne.

CORRESPONDANCE.

—

MM. Mayer frères nous prient d'insérer la réclamation suivante qu'ils adressent à M. Claudet, [to]graphe à Londres, au sujet de la lettre que nous avons publiée dans notre numéro de dimanche dernier, dans laquelle M. Claudet revendique l'invention de l'instrument appelé *multiplicateur*.

Paris 10 mars 1851.

A. M. CLAUDET, PHOTOGRAPHE, A LONDRES.

Monsieur,

Nous venons de lire avec le plus grand étonnement, dans une lettre que vous adressez au journal *la Lumière*, la revendication de priorité de notre instrument, *le multiplicateur*. Il nous semble, monsieur, que vous êtes quelque peu tranchant, et que le possessif est employé par vous bien souverainement.

Cette invention est la mienne, dites-vous ? Et pourquoi donc, monsieur, ne serait-elle point aussi bien la nôtre ? Auriez-vous, par hasard, le privilège exclusif des découvertes dans la daguerréotypie ?

Vous l'avez exposé en 1844. C'est fort possible ; mais cela passa bien inaperçu, puisque personne n'en fit mention !

Il faudrait cependant aussi, monsieur, être conséquent avec vous-même ; car dans une partie de votre lettre (2e alinéa) vous dites : *faute de savoir ce qui se passe hors de notre pays nous finissons par nous imaginer que nous sommes les seuls ou du moins les plus avancés dans notre science*, etc., etc. Vous conviendrez, monsieur, que nous ne pouvons mieux répondre à votre accusation qu'en vous remettant sous les yeux cette partie de votre lettre, qui ne coïncide guère avec une autre où vous dites plus loin : *il n'est pas permis d'ignorer ce qui a été fait par d'autres dans la même voie.*

Eh bien ! monsieur, cet instrument, que vous décrivez si bien et un peu à la manière de ces auteurs pronostiquant un fait accompli depuis des années, cet instrument dont vous vous êtes servi en 1844, nous en avions fabriqué en 1843. Il est certain que le multiplicateur n'était pas alors ce qu'il est aujourd'hui, mais, vous le savez, monsieur, avec le temps tout vient à qui sait entendre ; et nous pourrions d'ailleurs vous nommer telles personnes très-recommandables et parfaitement connues de vous, qui, présentes presque constamment, nous ont vus chercher le perfectionnement de cet instrument.

Notez bien, monsieur, que notre intention n'est nullement d'engager une polémique quelconque ; nos occupations ne nous en laissent pas le temps, nous voulons seulement constater une fois pour toutes que nous sommes les seuls inventeurs de l'instrument multiplicateur.

Il ne reste plus qu'à répondre à votre dernière phrase : *il n'est d'aucune utilité dans la pratique*. Permettez-nous encore, monsieur, une toute petite observation. Vous avez peu réfléchi, ou plutôt vos occupations nombreuses vous préoccupaient en écrivant ceci ; car avec cet instrument nous remplaçons parfaitement et peut-être avec avantage le photomètre, puisqu'en deux minutes et quelques secondes nous obtenons, sur une plaque, toutes les dégradations de la lumière de 16 à une seconde, c'est-à-dire, seize essais différents et comparatifs. Enfin, monsieur, et c'est notre dernier argument, deux cents personnes déjà sont venues, en achetant notre multiplicateur, protester, sans le savoir et sans le vouloir, contre votre dernière erreur.

Nous avons l'honneur de vous saluer.

MAYER, frères.

TEMPS PRIMITIFS DE L'HÉLIOGRAPHIE.

(Suite.)

Châlon-sur-Saône, le 24 juillet 1827.

M. NIEPCE A M. LEMAITRE.

Monsieur,

J'ai l'honneur de vous prévenir que vous recevrez presqu'en même temps que ma lettre, par la voie des Messageries royales, et franche de port, la planche de cuivre gravée que vous avez eu l'obligeance de me prêter, et que j'ai eu peut-être l'indiscrétion de garder trop longtemps.

Vous recevrez aussi le 26 courant, jeudi prochain, par le roulage, un panier d'une vingtaine de bouteilles de vin de Bourgogne, dont douze pommard 1822 et huit mousseux blanc. D'après les soins que j'ai pris, j'espère que vous serez content de cet envoi. Veuillez, monsieur, l'agréer comme un léger témoignage de ma gratitude. Le voiturier est tenu d'acquitter tous les frais, sauf les droits d'entrée en ville, dont il n'a pas voulu se charger, quoi qu'on ait pu lui dire, et malgré mes ordres, car je désirais que le panier fût déposé chez vous sans qu'il vous en coûtât la moindre dépense.

Depuis la dernière lettre que vous avez reçue de moi, je ne me suis plus occupé de gravure; l'usage que j'ai fait de votre planche s'est borné uniquement, de ma part, à bien l'examiner, pour mettre à profit mes observations lorsque je reviendrai sur ce mode plus difficile et moins important de l'application de mes procédés. Ainsi que je vous l'ai mandé dans le temps, monsieur, j'ai envoyé à M. Daguerre un de mes essais de gravure, et j'ai choisi la *Sainte Famille*. Sa critique a été impartiale, à ce que je crois, mais sévère; elle m'a rappelé ce que vous m'aviez fait l'honneur de me dire à ce sujet, ce qui n'a pas peu contribué à ralentir mon zèle. Je me suis donc livré à une autre application qui n'exigeât pas l'emploi des acides. J'ai d'abord copié assez heureusement quelques-unes des gravures que vous avez bien voulu me procurer, et j'en suis maintenant à la copie de points de vue d'après nature, à l'aide de la chambre noire. Je suis entièrement satisfait de mon procédé *héliographique*, mais je ne puis pas en dire autant de l'instrument que j'emploie, qui, de même que ceux du même genre, a de très-grandes imperfections. Il n'y a en effet, monsieur, de bien éclairée et de bien nette que la partie de l'image qui se trouve juste au foyer de l'objectif; tout le reste est plus ou moins vague et confus; aussi, dans ce moment, suis-je uniquement occupé des moyens de remédier à ces graves imperfections. Mais c'est déjà quelque chose d'assez remarquable que d'être parvenu, malgré tant d'obstacles, à recueillir l'image des objets représentés dans la chambre obscure. Si mes recherches actuelles ne sont point infructueuses, je serai d'autant plus près du but, et je m'empresserai, n'en doutez pas, monsieur, de vous faire part des nouveaux résultats que j'aurai obtenus.

En attendant, recevez, je vous prie, Monsieur,

Les assurances réitérées de ma parfaite considération.

J.-N. NIEPCE.

P. S. J'ai cru pouvoir, sans indiscrétion, retenir l'épreuve qui accompagnait votre planche. Agréez à ce sujet, monsieur, mes nouveaux et bien sincères remerciements.

Le 29 juillet 1827.

M. LEMAITRE A M. NIEPCE.

Monsieur,

Je vous prie d'agréer mes remerciements pour le panier de vin si bien soigné que vous avez eu la bonté de m'envoyer; je l'accepte avec plaisir; mais les conseils que j'ai pu vous offrir, ou plutôt la critique que j'ai faite de vos planches gravées ne méritait pas que vous me fissiez une telle galanterie.

Je compte bien prendre ma revanche aussitôt que je le pourrai. J'aurai terminé une gravure assez capitale pour notre Exposition du mois de novembre, je vous prierai, à cette époque, de vouloir bien en accepter une épreuve.

Je vous remercie aussi de la très-grande exactitude que vous avez mise à me faire passer le montant du prix des petites gravures que je vous ai envoyées.

J'ai reçu ma planche gravée, comme vous me l'aviez annoncé.

Je vous réitère l'offre de mes services si je peux vous être utile; et, si vous êtes assez heureux pour améliorer votre procédé *héliographique*, auquel je prends le plus vif intérêt, et son application à la gravure, auriez-vous l'obligeance de m'en faire connaître les résultats?

Je vous prie, etc.

A M. ISIDORE NIEPCE, FILS.

Le 20 novembre 1827.

Monsieur,

Vous recevrez, presque aussitôt que ma lettre, par les Messageries royales, une épreuve de ma gravure, l'*Enlèvement de Proserpine*, que j'ai promise à M. votre père; je désire qu'il en soit satisfait.

J'ai choisi une belle épreuve.

Je vous prie d'agréer l'assurance de mes sentiments distingués.

Votre très-humble serviteur,   LEMAITRE.

M. ISIDORE NIEPCE A M. LEMAITRE.

Au Gras, le 6 décembre 1827.

Monsieur,

J'ai reçu la lettre que vous m'avez fait l'honneur de m'écrire en m'annonçant l'envoi d'une épreuve de la nouvelle production de votre burin; votre gravure m'est parvenue le surlendemain, sans aucun accident. Je me serais empressé de vous en faire, au nom de mon père, tous mes remerciements, si des affaires particulières ne m'en eussent empêché. Mais, à son retour de *Londres*, il aura sans doute le temps de vous aller voir, monsieur, et de vous témoigner de vive voix sa sincère reconnaissance pour une production qui, tout en vous faisant honneur, augmente le nombre de vos bons modèles.

Votre épreuve a été trouvée très-belle par plusieurs personnes auxquelles je l'ai fait voir; d'ailleurs, je ne puis rien ajouter à l'éloge qu'en ont fait tous les journaux.

Recevez, etc.   I. NIEPCE.

M. NIEPCE A M. LEMAITRE.

Châlon-sur-Saône, le 20 août 1828.

Monsieur,

Il y a longtemps que je n'ai eu le plaisir de vous donner de mes nouvelles; je ne m'en serais pas abstenu jusqu'ici, vous pouvez le croire, si, connaissant tout l'intérêt que vous voulez bien prendre à mes recherches, je n'en avais été détourné, à mon grand regret, par des occupations plus sérieuses et malheureusement moins attrayantes. Depuis qu'il m'a été permis de me livrer de nouveau à ces recherches, j'ai encore été contrarié par le mauvais temps, et par le retard qu'on a mis à me fournir quelques planches en *doublé d'argent*, préparées comme je le désirais. Malgré cela, et quoique je n'aie pu faire que peu d'expériences, je vois avec satisfaction, monsieur, que j'approche sensiblement du but que je m'étais proposé. J'ai entièrement renoncé à la copie des gravures, et je me borne à celle des points de vue pris avec la chambre noire perfectionnée par Wollaston; les verres *périscopiques* m'ont procuré des résultats bien supérieurs à ceux que j'avais obtenus jusqu'à présent avec les objectifs ordinaires, et même avec le *prisme-ménisque* de V. Chevalier. Mon unique objet devant être de copier la nature avec la plus grande fidélité, c'est à quoi je m'attache exclusivement; car ce n'est que lorsque j'y serai parvenu (si toutefois il n'y a pas un peu trop de témérité de ma part dans cette supposition), que je pourrai m'occuper sérieusement des différents modes d'application dont ma découverte peut être susceptible. D'après cela, monsieur, je différerai donc encore de vous adresser des essais de points de vue, préparés sur cuivre : j'aime mieux attendre, que de réclamer prématurément l'intervention de votre burin, quelque obligeance que vous ayez bien voulu mettre à me l'offrir; au reste, je serais fâché que vous pussiez voir dans cette prudente réserve autre chose que ce que je veux exprimer. Je puis vous certifier que j'ai plus lieu que jamais de compter sur une réussite complète, si d'ici à la fin de la belle saison, je suis aussi satisfait du résultat de mes recherches que je l'ai été depuis que je les ai reprises.

Permettez-moi, monsieur, de vous remercier encore de la belle épreuve que vous m'avez envoyée de votre superbe gravure. Je l'ai fait encadrer, et je la conserverai avec soin; car indépendamment de son importance sous le rapport de l'art, elle a pour moi un grand mérite, celui d'être de votre part, monsieur, l'expression d'un sentiment auquel j'attache le plus haut prix. Veuillez recevoir en échange l'assurance particulière de mon estime et de mon attachement.

J'ai l'honneur d'être, Monsieur,

Votre très-humble serviteur,

J.-N. NIEPCE.

P.-S. Ma femme me prie de la rappeler, monsieur, à votre agréable souvenir, ainsi qu'à celui de Madame, à laquelle vous voudrez bien faire agréer mon hommage empressé; je ne sais si M. Daguerre est à Paris, mais il y a bientôt un mois que je lui ai écrit, et il ne m'a point encore répondu.   (*La suite prochainement.*)

DE LA PHOTOGRAPHIE SUR VERRE,

PAR M. NIEPPE DE SAINT-VICTOR.

(Suite.)

J'ai essayé les gélatines : elles donnent aussi des dessins d'une grande pureté (surtout si l'on a la précaution de les filtrer, ce qu'il est essentiel de faire pour toutes les substances, excepté l'albumine); mais elles se dissolvent trop facilement dans l'eau. Si l'on veut employer l'amidon, il faudra choisir le plus fin; pour moi, qui n'ai employé que celui du commerce, le meilleur que j'ai trouvé est celui de la maison *Groult*.

C'est en employant les moyens que je viens d'indiquer que j'ai obtenu des épreuves négatives. Quant aux épreuves positives, n'en ayant pas fait, je n'en parlerai pas; mais je présume que l'on peut opérer comme pour le papier, ou bien en mettant les substances dans l'amidon mais non dans l'albumine, qu'il ne faudra même pas passer dans la solution de sel marin. Il faudra, pour cette dernière substance, plonger la plaque dans le bain d'argent, et, si la solution de sel marin est indispensable, on pourra mettre du chlorure de sodium dans l'albumine avant de la couler sur la plaque.

Si l'on préfère continuer à se servir de papier, j'engagerai à l'enduire d'une ou de deux couches d'empois ou d'albumine, et l'on aura alors la même pureté de dessin que pour les épreuves que j'ai faites avec l'iode; mais je crois que cela ne vaudra jamais un corps dur et poli, recouvert d'une couche sensible.

(*Académie des sciences, octobre 1847.*)

PREMIÈRE ANNÉE. N° 7.

DIMANCHE, 23 MARS 1851.

LA LUMIÈRE

JOURNAL NON POLITIQUE

HEBDOMADAIRE.

BEAUX-ARTS — HÉLIOGRAPHIE — SCIENCES.

BUREAUX, A PARIS, N° 18, RUE DE L'ARCADE, A LA SOCIÉTÉ HÉLIOGRAPHIQUE.

ET A LONDRES, UNITED PATENT OFFICE DE MM. GARDISSAL ET Cᵉ, 7, CALTHORPE STREET, GREY'S INN LANE, HOLBORN.

PRIX.—PARIS : UN AN, 16 F.; 6 MOIS, 10 F.; 3 MOIS, 6 F.—DÉPARTEMENTS, UN AN, 18 F.; 6 MOIS, 11 F.; 3 MOIS, 7 F.—ÉTRANGER, UN AN, 20 F.; 6 MOIS, 12 F.; 3 MOIS, 8 F.—CHAQUE N° 50 CENT.

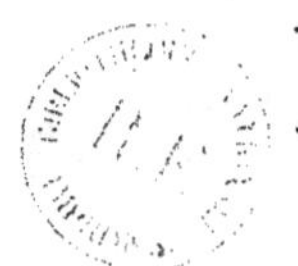

ACADÉMIE DES SCIENCES.

Séance du lundi 17 mars 1851.

Au centre de la salle des séances, un bureau, chargé de tablettes de grandeurs et d'épaisseurs diverses, attire l'attention de l'assistance : les tablettes, enveloppées de minces feuilles de plomb, paraissent contenir des confitures sèches ou quelqu'autre préparation savoureuse ; aussi des académiciens, chez lesquels une curiosité proverbiale n'exclut pas la gourmandise, ne tardent pas à s'assurer du fait. L'un d'eux tire de sa poche un couteau d'une forme particulière, fend délicatement la feuille de plomb, la soulève avec précaution, et parait médiocrement satisfait en découvrant des feuilles de choux, des lamelles de carotte et de navet, tous les éléments d'une julienne en un mot. Des fragments de ces légumes passent de main en main ; ils sont dans un état parfait de conservation et de dessication, ils conservent leur couleur et leur odeur habituelles ; évidemment la cuisson les transformerait en un mets savoureux.

L'Académie ne tarde pas à apprendre, par l'organe de son rapporteur, que M. Chollet, utilisant les procédés de M. Masson, est parvenu à dessécher, sous une basse température, et à comprimer en tablettes des racines, des tubercules, des légumes frais et même des fruits.

Les végétaux, ainsi préparés, sont préservés de l'humidité par une enveloppe de plomb ; et emballés convenablement dans une boite en fer-blanc, ils ont pu séjourner quatre ans dans la cale d'un vaisseau, traverser plusieurs fois la ligne sans s'altérer d'aucune manière ; à leur retour de ces pérégrinations lointaines, ils présentaient les mêmes qualités qu'au jour de leur préparation.

Quand on veut soumettre à la cuisson les conserves de M. Chollet, il faut au préalable les faire macérer, pendant quelques instants, dans l'eau tiède : on les voit peu à peu s'imbiber de liquide et décupler leur volume ; les feuilles de choux se déplissent et se déroulent, les lamelles de carotte, de pommes de terre, de navet, de laitue s'épaississent ; tous ces végétaux, soumis à la cuisson, présentent la même saveur que s'ils sortaient du potager.

Grâce à cette découverte, les navires peuvent s'approvisionner, pour des années entières, de légumes verts, et pendant les longues traversées braver les atteintes du scorbut. 40 kilogrammes de la préparation de M. Chollet fournissent la ration de tout l'équipage d'un vaisseau de ligne. De même, pendant les expéditions lointaines que nos soldats font dans les contrées désertes et incultes de l'Algérie, un homme, en glissant dans son sac une tablette de deux centimètres d'épaisseur, est en position de fournir une ration de légumes verts à toute sa compagnie.

Nul doute que dans des contrées brûlantes, où la viande se corrompt avec une extrême rapidité, et provoque trop souvent le dégoût, une nourriture végétale et savoureuse n'exerce sur la santé et sur la force des hommes l'influence la plus heureuse. On ne verrait pas si souvent la dyssenterie et les fièvres de mauvais caractère se déclarer dans les armées de terre et de mer, si les soldats et les matelots ne conservaient pas, dans les climats chauds, une nourri-ture aussi chargée de matières animales que dans les climats tempérés.

Faisons, avec l'Académie, des vœux pour que l'usage des légumes desséchés se généralise, et pour que ceux-ci, par la modicité de leur prix, soient mis à la portée de tous les consommateurs.   Dʳ. Clavel.

BEAUX-ARTS.

—

UN VOYAGE HÉLIOGRAPHIQUE A FAIRE.

L'un de nos habiles confrères, M. Fortier, nous a fait part, à l'une des dernières séances de la Société héliographique, d'une épreuve, sur papier, de *la Cène* de Léonard de Vinci, obtenue au moyen d'un cliché de verre d'un fini, d'une netteté, d'une précision admirables. Ce petit chef-d'œuvre, obtenu d'après une gravure beaucoup plus grande, a produit une certaine sensation sur les artistes ; car il unit à la fermeté du burin la douceur de la manière noire, et traduit, avec un relief très-accentué, des détails que la main la plus exercée eût été impuissante à faire ressortir. Des têtes de la grosseur d'un pois chiche sont expressives et parlantes ; l'effet général a conservé sa tranquillité, le mérite de l'original s'est concentré tout entier dans cette miniature.

Tout amateur de gravures serait heureux de posséder un pareil diamant dans sa collection : que serait-ce donc si le tableau n'avait pas été gravé, si l'original était relégué, invisible et célèbre, dans quelque galerie peu visitée !

Au point où la science en est arrivée, elle nous parait à même de rendre aux arts des services éminents, au sujet desquels il est convenable d'éveiller le zèle des héliographes et la sollicitude du gouvernement. L'œuvre parfaite de M. Fortier nous a prouvé qu'il est temps d'aborder ces questions.

Il est des tableaux inédits, des peintures mal reproduites, des maitres rares, connus des seuls voyageurs et mentionnés par les biographes. Les graver en perfection serait trop coûteux ; acquérir leurs toiles est impossible ; les peser une tâche non moins onéreuse et dont peu d'artistes sont capables. Il en est même, et ce ne sont pas les moins piquants à étudier, qu'on ne saurait être ni copiés, ni gravés avec succès ; tels sont la plupart des maitres gothiques. Deux villes possèdent, en ce genre, des trésors : Dans le Nord, Bruges, et dans le Midi, Pise.

Bien que le Musée du Louvre soit une des deux plus somptueuses collections du monde (la galerie de Madrid est la seconde, sinon la première), le Musée de France est pauvrement doté par rapport à ces peintres de la fin du moyen âge ; à ces artistes mystiques, produits surprenants de l'inspiration chrétienne, qui ont ouvert et clos une tradition à laquelle nous ne pouvons désormais remonter.

Les procédés de la gravure sont impuissants à rendre le sentiment étrange, naïf et vague qui s'allie dans leurs ouvrages à une certaine sécheresse polie, et fait prévaloir la pensée sur, une exécution minutieuse et candide à la fois. Que le peintre-copiste ou le graveur soient savants et habiles, ils changeront le caractère du modèle, et, s'ils ne sont pas, ils échoueront à le copier.

A ces difficultés on ne peut opposer que l'héliographie, et c'est sur ce terrain qu'elle est appelée à enfanter des merveilles.

En effet, la gamme des maitres gothiques est généralement claire et lumineuse ; tout est modelé dans la lumière ; la pâte parfaitement polie n'offre pas de ces aspérités, de ces grains dont le daguerréotype s'empare avec trop de conscience ; les draperies sont fermes et vigoureusement cassées ; les fonds sont, en général, d'un ton local assez soutenu.

La photographie nous présente donc un moyen peu coûteux, sûr et mathématique, d'acquérir, au profit de l'étude et de l'histoire critique, des notions précieuses sur des maitres dont la France ne possède pas un seul ta-bleau. Ne serait-il pas possible de consacrer à ces sortes d'acquisitions l'une des salles qui sont réservées, au Louvre, à la collection des dessins ? Consécration officielle de l'héliographie nationale, cette salle aurait un double attrait, en complétant un recueil de monuments des arts dus à tous les procédés connus, en fournissant à la curiosité publique une reproduction fidèle, et comme un abrégé des chefs-d'œuvre qui décorent les divers musées de l'Europe. Ainsi, les maitres absents et regrettés prendraient place auprès de leurs émules, et d'irréparables lacunes seraient en partie comblées.

Tel est donc notre vœu, dont la réalisation comporte des excursions assez étendues. Passons à l'application, donnons un exemple qui sera suivi. Il s'agit d'un voyage ; nous voilà parti, et non moins vite arrivé.

Pour aller à Bruges, il ne faut guère plus de temps ; l'expédition est peu coûteuse, et la vie à très-bon marché, dans cette nécropole gothique, jadis honorée du titre de *Venise du Nord*.

Là tout est créé pour l'artiste : exceptez Venise, Rome et Florence, Bruges devient la cité la plus curieuse de l'Occident.

Il existe à la Bibliothèque Nationale un manuscrit de la *Chronique de Froissard*, chargé de miniatures enluminées, du quinzième siècle : on y voit des combats, des palais, des cours plénières, des flottes ; des églises sous les murs desquelles se déroulent, rubans animés et diaprés de riches nuances, des processions magnifiques ; enfin, des villes entières, avec leurs clochetons à jour, leurs pignons dentelés, leurs toits de cinabre festonnés de bouquets de pierres ; leurs couvents à galeries, à cloitres en ogive, leurs flèches aiguës, leurs créneaux massifs et leurs poternes flanquées de tourelles. De ces villes d'autrefois, conservées par les imagiers du moyen âge, rien n'a survécu ; l'une des plus fleuries, des plus orientales, des plus féeriques assurément, dans le manuscrit de ¡Froissard, c'est Bruges. Elle y est représentée deux ou trois fois.

Mais, ô prodige ! Le temps, cette faux vigilante, le temps l'a oubliée. Cette cité est si fantastique, qu'on la parcourt sans y croire ; elle semble se réveiller d'un long enchantement qui l'a soustraite au mouvement, à la vie durant trois siècles. Un homme de Bruges, penché sur le manuscrit de Froissard, reconnaitrait son quartier, sa maison, sa porte ; il ne soupçonnerait point que cette vue fidèle n'a pas été peinte hier, et à la vue des costumes, il croirait assister à la grande kermesse, où la population revêt les habits du temps de Marie de Bourgogne.

Bâtie jadis pour deux cent mille âmes, au temps où son port était le vaste entrepôt des richesses commerciales de l'Orient et du Midi, Bruges, déshéritée, est réduite à trente mille habitants : trois cents maisons y restent désertes ; l'on n'a rien bâti, par conséquent, et rien détruit, car la place n'y est point recherchée.

Quand on contemple les vieux panneaux de bois sur lesquels les artistes du moyen âge ont immortalisé leur cité natale, on reconnait encore les mêmes carrefours, le même ruisseau, le même escalier, les mêmes vitres enchâssées de filets de plomb, le même volet entr'ouvert, le balcon qui s'arrondit sur la rue, et la porte de chêne avec ses moulures en volutes, ses treilles, son judas grillé et son marteau de fer, poli par les mains de trente générations.

Entrez dans un logis : ce sont les hautes armoires de bois sombre et ciré, les bahuts à l'antique, les lits à colonnes où Van-Eyck a fait dormir la Vierge, et les verres de Venise que Metzu, Miéris ou Rembrandt ont empourprés pour égayer le front et colorer le teint de leurs buveurs.

Je ne puis comparer à Bruges, mais avec un autre caractère, qu'Oxford, la ville aux vingt-deux collèges gothiques, dont nous parlerons une autre fois.

Un voyage héliographique à Bruges serait donc intéressant à plus d'un titre : toute rue est une série de monuments, dans ce lieu bizarre où se trouvent, en outre, des églises superbes, des couvents, un hôtel-de-ville, des places et des palais, caprices d'orfèvrerie. Bruges, vu d'ensemble, et sur les toits, est une évocation, un frontispice du moyen âge.

Mais, après avoir copié les monuments les plus remarquables, les points de vue les plus pittoresques de cette nécropole inachevée, qui oublie à la fois de vivre et de mourir; de cette ville toute en briques roses, pâlies çà et là, relevées d'arabesques, de cadres, de figurines de pierre, d'un ton calme et équivalent, sans écorchures discordantes, ni restaurations criardes, l'héliographe se proposerait une tâche plus importante encore, but principal du voyage.

Vers l'an 1450, neuf ans après la mort de Jean Van-Eyck, et du temps du duc Philippe de Bourgogne, un peintre de Bruges se fit connaître par un portrait d'Isabelle d'Aragon. Cet artiste, peu connu chez nous où il est représenté par un méchant petit tableau complétement apocryphe, est désigné, au livret du Louvre, sous le nom d'*Hemmelinck*. Il a signé ses œuvres : *Memling* ou *Hemling*. La lettre initiale donne lieu à contestation.

Jean Hemling est, qu'on nous permette cette expression, l'*ange* de la peinture chrétienne de l'école gothique du Nord. C'est le Fiesole de la Flandre. Très-instruit pour son temps, il avait parcouru l'Espagne, l'Italie, l'Allemagne. Son goût est remarquable, et il entrevoit le style à sa manière. Sa vie fut aventureuse : tour à tour peintre et soldat, il fit les guerres du duc Charles le Téméraire ; il assista au désastre de Nancy et finit, ruiné de corps et d'argent. par venir prendre un asile dans sa patrie, à l'hôpital Saint-Jean, fondé jadis pour de pauvres écuyers revenus éclopés de la Palestine, et qui, demeuré tel qu'il était sous le comte Baudouin, abrite encore les victimes des croisades contre la misère.

Pour payer son entretien, Hemling consacra ses pinceaux à ses hôtes ; il a laissé des merveilles qui décorent une des salles de l'hôpital, et la galerie de l'Académie de Saint-Luc. Nous connaissons Van-Eyck, nous ignorons Hemling qui lui est supérieur, sinon par le coloris, du moins par le dessin, la grâce des ajustements, la splendeur des compositions, mais surtout par la profondeur surprenante des expressions, et le charme exquis des physionomies.

A l'aspect de ces visages si doux, si vivants dans leur mysticité, si fortement imprégnés de pensée, et que le doux feu de l'âme échauffe, colore et rend si sympathiques que l'on ne peut en arracher ses regards, je m'étais dit : — Voilà un maître sans analogue, et que nul art contemporain ne réussirait à interpréter. En effet, on imaginerait difficilement une si étrange combinaison de la réalité et de l'idéal.

Ce n'est pas que je n'aie vu quelques lithographies, quelques gravures d'après Hemling, et même des copies à l'huile : mais ces imitations m'ont confirmé dans mon opinion ; elles ne donnent aucune idée du maître et n'en ont rien retenu.

Pour aborder ce peintre fantastique, il faut que l'alchimie s'en mêle. On ne comprend guère comment il a procédé ; la sorcellerie de la science le dévoilera.

Le principal tableau d'Hemling, haut de 1 mètre 70 centimètres, est le *Mariage de sainte Catherine*. C'est tout un monument : les deux volets déployés représentent, l'un la décollation de saint Jean-Baptiste, l'autre la vision de saint Jean, à Pathmos. Quand ils sont reployés et fermés comme une armoire, ils représentent sur le panneau extérieur les portraits de deux administrateurs de l'hospice, et de quatre religieuses en prière. Je ne sais si l'enveloppe n'est pas préférable au tableau même, qui est cependant le plus beau gothique que j'aie vu de mes jours.

Les autres œuvres d'Hemling sont : la *châsse de sainte Ursule*, représentant, dans une série de sujets, la légende allemande des onze mille vierges, tirée de Sigebert: charmantes compositions, précieuses pour l'histoire du costume, et que recommandent aussi des vues très-exactes de Bâle, de Rome et de Cologne. C'est le chef-d'œuvre de la miniature, un drame iconographique du plus vif intérêt, un monument unique au monde.

L'*Adoration des mages*, le *saint Martin*, ex-voto, le buste de la *Sibylle Sambetha*, la *Descente de croix*, complètent la partie authentique de l'œuvre d'Hemling, à l'hôpital Saint-Jean. Les autres tableaux qui lui sont attribués m'ont paru postérieurs et d'une autre main.

L'Académie de Saint-Luc en possède deux de la plus grande beauté : le *saint Cristophe*, dont les volets représentent, en grisailles, le donateur, sa femme, ses enfants et ses serviteurs. Hemling excellait à donner le caractère et la vraisemblance, gage d'une ressemblance honorable, à ses portraits. C'est Holbein, plus simple, avec plus d'élévation.

Enfin, le *Baptême du Christ*, merveilleux d'exécution et plein de détails exquis.

Il y a un autre tableau d'Hemling, à l'église du Saint-Sang du Christ : c'est la *Charité*, portrait, demi-nature, d'une dame qui fait offrande d'une bourse. Jamais l'élégance de l'ajustement n'a été portée plus loin : la physionomie pieuse, émue, digne et intimidée de la dame, place ce portrait au premier rang. Je ne sais rien de plus saisissant comme expression.

Jean Hemling ou Memling est un maître très-rare ; il marque l'apogée d'une tradition disparue ; la France ne possède rien de lui. Le graver, je le répète, est presque impossible, et ce serait un travail fort dispendieux. L'œuvre entière de cet artiste est enfouie à Bruges, car les deux petits panneaux connus sous son nom, à la galerie de La Haye, et que l'Angleterre vient d'acquérir, sont d'une authenticité très-contestée.

Faire connaître Hemling à notre pays, ce serait entreprendre une action utile, et à peu de frais, quand on considère ce que coûterait une pareille excursion, et le profit que l'art en tirerait. Pour le prix d'une gravure médiocre d'après un sujet banal, comme on en commande chaque année à la direction des beaux-arts ; pour le prix d'une seule croûte, et l'on ne paye pas ceux qui les font pour les faire disparaître ensuite, on obtiendrait, par la photographie, l'œuvre gravée d'Hemling, dans son ensemble, et rendue avec la perfection la plus accomplie.

Nous signalerons à l'administration des beaux-arts d'autres excursions non moins profitables et tout aussi économiques : elle doit bien, ce nous semble, quelque encouragement aux héliographes, si zélés pour les progrès d'une découverte glorieuse à notre patrie ; elle leur doit de constater notre priorité, notre suprématie à cet égard, en associant l'héliographie à ces conquêtes pacifiques. Il faut ajouter aussi que l'administration trouverait profit à se faire honneur d'une si salutaire initiative, ce qui est juste et convenable.

Si notre voix n'est pas entendue, nos héliographes, à qui nul sacrifice ne coûte pour illustrer une si belle découverte, se mettront un jour en campagne, et payeront ainsi leur bienvenue aux arts. Tandis qu'en offrant, par la comparaison avec la vraie nature, de nouveaux obstacles à surmonter, l'héliographie obligera les artistes à de nouveaux efforts, elle .es dédommagera par des dons si précieux ; elle s'assurera de leur gratitude, en restituant une gloire légitime à des génies oubliés.

FRANCIS WEY.

HÉLIOGRAPHIE SUR PAPIER.

M. Mestral, à l'obligeance duquel nous devons le procédé photographique que nous avons fait connaître à nos lecteurs dimanche dernier, nous remet encore le suivant. Il a également vu de fort belles épreuves obtenues par cette méthode, qui paraît être généralement employée en Angleterre, et qui a l'avantage de donner des noirs vigoureux et des blancs bien accusés. M. Mestral doit lui-même cette communication à M. Paul Jouffrain, d'Elbeuf, qui en a obtenu de très-remarquables résultats.

On fait une première solution ainsi composée :

Nitrate d'argent............... 12 parties.
Eau distillée.................. 12 id.

Puis une seconde composée de :

Iodure de potassium.......... 40 parties.
Eau distillée.................. 25 id.

On mêle ces deux liquides ; il se forme alors un précipité jaune (iodure d'argent), qui se dissout par un excédant d'eau saturée de potassium ; on imprègne le papier de cette solution, soit en le couvrant avec un pinceau, soit en l'appliquant à la surface du liquide renfermé dans une cuvette de dimension convenable ; on fait ensuite sécher ce papier en le suspendant par un angle. Cela fait, on le lave à la grande eau que l'on renouvelle plusieurs fois, et dans laquelle on le laisse ensuite baigner pendant environ une demi-heure ; enfin, on fait sécher de nouveau, en suspendant chaque feuille par un angle.

Quand le papier est bien sec, on l'expose environ une heure de temps à un soleil vif, jusqu'à ce que la couleur jaunâtre ait blanchi sensiblement ; alors il est apte à subir les préparations ordinaires à l'acéto-nitrate, dont la formule doit être celle-ci :

Nitrate...................... 6 parties.
Acide acétique.............. 12 id.
Eau distillée............... 60 id.

DYNACTINOMÈTRE DE M. CLAUDET.

Il n'est pas un opérateur héliographe commençant qui ne sente à chaque instant la nécessité de posséder un guide qui le mette à même de connaître à l'avance le temps qu'il convient d'exposer son modèle en présence de l'objectif ouvert pour obtenir une image réussie ; il n'en est pas non plus qui ne soit désireux de pouvoir mesurer la puissance comparative d'un objectif avant d'en faire l'acquisition. M. Claudet nous semble avoir abordé de bien près, sinon atteint définitivement la solution de ces deux problèmes, au moyen de son instrument, fort simple d'ailleurs, qu'il appelle *dynactinomètre*, et dont nous donnons ici les dessins. Nous accompagnons ces dessins de la description que l'auteur a faite lui-même de son instrument en le présentant à l'Académie des sciences le 27 janvier dernier ; nous devons cette description à l'obligeance de M. Lerebours.

La figure 1re représente le cadran du dynactinomètre avec ses deux cercles concentriques, le plus grand divisé en 20 segments numérotés de 1 à 20 et le plus petit en 8 segments numérotés dans la progression géométrique : 1, 2, 4, 8, 16, 32 et 64. Cette figure est ici dessinée au quart de son exécution.

La figure 2e représente l'ensemble de l'instrument vu de face.

La figure 3e représente cet ensemble vu par derrière. On remarque sur cette dernière face une petite poignée qui sert à faire mouvoir le disque noir mobile qui vient couvrir successivement tous les segments du cercle tracé sur la face antérieure.

Il nous semble manquer à cet instrument, pour le compléter, une petite roue dentelée fixée sur l'axe, et dont les divisions répondraient à celles du cadran ; elle permettrait, à l'aide d'une détente, d'arrêter à point fixe le bord du cercle noir mobile sur les différentes divisions du cadran, sans crainte de les dépasser jamais. Nous pensons également qu'il serait fort utile de répéter derrière le disque mobile les divisions du cadran extérieur. Il résulterait de là une grande facilité pour l'opérateur, qui, en même temps que son œil serait fixé sur la main dirigeant la poignée du disque mobile, suivrait ce qui se passe sur la face antérieure du dynactinomètre.

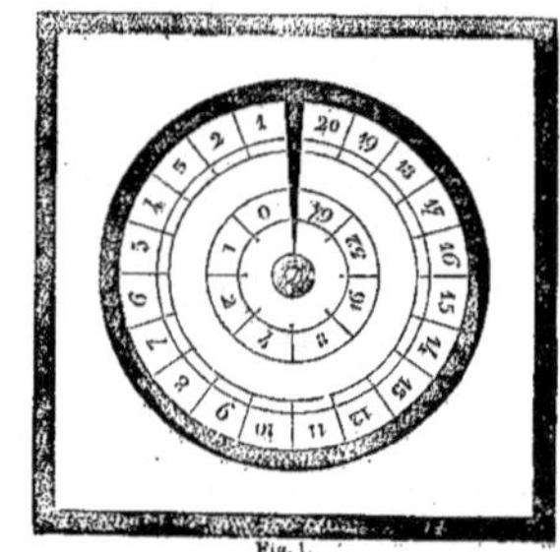

Fig. 1.

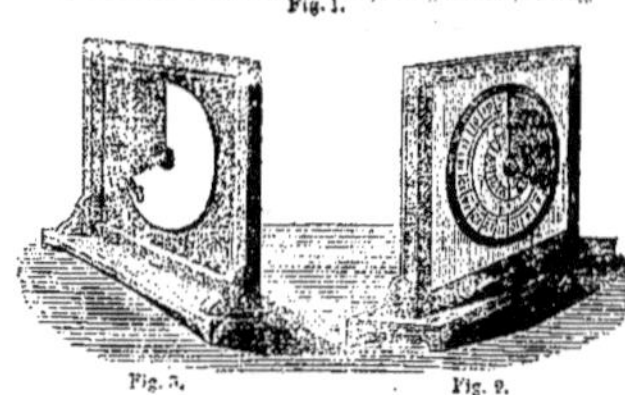

Fig. 3.   Fig. 2.

Voici la description de M. Claudet.

« L'objet du dynactinomètre est de mesurer la puissance actinique ou photogénique qui résulte à la fois de l'intensité de la radiation lumineuse et de la puissance des objectifs.

« Il consiste dans un disque métallique noir, ayant une fente qui s'étend du centre à la circonférence ; ce disque est fixé sur un axe tournant à travers un autre disque métallique blanc, ce dernier ayant aussi une fente de la longueur du rayon. Au moyen de ces deux fentes et d'une forme spirale donnée aux deux disques, le disque noir peut opérer son intersection sur le disque blanc, et, en tournant, couvrir graduellement toute la surface du dernier, qui est une espèce de cadran divisé en un certain nombre de segments égaux portant chacun un numéro. Le cadran a deux cercles : le plus grand est divisé en vingt segments, et le plus petit en huit. Les premiers sont numérotés de 1 à 20, et les seconds dans la progression géométrique, 1, 2, 4, 8, 16, 32 et 64. Mais, comme je l'expliquerai, le second mode de division est le mieux approprié au but qu'on se propose.

« On peut faire mouvoir le disque noir de telle manière qu'il couvre le premier segment du grand cercle pendant une seconde, et en continuant le mouvement à chaque seconde, il couvre successivement les vingt segments. De cette manière, le vingtième segment aura reçu vingt fois plus de lumière que le premier, et les autres, suivant la progression arithmétique.

« Le premier segment du second cercle intérieur reste toujours couvert par le disque noir. Il marque le zéro d'intensité. Le second indique l'intensité pendant une seconde, le troisième pendant deux secondes, le quatrième pendant quatre secondes, le cinquième pendant huit secondes, le sixième pendant seize secondes ;

« le septième pendant trente-deux secondes, et le huitième
« pendant soixante-quatre secondes. Cette série, qu'on
« pourrait étendre en divisant le cercle en un plus grand
« nombre de segments, est plus que suffisante pour toutes
« les observations usuelles qui ont pour but de mesurer
« l'intensité de la lumière photogénique ou de comparer
« la puissance des objectifs.
« On fait mouvoir l'instrument avec la main, au moyen
« d'une poignée adaptée au disque qui tourne. Cette poi-
« gnée est placée derrière l'instrument. Un opérateur ha-
« bitué à compter les secondes de mémoire, ou en suivant
« un compteur, peut faire les expériences avec une régu-
« larité suffisante.
« Lorsqu'on se sert de cet instrument, il est nécessaire
« qu'une seconde personne ouvre et ferme l'objectif de la
« chambre noire à un signal donné ; ou bien l'on adapte
« devant l'objectif un volet que l'opérateur peut soulever
« et faire retomber au moyen d'un cordon qu'il tient de la
« main gauche et qui passe par une poulie fixée au-dessus
« du volet. D'une main il peut ouvrir et fermer l'objectif,
« et de l'autre, faire mouvoir le dynactimomètre.
« Si une plaque de daguerréotype reçoit l'impression du
« dynactinomètre pendant qu'il marche, on conçoit que
« chaque segment indiquera un effet en raison de l'inten-
« sité de la lumière et du temps qu'il sera resté découvert,
« et que le nombre de secondes marqué sur le premier
« segment apparent sera la mesure de l'intensité de la lu-
« mière au moment de l'expérience. Du reste, l'aspect de
« chaque segment indiquera le degré d'effet qu'on peut
« obtenir pendant l'espace de temps correspondant.

(Il existe ici une lacune dans le manuscrit qui nous a été donné, nous tâchons d'y suppléer).

S'agit-il maintenant de comparer les puissances respectives de deux objectifs? ces deux objectifs sont dirigés sur le cadran de l'instrument, et chacun d'eux vient reproduire celui-ci sur la plaque qu'il renferme ; voici, alors, ce qui a lieu :
« Si l'on a suivi la progression arithmétique, et que sur
« l'une des parties de la plaque, le n° 4 du grand cercle
« soit le premier visible, il aura fallu quatre secondes
« pour que la lumière, au moment de l'expérience, ait
« opéré dans la chambre noire sur l'image du cadran ; et si
« sur l'autre plaque les sept premiers segments sont res-
« tés noirs, et que le huitième soit le premier qui ait paru,
« il en résultera que l'objectif qui aura produit l'image
« sur la première plaque aura une puissance photogénique
« double de l'autre.
« Si l'on a suivi la progression géométrique, la même
« expérience fera paraître l'image du segment n° 2 repré-
« sentée sur une épreuve, et l'image du segment n° 4 re-
« présentée sur l'autre, comme ayant chacune le premier
« degré d'intensité, et l'on en tirera la même conclusion
« à l'égard de la puissance de chaque objectif. »
                                            F. A. BÉRARD.

LETTRE D'UN AMATEUR.

MONSIEUR LE RÉDACTEUR ,

« Depuis quelque temps, on voit exposés sur les boule-
« vards des dessins héliographiques sur papier d'une di-
« mension d'environ 55 centimètres de longueur sur 25
« centimètres de hauteur. L'un de ces dessins représente
« les portraits de cinq personnes, dont deux sont assises
« et les trois autres debout. Le principal personnage n'a
« pas moins de 16 à 17 centimètres de hauteur de la tête
« aux genoux où s'arrête la partie inférieure du tableau.
« Les têtes s'enlèvent sur un ciel vaporeux et dégradé, qui
« forme le fond de la partie supérieure. L'ensemble d'un
« dessin héliographique de si grande dimension et portant
« cinq portraits, distants les uns des autres, a tout lieu de
« surprendre et d'intéresser un modeste amateur comme
« moi. En effet, il me semble qu'on ne peut arriver à de
« tels résultats qu'à l'aide d'un grand perfectionnement,
« résultant soit de l'emploi de préparations beaucoup plus
« sensibles que celles connues et appliquées généralement,
« soit de l'usage d'appareils optiques beaucoup plus puis-
« sants que ceux en usage. Il est vrai que le fond de ce
« dessin paraît avoir été exécuté suivant le procédé que
« vous avez publié dans un des derniers numéros de votre
« journal, et il est facile de distinguer beaucoup de retou-
« ches faites au pinceau ; mais ce sont de ces moyens que
« je trouve licite d'employer et qui ne diminuent en rien
« le mérite principal qui excite mon étonnement.
« Ces réflexions, monsieur le rédacteur, je les faisais hier
« à un de mes amis, comme moi amateur, et de plus membre
« de la Société héliographique. Il me répondit qu'il avait
« fait question de ces dessins à l'une des dernières séances
« de cette Société ; mais qu'on s'y était très-peu arrêté
« et qu'on les avait considérés comme étant le résultat
« d'une sorte de tour de main. Mon ami n'ayant pu me
« donner d'autres détails, j'ai pris le parti de m'adresser

« directement à vous, monsieur, dans l'espoir d'être mieux
« renseigné. S'il ne s'agit, comme on le dit, que d'un
« tour de main, c'est regrettable, et je verrai avec chagrin
« mon illusion détruite ; il importe cependant de faire
« connaître les moyens employés, leur application pouvant
« avoir son utilité dans certains cas et peut-être conduire
« à quelque autre chose d'important.
« Permettez-moi de vous faire observer, monsieur le ré-
« dacteur, que votre journal ne doit pas dédaigner d'entrer
« dans les moindres détails de tout ce qui est relatif à l'ap-
« plication pratique ; son dessein ne doit pas être, comme
« vous l'avez dit d'ailleurs, de s'adresser seulement aux
« habiles, qui par leur savoir et leur expérience compren-
« nent à demi-mot, mais aussi et principalement aux com-
« mençants, et je me suis abonné à votre journal dans
« l'espoir qu'il entrerait dans cette voie.
« Agréez, etc.   A. DEVILLERS. »

Nous sommes heureux de pouvoir satisfaire de suite à la demande qui nous est faite par notre nouveau correspondant, en lui adressant, sur le procédé dont il parle, les renseignements suivants qu'un de nos collègues de la Société héliographique vient de nous communiquer ; nous proposant, en cas d'omissions involontaires de notre part, de compléter ou de rectifier la présente note dans un prochain numéro.

PROCÉDÉ POUR GROUPER PLUSIEURS PORTRAITS OBTENUS ISOLÉMENT AFIN D'EN FORMER UN SEUL TABLEAU HÉLIOGRAPHIQUE.

Le groupe que l'on veut reproduire ayant été disposé, on fait conserver à chaque personnage l'attitude qu'on lui a donnée, et la chambre obscure étant placée à une distance convenable vers le centre du groupe, on tire successivement un dessin négatif de chacun des personnages qui le composent, en tournant l'appareil sur place seulement et sans le déranger autrement , afin de conserver les proportions relatives ; si, dans la disposition du groupe , un personnage est placé derrière un autre, on les reproduit tous les deux sur la même feuille. L'expérience sera le meilleur enseignement pour une foule de petits détails qu'il serait trop long et peut-être inutile de rapporter ici.

Les dessins étant fixés, on noircit à l'encre de Chine les contours des objets s'enlevant sur le fond d'une largeur d'un demi-centimètre environ, en les ménageant avec le plus grand soin ; on passe les dessins à la cire , puis avec des ciseaux on enlève les fonds jusqu'aux parties noircies, ou s'arrêtant aux endroits où les dessins devront se réunir comme nous l'indiquerons ci-après. Prenant ensuite le portrait négatif du personnage qui était à l'une des extrémités du groupe, on le place *du côté du dessin* sur une feuille de verre ; on ajuste le second portrait en le superposant, de manière à ce que toutes les lignes de rapport coïncident exactement, et avec la pointe d'une lame de canif on découpe les deux dessins ensemble dans toutes les lignes qui réunissent et mettent les personnages en contact : ainsi le premier personnage étant debout, la main appuyée sur l'épaule du second, on suit les contours de l'épaule et le reste du corps de celui-ci à partir de l'endroit où la main est posée. On fait la même opération à l'autre partie du second dessin avec le troisième, et ainsi des autres. Il résultera de ces découpures que l'on pourra réunir et joindre avec une grande précision les négatifs les uns à la suite des autres, à peu près comme font les enfants avec les cartes géographiques ou autres gravures découpées que l'on nomme *jeux de patience* ; le premier et le dernier dessin conservant intact chacun le côté qui doit former les deux extrémités de la composition, et toute la partie inférieure du dessin étant également conservée. Ensuite on ajuste sa composition sur le revers d'une feuille de papier noirci , et après avoir tracé sur ce papier avec un crayon le contour des découpures de la partie supérieure se détachant sur le fond, on coupe le papier noir au-dessous du tracé pour obtenir un écran qui, étant replacé de manière à couvrir de deux à trois millimètres les bords noircis des négatifs, garantira de l'action de la lumière toute la partie supérieure de l'ensemble du dessin lorsque l'on tirera une épreuve positive.

Le tout étant ainsi disposé sur un papier positif , si les négatifs sont tous d'égale vigueur et si on juge pouvoir obtenir un dessin généralement harmonieux, on tire une épreuve; si au contraire quelques-uns des négatifs exigent une action plus prolongée de la lumière que les autres, on couvre ces derniers avec des morceaux de papier noir lorsqu'ils sont suffisamment reproduits, et on laisse continuer l'action sur les premiers jusqu'à ce qu'ils aient acquis tous une valeur de teinte relativement égale. Il en résultera un dessin dont le fond aura dû conserver sa blancheur, et que l'on pourra teinter héliographiquement après avoir couvert les négatifs avec la seconde partie du papier noirci et découpé dont la première partie a servi à masquer le fond , et en opérant ainsi que nous l'avons indiqué dans notre numéro du 23 février dernier.
                                        DE MONTFORT.

EXPOSITION DE LONDRES.

Dernièrement, il nous a été donné de jouir de la vue des belles épreuves sur papier que notre compatriote, M. Bayard, destine à l'Exposition universelle de Londres. Ces épreuves sont au nombre de dix-sept ; elles représentent des vues d'ensemble et de détail prises sur nos plus beaux monuments de Paris et de Rouen, puis des dessins d'après des bas-reliefs et des statuettes en plâtre ; tout cela est rendu avec une pureté de contours et une netteté dans les détails qui, sans rien ôter à l'effet général, très-vigoureux d'ailleurs, font de toutes ces reproductions ce qu'il nous a été permis d'admirer de plus beau dans ce genre. Nous prédisons à M. Bayard un très-grand succès.

—M. MARTENS envoie de son côté une suite de ses belles épreuves obtenues à l'aide de clichés sur verre. Nous ne croyons pas pouvoir mieux faire apprécier de nos lecteurs les travaux de M. Martens qu'en leur mettant sous les yeux le rapport dont ces travaux ont été l'objet de la part du jury de l'Exposition de 1849. Voici ce rapport :
« M. Martens, graveur distingué, s'est livré avec ardeur à la photographie dès l'origine de cette surprenante invention. Profitant de tous les avantages que des connaissances déjà acquises dans les arts graphiques lui donnaient pour cultiver cette branche nouvelle, il eut le bonheur d'obtenir, des premiers, de remarquables épreuves sur plaques métalliques ; ses vues panoramiques, grands dessins produits sans trop de déformation par de petits objectifs, méritent d'être signalées. Une tête de chambre noire, articulée de façon à promener successivement les rayons lumineux sur une plaque cintrée au travers d'un verre objectif masqué sous un écran percé d'une fente étroite verticale, est une conception aussi simple qu'ingénieuse de M. Martens pour recueillir sans déformation, dans le sens transversal du moins, des épreuves que des objectifs de grande dimension donneraient difficilement, avec moins d'aberration de sphéricité.
« Les épreuves sur papier exposées par M. Martens ont paru au jury devoir être placées au premier rang. Martens en pratique les précieuses inductions fournies par M. Niépce de Saint-Victor neveu, ce si infatigable continuateur des travaux photographiques de M. Niépce, son oncle, M. Martens nous a montré le charme indicible qui pouvait résulter, pour l'épreuve définitive sur papier, de la substitution d'une couche mince d'albumine étendue sur glace au papier, d'une transparence inégale, jusqu'ici employé à la production des épreuves négatives.
« L'importance des services que les arts et les sciences peuvent retirer d'une reproduction directe a été bien prouvée par la fidélité des dessins si heureusement obtenus par M. Martens, d'après les œuvres de plusieurs de nos plus habiles sculpteurs. Les succès de M. Martens, dans tous les genres de photographie, ont paru au jury bien dignes d'une médaille d'argent. »

—Nous savons de bonne source que M. THIERRY, de Lyon, vient aussi d'expédier à Londres une suite d'épreuves sur plaques ; il ne nous a pas été permis de les voir, mais nous rappelant celles, si remarquables à tant de titres, qu'il avait envoyées à l'Exposition de 1849, nous ne doutons pas non plus que M. Thierry n'aille dignement représenter en Angleterre les progrès qu'a faits l'art héliographique en France, dans ces dernières années.

—Dans un tout autre genre de production, auxiliaire indispensable de l'héliographie, nous avons été mis à même d'apprécier le degré de perfection auquel s'est élevée la fabrication parisienne. M. SCHWARTZ, ébéniste, que le jury de l'Exposition dernière a récompensé d'une manière éclatante, vient d'envoyer à Londres plusieurs de ses instruments. Nous avons remarqué : 1° son appareil de voyage, en acajou verni, pour papier ; 2° son appareil à portraits pour plaque normale et demi-plaque ; 3° le pied mécanique destiné à ce dernier appareil, et au moyen duquel l'opérateur peut, avec la plus grande facilité, et sans quitter sa place, imprimer à son instrument tous les mouvements que commandent les diverses positions du modèle mis en regard de l'objectif : élever ou abaisser l'appareil, le pencher ou le redresser, le tourner à droite ou à gauche, l'avancer ou le reculer, tout cela s'exécute mécaniquement, avec une régularité et une douceur de mouvements qu'il est difficile de s'imaginer ; 4° un autre pied composé de branches en bois creusées, lesquelles rentrent sur elles-mêmes, comme les tubes concentriques d'une longue-vue ; 5° et enfin un petit appareil pour quart et sixième de plaque, d'un modèle tout nouveau, monté sur une simple colonne triangulaire. Tous ces objets sont exécutés en acajou massif. Dire ce qui les distingue le plus, soit l'ingénieuse entente de toutes les parties, soit la solidité de leurs assemblages, ou bien la netteté et la précision du travail, serait une chose fort difficile ; mais ce que nous pouvons dire et prédire avec certitude, c'est que les instruments que M. Schiertz vient d'expédier à Londres lui mériteront le suffrage de tous ceux qui recherchent la commodité, l'élégance et le fini dans ce genre de fabrication.
                                        A. B.....

NOUVELLES DIVERSES.

Tandis que l'aérostation pure et simple prépare sa saison d'été en construisant d'énormes ballons, les persistants chercheurs de la direction continuent leurs travaux. Aujourd'hui, MM. Dupuis-Delcourt et Regnier montrent au public une petite machine fort bien faite et d'une simplicité inouïe. Une seule hélice en tête, deux châssis mobiles au milieu, un petit gouvernail en arrière, forment un petit appareil fort léger qui se meut au milieu de la salle du passage Jouffroy, qui monte, descend, va en avant, en arrière, et enfin tourne en rond comme un cheval de manège. M. Dupuis-Delcourt, le vieux champion de l'aérostation, joint des leçons et des explications intéressantes sur cet art qu'il connaît si bien et qui lui a coûté si cher.

Voilà déjà longtemps que cette petite machine aérostatique est faite : en 1848, puis en 1849, elle a été vue par un grand nombre de personnes. La plus importante modification qui lui a été faite est la création de l'hélice conchoïde, c'est-à-dire creuse et convexe, ce qui augmente la force du moteur.

Cette démonstration, au centre même de Paris, sera un enseignement populaire qui familiarisera avec la science aérostatique et la fera comprendre à tous.

— Dès onze heures, jeudi dernier, plusieurs centaines de personnes faisaient cercle sous le dôme du Panthéon, afin d'assister aux belles expériences de M. Foucault, qui, au moyen d'un pendule de grande dimension, démontre physiquement et mathématiquement le mouvement de rotation du globe terrestre.

Au nombre de ces personnes se trouvaient la division des sciences du lycée Henri IV, plusieurs représentants, plusieurs membres de l'Académie des sciences et plusieurs savants étrangers, etc.

L'entrée du Panthéon est complètement libre.

Voici la description de l'appareil de M. Foucault :

Du haut de la coupole du dôme descend un fil très-fin, jusqu'à un mètre du pavé du grand monument.

A l'extrémité inférieure du fil est suspendue une boule de cuivre, grosse comme un boulet de 16. A la partie inférieure de cette boule, ainsi suspendue, est un stylet long de quatre à cinq centimètres.

Au point central du dôme se trouve une table d'un mètre et demi environ de diamètre, à laquelle on donne une horizontalité mathématique. Sur le bord de cette table ronde est tracé un cercle, divisé en degrés et minutes comme les mappemondes. Le centre est recouvert par une légère couche de sable blanc, de façon que le pendule, quand il décrit ses oscillations de va-et-vient, sans toucher à la table, touche cependant au sable au moyen de son stylet et laisse une trace.

Vient ensuite un cercle de huit à dix mètres de diamètre, divisé aussi en degrés et minutes, placé horizontalement, et ayant la table graduée et sablée à son centre.

Sur le bord de ce cercle sont placés, aux deux points opposés, deux petits chariots d'une extrême mobilité, ayant dans leurs parties supérieures chacun une petite entaille dans laquelle doit passer, à son mouvement de va et vient, la pointe du stylet du pendule.

Ceci bien expliqué et bien compris, voici comment l'habile physicien procède pour mettre en mouvement son pendule et le mettre à l'abri de tout mouvement qui pourrait apporter quelque perturbation dans sa marche oscillatrice :

En dehors du grand cercle est dressée une échelle double, sur laquelle est placée une règle horizontale ; la règle indique le point central de la table ; les deux petits chariots du grand cercle sont placés aux deux extrémités de la ligne ; le boulet est amené du côté de l'échelle, à son point maximum d'oscillation. Là, M. Foucault le retient exactement placé sur la ligne, au moyen d'un petit fil de chanvre attaché à l'échelle.

Quand cette opération est mathématiquement préparée, par le moyen d'une allumette chimique on brûle le fil ; ce fil étant brûlé, le pendule prend son élan et s'en va faire passer son stylet :

1° Par l'entaille du premier chariot placé sur le bord du grand cercle ;

2° Par le centre de la table, où il trace de petites lignes sur le sable ;

3° Et par l'entaille du deuxième chariot placé à l'autre extrémité de la table ; puis, arrivé à son maximum oscillatoire, il revient sur ses pas pour recommencer, et ainsi de suite durant plusieurs heures.

L'oscillation se fait, au point de départ, du sud-sud-ouest pour arriver, à l'autre extrémité, au nord-nord-est ou à peu près.

Si la terre restait immobile, le stylet du pendule passerait éternellement sur la même ligne.

Il n'en est pas ainsi.

Tandis que la terre tourne d'occident en orient, le pendule, lui, obéissant à sa propre gravité, reste stable, et, conséquemment, au fur et à mesure que la terre avance dans sa marche, d'un côté il fait avancer le chariot sud vers l'est et le chariot opposé vers le nord, tandis qu'au centre de la table, le stylet, en passant et repassant, trace sur le sable deux petits éventails opposés l'un à l'autre.

En présence de ce phénomène, rendu palpable aux intelligences les plus ordinaires, il est impossible de ne pas conclure que la terre tourne d'occident en orient.

CORRESPONDANCE.

A MONSIEUR LE RÉDACTEUR DE la Lumière.

Londres, 18 mars 1851.

Monsieur,

Je viens de lire, dans votre numéro six, la lettre que MM. Mayer frères m'adressent au sujet de ma revendication de priorité dans l'invention de l'appareil multiplicateur. Il m'eût semblé plus convenable que ces messieurs se fussent adressés à vous pour démontrer leur bonne foi, pour prouver qu'il n'y avait de leur part ni plagiat, ni prétention indigne d'honnête homme, et qu'ils se fussent abstenus d'ajouter quelque chose au bon droit. Cette forme de réplique conduit aux personnalités, qui n'ont rien à faire à la question, et je me garderai bien de la suivre dans la réponse que, j'en suis persuadé, vous voudrez bien me permettre de publier dans votre prochain numéro.

Le 29 octobre dernier, après avoir écrit à M. Lerebours au sujet de cette invention, cet ami me répondit : « Nous « n'avons pas attendu votre lettre pour dire à M. Mayer « qu'il n'avait aucun droit sur son invention. Il répond « que cela lui est égal, que c'est lui qui l'a vulgarisée. » Voilà un aveu qui s'accorde peu avec la lettre de ces messieurs !

Mais j'admets qu'ils aient ignoré mes titres de propriété. Il n'est pas étonnant que plusieurs personnes aient la même idée au même moment, ou que l'on prenne beaucoup de peine à inventer une chose que d'autres ont faite avant nous. Tous les inventeurs sont exposés à ce genre de désagrément, et il est bien reconnu qu'il est aussi difficile de savoir tout ce qui a été inventé précédemment que d'inventer réellement. En science, aussi bien qu'en question de brevets, il faut se soumettre à ce que l'inventeur soit celui qui le premier a publié son invention ou qui en a montré les produits.

J'ai dit qu'à l'Exposition de 1844 j'exposai des daguerréotypes multiples, et l'on me répond : « Cela est fort « possible, mais cela passa bien inaperçu, puisque per- « sonne n'en fit mention. » Vous avouerez que c'est là une singulière manière de répondre à une réclamation de priorité ! L'idée de faire plusieurs portraits sur une plaque me paraissait si simple, si peu scientifique et si peu utile en pratique, que j'aurais été honteux de sonner la trompette pour la faire remarquer. Je me contentai d'en exposer quelques produits, comme spécimens curieux de photographie, mais sans autre prétention.

Si à cette époque MM. Mayer avaient eu la même idée, c'était à eux à faire remarquer que nous nous étions rencontrés ; et, s'ils avaient été les premiers, je me serais empressé de le reconnaître.

Mais au lieu de cela, ces messieurs attendent jusqu'en 1850 pour prendre un brevet pour la même invention. Il me semble que ce brevet n'a aucune valeur ; car, je le demande, si j'allais (ou même toute autre personne) vendre en France des appareils multiplicateurs, auraient-ils le droit de faire une saisie en contravention, pour une invention dont les produits ont été exposés par moi à l'Exposition de 1844 ?

Pour l'idée si simple de faire passer successivement plusieurs points d'une plaque sous l'ouverture au foyer d'une chambre obscure, fallait-il sept années de recherches pour compléter le mécanisme capable de produire cet effet ? Deux moyens se présentaient : l'un de faire mouvoir l'objectif par une coulisse horizontale se mouvant elle-même dans une autre coulisse verticale, et l'autre de faire mouvoir la plaque par un moyen semblable.

J'exposai, à Paris, au commencement de 1844 ; on admettra facilement que les portraits multiples avaient dû être produits à Londres en 1843. Mais je puis prouver que ce petit jouet photographique m'avait amusé en 1842. Le compte de mon ébéniste en fait foi.

J'avais tout à fait oublié le multiplicateur (pardonnez-moi le plagiat de ce mot ; il appartient tout entier à MM. Mayer, mais il est si descriptif du procédé, que je l'adopte. Une dénomination ingénieuse suffit souvent pour donner de la valeur à une invention) ; je l'avais, dis-je, oublié jusqu'au moment où j'en ai entendu faire tant de bruit ; et je me suis décidé à faire construire un multiplicateur monstre, capable d'opérer sur plaques de 16 pouces sur 13 pouces anglais. Je l'exposerai à la grande Exposition de Londres avec des portraits produits par cet appareil, et il sera curieux de voir si le mécanisme adopté par MM. Mayer est préférable au mien. S'il en est ainsi, je serai charmé de leur rendre justice. Mais que ces messieurs me permettent de réclamer, non pas, comme ils le disent, le privilège exclusif des découvertes dans la daguerréotypie, au moins le privilège exclusif des découvertes que j'ai publiées avant eux. Nous devons tous nous soumettre à cette loi, sans laquelle il n'y aurait que confusion dans les titres aux inventions.

Je finirai par vous donner une nouvelle qui, si elle ne vous est pas déjà parvenue, vous fera plaisir à apprendre, et qui sera une nouvelle preuve qu'on peut se rencontrer dans la conception d'une même idée. Je viens de recevoir une lettre de M. Snelling, photographe à New-York ; elle est datée du 17 février. Ce monsieur m'annonce qu'il vient de fonder un journal de photographie sous le titre de Photographic art Journal, et qu'il m'adresse deux exemplaires des deux premiers numéros. Il est évident que votre premier numéro, daté du 9 février, n'avait pas pu arriver à New-York deux semaines avant le 17. En conséquence, la priorité de l'idée doit se partager entre les fondateurs de Paris et ceux de New-York d'un journal photographique ; ils y ont droit autant les uns que les autres. Dans ma première lettre, je vous exprimai l'espoir que votre exemple serait suivi dans tous les centres de civilisation, et s'il se trouve que vous avez été presque devancé, sans vous en douter, que cela ne vous étonne pas. Félicitons-nous de cette circonstance. La photographie grandit sur tous les points du globe, et nous marchons rapidement vers le progrès.

J'ai l'honneur de vous saluer,   A. CLAUDET.

LA LUMIÈRE

JOURNAL NON POLITIQUE

HEBDOMADAIRE.

BEAUX-ARTS — HÉLIOGRAPHIE — SCIENCES.

BUREAUX, A PARIS, N° 15, RUE DE L'ARCADE, A LA SOCIÉTÉ HÉLIOGRAPHIQUE.

ET A LONDRES, UNITED PATENT OFFICE DE MM. GARDISSAL ET C°, 7, CALTHORPE STREET, GREY'S INN LANE, HOLBORN.

PRIX.—PARIS, UN AN, 16 F.; 6 MOIS, 10 F.; 3 MOIS, 6 F.— DÉPARTEMENTS, UN AN, 18 F.; 6 MOIS, 11 F.; 3 MOIS, 7 F.—ÉTRANGER, UN AN, 20 F.; 6 MOIS, 12 F.; 3 MOIS, 8 F.—CHAQUE N° 50 CENT.

SOMMAIRE.

SCIENCES.

ÉTUDES SUR L'AGENT LUMINEUX.

LUMIÈRE DIRECTE.

Il n'existe pas pour l'homme, à vrai dire, de lumière complètement pure des altérations que peuvent lui faire subir les milieux diaphanes; parce que tout rayon lumineux, avant d'arriver jusqu'à nos yeux ou nos instruments, traverse une portion, sinon la totalité de la couche atmosphérique. Ce rayon vient-il d'un corps en ignition? il baigne, en naissant, dans l'air respirable; vient-il du soleil ou des astres? il traverse l'atmosphère tout entière.

Nul doute que la lumière solaire ne diffère, en arrivant à la surface de notre planète, de ce qu'elle est à son point de départ; elle n'a, en naissant, ni la même coloration, ni la même activité chimique, ni la même puissance calorifique. L'observateur qui escalade une montagne très-haute, ou qui s'élève en ballon, sent, à mesure que l'air se raréfie autour de lui, les rayons lumineux perdre de leur chaleur. Au lieu de donner aux corps environnants une teinte légèrement jaune (chaude), comme dans les contrées basses des régions tropicales et même tempérées, ls prennent une nuance bleuâtre (froide). Ils sont très-nombreux, et cependant ils semblent éclairer à peine; ils ne sont plus un stimulant aussi actif pour la végétation; ils ne savent colorer ni les feuilles des plantes, ni la peau des animaux, dont la fourrure et les plumes tendent à pâlir et à prendre les reflets de la neige sur les monts élevés, comme dans le voisinage du pôle.

Par quelle puissance mystérieuse le rayon du soleil est-il avivé à mesure qu'il s'enfonce au sein de notre atmosphère? comment peut-il y puiser à la fois les éléments du calorique et de l'activité chimique? C'est ce qu'il est impossible de dire, dans l'état actuel de la science, mais c'est ce que les faits rendent incontestable.

Il ressort de cette discussion, 1° qu'en parlant de la lumière directe, nous voulons seulement désigner celle qui se meut dans l'atmosphère terrestre, et qui n'a subi ni réflexion ni déviation de la part des solides ou des liquides; 2° que cette lumière est à la fois un agent de coloration, de calorification et d'action chimique, en même temps qu'elle sert à éclairer les objets.

Parmi les sources de lumière directe, il faut placer en premier lieu le soleil et les étoiles fixes; puis viennent, dans une progression décroissante, l'électricité et les aurores boréales, la combinaison de l'oxygène avec d'autres corps simples, ou si l'on aime mieux la combustion, puis quelques combinaisons chimiques, enfin la percussion.

Certains corps exposés à une vive lumière paraissent s'imbiber de ce fluide, pour le laisser évaporer insensiblement quand ils se retrouvent dans l'obscurité. La faible lueur qui en résulte porte le nom de phosphorescence; elle peut provenir à la fois de la matière inorganique et de la matière organisée; témoin les innombrables infusoires qui, pendant les nuits d'été, éclairent la surface des mers.

Qu'elle soit minérale ou organique, qu'elle résulte d'une imbibition antérieure de lumière ou d'une décomposition chimique, qu'elle représente, comme dans la luciole et les infusoires de l'Océan, un des actes de la matière vivante, la phosphorence ne nous offre qu'un intérêt médiocre; elle ne peut en rien être comparée aux grands foyers lumineux, au soleil dont les rayons sont doués, au degré le plus éminent, de la puissance chimique et calorifique. On peut bien, avec une pile électrique d'une grande puissance, ou avec un mélange de deux parties d'hydrogène et d'une partie d'oxygène, dirigé, sous forme de courant, sur un corps en ignition, obtenir une lumière très-intense et supérieure, comme moyen d'éclairer, à ce que produit le soleil; mais cette lumière artificielle ne porte avec elle qu'une minime quantité de calorique; elle agit lentement, malgré son intensité, sur des sels et des réactifs que le rayon solaire décompose et noircit en quelques secondes.

Jusqu'ici la science et l'industrie ont été impuissantes à produire une lumière très-vive et douée en même temps d'une action chimique énergique. Une telle découverte serait précieuse pour l'héliographie qui, outre l'avantage d'agir à toute heure et en toute saison, en tirerait encore les moyens de graduer ses teintes, de renforcer ses ombres, peut-être de colorer ses tableaux. Par malheur, ce nouvel agent lumineux n'est pas encore trouvé: l'avenir seul nous dira s'il est à découvrir.

La lumière, abstraction faite de son origine, qu'elle soit solaire, électrique, minérale ou organique, se meut en ligne droite dans un milieu homogène. Si elle part d'une sphère elle rayonne dans toutes les directions, et ses rayons, d'abord très-rapprochés, vont en divergeant et en s'éloignant les uns des autres. S'ils rencontrent un corps opaque, ils l'éclairent et représentent un cône ou une pyramide dont la base est sur le corps éclairé et le sommet sur le corps lumineux. Plus le cône est allongé, et moins l'éclairage qu'il produit est intense, la plupart des rayons, dans leur marche divergente, s'échappant à droite et à gauche.

Quand un certain nombre de rayons lumineux sont arrêtés dans leur marche par un corps opaque, l'ombre est produite; c'est-à-dire que tous les objets placés au delà cessent d'être éclairés. Cette ombre s'agrandit rapidement dans l'espace si les rayons lumineux sont très-divergents; elle suit une progression moins rapide s'ils se rapprochent du parallélisme; sa figure est déterminée par le contour du corps opaque. Il ne faut pas croire cependant que la ligne de démarcation entre l'ombre et la lumière soit nettement tracée; les rayons lumineux, en près des limites des corps, sont attirés, ils s'infléchissent et se *diffractent*, portant de la lumière dans une partie de l'ombre, et de l'ombre dans les régions éclairées. Cette zone mixte, qui n'est ni l'ombre ni la lumière complète, se nomme la *pénombre*. Un faisceau de lumière qui pénètre par une ouverture circulaire dans une chambre noire, c'est-à-dire dans un espace exactement clos, présente aussi des phénomènes de pénombre: la surface éclairée offre des alternatives d'ombre et de lumière, et, si l'ouverture est très-étroite, des anneaux diversement colorés: c'est ce que nos lecteurs ont pu souvent constater lorsque des rayons d'un soleil matinal pénétraient dans leur appartement à travers une fissure des volets. Ils ont constaté de même que les points éclairés affectaient toujours une forme circulaire, quelle que fût la forme de la fissure. Supposons cette dernière carrée, les divers points de la surface du soleil envoyaient dans l'appartement une série de faisceaux carrés qui, réunis, formaient une image dont le contour était toujours semblable au contour du soleil, pourvu qu'elle fût reçue à une distance suffisante de l'ouverture pratiquée dans le volet. Pendant une éclipse, l'image du soleil, dans la chambre noire, a tantôt la forme d'un anneau, et tantôt la forme d'un croissant: elle est semblable à la portion du disque qui n'est pas cachée. Des phénomènes analogues se remarquent dans l'ombre des forêts, où les rayons solaires, en pénétrant à travers les ouvertures irrégulières du feuillage, tracent sur le sol une foule de taches lumineuses et circulaires, qui sont toujours la représentation de l'astre d'où elles procèdent, et qui, seulement, en cas d'éclipse, peuvent varier de figure.

Dr CLAVEL.

SOCIÉTÉ HÉLIOGRAPHIQUE.

Séance du 21 mars 1851.

PRÉSIDENCE DE M. J. ZIÉGLER.

Après la lecture du procès-verbal, M. le président invite les membres qui prennent part aux discussions à se réunir le mardi qui suit chaque séance, à quatre heures et demie, au local de la Société, pour prendre connaissance du compte-rendu qui doit paraître dans le numéro du journal publié le dimanche suivant.

L'ordre du jour appelle les rapports de trois Commissions. La première a pour objet la direction qu'il convient de donner à la fabrication des papiers photographiques français; la seconde est relative à la fondation d'une imprimerie héliographique; la troisième est celle de l'album (voir notre numéro du 16 mars).

QUESTION DES PAPIERS.

M. BAYARD annonce que la Commission s'est réunie une première fois; que son travail n'est pas encore terminé, mais qu'il sera soumis prochainement à la Société.

M. ZIÉGLER, en démontrant toute l'importance de cette question, ne croit pas devoir partager l'opinion de l'un des membres, qui aurait désiré que la Société héliographique se cotisât pour commander à la papeterie Canson une cuve de papier destiné à la photographie. Si cette cuve ne réussissait pas, la Société serait encombrée de papiers à lettre sans autre destination; si, au contraire, la cuve réussit, le fabricant est assuré du débit le plus prompt et le plus avantageux. Les avantages sont tels en cas de succès, qu'on peut se contenter d'engager les fabricants à s'occuper de ce travail, à leurs risques et périls.

M. REGNAULT pense qu'il y aurait inconvénient à favoriser une seule maison; cette exception pourrait désobliger les autres et les décourager dans leurs efforts.

M. ZIÉGLER donne des renseignements sur les tentatives faites en Angleterre pour arriver au résultat que la Société se propose en ce moment. On a employé une grande partie des précautions que plusieurs membres conseillent aujourd'hui, et l'on a échoué à plusieurs reprises; le hasard semble avoir présidé seul aux réussites, et la composition des papiers attend encore de la science une direction qu'elle ne tardera pas à en recevoir.

M. REGNAULT pense que pour arriver à de bons résultats sous ce rapport, il ne faut pas chercher à purifier par l'emploi des acides le papier déjà fabriqué; outre qu'il perdrait, par ce moyen, une partie de la force et de la consistance qui lui est nécessaire, la présence de ces acides nuirait à l'effet des nouvelles combinaisons chimiques auxquelles on le soumet pour lui donner la propriété photogénique. M. Regnault croit qu'il convient de chercher, pour ce genre de papier, une composition spéciale; au lieu de vieux chiffons qui renferment une quantité considérable de corps étrangers de toute sorte, on emploierait du coton en laine, ou d'autres matières premières, très-pures; le moyen aussi d'arriver à une grande homogénéité de pâte.

M. LE GRAY, après avoir insisté sur l'effet des acides dans la préparation du papier, dit que les papiers modernes manquent de consistance; il préfère les anciens.

M. BAYARD pense que les papiers à la mécanique seraient préférables aux papiers à la forme.

M. ZIÉGLER demande à M. Regnault s'il n'y aurait pas d'indiscrétion à dire quelques mots des belles expériences faites au collège de France, avec la machine pneumatique, et dont il a été témoin.

M. Regnault, non-seulement y consent, mais il donne lui-même ces explications. On fait subir au papier du commerce un lessivage, puis un nouvel encollage avec diverses matières, sans en excepter celles usitées. M. Regnault se sert pour cette opération de la *machine pneumatique*. On obtient une imprégnation complète par ce procédé. Les feuilles sont roulées et placées en masse et debout dans le même récipient. Tout l'air est extrait. La quantité de cet air est considérable. Le papier augmente de densité par l'effet de cette opération. L'albumine se prête mal à ce mode d'imprégnation, elle filtre à travers les pores du papier et ne l'imprègne pas. L'imprégnation par l'aceto-nitrate, au contraire, réussit parfaitement bien, l'uniformité est parfaite. On peut en une demi-heure, par le procédé du vide, préparer jusqu'à 50 feuilles de papier.

M. Le Gray pense que le papier doit se gondoler.

M. Regnault répond qu'il n'en est pas ainsi.

M. Ziegler prévoit un temps, qui peut-être n'est pas loin de nous, où l'on trouvera les papiers tout préparés, de même qu'on trouve les couleurs apprêtées chez les marchands. Ces papiers, soit *positifs*, soit *négatifs*, se vendraient par paquets enveloppés avec toutes les précautions désirables.

M. Le Gray. Le papier iodé a l'inconvénient de se tacher facilement; il serait donc difficile à un papetier d'en conserver un certain nombre de feuilles, étant obligé de les laisser toucher par les acquéreurs; il vaudrait mieux, ajoute-t-il, pour plus de sécurité, que chaque praticien préparât lui-même son papier.

M. Gaudin blâme en général la préparation du papier par l'acide et les substances liquides. Il serait beaucoup mieux, selon lui, plus expéditif et moins assujettissant, de couvrir le papier d'une couche d'iodure d'argent en poudre et de l'étendre sur la feuille avec du coton. On peut étendre de la sorte tel sel que l'on veut, le bromure, l'iodure, etc.

QUESTION DE L'IMPRIMERIE HÉLIOGRAPHIQUE.

M. le Président fait observer que la question de l'imprimerie diffère essentiellement de la proposition faite de trouver un homme qui tire des épreuves positives pour messieurs les photographes. L'imprimerie est un établissement, dont on doit faire les plans et les devis, avant de s'enquérir des employés qui arriveront nécessairement si la proposition est démontrée avantageuse. On ne doit plus différer de fonder un établissement de ce genre, le moment est arrivé; la Commission des monuments historiques offre un débouché aux productions de nos héliographes, il faut être en mesure de lui donner satisfaction. Les albums de la Société héliographique, le désir devenu général de posséder de belles épreuves, sont de puissants motifs de s'occuper d'un tel établissement. Le prix de l'épreuve est peut être trop élevé, cela tiendrait aux conditions actuelles de l'art.

M. Le Gray. Une épreuve ordinaire coûte 1 fr.; une bonne épreuve 1 fr. 50 à 2 fr. Il est d'avis qu'avec un atelier bien monté, on arriverait probablement à un meilleur marché.

M. César Daly. Invité à cette réunion, j'y suis venu avec l'espoir que j'obtiendrais satisfaction de la Société héliographique, sous ce rapport. Je publie la *Revue d'architecture*, cet ouvrage est à sa neuvième année; j'ai fait de grands sacrifices pour le fonder, je l'ai tenu à la hauteur des progrès de l'art. La photographie vient m'imposer de nouveaux sacrifices, je suis prêt à les faire. Je donnerais, s'il était possible, une épreuve héliographique pour chaque numéro de ma revue, soit douze par an, au nombre de cinq à six cents par numéro; quelle serait la dépense?

M. Le Gray, avec 100 grammes de nitrate d'argent, fera 100 à 115 feuilles de papier.

M. Bayard prétend qu'une feuille préparée revient à 25 centimes, et il estime cependant une épreuve réussie plus chère que M. Le Gray.

M. Le Gray: Il faut être bien éclairé et pouvoir opérer par tous les temps; ces conditions du local augmenteraient les frais de l'imprimerie. Si l'on avait régulièrement à fournir 500 exemplaires, 1 franc l'épreuve serait dans les choses possibles.

M. César Daly. Tous les architectes désirent l'établissement d'une imprimerie, mais il faut que ses produits puissent entrer dans les prix marchands. Si l'on ne veut pas prendre pour base une épreuve gravée, qui revient en moyenne à 10 centimes, qu'on ne dépasse pas d'une manière trop sensible les prix de la lithochromie, alors la photographie lui serait de beaucoup préférable.

Un membre dit à M. Daly, qu'il lui serait impossible d'intercaler des épreuves photographiques dans le texte de sa revue.

M. Le Gray dit que la chose est possible et que cela s'est déjà fait en collant l'épreuve comme on ferait d'une gravure sur papier de Chine.

M. Piot fait observer à M. Daly, que le prix du dessin, de la gravure et du tirage d'une des planches publiées dans son ouvrage étant mis en comparaison avec celui de la photographie, tout l'avantage serait pour ce dernier mode de publication. M. Piot estime un négatif 40 fr.

M. César Daly considère l'application de la photographie à la reproduction des monuments religieux surtout, comme une chose excessivement précieuse aux architectes, auxquels elle épargnerait des travaux d'une lenteur infinie.

M. Durieux dit que le bureau des cultes, à l'instruction publique, s'est occupé de toutes ces questions; que non seulement il les a préparées, mais qu'il les a résolues. A supposer qu'il ne soit pas possible à un éditeur d'introduire des épreuves photographiques dans des œuvres d'un commerce courant, on pourrait les introduire dans des œuvres de luxe, alors la spéculation est faisable.

M. Ziegler parle d'un système de châssis positifs, dans lequel on pourrait tirer un grand nombre d'épreuves à la fois.

M. Le Gray trouverait de grands inconvénients à ce système : tel dessin exige un certain temps d'exposition au soleil, tel autre exige le tiers ou le double de ce même temps, en plus ou en moins. La chose ne lui paraît praticable qu'avec certaines conditions, il estime qu'un seul homme ne pourrait pas soigner plus de cinq châssis à la fois.

L'importance de la création d'une imprimerie étant de plus en plus démontrée par cette intéressante discussion, MM. Renard et Le Gray sont invités à s'occuper d'un devis sur cet établissement, comme document utile aux travaux de la Commission.

QUESTION DE L'ALBUM.
NOMS DES OBJECTIFS.

M. le Président adresse une invitation collective à MM. les photographes présents, pour les engager à coopérer à la formation de l'album destiné à constater les progrès de la photographie.

M. Bayard annonce que la Commission chargée d'examiner la proposition relative à la formation de cette œuvre a l'intention de proposer la création de quatre albums, où chaque épreuve sera classée par catégorie et par ordre de date. A cela on répond qu'il vaudrait mieux avoir un album complet et varié que quatre en perspective. Le président ne doute pas que la Commission ne présente un projet parfait que la Société s'empressera de sanctionner par son approbation.

M. Ziegler prie MM. les sociétaires de joindre à chaque épreuve quelques notes explicatives, et comme l'objectif a une importance sur les résultats obtenus, il propose de le désigner. Pour cela, il serait bon de donner aux objectifs des noms distinctifs; cet usage est adopté pour les canots, les embarcations, les navires, les pièces d'artillerie, etc. Autrefois les chevaliers ont baptisé leurs épées ou donné des noms aux chevaux, qui vivent moins de temps que les objectifs, dont la durée est incalculable. A chaque belle épreuve la valeur d'un objectif s'accroit, mais à condition qu'on peut la lui attribuer, ce qui exige qu'il ait un nom. Par ce moyen la réputation naissante des bons instruments peut devenir importante dans les familles. Un de MM. les membres prévoit la contrefaçon; mais ce fléau, qui s'attache aux choses précieuses, dit le président, résulte des conditions mêmes de l'humanité, où le *mal* côtoie sans cesse le *bien*. Il y aura des moyens de combattre la contrefaçon.

L'honorable membre fait remarquer l'intérêt que cela aurait dans l'avenir; les objectifs survivant à l'artiste resteraient comme documents historiques de l'art photographique. A l'appui de cette proposition, un membre cite les objectifs allemands qui tous portent un numéro d'ordre et de fabrique, ce qui leur donne une certaine importance.

MM. Le Gray et Mègre ayant apporté au début de la séance une suite d'épreuves photographiques, M. le président lève la séance, afin de permettre aux nombreux sociétaires d'examiner à loisir les intéressants travaux de ces habiles artistes et photographes.   F. A. Renard et Duveaux.

Nous pensons que le travail des Commissions ne peut être interrompu, ni altéré en rien par les différentes opinions émises au sein de la Société, sur les questions mêmes qui font l'objet des délibérations à venir de ces Commissions. Il nous semble, au contraire, que la pensée librement exprimée de quelques sociétaires doit être considérée par MM. les commissaires comme une occasion d'acquérir de nouveaux renseignements et quelquefois de nouvelles lumières. Cette sorte d'enquête ne pourrait être obtenue par aucun autre moyen. Et si les détails que contient le compte-rendu qui précède, avaient un inconvénient reconnu pour MM. les sociétaires ou les lecteurs du journal, nous sommes tout prêts à profiter des avis que nous recevrons à ce sujet.

DE L'ÉTAT ACTUEL DE LA PHOTOGRAPHIE
ET DES PERFECTIONNEMENTS RESTANT A Y APPORTER.

Le mot photographie (φῶς, lumière, γράφω, j'écris) a été consacré par l'usage pour désigner plus particulièrement la reproduction sur papier de l'image formée par la chambre noire.

Stimulé par les découvertes de Niépce et de Daguerre, M. Talbot, en Angleterre, se livra aux premières applications de cet art, et mérita la reconnaissance universelle par la publication de son procédé, qu'il désigna du nom de *talbotype*.

Il est à regretter que M. Bayard n'ait rien publié.

M. Blanquart-Evrart, par son traité, popularisa en France ce procédé avec quelques modifications.

M. Niépce de Saint-Victor l'appliqua au verre par l'intermédiaire de l'albumine. Les Mémoires de l'Académie et de la Société d'encouragement en font foi.

Des procédés nombreux furent ensuite publiés par des savants et des amateurs de toutes les parties du monde. La quantité en fut si grande qu'il était impossible d'en discerner le meilleur, et l'excès de lumière produisit confusion.

C'est alors que, croyant qu'une méthode simple et facile rendrait des services, nous publiâmes notre traité, il y a un an.

La photographie est appelée à jouer le plus grand rôle dans le progrès de l'art, et son résultat immédiat sera, comme le disait dernièrement M. Wey, de détruire les infériorités et d'élever les artistes de talent.

La popularité qu'ont obtenue les images daguerriennes sera bientôt dépassée par celle des photographies sur papier. Leur grand nombre répandu dans les masses formera le goût et l'éducation artistique et ne permettra plus à l'art de dévier de la vraie et seule route : la nature.

Le peintre y trouvera un enseignement et une économie de temps qui lui permettront d'abréger le travail mécanique de ses études, pour les reporter sur les parties vraiment nobles de l'art : la pensée, le choix du sujet et la composition, son interprétation.

Le résultat sera donc la dépréciation du travail mécanique au profit de celui de l'intelligence.

L'influence immense que la photographie exercera sur les beaux-arts fait un devoir à tous les savants, les amateurs et les praticiens d'en hâter les progrès par des recherches sérieuses et leur communication sans restriction.

Pour notre part, nous avons toujours été fidèle à ce principe et nous ne l'abandonnerons pas. Tous nos travaux et le fruit de nos recherches de la saison dernière seront décrits dans le nouveau traité que nous ferons paraître sous quelques jours.

Depuis la publication du procédé de M. Talbot, aucun agent chimique impressionnable à la lumière, plus sensible que les sels d'argent, n'a été trouvé. Personnellement nous les avons expérimentés presque tous, à l'exception des composés du platine, sans rien trouver de mieux. Ces derniers seront le but de nos recherches prochaines.

L'iodure d'argent reste toujours l'agent principal. Par leur mélange à l'iodure, les fluorure, cyanure, chlorure, bromure, carbonate, phosphate et acétate d'argent, qui ont été ajoutés depuis, accélèrent singulièrement la formation de l'image négative; mais employés seuls, ils donneraient un résultat fort médiocre. Nous ne croyons pas que l'on doive chercher à perfectionner le procédé en dehors des combinaisons possibles avec les sels d'argent.

La combinaison la plus heureuse et la plus rapide que nous ayons trouvée jusqu'ici a été l'union de l'iodure, du fluorure et du cyanure de potassium; nous en donnerons la formule plus loin.

Le premier nous l'avons indiquée, et quelques doutes sur sa supériorité nous ayant été exprimés, nous nous faisons un plaisir d'assurer que de nouvelles expériences comparatives faites simultanément sur des papiers préparés : 1° à l'iodure simplement, 2° à l'iodure et au cyanure de potassium (procédé allemand), 3° à l'iodure et au fluorure de potassium, 4° à l'iodure, au fluorure et au cyanure de potassium mis et restés ensemble le même temps sur l'acéto-nitrate d'argent et exposés ensuite tous ensemble à la lumière à l'aide d'un carton noir découpé de quatre, étoiles ont toujours donné la supériorité à la dernière formule, tant sous le rapport de la rapidité que de la beauté des noirs et de la vigueur de l'épreuve. Toutes les variétés dans les dosages ont été expérimentées.

En employant ces triples sels d'argent à l'état naissant, nous avons obtenu des épreuves en deux secondes par le beau temps, et cet hiver, par le temps le plus défavorable, il nous suffisait de trente secondes pour un portrait.

A notre avis, le procédé chimique a peu de progrès à faire.

Tout maintenant est une question de papier. Il serait à désirer que les fabricants prissent la chose au sérieux et fissent un papier spécial où il n'y eût pas de grains de trame.

En attendant, nous nous sommes efforcé d'améliorer celui qui se trouve dans le commerce. Déjà nous avons indiqué la colle de poisson, l'esprit-de-vin avec les résines, le camphre ou le collodion, puis en dernier lieu le sucre de lait mêlé à l'albumine, comme moyens de donner du corps et de l'égalité au papier.

Nous croyons avoir aujourd'hui complètement résolu la difficulté par la nouvelle méthode que nous allons indiquer. (*La suite prochainement.*)   GUSTAVE DE GRAY.

DU NATURALISME DANS L'ART
DE SON PRINCIPE ET DE SES CONSÉQUENCES.
(A PROPOS D'UN ARTICLE DE M. DELÉCLUSE).

Ouvrez le dictionnaire de notre langue; vous y chercherez vainement ces expressions de *réalisme*, de *naturalisme*, qui ont tout à coup envahi les journaux consacrés aux arts; termes sans l'aide desquels on ne saurait comment parler de l'exposition de cette année. Autrefois, — il n'y a pas trois jours, — les réalistes étaient les sectaires d'une doctrine qui considérait les idées abstraites comme des êtres réels. Ce vieux mot consacrait le souvenir de la querelle des *nominaux*. *Naturalisme* est un substantif inconnu de l'Académie, qui qualifie exclusivement de *naturalistes* les gens adonnés à l'histoire naturelle. Cette ancienne acception, jusqu'à un certain point, la critique des gens à qui la nouvelle est applicable.

On sent la nécessité de s'entendre sur les mots, éclaircissement qu'à l'inconvénient, pour les dissertateurs, d'abréger les différends : les expressions que nous venons de mentionner procèdent de l'héliographie, et, à ce titre, il nous appartiendrait de les définir; tâche assez malaisée.

Les *naturalistes* de l'art désigneront-ils une école qui se propose d'*empailler* la nature toute vive, de la rendre comme elle est, sans l'interpréter, et de borner ses vues à rivaliser avec le daguerréotype ? Le néologisme sera-t-il ironique, ou prendra-t-il une valeur sérieuse ? Le temps nous l'apprendra; les travaux des peintres en décideront.

A côté du naturalisme, qui semble s'appliquer d'une manière plus directe au détail des choses, voici déjà venir le *réalisme*, qui s'étend d'une façon plus complexe, à l'ensemble d'un système; reproduire les objets tels que le hasard les donne, sans choix, sans arrangement, faire prévaloir d'une manière absolue cette maxime : « Rien n'est beau que le vrai. »

Une pareille thèse soulevée dénote l'abaissement certain du sentiment du style, un assoupissement des facultés imaginatives, et de l'aspiration instinctive à l'idéal. Ces symptômes sont véritables; la peinture héroïque ou historique, la grande peinture perd son caractère, se réduit à une imitation froide, et pour tout dire, tend à s'effacer. Voilà bien des années qu'aucun peintre original et puissant ne s'est révélé par un grand tableau, ni par une vaste composition purement inventée.

Des noms brillants ont surgi, des ouvrages exquis ont intéressé la foule; mais ce sont de petits tableaux, prodiges d'habileté matérielle, au succès desquels le sujet contribue pour peu de chose. Contemplez, au Palais-National, l'exposition de cette année, les grandes toiles y sont rares et n'attirent qu'une attention médiocre : réussissent-elles? c'est à la condition de se limiter à la sincérité parfois brutale du fait, et de ne rien rêver au delà. Des batailles théâtrales et mélodramatiques de Gros, aux combats prosaïques d'Horace Vernet, mesurez le terrain que l'idéal a perdu...

Le déplacement du but n'a pas eu lieu sans transition; d'abord, on s'est jeté dans les pompes de la couleur; la symétrie des compositions, la recherche des lignes, de l'ordonnance, ont fait place à l'éclat des tons, à la vigueur des contrastes, à la puissante ardeur des effets.

Mais, voici qu'à son tour cette fièvre de lumière et de teintes splendides passe à l'état d'idolâtrie, et que la Muse, — est-il encore permis de la nommer?—dépouillant le riche habit de fête sous lequel l'a vue déguiser les formes d'un galbe moins pur et d'une ligne indécise, la muse attristée s'habille en bourgeoise, se déguenille en pauvresse, s'ensevelit dans la boue de la réalité. L'on ne consent plus à louer que ce que l'on a vu; on veut juger d'un point de vue fixe, et si l'on présente à ce public blasé le festin des Atrides, vous le voyez se détourner en murmurant : — Je n'y étais pas.

A qui la faute ? A l'ancienne école, sans contredit. L'enthousiasme, l'indifférence ne peuvent être imposés ; la grande peinture a cessé d'intéresser, et par suite, a peu près cessé d'être. Mais d'où vient ? De ce que les artistes, jetés dans un éclectisme fatal, et prenant parti, qui contre la tradition didactique, qui contre la nature, qui contre l'un et l'autre de ces éléments, dans une proportion mixte, ont produit des œuvres, ou trop prosaïques, ou trop routinières, ou trop sceptiquement rationnelles; alors le public ne trouvant à un degré éminent, ni l'originalité, ni l'audace du parti pris, ni la franche nature, a cessé de prendre goût à cette philosophie du métier.

L'un des événements les plus funestes à la peinture historique, influence que l'on n'a jamais signalée, c'est la création du Musée de Versailles : pensée noble et patrio-

tique au fond, illogique quant à l'exécution ; l'on ne *commande* pas un musée. Pendant quinze ans, des artistes pris au hasard ont eu à peindre, à grande inspiration, à grande vitesse et froidement, des sujets imposés d'avance et dont la distribution officielle était, la plupart du temps, subordonnée à des exigences d'étiquette.

En présence des frais considérables de cette entreprise, un tableau issu de la fantaisie ou de la pensée spontanée de l'artiste avait peu de chances de placement. Il fallut se réduire aux commandes, et exécuter des devis administratifs. De là l'absence de nouveauté, la sobriété d'imaginative, la monotonie, l'extinction des germes d'individualité, la lassitude d'un public condamné pendant trois lustres au même tableau sous des costumes divers; de là la léthargie où l'art s'est abattu.

Ce qui s'en est suivi, on le comprend : quand l'art a voulu se relever, la tradition était épuisée ; dans son désespoir, il s'est cramponné à la nature, comme à une dernière planche de salut. Son effort fut une tendance et une protestation : de là le *naturalisme*; le *réalisme*, nécessités que la critique, parfois bornée, a çà et là méconnues.

(*La suite au prochain numéro.*)

                    FRANCIS WEY.

GLU TRANSLUCIDE.

M. S. Leader, de Philadelphie, est l'inventeur d'une substance transparente, qu'il appelle *glu translucide*, et qui peut remplacer avantageusement la glu marine de Jeffreys dans beaucoup de circonstances, surtout quand il s'agit de soudures ou de collages translucides, comme pour unir des morceaux de verre ; il l'a présentée à l'Institut de Franklin, dans sa séance mensuelle du 8 septembre 1850, où le président, M. G. W. Smith, a fait remarquer que cette matière serait très-propre à unir les diverses portions qui composent les lentilles polyzonales des phares, etc. A notre tour nous la recommandons aux héliographes, qui ont parfois le malheur de casser des négatifs sur verre ; peut-être serait-elle utile encore aux opticiens pour l'union des lentilles des objectifs, etc. Voici la recette.

On prend 15 grains de caoutchouc, 2 onces de chloroforme et 1/2 once de mastic. On combine d'abord les deux premiers ingrédients, puis, après la dissolution du caoutchouc, on ajoute le mastic en laissant le tout macérer pendant huit jours, temps nécessaire pour la dissolution du mastic à froid. On peut augmenter la dose du caoutchouc si on veut une plus grande élasticité. On applique au pinceau et à froid.

                    DE MONFORT.

BIBLIOGRAPHIE.

M. Aubrée vient de publier un traité pratique de photographie, dans lequel il traite de l'application de cet art, non-seulement au papier, mais aussi aux plaques de verre et de métal. Son chapitre sur le bain d'acide nitrique nous a paru renfermer des détails du plus grand intérêt ; ses préparations pour le verre contiennent aussi des indications utiles ; enfin les moyens qu'il propose pour obtenir les fonds blancs méritent de fixer l'attention des photographes. M. Aubrée termine son traité par un relevé fait textuellement dans les archives de l'Académie des sciences et de la Société d'encouragement, de toutes les indications utiles qui y ont paru dans ces derniers temps et que l'on doit aux hommes qui se sont voués avec le plus d'ardeur et de succès aux progrès de l'héliographie. (*Voir aux annonces.*)

NOUVELLES DIVERSES.

Des expériences exécutées récemment en Amérique, sur une grande échelle, par MM. Walker et Mitchell, les avaient conduits à admettre, pour la vitesse de l'électricité dans les lignes télégraphiques, celle de 5 à 12,000 lieues par seconde. M. Fizeau, dans un mémoire présenté à l'Académie dans le courant de ce mois, discute ces expériences, et pense au contraire que cette vitesse ne saurait être moindre de 25,000 lieues. Ces chiffres, quoique fort éloignés l'un de l'autre, sont déjà de nature à donner une idée de la rapidité avec laquelle s'opère la transmission électrique.

ÉGLISE DE SAINT-EUSTACHE. — On vient de déposer les échafauds et les toiles qui dérobaient à la vue les peintures découvertes l'année dernière sous le badigeon dans la chapelle des Saints-Anges à Saint-Eustache, et dont la ville de Paris avait ordonné la restauration. Cinq autres chapelles sont également décorées de peintures anciennes. Une d'elles, celle de Sainte-Madeleine, est en réparation, et sera bientôt rendue au culte. Les autres seront successivement restaurées. Il résulte de ces travaux que l'église de Saint-Eustache présentera un exemple curieux et unique à Paris d'une décoration ancienne presque contemporaine de la construction, et en parfaite harmonie avec le monument; sans doute quelques lacunes resteront à combler, mais le public compte sur la sollicitude de l'administra-

tion pour faire mettre de l'accord entre les peintures qui resteront à exécuter et celles qu'on tire si heureusement de l'oubli. Le riche maître-autel en marbre et la chaire en bois qui décorent depuis peu la nef principale indiquent assez que le Conseil municipal de Paris a fixé son attention sur cette église.

Les récentes démolitions opérées du côté du midi pour le développement des Halles centrales, en mettant à découvert la totalité de l'édifice, font sentir le besoin d'exécuter quelques travaux qui complètent l'harmonie de la façade latérale. Des projets ont été, dit-on, présentés, pour arriver à ce résultat, ainsi que pour modifier le portail occidental, cette lourde conception du dix-huitième siècle, qu'on est venu si mal à propos accoler à l'élégante architecture du seizième.

Si nous sommes bien informés, avec une dépense d'au plus 200,000 fr., on pourrait aisément transformer les masses de pierres du portail actuel, en leur donnant un aspect en harmonie avec le reste de l'église. (*Rev. de l'architecture.*)

—Ainsi qu'on vient de le voir par le compte-rendu de la dernière séance de la Société héliographique, M. Régnault, de l'Académie des sciences, a fait une heureuse application de la machine pneumatique à l'imprégnation des papiers ; mais cette machine est compliquée et d'une acquisition dispendieuse. M. A. Renard, dans le but d'atteindre à ce même résultat, d'une manière plus simple et plus économique, vient, par certificat d'addition à son brevet du 18 septembre 1849, d'étendre l'application de son *injecteur pneumatique* à l'encollage et à l'imprégation de toutes sortes de papiers et tissus, mais plus particulièrement de ceux destinés à l'héliographie.

CORRESPONDANCE.

A MONSIEUR LE RÉDACTEUR DE *la Lumière*.

                    Paris, 13 mars 1851.

Monsieur,

Je lis dans le cinquième numéro de *la Lumière*, que MM. Glénisson et Terreil fils viennent de présenter à l'Académie des sciences des épreuves fixées sans aucun miroitage métallique, et vous promettez de nous donner la description du procédé dans votre prochain numéro.

A cette occasion, je dois dire que, dès le 27 janvier dernier, j'ai déposé à l'Académie des sciences un paquet cacheté, contenant la description d'un procédé qui donne des épreuves exemptes de tout miroitage métallique, et le composé de MM. Glénisson et Terreil s'y trouve compris. On a omis de mentionner le dépôt de ce paquet cacheté dans les comptes-rendus, mais je me suis assuré qu'il a été paraphé et désigné à la séance de ce jour.

Depuis plus de quatre mois, je fixe les épreuves avec des composés chimiques, que j'ai variés à l'infini, pour arriver au meilleur résultat possible ; M. Lerebours et bien d'autres amateurs pourraient vous dire qu'ils m'ont vu opérer.

Je suis fort étonné que MM. Glénisson et Terreil, en faisant une présentation à l'Académie des sciences, n'aient parlé ni de proportions, ni de la manière d'opérer ; car ils ont paru vouloir prendre date pour une découverte, tandis qu'ils n'auraient fait que répéter ma présentation du 9 mars 1840. Je présume qu'ils auront été plus explicites dans le paquet cacheté qu'ils ont déposé antérieurement à leur présentation.

Je me préparais, en effet, à faire jouir le public de mon invention, comme vous le reconnaîtrez par l'instruction imprimée que je joins à ma lettre, et l'annonce que mon frère vous donnera à insérer, lorsque j'ai appris que j'avais d'heureux rivaux.

Quant à moi, qui viens de consacrer trois ou quatre mois à cette recherche si importante pour le progrès de la photographie, recherche qui m'a fait user plus de cinq cents plaques, et a exigé plusieurs milliers d'expériences, j'avais à cœur de prouver que je n'ai rien pris à personne, et que j'étais le premier en date, de toute façon, bien que les apparences fussent contre moi.

Je, etc.   M. A. GAUDIN,
Calculateur au bureau des longitudes.

LETTRE DU MÊME.

                    Paris, 13 mars 1851.

Monsieur le rédacteur,

Ma première lettre vous étant parvenue trop tard pour être insérée dans votre sixième numéro, je me vois forcé de vous écrire de nouveau, après avoir lu la présentation de MM. Glénisson et Terreil fils.

C'est pour vous faire remarquer que j'ai indiqué un procédé pour faire les épreuves sans miroitage, avec l'eau régale affaiblie, page 92 et 93 de mon *Traité pratique de photographie* (1844).

Il est possible que MM. Glénisson et Terreil aient employé l'eau régale autrement que je ne l'indiquais là ; mais, dans ce cas, il fallait prendre date par dépôt ou divulgation du procédé. Si donc ces messieurs ne peuvent prouver qu'ils ont fait connaître ou ont déposé un procédé à l'eau régale antérieurement à la publication de mon second procédé, le public sera forcé de conclure qu'ils ont opéré d'après mon premier procédé, publié depuis longtemps.   M. A. Gaudin.

TEMPS PRIMITIFS DE L'HÉLIOGRAPHIE.

CORRESPONDANCE DE MM. NIÉPCE ET LEMAITRE.

(Fin.)

On a vu, par la lettre de Diderot (1), combien les choses qu'on dédaigne dans un temps prennent d'importance à un moment donné de l'avenir. Si nous n'avons pas choisi, parmi les lettres de MM. Niépce et Lemaitre, celles qui avaient des rapports exclusifs avec l'héliographie, un jour peut-être nous saura-t-on gré d'avoir conservé intacte une série dont certains détails semblent aujourd'hui puérils. M. Lemaitre, regrettant que nous n'ayons pas extrait de cette correspondance ce qui était directement utile à l'histoire des temps primitifs de l'héliographie, nous prie de faire connaître qu'il en avait témoigné le désir.

M. NIÉPCE A M. LEMAITRE.

Châlon-sur-Saône, le 4 octobre 1829.

Monsieur,

Lorsque j'étais à Paris, et même depuis mon retour, M. Daguerre m'avait témoigné le désir de connaître le résultat de mes nouvelles recherches *héliographiques*. Je viens, en conséquence, de lui adresser un essai, sur argent plaqué, de point de vue d'après nature, pris dans la chambre noire, et je le prie en même temps de vous en donner communication, présumant que cet essai, quelque défectueux qu'il soit, pourra vous intéresser, ne fût-ce que sous le rapport de la nouveauté. Je crois devoir vous faire observer, monsieur, que ce point de vue, pris de la chambre où je travaille à la campagne, est entièrement défavorable, puisque les objets se trouvent éclairés par derrière, ou du moins sous une direction très-oblique, durant une partie de l'opération; ce qui doit nécessairement produire une disparate choquante dans le résultat. Mais vous jugerez, d'après quelques détails fidèlement rendus, de ce que pourrait être ce résultat dans toute autre circonstance, et une épreuve très-récente vient de me mettre à portée de m'en assurer. Toute la soi-disant belle saison a été si mauvaise, qu'il m'a fallu, malgré la meilleure volonté, suspendre mon travail. Je comptais pouvoir vous adresser, monsieur, quelques essais de points de vue sur cuivre, pour la gravure, et ça ne m'a pas été possible; mais ce qui est différé n'est pas perdu : vous ne devez pas douter de mon empressement à répondre à l'offre obligeante que vous m'avez faite plusieurs fois à cet égard.

En priant M. Daguerre de me renvoyer mon épreuve après qu'il vous l'aurait communiquée, je le préviens que je vous en donne avis, monsieur, et c'est demain que l'envoi lui parviendra.

M. le comte de Fussey, qui a vu dernièrement mes enfants à Autun, leur a beaucoup parlé de vous, monsieur; et d'après ce qu'il leur a dit du projet que vous aviez formé d'aller le visiter, vous prolongeriez votre voyage jusqu'ici. Nous désirons bien vivement que ce projet se réalise; veuillez nous le faire savoir, et, dans cette agréable attente, recevez, je vous prie, l'assurance de la considération distinguée avec laquelle j'ai l'honneur d'être, monsieur,

Votre très-humble serviteur,

J. N. Niépce.

M. LEMAITRE A M. NIÉPCE.

Le 12 octobre 1829.

Monsieur,

Je suis allé chez M. Daguerre, après avoir reçu un billet, par lequel il m'invitait à venir voir votre essai de gravure par votre procédé héliographique. Comme je connaissais vos différents essais pour la reproduction de diverses gravures, votre point de vue d'après nature, pris dans la chambre noire, ne m'a pas surpris; mais il m'a fait le plus grand plaisir, surtout en pensant qu'il était la reproduction de la nature, sans aucun autre travail manuel que la préparation qu'il fallait pour l'obtenir, et, je crois aussi, l'action d'aciduler le métal pour l'y fixer.

Comme vous trouvez vous-même ces essais défectueux, je serai sobre d'observations; j'attendrai que vous m'ayez fait connaître quelques résultats plus perfectionnés. Cependant, je ne puis passer une observation sur laquelle je suis tombé d'accord avec M. Daguerre. Nous avons remarqué que deux faces de maison, qui doivent, vu la nature, être parallèles et opposées, se trouvent dans votre sujet éclairées en même temps : cela est un contre-sens

(1) Voir le n° 6 de *la Lumière*, page 22.

d'effet. Bien que les objets se trouvent éclairés par derrière ou obliquement, deux faces parallèles et opposées ne peuvent être éclairées en même temps. Nous avons attribué cette circonstance à la durée de l'opération, pendant laquelle le soleil a dû nécessairement changer de direction.

Pour parler de cette production sous le rapport de la gravure, il aurait fallu que j'en visse une épreuve, si toutefois elle en peut tirer. Les lointains qui sont au centre, et qui en sont la meilleure partie, rendent parfaitement toute la finesse de dessin de la nature, mais ne donnent pas du tout la valeur des tons. En général, dans cette gravure il y a des tons qui devraient être légers et qui paraissent noirs, tandis que d'autres, au premier plan, sont vagues, lorsqu'ils devraient être fortement accusés. Je ne voulais presque rien dire, et j'ai critiqué plus que je n'aurais dû; j'espère que vous daignerez excuser la franchise avec laquelle j'ai pris la liberté de vous transmettre ma manière de sentir. Je n'ai fait ces observations qu'à cause de l'intérêt très-vif que je prends à votre admirable procédé.

J'avais le projet d'aller à Autun, mais la belle saison a été si détestable que je n'ai osé risquer le moindre voyage; je remets donc mes projets à l'année prochaine, et si toutefois rien ne vient les déranger, j'espère pouvoir aller jusqu'à Châlon et avoir le plaisir de vous visiter.

Je vous prie d'agréer l'assurance de mes sentiments distingués.

Votre très-humble serviteur,

Lemaitre.

M. NIÉPCE A M. LEMAITRE.

Châlon-sur-Saône, le 25 octobre 1829.

Monsieur,

Je suis fâché que vous ayez craint de trop critiquer mon essai de point de vue d'après nature. Pour moi, qui sais apprécier ce qu'il y a d'honnête et d'obligeant dans le motif qui vous a dirigé, je n'ai qu'un regret, c'est que vous ayez trop ménagé la juste sévérité de vos observations.

Vous avez cru que ma planche était gravée, mais elle ne l'est pas : elle n'est que noircie, sans aucun emploi d'un acide quelconque, d'après un procédé qui a mal réussi par ma faute, le noir ayant recouvert les traits les moins prononcés de l'empreinte : ce qui m'a forcé de les dégager le mieux que j'ai pu, à l'aide d'un linge très-doux. Mon objet était d'obtenir ainsi toutes les dégradations de teintes du noir au blanc sur cette planche d'argent plaqué. Malgré cela, je pense qu'avec plus de précaution, et un peu de dextérité, on pourrait tirer bon parti de ce procédé.

Mais vous ne vous êtes pas trompé, monsieur, en attribuant à l'action trop prolongée de la lumière l'une des défectuosités les plus choquantes que vous avez remarquées. Malheureusement il ne m'est pas possible de l'éviter avec un appareil dans lequel les devants sont si peu éclairés, qu'il faut un temps considérable pour qu'ils puissent s'empreindre, même légèrement; de là ces disparates et cette confusion produites par le changement de direction, tantôt oblique et tantôt opposée, des rayons solaires. Pour parvenir à un succès décisif, il est indispensable que l'effet ait lieu le plus promptement possible; ce qui suppose une grande clarté, une grande netteté dans la représentation des objets; or, il faudrait pour cela une chambre noire aussi parfaite que celle de M. Daguerre; autrement je serai condamné à m'approcher plus ou moins du but, sans pouvoir jamais l'atteindre.

Je me suis donc empressé de répondre à ses offres obligeantes de service, en lui proposant de coopérer avec moi au perfectionnement de mes procédés héliographiques, et de l'associer aux avantages qui résulteraient d'une complète réussite. Je lui ai témoigné combien je désirerais, monsieur, en vous adressant la même proposition, trouver une garantie de plus de succès dans le concours de vos talents distingués. J'aime à me le persuader, d'après le vif intérêt que vous voulez bien prendre à l'objet de mes recherches, et parce que, d'ici à l'époque où l'on pourrait en utiliser les résultats, il ne s'agirait que d'expériences tendantes respectivement au but convenu, celui d'arriver, par un commun effort, au degré de perfection nécessaire. Ce genre de travail ayant le plus grand rapport avec celui de la gravure, je me prévaudrai avec d'autant plus de confiance de l'offre que vous m'avez faite si généreusement de votre burin; mais croyez que je n'en abuserai pas, et, que si mes espérances viennent à se réaliser, je me féliciterai surtout d'avoir pu vous être de quelque utilité.

Veuillez m'instruire de votre détermination, et agréer en même temps, monsieur, l'assurance de tous les sentiments que vous m'avez inspirés.

J. N. Niépce.

Monsieur Lemaitre A M. Niépce.

le 2 novembre 1829.

Monsieur,

J'ai un peu tardé à vous répondre; je désirais voir M. Da-

guerre auparavant, et mes occupations m'ont empêché de le faire plus tôt.

M. Daguerre ayant beaucoup perfectionné la chambre noire et ayant une grande habitude de s'en servir, nul autre ne pourrait mieux que lui coopérer aux perfectionnements de vos procédés; aussi je vous félicite de vous associer à lui. Il n'approuve pas l'application de vos procédés à la gravure, et désire que vous vous occupiez seulement de leur perfection. Je ne me dissimule pas non plus les difficultés que l'on aurait à vaincre en cherchant à multiplier par la gravure, car l'on serait obligé d'ajouter un travail manuel au travail primitif, tant par l'action des acides, que par les retouches qu'il faudrait probablement faire. Cependant, comme l'on ne doit renoncer à aucune chose avant d'avoir au moins tenté quelques essais, (et que puisque vous avez reproduit des estampes par votre procédé, je crois à la possibilité de reproduire par la gravure des vues prises à la chambre noire, je vous réitère l'offre que je vous ai déjà faite de coopérer à la réussite de ces essais par les connaissances que j'ai acquises dans les différents genres de la gravure, et je vous prie d'en user largement.

J'accepte avec reconnaissance la proposition que vous me faites de m'associer aux avantages qui résulteraient en cas de réussite.

Je vous réitère l'assurance de mes sentiments distingués.

Votre très-humble serviteur,

Lemaitre.

PREMIÈRE ANNÉE. N° 9.

DIMANCHE, 6 AVRIL 1851.

LA LUMIÈRE

JOURNAL NON POLITIQUE

HEBDOMADAIRE.

BEAUX-ARTS — HÉLIOGRAPHIE — SCIENCES.

BUREAUX, A PARIS, N° 15, RUE DE L'ARCADE, A LA SOCIÉTÉ HÉLIOGRAPHIQUE.

ET A LONDRES, UNITED PATENT OFFICE DE MM. GARDISSAL ET Cᵉ, 7, CALTHORPE STREET, GREY'S INN LANE, HOLBORN.

PRIX.—PARIS, UN AN, 16 F.; 6 MOIS, 10 F.; 3 MOIS, 6 F.—DÉPARTEMENTS, UN AN, 18 F.; 6 MOIS, 11 F.; 3 MOIS, 7 F.—ÉTRANGER, UN AN, 20 F.; 6 MOIS, 12 F.; 3 MOIS, 8 F.—CHAQUE N° 50 CENT.

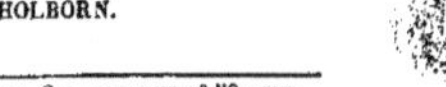

SOMMAIRE.

ACADÉMIE DES SCIENCES.

—

M. Rozet, auteur de plusieurs Mémoires qui concernent la météorologie, fait part à l'Académie de quelques remarques sur l'état de l'atmosphère. Son point d'observation est la ville d'Orange, placée, comme on le sait, à quelque distance du mont Ventoux.

Un point essentiel observé par M. Rozet, c'est que la vapeur d'eau, tenue en dissolution dans l'atmosphère, devient visible sous forme de brume quand l'air subit un abaissement de température de 15 à 20 degrés. Le souffle glacé du nord-est vient-il à s'abattre du haut des Alpes sur le département de Vaucluse, la température de l'air reste inférieure à celle de la terre de 14 degrés et au delà; aussitôt apparaît une couche de brouillard, dont l'épaisseur peut avoir 14,000 mètres. Les mêmes phénomènes se manifestent vers le sommet glacé des monts ou dans les profondeurs des vallées dont l'air se refroidit sous l'influence de la nuit.

Au sommet du mont Ventoux, l'observateur a pu voir des nuages se former avec la chute d'un peu de neige, et se maintenir par l'abaissement de la température, tant que la neige persistait. Mais celle-ci, en fondant sous l'influence des rayons solaires, permettait à l'air de se réchauffer peu à peu et aux brumes de disparaître.

Les nuages qui se forment sont de ceux qu'on appelle *cumulus*. M. Rozet a reconnu que le maximum d'élévation de leur surface inférieure était de 2,200 mètres au mois de juillet. L'épaisseur de ces nuages varie entre 50 et 1,300 mètres.

Vers le soir les cumulus semblent s'aplatir pour former des *stratus*, dont les couches présentent dans leur disposition horizontale quelques rapports avec certains gisements géologiques. Au-dessous pendent des vapeurs arrondies et disposées sous forme de flocons, dont les teintes variées donnent, parfois, tant de splendeur au coucher du soleil.

Ces deux espèces de nuages n'apportent aucun trouble dans l'atmosphère. Mais quand il se forme des *cirrus*, vapeurs blanches et légères, aux bords frangés, où l'eau se condense en petites masses cristallines et neigeuses, le cumulus, mis en rapport avec elles par l'action des vents, devient un *nimbus*, dans le sein duquel s'opèrent des condensations et des liquéfactions subites; le tonnerre se fait entendre et la pluie se précipite sur la terre; elle dure tant que le cirrus persiste dans les régions supérieures de l'atmosphère, et jusqu'à épuisement complet du cumulus.

Le cirrus se montre plus volontiers dans les contrées montueuses; c'est pour cela qu'elles reçoivent plus fréquemment la pluie que les grandes plaines.

Dʳ CLAVEL.

ÉTUDES SUR L'AGENT LUMINEUX.

LUMIÈRE RÉFLÉCHIE.

Un rayon lumineux, rencontrant un obstacle, semble, en raison de la parfaite élasticité de l'éther, rebondir, comme ferait une balle sur un plan résistant; il reprend sa course dans une autre direction, il est réfléchi, et presque toujours il a subi quelque altération. Supposons-le frappant perpendiculairement un plan tel que la surface d'un miroir, il recommence, mais en sens inverse, le trajet qu'il vient de parcourir; au contraire, s'il tombe sur une surface réfléchissante, en faisant avec elle un angle déterminé, il repart et trace un angle de réflexion égal à celui d'incidence.

Le rayon incident et le rayon réfléchi sont toujours dans le même plan; les différences qu'ils présentent tiennent à la nature des corps réflecteurs. Certains, parmi ces derniers, dispersent la lumière, surtout s'ils manquent de poli et s'ils présentent une multitude de facettes qui répercutent les rayons lumineux dans diverses directions; d'autres sont perméables à la lumière dont ils retiennent une partie, pour réfléchir l'autre portion, sous forme de rayons bleus, rouges ou verts; de couleur, en un mot. Dans ce cas, l'agent lumineux n'est plus complet; il est décomposé.

Aucun corps, dans la nature, quels que soient son poli et l'exactitude du plan qu'il représente, ne réfléchit la totalité des rayons lumineux qui viennent le frapper; une glace elle-même, bien que classée parmi les réflecteurs les plus exacts, disperse quelques portions de lumière, soit parce que le cristal ne peut être parfaitement diaphane, soit parce que l'étamage présente quelque défectuosité. Cependant la réflexion est assez exacte pour tromper dans certains cas l'œil de l'homme, et à plus forte raison, l'œil des animaux.

Si on jette un regard dans une glace, l'organe de la vue est frappé par une multitude de rayons réfléchis qu'il suppose directs, de telle sorte que les corps d'où ils partent sont vus derrière le miroir. Cette erreur d'optique, que nous retrouverons chaque fois que le rayon lumineux perdra sa rectitude, est loin d'être la seule. Les images paraissent transposées de droite à gauche et de gauche à droite; elles sont *symétriques* des objets par rapport au plan du miroir, mais elles conservent leur dimension, leur figure et leur couleur.

Tels sont les phénomènes que présentent les réflecteurs à surface plane; ceux dont la surface est courbe sont loin d'agir de même. Un miroir concave, par exemple, est frappé par des rayons venus d'un point éloigné et à peu près parallèles : il les réfléchit, en vertu de la propriété des sections coniques, de manière qu'ils convergent vers un même point qu'on appelle le *foyer*, et qui se trouve à égale distance de la surface et du centre du miroir. Pour l'observateur, dont l'œil est placé dans le voisinage du foyer, les images réfléchies sont beaucoup plus éclairées qu'à l'ordinaire, par suite de la concentration de la lumière; elles prennent, en outre, des proportions colossales, parce que l'œil *voit* des rayons lumineux qui s'écartent et qui, dans leur projection en arrière, couvrent une vaste surface.

Une autre propriété du miroir concave, c'est de rendre parallèles tous les rayons qui émanent de son foyer, et d'empêcher leur dispersion, à mesure qu'ils traversent l'espace. Leur nombre serait le même après plusieurs lieues de trajet, s'ils n'étaient interceptés par les brumes de l'atmosphère; une lampe, placée au foyer d'un miroir concave, peut donc éclairer, à des distances considérables, un espace restreint, il est vrai; cette utile propriété a été mise à profit, soit pour la construction des phares, soit pour l'éclairage de la voie publique.

Les miroirs convexes présentent des propriétés entièrement différentes : au lieu de concentrer les rayons lumineux, il les dispersent de telle sorte que les corps réfléchis par eux paraissent moins éclairés qu'ils ne le sont réellement, et beaucoup plus petits. L'œil reçoit des rayons qui divergent en arrivant vers lui, et qui tendent à se rapprocher, quand ils sont prolongés derrière le miroir, dans le phénomène de la vision; l'image qu'ils interceptent va donc toujours se rétrécissant, elle devient nulle à une distance variable, selon la courbure du miroir.

Dʳ CLAVEL.

HÉLIOGRAPHIE SUR PAPIER.

Notre collègue, M. Mestral, nous communique la lettre suivante d'un de ses amis, M. Paul Jeuffrain, habile amateur héliographe d'Elbeuf, et que nous insérons en entier, parce qu'elle contient des détails très-intéressants concernant la photographie.

Nous invitons nos lecteurs à essayer les procédés de M. Jeuffrain, et à nous faire part des résultats qu'ils en obtiendront.   DE MONTFORT.

Monsieur,

En lisant dans *la Lumière* (numéro du 23 mars) la communication que je vous ai faite, il y a quelque temps, mais d'une manière bien incomplète, j'ai pensé qu'il vous serait peut-être agréable de recevoir des renseignements plus détaillés sur des procédés que je dois à l'obligeance de M. Hennemann, dont l'habileté en photographie est si connue, et qui m'a reçu de la manière la plus affable dans un voyage que j'ai fait à Londres, à la fin de l'été dernier. Personne n'est plus que vous, monsieur, à même de juger s'il est utile de publier ces notes; aussi je vous les livre, en vous laissant toute liberté d'en faire ce que bon vous semblera.

M. Hennemann attache une grande importance à l'exposition du papier ioduré au soleil; effectivement, les images obtenues après cette exposition ont beaucoup plus de transparence, ainsi que vous pouvez en juger par la portion d'épreuve que je vous envoie. Ce papier peut se conserver indéfiniment. Lorsqu'on veut s'en servir, on étend au pinceau les trois liquides suivants, que l'on mélange en diverses proportions, selon le temps qui doit s'écouler entre la préparation et l'épreuve que l'on veut faire :

N° 1. Solution de 5 gram. 25 dans 31 gram. eau distillée.
   2. Acide acétique cristallisable.
   3. Eau saturée d'acide gallique.

Pour papier préparé une demi-heure avant l'exposition, on mélange :

1 partie de la solution n° 1.
2   »   »   2.
5   »   »   3.

On étend ce mélange aussi également que possible sur le papier ioduré, et après quelques minutes, selon la nature du papier, on sèche au buvard. Le papier très-fortement collé est plus longtemps à s'imprégner que celui dont l'encollage est léger.

Pour papier préparé quatre à cinq heures d'avance, on emploie un mélange de

1 partie de la solution n° 1.
1   »   »   2.
6   »   eau distillée.

Pour papier Turner :

1 partie de la solution n° 1.
2   »   »   2.
10   »   eau distillée.

Ce papier peut se conserver dix heures.

Pour du bon papier Whatmann :

1 partie de la solution n° 1.
2   »   »   2.
10   »   »   3.

Quand le papier est très-bon, il peut se conserver vingt-quatre heures.

Je n'ai pas suffisamment expérimenté ces diverses préparations pour pouvoir exprimer une opinion formelle; mais d'après le peu d'essais que j'en ai faits, je préférerais le papier préparé au sérum du petit-lait, comme l'a indiqué M. Blanquart-Evrard; j'en ai obtenu des résultats plus constants (1). Cependant, si l'emploi de l'iodure li-

(1) M. Humbert de Molard a appliqué l'iodure d'argent sur albumine, et en a obtenu des résultats parfaits; des portraits exécutés ainsi, que j'ai vus chez M. Ch. Chevalier, ne laissent rien à désirer. J'ai tenté bien des essais, mais sans beaucoup de succès; cependant deux portraits, manqués par suite de taches, étaient venus en 80 secondes, et dans le même espace de temps je ne pouvais rien obtenir sur papier.

quide devait faciliter l'usage du papier sec, j'y verrais de si grands avantages que je voudrais tout tenter pour le perfectionner. Vous savez trop combien on éprouve de difficultés dans l'emploi du papier humide pour ne pas appeler de tous vos vœux un moyen qui permettrait de partir le matin avec son appareil et un cahier de papier, et de rentrer le soir terminer chez soi, avec toutes les facilités dont on dispose dans un laboratoire, les vues que l'on aura recueillies dans la journée. Ce n'est que quand on sera parvenu à ce point que l'héliographie pourra rendre d'immenses services. Il ne faut pas se le dissimuler, par les procédés vulgarisés jusqu'à ce jour, on ne réussit que par exception, et l'on manque plus d'épreuves que l'on n'en obtient de parfaites. Vous comprendrez donc avec quel intérêt j'attends la communication promise par M. Bayard.

Dernièrement j'entendais exprimer le vœu que dans la publication des procédés, chaque auteur fît connaître les avantages de ses préparations et l'influence exercée par chacune de ses substances. Par là on épargnerait bien des tentatives infructueuses, car qui n'a pas cherché à modifier telle ou telle dose? En faisant connaître l'action des divers produits chimiques on éviterait bien des ennuis et souvent bien des dégoûts à ceux qui cherchent des améliorations. Ce serait, je crois, un moyen de faire progresser la science.

PAUL JEUFFRAIN.

P.-S.—Depuis quelque temps on propose divers moyens pour obtenir des fonds convenables pour portraits. Voici un procédé bien simple employé par M. Hennemann; il offre le double avantage de varier le fond des portraits selon les besoins, et de pouvoir prolonger la pose pour laisser aux vêtements foncés le temps de bien venir.

Derrière le siège du modèle est placée une tenture blanche, recouverte d'un rideau en velours noir; on peut à volonté laisser agir plus ou moins le blanc de la tenture, et obtenir ainsi toutes les dégradations de lumière nécessaires pour faire ressortir le modèle. En outre, comme l'opération se termine devant le rideau noir, au moyen d'un écran de velours de même couleur, muni d'un long manche, on masque plus ou moins la figure de la personne qui pose, et on peut ainsi laisser aux vêtements tout le temps d'impressionner le papier, sans qu'il en résulte de la gêne pour le modèle. C'est ainsi que pour mon portrait, après 40 secondes de pose, la figure a été cachée, et l'opération a continué 80 secondes pour obtenir la bonne venue de mes vêtements noirs.

DU NATURALISME DANS L'ART
DE SON PRINCIPE, ET DE SES CONSÉQUENCES,
(A PROPOS D'UN ARTICLE DE M. DELÉCLUZE.)
(Suite et fin.)

Ce retour violent à la nature remet dans l'art des principes de vie; nous l'admettons pour sa violence même, préférable à une estimable tiédeur, en ce qu'il appelle les adversaires du réalisme à des efforts également violents qui, peut-être, seront productifs.

D'ailleurs, l'abus de la nature est bien moins dangereux que l'excès contraire.

Enfin, il faut bien que nous soyons favorables à des révoltes dont l'opinion nous rend complices. Quel est, aux yeux des peintres et des critiques d'académie, le premier, le vrai, le grand coupable? quel est ce révolutionnaire, ce niveleur impitoyable de l'art moderne? C'EST L'HÉLIOGRAPHIE.

Dans notre opinion, cette découverte est appelée, non à accroître, mais à modérer, à discipliner, à régulariser l'emploi du principe nouveau: le remède à l'abus du naturalisme est dans la nature même, dont l'héliographie fournit la plus immédiate traduction.

Or, la question est engagée, l'alarme est dans les divers camps; la photographie a pris place, grâce à notre journal et à ses réunions, parmi les éléments de la critique d'art. Nous voilà donc en demeure de la défendre, de redresser les erreurs, de rassurer les consciences, et d'expliquer ce qui, faute de lumières, peut être érigé en fautaises.

C'est le *Journal des Débats* qui, le premier, a fait entendre, par l'organe de M. Delécluze, et dans son septième feuilleton sur *l'Exposition*, de sérieuses prophéties sur la future influence de l'héliographie.

Cet honorable écrivain, hâtons-nous de le dire, n'est point un adversaire. Il a assisté à nos séances, admiré les travaux de nos photographes, et pris à ce qui concerne l'entreprise un intérêt dont ils lui sont reconnaissants. Bienveillant et érudit, loyal, tolérant, même pour les idées qui ne sont pas les siennes, sincère à un degré rare, plein d'expérience, et dégagé de passions étroites, M. Delécluze est, au point de vue moral, un critique vraiment recommandable. Par son âge et la nature de ses études, M. Delécluze ne saurait être sympathique à la théorie radicale du naturalisme; cependant personne ne l'a signalée avec plus de modération, ne l'a critiquée avec plus de bienséance et d'honnêteté.

Son feuilleton contient, par rapport à l'héliographie, les paroles suivantes, précieuses à conserver avec leur date; car elles fixeront un jour la situation acquise à cette découverte au moment où nous sommes. Nous citerons ce passage qui témoigne de la surprise, je dirai presque de l'effroi ressenti par ce critique distingué, à la vue des travaux de l'héliographie, science que tant de gens croient encore à son enfance:

« Il y a certainement une grande quantité de mauvais portraits à l'Exposition; cependant, en concentrant son attention sur le nombre assez grand des bons ouvrages en ce genre, on peut alors hardiment avancer que si le jury eût été raisonnablement sévère, on trouverait dans les galeries de cinquante à soixante portraits dont le mérite est tout à fait remarquable; tellement même que je ne suis pas éloigné de penser que ce mode de l'art aujourd'hui celui dont la culture est la plus régulière et la plus avancée.

« Mais cette régularité et ce progrès sont dus en grande partie, il faut le dire, à la pression toujours plus forte qu'exercent depuis dix ans environ, sur l'imitation dans les arts, deux puissances scientifiques qui agissent fatalement, je veux dire le daguerréotype et la *photographie*, avec lesquels les artistes sont déjà obligés de compter. Ainsi, ils doivent tous savoir que désormais ce serait perdre follement du temps et de l'argent que d'employer la main de l'homme le plus habile à reproduire par le dessin les vues et la représentation de pays, de villes, d'édifices, de statues, etc., et même des personnes et des animaux dont on a besoin d'avoir la configuration, soit pour satisfaire la simple curiosité, soit dans le but de favoriser les études scientifiques de tout genre.

« Ceci est un fait déjà avéré; mais il en est un autre qui, je le crois bien, ne sera pas plus contesté d'ici à quelque temps: c'est la faculté d'obtenir des portraits tout à fait satisfaisants sur papier, par le procédé de la photographie, substitué au daguerréotype. Et si, comme on s'en flatte déjà, on parvient à joindre à l'exactitude des formes et à la juste distribution des lumières et des ombres la couleur des objets, tous les ouvrages où l'on se propose pour but l'imitation exacte de la nature, comme le portrait et les scènes dites de genre qui ont fait la gloire de Van Ostade, de Steen et de Gérard Dow, rentreront nécessairement dans le domaine des instruments de physique.

« On trouvera peut-être ma prédiction quelque peu aventurée; mais dans un moment où la peinture de pure imitation est l'objet de l'engouement général, et où tout semble concourir fatalement à multiplier le nombre des artistes, il est bon, je crois, de faire savoir qu'il y a quelques branches de l'art, comme la gravure, la lithographie, le genre et le portrait, dont l'existence est déjà très-menacée. »

Ainsi, aux yeux de M. Delécluze, dès ce moment, la photographie a régénéré l'art du portrait, et elle exerce sur les arts d'imitation *une pression croissante*; c'est *une puissance* avec laquelle les artistes *sont obligés de compter*.

Ces opinions constituent le plus bel éloge de la photographie. Non content de la substituer à plusieurs genres de travaux d'art, tels que la reproduction des villes, des statues, des édifices, des sites mêmes, notre panégyriste va jusqu'à prévoir que le portrait et la peinture de genre, l'art de Van Ostade, de Jean Steen, de Gérard Dow rentreront nécessairement dans le domaine *des instruments de physique*. L'argumentation conclut, à l'adresse des artistes, par une invitation à la terreur, presque à l'abdication.

Nous voilà donc dans l'obligation de rassurer les esprits contre des pronostics arrachés à l'imagination d'un homme de sens et de raison, frappée à l'excès par le mérite imprévu des épreuves de la photographie.

C'est en vain, objecterons-nous, que la peinture de pure imitation est l'objet de l'engouement général: si *réaliste* qu'elle soit, elle ne ressemblera jamais à une œuvre héliographique, et le produit de la science aura beau rapprocher de la vérité l'interprétation de l'art, celle-ci restera intacte; elle sera, comparée à la photographie, ce qu'elle fut de tout temps, comparée à la nature. L'invention, la fantaisie, le sentiment, le style, le rêve de la pensée, le travail de l'exécution matérielle, où se glisse l'originalité de l'esprit, sont des qualités hors d'atteinte et des éléments d'intérêt imprescriptibles.

De même que le dessin de Michel-Ange n'est pas celui de la nature vulgaire, de même l'harmonie d'un coloriste possède une puissance supérieure à celle de la nature. Van Ostade, Rembrandt, Metzu, Jean Steen nous présentent la couleur telle qu'on l'a rêvée: ils sont vrais pour l'imagination; l'intérêt qu'ils excitent, le charme qu'ils procurent ont leur source au fond de l'âme; un intérêt, un charme qui ne procèdent pas immédiatement de la fidèle représentation des objets extérieurs. Entrez dans une échoppe éclairée par un jet de lumière blanche, vous serez médiocrement saisi: livrez ce motif à la photographie, il ne vous saisira guère plus que la nature même: abandonnez un tel sujet au pinceau d'un Van Ostade, et vous aurez un tableau exquis dont on ne pourra détacher ses regards.

Un pot à eau, un verre à demi plein posés sur une table de chêne contre un mur gris... voilà certes une donnée fort commune: qu'un artiste éminent l'exploite, l'œil est réjoui; le modèle ne l'avait pas même distrait une seconde.

Il n'y a pas, il n'existera jamais de peinture *naturaliste* ou *réaliste*, ou *matérialiste*, dans l'acception absolue de ces mots.

A notre sens, l'héliographie aura pour but définitif de faire ressortir plus éclatant et plus senti le côté idéal de l'art, en s'emparant de tout ce qui est du ressort de la réalité sèche et crue. La photographie contraindra l'artiste à s'élever au-dessus de la copie mécanique des objets, elle déclassera ce qui ne va pas plus haut, elle anéantira ce qui ne possède qu'un semblant d'idéal, ou ce qui se limite aux bornes étroites de la géométrie, de la perspective et de l'épure mathématique.

Il y a mieux: l'héliographie aidera à redresser nombre d'erreurs vulgaires dans la critique moderne; elle dégagera les artistes des entraves que leur opposent des jugements exclusifs, et leur fournira des arguments sans réplique pour justifier les fantaisies les plus hardies de l'imagination. Ce rôle libéral de la photographie est facile à démontrer, et je n'en veux ici qu'un exemple.

Bien qu'ennemi du *naturalisme* et de la pure imitation, M. Delécluze, défenseur apparent de la liberté dans l'art, n'enferme pas moins, comme tous les critiques, l'ensemble des artistes dans les bornes d'une certaine tradition, d'une certaine manière. Il lui répugne de les soumettre à la tyrannie de la nature; il préfère les assujettir aux exigences non moins inflexibles d'une abstraction théorique.

De là cette loi posée, fort arbitraire à notre sens: — *la peinture claire* et presque sans ombres est propre aux époques de naïveté, d'inexpérience et d'instinct. C'est celle des peintres gothiques. Arrive ensuite la science qui produit *la peinture modelée*, au delà de laquelle s'avance *la peinture noire*, celle où l'intensité des ombres est exagérée pour faire valoir les parties lumineuses. Quand on en est là, *l'art est en décadence*, etc.

Ainsi, Holbein ne sera pas modelé, parce qu'il met ses figures en pleine lumière. Or, il l'est d'autant plus habilement, qu'il se passe de la vigueur des ombres. Il faudra peindre comme André Del Sarte ou Raphaël, et, Ribera, Vélasquez, Rembrandt seront des artistes de décadence.

Ce paradoxe me frappe. Pour moi, ces derniers maîtres sont des prodiges de science. Ils ont cherché autre chose que Raphaël et ont trouvé ce qu'ils cherchaient. Ce raisonnement, d'ailleurs, serait acceptable s'il s'appliquait aux peintres d'un même pays. Car l'expérience l'a prouvé, chaque peuple, chaque climat correspondent à une façon différente d'entendre et de sentir la couleur. Les pays brumeux ont un ton local assez élevé: Venise, la Flandre ont toujours peint avec éclat et profondeur. Les Allemands, à qui l'on doit la première tradition gothique, sont restés fidèles à la peinture claire; les tableaux gothiques des Vénitiens sont foncés, ceux des Espagnols sont noirs. Quant aux Italiens, ils sont très-nuancés; plus clairs à Florence, sombres à Rome sous le pinceau de Jules Romain; plus doux avec Raphaël... Mais n'oublions pas que Michel-Ange, et surtout Léonard de Vinci ont modelé souvent dans les couleurs les plus assombries.

Pour nous, qui avons reçu de la photographie de bonnes leçons de tolérance, nous admettons toutes les gammes, toutes les manières d'interpréter un effet.

Pourquoi? parce que la photographie nous les a successivement offertes, et qu'elle a justifié à nos yeux toutes les palettes harmonieuses, à quelque niveau que l'on prenne *la tonique*, c'est-à-dire la note sombre qui sert de base.

C'est au point que plusieurs photographes, avant de commencer un portrait, sont à même d'offrir au modèle un effet lumineux, comme ceux d'Holbein ou d'Hemling ou un effet contrasté à la Rembrandt. Le résultat dépend de la position où l'on place ce modèle, faculté d'option accessible à tous les peintres qui, suivant leur goût ou la mode de leur époque, ont choisi l'éclairage qui leur plaisait le mieux.

Ainsi, plus libérale, moins inflexible que la critique en tranché dans le culte du beau idéal, l'héliographie justifie toutes les écoles et enhardit l'artiste à suivre sa fantaisie lui prouvant, confirmation heureuse! qu'il a toujours raison s'il est resté logique jusqu'au bout et s'il a réalisé sa pensée.

Puisque la photographie prend si vite un rang parmi les éléments de la critique, nous ne saurions trop promptement prémunir les artistes contre le danger des funestes interprétations propres à égarer. Loin de les effrayer, elle doit leur donner courage; elle leur présente un contrôle utile et plus souvent un avocat sans réplique. Cependant, l'inquiétude, fruit de toute nouveauté, s'attache à ses progrès: nous avons entrevu de vagues frayeurs, et tout récemment j'ai reçu d'un esprit très-éminent, une lettre qui dépeint ces dispositions, et où mécontentement réel se devine sous les traits d'une mélancolique ironie.

Vraiment, il faut douter de son âme et de la puissance du génie de l'homme, pour s'imaginer qu'une invention scientifique puisse faire passer dans une machine, si aite qu'elle soit, le souffle de l'inspiration et le feu de la pensée, de même que certain personnage d'Hoffmann avait fait boire à un violon l'âme de sa grand'mère.

Pour supposer sérieusement que le mécanisme héliographique soit appelé à supprimer un seul des genres nombreux de la peinture, il faut avoir été préalablement convaincu que la peinture, que le dessin sont des arts mécaniques et ne sont rien de plus.

Non, ce qui fait l'artiste, ce n'est ni le dessin seul, ni la couleur, ni la fidélité d'une copie : c'est le *mens divinior*, c'est la divine inspiration dont l'origine est immatérielle. Ce n'est point la main, c'est le cerveau qui constitue le peintre; l'instrument ne fait qu'obéir.

En réduisant au néant ce qui lui est inférieur, l'héliographie prédestine l'art à de nouveaux progrès; en rappelant l'artiste à la nature, elle le rapproche d'une source d'inspiration dont la fécondité est infinie.

Francis Wey.

NOUVELLES DIVERSES.

M. Niépce de Saint-Victor, auquel nous devons le procédé sur verre ainsi que d'autres découvertes qui ont imprimé dans ces derniers temps une impulsion extraordinaire aux progrès de l'héliographie, poursuit activement ses intéressantes recherches pour l'obtention des couleurs à la chambre obscure. Le paquet cacheté qu'il a déposé récemment à l'Académie des sciences renferme, nous a-t-on dit, l'exposé des nouvelles découvertes qu'il vient de faire dans cette voie ouverte, il y a deux ans à peine, par les savantes expériences de M. E. Becquerel. Tout fait espérer que les efforts de M. Niépce seront couronnés d'un plein succès, et que l'*héliochromie* constituera bientôt une science à part que la France ajoutera glorieusement encore au nombre de ses plus belles conquêtes.

— Lundi dernier, l'Académie des sciences a reçu de MM. Humbert de Molard et Aubrée la communication d'un procédé à bases ammoniacales, sur lequel ces expérimentateurs fondent le plus grand espoir. La présence de l'*acétate d'ammoniaque* dans le bain d'acide gallique est, suivant eux, et ainsi que le constatent leurs propres expérimentations, un agent accélératif des plus puissants en photographie. Quelques spécimens qu'ils ont mis sous nos yeux et qu'ils disent avoir obtenus après quelques secondes seulement d'exposition à la chambre, nous semblent légitimer leurs espérances. MM. Humbert de Molard et Aubrée nous promettent de nous communiquer prochainement des détails pratiques sur l'application de ce nouveau procédé. Aussitôt que ces détails seront en notre possession, nous nous empresserons de les communiquer à nos lecteurs.

— Un artiste héliographe, M. N...., vient de partir pour l'Egypte dans le but d'explorer ce beau pays. Il emporte, à cet effet, une provision de papier tout préparé par les soins de l'un de nos marchands de produits, M. Scheurer. Notre artiste n'a donc point à s'inquiéter du temps que lui prendraient, dans un coûteux voyage, les soins à donner à de longues et minutieuses manipulations; il n'aura plus, pour ainsi dire, qu'à braquer son appareil sur les sites et les monuments qu'il lui plaira de dessiner sur sa route; puis, de retour en France, avec une ample provision de clichés, il tirera de ceux-ci ou en fera tirer autant de reproductions positives que nécessitera l'empressement des amateurs à se les procurer.

— M. le prince Emmanuel Galitzin vient d'écrire de Saint-Pétersbourg, le 12 mars, à M. de La Roquette, secrétaire général de la Société de géographie, pour lui transmettre l'analyse d'un rapport de l'administration des mines de l'empire, contenant des détails étendus sur de riches dépôts de minerai d'argent récemment découverts dans la région de l'Altaï. Le minerai extrait de l'une des veines métalliques la plus abondante ayant été soumis à l'analyse, il a été reconnu qu'il contenait 1 zolotnik 1/2 (9 grammes environ) d'argent pur, et de 8 à 26 livres de plomb par pond (40 livres) de minerai.

La lettre du prince de Galitzin renferme, outre des détails sur les mines, des renseignements géographiques sur l'Altaï et les contrées voisines.

— Un ingénieur anglais exécute en ce moment, pour l'exposer à Paris au mois de mai prochain, un plan en relief du palais de cristal qui servira à l'Exposition universelle de Londres. Ce plan aura dix mètres de long sur trois mètres de large; il représentera, avec une exactitude géométrique, les bâtiments de l'exposition, leur division et la place affectée aux produits de chaque nation. Il sera composé des mêmes matériaux que le palais de cristal lui-même.

Édilité. — Sur le rapport de l'inspecteur de l'éclairage, M. le préfet de police vient d'autoriser des expériences qui promettent à la viabilité publique un utile perfectionnement. Rendre lisibles pendant la nuit les noms des rues, tel est le problème que déjà plusieurs fois s'était proposé l'édilité parisienne. Des appareils qui, depuis quelques jours, se remarquent dans plusieurs quartiers, et notamment sur le boulevard des Italiens, au-dessus des lanternes à gaz, paraissaient avoir très-heureusement résolu la difficulté. D'une construction qui doit être peu coûteuse, quoique d'une forme élégante, ces appareils couronnent les lanternes destinées à l'éclairage public, en utilisant la lumière qu'ils concentrent par des réflecteurs, et permettent de lire à une grande distance le nom des rues, places, ponts et quais qu'ils portent à leur base, se détachant sur un fond noir en lettres lumineuses et découpées à jour. Susceptible de beaucoup d'applications d'utilité privée, cette ingénieuse invention va, dit-on, être prochainement appliquée sur plusieurs lignes de chemins de fer, où elle servira à indiquer les stations pendant la nuit. L'adoption de ces indicateurs nocturnes, qui nous ont paru atteindre d'une manière très-satisfaisante le but que s'est proposé leur auteur, serait une utile et désirable amélioration.

— L'Assemblée a voté un crédit de 90,000 fr. demandé par M. le ministre de l'instruction publique, pour la construction parallatique de la grande lunette de l'Observatoire. Cet appareil, destiné à porter une lunette plus grande que les lunettes connues, permettra de lui imprimer, à l'aide d'un mécanisme d'horlogerie, un mouvement uniforme et sans saccades. L'objectif de la lunette doit avoir une largeur de 38 centimètres ou 14 pouces. On espère qu'il grossira de 3 à 4,000 fois. Avec une lunette qui ne grossissait guère plus qu'une lunette d'Opéra, Galilée parvint à reconnaître les phases de Vénus, les satellites de Jupiter, les montagnes de la lune, le mouvement de rotation du soleil, le nombre prodigieux d'étoiles que renferme la voie lactée. La nouvelle lunette de l'Observatoire procurera une amplification deux ou trois cents fois supérieure à celle dont se servait Galilée. On va pouvoir sonder l'espace céleste dans ses profondeurs, étendre le champ des observations astronomiques, par exemple, mesurer la distance de beaucoup d'étoiles à la terre, acquérir des notions précises sur la construction physique des planètes, étudier les révolutions des étoiles doubles, ces soleils qui tournent les uns autour des autres, enfin suivre les comètes jusqu'à leur plus extrême éloignement. Voilà, du moins, ce que nous promet le Bureau des longitudes.

— Une souscription s'organise à *Noyon* (Oise) pour élever une statue en bronze à Jacques Sarrazin, sculpteur du pape Clément VIII et du roi Louis XIII, premier recteur de l'Académie de peinture et de sculpture, né à Noyon en 1592.

Télégraphie électrique. — Un physicien français, M. Lemolt, a construit une nouvelle batterie galvanique pour le service des lignes télégraphiques de France. Cette batterie, composée de 56 couples, qui est à anse fixe et à *élément carbone électro-type*, peut fonctionner pendant un mois sans être rechargée, et n'occasionne aucune dépense (10 centimes seulement par jour). Cependant elle suffit au service simultané des grandes lignes d'Amiens, Lille, Strasbourg, Toulon et Bayonne, auxquelles elle a été appliquée par M. Alphonse Foy, administrateur des lignes télégraphiques.

FRAGMENT
D'UNE HISTOIRE INÉDITE DE LA PHYSIQUE.

Nescire, disait Cicéron, *quod antequam natus esses factum sit, id semper esse puerum.* A ce titre, les savants de nos jours sont, pour la plupart, de bien grands enfants, car ils ignorent généralement ce qui a été fait avant eux. Quelle est la source de cette ignorance ? Pour les uns c'est le défaut de connaissances linguistiques préliminaires ; pour les autres, c'est l'immense orgueil de l'homme qui, dédaignant de regarder en arrière, s'imagine que le monde finit là où s'arrête sa vue. Il faut pardonner aux premiers, mais être impitoyable pour les derniers; car ce n'est plus là une question d'individus : il s'agit de combattre, quoique sans espoir de vaincre, un de ces vices radicaux, innés, qui sont l'origine de toutes les erreurs.

Le mal comme le bien, tout suit une marche inexorablement fatale. Si nous sommes injustes, dédaigneux à l'égard de nos devanciers, nos descendants se chargeront eux-mêmes de nous punir selon la loi du talion. Consultons plutôt les grandes archives de l'humanité, l'histoire.

« Il existe dans l'air un principe qui entretient la flamme et la vie, a dit Anaximènes. » — Cette vérité, aujourd'hui le premier fondement d'une science qui ne date pour ainsi dire que d'hier, devait pendant 2,400 ans rester aussi stérile que le grain de blé dans une momie égyptienne.

« Les métaux augmentent de poids quand on les calcine. Cette augmentation de poids vient de ce qu'un *esprit* (gaz ou *gast*, un mot bas-saxon qui signifie *esprit*) s'unit au corps du métal; et ce qui le prouve, c'est que la poudre rouge provenant de la calcination du mercure, dégage un esprit par l'action du feu. » — Cela fut expérimenté et écrit dans l'année 849. La date est précise. Eh bien, cette découverte, qui amena une révolution dans les sciences, resta pendant plus de dix siècles ensevelie dans la poussière des bibliothèques. Le souvenir même en demeure effacé ; car personne n'a jamais contesté à Lavoisier et à Priestley d'avoir, il n'y a pas cent ans, découvert l'*oxygène*, bien que l'oxygène ne soit, comme on vient de le voir, que l'*esprit* d'Eck de Salzbach. Maintenant, est-ce à dire qu'Eck de Salzbach eût profité des idées d'Anaximènes, et que Lavoisier ou Priestley eût copié Eck de Salzbach ? Non, l'homme est encore plus orgueilleux que plagiaire. Demandez aux chimistes actuels s'ils lisent les travaux de Lavoisier et de Priestley. Patience; après leur mort, ils seront eux-mêmes punis par où ils ont péché de leur vivant. Réalisant la fable de Sisyphe, au moment où nous croyons toucher au but, l'œuvre, qui nous a coûté tant d'efforts, échappe de nos mains, et ceux qui viennent après nous recommenceront le même manège. Si l'on avait toujours continué à construire avec les matériaux accumulés par le temps, on finirait par escalader le ciel. Dieu apparemment ne veut point que nous soyons des Titans.

Des réflexions d'un ordre plus élevé encore nous sont suggérées par la lecture du passage de Diodore, que voici : « C'est, dit cet auteur grec, en imitation de la puissance naturelle du soleil, que les arts pratiqués par l'homme, disciple de la nature, arrivent à colorer la matière et à la faire varier d'aspect ; car la lumière est la cause des couleurs ; de plus, elle développe le parfum des fruits, les propriétés des sens, la taille et les instincts des animaux. La lumière et la chaleur du soleil produisent les différentes qualités du sol : elles rendent, par leur douce influence, la terre fertile et l'eau fécondante ; enfin, le *soleil est l'architecte de la nature*[1]. »

Il y a de ces vérités qui sont senties plutôt que comprises : elles sont contemporaines de l'homme. Le culte que les peuples primitifs ont voué au soleil a certainement sa raison, non pas seulement dans l'éclat lumineux de cet astre qui fait distinguer le jour des ténèbres, mais surtout dans l'influence vivifiante, mystérieuse, et, pour ainsi dire, toute divine, que le soleil exerce sur toute la création. Cette influence a été sans doute reconnue de tout temps, bien qu'on n'eût encore aucun moyen de s'appuyer sur des démonstrations scientifiques. Depuis plus de deux mille ans (Diodore n'est ici que l'interprète de témoignages plus anciens), on sait que la lumière est la cause des couleurs; mais c'est depuis un siècle et demi à peine que l'on a trouvé la démonstration scientifique de ce fait. Les anciens savaient, comme nous, que le chatoiement irisé des plumes du paon est un effet du soleil; mais ils ignoraient comment cet effet résulte de certains phénomènes que la physique moderne essaye de nous expliquer. Il serait inutile de multiplier les exemples. Il suffit de faire ressortir que les grandes vérités scientifiques, exprimées dans leur formule la plus générale, ont été connues presque de tout temps, et qu'elles existent naturellement dans l'intelligence humaine à l'état de germe plus ou moins latent. Tous les progrès de la science ne semblent donc consister que dans la découverte des détails démonstratifs à l'appui de ces vérités.

Ferd. Hoefer.

HÉLIOGRAPHIE SUR VERRE.
PAR M. NIÉPCE DE SAINT-VICTOR.

(Suite.)

J'ajouterai que l'on pourra obtenir de très-jolies épreuves positives sur verre opale.

Ne peut-on pas espérer que, par ce moyen, on parvienne à tirer des épreuves de la pierre lithographique, ne serait-ce qu'en crayonnant le dessin reproduit, si l'on ne peut pas l'encrer autrement? J'ai obtenu de très-belles épreuves sur un *schiste* (pierre à rasoir) enduit d'une couche d'albumine. A l'aide de ce moyen, les graveurs sur cuivre et sur bois pourront obtenir des images qu'il leur sera très-facile de reproduire.

Tous les procédés de photographie sur papier peuvent s'employer sur une couche d'empois ou d'albumine.

(*Académie des Sciences, octobre 1847*).

Le 12 juin 1848, M. Niépce de Saint-Victor faisait, sur le même sujet, à l'Académie des sciences, une seconde communication ainsi conçue :

« Dans le Mémoire que j'ai eu l'honneur de présenter à l'Académie au mois d'octobre dernier, j'ai publié ce que

[1] Voyez Diodore de Sicile, *Bibliothèque Historique*, t. 1, p. 196 de ma traduction.

j'avais fait alors sur ce sujet. Aujourd'hui je viens ajouter les nouveaux résultats que j'ai obtenus.

« Les épreuves que j'ai l'honneur de présenter ne sont encore que des reproductions de gravures et de monuments d'après nature, la longueur de l'opération ne m'ayant pas permis de faire le portrait en employant l'albumine seule ; cependant, j'ai obtenu des épreuves de paysages en 80 à 90 secondes à l'ombre, et si l'on mélange du tapioka avec l'albumine, on accélère l'opération, mais l'on perd en pureté de traits ce que l'on gagne en vitesse.

« J'ai indiqué dans mon Mémoire deux substances propres à la photographie sur verre : l'amidon et l'albumine. J'ai donné les moyens de préparer l'amidon ; mais comme l'albumine lui est bien préférable, je ne parlerai que de celle-ci.

« Voici la manière de procéder : on prend deux ou trois blancs d'œufs (selon le nombre de plaques à préparer), dans lesquels on verse de douze à quinze gouttes d'eau saturée d'iodure de potassium, selon la grosseur des œufs ; on bat ensuite les blancs en neige, jusqu'à ce qu'ils aient assez de consistance pour tenir sur le bord d'une assiette creuse. On nettoie parfaitement la partie de l'assiette restée libre, afin d'y laisser couler l'albumine liquide qui s'échappe de la mousse en plaçant l'assiette sur un plan incliné. Après une heure ou deux, le liquide est versé dans un flacon de verre pour s'en servir au besoin.

« On peut conserver l'albumine pendant quarante-huit heures au moins, en la tenant au frais.

« Une grande difficulté existe pour étendre l'albumine également sur la plaque de verre ; le procédé qui m'a le mieux réussi est celui-ci :

« Je mets l'albumine dans une capsule de porcelaine plate carrée, de manière que le fond en soit recouvert d'une couche de 2 ou 3 millimètres d'épaisseur ; je place la feuille de verre verticalement contre une des parois de la bassine, je l'incline ensuite en la soutenant avec un crochet, de façon à lui faire prendre tout doucement la position horizontale ; je la relève avec précaution au moyen du crochet, et je la place sur un plan parfaitement horizontal.

« Tel est le moyen qui m'a donné les meilleurs résultats, et avec lequel on peut obtenir une couche d'égale épaisseur ; chose essentielle, car s'il y a excès d'albumine dans certaines parties de la plaque, elles s'écailleront sur le cliché.

« Lorsque l'albumine aura été appliquée comme je viens de le dire, on la fera sécher à une température qui ne doit pas dépasser 15 à 20 degrés ; sans cette précaution, la couche se fendillerait et ne donnerait plus que de mauvais résultats. C'est pour cela que, dans le cas où la température dépasserait 20 degrés, il conviendrait de ne préparer les plaques que le soir, et de les placer sur un marbre recouvert d'un linge mouillé ; elles sèchent alors lentement la nuit, et le lendemain matin on les place dans un lieu frais, jusqu'à ce qu'on veuille s'en servir. Sans cette précaution, la couche, quoique sèche, se fendillerait aussitôt qu'elle serait exposée à une température un peu élevée ; mais pour obvier à cet inconvénient, on passe les plaques, dès qu'elles sont sèches, dans l'acéto-azotate d'argent, et on les conserve à l'abri de la lumière.

« L'expérience m'a appris que l'image venait tout aussi bien, la couche étant sèche, que si elle était mouillée ; seulement l'opération est un peu plus longue dans le premier cas ; mais cet inconvénient est bien compensé par la facilité que l'on a de transporter les plaques pour opérer au loin.

« La feuille de verre étant enduite d'une couche d'albumine qui contient de l'iodure de potassium, on la passe dans la composition d'acéto-azotate d'argent, en employant les mêmes moyens que j'ai indiqués pour l'application de l'albumine, et on la lave avec de l'eau distillée, puis on l'expose dans la chambre obscure. On se sert d'acide gallique pour faire paraître l'image, et du bromure de potassium pour la fixer.

« Quant à la supériorité du cliché sur verre à celui du papier, je crois qu'elle est (sauf la vitesse) incontestable sous tous les rapports.

« Pour les épreuves positives, il est reconnu que le papier est plus avantageux que le verre ; mais pour obtenir une grande pureté de traits et de plus beaux tons, il faut fortement l'encoller avec de l'amidon.

« Je crois devoir appeler l'attention de l'Académie sur l'avantage que ce nouvel art peut avoir pour l'histoire naturelle et la botanique ; je veux parler d'une foule de sujets qu'il est difficile aux dessinateurs et aux peintres de reproduire fidèlement : par exemple, les insectes, et particulièrement les lépidoptères, les quadrupèdes et les oiseaux empaillés seront très-faciles à reproduire.

« La botanique pourra également acquérir ainsi des figures de fleurs et de plantes d'une fidélité parfaite, qu'un cliché sur verre permettra de reproduire à l'infini, et que l'on pourra ensuite colorier.

« Tel est le résultat où mes nombreuses recherches m'ont amené, et que je m'empresse de livrer à la publicité. »   (*Académie des sciences, 12 juin 1848.*)

NOTE SUR DES IMAGES DU SOLEIL ET DE LA LUNE OBTENUES PAR LA PHOTOGRAPHIE SUR VERRE ; PAR LE MÊME AUTEUR.

« Ayant entendu dire à M. Arago, dernièrement, à l'Académie, que des épreuves du soleil avaient été faites sur plaque d'argent, j'ai voulu voir l'effet que l'on obtiendrait sur une feuille de verre enduite d'une couche d'albumine coagulée, qui donne, comme l'on sait, une épreuve inverse ou négative.

« Voici comment j'ai opéré : après avoir préparé ma plaque de verre, sans employer de moyens d'accélération, je l'ai exposée dans la chambre obscure dont l'objectif (j'ai opéré avec un objectif pour quart de plaque) était dans la direction du soleil, et dont j'avais placé l'image au foyer visuel, qui, dans cet objectif, correspond exactement au foyer photogénique.

« Mes premières expériences ont été faites le plus rapidement possible, c'est-à-dire le temps de découvrir et couvrir l'objectif, en opérant avec un diaphragme de 5 millimètres de diamètre. Malgré cela, l'image venait trop vite ; lorsqu'on soumettait la plaque à l'action de l'acide gallique, elle passait complètement au noir. J'ai eu alors l'idée d'enlever le diaphragme et de découvrir l'objectif assez longtemps pour que l'image apparût sans le secours de l'acide gallique, et cela m'a réussi.

« La première plaque a été exposée cinq secondes, et la deuxième dix secondes.

« Voici les résultats que j'ai obtenus : la première plaque offrait une image très-visible et très-nette, d'une couleur rouge sanguin, et dont le centre avait une intensité de couleur beaucoup plus forte que les bords, comme l'on peut s'en convaincre en examinant la plaque.

« La seconde plaque offrait la même différence du centre à la circonférence, mais avec plus d'intensité ; et, en outre, il y avait un cercle autour de l'image, en forme d'auréole.

« La différence d'intensité du centre au bord est d'autant plus grande que, malgré l'effet du contraste, elle est encore très-sensible, surtout en l'examinant à la loupe. Et, par le même effet du contraste, si l'on fait noircir l'image par l'acide gallique, l'effet inverse a lieu.

« J'ai fait plus de vingt épreuves, et presque toutes m'ont donné les mêmes résultats.

« Il résulte donc de ces expériences que les résultats obtenus sont tout à fait conformes à l'opinion émise par M. Arago, c'est-à-dire que les rayons photogéniques émanant du centre du soleil ont plus d'action que ceux des bords ou de la circonférence.

« J'ai essayé et je suis parvenu à prendre l'image de la lune en vingt-sept secondes, la lune étant dans son plein et parfaitement au foyer de mon objectif ; et, sans m'être servi d'héliostat, j'ai obtenu une image très-ronde. Mais la rapidité avec laquelle j'ai opéré fait que la lune n'a pas eu le temps de marcher d'une manière sensible ; car je dirai que si l'on pose trente secondes, on a déjà une image un peu ovale.

« Il m'a fallu, pour avoir l'image de la lune, employer mes plus grands moyens d'accélération : ceux qui me permettent de prendre une épreuve d'un paysage éclairé par la lumière diffuse en une seconde ou deux au plus.

« J'ai obtenu cette grande rapidité avec les nouveaux moyens que j'ai consignés dernièrement à l'Académie dans un dépôt cacheté. Ce dépôt renferme aussi un moyen analogue à celui que M. Blanquart vient de publier pour opérer à sec sur papier ; de même que j'indique la manière de glacer un papier avec l'albumine pour les épreuves positives.

« Je me propose de faire connaître ces moyens lorsque j'aurai terminé les travaux qui m'occupent dans ce moment. »

NOTE SUR LA PHOTOGRAPHIE SUR VERRE ET SUR QUELQUES FAITS NOUVEAUX ; PAR LE MÊME AUTEUR.

« J'ai entendu, lundi, annoncer à l'Académie un procédé d'accélération qui est le même que celui que j'ai consigné dans un paquet cacheté, le 20 mai dernier. Je l'aurais publié plus tôt si je n'avais pas tenu à montrer des épreuves de portraits sur grande plaque. Celles que j'ai l'honneur de présenter, quoique imparfaites, suffiront pour constater la rapidité avec laquelle on a opéré.

« Le procédé consiste à mélanger avec l'albumine 2 ou 3 grammes de miel par chaque blanc d'œuf, selon leur grosseur ; de même qu'il faut mettre de 30 à 40 centigrammes d'iodure de potassium cristallisé, avant de battre les œufs : il est essentiel que l'albumine soit complètement à l'état de mousse, afin de l'avoir très-pure.

« C'est toujours, jusqu'à présent, une opération assez difficile que d'étendre également la couche d'albumine sur la plaque de verre ; peu de personnes l'appliquent conve-

---

nablement. On se sert ordinairement d'une baguette de verre ou d'une pipette ; ou bien on l'étend par un mouvement de la main ; mais tout cela demande une très-grande habitude ; tandis que si l'on parvient à l'appliquer par un moyen mécanique, on rendra la chose constante et facile : c'est ce que j'espère pouvoir démontrer bientôt.

« La couche d'albumine étant sèche, on passe la plaque dans la composition d'acéto-azotate d'argent, qui doit être composée ainsi :

Nitrate d'argent ....   6 grammes.
Acide acétique combustible   12
Eau distillée   60

« On ne doit laisser immerger la plaque dans cette composition que pendant dix secondes au plus, et la laver ensuite dans de l'eau distillée.   NIÉPCE DE SAINT-VICTOR.

(*La suite à un prochain numéro.*)

Le Secrétaire de rédaction F.-A. RENARD, *Gérant.*

Imprimerie de HENNUYER et Ce, rue Lemercier, 24, Batignolles.

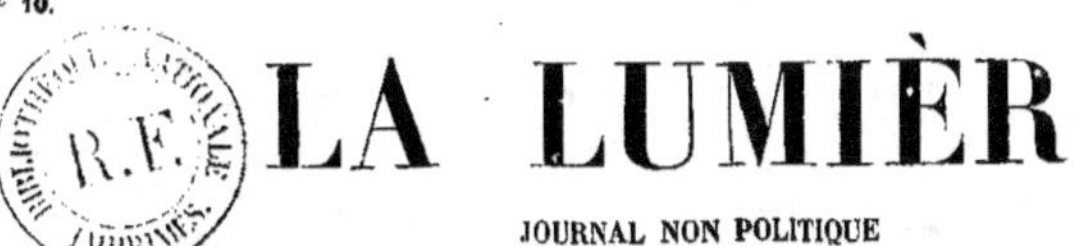

LA LUMIÈRE

JOURNAL NON POLITIQUE

HEBDOMADAIRE.

BEAUX-ARTS — HÉLIOGRAPHIE — SCIENCES.

BUREAUX, A PARIS, N° 15, RUE DE L'ARCADE, A LA SOCIÉTÉ HÉLIOGRAPHIQUE.

ET A LONDRES, UNITED PATENT OFFICE DE MM. GARDISSAL ET C°, 7, CALTHORPE STREET, GREY'S INN LANE, HOLBORN.

PRIX.—PARIS, UN AN, 16 F.; 6 MOIS, 10 F.; 3 MOIS, 6 F. — DÉPARTEMENTS, UN AN, 18 F.; 6 MOIS, 11 F.; 3 MOIS, 7 F. —ÉTRANGER, UN AN, 20 F.; 6 MOIS, 12 F.; 3 MOIS, 8 F.—CHAQUE N° 30 CENT.

SOMMAIRE.

ÉTUDES SUR L'AGENT LUMINEUX.

LUMIÈRE RÉFRACTÉE.

Un rayon lumineux, traversant obliquement des couches transparentes dont la densité n'est pas la même, ne se meut plus en ligne droite, il subit une déviation plus ou moins prononcée, et ce phénomène porte le nom de *réfraction*. Si la lumière passe d'un milieu plus rare dans un milieu plus dense, elle se rapproche de la perpendiculaire; elle s'en éloigne si elle suit une marche inverse; elle décrit des courbes variables, mais placées dans le même plan, quand elle se meut dans un milieu de densité inégale, comme l'air atmosphérique. On nomme *incident* le rayon lumineux qui n'a pas subi de déviation, et *réfracté* le rayon lumineux qui a été dévié. Un rayon incident ne donne naissance d'ordinaire qu'à un seul rayon réfracté; cependant ce dernier peut se diviser en deux, sous l'influence du cristal de roche, du spath d'Islande et de quelques autres minéraux; il peut donner lieu à la *double réfraction*.

Ce serait une erreur d'attribuer aux corps translucides une puissance réfringente toujours proportionnelle à leur densité; car la nature chimique et l'arrangement des molécules ont ici une grande puissance. En général, les corps combustibles, ou ceux qui contiennent un principe de combustion, dévient, plus que les autres, les rayons lumineux. L'illustre Newton, en constatant la réfraction énergique produite par l'eau et le diamant, ne craignit pas d'annoncer que ces deux corps étaient éminemment combustibles. Cette proposition parut alors singulière; mais le progrès des sciences chimiques en a démontré l'exactitude. Le diamant est composé de carbone pur, et l'eau contient, dans des proportions différentes, de l'hydrogène et de l'oxygène, c'est-à-dire un corps éminemment combustible, et le principe de toute combustion. Le rayon lumineux qui passe d'un milieu plus dense dans un milieu moins dense, ou qui suit une marche opposée, conserve les mêmes rapports d'incidence et de réfraction; c'est ce qu'on exprime d'une façon générale, en disant qu'*un rayon, en rebroussant chemin, repasse exactement par les mêmes lieux*. Du moment où il pénètre dans un milieu, sous un angle déterminé, il peut en sortir sous le même angle; mais s'il vient à frapper, d'une façon très-oblique, la surface d'un corps transluside, il ne peut la pénétrer et se trouve réfléchi en totalité. De même, si, prenant une autre direction, il traverse une partie de ce corps et vient frapper, sous la même obliquité, la surface d'émergence, il ne peut sortir, il est réfléchi intérieurement et doit chercher une autre issue. La preuve de ce fait se tire d'un cylindre de verre, terminé, à l'une de ses extrémités, par un plan perpendiculaire à l'axe, et, à l'autre extrémité, par un plan incliné d'environ 45°; en tournant le plan perpendiculaire contre le soleil, et en plaçant l'œil contre la face oblique, on ne reçoit aucun rayon solaire. Ces notions élémentaires sur les lois de la réfraction nous permettent d'expliquer des phénomènes qui, à diverses reprises, ont dû exciter l'attention et la curiosité de nos lecteurs. Beaucoup d'entre eux, en enfonçant dans un ruisseau l'extrémité de leur canne, ont vu cette dernière perdre sa rectitude et s'infléchir. La portion immergée semblait se rapprocher du milieu du courant d'eau. De

même, le chasseur qui tire à balle une carpe, recouverte d'une couche d'eau de quelques centimètres d'épaisseur, a soin d'ajuster beaucoup trop bas. Il sait le poisson moins éloigné qu'il ne paraît. Il y a, dans ces deux circonstances, une erreur d'optique manifeste; elle vient de ce que les rayons lumineux, en sortant de l'eau, ne peuvent garder leur rectitude. Ceux qui partent du poisson ou de la portion immergée de la canne, et se dirigent directement vers l'œil de l'observateur, passent dans un milieu moins dense quand ils sortent de l'eau; ils s'éloignent de la perpendiculaire, ils viennent frapper à la hauteur de la bouche et du menton, et sont perdus pour la vision. Ceux qui sont recueillis par elle sont tenus de sortir de l'eau dans un point plus éloigné; ils représentent les objets comme si l'œil était appliqué sur ce point; ils représentent l'extrémité de la canne bien moins en raccourci que la portion maintenue dans l'atmosphère; de là cette apparence coudée, signalée précédemment.

Les mêmes principes suffisent pour expliquer le mirage ou l'erreur d'optique qui, au milieu des déserts brûlants de l'Afrique ou de l'Arabie, présente aux yeux du voyageur l'image trompeuse d'un lac ou d'une vaste rivière.

Lorsque le sable prend, sous l'action des rayons solaires, une haute température, il la communique aux couches d'air les plus voisines, et leur donne une densité d'autant plus faible qu'elles se rapprochent davantage de la surface du sol. Supposons maintenant un voyageur arrivant sur une colline, et découvrant devant lui une vaste plaine: il est en présence de palmiers et d'édifices qu'il voit dans leur position réelle, parce qu'il en reçoit des rayons qui traversent une couche d'air homogène, et ne subissent aucune déviation; mais d'autres rayons, partis de ces palmiers et de ces édifices, se dirigent obliquement vers le sol; ils rencontrent, dans leur route, des couches d'air toujours moins denses qui les éloignent de plus en plus de la perpendiculaire, et les rapprochent de la position horizontale. Quand ils ont atteint une certaine obliquité, il leur devient impossible de pénétrer plus profondément, ils sont réfléchis vers l'œil de l'observateur qui, à côté de l'image directe des palmiers et des édifices, voit une image renversée, et telle que pourrait la donner la surface d'une eau tranquille. Le docteur Wollaston a démontré l'exactitude de cette explication, en réalisant le phénomène sur des barres de fer fortement chauffées, et en faisant passer obliquement un rayon à travers des couches de liquides variables; quant à la densité, il obtenait ainsi un mirage qui, dans des proportions restreintes, représentait exactement le mirage des plaines de l'Arabie et de l'Egypte.

Dr CLAVEL.

SOCIÉTÉ HÉLIOGRAPHIQUE.

Séance du 4 avril 1851.

PRÉSIDENCE DE M. J. ZIÉGLER.

M. le président, après avoir ouvert la séance, avertit MM. les membres qu'ils peuvent prendre part aux discussions en toute liberté; que leurs noms ou leurs observations ne seront pas consignés dans le journal, s'ils déclarent le vouloir ainsi, en s'adressant à M. le secrétaire, soit à la fin de la séance, soit dans le jour suivant, jusqu'au mardi inclusivement.

La parole est à M. Cousin, pour donner communication d'une lettre de M. Blanquart-Evrard. M. le président insiste sur l'importance de cette pièce; il réclame l'attention et le silence.

Lettre de M. Blanquart-Evrard.

« La Société héliographique a mis à l'étude la question d'une imprimerie héliographique. Dans son numéro du 30 mars, le journal la *Lumière* rend compte de la délibération de la Commission. La véritable question industrielle ne me paraît pas avoir été touchée dans cette discussion.

« Pour qu'une industrie puisse prospérer, il lui faut deux conditions indispensables:

« 1° Un travail suivi; 2° un débouché pour les produits.

« Dans l'état actuel de la photographie, ces deux conditions ne peuvent être remplies. En effet, comment tirer des épreuves positives dans les jours d'averses? il est tel cliché qui ne permet pas l'épreuve positive sans soleil, et le plus grand nombre exigent des heures entières à l'ombre pour dégager une épreuve. Que fera le personnel de la fabrique pendant ces jours sans lumière? et combien de chômage forcé ne viendra-t-il pas augmenter le prix de revient!

« Mais cette cause n'est pas la plus grave; une industrie a des obligations à remplir, des exigences à satisfaire. Un éditeur qui livre tous les huit jours, tous les mois, sa livraison à ses souscripteurs, ne pourra admettre des retards qu'exceptionnellement. Or, l'exception, dans certaines saisons, ce sera l'état normal; en outre, limitée dans sa production, l'imprimerie photographique sera paralysée, en admettant que le prix de ses produits puisse se trouver en rapport avec les exigences de l'industrie.

« Or, c'est là évidemment une impossibilité; les membres de la Commission, qui ont fixé à 4 fr. ou 4 fr. 50 c. une bonne épreuve positive, font bien certainement erreur. Il y a autre chose que le prix des matières employées en fait d'industrie, il y a la valeur du temps, le travail des employés, etc., etc.; et, en impression photographique, l'article *rebut*, qui, si on veut ne livrer à la consommation que de bons produits, sera plus considérable que l'article de choix.

« Il faut donc sortir de la voie actuelle. Pour fonder une industrie photographique, en d'autres termes, une imprimerie, il faut:

« 1° Des moyens de production en dehors des caprices du soleil.

« 2° Il faut que cette production soit possible dans des limites illimitées, pour ainsi dire, et, dans un temps donné, la possibilité de pouvoir fournir les commandes.

« 3° Que le prix de revient soit tel, enfin, que les applications en soient possibles à la librairie, ainsi que l'a fait remarquer M. César Daly, qui, cependant, publie un ouvrage artistique.

« Dans le Traité de photographie que j'ai sous presse, j'ai consacré un article à ce genre de recherches, et j'ai proposé un moyen qui réunit ces conditions, puisqu'il faut moins d'une minute pour imprimer une épreuve positive, laquelle peut être livrée le même jour à l'amateur. En admettant une usine bien montée, un type peut fournir 2 à 500 épreuves par jour, et on pourrait, en faisant marcher trente types par jour, dégager 5 à 6,000 épreuves très-facilement.

« Le prix de revient de l'épreuve obtenue ainsi industriellement serait de 5 à 15 centimes, suivant sa dimension.

« Dès que j'aurai obtenu l'agrément de mon éditeur, j'aurai l'honneur d'adresser la copie de cet article à la Société; je la prie donc de me donner acte de cette communication, à l'appui de laquelle je lui soumets quelques épreuves.

« Il va sans dire que ces épreuves n'ont d'autre mérite que l'application d'un nouveau mode de production réunissant les avantages que je viens d'énumérer, et que je n'ai pas d'autre ambition que de présenter ce moyen, appelant, au contraire, de tous mes vœux le concours des habiles photographes qui composent la Société héliographique, pour lui faire atteindre plus de perfection.

« Ce que je désire donc, c'est qu'on veuille bien attacher mon nom au mode de production des nouvelles épreuves positives, mode qui remplace l'action intense de la lumière par l'action des réactifs chimiques.

« Les épreuves que je vous soumets sont certainement fort médiocres; mais elles suffisent bien au-delà pour consacrer la possibilité, et, partant de ce premier produit, le progrès sera bientôt acquis. Il y a moins loin, du reste, de ces épreuves à celles du procédé en usage, qu'il n'y a de celles-ci aux premières qui étaient produites par M. Talbot. Avant un mois, une fois le procédé mis à l'étude, vous verrez combien les résultats sont progressifs.

« Outre l'avantage que présente ce moyen pour une grande industrie photographique, il a encore celui d'être à la portée des daguerréotypeurs qui vivent du produit de cette découverte, et qui n'ont pu se livrer à la photographie sur papier, parce que l'opération demandait plusieurs jours pour être terminée, ce qui ne leur permettait pas de livrer leurs produits dans les délais fixés par les modèles.

« Il va encore sans dire que ce mode ne proscrit pas le mode ancien, et que l'imprimerie héliographique serait à la fois la production des deux sortes d'épreuves, en raison des besoins de perfection et de mérite que devraient comporter les produits.

« Maintenant, si la Société prend en considération ma communication, je lui demanderai la permission de lui soumettre quelques idées sur le mode de direction de son imprimerie.

« Ce qui me semble le plus important, ce n'est pas de savoir ce que peut coûter un établissement, mais ce qu'il peut produire et ce qu'il peut écouler.

« Or, on l'a déjà vu, le concours de tous les hommes habiles serait à peine suffisant pour livrer à la fabrique les matériaux du travail, car, encore une fois, pas d'industrie sans ruine, si le travail n'est pas assuré d'une manière régulière.

« La question d'écoulement se résout tout naturellement par la première, car le producteur a toujours son débouché quand il fait *vite, bien,* et *à bon marché.*
« BLANQUART-EVRARD. »

M. LE PRÉSIDENT. Je puis vous dire, messieurs, que, dans une lettre précédente, M. Blanquart-Evrard avait entretenu M. Cousin de la facilité qu'il y aurait, dans une ville commerciale et industrielle, comme Lille, de trouver des employés pour un établissement d'imprimerie héliographique, dès que ces employés seraient assurés d'un travail continu. Mais, par un raisonnement inverse, on peut dire que, dès qu'il y aura un établissement, on trouvera non-seulement des employés, mais aussi un travail assuré. Si le travail manque aujourd'hui, c'est parce qu'il n'y a pas d'établissement où les artistes puissent porter leurs clichés. Lorsqu'il y aura une imprimerie héliographique, les peintres auront des clichés de leurs tableaux, les sculpteurs de leurs statues, les architectes de leurs plans, et le travail deviendra continu. Il y a là un cercle de conditions solidaires. Les architectes, surtout, procureront un travail auquel on ne s'attend pas. Ils pourront faire tirer directement des épreuves de leurs plans les plus compliqués ; d'abord, une épreuve négative, puis des quantités d'épreuves positives, et cela avec une facilité, une économie, qu'ils n'obtiendraient par aucune autre voie de reproduction. Nous touchons au moment où l'art héliographique deviendra un troisième moyen de rendre nos pensées, après la presse et l'écriture. Il faut donc commencer : faisons appel à la fois au travail continu, à l'imprimerie et aux employés.

Sur la proposition de M. Léon Delaborde, le président met aux voix des remerciements à M. Blanquart-Evrard pour son intéressante communication. Ils sont votés à l'unanimité.

M. BAYARD. Le journal *la Lumière* a annoncé, dans l'un de ses derniers numéros, qu'il publierait incessamment un procédé de photographie sur papier *à sec,* que je devais lui communiquer. Les essais que je voulais faire, le peu de temps dont je puis disposer, ont retardé cette publication, et je ne prévoyais pouvoir être en mesure d'en faire connaître tous les détails à la Société qu'à sa prochaine réunion ; mais les considérations dans lesquelles M. Blanquart-Evrard vient d'entrer étant les mêmes que celles que je me proposais de faire valoir, et le procédé qu'il annonce donnant à peu près les mêmes résultats que le mien, je crois devoir entrer dès aujourd'hui dans quelques détails sommaires, me réservant de les développer dans un prochain numéro du journal.

J'expose pendant quelques minutes le papier à la vapeur de l'acide hydrochlorique saturé d'iode, puis je le mets sur un bain de nitrate d'argent ; lorsque le papier est bien sec, je l'expose à la chambre obscure, et je rends l'image apparente par l'acide gallique. J'obtiens ainsi des dessins négatifs, qui en produisent des positifs semblables à ceux que j'ai mis dans le commerce en 1846 (rue Vivienne, 40). Si, avant d'être exposé aux vapeurs hydrochloriques, le papier a été ioduré, il est plus sensible et permet d'obtenir des dessins en 4 à 5 minutes avec l'objectif normal de Daguerre, et des positifs en 1 à 2 secondes au soleil. C'est cette dernière propriété que je signale comme ayant une grande analogie avec celle du procédé que M. Blanquart-Evrard se propose de faire connaître.

J'ajouterai que toutes les préparations sur papier, qui permettent de faire des négatifs à sec par la chambre obscure, en moins de 15 à 20 minutes, peuvent servir à faire des positifs dans un temps très-court. Ainsi, au lieu d'un ou de deux procédés, on en peut compter huit ou dix. Ce ne sont donc pas les moyens actifs de reproduction qui manqueront à une imprimerie photographique.

M. LE PRÉSIDENT. Avant de passer à un autre sujet, je crois devoir demander s'il n'y a pas d'autres observations à faire sur cette question.

M. GAUDIN. Il y a un procédé analogue, qui consiste à soumettre le papier imprégné de nitrate d'argent à la vapeur d'acide hydrochlorique, puis à le tremper dans le sulfate de fer. On peut obtenir ainsi des clichés et des épreuves positives avec facilité.

M. BAYARD. Ce procédé a l'inconvénient de donner un ton jaune au papier, ce qui est un obstacle au tirage des positifs ; tandis qu'avec mon procédé les blancs sont parfaitement conservés.

M. GAUDIN. M. Blanquart-Evrard a un procédé à peu près semblable à celui de M. Bayard.

M. BAYARD. J'ai présenté le mien à l'Académie en 1843 ; il est donc antérieur à celui dont parle M. Gaudin.

M. LE PRÉSIDENT. Ce fait et cette date seront indiqués dans le procès-verbal de notre séance.

M. BAYARD. Si j'ai différé de publier mon procédé, c'est parce que j'éprouvais quelques difficultés pour obtenir de bons clichés sur papier français. Cependant j'ai fait, depuis quelque temps, des essais avec du papier *Canson,* et je ne doute pas, qu'à l'aide de quelques modifications, on ne puisse l'employer de préférence au papier anglais. Dimanche dernier, nous avons fait des expériences chez M. Delessert. En moins d'une seconde nous avons eu des épreuves positives satisfaisantes, et un portrait négatif sur papier, que l'on venait d'obtenir, a pu être reproduit immédiatement.
L. A. MARTIN.
(La suite au prochain numéro.)

Après la séance dont on vient de lire cette partie du rapport, j'ai demandé à M. Bayard s'il croyait pouvoir obtenir des épreuves positives sur papier par la lumière artificielle, il m'a répondu que, quoiqu'il n'en eût pas encore fait l'essai, il ne doutait pas que cela ne fût une chose possible, et que si je le voulais il se ferait un plaisir d'en faire l'expérience devant moi. Nous prîmes rendez-vous pour le mercredi 9 avril, à huit heures du soir, au siège de la Société héliographique. MM. Ziégler, Mestral et Renard se joignirent à moi, et voici ce dont nous avons été les témoins. A huit heures dix minutes, M. Bayard a exposé à la lumière d'une lampe Carcel ordinaire deux châssis, l'un contenant deux négatifs sur papier apportés par M. Mestral, et l'autre un négatif sur glace ; à neuf heures dix minutes les châssis ont été ouverts et nous avons constaté que les dessins étaient à peine apparents sur le papier positif, mais après dix minutes environ d'exposition sur un bain d'acide gallique ils avaient acquis tout leur développement ; ils furent alors fixés par l'hyposulfite. Ces dessins sont d'un noir un peu bistré et très-vigoureux, les blancs sont purs et bien conservés ; enfin ils présentent toutes les conditions des bons dessins obtenus par les procédés ordinaires. — Le soleil pourra faire défaut à l'imprimerie photographique, une lampe à l'huile, un bec de gaz pourra le suppléer.
DE MONTFORT.

HÉLIOGRAPHIE SUR PLAQUES MÉTALLIQUES.

Nous extrayons d'une lettre qui vient de nous être adressée le passage ci-après. Son auteur nous y pose deux questions bien distinctes, une concernant le *polissage* des plaques métalliques, et l'autre les *influences atmosphériques.* Nous sommes en mesure de répondre, aussi complétement que possible, à la première question, en faisant suivre le passage dont il s'agit d'un article que nous possédions déjà depuis quelque temps, et que nous devons à notre plus habile opérateur sur plaque. Restera la réponse à la seconde question ; espérons que M. le baron Gros voudra bien également, pour répondre à celle-ci, se dérober un instant à ses graves occupations, et nous faire part, sur ce sujet important, de ses savantes investigations et de sa précieuse expérience qui, comme on le sait, se sont exercées sous presque toutes les latitudes. Ce serait un éminent service dont tous nos héliographes sur plaques lui auraient la plus grande reconnaissance, car il n'est pas un seul d'entre eux qui n'ait éprouvé dans le cours de ses travaux, et sans jamais avoir pu s'en rendre compte, les mêmes tribulations et vicissitudes que celles dont se plaint notre nouveau correspondant.
Voici le passage en question :

« Il est une question surtout que j'aimerais à voir reparaître souvent dans vos colonnes, question bien importante, puisque la perfection des épreuves sur métal en dépend en grande partie ; question sur laquelle on a beaucoup dit, et sur laquelle peut-être il reste beaucoup à dire encore ; c'est la question du polissage des plaques. Pour mon compte, j'ai essayé une foule de méthodes, et j'ignore encore quelle est celle qui mérite la préférence. Il m'est arrivé quelquefois d'obtenir, pendant des mois entiers, des épreuves d'une limpidité parfaite, et le mois suivant, tout en employant les mêmes poudres, les mêmes liquides et la même manière d'opérer, je n'avais plus que des plaques dépourvues de sensibilité, je n'obtenais plus que des images recouvertes d'un voile roussâtre ou grisâtre qui me désespérait.

« Quelle pouvait être la cause de ces insuccès ? En supposant, comme je le crois, que ce voile provienne des poudres à polir qui sont restées adhérentes à la surface de la plaque ou qui se sont incrustées dans les pores du métal, pourquoi ces poudres restent-elles aujourd'hui, malgré mes efforts pour les déloger, tandis qu'hier elles disparaissaient sans difficulté et, pour ainsi dire, au moindre frottement ? Quelle peut être la cause de cette inégalité dans les résultats, quand il y a identité dans les procédés ? Faut-il s'en prendre à quelque influence atmosphérique ? En supposant cette influence bien constatée, quels seraient les moyens de s'y soustraire ?

« Voilà, monsieur, quelques questions qui me paraîtraient dignes de figurer dans votre journal, et dont la solution serait très-précieuse pour bon nombre de praticiens. Je n'imagine pas, du reste, que cette inconstance dans les résultats du polissage soit une chimère qui n'ait affligé que moi seul ; car beaucoup d'amateurs que je connais ont éprouvé les mêmes vicissitudes et les mêmes tribulations. Quoi qu'il en soit, monsieur, si, parmi les hommes de science et de pratique qui vous entourent, il en est qui soient jamais tombés dans ce genre d'insuccès, vous ferez bien de publier la méthode qu'ils suivent.
« Agréez, etc.
ROLIN. »

INSTRUCTION
POUR LE POLISSAGE DES PLAQUES MÉTALLIQUES.

Le polissage des plaques métalliques est peut-être l'opération la plus délicate et la plus difficile du procédé daguerrien, et la beauté des épreuves sur métal dépend, en grande partie, de la perfection avec laquelle on prépare cette surface d'argent, destinée à former avec l'iode et les substances accélératrices, une couche impressionnable à la lumière. Il est absolument indispensable, pour arriver à de bons résultats, que l'argent, l'iode, le brôme, etc., soient chimiquement purs ; il ne l'est pas moins que des corps étrangers n'adhèrent point à la plaque, soit en se logeant dans ses pores, soit en s'étendant sur sa surface, comme il n'arrive que trop souvent lorsque les polissoirs y écrasent ou des gouttes de salive, ou de ces pellicules qui tombent de la tête, ou des atomes des corps gras dont ils s'imprègnent quelquefois par leur contact avec les objets sur lesquels ils reposent. Enfin, il faut que cette surface d'argent, exempte de tout corps étranger, reçoive le poli et le bruni les plus parfaits qui se puissent donner. Si toutes ces conditions sont remplies avec soin, la plaque, prête à être exposée aux vapeurs de l'iode, présentera l'aspect de la glace étamée la plus pure et la plus limpide. Elle sera d'un noir profond, sans la moindre apparence de ces teintes roussâtres ou grises qui désespèrent les opérateurs et qui tiennent, plus souvent qu'on ne le pense, ou à l'alliage de cuivre contenu dans l'argent dont on a fait le doublé, ou à la mince épaisseur de la couche de cet argent, car elle permet alors au cuivre d'exercer à travers ses pores une action nuisible à la formation de l'iodure d'argent pur, base essentielle de toute opération héliographique. N'est-il pas évident qu'il se produit dans ce cas un double iodure d'argent et de cuivre ?

Voici une expérience facile à faire, et qui me paraît confirmer ce que je viens de dire. Prenez une plaque du meilleur doublé que vous puissiez trouver ; polissez-la avec soin, et dès qu'elle présentera un aspect satisfaisant, dès qu'elle vous paraîtra assez belle pour recevoir les vapeurs et produire une image, faites déposer dessus, au moyen de la pile, une légère couche d'argent chimiquement pur. Placez-la ensuite sur la planchette à polir dont vous aurez légèrement bombé le centre au moyen de morceaux de flanelle, et polissez de nouveau cette plaque en appuyant un peu plus sur le milieu que sur les bords, vous enlèverez ainsi, sur le centre seulement, la nouvelle couche d'argent, et vous apercevrez au milieu de cette plaque polie, noire et limpide, un ovale d'un ton roussâtre, c'est celui de la plaque primitive mise à nu, mais qui ne vous avait pas frappé au premier polissage parce qu'il était généralement répandu sur toute la surface, et qu'aucun terme de comparaison ne venait vous en montrer l'existence. Recommençant deux, trois fois cette même expérience avec la même plaque, vous aurez autant d'ovales concentriques que vous aurez déposé de couches d'argent, mais ils iront en augmentant de diamètre tandis que leur couleur rousse perdra de son intensité. Ainsi au centre de la plaque où l'argent du doublé est non-seulement mis à nu, mais encore diminué d'épaisseur par le frottement, la teinte deviendra presque brun rougeâtre ;

le second ovale, un peu plus grand que le premier, et qui aura conservé quelques traces de la première couche d'argent galvanique, sera moins roux que le premier ; le troisième, plus grand encore que le second, se composera d'une partie de la première couche et d'un reste de la seconde, et présentera un aspect presque satisfaisant. Enfin les bords, recouverts par plusieurs couches, dont la superposition aura détruit la transparence, seront d'un noir limpide et profond.

Tout ceci sera facile à comprendre si l'on ne perd pas de vue que la plaque étant bombée au centre, l'amincissement des couches par le frottement est plus considérable au milieu que sur les bords, et que la diminution de l'épaisseur de chaque couche forme un biseau dont le côté mince est tourné vers le centre. Une comparaison familière peut trouver place ici : coupez sur le côté le plus arrondi d'un oignon, et parallèlement à son axe, une tranche horizontale qui entamera plusieurs des enveloppes qui le composent, vous verrez sur cette surface plane des ovales concentriques formés par chaque enveloppe, comme sur la plaque ils sont produits par les diverses couches d'argent déposées successivement.

On doit conclure de ce qui précède que l'on peut faire sans doute de belles et de très-belles épreuves sur de bon doublé, mille exemples le prouvent chaque jour ; mais on en ferait de plus belles encore, dans les mêmes conditions, sur de l'argent chimiquement pur ; on doit en conclure aussi qu'en effaçant plusieurs fois sur le même doublé des épreuves que l'on ne veut pas garder, et amincissant ainsi la faible pellicule qui forme le plaqué, on se trouvera placé chaque fois dans de moins bonnes conditions.

Ces tons rougeâtres ou gris dont se plaignent un grand nombre d'opérateurs, et qui nuisent à la sensibilité de la plaque ou la détruisent complètement, proviennent aussi d'une autre cause, à laquelle il sera facile de remédier si l'on veut s'astreindre à prendre les minutieuses précautions que je vais indiquer. Ces tons, assez semblables aux premiers, sont produits presque toujours, ou par la mauvaise préparation des poudres employées au polissage, ou par les liquides dont on se sert, ou par le coton et les polissoirs dont on fait usage, ou par l'adhérence du rouge sur l'argent.

La terre pourrie, la moins chère de toutes les substances qui servent à polir les plaques, est excellente et aussi bonne que toutes les autres, quand elle est bien préparée ; mais il faut en sacrifier un tiers à peu près, ce qui n'est pas une grande dépense, puisqu'elle vaut, je crois, 2 fr. le kilogramme.

Prenez-en 500 grammes à la fois, broyez-la bien, passez-la ensuite au tamis de soie ou à travers une mousseline claire, et jetez ce qui restera. Lavez la poudre à grande eau et décantez à plusieurs reprises pour en séparer une substance étrangère à la terre pourrie, plus noire et plus lourde qu'elle, et ayant l'apparence de grains de sable transparents qui rayent le verre, et à plus forte raison les plaques. Quand vous aurez enlevé ainsi par de fréquents lavages, et décantant chaque fois, le corps étranger qui constitue à peu près le quart ou le tiers en volume de la terre pourrie, laissez déposer le reste au fond de la dernière eau. Elle deviendra limpide au bout de vingt-quatre heures ; enlevez-la alors, avec précaution, au moyen d'une pipette ou d'un siphon, et faites évaporer le reste jusqu'à siccité, soit au feu, soit avec une forte lampe à l'esprit-de-vin. Prenez ensuite les écailles de terre sèche et qui se seront formées au fond du vase, au fond d'une cuvette, par exemple ; broyez-les de nouveau, tamisez la poussière que vous aurez obtenue, puis, et ceci est essentiel, faites-la calciner dans un creuset de terre, et ne la retirez du feu que lorsque sa masse sera tout à fait rouge ; laissez-la refroidir et enfermez-la dans des flacons bouchés à l'émeri pour vous en servir au besoin.

La terre pourrie ainsi préparée, de grise qu'elle était, sera devenue d'une jolie couleur nankin légèrement rosée ; elle sera fine au toucher, sans que les doigts, entre lesquels la frotterez, éprouvent ce contact savonneux qui dénote toujours ou la présence d'un corps gras, ou celle de molécules sans mordant. Si l'on veut pousser les précautions plus loin, et je n'hésite jamais à le faire, il faut encore broyer dans un mortier de porcelaine la petite quantité de poudre destinée à remplir le flacon fermé d'une toile métallique ou d'une mousseline qui sert au polissage de tous les jours.

La pierre ponce, la photogine, le tripoli de Venise, etc., préparés de la même manière et surtout calcinés, sont excellents aussi ; mais quoique d'un prix beaucoup plus élevé que celui de la terre pourrie, ils ne valent pas mieux.

L'alcool à 36 degrés étendu d'eau distillée à parties égales, et l'éther nitrique sont maintenant les deux liquides qui me paraissent les plus convenables au polissage des plaques. Je n'emploie l'huile de pétrole acidulée que pour enlever les épreuves qui ont été fixées au sel d'or. Son action est trop forte pour les plaques neuves ou qui n'ont qu'une épreuve volante, surtout en faisant usage de cette terre pourrie calcinée, dont le mordant est très-actif.

Le coton à longue soie est le meilleur. Celui qui a été passé à l'acide et qui sert aux bijoutiers n'est pas bon, malgré son éclatante blancheur et son prix élevé. Il tache et altère les plaques.

Le procédé mécanique du polissage est trop connu et a été publié trop souvent pour qu'il soit nécessaire ici de le décrire de nouveau. Mais voici en peu de mots ce que je conseille d'essayer.

Saupoudrez fortement la plaque, de manière à ce que le tampon de coton imprégné d'alcool coupé puisse étendre sur elle comme une pâte épaisse. Polissez bien dans tous les sens jusqu'à ce que cette pâte, noircie par l'argent qu'elle aura enlevé, ait disparu : saupoudrez de nouveau, mais en moins grande quantité et avec un autre tampon de coton ; séchez bien cette surface, de telle sorte que l'haleine projetée dessus y produise un voile blanc, mat et bien égal. Polissez ensuite au rouge avec la peau de daim qui en est imprégnée, et terminez enfin l'opération comme si vous vouliez exposer la plaque aux vapeurs de l'iode ; prenez alors un nouveau tampon de coton, humectez-le légèrement d'éther nitrique pur, et nettoyez bien la plaque de toutes les parcelles de rouge, de terre pourrie, ou de particules grasses qui s'y trouvaient adhérentes sans être visibles, et séchez bien la surface métallique avec ce même tampon que vous aurez retourné, mais trop appuyer et en n'employant qu'une faible quantité de terre pourrie, et sans que la partie qui a été serrée par les doigts vienne toucher la plaque. Achevez le polissage avec la peau de daim qui n'a pas de rouge et que vous nettoierez souvent avec une brosse parfaitement propre et spécialement consacrée à cet usage. La plaque sera prête alors à recevoir la vapeur de l'iode et du brôme, et si vous ne l'avez pas posée dans un lieu trop humide, si vos polissoirs et votre coton sont parfaitement propres, et vos liquides bien purs, vous obtiendrez une épreuve limpide et vigoureuse.

Cette méthode, que j'emploie exclusivement à toute autre, me réussit constamment, mais je ne néglige aucune précaution, et je n'épargne pas le temps, une longue expérience m'ayant appris qu'on en perdait beaucoup en voulant trop se hâter !

Saint-Germain, mars 1851.

Baron GROS.

PROCÉDÉ PHOTOGRAPHIQUE A BASE AMMONIACALE,

PAR MM. HUMBERT DE MOLARD ET AUBRÉE.

Communiqué à l'Académie des sciences le lundi 1er mars 1851, à la Société d'encouragement le mercredi 9 avril suivant.

Ayant eu dernièrement occasion de consulter M. Aubrée, chimiste, sur les causes qui me faisaient très-souvent, en photographie, obtenir une extrême rapidité lorsque j'introduisais les divers acétates de potasse de soude ou d'ammoniaque dans les préparations ; désirant, à l'aide d'un bon avis, me débarrasser des intermittences de succès trop fréquentes, régulariser, enfin, le mode d'action de ces *acétates*, que je ne me dissimulais pas être des agents puissants d'accélération, mais dont je ne me rendais pas bien compte, il arriva que M. Aubrée, qui, lui-même, expérimentait en ce moment sur des feuilles de papier préparées à l'*iodure d'ammoniaque*, eut l'idée d'y combiner de suite l'*acétate* du même sel dont je lui parlais, et, bref, il vient de sortir de cette collaboration inattendue, improvisée, un procédé entièrement à base d'ammoniaque, qui nous paraît devoir intéresser la photographie, sous tous les rapports de simplicité, facilité, finesse, rapidité, etc.

Le voici :

Eau distillée........... 250 grammes.
Iodure d'ammoniaque... 10 id.

Cette solution sera d'un *jaune ambré*.

Pendant une minute, on y immerge complétement ou on y applique d'un côté seulement une feuille de papier qui ne tarde pas à prendre une teinte *rose violacée*, pour peu qu'elle renferme de l'amidon ou un acide quelconque.

Dans le cas contraire, elle reste blanche et n'en vaut pas moins..., même peut-être mieux. On aura, du reste, toujours la faculté d'obtenir les feuilles d'une teinte *blanche* en introduisant préalablement dans la solution d'iodure d'ammoniaque quelques gouttes d'ammoniaque liquide, qui, de jaune ambrée qu'elle était d'abord, ramèneront de suite la masse du flacon au blanc limpide.

Enfin, que les feuilles aient été préparées des deux côtés ou d'un seul, elles seront, comme à l'ordinaire, suspendues jusqu'à dessiccation complète et gardées pour le besoin en portefeuille aussi longtemps qu'on voudra. Cette première préparation peut, sans le moindre inconvénient, être faite en pleine lumière.

Pour s'en servir, on applique *à plat* la feuille sur un des deux bains d'acéto-azotate d'argent suivants :

Eau distillée............. 250 grammes.
Nitrate d'argent.......... 24 —
Acide acétique............ 15 —

Eau distillée............. 250 —
Nitrate d'argent.......... 16 —
Nitrate de zinc........... 8 —
Acide acétique............ 8 —

Ce dernier bain nous paraît le meilleur.

Sur l'un ou l'autre, et dans un endroit obscur, on laissera la feuille à plat jusqu'à ce que, si elle est d'un *rose violacé*, elle soit revenue au blanc complet, même au dos, mais pas plus, car la sensibilité se perdrait.

Dans le cas où la feuille serait primitivement blanche par l'effet du petit excès d'alcali ajouté à la solution, ainsi qu'il a été dit, la feuille ne devra alors séjourner sur le bain d'acéto-azotate d'argent que juste le temps nécessaire à son entier affaissement. De ce laps de temps sur le bain d'argent, plus ou moins prolongé avec opportunité, dépend le vrai degré de sensibilité de la feuille, et, ici, je ne peux m'empêcher de rappeler, en passant, ce que j'ai déjà écrit et soutenu en face de quantité d'amateurs qui professent le contraire, à savoir, que la beauté et la rapidité, en un mot, le succès d'une épreuve dépend, non pas de l'imprégnation profonde des substances à l'intérieur de la pâte du papier, mais, au contraire, de leur plus mince et légère application à la surface, même avec des solutions peu concentrées.

Au sortir du bain d'azotate d'argent, la feuille égouttée un instant, mise à plat sur une glace et sur un double papier mouillé, débarrassée de tout excédant de liquide, ruisselant à l'aide d'un bâton de verre, dont le frottement doux et très-innocent expulse immédiatement toutes bulles d'air, en opérant en même temps une adhérence générale entre les papiers et la glace ; la feuille, dis-je, ainsi disposée est de suite portée à la chambre noire :

Pour vues au soleil................. 1 à 2 secondes.
— à l'ombre................. 4 à 5 —
Portraits à l'ombre................. 15, 20, 25 au plus.
à l'intérieur d'un appartement..... 50 à 60

Tels sont les résultats que nous venons d'obtenir avec un objectif, grande plaque normale, par un temps froid, sombre et pluvieux : or, que ne devons-nous pas espérer au retour de la belle lumière !

On fait apparaître l'image par la solution suivante :

Eau saturée d'acide gallique.......... 180 grammes.
Acétate d'ammoniaque liquide...... 6 —

A la surface impressionnée de l'épreuve sortant de la chambre noire, et cela sans changer de glace, sans rien décoller, on fait couler la solution en inclinant, et en assez grande abondance pour qu'elle se répande partout et sans temps d'arrêt. L'image alors se manifeste presque aussitôt avec de bons noirs et des blancs bien réservés, sans taches ni en dessus ni en dessous... à moins toutefois que le papier n'ait été, lors de sa fabrication première, blanchi par le chlore ou la chaux ; alors il est rare qu'il n'offre pas des marbrures ou des décompositions nuageuses. On termine en lavant à plusieurs eaux, et en fixant selon l'usage, soit à l'hyposulfite, si le cliché est vigoureux, sinon au bromure de potassium... le tout aux doses ordinaires.

L'ammoniaque étant un produit très-peu fixe, vu son extrême volatilité, il sera bon de ne pas l'introduire trop longtemps d'avance dans l'acide gallique, de ne préparer de ce mélange que la quantité nécessaire aux opérations de la journée. On se ménagera ainsi plus de régularisation et de constance dans les résultats.

Sous l'influence éminemment accélératrice de l'acétate d'ammoniaque mélangé ainsi en petites doses à l'acide gallique, l'apparition de l'image négative se développe admirablement, depuis les radiations les plus vigoureuses jusqu'à celles sous-jacentes ; la dose que nous en indiquons nous a paru la meilleure pour la sûreté normale des opérations. Pour plus de rapidité, les opérateurs pourront donc, à leur gré, l'augmenter de quelques gouttes, mais nous ne pouvons trop les prévenir qu'un excès (même minime), réagissant d'une manière trop énergique sur l'azotate d'argent libre dont l'épreuve est encore imprégnée au sortir de la chambre noire, formerait de suite un oxyde d'argent par sa combinaison avec l'acide gallique, et, de plus, un gallate d'argent tellement abondant que l'épreuve en serait immédiatement couverte... due... souvent même... avoir eu le temp...

Pour éviter toutes déceptions de ce genre, en partie partielles, nous ne pouvons trop recommander encore aux amateurs de ne jamais présenter à la chambre leur feuille mouillée ni ruisselante, mais bien au contraire seulement humide, en partie asséchée par l'action du bâton de verre, ainsi qu'il a été dit, ou par un papier buvard, si ce moyen leur paraît préférable. Cette recommandation est on ne peut plus essentielle pour la réussite.

Nous pensons que la réunion de l'hydriodate et de l'acétate d'ammoniaque formant la combinaison de substances la plus propice au procédé photographique que nous présentons aujourd'hui ; mais nous avons aussi grande espérance que l'emploi de l'*acétate d'ammoniaque*, à lui tout seul, pourra bientôt devenir une espèce de panacée d'accélération en photographie, puisque tous les jours, entre les mains de n'importe qui, et avec n'importe quelle préparation première du papier, nous voyons diminuer les poses de plus de moitié, sitôt que quelques gouttes d'acétate d'ammoniaque viennent se combiner à l'acide gallique qui n'avait pas assez de force par lui-même pour faire surgir la formation latente de l'image.

La feuille de verre albuminée en retire déjà elle-même un profit d'accélération de plus d'un tiers, et y gagnera encore, je l'espère, par des modifications spéciales, dont nous nous occupons, et dont nous rendrons prochainement compte.

En attendant, pressés par des circonstances particulières de précipiter un peu la communication du procédé, vu qu'il est déjà répandu, qu'il a été colporté, offert en vente par l'indiscrétion, et désirant de plus en rester titulaire, puisqu'il vient de nous, qu'il est à nous, nous nous hâtons de l'offrir sans crainte, et avec foi, aux expérimentateurs habiles qui ne tarderont pas à y apporter tous les perfectionnements désirables, heureux nous-mêmes d'en profiter.

M. le ministre de l'agriculture et du commerce vient de nommer une Commission française de trente-deux membres, chargée de concourir au jugement des produits exposés à Londres et à la distribution des récompenses. Chaque membre a l'inspection de chacune des catégories adoptées par la Commission royale d'Angleterre. Entre autres savants français, M. le ministre a désigné pour les objets d'art, sculptures, modèles plastiques, mosaïques, émaux, etc., M. LÉON DE LABORDE, membre de l'Institut et du jury central, notre honorable collègue et zélé protecteur de la Société héliographique.

DE MONFORT.

NOUVELLES DIVERSES.

Une exposition générale d'œuvres d'artistes vivants aura lieu à Bruxelles, le 15 août prochain. Le rapport que le ministre de l'intérieur a adressé à ce sujet au roi des Belges annonce que cette exposition, au lieu d'être conçue, comme celles qui l'ont précédée, au point de vue plus exclusif de l'art belge, ouvrira un vaste champ où se rencontreront les artistes de toutes les écoles, ce qui permettra de constater le degré de perfection auquel les différentes branches de l'art sont parvenues en Europe.

Aucun pays, du reste, ne semble plus propre que la Belgique à une solennité de cette nature, tant par sa position géographique que par la situation prospère et calme que ses institutions lui ont assurée.

— On lit dans le *Courrier de la Gironde* du 31 mars :

« Les travaux de M. Foucault, relatifs à la démonstration du mouvement de rotation de la terre, préoccupent toujours le monde savant, et dans toutes les villes on répète l'expérience si ingénieuse de son pendule.

« Un appareil en tout semblable à celui de M. Foucault a été dressé dans le grand amphithéâtre de la Faculté des sciences de Bordeaux ; seulement, il n'a pas les dimensions colossales de celui qui a été employé à Paris.

» Le fil de suspension n'a que 11 mètres de longueur, et la sphère pèse 7 kilogrammes ; mais l'expérience, déjà faite plusieurs fois aux leçons du soir, depuis trois semaines, réussit très-bien, et on peut suivre avec une complète évidence le déplacement vers l'est, régulier, progressif, continu de l'horizon, par rapport au plan permanent des oscillations. La déviation est de 10 degrés 5 minutes par heure, et la pendule pouvant osciller près de trois heures, l'écart total est de 30 degrés ; mais il est *matériellement saisissable* au bout de dix minutes. »

— Le tableau de M. Galimard, *la Nativité*, exposé en ce moment au Palais-National, est destiné à l'église de Morlans.

— On vient de placer dans l'église de Saint-Sulpice une statue représentant l'ange de la Prédication. Cet ouvrage, de l'un de nos plus habiles statuaires, M. Deshœufs, est destiné, avec la statue de l'ange du Martyre, à compléter la série de statues commencée sous le curé Languet, fondateur de cette église.

HÉLIOGRAPHIE SUR VERRE.

PAR M. NIÉPCE DE SAINT-VICTOR.

(Suite.)

« Après cette opération, on laisse sécher les plaques dans la plus grande obscurité, pour opérer ensuite par la voie sèche ; mais comme les plaques s'impressionnent facilement, il faut, autant que possible, les conserver simplement albuminées.

« Il est utile, en exposant dans la chambre obscure, de placer une planchette avec un fond blanc derrière la plaque de verre, et, pour faire paraître l'image, il est né-

cessaire aussi de faire chauffer un peu l'acide gallique, afin d'en activer l'action, sans cependant trop presser cette opération ; car il arrive souvent que les plus belles épreuves négatives sont celles qui sont restées plusieurs heures sous l'influence de l'acide gallique, et sur lesquelles on croyait qu'il n'y avait pas d'image.

« On fixe les épreuves négatives soit avec du bromure de potassium, soit avec de l'hyposulfite de soude, et, afin d'empêcher le cliché de s'écailler (ce qui arrive avec une couche d'albumine trop épaisse ou avec de l'albumine de vieux œufs), on l'enduit d'une légère couche de gélatine ou d'un vernis à tableau, ce qui lui donne encore plus de solidité.

« De toutes les substances accélératrices que j'ai employées, je n'en ai pas trouvé de meilleures que le miel (celui de Narbonne m'a paru préférable), parce qu'il donne plus d'accélération sans avoir les inconvénients de toutes les autres substances, telles que les fluorures, par exemple, dans lesquels j'ai reconnu, depuis longtemps, une propriété accélératrice ; mais leur action corrosive (qui se manifeste par un très-fort fendillement dans la dessiccation de l'albumine) m'y avait fait renoncer pour l'albumine. Cependant on peut les employer sans inconvénient en les mélangeant avec du miel, entre autres le fluorure d'ammoniaque ; et si l'on se sert avec cela d'albumine de vieux œufs, on aura, par la réunion de ces moyens, une plus grande accélération. Mais je préviens que la vieille albumine est sujette à s'écailler plus que la fraîche ; il faut, pour éviter cet inconvénient, laisser sécher complètement le cliché avant de l'exposer au soleil pour tirer l'épreuve positive, et, pour plus de sûreté, le couvrir d'un vernis.

« Le mélange du miel à l'albumine donne à l'épreuve négative une très-grande douceur dans les traits, ce qui prévient, par conséquent, la dureté que l'on reproche à ce procédé. On aura donc, par ce moyen, des demi-teintes et des tons parfaitement fondus, et l'on obtiendra, par la dessiccation de ce mélange, une couche parfaitement homogène, très-lisse, ne se fendillant pas, lors même qu'on l'expose à la chaleur, et donnant l'image d'un objet éclairé par la lumière diffuse, dans l'espace de deux à trois secondes au plus pour un paysage, et de cinq à huit pour un portrait, en opérant avec un objectif double (français) pour quart de plaque ; pour la grande plaque normale il faut de quarante à cinquante secondes, et de vingt-cinq à trente avec un objectif allemand.

« Tels sont les résultats obtenus par MM. Vigier et Mestral, qui ont fait les épreuves que j'ai l'honneur de présenter.

« On peut encore opérer plus promptement que cela si l'on réunit tous les moyens naturels d'accélération que l'expérience m'a fait reconnaître.

« 1° Plus la couche d'albumine est épaisse, plus il y a d'accélération.

« 2° Plus les œufs sont vieux, plus il y a d'accélération.

« 3° Plus la composition d'acéto-azotate d'argent a servi, plus il y a d'accélération.

« Enfin il existe aussi une très-grande différence dans les diverses natures d'albumine, qui varie, d'après moi, selon la nourriture de la poule. Je dirai que l'albumine d'œuf de cane se fendille moins que celle d'œuf de poule. Quant à l'albumine du sang, elle est très-accélératrice, mais on ne peut pas l'employer seule, parce qu'elle ne se coagule pas assez avec l'acéto-azotate d'argent pour adhérer au verre ; il faudrait préalablement la coaguler avec l'acide azotique.

« Du lavage de la plaque dépend aussi une partie de l'accélération ; car si l'on ne lave pas assez, il se forme une couche couleur de rouille lorsqu'on verse l'acide gallique ; si on lave trop, on enlève une grande partie de l'accélération.

« J'ai consigné également, dans le paquet que j'ai déposé, les moyens de glacer le papier avec l'albumine, ainsi que pour préparer un papier négatif pour opérer par la voie sèche. Mais divers procédés analogues ayant été publiés par différentes personnes, je n'en parlerai que pour constater ma priorité, ainsi que l'on peut s'en assurer en ouvrant le paquet cacheté que j'ai déposé, et qui renferme, en outre, quelques faits nouveaux que je crois devoir publier, comme pouvant offrir quelque intérêt, et que je vais rapporter ici.

« J'ai constaté que l'on chauffant l'albumine au bain-marie à une température de 45 degrés, pendant cinq à six heures, on obtenait une très-grande accélération comparative à celle qui ne l'a pas été. Ce fait paraît avoir beaucoup d'analogie avec les modifications obtenues par M. Chevreul dans l'huile de lin.

« Je parlerai aussi de quelques faits qui m'ont paru assez curieux pour être mentionnés. Si l'on mêle une solution d'azotate d'argent avec une solution de sel marin ou avec de l'hydrochlorate d'ammoniaque, il se produit du chlorure d'argent. Ce précipité, resté dans la liqueur où il s'est formé, se colore par une exposition à la lumière ; si, alors, on l'expose à la chaleur, le chlorure redevient blanc.

« Tout le monde sait que l'alcool coagule l'albumine ;

eh bien, si l'on met de l'iode dans le même alcool pour en former une teinture d'iode, elle ne se coagule plus.

« Si l'on met du brôme dans l'albumine, le brôme se trouve tout de suite enveloppé par l'albumine sans qu'elle se coagule, et il n'y a plus d'exhalations de vapeurs de brôme.

« J'ai l'honneur de mettre sous les yeux de l'Académie quelques épreuves de paysages faites par M. Martens d'après mon procédé.

« NIÉPCE DE SAINT-VICTOR. »

(*Académie des Sciences, août 1850.*)

ERRATA DU N° 9, 6 avril. — Page 35, 3e colonne, ligne 32, après ces mots : SOLUTION DE 5 GRAMMES 25, lisez : *De nitrate d'argent.*

Le Secrétaire de rédaction F.-A. RENARD, *Gérant.*

PREMIÈRE ANNÉE. N° 11.   DIMANCHE, 20 AVRIL 1851.

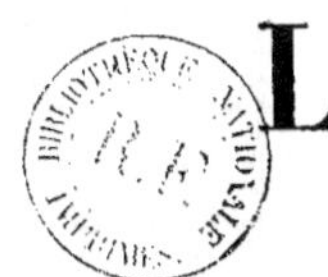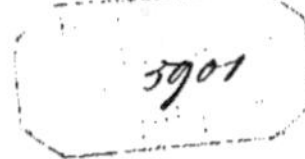

LA LUMIÈRE

JOURNAL NON POLITIQUE

HEBDOMADAIRE.

BEAUX-ARTS — HÉLIOGRAPHIE — SCIENCES.

BUREAUX, A PARIS, N° 15, RUE DE L'ARCADE, A LA SOCIÉTÉ HÉLIOGRAPHIQUE.

ET A LONDRES, UNITED PATENT OFFICE DE MM. GARDISSAL ET C°, 7, CALTHORPE STREET, GREY'S INN LANE, HOLBORN.

PRIX.—PARIS, UN AN, 16 F.; 6 MOIS, 10 F.; 3 MOIS, 6 F.—DÉPARTEMENTS, UN AN, 18 F.; 6 MOIS, 11 F.; 3 MOIS, 7 F.—ÉTRANGER, UN AN, 20 F.; 6 MOIS, 12 F.; 3 MOIS, 8 F.—CHAQUE N° 50 CENT.

SOMMAIRE.

A NOS ABONNÉS.

Les abonnements qui expirent le 9 mai doivent être renouvelés dès ce moment, pour éviter un retard dans l'envoi du quatorzième numéro, qui commencera le deuxième trimestre de la publication.

ACADÉMIE DES SCIENCES.

Séance du 14 avril 1851.

L'art admirable qui transforme un rayon de soleil en un crayon intelligent ; qui en quelques secondes incruste dans une plaque métallique, dans une feuille de papier, dans d'autres substances encore, ce qu'il y a de plus fugitif au monde, c'est-à-dire l'image, le reflet ; cet art, né en France, élargi en Angleterre, cultivé dans toute l'Europe plutôt comme un objet de curiosité que comme un principe de civilisation, l'héliographie, en un mot, prend de telles dimensions, que le temps n'est pas éloigné où ses produits, d'une fidélité mathématique, remplaceront, en une foule de circonstances, les produits de la lithographie et de la gravure. Grâce à la centralisation produite par la Société héliographique et par le journal la Lumière, la découverte de Niepce et de Daguerre reçoit chaque jour de nouveaux perfectionnements : à peine un procédé est-il trouvé, à peine une découverte est-elle faite, que notre journal en donne communication à toute la France et même à l'Etranger ; chacun trouve dans nos colonnes un titre à la priorité, l'émulation surgit entre les expérimentateurs ; tous, sous le stimulant d'une grande publicité, multiplient leurs efforts : aussi les résultats obtenus en quelques mois, nous pourrions dire en quelques semaines, dépassent de beaucoup nos espérances.

La Société héliographique avait signalé, dans ses dernières séances, les avantages d'une presse héliographique, et la multitude d'applications que trouveraient des épreuves sur papier, comme reproduction d'édifices, de paysages, de costumes, de tableaux, de portraits, de plans, de pièces anatomiques, etc., etc. De pareilles épreuves réunies en album, ou jointes à des publications périodiques ou autres, devaient en augmenter beaucoup le charme et l'utilité. Mais il existait deux difficultés considérables : le prix élevé des épreuves, la lenteur ordinaire de leur production. En quelques jours, MM. Bayard et Blanquart-Evrard ont surmonté ces difficultés ; ils viennent d'annoncer à l'Académie des sciences, dans la séance du 14 avril, qu'ils ont trouvé le moyen de tirer, en un jour et avec une seule épreuve négative, jusqu'à 400 épreuves positives ; quelques-unes d'entre elles jointes à la communication, comme spécimen, circulent entre les mains de MM. les académiciens, dont elles excitent vivement l'attention. On remarque leur ton vigoureux et la netteté des contours.

M. Regnault, qui s'était chargé de la communication, n'a pas cru devoir donner de détails sur les procédés de MM. Bayard et Blanquart-Evrard : il a annoncé sommairement leur découverte, en a fait remarquer à l'Académie que la nuit et les jours sombres et pluvieux ne devaient pas interrompre le tirage des épreuves photographiques,

M. Bayard étant parvenu à remplacer la lumière solaire par la lumière d'une carcel. M. de Montfort avait déjà publié ce fait, le 13 avril, dans le journal la Lumière, en rendant compte d'une expérience faite en sa présence. Cette expérience permet d'affirmer qu'en concentrant la lumière au moyen de réflecteurs, qu'en activant sa production par l'électricité ou par certains gaz, on parviendra, au milieu de la nuit, à obtenir des épreuves photographiques avec autant de rapidité qu'en plein jour, à la lumière diffuse du soleil.

Désormais, les conditions d'une imprimerie héliographique doivent être considérées comme remplies, et tout nous porte à croire que l'application ne tardera pas à suivre. Nous laissons aux inventeurs le soin de décrire leurs procédés, et nous nous abstenons de détails, pour ne pas déflorer leurs travaux.

Dans la même séance de l'Académie des sciences, il a été ouvert un paquet cacheté et déposé par M. Bayard depuis plusieurs années : il contenait des indications sur l'application de l'iodure de potassium à la photographie ; la dose était une partie pour 125 d'eau distillée.

(La suite au prochain numéro.)

CLAVEL.

PROCÉDÉ HÉLIOGRAPHIQUE SUR PAPIER

PAR LA VOIE SÈCHE,

Présenté par M. H. BAYARD, dans cette même séance de l'Académie.

On admire généralement les magnifiques résultats que la photographie vient d'atteindre dans ces derniers temps. Grâce aux perfectionnements apportés dans les divers procédés employés, les épreuves que l'on obtient sur papier sont arrivées à une vigueur et à une harmonie de tons qui, jointes à l'exactitude incontestable du dessin, leur donnent une supériorité marquée sur les productions de la gravure et de la lithographie. Mais l'héliographie sur papier ne luttera évidemment avec avantage contre ces deux derniers arts qu'au moment où, par des moyens faciles de reproduction *qui lui seront propres*, elle parviendra elle-même à former une branche de production véritablement industrielle et commerciale.

Tous les efforts des artistes héliographes se dirigent donc de ce côté. Mais un grand obstacle était à surmonter ; c'est celui qui tenait à l'impossibilité où l'on avait été jusqu'ici d'obtenir à volonté, par tous les temps et promptement, la reproduction positive des clichés sur verre ou sur papier.

Le problème à résoudre, à ce point de vue, nous a paru être celui-ci : *Rendre le papier positif* TRÈS-IMPRESSIONNABLE *sous l'action d'une lumière relativement très-faible.*

C'est ce but que je crois avoir atteint par le procédé dont je donne ci-après la description. La préparation que je fais subir au papier permettant de l'employer à sec, il peut également servir pour faire des négatifs ou des positifs ; et, pour ce dernier cas, sa sensibilité est telle qu'en moins d'une seconde, au soleil, on obtient la reproduction d'un cliché sur verre et même d'un cliché sur papier ciré ; et que ces mêmes clichés peuvent être reproduits en moins d'une heure à la lumière d'une lampe Carcel. Entre ces deux termes extrêmes, il y a un espace tel qu'il sera, comme on le voit, facile d'opérer dans toutes les saisons, par tous les temps, à toutes les heures du jour, soit au dehors, soit dans l'intérieur d'un appartement, et même, au besoin, en ayant recours aux lumières artificielles. Enfin, par l'application de ce papier à la chambre obscure, MM. les héliographes se trouveront affranchis de tous les inconvénients qui résultent de l'emploi des papiers humides.

Voici en quoi consiste ce procédé :

Première préparation.

On fait dissoudre dans un litre d'eau distillée :

1° 7 grammes d'iodure de potassium.
2° 2 grammes de bromure de potassium.
3° 2 grammes de sel ammoniac.
4° 1 gramme de cyanure de potassium.

On immerge le papier dans cette solution, feuille à feuille, en évitant de renfermer des bulles d'air ; on le laisse tremper pendant une demi-heure au moins, ensuite on le retire en une seule masse que l'on fait égoutter et que l'on presse dans des papiers buvards pour enlever l'excès d'humidité ; enfin on le suspend par feuille pour faire sécher. Le papier étant bien sec, on le renferme dans un portefeuille pour s'en servir au besoin.

Il est préférable de faire cette préparation à chaud lorsqu'on fait usage du papier fabriqué à la mécanique ; il s'imprègne bien plus également et plus profondément ; on réussit encore mieux à froid et avec toute espèce de papier, en faisant emploi de la machine pneumatique, comme M. Regnault l'a conseillé.

On peut varier beaucoup les proportions de sels et employer d'autres sels, pourvu que la quantité d'iodure de potassium soit toujours dominante. On peut même, surtout avec le papier anglais Wattmann, se dispenser de faire cette préparation, et exposer immédiatement le papier aux vapeurs de l'acide chlorhydrique, comme il est dit ci-après ; mais alors la préparation est un peu moins sensible à la lumière.

DEUXIÈME PRÉPARATION.

On ajoute 10 ou 12 grammes d'iode à 200 grammes d'acide chlorhydrique pur, et, 12 heures après environ, si l'on a eu le soin d'agiter de temps à autre le flacon pour aider à la saturation de l'acide par l'iode, on ajoute 75 grammes d'eau distillée et on mélange bien. Le liquide s'échauffe un peu par l'addition de l'eau ; lorsqu'il est refroidi, on en verse une quantité suffisante pour couvrir le fond d'une cuvette en verre ou en porcelaine à bords élevés de 5 à 6 centimètres et rodés, on la recouvre d'une glace dépolie épaisse et plus grande que la cuvette, afin d'empêcher les vapeurs de se répandre au dehors ; puis prenant une feuille du papier iodure, qui doit aussi être plus grande que la cuvette sur les bords de laquelle elle doit poser, on la fait glisser sous la glace en la soulevant d'un côté et la remettant de suite en place pour la maintenir exposée aux vapeurs pendant quatre à cinq minutes, suivant son épaisseur et la chaleur de la température. Ensuite, soulevant la glace, on retire le papier, on l'agite un peu à l'air pour dissiper l'excès de vapeur, et on le pose sur un bain d'une solution de nitrate d'argent (1 partie de nitrate pour 12 parties d'eau distillée). Cinq à six minutes après, et aussitôt que la couleur ardoisée du papier est totalement disparue, on le relève et on le fait sécher.

Il faut que ce papier ainsi préparé soit parfaitement sec pour être exposé à l'action de la lumière. Il conserve sa sensibilité pendant plusieurs jours. Exposé au foyer de l'objectif normal de Daguerre, il donne une image négative en quatre à cinq minutes au soleil.

Les images sont rendues apparentes par l'acide gallique, suivant la méthode ordinaire, et on fixe par l'hyposulfite de soude.

A l'appui de la présente communication, je joins quelques épreuves négatives et positives obtenues par ce procédé ; on remarquera que ces dernières ne le cèdent en rien pour la netteté du dessin et l'harmonie des tons à celles obtenues par les procédés ordinaires ; et, par l'inspection des épreuves négatives, il est facile d'apprécier leur qualité comme cliché par la vigueur des noirs, la pureté et la transparence des blancs. Je dois ajouter que je ne rends que très-exceptionnellement les clichés transparents par la cire ; je préfère les employer sans cette préparation, les résultats étant, à mon avis, beaucoup plus nets.

Prochainement, j'aurai l'honneur de soumettre à l'Académie des épreuves héliographiques sur papier, qui témoignent de la perfection de ce nouvel art, et du parti qu'on en peut tirer par son application à la reproduction d'objets d'histoire naturelle, pour la représentation soit des préparations anatomiques, soit des images données par le microscope. Je crois pouvoir démontrer que cette application peut rendre d'éminents services à la science.

Dans sa séance du 14 décembre 1840, l'Académie des sciences a bien voulu accepter un dépôt cacheté, renfermant la description de ce procédé ci-dessus; j'en demande l'ouverture.   H. BAYARD.

Paris, le 10 avril 1851.

SOCIÉTÉ HÉLIOGRAPHIQUE.

Séance du 4 avril.

(Suite.)

PRÉSIDENCE DE M. J. ZIÉGLER.

M. le président donne lecture d'une lettre de M. Claudet, Français, établi à Londres; voici le passage le plus important de cette lettre :

« Vous me permettrez de revenir sur le sujet de la dénomination de *photographie* qu'on adopte, à tort, je crois, en France pour le procédé sur papier inventé par M. TALBOT.

« Dans votre dernier numéro il se trouve un article par M. LE GRAY, dans lequel l'auteur dit : « Stimulé par les dé-« couvertes de Niépce et de Daguerre, Talbot, en Angleterre, « se livra aux premières applications de cet art, et mérita la « reconnaissance universelle par la publication de son « procédé, qu'il désigna sous le nom de *talbotype*. »

« Cette phrase, toute bienveillante qu'elle est, renferme une erreur. M. Talbot publia son procédé à la Société royale de Londres quelque temps avant l'époque à laquelle Daguerre annonça sa découverte en France, et dès l'année 1854, il avait obtenu des résultats et les avait montrés à des amis. On peut donc dire avec justice que les deux découvertes, bien différentes l'une de l'autre, ont été conçues en même temps.

« Ni l'inventeur français, ni l'inventeur anglais ne peuvent être accusés de plagiat, ni même d'avoir suggéré l'un à l'autre la moindre idée.

« M. Talbot mérite autant de reconnaissance que M. Daguerre, et c'est pour cette raison qu'il faut, en bonne justice, que le monde savant donne à l'un la même récompense qu'il a accordée à l'autre. On a appelé le procédé de Daguerre, *daguerréotype*, et l'on doit par la même raison adopter la dénomination de *talbotype* pour la découverte de M. Talbot.

« Mais il n'y a aujourd'hui que la France qui se refuse à appeler *talbotype* le procédé inventé par M. Talbot. Cette dénomination est adoptée par tous, en Angleterre, en Amérique. En France, j'ai souvent entendu parler du *daguerréotype sur papier*, et cette expression est aussi fausse que celle de *photographie* qui est le terme générique de tous les procédés dans lesquels la lumière est l'agent principal.

« Mais on aura beau faire, il faudra tôt ou tard qu'on en vienne à l'expression consacrée partout excepté en France, et l'on aura la mauvaise grâce de n'avoir pas devancé cette nécessité. Je ne vois aucune raison pour conserver au procédé de M. Talbot le nom de *photographie*, qui n'a pas de sens complet, car il faut ajouter *photographie sur papier* pour être bien compris et éviter la confusion. On pourrait au moins adopter le mot de *calotype* que l'inventeur a donné lui-même à sa découverte ; ce mot serait mieux approprié que celui de *photographie*.

« J'ai l'honneur d'être, monsieur,

« Votre dévoué serviteur.

« A. CLAUDET. »

M. LE PRÉSIDENT. Je vais maintenant vous lire un passage d'une lettre de M. FRANCIS BAUER, savant anglais, membre de la Société royale de Londres ; elle est datée de 1839. Veuillez remarquer que M. Claudet fait remonter à 1834 la découverte de M. Talbot. Nous pouvons nous en rapporter, pour la question de priorité, au savant anglais lui-même ; voici ses propres expressions :

« Dans le mois de septembre 1827, un Français, M. Joseph-Nicéphore Niépce, de Châlon-sur-Saône, arriva à Kiew, pour rendre visite à son frère, qui avait été longtemps en Angleterre, et y était dangereusement malade. Je fis bientôt connaissance avec M. Niépce. Il m'apprit alors *qu'il avait fait l'importante et intéressante découverte de fixer d'une manière permanente l'image de tout objet par l'action spontanée de la lumière*. Il montra plusieurs spécimens très-intéressants, tant d'images fixées sur des planches d'étain poli que des impressions faites sur le papier d'après ces planches préparées par son procédé chimique. M. Niépce appelle ces spécimens *les premiers résultats de mes longues recherches*. M. Niépce désira que son intéressante et importante découverte fût connue de la Société royale de Londres, et qu'ainsi la *priorité de sa découverte* fût établie. Je l'engageai, en conséquence, à rédiger un écrit ou un mémoire sur ce sujet, qui serait alors présenté à la Société ; il le fit ; il l'écrivit cela à Kiew, et le data du 8 décembre 1827 (1). »

Voilà, messieurs, une découverte parfaitement signalée ; son inventeur la publie en Angleterre, en 1827 ; il la communique à la Société royale de Londres, et c'est à la même So-

(1) Voir le numéro 1 de *la Lumière*.

ciété que s'adresse, en 1834, la communication de M. Talbot. Il est vrai que M. Talbot a employé le papier, ce qui constitue une application nouvelle, mais non une découverte nouvelle ; il n'y a de différence que dans l'excipient.

Nous n'avons pas choisi le mot *photographie*: il était reçu depuis longtemps ; il signifie en France, en Allemagne, en Belgique, *Daguerréotype sur papier* ; on ne doit pas dire photographie sur papier ; car la *photographie* est la reproduction des images *sur le papier par le moyen de la lumière*. CE MOT DIT TOUT, et il EST ACCEPTÉ ; c'est un fait contre lequel nous ne pouvons lutter. Nous avons cru plus juste, plus équitable de faire revivre, comme dénomination *générique*, le mot *héliographie*, qui avait été choisi d'abord par M. J.-Nicéphore Niépce ; ce savant méritait bien cet acte de reconnaissance. Héliographie est l'expression générale de l'art. Elle comprend le daguerréotype et la photographie.

On a dit, avec une apparence de vérité, que le mot *photographie* était un terme plus général, car *héliographie* comprend seulement la lumière du soleil ; mais si, comme le pensent quelques physiciens, toute lumière terrestre provient du soleil, nous sommes dans le vrai ; en tous cas, la lumière du soleil étant la plus belle lumière, personne ne le conteste, le mot *héliographie* est aussi la plus belle expression, et nous l'avons choisi comme le terme le plus digne de comprendre les autres et de désigner notre Société. Le jury de la dernière exposition de l'industrie ayant employé le mot *héliographie*, comme on peut le voir par le compte-rendu de M. Léon de Laborde, membre du jury central, nous nous sommes appuyés de ce précédent, qui a aussi son importance.

M. NIÉPCE DE SAINT-VICTOR. Permettez-moi, monsieur le président, de vous remercier de vos paroles qui appellent l'intérêt sur les travaux de mon oncle et justifient ses titres à la priorité de cette découverte.

M. LEMAITRE. J'avais pensé que la connaissance des premiers essais de M. Niépce, au début de l'héliographie, pourrait vous intéresser, aussi ai-je apporté quelques épreuves d'impression héliographique faites sur plaques d'étain, et qui remontent au delà de 1827. — M. Lemaitre dépose un carton sur le bureau.

M. LE PRÉSIDENT. La Société verra ces épreuves après la séance.

M. GAUDIN. Il paraît cependant que M. Niépce n'a pas fait d'épreuves sur papier avant M. Talbot.

M. LE PRÉSIDENT. Toute la découverte consiste dans la fixation des images à la chambre obscure. Que ce soit sur plaques d'étain ou sur plaques d'argent, ou sur plaqué, le mérite de la découverte en revient à M. Niépce. On a eu, ensuite, des épreuves sur papier et sur verre, on pourrait en avoir peut-être sur d'autres matières ; mais le point de départ sera toujours le même.

M. LEMAITRE. M. Niépce a fait des épreuves sur verre en même temps que sur étain.

M. NIÉPCE DE SAINT-VICTOR. Je ne conteste pas la découverte de M. Talbot sur le papier ; je conteste seulement qu'elle ait été contemporaine de celle de Niépce et Daguerre.

M. BAYARD. La réclamation relative à M. Talbot porte sur le papier seulement ; on ne peut lui contester la priorité de l'emploi des négatifs qui font l'office de planches gravées ; il n'a pas la prétention de rivaliser avec Daguerre pour les plaques.

M. NIÉPCE DE SAINT-VICTOR. Dans la lettre de M. Claudet, il est dit que la découverte de M. Talbot est contemporaine de celle de Daguerre. Les essais de mon oncle sur verre et sur métal comprennent les deux points extrêmes de la découverte.

M. LEMAITRE. Voici ce que j'ai remarqué dans ces premiers essais. La substance qui enduisait la plaque était un résidu de bitume ; les parties qui devaient être en clair étaient corrodées par l'action du soleil ; le métal se mettait à nu et ne pouvait plus résister à l'action des acides.

M. DURIEU. Ce qui pourrait éclaircir la question, ce serait de savoir quelle était la dimension des plaques ; si elle était moindre que celle des gravures, il est évident que M. Niépce a dû, pour obtenir la réduction de la gravure, se servir d'un objectif.

M. LE PRÉSIDENT. M. Niépce a vu opérer son oncle ; voudrait-il bien nous donner quelques détails restés dans ses souvenirs ?

M. NIÉPCE DE SAINT-VICTOR. La chambre noire dont il se servait était très-imparfaite, et il lui fallait une journée entière pour obtenir une image.

M. LE PRÉSIDENT. M. Claudet a désiré que la question de dénomination fût examinée ; elle l'a été, et c'est un membre de la Société royale de Londres qui a décidé notre conviction. Nous devons nous en rapporter à messieurs les Anglais, à l'égard de ce qui intéresse leur gloire nationale.

M. DE MONFORT. M. Talbot ne demande pas cette dénomination ; il ne réclame pas de priorité, il est peut-être indifférent à la question.

M. DELÉCLUZE. Je vous demande la permission de vous

entretenir d'un fait curieux qui se rattache à la recherche qu'on fait en ce moment.

En 1819, je crois, il y eut un homme qui trouva le moyen d'agrandir ou de réduire des gravures pour orner des vases de porcelaine. On ne sut jamais comment il faisait. J'allai le voir, il me donna des épreuves que je vous apporterai à la prochaine séance. Je l'ai tourmenté pour savoir quel était son procédé, et je n'en ai rien obtenu. On a voulu lui donner une place à la manufacture de Sèvres, il n'a pas accepté ; on lui a offert des sommes énormes, et il a refusé ; il est mort avec son secret. Il s'appelait Gonore ; c'était en 1819 ou 1820.

M. LE PRÉSIDENT. C'est un nom et une date qui doivent être mentionnés.

QUESTION DES PAPIERS.

M. LE PRÉSIDENT. Vous savez, messieurs, qu'une Commission a été nommée afin de mettre la Société en rapport avec les manufactures pour obtenir le meilleur papier possible.

M. DURIEU. M. Léon de Laborde, absent en ce moment, doit voir un fabricant qui est éloigné de Paris ; quand il pourra le voir, il lui parlera d'un papier spécial à fabriquer.

M. DELESSERT. Je suis allé hier chez M. Canson, et lui ai acheté sa dernière rame. Je crois qu'il faudrait, au nom de la photographie, le prier d'en faire fabriquer une nouvelle cuve.

Son papier est devenu plus cher ; autrefois, il le vendait 25 fr. la rame, et il m'a vendu sa dernière 40 fr., en me disant que celui qui lui viendrait d'Angoulême, à la première cuve, ne serait pas moins cher.

M. LE PRÉSIDENT. Il y a donc avantage pour les fabricants à faire de ce papier, puisqu'il s'est élevé de 25 fr. à 40 fr. Il est important de donner de la publicité à ce fait pour encourager ceux qui voudront en fabriquer.

M. DELESSERT. Ce sont les matériaux qui composent ce papier qui le rendent plus cher ; par conséquent, si l'on fabriquait un papier encore meilleur, il pourrait dépasser 40 fr. Il y a des essais à faire.

M. DURIEU. M. G. LeGray, m'a montré du papier qui donne des négatifs excellents ; c'est tout simplement du papier ordinaire, qu'au moyen d'une préparation il met en état de produire de bonnes épreuves négatives. Il n'y aurait donc pas à se préoccuper de fabrique spéciale, si la bonté du papier ne dépendait plus que de la préparation à lui faire subir après sa fabrication.

M. LE PRÉSIDENT. Nous devons tous désirer les progrès de cette industrie. Les papiers dit *petit Canson* et *Canson moyen* ont été jusqu'à présent les meilleurs et peuvent servir de point de départ. Que les autres manufactures cherchent à se perfectionner pour la photographie, la fabrication entière des papiers en éprouvera de salutaires effets. Cela intéresse même notre supériorité nationale.

M. REGNAULT. M. Gratiot a fait pour moi de très-bons échantillons de papier ; il n'a pu m'en donner beaucoup, parce qu'on lui a gâté sa cuve ; mais il m'a promis d'en faire d'autres.

Au sujet de l'imprimerie photographique dont il a été question au commencement de la séance, M. Regnault fait observer qu'on pourrait engager pour ce travail des femmes coloristes habituées à des ouvrages délicats et minutieux, et qui d'ailleurs trouveraient ici une profession des plus lucratives.

M. LE PRÉSIDENT, avant de clore la séance, signale à l'attention des membres les belles épreuves sur papier que M. Cousin destine à l'exposition de Londres.

M. DE MONFORT dépose sur le bureau trois épreuves faites par M. Niépce de Saint-Victor, sur des plaques préparées de manière à être exemptes de miroitage.

M. GAUDIN présente également un daguerréotype ; c'est un charmant portrait de femme, qui offre un résultat analogue.

Outre les gravures sur plaques d'étain de M. Nicéphore Niépce, M. Lemaitre fait voir une admirable gravure obtenue sur daguerréotype par les procédés de M. Fizeau.

L. A. MARTIN.

DE L'INCONVÉNIENT

DE RETOUCHER LES ÉPREUVES HÉLIOGRAPHIQUES.

Je sais un grand homme dont vous n'avez jamais ouï parler, attendu qu'il n'est guère apprécié que par lui-même, à qui l'on fit un jour l'honneur d'un portrait lithographié. Revêtu de ses habits du dimanche, l'œil inspiré, la lèvre reluisant d'un sourire mystique, ce brave garçon prêchait d'exemple, sur son image, l'enthousiasme qu'il désirait inspirer, et l'œuvre, exposée à la devanture des magasins de musique, faisait la bouche en cœur aux chalands distraits.

Ce virtuose incompris se comprenait lui-même tant et si bien, qu'en s'étant voté trois épreuves choisies de son portrait, fort joli d'ailleurs, il les avait encadrées avec luxe dans les trois pièces qui composaient son appartement. Il était de ceux qui regardent un visage comme l'exact miroir de l'âme, et il était content de son âme.

Il arriva que son âme apparemment subit une modification : notre musicien avait laissé croître de longues moustaches. Dès lors son propre idéal devint pour lui inséparable d'une lèvre barbue, et, désormais infidèle, le portrait perdit son prestige.

Que faire! L'original prit la copie, s'arma d'un crayon, et, d'une main délicate, campa sur la lithographie l'embellissement survenu. Mais, chose étrange, ce complément, dont il fut ravi, donnait au dessin l'aspect le plus burlesque. Ces moustaches, d'une autre main, dues à un crayon d'un grain différent et d'une autre nuance, ne se mariaient point au ton local. A demi déguisé, comme pour le bal de l'Opéra, le virtuose semblait attendre un faux nez qui justifiât le reste. La confusion du travail manuel et de l'impression lithographique avait un aspect faux et désagréable.

Il n'est pas nécessaire, pour produire ces sortes de discordances, de s'abandonner à de si funestes pratiques. On le prouvera à l'aide d'une autre anecdote : les théories, mises en action, plus frappantes que les raisonnements, les éclaircissent à merveille.

Un jour que le peintre Courbet remontait le Rhin sur un bateau à vapeur, entre Coblentz et Manheim, il fit rencontre d'un jeune Prussien qui avait fait peindre son portrait en Flandre, par Van Schaendel. Cet ouvrage, exécuté sur de petites proportions, et précieusement rapporté dans une boîte d'acajou, fut montré à M. Courbet qui en loua le fini précieux. — Un seul point me chagrine, dit le possesseur du portrait; je veux parler de ce rideau en velours bleu de ciel qui sert de fond. Je suis un peu poète, et j'aurais préféré un ciel orageux. En outre, je n'ai pas un goût marqué pour les rideaux bleus, et j'en ai un fort décidé pour le vin de Johannisberg. Dans deux heures nous passerons devant cet illustre coteau; logez-vous là, peintre, vos pinceaux vous accompagnent; ne pourriez-vous compléter le chef-d'œuvre de Van Schaendel?

Comme on le pense, notre compatriote se défendit d'un tel honneur; ce fut en vain. Le Prussien insista avec tant de persévérance, que Courbet se vit contraint d'ébaucher un ciel et d'attendre le Johannisberg au passage pour le prendre à la pose. Une fois ce beau travail accompli, le portrait de l'infortuné Prussien se voila d'une teinte de clair de lune, et s'enfonça à demi dissous dans les profondeurs du cadre. L'œil qui bordait le fond paraissait fondu, et perdait ses lueurs à côté de la peinture violente et réelle de notre artiste. Nouvelles supplications du Prussien : il fallait retoucher à l'œil. Ainsi fut fait; mais passant d'un à l'autre, cet œil, mis en rapport avec les fonds, accourut, et prit l'avance sur l'autre, de plus de trois pieds. Et chacun de s'écrier : — Mon Dieu, que voilà un bel œil!

Le Prussien, qui avait payé son portrait bien cher au fameux Van Schaendel, était consterné. Quant à Courbet, saisi d'un soudain respect pour l'œuvre de Van Schaendel, il refusa d'y coopérer davantage.

Il débarqua à Manheim. Comme il errait à travers les rues, il s'entend appeler. Il se retourne et voit son Prussien le poursuivait, l'œuvre de Van Schaendel à la main. Le premier instinct de Courbet fut de prendre la fuite; néanmoins, l'autre, qui avait les jambes longues, le joignit, l'entraîna dans un hôtel et le força, par cent cajoleries, de remettre le portrait d'accord. Pour y parvenir, il fallut le recouvrir en entier, et l'on ne put laisser intact le moindre accessoire. La besogne achevée : — Parfait! s'écria le Prussien, ces petites retouches étaient bien utiles. — Ah! si maintenant l'illustre Van Schaendel revoyait son chef-d'œuvre...

Et Courbet de répondre : — Pour sûr il ne le reconnaîtrait pas.

On conclura sans peine de ce double récit, que la première qualité des œuvres destinées à reproduire, à interpréter la nature, est l'homogénéité. Ce n'est pas impunément qu'un travail sera exécuté par deux mains, même au moyen du même procédé. Non; deux manières de voir, de sentir, d'exprimer, ne sauraient être mariées avec succès, pour concourir à un seul résultat. A plus forte raison, est-il absurde d'admettre que dans une gravure, dans une lithographie, le produit mécanique de la presse soit susceptible d'être retouché, des retouches opérées à la main. Une estampe grattée ou crayonnée, une lithographie coloriée, sont des productions de mauvais goût, complètement étrangères à l'art.

Ces vicieux procédés deviennent monstrueux lorsqu'ils atteignent les épreuves daguerriennes ou photographiques. Déjà, dans un remarquable article [1], notre confrère et ami, M. Ziegler, s'est élevé contre la manie de colorier les portraits sur plaque. En décrivant les procédés mis en usage pour un si pauvre résultat, il a montré combien ils sont bornés dans leurs ressources, et, à quel point l'art est étranger à ces enluminures. M. Ziegler condamne également les retouches à l'encre : « Quels sont, dit-il, les hommes capables de retoucher la nature? » Évidemment, pour y réussir, il faudrait Léonard de Vinci, Phidias ou Raphaël. Toutefois ces grands hommes, s'ils étaient parmi nous, seraient trop intelligents pour

[1] Voir le n° 6 de la Lumière, page 22.

se donner de telles licences. La plus profonde ignorance de l'art est la seule excuse des empiétements de ce genre, et cette circonstance atténuante est une médiocre garantie du succès. Je suis heureux, à cet égard, de m'appuyer sur le sentiment d'un artiste d'un goût pur et d'un sentiment délicat, tel qu'est l'auteur du *Daniel* et du *Giotto*.

C'est pourquoi je ne crains pas de revenir à cette question, afin de séparer les travaux exécutés sous l'impulsion de la Société héliographique, afin, dis-je, de les séparer des productions vulgaires du commerce.

Nous avons vu, au boulevard et sur les quais, des portraits, dignes pendants du chef-d'œuvre de Van Schaendel, présentés crûment et sans harmonie sur des fonds léchés au pointillé, qui donnent à l'œuvre l'aspect d'un dessin de jeune demoiselle. C'est tourner la difficulté au lieu de l'aborder de front : c'est recourir à un subterfuge, propre à retarder les progrès de l'héliographie : c'est, en un mot, forcer la nature à mentir.

Pour ce qui est du coloriage, la fraude est plus fâcheuse encore, en ce qu'elle affecte la prétention d'induire le public en erreur, en lui offrant de grossières images comme le résultat d'un problème dont la solution est laborieusement poursuivie dans le domaine de la science. Ajoutons que cette mixture de la réalité de l'effet, et du *poncif* le plus grossier par rapport aux teintes, est d'un ridicule odieux.

Il y a quelques jours, on m'a montré des épreuves photographiques parfaitement réussies, représentant l'île Barbe, avec un groupe de maisons pittoresques. L'heure avait été bien choisie, lumineuse et calme; que les édifices se reflétaient, comme sur un miroir, dans les eaux immobiles de la Saône. En examinant avec un respect curieux ces deux estampes, je fus saisi d'un véritable étonnement. Ces eaux si diaphanes, si richement meublées de reflets, ces eaux si lumineuses et si bien *venues*, manquaient de fluidité; saint Pierre y eût marché sans le secours d'un miracle, et j'admirai que la vérité absolue manquât de vraisemblance.

A force de considérer, pourtant, je m'aperçus que le photographe avait promené horizontalement une pointe sèche à travers ses eaux qu'il avait écorchées, afin d'y ajouter ces stries lumineuses dont abusent les lithographes. Passe encore quand il s'agit d'un dessin; tout y est dû à la main, tout est interprété, tout est créé par la volonté; tout est délibéré, tout se combine...

Mais ici, la nature n'avait rien donné de semblable, et tout ce qui existe, la photographie l'avait reproduit. Or, ces raies ajoutées à la main sur des eaux d'une suavité, d'une profondeur admirables, ces raies ont tout faussé, tout gâté, tout déshonoré. Comme une rayure sèche ne peut s'empreindre sur l'onde, à moins que la rivière ne soit gelée, ces sillages, tracés au pied de l'île Barbe, rendent la Saône solide à l'œil, et l'on croit voir une nappe de glace égratignée par la lame d'un patineur. Et, dans cette hypothèse même, tout reste faux, car le sillon est trop marqué et l'onde serait trop transparente.

Quel dommage! car, je le répète, les épreuves étaient excellentes. Elles sont à jeter au feu.

Il est des photographes qui retouchent à l'encre de Chine, au carmin, à la sépia; d'autres réveillent les lumières avec du blanc, agréable variété du goût des nègres pour le *voyant*, etc... Toutes ces pratiques sont détestables.

Je n'hésite pas à en dire autant des subterfuges employés pour suppléer à l'absence du ciel. Quand, dans un paysage photographié, le ciel manque, le spectateur accepte l'idée d'un horizon sans nuages, plus ou moins clair, et il ne cherche rien autre. Mais si vous lui fabriquez une parodie, une dérision de ciel, soit avec des tampons de coton, soit avec du lavis, soit avec des pastels, le contraste de ce résultat grotesque, avec la réalité absolue des terrains, le saisit, l'offusque et révolte son goût.

Il a été question aussi de découper des cartes en forme de nuées et de les faire danser devant le châssis à reproduction afin d'estomper les contours. Un ciel de carton est aussi éloigné de la nature, en héliographie, qu'aux ombres chinoises du sieur Séraphin; et l'effet désastreux de ces sortes d'artifices est de compromettre la photographie en lui arrachant des produits qui manquent d'*air*.

La photographie pourra seule, dans l'avenir, enrichir d'un ciel vrai les épreuves qu'elle fournit, et je n'entrevois encore de solution possible que dans la recherche des doubles clichés.

Quoi qu'il en soit, toute recherche est pire qu'une imperfection naïve; l'art ici détruit la réalité et se montre incompatible avec l'interprétation daguerrienne; enfin, une composition complètement créée par le crayon ou le pinceau sera toujours plus *vraie* qu'une épreuve photographique retouchée à la main. Cette observation laisse le domaine de l'art parfaitement intact, en démontre l'originalité, et fait ressortir la différence essentielle qui sépare les produits de l'imagination, des impressions mathématiquement empruntées à la nature.

Méconnaître cette distinction, confondre des éléments si opposés, c'est être plus déraisonnable encore que le musicien qui appliquait des moustaches sur une lithographie, ou que le Prussien qui fit noyer dans un ciel orageux le chef-d'œuvre de Van Schaendel. FRANCIS WEY.

Nous avons annoncé dans notre dernier numéro la nomination de M. Léon de Laborde, l'un des fondateurs de la Société héliographique, comme membre de la Commission chargée de concourir au jugement des produits exposés à Londres. Nous annonçons aujourd'hui, avec une égale satisfaction, que M. le ministre de l'agriculture et du commerce vient, par un nouvel arrêté en date du 5 de ce mois, d'appeler aux mêmes fonctions l'un de nos célèbres peintres d'histoire, M. Jules Ziegler, fondateur également et vice-président de notre Société. Peu de jours avant, le gouvernement lui avait déjà confié l'exécution d'un tableau historique d'une grande importance, destiné à la ville d'Amiens.

DE MONTFORT.

DE L'ÉTAT ACTUEL DE LA PHOTOGRAPHIE,
ET DES PERFECTIONNEMENTS RESTANT A Y APPORTER.

(Suite.)

Nous allons, avant les applications pratiques, entrer dans quelques considérations théoriques sur la lumière, et son action sur les sels métalliques.

La lumière est le principal agent chimique employé en photographie. C'est elle qui opère la décomposition des corps que nous employons comme préparation impressionnable.

La lumière a un rapport intime avec l'électricité. Est-ce un corps à part ou n'est-ce qu'un des effets? La question est latente, nous ne tenterons pas de l'éclaircir.

Nous ne considérerons la lumière que dans son rôle sur les opérations photographiques.

Son action principale est d'opérer la désoxydation, la réduction de certains oxydes métalliques. C'est ainsi qu'elle se comporte sur les iodures et les chlorures d'argent. Une feuille de papier, couverte de chlorure d'argent et exposée, un certain temps, aux rayons solaires, finira par devenir complètement argentée, et supportera même le brunissoir.

Ce que produisent les rayons solaires, ceux si faibles d'une bougie le produisent également, mais dans un temps beaucoup plus long.

Dans les deux cas, l'oxygène de l'oxyde d'argent a été enlevé par l'action de la lumière.

Examinons ce qu'il peut être devenu. Nous prétendons qu'il a été enlevé et consumé, dans le premier cas, par le corps qui brûlait, par le soleil, qui est une planète en combustion, et, dans l'autre, par la flamme de la bougie.

Nous définissons la lumière comme étant l'émanation, l'action d'un corps en combustion.

La combustion produit dans l'air le même effet qu'un courant galvanique dans un bain métallique. Il y a déplacement des molécules en ligne directe de la force d'attraction.

Un corps ne peut brûler qu'en consommant une grande quantité de l'oxygène de l'air. Ainsi, le soleil, l'agent comburant d'où émane la lumière par excellence, étant une immense planète en combustion, doit enlever et consommer à l'éther, à l'air ambiant, une quantité incalculable d'oxygène. Le vide se forme autour, et est immédiatement remplacé par de nouvel oxygène enlevé aux couches plus éloignées : celles-ci en prennent aux suivantes, et ainsi de suite jusqu'à nous.

Nécessairement, si nous présentons à la radiation lumineuse un corps dont l'oxygène se trouve en très-grande quantité, et où la force d'affinité pour lui, du corps qui le retient combiné, soit très-faible, plus faible que la force d'attraction du corps en combustion, ce qui arrive avec les sels d'argent, son oxygène sera enlevé pour remplacer celui enlevé à l'air ambiant par l'action du corps en combustion.

D'après cette argumentation, on devrait définir la lumière : un courant électrique produit par le déplacement incessant, en ligne droite, de l'oxygène de l'air.

Examinons maintenant comment la lumière se comporte avec les sels d'argent employés en photographie.

L'azotate d'argent $(ag.\ O,\ az.\ O^5)$ est l'argent à son maximum d'oxydation. Il est seul sensible à l'action de la lumière; mais les sels de protoxyde d'argent $(ag.\ O)$, qu'il fournit avec les chlorure, iodure, bromure, fluorure, cyanure de potassium et autres, sont d'une sensibilité beaucoup plus exquise, puisque les deux parties d'azote et les cinq d'oxygène qui composaient l'azotate d'argent sont remplacées par l'iode, le cyanogène, le fluor, etc., où n'entre aucunement l'oxygène.

D'après la théorie qui précède, on comprendra que plus les sels de protoxyde d'argent obtenus $(ag.\ O)$ seront voisins du suboxyde $(ag^2,\ O)$, moins il faudra de temps à la lumière pour leur enlever leur oxygène, et plus l'image sera formée rapidement et intense de noir.

Aussi est-ce pour cette raison que le bicarbonate de potasse, la potasse caustique, le cyanure de potassium et le fluorure, ajoutés à l'iodure de potassium dans la première préparation du papier, donnent de la célérité, parce qu'ils viennent former dans le papier, lorsqu'on le met sur l'azotate d'argent, des sels intermédiaires entre les protoxydes et les suboxydes d'argent.

Aussitôt que la lumière a frappé les préparations dans ces conditions, elles passent dans les degrés intermédiaires entre le suboxyde et l'argent métallique réduit, qui sont précipités en noir par l'acide gallique, tandis que les protoxyde et bioxyde ne le sont pas.

Le précipité formé par l'acide gallique sera d'autant plus noir, que la décomposition produite par la lumière aura ramené l'oxyde à un état plus déterminé de suboxyde. Les protoxydes et les bioxydes donneront, au contraire, des tons de plus en plus clairs.

D'après ces données, il est facile de voir la marche à suivre pour trouver les agents accélérateurs. Tous ceux indiqués jusqu'ici viennent concorder avec cette théorie, comme nous le démontrerons plus tard. Le moyen indiqué par M. Henneman, en Angleterre, d'exposer l'iodure d'argent au soleil, après l'avoir appliqué sur le papier par avance, avec excès d'iodure de potassium, ne produit de l'accélération que parce que cette exposition lui enlève une partie de son oxygène et le met presque à l'état de suboxyde, de manière que, lorsqu'on le remet ensuite sur l'azotate d'argent, il se forme un sel plus voisin de l'état de suboxyde que de celui de protoxyde.

Gustave Le Gray.

(La suite prochainement.)

NOUVELLES DIVERSES.

Les vitraux de la nouvelle sacristie de Notre-Dame de Paris viennent d'être posés. Ces vitraux représentent la chronologie complète des évêques et archevêques de notre église métropolitaine, depuis saint Landry qui vivait sous Charlemagne, jusqu'à M. Affre. Un des compartiments représente le dernier archevêque sur son lit de mort; ses traits sont de la plus parfaite ressemblance.

Ces vitraux sont l'œuvre de M. Maréchal, de Metz.

Dans un couloir voisin, une autre série de vitraux, fabriqués à Paris, offre l'histoire de sainte Geneviève. Un petit escalier en limaçon conduit au trésor de la cathédrale; il y a une chappelle privée pour l'archevêque; le tout est chauffé par un calorifère.

La nouvelle sacristie a coûté un million. La restauration totale de Notre-Dame de Paris doit coûter encore neuf millions. Trois ont été dévorés déjà par les seuls arcs-boutants qu'il a fallu refaire.

La Sainte-Chapelle aussi se termine. Il reste à réparer les caveaux, la chapelle souterraine, où reposent les anciens chanoines.

— Une lettre de Jérusalem, du 28 janvier, annonce qu'il y avait à cette date beaucoup de voyageurs français dans cette ville; de ce nombre étaient M. de Saulcy, membre de l'Institut, le fils de M. de Rothschild, de Paris, et deux prêtres. Ces messieurs ont fait le tour de la Mer Morte avec des fatigues incroyables et à travers d'affreux dangers; ils sont parvenus, disent-ils, à faire de précieuses découvertes; ils croient même avoir retrouvé les cinq villes de la Pentapole, qui ont disparu sous le soufre et le bitume.

Il y a deux ans, une expédition américaine, dirigée par des savants et munie de barques (MM. de Saulcy et de Rothschild n'en avaient pas), a déclaré aux supérieurs des Lieux Saints avoir retrouvé les cinq villes ensevelies sous les eaux, à l'exception de Ségor, située à quelque distance de la Mer Morte. L'expédition américaine s'en était assurée au moyen de la sonde.

CORRESPONDANCE.

HÉLIOGRAPHIE SUR PAPIER.

Monsieur le rédacteur,

J'ai remarqué dans votre journal du 13 courant un procédé à bases ammoniacales, qui vous a été communiqué dernièrement par MM. Humbert de Molard et Aubrée. J'ai l'honneur de vous informer que ce procédé est celui que j'employais depuis près de deux ans à Toulouse, et avec lequel j'opérais très-vite. Il a été déposé à la Société d'encouragement, et je viens en faire la revendication, comme l'ayant communiqué moi-même à MM. Humbert de Molard et Aubrée, avec lesquels j'ai été en collaboration. Je m'étonne que ces messieurs aient cru devoir le publier sans ma participation et tout fait à mon insu.

Tenant peu aux honneurs, j'aurais volontiers consenti à laisser à M. Humbert de Molard l'honneur de la priorité, si je n'eusse lu à la suite de la publication dudit procédé, un dernier paragraphe ainsi conçu :

« En attendant (de plus amples communications, ont-ils « voulu dire), pressés par des circonstances particulières « de précipiter un peu la communication du procédé, vu « qu'il est déjà répandu, qu'il a été colporté, offert en « vente par l'indiscrétion, et désirant de plus en rester ti-« tulaires puisqu'il vient de nous, qu'il est à nous, nous « nous hâtons de l'offrir sans crainte et avec foi aux « expérimentateurs habiles qui ne tarderont pas à y ap-« porter tous les perfectionnements désirables, heureux « nous-mêmes d'en profiter. »

Puisque MM. Humbert de Molard et Aubrée n'ont pas cité le nom du prétendu colporteur et du vendeur dudit procédé, je vous serai obligé, monsieur le rédacteur, de faire connaître au public la personne que l'on a voulu désigner, en insérant mon nom et mon adresse à la suite de cette lettre. Comme la communication que j'avais faite à MM. Humbert de Molard et Aubrée n'était encore qu'incomplète, craignant ce qui arrive, je vous prierai, monsieur, d'ajouter à la publication que vous avez déjà faite, 8 centigrammes de fluorure d'ammoniaque à la solution d'hydriodate d'ammoniaque, qui est le complément de la solution n° 1, et telle que je l'ai déposée, sous pli cacheté, à la Société d'encouragement.

Pour la solution n° 2, d'azoto-nitrate d'argent et de zinc, je l'emploie comme M. Laborde a bien voulu nous l'indiquer et comme MM. Humbert de Molard et Aubrée l'ont répétée.

Je fais ensuite apparaître l'image avec une solution composée de . . . . 1 gramme acide gallique.
            125 grammes eau distillée.

Je prends de cette solution filtrée en très-petite quantité, je la verse dans un verre, j'y ajoute 1° 5 à 6 gouttes de nitrate d'argent et de zinc, 2° 2 à 3 gouttes d'acide acétique, 3° 2 à 3 gouttes d'acétate d'ammoniaque.

Cette solution ainsi préparée, je verse la totalité sur mon épreuve, en ayant soin que le liquide se répande uniformément par toute l'épreuve et le plus vite possible.

L'épreuve apparaît très-vite avec cette solution, si le temps de la pose a été celui nécessaire; les blancs se conservent très-bien, et on obtient beaucoup d'opacité dans les noirs ; l'acide acétique que l'on pourrait ajouter en plus grande quantité aurait la propriété de conserver les blancs de l'épreuve beaucoup plus longtemps sous l'effet de l'acide gallique, qu'ils ne se conserveraient sans sa présence.

Je lave et je fixe mes épreuves par les moyens ordinaires et connus.

Je vous adresse également la description d'un procédé un peu plus lent que celui ci-dessus, mais qui m'a donné d'excellents résultats et dont l'emploi est très-facile ; on obtiendra par ce moyen une très-grande douceur dans les négatifs et une finesse d'exécution beaucoup plus grande que par le précédent.

Faites un bain composé de :

Eau distillée	130 grammes.
Vinaigre blanc très-fort	6 grammes.
Iodure de potassium	8 grammes.

Ce bain une fois fait prenez, deux blancs d'œufs, pesez-les et ajoutez la moitié de leur poids de la solution n° 1 ci-dessus, ajoutez également 2 à 3 grammes de miel commun, battez le tout ensemble très-dur et laissez reposer; décantez le liquide et préparez votre feuille de papier d'un seul côté, en la déposant à la superficie du bain, ayant soin d'éviter les bulles d'air.

Passez ensuite au bain d'acéto-nitrate d'argent et de zinc, dont j'ai répété le dosage plus haut, et faites apparaître à l'acide gallique seul ou à l'acide gallique dans lequel on aura ajouté quelques gouttes d'acétate d'ammoniaque.

On peut également se servir d'un bain composé de :

Nitrate d'argent	5 grammes 25 centigrammes.
Acide acétique	1 gramme.
Eau	30 grammes.

J'accorde même la préférence à ce dernier bain, mais alors je supprime l'acétate d'ammoniaque et j'emploie l'acide gallique seul. L'acétate d'ammoniaque ferait noircir l'épreuve en totalité, à moins qu'on n'eût ajouté une quantité beaucoup plus grande d'acide acétique dans le bain d'azotate d'argent.

Veuillez avoir l'obligeance, monsieur le rédacteur, de donner place à ma juste réclamation dans vos colonnes, et d'y insérer le complément de mon procédé à bases ammoniacales, en attendant mes communications sur verre.

Votre très-humble serviteur. L. Bannou.

AVIS.

Toutes les demandes et réclamations relatives au service, toutes les lettres et communications relatives à la rédaction, doivent être adressées, affranchies, à M. F.-A. Renard, secrétaire de la rédaction, au bureau du journal. Les demandes d'abonnement seront accompagnées d'un mandat sur la poste ou les messageries.

Le Secrétaire de rédaction F.-A. RENARD, Gérant.

Imprimerie de Bennuyer et Cᵉ, rue Lemercier, 24. Batignolles.

PREMIÈRE ANNÉE. N° 12.

DIMANCHE, 27 AVRIL 1851.

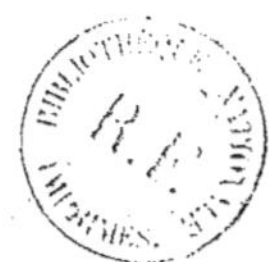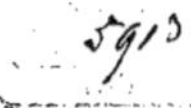

LA LUMIÈRE

JOURNAL NON POLITIQUE

HEBDOMADAIRE.

BEAUX-ARTS — HÉLIOGRAPHIE — SCIENCES.

BUREAUX, A PARIS, N° 15, RUE DE L'ARCADE, A LA SOCIÉTÉ HÉLIOGRAPHIQUE.

ET A LONDRES, UNITED PATENT OFFICE DE MM. GARDISSAL ET Cᵉ, 7, CALTHORPE STREET, GREY'S INN LANE, HOLBORN.

PRIX.—PARIS, UN AN, 16 F.; 6 MOIS, 10 F.; 3 MOIS, 6 F.—DÉPARTEMENTS, UN AN, 18 F.; 6 MOIS, 11 F.; 3 MOIS, 7 F.—ÉTRANGER, UN AN, 20 F.; 6 MOIS, 12 F.; 3 MOIS, 8 F.—CHAQUE N° 50 CENT.

SOMMAIRE.

A NOS ABONNÉS.

Les abonnements qui expirent le 9 mai doivent être renouvelés dès ce moment, pour éviter un retard dans l'envoi du quatorzième numéro, qui commencera le deuxième trimestre de la publication.

ACADÉMIE DES SCIENCES.

Séance du 14 avril 1851.

(Suite.)

On doit à M. Morin une communication d'un autre ordre, et qui intéresse au plus haut point la gloire nationale : il s'agit de disputer à l'Angleterre la priorité dans l'application de la vapeur à la locomotion.

Il existe au Conservatoire des arts et métiers une voiture à vapeur, construite en 1770, sur les ordres du duc de Choiseul, par un nommé Cugnot, ingénieur français : elle est portée sur trois roues, dont l'antérieure seule est motrice. Cette roue, ainsi que tout l'appareil à vapeur, est mobile autour d'un axe vertical ; le conducteur, au moyen d'une barre de gouvernail, peut la diriger soit à gauche, soit à droite, et imprimer à la voiture ces différentes directions.

La chaudière est placée tout à fait en avant. Son volume et sa construction la rendent insuffisante ; elle ne peut évidemment produire la quantité de vapeur nécessaire pour imprimer à la voiture, d'une façon continue et sur une route ordinaire, la vitesse de 1800 à 2000 toises par heure, qui avait été annoncée par l'inventeur.

Deux cylindres verticaux, en cuivre, recevaient la vapeur et la laissaient échapper à la partie supérieure, par le même conduit qui se mettait alternativement en communication avec la chaudière et l'atmosphère.

Il en résulte que la machine était à haute pression et à simple effet ; la vapeur se distribuait par le mouvement alternatif d'un robinet à deux issues, mû par la machine elle-même.

D'après les explications échangées entre MM. Morin et Pouillet, cette machine fut essayée à l'Arsenal de Paris, en présence du ministre de la guerre et d'officiers supérieurs du génie et de l'artillerie, que ses évolutions parurent vivement intéresser. Cependant elles ne furent pas toujours bien précises, car elles renversaient un mur. Le conducteur devait également s'arrêter de temps à autre pour laisser à la vapeur le temps de se concentrer. Ces expériences n'étaient pas les premières ; Cugnot avait essayé sa machine antérieurement, dans les rues de Bruxelles. Quoi qu'il en soit, la chute du duc de Choiseul priva l'ingénieur de ses protecteurs ; il manqua des fonds et des encouragements nécessaires au perfectionnement de sa découverte ; il dut l'abandonner lorsque Watt prenait sa patente pour le perfectionnement des machines fixes et concevait à peine l'application de la vapeur à la locomotion.

L'ingénieur anglais arriva à une grande fortune ; l'ingénieur français serait mort de faim, sans une pension que lui fit le premier Consul, après avoir visité le Conservatoire des arts et métiers, où se trouve la voiture à vapeur.

—MM. Duméril, Lecointe et Demarquay avaient établi, dans un premier mémoire, que certains médicaments élèvent toujours la température du corps quand ils sont ingérés dans l'estomac, ou même lorsqu'ils sont injectés dans les veines. Les expériences avaient porté sur des médicaments excitants, tels que la poudre de cantharides, la décoction de cannelle, le seigle ergoté, l'acétate d'ammoniaque, le sulfate de quinine, le phosphore et la strychnine. Le même résultat, c'est-à-dire une élévation de température variant depuis un dixième jusqu'à deux degrés, fut toujours obtenu tant que les médicaments excitants ne furent pas administrés à dose toxique ; au contraire, beaucoup d'entre eux amenèrent un abaissement de température quand ils constituèrent un empoisonnement.

Dans un nouveau mémoire, les expérimentateurs publient le résultat d'autres recherches qui viennent confirmer les premières, sans produire cependant des résultats identiques. Le tartre stibié, à la dose de 10 et même de 20 centigrammes, produit une élévation de la température ; mais à la dose de 50 centigrammes, il produit un effet contraire. L'ipécacuanha agit d'une façon bien différente ; à petite dose il abaisse la température, à haute dose, il l'élève.

L'huile de croton-tiglium, la gomme-gutte et la coloquinte ont produit une augmentation de chaleur tant qu'on n'a pas dépassé les doses compatibles avec la vie ; la plupart des purgatifs produisent les mêmes effets : on peut en conclure, à priori, que loin d'abattre la fièvre, ils tendent à l'exciter, et que leur emploi, dans les maladies aiguës, doit être très-restreint.

— Il nous reste à parler des fruits du cédron, que M. Lewy a envoyés à l'Académie comme utiles à la fois pour guérir les fièvres de marais et la morsure des serpents venimeux. Ces fruits, assez semblables, pour la forme, à la fève de Saint-Ignace, contiennent un principe cristallisable, d'une amertume excessive et qui, selon toute apparence, recèle les propriétés médicamenteuses. M. Dumas annonce que M. Caillard jeune, de Besançon, a rapporté des fruits du cédron en assez grande quantité pour que des analyses chimiques et des expériences thérapeutiques puissent être faites sur une grande échelle. Ce résultat est d'autant plus désirable que le prix élevé du fébrifuge par excellence, du quinquina, le met presque toujours hors de la portée des classes pauvres.

CLAVEL.

NOTE SUR L'HÉLIOGRAPHIE SUR PAPIER

ET SUR L'IMPRESSION HÉLIOGRAPHIQUE,

Présentée par M. Blanquart-Evrard, de Lille, dans cette même séance de l'Académie. (Voir le n° 11 de la Lumière.)

Jusqu'à présent la photographie a été bannie du domaine de l'industrie ; ses produits sont trop chers, et les procédés qui servent à les obtenir, trop longs et trop compliqués pour qu'on ait pu établir des fabriques d'épreuves, comme on établit des imprimeries en taille-douce ou des ateliers de lithographie.

Dans les circonstances présentes, on ne peut pas obtenir plus de trois à quatre épreuves positives par jour, avec le même cliché, et encore chaque épreuve positive exige-t-elle un traitement de plusieurs jours. Aussi chaque épreuve se vend-elle de 5 à 6 francs.

Par le procédé que nous allons décrire, chaque épreuve négative peut facilement fournir deux à trois cents épreuves par jour, qui peuvent être terminées le même jour, et dont le prix de revient n'est pas de plus de 5 à 15 centimes.

Ainsi, dans une usine où trente à quarante clichés fonctionneraient journellement, on pourrait facilement produire quatre à cinq mille épreuves par jour, à un prix assez modéré pour que la librairie pût y avoir recours pour illustrer ses publications.

Voici en quoi consiste le nouveau procédé :

On choisit, par économie, un papier mince ; il absorbe moins de sel d'argent. Ce papier doit être préparé au sérum, ou à l'albumine, suivant les indications de notre communication du 27 mai 1850 [1]. Il est mieux de préparer ce papier un peu à l'avance, il s'empreint plus facilement ; du reste, il est encore parfaitement bon après une année de préparation.

On imbibe le papier dans le nitrate d'argent, ne lui en fournissant que la quantité absolument nécessaire pour le rendre transparent. Cet effet étant produit, on le plonge dans un bain d'acide gallique additionné de 5 à 10 pour 100 d'acide acétique. Ainsi trempé, on le dépose sur une glace faisant le fond d'un châssis, et l'on place sur ce papier le cliché à reproduire. Sur le cliché on dépose une seconde glace pour faire pression, et l'on présente à la lumière du jour, de dix à vingt secondes, à l'ombre, même dans l'intérieur des appartements. Rentré dans l'atelier, le papier est remplacé par un autre sans discontinuité.

Les images recueillies de l'exposition sont toutes formées ; elles s'achèvent d'elles-mêmes sous les yeux de l'opérateur et sans autre moyen. Leur parfait développement exige de deux à cinq minutes ; assez généralement on l'arrête à volonté en plongeant le papier dans un bain saturé de sel marin.

Ainsi recueillie, l'épreuve est d'une nuance sépia plus ou moins foncée ; on la fait virer au noir en la traitant par un bain d'hyposulfite acidulé par quelques gouttes d'acide acétique.

Il suffit ensuite de la laver à grande eau pour la purger des sels qui ont concouru à sa formation.

Nous avons donné antérieurement les moyens de renforcer les épreuves trop faibles ou de décolorer celles qui seraient trop foncées.

On préserve parfaitement les clichés sur verre de l'action des sels d'argent, en les couvrant d'une forte couche de vernis à tableau.

Pour employer les clichés sur papier et faire sécher le papier après son imbibition à l'acétonitrate d'argent, si l'on devait retarder l'emploi du papier, il serait bon d'augmenter la proportion d'acide acétique dans l'acétonitrate. On ne ferait alors usage de l'acide gallique qu'après l'exposition. Au point de vue de l'industrie, les clichés sur papier devraient être transportés sur verre ; leur usage serait fort embarrassant. Plus facilement altérables, demandant une exposition plus prolongée et trois fois plus de manutention que ceux sur verre, les clichés en papier donneraient à la fois des épreuves moins belles, en moins grand nombre dans un temps donné, et d'un prix de revient beaucoup plus élevé.

Les spécimens que nous joignons à cette note montrent à quelle variété de nuances le procédé décrit peut se prêter ; variété qui n'exclut pas la régularité des produits au besoin [1].

BLANQUART-EVRARD.

SOCIÉTÉ HÉLIOGRAPHIQUE.

Séance du 18 avril.

PRÉSIDENCE DE M. ZIÉGLER.

M. le Président fait part à la Société d'une lettre de M. Ferrier, habile photographe sur verre, lettre accompagnée d'un envoi d'épreuves positives que les membres présents sont admis, tour à tour, à apprécier et à admirer.

M. Blanquart-Evrard écrit également à la Société pour la remercier de l'accueil fait à sa dernière lettre, et lui annoncer l'envoi d'un nouveau mémoire qu'il a adressé lundi dernier à l'Académie, et qui coïncide avec une communication du même genre, faite dernièrement à l'Acadé-

---

[1] Nous donnerons prochainement cette première communication, qui complétera, pour nos lecteurs, le procédé de M. Blanquart-Evrard.

mie, par M. Bayard. L'Académie aura donc à décider une question de priorité. Toutefois, il est bon de rappeler qu'en 1846 M. Bayard lui avait envoyé un premier mémoire cacheté.

M. Edmond Fruit, photographe sur plaques, présente à la Société un ingénieux appareil au moyen duquel la vapeur du brôme contenu dans un flacon s'échappe par un robinet fermant à l'émeri, qui permet à l'opérateur de régler de la manière la plus précise et la plus uniforme le bromurage des plaques. A l'appui de ce nouveau procédé, M. Fruit montre plusieurs portraits dont le fini des détails et la chaleur des tons sont dignement appréciés. L'inventeur désirant qu'une Commission soit nommée pour examiner son appareil et faire un rapport, M. le Président désigne, pour en faire partie, MM. le baron Gros, de Montfort, Ribot, Durieu et Bisson aîné.

Question de l'Album de la Société Héliographique.

M. le Président. Vous savez, messieurs, que notre honorable et dévoué collègue, M. de Montfort, vient d'offrir à la Société un album auquel chacun de vous devra contribuer. Quelques membres déjà nous ont apporté des épreuves ; je prie M. Cousin, qui lui-même a proposé cet album, ainsi que tous nos collègues, de vouloir bien coopérer à ce monument destiné à constater l'état de la photographie en 1851 ; en supposant même qu'il n'y ait pas d'autres épreuves que celles que nous connaissons déjà, l'année 1851 sera une année glorieuse pour la photographie. Je vous engage donc, au nom de la Société, au nom de la photographie, à venir déposer dans cet album tout ce que vous aurez de mieux et à y joindre, et autant que possible, une notice sur les objets reproduits, et sur les divers procédés que vous aurez employés. Le moindre détail, qui paraît aujourd'hui indifférent, peut devenir, dans la suite, une chose très-importante. Ainsi M. Delécluze nous a annoncé, dans la dernière séance, qu'en 1819, c'est-à-dire bien avant Niépce, bien avant Daguerre, bien avant tout ce que nous connaissons, un M. Gonore réduisait ou augmentait des gravures dans des proportions auxquelles jamais la gélatine ne pourrait atteindre. On peut donc présumer qu'il faisait de la photographie. M. Delécluze a fait sur ce sujet un intéressant mémoire dans lequel il n'est pas un détail qui ne se trouve avoir son importance. Ainsi, lorsqu'on allait chez M. Gonore, et qu'on lui demandait la réduction d'une gravure, il demandait deux heures ou une demi-journée pour faire une épreuve. Eh bien ! cette circonstance qui, à cette époque, ne signifiait pas grand'chose, a beaucoup d'importance à nos yeux. M. Delécluze nous a montré trois épreuves d'une gravure représentant un perroquet tenant un fruit ; chacune de ces épreuves est d'une dimension différente, mais toutes trois s'accordent parfaitement par l'exactitude des détails. Le mémoire de M. Delécluze formerait un article d'un grand intérêt pour le journal, qui, après s'être occupé des temps primitifs de l'héliographie, pourrait publier de tels renseignements sous ce titre : *Temps fabuleux de l'héliographie.*

M. Renard donne lecture de la lettre suivante de M. Scheurer, marchand de produits chimiques, et photographe :

« Monsieur,

« Je viens soumettre à la Société héliographique un procédé nouveau pour faire paraître l'image négative dans des conditions qui ne laissent rien à désirer. J'emploie, à cet effet, l'alcool à 36 degr., dans lequel je dissous l'acide gallique. Voici les proportions qui m'ont donné des résultats magnifiques :

> 500 grammes alcool à 36 degrés.
> 2   »   acide gallique.

« L'image paraît sans taches, avec de très-beaux noirs et des blancs parfaitement réservés.

« L'alcool a l'immense avantage de *s'étendre rapidement sur toute la surface* du papier. A lui seul il fait paraître l'image. Dans ce cas, les noirs laissent à désirer ; mais, saturé d'acide gallique, il deviendra d'un emploi général, j'en ai l'intime conviction.

« Scheurer. »

« Paris, 18 avril 1851.

M. le Président. Quelqu'un demande-t-il la parole sur cette lettre ?

M. G. Le Gray. J'ai déjà essayé ce système il y a un an, mais il ne m'a pas donné de résultats. Lorsque l'acide gallique est en solution avec l'alcool, il en résulte une effervescence qui nuit beaucoup à l'épreuve.

M. le Président. Mais, d'après la lettre, on commence par faire le mélange avant d'étendre l'alcool sur le papier. Comment alors nuirait l'effervescence ?

M. Le Gray. La première préparation est déjà dans le papier.

M. Bayard. Je crois qu'en enlevant l'excès d'humidité par un buvard, et en soumettant ensuite le papier à l'alcool, l'action serait meilleure. L'alcool lui-même fait déjà paraître l'image ; seulement elle est trop faible pour pouvoir servir à tirer des épreuves.

M. Le Gray. Il y a un grand inconvénient à employer l'alcool pour la solution de l'acide gallique, car il s'évapore rapidement, et l'on aurait une solution trop concentrée qui précipiterait le gallate d'argent dans l'intérieur du papier, et maculerait l'épreuve.

M. Bayard. Cependant, en général, pour faire paraître l'image, il faut un temps très-long ; or, l'alcool se trouvant en contact avec l'eau, doit faire pénétrer l'acide gallique, et hâter l'apparition de l'image.

M. Le Gray. J'ai fait, il y a un an, des expériences sur papier préparé entièrement à l'alcool, avec la solution de nitrate d'argent, d'iodure de potassium, puis d'acide gallique, et j'ai trouvé un retard de plus des deux tiers.

M. le Président. Il serait important qu'on expérimentât ce procédé. J'engage MM. Le Gray, Mestral, Bayard et Cousin à faire des essais.

L. A. Martin.

(La suite au prochain numéro.)

THÉORIE DU PORTRAIT.

I.

Qui n'a ouï conter le trait de ce peintre de portraits, qui donna une si piquante leçon aux détracteurs de son talent ? Excédé par d'injustes critiques, il feignit de recommencer son œuvre, et convoqua un certain jour la famille et les amis du modèle. On arrive, on prend place dans un atelier peu éclairé, devant la toile encadrée richement, et placée sur un beau fond de damas sombre. L'un trouve le portrait trop noir, l'autre trop pâle ; celui-ci est mécontent des yeux, cet autre de la coiffure ; le modèle est vieilli, disent les uns ; on l'a trop engraissé, disent les autres. Bref, chacun s'accorde sur un point : la ressemblance est imparfaite. Mais soudain le portrait part d'un éclat de rire, et la tête de l'original sort du cadre où on l'avait ajustée en trompe-l'œil.

Plus ou moins controuvée, cette anecdote a consolé bien des artistes, et servi à railler plus d'un juge difficile. Pour moi, j'admets l'historiette ; et dût-on me taxer de paradoxe, je me range du côté des mystifiés. A mon sens, ils avaient raison : ce portrait-là n'était pas ressemblant.

En saine logique, il est aisé de démontrer que ressembler à un objet, c'est exister dans une autre condition que l'objet même, et que Jacques ou Paul ne *ressemble* ni à Paul ni à Jacques, toute comparaison exigeant au moins deux termes. Mais, laissons de côté l'argumentation philosophique, et ne craignons pas d'affirmer que, matériellement, la copie d'une figure est susceptible de saisir un spectateur par la puissance de l'interprétation, plus vivement que ne le ferait, sous certaines conditions, la réalité même.

Cette assertion sera justifiée en quelques mots : il est notoire que l'héliographie reproduit avec une exactitude mathématique les traits et les plans d'un visage. C'est la figure même qui se retrace et revit telle qu'elle est. Or, chacun a vu des portraits héliographiques très-ressemblants, et des portraits héliographiques qui ne ressemblent pas.

De ce fait, anormal en apparence, il résulte que le daguerréotype, instrument scientifique, exige en dépit de sa précision, de la part de ceux qui le mettent en œuvre, une faculté d'interprétation, une entente des effets, des lumières, des physionomies, qualités inhérentes à l'art. Ainsi, pour rivaliser avec l'art, l'héliographie fait appel au sentiment, au savoir de l'artiste, condition qui ennoblit et rehausse la portée morale de cette merveilleuse découverte.

Muni d'un instrument parfait, un héliographe sans goût, étranger aux procédés des grands maîtres, fera de méchants portraits, d'une ressemblance malheureuse, d'un aspect antipathique, d'un effet vulgaire, et d'une trivialité à la fois mesquine et brutale. M. Mestral l'a très-bien compris, lui qui me disait naguère : — l'exercice du daguerréotype m'a conduit à rechercher dans les grands peintres de la Flandre, de l'Espagne, de l'Italie, des finesses, des artifices d'arrangement, des intentions à quoi je n'avais jamais songé.

N'est-il pas reconnu que l'héliographie reproduit agréablement certaines figures, et en enlaidit d'autres ? — C'est une sorte de loterie, disent les gens. Nous n'en croyons rien : la nature ne laisse rien au hasard. Seulement, il est des têtes qu'il faut exposer à un certain jour, qu'il faut présenter sous certaines attitudes, éclairer plus ou moins, etc. Et la pose et l'effet qui conviennent à un visage, à une carnation, ne sont point favorables à une tête d'une autre couleur ou d'un galbe différent. Ce portrait peu agréable s'il est vu de face, sera charmant présenté de trois quarts. A ces joues il faut le demi-jour, à ce teint tout opposé, donnons l'éclat d'une pleine lumière. Telle physionomie demande à être nettement accusée sur ses plans ; telle autre gagnera s'ils sont estompés par des ombres.

Que l'héliographie soit apte à rendre beau ou laid, c'est un point incontestable ; mais l'option est entre les mains de l'artiste ; seulement, la théorie de l'esthétique daguerrienne est à faire.

Pour en rechercher les bases, il est indispensable, en prenant la peinture pour point de départ, de nous rendre compte de ce qu'est la ressemblance ; de nos idées, de nos instincts à ce sujet, des différences essentielles qui séparent le ressemblant du réel ; puis, de remonter aux traditions du beau, sur les traces des maîtres les plus incontestés des divers siècles et des divers pays.

Il est des procédés, tels que le physionotype, ou l'invention de M. Collas, au moyen desquels on obtient le moulage exact d'une tête. Ces procédés, je le suppose plus parfaits encore, et mis en usage pour façonner le buste de quelqu'un : ce résultat sera d'une précision mathématique. Il y manquera la couleur ; un peintre habile s'emparera de ce buste, et nuançant sur une palette les tons justes de chaque portion de la figure, les rapprochant du modèle pour s'assurer de leur conformité, il les posera ensuite sur le marbre, et les fondra avec tout l'art imaginable. Les yeux, les joues, les vêtements, les cheveux seront échantillonnés minutieusement ; le buste sera enluminé de manière à être aussi vrai par rapport au coloris, qu'en ce qui concerne la forme. En un mot, on aura acquis la perfection dans cette voie de réalité.

Le produit de cette pratique sera-t-il l'idéal de la ressemblance ? Non.

Cet objet sera repoussant, l'aspect du modèle ne l'est pas. On contemplera une chose barbare, une parodie grimacière de la vie, sans physionomie, sans animation ; et l'imagination offensée ne reconnaîtra point là le personnage tel qu'elle se plaît à se le représenter. La ressemblance est donc autre chose. La ressemblance est, non la reproduction mécanique, mais une interprétation qui traduit pour les yeux l'image d'un objet, tel que l'esprit se le figure à l'aide de la mémoire.

Ainsi, la ressemblance diffère d'un fait matériel. C'est une idée abstraite : résultat d'une interprétation, elle n'est pas essentiellement subordonnée à une précision absolue ; loin de là, elle est susceptible d'emprunter une vraisemblance plus forte, à des infidélités voulues. Vous ne reconnaîtrez pas souvent à son portrait un homme vaguement entrevu, et vous le reconnaîtriez plus probablement si l'on vous offrait sa caricature, qui frappe votre souvenir d'une commotion plus énergique.

De même que le travail mental qui nous fait apprécier la ressemblance est instinctif et indépendant de notre volonté, de même aussi l'artiste qui l'a produit a subi une impulsion involontaire. En s'efforçant de copier, il a interprété à son insu. Ce qu'il a vu s'est retracé d'une certaine façon dans sa pensée, et c'est cette pensée qu'il a rendue sensible.

Voilà ce qu'il est essentiel de démontrer.

Chacun a remarqué qu'un portrait n'est pas également ressemblant pour tout le monde. Les opinions auxquelles il donne lieu dépendent du degré d'intimité, et de la nature des sentiments qui président aux rapports du spectateur avec l'original. D'où résulte cette proposition : l'artiste le plus habile est celui qui est apte à donner l'interprétation la plus conforme à l'impression générale.

Si Mignard revenait, avec la tradition de son siècle, peindre des portraits dans la société actuelle, peut-être les reconnaîtrions-nous avec peine. Ce qui permet cette supposition, c'est que les portraits de Mignard se ressemblent entre eux, à moins de retracer des figures d'un caractère très-marqué et d'un galbe exceptionnel.

On l'a souvent observé, la plupart des visages d'une époque ont de l'analogie entre eux, et l'on entend dire : Regardez ce passant, n'a-t-il pas une figure du temps de Médicis ? Cette jeune fille a le profil d'une médaille du quinzième siècle, etc.

L'une des âges, considérée comparativement, accuse une succession étrange de préjugés concernant les lignes de la figure humaine. Parfois même, cette fantaisie devient personnelle, et un même artiste laisse percer dans tous ses ouvrages une conformité d'interprétation ; d'où il suit que ses têtes ont entre elles un air de famille. Cette parenté remonte à lui.

Et la postérité ne s'y méprend guère, témoin ces remarques fréquentes : X... ressemble aux portraits de Van Dyck, de Rembrandt, de Boucher ou d'Holbein.

Du quinzième au dix-huitième siècle, assurément les races ne se sont pas modifiées : cependant, le règne de Louis XIV et celui de son successeur n'ont pas produit une seule tête qui ressemble à celles des peintures de moyen âge. D'une époque à l'autre, le goût, la doctrine du beau s'étaient modifiés ; l'idéal, constamment mêlé à l'art de copier, avait changé de base ; le style s'était transformé ; on voyait autrement.

Ces modes successifs ont laissé des marques très-sensibles et assez récentes. De 1788 à 1794, on a publié les portraits gravés, presque tous en profil, de la plupart des hommes marquants de la Constituante, de l'Assemblée législative et de la Convention.

Tous ces portraits, à l'exception de deux ou trois, et la collection est nombreuse, ont le front fuyant : c'était la mode. Qu'arrivait-il? que le dessinateur, cherchant une pose, optait pour celle qui lui fournissait l'aspect le plus saisissant, et en ce temps-là, c'était celle où le front se montrait le plus déprimé. Puis, sous la pression de cette idée, il exagérait encore la chose à son insu.

Depuis vingt-cinq ans, le système de Gall précipite les artistes dans l'excès contraire : le plan des fronts aspire à la verticale ; et, dénaturée par des prétentions désormais inaperçues qu'on en a pris l'habitude, cette partie de la figure constitue, dans les portraits, une page d'annonces au profit du génie du modèle. L'ère des *vastes fronts* succédé à la mode des cervelles sautées, comme la jeunesse byronnienne a succédé à la troupe folâtre des muscadins et des incroyables.

Du temps de la Renaissance, et sous l'Empire, toute figure de femme est ornée d'un nez grec ; de Mignard à Rigault, le nez grec disparait et les visages sont ronds. Durant les époques gothiques, l'ovale s'allonge ainsi que toutes les formes, et les traits sont rapetissés. Les contemporains de David, de Gros, de Gérard tendent à en grossir les proportions.

Sous Louis XIV, les nez bombés sont très-rapprochés des bouches qui sont petites avec des lèvres arrondies : le nez est un bec rose posé sur une cerise qu'il s'apprête à becqueter.

Il est évident qu'à ces diverses époques, on a cru copier naïvement et cherché sans préoccupation la ressemblance, seulement le goût et la mode ont donné lieu à des partis-pris différents.

L'interprétation des effets et de la couleur fournit des observations plus disparates encore. Certaines écoles, comme celle des Allemands, ont vu tout en clair ; d'autres, comme les Espagnols, ont recherché l'effet sombre ; les Bolonais modelaient par demi-teintes fondues dans une lumière douce ; Ribera, Vélasquez, Rembrandt surtout procédaient par l'énergie des contrastes et arrachaient l'éclat lumineux à la profondeur des ombres. Les uns construisent des plans en perdant les lignes, d'autres s'attachent à silhouetter les traits, et suivant que les uns ou les autres ont agi sous une de ces préoccupations, on les qualifie de coloristes ou de dessinateurs, sans que l'emploi de ces termes implique une perfection spéciale. Le Titien est un coloriste ; il dessinait assurément mieux qu'Holbein et que tant de peintres modernes classés parmi les dessinateurs. La nature, on le conçoit, n'est nullement complice de ces distinctions.

Ces considérations permettent de penser :

1° Que la *réalité absolue*, si elle était possible, serait loin d'être une des conditions essentielles de ce que l'on appelle la *vérité dans l'art* ;

2° Que la ressemblance n'est qu'une interprétation subordonnée au goût, à la mode, aux préjugés d'une époque, et aux idées préconçues des appréciateurs de l'œuvre de l'artiste ;

3° Qu'une copie matériellement fidèle, si elle choquait ces idées, risquerait de le paraître bien moins qu'une interprétation plus inexacte, mais entendue de manière à donner satisfaction à l'esprit.

Si ces prémisses ont été favorablement accueillies, l'on aura compris que l'art et l'héliographie sont appelés à un mutuel échange de services et d'enseignements précieux.

Le procédé daguerrien limitera, par sa portée réaliste, les abus de la convention ; il empêchera que la mode, le caprice, ou les manies de quelques artistes ne fassent prévaloir, comme au temps jadis, un type banal de la figure humaine ; il habituera les yeux à la diversité des galbes, à l'originalité des caractères ; il étendra les ressources de l'art en l'accoutumant à rechercher plutôt les dissemblances, que les conformités des visages entre eux.

D'autre part, les héliographes, contraints de demander à l'art le secret d'interpréter, pour ajouter la ressemblance idéale à l'exactitude mathématique, devront ne présenter à la chambre obscure que des modèles disposés avec intelligence, et en ayant égard à des conditions de lumière, d'effet, de goût, de style et d'attitude propres à rendre l'image sympathique et frappante. L'héliographe, en effet, à peine de produire de disgracieuses merveilles, ne saurait se passer de la théorie des peintres, sans laquelle son œuvre froidement mécanique n'impressionne point, manque de vie, d'intérêt, et apparait souvent, aux yeux prévenus, moins fidèle que des tableaux plus éloignés de la pure réalité.

Ces théories, dont les éléments sont épars dans la tradition des grands maitres, les photographes auront à les interpréter, par un second travail de l'esprit ; ils devront se les assimiler et leur trouver des applications nouvelles. C'est vers cet ordre d'idées qui sera la base de l'esthétique héliographique, que nous essayerons d'appeler l'attention des praticiens, en appliquant l'expérience des écoles au genre du portrait. FRANCIS WEY.

(La suite à un prochain numéro.)

NOUVELLES DIVERSES.

PORTE SAINT-MARTIN. — Dans le courant des années 1849 et 1850, des réparations importantes ont été faites à l'arc de triomphe de la porte Saint-Martin. Depuis trente ans, ce monument a souffert de nouvelles dégradations, et il va être réparé par les soins de l'administration municipale, qui vient de faire restaurer complètement l'arc de la porte Saint-Denis. Déjà les échafaudages sont dressés, et la circulation des voitures est interdite dans la grande arcade en plein cintre qui s'ouvre au milieu du monument. La porte Saint-Martin, qui fut élevée à la gloire de Louis XIV par les officiers municipaux de la ville de Paris après la conquête définitive de la Franche-Comté et la déroute de la triple alliance, fut construite en 1674 sur les dessins de Pierre Bullet, élève de François Blondel, l'architecte de la porte Saint-Denis. Cet arc triomphal est d'un aspect moins grandiose que celui bâti par Blondel. Sa largeur est de dix-huit mètres sur une hauteur égale, y compris l'attique qui règne au-dessus de l'entablement lequel a trois mètres soixante-dix centimètres de hauteur. Son épaisseur est de cinq mètres, et il est percé de trois arcades en plein cintre, dont la principale a six mètres d'élévation.

Les deux bas-reliefs qui ornent la façade du côté de la ville représentent la prise de Besançon et le traité de la triple alliance. Ceux qui sont en regard du faubourg offrent la prise de Limbourg et la défaite des Allemands, exprimée par la figure allégorique du dieu Mars repoussant l'aigle impériale. Ces sculptures ont été exécutées par quatre artistes qui jouirent d'une certaine réputation de leur temps. Ce sont Desjardins, Marsy, le Hongre et Legros. Divers attributs relatifs à l'art militaire sont placés entre les consoles, et entre celles du milieu se voit la face radiée du soleil, symbole de Louis XIV. Sur l'attique est gravée une inscription de la composition de Blondel. Les deux portes Saint-Denis et Saint-Martin sont restées seules au milieu des nombreux monuments élevés à la gloire de Louis XIV, dans la première période de son règne. Les trois autres que l'on voyait à Paris étaient les portes Saint-Bernard et Saint-Antoine, construites par Blondel, et l'arc triomphal élevé sur les dessins de Charles Perrault, en 1670, sur l'emplacement actuel de l'ancienne place du Trône, en avant de la barrière de ce nom, et qui devait surpasser, s'il eût été achevé, en grandeur et en magnificence, tous les monuments du même genre connus à cette époque.

Monsieur le rédacteur,

Dans le numéro 9 de votre journal, page 35, en rendant compte, aux *Nouvelles diverses*, de la décision de l'Assemblée nationale, qui vient d'accorder un crédit de 90,000 fr. pour la construction d'une MACHINE PARALLATIQUE, qui doit être placée sous la grande coupole de l'Observatoire, et qui portera une lunette astronomique d'une très-grande dimension, vous ajoutez :

« L'objectif de cet instrument doit avoir 38 centimètres (14 pouces) de diamètre ; on assure qu'il grossira, etc. »

Il semblait, d'après ce qui précède, que l'objectif dont il s'agit est encore à construire ; or, il n'en est rien. Je l'ai terminé en 1844, et vous pouvez vous assurer, par le rapport de M. Arago à l'Assemblée nationale, inséré dans le *Journal des Débats* du 26 mars dernier, qu'avant d'en faire l'acquisition, le bureau des longitudes en a reconnu et constaté par des essais la bonne qualité.

Voici ce qu'en dit, dans son rapport, le savant directeur de l'Observatoire :

« Le bureau des longitudes a profité d'une circonstance favorable pour faire, avec ses fonds ordinaires, et en ajournant d'autres dépenses, l'acquisition d'un objectif de 38 centimètres (14 pouces), pour la somme très-modérée de 25,000 fr. Cet objectif, dont la bonté a été reconnue, sorti des mains de M. Lerebours, a été exécuté avec du flint-glass et du crown-glass fabriqués dans nos ateliers ; tout nous persuade qu'il supportera des amplifications de deux à trois mille fois, c'est-à-dire deux à trois cents fois supérieures à celles dont Galilée fit usage pour les découvertes qui ont été tant et si justement célébrées. »

L'objectif en question a donc bien le diamètre que vous lui assignez (38 centimètres ou 14 pouces), et, si l'on en excepte les lunettes de l'Observatoire de Poulkova (Russie) et de Cambridge (Etats-Unis), qui n'atteignent pas tout à fait cette dimension, puisqu'elles n'ont que 14 pouces anglais, c'est-à-dire 13 pouces 2 lignes, mesure française, on n'aurait qu'à nommer celui qui excède les dimensions des réfracteurs des plus célèbres Observatoires. LEREBOURS.
Paris, 11 avril 1851.

— M. Mariette, voyageur français, qui est parti il y a trois mois pour l'Egypte, avec une mission des ministres de l'intérieur et de l'instruction publique, a déjà fait quelques découvertes intéressantes. On parle de sphinx en granit parfaitement conservés, aussi grands que ceux qui sont au Louvre, et qui sans doute ne tarderont pas à orner notre Musée égyptien.

— Trois nouvelles salles d'exposition de tableaux vont être incessamment ouvertes au palais du Luxembourg. Ces trois salles sont établies, l'une en prolongement de la grande galerie, et les deux autres dans la partie septentrionale du palais, au delà de la terrasse. Elles sont destinées à recevoir les tableaux commandés ou récemment acquis par le gouvernement, et qui sont actuellement exposés dans les salons du Palais-National, dont la fermeture est irrévocablement fixée au 15 de ce mois. Un remaniement complet va être fait parmi les tableaux du Luxembourg. Vingt-cinq à trente tableaux, dont les auteurs sont morts, doivent être transportés au Musée du Louvre.

Le Musée du Louvre, depuis si longtemps fermé par suite des travaux de restauration du grand salon et des nouveaux jours dans la grande galerie, sera bientôt rendu au public. Déjà, depuis huit jours, on y est occupé à replacer sur leurs chevalets les tableaux qui en avaient été descendus. Aussitôt qu'ils seront replacés, les galeries seront livrées, comme par le passé, à l'étude des artistes et à l'admiration des amateurs, tandis que celles du Luxembourg seront fermées, pour y faire les changements dont nous venons de parler.

— Un voyageur français, M. Cyprien Duperron, qui parcourt en ce moment la haute Egypte, vient de recueillir pour notre musée ethnographique la copie de plusieurs inscriptions très-curieuses prises sur les murs du grand temple de Philæ. On sait que ce pays, qui forme dans le Nil une petite île d'environ 2 kilomètres de tour, renferme un grand nombre de monuments et de ruines antiques du plus beau caractère.

Parmi les inscriptions qu'il a copiées, il en est une plus moderne et qui a pour la France un intérêt tout particulier : c'est celle qui a été gravée, il y a cinquante ans, par ordre du général en chef de l'armée d'Egypte. Elle est inscrite sur un mur de granit assez bien conservé, et elle est entourée de caractères égyptiens et de figures symboliques de la plus haute antiquité.

D'autres inscriptions, qui donnaient les noms et qui indiquaient le résultat des travaux de nos savants, et qui se trouvaient plus à portée du sol, ont été mutilées par le fanatisme des Musulmans et la jalousie des voyageurs étrangers, envieux de notre gloire.

— Une exposition universelle des tableaux des peintres vivants de tous les pays va avoir lieu à Londres en même temps que celle des produits de l'industrie, dont elle devient le complément.

Tous les produits du travail humain étant admis au Palais de Cristal, la peinture exceptée, il devenait tout naturel qu'une association comblât cette lacune.

Un vaste local, Lichtfield-House, ancien club de l'armée et de la marine, situé Saint-Jame's square, n° 13, vient d'être approprié à cette destination, et toutes les œuvres des peintres vivants y seront reçues et exposées gratuitement.

Nous ne pouvons qu'encourager cette entreprise si utile pour nos artistes, qui trouveront une occasion unique peut-être de faire connaître leurs noms et leurs œuvres à toutes les personnes attirées à Londres, de tous les points du globe, par la grande exposition.

CORRESPONDANCE.

HÉLIOGRAPHIE SUR PAPIER CIRÉ.
Monsieur le rédacteur,

Je viens joindre mon léger tribut aux immenses richesses que tant d'artistes distingués ont mises à la disposition de la *Lumière.*

Depuis longtemps j'ai remplacé, avec un très-grand avantage, le verre par le papier ciré pour l'emploi de l'albumine. Les épreuves obtenues par cette substitution ne le cèdent en rien à celles que le verre, soigneusement préparé, produit avec tant de perfection. Les noirs et les blancs sont plus vivement accusés, et les demi-teintes sont plus suaves sur le papier ciré. (Je parle, bien entendu, des épreuves négatives.)

Il y a donc, dans l'emploi du papier ciré, amélioration dans les produits, économie de temps et d'argent, facilité dans le transport, plus de rapidité et de netteté dans l'obtention des épreuves positives.

Manière d'opérer.

Le papier, quel qu'il soit, pourvu qu'il n'ait pas de tache, est bon. Une feuille, trempée dans de la cire pure fondue, est mise entre deux autres feuilles non cirées. Avec un fer à repasser le linge, chauffé modérément, on fait fondre la cire, dont l'excédant suffit à cirer les deux autres feuilles. En empilant ainsi trente à quarante feuilles, on en prépare un grand nombre en quelques instants. La préparation d'albumine est la même que sur le verre. Du suc de raisin de paille, que j'ai mélangé à l'albumine pendant longtemps, facilite l'adhérence au papier et l'uniformité de la couche. Je l'ai remplacé par le miel ordinaire ; même résultat.

La couche d'albumine étant sèche, on applique la feuille (du côté albuminé) sur un bain d'acide acétique. La couche devient alors aussi insoluble que si elle avait été fortement chauffée.

Le bain d'acéto-nitrate s'emploie comme pour le papier ordinaire; quelque lenteur qu'on mette à placer la feuille sur ce bain, l'épreuve n'en conserve aucune trace.

Lorsque MM. les photographistes auront essayé ce procédé, qu'ils perfectionneront sans doute, ils n'auront plus à s'inquiéter de la fabrication d'un papier propre à la photographie négative, et qui, quelque parfait qu'il soit, perdra la finesse de son tissu dans les bains liquides.

Les feuilles cirées peuvent être mises à la chambre noire plusieurs jours après avoir été passées à l'acétonitrate.

Agréez... FABRE.

Romans, le 3 avril 1851.

HÉLIOGRAPHIE SUR PAPIER.

Monsieur le rédacteur,

Tous ceux qui ont essayé la solution d'acide gallique additionnée d'acétate de chaux, indiquée par M. Laborde[1], ont pu se convaincre que cette solution accusait bien plus promptement que celle ordinaire d'acide gallique les effets produits par les radiations lumineuses sur le négatif. On peut mettre à profit les différences de puissance photogénique de ces deux solutions pour agrandir la latitude d'exposition et arriver plus sûrement à la réussite des épreuves.

Ainsi, lorsqu'on veut faire apparaître l'image négative à l'acide gallique, on ignore si le temps de l'exposition a été trop court, suffisant, ou trop long.

Il est des épreuves dont l'exposition, trop courte pour la solution simple, viendront bien sous l'influence de la solution à l'acétate de chaux. Il en est d'autres au contraire qui ont eu une exposition suffisante pour la première solution, et dont les blancs noirciraient plus ou moins avec l'autre solution. Il convient donc d'employer d'abord la première solution, et lorsqu'on s'apercevra, au bout d'une ou deux minutes, que l'épreuve ne vient pas, on viendra trop lentement, on versera la première solution pour la remplacer par la deuxième, ou bien si l'exposition paraît avoir été d'une longueur intermédiaire entre les deux cas précités, on peut, suivant les besoins de l'épreuve, mélanger les deux solutions en différentes proportions. Bien entendu que ce moyen ne remédie pas à l'inconvénient d'une exposition trop longue pour la première solution ou trop courte pour la deuxième; mais néanmoins il agrandit la latitude d'exposition que diminuent de jour en jour les progrès de la photographie, et dont nous sommes loin de nous plaindre.

Agréez, etc. Un de vos abonnés, L. C.

Tours, 10 avril 1851.

HÉLIOGRAPHIE SUR PLAQUES MÉTALLIQUES.

LE POLISSAGE.

Monsieur le Rédacteur,

Le polissage des plaques, dit un de vos abonnés, M. Rolin, dans le numéro 10 de la Lumière, est toujours l'écueil[1].

[1] Voir le numéro 4 de la Lumière (page 15).

. . . photographistes. Il a parfaitement raison à mon avis; cette opération, sans être difficile, exige cependant une main habile et surtout très-exercée; il n'est donc pas donné à tout le monde de pouvoir également réaliser les conditions de poli, indispensables à la réussite complète des épreuves daguerriennes.

Lors de ma première publication, en 1844, je disais : « L'individu apparaît toujours dans ses œuvres les plus « simples, à plus forte raison dans les choses qui exigent « une délicatesse et une habileté aussi grande que les opé- « rations daguerriennes. Ce ne sont point là, comme on le « croit généralement dans le public, des procédés mécani- « ques, simples et grossiers, que toute personne peut exé- « cuter aussi bien qu'une autre; c'est un art véritable; « quoi que l'on fasse, on reconnaîtra la touche de son auteur « même dans une épreuve daguerrienne. » En 1847 j'ai eu la même pensée, en 1851 je crois pouvoir encore dire de même, et j'espère qu'il en sera longtemps ainsi; car, du moment où l'art photographique deviendra un simple mécanisme facile à faire mouvoir, peu de personnes intelligentes voudront s'en occuper, et par cette raison le progrès restera pour toujours stationnaire.

Répondant à la lettre de M. Rolin, je dirai qu'il est à mon avis assez facile de remédier à l'inconvénient qu'il signale. Souvent, dit-il, ses plaques sont voilées par les substances à polir, et cependant peu de jours auparavant, avec les mêmes substances, il ne remarquait pas ce défaut. Voici ma réponse : Vous avez opéré avec les mêmes produits, il est vrai, mais non dans les mêmes conditions de température. L'humidité, ainsi que la trop grande chaleur, sont les deux températures défavorables.

Dans le premier cas, l'humidité qui a une tendance extrême à s'attacher au métal, s'y condense très-facilement, mélangée des substances à polir. Dans le second cas, une température très-élevée se trouvant encore augmentée par l'action du frottement, échauffe le métal, le dilate, et par cette raison permet aux poudres de s'introduire assez profondément dans l'argent, ce qui forme dans l'un et l'autre cas le voile dont parle M. Rolin.

Il est bien reconnu, en outre, que les mauvaises substances à polir ont le défaut de voiler l'argent au lieu de faciliter son bruni; donc elles doivent être rejetées.

En définitive, je conclus qu'il est facile d'écarter l'inconvénient signalé, en évitant avec soin de polir ces plaques dans l'une ou l'autre des deux conditions que je viens d'indiquer. Je ne pense pas qu'il soit utile d'expliquer comment il faut s'y prendre pour se garantir de l'humidité et de la chaleur, tout le monde le sait. Quant aux méthodes, je dirai presque, chacun a la sienne, et toutes sont connues. Il en est de même des substances. Si vous consultez Vaillat, bien d'autres et moi-même, tous nous vous dirons, prenez mon ours, c'est naturel. Dans cette circonstance, je serai franc en vous disant, essayez, et arrêtez-vous à la méthode et aux substances qui vous procureront les résultats les plus constants et surtout les plus beaux; c'est ce que j'ai fait, et je m'en suis bien trouvé. Pour les personnes qui ont accordé quelque mérite à mes productions, j'ai publié franchement et sans la moindre restriction les petits moyens que je mets encore en usage aujourd'hui, heureux si j'ai pu leur être utile et agréable, c'était mon but.

J. THIERRY.

Lyon, le 17 avril 1851.

HÉLIOGRAPHIE SUR PAPIER.

PROCÉDÉ A BASES AMMONIACALES.

Monsieur le rédacteur,

La revendication par le sieur Barbou, insérée dans votre numéro de dimanche dernier, du procédé à base ammoniacale que j'ai indiqué en collaboration avec M. Aubrée, surpasse véritablement l'imagination.

Je jure n'avoir jamais reçu aucune communication, ni n'avoir jamais collaboré avec le sieur Barbou, que je connais à peine pour l'avoir vu, par hasard, quatre à cinq fois; mais lui avoir, au contraire, donné de bon cœur (car il se recommandait à moi comme compatriote, ayant besoin de gagner quelque argent) divers renseignements qui pouvaient être utiles à son genre d'industrie nomade, comme professeur de photographie de province. Je jure de plus, sur l'honneur, que durant une journée entière consacrée avec et chez M. Aubrée, aux expérimentations du procédé en question, le sieur Barbou, survenu comme visiteur, insista, malgré nos observations, pour rester spectateur, invoquant à l'appui de sa demande sa qualité d'habitué, d'ami de la maison, dont il n'était pas permis de se méfier, etc.; ce qui ne l'empêcha pas néanmoins, quelques jours après, de payer notre trop de confiance par le mauvais tour qu'il nous impute aujourd'hui à nous-mêmes, c'est-à-dire de porter à la Société d'Encouragement, en son nom et à notre insu, les détails du procédé qui a été exécuté sous ses yeux. Par bonheur, nous fûmes avertis par des tiers, et arrivâmes encore à temps pour ne pas être primés. Bref, nos communications eurent lieu, non pas à son insu, comme il le prétend, mais bien de son gré; puisque pour les faciliter, il accepta même assez bénévolement, je lui rends cette justice, de retirer sa lettre de dépôt, sous prétexte d'avoir à modifier son procédé, et ce fut moi-même qui portai cet écrit, signé de lui, à la Société d'Encouragement.

La Société d'Encouragement, qui connaît déjà les détails et les péripéties de cet incident, possède aussi toutes les pièces, renseignements, documents nécessaires à l'éclaircissement de la vérité. Nous espérons que le sieur Barbou, au premier signal, ne refusera pas la discussion contradictoire, et qu'il voudra bien, comme nous, s'en rapporter à la décision de la Commission photographique.

En attendant, nous persistons dans nos déclarations et communications, sans y rien changer, et protestons, en outre, très-énergiquement, contre la revendication du procédé.

Nous mettons, de plus, le sieur Barbou au défi formel de justifier d'une manière plausible les imputations aussi inconvenantes qu'il se plaît à diriger sur nous, et qu'il nous force à lui renvoyer.

Nous convenons que tous ces détails sont fastidieux pour vos lecteurs, monsieur, accoutumés à mieux que nous vos colonnes; mais, ils comprendront que, sous le coup de pareilles allégations, il nous est impossible de garder le silence.

Agréez, monsieur le rédacteur, etc.

A. HUMBERT DE MOLARD.

Paris, le 22 avril 1851.

Le Secrétaire de rédaction F.-A. RENARD, Gérant.

PREMIÈRE ANNÉE. Nº 15.

DIMANCHE, 4 MAI 1851.

LA LUMIÈRE

JOURNAL NON POLITIQUE

HEBDOMADAIRE.

BEAUX-ARTS — HÉLIOGRAPHIE — SCIENCES.

BUREAUX, A PARIS, Nº 15, RUE DE L'ARCADE, A LA SOCIÉTÉ HÉLIOGRAPHIQUE.

ET A LONDRES, UNITED PATENT OFFICE DE MM. GARDISSAL ET Cⁱᵉ, 7, CALTHORPE STREET, GREY'S INN LANE, HOLBORN.

PRIX.—PARIS, UN AN, 16 F.; 6 MOIS, 10 F.; 3 MOIS, 6 F.—DÉPARTEMENTS, UN AN, 18 F.; 6 MOIS, 11 F.; 3 MOIS, 7 F.—ÉTRANGER, UN AN, 20 F.; 6 MOIS, 12 F.; 3 MOIS, 8 F.—CHAQUE Nº 50 CENT.

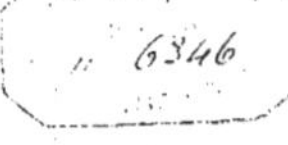

SOMMAIRE.

SCIENCES.

ÉTUDE SUR L'AGENT LUMINEUX.

LUMIÈRE RÉFRACTÉE.

Constamment la nature, dans sa variété infinie, fait l'application des lois de la réfraction. Au lever et au coucher du soleil, elle présente à l'œil de l'observateur mille phénomènes curieux, mais qu'il nous est impossible d'analyser, pressés que nous sommes d'arriver aux déviations et décompositions que la lumière subit sous la main de l'homme. Ce dernier, en variant la figure et la densité des différents milieux diaphanes, a modifié les phénomènes de réfraction; il a complétement soumis l'agent lumineux. Il se l'est approprié au moyen d'instruments entre lesquels le prisme tient le premier rang.

Un *prisme* est, en optique, un morceau de verre terminé par deux surfaces planes, polies et inclinées : la ligne suivant laquelle se rencontrent ces deux surfaces forme le *sommet*; le plan réel ou imaginaire opposé au *sommet* forme la *base* du prisme.

La section faite par un plan perpendiculaire à l'arête qui représente le sommet, donne toujours un triangle qui peut être *rectangle*, *isocèle*, *équilatéral* ou *scalène*.

Un prisme tenu horizontalement, le sommet en haut, présente des phénomènes remarquables à l'œil qui s'approche de l'une de ses surfaces pour recevoir la lumière entrée par l'autre : les objets sont déviés et comme relevés vers le *sommet*; leurs bords horizontaux prennent les couleurs de l'iris. Si on place en bas le sommet du prisme, les phénomènes suivent un ordre inverse; ils se produisent de droite à gauche ou de gauche à droite, quand le prisme est tenu verticalement.

Si l'on place à l'ouverture d'une chambre noire un prisme dont le sommet soit en haut, le pinceau de lumière qui pénètre par l'ouverture est de même dévié et coloré; il s'abaisse vers la base; il présente, étant reçu sur un écran, une forme allongée verticalement et colorée des plus belles nuances de l'arc-en-ciel. C'est ce qui se nomme le spectre solaire. Il doit être étudié, quand il sera question de la décomposition de la lumière et de la théorie des couleurs; nous devons, quant à présent, suivre uniquement les déviations que subit l'agent lumineux.

En passant obliquement et de bas en haut dans le verre, il pénètre dans un milieu plus dense, et se rapproche de la perpendiculaire élevée sur la surface incidente. Il traverse le prisme plus ou moins parallèlement à la base, puis, arrivé à la surface d'émergence, il s'éloigne de la perpendiculaire et se dirige obliquement de haut en bas; il subit ainsi une double déviation dans le même sens, et se représente à l'œil les objets beaucoup plus élevés qu'ils ne sont réellement; il les représente beaucoup plus abaissés, si le sommet du prisme est tourné en bas. Ce double effet est produit simultanément au moyen de deux prismes accolés par leur base : supposons-les traversés par la lumière partie d'un corps très-peu volumineux, ils impriment aux rayons lumineux une déviation telle, que l'œil, en les recueillant, croit voir un objet inconnu. Au contraire, un corps considérable paraît petit, s'il est vu à travers deux prismes réunis par leur sommet. Dans le premier cas, les rayons lumineux forment un cône dont le sommet touche l'œil, et dont la base mesure le volume de l'objet à exami-

ner; or, plus cette base est éloignée et plus le corps paraît volumineux : dans le second cas, la base du cône est tournée vers l'œil, et le sommet vers le corps qui, pour cette raison, paraît fort petit et peu éclairé, une quantité de lumière étant dispersée en dehors de l'appareil de la vision.

On pourrait croire, d'après ce qui précède, que par l'accolement de deux prismes on peut amplifier indéfiniment les images des corps éclairés : il n'en est pas tout à fait ainsi. Deux causes troublent la vision; ce sont, en premier lieu, les franges colorées, produites par la décomposition de la lumière; ce sont, en second lieu, les différences de réfraction que subissent les rayons lumineux, selon qu'ils tombent sous des inclinaisons différentes, vers le sommet ou la base des prismes : après les avoir traversés, ils ne convergent pas également vers l'œil; plusieurs tombent en dehors, et établissent des lacunes dans la vision; d'autres, sans être entièrement perdus pour elle, produisent des erreurs d'optique, par l'excès ou l'insuffisance de leur réfraction.

L'art est parvenu à rectifier ces erreurs, en substituant aux deux prismes accolés par leur base les lentilles de verre. Les unes sont biconvexes, et la courbe de leurs surfaces est calculée de manière à faire converger vers un point unique (le foyer) les rayons lumineux qui les traversent; d'autres sont concaves, et au lieu de faire converger la lumière, elles la dispersent; enfin, les *ménisques*, concaves d'un côté et convexes de l'autre, réunissent ou font diverger les rayons lumineux, selon que la courbure de la convexité ou de la concavité prédomine.

A. CLAVEL.

SOCIÉTÉ HÉLIOGRAPHIQUE.

Séance du 18 avril 1851.

PRÉSIDENCE DE M. ZIÉGLER.

(Fin.)

M. BAYARD. A propos de la communication que j'ai faite à l'Académie des sciences, on me demandait il y a un instant, et déjà l'on m'avait adressé la même question, pourquoi, depuis 1846, je n'avais rien publié de mon procédé. Je tiens à en expliquer les causes à la Société; ce sera, d'ailleurs, pour moi, une date consignée dans le procès-verbal. Je veux parler d'épreuves en relief obtenues sur un corps solide à l'aide de la chambre obscure et avec le concours d'un courant électrique. Mon but est d'avoir un dessin qui se cliche de lui-même et donne une impression dont le procédé sera démontré plus tard; il représenterait un relief aussi prononcé que celui qu'on obtient, par là cire, d'un cachet ou d'une pierre gravée. La plus grande difficulté est de retenir et de rendre solide, sans déformation, le dépôt formé : j'espère y parvenir.

Or, les premiers éléments de ce procédé, que je crois tout à fait en dehors des procédés ordinaires, m'ont été donnés par celui que je viens de publier. J'avais espéré pouvoir les communiquer à l'Académie tous les deux en même temps en 1848; mais les événements de cette époque et d'autres circonstances m'ont fait suspendre mes recherches jusqu'à ce jour; je me propose de les reprendre bientôt.

M. LE PRÉSIDENT. C'est un résultat très-important.

M. GAUDIN. J'ai obtenu un résultat analogue; c'est un relief d'argent qui se dépose sur le blanc de l'épreuve, relief assez saillant pour que le coton s'y attache; lorsqu'on voudra obtenir une planche, on fera sur la plaque un dépôt de platine ou d'or assez épais pour que les cristaux d'argent ne débordent pas.

M. Gaudin cite à l'appui de cette communication une épreuve sur plaque représentant *Notre-Dame*, et dont les blancs offrent des saillies sensibles au toucher.

M. BAYARD. Le relief présenté par cette planche serait insuffisant pour l'impression, et il n'y a aucun rapport avec celui dont je viens de parler.

M. LE PRÉSIDENT. Je vous ferai observer que pour qu'un relief soit parfait, il faut qu'il apparaisse dans toutes les parties du contour; or, d'après ce que j'entends, il ne

pourrait y avoir de relief que dans les lumières; les ombres ne seraient donc pas en relief.

M. BAYARD. Vous ferez un cliché avec cette épreuve, en la faisant impressionner sur un corps dur; vous aurez alors un relief solide qui remplacera le négatif par un positif.

M. PIOT. Je crois devoir ajouter, comme renseignement, que le relief pour impression n'a pas besoin d'être extrêmement sensible; certaines gravures destinées aux manuels d'histoire naturelle et aux livres de chimie sont des gravures sur cuivre en relief dont les saillies sont peu apparentes.

Question des papiers.

M. LE PRÉSIDENT. Maintenant, je demande s'il y a quelque chose de nouveau sur le papier. M. Mestral m'a dit que le papier *petit Canson* était, d'après ses nouvelles espérances, le meilleur de tous les papiers.

M. DELESSERT. Le papier pour négatif, que plusieurs personnes ont acheté chez Canson, et qui lui livrait toujours comme le dernier qui lui restait, est tellement détestable, qu'il est impossible de s'en servir ni comme négatif, ni comme positif. Dans la rame que je lui achetée, il y a quinze jours, et qu'on m'a dit aussi être la dernière, sur cinq cents feuilles, il n'y en a pas dix passables, et, cependant, on me l'a vendue 40 francs, et on m'a prévenu que celui qui arriverait prochainement serait encore plus cher. Je crois qu'il est bon de signaler ceci dans le journal; le meilleur papier à lettre en in-folio ne coûte pas plus de 20 à 25 francs. Si encore ce papier était excellent, on pouvait se servir de toutes les feuilles, on consentirait volontiers à le payer 40 francs. Je ne sais si MM. Canson savent qu'on leur vend un papier aussi cher à Paris, mais il est bon d'appeler l'attention de ces fabricants sur ce sujet.

M. LE GRAY. Je crois que ce sont les entrepositaires qui font cela, et que MM. Canson n'y sont pour rien.

M. DELESSERT. Je sais que MM. Canson font de très-bon papier, mais je sais aussi qu'on en vend du très-mauvais dans leur magasin à Paris.

M. LE GRAY. J'emploie le papier d'Angoulême avec succès; en le cirant avant le premier bain d'iodure, il devient comme un parchemin[1]. Je remplace ainsi l'encollage; j'éponge la cire entre deux papiers buvards, puis je trempe le papier dans l'iodure de potassium, le cyanure et le fluorure mélangé de sue de lait et dissous dans de l'eau de riz; les épreuves que je vous ai apportées aujourd'hui sont faites d'après ce système. Je dois ajouter qu'il faut plus de temps pour développer l'image dans l'acide gallique; le petit papier de *Lacroix*, qui ne pouvait supporter l'action de l'acide gallique plus d'un quart d'heure, peut y demeurer beaucoup plus longtemps.

M. PIOT. Avec la méthode de M. Le Gray l'épreuve, mise dans un bain d'acide gallique, peut y rester longtemps sans se décomposer, sans changer en rien la limpidité de l'acide gallique qui, par le procédé ordinaire, s'altère et forme des dépôts; au bout de six heures d'immersion, l'acide gallique est presque aussi clair qu'au moment même où il a reçu l'épreuve.

M. LE GRAY. J'ai laissé une épreuve deux jours et une nuit dans l'acide gallique, et celui-ci était resté pur de tout dépôt; il avait pris seulement une couleur de jaune transparent comme de l'eau-de-vie.

---

[1] Nos lecteurs voudront bien remarquer que quand M. Le Gray fit à la Société la communication qu'on va lire, la lettre de M. Fabre, que nous avons donnée dans notre dernier numéro et qui traite d'un procédé analogue, était restée jusque là ignorée des membres de la Société et du public; elle avait été adressée non à la Société héliographique, mais au journal directement; et si l'esprit d'impartialité qui préside à notre rédaction nous a fait un rigoureux devoir de publier cette lettre qui est du 3 avril, avant la communication de M. Le Gray qui n'est que du 18, il est aussi de notre devoir de déclarer que depuis fort longtemps déjà M. Le Gray pratiquait son procédé, et que si à en le tort de le faire un peu désirer, il le signalait du moins par d'admirables résultats, qui avaient attiré plus d'une fois déjà l'attention et les suffrages éclairés de ses collègues de la Société héliographique. *Le secrétaire de la Rédaction*, F.-A. RENARD.

LA LUMIÈRE.

M. Delessert. Est-ce que la présence de la cire ne retarde pas la formation de l'image dans la chambre noire ?

M. Le Gray. Au contraire, parce que la cire forme avec l'iodure de potassium une véritable combinaison chimique qui a des propriétés photographiques analogues à celles d'un savon ; le papier ciré, une fois soumis à l'iode, devient noir, ce qui est d'une très-grande utilité pour donner juste le temps convenable de l'exposition sur l'acéto-nitrate. Aussitôt que la teinte noire a disparu, le papier peut servir ; la combinaison est suffisamment faite dans tous les pores du papier.

M. le Président. Ce que vient de nous dire M. Le Gray démontre bien l'utilité du journal, dans lequel il nous est permis de constater de semaine en semaine les nouvelles découvertes et de prendre acte de leur priorité ; il vaut infiniment mieux qu'un registre ; il est numéroté, il est timbré par le gouvernement ; il est donc le meilleur moyen d'enregistrement de tous les actes de la Société. Quant au petit registre que nous avons ouvert, il continuera d'exister et servira toujours aux choses qui ne doivent pas être indiquées dans le journal, et dont cependant on voudra prendre date.

M. Nézar. J'ai fait un essai de papier ciré pour tirer des épreuves à sec, et j'en ai obtenu d'aussi bonnes qu'avec le papier mouillé.

M. Le Gray. Je n'en parlais pas, parce que je me réserve de le faire plus tard avec quelques détails ; j'ai, en effet, obtenu des épreuves également bonnes en employant le papier soit à sec, soit mouillé.

M. Nézar. J'ai préparé mon papier à l'iodure de potassium, puis je l'ai ciré ; je l'ai mis ensuite sur l'acéto-nitrate d'argent ; je l'ai laissé sécher, et enfin je l'ai exposé à la chambre noire.

M. Le Gray. Moi, je mets la cire avant l'iodure de potassium ; de cette manière, l'acéto-nitrate pénètre le papier plus également, ainsi que je l'ai indiqué dans un dépôt cacheté déposé depuis plusieurs mois à l'Académie des sciences.

M. Delessert. L'exposition à la chambre noire est-elle plus longue lorsqu'on emploie le papier à sec ?

M. Le Gray. Il faut à peu près le même temps que lorsque le papier est humide.

M. Nézar. En cirant le papier avant la préparation à l'iodure, il devient jaune, et il faut plus de temps pour le faire dégorger.

M. Le Gray. J'ai observé tout le contraire ; il ne faut que cinq ou six minutes dans l'hyposulfite pour qu'il soit dégorgé. La cire, étant mise après l'iodure, empêche l'acide acétique de bien pénétrer le papier, et l'hyposulfite doit avoir bien plus de peine à enlever l'iodure.

Après quelques observations secondaires, échangées entre plusieurs membres sur la question du papier, M. Puech, fabricant de produits chimiques, annonce la prochaine ouverture, dans la maison même où se tiennent nos séances et le bureau du journal, d'un magasin spécial où il tiendra toutes les substances exclusivement destinées à l'héliographie ; ce qui répond au vœu formulé, dès le commencement, dans le programme de la Lumière. Aussitôt que l'établissement de M. Puech aura été installé, son ouverture sera annoncée dans le journal.

Louis-Auguste Martin.

Evrard. Voir la première partie de cette séance, n° 12, page 48, au bas de la première colonne. M. G. Le Gray nous prie de faire cette rectification : Ce n'est pas avec l'acide gallique que l'alcool produit une effervescence, mais bien lorsque l'on met la feuille de papier contenant l'acéto-acétate d'argent en contact avec cette solution.

HÉLIOGRAPHIE SUR PAPIER.

MOYEN D'OBTENIR L'IMAGE A LA CHAMBRE NOIRE SUR PAPIER SEC,
PAR M. BLANQUART-EVRARD [1].

C'est à rendre l'exécution de la photographie sur papier simple, sûre et facile pour les personnes les moins expérimentées dans les manipulations chimiques, que doivent tendre les efforts des hommes qui veulent faire arriver cet art à sa plus utile application dans l'économie industrielle. La première condition pour entrer dans ce nouvel ordre de choses, c'est de dégager l'opération des soins qu'elle exige lors de l'exposition ; nous ouvrons la voie en donnant ici :

A. Le moyen d'opérer sur papier sec, au lieu de papier mouillé, débarrassant l'opérateur des préparations difficiles qu'il avait à faire sur les lieux de l'exposition ;

B. Une préparation tellement simple de ce papier photogénique, que le commerce puisse le fabriquer et le livrer tout prêt à l'amateur qui ne veut pas prendre le soin de le préparer lui-même.

Les papiers préparés par les moyens décrits jusqu'ici ne pouvaient pas être amenés à l'état sec sans prendre en-

(1) Voir le numéro 12 de la Lumière, 1re page.

suite, sous l'action de l'acide gallique, une coloration uniforme qui ensevelissait l'image photogénique en la faisant disparaître complètement. Le sérum a la propriété de parer à cet inconvénient ; on procédera donc de la manière suivante à la préparation.

« On recueillera, en faisant filtrer, la partie claire du lait qu'on aura fait tourner, on battra dans ce sérum un blanc d'œuf par demi-litre, puis on fera bouillir afin d'entraîner toutes les matières solides, et on filtrera de nouveau, après quoi on fera dissoudre à froid 5 pour 100 en poids d'iodure de potassium. Le papier qu'on voudra préparer sera choisi très-épais et plongé entièrement dans cette substance pendant deux minutes, ensuite séché en le pendant, au moyen de deux épingles, par les deux coins à un cordon tendu horizontalement.

« Cette préparation se fait à la lumière du jour sans aucune précaution particulière ; le papier est bon à l'instant même, comme six mois après, et très-certainement beaucoup plus tard encore. Lorsque l'on est pour s'en servir, on le soumet à une seconde préparation qui se fait alors à la lumière d'une bougie, et dans le temps le plus proche possible de l'exposition ; il est encore cependant propre à donner de bons résultats plusieurs jours après, en évitant alors, autant que possible, de le laisser à une haute température.

« On procède donc pour cette préparation comme nous l'avons décrit dans notre communication du mois de janvier 1847, en couvrant une glace d'acéto-nitrate d'argent composé de 1 partie de nitrate d'argent, 2 parties d'acide acétique cristallisable et 10 parties d'eau distillée. On dépose sur cette substance une des faces du papier qu'on laisse s'imbiber jusqu'à ce qu'il devienne parfaitement transparent, ce dont on s'assure en le soulevant et le regardant à travers la bougie ; après quoi on sèche entre plusieurs feuilles de papier buvard bien blanc (le papier des imprimeurs est très-convenable), et on le laisse dans ce cahier jusqu'au moment où on le place dans le châssis, derrière une feuille de papier bien propre et sèche et entre deux glaces, comme dans l'opération mouillée précédemment décrite.

« L'exposition, à laquelle on procède plus tard, ou le lendemain, varie, en raison de la lumière et de la puissance des objectifs, d'une à cinq minutes.

« De retour chez soi, on dépose la partie du papier qui a été présentée à la lumière, sur une couche d'acide gallique saturée, en ayant soin de garantir l'envers de toute trace d'acide gallique, qui viendrait le tacher. L'image se forme peu à peu et finit par acquérir des tons aussi puissants qu'on puisse les désirer : elle est alors lavée à grande eau, puis passée dans une solution composée de 1 partie de bromure de potassium et 20 parties d'eau, afin de dissoudre les sels d'argent non réduits, puis lavée de nouveau pour enlever toute trace de ce bromure, dont l'action se continuant détruirait l'image, et enfin séchée entre plusieurs feuilles de papier buvard.

« Préparation du papier sec à l'albumine. — Le papier préparé par l'albumine a des propriétés analogues à celles du sérum ; mais à un degré inférieur ; comme lui il se conserve bon indéfiniment après la préparation à l'iodure, mais après avoir été soumis à l'acéto-nitrate d'argent il ne va guère au delà du lendemain. Les épreuves que donne ce papier que nous allons décrire sont admirables ; moins fines que celles du verre, elles ont plus de charme, parce que les oppositions sont moins tranchées et qu'on y trouve plus d'harmonie et de suavité. Nous pensons que c'est une véritable conquête pour ceux qui cherchent les effets de l'art dans les résultats de la photographie.

« On bat en neige des blancs d'œufs dans lesquels on a versé trente gouttes d'une dissolution saturée d'iodure de potassium et deux gouttes d'une dissolution saturée de bromure de potassium par chaque blanc d'œuf. On laisse reposer jusqu'à ce que la neige rende l'albumine à l'état liquide ; on filtre alors à travers un papier de soie ou de la mousseline claire, en recueillant l'albumine dans un grand vase bien plat. On dépose sur la couche le papier qu'on veut préparer, et on l'y laisse quelques minutes. Lorsqu'il est empreint d'albumine, on le soulève par un des coins, et on laisse égoutter et sécher en le pendant par un ou deux angles à un cordon tendu.

« La préparation sur l'acéto-nitrate est, en tout point, conforme à celle décrite plus haut pour le papier préparé au sérum ; on aura soin de ne sécher entre deux papiers buvards que lorsque le papier aura acquis une transparence complète. La mise dans le châssis pour l'exposition se fait de la même manière, de même que la venue de l'image à l'acide gallique et le reste de l'opération ; mais l'exposition exige plus de temps, quatre à cinq minutes généralement.

« Préparation du papier positif à l'albumine. — Le papier positif, préparé à l'albumine, donne des épreuves quelque peu luisantes, mais d'un ton plus riche, et d'une finesse, et d'une transparence beaucoup plus agréables ; on le prépare de la manière suivante ;

« On verse dans des glaires d'œufs 25 pour 100 (en

poids) d'eau saturée de chlorure de sodium (sel de cuisine bien blanc). On traite les œufs en neige et on filtre comme dans la préparation précédente, seulement ici on ne laisse le papier sur l'albumine qu'une demi-minute. On le pend alors pour le sécher, ce qui a lieu en six ou huit minutes ; on le dépose ensuite sur un vase contenant 25 parties de nitrate d'argent et 400 parties d'eau distillée. Le papier est laissé sur le bain au moins six minutes, ensuite séché à plat, comme nous l'avons décrit dans notre communication précitée du mois de janvier 1847. »

Blanquart-Evrard.

THÉORIE DU PORTRAIT.

II. [1]

La figure humaine est assurément le symbole le plus complet de la diversité qui préside aux œuvres de la création. Depuis que le monde existe, la nature, qui a enfanté par centaines de millions des générations d'hommes, n'a peut-être pas coulé deux visages dans le même moule. A tous elle a départi les mêmes organes, distribués conformément à certaines lois de proportion à peu près constantes ; elle a su répandre dans le détail une si inépuisable variété, que même les êtres d'une seule famille, prédisposés à se ressembler entre eux, ne sauraient, pour des yeux exercés, être pris les uns pour les autres.

Un objet plus divers encore, c'est la faculté d'imaginer, de coordonner, de se souvenir ; faculté qui meuble les cases de notre cerveau, où elle étale des palais, des mondes, des horizons immenses, enfin des galeries de tableaux animés, de portraits, saisis au vol, et si fidèles qu'ils nous font reconnaître l'original s'il vient à passer devant nous.

Ces portraits gravés dans la pensée ne s'y parachèvent pas en un jour : ils s'y accentuent peu à peu, ils se raffinent et se modifient, si le modèle se met souvent à notre disposition. Que d'amants, en adoration devant les grâces de leur maîtresse, se sont pris à s'écrier : — La première fois que je l'ai vue, je l'ai trouvée laide. Les discussions si fréquentes, sur le plus ou le moins de charme d'une physionomie, prouvent que les traits prêtés par l'imagination aux visages sont plus diversifiés encore que la nature ne les a faits. Un personnage se retrace dans notre esprit sous dix aspects différents, et notre voisin peut se le représenter de telle sorte que cette image abstraite, s'il la rendait sensible, serait à peine reconnaissable pour nous.

Avant l'expérimentation de l'héliographie, ces idées n'auraient pu être émises avec certitude ; elles passeront bientôt dans le domaine des vérités acquises. Un de nos collaborateurs, M. Renard, me fournit à cet égard un renseignement précieux. Il obtint un jour, dans l'espace d'une heure et demie, et sur plaque métallique, trois portraits d'une dame, qui furent jugés ressemblants, à des degrés divers, par les amis du modèle ; mais il fut impossible de convaincre les personnes qui n'avaient jamais vu l'original, que ces trois épreuves représentaient une seule et même figure. On s'obstinait à distinguer trois individualités tranchées, et à trouver que de ces trois femmes, l'une était laide, l'autre d'un agrément médiocre, la troisième d'une rare beauté. Évidemment, cette dernière épreuve, satisfaisant aux conditions de l'art, constituait seule un bon portrait ; puisque, non moins précise que les deux autres, elle réalisait tout le charme de la physionomie.

On voit par là qu'il est nécessaire à un héliographe de se rendre compte de ses modèles, de les étudier sous plusieurs aspects, de les exposer à des jours différents, et de choisir une pose avec la plus scrupuleuse attention. Jusqu'ici, l'on s'est à peu près borné à tirer les mains en arrière, à rentrer les genoux ou les coudes, afin d'éviter les effets de perspective exagérés. Ces précautions matérielles ne suffisent pas. L'esprit a, dans ces arrangements préliminaires, un rôle plus important à jouer.

La part de l'interprétation, ici, est presque aussi grande que pour la peinture. En outre, en ce qui concerne l'héliographie, elle est spontanée, et comme elle exclut les partis mixtes et les corrections, elle commande une sûreté de coup d'œil remarquable. Il faut, pour arriver à un heureux résultat, que le praticien sache, intimement pénétré des ressources de l'art, composer l'ordonnance de son modèle, et deviner un tableau accompli dans l'aspect que lui offre la nature.

La plupart des figures, selon qu'elles se trouvent éclairées bien ou mal, acquièrent ou perdent la plénitude de leur caractère ; la plupart des figures ont un côté favorable par où il convient de les regarder. Que de fois n'est-il pas arrivé à chacun de nous de rencontrer dans un salon une personne tellement éclairée, que nous ne l'ayons pas tout d'abord reconnue, ou d'entrevoir une femme qui paraît

[1] Voir le n° précédent, page 110.

...ut ordinaire, puis qui, détournant la tête ou changeant de place, nous révèle tout à coup une rare beauté...

Ainsi, pour l'héliographe comme pour le peintre, il existe un double problème : réunir la ressemblance et le charme à la réalité. Faire son choix dans les divers aspects du réel, pour le photographe, c'est interpréter.

Cette option est subordonnée à certaines lois générales de convenance.

On peut diviser en trois catégories les modèles que présente la nature. — Les uns impressionnent par la pureté, la noblesse des lignes ; les autres par la physionomie, par la couleur, par une certaine animation. Les premiers sont des sujets de style et éveillent la pensée du beau ; les seconds se recommandent par la grâce, ce sont de jolies figures. — Enfin, il est, en fort grand nombre, des visages qui ne sont ni beaux ni laids, et n'offrent rien de saisissant.

Pour reproduire les modèles de la première classe, on doit éviter le jour frisant, les effets d'ombre trop compliqués, et chercher l'aspect qui, donnant des plans simples et larges, permette au spectateur de saisir la paisible et noble harmonie des lignes, sans les contrarier ni les comprimer.

Les têtes où la fantaisie domine, les minois chiffonnés appellent à la méthode contraire. Ici, les ombres, les effets qui les échauffent, les clairs habilement ménagés, doivent déguiser l'irrégularité des traits, et se combiner pour offrir l'image du mouvement, de l'expression et de la vie.

Ne croyez pas que les têtes insignifiantes et vulgaires soient à négliger. Les modèles de cette troisième espèce ont fourni aux Flamands d'autrefois de brillants succès. Il est rare de trouver une créature mortelle qui n'ait inspiré, une fois au moins, des sentiments tendres. Or, tout ce qui a été aimé possède une certaine grâce plus ou moins perceptible, plus ou moins fugitive, et l'art, qui est la passion par excellence, est appelé à subir comme à faire partager l'attrait de ce genre d'illusion. Reproduire une figure telle qu'on se la représente, c'est faire œuvre de valet ; mais la voir, mais la révéler sous un point de vue neuf, agréable, original, et frapper le spectateur par la vérité de cette interprétation, l'amener à voir comme on a vu soi-même, c'est le lot du génie.

Ce tour de force caractérise l'art de Rembrandt, de Vélasquez et de quelques autres. C'est par l'étrangeté de l'effet, par la puissance des contrastes, par l'éclat de la lumière et la profondeur des ombres, qu'ils sont parvenus à rendre l'aspect d'une tête si saisissant, qu'en la voyant, on ne songe plus à analyser les traits. D'ailleurs, en pareille occasion, ces grands artistes ont ajusté leur figure avec adresse, et ils ont eu soin de choisir avec intelligence la portion du visage sur laquelle ils ont fait ruisseler la lumière. Les pauvretés du galbe se perdent dans un ton presque équivalent à celui du fond ou des accessoires ; le relief est accusé avec vigueur, le modelé rendu avec énergie, et l'œil, saisi par l'ensemble, oublie d'analyser et d'approfondir. A l'aspect du portrait, ressemblant d'un homme assez laid, le spectateur, vaincu par le génie du peintre, s'écriera : — Voilà qui est magnifique !

C'est aux coloristes qu'il appartient de faire ainsi fleurir les lauriers sur un sol ingrat ; et, à ce propos, notons que la photographie a, jusqu'à ce jour, dans ses meilleures productions, formulé le panégyrique des écoles vouées au culte de la couleur. MM. Le Gray, Mestral et quelques émules ont abordé franchement, suivant le caractère particulier des uns, le portrait à la Van-Dyck, à la Rembrandt, etc... Du reste, la part du goût personnel est si évidente, que nos principaux confrères discernent, à la vue d'une épreuve, quel est celui d'entre eux qui l'a obtenue. Du jour où cette distinction a été possible, l'héliographie a pu revendiquer l'honneur d'avoir créé des artistes.

Une condition d'art dont il est important de se préoccuper, c'est celle qui constitue le style.

Rien n'y est plus contraire que l'indiscrète prolixité du détail. Les boutiques des quais, du Palais-National et des boulevards, fourmillent de ces chinoiseries bourgeoises, où une tête sacrifiée à une profusion puérile d'accessoires papillotants, se réduit à un rôle secondaire. Une tenture à franges, un gilet à fleurs, des chaînes de montre, des breloques, une cravate à carreaux écossais, une table chargée de papiers, d'écritoires, de statuettes, de vases de fleurs, etc., ce sont autant de distractions que la plupart du temps il convient d'épargner au public. Lorsque les peintres affrontent ces difficultés, il leur est loisible d'éteindre par le ton local ce que ces objets peuvent avoir de cru, de criard ou de trop voyant. Encore, les plus experts se montrent-ils sobres à cet endroit.

Mais le daguerréotype ne se prête point à ces transactions salutaires. Les détails risqués, plus ils sont scintillants et minutieux, plus il les accuse, plus il les reproduit avec vivacité. Si bien que la tête, sujet principal, s'efface, se ternit, perd son intérêt, son unité, et tout miroite, sans que l'attention soit concentrée nulle part.

La théorie des *sacrifices*, si largement pratiquée par Van-Dyck, par Rubens et par le Titien, doit être encore plus rigoureusement entendue par l'artiste héliographe. D'ordinaire, ces grands peintres ont fait briller les têtes, au milieu d'une atmosphère sombre et vaporeuse ; puis leurs fonds, plus ténébreux à mesure qu'ils s'abaissent, viennent se confondre, le long des épaules, avec les plis des vêtements largement indiqués dans une pâte solide et foncée. Ils ont évité de silhouetter sèchement, de la tête aux pieds, un corps humain, et leurs portraits ne ressemblent point, comme certaines épreuves daguerriennes, à des merlans frits collés sur un plat d'argent.

Quel est le but de ces sacrifices portant sur la distribution de la lumière et sur la suppression de certains détails ? C'est de concentrer l'attention sur les figures ; d'en rehausser la clarté et d'appeler sur elles les rayonnements de la vie. Ce que l'on cherche dans un portrait, c'est le personnage même : les artistes veulent que l'on arrive à lui sans obstacles, et qu'il nous arrête au passage. Leur interprétation, plus vraie que la réalité absolue, satisfait à la tendance de notre esprit, en ne nous contraignant pas de subir ce que nous n'irions point chercher dans la nature.

Cette loi primordiale de la théorie du portrait, à laquelle les peintres dérogent d'autant plus que leur talent est moindre, a été transgressée par la majeure partie des héliographes, et c'est pourquoi leurs portraits ont déplu par je ne sais quelle vulgarité, par l'absence d'*impression*, et ont excité la curiosité, sans procurer la satisfaction que l'on attend des œuvres d'art.

Les photographes attribuent volontiers la difficulté d'introduire dans leurs portraits la vie, la physionomie, à la lenteur de l'expérience, qui exige de la part du modèle une trop longue immobilité. Ce motif est insuffisant, puisque sur vingt portraits, il en est d'ordinaire cinq à six au moins qui surprennent par la vivacité de l'interprétation. Nous pensons donc que le succès à cet égard dépend de la pose, de l'effet, ainsi que de l'ordonnance, et surtout, *de la valeur des fonds.* On ne saurait trop méditer là-dessus. J'ai vu des portraits peints qui semblaient ternes et inanimés : l'artiste changeait la nuance du fond, et la tête soudain se réveillait.

Un fond d'une valeur soutenue permet d'accuser énergiquement les ombres au profit de la lumière : adoptez un parti tranché, dans la plupart des cas. Une draperie d'un ton violacé fournirait, si je ne me trompe, des fonds d'une bonne qualité, parce que le rouge, base de la nuance, ressort très-monté de l'appareil daguerrien ; en même temps que le bleu, combiné à ce rouge pour le violacer, amortit la teinte et la rend un peu nuageuse. Il faut de l'air derrière un portrait.

Ce qu'il convient aussi d'éviter, c'est un écueil où les peintres tombent, en général, quand ils isolent une figure debout, dans une grande toile de 30. Le fond est alors trop étendu, et l'équilibre ne peut s'établir entre les valeurs du portrait et celle de ce fond, qui joue le rôle d'une basse continue si ronflante, que l'harmonie en est étouffée. Les Flamands bravaient plus volontiers le danger contraire, et les têtes y gagnaient beaucoup. Dans un portrait en buste, il suffit, entre les bordures et la figure, d'un espace égal à la moitié de la hauteur de la tête. Si le portrait est découvert jusqu'aux genoux, ou jusqu'aux pieds, le corps n'a besoin, pour se mouvoir dans le cadre, que d'un espace égal à la largeur du bras ou du poignet, attendu que les draperies ou les vêtements jouent, par rapport à la figure, à mesure qu'ils s'en éloignent davantage, un rôle analogue à celui du fond, dont ils doivent atteindre la valeur. Cette règle est applicable surtout aux portraits d'hommes, dont il convient de déguiser ainsi le costume étriqué et disgracieux.

Le corps peut être impunément jeté à droite ou à gauche, pourvu que la tête soit à peu près partagée par la verticale, qui diviserait du haut en bas le champ du tableau en deux parties égales. En effet, c'est vers le centre que la vue se porte naturellement ; il est avantageux qu'elle y soit accueillie par l'objet principal. Quel que soit le mouvement donné au corps, il doit être tel, que la tête ne soit pas hors du centre de gravité, sans quoi l'ensemble danserait, et le portrait manquerait d'aplomb.

Bien que ces préceptes risquent de passer pour élémentaires, l'observation attentive et fréquente des portraits héliographiques m'a convaincu qu'ils ne sont pas hors de saison.

Au surplus, pour être initiés par l'étude aux traditions élevées de l'art, les photographes ont à leur service des moyens de comparaison faciles. Ne leur suffit-il pas de relever des épreuves sur papier, d'après les portraits de Van-Dyck, de Rubens, du Titien, de Rembrandt, de Prudhon, etc... ; de rapprocher ces gravures héliographiques des portraits directement obtenus d'après nature, et de chercher l'assimilation des qualités d'interprétation qui rehaussent les œuvres des maîtres ?

Il serait salutaire aussi d'apprendre à mieux présenter les estampes héliographiques, et l'on y parviendrait soit en parcourant des cartons de gravures, soit en examinant des collections de dessins originaux ajustés sur des *bristols* ou sur des gardes de papier, et encadrés avec goût. La coutume de briser les quatre coins de l'épreuve, en les glissant dans des fentes pratiquées dans le papier de garde, est déplaisante. Un encadrement de papier bleuté ou d'un blanc criard convient mal à la photographie, dont il écrase les lumières ; enfin, l'usage où l'on est de cerner le dessin de quatre ou de huit lignes tirées à l'encre est d'un effet assez maigre. Ne serait-il pas mieux de choisir un papier ou un carton d'un grain menu, d'une épaisseur suffisante pour ménager une mince ligne d'ombre, et de relier cette bordure d'un blanc tranquille, comme le ton de la coque d'œuf, de la relier, dis-je, à la teinte de l'épreuve, au moyen d'une baguette d'or mat en coquille, tracée au pinceau sur le bord du carton ? C'est ainsi que les dessinateurs les plus habiles présentent leurs œuvres ; et les épreuves héliographiques, par leur nature, ressemblent plus à des dessins originaux qu'à des gravures au burin ou à des lithographies. Il convient que la largeur des marges soit proportionnée au fini des dessins : plus l'œil a été occupé, plus il a besoin de repos. Celles des dessins photographiés exigent une assez grande largeur.

Tout ce qui est cru, tout ce qui est grossier et artificiel nuit à l'impression produite par la photographie, dont l'effet est suave, et qui rend les plus petits objets avec un fini dépourvu de sécheresse. C'est pourquoi les héliographes feraient bien de renoncer à écrire, soit leurs noms, soit l'indication du site ou des procédés employés, en grosse et prosaïque écriture de clercs de procureur, comme ils le font sans scrupule. Ces lourdes lettres, grandes *comme nature*, gribouillées tout près d'un dessin qui embrasse des réductions si menues, attirent l'œil, le blessent, et nuisent à l'illusion. Sans doute il convient de signer son œuvre ; mais les artistes, en pareil cas, ne jettent pas leur paraphe comme ils le feraient au bas d'une quittance ; ils prennent un crayon ou de l'encre pâle, et proportionnent les caractères qu'ils tracent, à la dimension du dessin. Ces titres doivent être peu voyants, filés en très-petites lettres, et en se conformant, quant à la place choisie, aux errements des graveurs, qu'un long usage a consacrés.

En général, les cadres en bois noir ou en palissandre sont détestables ; ils rendent le dessin blême, et, se confondant avec les ombres extérieures, ils n'encadrent pas du tout. On doit autant que possible recourir aux bandes dorées mat, en évitant les ramages de fleurettes et les scintillements du brunissage. Le procédé daguerrien fait jaillir assez de détails pour que la fonction du cadre soit d'introduire le calme et de reposer la vue.

Ces remarques sont très-matérielles, mais fort loin de la puérilité. Elles concernent ces riens qui trahissent le goût de l'artiste, et la part de l'individu est si cachée, si réduite en ces sortes de productions, que le public va la chercher jusque dans les minuties les plus indifférentes en apparence. Quand il a curieusement examiné une épreuve, s'il songe à en orner son salon, il se recule pour la juger d'ensemble, et, frappé de la négligence *de la tenue*, il rejette l'objet comme trop peu important, et murmure, désenchanté : — Cela est merveilleux, mais ce n'est pas beau...

Que manque-t-il pourtant ? Rien, sauf cette grâce et ces faciles séductions ; sauf les *bagatelles* accessoires, qui sont la mise en scène et comme l'attrait secondaire des œuvres d'art.

La réalité absolue est si rarement flatteuse, qu'il la faut déguiser, qu'il faut se la faire pardonner par toutes les coquetteries imaginables. L'art se plaît à caresser nos illusions, à s'offrir à notre imagination comme un songe d'or. Et ne l'oublions pas, le sentiment, le charme trouvent partout à s'exercer, se prennent à toutes choses, et la faveur du public est due parfois à une foule de petits artifices qui lui échappent. L'essentiel est de convaincre son juge ; mais il est prudent de ne pas penser par en surprendre les sympathies.

En résumé, il est très-nécessaire que les héliographes, s'ils tiennent à tirer du portrait un parti sérieux, se mettent en quête du style, de la grâce et de la science des effets. Il faut l'avouer, les circonstances leur sont favorables, en dépit de la bienveillante opinion de M. Delécluze, qui considère cette branche de l'art comme très en avance sur les autres ; éloge surprenant au milieu d'une époque et d'un pays qui ait jamais été la plus admirable école de paysagistes qui ait jamais existé.

A notre sens, les portraitistes du jour ont autant à gagner que les héliographes à l'étude des grands maîtres ; ces derniers ont moins de chemin à parcourir pour s'élever à l'idéal, que les autres pour se rapprocher de la réalité, qui disparaît devant trois défauts essentiels, propres à toute la génération actuelle. Ces trois vices, érigés en principes d'écoles, sont : la banalité prétentieuse, en terme d'atelier, le poncif ; la sécheresse gothique, et la brutalité. Ils ont remplacé la grâce, la pureté du dessin et la vigueur d'effet des coloristes du temps passé.

FRANCIS WEY.

NOUVELLES DIVERSES.

EXPOSITION DE LONDRES. — La Commission royale d'Angleterre vient de procéder à la nomination des présidents du jury mixte international, qui doivent former le Conseil des présidents.

La France sera représentée dans ce Conseil par quatre membres :

M. Dumas, président de la 2e section (procédés chimiques et pharmaceutiques, produits chimiques en général) ;

M. le général Poncelet, président de la 6e section (machines et outils pour manufactures) ;

M. Charles Dupin, président de la 8e section (génie militaire, architecture navale, constructions, armements, équipements) ;

M. Albert de Luynes, président de la 23e section (ouvrages de métaux précieux, joaillerie, bijouterie, et tous les objets de luxe non désignés dans les autres sections).

Le Conseil des présidents tiendra sa première séance le 5 mai, à dix heures du matin.

TÉLÉGRAPHE ÉLECTRIQUE. — Comme la machine à vapeur, le télégraphe électrique est une invention française. C'est au mécanicien Lomond qu'est due cette importante découverte, dont l'inventeur ne soupçonnait pas, à la vérité, toute la portée. Arthur Young en fait mention dans son *Voyage en France* (1787). « J'allai, disait-il, faire une visite à M. Lomond, mécanicien fort ingénieux et qui a le génie de l'invention. Il a fait une découverte remarquable dans l'électricité. Vous écrivez deux ou trois mots sur du papier ; il les prend avec lui dans une chambre, et tourne une machine dans un étui cylindrique, au haut duquel est un *électromètre*, une jolie petite balle de moelle de plumes ; un fils d'archal est joint à un pareil cylindre électriseur, dans un appartement éloigné ; et sa femme, en remarquant les mouvements de la balle qui correspond, écrit les mots qu'ils indiquent : d'où il paraît qu'il a formé un alphabet de mouvements.

« Comme la longueur du fil d'archal ne fait aucune différence sur l'effet, on pourrait entretenir une correspondance de fort loin : par exemple, avec une ville assiégée ou pour des objets beaucoup plus dignes d'attention et mille fois plus innocents : entre deux amants à qui l'on défendrait des liaisons plus directes. Quel que soit l'usage qu'on en pourra faire, la découverte est admirable. » N'en déplaise à Arthur Young, la découverte de Lomond a été utilisée pour des objets beaucoup plus importants encore que « la correspondance entre deux amants » ; mais comment donc se fait-il que l'auteur de cette invention merveilleuse soit demeuré obscur et presque inconnu ?

CORRESPONDANCE.

INVENTION MYSTÉRIEUSE.

A MONSIEUR LE PRÉSIDENT DE LA SOCIÉTÉ HÉLIOGRAPHIQUE.

J'ai l'honneur de vous adresser la copie extraite d'un de mes journaux privés, où se trouve ce qui concerne *Gonord*, et *les trois épreuves de la gravure du Perroquet*, que je me suis empressé de faire connaître aux membres de la Société (1).

Si cette note vous semble offrir assez d'intérêt pour être introduite dans quelque article du journal la *Lumière*, je suis heureux de la mettre à votre disposition.

J'ai l'honneur d'être votre dévoué serviteur.
E. J. DELÉCLUZE.

Paris, ce 25 avril 1851.

Voici ce que j'ai fait insérer dans le journal *le Lycée*, en 1819, au sujet de l'invention du sieur Gonord, dont les produits ont été exposés en 1819 :

« Parmi les produits de l'industrie française, exposés au Louvre, on voit les résultats d'une découverte fort singulière. M. Gonord a trouvé le moyen de tirer des épreuves *réduites* ou *augmentées* d'une planche de cuivre gravée. J'ai vu à l'exposition quatre ou cinq épreuves du portrait du roi (Louis XVIII), épreuves de grandeurs différentes, qui toutes avaient été tirées de la planche gravée par M. Audoin. On voyait aussi un plan de Petitbourg, réduit au point de tenir dans le fond d'une petite soucoupe. J'ai eu ce moment sous les yeux la même gravure imprimée en trois grandeurs différentes ; l'une exactement conforme à la planche de cuivre ; la seconde, grande du double ; la troisième diminuée de moitié. L'identité *proportionnelle* est parfaite entre les trois épreuves. M. Gonord a obtenu une médaille d'encouragement, et l'on assure que le gouvernement a mis cet artiste ingénieux dans le cas de créer une imprimerie d'une espèce toute nouvelle. Au surplus, s'il se trouvait quelque lecteur aussi incrédule que je l'ai été, il peut suivre mon exemple et aller trouver M. Gonord ; il demeure rue Saint-Antoine, n° 69. »

Ce nom et cette adresse sont en effet inscrits dans le livret de l'exposition des produits de l'industrie de 1819. On parle beaucoup de cette invention pendant un mois ou deux. Plusieurs savants de l'Institut furent chargés d'examiner les résultats de cette découverte, et, sur leur rapport favorable, on voulut placer Gonord à la tête de l'établissement d'imprimerie. On prétendit aussi alors que l'on se proposait de l'attacher à la manufacture de Sèvres, pour reproduire proportionnellement les gravures sur porcelaine. Mais s'il faut en croire les bruits qui se répandirent alors, ce Gonord aurait été une espèce de fou qui, pour rien au monde, ne voulut rien montrer son secret, et qui mourut bientôt après, sans l'avoir fait connaître.

La vérité est que cet homme, que j'ai été voir chez lui, vivait dans la plus grande pauvreté, se contentant du peu qu'il gagnait à reporter des gravures sur des vases qui lui apportaient les fabricants de porcelaine. Il ne demandait pas plus de deux ou trois heures pour transporter les gravures augmentées ou réduites, et se faisait très-peu payer. Lorsqu'il me donna les trois épreuves du *Perroquet*, que j'ai eu l'honneur de présenter à MM. les membres de la Société héliographique, il me fut impossible de faire rien accepter à cet homme ingénieux mais bizarre.

La présomption des savants, en 1819, fut que Gonord obtenait ses augmentations et ses réductions au moyen de la gélatine.

(1) Voir le numéro 11 de la *Lumière*, page 42.

Le Secrétaire de rédaction F.-A. RENARD, *Gérant.*

PREMIÈRE ANNÉE. N° 14.　　　　　　　　　　　　　　　　　　　　　　　　DIMANCHE, 11 MAI 1851.

LA LUMIÈRE

JOURNAL NON POLITIQUE

HEBDOMADAIRE.

BEAUX-ARTS — HÉLIOGRAPHIE — SCIENCES.

BUREAUX, A PARIS, N° 15, RUE DE L'ARCADE, A LA SOCIÉTÉ HÉLIOGRAPHIQUE.

ET A LONDRES, UNITED PATENT OFFICE DE MM. GARDISSAL ET Cᵉ, 7, CALTHORPE STREET, GREY'S INN LANE, HOLBORN.

PARIS, UN AN, 16 F.; 6 MOIS, 10 F.; 3 MOIS, 6 F. — DÉPARTEMENTS, UN AN, 18 F.; 6 MOIS, 11 F.; 3 MOIS, 7 F. — ÉTRANGER, UN AN, 20 F.; 6 MOIS, 12 F.; 3 MOIS, 8 F. — CHAQUE N° 50 CENT.

A NOS ABONNÉS.

Les abonnements qui expirent le 9 mai doivent être renouvelés dès ce moment, pour éviter un retard dans l'envoi du quatorzième numéro, qui commencera le deuxième trimestre de la publication.

ÉTUDES SUR L'AGENT LUMINEUX.

THÉORIE DES COULEURS.

On sait que le rayon parti du soleil, d'un corps en ignition et d'un foyer quelconque de lumière, est formé d'éther en vibration : les ondes lumineuses, bien que n'ayant pas toutes la même étendue, ont été mesurées au moyen d'un appareil ingénieux, inventé par Fresnel. Cet habile expérimentateur a pu estimer et leur durée et leur élan, d'où il suit que la millionième partie d'une seconde suffit à la production de 564,000 ondulations; tandis que leur étendue est d'environ 1/2 millième de millimètre. Mais cette quantité varie selon les couleurs, et, en prenant pour mesure des millionièmes de millimètre, Fresnel en a trouvé :

pour le violet, 423
pour l'indigo, 449
pour le bleu, 475
pour le vert, 521
pour le jaune, 551
pour l'orangé, 583
pour le rouge, 620

On peut en conclure que toutes les ondulations altérées, dont l'étendue varie entre 423 et 620 millionièmes de millimètre, sont accessibles à l'œil; en deçà et au delà de ces quantités, elles prennent d'autres propriétés; elles deviennent calorifiques si elles sont plus étendues; elles deviennent agent chimique si elles sont moins étendues.

Tout faisceau lumineux qui n'est pas homogène est formé d'ondulations inégales en grandeur, et par suite né se réfractent pas avec la même énergie : si donc on fait passer un pinceau de lumière à travers un corps réfringent, on peut être certain de voir ses diverses ondulations se séparer et se grouper par portions homogènes.

L'expérience vient en effet confirmer ces prévisions : qu'on reçoive un rayon de lumière solaire dans une chambre obscure, qu'on le fasse passer à travers un prisme, et qu'on le reçoive sur un écran, à quelque distance de la sortie du verre; au lieu d'avoir une image simple du soleil, on obtient une image très-allongée et présentant, par couches superposées, que foule de couleurs et de nuances diverses connues sous le nom de spectre solaire.

Les ondes lumineuses les plus étendues, celles qui donnent la couleur rouge, subissent la moindre réfraction et occupent une des extrémités du spectre; les ondes les plus courtes, celles qui donnent le violet, subissent la réfraction la plus considérable et occupent l'autre extrémité.

Entre le rouge et le violet se montrent, par progression, une série de nuances qu'il est impossible de rappeler avec précision; les physiciens n'ont étudié que les principales qui, à partir du rouge, sont : l'orangé, le jaune, le vert, le bleu et l'indigo; jointes au rouge et au violet, elles forment les sept couleurs fondamentales du spectre.

Ces couleurs offrent des intervalles mesurés avec attention par plusieurs expérimentateurs, qui les ont trouvés dans le même rapport que ceux d'une corde vibrante avec laquelle on produit la gamme. L'analogie la plus grande paraît, en outre, exister entre le rouge et le violet; si bien que Newton lui-même a comparé leur retour à l'octave. Enfin, en changeant la nature de la matière réfringente, on reconnaît que les espaces moindres entre les couleurs, ceux qui correspondent à l'intervalle du *mi* au *fa* et du *si* à l'*ut* dans la gamme musicale, se déplacent; ils changent de rapport, comme les notes lorsqu'on vient à changer le ton.

Nous avons cru devoir insister sur ces données qui, peut-être, doivent produire un jour la gamme des couleurs et la science exacte de l'harmonie des teintes. Le peintre, guidé par ces notions positives, saura qu'une nuance en appelle une autre, sous peine de discordance; il saura que l'unité de ton doit être maintenue dans ses compositions comme dans celles du musicien; il saura que la tonique d'un tableau, que la note dominante doit varier avec le sujet de peinture; enfin, il trouvera, dans les teintes intermédiaires des couleurs principales, les ressources que la musique trouve dans les dièzes et les bémols, c'est-à-dire les éléments du mode majeur et du mode mineur.

Peut-être reviendrons-nous quelque jour sur ce sujet, après avoir acquis, par l'expérience, des notions plus exactes; nous sommes obligés, quant à présent, de retourner à la décomposition du rayon solaire par le prisme. Ce rayon contient une certaine quantité de calorique dont les ondes, plus étendues que celles des couleurs, doivent subir une moindre réfraction; or, en prenant un thermomètre d'une extrême sensibilité, et le promenant successivement sous les couleurs du spectre, on reconnaît que nulle trace de calorique ne peut être saisie depuis le violet jusqu'au vert inclusivement; au contraire, un peu de chaleur commence à se montrer sous le jaune et va progressant jusqu'au rouge; son maximum est même un peu au delà de cette dernière couleur. Au contraire, que l'on place, sous les diverses portions du spectre, des sels et des composés à base d'argent, qui s'altèrent si facilement sous l'influence de la lumière, on s'aperçoit qu'ils peuvent subir impunément l'action du rouge, de l'orangé et du jaune; à partir du vert ils commencent à s'altérer avec une intensité qui va croissant jusqu'à l'extrémité du violet et même au delà.

M. Bayard, dont le nom se rattache à d'utiles découvertes héliographiques, admet, dans une théorie rapportée dans l'ouvrage de M. Ziegler (*Études céramiques*, p. 219), que les couleurs les plus impressionnables, après le blanc : 1° le bleu clair, 2° le fauve, 3° le lilas, 4° le rose, 5° le violet. Ces résultats, contraires en apparence à ceux que nous annonçons, viennent les confirmer. Il est certain que la réunion de toutes les nuances, c'est-à-dire le blanc, doit agir plus énergiquement qu'une seule couleur, fut-elle le violet; or, M. Bayard a trouvé la plus grande activité chimique dans les limites qui combinent le bleu ou le violet avec la plus grande somme de lumière possible.

Ces données fourniront peut-être quelques applications à l'héliographie, soit pour la fabrication des objectifs qui donneraient des teintes variables en intensité, si par suite de l'imperfection des lentilles, la lumière solaire était décomposée; soit pour la reproduction des couleurs sur les plaques métalliques et sur les papiers préparés.

La décomposition de la lumière solaire par le prisme a amené les physiciens à conclure que le rayon blanc, loin d'être homogène, résulte de la combinaison des couleurs principales et de toutes les nuances intermédiaires; que la même teinte était seule homogène et se composait d'ondes lumineuses de la même étendue. On a cherché à corroborer cette théorie des couleurs par d'autres expériences : on a, par exemple, sur un carton circulaire, peint les morceaux d'égale grandeur avec les diverses nuances du prisme, et on a vu qu'en faisant tourner le carton avec une extrême rapidité, on produisait sur l'œil la même impression qu'avec le papier blanc, d'où l'on conclut que

la lumière blanche donne naissance, en se décomposant, aux sept couleurs principales du prisme et aux nuances intermédiaires, la combinaison de toutes les couleurs recompose la lumière blanche et la reproduit dans sa pureté.

Le blanc étant considéré comme la réunion de toutes les couleurs, le noir est regardé comme leur absence complète; ne sont noirs que les corps privés entièrement de lumière, ou absorbant toute celle qu'ils reçoivent; les corps rouges sont ceux qui absorbent toutes les couleurs contenues dans la lumière, sauf le rouge qu'ils reflètent. Il en est de même du bleu et des autres nuances. Il arrive encore que le même corps réfléchit deux et trois couleurs qui se mêlent et se combinent pour produire des nuances nouvelles, si bien que la nature offre dans ses produits un nombre infini de teintes différentes. Les corps blancs, en répercutant la lumière décomposée, peuvent revêtir momentanément toutes les couleurs; mais jamais un corps noir ne peut subir de coloration. Un corps rouge, au contraire, en recevant de la lumière bleue, deviendra violet; sous l'action du jaune, il deviendra orangé, etc.

Il arrive parfois que certains corps, tels que la nacre de perle, les bulles de savon, les plumes de paon, les étoffes de soie, etc., ne réfléchissent pas les rayons sous la même inclinaison, eu égard à l'œil de l'observateur qui perçoit alors, non pas une teinte homogène, mais les diverses couleurs de l'iris. De même, les dissolutions de certains bois de teinture n'offrent pas les mêmes couleurs par réflexion et par transmission; ces dissolutions laissent passer les rayons rouges, réfléchissent les rayons bleus, et paraissent alternativement rouges et bleues, selon la position de l'observateur.

Un résultat curieux, c'est que tous les changements de couleur qui se font par gradation, comme dans les composés chimiques ou dans ceux de la végétation, suivent l'ordre ascendant ou descendant des nuances de l'iris. Au printemps, par exemple, les boutons des arbres, d'abord rouges, passent à l'orangé; en s'épanouissant, les premières feuilles sont jaunes avant de prendre la nuance verte qui touche au bleu dans la vigueur extrême de la végétation; elles suivent l'ordre inverse à mesure que l'hiver s'approche; et avant de tomber, retournant au vert clair, au jaune, à l'orangé, au rouge, et presque au violet.

Telles sont les doctrines généralement reçues et professées au sujet de la lumière et de la couleur; cependant elles ne sont pas admises d'une façon absolue; les expérimentateurs ne comptent que trois couleurs primitives, le jaune, le rouge, et le bleu. Un homme, que la peinture reconnaît pour un de ses interprètes les plus éminents, professe même sur l'agent des doctrines entièrement différentes de celles que nous venons d'exposer. Notre article prochain sera consacré à l'examen de ce système, avant de soumettre à l'appréciation des savants.

Dᵗ CLAVEL.

SOCIÉTÉ HÉLIOGRAPHIQUE.

Séance du 2 mai 1851.

PRÉSIDENCE DE M.

M. LE PRÉSIDENT, Messieurs, notre président ordinaire, M. le baron Gros, étant absent de Paris, M. Léon de Laborde et M. Ziegler étant appelés à Londres pour y remplir les fonctions de jurés de l'Exposition universelle, plusieurs de nos collègues ont bien voulu m'inviter à présider la séance. Je donne la parole à M. Regnault, qui a une communication fort intéressante à faire à la Société.

M. REGNAULT. M. Blanquart-Evrard, de Lille, m'a envoyé une communication qu'il a suite de celle qu'il a adressée dans la précédente séance, et relative à l'impression photographique.

M. Blanquart-Evrard s'est occupé d'améliorer les épreuves positives, et s'il n'a pas réussi à l'exposition d'une manière entièrement satisfaisante. Il a cherché et trouvé le moyen de ramener une épreuve venue trop noire, à des tons plus doux, et d'aviver celles qui n'auraient pas eu un temps suffisant d'exposition.

Quand une épreuve est trop venue, il la décolore ; il peut même la décolorer presque complètement et la faire renaître avec des noirs extrêmement intenses.

Voici en quoi consiste ce procédé. (*Voir*, à la suite de ce compte-rendu, le texte de la communication de M. Blanquart-Evrard.)

(M. Regnault fait voir ensuite des épreuves envoyées à la Société par M. Blanquart-Evrard à l'appui de son procédé, et qui présentent une portion décolorée, et l'autre portion colorée de nouveau par les moyens indiqués.)

M. le Président. Il serait à désirer que M. Blanquart-Evrard nous transmît des détails plus complets et plus précis.

M. Regnault. Les détails dans lesquels il est entré sont en effet insuffisants, et je lui ai écrit pour l'engager à nous en donner de plus étendus.

M. Le Gray. Peut-on faire revenir une épreuve qui n'a pas assez posé ? En la soumettant à l'iode, elle sera complètement enlevée ; et pour faire sortir une épreuve avec l'acide gallique, il faut qu'elle ait posé très-peu de temps à la lumière, si l'on ne veut pas perdre les blancs.

M. Regnault. Plus vous mettez d'acide acétique, plus vous empêchez les blancs de noircir ; l'acide acétique empêche la décomposition du sel d'argent qui n'a pas été impressionné à la lumière.

M. Le Gray. Lorsque l'épreuve a été trempée dans l'iode, si vous la mettez dans l'acide acétique, l'iode doit se précipiter sur le papier.

M. Regnault. Aussitôt que vous plongez l'épreuve dans l'hyposulfite, l'iode se dissout ; si l'épreuve a pris une teinte bleue, l'acide gallique la fait disparaître. L'iode précipité par l'amidon décompose l'acide gallique ; je l'ai essayé pour blanchir une épreuve et la ramener ainsi au ton que je voulais. Quand on a une épreuve qu'il faudrait laisser longtemps dans l'hyposulfite, pour la ramener au ton convenable, il vaut mieux la mettre dans une dissolution de bromure d'iode, afin que les blancs ne jaunissent pas.

M. le Président. La Société désire-t-elle qu'il soit nommé une Commission pour examiner le procédé de M. Blanquart-Evrard, dont M. Regnault vient de nous donner connaissance ?

M. Bayard. Nous n'avons pas tous les renseignements désirables pour l'expérimenter.

M. Ridut. Je demande qu'on attende, pour nommer une Commission, la réponse de M. Blanquart-Evrard à la lettre que M. Regnault lui a écrite pour le prier de compléter sa communication. (Appuyé.)

M. le Président. Alors nous remettons à quinzaine la nomination d'une Commission chargée d'examiner le procédé de M. Blanquart-Evrard.

QUESTION DES PAPIERS.

M. le Président. Nous passons à la question des papiers.

M. Regnault a la parole.

M. Regnault. M. Canson m'a envoyé directement de sa fabrique deux échantillons de papier préparé ; il y en a un qui est très-mince et très-bon ; seulement le canevas se voit trop.

M. Le Gray. On m'a envoyé également du papier magnifique comme grain ; mais il coûte 50 francs la rame, et encore, on ne vous en livre que si vous prenez une rame d'un autre papier moins bon et au même prix ; c'est là un genre de spéculation auquel on n'est point disposé à se laisser prendre.

M. Mestral. Le papier Lacroix est aussi bon, et il coûte moins cher.

M. le Président. J'ai consulté M. Firmin Didot sur la possibilité de fabriquer un papier photographique. Il m'a dit que ce papier coûterait extrêmement cher, parce qu'il faudrait qu'une fabrique interrompît pendant huit ou dix jours son travail ordinaire, pour faire ce papier spécial. Il faut donc chercher à tirer parti du papier du commerce, et, par le procédé de M. Le Gray, transformer le mauvais en bon.

La séance est terminée par des observations de plusieurs membres, sur la nécessité de trouver dans le commerce du papier ciré et du papier albuminé, ce qui épargnerait aux opérateurs une grande perte de temps ; d'ailleurs, c'est un travail tout matériel et qui n'exige pas de connaissances en chimie. A défaut d'ateliers, les marchands de produits chimiques pourraient entreprendre ce commerce, et y joindre celui des papiers et des verres préparés pour épreuves négatives. D'après les procédés connus, un débit avantageux leur serait assuré par le nombre, chaque jour plus grand, des personnes qui s'occupent de photographie.

L.-A. Martin.

HÉLIOGRAPHIE SUR PAPIER.

IMPRESSION HÉLIOGRAPHIQUE.

Pour amener la photographie sur papier à l'état industriel, nous avons dit, dans notre communication du 14 courant, qu'il fallait remplacer l'action intense de la lumière par l'action chimique, méthode qui donne tout à la fois le bon marché et l'abondance des produits.

« Deux conditions restent à remplir à ce point de vue :

« 1° Donner à volonté aux épreuves la coloration qui leur est plus convenable, ou celle qui peut être réclamée par le consommateur ;

« 2° Amener à l'état marchand les épreuves dégagées dans des conditions imparfaites, c'est-à-dire trop pâles ou trop foncées, afin d'éviter les non-valeurs.

« On arrive à ces résultats par les moyens suivants :

« *Décoloration.* — Après avoir été séchées, les épreuves sorties trop noires de l'impression sont amenées à l'état de décoloration convenable, en les plongeant dans un bain d'eau ordinaire, dans lequel on a versé quelques gouttes de bromure d'iode, en quantité suffisante pour lui donner une légère couleur jaune pâle.

« Le bromure d'iode dissout l'image photographique ; son action graduelle est sensible à l'œil, principalement à la lumière du jour : on la fait cesser à volonté en passant l'épreuve dans le bain d'hyposulfite, qui s'empare en quelques secondes de l'excédant du bromure d'iode, après quoi on lave à grande eau.

« *Coloration.* — Pour renforcer les épreuves trop pâles, on les imbibe d'acide acétique. Sous l'influence de cet agent, le papier devient ferme comme du parchemin, et il acquiert le même degré de transparence qu'un papier huilé.

« Dans cet état, il est plongé dans un bain d'acide gallique, auquel ont été ajoutées quelques gouttes de nitrate d'argent.

« On voit alors la coloration de l'image se développer rapidement. On obtient ainsi à volonté les noirs les plus intenses. On arrête l'action au degré voulu, en plongeant l'épreuve dans un bain d'hyposulfite. Il suffit ensuite de laver à grande eau, comme d'usage, pour purger le papier de cet hyposulfite.

« Les spécimens que nous joignons à cette Note montrent à quel degré d'intensité peuvent être amenées les épreuves dont la trace reste à peine marquée sur le papier, tout en conservant aux lumières leur éclat primitif.

« Nous profitons de cette occasion pour signaler la propriété particulière de l'acide acétique, qui préserve de la coloration de l'acide gallique, ou du gallonitrate d'argent, les parties du papier destinées à rester blanches, en bornant l'action de ces puissants réactifs à la coloration des sels d'argent qui ont été décomposés par la lumière, qu'ils soient ou non apparents au moment de l'opération. En traitant les épreuves négatives trop faibles, comme nous venons de le décrire pour les épreuves positives, on peut les amener à la coloration la plus intense.

« Ce que nous avons dit jusqu'ici se rapporte à l'amélioration des épreuves déjà anciennement recueillies.

« On peut développer de la même manière, quoique avec moins d'avantage, les épreuves négatives aussitôt après l'exposition, en ajoutant 5 à 10 pour 100 d'acide acétique au bain d'acide gallique. D'abord l'image se présente plus uniformément, dans de meilleures conditions ; les blancs se maintiennent plus transparents, et les noirs arrivent à une plus grande intensité ; mais pour cela il ne faut pas abuser de l'exposition, et il est nécessaire de suivre la méthode que nous avons indiquée en 1847, savoir : plonger entièrement l'épreuve dans le bain, et non la traiter à l'acide gallique par une seule surface.

« On conçoit que, pouvant colorer ou décolorer à volonté les épreuves dégagées dans la première opération, celle que nous pourrions appeler l'*opération mystérieuse*, la photographie, arrive à l'état pratique et industriel.

« Nous ne terminerons pas sans dire quelques mots sur une communication que l'Académie a reçue en même temps que la nôtre, dans sa séance du 14 courant.

« L'habile auteur de cette communication a posé un principe auquel il ne faudrait pas donner trop d'étendue, sous peine de s'égarer.

« Le problème ne nous paraît pas consister absolument, ainsi qu'il le dit, « à rendre le papier positif très-impres-« sionnable sous l'action d'une lumière relativement très-« faible. »

« D'abord, tous les papiers à base d'iod sont des papiers négatifs ; c'est à les employer pour épreuves positives que consiste la nouvelle méthode.

« Or, ce n'est pas lorsqu'ils sont très-impressionnables, qu'ils sont propres à donner l'épreuve positive ; mais, au contraire, lorsque leur réductibilité est paralysée par un agent qui ne la permet que sous l'influence de la lumière.

« Ainsi, plus les papiers à base d'iode sont sensibles, moins bons sont les produits en épreuves positives. Plus l'agent *non réductif*, introduit dans la préparation, dominera, plus cette préparation deviendra précieuse, puis-qu'elle permettra de conserver plus longtemps les papiers disposés aux opérations.

« La préparation que nous avons expérimentée en avril 1847, devant la Commission mixte de l'Académie des sciences et de l'Académie des beaux-arts, donne une épreuve à l'objectif normal de M. Daguerre en quinze à vingt secondes. Le papier, ainsi préparé, est donc quinze fois plus sensible que celui dont la préparation vient d'être indiquée à l'Académie ; et c'est précisément pour cela qu'il ne peut produire une épreuve positive satisfaisante, parce que la plus légère action de la lumière, ou le moindre retard dans l'opération, après sa préparation, amène des réductions qui font perdre au papier toute sa fraîcheur lors du traitement à l'acide gallique.

« On peut donc classer, pour les résultats dont nous nous occupons, la bonté des préparations jusqu'ici employées, dans l'ordre inverse de leur sensibilité ; et c'est pour cela que nous estimons au-dessus de la nôtre la préparation de M. Bayard, parce qu'étant moins facilement réductible, elle est moins vite altérée.

« Toutes les préparations de papiers à l'iodure donnent une image positive à la lumière d'une lampe Carcel, et cette image est d'autant moins belle qu'elle est produite en moins de temps. Ainsi, la préparation que j'ai citée donne cette image en moins de dix minutes, et déjà le papier a subi une coloration totale par l'abondance des réductions produites à cette faible lumière et en si peu de temps.

« L'albumine, le sérum et l'acide acétique sont les agents auxquels nous avons eu recours pour arriver à l'obtention de l'épreuve positive par l'action chimique, parce que ces agents rendent moins actifs les effets de la lumière sur les blancs du papier qui ont besoin d'être conservés afin de rendre le résultat agréable ; les vapeurs de l'acide chlorhydrique sont préférables, parce qu'elles conservent plus longtemps les qualités aux papiers. C'est donc en cherchant des agents résistants, et non des agents accélérateurs, qu'on arrivera au progrès, qui consiste maintenant à obtenir des préparations conservant aux papiers toutes leurs qualités, non pas seulement vingt-quatre ou trente-six heures, mais des semaines ou des mois entiers.

« Et qu'on ne craigne pas de rendre jamais le papier trop insensible, puisque, d'après les faits constatés, un papier qui demande quatre à cinq minutes d'exposition au soleil pour une épreuve négative à la chambre noire, donne l'épreuve positive en une seule seconde. »

BLANQUART-EVRARD.

NOTE DE M. BAYARD.

ADDITION À SON PROCÉDÉ PAR L'ACIDE HYDROCHLORIQUE.

Je suis parfaitement de l'avis de M. Blanquart-Evrard, lorsqu'il dit, à la suite de son intéressante communication, qu'on ne doit employer les papiers sensibles pour obtenir des épreuves positives, qu'autant que ces papiers ne sont pas très-impressionnables, les produits n'en étant, dans ce cas, que plus satisfaisants. Pour arriver à ce but, je conseille de modifier, de la manière suivante, le procédé que j'ai publié dans ce journal (1).

Première préparation. Tremper le papier, pendant dix à quinze minutes, dans une solution de cyanure de potassium, une partie pour deux cents parties d'eau distillée, et faire sécher.

Deuxième préparation. Exposer, suivant la méthode que j'ai indiquée, le papier cyanuré, pendant quatre à cinq minutes, aux vapeurs de l'acide hydrochlorique pur, étendu d'eau dans la proportion de 70 grammes pour 200 grammes d'acide (*sans iode*). Poser ensuite ce papier sur le nitrate d'argent, pendant quatre minutes, et faire sécher. Lorsqu'on fait usage de papier vélin anglais, il faut prolonger l'exposition au nitrate jusqu'à ce que ce papier soit devenu totalement transparent, et le retirer du bain aussitôt qu'il est arrivé à cet état.

Cette préparation est moins sensible que celle dans laquelle on fait intervenir l'iode ou ses composés, et demande moitié plus de temps d'exposition à la lumière.

On fait développer l'image en exposant le papier sur un bain d'eau saturée d'acide gallique, pendant trois à quatre minutes ; on le suspend ensuite par un coin jusqu'à ce que le dessin ait acquis le ton et la vigueur voulus. On lave alors à plusieurs eaux, et l'on fixe en plongeant le papier, pendant quinze à vingt minutes, dans une solution d'hyposulfite de soude, une partie pour trente parties d'eau.

BAYARD.

EXPOSITION DE LONDRES.

VITRAUX HÉLIOGRAPHIQUES.

Un Américain de Philadelphie a exposé des vitraux de couleur obtenus par la chambre obscure : ce sont des épreuves positives bien venues et rehaussées par des vernis

(1) Voir notre numéro du 20 avril dernier.

fortement colorés. L'auteur de ces verrières, destinées aux lanternes magiques, est M. Langenheim. Nous parlerons bientôt de l'héliographie à Londres. Notre correspondant n'a pu voir que des cadres qu'on est occupé à placer. Les uns sont appelés daguerréotypes, d'autres héliographies, il y a des talbotypes, des calotypes, des photographies, etc.
DE MONTFORT.

NOTE DE M. ZIÉGLER.

SUR LE PRIX PROPOSÉ PAR M. E. ANTHONY, DE NEW-YORK.

Notre première impression, en voyant dans la *Lumière* l'annonce d'un prix considérable offert à l'auteur du meilleur procédé héliographique, a été un sentiment de sympathie et de reconnaissance. Les mots photographie, art photographique, sont acceptés en Amérique, cela était à constater; mais nous devons déclarer que nos sentiments de sympathie se sont modifiés instantanément en voyant l'article du programme ainsi conçu : « toute communication à ce sujet devra être affranchie, aucune autre ne sera reçue. » Voici, avons-nous dit, un généreux protecteur de l'héliographie et des héliographes, qui recule devant un port de lettre; que sera-ce lorsqu'il s'agira de débourser deux mille cinq cents francs? Cependant, voilà des noms qui doivent nous rassurer pleinement : MM. Samuel F. B. Morse, professeur, *inventeur* du télégraphe électro-magnétique; John W. Draper, professeur à l'Université de New-York; James Renwick, professeur au collège Colombie. Il est vrai, ces personnages ne sont appelés qu'à juger. Sans doute ils *garantissent* un jugement impartial et éclairé; mais rien de plus. Ces réflexions seraient demeurées en nous à l'état de suspicion latente, si nous n'avions aperçu aux annonces un petit paragraphe ainsi conçu : MARCHANDISES *pour daguerréotype seulement.* Edward Anthony, importateur et fabricant de tous les articles pour daguerréotype, 508, Broadway, New-York. » Celui-là même qui propose un prix de 2,500 fr.

Nous nous contentons d'appeler l'attention de MM. les héliographes sur ces divers points, et les prions d'en examiner le rapprochement.

Quant à nous, désintéressé dans ce concours, si nous portons nos regards sur la question d'ensemble, après les premiers sentiments d'approbation d'une idée généreuse, nous ferons remarquer que l'ardeur extrême des héliographes n'a aucunement besoin de stimulant. Nous sommes convaincu qu'à aucune époque, depuis le temps où Antonello, de Messine, entrait dans l'atelier des nombreux élèves du Vénitien Jean Bellin, et leur révélait subitement les secrets de la peinture à l'huile que lui avait surpris leur maître, à aucune époque un art n'a été suivi, poursuivi avec autant d'emportement que ne l'est en ce moment l'art photographique. Sous le rapport de l'utilité, ce prix n'a donc aucune importance.

Voici maintenant ses inconvénients. Nous avons eu occasion de remarquer qu'en général, du jour où une question est mise au concours, tous les concurrents cessent de se communiquer leurs pensées; ils deviennent cadenassés; ils se réservent toutes leurs inspirations; ils évitent de se rencontrer, ou s'ils se rencontrent, ils se gardent de parler des objets de leur émulation : tout cela est naturel, vrai, logique. Du point de vue philosophique, on voit, dans l'institution des concours comme dans toutes les institutions humaines, la balance du bien et du mal.

Jeté au milieu d'une société d'amis, qui par leurs confidences réciproques impriment à l'art photographique un mouvement rapide vers la perfection, ce prix tend à individualiser leurs efforts, à figer leurs ardentes coopérations, à les séparer en rivaux dans le moment même où leur union décuple leurs progrès.

Il n'est pas nécessaire de développer cette thèse. Nous parlons à des hommes intelligents, intelligents! je le répète, et c'est ce qui doit nous rassurer contre toute fâcheuse intervention, quelque généreuse, quelque désintéressée qu'on en soit la pensée.

Versailles, 5 mai 1851.
J. ZIÉGLER.

NOUVELLES DIVERSES.

On lit dans le *Courrier des États-Unis* du 25 avril :

« On sait que depuis quelques années le professeur Page a dévoué son temps et ses études à la solution du problème de la substitution de la puissance électro-magnétique à la vapeur, comme principe de locomotion. Une première expérience était annoncée pour un de ces derniers jours à Washington, où le public devait voir fonctionner sur les rails une machine mue par cette force nouvelle. Le concours était grand, comme on pense bien, pour voir cette première manifestation pratique d'une dé-

¹ Francis Wey, *Scilla e Cariddi,* tom. 1er, p. 176. Arthus Bertrand, rue Hautefeuille, 23.

couverte dont les conséquences peuvent être toute une révolution dans le monde industriel.

« Bientôt le bruit se répandit qu'un accident survenu à la machine empêcherait l'expérience, et déjà de tous côtés se manifestait le plus vif désappointement, lorsque le professeur Page lui-même parut sur la plate-forme de sa locomotive. Il annonça qu'en effet deux pièces de la batterie qu'il allait employer avaient été brisées, ce qui n'était encore jamais arrivé depuis qu'il avait commencé ses expériences ; mais que, pour ne point priver entièrement le public d'un spectacle pour lequel il s'était réuni en si grand nombre, il allait néanmoins faire fonctionner sa machine. En effet, la locomotive se mit bientôt en mouvement, sans bruit, sans secousses, et parcourut ainsi aisément, mais à petite vitesse, un espace d'environ cent mètres. Après un arrêt, elle revint en arrière, prit une autre voie et repartit dans la direction de Baltimore, après quoi elle revint prendre place sous le hangar du débarcadère.

« L'accident arrivé à l'appareil a empêché de pouvoir constater son degré de vitesse ; mais en tenant compte de la circonstance, l'expérience n'en a pas moins réussi complètement. Il est désormais acquis à la science pratique que la puissance électro-magnétique peut être employée comme agent-moteur. Le principe vient de passer dans le domaine des faits, et l'on ne peut s'empêcher d'en reconnaître l'importance immense, quand on songe que les premières épreuves tentées pour l'application de la vapeur à la locomotive ne furent pas à beaucoup près aussi concluantes que celle-ci. »

— Un aérolithe, brillant aux feux du soleil, est tombé, un des jours de la semaine dernière, sur le clocher de l'église de Larguac (Lot), qu'il a entraîné dans sa chute. L'Académie des sciences, informée de cet événement remarquable, a délégué trois commissaires spécialement chargés d'établir la nature de cet aérolithe. Un premier examen semble établir que la matière du diamant domine dans la gangue en partie schisteuse et ammoniacale de ce corps céleste.

Ce phénomène vient à l'appui de l'article suivant, communiqué au *Journal de Toulouse* par M. Petit, directeur de l'Observatoire de cette ville :

« La terre traverse, en ce moment, une région de l'espace qui est sillonnée par une innombrable quantité de corpuscules planétaires interposés, en grande partie, entre notre globe et le soleil. C'est une des causes principales de l'abaissement de température qui se manifeste actuellement et qui, selon toute apparence, se maintiendra jusque vers le 12 ou le 15 mai ; car la terre n'aura-que près entièrement échappé que vers cette époque, à l'influence de la nébulosité météorique qui nous environne aujourd'hui. Il est très-probable que ce passage de notre globe à travers une véritable nuée d'astéroïdes sera signalé par la chute de quelques pierres. »

LA LITHOGRAPHIE ET LA GRAVURE REPRODUITES TYPOGRAPHIQUEMENT. — M. Gillot vient de communiquer à l'Académie des sciences une note sur un procédé ayant pour but, l'impression des planches lithographiques et des gravures en taille-douce, au moyen de la presse typographique. L'obstacle le plus grand qu'ait rencontré l'essor rapide de la lithographie, a été sans contredit la lenteur et l'incertitude du tirage ; M. Gillot dit avoir obvié à ces graves inconvénients en trouvant le moyen d'imprimer typographiquement tous les travaux lithographiques sans exception, tous les chefs-d'œuvre de la gravure sur cuivre ou sur acier, tous les produits enfin de la gravure sur bois et de la typographie. Tous les genres connus (a-t-il entendu comprendre ici *les produits de l'héliographie?*) peuvent être, dit-il, imprimés sur la presse typographique, si prompte et si précise dans ses résultats.

À l'aide de ces procédés, dit encore M. Gillot, on obtient en relief toutes les dégradations de lumière du crayon lithographique, dégradations qu'on peut modifier par les teintes ou rehaussés, connus sous le nom de *manière aux deux crayons.*

LA STATUE ÉQUESTRE DE GUILLAUME LE CONQUÉRANT. — La ville de Falaise, cette vieille cité normande illustrée par la naissance du *conquérant* de l'Angleterre, comme disent les chroniques, s'est mis en tête, il y a quelques années, d'élever une statue au fils d'Harlette ; une volonté ferme finit par vaincre les obstacles : Falaise aura donc sa statue, une statue équestre, honneur que cette ville ne partagera qu'avec les deux plus grandes villes de France. — Paris et Lyon.

Les événements politiques de février avaient tellement ralenti le zèle des souscripteurs pour cette œuvre de nationalité normande, qu'on n'en désespoir de cause, on avait décidé que le Conquérant au bras de fer serait coulé en fonte du même métal ; mais le gouvernement vient de venir en aide à la souscription en y ajoutant une somme de *dix mille francs*, avec la condition de couler en bronze le vainqueur de la fameuse bataille d'Hastings.

Le modèle de cette statue est terminé ; il est l'œuvre de M. Louis Rochet.

GALERIE DU LOUVRE. — La façade de la galerie du Louvre, élevée sous Henri II et ses fils, était, jusqu'à ces derniers temps, restée incomplète ; une portion seulement des sculptures avait été exécutée, et déjà de nombreuses parties de pierres se trouvaient rongées par le temps. On a pensé à faire terminer les sculptures de toutes les parties de cette façade pour utiliser les nombreux sculpteurs qui se sont trouvés sans travail à la suite de la révolution de Février. Un grand échafaudage a été dressé, qui en embrasse toute l'étendue, et on pouvait donc concevoir l'espérance de voir bientôt terminée cette œuvre, restée si longtemps inachevée. Malheureusement, soit que les crédits ouverts pour ce travail aient été insuffisants, soit que les artistes aient pris trop à la lettre le précepte de Boileau, toujours est-il que les progrès de l'exécution ne répondent pas à l'impatience du public ; l'échafaudage est dressé depuis près de deux années, et nulle partie n'est encore terminée. *Revue générale de l'architecture.*

TRAVAUX DU LOUVRE. — Les vestibules du Louvre, dont le pavage, longtemps abandonné, était devenu semblable à celui des rues d'il y a quarante ans, ont enfin reçu un pavage convenable, à l'entrée du sanctuaire des arts en France, de l'un des plus beaux palais du monde.

Les matières les plus dures ont été mises en œuvre pour résister aux milliers de pieds qui foulent incessamment ces passages ; les dispositions les plus parfaites ont été prises pour en assurer la conservation. Une sorte de grande mosaïque de grès et de granit repose sur un solide matelas de béton qui couvre le sol ; des bandes de granit, taillé avec le plus grand soin, encadrent des remplissages formés de pavés de grès parfaitement échantillonnés. Le pavage forme un seul plan, ce qui procure à la fois plus de facilité pour la circulation et plus de grandeur à l'ensemble.

On ne peut qu'approuver la disposition en bandes parallèles, formant des carrés égaux, adoptée pour les remplissages de grès ; disposition qui, en évitant l'emploi de fractions de pavés, assure à tout l'ensemble une résistance plus grande et plus égale.
(Revue générale de l'architecture.)

— On écrit de Cracovie (États autrichiens), le 28 avril : « Des mariniers occupés à draguer la rivière du Zbrucz, qui sépare la Podolie galicienne de la Podolie russe, viennent de faire une découverte extrêmement curieuse. Ils ont trouvé dans le lit de cette rivière, non loin de l'embouchure de la Gnila et immédiatement au-dessous du village de Liszkowice, une statue colossale en pierre, qu'ils sont parvenus à amener intacte sur la rive. Cette statue, dont la hauteur est de six mètres, et qui a quatre têtes opposées les unes aux autres par l'occiput, a été sur-le-champ reconnue par nos savants pour être celle de Svantovit, l'une des grandes divinités des anciens peuples slaves ; elle est d'une très-bonne conservation, quoiqu'elle ait dû séjourner dans l'eau pendant dix siècles au moins ; rien n'y manque, si ce n'est l'arc et la corne, qu'elle devait tenir le premier de la main droite, et l'autre de la main gauche.

« Les visages imberbes des quatre têtes, couvertes de riches chevelures frisées, sont traités avec un certain soin et n'expriment pas mal la juvénile témérité qui formait le trait caractéristique du personnage. Svantovit était l'oracle des anciens Slaves. Ils le consultaient avant de commencer une guerre ou de se livrer à une entreprise importante, et à cet effet ils entretenaient en son honneur un bel étalon blanc. Lorsqu'ils voulaient interroger le dieu, ils faisaient courir le cheval qui lui était consacré vers un but quelconque ; si l'animal atteignait le but avec le pied droit en tiraient un bon augure, et un mauvais s'il arrivait du pied gauche.

« Svantovit avait un temple célèbre à Arkona, dans l'île de Rugen (Baltique), où l'on venait en pèlerinage lui offrir des dons, et où quelquefois même on brûlait à ses autels des captifs. Ce temple, qui était très-riche, fut détruit par Waldemar Ier, roi de Danemarck, lorsqu'il fit la conquête de Rugen en 1168.

« Cette statue est la seule représentation que l'on connaisse de Svantovit. M. le comte Potozki, qui en était propriétaire, parce qu'elle a été trouvée sur ses terres, en a fait présent à l'Université de Cracovie, qui a fait placer cet intéressant monument dans son musée d'antiquités slaves.

CORRESPONDANCE.

DU FOYER CHIMIQUE ET DU FOYER APPARENT

DANS LES OBJECTIFS.

Monsieur le rédacteur,

Lorsque mon estimable ami, M. Claudet, de Londres, découvrait et démontrait, par les moyens si ingénieux qui lui

LA LUMIÈRE.

Sont propres, l'existence de deux foyers pour les objectifs, l'un chimique et l'autre optique ou apparent ; lorsque MM. Lerebours et Secrétan, nos habiles opticiens, cherchaient, au moyen de leurs excellents procédés de fabrication, à corriger ce défaut si grave de la différence des foyers, et réussissaient à confectionner des objectifs dans lesquels cette différence paraissait ne plus exister, au moment de la fabrication du moins, j'acquérais la preuve, désolante pour les amateurs peu doués de patience, que l'objectif dont les foyers chimiques et apparents ne coïncidaient pas d'abord en été, se trouvaient justes et n'avaient pas besoin d'être repérés en hiver ou dans le temps que l'atmosphère est chargée de vapeurs épaisses, l'horizon de gros nuages nébuleux.

Ainsi, un objectif allemand de grand prix et de parfaite exécution avec lentilles de 8 centimètres de diamètre, ayant besoin d'être repéré de 3 millimètres à la distance de 2 mètres de l'objet à reproduire, et de près de 5 millimètres à la distance de 1 mètre 33 centimètres de cet objet, ne devait pas être touché aux mêmes distances au mois de décembre et pendant l'hiver nébuleux; mais pour le temps clair et de gelée d'hiver il fallait faire un petit repérage. Je le répète, monsieur, ce fait acquis par moi et par un habile expérimentateur de Metz, et nous le signalons en même temps; fait excessivement désagréable pour le tâtonnement qu'il occasionne, surtout aux inhabiles. Il mérite toute l'attention des héliographes. Il reste maintenant à s'assurer, ce dont je vais m'occuper, si l'objectif dans lequel on aura cherché à corriger la différence de foyer continuera à posséder, dans toutes les saisons et à toutes les intensités de lumière, la coïncidence que l'on aura cru lui avoir donnée: j'oserai affirmer le contraire, et dire que la correction, comme celle donnée à un enfant têtu et capricieux, devient inutile.

Si vous jugez, monsieur, mes observations de quelque importance dans l'intérêt des progrès de l'héliographie, je vous prie de les insérer dans votre excellent journal.

Langlaville, le 28 avril 1851.

DE NOYNOMB,
membre de l'Académie nationale de Metz.

HÉLIOGRAPHIE SUR PAPIER CIRÉ ET A SEC.

Monsieur le rédacteur,

Je prends la liberté de vous signaler une faute qui s'est glissée dans compte-rendu de notre dernière séance (n° 13, pag. 50).

Le rédacteur du compte-rendu me fait dire : en cirant le papier *avant* la préparation à l'iodure, il devient jaune, etc.; — c'est *après* qu'il aurait fallu écrire.

Cette substitution de mots donnerait à mes paroles un sens bien éloigné de ma pensée; car, loin de vouloir blâmer le procédé employé par M. Le Gray, c'est le mien propre que j'attaquais. Si j'ai parlé des quelques essais que nous fîmes en septembre avec M. Lesecq, pour opérer sur du papier ciré et à sec, c'était uniquement pour démontrer tout l'avantage qu'on pourrait retirer du procédé de cirage que M. Le Gray considère comme la base d'une nouvelle série d'opérations. J'espère que la brochure que M. Le Gray doit publier bientôt, et que nous attendons avec impatience, nous dispensera de nous livrer à de nouvelles recherches sur ce sujet, et qu'elle résoudra complètement le problème des épreuves à sec.

Nous artistes, qui avons reçu et, accepté avec enthou-siasme l'héliographie, cet auxiliaire puissant que la science met entre nos mains, nous considérerons toujours notre rôle comme tout tracé, et nous trouverons encore notre part assez belle.

Où finit la science, l'art commence ; quand le chimiste a préparé la feuille, l'artiste dirige l'objectif, et au moyen de ces trois flambeaux, qui le guident sans cesse dans l'étude de la nature : l'observation, le sentiment et le raisonnement, il reproduit des effets qui nous font rêver, des motifs simples qui nous émeuvent, et des sites dont les silhouettes puissantes et hardies nous étonnent et nous effrayent.

Nous devons être convaincus aujourd'hui qu'il est moins difficile de reproduire la nature que d'apprendre à bien la voir.

Avant les découvertes héliographiques, un artiste était généralement réputé parfait quand il reproduisait la nature avec exactitude ; aujourd'hui que la chimie se charge de cette besogne, nous dirons : que l'artiste le plus parfait est celui qui choisit avec le plus de goût dans la nature.

Avant c'était : reproduire la nature, aujourd'hui c'est : choisir dans la nature.

A mesure que les difficultés matérielles s'aplaniront, l'esprit se dirigera avec plus de liberté vers le domaine du Beau.

Agréez, monsieur le rédacteur, etc. CH. NÈGRE.
5 mai 1851.

ERRATA DU N° 13. — Première colonne, ligne 53 du premier article, lisez *objet énorme*, au lieu d'*objet inconnu*. Et à la dernière ligne de ce même article, au lieu de *connexité*, lisez *concavité*.

Le Secrétaire de rédaction F.-A. RENARD, *Gérant.*

LA LUMIÈRE

JOURNAL NON POLITIQUE

HEBDOMADAIRE.

BEAUX-ARTS — HÉLIOGRAPHIE — SCIENCES.

BUREAUX, A PARIS, N° 15, RUE DE L'ARCADE, A LA SOCIÉTÉ HÉLIOGRAPHIQUE.

ET A LONDRES, UNITED PATENT OFFICE DE MM. GARDISSAL ET C°, 7, CALTHORPE STREET, GREY'S INN LANE, HOLBORN.

PRIX. — PARIS, UN AN, 16 F.; 6 MOIS, 10 F.; 3 MOIS, 6 F. — DÉPARTEMENTS, UN AN, 18 F.; 6 MOIS, 11 F.; 3 MOIS, 7 F. — ÉTRANGER, UN AN, 20 F.; 6 MOIS, 12 F.; 3 MOIS, 8 F. — CHAQUE N° 50 CENT.

SOMMAIRE.

ACADÉMIE DES SCIENCES.

BOLIDES, PAR M. PETIT; COULEURS, PAR M. CHEVREUL; CRISTAUX, PAR MM. EBELMEN ET DAUBRÉE; LETTRE DE M. ANTÉNORI.

Dans l'espace affecté à notre système planétaire, se trouvent répartis par groupes une immense quantité d'astéroïdes de grandeur variable. Ces agrégations de matière minérale, quand elles traversent l'atmosphère terrestre, semblent s'allumer tout à coup au milieu des ténèbres; puis, sous l'influence de la pesanteur ou par le fait de leur direction antérieure, elles se précipitent plus ou moins obliquement à la surface de la terre, en laissant derrière elles une longue trace lumineuse. Elles prennent le nom d'étoiles filantes, quand elles offrent un très-petit volume; elles deviennent des bolides, quand elles représentent un globe de feu; enfin, une fois annexées à notre planète et privées de leur lumière, elles deviennent des aérolithes.

Certaines portions de l'orbite terrestre semblent contenir beaucoup plus d'astéroïdes que d'autres parties; c'est du moins ce qu'il faut conclure de la réapparition périodique de nombreuses étoiles filantes aux approches du 10 août, et depuis le 10 jusqu'au 15 novembre.

Cassini, de Mairan, MM. Biot et Quetelet ont attribué à des groupes d'astéroïdes les taches du soleil, la lumière zodiacale et les aurores boréales. M. de Humboldt, dans son voyage en Amérique, a vu une véritable pluie d'étoiles filantes, et a rassemblé une série d'observations sur ce curieux phénomène.

A son imitation, M. Petit, directeur de l'Observatoire de Toulouse, a fait de longues études des étoiles filantes; il a reconnu que la terre traverse en ce moment une portion de l'espace remplie d'astéroïdes; il attribue même à leur multiplicité la température variable et les pluies abondantes du printemps actuel.

Le zèle de l'astronome de Toulouse a été encore stimulé par la chute récente d'un aérolithe sur le clocher d'un petit village du Midi; c'est une observation ajoutée à d'autres observations dans lesquelles il a cherché à calculer, par la trajectoire que décrivent les météores, leur direction et la forme de leur orbite.

Une communication sur ce sujet, faite à l'Académie des sciences, a provoqué, de la part de M. Leverrier, une critique un peu amère, et une réplique pleine de convenance de la part de M. Petit. Ce dernier ne prétend pas avoir obtenu des résultats décisifs, mais il demande tout au moins de la bienveillance pour une étude longue, pénible et difficile, courageusement qu'il poursuive ses travaux; s'il rencontre, comme cela n'arrive que trop souvent, un manque de sympathie parmi les sommités scientifiques, destinées cependant à tendre la main vers tous ceux qui s'élèvent, il trouvera toujours un auxiliaire dans la presse.

M. Chevreul vient de terminer et de présenter à l'Académie sa table chromatique. Il a rangé par ordre et sur de petites plaques de porcelaine, 14,421 couleurs ou nuances qui toutes ont un numéro et peuvent être retrouvées avec une extrême facilité. Voici sur quelles données repose ce travail.

Les trois couleurs principales, rouge, jaune et bleu peuvent être modifiées de quatre manières différentes: 1° par l'addition du blanc qui les éclaircit et diminue leur intensité; 2° par l'addition du noir qui les assombrit et les affaiblit dans un sens opposé; 3° par l'addition d'une autre couleur qui change la teinte sans lui faire perdre de sa vivacité; 4° enfin, par l'addition d'une couleur qui charge la teinte ou l'assombrissant.

L'addition du blanc ou du noir produit les tons que M. Chevreul admet au nombre de 20. La collection de ces tons constitue la gamme; une couleur, mélangée à une autre qui la change sans la ternir, devient une nuance. Il y a 72 nuances qui, combinées à 20 tons et à 10 gammes, donnent 14,400; en y ajoutant le chiffre 21, résultant de la dégradation du noir, on obtient les 14,421 couleurs classées dans la table de M. Chevreul.

Cette classification, faite à un point de vue qui s'éloigne des principes physiques professés généralement sur la lumière et les couleurs, mérite une analyse plus complète. Nous y reviendrons après avoir exposé les vues de M. Ziegler, sur le même sujet.

MM. Ebelmen et Daubrée ont présenté de nouvelles cristallisations obtenues par la voie ignée. Nous avons remarqué, parmi les minéraux du premier, le péridot, la glucine et la cymophane; tandis que le second a obtenu des cristaux d'oxyde d'étain et d'oxyde de titane; en faisant passer sur de la chaux chauffée au rouge un courant de chlorure de phosphore, il a obtenu l'apatite; enfin, il a obtenu un produit artificiel qui ressemble beaucoup à la topaze.

Voici une lettre que le secrétaire perpétuel de l'Académie des sciences a reçue de M. Anténori, directeur du Musée de physique de Florence.

« Dès que nous avons eu connaissance de l'ingénieuse démonstration de la rotation de la terre dont M. Léon Foucault a enrichi la science, nous nous sommes hâtés de la répéter en construisant l'appareil nécessaire, qui nous a semblé bien placé à côté de la tribune du grand Galilée. A cette occasion, il était bien naturel de rechercher si, dans les nombreuses expériences faites sur le mouvement du pendule par les académiciens del Cimento, on trouverait quelque chose d'analogue à l'observation de M. Foucault, d'autant plus que M. Puletti se souvenait d'avoir lu, que nos académiciens auraient noté des particularités concernant les oscillations de cet instrument. Après avoir consulté les manuscrits en question, nous avons trouvé exposée bien clairement l'observation dont M. Foucault a fait une si heureuse application. Vous en jugerez vous-même. Je vais transcrire la note inédite que l'on trouve dans les manuscrits autographes de Vincent Viviani, sur le mouvement du pendule des paragraphes qui ont rapport au même sujet, extraits des livres de Targioni.

« Dans l'intérêt de la science, dont vous vous montrez toujours expositeur si consciencieux, je vous communique ces notes qui n'ont rien d'ailleurs au mérite éminent de votre illustre concitoyen. »

Inutile de transcrire ici les textes italiens; ils démontrent que depuis longtemps, en effet, des savants avaient remarqué les déviations que subit le pendule dans son plan d'oscillation, sans pouvoir en trouver la cause; tandis que M. Foucault, partant du mouvement de rotation de la terre, a trouvé, à priori, les déviations que devaient subir les oscillations du pendule.

Telle est la marche de l'esprit humain: tantôt il arrive à la science en partant de l'expérience pour en déduire la loi et la théorie; tantôt, au contraire, il suppose la loi pour la démontrer par l'expérience.

De CLAVE.

ALBUM DE LA SOCIÉTÉ HÉLIOGRAPHIQUE.

Premier article.

MM. COUSIN, LESECQ, EUGÈNE PIOT, NÈGRE, LEBLANC ET BAYARD.

Sous l'impulsion de la Société héliographique, la photographie sur papier a accompli, dans l'espace de quelques mois, des progrès sensibles, et l'émulation s'est entretenue parmi les adeptes du procédé daguerrien, par l'espoir fondé de nouveaux perfectionnements vaguement entrevus. Dans ces circonstances, il est intéressant de fixer, de mois en mois, d'année en année, le procès-verbal des travaux, et de consigner, dans une série de pièces authentiques, les annales de la découverte.

C'est dans ce but que l'on a créé l'Album, publication annuelle, dont le premier volume (1851) servira à marquer l'état de la science à l'aurore de la Société, et à consacrer le souvenir des progrès accomplis sous son influence collective, dans l'espace des douze premiers mois.

Enrichie des meilleures épreuves obtenues par les plus habiles praticiens, cette collection nombreuse, originale et d'une diversité remarquable, offrira aux curieux, admis à l'explorer, un vaste champ d'observation: comme le public est à même de se procurer, à des prix modérés, des épreuves de presque tous les dessins qu'il aura eu l'occasion d'admirer, l'Album sera doublement précieux pour l'amateur, en l'initiant aux meilleurs produits de la photographie française, et en l'éclairant sur le choix de ses acquisitions.

Nombre de gens, collectionneurs d'estampes ou de dessins originaux, se feraient une joie de posséder, à côté d'une gravure de prix, ou d'un croquis original, ou des exquises lithographies du recueil des Artistes contemporains, chefs-d'œuvre du genre, dus au crayon si fin de MM. Mouilleron, Français, Baron, Anastasy, etc., de posséder, dis-je, comme objets de comparaison, quelques raretés photographiques: des portraits, des monuments célèbres, des paysages, etc...

Mais l'idée de commander à un héliographe des épreuves exigerait les frais d'un déplacement. Il double, et dispendieuse opération du négatif ou des clichés, puis des tirages positifs, en les multipliant, il résultait, sont, autant de préliminaires propres à intimider. L'Album présente des résultats obtenus, un choix facile à faire, avec connaissance de cause, et des épreuves parfaites, qu'il suffit de multiplier, à peu de frais, au moyen des négatifs conservés.

Ainsi, la collection de la Société est un Musée historique, qui sera précieux un jour, et fréquemment consulté par ceux qui voudront se rendre compte des débuts et de la marche de la photographie, est fondé, il s'enrichit chaque jour. Et comme rien ne naître à ceux de nos lecteurs que la distance empêche de le visiter, ainsi que pour tenir en haleine le zèle de nos confrères, nous aurons soin de rendre compte de la succession d'articles critiques, et des noms et des ouvrages des collaborateurs de l'Album.

A chaque saison, les journaux consacrent des articles détaillés à l'analyse des expositions de peinture. Nos Albums sont nos Salons; ils fournissent un jour de points de vue nouveaux en ce qui concerne l'art, des aperçus intéressants par rapport à la science; ils offrent à la fantaisie descriptive des motifs d'autant plus féconds d'autant plus saisissants, que l'œuvre à interpréter confine de très-près à la nature, dont elle est la plus immédiate traduction.

Avant d'aborder ces comptes-rendus où la préoccupation de l'art sera dominante, nous ne saurions trop exhorter nos confrères à ne déposer que des épreuves d'élite, et dont les sujets soient intéressants. Ils comprendront sans peine l'importance de leurs envois, destinés à constater officiellement la prééminence. Certes, la publicité, et signalés à l'attention de nos lecteurs. Certes, la Société héliographique réunit toutes les conditions d'une longue carrière; mais si des événements imprévus en amenaient jamais la dissolution, les Albums existants seraient offerts au Cabinet des estampes de la Bibliothèque nationale, où ils demeureraient une consécration définitive. Ce musée particulier prendrait place dans le dépôt national, par conséquent, de toute manière, les associés, en enrichissant l'Album, travaillent à fonder leur réputation, ou à en rehausser l'éclat.

Ces idées ont été comprises en partie, et les premières

offrandes en font foi. Les épreuves sont pures, exemptes des retouches artificielles qui, parfois, déprécient celles du commerce : l'examen des unes et des autres nous a prouvé que sur le terrain de l'héliographie, la véritable œuvre d'art est celle où la main de l'homme n'est point intervenue.

Naguère, on contestait à la photographie sur papier la fermeté de lignes, la vigueur d'effet, la netteté, la précision dans le détail, qui caractérisent les dessins sur plaques métalliques. Deux épreuves de M. Cousin démontrent que ce qui fut vrai a cessé de l'être, et qu'en recherchant un ton franc, en laissant l'effet s'élever à une certaine vigueur, on parvient, même dans la reproduction des plus petites figures et des objets les plus minutieux, au fini le plus précieux, et à la délicatesse du trait.

Le Colombier présente, en second plan, un toit à désespérer Delaberge ou Gérard Dow : non-seulement les tuiles sont rendues avec leurs taches, leurs flocons de mousse, leurs cassures; mais, en dépit des fibres du papier, le grain de la brique est senti. Le mur de la tourelle, en moellon, çà et là revêtu d'une robe de plâtre déchirée, montre la pierre ferme et polie, à côté de la pâte pulvérulente et poreuse du ciment. Au pied de la construction, un homme, long de trois centimètres, se tient adossé : si la nature n'intervenait pour tout justifier, cette figure paraîtrait trop accentuée, trop en relief pour le plan où elle est reléguée : le daguerréotype ne serait pas plus tranchant. Ce caractère signale plus énergiquement encore la scène de genre intitulée *la Lecture* : une mère et ses deux filles, groupées dans un salon, devant un paravent chinois à ramages... Ici, le papier rend si complétement l'effet des plaques, qu'il en offre presque les défauts au point de vue esthétique. La mère, assise, est vêtue d'une robe à rayures, qui ressort si éblouissante et si petitement accusée, que la tête est faible auprès. Le fond blafard du paravent, très-*flou*, d'ailleurs, et bien à son plan, éparpille un peu la lumière, et fait double emploi avec un accessoire très-intéressant. C'est un guéridon recouvert d'une guipure au crochet, qui retombe drapée en quatre plis simples et admirablement éclairés. On ne saurait plus heureusement réunir l'harmonie de la masse à la finesse du détail : tous les points se comptent; les contours du dessin courant ressortent, blanc sur blanc, du canevas évidé, avec leurs méandres de petits carreaux, tout aussi rigoureusement que sur une plaque daguerrienne : mais l'épreuve photographique donne en plus le moelleux et la souplesse du linge.

Des qualités non moins recommandables signalent un fragment d'architecture obtenu par M. Le Secq : *la Vierge de la cathédrale de Reims*, adossée à un pilier sculpté, sur un fond noir. Les objets d'une teinte sombre sont reproduits par la photographie avec une tranquillité monumentale; ainsi, la lumière effleure le bronze et l'enveloppe à merveille, sans atténuer la profondeur du ton. C'est ce qu'a démontré M. Eugène Piot, en saisissant, avec un objectif simple, la tête antique d'un cheval de bronze du Musée des Offices à Florence. Le modèle a été ajusté avec beaucoup de tact, sur un fond clair, simple, nuancé, de manière à rehausser le style de ce morceau sévère.

En se proposant un but tout opposé, celui de rendre un sujet sans se préoccuper de la ligne, et par le seul effet des plans, à peu près comme procédent les coloristes, M. Nègre a donné une preuve remarquable de la souplesse, de la diversité des ressources de la photographie. Son *Petit Chiffonnier* est à la fois solide et vaporeux comme un dessin de M. Bonvin : c'est le plus habile et le plus fugitive ébauche... Un pan de mur, un lointain estompé, deux blocs de pierre, sur l'un desquels le héros du sujet s'assied et dépose sa hotte : voilà toute la mise en scène; elle n'a rien de compliqué. La tête, coiffée d'une méchante casquette, est insouciante, dédaigneuse et narquoise; la chemise de ce Diogène-gamin est moelleusement ouatée d'un rayon de soleil; le pantalon, largement indiqué, est bariolé, crevassé, fendillé, rapiécé, à rendre jaloux Murillo et l'auteur des *Casseurs de pierres*. Le *Chiffonnier* de M. Nègre n'est plus une photographie; c'est une composition pensée et voulue, exécutée avec toutes les qualités étrangères au daguerréotype, et ne revendiquant que celles-là.

Rien de plus imprévu, de plus intéressant que ces épreuves où le mécanisme héliographique disparaît, où la nature, non contente de se peindre dans sa réalité matérielle, semble s'interpréter elle-même, recourir aux coquetteries de l'art, et choisir les beaux côtés qu'il lui convient de montrer. On ne saurait contempler les *quatre paysages* de M. Cousin, sans se livrer à ses sortes de réflexions. Ces dessins, bien connus des artistes, qui sont venus les examiner aux réunions de la Société, y ont causé la plus vive surprise.

M. Cousin s'est proposé la tâche d'arracher à la photographie des résultats qu'on avait jugés pour elle inabordables, et de produire des effets inaccessibles à la peinture : des impressions simples et claires, ressortant d'un enchevêtrement inextricable de détails. Renonçant aux éléments faciles et aux sites caractérisés, il s'est placé en face de la nature agreste, sauvage, abrupte, hérissée de ronces, d'arbustes, de fouillis de plantes et de taillis inégaux. Pas une maison, pas une flaque d'eau, rien d'accentué, nul plan solide. Et pour ajouter aux difficultés matérielles, ces déserts de l'Ile-Adam ont été copiés en plein hiver.

La première de ces études d'après nature représente une côte aride, inégale, un terrain maigre, pierreux; mosaïque de cailloux, de ravines, de terre, d'herbe sèche, de mousse; un sol rugueux, écorché, plein d'accidents vulgaires et fourmillant d'aspérités si innombrables, et si hardiment accusées, que tout l'art d'un graveur, plus minutieux que Drevet, échouerait à en faire jaillir la centième partie. Or, l'effet général est tranquille, les plans conservent leur ton local, et tout se trouve dans une demi-teinte assez montée.

Nous préférons encore *la futaie*; souches séculaires dépouillées de feuillage, s'élevant en repoussoirs sur des taillis lointains. Un terrain d'herbages soulevant des feuilles sèches, quelques baliveaux qui se renversent et se croisent, le tout dans une harmonie pâle comme la brume, et décolorée comme les frimas... Ce paysage d'hiver est d'une impression fort énergique.

Il n'est rien de plus surprenant que le travail de nielure des trois souches de chêne qui occupent le centre du tableau, si ce n'est la diversité de *manières* que l'on remarque entre les études de troncs des plans plus ou moins reculés. La théorie des sacrifices y reçoit de curieuses applications. En fuyant l'œil, le détail se maintient longtemps encore, mais il est traité différemment, les oppositions sont adoucies; la demi-teinte jette un voile entre le clair et l'ombre.

Ces qualités se retrouvent dans le second *Intérieur de forêt*. Ici, la masse domine, et l'effet obscur, en ménageant des oppositions fortes, trahit la vive impression de la couleur. Il y a là des bouleaux qui s'étreignent, dont le pelage gris de perle, animé de guis, de lichens, de lianes menues, éveille si fortement l'idée du ton, que M. Diaz réclamerait comme siens ces deux arbres charmants. Mais la portion la plus remarquable de ce tableau, c'est un chemin ombreux, une avenue d'une demi-lieue, plaquée en deux tons vigoureux, qui suffisent à lui donner toute sa distance.

Le dernier de ces paysages est tout bonnement un fouillis de petites plantes, puis de grandes herbes, puis de broussailles, puis de bois taillis; le tout partant du spectateur et s'élevant en amphithéâtre jusqu'au ciel : ce ne sont que hachures, que brindilles, que feuilles mortes, que lianes entrelacées. Deux troncs, à distance inégale, surgissent de cet édredon. La merveille de tout ceci, c'est que les plans se distinguent entre eux avec netteté.

Il nous reste à signaler deux excellents *portraits*, obtenus en cinquante secondes, au moyen du procédé Talbot, par M. Leblanc. L'art ne ferait pas mieux; le portrait de femme surtout possède une grâce, une vie, une franchise d'expression et un modelé remarquables. L'harmonie du fond avec les vêtements est bien observée; la lumière est vive, et le fini précieux sans sécheresse : c'est le moelleux d'une bonne peinture.

Ces diverses épreuves sont obtenues au moyen de *négatifs* et à l'aide d'une double opération. Nous devons une mention spéciale aux envois de notre confrère, M. Bayard, qui, dès 1839, imaginait d'obtenir des épreuves *directes* en soumettant à l'action de la lumière un papier que son action a préalablement noirci, et que l'on a ensuite plongé dans une dissolution d'hydriodate de potasse.

Cette combinaison chimique étant détruite par la lumière, on obtient de la sorte, avec du papier noirci, des dessins en clair et l'image est directe.

Après de nombreux essais, M. Bayard est parvenu à des résultats parfaits; et ce qui nous a surpris, ils sont, quant à l'effet et à la distribution de la lumière, d'un caractère très-différent de celui des photographies ordinaires.

Ces épreuves *directes* ressemblent peu aux autres résultats du procédé daguerrien. Elles ne ressemblent même à rien de ce qu'on a vu, et pour qui ne saurait comment on les a obtenues, elles éveilleraient l'idée de la sorcellerie. Tout en sachant tous quel moyen elles sont produites, je ne m'explique en aucune façon pourquoi elles sont si étranges, ni comment, avec les singularités qui les distinguent, elles atteignent à une idéale perfection.

On contemple les épreuves *directes* comme au travers d'un mince rideau de vapeurs. Très-achevées, très-accomplies, elles unissent à l'impression de la réalité, la fantaisie du rêve : la lumière les effleure et l'ombre les caresse; le jour y semble fantastique, et la singulière sobriété de l'effet leur donne un aspect monumental. Le blanc et le noir sont deux tons proscrits par cette méthode assez puissante pour se passer des partis pris ; et les dessins sont si prodigieusement estompés qu'il est impossible à l'œil d'y saisir une seule ligne. Que l'on se représente une tête, celle de la Vénus de Milo, par exemple, réduite à la grosseur de la pupille de l'œil, et si finie, qu'on y démêle toute la physionomie, que rien ne s'y fasse désirer, sans que pourtant on puisse y découvrir une seule ligne dessinée... Il en résulte que le fait satisfait pleinement et que le moyen reste incompréhensible. C'est le modelé s'élevant à un degré de charme si surhumain, qu'au premier abord l'étonnement empêche de le sentir pleinement. La découverte de M. Bayard contient la critique la plus radicale des écoles de dessinateurs procédant par la sécheresse et la rigueur des contours. L'air joue sur ces planches avec tant de transparence, et enveloppe si complétement les premiers plans, que l'image apparaît lointaine, quoique bien achevée, ce qui grandit la stature des objets représentés.

Nous reviendrons plus longuement, dans un article spécial, sur les expériences de M. Bayard; dont la méthode a été décrite dans un très-bon article de la *Revue des Deux-Mondes*. Mais l'auteur, qui prodigue de justes louanges à M. Talbot, Anglais, le doyen des photographes, décrit le procédé de M. Bayard sans en nommer l'inventeur.

Cet auteur, qui d'ailleurs définit et raconte avec une élégante clarté, ajoute que la lumière détruit les épreuves *directes*, et que, *dit-on*, elles finissent par s'effacer. Cette assertion n'est pas fondée. J'ai sous les yeux de belles épreuves *directes* qui datent de huit années et ont gardé leur fraîcheur. Notre critique est peu favorable à ses compatriotes, car, dans le même article, il attribue à un bourgeois de Naples, sur la foi d'un conte historique assez récent et mal étayé, l'invention de la boussole, dont la plupart des historiens font honneur à la France. Laissons aux étrangers l'exploitation de ces paradoxes qui ont, au moins chez eux, l'excuse du patriotisme. Point de chauvinisme, j'y consens : tous les esprits novateurs appartiennent à l'humanité. Mais qu'il soit permis en France d'inventer et de produire, sans encourir les disgrâces de l'anonyme.

FRANCIS WEY.

NOUVEAU PROCÉDÉ

POUR RÉDUIRE L'ARGENT A L'ÉTAT MÉTALLIQUE AU MOYEN DU SUCRE.

Note de M. Casaseca.

« Que l'on réduise à chlorure de l'argent monnayé, tenant compte du poids de l'alliage ; que le chlorure bien lavé et exempt de cuivre soit mis dans un flacon bouché à l'émeri, à collet droit et à large goulot ; qu'on y délaye une quantité de sucre raffiné ou de sucre candi, égale au poids de l'alliage ; qu'on verse sur le mélange un volume égal au sien d'une dissolution faite avec 60 grammes de bonne potasse caustique à la chaux et 150 grammes, par mesure, d'eau distillée, ce qui donnera de la potasse à 25 degrés Baumé, à très-peu de chose près ; qu'on agite le mélange après avoir bouché le flacon, puisqu'on l'abandonne vingt-quatre heures à lui-même, agitant de temps à autre pour favoriser la réaction. Quand le terme fixé sera accompli, on lavera, à plusieurs reprises, jusqu'à ce que les dernières eaux de lavage, filtrées, ne se troublent plus par le nitrate d'argent, essai qui du reste devra être précédé de l'épreuve au papier rouge de tournesol, qui ne devra plus bleuir ni éprouver aucun changement. Cela fait, on versera le contenu du flacon à l'aide d'un peu d'eau distillée dans une petite capsule en porcelaine, on décantera l'excès du liquide, après l'avoir laissé déposer, puis on desséchera l'argent à l'étuve dans la capsule même.

« On obtiendra ainsi ce que j'appelle *argent gris*. Cet argent offrira quelques paillettes brillantes et prendra plus d'éclat par le frottement; il ne contiendra d'autres impuretés qu'un peu d'oxyde et quelques atomes de chlorure d'argent. Ce dernier produira un peu de louche dans la liqueur, quand on le dissoudra dans l'acide nitrique complétement pur, et que l'on étendra d'eau bien distillée. Ce louche n'empêchera pas que l'on obtienne du nitrate d'argent complétement pur; car le chlorure si divisé n'étant qu'en suspension dans la liqueur, il suffira de filtrer sur un peu d'amiante bien lavée, pour avoir une liqueur irréprochable. Le nitrate d'argent n'aura aucune trace de métal étranger, parce que s'il n'intervient dans la réduction du chlorure d'argent, et que par la précipitation de ce sel haloïde, l'argent se trouve d'ailleurs complétement séparé du fer et du cuivre que pourrait contenir la dissolution; aussi pourrait-on employer sans inconvénient de l'acide nitrique du commerce pour dissoudre l'alliage.

« L'*argent gris* contient presque toujours un peu d'oxyde, ce dont on s'assure par l'ammoniaque, qui, après digestion sur le métal et filtration, donne un louche par l'acide nitrique : c'est l'atome de chlorure argentique dissous qui se sépare ; puis un trouble bien marqué par l'addition d'un peu de chlorure de sodium au nitrate d'ammoniaque formé : alors c'est l'oxyde d'argent dissous dans la liqueur à l'état de nitrate ammoniacal, qui précipite sous forme de chlorure insoluble.

« L'oxyde d'argent n'étant pas une impureté pour les usages auxquels se trouve destiné l'argent pur dans les laboratoires, l'on doit regarder l'*argent gris*, obtenu ainsi qu'il vient d'être dit, comme plus pur que tous ceux préparés jusqu'à ce jour par la réduction du chlorure d'argent

avec moins de perte, et cela sans avoir besoin de fondre, opération fort ennuyeuse et qui offre des inconvénients dans un laboratoire.

« De una peseta (1 franc d'Espagne) dont le poids était
de 5gr., 759, j'ai retiré 4gr., 750 d'argent gris ; et en supposant qu'il fût à 900 millièmes, ce qui est un peu douteux, car les monnaies appelées de Séville ont bien souvent un titre inférieur, j'aurais obtenu 91, 6 pour 100 de
argent contenu dans l'alliage ; mais le reste n'est pas
perdu, parce que les eaux de lavage acidulées par l'acide
nitrique sont versées dans le vase aux précipités d'argent
et forment de nouveau chlorure.

« Lorsqu'on fera le mélange pour l'obtention de l'argent gris, on observera d'abord que la matière blanche
devient d'un brun rougeâtre sale, puis gris-violacé, puis
d'un brun noirâtre. C'est alors qu'on le laissera en repos,
et au bout d'une demi-heure environ, le flacon entier
sera recouvert d'une légère couche d'argent brillant qui
formera un véritable miroir cylindrique. Cette couche
subsistera tant qu'on ne secouera pas fortement le liquide.

« L'argent blanc, dont je traite dans le Mémoire dont
j'extrais cette note, est obtenu en précipitant l'oxyde d'argent et l'oxyde de cuivre par la potasse, puis l'oxyde
d'oxyde d'argent par le sucre avec de certaines précautions;
mais on ne retire que 46 pour 100 de l'argent de l'alliage.
Il est, du reste, *blanc* comme de la pierre ponce quand il
est mat, susceptible d'acquérir beaucoup d'éclat, simplement par frottement avec une baguette en verre. L'argent
blanc est exempt d'oxyde et de chlorure, *il est chimiquement pur.* »

(*Académie des Sciences, 5 mai 1851.*)

NOUVELLES DIVERSES.

On écrit de Berlin, le 9 mai :

« C'est le samedi 31 de ce mois qu'aura lieu à Berlin
l'inauguration du grandiose monument de Frédéric II,
composé, comme on le sait, de la statue équestre colossale
en marbre de ce grand monarque, autour du piédestal de
laquelle se groupent les statues pédestres, pareillement
colossales en marbre, de vingt-deux de ses plus célèbres
généraux et ministres, ouvrages qui tous sont dus au ciseau de notre illustre Rauch.

— On écrit de Bagnols (Gard), le 10 mai :

« Hier vendredi 9, vers six heures du matin, il s'est produit dans nos contrées un phénomène météorologique qui
attirait tous les regards. Le soleil était entouré de demi-
cercles lumineux, à l'extrémité desquels l'œil croyait voir
briller deux autres soleils, plus pâles cependant que le
véritable. Ce phénomène n'est pas nouveau, et il est connu
dans la science sous le nom de *parhélie*. Il résulte de la
présence dans les hautes régions de l'atmosphère de petits
prismes glacés qui réfractent la lumière, et produisent les
singulières apparences dont nous parlons. Voici les détails
de ce phénomène :

« Vers sept heures du matin, un léger nuage avait
conservé néanmoins assez de transparence pour laisser
voir l'azur du ciel, et permettait au soleil, déjà élevé sur
l'horizon, de resplendir avec éclat. Autour de l'astre paraissait un grand cercle blanchâtre, coupé dans le sens
horizontal, par le commencement d'un autre cercle immense, dont la continuation se perdait vers l'ouest, là où
le ciel, entièrement dépouillé, ne permettait plus la réfraction des rayons lumineux. C'est sur ce cercle que
semblaient fixés et suspendus les *nouveaux soleils*, deux
aux points d'intersection (nord et sud) des deux circonfé-
rences, et le troisième sur le prolongement de la ligne
méridionale.

« Les *parhélies* étaient d'un jaune d'or tirant sur le
rouge, à la partie tournée vers le soleil ; quant au disque
placé au midi, il apparaissait plus nuageux et un peu
voilé. Pour compléter le tableau, on voyait au zénith un
demi-cercle convexe vers le soleil, formé par un magnifique arc-en-ciel. Ce phénomène a duré jusqu'à neuf heures;
mais déjà à huit heures il disparaissait sous les nuages qui
s'épaississaient peu à peu. »

CORRESPONDANCE.

SUR LES DANGERS
RÉSULTANT DE L'EMPLOI DU MERCURE.

A Monsieur le Rédacteur de la *Lumière*.
Monsieur,

Dans le but de rendre service à la confraternité des
daguerréotypistes, je vous prie de publier les observations
suivantes sur l'insalubrité et les dangers du procédé que
nous pratiquons et sur les moyens de s'en garantir.

Dans les premières années on n'a pas eu le temps de
ressentir les effets du mercure, personne ne semblait y
penser, et n'ayant moi-même éprouvé aucuns symptômes
de ce poison pendant longtemps, je n'ai jamais cru nécessaire d'employer la moindre précaution pour m'en préserver. Mais après douze années d'un travail continuel,
au milieu des vapeurs qui s'échappent sans cesse des
boîtes à mercure, je commence à m'apercevoir qu'on ne
peut pas impunément oublier que ce métal exerce sur le
corps humain une action capable de ruiner les plus fortes
constitutions.

Depuis quelque temps, à ma connaissance, plusieurs
opérateurs ont été obligés, par avis de leur médecin, de
renoncer au daguerréotype, au moins jusqu'à entier rétablissement.

Il n'y a donc malheureusement pas de doute que l'opération du daguerréotype présente de grands dangers, et
l'on ne saurait prendre trop de précaution pour s'en garantir. D'abord il faut éviter de rester plus temps qu'il
n'est nécessaire auprès de la boîte à mercure, et on doit
la placer dans une pièce bien aérée, au-dessous d'un cône
finissant par un tuyau adapté à une cheminée ou communiquant avec le dehors de l'appartement à travers un mur ou
par le haut d'une fenêtre. Je crois que ce moyen est assez
généralement employé, mais il est loin d'être suffisant, et
je vais indiquer celui qui me paraît plus efficace. C'est le
moyen que je vais adopter dans un nouvel établissement
que je dois ouvrir dans Regent street, et que je tâcherai
d'organiser en tous points d'une manière conforme aux
leçons d'une longue expérience.

Le mur de la pièce que je consacre à l'opération du
mercure, aura une ouverture de 3 pieds de long sur 2 pieds
de haut, destinée à recevoir une cage qui sera fixée en
dehors, capable de contenir plusieurs boîtes à mercure.
Cette cage aura deux ouvertures dans toute sa longueur,
l'une en haut, l'autre en bas, afin de donner un passage
libre au courant d'air sans communication avec l'appartement. Le courant d'air sera entretenu par la chaleur même
produite dans l'intérieur de la cage. Cette cage sera hermétiquement fermée du côté de l'appartement par deux
volets glissant dans une rainure. Quand j'aurai besoin
d'introduire ou d'enlever une plaque, je ferai glisser l'un
des volets et ne l'ouvrirai que ce qu'il faudra pour passer
le bras et la main ; aussitôt après je fermerai le volet. Ces
volets seront garnis de verre à vitre afin de voir à travers
l'intérieur de la cage, et d'être à même de régler l'échauffe-
ment du mercure. En plaçant les boîtes à mercure sur
des bouilloires en fer-blanc remplies d'eau, et en chauffant avec des lampes à esprit-de-vin (mais mieux encore
avec des becs à gaz), on a toujours la température la plus
favorable pour la fixation des vapeurs mercurielles et l'on
est sûr de ne jamais la dépasser ; c'est ce moyen de bouilloires que j'emploie avec succès depuis plusieurs années
et que j'ai vu pour la première fois, en 1843, usité par
M. Eynard de Genève.

La cage dont je viens de parler sera toute en ardoise,
et la pierre horizontale du bas aura tout autour une rainure, afin que le mercure qui pourrait se condenser ou
s'échapper des boîtes, se rende à l'un des coins au moyen
d'une fente suffisante, et retombe dans un vase placé à
l'ouverture. De cette manière on évitera de répandre le
mercure dans l'appartement d'où il s'élèverait continuellement en vapeurs, car il ne faut pas oublier que le mercure s'évapore à toutes les températures, et s'il était nécessaire d'en donner une preuve, je n'aurais qu'à indiquer
une expérience que chaque opérateur peut répéter facilement, et qui consiste à placer une plaque au sortir de la
chambre noire dans une boîte à mercure tout à fait froide.
Au bout de plusieurs heures l'image sera aussi bien développée que si le mercure avait été chauffé à la température de l'eau bouillante.

Je ne m'étendrai pas plus longtemps sur ce sujet,
espérant que ma lettre suffira pour appeler l'attention des
opérateurs sur les meilleurs moyens à employer pour se
garantir de l'action pernicieuse du mercure, et que chacun
publiera pour le profit de tous le résultat de ses recherches. M. le docteur Clavel, auquel nous devons d'excellents articles publiés dans votre journal sur les phénomènes de la lumière, est, par ses connaissances spéciales
dans la médecine et dans d'autres sciences, plus capable que tout autre de donner des conseils utiles aux
daguerréotypistes, et j'espère qu'il voudra bien nous faire
profiter de son expérience et de ses bons avis (1).
Recevez, etc.   A. CLAUDET.
Londres, 6 mai 1851.

(1) Nous n'avons pas attendu l'invitation de notre savant et
laborieux correspondant de Londres, car, il y a un mois environ,
nous avons prié M. le docteur Clavel de faire pour notre journal
un petit traité d'hygiène à l'usage des héliographes. Quelques
opérateurs s'étaient déjà préoccupés des dangers qu'offre l'emploi du mercure; il y a plus de deux ans, en effet, M. de Montfort indiquait à quelques artistes des moyens analogues à ceux
que prescrit M. Claudet pour combattre les fâcheux effets de
cette substance au point de vue sanitaire. Il avait, en outre, reconnu qu'une atmosphère par trop chargée de vapeurs mercurielles nuisait à l'opération elle-même et parfois venait para-
lyser complètement le développement de l'image daguerrienne.
F. A. R.

DU FOYER CHIMIQUE ET DU FOYER APPARENT

DANS LES OBJECTIFS.

A Monsieur le rédacteur de la *Lumière*.

Chaque jour apporte une nouvelle preuve des avantages
que votre journal est destiné à procurer à la photographie,
en publiant les observations et découvertes de chacun.

Je viens de lire avec le plus grand intérêt la lettre que
mon digne ami, M. de Nothomb de Longlaville, vous a
adressée le 28 avril et que vous avez insérée dans votre
n° 14.

M. de Nothomb a observé que, dans un objectif allemand
de 8 centimètres d'ouverture, ayant le foyer photogénique
séparé du foyer visuel, dans certaines conditions de lumière d'un intervalle de 3 millimètres pour un objet situé
à 2 mètres de l'appareil, il arrivait que, dans d'autres circonstances, ces deux foyers éprouvaient une variation
dans leur distance ; qu'ainsi le moyen fixe de repérer ne
pouvait pas être exact.

Cette observation de M. de Nothomb est une confirmation de la découverte que j'ai faite depuis quelques années,
que je me suis efforcé en vain de faire connaître et qui a
fait le sujet de deux Mémoires que j'ai lus, l'un en 1849,
et l'autre en 1850, devant l'Association britannique à Birmingham et à Edimbourg, et lesquels Mémoires j'ai communiqués ensuite à l'Académie des sciences de Paris.
Le premier a été publié à Paris, chez Baillière et chez
MM. Lerebours et Secretan, et le second va l'être chez les
mêmes.

N'est-il pas déplorable, dans l'intérêt du progrès de l'art
photographique, que des questions aussi importantes
restent si longtemps ignorées, malgré tous les moyens de
publicité qu'on puisse employer?

J'annonçai en 1844 ma découverte de la non-coïncidence des foyers visuels et photogéniques, et plusieurs
années après, la plupart des photographes ignoraient ou
niaient ce phénomène !

J'espère que la lettre de M. Nothomb appellera l'attention de tous les expérimentateurs sur ce phénomène singulier, et que la photographie profitera enfin des travaux
qui m'ont coûté beaucoup de peine et beaucoup de temps.
M. de Nothomb annonce qu'il va s'assurer par de nouvelles expériences, si les objectifs dans lesquels on s'est
efforcé de corriger la non-coïncidence des foyers sont sujets à la même variation. Cet habile et zélé expérimentateur croit devoir affirmer à l'avance que ce qu'on appelle
coïncidence des foyers n'est qu'une chose illusoire et
impossible pour toutes les conditions de lumière; je puis
lui assurer à l'avance qu'il a parfaitement raison. Mais
je serai heureux qu'il en fasse l'expérience, et que par
ce moyen il corrobore l'exactitude de mes propres recherches.
Agréez,

A CLAUDET.

Londres, le 12 mai 1851.

CONSIDÉRATIONS SUR LA REPRODUCTION,
PAR M. NIÉPCE DE SAINT-VICTOR,
des images gravées, dessinées ou imprimées,
PAR M. E. CHEVREUL.

1. Si la nouveauté et l'imprévu suffisaient pour donner à
des expériences tout l'intérêt qui peut satisfaire une
pure curiosité, je n'aurais rien à ajouter à l'exposé
des travaux de M. Niépce de Saint-Victor, tel qu'il l'a
rédigé et déposé à l'Académie; mais par l'originalité
des résultats, par les conséquences qu'ils ont déjà et
celles qu'ils auront encore tôt ou tard, ces travaux m'ont
paru se prêter à des considérations que ne jugeront pas su-
perflues les personnes qui s'efforcent de lier les faits nouveaux avec ceux que l'on connaissait déjà, afin d'établir
la contiguité des efforts par lesquels s'étend incessamment
le champ de la science, comme si une seule intelligence
le cultivait.

2. Il s'en faut beaucoup que les chimistes et les physiciens aient donné une égale attention aux différentes sortes
d'actions moléculaires que la matière présente à l'observation...

3. Les actions en vertu desquelles se font les combinaisons définies ont occupé les chimistes, pour ainsi dire, à
l'exclusion des physiciens, soit qu'il s'agisse des composés résultant des affinités les plus énergiques en vertu desquelles des corps comme l'oxygène, le chlore, etc., s'u-
nissent au potassium, au sodium, etc., ou des composés
résultant de la neutralisation mutuelle des acides et des
alcalis ; soit qu'il s'agisse des composés ternaires ou qua-
ternaires définis, dans lesquels on expulse un de leurs
éléments, l'hydrogène, par exemple, par un autre corps,
tel que l'oxygène, le chlore, etc. Les chimistes n'ont pas
borné leur étude aux phénomènes passagers de ces actions;
ils l'ont étendue encore aux propriétés de leurs produits.

4. Les actions moléculaires en vertu desquelles se font

les composés indéfinis, tels que la plupart des alliages métalliques, la solution de corps solides ou de fluides élastiques dans les liquides neutres, et des composés solides produits d'une cémentation, comme l'acier, ont fixé à la fois l'attention des chimistes et celle de plusieurs physiciens, parce qu'il semble en effet que, dans les composés indéfinis, l'affaiblissement de l'action moléculaire rapproche les phénomènes de ceux qui sont du domaine de la physique.

5. Les actions moléculaires par lesquelles des corps dissous dans des liquides se fixent à des solides, sans que la forme de ceux-ci en paraisse changée, comme cela arrive aux étoffes teintes dans les bains colorés, n'ont guère été examinées jusqu'ici que par le petit nombre des chimistes qui se sont livrés à l'étude de la théorie de la teinture. Je cite particulièrement ces composés pour exemple des combinaisons chimiques que je rapporte à l'*affinité capillaire*, parce que c'est essentiellement par les molécules de sa surface qu'un solide entre sans désagrégation de ses molécules en combinaison avec un corps.

6. Quant aux actions moléculaires en vertu desquelles l'eau donne aux tissus des animaux les propriétés nécessaires à remplir le rôle que l'organisation leur a imposé dans les phénomènes de la vie, et à divers corps pulvérulents inorganiques la propriété de constituer des pâtes tenaces et ductiles, elles ont été l'objet d'études plus rares encore que les précédentes.

7. Enfin, des chimistes aussi bien que des physiciens sont occupés de l'examen des actions que certains solides, particulièrement ceux qui sont poreux ou réduits en poudre impalpable, exercent par leur surface sur des fluides élastiques; leur attention s'est particulièrement fixée sur les phénomènes manifestés pendant l'action plutôt que sur les propriétés permanentes acquises par les corps qui y ont pris part; résultat tout simple quand on considère qu'aux yeux de beaucoup de chimistes, l'affinité de laquelle on fait dépendre les combinaisons définies n'existe pas dans les cas dont nous parlons.

8. En définitive, nous voyons comment, à une certaine limite des actions moléculaires, le chimiste et le physicien interviennent dans l'étude de phénomènes qui, au dire de plusieurs, seraient affranchis de l'affinité proprement dite, et rentreraient d'après cela dans la classe des actions purement physiques. Quoi qu'il en soit de cette opinion, les produits de ces actions n'ont point un caractère de permanence dans leurs propriétés, ou une constitution susceptible d'être déterminée d'une manière tellement précise, qu'on puisse les comparer aux composés chimiques proprement dits, à ceux même dont les proportions des éléments sont indéfinies.

9. J'ai cru devoir rappeler cet état de la science, dans l'espérance d'en faire comprendre les rapports avec les recherches de M. Niépce de Saint-Victor; car dans les expériences qu'il a décrites, l'influence de l'affinité est incontestable. Il se forme des composés définis, des composés analogues à ceux qui sont produits en teinture lorsque des étoffes se combinent à des acides, à des bases, à des sels, à des principes colorants, sans changement de leur état solide; en outre, des vapeurs se fixent à des solides en vertu d'une force attractive suffisante pour vaincre une partie de leur tension seulement, de sorte que, dans le vide ou dans un espace qui est au-dessous d'une certaine limite de saturation de cette même vapeur, les solides qu'on y place laissent exhaler la totalité, ou du moins une portion de celle qu'ils avaient fixée d'abord.

10. Pour plus de clarté, je ferai trois catégories des expériences de M. Niépce de Saint-Victor.

Dans la *première*, je comprendrai celles qui concernent la reproduction, au moyen de l'iode, d'une gravure, d'un dessin, d'un imprimé, etc., sur un papier collé en cuve avec de l'amidon et du résinate d'alumine, ou sur un enduit d'amidon cuit et adhérent à une surface unie de verre ou de porcelaine.

Dans la *seconde*, je comprendrai les expériences dont l'objet est la reproduction d'une gravure, d'un dessin, d'un imprimé, etc., sur une surface métallique polie, au moyen de divers fluides élastiques.

Dans le *troisième*, je parlerai de la reproduction des images du foyer d'une chambre obscure, au moyen d'un composé d'argent appliqué sur un enduit d'albumine au lieu de l'être sur du papier.

(*La suite à un prochain numéro.*)

ERRATA DU N° 14. — Deuxième colonne de la première page, ligne 49, au lieu de *le fauve*, lisez LE MAUVE.

Toutes les demandes et réclamations relatives au service, toutes les lettres et communications relatives à la rédaction, doivent être adressées, affranchies, à M. F.-A. Renard, secrétaire de la rédaction, au bureau du journal. Les demandes d'abonnement seront accompagnées d'un mandat sur la poste ou les messageries.

Le Secrétaire de rédaction F.-A. RENARD, *Gérant.*

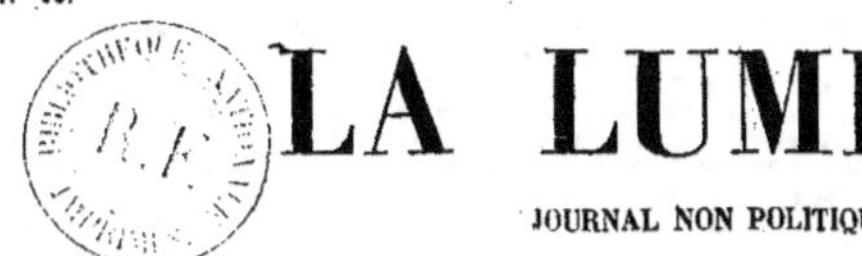

LA LUMIÈRE

JOURNAL NON POLITIQUE

HEBDOMADAIRE.

BEAUX-ARTS — HÉLIOGRAPHIE — SCIENCES.

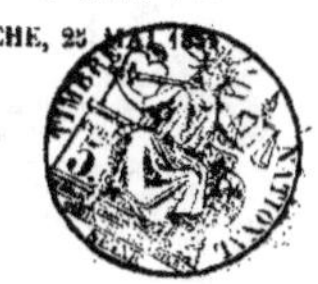

BUREAUX, A PARIS, N° 15, RUE DE L'ARCADE, A LA SOCIÉTÉ HÉLIOGRAPHIQUE.
ET A LONDRES, UNITED PATENT OFFICE DE MM. GARDISSAL ET Cᵉ, 7, CALTHORPE STREET, GREY'S INN LANE, HOLBORN.

PRIX.—PARIS, UN AN, 16 F.; 6 MOIS, 10 F.; 3 MOIS, 6 F.—DÉPARTEMENTS, UN AN, 18 F.; 6 MOIS, 11 F.; 3 MOIS, 7 F.—ÉTRANGER, UN AN, 20 F.; 6 MOIS, 12 F.; 3 MOIS, 8 F.—CHAQUE N° 50 CENT.

SOMMAIRE.

SCIENCES.
—
ÉTUDES SUR L'AGENT LUMINEUX.

THÉORIE DE M. ZIÉGLER.

Après avoir exposé la théorie de la lumière et des couleurs, telle que l'ont faite les savants, il est juste de mettre en regard une autre théorie qui appartient à un artiste, soupçonné, il est vrai, d'avoir fait bien des excursions dans le domaine de la science.

M. Ziégler, en cherchant les principes sur lesquels reposent tous les arts qui concernent les formes, les dimensions et les couleurs, a exhumé, fragment par fragment, certaines lois d'analogie qui furent appliquées, dans l'antiquité, aussi bien à des produits céramiques qu'à l'architecture, à la statuaire, à la peinture, et établirent entre elles la solidarité de principe et d'origine (1). L'auteur des *Etudes céramiques* reconnaît dans les corps, au point de vue des arts plastiques, trois conditions principales d'existence, qui sont : la dimension, la forme et la couleur.

Les principes relatifs à la dimension sont : la loi du sens et celle des proportions, deux excellents chapitres du livre, mais que nous ne saurions examiner ici.

La forme est liée à la couleur par des analogies manifestes : la première a pour essences génératrices la ligne droite et la ligne courbe ; la seconde a pour essences génératrices le blanc et le noir ; la ligne droite est une, le blanc est un ; le nombre des courbes est infini ; le nombre des noirs est infini.

Les formes se divisent en primitives, mixtes et composites ; les couleurs se divisent en primitives, mixtes et composites ; trois termes irréductibles, la longueur, la largeur et la hauteur, constituent la dimension ; de même trois termes indécomposables, le rouge, le jaune et le bleu, constituent la couleur. Maintenir les lois d'analogie universelle dans les productions artistiques est le seul moyen d'obtenir le beau. Les lois de proportions concernant la dimension et la forme sont parfaitement applicables à la couleur ; M. Ziégler le démontre clairement.

Il y a dans cette exposition de principes une régularité qui frappe l'esprit, et des vues philosophiques qui attirent les intelligences, bien qu'elles soient prémunies, par l'enseignement universitaire, contre les conséquences du système de M. Ziégler. Ces conséquences sont : 1° que chaque corps a sa couleur qui lui est propre, comme il a sa forme et sa dimension ; 2° que la lumière ne donne pas lieu à la couleur ou se décomposant, mais la fait simplement apparaître en l'éclairant ; 3° que le fluide lumineux, en se condensant, donne le blanc, tandis que la couleur condensée donne le noir ; 4° que la lumière parfaitement blanche existe seulement en dehors de l'atmosphère terrestre, de sorte que toute lumière subatmosphérique est combinée soit au principe colorant répandu dans l'atmosphère, soit à la matière colorée des corps en combustion.

Reprenons une à une ces diverses propositions.

Les raisons qui tendent à faire de la couleur une propriété des corps, et non la réflexion d'une partie du rayon lumineux, sont, d'après M. Ziégler, l'impossibilité pour le pinceau de lumière de renfermer toutes les teintes et tous les tons des corps où le principe colorant est condensé.

« Mais ce rayon qui contient toutes les couleurs, les
« contient-il à leur maximum d'intensité? Cela est indis-
« pensable ; car si je lui présente les bleus de Prusse, les
« pourpres, les extraits, comment fournira-t-il à chacun la
« couleur intense qui lui est propre? Or, comme l'inten-
« sité de la couleur est en raison inverse de l'intensité de
« la lumière, le philosophe expérimentateur est arrêté par
« l'absurde... Il ne peut dire que le rayon lumineux con-
« tient même les teintes concentrées ; et, cependant, il
« faut qu'il les contienne, et même qu'il les contienne
« toutes, c'est-à-dire, tous les noirs par concentration.
« Donc ce système conduit à dire que la lumière contient
« l'obscurité, que le blanc contient les noirs, et tous les
« noirs par concentration, puisqu'ils sont de vraies cou-
« leurs (1). »

Rien ne prouve que les sept couleurs du spectre soient exclusivement le fait de la lumière, car le prisme est lui-même coloré; composé d'une masse de flintglass, il contient, outre l'acide silicique, de la potasse et du minium, qui ont leurs couleurs. En se combinant par le fait de la chaleur, ces corps deviennent transparents, mais on est fondé à croire qu'ils conservent virtuellement la couleur qui leur est propre et qu'entraîne la lumière dans les phénomènes de réfraction et de dispersion.

Des prismes différents quant à la composition donnent des résultats différents quant à la couleur.

Il faut observer, en outre, que la lumière solaire, quand elle a traversé l'atmosphère, est loin d'être pure ; elle s'est altérée par le fait de son passage à travers les gaz azote, oxygène et acide carbonique ; elle s'est déjà chargée de nuances diverses.

A la surface de la terre, ce qu'on nomme lumière blanche n'existe pas, il n'existe que de la lumière grise ; celle que produit l'électricité ou la combustion est dans le même cas, puisqu'elle provient de corps d'origine atmosphérique, et puisqu'elle traverse toujours une portion de l'atmosphère avant d'arriver jusqu'à l'œil. Pour trouver de la lumière complètement blanche, il faudrait gagner les sommités de l'atmosphère.

Avec le système de Newton il est impossible de trouver l'unité dans une lumière qui se décompose en une foule de nuances, et cependant l'esprit repousse cette conclusion, il sent que l'unité existe. M. Ziégler la trouve dans le blanc pur, dans la lumière séparée de tout atome du principe colorant. Les rayons solaires sont non la cause, mais le véhicule de la couleur atmosphérique.

Prenez le blanc pur, cherchez à le décomposer de mille manières, sans lui ajouter aucune teinte ; il restera le blanc ; il représentera toujours l'unité de lumière. Au contraire, concentrez toutes les couleurs, ajoutez-les les unes aux autres, vous obtiendrez le noir, qui est l'unité de couleur.

M. Ziégler attache une grande importance à un fait très-peu examiné par les théoriciens, savoir : que plus une couleur est épurée, condensée, plus elle devient noire ; les progrès les plus récents de l'industrie en fournissent maint exemple. La couleur noire par condensation est susceptible de reprendre les qualités qui lui sont propres par son alliance avec le blanc ou avec la lumière. Mais lorsque les trois couleurs primitives, à leur maximum d'intensité, sont mélangées en quantités égales, elles produisent le noir composite ; c'est notre noir vulgaire qui, par son alliance avec le blanc, donne les teintes grises. En décomposant ce noir on obtiendrait trois couleurs irréductibles qui sont : le *jaune*, le *rouge* et le *bleu*; lesquelles, combinées dans des proportions différentes, donnent toutes les nuances connues ; tandis que ces nuances, en se combinant, ne peuvent jamais produire ni le *jaune*, ni le *rouge*, ni le *bleu*.

L'action chimique, la chaleur, les couleurs, sont des faits distincts, quoique alliés à la lumière.

Les trois couleurs primitives sont douées des qualités spéciales suivantes :

le jaune, du maximum de lumière,
le rouge, du maximum de chaleur,
le bleu, du maximum d'action chimique.

Leur influence s'exerce non-seulement sur la matière inorganique, mais encore sur la matière organisée ; dans les animaux le sang est coloré par le rouge et a pour caractère distinctif, la chaleur et l'animation ; dans les végétaux prédominent le jaune et le bleu, qui se traduisent par le vert et entraînent avec eux la prédominance de l'action chimique et de la lumière.

Ajoutons que les récentes expériences de M. Niépce de Saint-Victor, et la fixation des couleurs du spectre par M. Edmond Becquerel, viennent à l'appui de l'opinion de M. Ziégler sur la séparation de la lumière et de la couleur, et les propriétés plus matérielles de celle-ci. Ce système est donc conforme aux recherches et aux progrès de la Photochromie.

Dᵣ. CLAVEL.

SOCIÉTÉ HÉLIOGRAPHIQUE.

Séance du 16 mai 1851.

PRÉSIDENCE DE M. DURIEU.

En l'absence des présidents titulaires, M. Durieu est invité à prendre le fauteuil et à diriger la discussion.

Il est fait hommage à la Société, par M. Puille (d'Amiens), de deux ouvrages scientifiques : 1° *Cours d'algèbre élémentaire théorique et pratique* ; 2° *Dessin linéaire appliqué à l'industrie.*

L'auteur, en présentant ces ouvrages à la Société, exprime le vœu qu'il soit ouvert des archives où chaque membre pourra déposer un exemplaire de ses œuvres. Ce vœu est favorablement accueilli.

M. Vallou de Villeneuve fait don à la Société, pour son *Album*, de deux épreuves : une académie et un portrait.

Question des objectifs.

M. LE PRÉSIDENT. La parole est à M. Mestral, pour une communication concernant de nouveaux objectifs.

M. MESTRAL. Il s'agit des objectifs de M. Maugey, lesquels, par une nouvelle composition, n'ont pas de foyer chimique et rivalisent avantageusement avec les objectifs allemands. J'en ai chez moi ; ils sont à la disposition de ceux qui voudraient les essayer.

M. RIBOT. Plusieurs opticiens de Paris, entre autres M. Plagniol, ont désiré qu'une Commission fût nommée à l'effet d'examiner leurs objectifs et de les comparer aux objectifs allemands. La Société héliographique devrait peut-être, aujourd'hui, nommer cette Commission, et ne pas se borner à l'examen d'un seul objectif.

M. B. DELESSERT. De même que nous avons une Commission permanente pour le papier, nous pourrions avoir une Commission permanente pour les objectifs qui nous seraient soumis par les opticiens ; cette Commission nous mettrait au courant de tous les perfectionnements apportés à la confection des objectifs ; elle aurait donc un rapport à faire sur l'objectif de M. Maugey.

M. RIBOT. Il serait peut-être assez difficile d'essayer les objectifs d'un seul opticien, sans en avoir d'autres pour termes de comparaison. Il faudrait, pour mieux faire, mettre une certaine quantité d'objectifs à la disposition de la Commission nommée pour cet examen.

M. DELESSERT. Le rapport de la Commission ne devra porter que sur les objectifs qui lui seront soumis, et non pas sur la fabrication de tel opticien à l'exclusion des autres. Elle pourra dire, par exemple, qu'un objectif de M. Maugey a été trouvé très-bon, qu'il est net, qu'il est rapide ; mais si, plus tard, un autre objectif est présenté à la Commission, celle-ci en fera l'objet d'un rapport spé-

(1) Voyez *Etudes céramiques*, par M. Ziégler, Mathias, quai Malaquais, n° 15.

(1) *Etudes céramiques*, p. 214.

cial dans lequel, après l'avoir comparé avec le précédent, elle déclarera s'il est meilleur ou moins bon. Son rapport sera analogue à celui du jury des Expositions, qui porte sur les objets fabriqués et non sur telle ou telle fabrique.

Je demande donc que la Commission soit permanente, en ce sens qu'ayant essayé déjà plusieurs objectifs, elle soit chargée d'examiner également tous ceux qui seront ultérieurement soumis à la Société ; elle aura ainsi un grand nombre de points de comparaison qui la guideront dans ses jugements.

M. Bisot. Je dirai, cependant, que si l'on commençait par essayer un seul objectif, comme celui de M. Maugey, le rapport qui serait fait ne serait guère autre chose qu'une réclame en faveur du marchand, ce qui ne serait pas digne de la Société. Je crois que la seule et vraie manière d'essayer les objectifs d'une fabrique qui pense avoir obtenu de nouveaux résultats, c'est d'en avoir plusieurs à essayer et à comparer.

M. Regnault. Le nouveau verre employé par M. Maugey est probablement le verre à base de zinc de MM. Maës et Clémandot ; ce verre est remarquable par sa pureté, sa blancheur et sa parfaite limpidité ; mais plusieurs opticiens en ont déjà fait usage, pour des lentilles de daguerréotype, avant M. Maugey. J'ai eu entre les mains des objectifs de cette nature, fabriqués par M. Brenner et par M. Berthiot ; ils étaient remarquables par la vivacité de leurs images.

Mais, pour faire de bons objectifs combinés avec ces verres, il faut modifier les courbures que l'on a le plus généralement adoptées pour les objectifs confectionnés avec les verres anciens, et que les opticiens se contentaient, le plus souvent, de copier les uns sur les autres. Malheureusement, les hommes de l'art ne sont pas assez théoriciens pour calculer ces courbures, et avoir, au moins ici, des données qui les dirigent dans leurs premiers tâtonnements.

Les photographes reprochent aux objectifs allemands la différence notable qui existe entre le foyer des rayons visuels et le foyer des rayons photogéniques, et les opticiens français font valoir, en faveur de leurs objectifs, la coïncidence qui existe dans leurs verres entre les deux foyers. Je ne crois pas que ce soit un perfectionnement ; je pense, au contraire, qu'en posant cette coïncidence comme une condition forcée, on se prive des moyens nécessaires pour obtenir les effets les plus désirables de netteté et de répartition égale de lumière sur tous les points du dessin. Quelques mots le feront comprendre.

Les conditions auxquelles doit satisfaire un objectif de daguerréotype sont très-différentes de celles que doit présenter l'objectif d'une lunette astronomique.

Dans ce dernier, on ne considère que des objets placés à très-peu près dans l'axe de la lunette. Il faut que l'objectif ramène tous les rayons qui tombent sur sa surface, à très-peu près au même point placé sur l'axe, quelle que soit la réfrangibilité des divers rayons colorés qui composent la lumière blanche et le point de l'objectif où tombe le rayon. L'artiste a donc à remédier, le plus complétement possible, à l'aberration de réfrangibilité des rayons différemment colorés, et à ce qu'on appelle l'aberration de réfrangibilité.

Pour l'objectif du daguerréotype, les conditions les plus essentielles à remplir sont très-différentes. Comme les rayons les moins réfrangibles du spectre, notamment le rouge, le jaune et le vert, ont très-peu d'action photogénique ; tandis que les plus réfrangibles, comme le bleu et le violet, en ont une beaucoup plus active, c'est principalement de ces derniers rayons dont il faut s'occuper ; par conséquent, les conditions à remplir, pour l'achromatisme dans les objectifs du daguerréotype, sont bien plus simples que dans la lunette astronomique. A mon avis, elles ne sont que secondaires, d'autant plus que les objets naturels, doués de l'une des couleurs les moins réfrangibles du spectre, se peignent photographiquement bien plus par les rayons blancs qu'ils réfléchissent spéculairement que par les rayons de leur couleur propre.

Les conditions pour l'aberration de sphéricité sont ainsi très-différentes, et bien autrement importantes. Il ne s'agit plus simplement, comme dans la lunette astronomique, de ramener tous les rayons qui tombent sur la surface de l'objectif au point de l'axe optique ; mais il faut, en outre, que les rayons provenant des objets éloignés de l'axe de la lentille, et qui tombent sur sa surface, forment leur foyer sur leur axe spécial, en un point qui soit aussi peu éloigné que possible du plan du tableau perpendiculaire à l'axe géométrique de la lentille et placé au foyer des rayons centraux. Cette condition est surtout essentielle à remplir, quand l'appareil est destiné à reproduire un monument dirigé perpendiculairement à l'axe géométrique de l'appareil optique. Sa non-existence à moins d'inconvénient pour le paysage ou le portrait, parce que, dans ce cas, il y a toujours des objets au foyer.

On peut y satisfaire par l'emploi des verres combinés, mais en se préoccupant, dans le calcul de leurs courbures, bien plus de cette aberration spéciale et de l'aberration de sphéricité proprement dite, que de l'aberration de réfrangibilité. C'est, je crois, ce que les opticiens allemands ont fait, et c'est pour cela que le foyer chimique de leurs objectifs ne coïncide pas avec le foyer visuel. Je ne veux pas dire, par là, que leurs objectifs soient parfaits ; leur exécution laisse souvent beaucoup à désirer, et il est probable que les artistes se contentent de reproduire des courbures admises, sans tenir compte de la variabilité de la matière première.

Je crois aussi que, au lieu de fixer invariablement la position de la lentille de correction par rapport à l'autre, comme cela a lieu ordinairement, il faudrait laisser leur distance variable par une crémaillère, avec une division qui permettrait de les régler. La distance à laquelle ces deux verres doivent se trouver, pour produire le mieux possible la compensation que j'ai indiquée, est variable avec la distance de l'objet, et il serait facile à l'opticien intelligent, et au photographe, de déterminer, par quelques essais préliminaires très-simples, les distances des verres qui produisent les meilleurs effets dans des conditions déterminées. Rien n'est plus simple aussi que de chercher, dans chaque cas, la distance du foyer des rayons photogéniques les plus actifs, au foyer des rayons visuels.

M. Delessert. C'est-à-dire qu'il faudra séparer ou rapprocher les verres, suivant la distance où l'on sera du modèle.

M. Regnault. Vous le faites une fois pour toutes ; vous savez chaque fois, suivant la position que vous prenez, à quelle distance vous devez mettre les verres l'un par rapport à l'autre.

M. Delessert. C'est aux opticiens à faire cette expérience.

M. Regnault. Ne leur demandez pas ce qu'ils ne peuvent faire le plus souvent.

M. le Président. Cela démontre la nécessité d'instituer une Commission.

On a fait plusieurs propositions : la première consisterait à former une Commission spéciale pour examiner les objectifs ; la deuxième consisterait à former une Commission permanente, chargée d'examiner d'abord l'objectif dont il est question aujourd'hui, et, successivement, tous ceux qui nous seront présentés, de manière à provoquer les opticiens à une sorte de concours.

Il faut d'abord savoir s'il y aura une Commission.

M. Bayard. Je crois qu'une Commission assumerait sur elle, et sur la Société, une grande responsabilité, si elle se chargeait d'examiner tous les objectifs qui seraient présentés par les opticiens ; elle pourrait faire des mécontents.

M. Bisot. C'est inévitable ; celui dont on ne parle pas est toujours mécontent. Que fait une Commission ? On lui présente des objectifs ; elle les examine ; elle dit son opinion librement, qu'elle plaise ou déplaise.

Dans un concours qui a eu lieu à la suite de l'exposition de 1847, on a procédé de cette manière : chacun des opticiens a apporté un objectif ; on l'a essayé et on a donné des récompenses ; peut-être a-t-on agi avec un peu trop de confiance, et je disais que ce qu'on pouvait faire de mieux, c'était de prendre, chez chaque opticien, un certain nombre d'objectifs, et de choisir parmi eux ; c'est le moyen de ne pas être trompé.

M. le Président. M. Bayard a fait une objection qui n'est pas sans valeur : c'est que la Société peut se compromettre en disant que tel opticien fait les meilleurs objectifs. Elle doit se borner à déclarer que l'objectif qu'on lui a soumis lui a paru bon ou mauvais.

M. Delessert. Tout dépend de la manière dont le rapport sera fait. On dira que tel objectif est bon, que tel autre offre des avantages nouveaux ; les termes du rapport seront plus ou moins encourageants pour l'opticien.

M. le Président. Les Académies font cela tous les jours.

M. Regnault. Mais généralement elles se trouvent très-mal des rapports qu'elles font sur les choses commerciales, et je crois que quand elles se refusent à ce genre de rapport, elles font bien.

Pour que la Société s'engage le moins possible dans l'examen des objectifs, je crois qu'il suffirait d'un rapport verbal dans lequel on dirait qu'on a essayé ces verres, et qu'on les a trouvés très-bons. Si vous donnez trop d'extension à cet examen, chaque opticien viendra vous présenter des verres qui n'auront pas été faits par lui.

M. Bisot. Il y a, en effet, beaucoup d'opticiens qui vendent des objectifs confectionnés par des ouvriers en chambre et qui les présentent comme venant d'eux.

M. Poille. Je crains aussi qu'une Commission, par les rapports qu'elle fera sur les objectifs présentés, n'attire quelques désagréments à la Société, et qu'il n'en résulte des discussions dont vous ne sortirez pas. M. Maugey vous demande un rapport sur un objectif ; on peut le faire, et ajouter, à la suite des conclusions, que vous êtes disposés à examiner les objectifs qui pourraient vous être présentés, mais sans provoquer un concours ; car alors vous verriez accourir de tous les pays cinq ou six cents opticiens, chacun avec un objectif sous le bras ; ce serait comme un concours universel.

M. le Président. Il faut décider s'il y aura une Commission chargée d'examiner l'appareil de M. Maugey.

M. Regnault. Il y a une autre manière de procéder, c'est que trois ou quatre personnes s'offrent d'elles-mêmes pour l'essayer ; cela ôterait à cet examen l'espèce de solennité qui s'attacherait à une Commission nommée par la Société.

M. Mestral. J'ai déjà demandé que quelques personnes voulussent bien venir l'essayer chez moi.

M. Delessert. Nous avons nommé une Commission pour les papiers, et aucun fabricant de papier ne nous a demandé de rapport ; mais, quant aux objectifs, nous serions certainement débordés par la quantité de fabricants intéressés dans notre jugement. Peut-être devrait-on poser comme règle, dans la Société, que chaque fois qu'on désirera avoir un rapport sur un objectif, ou sur du papier, ou sur un procédé photographique, on sera tenu de faire sa demande par écrit et de l'adresser au président. Je dis cela pour l'avoir.

M. le Président. Il y a une question plus générale à décider, c'est de savoir s'il y aura une Commission. M. Regnault a demandé seulement que quelques personnes se proposent pour aller expérimenter l'appareil de M. Maugey chez M. Mestral, qui en est dépositaire.

M. Regnault. Il y aura avantage à procéder de cette manière ; dans ce cas, le rapport est sous la responsabilité des personnes qui le présentent, et non sous la responsabilité de la Société.

M. le Président. A cette occasion, je demanderai ce qu'est devenue la Commission qui a été désignée pour l'examen d'une boîte destinée à répandre d'une manière uniforme la vapeur de brôme sur les plaques.

M. L. A. Martin. Cinq membres avaient été désignés dans l'avant-dernière séance pour examiner cette boîte et donner leur avis, mais leur rapport se fait attendre, parce que plusieurs d'entre eux se trouvent momentanément absents de Paris.

M. Bisot. D'ailleurs, on a dû faire une nouvelle boîte qui nous sera présentée.

M. Poille. L'observation de M. Regnault me paraît juste ; que trois ou quatre personnes examinent l'appareil de M. Maugey, et en fassent l'objet d'une communication à la Société ; cela suffira pour mettre notre responsabilité à couvert.

M. Regnault. Chaque membre étant libre de faire une communication dans les séances, les personnes qui auront examiné l'objectif en question pourront nous dire si elles lui ont trouvé telle qualité ou tel défaut ; ce sera une communication individuelle, et non pas un rapport émanant de la Société. (Appuyé !)

M. le Président. Ainsi, une Commission ne sera pas nommée ; mais les personnes qui voudront s'adjoindre à M. Mestral nous communiqueront, dans la prochaine séance, le résultat des expériences qu'elles auront faites sur cet objectif.

Procédé pour la décoloration et la recoloration des épreuves.

M. le Président. Dans la dernière séance, M. Regnault nous avait communiqué une lettre de M. Blanquart-Evrard sur un procédé consistant à décolorer ou à recolorer des épreuves ; l'exposé n'ayant pas paru suffisant, M. Regnault a écrit à M. Blanquart-Evrard pour en obtenir des détails plus complets. Voici la réponse de M. Blanquart-Evrard :

Monsieur,

« Pour satisfaire au désir de la Société héliographique, je vous ai adressé les feuilles de mon *Traité de photographie* (que M. Roret, libraire, fera paraître dans une huitaine de jours), où sont écrites en détail les manipulations pour colorier les épreuves *négatives* ou *positives* qui, après avoir été fixées, laissent à désirer sous le rapport de l'intensité. (*Voir ci-après :* HÉLIOGRAPHIE SUR PAPIER.)

« Je poserai ici le principe de l'opération, avec prière à la Société héliographique de transcrire ma lettre dans le journal *la Lumière*, à ses renseignements qu'elle contient pouvant être utiles à ses lecteurs.

« Toute épreuve de photographie, *négative* ou *positive*, est formée d'une réduction métallique que colore le gallonitrate d'argent.

« Cette coloration est possible, quel que soit l'état apparent de ces réductions, c'est-à-dire, qu'elles soient ou non visibles à l'œil.

« Plus ces réductions seront abondantes dans le milieu où elles sont suspendues, plus l'image sera complète, plus elle sera puissante et mieux dégradée dans le passage des ombres aux lumières. Le degré d'imprégnation constitue le degré de perfection.

« Pour que cette coloration nouvelle puisse être donnée à l'épreuve photographique, en lui conservant toutes ses qualités, deux conditions sont absolument nécessaires.

« La première, que le papier ne contienne aucun autre sel que celui réduit et qui constitue l'image photographique ;

« La seconde, que le papier soit sous l'action d'un agent qui le soustraie à l'influence des réactifs colorants.

« La première condition est obtenue en purgeant le papier des sels solubles qui ont concouru à la formation de l'image qui n'ont pas été réduits.

« La seconde, en imbibant le papier d'acide acétique cristallisable.

« On reconnaît que le papier est purgé des sels photogéniques non réduits, lorsque, imbibé de l'acide acétique, il est d'une transparence parfaite. Dans le cas contraire, il reste mat ou grenu. Les sels qu'il contient encore sont colorés par le gallo-nitrate, en même temps que les réductions qui forment l'image, et le résultat est défectueux.

« Il faut donc distinguer dans les agents chimiques employés pour le traitement des épreuves, l'action décolorante de l'action dissolvante ; si pâle que soit une épreuve décolorée, du moment qu'elle n'est que décolorée et qu'elle existe encore dans le papier, les réductions qui la constituent peuvent être ramenées à la coloration par le gallo-nitrate d'argent. Les spécimens soumis à l'Institut et à la Société héliographique l'ont démontré. Il n'en saurait être de même lorsqu'une épreuve a été soumise à l'action des agents dissolvants et énergiques, comme le cyanure, l'iodure, le bromure d'iode ; sous l'influence de ces réactifs, l'image n'est pas seulement décolorée comme dans l'hyposulfite faible, elle est enlevée en tout ou partie, les agents colorants ne trouvent plus matière à combinaison, ou ce qu'ils trouvent est resté dans des conditions imparfaites pour amener un nouveau résultat.

« Ces renseignements, joints aux détails contenus dans les pages ci-jointes et qui peuvent être publiés, si la Société le juge convenable, suffiront, je l'espère, pour permettre aux amateurs d'améliorer non-seulement les épreuves positives, mais, ce qui est bien autrement important pour eux, les épreuves négatives qui n'auraient pas été cirées.

« Si la Société héliographique désirait d'autres détails, je suis toujours à sa disposition.

« Agréez, etc.

« Blanquart Évrard.

« Lille, le 16 mai 1851. »

Plusieurs épreuves à l'appui de cette communication ont déposées sur le bureau. Des images, à peine venues par suite d'une trop courte exposition, soumises au procédé de M. Blanquart-Évrard, ont pris aussitôt une teinte noire et vigoureuse, comme celle des meilleures épreuves portant des châssis à glace. M. Regnault fait observer qu'on peut également donner à des négatifs trop faibles une plus grande intensité ; malheureusement M. Blanquart-Évrard ne nous a envoyé que des épreuves positives ; nous espérons qu'il nous présentera prochainement des épreuves négatives retouchées par son procédé. Déjà M. Le Gray a trouvé le moyen de faire ressortir des épreuves négatives faites sur papier ciré, par l'emploi de l'acéto-nitrate mêlé à l'acide gallique. Nous n'avons pas besoin d'insister sur l'importance de ce résultat, qui permettrait d'employer, en les colorant, des clichés trop pâles, qu'on avait laissés de côté sans espoir d'en jamais tirer parti.

La séance est terminée par une communication intéressante de M. Maxime Du Camp, qui annonce à la Société son retour d'un voyage en Syrie, d'où il a rapporté un grand nombre d'épreuves photographiques négatives, dont il prie les membres de venir prendre connaissance chez lui. C'est une collection précieuse de monuments, de têtes, qui pourra servir à quelque grand ouvrage d'histoire, d'archéologie et de géographie concernant cette belle contrée de l'Orient, où des érudits ont placé le berceau du genre humain. L'un des plus grands services que la photographie est destinée à rendre est certainement la reproduction exacte des monuments, des inscriptions, des médailles, etc., car elle fournira aux travaux d'érudition une base désormais solide et incontestable.

Louis-Auguste Martin.

HÉLIOGRAPHIE SUR PAPIER.

PROCÉDÉS POUR RENFORCER LES ÉPREUVES NÉGATIVES OU POSITIVES.

Par M. Blanquart-Évrard.

Moyens pour renforcer la couleur des épreuves négatives.

Lorsqu'on passe une épreuve négative à l'acide gallique, le plus souvent on la retire du bain avant que les noirs de l'épreuve aient atteint le degré d'intensité qui donnerait au dessin tout son éclat. Dans le bain, on suit à vue de l'œil pour ainsi dire l'action de l'acide gallique ; et lorsque l'épreuve est bien venue, on craint toujours de la perdre, en la laissant séjourner trop longtemps dans le bain, ou il résulte qu'on la retire trop tôt, et avant que l'acide ait produit toute son action, on est trompé surtout sur la convenance qu'il y aurait à prolonger cette action, parce qu'on se contente de regarder la surface de l'épreuve, tandis qu'il faut toujours la regarder par transparence. Une épreuve qui paraît belle à la première vue ne donne, le plus ordinairement, que des dessins médiocres ; tandis qu'une autre épreuve, qu'on serait tenté de croire inférieure à la première, parce que les tons sont moins tranchés, plus fondus, fournit des épreuves admirables. On peut se rendre compte de ces différences en regardant ces deux épreuves par transparence à la lumière d'une lampe ou d'une bougie : dans la première, le dessin se détache à sa surface seulement ; et le passage des lumières aux ombres se fait sans transition ; tandis que dans les secondes, les réactifs chimiques ayant pénétré dans la masse du papier, les dégradations de lumière sont continues et plus ménagées.

On doit toujours examiner les épreuves négatives par transparence. À cette condition seulement on a des renseignements certains sur l'effet véritable que les réactifs ont produit.

C'est parce qu'on ne suit pas ce précepte, que les épreuves négatives sont presque toujours trop faibles. Ce défaut est d'autant plus fréquent, qu'il est presque impossible, lorsqu'une épreuve a été obtenue à une douce lumière, de lui donner par un seul bain toute la coloration qui serait nécessaire pour obtenir ensuite des épreuves positives satisfaisantes.

L'insuffisance de la coloration dans les épreuves est une des causes les plus fréquentes d'insuccès.

Heureusement, une épreuve négative trop faible n'est pas une épreuve perdue ; et nous allons nous occuper des moyens de lui donner, même après en avoir tiré un grand nombre d'épreuves positives, plus de coloration et de vigueur.

Pour être soumise à ce nouveau traitement, l'épreuve ne doit pas être cirée. C'est la seule condition de rigueur. Cette condition étant remplie, on fait tremper l'épreuve dans de l'acide *acétique cristallisable*. Sous l'influence de cet acide, le papier devient résistant comme du parchemin, et il acquiert de plus le même degré de transparence qu'un papier huilé.

Si par hasard la transparence n'était pas uniforme sur toute la surface de l'épreuve, il faudrait laver l'épreuve à grande eau, la passer au bromure comme s'il s'agissait de la fixer, puis la sécher de nouveau, et la mettre à tremper une seconde fois dans l'acide acétique.

Lorsque l'épreuve a acquis le degré de transparence que nous signalons, on la met à tremper dans un bain saturé d'acide gallique, auquel on ajoute quelques grains de nitrate ou d'acéto-nitrate d'argent.

Il faut avoir soin, dans le cours de cette opération, d'agiter le bain, pour dissoudre tout l'acide acétique qui est à la surface du papier. Au bout de quelques instants d'immersion dans le bain, les parties colorées de l'épreuve passent au noir foncé, et il arrive même un moment où le dessin se voile, et disparaît en totalité sous une couche uniforme de noir, qui semble s'étendre jusqu'au *verso* de l'épreuve.

Cette nouvelle épreuve, qu'on serait tenté de croire perdue, a acquis une valeur inattendue ; car si on la regarde par transparence, on découvre que cette coloration noire n'a pas altéré la transparence du papier dans les parties claires, et que les noirs ont seuls été colorés.

On a proposé, avant nous, de renforcer ainsi les épreuves trop faibles, au moyen de l'acide gallique ; mais il arrive presque toujours, lorsqu'on a recours à ce moyen, sans faire tremper préalablement l'épreuve dans l'acide acétique, que toute la masse du papier se colore, et que l'épreuve perd complétement sa transparence : le même effet se produit encore, malgré l'emploi de l'acide acétique, lorsque l'épreuve négative a été cirée. Ainsi, comme nous le disions en commençant, pour que l'acide gallique produise de bons résultats, il faut que l'épreuve ne soit pas cirée, et qu'avant d'être mise en contact avec cet acide, elle soit passée à l'acide acétique.

Lorsqu'on sort l'épreuve du bain d'acide gallique, on la lave à grande eau, et on la plonge dans une dissolution d'hyposulfite de soude, acidulée par quelques gouttes d'acide acétique.

On peut se servir sans inconvénient, pour cet usage, d'une dissolution fraîche d'hyposulfite ; sous l'influence de cette nouvelle dissolution, les blancs de l'épreuve reparaissent avec leur éclat primitif, et les noirs conservent toute leur intensité.

Afin que l'action de l'hyposulfite ne se localise pas sur la surface de l'épreuve, il faut agiter souvent l'épreuve dans le bain, sans l'en sortir. Il y a aussi un véritable avantage à ne traiter qu'une épreuve à la fois.

Lorsqu'on peut surveiller ainsi l'action de l'hyposulfite, on peut avoir recours sans inconvénient à des dissolutions très-concentrées. Mais lorsqu'on est forcé d'abandonner l'opération à elle-même, il faut employer de toute nécessité des bains étendus, et chaque bain ne devra contenir qu'une épreuve à la fois.

On reconnaît que l'action de l'hyposulfite a été poussée assez loin, lorsque les blancs ont repris toute leur fraîcheur et leur transparence.

Au sortir du bain d'hyposulfite, l'épreuve est lavée à grande eau et cirée comme à l'ordinaire.

Nous l'avons déjà dit, et nous le répétons encore, pour avoir une épreuve positive satisfaisante, il faut donner le plus de transparence possible au papier de l'épreuve négative, et, sous ce rapport, l'emploi de la cire ne laisse rien à désirer. Mais avant de s'en servir, il faut s'assurer que l'épreuve a toutes les qualités de nuance requises, car, une fois que l'épreuve est cirée, il est impossible de la soumettre à de nouveaux traitements pour la colorer.

Moyen pour renforcer les épreuves positives.

Les épreuves positives peuvent être renforcées par l'acide gallique, tout aussi bien que les épreuves négatives.

Cependant, il y a deux conditions qu'il faut observer, pour arriver à des résultats satisfaisants : la première, c'est que le papier ne contienne pas la plus légère trace de sel photogénique ; et la seconde, c'est que le papier soit soumis à l'action de l'acide acétique cristallisable, avant d'être passé de nouveau à l'acide gallique. L'acide acétique limite l'action de ce dernier acide aux seules parties colorées de l'épreuve.

Lorsque l'épreuve a été passée à l'acide acétique, elle doit être transparente, et avoir le même aspect qu'une feuille de papier huilé.

Lorsque les épreuves sont grenues, il est impossible de les renforcer, car le papier contient un excès de sels photogéniques, qui noircirait sous l'influence de l'acide gallique, au point de rendre l'épreuve tout à fait noire.

Mais si l'épreuve est bien transparente, alors l'acide gallique, additionné de deux ou trois gouttes d'acéto-nitrate, produit tout son effet, renforce l'image, sans compromettre l'épreuve.

Lorsque l'épreuve est arrivée au point de coloration convenable, on arrête l'action de l'acide gallique, en plongeant l'épreuve dans un bain d'hyposulfite. Ce bain doit être concentré. Il est même avantageux d'employer de l'hyposulfite qui n'ait jamais servi. Son action est plus énergique, et les blancs du dessin prennent plus d'éclat.

Si on voulait se servir d'une vieille dissolution d'hyposulfite, on le pourrait encore ; mais il faudrait alors l'additionner d'acide acétique, et laver l'épreuve à grande eau lorsqu'on la sortirait de l'acide gallique.

Sous l'influence de l'acide gallique, l'épreuve se colore en rouge ; mais cette coloration disparaît bientôt sous l'influence de l'hyposulfite acidulé, et les épreuves prennent une teinte noire d'un aspect de gravure à l'aqua-tinta, qui leur donne beaucoup d'éclat et de fermeté. Il faut à peu près de 8 à 10 minutes pour que cette nuance se produise. Lorsque l'épreuve a pris enfin l'aspect qu'on désirait, on la sort de l'hyposulfite, on la lave à grande eau, et on la laisse tremper pendant une demi-journée dans une cuvette, dont on renouvelle l'eau de temps en temps.

Après ce traitement, l'épreuve, qui dans le principe était grise et blafarde, est devenue brillante et vivement colorée ; mais pour que cet effet se produise, il faut que l'épreuve n'ait pas conservé de sels photogéniques, lorsqu'on l'a fixée au sortir de l'exposition.

Ainsi, une épreuve trop peu venue, par suite d'une exposition insuffisante, peut être renforcée, en suivant le procédé que nous venons de décrire ; par le même procédé on peut rendre à une épreuve trop décolorée par l'hyposulfite tout son éclat primitif.

Enfin, ce traitement peut changer la coloration d'une épreuve qui serait défectueuse sous ce rapport, et lui donner tout le charme d'une épreuve bien réussie.

Si, au lieu d'obtenir des épreuves d'une nuance noire, on voulait leur donner une couleur de sépia, il faudrait remplacer le bain d'hyposulfite acidulé par un bain de bromure de potassium. Mais nous ne pouvons pas affirmer que, dans ce dernier cas, l'épreuve se conserverait aussi bien, ni aussi longtemps, les expériences que nous avons faites étant trop peu nombreuses et trop récentes pour nous permettre de rien affirmer à cet égard.

Moyens pour décolorer les épreuves positives.

Lorsqu'une épreuve positive est trop colorée, ou que sa coloration est trop uniforme, soit qu'on ait abusé de l'exposition, ou que le bain d'hyposulfite acidulé ait trop renforcé le ton général de l'épreuve, on peut l'améliorer d'une manière remarquable, en la passant dans un bain de bromure d'iode très-étendu, comme nous l'avons conseillé pour les épreuves négatives.

Il faut que le bromure d'iode ait à peine coloré l'eau. On fait tremper l'épreuve dans le bain, en ayant soin de chasser les bulles d'air qui pourraient adhérer à sa surface et rendre le contact imparfait entre le papier et le liquide. Il faut agiter doucement l'épreuve, il faut aussi opérer de préférence à la lumière du jour, afin de mieux suivre le travail qui se produit. Lorsque l'envers de l'épreuve prend une légère teinte lilas, c'est la preuve que le papier ne contient pas un excès d'hyposulfite, et le succès de l'opération est assuré.

Si l'épreuve qu'il s'agit d'améliorer est trop ferme et manque de dégradation dans le passage des lumières aux ombres, il faut prolonger l'action du bromure d'iode jusqu'à ce que les parties blanches du dessin soient devenues bleu clair. Il est temps alors de faire cesser l'action du bromure, ce qui a lieu au moyen de l'hyposulfite, comme dans toutes les actions de ce genre.

Lorsque l'hyposulfite a produit tout son effet, on lave l'épreuve à grande eau, et on la fait sécher par les procédés ordinaires.

Sous l'influence de ce traitement, l'épreuve qui manquait de douceur et de modelé a changé complétement d'aspect, et les demi-teintes qui avaient trop de valeur sont accusées maintenant de la manière la plus satisfaisante, et donnent au tableau l'harmonie qui lui manquait.

Il nous est difficile de préciser, plus que nous venons de le faire, le degré de concentration auquel il faut employer le bromure d'iode, et le temps que doit durer son action : l'effet qu'il s'agit de produire dépend de la coloration de l'épreuve sur laquelle on opère, et l'effet qu'il faut produire, pour en améliorer le dessin, varie avec chacune d'elles.

Lorsque le bromure d'iode agit trop vite, l'épreuve manque d'harmonie et de modelé, les parties colorées sont attaquées avec trop de vigueur ; lorsque le bromure agit trop longtemps, le résultat qu'on obtient est encore défectueux, et les lumières deviennent trop larges.

Comme dans toutes les opérations de ce genre, on se trouvera bien de procéder avec circonspection ; on aura tout avantage à rester en deçà de l'action que le bromure d'iode peut produire ; de cette manière on se ménage la faculté de revenir sur ses pas, et de compléter par un second bain de bromure d'iode, l'action insuffisante du premier. Cette recommandation est d'autant plus importante,

qu'il est impossible de renforcer par l'acide gallique une épreuve qui a été trop affaiblie par le bromure d'iode. La coloration de l'épreuve augmente bien, mais elle se voile, et le résultat est défectueux, car elle manque alors de netteté, de modelé et de demi-teintes.

BLANQUART-ÉVRARD.

NOUVELLES DIVERSES.

M. Lottin de Laval a rapporté de son voyage au Sinaï de curieuses reproductions des inscriptions sinaïtiques qui s'y trouvent ; ces précieux monuments ne le cèdent pas en intérêt aux bas-reliefs qu'il a rapportés, en 1847, de Ninive, de Babylone, de Bassora, de Shapour, et des autres villes du Khorassan, et ils vont compléter la collection déjà si belle de ce voyageur. Dans sa dernière mission, qui n'a duré que cinq mois, M. Lottin de Laval a pu reproduire, sur le pic de Serbout-el-Kadem, un très-grand nombre de bas-reliefs, d'inscriptions, de stèles funéraires ou commémoratives égyptiennes, dont quelquesunes ont jusqu'à neuf pieds de haut, ainsi que des basreliefs de Ouadi-Magara. Pendant son séjour au Caire, ce voyageur a relevé les inscriptions en caractères démotiques qui sont aux voûtes des carrières de Tourah, et celles en caractères arabes qui se trouvent sur les mosquées. Ces remarquables monuments épigraphiques, qui doivent puissamment aider à la reconstruction d'une histoire encore incomplète, sont exposés au Louvre, dans l'atelier où M. Lottin de Laval les a moulés.

— On fabrique depuis longtemps, dans le Languedoc, de l'eau-de-vie d'une qualité supérieure, avec la racine de l'asphodèle maritime, plante très-commune, qui croît spontanément sur les côtes de la Méditerranée.

— M. le docteur Erdmann, professeur de géologie à l'Université de Lund, vient de découvrir dans l'arrondissement de Nora, province d'Oerebro, une vaste carrière de marbre statuaire. Cette carrière, la seule de marbre blanc que l'on connaisse dans toute la presqu'île suéco-norvégienne, est d'une longueur de trois milles un quart (environ sept lieues de France), et sa profondeur varie de vingt à soixante pieds.

« Le gouvernement a déjà pris des mesures nécessaires pour exploiter cette carrière, dont la découverte a valu à M. Erdmann l'honneur d'être nommé chevalier de l'ordre de l'Étoile polaire.

— On écrit de Versailles :

« Les travaux de réparation des aqueducs, des réservoirs, des conduites et des bassins du parterre d'eau du parc sont à la veille d'être terminés. Ils ont été commencés il y a un an.

« Le bassin de Latone, où s'exécutent le plus de travaux à cause du grand nombre de figures, sera fini à la fin du mois de juin.

« D'urgentes réparations restent à entreprendre pour renouveler les conduites d'eau, réparer ou reconstruire des murs d'aqueducs servant à la distribution des eaux provenant de la machine de Marly.

Ces travaux seront exécutés l'année prochaine.

Le Secrétaire de rédaction F.-A. RENARD, Gérant.

FABRIQUE SPÉCIALE DE DAGUERRÉOTYPES
FOURNITURES ET ACCESSOIRES

Rue Rambuteau, 38.   # WULFF ET Cᴱ.   **Rue Rambuteau, 38.**

Appareils perfectionnés pour Plaques et pour Papier. — Objectifs garantis, Plaques, Passe-Partout et Cadres en tout genre ; Couleurs surfines, Écrins, Broches, Médaillons, Objets de fantaisie ; Produits chimiques, Papier positif et négatif préparé et non préparé, Dissolutions prêtes à être employées. — **CHASSIS POSITIF**, nouveau système, qui permet de regarder les progrès de l'épreuve sans crainte de déplacer les deux papiers. — Envoi du Catalogue *franco* sur demande affranchie.

PLAQUES ARGENTÉES POUR DAGUERRÉOTYPE, J. ROUSSEAU ET Cⁱᴱ, A PARIS, 24, RUE DE LA PAIX,

de la Société Ch. Christofle et Cᵉ, propriétaire des brevets de Dorure et Argenture électro-chimiques de MM. Elkington et de Ruolz.

TARIF DES PLAQUES NEUVES.				RÉARGENTURES DES PLAQUES USÉES.			
Entières, la 12ᵉ, 42 fr. »	1/4	la 12ᵉ, 10 80	Entières, la pièce, 2 f. 10	1/4	la pièce, » f. 55		
1/2 — 22 80	1/6	— 7 50	1/2 — 1 10	1/6	— » 45		
1/3 — 16 80	1/9	— 5 50	1/3 — » 80	1/9	— » 25		

Nos plaques n'ont aucune des défectuosités des autres plaques, et présentent des avantages spéciaux. La pureté de l'argent et la nature cristalline et poreuse du dépôt favorisent la pénétration de la couche chimique, d'où il résulte une vigueur de tons, une richesse de détails remarquables, et une rapidité dans la production de l'image. Des expériences ont constaté leur supériorité.

PINCE combinée pour courber d'une seule pression les angles des plaques, 4 fr. — CHASSIS pour fond de portraits, 2 m. 10 c. sur 1 m. 90 c. se montant et se démontant en un instant, se plaçant dans la boîte d'appareil, 24 f.

PRODUITS CHIMIQUES. Fabrique spéciale de PRODUITS CHIMIQUES pour l'héliographie et pour les sciences et les arts qui s'y rattachent, fondée sous les auspices de la Société Héliographique de Paris. — Dépôt de plaques de Houssemaine et autres objets pour le daguerréotype. — PUECH et Cᵉ, *rue de l'Arcade*, 15.

FIXATEUR GAUDIN, Procédé pour obtenir des épreuves *sans miroitage.* Prix, 6 fr. 50 c. ALEXIS GAUDIN. Fabrique spéciale de plaques de daguerréotype, par deux machines à vapeur. Appareils, produits chimiques, passe-partout, cadres, écrins, broches, médaillons, etc. Chloro-bromure de chaux et iodo-brôme de Vaillat, 7, *rue de la Perle* (Marais). (*Affranchir.*)

WITTMANN ET POULENE JEUNE, *rue Saint-Merry*, 9. — PRODUITS CHIMIQUES spéciaux pour le Daguerréotype, la Photographie, la Galvanoplastie, etc. ; Iode et Iodure de potassium, d'ammoniaque ; — Fluorures, Brôme et Brômure de chaux ; Chlorure de brôme, Mercure, Hyposulfite de soude, Nitrate d'argent, Chlorure d'or, Acide gallique, Alcool, Eau distillée, etc.

LIQUEUR INVARIABLE à l'usage du Daguerréotype, de J. THICHAY. DAGUERRÉOTYPIE du même ; franches explications sur l'emploi de sa liqueur et des moyens qu'il met en usage pour on obtenir le maximum de sensibilité et en retirer les avantages de transparence, etc. — Histoire abrégée de la Photographie. En vente : à Paris, chez MM. Lerebours et Secretan ; à Lyon, chez l'auteur.

GUILLOUX *Passage de l'industrie*, nº 7. Breveté S. G. du G. pour les articles de daguerréotype. — Capsules en glace, cristal, porcelaine et faïence pour la plaque et le papier. — Glace mince pour épreuves négatives. — Glaces fortes pour châssis positifs.

OCCASION. A VENDRE UN OBJECTIF 1/4 allemand, Appareil complet et Accessoires. — S'adresser à M. DELLOC, *boulevard Montmartre*, 5.

TRAITÉ PRATIQUE DE PHOTOGRAPHIE sur papier, sur verre et sur plaques métalliques, par AUBRÉE. — Nouveau procédé qui simplifie et abrège les opérations. Prix : 2 fr. 50 c. et 3 fr. par la poste. — Dépôt chez WULFF et Cᵉ, *rue Rambuteau*, 38, à Paris. (*Affranchir.*)

POINTEAU, 356, *rue Saint-Denis*. Fabrique spéciale de Passe-Partouts pour daguerréotypes.

ALPHONSE NINET ET Cᴱ, 37, *rue de Lille*, *à Paris.* — Maison spéciale pour la PHOTOGRAPHIE SUR PAPIER ET PLAQUES. — Simple intermédiaire entre le marchand de province et de l'étranger, avec l'ouvrier de Paris. — 6 0/0 de commission.

HOUSSEMAINE planeur sur tous métaux, 20, *rue Bourg-l'Abbé*. Spécialité de plaques pour daguerréotypes.

MARCHANDISES POUR DAGUERRÉOTYPE SEULEMENT. — EDWARD ANTHONY, importateur et fabricant de tous les articles pour daguerréotype, 308, *Broadway, New-York.*

ARGENTURE SPÉCIALE ET PLANAGE MÉCANIQUE POUR PLAQUES DE DAGUERRÉOTYPE. — G. BELCOUR, rue Crussol, nº 12, fabrique tous les jours CINQ CENTS PLAQUES pour son débouché en Europe et en Amérique.

DAGUERRÉOTYPE. Portraits de jolies femmes et sujets de fantaisie pour montres. — Études d'après nature pour artistes. — MOULIN, 31 bis, *rue du Faubourg-Montmartre*. — Expédie en province et à l'étranger.

DAGUERRÉOTYPE. On demande un ASSOCIÉ ou un ACQUÉREUR pour une maison importante de Paris. Magnifique Terrasse située au nord, Atelier, Salon, etc. (*quartier populeux et très-commerçant*), 14 Tableaux sur la voie publique. — Facilités pour le payement. S'adresser à M. X, rue du Roi-de-Sicile, 16 (Écrire *franco*).

NINET Vᵉᴿ *rue de Seine*, nº 91. Maison créée en 1841. — Fabrique de tout ce qui concerne le daguerréotype. — Seule maison où se trouve le véritable liqueur Ninet.

ANCIENNE MAISON ZACHARIE, *boulevard des Italiens*, nᵒˢ 1 et 3. — Fabrique spéciale de tous les objets pour la PHOTOGRAPHIE. Appareils complets d'un nouveau système, Plaques, Passe-Partout, Cadres, Produits chimiques, Couleurs, Leçons sur plaques et sur papier. — Dépôt d'Académies et de Vues sur papier.

LEREBOURS ET SECRETAN, opticiens de l'Observatoire, 13, *place du Pont-Neuf, Paris.* — Appareils photographiques pour plaques de doublé, *et pour opérer sur papier*, de tous les systèmes, grandeur normale, de 20 centimètres sur 28, de 25 sur 35, de 30 sur 40. — Vente, après l'essai, de tous les objectifs, doubles et simples, pour les appareils ci-dessus. — Fourniture de tout ce qui est relatif à la photographie sur plaque et sur papier. — *Appareil panoramique* de M. Martens. — *Focimètre* de M. Claudet pour déterminer, dans les objectifs, la différence qui existe entre le foyer chimique et le foyer apparent, 15 francs. — *Actinomètre*, du même, pour comparer le pouvoir d'activité de toute espèce d'objectifs, 15 fr. — Brochures de tous les auteurs sur la photographie. — Le supplément au catalogue de 1840 est envoyé, *sans frais*, à toutes les personnes qui en font la demande franco.

DAGUERRÉOTYPE Fabrique de PASSE-PARTOUT ; spécialité d'Encadrements pour épreuves sur papier. — LEFÈVRE, 17, *rue Chapon.*

SCHIERTZ, Ébéniste, Fabricant de DAGUERRÉOTYPES. Nouveau SYSTÈME DE RAPPEL A LA CHAMBRE NOIRE. — *Atelier et Magasin rue de la Huchette*, 27.

MAYER FRÈRES. — LEÇONS DE DAGUERRÉOTYPE SUR PAPIER pour faire les portraits d'après leurs procédés. Voir les épreuves qu'ils exposent boulevard Montmartre, au coin de la rue Vivienne. — *A Paris, rue Vivienne*, 48.

Imprimerie de HENNOVER et Cᵉ, rue Lemercier, 24, Batignolles.

PREMIÈRE ANNÉE. N° 17.

DIMANCHE, 1er JUIN 1851.

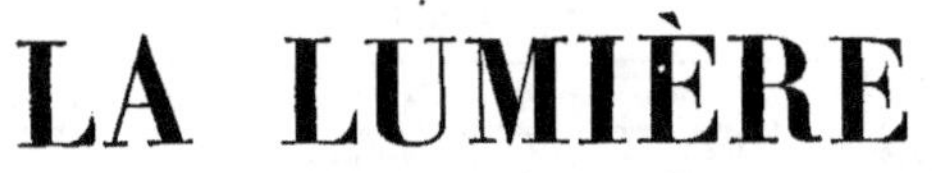

LA LUMIÈRE

JOURNAL NON POLITIQUE

HEBDOMADAIRE.

BEAUX-ARTS — HÉLIOGRAPHIE — SCIENCES.

BUREAUX, A PARIS, N° 15, RUE DE L'ARCADE, A LA SOCIÉTÉ HÉLIOGRAPHIQUE.

ET A LONDRES, UNITED PATENT OFFICE DE MM. GARDISSAL ET Cᵉ, 7, CALTHORPE STREET, GREY'S INN LANE, HOLBORN.

PRIX.—PARIS, UN AN, 16 F.; 6 MOIS, 10 F.; 3 MOIS, 6 F. — DÉPARTEMENTS, UN AN, 18 F.; 6 MOIS, 11 F.; 3 MOIS, 7 F.—ÉTRANGER, UN AN, 20 F.; 6 MOIS, 12 F.; 3 MOIS, 8 F.—CHAQUE N° 50 CENT.

SOMMAIRE.

SCIENCES.

ÉTUDES SUR L'AGENT LUMINEUX.

APPAREIL DE LA VISION.

L'immense influence que l'agent lumineux exerce sur l'existence humaine; la part énorme qu'il prend non-seulement aux actes les plus vulgaires de la vie, mais encore au développement de l'intelligence et à l'organisation des mœurs; le secours qu'il prête à l'astronome, à l'architecte, au peintre, à l'opticien…; mille causes, en un mot, ont attiré sur lui les explorations des savants aussi bien que des artistes. Nous avons cherché à exposer ce que la science en connaît; nous avons donné deux théories de la lumière et de la couleur, qui, tout en se contredisant en apparence, se rapprochent cependant par plus d'un point et invoquent les mêmes faits. Il nous reste à indiquer comment la lumière et la couleur trouvent accès vers l'âme, comment du monde extérieur elles arrivent au moi.

Chacun sait que l'intermédiaire entre l'agent lumineux et le principe pensant est l'œil, aidé par les nerfs qui maintiennent sa communication avec le cerveau; mais bien des personnes ignorent comment une impression faite sur un organe situé à la périphérie du corps peut être transmise instantanément au centre sensitif, et comment cette impression devient une image avec les conditions de clarté, de couleur, de figure et de dimension qui lui appartiennent.

L'image n'existe pas dans le monde extérieur, où ne se rencontrent que des corps plus ou moins lumineux et colorés; elle suppose l'intervention de l'œil; elle est comme une épreuve photographique qui, pour se produire, demande à la fois la lumière, un objectif et un papier convenablement préparé.

Nous trouverons dans l'œil un objectif très-bien organisé; nous y trouverons en outre une plaque daguerrienne qui a la propriété de recevoir instantanément l'impression des corps les plus dissemblables quant à leur volume, leur degré d'éclairage, leur distance et leur coloration; d'accumuler en une minute et sans confusion cent impressions successives, et de les transmettre avec la même rapidité au centre de la pensée, au cerveau.

Une action si variée et si rapide ne peut se comprendre que par la structure du système nerveux. Il se compose d'une série de tubes microscopiques et remplis d'une substance transparente et demi-liquide. Ces tubes, en partant du centre nerveux, du cerveau et de la moelle épinière, sont réunis en faisceaux plus ou moins volumineux, ce sont les nerfs, et sont enveloppés dans une membrane commune. Malgré leur juxta-position, jamais ils ne communiquent les uns avec les autres; ils se détachent des nerfs à différentes hauteurs et se distribuent dans les organes; ils se recourbent ensuite en forme d'anses et reviennent au cerveau en décrivant le trajet qu'ils ont déjà parcouru.

Grâce à ce mécanisme, les tubes nerveux embrassent tout l'organisme dans un réseau si serré, que la pointe d'une aiguille ne peut pénétrer dans la peau sans blesser l'un d'eux et sans produire une douleur.

Or, la douleur qui se produit instantanément n'appartient pas à la peau; elle n'existe que si l'impression faite par la pointe de l'aiguille sur le tube nerveux est transmise au cerveau; que l'on interrompe cette transmission en liant ou en coupant les nerfs d'un membre, et ce dernier peut être déchiré et brûlé sans qu'il y ait aucune douleur.

Par cet exemple nous sommes amenés à conclure que les nerfs ont le moyen de transmettre, avec la rapidité de l'éclair, au centre sensitif, les impressions qu'ils reçoivent sur leur trajet. On a cru longtemps que ce moyen consistait en un mode particulier de vibration; mais la physiologie, guidée par les analogies et des expériences directes, a reconnu que les tubes nerveux étaient incessamment parcourus par un fluide analogue, sinon identique à l'électricité, et qui, partant du cerveau, y revenait après avoir parcouru toute la longueur des nerfs; exactement comme, dans la télégraphie nouvelle, l'électricité suit un fil de fer de Paris à Bruxelles et revient de Bruxelles à Paris, en une fraction de seconde.

L'organisme serait de la sorte enfermé dans une télégraphie nerveuse, dont le cerveau serait l'aboutissant général, et de même qu'à l'extrémité du conducteur électrique seulement la dépêche peut être connue, de même aussi l'impression apportée par le fluide nerveux ne peut être appréciée, ou, ce qui revient au même, devenir sensation, qu'à l'extrémité des tubes, dans le cerveau.

Il y a deux ordres de nerfs, comme deux ordres de courants nerveux; les uns qui se rendent du centre vers la périphérie, et les autres de la périphérie vers le centre; les premiers sont nommés centrifuges, et les autres centripètes. Les courants ne peuvent suivre qu'une direction dans un même tube nerveux; ils ne rétrogradent jamais, où, si l'on aime mieux, un nerf centripète ne peut jamais remplir les fonctions d'un nerf centrifuge.

Par les courants nerveux s'explique très-bien la centralisation organique, affective et intellectuelle établie dans le cerveau; mais on ne comprend pas que les mêmes courants puissent être tour à tour conducteurs des impressions tactiles, sapides, odorantes, lumineuses et sonores; pour apporter au moi ces impressions diverses, ils doivent nécessairement se modifier et se mettre en harmonie avec les corps extérieurs qui agissent sur l'organisme. C'est, en effet, ce qui a lieu dans les cinq sens, dont les nerfs, et par suite le fluide nerveux sont loin d'être identiques; à mesure que les organes reçoivent l'impression d'une matière plus subtile, on voit la mollesse des tubes conducteurs augmenter ainsi que leur volume et l'abondance de leurs courants.

Dans la peau, dans l'organe du tact, les nerfs destinés à recevoir l'impression des solides sont durs, minces, résistants; dans la langue, destinée à recevoir l'impression des liquides pour la production des saveurs, les nerfs sont déjà plus mous et plus volumineux; la progression est plus sensible encore dans l'appareil de l'odorat qui recueille les odeurs au milieu des gaz; enfin, elle est à son apogée dans le nerf optique sur lequel agit un fluide impondérable, la lumière. Ce nerf s'épanouit en une membrane molle, pulpeuse, d'un blanc d'opale (la rétine), qui tapisse le fond de l'œil, et, dans l'appareil de la vision, remplit le même rôle que la plaque daguerrienne dans l'objectif. Au-devant de la rétine est placé un appareil d'optique dont la description est nécessaire à qui veut comprendre la formation des images.

L'œil humain est presque sphérique: il se compose d'une enveloppe dure et résistante qui, opaque et d'un blanc nacré dans ses trois quarts postérieurs, porte le nom de sclérotique, mais qui, translucide dans le quart antérieur, porte le nom de cornée.

La cornée représente le segment d'une sphère plus petite que la sclérotique dans laquelle elle s'enchâsse; à leur point de jonction adhère par sa circonférence une cloison placée transversalement (l'iris), colorée diversement selon les individus, et percée à son centre d'une ouverture, la pupille, qui peut s'agrandir ou se rétrécir beaucoup selon la rareté ou l'abondance des rayons lumineux; l'espace compris entre la cornée et l'iris est la chambre antérieure; les rayons lumineux y arrivent librement de divers côtés, mais tout l'espace renfermé entre l'iris et la sclérotique représente une chambre noire, tapissée d'une membrane, la choroïde dont la couleur bistre foncé est produite par un enduit particulier,

le pigmentum: au devant de la choroïde s'étale la rétine.

Dans cette chambre noire les rayons lumineux n'ont accès que par l'ouverture pupillaire, ils ne peuvent pénétrer de différents côtés, ni être diffus; du reste, nous allons suivre leur trajet et les modifications qu'ils subissent depuis les corps d'où ils partent jusque sur la rétine.

Quand ils émanent d'un point lumineux ils représentent un cône dont la base s'applique sur la cornée; cette membrane, plus dense que l'air et de forme convexe, tend à les dévier et à les rapprocher du parallélisme; une partie d'entre eux viennent frapper l'iris et se trouvent perdus pour la vision; mais la meilleure partie se dirige à travers la chambre antérieure vers l'ouverture pupillaire. Ce point franchi, les rayons lumineux rencontrent une lentille nommée, en raison de sa transparence, le cristallin, qui, soit par sa densité, soit par sa figure lenticulaire, tend à les faire converger vers un foyer très-rapproché, si bien qu'ils s'entre-croisent en traversant le corps vitré placé derrière le cristallin et arrivent sur la rétine dans un ordre inverse de celui qu'ils présentaient lors de leur arrivée sur la cornée. On peut s'assurer du fait en plaçant à l'ouverture d'une chambre obscure des yeux de lapin blanc, dont la sclérotique est transparente; on voit l'image des objets extérieurs s'y peindre sens dessus dessous.

De ce fait, Buffon avait conclu que l'homme, comme les animaux, voyait les corps extérieurs renversés; mais des notions physiologiques plus saines ont montré que chaque point de la rétine est un œil microscopique, qui rapporte à un point donné de l'espace les rayons lumineux dont il est frappé, et que la formation de l'image est un travail cérébral, une sorte d'addition de divers points colorés. Rappelons-nous, en effet, que le nerf optique est composé de fibres très-ténues, sans communication entre elles; que chaque fibre, en aboutissant à un point très-restreint de la rétine, ne peut transmettre qu'une impression lumineuse très-restreinte.

On voit que l'œil a pu servir de modèle à beaucoup d'appareils d'optique, et présente plus d'une analogie avec un objectif: l'aberration de sphéricité s'y trouve prévenue par la plus grande densité des couches centrales du cristallin; l'aberration de réfrangibilité est empêchée par l'action du corps vitré qui, par une puissance de dispersion plus considérable que celle du cristallin, et par une figure concave d'un côté et convexe de l'autre, joue, vis-à-vis de l'œil, le rôle attribué aux ménisques de flint-glass, dans les lunettes achromatiques.

Ces notions suffisent pour faire comprendre comment l'image parfaitement pure des objets peut se peindre vers la rétine et pénétrer vers l'entendement. Le nombre des rayons lumineux, qui est toujours en raison inverse du carré de la distance, démontre pourquoi, toutes choses égales d'ailleurs, les corps les plus rapprochés paraissent les plus éclairés; enfin, la direction des rayons lumineux et leur angle d'ouverture, quand ils frappent la rétine, disent pourquoi un corps très-petit vu de très-près parait immense, tandis qu'un corps immense vu de très-loin parait petit. Les rayons lumineux qui en partent, dans ce dernier cas, sont presque parallèles, et, pour leur angle d'ouverture, ne diffèrent pas de ce que produit un objet exigu ou à distance moyenne.

Tels sont les faits qui ont trait plus particulièrement à la formation de l'image; dans un prochain article nous traiterons d'autres faits non moins intéressants qui concernent la vision.

Dʳ Clavel.

NOTICE SUR LES TRAVAUX DE M. NIÉPCE DE SAINT-VICTOR.

DÉCOUVERTE DE LA COULEUR DANS LES IMAGES HÉLIOGRAPHIQUES.

On ne croit plus guère de nos jours aux génies méconnus, aux talents ignorés, aux intelligences entravées dans leurs efforts par l'indifférence publique ou l'incurie des gouvernements, et l'on se glorifie d'appartenir à une époque où tout mérite véritable trouve des appuis efficaces et une louange méritée. Une telle persuasion, candide pour le plus grand nombre, égoïste pour d'autres, dispense de s'intéresser à tout labeur que le succès n'a pas couronné, permet d'opposer le doute ou le dédain aux découvertes assez admirables pour être surprenantes, et conduit à reléguer dans le purgatoire des utopistes tout novateur trop pauvre ou trop maladroit pour séduire la Renommée.

Fidèles échos des préjugés de leur siècle, les gouvernements actuels, dignes héritiers de ceux d'autrefois, n'ont guère plus de sollicitude; tant que l'opinion ne leur impose pas le devoir de récompenser, ils déclinent assez brutalement celui d'encourager, de favoriser, de servir les hommes laborieux qui s'adonnent à la tâche ardue de doter leur pays d'une découverte utile ou d'une industrie nouvelle.

L'histoire des luttes obscures, des efforts superflus, des désespoirs cachés des anciens alchimistes, prologues obligés de la plupart des récits concernant les inventions merveilleuses; cette histoire du génie aux prises avec les préjugés, l'insouciance ou la stupidité des âges gothiques, n'arrivera-t-elle jamais à sa dernière page, et la faudra-t-il continuer jusqu'à la fin du monde!

Pour mon compte, je serais tenté de le craindre, en venant apporter ici un récit des temps passés, et annoncer forcément, à une heure prématurée, une découverte glorieuse pour son auteur, bien qu'elle soit incomplète encore, et qui serait à coup sûr accomplie dans ses plus hautes conséquences, et acquise à notre patrie en danger d'en perdre le bénéfice, si le gouvernement l'avait voulu.

— Mais, dira-t-on, l'administration doit-elle se mettre à genoux devant toutes les rêveries? Et d'ailleurs, comment deviner le génie, comment le démêler dans la foule, etc.

Renoncez à cette défaite rebattue! L'homme dont il s'agit est parfaitement connu, aimé, apprécié; l'héritage d'un nom justement célèbre recommande son nom : lui-même a travaillé au grand jour; les Académies ont honoré son caractère et constaté ses découvertes; les maîtres les plus éminents de la science les ont consacrées, commentées, récompensées et présentées à la gratitude publique. Modeste, persévérant, d'un caractère aimable et d'un naturel sympathique, ce chercheur ardent et résolu n'a trouvé parmi ses émules que zèle et bienveillance, et il échoue en vue du port, à défaut d'un peu d'aide qui lui était due, et de la sollicitude vainement invoquée d'un gouvernement libéral.

Cette protection officielle exigeait donc des sacrifices bien onéreux, et avait à surmonter des obstacles bien puissants?

Hélas oui! il fallait quelques milliers de francs, et dispenser pendant dix à douze mois, tout en lui donnant du pain, un officier d'avoir à commander l'exercice.

Donc, la France a conservé précieusement un bon capitaine-instructeur, rare prodige! car on n'en compte qu'une demi-douzaine par compagnie. Il nous reste à raconter ce que la science y a perdu.

Neveu de Joseph-Nicéphore Niépce, le Christophe Colomb de la daguerréotypie, M. Niépce de Saint-Victor se fit soldat à l'âge de dix-neuf ans. La nature de ses premières études ne l'a pas dirigé vers la science; ses goûts tout militaires l'ont conduit à l'école de Saumur, d'où il est sorti en 1827, avec le grade de maréchal des logis instructeur, au 4ᵉ régiment de dragons.

Mais les penchants qui déterminent nos actes sont parfois très-différents des instincts secrets qui éclairent nos vocations. Comme son oncle qui poursuivit pendant quinze ans l'héliographie à la plus patiente obstination, comme tous les chercheurs fameux, M. Niépce de Saint-Victor était doué, à son insu, de cette curiosité tenace et réfléchie qui porte certains hommes à s'intéresser à un fait ou à une idée et à les suivre sans relâche, jusque dans leurs conséquences les plus reculées.

Le premier signe de cette vocation, par rapport à M. Niépce de Saint-Victor, est fort étrange, quand on songe au point où cette vocation l'a conduit.

M. Niépce de Saint-Victor vient de résoudre à peu près le grand problème de l'héliographie; il a donné aux plaques daguerriennes la propriété d'arracher aux images de la nature, non plus leurs formes et leurs ombres dégradées, mais leurs diverses couleurs.

Ce n'est point le hasard, c'est une série non interrompue d'études concernant le jeu, les variations, la nature et la propriété des couleurs, qui a logiquement conduit l'inventeur à de si grands résultats. Cette préoccupation des matières colorantes datait de loin, et d'un petit fait si vulgaire, qu'il n'eût arrêté personne.

Il y a dix ans, M. Niépce de Saint-Victor avait des parements à retroussis roses à son habit d'uniforme... Tout a procédé de là.

Le rose à la cochenille est très-sensible à l'action des acides. Quelques gouttes de vinaigre ou de citron ayant taché la manche de jeune officier, il essaya de rendre à l'étoffe son premier lustre avec du sel d'oseille. Mais l'acide oxalique, dévorant la nuance encore davantage, la fit virer dans une gamme nouvelle, et voilà notre alchimiste en germe conduit à méditer sur les nuances, sur les propriétés des mordants et la décomposition des couleurs.

Ces réflexions, les expériences qu'elles lui inspirèrent le menèrent assez loin, et l'on en acquit bientôt la preuve. En 1842, un arrêté du ministre de la guerre, aussi gravement mûri dans les comités que le décret qui statua jadis sur la sauce d'un turbot, prescrivit de mettre à la nuance orangée les collets, les revers et les parements du treize régiments de cavalerie, assaisonnés jusque-là au cramoisi, à l'écarlate ou au rose. Comme une sage administration se plaît à mettre de l'économie jusque dans l'application des mesures les plus importantes au salut de l'État, le ministre de la guerre accueillit avec intérêt la proposition d'un lieutenant de dragons alors en garnison à Montauban, qui offrait un moyen d'opérer la réforme résolue sans changer l'étoffe, sans même découdre les fracs, et en passant une brosse imprégnée d'une certaine solution sur les nuances proscrites.

Mandé à Paris, où il obtint la faveur de résider un mois à ses frais, M. Niépce de Saint-Victor eut l'honneur d'oranger des uniformes à coups de brosse en présence d'une commission spéciale, et l'adoption de sa méthode expéditive épargna au Trésor un déboursé de plus de cent mille francs. Il refusa de vendre son procédé, préférant le donner, et son habileté ainsi que sa délicatesse lui valurent de la munificence du maréchal Soult, une indemnité de *cinq cents francs*. On conçoit que des dépenses si urgentes et des besoins si impérieux laissent peu de fonds disponibles pour encourager les sciences et activer les découvertes qui s'élaborent.

Cependant M. Niépce avait pris goût aux manipulations scientifiques. Le souvenir des recherches de son oncle lui avait transmis la passion des essais et cette ardeur à pénétrer dans les domaines inconnus, qui est pour les gens de pratique l'amour du merveilleux appliqué aux sciences. Jaloux d'ajouter à l'illustration du nom de sa famille, M. Niépce de Saint-Victor tourna son activité vers l'héliographie, et en 1846 il signala l'attrait singulier des vapeurs de l'iode pour la couleur noire, et une propriété de cette substance qui la dispose à se fixer de préférence sur les corps en saillie. Cette double observation permit à M. Niépce de Saint-Victor de copier avec une précision remarquable les gravures les plus fines, sans sacrifier l'original.

Bientôt après, réalisant au profit de la photographie sur papier un progrès inespéré, auquel elle est redevable de ses produits les plus achevés, les plus admirables, M. Niépce de Saint-Victor trouva l'enduit albumineux qui permet de fixer des images négatives sur des substances diaphanes, telles qu'une vitre ou une feuille de mica. On lui doit la création des clichés de verre.

Enfin, en 1847, M. Niépce parvint à saisir, à caractériser des phénomènes d'optique inaperçus jusque-là, et dont un homme éminent, M. Chevreul, chercha la théorie explicative au profit de la physique.

Tant d'efforts ne pouvaient rester sans récompense : le gouvernement autorisa le lieutenant Niépce à continuer avec exactitude de remplir ses devoirs militaires... Mais la Société d'encouragement décernant, par l'organe de M. Séguier, de justes éloges « à cet observateur aussi persévérant que modeste », lui fit don d'une médaille de 2,000 fr. Mais M. Chevreul consacra un rapport très-honorable aux recherches du digne neveu de Nicéphore Niépce, et les travaux, ainsi que la biographie si intéressante de l'ingénieux officier, firent une sensation profonde à l'Académie des sciences.

Le rapporteur fit admirer à ses confrères « les qualités rares et distinguées de cet homme qui pendant vingt-trois ans a constamment satisfait à toutes les exigences de la profession militaire, sans jamais reculer devant aucun des sacrifices que lui a imposés son goût des recherches scientifiques. »

De son côté, M. Séguier déclarait formellement que M. Niépce de Saint-Victor avait « enrichi la science de faits aussi curieux que nouveaux, que personne, avant lui, n'avait indiqués ni prévus, et dont il avait tiré des applications pratiques précieuses pour l'art et l'industrie, etc... »

A la suite de ses premiers travaux, M. Niépce de Saint-Victor avait compris la nécessité de se rapprocher de Paris pour les y continuer. Riche... comme un soldat, il ne pouvait déposer le harnais ni sacrifier sa lieutenance. Il dut renoncer à ses chances d'avancement en sollicitant son annexion à la garde municipale. Une telle grâce, le conçoit-on! lui fut refusée pendant trois ans, et dix camarades passèrent avant lui... *au choix!*

Enfin, en 1845, il dit adieu à Montauban, eut le bonheur d'être caserné au faubourg Saint-Martin, et deux ans lui suffirent pour justifier, par trois découvertes successives, d'une faveur si chèrement achetée.

M. Niépce de Saint-Victor est aujourd'hui capitaine dans la garde républicaine.

Son infatigable ardeur s'était proposé une tâche réputée presque impraticable : ses préoccupations à l'endroit de la couleur ne l'avaient point abandonné; il marchait vers son but à pas silencieux, et c'est en y rêvant qu'il avait rencontré en chemin des succès propres à satisfaire une ambition moins haute. Son oncle avait attaché son nom à l'invention de l'héliographie sur plaques; le neveu avait voulu que le nom de sa famille se rattachât en outre aux progrès de la photographie; il a voulu davantage encore, et son vœu est réalisé. Quand on racontera comment on est parvenu à obtenir, à fixer les couleurs, le nom de Niépce sera inscrit le premier.

Cette dernière lutte est la plus laborieuse; nous dirons les vicissitudes, et nous montrerons un homme d'un mérite éprouvé, aux prises avec la nécessité, en proie à la gêne, livré à des désastres qu'on aurait pu conjurer, réparer tout au moins; livré à l'isolement, à la pénurie des moyens d'action, aux exigences impérieuses d'un service inutile et à l'indifférence coupable des pouvoirs publics, indifférence qui a retardé la découverte, en a borné l'étendue, et qui, à l'heure où j'écris, a peut-être laissé la priorité d'un résultat complet à une nation rivale.

M. Niépce de Saint-Victor a trouvé le principe; il l'a appliqué, et une force majeure, le manque de loisir et de ressources, a arrêté le cours de ses expériences depuis plusieurs mois.

Avec l'agrément de ses chefs, notre inventeur s'était arrangé un laboratoire dans la salle de police des sous-officiers, à la caserne Saint Martin. Cet avantage, il le devait à la bonne conduite de ces militaires, si irréprochables dans la pratique de leurs devoirs, que la salle de police n'était jamais occupée. M. Niépce l'avait meublée; il y avait établi ses appareils, ses réactifs, et tout le matériel indispensable à ses travaux.

La révolution de février survint, qui fit irruption dans la caserne des gardes municipaux, et y mit le feu après l'avoir saccagée. Le mobilier et le laboratoire de M. Niépce furent entièrement détruits, perte estimée à près de 15,000 f., et depuis, l'on refusa toute indemnité à un homme qu'un tel sinistre avait arraché à des expériences utiles au pays. L'usage le voulait ainsi : on rend les officiers responsables de ces sortes de dégâts, passibles des fautes des gouvernements pour la défense desquels ils exposent leur vie, et, pour leur mieux assurer ce loyer de leur courage, on les oblige à prendre domicile dans la caserne. Cette condition n'implique-t-elle pas la responsabilité de ceux qui l'imposent?...

Déjà réduit à la portion congrue par les frais de ses expériences, M. Niépce de Saint-Victor vit donc sa ruine consommée et les interrompit. Cependant il y pensait toujours, et quand de tels esprits subissent la pression d'une idée, leur volonté, ne se satisfaire, ne connait rien d'impossible et triomphe de tout obstacle.

A force d'économie et de privations, M. Niépce de Saint-Victor s'est procuré quelques instruments indispensables, et a refait un petit atelier à la caserne de la rue Mouffetard. Découragé, mais persévérant, isolé, mais tout à son œuvre, mettant à profit les loisirs trop courts, vivant d'air et d'espérance, comme ce Balthazar Claës dont Balzac nous a tracé la fantastique existence dans la *Recherche de l'absolu*, M. Niépce, prenant pour point de départ la fixation des teintes du spectre solaire par M. Becquerel, a poursuivi son dessein.

Le 4 mars dernier, M. Niépce remettait un paquet cacheté à M. Chevreul, qui l'a déposé à l'Institut. Il s'était remis à l'œuvre au mois de juin précédent. Depuis le 4 mars, il s'est, de nouveau, vu contraint d'interrompre. La découverte était conquise, mais la fixation des couleurs restait encore imparfaite; le temps et l'argent ont manqué.

J'ai vu les résultats obtenus; ils sont importants : l'inventeur m'a confié son procédé, qui est simple, et auquel il est arrivé, non d'une manière fortuite, mais par des théories logiques et par des combinaisons raisonnées qui font honneur à la sagacité du savant.

Si des efforts si habilement dirigés avaient été secondés, si M. Niépce de Saint-Victor avait obtenu aide et protection, sa découverte, en ce moment, aurait atteint la perfection où elle parviendra probablement.

Mais ces retards forcés nous vont être funestes. Un journal de New-York, parvenu à Paris il y a quinze jours, annonce que M. Hill vient d'obtenir en Amérique la reproduction des couleurs.

Si bien que de peur de se voir devancé, M. Niépce de Saint-Victor, réduit à sacrifier le juste fruit de ses labeurs, sera contraint de livrer prématurément à la publicité le secret de ses expériences, avant d'avoir assuré l'avenir de la NITROGÉNOMIE, dont il est chez nous le premier inventeur, et qui, si la France est équitable pour tant de courage et d'efforts trahis, consacrera un nom triplement rattaché à l'une des plus belles découvertes du génie national.

Le journal la *Lumière* reproduit avec tristesse le document américain dont nous venons de parler et dont la véracité est sujette à contestation, même au pays d'où il émane. N'est-il pas cruel de penser que si notre compatriote eût obtenu l'assistance et le concours éclairé auxquels il a des droits si réels, au lieu de constater ici une victoire anglo-américaine, nous aurions à joindre un nouveau fleuron à la couronne intellectuelle de la France !

On le voit, la légende de M. Niépce de Saint-Victor fait suite au martyrologe des inventeurs. Le monde a peu changé ; on les brûlait jadis, on les abandonne aujourd'hui ; on les laisse se consumer dans les déceptions douloureuses qui dévouent l'activité à l'inertie, le talent à l'oubli et les plus nobles entreprises à la stérilité.

FRANCIS WEY.

HÉLIOCHROMIE.

ANNONCE DE LA DÉCOUVERTE DE M. HILL,

Extraite d'un journal américain.

C'est en janvier dernier que le *Photographic art journal*, publié à New-York, sous la direction de M. Snelling, avait annoncé pour la première fois à ses lecteurs la découverte de M. Hill, dont le précédent article vient de parler.

Dans son numéro suivant, revenant sur le même sujet, ce journal s'exprime ainsi :

« Depuis notre dernière *Causerie*, nous avons reçu une lettre de M. Hill au sujet de ses daguerréotypes coloriés, dans laquelle il promet de nous montrer quelques spécimens de sa merveilleuse découverte. Il ne nous semble pas possible de douter qu'il n'ait réellement découvert le moyen de produire l'image daguerrienne sur la plaque dans tout l'éclat de ses couleurs naturelles, résultat que les hommes les plus éminents de l'Europe ont cherché en vain. Ceux qui, depuis trois ans, ont ri de notre croyance dans la possibilité d'une telle invention, doivent maintenant s'en repentir et nous permettre, en toute conscience, de constater notre triomphe sur leur scepticisme. Si M. Hill a réussi à fixer d'une manière permanente une couleur, il établit la possibilité de les obtenir toutes. Il est trop positif dans ses assertions pour qu'on puisse en douter un seul instant. Nul homme possédant le moindre sens commun n'essayerait d'en imposer si effrontément au public ; et M. Hill poursuit une voie qui tôt ou tard doit lui mériter la confiance de ses confrères. Non-seulement nous le félicitons de son succès, mais encore nous prenons la responsabilité de le remercier au nom de notre pays tout entier ; car, s'il a fait la découverte qu'il annonce, il ne mérite pas seulement la reconnaissance de tout véritable Américain, il est digne d'une plus haute récompense. D'un autre côté, s'il était reconnu que c'est simplement une *attrape-penny*, sa punition serait également juste, et il encourrait le mépris de tout honnête homme. Mais la marche qu'il suit, l'attitude qu'il a prise, nous donnent toute confiance dans sa découverte. L'intention de M. Hill est de prendre un brevet, mais d'agir libéralement envers ses confrères. Il est déterminé à ne pas laisser monopoliser son invention. Nous espérons pourtant que le gouvernement des États-Unis épargnera à M. Hill la nécessité de prendre un brevet pour protéger ses droits, en lui achetant, au profit du monde entier, sa précieuse découverte. Nous espérons également que M. Hill lui en offrira l'opportunité. »

LETTRE DE M. HILL

A M. H.-H. Snelling.

« Il y a quelques mois, j'annonçai en peu de mots, sur la couverture de ma dernière publication relative à la photographie, que j'avais résolu le grand problème de la *chromotypie*. C'est la seule chose que j'aie encore publiée à ce sujet ; mais comme vous avez eu la bonté de parler de ma découverte dans votre estimable journal, et comme je suis assuré par ce que me disent mes amis et par le grand nombre de lettres que je reçois constamment, que la *phalange daguerrienne* commence à prendre de l'intérêt pour cette découverte, je rendrai compte des faits qui y sont relatifs.

« Il y a quelque deux ans, je commençai des expériences dans le but de combler ce grand vide de l'art héliographique, mais avec peu de foi dans la réussite. Je pensais que des circonstances pourraient naître, de certaines juxtapositions s'arranger d'elles-mêmes, par lesquelles une image colorée s'imprimerait, au moyen de la chambre noire, sur une surface sensible préparée à cet effet, et que la vapeur du mercure n'étant pas la seule possédant une *puissance développante*, quelque autre vapeur ou substance pourrait être trouvée qui, en la développant, conserverait les couleurs de ladite image. Je trouvai un grand nombre de substances qui développaient les images dans *la lumière* et dans *l'ombre*. Après des expériences presque innombrables, dans lesquelles je ne produisis rien autre chose que de la *lumière* et de *l'ombre* (à l'exception d'une seule fois où j'obtins le rouge d'un vêtement de couleur), j'étais sur le point d'abandonner mes recherches, quand je formai, tout à fait inopinément, un *singulier* composé que j'appliquai à mon expérience, et à l'aide duquel j'obtins une *magnifique épreuve coloriée*. Cette peinture est tout à fait égale à celles que j'ai obtenues depuis.

« Le *composé* dont j'ai parlé plus haut est encore pour moi sans explication, quoique j'aie fait de la chimie l'étude de longues années. Je suis convaincu que c'est une nouvelle substance, ou une combinaison nouvelle de substances, et c'est tout ce que j'en sais. Il est simple et facile à produire, mais par aucune des lois inscrites dans le grand nombre des ouvrages de chimie qui me sont familiers. Sans doute pourtant une analyse habile et attentive déterminera sa nature.

« Mon *procédé* ne ressemble en rien à ceux de Becquerel et de sir John Herschel, et il *diffère essentiellement* de celui de Daguerre. Je dois mon succès à des *sources beaucoup plus humbles*, comme on va le voir. Tout en est parfaitement simple, et un habile daguerréotypiste le posséderait à fond en un jour. Beaucoup d'artistes éminents m'ont assuré que cette découverte aurait une prééminence complète sur le simple daguerréotype. Aucune épreuve sur plaque ne pourrait être mise en comparaison avec ce merveilleux travail des rayons colorés.

« Parmi mes quarante-cinq spécimens, je citerai les suivants :

« 1° UNE VUE, — *maison rouge, herbe et feuillage verts, troncs et branches d'arbres, vaches de différentes couleurs, vêtements divers étendus sur une corde, ciel bleu.* Le bleu pâle et limpide de l'atmosphère qui s'étendait entre la chambre noire et les montagnes éloignées, est répandu délicatement sur la peinture, comme par la main d'un grand artiste ;

« 2° SCÈNE DE SOLEIL COUCHANT, dans laquelle *le jeu des couleurs sur les nuages* est rendu avec une vérité et une splendeur que je ne saurais décrire ;

« 3° PLUSIEURS PORTRAITS, dans lesquels j'ai obtenu le *ton véritable de la peau, le rosé des joues et des lèvres, les yeux bleus ou bruns, les cheveux bruns, blonds ou roux, et toutes les couleurs de la draperie.* La soie changeante est rendue avec toute la finesse de ses tons mélangés et toute la richesse de ses couleurs. J'obtiens non-seulement *le rouge, le bleu, l'orangé, le violet*, etc., mais aussi leurs teintes variées. L'épreuve entière est aussi modelée *brillante* et *moelleuse* que l'image daguerrienne la plus parfaite. Je sais que c'est dire beaucoup, car j'ai été à même de voir un grand nombre de belles épreuves de daguerréotype dans les mains d'artistes tels que Root, Brady, Haas, Lewis, Meade frères, A. Morand, Gurney, Thompson, Gavit, Walker, Burgess et beaucoup d'autres.

« Je dirai quelques mots relatifs à *l'état présent* de ma découverte :

« 1° Je rencontrai un grand nombre de petites difficultés, mais elles avaient un caractère analogue à celles qui se présentent à tout commençant dans la manipulation daguerrienne, et provenaient de la même source : le *manque d'expérience* dans ce *nouveau genre d'opérations*. J'ai vaincu entièrement la plupart de ces difficultés ; les autres doivent céder à ma *persévérance*, car je n'ai nulle prétention à un talent supérieur.

« 2° Les rayons jaunes ne s'accordent point avec les autres rayons, le jaune produisant le ton *chamois*. En employant un verre jaune dans mon expérience et en exposant une plaque au-dessous pour répandre la lumière pendant quelques instants, j'ai réussi parfaitement à développer ensuite un beau jaune brillant. Ce simple procédé lui-même a ses difficultés.

« 3° J'ai obtenu toutes mes épreuves à la chambre noire en *moins de temps* qu'il n'en faut pour daguerréotyper ; mais je suis parvenu récemment, à ma grande satisfaction, par un léger changement dans ma manière d'opérer, à travailler beaucoup plus vite encore. Par exemple, j'ai une épreuve exquise de ma petite fille (âgée d'un an), prise au moment où elle *criait*, la plaque étant restée exposée *moins d'une seconde*. Au même moment, il me fallut quinze secondes pour un daguerréotype. Cette peinture rend parfaitement l'expression des yeux et de tout le visage. Sur une des joues, il existe une larme brillante, et *la couleur qui transparaît à travers cette larme est beaucoup plus vive que celle des parties environnantes*, ce qui est dû, je crois, à l'action réfractaire du fluide. Mes expériences pour hâter l'opération ont été interrompues depuis quelques semaines, par suite d'une inflammation qui m'est survenue à l'œil ; mais comme je vais mieux, je ne perdrai pas de temps pour atteindre mon but, et j'espère, avec la plus ferme confiance, arriver à produire *instantanément* une épreuve.

« Je suis tout à fait décidé à pousser mon procédé *aussi loin que possible* avant de le rendre public. Jusque-là le secret le plus strict sera gardé. Ma femme et moi, le connaissons seuls, et personne n'en saura le premier mot avant que je *sois parfaitement sûr* d'une indemnité convenable en échange. J'en ai besoin, car je suis pauvre ; et si je ne puis obtenir un brevet sans encourir les risques auxquels les premiers inventeurs sont généralement soumis, j'ai un plan par lequel je puis assurer mes droits.

Le procédé ne sera point monopolisé par quelques-uns ; mais j'ai l'intention de donner des facilités à tous les artistes de mérite qui s'occupent de daguerréotype, et cela, *à des conditions favorables.* Ce que je viens de dire, c'est afin que mes confrères en héliographie, qui jugeront convenable de communiquer avec moi, puissent connaître ma résolution et ne me forcent point à agir autrement ; car je désire préserver autant que possible mon esprit de toute préoccupation étrangère à l'art.

« Permettez-moi de dire, en terminant, que je suis extrêmement redevable envers plusieurs artistes distingués de Philadelphie et d'ailleurs, qui m'ont visité ou ont correspondu avec moi, pour le vif intérêt qu'ils ont accordé à mon entreprise. Tous ont des droits à ma reconnaissance pour la manière dont ils ont patroné mes publications sur l'art, et probablement avant peu je publierai un autre volume dans lequel je donnerai d'amples détails sur ma découverte.

« En souhaitant à votre importante publication tout le succès qu'elle mérite, je suis, monsieur le rédacteur, etc.,

« Signé : S.-L. HILL.

« Westkill, Greene Co n. y. 4 fév. 1851. »

Dans ce même numéro du journal américain, on lit, aux *Causeries*, le passage suivant :

« L'esprit des artistes daguerréotypistes a été vivement préoccupé de l'annonce que nous avons faite dans notre précédent numéro de la découverte de M. Hill. Beaucoup croient à sa réalité, tandis que le plus grand nombre la rejettent comme une impossibilité.

« D'ici à peu de temps M. Hill pourra prouver la sincérité de ses assertions, une offre lui ayant été faite par une personne qui jouit d'une haute considération à New-York, et dont l'aptitude à exécuter ce qu'elle a proposé ne peut être mise en doute, — offre que nul homme raisonnable ne saurait refuser, et nous n'hésitons pas à dire qu'elle sera acceptée si la découverte en question a été réellement faite, car c'est la seule manière, pour M. Hill, de recueillir quelque avantage de son travail, n'étant pas le seul, à ce qu'il paraît, qui ait recherché depuis ces derniers temps avec succès le moyen d'obtenir des épreuves coloriées. »

Enfin, le *Photographic art Journal*, sentant très-bien la nécessité d'appuyer les assertions de M. Hill, s'exprime ainsi dans le numéro suivant, celui du mois de mars :

« Différents bruits ont été répandus dernièrement au sujet de la grande découverte de M. Hill. On disait qu'il avait dans cette ville (New-York) un agent chargé de traiter en son nom pour la cession de son procédé ; que cet agent avait un intérêt dans cette découverte, et aussi que M. Hill avait choisi cinq daguerréotypistes de New-York, auxquels, seuls, le secret devait être révélé. Nous avons fait une enquête auprès de M. Hill afin de connaître la vérité sur ces faits. Il nous a assuré de la manière la plus formelle qu'il n'y avait pas un mot de vrai dans tous ces bruits. Il nous a assuré également qu'il s'en tiendrait strictement à l'intention exprimée dans sa lettre, que nous avons publiée dans notre dernier numéro ; qu'il n'avait fait aucun arrangement avec qui que ce soit, bien qu'un grand nombre de personnes l'aient assiégé de propositions souvent répétées et tendant à monopoliser sa découverte. Nous pensons que ceux qui lui font souffrir les persécutions dont il se plaint montrent bien peu de sens et de dignité, en même temps qu'ils manquent à la considération due à un homme tel que M. Hill.

« Il nous a autorisés à dire qu'il n'a fait encore aucun arrangement, et qu'il ne traitera avec personne avant qu'il puisse le faire sans aucun inconvénient.

« Il semble disposé en faveur de l'offre mentionnée dans la première partie des *Causeries* de ce mois, et nous espérons pour lui-même, aussi bien que pour tous les artistes daguerréotypistes, qu'il l'acceptera.

« A ceux qui se sont adressés à nous à ce sujet, nous répondrons que nous n'hésitons pas un seul instant à assurer que *M. Hill est parvenu à découvrir le moyen de fixer sur la plaque du daguerréotype une image avec ses couleurs naturelles.* Toutes les couleurs peuvent être obtenues, même le jaune, à l'exception du *jaune de chrome*.

« Rien n'arrête plus M. Hill dans ses arrangements pour faire connaître sa découverte, si ce n'est son désir de vaincre les difficultés qui s'opposent à ce que cette couleur soit obtenue aussi parfaite que les autres. »

« ERNEST LACAN. »

M. PUECH, auquel la Société héliographique a accordé son patronage, vient d'ouvrir sa fabrique de produits chimiques, destinée spécialement à l'héliographie. Nous engageons nos lecteurs à s'adresser à son magasin, où ils seront sûrs de trouver des substances de premier choix et sans la moindre adultération.

(Voir aux annonces).

NOUVELLES DIVERSES.

On lit dans le *Photographic art Journal*, publié à New-York : M. Davie, dont le nom est depuis longtemps avantageusement connu parmi ses confrères, vient d'inventer un instrument qu'il nomme le *Photographe* et qui est appelé à rendre de très-grands services aux opérateurs, en ce qu'il réduit singulièrement le temps nécessaire aux préparations de la plaque. M. Davie a actuellement dans ses ateliers un de ces instruments qu'il emploie chaque jour et qui surpasse tout ce qu'il en attendait. Il courbe la plaque, en ploie les bords, la lave et la polit en une seule opération et dans le quart du temps nécessaire par l'ancien procédé ; le journal américain promet de donner prochainement la description détaillée de cette précieuse invention.

— On manufacture annuellement dans la Grande-Bretagne seule environ 130 millions de livres pesant de papier, dont la valeur dépasse 75 millions de fr. et produit au budget un revenu de 21 millions 700,000 fr. Les neuf dixièmes de cette quantité sont consommés dans le pays, car les exportations ne s'élèvent pas à plus de 7 millions 500,000 fr. Cependant cette noble industrie n'est représentée que par une demi-douzaine d'exposants anglais. M. Joynson, le célèbre fabricant de papier à écrire de Saint-Mary, Cray et MM. Spicer, exposent un rouleau de papier de 2,500 yards de longueur ; ils démontrent ainsi la perfection du mécanisme au moyen duquel la bouillie aqueuse, coulant sans interruption à l'une des extrémités de la machine, se trouve convertie en une feuille continue de large papier écolier qui arrive sec et prêt à être employé à l'autre extrémité.

— La restauration des grands appartements du palais des Tuileries, dont il a été question il y a un mois environ, va être effectuée très-prochainement, en ce qui concerne la salle des Maréchaux, le salon d'Apollon et la salle du Trône. Ces trois pièces sont en le plus à souffrir de l'invasion du 24 février 1848, et l'état de dégradation dans lequel elles se trouvent est on ne peut plus regrettable, à une époque où les Tuileries sont visitées par une foule d'étrangers.

Afin de restaurer avec la plus grande économie ces magnifiques appartements, on a choisi dans les objets déposés au garde-meuble national ceux que leurs sujets, leur mérite et leur date d'exécution rendaient susceptibles de figurer dans ces salles historiques.

Voici les objets qui serviront à la décoration de la salle du Trône : une tapisserie de la manufacture des Gobelins, représentant divers sujets tirés du règne de Louis XIV, richement encadrée en velours cramoisi, et formant huit panneaux distincts qui représentent : le roi visitant les Gobelins ; le renouvellement d'alliance avec les Suisses ; l'audience du cardinal-légat Chigi ; l'audience de l'ambassadeur d'Espagne ; l'entrevue de Louis XIV et de Philippe V ; le sacre de Louis XIV ; le mariage de Louis XIV ; le roi recevant les clefs d'une ville ; plusieurs portières en tapisserie, des médaillons, des trophées, des figures, etc.

Les réparations des autres salles consisteront dans le renouvellement des meubles et la restauration des sculptures et des peintures.

— On écrit de Rouen, le 21 mai :

« Une députation de huit membres de la Commission instituée pour la restauration des monuments religieux était hier à Rouen. La Commission, conduite par MM. Barthelemy et Demarois, architectes de la ville, a visité la cathédrale et s'est rendu compte de l'importance des travaux que nécessitent l'entretien et l'achèvement de ce chef-d'œuvre d'architecture.

— Le maire de Fontainebleau vient d'écrire à l'Académie des sciences qu'on a découvert ces jours-ci, dans la forêt, une grotte de grès cristallisés (cristaux rhomboédriques de carbonate de chaux quartzifère), dont la conservation intacte est de nature à intéresser les minéralogistes. Des mesures ont été prises, de concert avec l'administration des forêts, pour éviter le plus possible la dévastation dont cette grotte est menacée ; l'Institut ayant été invité à indiquer les moyens de conserver à la science les cristaux qu'elle renferme, M. Élie de Beaumont a été chargé, par le président de l'Académie, de cette exploration, fort intéressante pour les nombreux touristes qui visitent Fontainebleau.

— M. Flourens, membre de l'Institut, sérétaire perpétuel de l'Académie des sciences, a ouvert, au Muséum d'histoire naturelle, son cours de physiologie comparée, le 27 mai 1851, à midi précis, et le continuera les mardi, jeudi et samedi de chaque semaine, à la même heure.

ERRATA DU N° 16. — Page 63, première colonne, ligne 60, au lieu de *têtes*, lisez VUES.

Le Secrétaire de rédaction F.-A. RENARD, *Gérant.*

Imprimerie de HENNUYER et C°, rue Lemercier, 24. Batignolles.

FABRIQUE SPÉCIALE DE DAGUERRÉOTYPES

FOURNITURES ET ACCESSOIRES

Rue Rambuteau, 38.

WULFF ET C°.

Rue Rambuteau, 38.

Appareils perfectionnés pour Plaques et pour Papier. — Objectifs garantis, Plaques, Passe-Partout et Cadres en tout genre ; Couleurs surfines, Écrins, Broches, Médaillons, Objets de fantaisie ; Produits chimiques, Papier positif et négatif préparé et non préparé, Dissolutions prêtes à être employées. — **CHASSIS POSITIF,** nouveau système, qui permet de regarder les progrès de l'épreuve sans crainte de déplacer les deux papiers. — Envoi du Catalogue *franco* sur demande affranchie.

PLAQUES ARGENTÉES POUR DAGUERRÉOTYPE, J. ROUSSEAU ET C°, A PARIS, 24, RUE DE LA PAIX,

de la Société Ch. Christofle et C°, propriétaire des Brevets de Dorure et Argenture électro-chimiques de MM. Elkington et de Ruolz.

TARIF DES PLAQUES NEUVES :				RÉARGENTURES DES PLAQUES USÉES.				Nos plaques n'ont aucune des défectuosités des autres plaques, et présentent des avantages spé-
Entières, la 12e,	42 fr. »	1/4	la 12e, 10 80	Entières, la pièce,	2 f. 10	1/4	la pièce, » f. 55	ciaux. La pureté de l'argent et la nature cristalline et poreuse du dépôt favorisent la péné-
1/2 —	22 80	1/6	— 7 50	1/2 —	1 10	1/6	— » 45	couche chimique, d'où il résulte une vigueur de tons, une richesse de détails remarquables, et plus
1/3 —	15 80	1/9	— 5 50	1/3 —	» 30	1/9	— » 25	de rapidité dans la production de l'image. Des expériences ont constaté leur supériorité.

PINCE combinée pour courber d'une seule pression les angles des plaques, 4 fr. — **CHASSIS** pour fond de portraits, 2 m. 10 c. sur 1 m. 90 c. se montant et se démontant en un instant, se plaç. dans la boîte d'appareil, 24 f.

PRODUITS CHIMIQUES. Fabrique spéciale de PRODUITS CHIMIQUES pour l'héliographie et pour les sciences et les arts qui s'y rattachent, fondée sous les auspices de la Société Héliographique de Paris. — Dépôt de plaques de Houssemaine et autres objets pour le daguerréotype. — PUECH et C°, *rue de l'Arcade, 15.*

FIXATEUR GAUDIN, Procédé pour obtenir des épreuves *sans virollage.* Prix, 6 fr. 50 c. ALEXIS GAUDIN. Fabrique spéciale de plaques de daguerréotype, par deux machines à vapeur. Appareils, produits chimiques, passe-partout, cadres, écrins, broches, médaillons, etc. Chloro-bromure de chaux et iodo-brôme de Vaillat, 7, *rue de la Perle* (Marais). (*Affranchir.*)

WITTMANN ET POULENE JEUNE *rue Saint-Merry,* 9. — PRODUITS CHIMIQUES spéciaux pour le Daguerréotype, la Photographie, la Galvanoplastie, etc.; Iode et Iodure de potassium, d'ammoniaque ; — Fluorures, Brôme et Brômure de chaux ; Chlorure de brôme, Mercure, Hyposulfite de soude, Nitrate d'argent, Chlorure d'or, Acide gallique, Alcool, Eau distillée, etc.

LIQUEUR INVARIABLE à l'usage du Daguerréotype, de J. THIERRY. DAGUERRÉOTYPIE du même ; franches explications sur l'emploi de sa liqueur et sur les moyens qu'il met en usage pour en obtenir le maximum de sensibilité et en retirer les avantages de transparence, etc. — Histoire abrégée de la Photographie. En vente : à Paris, chez MM. *Lerebours et Secretan* ; à Lyon, *chez l'auteur.*

GUILLOUX, *Passage de l'industrie, n° 7.* Breveté S. G. du G. pour les articles de daguerréotype. — Capsules en glace, cristal, porcelaine et faïence pour la plaque et le papier. — Glace mince pour épreuves négatives. — Glaces fortes pour châssis à décalquer.

OCCASION. A VENDRE UN OBJECTIF 1/4 allemand, Appareil complet et Accessoires. — S'adresser à M. BELLOC, *boulevard Montmartre, 5.*

TRAITÉ PRATIQUE DE PHOTOGRAPHIE

sur papier, sur verre et sur plaques métalliques, par AUBERT. — Nouveau procédé qui simplifie et abrège les opérations. Prix : 2 fr. 50 c. et 5 fr. par la poste. — Dépôt chez WULFF et C°, *rue Rambuteau, 38, à Paris.* (Affranchir.)

POINTEAU, 356, *rue Saint-Denis.* Fabrique spéciale de Passe-Partouts pour daguerréotypes.

ALPHONSE NINET ET C°, 37, *rue de Lille, à Paris.* — Maison spéciale pour la PHOTOGRAPHIE SUR PAPIER ET PLAQUES. — Simple intermédiaire entre le marchand de province et de l'étranger, avec l'ouvrier de Paris. — 6 0/0 de commission.

HOUSSEMAINE planeur sur tous métaux, 20, *rue Bourg-l'Abbé.* Spécialité de plaques pour daguerréotypes.

MARCHANDISES POUR DAGUERRÉOTYPE SEULEMENT. — EDWARD ANTHONY, importateur et fabricant de tous les articles pour daguerréotype, 308, *Broadway, New-York.*

PHOTOGRAPHIE Le chef d'un Établissement bien connu et bien achalandé désire s'adjoindre une personne qui s'occuperait spécialement de la Photographie sur papier, à des conditions très-avantageuses. Écrire *franco* à F.M., au bureau du journal, rue de l'Arcade, 15.

DAGUERRÉOTYPE. Portraits de jolies femmes et sujets de fantaisie pour montres. Études d'après nature pour artistes. — MOULIN, 31 bis, *rue du Faubourg-Montmartre.* — Expédie en province et à l'étranger.

DAGUERRÉOTYPE. On demande un ASSOCIÉ ou un ACQUÉREUR pour une maison importante de Paris. Magnifique TERRASSE située au nord. Atelier, Salon, etc. (*quartier populeux et très-commerçant*), 14 Tableaux sur la voie publique. — Facilités pour le payement. S'adresser à M. X, rue du Roi-de-Sicile, 16 (Écrire *franco*).

NINET V°S *Rue de Seine, n° 91.* Maison créée en 1841. — Fabrique de tout ce qui concerne le daguerréotype. — Seule maison où se trouve la véritable liqueur Ninet.

ANCIENNE MAISON ZACHARIE *boulevard des Italiens,* n°s 1 et 3. — Fabrique spéciale de tous les objets pour la PHOTOGRAPHIE, Appareils complets d'un nouveau système, Plaques, Passe-Partout, Cadres, Produits chimiques, Couleurs, Leçons sur plaques et sur papier. — Dépôt d'Académies et de Vues sur papier.

LEREBOURS ET SECRETAN, opticiens de l'Observatoire, 13, *place du Pont-Neuf, Paris.* — Appareils photographiques pour plaques de doublé, *et pour opérer sur papier,* de tous les systèmes, grandeur normale, de 20 centimètres sur 28, de 25 sur 33, de 30 sur 40. — Vente, après l'essai, de tous les objectifs, doubles et simples, pour les appareils ci-dessus. — Fourniture de tout ce qui est relatif à la photographie sur plaque et sur papier. — *Appareil panoramique* de M. Martens. — *Focimètre* de M. Claudet pour déterminer, dans les objectifs, la différence qui existe entre le foyer chimique et le foyer apparent, 15 francs. — *Actinomètre,* du même, pour comparer le pouvoir d'activité de toute espèce d'objectifs, 15 fr. — Brochures de tous les auteurs sur la photographie. — Le supplément au catalogue de 1846 est envoyé, *sans frais,* à toutes les personnes qui en font la demande franco.

DAGUERRÉOTYPE Fabrique de PASSE-PARTOUT spécialité d'Encadrements pour épreuves sur papier. — LEFÉVRE, 17, *rue Chapon.*

SCHIERTZ, Ébéniste, Fabricant de DAGUERRÉOTYPES, NOUVEAU SYSTÈME DE RAPPEL A LA CHAMBRE NOIRE. — *Atelier et Magasin rue de la Huchette, 27.*

MAYER FRÈRES. — Leçons de DAGUERRÉOTYPE SUR PAPIER pour faire les portraits d'après leurs procédés. Voir les épreuves qu'ils exposent boulevard Montmartre, coin de la rue Vivienne. — A Paris, rue Vivienne, 48.

AVIS.

Toutes les demandes et réclamations relatives au service, toutes les lettres et communications relatives à la rédaction, doivent être adressées, affranchies, à M. F.-A. Renard, secrétaire de la rédaction, au bureau du journal. Les demandes d'abonnement seront accompagnées d'un mandat sur la poste ou les messageries.

Dévoués aux intérêts des héliographes et des hommes de savoir, nous devons nous efforcer de propager leurs travaux : nos *Annonces* seront exclusivement réservées à l'héliographie, aux industries dont elle est l'objet, aux beaux-arts et aux sciences. Elles auront une valeur sérieuse, car loin d'être banales, elles ne recommanderont que des publications honorables et des objets utiles.

Prix des annonces, la ligne . . . . » fr. 60 c.

PREMIÈRE ANNÉE. N° 18.

DIMANCHE, 8 JUIN 1851.

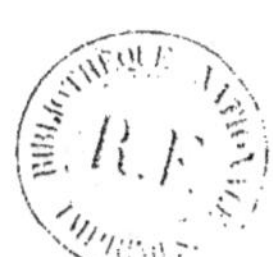 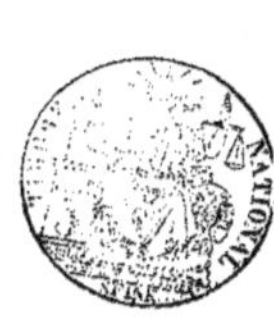

LA LUMIÈRE

JOURNAL NON POLITIQUE

HEBDOMADAIRE.

BEAUX-ARTS — HÉLIOGRAPHIE — SCIENCES.

BUREAUX, A PARIS, N° 15, RUE DE L'ARCADE, A LA SOCIÉTÉ HÉLIOGRAPHIQUE.

ET A LONDRES, UNITED PATENT OFFICE DE MM. GARDISSAL ET C°, 7, CALTHORPE STREET, GREY'S INN LANE, HOLBORN.

PRIX.—PARIS, UN AN, 16 F.; 6 MOIS, 10 F.; 3 MOIS, 6 F.—DÉPARTEMENTS, UN AN, 18 F.; 6 MOIS, 11 F.; 3 MOIS, 7 F.—ÉTRANGER, UN AN, 20 F.; 6 MOIS, 12 F.; 3 MOIS, 8 F.—CHAQUE N° 50 CENT.

SOMMAIRE.

ACADÉMIE DES SCIENCES.

Séance du 2 juin 1851.

AIMANTATION DES ROUES DE LOCOMOTIVES POUR LES FAIRE ADHÉRER AUX RAILS. — ÉLECTRO-FREIN. — COMMUNICATION DE M. NIÉPCE DE SAINT-VICTOR SUR L'HÉLIOCHROMIE.

Il y a dans le génie de l'homme une curiosité insatiable, un besoin incessant d'exploration. Sitôt que cet esprit de recherches trouve une issue vers un nouvel horizon et de nouvelles contrées, il court, il se précipite, il ne s'arrête plus qu'aux limites de l'impossible. La fin du dernier siècle et le commencement de celui-ci virent la chimie prendre tout à coup des proportions gigantesques, enrichir les arts, les sciences et l'industrie d'une foule de substances nouvelles, extraire du sein des plantes et des animaux mille *principes immédiats*, explorer, enfin, non-seulement la matière solide et liquide, mais les atomes les plus ténus de la matière gazeuse. La matière pondérable étant explorée sous toutes ses formes, l'esprit humain chercha au delà; il s'attaqua à la matière impondérable, aux différents fluides : il étudia le calorique et en fit une force motrice aussitôt applicable aux machines à vapeur; il étudia la lumière qui devint un agent de dessin, de gravure et de typographie entre les mains de MM. Niépce, Daguerre, Talbot, Bayard et cent autres; il étudia le fluide nerveux et tenta de faire du magnétisme animal un agent important de thérapeutique; il s'empara de l'électricité, l'appliqua au traitement des maladies, à la galvanisation des métaux, à la télégraphie, à la dorure et à l'argenture, à l'éclairage : le voilà qui tend à en faire une force motrice. Déjà, aux États-Unis, a été essayée une locomotive électrique dont il est difficile, d'après des expériences peu concluantes, de préjuger l'avenir; plus récemment encore, M. Nicklès a proposé à l'Académie une nouvelle application de l'électricité.

Comme tous les ingénieurs, il reconnut qu'un des plus grands obstacles qu'aient à vaincre les machines de fer, c'est le manque d'adhérence aux rails des roues de locomotives. Ces roues, qui servent de moyen d'application à la force motrice, ne touchent la voie de fer, en raison de leur forme circulaire, que sur un espace très-restreint. Mais deux surfaces plus ou moins polies manquent d'adhérence, si bien qu'on voit souvent les roues de locomotives exécuter plusieurs tours, sous l'influence de la vapeur, sans parvenir à entraîner le convoi.

Pour obvier à cet inconvénient, on songea, dans les premiers temps, à denter les rails et les roues, à établir entre eux un véritable système d'engrenage; puis on trouva plus commode d'augmenter l'adhérence, sur la voie de fer, des roues de locomotives, en donnant à ces dernières un poids excessif. Elles suffisent, en effet, grâce à ce perfectionnement, à entraîner, en temps ordinaire, des convois considérables; mais en temps de neige, de givre et de verglas leur marche est souvent entravée. Ajoutons que leur poids demande dans les travaux d'art un excès de solidité et de dépense, qu'il accélère l'usure de la voie, augmente les chances d'accidents et le prix du transport.

Si donc on parvenait, sans changer en rien la construction actuelle des chemins de fer, à donner aux roues de locomotives un moyen d'adhérence sur les rails, autre que celui d'un poids excessif, on rendrait un grand service à l'humanité : or, c'est précisément le problème résolu par M. Nicklès avec l'électricité. Cet agent lui a donné les moyens de transformer les roues de locomotives en un aimant dont on peut varier la puissance, et dont aucun état de l'atmosphère ne détruit ou même n'affaiblit l'adhérence au rail. Les roues aimantées ne peuvent tourner sur elles-mêmes sans entraîner la locomotive en avant ou en arrière, et cependant elles n'offrent aucun obstacle à la progression, l'aimant qu'elles représentent ne se séparant jamais complétement de la voie ferrée et la touchant toujours par une surface équivalente.

Ce n'est pas la seule application que M. Nicklès ait faite de l'électricité aux chemins de fer; il a inventé un *électro-frein* destiné à remplacer la méthode actuelle d'enrayure. Les freins généralement employés dans les chemins de fer consistent en deux coussinets de bois qui, par un mécanisme très-simple et, sous l'appel d'une vis à laquelle s'adapte une manivelle placée sous la main du chauffeur, s'appliquent contre la bande des roues du *tender* et les arrêtent complétement. L'impulsion du convoi fait que ces roues frottent par un même point sur les rails, l'espace de mille mètres et au delà, chaque fois que l'on veut arrêter le convoi; il en résulte une usure considérable, et pour la voie de fer toujours recouverte de parcelles de sable ou de grès, et pour les bandes des *roues* qui perdent en peu de temps leur forme circulaire et deviennent polygonales.

L'électro-frein remédie à tous ces inconvénients : il consiste en une barre de fer qui adhère aux rails dés que le courant électrique s'établit, et donne le moyen d'attacher, pour ainsi dire, le convoi au sol. Pour empêcher toute secousse de se produire, il est facile de rendre la puissance d'aimantation progressive en graduant l'intensité du courant électrique.

M. Nicklès ne s'est pas arrêté à ces découvertes; il a cherché à rendre ses procédés applicables à toute la mécanique; il tend à supprimer les engrenages, en démontrant que deux roues aimantées en sens inverse et se touchant par des surfaces polies au tour, se transmettent la force par un mouvement uniforme et sûr.

Tout en admettant ces données au point de vue théorique, nous ne croyons guère à l'usage des roues aimantées qui seront toujours très-coûteuses, et parce qu'elles sont en fer, et parce qu'elles demandent un courant électrique constant. Le problème qu'elles tendent à résoudre est déjà résolu, en mécanique, au moyen de larges courroies qui, moins chères qu'un courant électrique, permettent, en outre, de lier deux roues de bois au même mouvement sans que leur contact soit immédiat.

Une communication du plus haut intérêt pour l'héliographie est due à M. Niépce de Saint-Victor. Cet habile expérimentateur déposa, le 4 mars dernier, au secrétariat de l'Académie des sciences, un pli cacheté concernant la coloration par la lumière des images héliographiques. Des publications faites à l'étranger l'ont déterminé à demander l'ouverture de sa lettre, ou plutôt de son mémoire, avant d'avoir pu mettre la dernière main à ses expériences. Nous croyons devoir lui laisser le soin de rendre compte de sa découverte, aux lecteurs du journal la *Lumière*.

D' CLAVEL.

HÉLIOCHROMIE.

PAR M. NIÉPCE DE SAINT-VICTOR.

—

EXTRAIT D'UN MÉMOIRE SUR UNE RELATION EXISTANT ENTRE LA COULEUR DE CERTAINES FLAMMES COLORÉES, AVEC LES IMAGES HÉLIOGRAPHIQUES COLORÉES PAR LA LUMIÈRE.

J'ai déposé à l'Académie des sciences, le 4 mars dernier, un Mémoire très-détaillé sur ce sujet; je vais aujourd'hui en donner l'analyse le plus succinctement possible.

On sait qu'une plaque d'argent plongée dans une solution de sulfate de cuivre et de chlorure de sodium, en même temps qu'on la rend *électro-positive*, au moyen de la pile, se chlorure, et devient susceptible de se colorer, lorsque, l'ayant retirée du bain, elle reçoit l'action de la lumière.

On sait, en outre, que M. Edmond Becquerel, en exposant cette plaque aux rayons colorés du spectre solaire, a obtenu une image de ce spectre, de manière que le rayon rouge produisait sur la plaque une image rouge, le rayon violet une image violette, et ainsi des autres.

Ayant pensé, d'après mes observations, qu'il pouvait y avoir une relation entre la couleur que communique un corps à une flamme, et la couleur que la lumière développe sur une plaque d'argent qui aurait été chlorurée avec le corps qui colore cette flamme, j'ai entrepris la série d'expériences que je vais soumettre à l'Académie.

Le bain dans lequel j'ai plongé la plaque d'argent était formé d'eau saturée de chlore, à laquelle j'ajoutais le chlorure doué de la propriété de colorer la flamme en la couleur que je voulais reproduire sur la plaque.

On sait que le chlorure de strontium colore en *pourpre* les flammes en général, et celle de l'alcool particulièrement.

Si l'on prépare une plaque d'argent en la passant dans de l'eau saturée de chlore, à laquelle on ajoute du chlorure de strontium; si ensuite on applique le *recto* d'un dessin coloré en rouge et autres couleurs contre la plaque, et si on l'expose à la lumière du soleil, après dix à quinze minutes on remarquera que les couleurs de l'image sont reproduites sur la plaque, mais que les rouges sont beaucoup plus prononcés que les autres couleurs.

Lorsqu'on veut reproduire successivement les six autres rayons du spectre solaire, on opère de la même manière qu'il vient d'être indiqué pour le rayon rouge, en employant pour l'*orangé* le chlorure de calcium, ou celui d'uranium pour le *jaune*, l'hypochlorite de soude ou des chlorures de sodium ou de potassium, ainsi que le chlore liquide pur; car si l'on plonge une plaque d'argent pur dans du chlore liquide pendant quelque temps, et qu'on l'expose ensuite à la flamme d'une lampe à alcool, il se produira une belle flamme jaune.

Si l'on plonge une plaque d'argent dans du chlore liquide, ou qu'on expose la plaque à sa vapeur (mais dans ce dernier cas, le fond de la plaque reste toujours sombre, quoique les couleurs se soient produites), on obtient toutes les couleurs par la lumière, mais le jaune seul a de la vivacité. J'ai obtenu de très-beaux jaunes avec un bain composé d'eau légèrement acidulée d'acide chlorhydrique avec un sel de cuivre.

Le rayon vert s'obtient avec l'acide borique ou le chlorure de nickel, ainsi qu'avec tous les sels de cuivre.

Le rayon *bleu* s'obtient avec le chlorure double de cuivre et d'ammoniaque.

Le rayon *indigo* s'obtient avec la même substance.

Le rayon *violet* s'obtient avec le chlorure de strontium et le sulfate de cuivre.

Enfin, si l'on brûle de l'alcool aiguisé d'acide chlorhydrique, on obtient une flamme jaune, bleue et verdâtre, et si l'on prépare une plaque d'argent avec de l'eau acidulée d'acide chlorhydrique, on obtient par la lumière toutes les couleurs; mais le fond de la plaque est toujours noir, et cette préparation de la plaque ne peut avoir lieu qu'au moyen de la pile.

Voilà donc toutes les substances qui donnent des flammes colorées, qui donnent aussi des images colorées par la lumière.

Si je prends maintenant toutes les substances qui ne donnent pas de coloration à la flamme, je n'aurai également pas d'images colorées par la lumière; c'est-à-dire qu'il ne se produira sur la plaque qu'une image négative et qui ne sera composée que de noir et de blanc, comme dans la photographie ordinaire.

Quelques substances donnent des flammes blanches, telles que le chlorure d'antimoine, le chlorate de plomb et le chlorure de zinc. Les deux premiers donnent une flamme blanche azurée, et le dernier une flamme blanche faiblement colorée en vert et en bleu. Ces trois chlorures ne donnent pas de couleur par la lumière si on les emploie seuls; mais si on les mélange avec d'autres substances qui produisent des couleurs, on obtiendra en outre des fonds blancs : chose très-difficile à obtenir, parce que par le fait il n'existe pas de noir ni de blanc proprement dit dans ces phénomènes de colorations; et si je suis parvenu à en obtenir, ce n'est qu'au moyen du chlorure de zinc ou du chlorate de plomb, que j'ajoute à mes bains, mais en très-faible quantité, parce qu'ils empêchent la production des couleurs.

J'ai reproduit toutes les couleurs du modèle en préparant la plaque avec un bain composé de deuto-chlorure de cuivre. Ce résultat s'explique bien, ce me semble, par l'observation qu'une flamme d'alcool ou de bois, dans laquelle on a projeté du chlorure de cuivre, ne présente pas seulement du vert, mais encore successivement toutes les autres couleurs du spectre, selon l'intensité du feu; il en est de même de presque tous les sels de cuivre mélangés à du chlore.

Je renverrai actuellement au supplément de mon mémoire, que l'on trouvera en entier à la fin de cet extrait, et dans lequel j'ai classé par catégorie toutes les substances qui, à l'état de chlorate, ont une action dans ces phénomènes de coloration. Les substances qui ne donnent pas de flammes colorées ne donnent pas non plus d'images colorées par la lumière.

Je donne dans mon mémoire la composition des bains avec lesquels on prépare la plaque d'argent : mais comme il y en a beaucoup, et que cependant je n'ai pas signalé toutes les combinaisons que j'ai faites, j'en ai choisi deux ou trois qui m'ont paru préférables surtout pour préparer la plaque sans faire usage de la pile.

J'ai déjà dit que le chlore liquide impressionnait la plaque d'argent par une simple immersion et donnait toutes les couleurs; mais elles sont faibles (à l'exception du jaune); cela tient à ce que la couche est trop mince, et on ne peut la rendre épaisse qu'au moyen de la pile.

Si l'on met l'un sel de cuivre dans du chlore liquide, on obtiendra une couche très-épaisse par une simple immersion; mais le mélange du cuivre et du chlore liquide se fait toujours mal. Je préfère prendre du deuto-chlorure de cuivre auquel j'ajoute 3/4 en poids d'eau. Ce bain donne de très-bons résultats; cependant il est un mélange que je préfère : c'est de mettre parties égales de chlorure de cuivre et de chlorure de fer avec 3/4 d'eau. Le chlorure de fer a, comme celui de cuivre, la propriété d'impressionner la plaque d'argent et de produire plusieurs couleurs; mais elles sont infiniment plus faibles, et c'est toujours le jaune qui domine; cela est d'accord avec la couleur jaune de la flamme produite par le chlorure de fer.

Si l'on forme un bain composé de toutes les substances qui séparément donnent une couleur dominante, on obtiendra des couleurs très-vives; mais la grande difficulté est de les mélanger en proportions convenables, car il arrive presque toujours que quelques couleurs se trouvent exclues par d'autres; cependant on doit arriver à les reproduire toutes.

Je dois dire qu'il existe de très-grandes difficultés dans l'obtention de ces couleurs, plus encore que dans tous les autres procédés de photographie; car, quoique préparant les plaques de la même manière, on n'est pas toujours sûr d'obtenir les mêmes résultats; cela tient, entre autres, à l'épaisseur de la couche de chlore, à son degré de concentration, qui varie selon les chlorures que l'on a employés.

DE L'INFLUENCE DE L'EAU ET DE LA CHALEUR DANS LES PHÉNOMÈNES DE COLORATION PAR LA LUMIÈRE.

L'influence de l'eau est incontestable, puisque le chlore sec ne produit aucun effet, tandis que, si l'on emploie le chlore liquide par immersion ou en vapeur aqueuse, on obtient la reproduction de toutes les couleurs, comme nous l'avons signalé.

Dans les rapports que j'ai cru remarquer entre le calorique et les effets de lumière, j'ai observé ceux-ci : c'est que lorsque la plaque a été soumise à l'action du chlore, il faut la chauffer au-dessus d'une lampe à alcool, et elle prend alors successivement toutes les teintes produites par la chaleur. Ainsi, la plaque qui, au sortir du bain, a une couleur obscure, prend, par la chaleur, successivement les teintes suivantes : rouge brun, rouge cerise, rouge vif, rouge blanc ou teinte blanche; dans ce dernier état elle ne produit plus d'effet étant exposée à la lumière; c'est à la couleur rouge cerise qu'il faut l'exposer.

OBSERVATIONS GÉNÉRALES SUR CES PHÉNOMÈNES.

Chose remarquable : c'est que, pour obtenir les effets de colorations, il faut absolument opérer sur de l'argent métallique, préparé comme je l'ai dit; car l'iodate, le chlorure, le cyanure et le sulfate d'argent étendus sur papier un enduit d'amidon, ne donnent que du noir et du blanc. Peut-être, en employant la poudre d'argent mélangée aux substances que j'ai indiquées, obtiendrait-on quelque résultat en en enduisant une feuille de papier : c'est une expérience que je me propose de faire. J'ai déjà essayé le papier argenté; et cela m'a donné d'assez bons résultats, mais inférieurs à la plaque métallique.

Nous avons vu que toutes les substances qui donnaient des flammes colorées donnaient aussi des images colorées, et presque toujours en rapport; car si je ne suis pas parvenu à isoler complètement un rayon, c'est-à-dire à n'obtenir qu'une seule couleur sur la plaque, à l'exclusion de toutes les autres, j'ai toujours obtenu une couleur dominante, selon la substance que j'employais; et si l'on ne peut pas obtenir une seule couleur, c'est que le chlore, qui est la substance indispensable pour les obtenir, les produit toutes par lui-même, comme nous l'avons vu en opérant avec du chlore liquide pur; mais, dans ce cas, les couleurs sont toujours très-faibles, tandis qu'elles prennent séparément beaucoup de vivacité, selon la substance que l'on emploie en mélange avec le chlore liquide.

L'iode et le brôme, en cela bien différents du chlore, ne peuvent être employés; ni l'un ni l'autre ne produisent de couleurs; ils ne produisent pas de flammes colorées; même lorsqu'ils sont combinés à du cuivre, ils ne donnent qu'une flamme verte. Le chlore, à l'état de chlorure ou de chlorate, est la seule substance qui donne à l'argent métallique la propriété de se colorer par la lumière.

J'ai observé aussi que certaines couleurs étaient plus longues à paraître, et que, pendant ce temps-là, d'autres avaient disparu.

MANIÈRE D'OPÉRER.

J'ai formé tous mes bains au 1/4 en poids de chlorure et de 3/4 d'eau; ce sont les proportions qui m'ont paru le plus convenables. Quand on emploie l'acide chlorhydrique avec un sel de cuivre, il faut l'étendre de 1/10 d'eau. Le chlore liquide ne doit pas être trop concentré, si l'on veut obtenir de beaux jaunés.

Dans les bains composés de plusieurs substances, il est essentiel de filtrer ou de décanter la liqueur afin de l'avoir très-claire; on la renferme ensuite dans un vase pour s'en servir au besoin.

On ne doit prendre de cette liqueur que la quantité nécessaire pour préparer deux plaques au plus, parce que le bain s'affaiblit considérablement à chaque opération; cependant on peut le renforcer en y mettant quelques gouttes d'acide chlorhydrique.

Ayant opéré sur de l'argent au $1,000^{me}$, j'ai obtenu des couleurs plus vives que sur une plaque qui contenait 1/10 de cuivre. J'ai ensuite opéré sur une plaque d'argent à 718me et je n'ai obtenu que des couleurs très-obscures; de sorte que l'argent le plus pur sera toujours préférable pour les expériences.

La plaque étant parfaitement décapée (et pour cela il faut se servir d'ammoniaque et de tripoli), on la plonge dans le bain d'un seul coup et on l'y laisse pendant quelques minutes, afin d'avoir une couche assez épaisse. En sortant la plaque du bain, on la rince à grande eau, puis on la sèche avec une lampe à alcool. Elle a pris dans le bain une couleur obscure, presque noire, et, si on l'expose ainsi à la lumière, les couleurs se produiraient également, mais beaucoup plus lentement, et le fond serait toujours noir; il faut, pour avoir un fond clair et pour que l'opération soit plus rapide, que la plaque soit amenée par la chaleur à une teinte rouge cerise : c'est la couleur à laquelle (comme je l'ai dit), il faut l'exposer à la lumière. Le temps de l'exposition varie beaucoup, selon la préparation de la plaque, mais on peut calculer qu'il faut deux ou trois heures pour obtenir une épreuve dans la chambre obscure; c'est très-long, sans doute : mais la question d'accélération étant tout à fait secondaire, je ne m'en suis pas encore occupé. Cependant j'indiquerai déjà le fluorure de soude, comme accélérant beaucoup l'opération; il en est de même de l'acide chlorique et de tous les chlorates.

DU FIXAGE DES ÉPREUVES.

Jusqu'à ce jour je ne suis pas encore parvenu à fixer les couleurs; elles disparaissent très-promptement, même à la lumière diffuse, rien ne peut les maintenir. J'ai fait plus de cent essais, sans avoir pu obtenir le moindre résultat satisfaisant. J'ai passé en revue tous les acides et tous les alcalis : les premiers avivent les couleurs, et les seconds les enlèvent en détruisant le chlore pour ne laisser qu'une image noire. C'est par ce moyen que j'ai obtenu des épreuves identiques à l'image daguerrienne, et d'autres sans miroitage; il suffit, pour obtenir ces dernières, d'avoir une couche très-épaisse sur la plaque et de la laisser moins de temps exposée à la lumière.

Le problème de la fixation des couleurs me paraît bien difficile à résoudre; cependant je n'en continue pas moins mes recherches, et je suis déjà parvenu à les fixer momentanément par une exposition des couleurs à la flamme de l'alcool contenant du chlorure de sodium, ou de l'hydrochlorate d'ammoniaque, ce qui est encore préférable.

SUPPLÉMENT AU MÉMOIRE DÉPOSÉ À L'ACADÉMIE.

J'ai constaté que ces phénomènes de coloration par la lumière se manifestaient également dans le vide comme dans l'air; par conséquent, l'oxygène ne joue aucun rôle; il reste donc trois agents, l'eau, la chaleur, et la lumière qui est le principal.

J'ai étudié la propriété de chaque chlorure, soit séparément, soit simultanément avec le chlore liquide ou avec un sel de cuivre; car si l'on ne prépare pas la plaque d'argent par le moyen de la pile, un sel de cuivre est indispensable pour obtenir une couche d'une certaine épaisseur, et dans ce cas les couleurs sont beaucoup plus vives.

Je vais donner la nomenclature de tous les chlorures que j'ai employés, en les plaçant par catégorie.

ACTION ET PROPRIÉTÉ DE CHAQUE CHLORURE.

Première catégorie.

Chlorures qui, étant employés seuls, impressionnent la plaque d'argent, de manière à lui faire prendre toutes ou plusieurs couleurs du modèle.

Ce sont les chlorures de *cuivre*, de *fer*, de *nickel*, de *potassium*, et les hypochlorites *de soude* et *de chaux*, ainsi que le chlore liquide, par immersion ou en vapeur.

Deuxième catégorie.

Chlorures qui, étant employés seuls, impressionnent la plaque d'argent et qui cependant ne donnent pas d'images colorées par la lumière. Ce sont les chlorures *d'antimoine*, de *brôme*, de *bismuth*, d'*iode*, d'*or*, de *platine*, de *soufre*.

Troisième catégorie.

Chlorures qui, employés seuls, n'impressionnent pas la plaque d'argent; mais qui l'impressionnent si on les mélange à un sel de cuivre (surtout avec le sulfate ou le nitrate de cuivre), et qui alors donnent des couleurs par la lumière. Ce sont les chlorures *d'aluminium*, *d'argent*, de *baryum*, de *cadmium*, de *calcium*, de *cobalt*, d'*étain*, de *manganèse*, de *magnésium*, de *phosphore*, de *sodium*, de *strontium* et de *zinc*. L'acide hydrochlorique, étendu d'un dixième d'eau et mélangé à du nitrate de cuivre, impressionne la plaque et donne toutes les couleurs.

Quatrième catégorie.

Chlorures ou chlorates qui, quoique mélangés à un sel de cuivre et impressionnant la plaque d'argent, ne donnent pas de couleurs par la lumière. Ce sont le chlorure de *mercure* et le chlorate de *plomb*.

EN RÉSUMÉ.

La première catégorie contient les chlorures qui, étant employés seuls, impressionnent la plaque d'argent de manière à lui faire prendre toutes ou plusieurs couleurs; et chose remarquable, c'est que tous ces chlorures donnent également par la combustion des flammes colorées.

La deuxième catégorie contient des chlorures qui, pendant impressionnent la plaque d'argent étant employés seuls; mais, comme aucun d'eux ne donne de flammes colorées, ils ne donnent également pas d'images colorées par la lumière, lors même qu'on les mélange à un sel de cuivre.

La troisième catégorie contient les chlorures qui, étant seuls, n'impressionnent pas la plaque d'argent, et qui ne donnent pas de flammes colorées (à l'exception de ceux d'argent et de zinc, qui donnent de faibles couleurs); mais en les mélangeant avec un sel de cuivre, il se forme un chlorure de cuivre; alors ils deviennent, dans ce cas, susceptibles d'impressionner la plaque et de produire des couleurs par la lumière.

La quatrième catégorie contient les chlorures qui, quoique mélangés à un sel de cuivre et impressionnant dans ce cas, la plaque d'argent, ne produisent pas de couleurs par la lumière; ils ne donnent également pas de flammes colorées si on les brûle seuls, et combinés à un sel de cuivre ils ne donnent qu'une flamme verte.

Il existe encore un grand nombre de chlorures que je n'ai pas expérimentés, parce qu'ils sont d'un prix trop élevé pour que j'aie pu les employer, surtout à former des bains.

Ces chlorures sont ceux de *carbone*, de *cérium*, *chrôme*, de *cyanogène*, d'*iridium*, de *molybdène*, de *palladium*, de *silicium*, de *rhodium*, de *titane*, de *tungstène* et de *zirconium*.

CONCLUSION.

Depuis près d'un an que je m'occupe de ces expériences, j'ai observé bien des faits, j'ai répété un grand nombre de fois les mêmes expériences, et ce n'est qu'après que j'ai écrit le Mémoire que j'ai l'honneur de présenter à l'Académie.

Maintenant, d'après les faits que j'ai observés, il paraît bien que, s'il n'y a pas similitude complète entre les flammes colorées et les images colorées obtenues par la lumière sur une plaque d'argent préparée avec les chlorures ou chlo

qui colorent les flammes, il y a une grande analogie
tre ces couleurs.

Niépce de Saint-Victor.

ris, le 2 juin 1851.

PRÉSENCE DE L'IODE DANS L'AIR.

EXPÉRIENCES DE M. CHATIN.

La découverte de l'iode n'est pas très-ancienne; elle ne
ate que de l'année 1815, époque à laquelle Courtois re-
onnut sa présence dans les cendres des plantes marines.
i cette précieuse substance est restée si longtemps in-
onnue, cela ne tient pas tant à sa rareté qu'à son extrême
iffusion au milieu des éléments divers auxquels elle est
nêlée. Certes, si tout l'iode existant seulement dans la plus
etite des mers était rassemblé dans un filon, il y aurait
e quoi défrayer pour longtemps toutes les officines des
harmaciens et tous les laboratoires des photographes;
nais, étendu comme il l'est dans les eaux de l'Océan, l'iode
est resté longtemps dissimulé, et, maintenant encore
u'on a su l'y découvrir, on aurait beaucoup de peine à
en extraire si l'on ne pouvait compter, pour assister la
himie, sur le précieux concours des forces de la végéta-
ion. Ce n'est qu'après l'intervention de l'organisme végé-
al, doué de la propriété d'attirer à lui ces molécules
parses et de les condenser dans ses propres tissus, que la
himie industrielle peut se présenter pour récolter avec
vantage, sous une forme concrète, les sels iodurés, qu'elle
écompose ensuite par les moyens qui lui sont propres.
Ce rôle qui a été départi aux plantes marines, les planes d'eau douce le remplissent également, ainsi que l'a
émontré, l'année dernière, M. Chatin, en retrouvant l'iode
lans les cendres du cresson de fontaine et des joncs, et de
liverses plantes venues en eau courante. Il ne s'agissait
plus, il est vrai, de récolter de l'iode, mais de montrer
qu'il existe dans nos fleuves, moins abondamment, mais
aussi constamment que dans la mer. Le fait parut bien
avéré, et maintenant l'on admet volontiers que l'iode est,
sinon très-abondamment, du moins très-généralement répandu dans les eaux courantes, qui toutes finissent par le
porter à la mer.

Ces jours-ci, M. Chatin est revenu sur ce sujet pour dé-
noncer à l'Académie encore un nouveau véhicule de l'iode,
et l'on n'apprendra pas sans étonnement que c'est l'atmosphère elle-même. Si ce résultat se confirme, il montrera
une fois de plus l'utilité qu'il y a de poursuivre une idée
jusqu'au bout. Jamais, de prime abord, on ne se fût avisé
d'aller chercher de l'iode dans l'air; mais, après avoir
trouvé ce corps dans les plantes d'eau douce, puis dans
ces eaux elles-mêmes, et ensuite dans le vin, la bière, les
œufs, le lait, etc., M. Chatin a fini par soupçonner que
l'atmosphère, où se répandent constamment les émanations
des nappes liquides iodifères, pourrait bien en retenir
des traces sensibles aux réactifs. Un appareil très-simple,
composé d'un grand vase aspirateur et d'un système la-
veur formé d'une série de tubes à boules, de Liebig, lui
parut propre à vérifier cette conjecture.

En s'entourant de toutes les précautions nécessaires,
tant pour éviter l'accès d'un iode étranger à l'expérience
que pour ne pas laisser échapper celui que l'air pourrait
contenir, M. Chatin est arrivé à reconnaître que 4,000 litres
d'air atmosphérique renferment très-approximativement,
à Paris, 1/500e de milligramme d'iode; c'est assurément
une proportion bien minime. Mais si l'on considère que le
volume d'air consommé en un jour par un homme est de
8 mètres cubes ou de 8,000 litres, on voit que c'est 1/200e
de milligramme d'iode qui se met en rapport dans ce laps
de temps avec la muqueuse pulmonaire; il est même assez
digne de remarque que cette quantité est à peu près égale
à celle que prend un homme buvant par jour deux litres
d'eau médiocrement iodurée, celle d'Arcueil par exemple.
En livrant ce chiffre, M. Chatin ne le donne encore que
comme une approximation minimum. Il y a au moins dans
l'air 1/500e de milligramme d'iode par 4,000 litres; mais il
est possible qu'il y en ait davantage. Des observations ul-
térieures indiqueront sans doute que les résultats peuvent
être modifiés par la température et l'état hygrométrique
de l'air, l'heure de la journée, les vents dominants, les saisons, la rareté ou la fréquence des pluies, les orages, l'o-
rientation du pays et peut-être l'ioduration de son sol et de
ses eaux, la direction, l'étroitesse et l'encaissement des vallées, l'altitude, le voisinage des mers ou des grandes masses d'eau douce, etc.

L'analyse de l'air d'une cave petite, peu aérée, et dans
laquelle des personnes et des animaux avaient longtemps
séjourné, ayant fourni à l'analyse une quantité d'iode
sensiblement inférieure à celle contenue dans l'air extérieur, M. Chatin fut conduit à se demander si l'acte de
la respiration ne dépouillerait pas l'air de son iode
comme elle lui enlève une partie de son oxygène; et dans
cette vue il a fait des observations sur lui-même, c'est-à-
dire des analyses portant sur la totalité de l'air expiré
pendant douze et même vingt-quatre heures, par suite

desquelles il aurait conclu que l'air perd environ les
4/5 de son iode, qui se fixent dans les organes pulmo-
naires; il est probable que l'alcali du sang agit dans ce
cas à la manière de la solution de carbonate de potasse
employée dans les tubes laveurs pour y retenir l'iode de
l'air au moment où celui-ci les traverse.

L'action des végétaux sur l'iode de l'air est également
bien digne d'exciter l'intérêt. Trouvera-t-on, comme pour
l'oxygène, l'acide carbonique et même pour l'azote de
l'atmosphère, cette opposition entre les deux règnes or-
ganiqués qui y maintient l'équilibre de composition, ou
bien les végétaux et les animaux, à la fois inutiles pendant
leur vie à la production d'un corps que suffit à leur fournir le mouvement des composés minéraux, ne font-ils que
des restitutions au milieu commun, soit d'abord par les
voies excrétoires, soit plus tard par leurs propres débris,
les plantes pouvant, dans cette dernière hypothèse, ou
puiser, comme les animaux, de l'iode dans l'air, ou rester
sans action sur lui? L'expérimentation déjà commencée en
décidera.

La présence de l'iode dans l'air une fois constatée con-
duisait à une conséquence inévitable et à une contre-
épreuve assez redoutable: la pluie se condensant au sein
de l'atmosphère et la traversant dans une grande étendue
devait ramener, en tombant à terre, une proportion notable de ce principe soluble. Essayée à ce point de vue,
l'eau de pluie s'est en effet montrée contenir de l'iode et
même en présenter ce qu'on peut appeler d'énormes
proportions. Quand, par exemple, deux litres d'eau tombée à Paris rendent à l'analyse 1/3, 1/4, 1/3 et même 1/2
milligramme d'iode, on ne peut plus dire qu'ils en renferment seulement des traces. Les quantités recueillies
deviennent comparables entre elles, et aussitôt apparaissent des différences très-intéressantes à noter. A Paris,
par exemple, où l'auteur a pu faire ses observations les
plus suivies, la proportion d'iode contenue dans l'eau de
pluie s'est montrée dans certains cas six fois plus forte
que dans d'autres. Malgré l'étendue de ces variations, on
est porté à conclure, de la comparaison des analyses faites
dans le courant des mois de février, de mars et d'avril,
que les pluies longtemps prolongées deviennent successivement moins riches en iode.

L'hiver très-doux cette année n'a permis de faire qu'une
seule observation sur la neige tombée le 10 mars, dans laquelle l'iode s'est trouvé en proportion inférieure d'un
dixième à celle contenue dans la pluie tombée immédiatement après. Un résultat contraire vient d'être fourni par la
grêle tombée à Versailles le matin du 2 mai. M. Chatin a
également trouvé l'iode dans la rosée.

Ainsi M. Chatin prend résolument la responsabilité de
cette affirmation: l'iode existe dans l'air. Comment s'y
est-il introduit? Y est-il porté par des courants atmosphériques qui l'enlèveraient au sol avec des matières solides,
minérales ou organiques? Non, dit M. Chatin; car le rapport de quantité qui devrait alors exister entre l'iode et
ces matières, qu'on les considère sur la terre ou dans l'air,
n'existe pas réellement.

La combustion et certaines décompositions organiques
ou minérales doivent bien jeter dans l'air une certaine
quantité d'iode; mais la grande source qui fournit cet élément à l'atmosphère et l'y maintient dans un rapport qui
ne varie qu'entre certaines limites, c'est évidemment le
départ spontané de l'iode des eaux, et surtout des eaux
douces. Abandonnez de l'eau dans un vase découvert, l'iode
qu'elle contient naturellement s'en échappera peu à peu
complètement si c'est de l'eau douce, partiellement si c'est
de l'eau de mer. Il est donc admissible qu'un double courant d'iode s'établit dans l'atmosphère, où ce corps s'accu-
mulerait sans l'action incessante des animaux qui y respi-
rent, et surtout s'il n'était pas précipité par la pluie, la
neige et la rosée, et où il finirait par faire défaut si la surface naturelle des eaux ne le laissait pas échapper d'une manière incessante. Pour porter définitivement la conviction
dans les esprits, M. Chatin n'aura plus qu'à faire connaître la
manière dont il procède dans ses opérations. Après l'annonce d'un fait si nouveau, si extraordinaire, beaucoup de
gens, dont nous sommes, demanderont à voir, peut-être
même à opérer par eux-mêmes.

(Débats.)

Léon Foucault.

NOUVELLES DIVERSES.

PRÉSENCE DE L'AMMONIAQUE DANS DES GRÊLONS RECUEILLIS PRÈS DE PARIS LE 5 MAI 1851.

Le lundi 5 mai, il tomba sur
Paris et ses environs une grêle assez forte. Se trouvant à
ce moment dans son laboratoire, M. Mène eut l'idée de
recueillir une portion de cette grêle, et de la soumettre
à l'analyse. A cet effet il prit une pièce de toile qu'il
posa sur des tréteaux, et y recueillit environ 800 grammes
de grêle. Il la fit fondre immédiatement dans une capsule
de porcelaine avec un peu d'acide chlorhydrique, et l'éva-
pora jusqu'à siccité. Arrivé au moment d'une réduction
presque complète, il fut fort étonné de voir une petite

cristallisation s'opérer au fond du vase. Il essaya (par le
chlorure de platine, la potasse et le tournesol, la potasse
et l'acide chlorhydrique) quelques-uns de ces cristaux qui
pesaient ensemble 2 gr. 78 c., et il avait en main du chlor-
hydrate d'ammoniaque.

M. Mène signale encore une autre particularité: c'est
que dans les derniers moments de l'évaporation, une
matière noire et charbonneuse s'est déposée en cercles
sur l'émail de la capsule: cela ressemblait au charbon des
matières organiques. Ces taches étaient fort nombreuses, et
M. Mène croit qu'elles ont été produites par quelques
particules en suspension dans l'air.

— On écrit d'Athènes, le 2 mai, à la *Gazette d'Augs-
bourg*:

« Je me hâte de vous faire part d'une découverte qui
ne peut manquer d'intéresser vivement les amis et les
connaisseurs des antiquités grecques: Dans la cour
d'une petite maison, on a découvert les fondements de
l'ancien bâtiment du gouvernement. On a trouvé beaucoup
de sculptures. Ce ne sont que des fragments, mais
le style en est très-beau. Un bras, avec une partie du
vêtement dans le type achaïque, est une pierre magnifique. On espère trouver encore d'autres fragments. On a
déjà trouvé en outre soixante inscriptions. Ce sont en
grande partie des décrets donnant des récompenses à des
hommes distingués; quelques-unes du temps des Macé-
doniens, et d'autres de l'époque romaine. Une des ces
inscriptions remonte à l'archontat de Nicias (olympiade
121, 1). Il est dit dans tous ces décrets formellement
qu'ils seront exposés, etc. »

— Une découverte des plus intéressantes vient d'être
faite en Egypte. On sait qu'il existe au mont Zabarah,
situé dans une île de la Mer Rouge, une mine d'éme-
raudes que le pacha d'Egypte a longtemps fait exploiter
et qui a été abandonnée dans les dernières années du
règne de Méhémet-Ali. Une compagnie anglaise a sollicité
et obtenu, depuis peu de temps, l'autorisation de reprendre l'exploitation de cette mine qui, à ce qu'il paraît, offre
encore de grandes richesses. En faisant exécuter récemment des travaux importants en cet endroit, l'ingénieur
de la compagnie, M. R. Alfau, a découvert, à une grande
profondeur, les traces d'une grande galerie qui remonte-
rait à la plus haute antiquité.

Il a fait opérer des déblais considérables, et il a trouvé
des outils et des ustensiles anciens, et une pierre sur laquelle est gravée une inscription hiéroglyphique en
grande partie détruite. Cette circonstance prouve la vérité de l'opinion émise par Belzoni, d'après des inductions d'un autre genre, que la mine dont il s'agit a été
exploitée dans l'antiquité.

La nature et la forme des outils et des ustensiles qui
viennent d'être découverts, et qui sont d'un grand intérêt;
la configuration de la galerie, dont il a été facile de retrouver le plan, prouvent de la manière la plus évidente que
les anciens Egyptiens étaient très-avancés dans l'art de
l'ingénieur.

Il paraîtrait, d'après l'étude de l'inscription de la pierre
qui a été retrouvée, que les premiers travaux de la mine
de Zabarah remonteraient au règne de Sésostris le Grand,
ou Ramsès-Sésostris, qui, selon l'opinion la plus générale,
vivait vers l'an 1650 avant Jésus-Christ, et qui est célèbre
par ses immenses conquêtes autant que par les innombrables monuments dont il a couvert l'Egypte.

CORRESPONDANCE.

DU FOYER CHIMIQUE ET DU FOYER APPARENT

DANS LES OBJECTIFS.

Découverte et expériences de M. le capitaine Lugeol.

A monsieur le rédacteur de la *Lumière.*

J'ai à me féliciter de ce que deux estimables amis,
situés l'un au nord et l'autre au midi de la France, soient
venus au même moment et sans connaître le résultat de
mes recherches sur la variation des foyers, corroborer
mes observations et me donner raison contre cette incrédulité qui, de rigueur, accueille toujours la découverte
d'un fait inattendu ou difficile à expliquer, et décourage
l'observateur le plus zélé et le plus consciencieux.

Votre numéro du 12 mai contenait la lettre de M. Nothomb, par laquelle ce zélé amateur de photographie
annonçait qu'il avait découvert que le moyen de corriger
la différence des deux foyers, en reprenant le tube mobile
de l'objectif, n'était pas toujours exact; que dans certaines
conditions de lumière, il ne produisait pas la correction
désirée. M. de Nothomb prouvait ainsi le fait de la variation que j'ai signalée dans mon dernier Mémoire.

Mais voici qu'un autre excellent ami, M. G. Lugeol,
capitaine de vaisseau et commandant le *Napoléon*, à Toulon, amateur enthousiaste de la photographie et savant
distingué, comme le doit être un officier de marine auquel
la France a confié le commandement de son plus beau

vaisseau, vient, par une belle découverte, expliquer la cause de la variation des foyers.

J'ai dit dans mon Mémoire qu'il était probable que la polarisation de la lumière pût exercer une influence sur la séparation des foyers par l'extinction des rayons réfractés soit par le centre, soit par les bords de l'objectif, ce qui devait en modifier l'achromatisme par la plus ou moins grande quantité de rayons obliques concourant à la formation de l'image. En effet, des rayons, dans certaines conditions de polarisation par l'état de l'atmosphère, devaient s'éteindre après avoir été réfractés à travers plusieurs épaisseurs de verre, et après avoir été d'abord réfléchis sur la surface de l'objectif dans certains angles, suivant la courbure de la surface. J'ajoutais que, n'ayant pas eu le temps de faire d'expériences décisives sur ce point, je me contentais d'émettre cette idée et d'en faire le sujet d'une suggestion que je soumettais aux recherches des expérimentateurs.

M. Lugeol, lui aussi, sans savoir ce que j'ai communiqué à l'Académie des sciences, a, par une expérience fort ingénieuse et très-savante, découvert qu'effectivement la polarisation de la lumière modifie l'achromatisme des objectifs et produit une variation dans la position respective des foyers visuel et photogénique.

Comme il vaut mieux que je laisse parler M. Lugeol lui-même, je vais vous donner le passage de sa lettre du 24 mai, dans laquelle cet ami me fait part de sa découverte :

Il me dit : « Voici ce que j'ai découvert dans le mois « de mars ; je voulais m'en assurer de nouveau dans ce « mois-ci, mais je n'en ai pas eu le temps. Je veux parler « de la cause qui produit la différence que vous avez dé- « couverte entre les deux foyers visuel et photogénique. « Il m'est venu dans l'idée que cela pourrait tenir à la « polarisation de la lumière. Pour m'en assurer, je me « suis procuré un polariscope de M. Arago, au moyen « duquel on aperçoit en regardant le ciel la quantité plus « ou moins grande de lumière polarisée. Si l'on regarde « vers le soleil, les deux disques complémentaires sont « presque blancs ; à mesure que l'on s'en éloigne ils se fon- « cent de plus en plus jusqu'à devenir l'un violet foncé « et l'autre jaune, de manière cependant à ce que leur « partie commune (en les faisant mordre l'un sur l'autre) « reste toujours blanche. Eh bien ! en présentant votre « focimètre vers les divers points de l'horizon, donnant « des différences sensibles de lumière polarisée, la diffé- « rence des foyers variait, et l'accélération dans la produc- « tion de l'image était d'autant plus grande qu'il y avait « moins de lumière polarisée. Or, la lumière polarisée « varie à chaque heure du jour, elle varie avec les nuages « qui en réfléchissent bien moins que le ciel bleu. Voilà « pourquoi le temps d'exposition varie sans cesse à la « chambre obscure. On pourrait donc déterminer, d'après « la couleur des disques du polariscope, non-seulement la « différence des foyers, mais aussi le temps d'exposition. « Il vous appartient, mon cher ami, de vérifier si je ne « me suis pas trompé, et de publier cette découverte qui « est aussi curieuse qu'importante. »

Comme je pourrais ne pas avoir le temps de faire promptement des expériences pour vérifier le fait, je pré- fère publier de suite la découverte de M. Lugeol, et la li- vrer aux expérimentateurs de photographie. La question est fort intéressante.

J'ai l'honneur de vous saluer.

A. CLAUDET.

Londres, 2 juin 1851.

RÉPONSES A NOS CORRESPONDANTS.

A M. de N...., à L.... — Le vœu que vous nous avez exprimé le mois dernier relativement à la formation d'un *Comptoir de commission* à Paris, se trouve en ce moment réalisé. La Société héliographique, en accordant son patro- nage à l'un de ses membres, M. PUECH, chimiste, lequel lui avait manifesté son intention de créer un établisse- ment spécial pour l'héliographie, a bien eu la pensée, tout en accordant cette faveur utile aux amateurs et ar- tistes de Paris et des départements, en leur offrant de la sorte les moyens de se procurer par un intermédiaire sûr et capable toutes les substances et objets dont ils peuvent avoir besoin. M. Puech est lui-même une garantie pour ses produits chimiques qui sont de sa propre fabrication ; quant à la fourniture des appareils optiques, ustensiles et autres articles indispensables à l'héliographie, ses rapports directs avec l'élite de la fabrication parisienne doivent, à cet égard, lui mériter la même confiance de la part des personnes qui voudront mettre à profit son active et intel- ligente médiation.

Le Secrétaire de rédaction F.-A. RENARD, *Gérant.*

FABRIQUE SPÉCIALE DE DAGUERRÉOTYPES

FOURNITURES ET ACCESSOIRES

Rue Rambuteau, **38.**   # WULFF ET Cᴱ.   Rue Rambuteau, **38.**

Appareils perfectionnés pour Plaques et pour Papier. — Objectifs garantis, Plaques, Passe-Partout et Cadres en tout genre ; Couleurs surfines, Écrins, Broches, Médaillons, Objets de fantaisie ; Produits chimiques, Papier positif et négatif préparé et non préparé, Dissolutions prêtes à être employées. — **CHASSIS POSITIF**, nouveau système, qui permet de regarder les progrès de l'épreuve sans crainte de déplacer les deux papiers. — Envoi du Catalogue *franco* sur demande affranchie.

PLAQUES ARGENTÉES POUR DAGUERRÉOTYPE, J. ROUSSEAU ET Cⁱᴱ, A PARIS, 24, RUE DE LA PAIX,

de la Société Ch. Christofle et Cᵉ, propriétaire des brevets de Dorure et Argenture électro-chimiques de MM. Elkington et de Ruolz.

TARIF DES PLAQUES NEUVES.		RÉARGENTURES DES PLAQUES USÉES.				Nos plaques n'ont aucune des défectuosités des autres plaques, et présentent des avantages spé-
Entières, la 12ᵉ, 42 fr. »	1/4 la 12ᵉ, 10 80	Entières, la pièce, 2 f. 10	1/4 la pièce, » f. 55			ciaux. La pureté de l'argent et la nature cristalline et poreuse du dépôt favorisent la pénétration
1/2 — 22 80	3/6 — 7 50	1/2 — 1 10	1/6 — » 45			couche chimique, d'où il résulte une vigueur de tons, une richesse de détails remarquables, et une
1/3 — 16 80	1/9 — 5 50	1/3 — » 80	1/9 — » 25			de rapidité dans la production de l'image. Des expériences ont constaté leur supériorité.

PINCE combinée pour courber d'une seule pression les angles des plaques, 4 fr.—**CHASSIS** pour fond de portraits, 2 m. 10 c. sur 1 m. 90 c. se montant et se démontant en un instant, se plaç. dans la boîte d'appareil, 24 f.

PRODUITS CHIMIQUES. Fabrique spéciale de PRODUITS CHIMIQUES pour l'héliographie et pour les sciences et les arts qui s'y ratta- chent, fondée sous les auspices de la Société Héliographique de Paris.—Dépôt de plaques de Houssemaine et autres objets pour le daguerréotype.—PUECH et Cᵉ, *rue de l'Arcade*, 15.

FIXATEUR GAUDIN, Procédé pour obtenir des épreuves *sans miroitage.* Prix, 6 fr. 50 c. chez ALEXIS GAUDIN. Fabrique spéciale de plaques de daguerréotype, par deux machines à vapeur. Appareils, produits chimiques, passe-partout, cadres, écrins, broches, médail- lons, etc. Chloro-bromure de chaux et iodo-brôme de Vaillat, 7, *rue de la Perle* (Marais). (*Affranchir.*)

WITTMANN ET POULENC JEUNE, *rue Saint-Merry*, 9. —PRODUITS CHIMIQUES spéciaux pour le Daguerréotype, la Photographie, la Galvanoplastie, etc.; Iode et Iodure de potas- sium, d'ammoniaque;—Fluorures, Brôme et Brômure de chaux ; Chlorure de brôme, Mercure, Hyposulfite de soude, Nitrate d'ar- gent, Chlorure d'or, Acide gallique, Alcool, Eau distillée, etc.

LIQUEUR INVARIABLE à l'usage du Daguerréo- type, de J. THIERRY. DAGUERRÉOTYPIE du même ; franches explications sur l'emploi et sur les moyens qu'il met en usage pour en obtenir le maximum de sensibilité et en retirer les avantages de transparence, etc. — Histoire abrégée de la Photographie. En vente : à Paris, chez MM. *Lerebours et Secretan* ; à Lyon, chez *l'auteur.*

GUILLOUX, *Passage de l'industrie*, nᵒ 7. Breveté S. G. du G. pour les articles de daguerréotype.— Capsules en glacé, cristal, porcelaine et faïence pour la plaque et le papier. — Glace mince pour épreuves négatives. — Glaces fortes pour châssis à décalquer.

OCCASION. A VENDRE UN OBJECTIF 1/4 allemand, Appareil complet et Accessoires. — S'adresser à M. BELLOC, *boulevard Montmartre*, 5.

TRAITÉ PRATIQUE DE PHOTOGRAPHIE

sur papier, sur verre et sur plaques métalliques, par AUBREY.— Nouveau procédé qui simplifie et abrége les opérations. Prix : 2 fr. 50 c. et 5 fr. par la poste.—Dépôt chez WULFF et Cᵉ, *rue Rambuteau*, 38, à Paris. (Affranchir.)

POINTEAU, 356, *rue Saint-Denis.* Fabrique spéciale de Passe-Partouts pour daguerréotypes.

ALPHONSE NINET ET Cᴱ, 37, *rue de Lille, à Paris.*—Maison spéciale pour la PHOTOGRAPHIE SUR PAPIER ET PLAQUES. — Simple intermédiaire entre le marchand de province et de l'étranger; avec l'ouvrier de Paris. — 6 0/0 de commission.

HOUSSEMAINE planeur sur tous métaux, 20, *rue Bourg-l'Abbé.* Spécialité de plaques pour daguerréotypes.

MARCHANDISES POUR DAGUERRÉOTYPE SEULE- MENT. — EDWARD ANTHONY, importateur et fabricant de tous les articles pour daguerréotype, 308, *Broadway, New-York.*

PHOTOGRAPHIE Le chef d'un Établissement bien connu et bien achalandé désire s'ad- joindre une personne qui s'occuperait spécialement de la Pho- tographie sur papier, à des conditions très-avantageuses. — Écrire *franco* à F.M., au bureau du journal, rue de l'Arcade, 15.

PHOTOGRAPHIE SUR PAPIER NOUVEAU TRAITÉ, par M. BLANQUART-ÉVRARD, de Lille. — Chez A. MADELAIN, fabricant de Daguerréotypes, rue Chabannais, 11, place Riche- lieu ou Louvois, Paris.

DAGUERRÉOTYPE. On demande un ASSOCIÉ ou un ACQUÉREUR pour une maison importante de Paris. Magnifique TERRASSE située au nord. ATE- LIER, SALON, etc. (*quartier populeux et très-commerçant*). 14 TABLEAUX SUR LA VOIE PUBLIQUE.— *Facilités pour le payement.* S'adresser à M. X, rue du Roi-de-Sicile, 16 (Écrire *franco*).

NINET Vᵒʳ *Rue de Seine*, nᵒ 91. Maison créée en 1841. — Fabrique de tout ce qui concerne le daguer- réotype. — Seule maison où se trouve la véritable liqueur Ninet.

ANCIENNE MAISON ZACHARIE *boulevard des Italiens*, nᵒˢ 1 et 5. — Fabrique spéciale de tous les objets pour la PHO- TOGRAPHIE, Appareils complets d'un nouveau système, Pla- ques, Passe-Partout, Cadres, Produits chimiques, Couleurs, Leçons sur plaques et sur papier. — Dépôt d'Académies et de Vues sur papier.

LEREBOURS ET SECRETAN, opticiens de l'Observatoire, 15, *place du Pont-Neuf, Paris.* — Appareils photographiques pour plaques de doublé, *et pour opérer sur papier*, de tous les systèmes, grandeur normale, de 20 centimètres sur 28, de 25 sur 33, de 30 sur 40.—Vente, après l'essai, de tous les objec- tifs, doubles et simples, pour les appareils ci-dessus. — Fourni- ture de tout ce qui est relatif à la photographie sur plaque et sur papier. — *Appareil panoramique* de M. Martens. — *Foci- mètre* de M. Claudet pour déterminer, dans les objectifs, la dif- férence qui existe entre le foyer chimique et le foyer apparent, 15 francs. — *Actinomètre*, du même, pour comparer le pouvoir d'activité de toute espèce d'objectifs, 15 fr. — Brochures de tous les auteurs sur la photographie. — Le supplément au catalogue de 1846 est envoyé, *sans frais*, à toutes les personnes qui en font la demande franco.

DAGUERRÉOTYPE Fabrique de PASSE-PARTOUT, spécialité d'Encadrements pour épreuves sur papier.—LEFÈVRE, 17, *rue Chapon.*

SCHIERTZ, Ébéniste, Fabricant de DAGUERRÉOTYPES, NOUVEAU SYSTÈME DE RAPPEL A LA CHAMBRE NOIRE.—*Atelier et Magasin rue de la Huchette*, 27.

MAYER FRÈRES. — LEÇONS DE DAGUERRÉOTYPE pour faire les portraits d'après leurs procédés. Voir les épreuves qu'ils exposent, boulevard Montmartre, au coin de la rue Vivienne.—*A Paris, rue Vivienne*, 48.

REUTLINGER *boulevard Saint-Martin*, 33. — Leçons de Daguerréotype sur papier. — Voir les épreuves exposées boulevard des Italiens, boulevard Montmartre, passage Vivienne.— On peut voir des portraits sans retouche à son domicile, boulevard Saint-Martin, 35.

OCCASION. A CÉDER un Établissement de Daguerréotype bien connu, dans un des plus beaux quartiers de Paris, avec ou sans accessoires.—S'adresser au bureau de la *Lumière.*

G. BELCOUR *rue Crussol*, 12.—ARGENTURE SPÉCIALE ET PLANAGE MÉCANIQUE POUR PLAQUES DE DA- GUERRÉOTYPES. Fabrique tous les jours cinq cents plaques pour son débouché en Europe et en Amérique.

Imprimerie de MEKNUTER et Cᵉ, rue Lemercier, 24, Batignolles.

PREMIÈRE ANNÉE. N° 19.

DIMANCHE, 15 JUIN 1851.

LA LUMIÈRE

JOURNAL NON POLITIQUE

HEBDOMADAIRE.

BEAUX-ARTS — HÉLIOGRAPHIE — SCIENCES.

BUREAUX, A PARIS, N° 15, RUE DE L'ARCADE, A LA SOCIÉTÉ HÉLIOGRAPHIQUE.

ET A LONDRES, UNITED PATENT OFFICE DE MM. GARDISSAL ET Cᵉ, 7, CALTHORPE STREET, GREY'S INN LANE, HOLBORN.

PRIX.—PARIS, UN AN, 16 F.; 6 MOIS, 10 F.; 3 MOIS, 6 F. — DÉPARTEMENTS, UN AN, 18 F.; 6 MOIS, 11 F.; 3 MOIS, 7 F.—ÉTRANGER, UN AN, 20 F.; 6 MOIS, 12 F.; 3 MOIS, 8 F.—CHAQUE N° 30 CENT.

SCIENCES.

ÉTUDES SUR L'AGENT LUMINEUX.

APPAREIL DE LA VISION.

On imaginerait à tort que tous les points de la rétine sont également sensibles ; au contraire, la vue distincte n'occupe qu'un espace très-rétréci : placé au fond de l'œil, sur le prolongement de l'axe antéro-postérieur, ce point d'élection est celui que nous présentons instinctivement au devant des rayons lumineux qu'il nous importe d'apprécier. Il est facile de s'assurer du fait, en lisant quelques lignes d'une écriture très-fine ; on s'aperçoit que la vue distincte est incapable d'embrasser, tout entier, un mot composé de plusieurs syllabes, et qu'elle est tenue de parcourir successivement chacune d'elles.

Une autre difficulté consiste à expliquer comment avec deux yeux on ne perçoit qu'une sensation ou qu'une image, tandis que le contraire a lieu pour d'autres organes symétriques, tels que les mains et en général les deux côtés du corps.

Wollaston avait cru trouver une explication en affirmant que les nerfs optiques se partageaient à leur entre-croisement, de telle sorte qu'un même nerf fournissait les deux moitiés droites des rétines, tandis que l'autre nerf fournissait les deux moitiés gauches. A cela on peut objecter qu'il ne suffit pas, pour l'unité de vue, que les images touchent à la fois sur les deux moitiés gauches ou droites des rétines ; ces images doivent encore aboutir à des points qui se correspondent exactement ; il suffit, en effet, de dévier très-peu un œil en haut et en bas pour produire la double image (diplopie), sans que les rayons lumineux partis d'un même point cessent de toucher sur les moitiés droites ou gauches des rétines.

L'unité de vue nous semble résulter de ce fait, que dans les rétines il est des fibres synergiques et qui rapportent au même point de l'espace les impressions qu'elles reçoivent. C'est incontestable pour le centre de chaque rétine, et il en résulte, pour la volonté, le moyen de faire converger les deux globes oculaires de telle sorte que leur axe antéro-postérieur se dirige exactement vers l'objet à examiner. De cet objet partent deux rayons lumineux exactement semblables, qui viennent aboutir au centre des deux rétines : il y a pour l'intellect deux impressions, deux images, si l'on veut, mais elles sont rapportées au même point de l'espace, elles se superposent, elles se confondent, elles ne font qu'un. Si avec le doigt on vient à dévier l'un des yeux, on voit les images se disjoindre et se séparer ; les rayons lumineux partis d'un même milieu ne tombent plus sur les points correspondants des rétines, ils sont rapportés à des portions différentes de l'espace ; il y a diplopie.

Ce qui vient d'être dit pour les fibres centrales des rétines peut être dit pour les fibres situées à droite ou à gauche, en haut ou en bas, et qui toutes correspondent aux fibres synergiques du côté opposé. A la rigueur, un seul œil suffit à l'exercice de la vision ; mais dans ce cas, les impressions lumineuses n'affectent probablement qu'un seul hémisphère cérébral. Cela suffit pour les actes intellectuels pour lesquels un seul hémisphère est nécessaire, mais l'existence des deux yeux a cet avantage qu'un accident arrivé à l'un d'eux ou à l'un des côtés du cerveau ne peut amener la cécité.

Un autre avantage qui résulte de la présence des deux yeux est un moyen d'apprécier les distances : il suffit, en effet, de fermer un œil pour se convaincre qu'on a perdu, en grande partie, l'aptitude à estimer la distance à laquelle se trouve un objet. L'explication de ce fait résulte de cette puissance, déjà signalée dans les muscles, de diriger l'axe antéro-postérieur des yeux sur un même point de l'espace, de manière que le prolongement de ces axes, en se rencontrant, forme un angle qui, très-aigu, nous indique des corps éloignés, et, plus ouvert, nous indique des corps plus rapprochés. L'appréciation de l'ouverture de cet angle optique, et si l'on veut, de la position respective des deux globes oculaires, ne peut appartenir qu'aux muscles de l'œil, comme les muscles du bras indiquent au cerveau, sans le secours de la vue ou du tact, quelle position occupe la main.

L'œil possède encore un moyen d'apprécier l'éloignement des corps colorés, dans le plus ou moins d'abondance des rayons lumineux, le nombre de ces derniers étant en raison inverse du carré de la distance. Sans cela l'homme privé de l'un de ses yeux tomberait continuellement dans des erreurs dangereuses pour lui. Mais la preuve que le plus ou moins d'abondance des rayons lumineux donne un moyen fort incomplet d'apprécier les distances, c'est que la nuit un objet peut être fort rapproché et ne donner qu'un petit nombre de rayons lumineux ; si, dans ce cas, l'angle optique ne vient rectifier la vision, on peut croire à de grandes distances des objets très-rapprochés.

Dʳ CLAVEL.

SOCIÉTÉ HÉLIOGRAPHIQUE.

(Séance du vendredi 30 mai 1851.)

PRÉSIDENCE DE M. J. ZIÉGLER.

On remarque, avant l'ouverture de la séance, une suite de magnifiques portraits sur papier obtenus par M. Mestral, qui les destine à l'album de la Société ; on admire également trois fort belles épreuves qui sont offertes par M. Lesecq pour la même destination ; et enfin M. Puech présente, de la part de M. Plau, artiste photographe à Paris, un portrait sur verre parfaitement réussi en 48 secondes à l'intérieur, à 4 heures du soir, ainsi qu'une vue des quais d'une netteté très-remarquable, également sur verre, obtenue en 4 minutes, à 5 heures du soir, avec un objectif simple français.

M. le Président, au nom de la Société, adresse des remerciements à MM. Mestral, Lesecq et Plau, et signale en même temps à l'admiration des membres présents la riche collection de monuments, d'inscriptions et de sites variés recueillie par M. Maxime du Camp dans son voyage en Égypte et en Syrie. M. du Camp promet de détacher quelques épreuves de cette remarquable collection pour en enrichir l'album de la Société.

M. le Président accorde ensuite la parole à M. Secrétan, qui désire donner quelques renseignements sur les objectifs et surtout sur le mode qu'il conviendrait d'adopter dans leur désignation afin de pouvoir plus facilement les comparer entre eux. Cette comparaison est facile toutes les fois qu'il s'agit d'objectifs simples, parce qu'alors la distance focale de l'un étant connue, la grandeur d'une image d'un objet donné et placé à une distance aussi donnée, est parfaitement déterminée dans l'application qu'on en fait, et l'on est sûr qu'un autre objectif simple de même foyer donnera de même grandeur l'image du même objet ; on pourra, par conséquent, comparer la netteté et l'intensité de ces deux images.

Mais pour les systèmes à deux verres (et il y en aura peut-être à 3, à 4 et à 5 verres), les amateurs, les praticiens et les opticiens sont incertains sur ce qu'il faut entendre par la distance focale. Presque tous les auteurs qui ont écrit sur cette matière appellent distance focale la distance du dernier verre à l'image. C'est une dénomination trompeuse, parce qu'elle ne fixe pas la grandeur de l'image ; ainsi, vous ferez un objectif qui aura une distance focale de ce genre très-courte et qui donnera lieu à une grande image ; vous en ferez un autre avec un plus long foyer, qui donnera cette même image très-petite.

On ne peut donc pas comparer deux objectifs à verres doubles, en disant qu'ils ont la même distance focale. Il conviendrait alors de désigner ces objectifs par la grandeur d'une image d'un objet donné à une distance donnée. On dirait, par exemple : voici un système qui est double, triple ou simple et qui, placé à la distance d'un mètre de l'objet (pour prendre une unité), donne une image qui est la centième partie de cet objet. Dès lors on pourrait comparer deux systèmes quelconques et dire : ils sont identiques en ce sens qu'ils donnent une image de même grandeur d'un objet placé à la même distance de l'un et de l'autre ; ou bien, ils diffèrent parce que, placés à la même distance de l'objet, le premier donne une image qui est la centième partie de cet objet, tandis que l'autre la donne de la cent vingtième partie.

Après avoir ordonné que ces observations seront consignées au procès-verbal de la séance, M. le Président fait ressortir l'importance qu'il y aurait à régler définitivement le langage héliographique. Il y a une foule d'expressions sur lesquelles on ne s'entend pas. Grâce aux explications que vient de nous donner M. Secrétan, le temps n'est sans doute pas éloigné où les opticiens s'entendront parfaitement sur les dénominations à donner aux différents objectifs ; mais il serait temps aussi de s'entendre sur une foule d'autres désignations, telles, par exemple, que photographiste et photographe, auxquels les uns donnent la même signification, tandis que d'autres distingueront par le premier mot l'artiste qui opère, sous prétexte que par le second on désignerait (ce qui n'est pas) l'instrument avec lequel on opère ; et ainsi de beaucoup d'autres expressions, comme photochromie, héliochromie, chromotypie, photographique, photogénique, photogénie, etc., adoptées jusqu'ici sans qu'on se soit rendu compte suffisamment de leur emploi.

La parole est ensuite à M. Buron, qui a quelques observations à faire sur les paroles prononcées par M. Regnault, dans la dernière séance.

Celui-ci, dont il regrette l'absence, avait été d'avis qu'on ne nommât pas de commission pour examiner tels objectifs, dont il avait été question dans ladite séance ; mais il ne s'était point opposé à ce que quelques membres voulussent bien se charger officieusement, sous leur seule responsabilité, d'essayer les objectifs en question, et d'en faire l'objet d'une communication à la Société. M. Buron verrait même là un grand inconvénient, car il est fort difficile d'affirmer que tel ou tel opticien fait des objectifs meilleurs que ceux de ses confrères. Les premiers opticiens de Paris sont tous aptes à faire de très-bons objectifs, et il lui serait facile de démontrer qu'il n'y a aucune raison pour qu'un opticien fasse constamment des objectifs meilleurs que les autres.

M. Dubieu, qui présidait la dernière séance, explique en quelques mots quel a été le véritable sens de la décision qu'a prise à cette occasion la Société à l'unanimité des membres présents. Les observations faites par M. Regnault étaient assez conformes à celles que M. Buron vient d'exposer. Elles avaient effectivement pour objet de ne rendre la Société solidaire d'aucune espèce de décision prise soit sur les instruments eux-mêmes, soit sur ceux qui les fabriquent, et on a positivement décidé que les membres qui auraient à faire connaître à leurs collègues de bons objectifs qu'ils auraient expérimentés, les feraient voir chez eux, et sans qu'il en soit fait un rapport officiel.

M. Buron entre ensuite dans quelques détails professionnels sur les objectifs considérés aux points de vue théorique et pratique, après quoi M. le président, résumant rapidement les vœux manifestés à plusieurs reprises par la généralité des membres de la Société, appelle de tous ses vœux le progrès sur cette branche de fabrication si importante de l'art héliographique.

Nous nous adressons aux verriers d'abord et ensuite aux opticiens. Les verriers ont du flint et du crown très-inégaux ; si leur matière est verte ou jaune, on peut être sûr à l'avance qu'un objectif fait avec cette matière sera mauvais. Les bons objectifs, quand on les place sur une feuille de papier blanc paraissent parfaitement blancs ; les objectifs à teinte bleue font aussi de belles épreuves et sans trop retarder l'opération.

Pour l'astronomie il faut que les objectifs soient un peu colorés ; mais pour l'héliographie, plus il y a de blancheur, plus il y a de rapidité dans l'obtention de l'épreuve. Il n'y a qu'un cas où la diminution de cette blancheur serait peut-être avantageuse, c'est lorsqu'il s'agit d'opérer dans certains pays où la lumière du soleil est excessivement active, comme en Egypte ou en Italie. Mais on peut diminuer la lumière d'un objectif et l'on ne peut pas l'augmenter comme on veut. En ce cas encore l'objectif le plus clair est le meilleur. Nous demandons donc aux verriers de faire de bons verres et surtout du verre très-blanc, et nous voudrions en outre qu'ils appliquassent leurs soins à donner toujours des flints de la même composition, afin de donner aux opticiens les moyens d'obtenir à leur tour des résultats toujours identiques. Ce sont les différences qui existent dans la densité des verres et la limpidité, qui font surtout que chaque objectif a une valeur particulière, indépendante du travail de l'opticien. Aussi ai-je demandé plus d'une fois que chaque objectif reconnu bon fût désigné par un nom particulier ; de la sorte il adviendrait que certains objectifs qui sont des diamants inconnus, se révèlent seulement par les œuvres des personnes qui les possèdent, auraient un jour une très-grande valeur. Eh bien ! comment cette valeur pourrait-elle se transmettre, soit dans une famille, soit dans le monde photographique, si ces objectifs ne portent pas de désignation ? D'un autre côté, nous avons des collègues qui possèdent plusieurs objectifs ; il en est qui en possèdent jusqu'à quatorze : en donnant un nom à chacun d'eux, ce sera le bon moyen de s'y reconnaître et de les comparer, soit entre eux, soit avec d'autres ; de la sorte, tout ce qui se rapporte à un objectif sera compris dans sa désignation.

Avant de clore la discussion, M. Bayard demande à présenter quelques observations au sujet des verres colorés. Il lui est arrivé de faire l'expérience suivante, qui vient parfaitement à l'appui des considérations émises par M. le président sur cette même question. M. Bayard a pris quatre objectifs de même diamètre, pourvus chacun d'une nuance différente : le premier était presque blanc, le deuxième était jaune, le troisième était vert, et le quatrième légèrement bleu ; il a placé ces objectifs sur une feuille de papier sensible ; puis il les a exposés à la lumière pendant un temps très-court. Eh bien ! le blanc et le bleu avaient marqué plus que les deux autres ; il est donc certain que l'action photogénique est retardée par les verres jaunes ou verts.

Voici, reprend M. le président, une expérience qui a été faite sous mes yeux au collège de France sur deux objectifs, l'un allemand, et l'autre fait en France par un Allemand ; ces objectifs étaient de même dimension, et les courbes de l'un avaient été copiées sur celles de l'autre. Cependant le premier donnait l'image en 8 secondes, et l'autre en 16 ; la différence était bien notable, on ne savait à quoi l'attribuer. Sur ma demande on détacha ces verres de leur monture, puis on les mit sur une feuille de papier blanc. L'objectif allemand, qui donnait l'image en 8 secondes, était parfaitement blanc ; mais le français, qui ne la donnait qu'après le double de temps, avait un flint tirant sur le jaune.

Chacun peut continuer de son côté de semblables expériences, soit sur les objectifs qu'il possède, soit sur une réunion de plusieurs autres objectifs, et si à la suite d'expériences plusieurs fois répétées, on peut arriver à des données certaines sur l'influence qu'exercent les différentes colorations du verre dans la constitution de l'objectif, ce sera une entrée notable dans le progrès, et MM. les opticiens seront appelés à en faire leur profit. L'objectif est pour le photographe le premier instrument après le soleil ; nous savons à la vérité qu'il importe de le bien diriger, et que bon nombre de photographes ont de bons objectifs dont ils ne savent pas se servir.

M. Bayard fait remarquer à l'appui de ces derniers mots, qu'il y a indépendamment de la bonne qualité de l'objectif, l'étude du diaphragme, qui est d'une grande importance dans l'obtention des images ; il s'en est beaucoup occupé et il a acquis la conviction qu'une ligne d'ouverture en plus ou en moins, donnée au diaphragme, influe considérablement sur la réussite.

Après quelques observations de M. Buron, M. le président lève la séance et invite MM. les membres présents à visiter la belle collection d'épreuves de M. Maxime Du Camp.

Cette collection, dont nous avons déjà parlé, sera du plus grand prix pour les historiens, les antiquaires et les géologues eux-mêmes. Ce n'est pas le dessin ni le calque plus ou moins fidèle d'un monument, d'un site remarquable, c'est le monument, c'est le site lui-même que l'on voit, que l'on touche dans ses moindres détails. Tous les débris de l'antique Egypte et de la Syrie sont là, tels que le temps et les hommes nous les ont laissés. Il eût été impossible au crayon le plus habile de les reproduire avec cette exactitude, qui va désormais devenir indispensable au genre d'études que de telles reproductions ont pour objet.

L. A. MARTIN.

NOUVELLE PRÉPARATION
DU PAPIER PHOTOGRAPHIQUE POSITIF.

M. R. Debre Salmon décrit ainsi, dans le *Philosophical Magazine*, un nouveau mode de préparation du papier photographique positif :

« A l'albumine des deux œufs frais, on ajoute 5 à 6 grammes d'une solution de chloride de sodium ; on bat avec une fourchette de bois pour former une mousse épaisse, et on laisse reposer pendant douze heures. On verse alors la liqueur dans un plat, et on met l'une des surfaces du papier en contact avec cette liqueur, pendant 40 à 50 secondes ; on relève ce papier avec soin et sans temps d'arrêt, puis on l'accroche par un coin avec une épingle pour le faire sécher. Etant parfaitement sec, on passe vivement dessus, quatre ou cinq fois, un fer aussi chaud qu'on peut le lui faire supporter sans le brûler, et quand ce papier est froid on le plonge dans une solution de nitrate d'argent (5 grammes dans 25 grammes d'eau distillée) ; on l'étend ensuite sur une feuille de verre où on le laisse 4 à 5 minutes, et enfin on le suspend de nouveau pour le faire sécher. Lorsqu'on a pris l'image, on fixe à la manière ordinaire.

Par cette méthode, l'image qui paraît comme vernie présente une vigueur, une netteté et un éclat que ne donnent aucuns des moyens employés jusqu'ici. »

(*Le Technologiste.*)

L'ÉLECTRO-MAGNÉTISME
APPLIQUÉ À L'OBTENTION INSTANTANÉE DE L'IMAGE
SUR PLAQUES MÉTALLIQUES.

MM. Fisher et Snelling, de New-York, sont les auteurs d'un nouveau système de chambre noire, qui est appelé selon eux à des résultats importants, en ce qu'il accélère considérablement l'opération daguerrienne.

M. Snelling, rédacteur du *Photographic art Journal*, dont nous avons eu déjà à citer quelques articles, et auteur de l'histoire pratique de la Photographie, conçut, il y a quelques années, l'idée d'appliquer l'électro-magnétisme à l'obtention *instantanée* des épreuves daguerriennes. La possibilité d'un tel perfectionnement lui fut démontrée par une expérience faite sept années auparavant, et avec le plus grand succès, par un M. Whitney, de Saint-Louis, à l'aide de la pile voltaïque.

M. Snelling construisit d'abord sur une petite échelle un appareil très-imparfait et presque incapable de fonctionner, à cause de la vapeur sulfurique qui pénétrait dans la chambre intérieure et qui empêchait l'effet photogénique de se produire. Un second appareil, beaucoup plus grand et différent quelque peu du premier, n'eut point de meilleur résultat. Le dressoir était construit de telle façon que la lumière atteignait au sommet de la chambre et, frappant sur une portion de la plaque, effaçait l'image là où elle tombait. La communication entre les deux pôles de la batterie voltaïque était aussi mal combinée : ces deux pôles étant directement opposés, le fluide magnétique passait en ligne directe à travers la plaque, avec tant d'intensité qu'il en oxydait complétement la surface argentée sur toute la ligne qu'il parcourait, tandis qu'il n'avait aucun effet sur le reste de la plaque. Un changement fut opéré dans le dressoir, et le haut de la chambre fut recouvert d'une étoffe noire, ce qui n'empêchait pas la lumière d'y pénétrer toujours et de produire le même résultat. Il était évident que l'appareil devait être construit d'une toute autre manière, et qu'il fallait trouver le moyen de faire passer instantanément le fluide magnétique sur toute l'étendue de la plaque.

Une foule de plans différents, de systèmes opposés se présentaient à l'esprit de M. Snelling, tous dignes de réflexion et d'expériences. Malheureusement il lui manquait ce qui manque à ceux qui ont fait le premier pas dans cette voie difficile et tortueuse qui conduit de la découverte à l'application, ce qui a toujours manqué dans tous les pays à tous ceux qui ont cherché consciencieusement un perfectionnement, une invention, un progrès : *le temps et l'argent*. Heureusement il rencontra, par hasard, un peintre de mérite, M. Fisher, dont la vie tout entière a été dévouée aux arts et aux sciences, et qui lui aussi avait inventé, mais avec plus de succès, un nouveau genre de chambre noire.

Dès son second essai, M. Snelling avait pris ses arrangements pour obtenir un brevet ; M. Fisher en avait fait autant de son côté. Cependant il accepta la proposition que lui fit M. Snelling de confondre leurs systèmes et leurs brevets, et de travailler ensemble.

Le premier instrument construit d'après le plan combiné eut encore besoin d'être modifié. Cependant l'expérience qu'ils en firent (et c'est presque toujours ainsi qu'on est entré dans le champ inexploré et infini du progrès) leur suggéra une nouvelle idée. Nous laisserons parler M. Snelling lui-même :

« Nous découvrîmes que très-probablement nous pourrions, par quelques changements, agrandir l'image sur la plaque, jusqu'à six ou sept fois l'étendue qu'elle avait dans l'objectif, ce qui nous mettrait à même d'obtenir, avec une chambre de demi-grandeur, une épreuve à peu près, sinon tout à fait aussi étendue que celles obtenues au moyen d'un objectif de première grandeur. Nous sommes certains que cela est possible. Cependant il faudra d'abord faire de grandes dépenses ; néanmoins, nous croyons que cela n'atteindra pas encore le prix des plus grandes chambres établies d'après l'ancien système.

« Nous irons même plus loin et nous dirons que nous croyons possible d'obtenir des épreuves de grandeur naturelle avec un appareil de première dimension. Ceci peut paraître exagéré ; mais si nous expliquions le principe de l'opération, peu de personnes en douteraient, ce nous semble. Nous en ferons l'expérience aussitôt que nous aurons l'occasion et les moyens, et nous en publierons le résultat.

« Avec le procédé de M. IIII, pour reproduire des daguerréotypes dans leurs couleurs naturelles, et cet instrument, quels magnifiques portraits et quels splendides paysages on pourrait obtenir !

« Revenons à notre appareil. Les changements faits à la première expérience avec l'invention combinée ont entièrement répondu à notre attente, et nous pouvons maintenant maîtriser le temps. Si nous voulons reproduire un portrait ou une vue instantanément, nous pouvons le faire ; si nous voulons prolonger pendant une, deux ou cinq secondes, nous le pouvons encore.

« Ceci n'est pas le seul avantage de notre invention. Produire un portrait ou une vue naturellement, et avec une égale netteté et une rapidité égale, tel a été le désir généralement ressenti jusqu'à présent. Préserver la chambre noire de la poussière, c'est une autre considération également importante, et le succès obtenu à cet égard fera disparaître, jusqu'à un certain point, une des grandes difficultés de la manipulation daguerrienne, une des causes de la malpropreté de la plaque. »

M. Snelling promet de publier la description de cet appareil. Nous pensons qu'elle intéressera nos lecteurs et nous la leur ferons connaître aussitôt qu'elle aura paru.

ERNEST LACAN.

PUBLICATIONS PHOTOGRAPHIQUES.

L'ITALIE MONUMENTALE
PAR M. EUG. PIOT.

L'héliographie marche d'un pas rapide dans la large carrière qui est ouverte devant elle. Chaque jour elle répond à l'empressement du public par une découverte, par une application nouvelle de ses procédés. Dans notre dernier numéro, nous entretenions nos lecteurs des expériences sur les couleurs de M. Niépce de Saint-Victor ; aujourd'hui, c'est un grand ouvrage photographique sur les monuments d'Italie que nous avons à annoncer au public.

La première livraison de l'*Italie monumentale* se compose de cinq planches grand in-folio :

1° Vue générale de la cathédrale du Campo Santo et du campanile de Pise ;

2° Vue de la Tour penchée ou campanile de Pise ;

5° Élévation intérieure de Campo Santo ;

4° Première porte latérale de Santa Maria del Fiore, à Florence ;

5° Deuxième porte du même monument.

L'ouvrage a été déposé suivant les termes de la loi ; c'est donc un nouveau chapitre que l'Iconographie ouvre dans ses archives légales a produit entièrement nouveau. Dès aujourd'hui, la photographie entre dans une phase où elle est appelée à fournir une brillante carrière, celle de l'industrie.

La forme industrielle de l'image photographique nous paraît avoir été heureusement résolue par M. Eug. Piot. Ses épreuves, tirées sur un papier très-mince, au lieu d'être cerclées d'un bord noir, se détachent sur une petite marge blanche. Cette feuille, comme un papier de Chine dont elle a tout l'aspect, est fixée sur un fort papier au moyen d'une planche de métal, cuivre ou acier, sur laquelle on a préalablement gravé le titre courant de l'ouvrage, la signature de l'auteur et la légende explicative du sujet. L'impression est régularisée par un repérage, qui met avec précision le nom de l'auteur à la place qui lui est destinée dans la marge u bas ; le reste du papier reçoit du même coup le titre et la légende. Ainsi terminée, l'épreuve photographique a l'aspect trompeur d'une estampe sur papier de Chine ; mais pour la vérité, la finesse et l'admirable précision des détails, on pense bien que c'est autre chose ; aucune main humaine ne saurait rivaliser avec la photographie lorsqu'il s'agit question d'architecture.

M. Piot a fait hommage à la Société héliographique, dans la séance d'avant-hier, d'un exemplaire de la première livraison de l'*Italie monumentale*. Cela nous offrira l'occasion de revenir sur cette magnifique publication, et sur toutes les questions qu'elle soulève au point de vue de l'art et à celui de l'industrie. Mais hâtons-nous de dire, dès à présent, que l'œuvre de M. Piot a produit sur l'esprit de ses collègues la plus vive et la plus honorable impression. C'est d'un bon augure pour le succès de cette vaste entreprise, qui a paru satisfaire de la manière la plus complète à ces trois conditions essentielles de la publicité : l'utilité, la qualité et le prix.

PROMENADES POÉTIQUES ET DAGUERRIENNES.

M. Louis-Auguste Martin, l'un des sténographes de l'Assemblée nationale, continue ses *promenades poétiques et daguerriennes*.

Après Bellevue aux magnifiques panoramas, dont il a publié, l'année dernière, une description poétique, voici Chantilly, délicieux séjour, si riche de souvenirs et de monuments, où M. Martin, pendant ses courtes vacances, était allé chercher un nouveau sujet d'inspiration. Il nous fait visiter avec lui le parc, dessiné par Lenôtre, aux allées ombreuses, aux parterres toujours en fleurs ; la grande pelouse, verte arène où deux fois chaque année ont lieu des courses rivales de celles de l'Angleterre ; la forêt, autrefois si animée, aujourd'hui solitaire ; les étangs, rendez-vous de chasse et de promenade ; le castel de la *Reine Blanche*, que la tradition fait remonter à Louis IX ; puis les grandes écuries semblables à un palais, comme un Louvre étalant leur vaste architecture ; puis, le vieux château de Montmorency, qui se baigne dans l'onde.

Ces *Promenades* sont accompagnées de vues daguerréotypées et reportées sur papier photographique, idée précieuse et féconde dont l'auteur a donné, en France, le premier exemple d'application aux ouvrages imprimés.

M. Martin a fait suivre son petit poème de notes historiques par lesquelles, après nous avoir dépeint Chantilly tel qu'il est aujourd'hui, il complète son ouvrage en racontant le glorieux passé de cette résidence seigneuriale. (Brochure in-8°, chez Comon, quai Malaquais, 15 ; prix : 1 franc.)

Nous avons en ce moment sous les yeux la description d'un *daguerréotype panoramique rectiligne* que vient de publier M. Peuvion, membre honoraire de la Société nationale des sciences, de l'agriculture et des arts de Lille. Nous parlerons prochainement de l'ingénieuse invention de M. Peuvion, qui nous semble résoudre, d'une manière simple et tout à fait satisfaisante, un problème dont la solution, fort difficile, pouvait faire craindre une beaucoup plus grande complication dans le mécanisme.

NOUVELLES DIVERSES.

Depuis quelque temps nos monuments historiques de Paris et même ceux des départements ont été visités par les différentes commissions et sous-commissions chargées de se rendre compte de l'urgence des propositions soumises à l'examen de l'Assemblée, dans le but de conserver ces précieux restes du passé, ces splendides créations de l'art, qui attirent chez nous plus d'étrangers que toutes nos inventions modernes les plus ingénieuses, les plus utiles même.

Partout les visites officielles ont révélé de graves dégradations, de fâcheuses détériorations, qui eussent été prévenues par de simples réparations d'entretien.

Malheureusement les fonds accordés jusqu'ici étaient insuffisants, de sorte qu'aujourd'hui, sur plusieurs points, il est absolument indispensable de procéder à des travaux sérieux, si l'on veut éviter de déplorables accidents.

La sous-commission des travaux publics a particulièrement étudié la question de l'achèvement des restaurations de la Sainte-Chapelle ; elle a été frappée de l'habileté déployée dans la reproduction des magnifiques verrières qui forment les parois de cette élégante construction de Saint-Louis. Elle a vivement applaudi au système adopté par l'architecte, qui a eu l'heureuse idée de s'adjoindre, pour cette partie si difficile, l'un de nos plus savants archéologues, M. de Guillermy, conseiller référendaire à la Cour des comptes.

La Commission a vu avec intérêt qu'avant d'enlever un seul des panneaux existants, l'architecte, de concert avec M. de Guillermy, dressait un procès-verbal détaillé constatant l'état du vitrail, et indiquant toutes les pièces remplacées ou brisées. De plus, elle a été frappée du soin et de l'exactitude avec lesquels, avant de procéder à la restauration, tous les panneaux étaient reproduits par de fidèles copies réunies en volumes fenêtre par fenêtre. Enfin elle n'a eu que des éloges à donner à M. Steinheil, l'habile peintre chargé de restaurer et de compléter ces vitraux, de concert avec M. Lusson.

La Commission a paru disposée à demander l'exécution de la flèche du quinzième siècle, proposée par M. Lassus, ainsi que l'achèvement des autres travaux de restauration.

De plus, elle a blâmé de la manière la plus énergique l'adossement de lourdes constructions du Palais contre le porche de la Sainte-Chapelle, et le rapporteur a manifesté l'intention formelle de réclamer la démolition immédiate des parties adhérentes, et qui doivent disparaître d'après la décision ministérielle et le vote du Conseil général.

Un Américain, M. A. Whipple, a inventé ce qu'il nomme le daguerréotype au crayon. Les épreuves produites par ce procédé, qui est de la plus grande simplicité, ont l'apparence de très-beaux dessins au crayon. Cette découverte, admirée par un grand nombre d'artistes des États-Unis, est surtout importante pour ceux qui travaillent à l'illustration des *Revues*, journaux artistiques et autres ouvrages, le résultat qu'on en obtient étant une plus grande finesse de dessin, et une expression plus distincte des traits. C'est un nouveau moyen d'appliquer la photographie à l'industrie.

AVIS. — Le public est prévenu que, d'après l'autorisation accordée par le ministre de l'agriculture et du commerce, le Musée céramique et la collection de modèles de la manufacture de Sèvres sont ouverts les jeudis et dimanches, de midi à quatre heures du soir, du 1er mai au 1er octobre.

Les magasins de vente continueront à rester ouverts au public tous les jours de la semaine, de huit heures du matin à cinq heures du soir.

On est également admis, sur la présentation d'un passeport, à visiter les salles d'exposition et les ateliers de la Manufacture nationale des Gobelins, le mercredi et le samedi de chaque semaine, de deux à quatre heures.

(*Moniteur.*)

CONSIDÉRATIONS SUR LA REPRODUCTION,

PAR M. NIÉPCE DE SAINT-VICTOR,

des images gravées, dessinées ou imprimées,

PAR M. E. CHEVREUL.

(Suite.)

§ I.

PREMIÈRE CATÉGORIE D'EXPÉRIENCES.

Reproduction, au moyen de l'iode, d'une gravure, d'un dessin, d'un imprimé, etc., sur papier collé en cuve avec de l'amidon et du résinate d'alumine, ou sur un enduit d'amidon cuit et adhérent à une surface unie de verre ou de porcelaine.

11. Lorsqu'on expose à la vapeur d'iode un papier bien sec sur lequel se trouve une image quelconque gravée, dessinée ou imprimée, la vapeur se fixe aux parties noires du papier, de préférence aux parties blanches : cependant, il s'en fixe un peu sur ces dernières ; aussi s'y manifeste-t-il une teinte jaune lorsque l'exposition à la vapeur a été prolongée comme il convient à la réussite de la reproduction de l'image sur papier.

Si l'on applique l'image convenablement iodée sur un papier qui contient de l'amidon et mouillé d'eau aiguisée d'acide sulfurique pur, ou, ce qui est bien préférable, sur un enduit uni d'amidon cuit fixé au verre ou à la porcelaine, et également mouillé d'eau acidulée, l'iode quitte la matière de l'image pour constituer avec l'amidon le composé bleu ou bleu violet connu de tout le monde. Les premières épreuves doivent toujours être rejetées, parce que les blancs sont colorés par la petite quantité de vapeur d'iode qui s'est fixée aux parties blanches de l'image originale ; on ne peut voir sans étonnement la fidélité avec laquelle les traits les plus délicats du modèle se retrouvent dans les épreuves que l'on obtient ensuite.

12. Au point de vue scientifique, l'étude de cette reproduction est très-intéressante. En effet, lorsque le modèle se trouve exposé à la vapeur d'iode, celle-ci se porte sur les noirs de préférence aux blancs ; mais cela ne veut pas dire que ce soit à l'exclusion des blancs ; car en prolongeant l'exposition, ceux-ci se colorent en orangé jaune brun par de la vapeur d'iode qui s'y condense. Qu'est-ce qu'il y a donc de vrai dans les expériences de M. Niépce ?

1° C'est que les noirs absorbent la vapeur d'iode plus vite que les blancs, et en proportion plus considérable ; dès lors, en n'exposant une gravure à la vapeur d'iode qu'un temps insuffisant à la coloration des blancs, les noirs iodés seuls peuvent reproduire leur image.

2° C'est que si une gravure a été exposée à la vapeur d'iode assez longtemps pour que les blancs se soient iodés, en la tenant ensuite à l'air libre un temps convenable, l'iode abandonne les blancs, tandis qu'il en reste assez dans les noirs pour que ceux-ci reproduisent leur image.

13. Tous ces effets se manifestent en prenant les corps à une même température, en les mettant en présence à la lumière diffuse ou dans l'obscurité, au milieu de l'air ou dans le vide.

14. *Conclusion.*

Il y a une force attractive dans la matière des noirs capable de surmonter la force répulsive de la vapeur d'iode. Cette force existe dans la matière blanche du papier, mais à un degré plus faible.

Elle est identique à celle qui opère la condensation des fluides élastiques à la surface des corps.

Si on la confond avec l'affinité, son action est des plus faibles dans les phénomènes dont nous parlons (4 et 7).

15. La force attractive en vertu de laquelle les noirs fixent la vapeur d'iode se manifeste encore lorsqu'on plonge une gravure dans l'eau d'iode pendant 4 minutes : celui-ci quitte son dissolvant pour s'unir à la matière des noirs, et la gravure passée dans l'eau pure reproduit ensuite son image sur enduit d'amidon, comme si elle eût été préalablement exposée à la vapeur de l'iode.

16. Ces expériences sont du plus grand intérêt pour la théorie de la teinture, car une gravure est, par rapport à l'iode dissous dans l'eau, que ses noirs attirent plus fortement que ne le font les blancs, ce qu'une toile de coton, sur laquelle on a appliqué la matière d'un dessin mordancé d'alumine, de peroxyde d'étain, de peroxyde de fer, etc., au moyen d'une planche ou d'un rouleau gravé, est par rapport aux principes colorants de la cochenille, de la garance, de la gaude, etc., dissous dans un bain de teinture, que fixent les parties mordancées. Si l'opération ne se prolonge pas, si les principes colorants ne sont point en excès, les parties de la toile non mordancées pourront ne point se colorer, ainsi que les blancs de la gravure peuvent ne pas prendre d'iode. Mais dans le cas contraire, les blancs perdront leurs principes colorants par l'exposition aux agents atmosphériques ou par un bain léger de chlore, comme les blancs d'une gravure iodée perdront leur iode par l'exposition à l'air ou par un simple lavage à l'eau.

17. Les noirs d'une gravure fixant l'iode à l'état de vapeur, aussi bien que l'iode en solution dans l'eau, établissent un nouveau rapport entre le phénomène de la condensation d'un fluide élastique par un solide, et le phénomène de la fixation par un solide d'un corps dissous dans un liquide.

18. Enfin l'iode fixé aux noirs les abandonne, du moins en partie, pour se fixer sur l'amidon humecté formant enduit sur papier, sur plaque de verre, ou encore sur plaque de porcelaine, et il reproduit l'image des noirs en iodure d'amidon d'un bleu violet, connu de tous ceux qui s'occupent de chimie.

Si l'amidon humide a une supériorité d'affinité pour l'iode sur la matière des noirs, le cuivre à son tour en a une plus grande que l'amidon pour le même corps. Rien de plus intéressant que les deux expériences suivantes de M. Niépce de Saint-Victor qui le prouvent :

Première expérience. — On applique une gravure iodée sur un enduit d'amidon humide adhérent à une plaque de cuivre ; l'iode quitte les noirs, passe au travers de l'amidon, se porte sur le métal, s'y unit et y dessine l'image.

Deuxième expérience. — Une image d'iodure d'amidon bleu violet sur verre est mouillée, puis appliquée sur une plaque de cuivre. L'image colorée s'évanouit peu à peu, pour se reproduire sur la plaque de cuivre en iodure de ce métal.

19. Certes, au point de vue de la mécanique chimique, il est peu de phénomènes aussi remarquables que cette succession de fixation et de déplacements de l'iode, relativement à une série de corps doués chacun à son égard d'une force attractive différente ; ainsi, la matière noire d'une gravure l'attirant plus que ne le fait le papier blanc, rappelle à la fois l'action des corps poreux sur les vapeurs et celle des étoffes mordancées sur des principes colorants dissous dans l'eau ; l'amidon humide, enlevant l'iode à la matière noire des gravures, forme un iodure bleu dont la composition paraît bien définie ; enfin, le cuivre, enlevant à son tour l'iode à l'amidon, constitue sans doute encore avec lui un composé défini, et, fait digne d'attention, dans tous ses déplacements, l'iode constitue toujours l'image produite par la matière noire qui l'a absorbé en premier lieu.

20. La vapeur d'iode se fixe aux noirs produits sur papier blanc avec de l'encre grasse, de l'encre aqueuse non gommée, de la plombagine, du charbon de fusain, de préférence aux blancs ; elle se comporte d'une manière analogue à l'égard du bois d'ébène relativement au bois blanc, de la soie noire relativement à la soie blanche, enfin des parties noires des plumes blanches, et noires de pie et de vanneau relativement aux parties blanches de ces mêmes plumes.

La suite à un prochain numéro.)

NOUVELLE PRÉPARATION
DU PAPIER PHOTOGRAPHIQUE POSITIF.

L'ÉLECTRO-MAGNÉTISME

PUBLICATIONS PHOTOGRAPHIQUES.

L'ITALIE MONUMENTALE

PROMENADES POÉTIQUES ET DAGUERRIENNES.

NOUVELLES DIVERSES.

CONSIDÉRATIONS SUR LA REPRODUCTION,
des images gravées, dessinées ou imprimées,
PAR M. L. CHASSAING.

AVIS.

Toutes les demandes et réclamations relatives au service, toutes les lettres et communications relatives à la rédaction, doivent être adressées, affranchies, à M. F.-A. Renard, secrétaire de la rédaction, au bureau du journal. Les demandes d'abonnement seront accompagnées d'un mandat sur la poste ou les messageries.

PRIX DE DEUX MILLE CINQ CENTS FRANCS

FONDÉ A NEW-YORK,

POUR LE PERFECTIONNEMENT LE PLUS IMPORTANT

AU POINT DE VUE PRATIQUE,

A APPORTER A L'HÉLIOGRAPHIE DANS LE COURS DE L'ANNÉE 1851.

Ayant toujours éprouvé le plus vif intérêt pour le progrès et le perfectionnement de l'art photographique, j'ai été porté, par ce sentiment, à stimuler les découvertes et inventions dans cette partie, en offrant une récompense de

CINQ CENTS DOLLARS (deux mille cinq cents francs)

pour le plus important perfectionnement en photographie

pratique, trouvé et indiqué dans le courant de l'année 1851.

Il n'y a pas de restriction quant à la nature du perfectionnement ; il peut être dans l'arrangement ou la disposition de la lumière, dans la préparation des plaques, dans la fabrication des matières, dans la manutention des produits chimiques, tendant à préserver la santé des opérateurs, dans le perfectionnement des lentilles, dans la construction des appareils, dans la fabrication supérieure du papier, dans la simplification des procédés pour l'emploi de ce papier, enfin dans tout ce qui a une tendance directe à l'avancement des grandes découvertes de Daguerre et Talbot.

Tout essai qui indiquera une notable amélioration sera regardé comme un sujet de récompense.

Il n'y a pas non plus de restriction quant à la nationalité des compétiteurs. Les demandes et réclamations des Anglais, des Français et des Allemands seront accueillies aussi impartialement que celles des Américains.

Aucun candidat ne sera reçu après le 31 décembre 1851, et la décision sera publiée aussitôt que les juges auront pu s'entendre pour désigner le candidat qui aura le mieux réussi.

Les hommes éminents dont les noms suivent ont consenti avec plaisir à être juges. Leur réputation bien

connue sera une suffisante garantie de leur stricte impartialité.

Samuel F.-B. Morse, professeur, inventeur du télégraphe électro-magnétique ; John W. Draper, professeur à l'Université de New-York ; James Renwick, professeur au collège Columbia.

Toute communication à ce sujet devra être affranchie ; aucune autre ne sera reçue.

Toute explication qui pourra être demandée sera donnée dans le journal l'*Art photographique*, de New-York ; l'éditeur de ce journal ayant, dans ce but, offert galamment ses colonnes.

Toute communication étant marquée « Private » (particulière) sera regardée comme strictement confidentielle.

EDWARD ANTHONY,
308, Broadway, New-York.

NOTA. Cette annonce sera publiée simultanément à Paris, à Londres et aux États-Unis d'Amérique.

Le Secrétaire de rédaction F.-A. RENARD, Gérant.

Pour paraître au 1er juillet.

TRAITÉ DE PHOTOGRAPHIE

SUR PAPIER ET SUR VERRE,

Contenant les publications antérieures et une nouvelle méthode pour opérer sur papier sec, qui se conserve 8 à 10 jours,

PAR G. LEGRAY.

Chez LEREBOURS et SECRETAN, 13, *Pont-Neuf*, Paris.

L'ITALIE MONUMENTALE

OUVRAGE IN-FOLIO

Publié en 20 livraisons, composées chacune de CINQ GRANDS DESSINS *photographiques* recueillis et exécutés par M. EUGÈNE PIOT. — Prix de la livraison 25 francs.

On souscrit au bureau de la *Lumière*, rue de l'Arcade, 15.

EXCURSIONS DAGUERRIENNES.

114 PLANCHES

Représentant les monuments les plus remarquables, d'après le Daguerréotype. 114 fr. — Chaque planche séparément, 1 fr.

LEREBOURS et SECRETAN, 13, *Pont-Neuf.*

FABRIQUE SPÉCIALE DE DAGUERRÉOTYPES

FOURNITURES ET ACCESSOIRES

WULFF ET Cie.

Rue Rambuteau, 38.   **Rue Rambuteau, 38.**

Appareils perfectionnés pour Plaques et pour Papier. — Objectifs garantis, Plaques, Passe-Partout et Cadres en tout genre ; Couleurs surfines, Ecrins, Broches, Médaillons, Objets de fantaisie ; Produits chimiques, Papier positif et négatif préparé et non préparé, Dissolutions prêtes à être employées. — **CHASSIS POSITIF,** nouveau système, qui permet de regarder les progrès de l'épreuve sans crainte de déplacer les deux papiers. — Envoi du Catalogue *franco* sur demande affranchie.

PLAQUES ARGENTÉES POUR DAGUERRÉOTYPE, J. ROUSSEAU ET Cie, A PARIS, 24, RUE DE LA PAIX,

de la Société Ch. Christofle et Cie, propriétaires des Brevets de Dorure et Argenture électro-chimiques de MM. Elkington et de Ruolz.

TARIF DES PLAQUES NEUVES.			RÉARGENTURES DES PLAQUES USÉES.			Nos plaques n'ont aucune des défectuosités des autres plaques, et présentent des avantages spéciaux. La pureté de l'argent et la nature cristalline et poreuse du dépôt favorisent la pénétration de la couche chimique, d'où il résulte une vigueur de tons, une richesse de détails remarquables, et plus de rapidité dans la production de l'image. Des expériences ont constaté leur supériorité.
Entières, la 12e, 42 fr. »	1/4	la 12e, 10 80	Entières, la pièce, 2 f. 10	1/4	la pièce, » f. 55	
1/2 — 22 80	1/6	— 7 50	1/2 — 1 10	1/6	— » 45	
1/3 — 16 80	1/9	— 5 50	1/3 — » 80	1/9	— » 25	

PINCE combinée pour courber d'une seule pression les angles des plaques, 4 fr. — **CHASSIS** pour fond de portraits, 2 m. 10 c. sur 1 m. 90 c. se montant et se démontant en un instant, se plaç. dans la boîte d'appareil, 24 f.

PRODUITS CHIMIQUES.

Fabrique spéciale de PRODUITS CHIMIQUES pour l'héliographie et pour les sciences et les arts qui s'y rattachent, fondée sous les auspices de la Société Héliographique de Paris. — Dépôt de plaques de Houssemaine et autres objets pour le daguerréotype. — PUECH et Cie, *rue de l'Arcade*, 15.

FIXATEUR GAUDIN,

Procédé pour obtenir des épreuves *sans miroitage*. Prix, 6 fr. 50 c. ALEXIS GAUDIN, Fabrique spéciale de plaques de daguerréotype, par deux machines à vapeur. Appareils, produits chimiques, passe-partout, cadres, écrins, broches, médaillons, etc. Chloro-bromure de chaux et iodo-brôme de Vaillat, 7, *rue de la Perle* (Marais). (*Affranchir.*)

WITTMANN ET POULENC JEUNE

rue Saint-Merry, 9. — PRODUITS CHIMIQUES spéciaux pour le Daguerréotype, la Photographie, la Galvanoplastie, etc. ; Iode et Iodure de potassium, d'ammoniaque ; — Fluorures, Brôme et Brômure de chaux ; Chlorure de brôme, Mercure, Hyposulfite de soude, Nitrate d'argent, Chlorure d'or, Acide gallique, Alcool, Eau distillée, etc.

LIQUEUR INVARIABLE

à l'usage du Daguerréotype, de J. THIERRY. DAGUERRÉOTYPE du même ; franches explications sur l'emploi de sa liqueur et les moyens qu'il met en usage pour en obtenir le maximum de sensibilité et en retirer les avantages de transparence, etc. — Histoire abrégée de la photographie. En vente : à Paris, chez MM. Lerebours et Secretan ; à Lyon, *chez l'auteur.*

GUILLOUX,

Passage de l'industrie, n° 7. Breveté S. G. du G. pour les articles de daguerréotype. — Capsules en glace, cristal porcelaine et faïence pour la plaque et le papier. — Glace mince pour épreuves negatives. — Glaces fortes pour châssis à décalquer.

OCCASION.

A VENDRE UN OBJECTIF 1/4 allemand, Appareil complet et Accessoires. — S'adresser à M. BELLOC, *boulevard Montmartre*, 5.

TRAITÉ PRATIQUE DE PHOTOGRAPHIE

sur papier, sur verre et sur plaques métalliques, par AUNAGE. — Nouveau procédé qui simplifie et abrège les opérations. Prix : 2 fr. 50 c. et 3 fr. par la poste. — Dépôt chez WULFF et Cie, *rue Rambuteau*, 38, à Paris. (Affranchir.)

POINTEAU,

550, *rue Saint-Denis.* Fabrique spéciale de Passe-Partouts pour daguerréotypes.

ALPHONSE NINET ET Cie,

37, *rue de Lille, à Paris.* — Maison spéciale pour la PHOTOGRAPHIE SUR PAPIER ET PLAQUES. — Simple intermédiaire entre le marchand de province et de l'étranger, avec l'ouvrier de Paris. — 6 0/0 de commission.

HOUSSEMAINE

planeur sur tous métaux, 20, *rue Bourg-l'Abbé.* Spécialité de plaques pour daguerréotypes.

MARCHANDISES

POUR DAGUERRÉOTYPE SEULEMENT. — EDWARD ANTHONY, importateur et fabricant de tous les articles pour daguerréotype, 308, *Broadway, New-York.*

PHOTOGRAPHIE

Le chef d'un Etablissement bien connu et bien achalandé désire s'adjoindre une personne qui s'occuperait spécialement de la Photographie sur papier, à des conditions très-avantageuses. — Ecrire *franco* à F. M., au bureau du journal, rue de l'Arcade, 15.

PHOTOGRAPHIE SUR PAPIER

NOUVEAU TRAITÉ, par M. BLANQUART-EVRARD, de Lille. — Chez A. MADELAIN, fabricant de Daguerréotypes, rue Chabannais, 11, place Richelieu ou Louvois, Paris.

DAGUERRÉOTYPE.

On demande un ASSOCIÉ ou un ACQUEREUR pour une maison importante de Paris. Magnifique TERRASSE située au nord. ATELIER, SALON, etc. (quartier *populeux* et *très-commerçant*). 14 TABLEAUX SUR LA VOIE PUBLIQUE. — *Facilités pour le payement.* S'adresser à M. X, rue du Roi-de-Sicile, 16 (Ecrire *franco*).

NINET V

B3 *Rue de Seine, n° 91.* Maison créée en 1841. — Fabrique de tout ce qui concerne le daguerréotype. — Seule maison où se trouve la véritable liqueur Ninet.

ANCIENNE MAISON ZACHARIE,

boulevard des Italiens, nos 1 et 3. — Fabrique spéciale des objets pour la PHOTOGRAPHIE. Appareils complets d'un nouveau système, Plaques, Passe-Partout, Cadres, Produits chimiques, Couleurs, Leçons sur papier et sur papier. — Dépôt d'Académies et de Vues sur papier.

LEREBOURS ET SECRETAN,

opticiens de l'Observatoire, 13, *place du Pont-Neuf. Paris.* — Appareils photographiques pour plaques de doublé, *et pour opérer sur papier,* de tous les systèmes, grandeur normale, de 20 centimètres sur 28, de 25 sur 33, de 30 sur 40. — Vente, après l'essai, de tous les objectifs, doubles et simples, pour les appareils ci-dessus. — Fourniture de tout ce qui est relatif à la photographie sur plaque et sur papier. — *Appareil panoramique* de M. Martens. — *Focimètre* de M. Claudet pour déterminer, dans les objectifs, la différence qui existe entre le foyer chimique et le foyer apparent, 15 francs. — *Actinomètre,* du même, pour comparer le pouvoir d'activité de toute espèce d'objectifs, 15 fr. — Brochures de tous les auteurs sur la photographie. — Le supplément au catalogue de 1846 est envoyé, *sans frais,* à toutes les personnes qui en font la demande franco.

DAGUERRÉOTYPE

Fabrique de PASSE-PARTOUT : spécialité d'Encadrements pour épreuves sur papier. — LEFÈVRE, 17, *rue Chapon.*

SCHIERTZ,

Ébéniste, Fabricant de DAGUERRÉOTYPES. Nouveau SYSTÈME DE RAPPEL A LA CHAMBRE NOIRE. — *Atelier et* Magasin rue de la Huchette, 27.

MAYER FRÈRES.

— Leçons de DAGUERRÉOTYPE SUR PAPIER pour faire les portraits d'après leurs procédés. Voir les épreuves qu'ils exposent boulevard Montmartre, au coin de la rue Vivienne. — *A Paris, rue Vivienne,* 48.

REUTLINGER

boulevard Saint-Martin, 33. — Leçons de Daguerréotype sur papier. — Voir les épreuves exposées boulevard des Italiens, boulevard Montmartre, passage Vivienne. — On peut voir des portraits sans retouche à son domicile, boulevard Saint-Martin, 33.

OCCASION.

A CÉDER un Etablissement de Daguerréotype bien connu, avec ou sans accessoires. — S'adresser au bureau de la *Lumière.*

G. BELCOUR

rue Crussol, 12. — ARGENTURE SPÉCIALE ET PLANAGE MÉCANIQUE POUR PLAQUES DE DAGUERRÉOTYPES. Fabrique tous les jours cinq cents plaques pour son débouché en Europe et en Amérique.

PREMIÈRE ANNÉE. N° 20.

LA LUMIÈRE

JOURNAL NON POLITIQUE

HEBDOMADAIRE.

BEAUX-ARTS — HÉLIOGRAPHIE — SCIENCES.

BUREAUX, A PARIS, N° 15, RUE DE L'ARCADE, A LA SOCIÉTÉ HÉLIOGRAPHIQUE.
ET A LONDRES, UNITED PATENT OFFICE DE MM. GARDISSAL ET C°, 7, CALTHORPE STREET, GREY'S INN LANE, HOLBORN.

DIMANCHE, 22 JUIN 1851.

PRIX.—PARIS, UN AN, 16 F.; 6 MOIS, 10 F.; 3 MOIS, 6 F.— DÉPARTEMENTS, UN AN, 18 F.; 6 MOIS, 11 F.; 3 MOIS, 7 F.—ÉTRANGER, UN AN, 20 F.; 6 MOIS, 12 F.; 3 MOIS, 8 F.—CHAQUE N° 50 CENT.

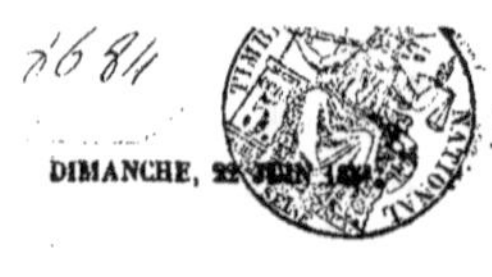

SOMMAIRE.

ACADÉMIE DES SCIENCES

Séance du 16 juin 1851.

1° Communication de M. Edmond Becquerel; 2° Découverte d'une planète par M. Annibal Gasparis; 3° Dessiccation des bois, par M. Faure; 4° l'Italie monumentale, par M. Piot.

1° Au sujet du Mémoire de M. Niépce de Saint-Victor sur l'*héliochromie*, Mémoire dont le journal *la Lumière* a donné un extrait dans son 18° numéro, M. Edmond Becquerel fait une communication à l'Académie, dans le but de revendiquer ce qui lui appartient dans les divers procédés de coloration, par la lumière, des images héliographiques. M. Becquerel, déjà cité à diverses reprises par M. Niépce de Saint-Victor, qui n'a jamais eu la prétention, ainsi qu'on a pu le voir dans ses diverses communications à ce sujet, d'avoir observé autre chose que la relation qui existe entre les flammes colorées et les images colorées par la lumière, et d'avoir obtenu des épreuves en poursuivant ses expériences dans cette voie que personne avant lui n'avait encore explorée; M. Becquerel, disons-nous, a cru néanmoins devoir constater ses premières découvertes d'une manière authentique devant l'Académie : ses réclamations doivent trouver place dans les colonnes du journal *la Lumière* qui, au désir de garantir les droits de chacun, joint encore la prétention de renfermer les archives complètes de l'héliographie. En pareille matière nous croyons devoir laisser parler l'auteur :

« J'ai l'honneur, dit-il, de présenter à l'Académie deux Mémoires relatifs à la préparation d'une surface impressionnable à la lumière, et capable de reproduire le spectre solaire avec ses nuances diverses, ainsi que les images colorées de la chambre obscure. Cette préparation peut être faite, soit par simple immersion dans un liquide contenant un chlorure capable de céder une portion de son chlore, ou même renfermant du chlore libre (*Annales de Chimie et de Physique*, février 1848), soit à l'aide de la pile en faisant arriver, par l'action de l'électricité, le chlore à la surface d'une lame d'argent ou de plaqué (*Annales de Chimie et de Physique*, tom. XXV). Ces deux Mémoires ont été l'objet d'un rapport favorable fait par M. Regnault devant l'Académie.

« M. Niépce ayant présenté un travail dans lequel se trouvent mentionnés quelques-uns des faits déjà publiés avant lui, il me permettra, je l'espère, de compléter la citation qu'il fait de mes expériences.

« D'après le premier Mémoire déjà cité, j'ai montré, non pas qu'une lame de plaqué *plongée dans une solution de bichlorure de cuivre, en même temps qu'on la rend positive se chlorure et devient susceptible de se colorer*, mais qu'elle produit ce résultat, même par simple immersion, sans l'action de la pile. Bien plus, j'ai fait usage des bichlorures de cuivre, de fer, etc., des hypochlorites de soude, de chaux, etc. Ainsi, j'ai varié les dissolutions dans lesquelles on plonge les lames métalliques. Mais ce qui appartient à M. Niépce, c'est d'avoir pensé qu'en modifiant les bains liquides, et en employant des chlorures qui donnent des flammes colorées, la couche impressionnable donne, parmi

les différentes nuances, une teinte prédominante de même nuance que celle de la flamme colorée par le chlore.

« Je ferai observer qu'en dehors de toute question théorique, c'est précisément pour éviter la prédominance de telle ou telle nuance sur la surface sensible, quand on fait varier les circonstances de sa préparation, prédominance que j'avais déjà remarquée (*Annales de Chimie et de Physique*, tom. XXII, p. 454), que j'ai substitué au procédé de l'immersion, le mode de préparation à la pile; j'ai pu, dès lors, atteindre le but que je me proposais, d'avoir une surface sur laquelle se peignent également bien toutes les nuances lumineuses.

« M. Niépce parle aussi de l'action de la chaleur et de l'humidité... Si on veut se reporter à la page 454 des *Annales de Chimie et de Physique*, on trouvera exposé en détail le procédé du recuit des lames; du reste, j'en ai rendu témoin M. Niépce, quand il m'a prié de lui faire voir la préparation des lames impressionnables, au laboratoire du Muséum d'histoire naturelle; en outre M. Regnault, dans son rapport à l'Académie, a parlé de la modification si singulière que subit la couche photo-chromatiquement impressionnable, lorsqu'on élève sa température. Je pense que le peu de développement que M. Niépce a pu donner dans les comptes rendus, à l'extrait de son mémoire, ne lui a pas permis d'indiquer ce que j'avais fait à ce sujet. Quant à ce qui concerne l'humidité, on trouvera (*Annales de Chimie et de Physique*, 3° série, tom. XXV) cette indication, que le chlore ne donne que de mauvais effets.

« Enfin, je me bornerai à citer un dernier résultat signalé par M. Niépce, résultat qui est peut-être lié à la manière dont il se rend compte de ces phénomènes, mais qui se trouve en désaccord avec les faits observés jusqu'ici. M. Niépce dit que le chlorure d'argent pur, ainsi que d'autres sels d'argent ne donnent aucune couleur (*Comptes rendus*, 2 juin 1851). Pour ce qui est des autres composés d'argent, j'ai déjà montré qu'ils n'ont donné jusqu'ici aucun effet de ce genre; mais quant à ce qui concerne le chlorure, c'est précisément les couleurs faibles, il est vrai, mais cependant appréciables, que prend ce composé dans des conditions particulières, comme l'ont observé les premiers MM. Seebeck et Herschel, qui m'ont conduit en 1848 à la reproduction des images colorées de la chambre obscure. »

2° M. Leverrier donne communication à l'Académie d'une lettre de M. *Annibal de Gasparis* qui a découvert, à Naples, dans la soirée du 23 mai, une nouvelle planète. A en juger par son mouvement, elle appartient à la famille déjà très-nombreuse des astéroïdes. Son apparence est celle d'une étoile de 9° grandeur.

Cette planète avait été découverte quelques jours auparavant, à Londres, par M. Hind; mais la nouvelle ne pouvait en être parvenue à M. Gasparis au moment où il écrivait.

3° Déjà bien des moyens ont été employés pour hâter la dessiccation des bois et pour raccourcir le temps pendant lequel ils représentent un capital improductif, et souvent s'altèrent profondément en restant exposés à l'intempérie des saisons. Divers systèmes d'études ont été inventés à cet effet; on a même employé la vapeur, soit pour élever la température, soit pour dissoudre certains sels hygrométriques qui attiraient l'humidité de l'air; mais ces procédés, bons pour les bois communs, ont le tort de produire des fissures profondes, d'altérer la texture et la couleur des bois destinés à l'ébénisterie et à la marqueterie.

M. Faure propose de substituer aux étuves un vaste appareil pneumatique qui, en faisant le vide autour des souches les plus volumineuses, comme autour des rameaux les plus délicats, amènerait rapidement la vaporisation de toute l'eau contenue dans le tissu du bois, et ne produirait ni altération de couleur, ni fissure, par suite de la basse température sous laquelle on pourrait opérer. L'auteur fait remarquer que les frais seraient peu considérables et ne devraient pas excéder les dépenses d'emma-

gasinage et l'intérêt du capital pendant le temps nécessaire à la dessiccation naturelle.

4° M. Eug. Piot fait hommage à l'Académie d'une de ses livraisons de l'*Italie monumentale*. M. Regnault fait remarquer qu'une de ses prédictions se vérifie, et que déjà la photographie se trouve en état de venir en aide à l'architecture et de donner, dans de grandes dimensions, des reproductions de monuments plus parfaites que tout ce qui peut sortir de la main du dessinateur le plus habile. Les épreuves photographiques de M. Piot (épreuves que les membres de l'Académie examinent avec beaucoup d'intérêt), d'aspect peu, d'aspect général, d'une gravure sur papier de Chine. Faites sur un tissu très-mince, ces épreuves sont collées sur une feuille de vélin qui forme un encadrement blanc, et porte le titre de l'ouvrage, la signature de l'auteur et la légende explicative du sujet.

L'Académie prend beaucoup d'intérêt à cette communication; elle nomme une commission qui s'adjoindra un membre de l'Académie des beaux-arts, et qui lui fera un rapport sur les productions de M. Piot.

D° Clavel.

COLORATION CHIMIQUE DE L'ÉPREUVE POSITIVE.

EXTRAIT DU TRAITÉ DE PHOTOGRAPHIE SUR PAPIER, DE M. BLANQUART-ÉVRARD, DE LILLE (Juin 1851)[1].

Nous allons donner les moyens de fixer l'épreuve et de modifier cependant presque à l'infini sa coloration et son aspect, de renforcer les ombres par des effets d'éclat aux lumières, d'amener enfin des dégradations, des finesses de ton que ne saurait produire l'hyposulfite à l'état simple.

Le premier résultat que nous avons obtenu dans la recherche de ces moyens, c'est la coloration des ombres en noir, par l'addition, dans les bains d'hyposulfite, de quelques cristaux de nitrate d'argent.

En cherchant la raison de cet effet, nous avons découvert qu'il n'était pas dû à la présence de l'argent dans le bain, mais au changement d'état de celui-ci. Par la décomposition du nitrate d'argent, le bain passe à l'état acide, l'argent est précipité, et le liquide décanté ne décèle pas à l'analyse la plus faible quantité d'argent.

C'est donc parce que le bain devient acide, qu'il acquiert la propriété précieuse de noircir les ombres de l'image, de les renforcer pendant le même temps qu'il donne plus d'éclat aux lumières.

Il y a toutefois cette différence entre un bain acidulé directement et le bain devenu acide par l'addition du nitrate d'argent, que celui-ci colore plus ou moins le papier en jaune, en raison de la force du bain ou du séjour de l'épreuve, effet que ne produisent pas les nouveaux bains dont nous allons parler ci-après.

Tous les acides ne sont pas également convenables pour cet usage. Les acides nitrique, hydrochlorique, sulfurique, détruiraient l'image en très-peu de temps si le bain en contenait un peu trop.

L'acide acétique, au contraire, réunit à un degré remarquable toutes les qualités désirables. Son usage ne présente aucun danger.

Ainsi nous voilà en possession de deux moyens pour colorer les ombres en noir, avec cette différence que le premier donne au papier une teinte jaunâtre favorable à certains effets, cette teinte ayant quelque rapport avec celle des gravures sur papier de Chine; l'autre, au contraire conservant au papier tout son éclat et sa blancheur, n'arrive au noir qu'en passant préalablement par des nuances violacées d'un effet fort agréable.

Si, au lieu d'aciduler le bain d'hyposulfite, on le rend

[1] Chez P. Oret, éditeur, rue Hautefeuille, 12, et à la fabrique spéciale de produits chimiques pour l'héliographie, de Puech et Comp., *rue de l'Arcade*, 15. Prix, 4 fr. 50 c.

alcalin par l'addition de quelques gouttes d'ammoniaque, on obtient l'effet absolument opposé, c'est-à-dire qu'au lieu de devenir noires, les ombres du dessin rougissent et passent à un ton chaud (sépia de Rome), d'un effet assez agréable, beaucoup moins complet que celui des bains acidulés, mais infiniment plus satisfaisant que celui de l'hyposulfite seul.

De ces différences dans les effets que l'on obtient selon l'état du bain, il résulte que trois bains différents sont nécessaires pour le traitement des épreuves, en raison des effets qu'on désire obtenir.

Ces trois bains seront formés d'une dissolution de :

1 partie hyposulfite de soude.

5 ou 6 parties d'eau.

Le premier bain laissé à l'état simple, sans addition d'acide ni d'alcali, reçoit indistinctement, pendant deux minutes au moins, toutes les épreuves lorsqu'on les sort de l'eau où on les a laissées tremper au moins douze heures.

Le second bain d'hyposulfite sera rendu alcalin au moyen de quelques gouttes d'ammoniaque, ce dont on s'assure en ramenant au bleu le papier de tournesol rougi par un acide.

Enfin, le troisième bain sera acidulé avec l'acide acétique, ce que l'on reconnaît encore au moyen du papier bleu de tournesol.

Pour faciliter nos explications, nous appellerons le premier bain, le bain neutre ; le second, le bain alcalin ; le troisième, le bain acide.

A ces trois bains on pourra en ajouter une série d'autres composés des mêmes éléments, mais plus concentrés, ou plus étendus, plus nouvellement composés, ou plus anciens ; on sait en effet que les anciennes dissolutions produisent des effets particuliers très-précieux et très-remarquables ; aussi doit-on conserver chaque bain dans des vases séparés.

Supposons maintenant que nous ayons produit douze épreuves au moyen d'un même cliché, toutes les douze bien uniformément amenées au même degré de coloration par l'action de la lumière ; si l'on traite ces douze épreuves dans des bains acidulés, mais d'époques différentes, on aura douze résultats absolument différents comme teinte et comme effet.

En admettant que ces bains aient été formés de la même manière, le plus actif, celui qui aura la plus grande action colorante, sera le plus ancien, celui qui aura le plus servi.

Ce n'est pas seulement par son activité que ce bain se distingue des autres, mais surtout par les tons particuliers qu'il donne aux épreuves. Ces tons ont un velouté, une finesse, que ne sauraient donner les bains les plus récents ; en revanche, ceux-ci auront une franchise de teinte, une énergie, que les vieux bains ne sauraient produire.

Avec un peu de goût et d'observation, l'emploi de ces bains permet d'amener les épreuves à des effets dont ne se doutent certainement pas ceux qui se bornent au simple bain d'hyposulfite.

Les vieux bains acidulés amènent particulièrement des tons extrêmement fins.

Le premier effet des vieux bains sur les épreuves, est de donner de la fermeté à la teinte ; l'effet suivant est de l'atténuer, de la dégrader ; on arrive ainsi à des noirs veloutés d'un charme infini pour certains dessins. Si on prolonge l'action au delà de cette limite, le papier prend une teinte jaunâtre, comme celle que nous avons signalée dans l'emploi des bains acidulés avec le nitrate d'argent. Celle des bains dont nous parlons est plus fine, les blancs sont mieux réservés, et l'épreuve a l'aspect d'un dessin au crayon noir et blanc sur un papier teinté.

Au lieu d'abandonner une épreuve à la seule action d'un bain, on peut utiliser les propriétés particulières de chacun d'eux au profit de l'effet général ; ainsi, lorsqu'une épreuve devient trop énergique dans les bains acides, les bains neutres, qui ont une action plus destructive sur l'image, peuvent être employés avec avantage.

Lorsque les épreuves ont une nuance trop blafarde au sortir des bains alcalins, on peut leur donner un ton plus vif en les passant dans un bain acide ; de même qu'une épreuve passée au bain acide, et dont l'aspect serait froid et sec, peut être réchauffée au moyen d'un bain alcalin.

Ces bains sont, en photographie, comme les glacis dans la peinture à l'huile ; dans l'un comme dans l'autre cas, il ne suffit pas de la recette pour réussir, il faut l'observation et la pratique pour agir à propos et dans la mesure la plus convenable.

Il ne faut jamais passer une épreuve du bain alcalin au bain acide, ou de celui-ci au bain alcalin, sans la rendre neutre préalablement, et cela en la lavant d'abord à grande eau et en la plongeant pendant une minute ou deux dans le bain d'hyposulfite neutre : sans cette précaution, non-seulement on n'obtiendrait pas l'effet désiré, mais on changerait les propriétés particulières de chaque bain.

En ajoutant dans les bains d'hyposulfite quelques cristaux d'acétate de plomb, on donne aux épreuves une nuance rouge violette.

La nuance rouge est le premier effet, et la nuance violette le second.

Nous avons remarqué que cet effet, pour être complet, doit se produire dès les premiers temps de la coloration de l'épreuve. Il faut donc, pour l'obtenir, placer l'épreuve dans le bain à l'acétate de plomb au sortir de l'eau et du bain neutre d'hyposulfite ; si elle passait avant dans les bains acides ou alcalins, la nuance ne serait plus si tranchée.

Lorsqu'on veut conserver à l'épreuve la nuance particulière que lui donne l'acétate de plomb, il faut s'abstenir de la passer dans des bains spéciaux ; mais lorsqu'on ne tient pas à conserver cette teinte, on peut avoir recours aux bains acides ; elle prend alors un aspect violet foncé des plus agréables. On doit avoir recours aux bains acides lorsque l'épreuve a une teinte générale trop uniforme.

Il résulte de ce qui précède, qu'on peut à volonté donner une coloration déterminée aux épreuves positives. Cela n'est absolu cependant que lorsque les épreuves sont fortement colorées ; on pourrait presque comparer ce qui se passe dans le bain d'hyposulfite acidulé, à une lutte qui s'établit entre l'action destructive de l'hyposulfite sur l'image, et l'action de l'image sur le bain pour s'emparer de sa propriété colorante. Si le bain l'emporte sur l'épreuve, et cela a lieu lorsqu'elle est sortie trop faible de la chambre noire, elle se décolore graduellement, et quoi qu'on fasse, on peut bien modifier la nuance, mais on ne peut lui donner de la vigueur. Si au contraire l'épreuve est puissante, elle domine l'action destructive du bain et la coloration augmente ; mais (et c'est en cela que ce qui se passe ici est admirable sous le rapport de l'effet artistique), toutes les parties de l'image ne présentent pas la même résistance à l'action destructive ; vaincue par les masses puissantes, cette action triomphe sur les parties faibles et les décolore ; résultat précieux, parce qu'il a justement pour conséquence de renforcer les ombres et d'éclaircir les parties lumineuses, de leur donner plus d'éclat.

Cette étude est bien certainement la plus attrayante de la photographie. Nous ne posons que les premiers jalons dans cette voie nouvelle pleine de charme, et dans laquelle les véritables amateurs ont une abondante moisson d'utiles observations à faire.

Le moment n'est pas éloigné où les dessins photographiques seront de véritables produits artistiques, car ils ne seront plus l'œuvre brute d'une expérience de manœuvre, mais le produit combiné de l'expérience et du goût de l'opérateur.

Il est facile de se faire une idée de la différence qui existe entre deux épreuves traitées, l'une par le simple bain d'hyposulfite, l'autre par les bains à double action.

Lorsqu'on se propose d'employer ces derniers bains, il faut donner aux épreuves beaucoup de vigueur, par une exposition prolongée à la chambre noire.

Supposons, en effet, deux dessins arrivés au même degré de coloration après avoir été fixés, mais dont l'un aura été retiré à peine accusé après l'exposition, et l'autre au contraire très-puissant.

Pour réduire celui-ci à la coloration du premier, il a fallu le livrer à l'action énergique de l'hyposulfite ; il résulte de cette action, que les demi-teintes du dessin ont acquis autant de finesse, de douceur, que celles du premier ont conservé de grenu, de rudesse. Sur l'un, les demi-teintes ne sont plus que des colorations qui lient la lumière à l'ombre ; tandis que sur l'autre, les demi teintes sont des ombres affaiblies par suite de la couche plus mince de la couleur dont les ombres sont formées.

Il faut savoir, en effet, que partout où le papier a été impressionné par la lumière, l'hyposulfite laisse subsister une coloration.

C'est particulièrement à cet effet tout spécial que l'on doit d'obtenir, au moyen de clichés sur papier, des épreuves positives, où le grain du papier négatif a complétement disparu, et qui le disputent aux plus belles épreuves sur verre, non pas comme détails et finesse de forme, mais comme charme, harmonie et beauté d'aspect.

Ici se termine ce qu'on pourrait appeler la méthode ou la partie classique de la photographie sur papier, celle qui amène les images par l'action directe et régulière des réactions chimiques ; il nous reste maintenant à parler des artifices qu'il est possible d'employer pour modifier les résultats méthodiques, les atténuer ou les développer au profit d'une exécution plus agréable ou plus complète, selon les exigences de l'art, ou les goûts de l'opérateur.

Blanquart-Évrard.

Nous sommes heureux de pouvoir faire suivre les excellentes notions qui précèdent par la lettre suivante que nous recevons à l'instant, et où son auteur, artiste photographe également fort habile, traite la même question qui est d'un si grand intérêt pour l'art héliographique. Il ne suffit pas, en effet, de pouvoir fixer une épreuve, mais il faut autant que possible que cette opération vienne ajouter à l'effet et à la perfection de celle-ci, en lui procurant des tons qu'il sera permis à l'artiste de varier suivant la nature et le caractère du sujet qu'il a voulu représenter.

« Monsieur le rédacteur,

« Pénétré des services éminents que rend chaque jour le journal *la Lumière*, l'organe de votre honorable Société, en portant à la connaissance de tous ce qui n'était souvent jusqu'ici que la propriété enviée de quelques-uns ; je serai heureux d'apporter ma faible part à l'amélioration de la photographie, surtout au moment où l'on s'occupe de reproduction à grande vitesse, en faisant connaître un procédé très-simple que je pratique déjà depuis cinq ou six ans avec succès, et qui permet de changer le ton des épreuves positives, récentes ou anciennes, en une foule de nuances, selon la durée de l'immersion dans le bain, ou la venue des épreuves, et qui, en sortant, sont définitivement fixées, ce qui permet alors de terminer une épreuve presque de suite.

« Ce procédé a bien quelque analogie avec celui de M. Blanquart-Évrard, mais je trouve qu'il dépouille d'une manière plus fine, et qu'il est plus énergique pour la fixation et les changements de tons. Voici du reste mon procédé ; vous en ferez, monsieur, ce que vous jugerez convenable.

« Dans 200 grammes d'eau ordinaire, je mets 6 grammes d'hyposulfite de soude ; puis, lorsque la dissolution est faite, j'y ajoute une goutte d'acide sulfurique par gramme d'hyposulfite dissous, et j'agite le mélange jusqu'à ce que le liquide devienne laiteux, ce qui ne tarde pas à arriver, et à se dénoter par un dégagement de gaz hyposulfureux. A cet instant (et jusqu'à ce que tout le soufre soit précipité le bain peut servir ; passé cela il est sans force ni action), on introduit dedans les épreuves dont on veut changer le ton, et qui devront être venues très-fortement au soleil pour éviter l'affaiblissement ; plus elles seront venues, plus les tons seront noirs (c'est à ce procédé qu'est due la couleur de la vue et des portraits sur verre que j'ai eu l'honneur d'offrir à la Société héliographique, dans son avant-dernière séance). Une fois dans le bain, on comptera les secondes comme à la chambre noire, et, avec une épreuve suffisamment venue, 50 secondes suffisent pour donner de beaux noirs ; plus de temps donnerait des blancs légèrement jaunis, presque semblables à ceux de M. Flacheron, l'habile opérateur d'Italie. Aussitôt qu'on aura jugé que le temps passé dans ce bain est suffisant, on rincera l'épreuve à grande eau, et elle sera désormais fixée ; mais je dois prévenir, qu'avant de la mettre dans le bain dont j'ai parlé, il faut d'abord plonger son épreuve, en la retirant de la lumière, dans un bain d'hyposulfite ordinaire pendant un quart d'heure, pour donner le temps au nitrate d'argent de se décomposer, puis la rincer à grande eau ; sans cela on perdrait la transparence des épreuves, ce qui, du reste, donne naissance à une foule d'autres tons souvent jolis et bizarres.

« Je ne doute pas qu'avec quelques essais préalables sur une mauvaise épreuve coupée en cinq ou six bandes, trempées chacune au temps différent dans le bain, un opérateur ne soit de suite au courant de ce petit tour de main, qui est le seul que j'emploie pour varier et fixer mes épreuves positives. »

Paris, 19 juin 1851.

Henri PLAUT,
Photographe, quai Conti, 7, à Paris.

DE L'IODE.

L'iode fut découvert accidentellement par de Courtois en 1811 ou 12. Décrit d'abord par Clément, sa nature précise fut bientôt après déterminée par Gay-Lussac et Sir Humphrey Davie. Il n'existe pas dans la nature à l'état de liberté ; comme le chlore et le brôme, avec lesquels il a de grandes analogies, on le trouve en grande abondance toujours uni au sodium, dans les plantes marines, telles que les varechs, les fucus, et généralement dans la famille des algues ; mais il existe aussi dans les matières animales et dans le règne minéral, à l'état d'iodure d'argent.

Son équivalent en poids est 124 ; sa densité à l'état solide et à 17° est de 4,948 ; en vapeur, 8,61. Il entre en fusion à 107°, et en ébullition à 180°, environ.

Le meilleur iode, d'après M. Balard est fabriqué ou plutôt extrait des corps qui le renferment, dans les manufactures qui avoisinent Glasgow, en Écosse ; c'est de là du moins que vient celui qu'emploient les daguerréotypistes américains.

On le prépare en extrayant d'abord toute la partie du sodium auquel il est uni, soluble dans l'eau, et en chauffant à 110°. On verse alors dans un bassin de pierre et on ajoute de l'acide sulfurique étendu d'eau, dans la proportion d'*une once pour huit*. Une ébullition très-violente a lieu alors, et après qu'on a laissé refroidir on obtient un précipité de soufre et des cristaux de soufre et de soude.

L'ébullition est produite par le dégagement de l'acide carbonique, de l'hydrogène sulfuré et de l'acide sulfureux. Le soufre est formé par l'acide sulfureux et l'hydrogène sulfuré agissant l'un sur l'autre et se décomposant mutuellement, l'hydrogène se mêlant d'un côté avec l'oxygène de l'acide, pour former de l'eau, et laissant libre le soufre qui se dépose; en filtrant on obtient un liquide clair qui contient de l'acide iodhydrique. On mélange ce liquide avec du peroxyde de manganèse, en soumettant le tout à une chaleur douce, et dans un vase de plomb. L'iode se dégage alors sous la forme de petites écailles gris noir d'un éclat métallique. Le vase de plomb doit avoir un goulot très-court, correspondant avec un grand ballon de verre. De cette manière, une partie de l'oxygène du peroxyde de manganèse s'unit avec l'hydrogène de l'acide iodhydrique et forme de l'eau, pendant que l'iode laissé libre se volatilise en passant dans le récipient, et que l'acide sulfurique se combine avec le protoxyde de manganèse et reste dans le vase de plomb.

L'iode ainsi obtenu est un corps solide, d'un bleu noir et d'un éclat métallique. Quand on le fait volatiliser lentement, sa vapeur, qui est d'une couleur violette très-riche et très-intense, — ce qui lui fait donner le nom d'iode, du motg rec ἰώδης, — se condense en lames rhomboïdales ou écailles. Il détruit les couleurs végétales, tache en jaune l'épiderme, le papier, etc.; il a une saveur âcre et une odeur qui rappelle celle du chlore et du brôme; il s'unit avec l'oxy ène, l'hydrogène, l'azote et les métaux.

L'iode n'est pas toujours propre aux opérations daguerriennes, sa pureté étant absolument nécessaire. Quelquefois, quand il n'est pas volatilisé de nouveau, il contient environ 1/4 d'eau, à une couleur gris de plomb et une odeur prononcée de chlore. Il contient aussi fréquemment une petite quantité de charbon de terre, de plombagine, d'oxyde de manganèse, d'antimoine et de charbon de bois. La présence de l'iode est facilement reconnue, car, mis en contact avec l'amidon, il produit une combinaison bleue que l'on nomme *iodure d'amidon*. Cet iodure se décolore à la température de 70 à 80°, et reprend sa teinte bleue quand la liqueur se refroidit. Cependant si l'iode contenait de l'acide iodi que ou des *iodates*, l'amidon ne donnerait pas de couleur bleue, à moins que l'on n'ajoutât quelque agent *désoxydant*, tel que l'acide sulfureux; et s'il était combiné avec un *iodite*, on devrait employer l'acide sulfurique ou l'acide nitrique.

Les solutions contenant des iodates, traitées avec le nitrate d'argent, donnent un précipité blanc soluble dans l'ammoniaque; les iodites, au contraire, donnent, avec le nitrate d'argent, un précipité jaunâtre, qui se dissout mal dans l'ammoniaque; avec l'acétate de plomb, un précipité d'un jaune brillant, et avec le bichlorite de mercure, un précipité écarlate.

A ces détails sur l'iode, donnés en grande partie par MM. Balard et Cooley, nous en ajouterons quelques autres empruntés à M. Pelouze.

Les plus beaux cristaux d'iode s'obtiennent en abandonnant une dissolution d'acide iodhydrique au contact de l'air dans un flacon ouvert. L'hydrogène de cet acide s'unit à l'oxygène de l'air pour former de l'eau, tandis que l'iode reste libre, se dépose sous forme d'octaèdres allongés, quelquefois très-volumineux.

L'iode est peu soluble dans l'eau, qui n'en dissout qu'environ 0,007 de son poids à la température ordinaire; mais il est très-soluble dans l'alcool, et lui communique une teinte brune très-foncée.

Cette dissolution alcoolique laisse déposer par l'évaporation des cristaux d'iode. Elle est précipitée par l'eau qui en sépare immédiatement l'iode sous la forme d'un précipité brun.

L'iode se dissout dans le sulfure de carbone et donne à ce liquide une teinte violette.

L'iode, en réagissant sur les autres corps, se comporte, en général, comme le chlore et le brôme; mais ses affinités sont plus faibles, et ces deux métalloïdes le déplacent de la plupart de ses combinaisons; il ne décompose pas l'eau sous l'influence de la radiation solaire.

Ernest LACAN.

NOUVELLES DIVERSES.

Depuis longtemps la statue de Nicolas Poussin, sculptée par M. Briant, et sortie des ateliers de fonderie de MM. Paillard, d'Hendicourt et Simonnet, attendait le jour où l'administration serait en mesure de la placer sur son piédestal. C'est dimanche que la cérémonie a eu lieu; elle avait attiré aux Andelys un grand concours de peintres, d'artistes, de littérateurs, non-seulement de l'arrondissement, mais de toute la Normandie et de Paris.

La cérémonie religieuse terminée, le voile, qui, jusque-là, couvrait la statue, a été enlevé, et Le Poussin a été salué par d'unanimes applaudissements.

Cette statue de bronze, haute de deux mètres, est posée sur un socle en pierre, et est environnée d'une grille en fer. Sur le socle, on lit cette inscription : A. N. POUSSIN.

— Les travaux de la nouvelle église de Sainte-Clotilde, sur la place Belle-Chasse, se poursuivent avec activité, et au point où ils sont parvenus, commencent à laisser entrevoir le genre d'ornementation de détail dont la sculpture s'enrichira.

La partie la plus avancée et même terminée est le faîte des deux faces latérales; les sommets angulaires et les aiguilles triangulaires qui les accompagnent sont couronnés par des fleurons imitant, à peu de chose près, la fleur de lis héraldique. Des dessins en angles décorent la base des aiguilles. Un pareil système d'ornementation entourera les deux tours.

Des galeries extérieures, sculptées à jour, en forme de rosaces, sont déjà placées à la naissance de la toiture; celle-ci est toute en charpente de fer déjà posée, et consistant en vastes arceaux sur lesquels portent de fortes membrures et des tiges plus légères où sont fixées les voliges.

Ces travaux, dont le caractère artistique commence à se dessiner, arrêtent déjà de nombreux passants, et l'on peut augurer que ce monument religieux ne sera pas au-dessous de ceux que le moyen âge nous a laissés, et qu'on admire dans la capitale.

— On sait que les deux escaliers qui conduisent au palais de la Bourse, sur la façade principale et rue Notre-Dame-des-Victoires, sont fermés par des murs de soutènement, qui dominent des piédestaux. Sur l'un d'eux, rue Notre Dame-des-Victoires, on vient de placer une belle statue, due au ciseau de notre célèbre artiste Pradier. C'est celle de l'Industrie. L'artiste l'a personnifiée sous les traits d'une jeune femme, dont la figure, pleine d'expression, semble, en se reposant d'un travail achevé, méditer de nouvelles œuvres. Elle est assise sur une enclume, tient de sa main gauche un marteau posé sur son épaule, et tandis que la main droite s'appuie sur des engrenages, des scies circulaires, etc., son pied repose sur un globe. Sur l'un des bords de l'enclume qui lui sert de siège, on voit une coupe en bronze remplie de joyaux, de colliers qui en débordent; et sous un manteau qui, tombant gracieusement, enveloppe la statue, on voit s'abriter une ruche, symbole du travail. Cette œuvre, remarquable à tous les égards, et que ne répudierait pas un musée, fait honneur à l'artiste qui l'a conçue. Malheureusement, on ne nous promet son pendant que dans dix-huit mois.

— Un fait archéologique du plus haut intérêt vient de se passer en Grèce : en creusant les fondations nécessaires pour établir un phare dans l'île de Leontio, une des îles Cursolaires, on a découvert un tombeau dans lequel se trouvaient des ossements humains, des armes et un grand nombre de médailles, qui sont presque toutes à l'effigie de Charles-Quint et de Philippe II. Sur une pierre placée à l'intérieur était gravée une inscription latine qui a fait connaître que ce monument était le tombeau de don José d'Almeida et de don Luis d'Alcantara, vaillants capitaines espagnols tués à la bataille de Lépante.

C'est un ingénieur autrichien, le chevalier d'Amassi, chargé des travaux du phare, qui a fait cette découverte. Il a recueilli les objets précieux qui ont été embarqués à bord d'un des bateaux du *Lloyd*, et ils figureront bientôt au Musée impérial de Vienne.

CORRESPONDANCE.

DE LA NON-INFLUENCE DE LA POLARISATION
SUR LA VARIATION DES FOYERS ET SUR LA RAPIDITÉ DES OBJECTIFS
DE DAGUERRÉOTYPE.

Monsieur,

Dans votre dernier numéro vous avez inséré une lettre de M. Claudet, dans laquelle il rend compte de diverses expériences faites par M. le commandant Lugeol. Loin de moi la pensée de vouloir contester en aucune façon les faits annoncés par ce savant distingué; j'ai l'honneur d'avoir eu quelques relations avec lui, et je connais trop bien le soins qu'il apporte dans ses expériences pour les mettre un instant en doute; je viens seulement vous faire part de plusieurs observations qui tendraient à modifier les conséquences que M. Lugeol a déduites de son travail.

Cela va nécessairement m'entraîner à parler : 1° DE LA DIFFÉRENCE DES FOYERS DANS LES OBJECTIFS; 2° DE LA VARIATION des foyers; 3° enfin de l'INFLUENCE DE LA POLARISATION SUR CETTE VARIATION ET SUR LA RAPIDITÉ D'EXÉCUTION.

Dans un traité de photographie, publié conjointement avec M. Secretan, en 1846, je crois avoir donné le premier l'explication théorique de la belle découverte de M. Claudet, qui annonça en 1843 que beaucoup d'objectifs de daguerréotype ont deux foyers: l'un *chimique* ou *photogénique*, l'autre *visuel*; j'ai expliqué pourquoi le foyer chimique se trouve quelquefois *en avant*, quelquefois *en arrière* du

foyer visuel; pourquoi enfin il arrive parfois que les deux coïncident. J'annonçais que tout ce'a se réduisait à une question d'achromatisme : que si le foyer chimique était *plus court* que le foyer visuel, c'était une preuve que le crown était trop fort; que s'il était *plus long*, c'était une preuve qu'il était trop faible. Partant de là, il devenait facile à tout opticien de ramener à un foyer unique les objectifs de daguerréotype à deux foyers. Quant à ceux à construire, je recommandais dans la même brochure de s'attacher à achromatiser les rayons chimiques (ou ce qui revient au même, à faire réunir en un point mathématique les rayons bleu, indigo, violet, et de négliger les autres qui n'ont aucune puissance photogénique). Ma manière de voir, et j'en suis heureux, était donc dès lors tout à fait conforme à ce qu'a dit M. Regnault à la Société, dans la séance du 25 mai dernier, si ce n'est que l'illustre physicien ne paraît pas approuver entièrement les opticiens français de chercher les deux foyers *comme condition forcée*. Sans vouloir entamer à ce sujet une discussion théorique, et je me déclarerais à l'avance incapable de la soutenir avec lui, si M. Regnault entend que, pour ramener à la coïncidence un objectif dont, je suppose, le foyer chimique serait plus court que le foyer visuel, on doive se contenter de raccourcir l'une des surfaces du crown (*et l'on arrivera toujours à une coïncidence parfaite par ce seul moyen*), je me permettrai de lui faire observer que, puisque d'un côté on a altéré le rapport entre les courbures, qui avait dû être choisi le plus favorable, et que d'un autre côté on a raccourci le foyer, il est évident que l'objectif doit être, après la correction, moins bon qu'il n'était. Mais en travaillant de nouveau plusieurs surfaces, on peut arriver à un choix de courbures non moins favorable, tout en conservant audit objectif le foyer qu'il avait d'abord.

Depuis quatre ans, des centaines d'objectifs ont été construits dans nos ateliers, et la pratique n'est pas venue donner un seul démenti à notre théorie. Je crois donc encore que les objectifs faits dans de bonnes conditions, et dans lesquels la différence des deux foyers est insensible, sont, sous tous les rapports, aussi bons que ceux qui ont des différences notables, et qu'ils seront toujours préférés par les photographes.

En 1850, M. Claudet trouva, et il a exposé depuis dans un mémoire présenté à l'Institut et actuellement sous presse, les causes qui amènent une variation de distance entre les deux foyers; parmi les principales, il cite : *la distance de l'appareil à l'objet, la couleur de l'atmosphère, la polarisation*, etc.

Depuis, M. de Nothomb, amateur éclairé de photographie, a constaté que des différences existaient, à Longlaville, entre la saison d'hiver et celle d'été [1].

Enfin M. Lugeol vient de reconnaître que : 1° si l'on dirige vers les différentes parties du ciel un *focimètre* de M. Claudet, les objectifs éprouvent des *variations de foyer*. 2° Le temps d'exposition augmente d'autant plus que l'on s'éloigne du soleil. M. Lugeol attribue, je crois, à tort ces deux phénomènes à l'action de la lumière polarisée.

Pour constater l'influence de la polarisation sur *la variation des foyers et sur la rapidité des objectifs*, je me suis servi d'un prisme de Nicol, qui, comme on sait, polarise complètement la lumière. J'ai pris un objectif dont le foyer chimique était de six numéros du focimètre en arrière du foyer visuel (25 centimètres environ). Je le diaphragmai avec un disque de carton que j'appliquai sur l'objectif en lui donnant une ouverture plus petite que l'énorme prisme de Nicol dont je comptais plus tard faire usage. Je pris une impression sur la moitié d'une plaque préparée, puis je plaçai le prisme de Nicol en avant de l'objectif, et, déplaçant un peu la chambre noire, je pris une seconde impression sur l'autre moitié de la plaque. Ayant fait développer les deux images au mercure, je vis que la différence entre les deux foyers était exactement la même sur l'une et sur l'autre.

Je répétai les expériences ci-dessus en employant successivement un objectif dont le foyer chimique était en avant de celui visuel, puis enfin un objectif dont les deux foyers coïncidaient. Dans aucun cas l'emploi du prisme de Nicol ne produisit le moindre changement entre les deux images.

On sait que le plan de polarisation d'un point de l'atmosphère est toujours dans le cercle qui passe par le soleil et les deux pôles (fait qui a servi à M. Wheatstone à construire son horloge polarisante); ce plan, pour un point donné, varie donc à chaque instant de la journée; pour nous mettre dans les mêmes conditions que M. Lugeol, il fallait changer le plan de polarisation de notre prisme;

---

[1] En admettant le fait de la variation des foyers, il est certain qu'il se présente beaucoup plus souvent sous le climat de Londres que partout ailleurs; car il résulte de l'opinion de tous les photographes que j'ai consultés, et d'un nombre considérable d'expériences faites dans notre établissement, que *la variation des foyers* est presque toujours négligeable à Paris et dans toute la France.

aussi avons-nous répété les expériences dont nous avons donné le détail, en lui donnant différentes positions, c'est-à-dire en le faisant tourner de 90 en 90 degrés. Or, comme un prisme de Nicol polarise presque complétement la lumière, on peut, je crois, conclure des faits cités que :

LA POLARISATION NE JOUE AUCUN RÔLE DANS LE PHÉNOMÈNE DE LA VARIATION DES FOYERS.

Quant à la question de rapidité, nos expériences ayant été faites par une lumière constante (ciel sans nuages) sur une même plaque, la durée de l'exposition étant la même pour les deux impressions, ayant de plus ajouté un verre teinte neutre pour compenser, quand il n'était pas employé, l'absorption du prisme de Nicol, il était facile de voir, à la première inspection, si la lumière polarisée ralentissait l'action des objectifs; je déclare qu'il n'existait aucune différence sensible entre les deux images.

LA LUMIÈRE POLARISÉE NE MODIFIE DONC EN RIEN LE POUVOIR D'ACTIVITÉ DES OBJECTIFS. Ce pouvoir d'activité tient à la plus ou moins grande distance angulaire au soleil, et surtout aux teintes dissemblables que présentent les différentes parties du ciel.

J'ai l'honneur d'être, etc.   A. P. LEREBOURS.

CONSIDÉRATIONS SUR LA REPRODUCTION,

PAR M. NIÉPCE DE SAINT-VICTOR,

des images gravées, dessinées ou imprimées,

PAR M. E. CHEVREUL.

(*Suite.*)

21. Avant de passer outre, je crois utile d'ajouter quelques faits propres à démontrer que c'est bien à une force attractive qu'il faut attribuer la cause de la condensation de la vapeur sur les matières noires dont je viens de parler ; qu'en conséquence, on ne pourrait admettre que la vapeur d'iode s'arrêterait aux noirs comme sur un obturateur, tandis qu'elle filtrerait sans obstacle au travers des blancs.

(*a*) Si on applique une gravure iodée entre deux plaques de cuivre, pendant 8 ou 10 minutes, l'image apparaît sur chacune des plaques. La plaque qui touchait le *recto* de la gravure présente l'image en *sens inverse* de celle du modèle, tandis que la plaque qui touchait le *verso* présente l'image en *sens direct*. Si les noirs étaient imperméables à la vapeur d'iode, s'ils faisaient fonction d'obturateur à son égard, il n'y aurait pas eu d'image reproduite sur cette dernière plaque.

(*b*) M. Niépce a parfaitement constaté encore que cette reproduction de l'image a lieu au delà du contact apparent, fait important pour la théorie des images de Moser.

(*c*) On colle le verso d'une gravure sur plaque de verre ; on expose la gravure à la vapeur d'iode. Il est évident qu'il n'y a plus de filtration possible par les blancs du papier. Eh bien, la gravure imprime son image sur l'enduit d'amidon.

(*d*) Une gravure pénétrée d'un corps gras, exposée à l'iode, reproduit toujours son image ; seulement, celle-ci est plus faible que si la gravure n'eût pas été imprégnée de corps gras.

(*e*) Une différence de porosité entre des parties noires et des parties blanches ne peut expliquer la condensation de l'iode sur les unes de préférence aux autres. En effet, si une règle d'ébène juxtaposée à une règle de bois blanc poreux reproduit son image sur une plaque de métal, à l'exclusion de celle de la seconde, une règle du même bois blanc, teinte en noir avec la teinture de chapelier, juxtaposée à une règle de bois bien compacte, reproduit son image, tandis que celle-ci ne la reproduit pas.

Il est donc évident, par cette double expérience, qu'une différence de porosité ne suffit pas pour expliquer la différence d'aptitude à se pénétrer de vapeur d'iode que possèdent deux bois, dont l'un est noir et l'autre est blanc.

22. Je ferai observer maintenant que les images produites par le procédé de M. Niépce, au moyen de l'iodure d'amidon, n'ont pas la stabilité d'une image produite avec une encre ou un crayon dont le charbon est la base. Cette remarque ne diminue en rien le mérite du travail de M. Niépce, car il est de toute évidence que s'il n'existe pas aujourd'hui de moyen de faire une image stable sur papier par son procédé, la possibilité d'en trouver un est incontestable, et des essais commencés par l'auteur donnent l'espoir que les obstacles ne sont pas insurmontables.

23. La couleur de l'iodure peut être modifiée suivant que l'amidon a été plus ou moins cuit ; et la couleur bleue violette de l'iodure ordinaire peut, au moyen de l'ammoniaque, se changer en couleur bistre ou marron.

24. Si une gravure est soumise à l'action de la vapeur de mercure, de la vapeur du soufre ; si elle est imprégnée d'azotate d'argent, d'azotate de mercure, de sulfate de zinc, de sulfate de cuivre ; si elle est passée à l'eau de gomme, à l'eau de gélatine, à l'eau d'albumine, elle perd la propriété de s'ioder. Mais M. Niépce peut la lui restituer par des moyens très-simples, particulièrement en recourant à l'ammoniaque dans certains cas.

(*La suite à un prochain numéro.*)

ERRATA DU N° 19. — A l'article Société Héliographique, 6e et 13e lignes, au lieu de M. PLAU, lisez M. PLAUT.

Le Secrétaire de rédaction F.-A. RENARD, *Gérant.*

PREMIÈRE ANNÉE. N° 21.

DIMANCHE, 29 JUIN 1851.

LA LUMIÈRE

JOURNAL NON POLITIQUE
HEBDOMADAIRE.

BEAUX-ARTS — HÉLIOGRAPHIE — SCIENCES.

BUREAUX, A PARIS, N° 15, RUE DE L'ARCADE, A LA SOCIÉTÉ HÉLIOGRAPHIQUE.

PRIX.—PARIS, UN AN, 16 F.; 6 MOIS, 10 F.; 3 MOIS, 6 F.— DÉPARTEMENTS, UN AN, 18 F.; 6 MOIS, 11 F.; 3 MOIS, 7 F.—ÉTRANGER, UN AN, 20 F.; 6 MOIS, 12 F.; 3 MOIS, 8 F.—CHAQUE N° 50 CENT.

SCIENCES.

ETUDES SUR L'AGENT LUMINEUX.

APPAREIL DE LA VISION.

Nous avons donné une description succincte des organes et des fonctions du sens de la vue ; il nous reste à décrire quelques organes destinés à aider et à assurer ces fonctions.

Observons, en premier lieu, que le globe oculaire est logé dans une cavité osseuse, l'*orbite*, qui lui offre une protection efficace en arrière et sur les côtés. La saillie du bord de l'orbite et du sourcil, la saillie du nez et de la pommette, contribuent encore à éloigner les blessures qui pourraient résulter d'un coup porté sur la tête, d'une chute sur le sol, etc. Les paupières sont destinées à protéger la cornée transparente, à intercepter les rayons lumineux trop abondants et capables de fatiguer la vue ; elles contribuent, par leurs mouvements, à étendre les larmes sur la partie antérieure du globe oculaire et à la maintenir dans un état d'humidité nécessaire à sa transparence ; tandis que les cils, disposés sur le bord libre des paupières, les suivent dans chacun de leurs mouvements et éloignent ou interceptent les grains de poussière capables d'irriter des organes très-délicats.

Il nous faut, enfin, mentionner l'appui que les muscles prêtent à l'appareil de la vision. Il y a six muscles de l'œil ; quatre nommés *droits*, en raison de leur direction, prennent attache au fond de l'orbite, puis se dirigent en avant, dépassent le grand diamètre transversal de l'œil et viennent s'insérer, par une membrane très-mince, sur la partie antérieure de la sclérotique, à petite distance du bord de la cornée. Ils occupent les quatre points cardinaux de l'orbite, et, par suite de cette disposition, peuvent faire rouler le globe oculaire en haut, en bas, à droite et à gauche, quand ils se contractent isolément ; dans tous les points intermédiaires, quand ils se contractent deux à deux ; si bien que la pupille peut être promenée, par ce mécanisme, sur toute la circonférence de l'orbite. Ces divers mouvements sont soumis à la volonté, à cette condition, cependant, que les muscles congénères dans les deux yeux agiront simultanément, et que chaque pupille suivra les mouvements de sa voisine. Nul homme ne peut diriger l'une de ces pupilles en haut et l'autre en bas, l'une à droite et l'autre à gauche.

Cette restriction apportée à la volonté, dans les mouvements de l'œil, a pour effet d'assurer l'unité d'image ; et si, par suite d'un accident ou de la différence de force des muscles droits, les mouvements des deux yeux ne se font pas dans la même direction, il y a vue double (diplopie).

Déjà nous avons dit quelle part les muscles droits prennent à l'appréciation des distances, en avertissant le centre sensitif de la position respective des globes oculaires et de l'ouverture de l'angle optique ; de même, si le cadre de ce travail le permettait, nous pourrions démontrer que la contraction simultanée des quatre muscles droits fait contracter la pupille, donne plus de saillie à la cornée et d'épaisseur au cristallin, augmente le diamètre antéro-postérieur de l'œil, enfin donne à cet appareil d'optique un pouvoir de réfraction plus considérable. Ces changements, produits par l'action des muscles, ont la plus grande analogie avec ceux qui s'opèrent entre les lentilles d'une lunette par son élongation ou son raccourcissement.

Des deux muscles obliques, l'un, le *petit oblique*, prend son point d'appui sur la paroi interne et inférieure de l'orbite, contourne le globe de l'œil, et va s'attacher sur la partie externe et postérieure de la sclérotique. Le grand oblique part du fond de l'orbite, comme les muscles droits, puis il s'avance directement en haut et en avant, passe dans un anneau fibreux, situé dans l'angle interne et supérieur de l'orbite, puis, changeant de direction, se porte en dehors et en arrière, et va s'attacher sur la partie postérieure et externe de la sclérotique, de manière à faire opposition au petit oblique. Ces deux muscles, en effet, sont antagonistes : en se contractant, ils font rouler le globe oculaire sur son axe antéro-postérieur, le grand oblique de dehors en dedans, à ne considérer que la partie supérieure de la cornée, et le petit oblique de dedans en dehors. En se mettant devant une glace, en fixant un petit vaisseau sur le bord de la sclérotique, et en inclinant la tête à droite ou à gauche, il est facile de s'assurer de la réalité de ces mouvements. Leur but est aussi d'empêcher la diplopie ; car, pour que les points synergiques des rétines se correspondent constamment dans les mouvements de latéralité de la tête, il est nécessaire que les lignes qui indiquent le diamètre vertical des yeux se maintiennent constamment dans le parallélisme. La preuve expérimentale en est facile : il suffit, en pressant avec l'extrémité du doigt sur un œil, de gêner l'action d'un des muscles obliques et de renverser brusquement la tête de côté, en considérant un objet quelconque. On obtient ainsi une double image ; seulement, la fausse, au lieu d'être simplement superposée ou juxta-posée à l'autre, comme cela s'observe dans la diplopie produite par les muscles droits, se trouve penchée, et, par suite de l'action croisée, présente une inclinaison opposée à celle de la tête.

Au moyen des six muscles, l'œil peut donc rester fixé sur un point, lors même que la tête se porte à droite ou à gauche, en haut ou en bas et qu'elle s'incline latéralement : ici l'appareil musculaire fait l'office de la disposition mécanique destinée à mettre la boussole à l'abri du roulis sur les navires.

Nous avons insisté sur ces propriétés remarquables des muscles de l'œil, parce qu'il en résulte pour l'organe de la vue les moyens de juger de la direction perpendiculaire, oblique ou horizontale des lignes colorées. Si par les muscles de l'œil nous pouvons apprécier la position des corps environnants par rapport à nous, rien n'est facile comme d'apprécier notre position par rapport à eux ; or, le sentiment de l'équilibre n'est pas autre chose.

Quoique produites par un seul agent, les sensations lumineuses peuvent varier beaucoup et apporter au cerveau des notions très-diverses, mais qui toutes se résument en deux faits principaux, la couleur et la distance.

Dans la couleur, il y a plusieurs choses à considérer : d'abord, ce qu'elle a d'agréable par elle-même et l'attrait que peuvent offrir ses différentes oppositions Ses nuances ont leurs lois d'harmonie, leur ton, leur gamme ; groupées deux à deux, trois à trois, elles peuvent plaire à l'œil ou le blesser, former un tout harmonieux ou discord : elles peuvent être l'origine d'une sensation agréable ou pénible.

La seconde chose à considérer dans la couleur, c'est son aptitude à produire des images. Un corps coloré offre des contours qui dessinent d'une façon plus ou moins nette le point où il commence et le point où il finit ; s'il est peu volumineux, il peut être embrassé dans son ensemble ; les lignes qui marquent sa circonférence sont dessinées par la lumière qui donne en outre du relief aux saillies, creuse les anfractuosités, modèle la figure et mesure les dimensions. La preuve expérimentale de tout ceci est le portrait ou la représentation d'une personne obtenue avec la couleur.

Si nous décomposons l'image, nous y trouvons, outre la lumière et la couleur, la *figure* qui est la distance relative des diverses parties d'un corps.

Inutile, après ce résumé des notions fournies par le sens de la vision, d'insister longuement sur son utilité : il suffit d'observer un aveugle pour avoir l'expérience de ce que produit la perte des yeux : non-seulement elle prive l'âme des notions de couleur, d'image, et, en partie, de figure, quand elle date de la naissance, mais elle semble encore restreindre le champ de la vie et le rétrécir à la portée de la voix. Qui n'a observé les mouvements timides et la marche cauteleuse de l'aveugle ? Qui n'a vu ce malheureux promener sa main dans l'espace, avec l'appréhension d'un obstacle ou d'un danger ? Il ne peut détourner le coup qui le menace, il ne peut se défendre ou venger l'injure qui lui est faite : la vigueur de ses muscles lui devient inutile ; ses pieds sont incapables de lui donner l'agilité, ses bras ne peuvent déployer de la vigueur sans provoquer une blessure. La plupart des occupations et des amusements lui sont interdits ; il a perdu, avec un organe, la moitié de son existence.

Docteur CLAVEL.

SOCIÉTÉ HÉLIOGRAPHIQUE.

Séance du vendredi 13 juin 1851.

PRÉSIDENCE DE M. VIGIER.

M. LE PRÉSIDENT fait part à la Société d'une lettre que lui a adressée M. Gouin, artiste héliographe à Paris, inventeur d'une nouvelle machine à polir, dont le système perfectionne et abrége tout à la fois l'opération la plus longue et la plus délicate de l'héliographie sur plaques métalliques ; il demande que la Société veuille bien nommer une commission chargée d'examiner cette nouvelle machine. La lettre de M. Gouin est accompagnée de quelques épreuves dont la beauté témoigne en faveur de l'invention. Une commission est nommée pour procéder à l'examen de celle-ci.

M. EUGÈNE PIOT fait hommage à la Société de la première livraison de l'*Italie monumentale* dont nous avons parlé dans nos deux précédents numéros. Placés sur le terrain industriel sous la forme et l'aspect que vient de leur donner M. Piot, les dessins photographiques lutteront certainement avec avantage contre les productions de la gravure et de la lithographie.

M. GAUDIN désirerait qu'il s'établît une discussion à propos de l'article du journal américain où il est dit qu'on a trouvé le moyen de reproduire les couleurs sur plaques daguerriennes ; il serait bon de savoir jusqu'à quel point cette découverte est authentique.

Quant à lui, il en doute beaucoup ; et les savants français, MM. BECQUEREL et NIÉPCE DE SAINT-VICTOR, qui se sont occupés de la question, ne doivent pas se décourager par cette nouvelle, dans leurs recherches. Ils ont déjà fait le premier pas, et je ne crois pas, dit M. Gaudin, que d'autres aient eu plus de succès.

Comment peut-on obtenir des couleurs par la photographie ? Il n'y a qu'un seul moyen, que M. Becquerel a employé, c'est d'impressionner un composé cristallisé de manière à ce que la couleur imprime à la substance une disposition toute particulière, une sorte de phosphorescence. Mais M. Gaudin ne croit pas qu'on puisse jamais faire paraître des couleurs avec le mercure, qui est un agent continuateur ; il y a eu beaucoup d'illusion là-dessus.

M. BAYARD ne pense pas qu'il soit possible de traiter une pareille question en présence du peu de renseignements qui nous sont parvenus sur cette découverte.

M. VILLIS, Américain, présent à la séance, dit que le procédé de M. Hill n'a aucun rapport avec celui de M. Becquerel ; il a écrit à M. Hill pour le prier de lui envoyer quelques épreuves ; ces épreuves lui ont été promises, l'inventeur en possédait alors cinquante-cinq. M. Villis ajoute qu'il a reçu plusieurs autres lettres qui confirment l'existence de cette importante découverte.

M. LE PRÉSIDENT demande à M. Villis si, dans les lettres qu'il a reçues, on lui annonce qu'il y ait eu des témoins oculaires de la découverte. Aucun, reprend M. Villis ; on lui écrit seulement qu'il n'y a pas le moindre doute à élever contre elle.

M. DE MONTFORT pense que M. Hill ne compromettrait pas la réputation qu'il paraît avoir si bien acquise comme photographe, en avançant légèrement au fait d'une si grande importance; d'un autre côté, l'on doit penser que le journal américain qui a publié la lettre de M. Hill, et qui garantit le fait, serait peu disposé à encourir la responsabilité qu'il y aurait dans la propagation d'une pareille nouvelle si elle n'avait réellement aucun fondement. Au reste, ajoute M. de Montfort, nous serons bientôt fixés là-dessus, j'ai un agent à New-York que j'ai chargé de prendre des renseignements à ce sujet, et j'en attends une réponse d'un jour à l'autre. M. Villis annonce ensuite qu'il partira pour l'Amérique dans quelques semaines, et qu'il se met à la disposition de la Société dans le cas. où celle-ci voudrait le charger de prendre des renseignements qu'il sera bien à même de lui faire parvenir. M. le Président remercie M. Villis de son offre obligeante, et plusieurs membres expriment ensuite le vœu que de nouveaux documents plus précis viennent confirmer l'existence d'une découverte dont la seule annonce a mis en émoi tout le monde photographique. L'inventeur se hâtera certainement, pour convaincre les incrédules (et il y en a beaucoup), d'expédier en Europe un certain nombre d'épreuves qui permettront de reconnaître l'authenticité de la découverte et de juger de l'importance de ses premiers résultats. Ne doit-on pas s'étonner déjà qu'il n'y en ait pas quelques spécimens à la grande exposition de Londres?

Le débat étant clos sur ce sujet, M. Martin demande aux membres présents de la commission nommée pour l'examen des papiers destinés à la photographie, s'ils ont des renseignements à donner. M. Bayard, membre de cette commission, répond que celle-ci s'est réunie quelquefois, mais qu'elle est dans l'impuissance d'agir. Elle ne peut pas provoquer les fabricants à entreprendre un papier spécial ; tout ce qu'elle peut leur demander, c'est qu'ils donnent plus de soin à leur fabrication ordinaire, afin qu'il en sorte plus souvent des qualités de papiers mieux appropriés à la photographie.

M. le Président engage les photographes à suppléer à cette insuffisance de la fabrication par des préparations particulières.

Déjà les magnifiques résultats obtenus par M. Le Gray sur papier ciré font prévoir que le papier rivalisera bientôt en finesse et en transparence avec la glace. La brochure qu'il va publier mettra le public à même de reconnaître l'avantage de ce procédé sur les autres. La question de fabrication se trouvera en partie résolue, ou au moins simplifiée, lorsque les marchands de produits chimiques seront en mesure de livrer au commerce un papier négatif dont la bonté ne dépendra plus du hasard de la fabrication, mais d'une substance déterminée et constante, au moyen de laquelle on pourra toujours le bonifier.

L. A. Martin.

EXPOSITION UNIVERSELLE.

(Premier article.)

A MONSIEUR DE MONTFORT.

Monsieur,

Chargé par vous de l'honorable et délicate mission de faire connaître aux lecteurs de la *Lumière*, dans une suite de lettres critiques, les envois des photographes des diverses nations à l'exposition universelle de Londres, je ne me suis pas dissimulé un seul instant tout ce que cette tâche présentait de difficultés de toute nature. Aussi ai-je longtemps hésité sur la façon dont il serait le plus convenable et le plus utile d'entrer en matière ; Un seul mot d'un de ces hommes que je me plais à nommer mes maîtres, en fait d'art, est venu terminer mes perplexités et fixer mes irrésolutions. Dans un voyage de quelques jours que j'ai fait tout récemment à Paris, je contais mes peines à M. Ziegler, qui me dit à peu près ceci : « Pourquoi vous donner tant de mal pour arriver moins vite là où vous parviendrez tout bonnement en marchant droit devant vous ? ce qu'il faut tout d'abord à nos photographes, c'est de savoir ce que leurs confrères des pays étrangers ont envoyé à Londres. Commencez par faire un catalogue, ensuite vous rendrez compte des œuvres. »

Le conseil était bon et je l'ai suivi.

Dans l'indication du nom des auteurs, j'ai adopté l'ordre alphabétique. Avant le nom, j'inscris le numéro d'ordre que chaque auteur se trouve avoir dans mon catalogue ; après le nom, j'écris le numéro qui lui est consacré dans le catalogue officiel ; puis, j'indique le nombre des cadres, celui des épreuves qu'ils renferment, je dis si ces épreuves sont sur plaques, sur papier et sur verre ; et enfin, je transcris les rares observations dont les auteurs ont jugé à propos d'accompagner leurs œuvres.

Quant au classement des nations, il était tout naturel que je suivisse celui-là même qui a été adopté dans le Palais de Cristal. Commencer par les Etats-Unis, situés à l'extrémité orientale de l'édifice de Hyde-Park, et finir par l'Angleterre et ses dépendances, qui sont placées à l'extrémité occidentale, en passant par les peuples intermédiaires, m'a semblé la marche la plus rationnelle.

ETATS-UNIS D'AMÉRIQUE. — 1. M. Brady, de New-York, 137, a exposé 55 portraits sur plaques.

2. M. Evans, de Buffalo, Etat de New-York, 105 : Trois cadres contenant six portraits chacun, sur plaques.

3. MM. Fontaine et Porter (portant le n° 550 qui n'existe pas encore au catalogue des Etats-Unis) : Vue de Cincinnati, composée de huit plaques réunies dans un même cadre, et dont les points de jonction sont cachés par des filets perpendiculaires, de façon que le spectateur semble voir la ville à travers une galerie à colonnes.

4. M. Harrison, 225 : Cinq portraits sur plaques et plusieurs chambres obscures.

5. MM. W. et F. Langenheim : Panorama de Philadelphie et une vue de Fairmont, près Philadelphie. Dans l'un et dans l'autre, plusieurs épreuves sur papier, rapprochées les unes des autres de manière à former panorama. Talbotypie.

6. M. Lawrence, 151 : Vingt-cinq portraits, parmi lesquels six sont tiers de nature.

7. M. J. G. Mayall, de Philadelphie, 491 : Soixante-douze plaques, parmi lesquelles se trouve *Notre-Dame*, de M. le baron Gros.

8. MM. Meade frères, de New-York, 109 : Vingt-quatre cadres contenant presque tous des portraits simples, sur plaques, mélangés de quelques groupes.

9. M. W. A. Pratt, de Richemond (Virginie), 264 : Trois cadres renfermant ensemble vingt-six portraits sur plaques.

10. M. John A. Whipple, de Boston, 451 : Cinq portraits simples ; trois portraits de famille dont un à sept figures, un autre à neuf, et le dernier à dix, le tout sur plaques. La lune daguerréotypée au moyen du grand télescope de Cambridge.

10 *bis*. M. J. H. Whitchurst, de Norfolk, Virginie, 377 : Douze vues, sur plaques, de la chute du Niagara, prises sur nature, en septembre 1850.

ALLEMAGNE. — 11. M. J. William Albert, à Francfort-sur-Mein, n° 7 du catalogue de Francfort-sur-Mein : Quatre grandes épreuves sur papier, et vingt-six petites plaques, la plupart ovales, représentant presque toutes des groupes d'objets d'art. M. W. Albert expose aussi plusieurs appareils photographiques.

11 *bis*. M. Frédéric Strauch, de Francfort-sur-Mein, 35 : Deux épreuves sur papier dont l'une coloriée.

AUTRICHE. — 12. M. Paul Pretsch, de Vienne : Quatorze vues, sur papier, tant de Vienne que de Schœnbrunn, résidence ordinaire d'été de la cour impériale ; neuf têtes d'après l'antique ou d'après des médailles ou des bas-reliefs.

ITALIE. — 13. MM. F. et G. Vogel, de Milan, 739 : Dix-huit portraits presque tous en pied, sur papier, par le procédé talbotypique.

FRANCE. — 14. M. H. Bayard, 414 : Trois cadres contenant ensemble dix-sept épreuves sur papier.

15. M. Blanquart-Evrard, de Lille, 1551 : Un cadre contenant neuf épreuves. L'auteur y a joint la note que voici : « Ces épreuves positives sont obtenues par un nouveau procédé, permettant avec un même négatif de faire et livrer dans la même journée deux à trois cents épreuves, par un temps de pluie. Le prix de revient de chaque épreuve peut varier de 15 à 20 centimes en raison de la grandeur. »

16. M. Cousin, de Paris, 1577 : Sept épreuves positives obtenues par des négatifs sur papier.

17. M. Christofle. Dans la vitrine de ce fabricant se trouve un portrait de jeune fille, sur plaque. C'est un spécimen des plaques préparées dans les ateliers de M. Christofle, par le procédé électro-chimique.

18. M. Flacheron-Nayard, 856 : Un cadre contenant sept grandes vues de Rome, sur papier.

19. M. A. Gouin : Deux cadres contenant ensemble dix portraits, sur plaques, dont huit coloriés.

20. M. Gustave Le Gray, 585 : Deux cadres [contenant chacun neuf épreuves, sur papier.

21. M. Henri Lesecq, 592 : Deux cadres contenant chacun six épreuves, vues de différentes parties de la cathédrale de Reims, de celle d'Amiens et de celle de Chartres.

22. M. Martens, 610 : Deux cadres dans lesquels sont quatorze épreuves photographiques sur verre et sur papier, obtenues avec l'appareil de Lerebours et Secrétan. De plus, une vue panoramique de Paris, prise sur plaque, d'une des tours de Notre-Dame, avec l'appareil panoramique de M. Martens.

23. M. Maucomble, 620 : Cinq portraits sur plaques, coloriés.

24. M. Sabatier, 1467 : Un portrait sur plaque.

25. M. Saugrin : Quatre portraits sur plaque, coloriés.

26. M. Amédée Thierry : Neuf plaques, dont huit reproduisent des vues de Lyon, et la neuvième, le portrait de l'auteur.

ANGLETERRE. — 27. M. Beard, 292 : Quinze portraits noirs ou coloriés, sur plaques.

28. M. Bingham, 302 : Dix-neuf épreuves photographiques.

29. M. Samuel Buckle, 301 : Douze épreuves obtenues d'épreuves négatives sur papier. Calotypie.

30. M. Claudet, 296 : Vingt-un portraits sur plaques, en noir ; quarante-trois autres coloriés. M. Claudet a en outre exposé un paradoxe photographique, un photographomètre, un dynactinomètre, une nouvelle chambre obscure pour toute espèce de plaques et tous systèmes d'objectifs ; une boîte à mercure capable de contenir des plaques de toutes grandeurs et un grand nombre à la fois ; un appareil multiplicateur ; un appareil à préparer les plaques sans poudres et sans liquides, une fois qu'elles ont été polies ; deux cadres contenant plusieurs spécimens d'expériences scientifiques. Il ne faut pas oublier un petit meuble en palissandre, orné de huit médaillons contenant des portraits de femme coloriés, entourant une plaque centrale où sont représentés des enfants également coloriés.

31. M. William Collies, de Jersey, n° 2, du catalogue de Jersey et Guernesey : Vingt épreuves sur papier.|

32. MM. Griffitus et Le Beau : Six portraits sur plaques, coloriés.

33. MM. Harmer, 298 : trois grandes épreuves sur papier, dans trois cadres différents.

34. MM. Hannemann et Malone, 297 : Cinquante et une épreuves sur papier, portraits et vues. Talbotypie.

35. MM. D. O. Hill et Robert Adamson, 300. Études de calotypie, sur papier : Dix-sept épreuves dans un premier cadre : *Pêcheurs du village de Newhaven, près d'Edimbourg*. Dans un second cadre, quinze sujets variés ; dans un troisième, dix-sept autres épreuves ; dans un quatrième, vingt et un portraits. M. Alexandre Hill, probablement le frère de M. D. O. Hill, et qui édite les œuvres que nous venons d'inscrire sous le n° 35, a joint à ce dernier cadre la note suivante : « Chacune des épreuves ci-dessus peut être envoyée par la poste, sur demande adressée à l'éditeur, avec indication du numéro du calotype. L'épreuve coûte 5 shillings. »

36. M. Kilburn, 294 : Treize portraits coloriés sur plaque.

37. M. J. E. Mayall, le même qui expose aux Etats-Unis, 294 : Trente-cinq plaques, scènes, vues, portraits, etc.

38. M. Hugh Owen, de Bristol, 303 : Trente-six épreuves sur papier : vues, portraits, tableaux, etc.

39. M. W. Paine, 295 : Six portraits sur plaques, dont cinq coloriés par A. Tyrée.

40. MM. Ross et Thomson, d'Edimbourg, 299 : Deux cadres dont l'un contient six épreuves et l'autre quinze, obtenues sur verre par un procédé nouveau.

41. M. James Tyrée, marque 299, numéro qui ne lui appartient pas au catalogue officiel : Dix portraits sur plaques, coloriés par A. Tyrée.

42. MM. Voigtlander, Evans et Compagnie, 254 : Huit cadres contenant de petits portraits en pied.

Il faudrait peut-être énumérer encore ici un assez grand nombre d'opticiens qui ont exposé des instruments photographiques, sans être pour cela des photographes. Ce travail m'entraînerait trop loin, et d'ailleurs, je peux le négliger sans cesser d'être complet dans la partie spéciale dont j'ai à rendre compte. Mais je ne saurais passer sous silence deux de ces fabricants d'instruments ; dans la vitrine desquels j'ai remarqué quelques épreuves héliographiques. MM. Horne et Compagnie nous montrent, auprès d'un appareil portatif de Talbot, un buste antique daguerréotypé ; M. A. Ross, de Londres, n° 254 de la classe X, expose, au milieu de ses chambres obscures, six épreuves sur papier. Je parlerai de ces produits.

Je me résume en ce qui concerne les recherches auxquelles je viens de me livrer. Sur les vingt-quatre peuples qui ont fait acte de présence à l'exposition universelle, six seulement ont présenté de la photographie. Ces six peuples sont certainement les plus avancés dans les divers arts de la civilisation. C'est déjà un argument qu'on pourrait invoquer en faveur de l'art dont les productions nous occupent en ce moment. Mais, grâce à Dieu et à son soleil, l'héliographie porte sa noblesse en elle-même. Elle donne plus qu'elle n'emprunte. Elle n'est pas seulement appelée à rendre de grands services dans l'avenir ; elle les rend dès aujourd'hui. Je n'en veux pour preuve qu'une partie des sept cent soixante-douze épreuves exposées dans ce grand musée de l'industrie du dix-neuvième siècle. Il y a là plus qu'il ne faut pour convertir ceux qui vont disant encore aujourd'hui que la découverte de MM. Niépce et Daguerre n'a pas donné tout ce qu'elle promettait ; plus d'une chose merveilleuse, que je viens de voir, est encore imprimée sur ma rétine, caressant mon imagination, étonnant mon intelligence ; c'est à ces chefs-d'œuvre que je me propose de renvoyer les incrédules ou les indifférents.

J.-J. Arnoux.

Londres, 19 juin 1851.

Cinq membres de la Société Héliographique, MM. Bayard, Lesecq, Mestral, Le Gray et Baldus, viennent de recevoir, du Comité des monuments historiques, diverses missions importantes dans l'intérieur de la France. Il s'agit de reproduire photographiquement nos plus beaux monuments, ceux surtout qui menacent ruine et qui exigent des réparations urgentes. L'on ne sait pas assez que la France possède à elle seule plus de cathédrales gothiques, plus de belles cathédrales que tout le reste de l'Europe. Les lettres d'avis ayant pour titre *Missions photographiques* sont une nouveauté, et une preuve que la direction des beaux-arts ne néglige rien de ce qui a rapport à l'art et à ses progrès.

CONSIDÉRATIONS SUR LA REPRODUCTION,

PAR M. NIÉPCE DE SAINT-VICTOR,

des images gravées, dessinées ou imprimées,

PAR M. E. CHEVREUL.

(Suite.)

M. Niépce reproduit les caractères du *recto* ou du *verso*, à volonté, d'une feuille imprimée des deux côtés.

Il a reproduit l'image d'un tableau en exposant celui-ci à la vapeur d'iode, sauf certaines couleurs qui ne prennent pas l'iode, ou qui le fixent de manière à ne pas s'en séparer, telles que l'oxyde de cuivre, le minium, la céruse, l'orpin, le cinabre, l'outremer.

Il reproduit aussi les gravures coloriées non gommées, dans la coloration desquelles on n'a pas employé les matières précitées.

25. Il a fait un grand nombre d'observations intéressantes sur la propriété qu'a l'iode de s'attacher aux reliefs, aux pointes, aux arêtes, que les corps solides peuvent présenter.

C'est en vertu de cette propriété qu'il a reproduit sur métal l'image des timbres secs, et même, dans plusieurs cas, sur papier amidonné.

26. L'affinité élective en vertu de laquelle un corps simple ou composé chasse un corps qui est son analogue d'une de ses combinaisons pour en prendre la place, se retrouvant dans les aptitudes diverses d'une même vapeur à se combiner avec des corps divers, ou des vapeurs diverses à se combiner avec un même corps, on peut dès lors concevoir que si l'iode se combine ou se condense de préférence sur la matière noire d'une gravure, d'un dessin, d'une impression, plutôt que sur le papier blanc, il pourra y avoir telle autre vapeur qui présentera le résultat contraire. De sorte que si cette vapeur, après s'être fixée sur le blanc du papier, s'en dégageait ensuite pendant qu'on la presserait contre une surface dont la matière constituerait avec elle un composé coloré, il est évident que l'image qu'on obtiendrait alors présenterait les ombres et les clairs répartis inversement de ce qu'ils sont dans l'image originale.

27. M. Niépce a vu qu'en plongeant dans une solution d'hypochlorite de chaux des lettres noires imprimées à l'encre grasse sur papier blanc pendant cinq minutes, on obtient, après les avoir exprimées entre deux papiers-brouillard, contre un papier de tournesol imprégné d'eau pure, des lettres bleues sur un fond blanc. C'est donc incontestable que le corps décolorant a pénétré le blanc du papier, et qu'ensuite il a réagi sur la matière bleue de ce dernier, tandis qu'il ne semble pas s'être fixé aux noirs; ou s'il s'y est fixé, une affinité plus forte que celle du papier blanc l'y a retenu. Quoi qu'il en soit, l'effet est inverse de celui qu'on produit l'iode.

28. Puisqu'une vapeur exposée au contact des parties hétérogènes d'un même objet peut se condenser en beaucoup plus grande quantité sur les unes que sur les autres, si elle ne se condense pas sur les premières, à l'exclusion absolue des secondes, on conçoit la diversité d'un grand nombre d'effets susceptibles d'être produits par cette même cause ; et je fais surtout allusion à des effets ressentis par des corps vivants, en vertu des propriétés de la matière que j'appelle *organoleptiques*. J'induis donc de là la possibilité des effets suivants :

1° Différents corps étant exposés à une même matière odorante, les uns ne l'absorbent pas, tandis que les autres l'absorbent. Ceux-ci pourront donc devenir odorants dans des circonstances où les premiers ne le seront pas.

2° Un corps doué de la propriété d'absorber une vapeur vésicatoire est distribué d'une manière symétrique à la surface d'un autre corps dénué de cette propriété. Si on expose les deux corps à cette vapeur et qu'on les applique ensuite sur la peau d'un animal, les ampoules qui naîtront par cette application seront l'image de la manière dont le premier corps était distribué à la surface du second.

3° Des poisons, des virus, des miasmes à l'état de vapeur sont en contact avec des corps susceptibles de les absorber et de les céder ensuite aux organes d'un animal ; dès lors il arrivera qu'ils seront les véhicules de ces poisons, de ces virus, de ces miasmes, tandis que d'autres corps, qui auront été exposés en même temps que les premiers à cette même vapeur sans pouvoir l'absorber, n'auront aucune action sur les animaux.

4° Dans les trois cas précédents, j'ai supposé les effets produits par des vapeurs qui, absorbées d'abord par un corps à l'exclusion d'un autre, s'en séparent ensuite ; mais très-probablement il y a des corps qui, après avoir absorbé une vapeur, ne la laisseraient pas se dégager dans les circonstances où d'autres corps, doués aussi de la faculté de l'absorber, mais n'ayant pas pour elle une affinité aussi forte, la laisseraient dégager. Conséquemment, on pourrait se tromper si l'on concluait toujours de ce qu'un corps, après son contact avec une vapeur, ne produit aucun effet susceptible de dénoter la présence de cette vapeur condensée, qu'il n'existe pas d'affinité mutuelle entre les deux corps.

§ II.

DEUXIÈME CATÉGORIE D'EXPÉRIENCES.

—

Reproduction, sur une surface métallique polie, d'une gravure, d'un dessin, d'un imprimé, etc., au moyen de divers fluides élastiques.

29. Pour celui qui ignorerait les résultats des expériences de la première catégorie, il serait difficile de se rendre compte des effets produits par les expériences de la seconde, et dès lors serait extrême la surprise qu'ils causeraient. Mais si les expériences dont je viens de parler diminuent cette surprise, il y a au moins compensation, en considérant que le lien dont elles servent à celles qui vont nous occuper, satisfait au besoin qu'éprouve tout esprit élevé de coordonner les connaissances précises récemment acquises avec celles qu'il possédait déjà. Mais, avant tout, parlons des expériences de la deuxième catégorie, afin d'insister sur les effets dont il s'agit d'expliquer les causes.

30. (a) On expose pendant cinq minutes à la vapeur d'iode, développée à la température de 20°, le papier sec sur lequel se trouve l'image qu'on veut reproduire. La vapeur, comme nous l'avons vu dans les expériences de la première catégorie, se fixe sur les noirs.

(b) Le papier ainsi iodé est appliqué pendant cinq minutes contre une plaque de cuivre sèche, récemment polie et préalablement nettoyée à l'eau aiguisée d'acide azotique d'abord, et à l'eau pure ensuite. L'iode quitte, en partie du moins, le papier pour le métal. Dès lors, en découvrant la plaque, le dessin apparaît, lorsqu'on la regarde dans un certain sens. Les clairs sont produits par la surface même du métal, et les ombres le sont par une couche de cuivre iodé qui est mate et de couleur de rouille.

(c) On fait chauffer de 50° à 76° dans une capsule de l'ammoniaque fluor ; après la dissipation de la vapeur vésiculaire, on expose à la vapeur élastique et invisible la plaque de cuivre (b) qu'on vient de séparer du papier qui l'a iodée. Deux ou trois minutes suffisent pour accomplir l'effet de la vapeur. Voici ce que la plaque présente à l'observateur.

Les clairs où le métal était à nu sont devenus mats, de brillants qu'ils étaient, et d'un gris clair fort différent de la couleur du cuivre ; les ombres du cuivre iodé ont pris plus d'intensité, de manière que le contraste entre les clairs et les ombres est bien plus prononcé qu'il n'était avant le contact de la vapeur d'ammoniaque ; aussi, sous toutes les incidences où l'on regarde l'image, les clairs et les ombres conservent invariablement leurs places respectives. Mais j'ai hâte de dire que le dessin a perdu de sa finesse ; les traits ont été transformés en un véritable *pointillé*, semblable à celui de certaines *miniatures en camaïeu qui n'ont pas été finies.*

(d) On passe sur la plaque du tripoli, au moyen d'un flocon de coton humecté d'eau pure, dans le sens primitif du poli, et alors les traits du dessin reparaissent, mais sous l'incidence la plus favorable à la vision distincte de l'image; les clairs sont produits, non par la surface du cuivre pur, mais par la surface du métal qui a été modifiée par l'ammoniaque, c'est-à-dire qu'en vertu de cette modification elle est devenue mate et d'un gris blanchâtre ; quant aux ombres, elles sont produites par le cuivre qui a été iodé dans l'origine. En définitive

(*Voir le tableau 1 à la fin de ce paragraphe.*)

Tel est le procédé de M. Niépce.

31. Si on passait la plaque qui vient d'être soumise à l'ammoniaque dans de l'eau très-légèrement aiguisée d'acide azotique,

Les *clairs* seraient toujours le cuivre qui n'a pas été iodé.
Les *ombres*, le cuivre qui a été iodé.

Si on passait au tripoli la plaque qui a été soumise à l'eau aiguisée d'acide azotique, les effets seraient encore les mêmes ; mais les ombres paraîtraient moins intenses, parce que la modification produite par l'ammoniaque aurait été affaiblie. Avec de l'eau trop fortement acidulée, l'image s'affaiblirait beaucoup ; car l'acide, à une densité de 1,34, fait disparaître l'image.

32. *Remarque.* Lorsqu'un papier iodé a été appliqué encore humide sur la plaque de cuivre, et que les clairs de l'image étaient pénétrés d'une certaine quantité d'iode, les parties de la surface de la plaque correspondant aux clairs prennent de l'iode comme les parties correspondant aux ombres, quoique beaucoup moins. Il arrive dès lors que les clairs de la plaque, au lieu du *gris blanchâtre* qu'ils auraient présenté dans le cas où le papier iodé eût été appliqué parfaitement sec, ont une couleur d'un *gris jaunâtre*. Après avoir passé l'image au tripoli, l'influence de l'iode dans les clairs se fait encore sentir ; ils sont moins brillants, plus mats ou plus gris que ne l'est le cuivre non iodé, poli après avoir été exposé à l'ammoniaque.

Explication des effets précédents.

33. Il y a cinq ans, si on m'eût communiqué les expériences de M. Niépce, en m'engageant à en expliquer les effets, alors que je ne m'étais point encore occupé de la théorie des phénomènes optiques que présentent les étoffes de soie, j'aurais certainement refusé d'entreprendre une pareille recherche, dans la conviction où j'aurais été d'y consacrer un trop long temps. Mais ayant connu ces expériences lorsque mes études antérieures m'avaient suffisamment préparé à les examiner, j'ai pu me livrer au travail que je vais présenter, avec des détails minutieux sans doute, mais que justifieront, j'espère, la nouveauté du sujet et l'exactitude de mes explications.

34. Je commencerai par rappeler quelques faits de la réflexion de la lumière par des surfaces métalliques planes plus ou moins bien polies, parce qu'ils serviront de base aux explications que je donnerai des effets observés dans la deuxième catégorie des expériences de M. Niépce.

On prend deux plaques de cuivre identiques, plus longues que larges, non que les dimensions aient de l'influence sur les effets dont je veux parler ; mais la différence des deux dimensions rend la description de ces effets plus claire, lorsqu'on les observe comparativement.

Les plaques sont posées sur un plan horizontal éclairé par la lumière diffuse du jour, de manière que le spectateur puisse les voir sous un angle compris entre 20° et 40°, soit face au jour, soit en lui tournant le dos. Ces plaques sont placées de manière que la longueur de l'une d'elles p se trouve comprise dans le plan vertical de la lumière incidente, tandis que la longueur de l'autre plaque p' est perpendiculaire à ce même plan. Maintenant, en regardant p, et ensuite p' successivement, face au jour d'abord, et en sens contraire ensuite, on a les quatre circonstances 1, 2, 3 et 4, dans lesquelles j'ai placé chaque échantillon d'une étoffe pour en définir les effets optiques, tels que je les ai étudiés. (Voyez THÉORIE DES EFFETS OPTIQUES DES ÉTOFFES DE SOIE, page 18.)

Je vais examiner les effets de deux plaques identiques pour les quatre cas suivants :

Premier cas. Les deux plaques ont été polies, dans le sens de la longueur, avec une matière assez grossière pour qu'elles présentent des raies parallèles et des sillons fins et également profonds.

Deuxième cas. Les deux plaques ont été polies, dans le sens de la longueur, avec une matière assez fine, comme le tripoli, pour qu'elles ne paraissent pas rayées, quoiqu'elles le soient réellement.

Troisième cas. Les deux plaques ont été également rayées, dans le sens de la longueur et dans le sens de la largeur, d'une manière sensible.

(*Voir les tableaux 2, 3 et 4.*)

Quatrième cas. Les deux plaques ont un poli parfait.

Les résultats correspondent à ceux du troisième cas. Ainsi il y a identité d'effet dans la première et la troisième circonstance comme dans la deuxième et la quatrième ; mais il y a cette différence, dans le quatrième cas, qu'il y a le maximum de clarté et le maximum d'obscurité qu'il est possible d'observer lors de la réflexion de la lumière par des surfaces planes.

35. Deux conséquences se déduisent des observations précédentes.

La première, c'est que, pour toutes les plaques métalliques destinées à recevoir des images délicates, le poli est une condition indispensable ; mais, dans le cas où il n'est pas parfait, il faut que la surface ait été polie dans un même sens.

Les expériences dont cette conséquence est le résultat, expliquent donc parfaitement la raison de polir les plaques daguerriennes dans un même sens.

La seconde, c'est que, pour s'assurer si une surface métallique sur laquelle on n'aperçoit pas de raies a un poli parfait, il faut l'observer le dos tourné à la lumière, afin de voir si elle conservera dans deux positions rectangulaires le même degré d'obscurité.

36. La première recherche a été de reconnaître d'une manière précise la différence existant entre la surface d'une plaque de cuivre polie dans le sens longitudinal avec le tripoli, et

1° La surface de ce même cuivre modifiée par le contact de l'iode ;

2° La surface de ce même cuivre modifiée par le contact de l'ammoniaque ;

3° La surface de ce même cuivre modifiée par le contact successif de l'iode et de l'ammoniaque. Pour cela, on a appliqué sur trois plaques de cuivre un papier épais découpé en forme de trèfle ; dès lors, après les opérations auxquelles chacune des plaques a été soumise, on a pu, sur la même plaque, constater les effets qu'on se proposait de définir ;

4° Deux surfaces de ce même cuivre, modifiées, l'une par l'iode et l'ammoniaque, appliqués successivement, et l'autre modifiée seulement par l'ammoniaque. Pour cela, on a appliqué deux trèfles en papier épais, l'un près de l'autre, sur une plaque de cuivre ; la plaque a été passée à la vapeur d'iode. On a ôté un des trèfles, et on a passé à la vapeur d'ammoniaque. Par là, on a pu comparer ensemble les modifications produites d'abord par l'iode et par l'ammoniaque appliqués successivement, et ensuite par l'ammoniaque seulement, avec le cuivre non modifié.

(La suite à un prochain numéro.)

Le Secrétaire de rédaction F.-A. RENARD, *Gérant.*

Pour paraître au 1er juillet.

TRAITÉ DE PHOTOGRAPHIE
SUR PAPIER ET SUR VERRE,

Contenant les publications antérieures et une nouvelle méthode pour opérer sur un papier sec, conservant sa sensibilité 8 à 10 jours, PAR G. LE GRAY.

Chez Lerebours et Secrétan, 13, *Pont-Neuf*, Paris.

L'ITALIE MONUMENTALE
OUVRAGE IN-FOLIO

Publié en 20 livraisons, composées chacune de cinq grands dessins *photographiques* recueillis et exécutés par M. Eugène PIOT. — Prix de la livraison, 25 francs.

On souscrit au bureau de la *Lumière*, rue de l'Arcade, 15.

EXCURSIONS DAGUERRIENNES.
114 PLANCHES

Représentant les monuments les plus remarquables, d'après le Daguerréotype. 114 fr.—Chaque planche séparément, 1 fr.

Lerebours et Secrétan, 13, *Pont-Neuf.*

FABRIQUE SPÉCIALE DE DAGUERRÉOTYPES
FOURNITURES ET ACCESSOIRES

Rue Rambuteau, 38. — **WULFF ET Cie.** — **Rue Rambuteau, 38.**

Appareils perfectionnés pour Plaques et pour Papier. — Objectifs garantis, Plaques, Passe-Partout et Cadres en tout genre ; Couleurs surfines, Ecrins, Broches, Médaillons, Objets de fantaisie ; Produits chimiques, Papier positif et négatif préparé et non préparé, Dissolutions prêtes à être employées. — **CHASSIS POSITIF**, nouveau système, qui permet de regarder les progrès de l'épreuve sans crainte de déplacer les deux papiers. — Envoi du Catalogue *franco* sur demande affranchie.

PRODUITS CHIMIQUES. Fabrique spéciale de PRODUITS CHIMIQUES pour l'héliographie et pour les sciences et les arts qui s'y rattachent, fondée sous les auspices de la Société Héliographique de Paris.—Dépôt de plaques de Houssemaine et autres objets pour le daguerréotype.—PUECH et Cie, *rue de l'Arcade*, 15.

FIXATEUR GAUDIN, Procédé pour obtenir des épreuves *sans m-raïlage*. Prix, 6 fr. 50 c. Alexis Gaudin. Fabrique spéciale de plaques de daguerréotype, par deux machines à vapeur. Appareils, produits chimiques, passe-partout, cadres, écrins, broches, médaillons, etc. Chloro-bromure de chaux et iodo-brôme de Vaillat, 7, *rue de la Perle* (Marais). (*Affranchir.*)

GUILLOUX, *Passage de l'industrie,* n° 7. Breveté S. G. de G. pour les articles de daguerréotype.— Capsules en glace, cristal porcelaine et faïence pour la plaque et le papier. — Glace mince pour épreuves négatives. — Glaces fortes pour châssis à décalquer.

OCCASION. A VENDRE UN OBJECTIF 1/4 allemand, Appareil complet et Accessoires. — S'adresser à M. BELLOC, *boulevard Montmartre*, 5.

TRAITÉ PRATIQUE DE PHOTOGRAPHIE sur papier, sur verre et sur plaques métalliques, par Aubert.— Nouveau procédé qui simplifie et abrège les opérations. Prix : 2 fr. 50 c. et 3 fr. par la poste.—Dépôt chez WULFF et Cie, *rue Rambuteau*, 38, à Paris (Affranchir.)

ACCÉLÉRATEUR MAYER LIQUEUR POUR DAGUERREOTYPE SUR PAPIER. — Ce liquide remplace l'acéto-nitrate; il est appliqué sur le papier au moment de faire poser, et a l'immense avantage de réduire de moitié le temps d'exposition à la chambre noire, nécessaire avec toutes les autres combinaisons chimiques employées jusqu'à ce jour — L'Accélérateur a la propriété de donner une grande vigueur aux noirs, et de conserver les demi-teintes sans attaquer les blancs. — Il s'applique a toutes les méthodes.—PRIX DU FLACON, 5 FRANCS.

Chez MM. MAYER frères, *rue Vivienne*, 48.

Seul dépôt chez GAUDIN, *rue de la Perle*, 7 (affranch.).

PAPIERS EXCEPTIONNELS de MM. MAYER frères, fabriqués par leurs soins, et encollés par un procédé spécial qui permet au papier de supporter les produits chimiques, sans en retarder l'opération.—*Prix : 6 francs, la main de grand-raisin.*

SEL D'OR A 2 FR. 75 C. LE GRAMME, FLACON COMPRIS.—Spécialité de tous les produits relatifs au Daguerréotype et à la Photographie sur papier, tels que Hyposulfite de Soude, Cyanure de Potassium, Iode, Brôme, Chlore, Bromure de Chaux, Eau distillée, Mercure, Nitrate d'Argent, Acide gallique, Iodure de Potassium, Bromure de Potassium, Piles galvaniques très-fortes, etc., etc.—Dépôt chez M. DEISS, *rue de Bretagne*, 65. Fabrique *quai Jemmapes*, 260.

OCCASION. A CÉDER un Établissement de Daguerréotype bien connu, dans un des plus beaux quartiers de Paris, avec ou sans accessoires.—S'adresser au bureau de la *Lumière.*

PHOTOGRAPHIE Le chef d'un Établissement bien connu et bien achalandé désire s'adjoindre une personne qui s'occuperait spécialement de la Photographie sur papier, à des conditions très-avantageuses. — Ecrire *franco* à F.M., au bureau du journal, rue de l'Arcade, 15.

PHOTOGRAPHIE SUR PAPIER NOUVEAU TRAITÉ, par M. BLANQUART-EVRARD, de Lille. — Chez A. Madelain, fabricant de Daguerréotypes, rue Chabannais, 11, place Richelieu ou Louvois, Paris.

DAGUERRÉOTYPE. On demande un ASSOCIÉ ou un ACQUEREUR pour une maison importante de Paris. Magnifique Terrasse située au nord. Atelier, Salon, etc. (*quartier populeux et très-commerçant*), 14 Tableaux sur la voie publique.— *Facilités pour le payement.*

S'adresser à M. X, rue du Roi-de-Sicile, 16 (Ecrire *franco*).

ANCIENNE MAISON ZACHARIE *boulevard des Italiens,* nos 1 et 5. — Fabrique spéciale de tous les objets pour la PHOTOGRAPHIE, Appareils complets d'un nouveau système, Plaques, Passe-Partout, Cadres, Produits chimiques, Couleurs, Leçons sur plaques et sur papier. — Dépôt d'Académies et de Vues sur papier.

J. ROUSSEAU ET Cie, orfèvre à Paris, *rue de la Paix,* 24. Mson spéciale de la Socté Ch. Christofle et Cie propriétaire des brevets de dorure et argenture (Elkington et de Ruolz). *Plaques* argentées galvaniquement pour daguerréotype, équivalant le trentième.—*Chassis* démontable et portatif pour fonds de portraits, 24 fr. — *Pinces* combinées pour corner les plaques et autres pinces, 4 fr.—*Expédition* de tous les accessoires de daguerréotype.

LEREBOURS ET SECRETAN, opticiens de l'Observatoire, 13, *place du Pont-Neuf, Paris.* — Appareils photographiques pour plaques de double, *et pour opérer sur papier,* de tous les systèmes, grandeur normale, de 20 centimètres sur 28, de 25 sur 35, de 30 sur 40.— Vente, après l'essai, de tous les objectifs, doubles et simples, pour les appareils ci-dessus. — Fourniture de tout ce qui est relatif à la photographie sur plaque et sur papier. — Appareil panoramique de M. Martens. — Focimètre de M. Claudet pour déterminer, dans les objectifs, la différence qui existe entre le foyer chimique et le foyer apparent, 15 francs. — Actinomètre, du même, pour comparer le pouvoir d'activité de toute espèce d'objectifs, 15 fr. — Brochures de tous les auteurs sur la photographie. — Le supplément au catalogue de 1846 est envoyé, *sans frais*, à toutes les personnes qui en font la demande franco.

SCHIERTZ, Ébéniste, Fabricant de DAGUERRÉOTYPES. Nouveau système de rappel a la chambre noire.—*Atelier et Magasin rue de la Huchette,* 27.

REUTLINGER boulevard Saint-Martin, 33.—Leçons de Daguerréotype sur papier. — Voir les épreuves exposées boulevard des Italiens, boulevard Montmartre, passage Vivienne.— On peut voir des portraits sans retouche à son domicile, boulevard Saint-Martin, 33.

HOUSSEMAINE planeur sur tous métaux, 20, *rue Bourg-l'Abbé.* Spécialité de plaques pour daguerréotypes.

GUILLOUX, *passage de l'Industrie,* breveté s. g. d. g. — GLACES et CUVETTES en tous genres pour la Photographie.

AVIS.

Toutes les demandes et réclamations relatives au service, toutes les lettres et communications relatives à la rédaction, doivent être adressées, affranchies, à M. F.-A. Renard, secrétaire de la rédaction, au bureau du journal. Les demandes d'abonnement seront accompagnées d'un mandat sur la poste ou les messageries.

Imprimerie de HENNUYER et Cie, rue Lemercier, 24, Batignolles.

CORRESPONDANTS DE LA LUMIÈRE
CHARGÉS DE RECEVOIR LES ABONNEMENTS.

ANGLETERRE.

LONDRES. —United patent Office de MM. Gardissal et Cie, 7, *Calthorpe Street,* Grey's inn lane, Holborn.

BELGIQUE.

TOURNAY. — M. Lebrun-Delannoy, imprimeur-libraire.

ESPAGNE.

BARCELONA. — Señor Brusy, librero.

VALENCIA. — Señor Perez Pascual, 7, *Calle de la Parra.*

FRANCE.

Bas-Rhin. — STRASBOURG. —M. Derivaux, libraire, *rue des Halbardes.*

FRANCE.

Basses-Pyrénées.—BAYONNE.—M. Andréossy, libraire, *rue Pont-Mayou.*

Bouches-du-Rhône.—MARSEILLE.—M. Santi, opticien, *r. Conebière,* 30.

Dordogne.— PÉRIGUEUX. — M. Baylé, libraire.

Gironde.— BORDEAUX. — M. Delpech, libraire.

Nord.— VALENCIENNES. — M. Lisarov, opticien, *Place d'Armes.*

Rhône. — LYON.—M. Thierry, *rue Bât-d'Argent,* 6.

Seine-Inférieure.—Le HAVRE.—Mme Mordent, *Galerie Fouache.*

SUISSE.

Lausanne.—M. Georges Bridel, libraire.

Neufchatel.— M. J. Pierre Michaud, libraire.

PREMIÈRE ANNÉE. N° 22.   DIMANCHE, 6 JUILLET 1851.

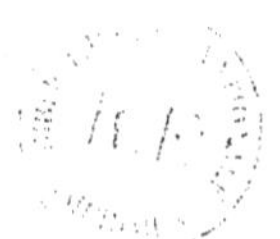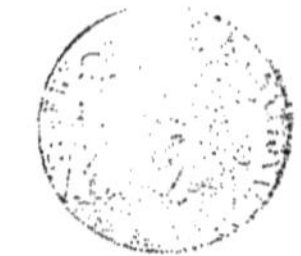

LA LUMIÈRE

JOURNAL NON POLITIQUE
HEBDOMADAIRE.

BEAUX-ARTS — HÉLIOGRAPHIE — SCIENCES.

BUREAUX, A PARIS, N° 15, RUE DE L'ARCADE, A LA SOCIÉTÉ HÉLIOGRAPHIQUE.

PRIX.—PARIS, UN AN, 16 F.; 6 MOIS, 10 F.; 3 MOIS, 6 F. — DÉPARTEMENTS, UN AN, 18 F.; 6 MOIS, 11 F.; 3 MOIS, 7 F. — ÉTRANGER, UN AN, 20 F.; 6 MOIS, 12 F.; 3 MOIS, 8 F. — CHAQUE N° 50 CENT.

ACADÉMIE DES SCIENCES

1° Application de la télégraphie électrique à la ville et à la banlieue de Paris, par M. Aristide Dumont.
2° Note sur les images photographiques instantanées, par M. Talbot.

1° La télégraphie électrique n'est pas destinée seulement à transmettre les nouvelles à de grandes distances; sa rapidité en fait encore, pour les courtes distances, telles qu'on peut les rencontrer dans l'enceinte des villes, un précieux agent de communication: déjà elle est employée pour relier au bureau du directeur, les ateliers et les diverses gares des chemins de fer; dans certaines villes des États-Unis elle établit une communication entre le magasin de vente, situé au centre d'une ville, et la fabrique placée en dehors des murs. Dans Paris elle pourrait relier entre eux tous les ministères et les grandes administrations publiques, les casernes, les dépôts de pompes à incendie, enfin une foule d'établissements privés obligés de correspondre par l'intermédiaire des commissionnaires.

Mais la condition capitale pour que la télégraphie s'appliquât aux entreprises et aux établissements des particuliers serait qu'elle fût moins coûteuse; or, jusqu'ici, dans l'intérieur des villes on s'est servi de conducteurs représentés par des fils de cuivre isolés par une couche de gutta-percha et renfermés dans des tuyaux métalliques. On a dû à cet appareil, déjà très-dispendieux, joindre des canaux souterrains qui entraînaient le dépavage des rues et des frais de toute sorte.

M. Aristide Dumont, persuadé que le seul moyen de diminuer de beaucoup les frais attachés à la télégraphie électrique était la suspension des conducteurs à l'air libre; persuadé, en outre, de l'impossibilité d'établir dans une grande ville des supports à 50 mètres de distance, comme cela se fait le long des voies de fer; M. Dumont, disons-nous, a fait dans Paris des tentatives de télégraphie électrique au moyen de conducteurs dont les supports étaient distants de 500 et même 600 mètres. Un fil de fer établi entre le passage Jouffroy et le palais de l'Assemblée législative a présenté les portées qui suivent: 1° du passage Jouffroy à la rue Lepelletier, 300 mètres; 2° de la rue Lepelletier à la rue de la Paix, 500 mètres; 3° de la rue de la paix au Garde-Meuble, diverses portées variant entre 150 et 300 mètres; enfin du Garde-Meuble à l'Assemblée, une seule portée de 600 mètres. Les flèches mesurant la courbure de ces différents fils ont varié entre 1/40 et 1/50 de la portée. Les frais d'établissement n'ont été que de 500 fr. par kilomètre.

L'expérience a démontré que les fils les plus avantageux, tant pour la résistance qu'ils présentent que pour la facilité de la pose, pèsent de 25 à 30 gr. par mètre.

Il était à craindre que les vents, en secouant des conducteurs si peu soutenus, ne vinssent les rompre ou à desceller leurs attaches; mais l'expérience n'a pas confirmé ces prévisions. Les vents les plus violents n'ont produit aucun dommage; de même que les conducteurs, malgré leur élévation dans l'atmosphère, n'ont pas éprouvé, en temps d'orage, des perturbations plus considérables que ceux des télégraphes électriques ordinaires.

Il reste démontré, par les expériences de M. Aristide Dumont, que le nouveau mode de télégraphie peut s'appliquer avec grande économie et dans les villes et dans les contrées montueuses, où le fil conducteur peut d'un seul jet franchir des vallées profondes, de larges rivières et même des lacs. La longueur des diverses portées n'est limitée que par le danger de voir les fils se rompre, et par la nécessité d'accroître les flèches de courbure pour maintenir de bonnes conditions de résistance.

En diminuant le nombre des supports, on restreint les frais et les dangers que peuvent faire courir au télégraphe les attaques de la malveillance; on s'affranchit de la nécessité de suivre le tracé des chemins de fer; enfin la déperdition d'électricité étant moindre, on n'a pas besoin d'employer des piles électriques aussi fortes.

2° Depuis quelques mois le journal la Lumière a décrit plusieurs procédés dus à MM. Bayard, Blanquart-Évrard, de Lille, etc.; procédés par lesquels le temps nécessaire à la reproduction des images héliographiques se trouvait grandement raccourci. M. Bayard notamment a préparé des papiers tellement sensibles que, pour la production d'une épreuve positive, ils ne doivent être exposés à l'action des rayons solaires que pendant une fraction de seconde.

Mais M. Talbot ne s'en est pas tenu à ces résultats déjà très-satisfaisants; dans une lettre à l'Académie des sciences, datée de Lacock Abbey (16 juin 1851), il annonce avoir trouvé un moyen de rendre les plaques daguerriennes tellement sensibles qu'aucun objet ne peut leur échapper, quelle que soit la vitesse de son mouvement. Voici l'expérience qui démontre clairement l'exactitude de cette assertion: nous laissons parler l'inventeur lui-même, afin d'éviter pour l'avenir toute discussion sur une communication dont, jusqu'à plus ample informé, nous lui laissons la responsabilité.

« J'ai pris, écrit-il, un papier couvert de caractères imprimés et je l'ai collé contre un disque capable d'un mouvement rotatoire. J'ai disposé une *camera obscura*, contenant une plaque très-sensible, dans une position convenable pour recevoir l'image de ce disque, que j'ai placé tout près d'une grande batterie électrique. Ayant fermé les volets de la chambre, j'ai fait tourner le disque avec une grande vitesse, la plus grande qu'il nous a été possible de lui imprimer; alors j'ai ouvert la *camera obscura* et j'ai déchargé la batterie électrique: la décharge a répandu un éclair vif et instantané sur le disque; alors j'ai retiré la plaque de la camera et, en l'examinant, j'ai eu le plaisir de trouver qu'elle avait reçu l'image des caractères imprimés.

« Je n'ai remarqué aucun défaut de netteté dans l'image, elle m'a paru absolument telle qu'on l'aurait obtenue si le le disque avait été stationnaire. »

M. Talbot a promis de soumettre bientôt à l'Académie le procédé dont il s'est servi pour donner aux plaques daguerriennes cette extrême sensibilité. Aussitôt que cette importante communication sera faite, elle trouvera place dans les colonnes du journal la Lumière, dont les lecteurs pourront varier une expérience qui promet d'importants résultats. Avec les plaques de M. Talbot, il serait possible d'obtenir l'image exacte d'un cheval lancé en pleine course, d'une cascade, d'arbres couchés par le vent, de la mer soulevée par la tempête; seulement il faudrait substituer à la lumière produite par l'étincelle électrique un appareil destiné à ouvrir et à fermer instantanément, pour ainsi dire, la chambre obscure; là se trouve une grande difficulté d'exécution.

Des plaques un peu moins sensibles, en reproduisant les objets en une fraction de seconde, pourraient encore rendre de grands services à la peinture et surtout à la statuaire. Elles représenteraient des attitudes difficiles à maintenir dans un modèle, ou des saillies musculaires produites par des contractions énergiques. Les peintres et les sculpteurs auraient ainsi un moyen de donner le mouvement et l'action à leurs œuvres; de leur imprimer un grand caractère de force ou d'agilité.

Dr Clavel.

TEMPS PRIMITIFS DE L'HÉLIOGRAPHIE.

—

JOSEPH-NICÉPHORE NIÉPCE.

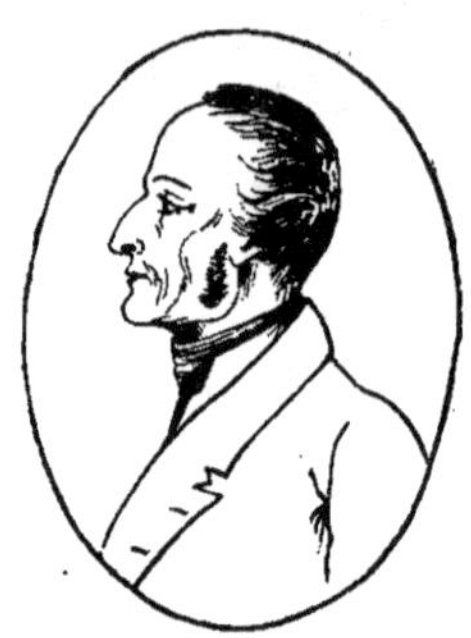

Né le 7 mars 1765, mort le 3 juillet 1833 *.

Il est presque sans exemple, dans les annales des inventions humaines, qu'un même homme ait eu la gloire de trouver un principe et de le poursuivre jusqu'à ses dernières conséquences; de constater un fait nouveau et de dégager de cet élément, comme une série de corollaires, les diverses applications susceptibles de le rendre utile, pratique et populaire. Plus d'un siècle après l'époque où Léonard de Vinci essayait de lancer des projectiles au moyen de la vapeur, Salomon de Caus entrevoyait la machine à vapeur; puis Papin la réalisait, et, plus tard encore, James Watt en la perfectionnant la léguait à l'industrie et à des perfectionnements futurs. Mme Mongolfier n'imagina point les aérostats hydrogénés; mais en s'avisant de gonfler un ballon avec l'air dilaté, elle prépara la découverte du physicien Charles. Christophe Colomb, qui amarra quatre fois son navire à des rivages inconnus, revint mourir dans la misère, après avoir indiqué à Vespucci ces contrées nouvelles d'où Cortez devait rapporter tant d'or sans en profiter.

C'est ainsi que la plupart des grandes découvertes, résultats patients et successifs, sont l'œuvre des sociétés et finissent par appartenir à l'humanité tout entière. Quelques noms sont répétés d'âge en âge, ou parfois indûment oubliés, et ceux qui obtiennent en général l'honneur d'occuper la foule sont les derniers venus, les applicateurs qui ont offert au vulgaire un résultat sensible, profitable et complet.

L'histoire de l'héliographie est résumée dans ces réflexions. A diverses époques on a rêvé le problème d'obtenir la représentation des objets par la seule action des rayons lumineux sur des substances impressionnables. Au milieu du siècle dernier, Wedgwood, qui essaya, dans le comté de Stafford, de copier d'anciens vitraux à l'aide de l'agent lumineux, reconnut, à la suite de plusieurs essais, l'impossibilité de réussir. Charles, après lui, se livra à des tentatives aussi infructueuses, et le célèbre Humphrey Davy, l'un des flambeaux de la science, procédant méthodiquement à la recherche de la même idée, déclara l'entreprise

* Le petit profil que nous donnons ici est le seul portrait de Niépce que sa famille ait pu nous procurer: il a été crayonné par son fils. Nous avons interdit au graveur toute *interprétation*, pensant que le cachet particulier d'un croquis, dénué de prétention artistique, doit être cette naïveté qui a cherché pieusement une ressemblance, et n'a voulu rien au delà. (N. du R.)

complétement chimérique. Il faisait mieux ou pis que de le penser, il le démontrait. Sa décision fit loi, et les savants sérieux renoncèrent à des espérances désormais considérées comme une utopie qui dénotait la plus ignorante crédulité.

L'érudition dogmatique a entravé de la sorte plus d'un génie aventureux.

Pour s'engager de nouveau dans la voie fermée par Davy, il fallait, bravant les opinions reçues, encourir le dédain des gens spéciaux si l'on échouait ; ou bien ignorer les recherches du chimiste anglais et procéder dans la candeur d'un esprit curieux, mais étranger à la science. Il fallait, en outre, un prétexte, une occasion, une cause déterminante ; car, en pareille circonstance, la vocation inventive procède par induction, du connu à l'inconnu.

Ce libre chercheur, qui a réalisé l'impossible, c'est Joseph-Nicéphore Niépce ; on lui doit la découverte de l'héliographie, et ses travaux furent entrepris à l'occasion et sous l'influence d'une autre découverte, également obtenue par un homme à peu près étranger à la science.

En suivant l'ordre des faits, c'est la lithographie qui a produit l'avénement de l'art photographique, destiné à faire échec à la première de ces inventions.

Dès son apparition, la lithographie, l'on s'en souvient, fut l'objet d'un engouement qui dura près de dix ans : on se disputait des planches imparfaites qui paraissaient à profusion ; les appareils se débitaient par centaines, et, jusque dans les châteaux, l'on trouvait des presses lithographiques auxquelles des amateurs confiaient leurs croquis de paysages. Le dessin sur pierre obtint même les honneurs du couplet. Une chanson oubliée courut par toute la France ; elle commençait ainsi :

« Vive la lithographie.
« C'est une rage partout..... »

Cette rage atteignit M. Niépce qui vivait retiré à la campagne, où il se mit à chercher des pierres d'un grain satisfaisant. Mécontent des cailloux de la localité, il essaya de substituer l'étain à la pierre, et, pour faciliter l'opération, il se mit à composer, un peu au hasard, et en procédant par essais multipliés, divers vernis dont il enduisait la surface de ses plaques.

Or, il se trouva que la lumière exerça sur quelques-uns de ces vernis des influences inattendues qui conduisirent, dès la fin de 1813, M. Niépce à l'idée de fixer sur des plaques la représentation des objets par la seule action de la lumière.

Entre ce dessein et son accomplissement, que d'efforts, que de déceptions, que de tentatives inutiles ! quelle dépense de volonté, de patience et de courage ! Mais M. Niépce était un homme aboli avec résignation ; il avait déjà fait l'épreuve du pouvoir de la persévérance et de l'étendue de sa propre sagacité comme inventeur.

L'aptitude de cet homme singulier n'était pas de celles qu'un professeur vous inocule jour par jour, et, pour faire des découvertes hardies, il n'eut rien à oublier, rien à désapprendre.

Niépce avait trouvé dès le berceau, sinon la fortune, du moins une aisance honorable : son père, Claude Niépce, écuyer, conseiller d'État, receveur des consignations au bailliage de Châlons-sur-Saône, éleva pour une vie paisible son fils Joseph qui naquit en 1765, et parvint à l'âge de vingt-sept ans sans trop se presser de choisir une carrière.

Homme de loisirs, ami du repos et de la vie intérieure, le jeune Niépce était doué d'un caractère placide, d'un esprit fin, et d'une bonhomie qui n'excluait ni l'enjouement ni la finesse. Tel on le vit dans sa jeunesse, tel on le retrouve jusqu'à la fin de sa vie. Son amour pour le repos, pour la tranquillité, le jeta dans la carrière des armes et le lança sur les champs de bataille à une époque où les dissensions politiques, troublant la paix du foyer, faisaient chercher aux esprits philosophiques l'activité des camps, qui laisse l'âme à l'abri du trouble résultant de l'aspect des guerres civiles.

Admis, en mai 1792, avec le grade de sous-lieutenant, au 42e régiment d'infanterie (ci-devant Limousin), il partit l'année suivante pour la Sardaigne, et de là pour l'Italie, où il assista à deux batailles en qualité de lieutenant. Adjoint à l'adjudant général Frottier, le 18 ventôse an II, probablement avec le rang de capitaine, il dut, ensuite, quitter l'armée par suite d'une maladie qui lui affaiblit la vue.

L'année suivante, il fut nommé administrateur du district de Nice, et il conserva cette place qui convenait à ses goûts sédentaires jusqu'à 1801. Il revint alors à Châlons-sur-Saône avec sa famille, et il y fut rejoint par son frère aîné, Claude Niépce, qui avait couru les mers, pris goût aux sciences industrielles, et contracté pour les voyages une passion durable, car vingt-sept ans plus tard il allait mourir à Kiew, aux environs de Londres.

Pendant les années qu'ils passèrent ensemble, les frères Niépce imaginèrent diverses machines, et entre autres le *pyréolophore*, sorte de pompe à feu où l'air chauffé devait remplacer la vapeur. Ils demandèrent et obtinrent

brevet pour cette invention, objet d'un rapport à l'Institut, rédigé par Berthollet, et par Carnot qui entra à ce sujet en correspondance avec MM. Niépce.

C'était en 1806. Plus tard ils créèrent une pompe hydrostatique, qu'ils abandonnèrent bientôt pour d'autres études.

En 1811, ces messieurs, qui cultivaient le pastel, étaient parvenus à en extraire une fécule colorante, assez vive de nuance pour rivaliser avec l'indigo ; ils reçurent à cette occasion des lettres flatteuses de M. de Montalivet, ministre de l'intérieur, qui délégua leurs échantillons à l'examen d'une commission spéciale.

A partir de cette époque, Joseph-Nicéphore Niépce resta seul livré à ses méditations et à ses propres forces, dans la retraite qu'il s'était choisie, aux Gras, près de Châlons.

C'est alors que la découverte de la lithographie donna une impulsion nouvelle à cet esprit curieux et pénétrant.

Les guerres d'invasion de 1814 et de 1815 interrompirent un instant ses recherches ; depuis lors il les poursuivit avec une telle activité que ses jours et ses nuits en étaient absorbés, et qu'il compromettait à la fois sa fortune et sa santé.

Les premiers temps furent les plus pénibles : il opérait dans le vide, ne rencontrant aucun résultat et subissant la compassion tant soit peu ironique qui s'attache aux gens affolés de l'impossible, s'efforçant à des chimères et enfermant dans une idée fixe ; préoccupation synonyme de la folie aux yeux du vulgaire. Ses manies, à cette époque, alarmaient ses amis, sa famille, et la reproduction des objets par la lumière semblait à tous le rêve d'un monomane.

Cette période des luttes chimériques dura sept ans ; en 1822, Niépce obtint sur le verre et l'acier poli des copies fidèles de gravures, à l'aide d'un vernis bitumineux. On sait comment il opérait ; ses procédés, fort simples d'ailleurs (ils n'en sont que plus admirables), ont été décrits ; un exposé nouveau n'apprendrait rien à nos lecteurs.

Le bitume de Judée appliqué sur une lame d'étain, la solution de l'image par le lavage dans l'essence de lavande : voilà le fond de la découverte. Deux ans après, en 1824, l'infatigable Niépce parvenait à retenir sur des écrans préparés les images de la chambre noire, à les fixer au moyen d'un mélange d'essence de lavande et de pétrole, puis à renforcer les effets d'ombre en exposant la plaque aux vapeurs de l'iode ou du sulfure de potasse. En 1827, M. Niépce, ainsi qu'il résulte d'une lettre écrite le 4 juin, « se livrait exclusivement à la copie des points de vue d'après nature. »

La même année, Niépce ayant fait un voyage à Kiew où résidait son frère, montra à M. Bauer des épreuves héliographiques qui causèrent à ce dernier la plus vive surprise.

Cependant, notre inventeur trouvait de grands obstacles dans l'imperfection des chambres obscures. Ayant appris que MM. Vincent et Charles Chevalier avaient inventé le prisme ménique, il pria un de ses parents, qui traversait Paris, de faire pour lui l'acquisition de ce prisme. Ce parent développa devant ces habiles opticiens la découverte de J. N. Niépce, ces derniers en parlèrent à un artiste qui était destiné à amener plus tard l'héliographie sur plaque à son perfectionnement, à la populariser, et à mettre au grand jour l'invention de Niépce. C'est ainsi que la Providence conduit les choses par des voies bien imprévues.

Quoi qu'il en soit, l'antériorité appartient à Niépce ; c'est lui qui a porté le poids et la chaleur du jour, et si le plein succès n'a pas couronné son œuvre, au moins le noble travail d'une lutte persévérante doit consacrer son nom.

Il ne nous convient pas, dans une publication entièrement dévouée aux intérêts généraux de l'héliographie, d'aborder les questions personnelles, ni d'accepter les passions d'un parti envers et contre l'un des deux hommes qui ont le plus efficacement contribué à l'avénement de l'héliographie. Redevables à tous deux, respectant au sujet de l'un, comme à l'égard de l'autre, les élus providentiels d'une découverte qui honore la patrie, nous devons à ces deux noms, à des degrés divers, l'hommage de nos sympathies.

Niépce a combattu plus longtemps, son bonheur fut moindre, il mourut sans recueillir le fruit de ses peines, sa mémoire est mal assurée contre l'oubli : à ces titres, il provoque en nous un intérêt plus vif et plus tendre en quelque sorte. Quoi de plus naturel, et qui donc oserait s'avouer jaloux des lauriers tardifs qui viennent ombrager les tombeaux ?

Niépce était chimiste, mécanicien, et il était poëte... A ces dons brillants il joignait les qualités les plus aimables, rehaussées d'un caractère très-noble et très-élevé. Il mourut pauvre et ignoré, le 5 juillet 1833, six ans avant l'époque où M. Daguerre, son associé, vit l'Institut couronner les travaux des deux fondateurs de l'héliographie.

Ainsi, dit M. Figuier, auteur d'une excellente Notice sur les travaux photographiques, « l'auteur de la plus intéressante découverte de notre siècle s'éteignait sans gloire et

oublié de ses concitoyens, avec la pensée désolante d'avoir perdu vingt années de sa laborieuse carrière, dissipé son patrimoine et compromis l'avenir de sa famille à la poursuite d'une chimère. »

Demeuré seul, M. Daguerre travailla fructueusement pendant cinq ans. Il substitua l'iode aux substances bitumineuses, fit apparaître l'image au moyen des vapeurs du mercure, et la fixa en chassant l'iodure d'argent par l'immersion de la plaque dans une solution d'hyposulfite de soude. Ces inventions sont très belles : elles ont abrégé l'opération, devenue depuis plus rapide encore par l'emploi des substances accélératrices ; enfin, les perfectionnements du collaborateur de Niépce ont fourni des images plus précises et plus puissantes.

Quelle que soit notre légitime et profonde admiration pour l'homme supérieur qui a ouvert une voie si glorieusement parcourue, nous rendons à chacun ce qui lui est dû. Entre la main qui ensemence le sillon et le terrain qui fait germer, nous ne saurions marquer une préférence. Les intérêts humains s'effacent, les passions s'éteignent, les rivalités s'oublient ; les grandes découvertes restent..., et l'unique devoir de ceux qui en reçoivent le bienfait, est de léguer à l'avenir le nom des bienfaiteurs.

Dernièrement, nous avons rendu compte des travaux de M. Niépce de Saint-Victor, digne rejeton d'une famille si méritante. En héritant du courage et du talent de son oncle, il n'a point décliné les déboires attachés à cette succession. Quoique les habiles praticiens qui ont perfectionné l'héliographie soient nombreux, il est à remarquer que le nom de Niépce ouvre et ferme cette docte hiérarchie.

N'est-il pas juste que les labeurs de deux carrières si bien remplies obtiennent l'appui, l'encouragement et la rémunération qu'ils ont droit d'attendre ? N'est-il pas à désirer que le souvenir de Niépce trouve enfin sa consécration, et que la *Niepçochromie*, conquête récente, incomplète encore, de M. Niépce de Saint-Victor, satisfasse à la gratitude publique et console du *Daguerréotype* les parents, les amis, les compatriotes et les admirateurs de Niépce ?

Cette récompense d'une longue série de travaux fructueux mettrait fin à tout discord, abattrait toute rivalité. Ce résultat, que nous souhaitons pour deux noms illustres, pour le plus heureux surtout, il suffirait, pour l'obtenir, de mettre M. Niépce de Saint-Victor en état de continuer ses recherches, de poursuivre la lutte, en lui fournissant le nerf de la guerre. Car, on ne peut trop le redire, cet officier, fidèle aux traditions de son oncle, s'est ruiné comme lui, pour l'honneur de la science.

Que M. Niépce de Saint-Victor, qui touche au but, soit donc mis à même d'achever son œuvre et d'imposer son nom à la découverte de la peinture héliographique !

Francis Wey.

SOCIÉTÉ HÉLIOGRAPHIQUE.

Séance du vendredi 28 juin 1851.

Présidence de M. Ziegler.

M. le Président, après avoir ouvert la séance, appelle de nouveau l'attention de la Société sur le beau travail de M. Maxime Ducamp, qui a rapporté d'Egypte et de Syrie 216 épreuves faites d'après les plus beaux monuments de cette contrée ; véritable chef-d'œuvre dont il est occupé à tirer des épreuves positives. Dès que sa collection sera complète, M. Maxime Ducamp en préviendra la Société, afin que chacun de ses membres puisse l'examiner dans tous ses détails.

M. Blanquart-Evrard a fait hommage à la Société de son *Traité sur la photographie*, ouvrage complet dans son genre, où l'auteur n'a négligé aucune des nombreuses questions qui se rattachent à cette science nouvelle. Des remerciements sont votés à M. Blanquart-Evrard, pour cet envoi.

Une discussion s'engage ensuite sur l'emploi, dans le langage photographique, de certains mots plus ou moins exacts, plus ou moins conformes aux règles de l'étymologie.

Après avoir démontré, par les analogies, que le mot *photographe* doit être employé au lieu de *photographiste* ; que le mot *sensibilité*, en héliographie, indique suffisamment les qualités de certaines matières, sans qu'il soit nécessaire, comme on l'a imprimé, de dire *sensibilité lumineuse*, locution inadmissible, M. le Président donne quelques renseignements sur l'emploi du mot *figure* dans les arts. Par ce mot les artistes entendent le modèle tout entier ; à l'école des Beaux-Arts, il y a des concours de *figure*, des concours de *tête* ; la tête comprend la chevelure ou le crâne, et le *visage*. Cette école étant nationale, les professeurs étant membres de l'Académie, il y a lieu de tenir compte de ces distinctions. Messieurs les héliographes ont souvent besoin de mots nouveaux, mais ils ne doivent innover que quand il n'est pas possible de faire autrement. Alors on est obligé de tenir compte des étymologies ; c'est ainsi qu'on a créé le mot *photogénique*, qui est fort bon pour qualifier tous les corps qui engendrent la lumière. Mais cette expression peut-elle s'appliquer à des papiers, ou à des produits destinés à recevoir la lumière, c'est-à-dire l'image? M. le président ne le pense pas; il ajoute : En ce cas, ne serait-il pas mieux de dire *iconogénique*? — M. de Valicourt reconnaît l'utilité de cette expression, qui peut être entendue de tous ceux à qui les mots *iconographie, iconoclaste,* ne sont pas étrangers.

Dans cette revue de quelques termes en usage, le mot *bonne venue* (réussite), employé par M. Blanquart-Evrard, à été loué et considéré comme de bon aloi par tous les membres présents.

La Société n'entend nullement imposer des mots nouveaux, ni régler la langue, que personne ne peut créer, puisqu'elle n'est souvent que le résultat des habitudes prises. Mais comme dans toute discussion, dans toute dissertation, il est important de convenir de la valeur des mots, sous peine de malentendus et de disputes vaines, la Société doit tenir à un certain vocabulaire qui soit logique, et qui puisse être invoqué, en cas de babélisme héliographique. La science étant nouvelle, n'a pu donner lieu encore à des habitudes invétérées, devenues respectables par leur ancienneté.

IMPRIMERIE PHOTOGRAPHIQUE

Ayant assisté à une des précédentes séances, M. le duc de Luynes se proposait d'entretenir la Société héliographique d'un projet important qui rendrait nécessaire l'imprimerie photographique : il s'agit de reproduire le titre de tous les livres composant la Bibliothèque nationale et d'en faire ainsi le catalogue. M. le duc de Luynes a témoigné à M. Ziégler le regret de n'avoir pas trouvé l'occasion de développer ce projet dans la séance du 2 mai.

M. le président fait ressortir tout l'avantage qu'il y aurait à reproduire photographiquement les titres, avec leur délicatesse, leurs signes et leurs défauts. Des expériences ont déjà été faites avec succès; il faut donc espérer qu'il sera donné suite au projet dont M. Albert de Luynes a pris l'honorable initiative au sein de la Commission nommée par l'Assemblée nationale pour l'importante et urgente question du Catalogue de notre grande Bibliothèque.

UTILITÉ DE LA PHOTOGRAPHIE POUR LES EXPOSANTS.

Parmi les services que la photographie rend aux artistes, ajoute M. le président, j'en connais un d'une importance considérable, c'est la facilité avec laquelle ils pourront, après avoir reproduit photographiquement leurs tableaux, les faire voir à différentes personnes qui désirent les connaître pour les acheter, soit à l'étranger, soit en France. On peut de la sorte reproduire toute une muraille couverte de tableaux, et répondre ainsi aux désirs des amateurs qui veulent comparer et choisir.

Il est arrivé cette année à la direction des Beaux-Arts un nombre considérable de demandes accompagnées de photographies représentant divers tableaux. Les artistes n'avaient pas d'autres moyens de faire connaître leurs œuvres, le nombre des ouvrages exposés au Palais-National étant si considérable, que l'indication du numéro et du sujet eussent été insuffisants pour provoquer un jugement de l'administration des Beaux-Arts.

Il y a donc une importance énorme, et même une importance pécuniaire, à ce que la photographie vienne en aide aux artistes dans des cas comme ceux-là. C'est ainsi que M. Le Gray vient de faire une belle épreuve d'un tableau de M. Meissonnier.

QUESTION DE LA CHAMBRE BLANCHE.

M. le Président fait remarquer que M. Blanquart-Evrard a consacré un article sur la chambre blanche; il engage à en essayer, et, si l'on ne réussit pas, à en essayer encore.

M. Vaillat dit qu'il y a dix ans il a essayé, sans beaucoup de succès, de la chambre doublée en blanc. Dans certaines circonstances, l'épreuve venait encore avec les conditions ordinaires; dans d'autres circonstances, il s'y produisait beaucoup de désordre.

M. Durieu rappelle qu'il a apporté à la Société des épreuves qui ne manquaient pas de vigueur, et qu'il avait obtenues à la chambre blanche. Mais il a remarqué que, par un temps bien éclairé, la chambre blanche nuit plus qu'elle ne sert; c'est quand la lumière est faible que la chambre blanche contribue à lui donner plus d'intensité, et à faciliter l'opération.

M. Le Gray a aussi remarqué que, dans beaucoup de cas, la chambre blanche ne produisait aucun effet; et qu'il fallait ensuite, pour obtenir de bons résultats, adapter un objectif de grande plaque à une chambre de demi-plaque. M. Durieu a cependant obtenu des résultats, en se servant d'un objectif de grande plaque sur une chambre de grande plaque également.

M. le Président cite, sur cette question de la chambre blanche, l'avis de gens complètement pratiques, de gens qui font des portraits et du daguerréotype leur profession. Étant entré, un jour, dans un atelier de ce genre, la maîtresse de la maison lui fit voir deux chambres obscures, ouvertes et placées près de la fenêtre; l'une était entièrement blanche, et l'autre entièrement noire dans l'intérieur. En ayant demandé la raison, cette dame lui dit qu'il en *fallait* ainsi de deux sortes; que dans les temps sombres on se servait avec succès de la chambre blanche, et que dans les temps clairs on se servait de la chambre noire. Il croit que cet avis n'est pas sans valeur.

M. Bayard pense que si on employait la chambre blanchie pour opérer à l'extérieur, on perdrait toujours ses épreuves; il faudrait blanchir seulement le plancher de la chambre, de manière à ce que le reflet agisse sur la partie de l'épreuve qui doit reproduire le ciel : on obtiendrait, par ce moyen, une teinte plus légère.

M. Vaillat dit que le meilleur système, selon lui, est de tenir la chambre noire bien fermée, de n'y laisser passer que l'objectif, et de manière à ce qu'il ne puisse s'y introduire que la lumière nécessaire à produire l'image. Il a fait arranger chez lui un cabinet parfaitement noir, et, depuis quelques jours, il en retire de très-bons résultats.

M. Durieu est certain qu'on peut obtenir de bonnes épreuves au moyen de la chambre blanche, mais il n'y trouve pas assez d'avantage pour qu'on s'en préoccupe; il croit, de plus, que ce système n'ajoute pas beaucoup à la rapidité.

Le débat étant épuisé sur ce sujet, de nouveaux éloges sont donnés au livre de M. Blanquart-Evrard par MM. Ziégler et Durieu. La séance est levée.

LOUIS-AUGUSTE MARTIN.

MISSIONS DU COMITÉ DES MONUMENTS HISTORIQUES,

CONFIÉES

A DIVERS MEMBRES DE LA SOCIÉTÉ HÉLIOGRAPHIQUE.

Nos lecteurs n'apprendront pas sans intérêt que le Comité des monuments historiques (ministère de l'Intérieur), après avoir choisi, comme nous l'avons annoncé dans notre dernier numéro, les artistes les plus habiles, a en même temps dirigé leurs voyages sur les contrées les plus riches en monuments, sur les points les plus beaux et les plus chers aux archéologues. Aucune dissertation à ce sujet ne vaudrait le tableau ci-joint des divers itinéraires :

M. H. BAYARD.

SEINE-ET-OISE. — Église de Poissy. — Église de Mantes.
SEINE-INFÉRIEURE.—Église de Saint-Ouen, à Rouen ; Palais de Justice de la même ville. — Église d'Eu.
CALVADOS.—Cathédrale de Lisieux. — Château de Falaise. — Église de Saint-Pierre, à Caen (abside). — Abbaye aux Hommes, à Caen.—Abbaye aux Dames, à Caen.— La Maison des Gendarmes, à Caen.—Cathédrale de Bayeux.
MANCHE. — Église de Coutances. — Mont Saint-Michel.— Église Lessay, près Coutances.
EURE. — Église Saint-Vaurin d'Évreux.

M. HENRY LESECQ.

SEINE-ET-MARNE. — Église de Brie-Comte-Robert; ancien Hôpital, de la même ville. — Tour de César, à Provins. — Église de la ville haute, à Provins; Grange aux Dîmes, à Provins. — Église de Donnemarie. — Porche de l'église de Saint-Loup de Naud.
AUBE.—Hôtel de Vauluizan, à Troyes.—Église de Saint-Urbain de Troyes.
HAUTE-MARNE. — Église de Moutier-en-Der. — Église de Vignory. — Arc de triomphe de Langres.
HAUTE-SAÔNE. — Église de Faverney.
BAS-RHIN. — Cathédrale de Strasbourg. — Église de Schelestadt.—Château de Kohenkœnigsbourg.— Église d'Obersteigen. — Église de Murbach. — Église de Neuviller.
MEURTHE.—Palais ducal de Nancy. — Cathédrale de Toul.
MARNE.—Cathédrale de Reims.— Église Saint-Remy, à Reims.—Porte de Mars, à Reims. — Maison des Musiciens. — Église Notre-Dame-de-l'Épine.
AISNE.— Ancienne cathédrale de Laon.— Église de Saint-Martin, à Laon. — Hôtel-de-Ville de Saint-Quentin.
OISE. — Église de Saint-Germer. — Chapelle de Saint-Germer.—Église de Noyon.— Hôtel-de-Ville de Compiègne. — Église de Saint-Leu d'Esserent.

(La suite à un prochain numéro.)

IMAGE PHOTOGRAPHIQUE DE LA LUNE.

M. Faye s'est chargé de présenter à l'Académie, de la part de M. Bond, le fils du célèbre astronome de Cambridge, aux États-Unis, une épreuve de daguerréotype représentant une portion de la lune dans son premier quartier. Ce curieux produit de l'art photographique a été mis sans commentaire sous les yeux des assistants, et tout le monde a regretté que M. Bond, présent à la séance, n'ait pas donné lui-même quelques détails sur la manière dont cette image avait été obtenue.

Ce n'est pas la première fois qu'on met en évidence la puissance photographique de la lumière de la lune; on avait déjà impressionné des plaques sensibles avec cette lumière concentrée au foyer d'une lentille; mais le résultat d'une pareille impression n'était qu'une tache blanchâtre, dépourvue de détails, et qui ne rappelait en aucune façon la surface rugueuse de notre satellite. L'épreuve de M. Bond est, au contraire, une véritable image, un portrait de la lune finement exécuté et représentant les détails et les accidents de sa surface, absolument tels qu'on les voit au foyer des puissantes lunettes. A en juger par la courbure du bord circulaire de cette image, elle aurait, si elle était complète, près d'un décimètre de diamètre, et pour l'obtenir directement il a fallu employer un objectif de 8 à 10 mètres de longueur focale. C'est en effet la grande lunette parallactique de Cambridge qui a servi de chambre noire dans cette circonstance. L'oculaire ayant été supprimé, la plaque fut mise au foyer de l'instrument qui, mû par son mécanisme propre, a communiqué à l'écran impressionnable un mouvement égal à celui de l'image elle-même, en sorte que pendant la durée de l'impression, il n'y a pas eu de déplacement relatif sensible entre la plaque et l'image optique de notre satellite qui tombait à sa surface. Sans ce développement d'appareils, il ne faut pas songer à faire une image photographique de la lune. Ce n'est donc pas une petite affaire que d'obtenir une épreuve semblable à celle que nous a fait admirer M. Bond; et il n'y a guère que dans les observatoires richement montés que l'on puisse aborder une pareille opération. C'est une œuvre mixte à laquelle devraient concourir, avec tous leurs moyens, et l'astronomie et la photographie.

(Débats.) LÉON FOUCAULT.

NOUVELLES DIVERSES.

M. Gaudin, calculateur au Bureau des longitudes, auteur du microscope auquel il a donné son nom, est parvenu à faire de toutes pièces des rubis d'Orient. Le volume et la dureté de ces rubis permettent de les employer avantageusement dans l'horlogerie. L'alumine pure, réputée infusible, est la base unique du rubis, qui est coloré par quelques atomes de chrome; des courants enflammés d'hydrogène, d'oxygène, et habilement dirigés sur l'alumine, déterminent sa fusion en rubis durs, roses et transparents. Cette expérience, du plus grand intérêt, a été faite dernièrement par M. Gaudin, en présence de quelques-uns de ses collègues de la Société héliographique.

— L'Exposition anglaise s'est enrichie de deux objets nouveaux, savoir : une magnifique toilette qui provient du palais Buckingham, et un diamant noir d'une énorme dimension, venant de Bahia, et exposé par M. Joseph Meyer, de Liverpool. Ce diamant, qui est encore à l'état brut, est tellement dur, qu'il a résisté jusqu'à ce jour à tous les efforts des lapidaires qui ont essayé de le polir; il ne pèse pas moins de 350 carats.

— La Commission exécutive de l'Exposition universelle vient de décider que l'espace entre les deux lignes de locomotives et de wagons, qui s'étendent le long de la salle des machines en mouvement, serait rempli par des spécimens de pavage, depuis le macadam adopté à Paris depuis que Londres l'abandonne, jusqu'au pavage en bois que certaines paroisses de Londres conservent encore, quoique Paris l'ait abandonné depuis bien longtemps.

— Le Conseil municipal de la ville de Falaise vient de décider, dans sa dernière session, que la statue de Guillaume le Conquérant serait inaugurée le 28 septembre prochain, anniversaire du jour où le fier Normand et ses compagnons d'armes se sont emparés de l'Angleterre. La commission du monument fera ce moment un dernier appel aux Normands, en quelque lieu qu'ils soient, pour cette œuvre éminemment patriotique, puisqu'en rappelant un des plus grands faits de l'histoire de notre pays, elle constatera que c'est bien à la vieille France, à son génie, à ses armes, que l'île, alors barbare des Anglo-Saxons, a dû d'avoir été ouverte aux idées de progrès et de civilisation.

CORRESPONDANCE.

INFLUENCE DE LA POLARISATION SUR LA VARIATION DES FOYERS.

A MONSIEUR LE RÉDACTEUR DE *la Lumière*.

Monsieur,

Lorsque j'ai cru pouvoir prendre sur moi de publier les expériences intéressantes que M. le commandant Lugeol m'avait communiquées dans une lettre amicale, et en m'invitant modestement à les vérifier, je n'ai commis cette espèce d'indiscrétion à son égard, qu'il voudra bien me pardonner, que parce que les curieux résultats de ses expériences sur la variation des foyers, par l'effet de la polarisation, venaient confirmer les théories renfermées dans mon dernier mémoire à l'Institut.

Comme les distances de Paris à Londres et de Londres à Toulon ne permettent pas de correspondre bien rapidement, et comme M. Lugeol, qui reçoit votre journal, sera surpris de voir qu'une discussion s'est élevée à son insu sur une question en dehors de ses importantes occupations, au moment où toute son attention et tout son temps doivent être absorbés par l'armement du *Napoléon*, le plus grand et le plus bel essai de la marine française ; je vais encore, sans le consulter, vous adresser une réponse à la lettre de mon ami, M. Lerebours, insérée dans votre numéro du 22 juin.

Il y a longtemps que j'ai eu l'idée de vérifier si la polarisation de la lumière par un prisme de Nicol exerçait une influence sur la variation des foyers ; comme M. Lerebours, je n'ai pas trouvé de différence. Mais en réfléchissant, j'ai compris que l'expérience ne pouvait pas indiquer ce que je cherchais.

J'ai fait remarquer dans mon mémoire que les différences de foyers et leur variation n'étaient appréciables que lorsqu'on opérait avec les ouvertures des objectifs ; avec des diaphragmes rétrécis il y a coïncidence pour tous les rayons, parce qu'ils se rapprochent du parallélisme. M. Lerebours expérimentant avec un prisme de Nicol a dû, comme il l'a fait, appliquer au centre de son objectif un diaphragme d'une ouverture aussi petite que celle du prisme. En opérant de cette manière, évidemment il excluait dans les deux cas les rayons obliques, ceux qui auraient été les plus susceptibles d'être éteints après la polarisation du prisme par l'excès de réfraction de l'objectif. Supposant même qu'une partie des rayons presque parallèles aient été éteints, ce qui est probable, néanmoins cette polarisation n'a pu affecter d'une manière sensible la différence des foyers, elle n'a été capable que de réduire l'action photogénique.

J'engage M. Lerebours à faire l'expérience d'une autre manière : qu'il prenne des objectifs à foyers séparés ou à foyers coïncidents, et qu'il n'opère que sur les bords de ces objectifs avec des ouvertures égales à celle du prisme. C'est en expérimentant sur les rayons obliques qu'il pourra décider si la polarisation exerce une influence sur la distance des foyers. Mais pour que l'effet soit complet, il faut employer à la fois plusieurs prismes appliqués sur tous les points de l'objectif, ayant le soin de rendre les ouvertures toutes égales, de manière à ce que la même quantité de lumière admise sans les prismes soit réfractée à travers les prismes. C'est alors que, comme je le dis dans mon mémoire, on pourra découvrir si l'absorption d'une partie des rayons obliques ne rapproche pas les foyers, ou si l'absorption d'une partie des rayons parallèles ne les fait pas paraître plus éloignés. Voilà toute la question, que je n'ai pas prétendu décider à l'égard de l'influence de la polarisation, mais qui m'a paru être analogue à celle de la neutralisation des rayons photogéniques par l'action antagoniste des rayons rouge orangé et jaune, et sur laquelle j'ai fondé plus particulièrement les théories au moyen desquelles j'ai cherché à expliquer la cause de la variation des foyers.

M. Lugeol ne s'est servi du prisme de Nicol que pour s'assurer de l'état de polarisation de plusieurs points du ciel, et il a opéré sur le focimètre avec toute l'ouverture de son objectif. Il s'était mis ainsi dans les meilleures conditions pour découvrir l'influence de la polarisation sur la variation des foyers et sur la puissance photogénique de son objectif, qui agissait comme un prisme de Nicol.

Jusqu'à ce que l'on ait fait des expériences plus complètes et plus décisives, il ne faut pas rejeter les recherches pleines d'intérêt auxquelles, animé par son amour pour la photographie et au milieu de travaux d'une bien plus haute importance, M. Lugeol n'a pu consacrer que de bien courts moments. Cet ingénieux et savant expérimentateur ne voulait qu'appeler mon attention sur un fait qu'il n'avait pas le temps de vérifier lui-même, et j'aurais peut-être dû ne pas me hâter de publier une communication confidentielle et sans prétention. Mais dans sa bienveillance il m'excusera, et dans son zèle éclairé pour les progrès de la science, il ne regrettera pas, je l'espère, d'avoir appelé la discussion sur un sujet aussi important, et surtout de voir que cette discussion n'a lieu, avec tous les égards possibles, qu'entre des amis qui s'estiment et qui ne cherchent que le triomphe de la vérité.

J'ai été charmé de lire les observations de M. Regnault à la séance du 25 mai dernier, et de voir que, sans avoir connaissance de mon mémoire, les vues de ce profond physicien donnaient raison à plusieurs de mes humbles opinions. Tant que les photographes préféreront les objectifs à foyers coïncidents, M. Lerebours fera bien de leur en fournir et de penser qu'ils sont meilleurs. Mais comme je suis convaincu que les objectifs à foyers séparés sont *généralement* plus rapides (je ne dis pas dans toutes les conditions de lumière), et que je ne vois pas le plus petit avantage à mettre un foyer sur le visage ou à quelques centimètres en avant ou en arrière du visage, je préfère employer des objectifs dans lesquels, sans considération de coïncidence, l'opticien n'a eu en vue que de corriger l'aberration de sphéricité, et de réunir en un point mathématique le long espace photogénique du spectre, qui s'étend depuis le rayon bleu jusqu'au rayon violet et *considérablement au delà*, sans s'inquiéter des rayons visuels qui ne jouent aucun rôle dans l'action photogénique, si ce n'est un rôle nuisible.

                     A. CLAUDET.

Londres, 25 juin 1851.

Le Secrétaire de rédaction F.-A. RENARD, *Gérant.*

PREMIÈRE ANNÉE. N° 23.   DIMANCHE, 13 JUILLET 1851.

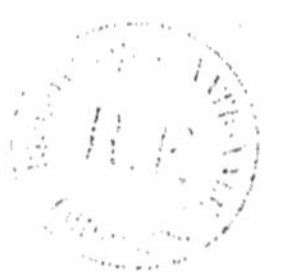

LA LUMIÈRE

JOURNAL NON POLITIQUE

HEBDOMADAIRE.

BEAUX-ARTS — HÉLIOGRAPHIE — SCIENCES.

BUREAUX, A PARIS, N° 15, RUE DE L'ARCADE, A LA SOCIÉTÉ HÉLIOGRAPHIQUE.

PRIX.—PARIS, UN AN, 16 F.; 6 MOIS, 10 F.; 3 MOIS, 6 F.—DÉPARTEMENTS, UN AN, 18 F.; 6 MOIS, 11 F.; 3 MOIS, 7 F.—ÉTRANGER, UN AN, 20 F.; 6 MOIS, 12 F.; 3 MOIS, 8 F.—CHAQUE N° 50 CENT.

MORT DE M. DAGUERRE.

La dernière séance de la Société héliographique a été attristée par une affligeante communication : un membre du Comité des artistes-peintres est venu nous faire part de la mort de M. DAGUERRE. Cette perte sera vivement ressentie par toutes les personnes qu'intéresse l'avenir d'une science redevable à M. DAGUERRE des admirables perfectionnements qui l'ont rendue populaire. Artiste distingué, esprit novateur, pensée active et persévérante, DAGUERRE était encore dans la vigueur de l'âge, et il aurait acquis de nouveaux titres à la reconnaissance de ses contemporains, si la Providence eût prolongé sa laborieuse carrière.

Une députation de la Société héliographique, à laquelle se sont joints la plupart de nos confrères, s'est rendue hier au convoi funèbre de cet homme éminent, où se pressaient les sommités de l'art, des lettres et de la science. Le journal la *Lumière* consacrera prochainement une notice biographique au regrettable inventeur qui partage avec Niépce la gloire d'avoir accompli l'une des plus surprenantes découvertes du dix-neuvième siècle.   F. WEY.

SOMMAIRE.

ACADÉMIE DES SCIENCES.

1° Deux appareils principaux tiennent sous leur dépendance la vie animale : l'un de ces appareils est le système d'où procèdent la sensibilité et la motilité ; l'autre est le système circulatoire qui répartit la chaleur, la nutrition et l'activité dans tous les points de l'organisme. Nerfs et vaisseaux sont solidaires ; ils se prêtent un appui réciproque ; ils marchent parallèles dans le corps entier ; ils constituent un double cercle qui renferme toutes les fonctions.

Bien souvent M. Brown, armé de son scalpel, a pénétré dans ce cercle. Ses travaux sur les fonctions du système nerveux sont connus de tous les hommes qui s'occupent de physiologie : il a déterminé, au moyen de nombreuses vivisections, les fonctions précises des divers points de la moelle épinière et des nerfs qui en naissent.

Depuis lors, ses expériences se sont étendues au système circulatoire, et il a voulu, dans ces derniers temps, déterminer avec précision l'action du sang sur les muscles.

Il a coupé en deux des lapins et des cochons d'Inde, ne laissant d'autre moyen de communication entre les deux portions de ces animaux que l'artère aorte et la veine cave. En liant l'aorte, il voyait l'irritabilité musculaire diminuer peu à peu et faire place, dans un espace de temps qui variait entre quinze et quarante minutes, à la rigidité cadavérique. Lorsque cet état durait depuis un quart d'heure, M. Brown relâchait la ligature de l'artère et de la veine; la circulation se rétablissait, la rigidité disparaissait peu à peu, les nerfs redevenaient excitables.

D'autres expériences sur les animaux ont démontré que les membres privés de sang par la ligature des vaisseaux qui s'y rendent, perdent à la fois leur sensibilité et leur aptitude à se mouvoir, bien que les nerfs soient intacts; tandis qu'avec le rétablissement de la circulation reparaissent la sensibilité et la motilité.

Ces faits étant bien constatés sur les animaux, M. Brown a voulu les constater sur l'homme. Le supplice d'un assassin, décapité le 18 juin, lui a offert une occasion des plus favorables. La décollation avait eu lieu à huit heures du matin : à sept heures du soir, bien que tous les muscles du cadavre fussent raides, quelques-uns conservaient encore l'irritabilité ; deux heures après, toute trace d'irritabilité avait disparu dans le bras et la main qui devaient servir à l'expérience.

Les résultats obtenus sur les animaux indiquaient que du sang humain frais et vivant, injecté dans les vaisseaux, devait faire cesser la rigidité des muscles et faire réapparaître leur irritabilité. La difficulté était de se procurer du sang à cette heure avancée. M. Brown ne se tint pas pour battu ; il se fit ouvrir la veine par un de ses amis et pratiquer une saignée de 300 grammes.

Le sang ainsi obtenu fut battu et dépouillé de fibrine ; au contact de l'air il perdit sa couleur brune du sang veineux et prit le rouge vif du sang artériel ; il fut ensuite injecté par portions dans l'artère radiale, à quelques centimètres au-dessus du poignet.

Après avoir traversé la main, le sang revenait par les veines de l'avant-bras, où il était recueilli pour être injecté de nouveau : dans son trajet, il perdait sa teinte rosée, prenait une teinte brune, comme dans la circulation ordinaire ; ce qui indiquait une action manifeste sur les tissus. Trente-cinq minutes s'écoulèrent entre la première et la dernière injection ; au bout de ce temps, la plupart des muscles de la main avaient repris leur irritabilité : ils la conservèrent pendant plusieurs heures.

Ces faits, rapprochés des expériences de Legallois, qui après avoir décapité des animaux et avoir arrêté l'hémorrhagie qui en était la suite, prolongeait la vie pendant douze heures et plus, en maintenant une respiration artificielle au moyen d'un soufflet adapté à la trachée-artère; ces faits, disons-nous, montrent clairement que les organes peuvent après la mort reprendre une vie momentanée. La science arrivera-t-elle à produire quelque jour une résurrection complète? c'est ce que l'avenir seul nous dira...

2° Malgré les recherches continuelles des ingénieurs des mines et des géologues que renferme chaque département de la France, les découvertes nombreuses, faites dans le courant des années qui viennent de s'écouler, prouvent que les richesses minéralogiques de notre pays sont loin d'être toutes connues. Une carrière de marbre blanc a été ouverte et exploitée récemment dans le département de l'Isère. Des gisements très-riches en pouzzolane ont été découverts dans le département de l'Hérault et vont être exploités sur une vaste échelle; plus récemment encore, M. Nory-Dupar a trouvé dans le département de l'Orne une belle carrière de marbre. Ce dernier est un calcaire mélangé de 15 à 20 pour 100 de matières siliceuses et de quelques substances ferrugineuses.

Il est d'un gris bleuâtre et doit à des veines blanches, noires et jaunes un aspect assez agréable ; la finesse du grain assure son poli qui, cependant, peut s'altérer par la décomposition de quelques pyrites.

L'assise calcaire découverte par M. Nory-Dupar se trouve dans la commune de Radon à environ 10 kilomètres au nord d'Alençon : elle occupe une surface considérable, et peut rivaliser pour les travaux d'ornementation avec les marbres exploités déjà dans la Sarthe, la Mayenne et le Calvados : elle peut en outre fournir de la pierre à chaux et rendre, sous ce rapport, d'importants services à l'industrie du bâtiment et à l'agriculture.

3° Des richesses minéralogiques d'un autre ordre ont donné lieu aux recherches de M. Durocher : il vient d'explorer de la façon la plus minutieuse les alluvions stannifères situées dans la Loire Inférieure et le Morbihan, sur presque toute la zone littorale qui sépare l'embouchure de la Loire de celle de la Vilaine.

Les dépôts superficiels contiennent de l'oxyde d'étain en assez grande abondance pour donner lieu, sur quelques points, à une exploitation avantageuse. Il en est de même à la surface et sur le pourtour du massif granitique qui sépare la vallée de l'Oust de celle de la Claye.

On rencontre l'oxyde d'étain tantôt en petits grains arrondis, tantôt sous forme de couleur noir brun, violacée, blanche et d'un jaune-citron. Les échantillons translucides et à teinte claire sont presque aussi purs que le bioxyde d'étain préparé artificiellement, tandis que les échantillons colorés en noir renferment des oxydes de fer ou de manganèse.

A l'oxyde d'étain contenu dans les dépôts d'alluvion de la Bretagne s'adjoignent quelques paillettes d'or : un mètre cube de sable de la côte de Pénestin renferme 10 à 15 kilogrammes d'oxyde d'étain, et environ un demi-gramme d'or ou un peu plus : les graviers aurifères que l'on exploite dans le lit du Rhin ne sont pas aussi riches.

Dans un autre dépôt d'alluvion, où l'or est en plus grande quantité qu'à Pénestin, dépôt situé dans la vallée des Gaies, M. Durocher a découvert du mercure tantôt sous forme de globules liquides, tantôt amalgamé avec de l'or et de l'argent.

Les travaux de M. Durocher offrent un vif intérêt : ils démontrent que les veines stannifères ne sont pas exclusivement contenues, en Bretagne, dans la zone de séparation des schistes et des granits, comme on le croyait jusqu'à ce jour ; puisque de l'oxyde d'étain a été rencontré à plus de 4 kilomètres des granits. Ils démontrent encore que certaines parties du sol de la France renferment des métaux qui la rendent tributaire de l'étranger pour des sommes considérables.   CLAVEL.

NOUVEAUX DÉVELOPPEMENTS SUR LA PHOTOGRAPHIE SUR GÉLATINE.

PAR M. A. POITEVIN.

« Depuis que M. Balard m'a fait l'honneur de communiquer à l'Académie des sciences, dans la séance du 27 mai 1850, mon procédé de photographie sur gélatine. je me suis appliqué, autant qu'il m'a été possible, à modifier ce procédé, pour rendre la préparation de la plaque gélatinée moins longue, et d'un résultat plus assuré.

« 1° *Du choix de la gélatine, de sa préparation et de son application en couche mince à la surface des planches de verre.* — Toutes gélatines transparentes que l'on trouve dans le commerce ne sont pas également bonnes pour la photographie : les unes renferment des traces de sel de fer (du chlorure de fer sans doute) ; elles doivent être rejetées, car elles sont colorées en noir par l'acide gallique ; d'autres ne se prennent pas bien en gelée lorsqu'on les a dissoutes et coulées sur la surface des planches.

« Voici les proportions de gélatine, d'iodure de potassium et de nitrate d'argent que j'ai employées depuis le mois de décembre jusqu'au mois d'avril dernier, époques où j'opérais à la température de 12 à 15 degrés environ :

« La gélatine étant coupée en petits morceaux, on en prend 1 gramme que l'on met dans une petite capsule de porcelaine avec 30 grammes d'eau distillée ; après une imbibition de dix minutes au moins, on fond à une douce chaleur, puis on écume la dissolution et l'on y ajoute 15 gouttes d'une dissolution saturée d'iodure de potassium (14ᵍʳ,50 d'iodure pour 10 grammes d'eau distillée). On mélange parfaitement avec une spatule en bois blanc, on écume de nouveau, et, si la gélatine est impure, on filtre la dissolution à travers un linge, puis on ajoute de 4 à 5 gouttes de dissolution d'iode dans une dissolution étendue d'iodure de potassium ; mais cela n'est pas absolument nécessaire. Avec une pipette, on prend 10 à 12 centimètres cubes de la dissolution de gélatine, et on la coule sur la surface de la planche de verre, placée horizontalement sur un support à caler, et légèrement chauffée à la lampe pour que la gélatine y conserve assez de fluidité pour être étendue sur toute la surface avec la spatule ; puis, en soulevant la plaque par un de ses angles, on fait couler dans la capsule l'excédant de la gélatine dont il ne doit rester à peu près que 5 centimètres cubes sur une surface, grandeur demi-plaque. On laisse alors la gélatine prendre à la surface, puis on la porte sur une surface horizontale et froide pour qu'elle prenne plus de consistance ; une plaque de marbre sera très-bonne.

« En réchauffant un peu la dissolution de gélatine qui reste dans la capsule, on peut préparer une nouvelle plaque de marbre, et ainsi de suite.

« Après dix à quinze minutes au moins de repos sur la table horizontale, la gélatine a pris assez de consistance à la surface du verre ; dans les temps plus chauds, quinze minutes ne seraient pas suffisantes, parce que la dissolution de gélatine prend vite en gelée : dans ce cas, on peut, au lieu de 1 gramme de gélatine pour 30 grammes d'eau, en employer 1ᵍʳ,5 ou 2 grammes.

« La mince couche de gélatine étant prise en gelée, on place la planche de verre, la surface gélatinée en dessous, sur une boîte à iode ordinaire pendant quatre à cinq minutes, lorsque le dégagement d'iode n'est pas très-fort ; il vaut mieux ioder pas assez que trop, car alors l'acide gallique tache l'épreuve.

« 2° *Application de la couche impressionnable.* — La plaque étant iodée, on l'incline sur un bain de nitrate d'argent placé dans une bassine à fond plat ; ce bain est composé de 10 grammes de nitrate d'argent dissous dans 100 grammes d'eau distillée. Lorsque l'on augmente la quantité de gélatine dans la dissolution dont j'ai parlé, on doit diminuer celle du nitrate d'argent de ce bain. Pour 2 grammes de gélatine, par exemple, dissous dans 30 grammes d'eau, on réussit très-bien avec une dissolution de nitrate contenant, pour 100 grammes d'eau distillée, 6 grammes de nitrate. Il est bon de tenir cette dissolution dans un endroit frais et à l'abri de la lumière, ou bien de plonger le flacon qui la renferme dans de l'eau fraîche avant de s'en servir. Il doit en être de même pour la dissolution d'acide gallique dont je parlerai plus loin. Pour bien passer la plaque au nitrate d'argent, certaines précautions sont à prendre. La surface gélatinée étant tournée en dessous, on pose l'une des extrémités de la plaque contre un des côtés de la bassine ; puis, en soutenant l'autre extrémité de la plaque avec un petit crochet en verre, on incline régulièrement la plaque sur le bain jusqu'à ce que le liquide en ait mouillé toute la surface ; la surface de la plaque n'ayant pas touché le fond de la bassine, on la relève ou l'immerge dans le bain, la surface de la gélatine en dessus. Cette immersion peut durer dix à douze secondes, après quoi on retire la plaque, on essuie la surface non gélatinée, on la place dans le châssis de la chambre noire, la couche de gélatine étant tournée vers l'objectif, et le derrière de la plaque préservé de la lumière par une planchette. Il est bon de filtrer la dissolution de nitrate d'argent lorsque l'on s'en est servi.

« On peut employer une autre manière d'immersion : pour cela, on met la dissolution de nitrate dans un vase de verre ou de porcelaine peu large et très-profond, de sorte qu'il contienne peu de dissolution, et que l'on puisse y laisser glisser la plaque de verre : ce moyen est même préférable au premier.

« La planche de verre étant placée dans le châssis, on doit mettre celui-ci dans une position horizontale, jusqu'à ce qu'on le porte à la chambre noire.

« 3° *De l'exposition à la chambre noire ; du passage à l'acide gallique et du fixage de l'épreuve.* — Pour reproduire un paysage bien éclairé et avec l'objectif simple, on doit mettre une minute ou une minute et demie ; pour les portraits, et avec l'objectif double, on met à peu près le même temps. Je dois dire ici que l'on peut employer avec la gélatine toutes les substances accélératrices proposées jusqu'à ce jour, à l'exception toutefois de l'acide acétique, qui ôte à la dissolution de gélatine la propriété de prendre en gelée. J'ai reconnu qu'en ajoutant une faible proportion de gomme arabique à la dissolution de gélatine, la couche était rendue plus impressionnable.

« L'exposition à la chambre noire étant terminée, on place la planche de verre sur un support, et l'on verse sur la surface une dissolution d'acide gallique renfermant 0ᵍʳ,5 d'acide gallique au plus pour 100 grammes d'eau distillée : on laisse alors venir suffisamment l'épreuve jusqu'à ce que les noirs soient assez intenses. Pour fixer l'épreuve, on lave la plaque à grande eau, puis on la plonge dans une dissolution d'hyposulfite de soude, jusqu'à ce que tout l'iodure d'argent, qui donne à la gélatine un aspect laiteux, ait disparu entièrement : cette dissolution est quelquefois assez longue. On lave ensuite à bain ordinaire, pour enlever l'hyposulfite, pendant une ou deux heures, et à l'eau distillée, que l'on verse à la surface, puis on laisse sécher la couche de gélatine.

« On reporte ces dessins négatifs sur le papier positif ordinaire. Dans toutes ces opérations, l'obscurité n'est indispensable que pour le passage de la plaque à la dissolution de nitrate d'argent, et de celui-ci à l'acide gallique. L'eau distillée n'est employée que pour les dissolutions et pour le lavage final de l'épreuve. »

(*Académie des Sciences, 30 juin 1851.*)

SUR QUELQUES DIFFICULTÉS DE L'ART HÉLIOGRAPHIQUE.

M. Snelling, de New-York, a publié dans le *Photographic Art Journal*, un long article sur les *difficultés de l'art héliographique.* Comme ces difficultés sont à peu près partout les mêmes, et que l'auteur donne différents moyens de les éviter, nous croyons devoir reproduire quelques extraits de son travail, qui intéresseront peut-être nos lecteurs.

Au sujet des plaques, M. Snelling, qui en a fait une étude sérieuse, cite quelques observations qui ne sont pas sans intérêt :

Nous ne connaissons, dit-il, aucun titre depuis le 20ᵉ et le 30ᵉ garantis jusqu'au 60ᵉ (trop souvent vendu aux opérateurs pour du 40ᵉ), qui n'ait fait naître des plaintes. Nous pourrions citer un grand nombre d'exemples où des plaques condamnées par un artiste ont été reconnues excellentes par d'autres.

Souvent, après avoir coupé une grande plaque pour en faire plusieurs petites, qui ont été employées par différents artistes, il est arrivé que les unes les ont jugées détestables, et les autres parfaites. Nous irons même plus loin, et nous dirons que certaines plaques ayant produit des épreuves pleines de taches, après avoir été lavées et soumises de nouveau à l'action de la lumière dans la chambre obscure par un autre daguerréotypiste, ont donné des images entièrement exemptes de ces imperfections.

Nous ne prétendons pas que toutes les plaques soient parfaites, mais nous croyons que neuf fois sur dix elles sont injustement condamnées, et que la faute en est le plus souvent à l'opérateur.

« Les difficultés les plus incompréhensibles pour les artistes en général, dit aussi M. Snelling, sont celles qui naissent des variations de la lumière, variations qui se présentent dans presque tous les climats, et surtout dans les plus tempérés, comme le nôtre, quoiqu'ils soient, en définitive, les plus favorables aux opérations photographiques. Si l'on descend au sud, vers l'équateur, il devient plus difficile d'obtenir des épreuves à mesure qu'on se rapproche de la zone torride ; et lorsqu'on l'a atteinte, il est ordinairement impossible de reproduire aucune image. »

Suivant M. Snelling, il y a dans la lumière solaire deux principes, l'un *photographique* et l'autre *non photographique*, et le succès de l'opération dépend, selon lui, de la prédominance du premier sur le second.

C'est dans les rayons calorifiques chimiques bleus et blancs que consiste le principe *photographique*, et la prédominance des rayons rouges ou jaunes ou de leurs composés, est un obstacle à l'obtention des épreuves. La rapidité et le succès de la manipulation doivent donc dépendre de la présence ou de l'absence de ces derniers rayons, comme ils existent plutôt sous un soleil brûlant, on doit leur attribuer l'insuccès des efforts tentés jusqu'à présent pour obtenir des images photographiques dans l'Amérique centrale.

Pour obvier aux difficultés qui naissent de la surabondance des rayons rouges et jaunes, M. Snelling recommande l'emploi de verres bleus, en disant que toutes les expériences qui en ont été faites en ont démontré l'avantage.

Le prix élevé d'un objectif de verre bleu étant un obstacle sérieux pour un grand nombre d'artistes, M. Snelling a cherché quelque moyen par lequel on pût arriver au même résultat sans dépenser autant, et il a atteint le but de ses recherches.

Ayant pris un morceau de verre bleu, qu'il tailla circulairement à la mesure exacte du diaphragme, il l'ajusta devant les lentilles. L'expérience qu'il en fit surpassa son attente. Il est très-facile, en construisant les chambres noires, d'y adapter des coulisses pour ces verres bleus, en suivant l'indication précédente, de façon à ce que l'artiste puisse en faire usage à son gré ; et cela n'augmenterait pas de beaucoup le prix de ces instruments.

M. Snelling rappelle avec beaucoup de justesse aux artistes daguerréotypistes qui se consacrent au portrait, que la position du modèle est de la plus haute importance. Il faut que cette position soit commode, avantageuse, naturelle ; que rien dans le visage ne soit contracté, gêné ou forcé. Si les lentilles de la chambre noire ne sont pas parfaites, si elles convergent ou divergent trop, il arrivera aussi que les traits de la personne dont on fait le portrait seront contractés ou élargis ; si la surface de ces lentilles n'est pas parfaitement égale, elles produiront naturellement des images dans lesquelles les lignes du visage seront plus ou moins faussées.

L'héliographie, dit M. Snelling, ouvre un vaste champ d'études à ceux qui en font leur profession. Plus que les autres arts elle touche aux sciences abstraites, dont la connaissance est indispensable à ses succès. L'étude approfondie de l'optique surtout est de la plus haute importance pour l'artiste photographe, elle lui est aussi nécessaire que celle de la chimie. Qu'on laisse donc ceux qui ont l'ambition d'arriver à de nouveaux résultats poursuivre leurs recherches, leurs travaux, leurs études, car ils ont toujours à apprendre, et au lieu de les décourager en leur disant qu'ils perdent leur temps à courir après des impossibilités, qu'on les aide et qu'on les stimule ! L'expérience mène toujours à un bon résultat ; si l'on ne réussit pas à obtenir celui qu'on cherchait, on en atteint souvent un autre plus précieux.

Comment pourrait-on parvenir à vaincre les difficultés si l'on ne connaissait leur source, et comment les connaîtrait-on sans l'expérience ? Les daguerréotypistes n'ont qu'à lire l'histoire de l'héliographie, pour comprendre tout ce qu'ils doivent à l'expérience.

Les produits chimiques qu'on emploie dans la manipulation daguerrienne sont souvent les causes de graves difficultés, sinon d'insuccès.

Il est absolument nécessaire, par exemple, que l'opérateur conserve son mercure le plus pur possible. La bouteille qui le contient doit être soigneusement bouchée ; il doit être souvent filtré et ne pas demeurer assez longtemps dans le bain pour être complétement oxydé par le double effet de la chaleur et de l'atmosphère, et perdre ainsi *sa qualité vitale.* Les opérateurs qui suivront ces conseils s'en trouveront bien.

Beaucoup d'artistes achètent à tort du mercure, du brôme, de l'iode et d'autres produits chimiques de qualité inférieure, parce qu'ils coûtent moins cher, pensant d'ailleurs qu'ils sont assez bons pour l'usage qu'ils en font. Aussi ne devraient-ils pas s'étonner des résultats équivoques qu'ils obtiennent parfois. Tous ces produits chimiques doivent être de la meilleure qualité possible. Le brôme allemand et l'iode anglais sont préférables à ceux des autres pays, et quoique plus chers, il y a économie à les employer, parce qu'ils durent plus longtemps et sont d'un usage plus avantageux.

Il en est de même pour l'hyposulfite de soude français.

Il faut dire que l'état de l'atmosphère influe sur la plupart des produits chimiques employés pour la photographie ; les modifications que leur font éprouver les différents changements, quoique légères, agissent puissamment sur la couche sensible de la plaque. On a remarqué, par exemple, que l'opération photographique était plus parfaite quand elle avait lieu immédiatement avant ou après un violent orage.

La cause de ce phénomène est probablement qu'alors l'atmosphère est plus claire et d'une température plus égale. Cela prouve aussi que l'influence électrique tend à rendre plus parfait le développement de l'image daguerrienne, ce qui fait entrevoir un progrès immense rendu possible par l'application de l'électricité à l'héliographie.

ERNEST LACAN.

VARIÉTÉS.

LA DÉCOUVERTE DU PHOSPHORE.
I.

Pour démontrer que le phosphore est une des substances qui ont donné lieu aux plus bizarres conjectures et aux suppositions les plus erronées, il suffirait de constater qu'il a servi de sujet à grand nombre de dissertations scientifiques. Tous les corps simples ou composés sont, à cet égard, dans la même condition, et fourniraient des réflexions naïves jusqu'à la candeur, à force d'évidence.

Mais la vérité ne conduit pas seule à la simplicité d'esprit qui caractérise les axiomes trop dogmatiquement formulés. Découvrir et poser hardiment en théorème, que le soleil est le principe de la lumière, c'est une tâche que M. de la Palisse n'aurait point déclinée, s'il eût été philosophe : il est réservé à un savoir plus transcendant de formuler le néant et de rendre clair ce que l'on ne comprend pas. Ce problème a été résolu avec bonhomie, à propos du phosphore, par l'un des plus doctes esprits du dernier siècle, par Willermoz, collaborateur du *Cours d'agriculture* de l'abbé Rozier, et l'un des flambeaux de la grande *Encyclopédie*. Willermoz a donné, du phénomène de la phosphorescence, la suivante explication, dont on s'est contenté jusqu'au moment où la science, ayant fait des progrès, a déclaré le phénomène inexplicable. « La cause générale de la lumière des phosphores (disait-il), est que *la matière du feu* ou de la lumière se trouve en général plus abondante dans ce corps que dans d'autres. »

Quoi de plus net et de moins compliqué ! Seulement, il serait bon de savoir en quoi consiste *la matière du feu ou de la lumière*.

La science en était là vers 1780, cent ans après la découverte du phosphore. Elle affirmait encore : les époques de foi précèdent les périodes d'examen. Organe de l'érudition contemporaine, Willermoz qualifie de phosphore tout ce qui projette lueur, sans chaleur apparente. Il va même plus loin : l'étincelle qui jaillit lorsqu'on bat le briquet, le feu qui procède du frottement, sont, suivant lui, des phosphores. En un mot, il divise ces sortes de substances en phosphores naturels, et en « corps *rendus* phosphores par des chocs ou des frottements rudes qui mettent en jeu le feu contenu *dans leurs intérieurs*. »

En 1731, M. Dufay lisait gravement à l'Académie un *Mémoire* où, dissertant sur les propriétés du phosphore, au moyen duquel on peut tracer des lettres lumineuses dans l'obscurité, il proposait cette substance comme très-précieuse « pour entretenir une correspondance *mystérieuse et secrète* pendant la nuit, etc... » Idée pour le moins étrange, car s'il est une chose peu mystérieuse dans les ténèbres, c'est assurément la lumière.

Pendant que les docteurs dissertaient sur des effets sans remonter aux causes, les savants lettrés, en enregistrant le mot *phosphore*, sans s'élever au-dessus des errements populaires, donnaient une définition moins fragile, et se préservaient du danger des nomenclatures. En 1762, dans la troisième édition de son Dictionnaire, l'Académie écrivait : « PHOSPHORE, nom générique donné par les chimistes aux substances qui ont la propriété de luire comme du feu. »

En 1835, on jugea convenable de substituer le sens technique à l'explication vulgaire, et le phosphore devint « un corps *simple*, lumineux dans l'obscurité... et qu'on moule *en petits bâtons*. »

Que l'on s'avise de le mouler en cubes, et voilà une définition faussée. Mais est-il besoin qu'on en vienne là pour la rendre suspecte ?

Il y a dix ans, l'on émit des doutes sur la nature de plusieurs corps *simples*. Aussitôt les éditeurs de la neuvième édition de Boiste, s'empressant de modifier la définition du phosphore, écrivent : « corps *réputé* simple, etc... »

Mais qu'est-ce, aux yeux du vulgaire, qu'un corps *simple*? ou qu'un corps *réputé* simple ? L'Académie française, dans sa dernière édition, va nous le dire en peu de mots : « Les *éléments* sont *des corps simples* »...

Quoi ! les quatre éléments ? l'eau, la terre, le feu et l'air ? Voilà une rédaction centenaire, et qui demande une explication. Nous la trouverons peut-être au substantif *élément*. « Dans la physique et la chimie modernes, on appelle en général *éléments d'un corps*, les substances *composées ou simples* qui constituent ce corps, en se combinant les unes avec les autres, sans se décomposer. »

Ainsi, les *éléments* sont des substances *composées ou simples*... Comme ailleurs on nous a dit que les *éléments* sont des corps simples, nous devons conclure que les corps simples sont des substances composées, ou tout bonnement des substances simples. Ce qui se réduit, dans le premier cas, à une erreur, et, dans le second, à cette formule : les corps simples sont... des corps simples.

Cette définition est, à coup sûr, un *élément* ; car elle a tous les caractères de la plus absolue simplicité.

Je doute qu'il soit très-régulier de débuter ainsi par une digression, et de commencer sa marche par un écart de la route indiquée sur ce poteau littéraire qu'on nomme le titre : mais outre que ces sortes de fautes perdent leur gravité dès qu'on les confesse avec ingénuité, j'avouerai qu'il m'a toujours été difficile de passer devant le Dictionnaire de l'Académie sans lui rendre mes devoirs.

D'ailleurs, cette courte distraction, tout en satisfaisant les penchants philologiques de plusieurs de nos confrères, et de nos lecteurs sans doute, aura son utilité si elle montre le danger des définitions dogmatiques, l'inconvénient de prétendre fixer la valeur des mots d'après les systèmes abstraits, et l'écueil où risquent de se heurter les puristes qui confondent le domaine de la technologie scientifique avec celui du langage vulgaire. C'est le peuple seul qui consacre les mots, qui, à la longue, en fixe la valeur par l'idée qu'il y attache ; et comme la logique exerce à cet égard une influence presque nulle, l'on réussit à s'entendre sans peine, tandis que les philosophes, logiciens par excellence, se disputeront jusqu'à la fin du monde.

Quittons le champ de bataille des mots, utiles matériaux de l'histoire des idées, et revenons à celle des faits, causes premières de ces sortes de querelles. En effet, s'il n'était arrivé, en 1669, à un bailli de Grossenhayn, en Saxe, de distiller de l'eau-forte sur de la craie, d'examiner le résidu solide de cette opération, et de choisir, pour le désigner, deux mots grecs dont il a composé un substantif néo-latin, l'on n'aurait pas lieu de divaguer aujourd'hui sur le phosphore.

Ce bailli, qui se nommait Baudouin, cherchait le grand œuvre, en compagnie d'un certain docteur Früben. Ces dignes associés, en véritables alchimistes du pays fantastique d'Hoffmann, jugèrent à propos un jour d'extraire et de recueillir dans une fiole *l'âme* ou l'esprit *du monde* (*spiritum mundi*). Cet esprit liquéfié devait constituer une eau très-précieuse, un élixir, une panacée, un philtre, on ne sait : Baudouin n'eut qu'un confident qui n'a rien expliqué. Ce dessin était incompréhensible ; il fut donc compris à l'instant par les Saxons, et Baudouin se mit à débiter à six *sous le loth*, son eau merveilleuse, que l'on se disputa.

Fondé sur cette conviction plus ou moins sincère, que l'esprit du monde consistait en un fluide errant parmi les airs, Baudouin avait combiné un moyen de happer ledit fluide, de l'éponger en quelque sorte, et de l'isoler en le concentrant.

Il opérait au moyen d'une cornue de terre où il faisait bouillir jusqu'à dessiccation, puis calciner de la craie et de l'esprit de nitre. Le résidu, parfaitement anhydre, était ensuite exposé au courant de l'air dont il absorbait l'humidité, et la distillation des vapeurs ainsi condensées fournissait l'âme ou l'esprit du monde.

Cette manipulation occulte et transcendante amena des conséquences inattendues : Baudouin brisa par mégarde une de ses cornues, et il fut très-étonné de voir que la substance calcinée, après avoir été exposée aux rayons du soleil, flamboyait dans les ténèbres. Aussitôt il court à Dresde, et fait le récit de ce prodige au conseiller Friesen, et à un chimiste célèbre nommé Jean Kunckel. C'est à ce dernier qu'il était réservé d'approfondir ce mystère.

Né à Hutten, dans le Schlesswig, en 1630, Kunckel était médiocrement crédule et très-curieux ; son esprit avide de savoir, son caractère obstiné, son imagination active, l'avaient fait chercher partout à s'instruire des phénomènes naturels : Juif-Errant de l'érudition, il avait parcouru l'Allemagne, l'Angleterre, la Hollande, quêtant des découvertes, s'assimilant les idées çà et là dispersées, furetant les ateliers, les usines, les exploitations de tout genre, pour trouver des conséquences inaperçues ou des perfectionnements inespérés. Il rêva des premiers l'application de la chimie aux arts industriels ; génie vraiment supérieur à son époque, sur ce point. Kunckel a laissé des écrits assez faibles, quant à la forme, sur la chimie, sur les métaux, sur les procédés relatifs à la vitrification ; et l'art du verrier lui doit d'incontestables progrès. Ce n'est pas qu'il fût insensible aux charmes du merveilleux : il a consacré un volume à l'or potable et à l'argent potable. Le baron d'Holbach, traducteur de l'ouvrage de Kunckel sur la verrerie, reconnaît à l'auteur beaucoup de pratique, de sagacité ; mais il lui reproche d'être médiocre *sur la théorie*. Evidemment, Jean Kunckel eût été indigne d'aspirer à des doctrines transcendantes comme celle des encyclopédistes sur l'élément du feu.

Néanmoins, Kunckel professa la chimie avec succès à Wittemberg, à Berlin, puis à Stockholm ; il eut la gloire d'être tour à tour chimiste de l'électeur de Saxe, de celui de Brandebourg et du roi de Suède : ces princes avaient leur chimiste attitré, comme d'autres ont un barbier ou un tailleur. De plus, Kunckel fut anobli, et pourvu de dignités assez fantastiques : il était membre de l'Académie *des curieux de la nature*, et Charles XI daigna le nommer conseiller-*métallique*.

Tel est l'homme que le bailli de Grossenhayn choisit pour confident de ses aventures alchimiques. Ce dernier, nous l'avons dit, était singulièrement ému, et peu éloigné de se considérer comme entaché de magie. Mais Kunckel, qui ne s'effrayait guère, le rassura, parut charmé de la découverte, hors d'état de l'expliquer, et si bien fit, que le bailli Baudouin, comprenant tout à coup la valeur de son secret, résolut de le garder.

De son côté, Kunckel résolut de le connaître, et de savoir à quoi s'en tenir sur ce résidu solide de *l'esprit du monde*, âme des pierres qui luisait dans les ténèbres, absorbait les rayons du jour et restait enluminée.

Digne associé de l'Académie *des curieux*, Kunckel rendit une visite au bailli Baudouin, dans le but de le questionner ; mais le malicieux expérimentateur dirigea l'entretien sur la musique, fit entrer des virtuoses, et régala son hôte d'un interminable concert. Kunckel revint à la charge, et M. le bailli daigna l'informer qu'il avait donné à son produit le nom de *phosphorus* ou *porte-lumière*, ce dont le conseiller Kunckel parut charmé.

Une troisième visite eut lieu, et Kunckel demanda modestement à Baudouin si son phosphorus pouvait s'imprégner de la lueur d'une bougie, comme il s'emparait de celle du soleil. — J'en ferai l'essai, répondit le bailli, et il parla d'autre chose.

Le lendemain, Baudouin consentit à faire cette expérience en compagnie de Kunckel, mais il eut soin de tenir la substance en question, hors de la portée de son voisin.

Alors, ce dernier eut une idée. — Ne serait-il pas plus convenable, observa-t-il, de faire absorber la lumière, en la concentrant à l'aide d'un miroir concave ?

Cette inspiration parut si heureuse au bailli, que courant chercher son miroir, il oublia d'emporter son trésor, et laissa le phosphorus sur la table. L'instant était précieux : Kunckel cassa, avec son oncle, un petit morceau de ce minerai, et se hâta de le cacher dans sa bouche, au risque d'avaler une parcelle de l'âme de la terre.

Enhardi par cette conquête, notre chimiste pria sans détour le bailli de Grossenhayn de lui communiquer son secret ; à quoi l'autre consentit, mais à des conditions inacceptables.

Kunckel était doué d'une grande pénétration, et je ne sais vraiment pourquoi le baron d'Holbach l'accuse de manquer de théorie ; car sans rien analyser, sans mettre la main à l'œuvre, il envoya sur-le-champ un messager à M. Tutzky, chimiste, le priant de traiter immédiatement la craie par l'esprit de nitre, de calciner ce mélange et de l'informer du résultat.

« L'expérience réussit au delà de toute espérance, dit le docteur Hoëfer qui nous a transmis ces détails d'après le texte même de Kunckel, et Kunckel reçut le soir même un échantillon de son phosphore. Il en fit cadeau à M. Baudouin en récompense de sa soirée musicale. Il est difficile d'être à la fois plus sagace et plus spirituel. »

Ce n'était point là le phosphore proprement dit, c'est-à-dire la substance que l'Académie française désigne exclusivement sous ce nom. Ce qu'avait trouvé Baudouin, c'était tout simplement un phénomène de phosphorescence, et probablement le même que l'on a observé sur des éclats de bois mort et pourri, où la présence de l'azotate de chaux a été souvent constatée.

Remarquons en passant que Baudouin avait créé le mot *phosphore* pour désigner une substance lumineuse dans l'obscurité, que l'opinion publique consacra cette acception générique enregistrée en 1762 par l'Académie, et que les éditeurs de l'édition de 1835, en restreignant de leur autorité privée le sens d'un mot pour le rendre technique, l'ont exposé à subir toutes les révolutions des nomenclatures. La définition de 1762 était rationnelle, française ; celle de 1835 est dogmatique, incertaine et subordonnée à la versatilité des systèmes. Faites des mots, en vous efforçant d'être intelligible ; acceptez les néologismes avec le sens que leur a conféré l'usage ; mais renoncez à leur imposer vos opinions, à les faire participer à vos progrès scientifiques. On ne conduit pas les mots à l'école.

Nous verrons bientôt comment l'expérience du bailli Baudouin, due à la plus burlesque des entreprises, a exercé une prompte influence sur la découverte du phosphore.

Francis Wey.

(La fin au prochain numéro.)

CORRESPONDANCE.

TEMPS PRIMITIFS DE L'HÉLIOGRAPHIE.

—

A Monsieur le Rédacteur de la Lumière.

Monsieur,

Dans l'article plein d'intérêt que M. Francis Wey a publié sous ce titre : TEMPS PRIMITIFS DE L'HÉLIOGRAPHIE, dernier numéro du journal *la Lumière*, je lis les lignes suivantes : « Wedgewood, qui essaya, dans le comté de Strafford, de copier d'anciens vitraux à l'aide de l'agent lumineux, reconnut à la suite de divers essais l'impossibilité de réussir !... Le célèbre Humphry Davy, l'un des flambeaux de la science, procédant méthodiquement à la recherche de la même idée, déclare l'entreprise complètement chimérique... Il faisait mieux que de le penser, il le démontrait. Sa décision fit loi, et les savants sérieux renoncèrent à des espérances désormais considérées comme une utopie qui dénotait la plus étonnante crédulité. »

Il y a du vrai dans cet exposé des essais de photographie tentés en Angleterre au commencement de ce siècle, mais il y a du faux aussi; et comme le devoir de tous les hommes consciencieux est de faire prévaloir la vérité contre l'erreur, je prends la liberté de vous adresser quelques rectifications que M. Francis Wey accueillera, je n'en doute point, avec joie et reconnaissance. La distinction que votre rédacteur établit entre les essais de Wedgewood et la prétendue démonstration négative de Davy, le jugement par trop brusque et décourageant qu'il prête à l'immortel chimiste, prouvent d'ailleurs surabondamment qu'il ne lui a pas été donné de puiser à leurs sources authentiques les détails fondamentaux de l'histoire de l'héliographie. Wedgewood et Davy sont une même personne, en ce sens que Davy n'est que l'interprète de Wedgewood, le vulgarisateur de sa grande idée, ce que fut en un mot François Arago pour Daguerre. Cela posé, permettez-moi de traduire littéralement la note si curieuse, si étonnante de Davy, publiée en 1802! Ce sera l'une des plus précieuses pages du journal *la Lumière*.

Description du procédé de M. Wedgewood, pour copier des peintures sur verre et pour faire des silhouettes par l'action de la lumière sur le nitrate d'argent, publié en 1802, par l'illustre chimiste Humphry Davy.

« Le papier blanc et la peau blanche, humectés d'une solution de nitrate d'argent, ne changent pas de teinte quand on les conserve dans l'obscurité; mais exposés à la lumière du jour, ils passent promptement au gris, puis au brun, puis enfin presque au noir.

« Ces changements sont d'autant plus prompts que la lumière est plus intense. Dans les rayons directs du soleil, deux ou trois minutes suffisent à produire l'effet complet; à l'ombre, il faut plusieurs heures; et la lumière, transmise par des verres diversement colorés, agit avec des degrés divers d'intensité. Ainsi, les rayons rouges ont peu d'effet; les jaunes et les verts sont plus efficaces; mais les bleus et les violets ont l'action la plus énergique.

« Ces faits conduisent à un procédé facile pour copier les contours et les ombres des peintures sur verre et se procurer des profils par l'action de la lumière. Lorsqu'on place une surface blanche, couverte d'une solution de nitrate d'argent, derrière une peinture sur verre, et qu'on expose le tout aux rayons du soleil, les rayons transmis produisent des teintes très-marquées de brun ou de noir, qui diffèrent sensiblement d'intensité, selon qu'elles correspondent aux parties du tableau plus ou moins ombrées; et là où la lumière est transmise presque en sa totalité, là le nitrate prend sa teinte la plus foncée. Lorsqu'on fait tomber sur la surface imprégnée de nitrate l'ombre d'une figure, la partie qu'elle cache demeure blanche, et le reste passe très-promptement au brun foncé. Pour copier les peintures sur verre, il faut appliquer la solution sur de la peau blanche. L'effet est plus prompt que sur le papier. Cette teinte, une fois produite, est très-permanente, et on ne peut la détruire ni à l'eau, ni au savon.

« Après qu'on a ainsi obtenu un profil, il faut le tenir dans l'obscurité : on peut l'exposer sans inconvénient pendant quelques minutes à la lumière du jour; et la lumière des lampes ne produit aucune altération sensible sur les teintes. On a vainement tenté d'empêcher la partie non colorée du profil d'être influencée par l'action de la lumière. Une couche mince de vernis n'a pas détruit la susceptibilité de cette matière saline à recevoir une teinte par cette action, et des lavages répétés n'empêchent pas qu'il n'en reste assez dans une peau ou dans un papier imprégné, pour que ceux-ci se noircissent en recevant les rayons solaires.

« Ce procédé a d'autres applications : on peut s'en servir pour faire des dessins de tous les objets qui ont un tissu en partie opaque et en partie transparent. Ainsi, les fibres ligneuses des feuilles et les ailes des insectes peuvent être assez exactement représentées par ce procédé. Il suffit, pour cela, de faire passer au travers la lumière solaire directe, et de recevoir l'ombre sur une peau préparée. On ne réussit que médiocrement, par ce procédé, à copier des estampes ordinaires; la lumière qui traverse la partie légèrement ombrée n'agit que lentement, et celle que peuvent transmettre les parties ombrées est trop faible pour produire des teintes distinctement terminées. On a essayé aussi, sans succès, de copier ainsi des paysages avec la lumière de la chambre obscure; elle est trop faible pour produire un effet sensible sur le nitrate d'argent pendant la durée ordinaire de ces expériences. C'était cependant l'espérance de réussir dans cet essai, en particulier, qui avait mis M. Wedgewood sur la voie de ces recherches. Mais on peut, à l'aide du microscope solaire, copier sans difficulté, sur du papier préparé, les images des objets. Seulement, pour bien réussir, il faut que le papier soit placé à peu de distance de la lentille. La solution se prépare en mêlant une partie de nitrate d'argent avec dix d'eau. Dans ces proportions, la quantité de sel dont le papier ou la peau se trouveront imprégnés suffira à les rendre susceptibles d'être affectés par la lumière, sans que leur composition ou leur tissu soit en rien altéré. En comparant les effets produits par la lumière sur le nitrate et le muriate, ou chlorure d'argent, il a paru évident que le muriate était le plus susceptible, et que l'un et l'autre étaient plus sensibles à l'action de la lumière lorsqu'ils étaient humides que lorsqu'ils étaient secs. C'est là un fait connu depuis longtems. Même dans le crépuscule, la couleur d'une solution de muriate d'argent, étendue sur du papier et demeurant humide, a passé lentement du blanc au violet léger. Le nitrate, dans la même circonstance, n'a pas changé sensiblement. Cependant, la solubilité de ce dernier sel dans l'eau lui donne un avantage sur le muriate; mais on peut néanmoins, sans difficulté, imprégner du papier ou de la peau d'une quantité suffisante de muriate, soit en délayant ce sel dans l'eau, soit en plongeant dans de l'acide muriatique étendu un papier humecté de solution de nitrate.

« Il faut se rappeler que tous les sels qui contiennent l'oxyde d'argent teignent la peau en noir d'une manière ineffaçable, jusqu'à ce que l'épiderme se soit renouvelé. Il faut donc éviter d'en laisser tomber sur les doigts. On se sert commodément d'un pinceau ou d'une brosse.

« La permanence des teintes ainsi produites sur le papier ou la peau, fait présumer qu'une partie de l'oxyde métallique abandonne son acide pour s'unir à la substance végétale ou animale, et former avec elle un composé insoluble. Et en supposant que cela arrive, il n'est pas improbable qu'on ne trouve des substances qui pourront détruire ce composé par des affinités, ou simples, ou composées. On a imaginé à cet égard quelques expériences dont il sera rendu compte plus tard. Il ne manque qu'un moyen d'empêcher que les parties claires du dessin ne soient colorées par la lumière du jour, pour que ce procédé devienne aussi utile que l'exécution en est prompte et facile. »

Cette note, on le voit, posait nettement le problème de la photographie. M. Wedgewood avait reconnu la possibilité de fixer les images formées au foyer de la chambre obscure; il met tout en œuvre pour y parvenir; mais il est arrêté par deux grandes difficultés qu'il ne peut pas surmonter : la lumière est trop faible, ou la couche d'argent trop peu sensible, et il ne peut pas enlever à la toile de son tableau la propriété de se noircir à la lumière.

De ces difficultés reconnues invincibles en 1802, mais dont Wedgewood et Davy font entrevoir avec certitude la solution prochaine, à l'impossibilité mise trop facilement en avant par M. Francis Wey, il y a une distance énorme. Aussi, vaincu par l'évidence des faits, j'ai cru devoir inscrire le nom de Wedgewood au premier rang des inventeurs de l'héliographie, comme j'ai inscrit le nom de Sommering en tête des inventeurs de la télégraphie électrique, parce qu'en 1811 il avait parfaitement indiqué le magnifique problème à résoudre, et le premier moyen efficace de solution.

Dans le second volume de mon Répertoire d'optique, j'ai refait avec impartialité, et je le crois avec courage, l'histoire de la photographie. C'est un bonheur pour moi que de trouver mes appréciations en plein accord, le plus souvent du moins, avec les jugements formulés par vos rédacteurs; mais si vous le permettez, j'irai plus loin qu'eux, je rendrai plus évident encore les droits de Joseph-Nicéphore Niépce; et, l'un des premiers confidents de M. Bayard, je lui ferai reprendre dans l'histoire de la photographie sur papier le rang qu'un excès de modestie et de timidité lui a fait perdre.

Je suis, Monsieur, dans les sentiments de la considération la plus distinguée,

Votre très-humble serviteur,

L'abbé F. Moigno.

Le Secrétaire de rédaction F.-A. RENARD, *Gérant.*

PREMIÈRE ANNÉE. No 24.

DIMANCHE, 20 JUILLET 1851.

LA LUMIÈRE
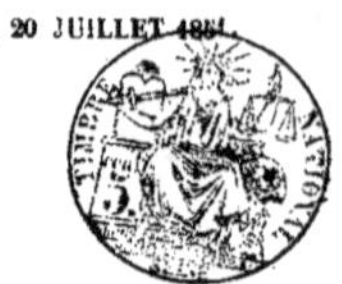

JOURNAL NON POLITIQUE
HEBDOMADAIRE.

BEAUX-ARTS — HÉLIOGRAPHIE — SCIENCES.

BUREAUX, A PARIS, No 15, RUE DE L'ARCADE, A LA SOCIÉTÉ HÉLIOGRAPHIQUE.

PRIX.—PARIS, UN AN, 16 F.; 6 MOIS, 10 F.; 3 MOIS, 6 F.— DÉPARTEMENTS, UN AN, 18 F.; 6 MOIS, 11 F.; 3 MOIS, 7 F.—ÉTRANGER, UN AN, 20 F.; 6 MOIS, 12 F.; 3 MOIS, 8 F.—CHAQUE No 50 CENT.

SOMMAIRE.

SOUSCRIPTION

Pour élever un Monument aux Inventeurs de l'Héliographie,

NIÉPCE ET DAGUERRE.

Deux hommes de génie ont donné à la France la gloire d'avoir accompli l'une des plus utiles et des plus admirables découvertes de ce siècle.

De ces deux enfants de notre pays, l'un, au milieu d'une société intelligente et libérale, est mort dans la solitude et la pauvreté.

Joseph-Nicéphore Niépce, oublié, attend une réparation.

Son collaborateur, à qui l'opinion publique a rendu plus de justice, vient de terminer sa carrière.

Les étrangers reprocheront-ils à notre patrie de s'être montrée tour à tour dédaigneuse d'un génie modeste, et ingrate envers un nom justement célèbre?

Louis-Mandé Daguerre impose au pays qui l'a vu naître un devoir d'honneur et de reconnaissance.

Le souvenir de Niépce et de Daguerre doit être consacré par un monument public. Rivaux autrefois, ces noms sont inséparables : ces deux fronts seront rapprochés sous la même couronne.

Depuis quelques années on a dressé bon nombre de statues à des généraux qui ont conquis des palmes souvent stériles : des orateurs dont le bruit est dissipé, des compilateurs, des poëtes qui n'ont pas laissé d'envieux, ont été coulés en bronze pour avoir, autrefois, découvert... un sonnet, une fable, une satire, un poëme burlesque...

Sera-t-il permis, dans un pays où les hommes de talent, d'esprit, de savoir, sont si généreusement conviés à revivre en marbre ou en bronze, de réclamer le même honneur pour des hommes tels que ceux qu'appelle Niépce et Daguerre?...

Ces questions, nous les adressons à nos confrères, à nos abonnés, au gouvernement, à la France, à l'Europe intellectuelle, au monde entier.

Une souscription est ouverte pour élever un monument à Niépce et à Daguerre; souscription dont la Société héliographique de Paris a pris l'initiative : c'était son droit. L'empressement avec lequel, avant toute publication, nos premiers confidents ont répondu à nos vœux, nous donne la ferme conviction sera entendu.

F. Wey.

Les listes sont déposées, et les souscriptions seront reçues au siége de la Société héliographique, rue de l'Arcade, 15.

PREMIÈRE LISTE.

MM.

De Montfort, fondateur de la Société héliographique.	300 fr. »
Baron Gros, membre fondateur et président de la Société héliographique.	100 »
Comte Olympe d'Aguado, membre fondateur de la Société héliographique.	100 »
Benjamin Delessert, membre fondateur de la Société héliographique.	50 »
Ed. Denieu, membre fondateur de la Société héliographique.	20 »
Mestral, membre fondateur de la Société héliographique.	20 »
Renard, secrétaire de la Société héliographique.	20 »
Puech et Ce, fabricants de produits chimiques.	40 »
Poirier, photographe à Bordeaux, qui nous écrivit pour provoquer cette souscription avant d'avoir su que la Société héliographique en avait pris l'initiative.	50 »
Charles Chevalier, ingénieur opticien, membre de la Société héliographique.	10 »
J. Sabatier-Blot, photographe, membre de la Société héliographique.	50 »
Vaillat, opticien et photographe, membre de la Société héliographique.	50 »
Lebas, à Rouen.	10 »
Belloc, photographe, membre de la Société héliographique.	5 »
Leblanc, photographe, membre de la Société héliographique.	10 »
A. Rivot, membre de la Société héliographique.	20 »
Bisson fils aîné, photographe, membre de la Société héliographique.	10 »
Maxime du Camp, membre de la Société héliographique.	10 »
Robet, photographe.	5 »
De Witt, membre de la Société héliographique.	10 »
Francis Wey, membre fondateur de la Société héliographique.	20 »
Total.	910 fr. »

EXPOSITION UNIVERSELLE.

Monsieur de Montfort,

Je me suis empressé, selon vos désirs, de recommander à M. Arnoux la suite de son premier article sur la photographie à Londres ; j'ai vu que ses occupations à la *Patrie* et au *Correo de ultra mare* devaient l'excuser pour quelque temps encore.

Je me suis occupé tout d'abord à l'exposition de reconnaître les diverses régions photographiques: les Américains sont nombreux, l'apport de chacun est considérable; les portraits en buste, dont la tête est de 7 à 10 centimètres de hauteur, sont en grand nombre; les plaques de 50 centimètres de hauteur semblent assez communes en Amérique; Lawrence et Brady sont de première force, mais Vaillat. Gouin, Sabatier, Plumier ne leur cèdent en rien. Du reste, il est assez difficile d'examiner les daguerréotypes américains ; on les a placés sous une espèce de dais, en manière d'auvent, qui obscurcit considérablement la lumière, de sorte que pour éviter les reflets on est tombé dans un grave inconvénient; les spectateurs se mirent dans les plaques, ainsi que tout ce qui dans les environs est blanc ou de couleur claire. Je ne pense pas que Harrison, no 4 du catalogue Arnoux (no 21 de *la Lumière*), soit héliographe. Il a exposé cinq objectifs de différentes grandeurs, et vis-à-vis de chacun d'eux une plaque, représentant l'étendue du foyer, témoigne en même temps de la perfection de l'instrument. L'objectif pour plaques de 30 à 40 centimètres de hauteur est fort beau, les plus grands

Voigtlander n'en approchent pas. Je pense que cet opticien, M. Harrison, est peu connu parmi nous ; mais qu'en retour, il est le fournisseur de prédilection des premiers artistes américains : ceci mérite une note toute particulière, car les œuvres de ces messieurs font l'éloge de leurs objectifs. Lawrence, Brady, Burgess, Holmes, Insley, etc., lui ont donné des certificats excellents, en mettant le nom de Harrison dans la notice de leurs envois. J'ai rendez-vous samedi avec le chargé d'affaires de l'Amérique, M. Dodge, pour examiner et démonter les cinq beaux objectifs de l'opticien de New-York ; une petite carte rose, qui m'a été délivrée par l'administration, me donne ce concours comme membre du jury, indépendamment de l'intervention de M. Dodge, à qui je demanderai tous les renseignements qui peuvent intéresser la *question de l'objectif*, question pour laquelle notre Société n'a nommé aucune Commission, par le sentiment que nous éprouvions tous de constituer la Société entière en Commission pour cette partie la plus importante de l'héliographie. Je vous tiendrai au courant de mes études sur l'objectif à l'exposition de Londres ; c'est à M. Arnoux qu'il appartient de parler des exposants et de leurs œuvres.

J'ai cru devoir faire aussi une visite à nos photographes, qui sont fort bien exposés dans leur département écarté. M. Bayard est attaché aux parois extrêmes, à un endroit où, pour la ventilation, l'on a supprimé une certaine étendue de la muraille de verre, de sorte que le souffle rafraîchissant de Knigtsbridge distrait un peu de la méditation qu'inspirent ses beaux portails gothiques. M. Martens est parfaitement exposé, ainsi que MM. Lesecq et Le Gray. M. Cousin ne cède à personne la première place pour le paysage, et son beau portrait de femme gagne encore à la grande exposition de Londres. Il est vrai que M. Owen, de Bristol, a fait de beaux arbres; j'en parlerai plus tard à l'occasion des objectifs anglais, car je ne sépare pas l'objectif de l'artiste.

Je me propose de voir chez eux, M. Claudet, dont les travaux sont si justement appréciés au Palais de Cristal; puis MM. Heunemann et Malone, ainsi que M. Mayall, de Philadelphie, qui a transporté son atelier à Londres. Le journal *la Lumière* n'a pas encore traité la question de l'atelier héliographique. L'importance de l'atelier, son exposition, la diversité des jours nécessaires selon la lumière et le cours du soleil, méritent d'être examinées et décrites avec soin. M. Durieu est, parmi nous, l'homme le plus capable de traiter ce sujet. Il sait toute la valeur d'un atelier héliographique, et il nous l'a prouvé par ses œuvres. C'est à lui qu'il appartient de donner les règles de sa construction très-compliquée. M. Ferrière a passé quelque temps à Londres, en compagnie de M. ***, de Mulhouse, un des Mécènes de la photographie. Ces messieurs ont fait un grand nombre de vues extérieures et intérieures de l'Exposition. Ils viennent de retourner à Paris, vous ne tarderez pas à voir les produits de cette fructueuse expédition. Je regrette que la Société héliographique ne se soit pas mise en mesure d'acquérir quelques spécimens des daguerréotypes américains et anglais; il serait important aussi d'acquérir en commun un objectif éprouvé, un type de perfection jugé par ses produits, et que nos opticiens ne tarderaient pas à surpasser. J'ai choisi dans les papiers exposés par la Turquie quelques feuilles qui me semblent fort propres à l'héliographie. Ce papier, fabriqué à Smyrne, dans une manufacture appartenant à la famille Duzoglou, sous la protection spéciale du sultan, mérite de figurer dans une collection de papiers photographiques, dans le cas où ses propriétés icnographiés répondraient à la beauté de sa contexture. Voici encore une entreprise digne de la Société héliographique : une collection des papiers de toutes les fabriques d'Europe, du globe même! pourquoi pas! le temps est venu de parler ainsi. Mais j'oublie qu'il y a une Commission des papiers, et qu'une proposition de cette nature lui appartient. J'ose espérer qu'un de ses membres, M. Léon Delaborde, qui est à Londres depuis longtemps, trouvera quelques souvenirs pour la Commission de la Société héliographique, parmi les travaux du jury international. Quant aux photographies, je pense qu'il y aurait honneur et profit pour tous les photographes, d'envoyer quelques-unes de leurs belles épreuves pour l'album de la Société, album qui sera un jour le monument et les archives de l'art nouveau. C'est au journal *la Lumière* qu'il convient d'entreprendre cette conquête précieuse sur toutes les nations civilisées.

En vous adressant ces lignes rapidement tracées, je n'ai ou d'autre désir que de faire part de mes premières impressions à vous et à quelques-uns de nos chers collègues.

Recevez, je vous prie, etc.

J. ZIÉGLER.

MISSIONS DU COMITÉ DES MONUMENTS HISTORIQUES

CONFIÉES

A DIVERS MEMBRES DE LA SOCIÉTÉ HÉLIOGRAPHIQUE.

(Suite.)

M. BALDUS.

SEINE-ET-MARNE. — Château de Fontainebleau, vue d'une cour intérieure. — Vue de la porte qui donne accès dans cette cour; la porte est ornée de deux têtes antiques.

YONNE. — Galerie de la préfecture d'Auxerre. — Église de Vezelay, porche des catéchumènes en grand détail.— Église de Saint-Peré-sous-Vezelay, la façade; église notre-Dame d'Auxerre, la façade.—Salle synodale de Sens, vue prise du Marché.

CÔTE-D'OR. — Église Notre-Dame de Semur, porte latérale et abside. — Château de Semur. — Église Saint-Thibaut, porche.— Église de Beaune, abside et façade.

SAÔNE-ET-LOIRE. — Porte Saint-André, à Autun. — Porte d'Arroux, à Autun. — Église de Paray-le-Monial. — Église Saint-Philibert de Tournus, vue latérale et vue de la tour du milieu, prise des terrasses.

RHONE. — Église cathédrale de Saint-Jean, à Lyon, façade, abside, et Église de Belle-Ville-sur-Saône.

ISÈRE. — Église Saint-Maurice, à Vienne, façade latérale.—Musée de Vienne, Temple d'Auguste et Livie, deux façades.—Église Saint-Antoine à Saint-Marcellin, façade.

DROME. — Église Saint-Bernard de Romans, portes et bas-reliefs d'Adam et d'Eve, à l'abside. — Église Saint-Paul-Trois-Châteaux. — Église de Saint-Restitut, porche latéral et chapelle des Pénitents.

VAUCLUSE. — Théâtre romain d'Orange. — Arc de triomphe d'Orange. — Chapelle Saint-Quénin à Vaison. — Pont romain sur l'Ouvèze, à Vaison. — Remparts d'Avignon, une vue. — Palais des papes, à Avignon. — Pont Saint-Bénézet, à Avignon. —Abside de l'ancienne cathédrale de Cavaillon. — Cloître de la même église, à Villeneuve-lez-Avignon. — Copie du tableau du roi René, Couronnement de la Vierge, à la Chartreuse de Villeneuve. — Portrait de la marquise de Ganges, à la Chartreuse de Villeneuve — Tour de Villeneuve.

BOUCHES-DU-RHONE. — Pont de Saint-Chamas. — Église des Saintes-Maries. — Église de Martigues.

VAR. — Château de l'île Saint-Honorat (îles Sainte-Marguerite) et monuments divers de l'île. — Fréjus, amphithéâtre, remparts, ruines romaines.

RETOUR PAR BOUCHES-DU-RHONE. — Saint-Trophyme, à Arles, façade et cloître. — Théâtre antique d'Arles.—Amphithéâtre d'Arles. — Église des Aliscamps (Saint-Honorat) à Arles. — Petite chapelle à Montmajour.

GARD. — Église de Saint-Gilles, façade, à Nîmes. — Amphithéâtre de Nîmes. — La Tour-Magne. — Le Temple de Diane. — La Porte d'Auguste. — La Maison carrée. — Le Pont du Gard.

VARIÉTÉS.

—

LA DÉCOUVERTE DU PHOSPHORE.

II.

Au commencement de ce siècle, plus d'un rêveur cherchait encore la pierre philosophale, dans quelques provinces reculées, on désignait, il y a trente ans au plus, à la curiosité des passants, certains originaux sur le retour de l'âge, qui avaient perdu le sens et compromis leur fortune à poursuivre le grand œuvre. En ce moment même, il serait téméraire d'affirmer qu'en Suède, en Prusse, dans quelque coin brumeux du nord de l'Allemagne, il n'existe plus d'alchimistes attardés, opérant en silence, et se gardant de la raillerie, avec plus de soin qu'ils n'en eussent mis jadis à se préserver du feu.

Que l'espérance reste au fond de leurs creusets jusqu'à la fin du monde ! On supprime les jeux, on abolit les loteries : heureux donc les philosophes hermétiques, s'il en existe encore : ils ont en partage les dernières oboles du trésor des illusions.

Pour ce qui est de leur ignorance, de la fragilité de leurs théories, laissons à la pédanterie le soin d'en faire justice. Ce n'est pas à nous, qui ne sommes pas même, et grâce à Dieu, un demi-savant, qu'il appartient de foudroyer les derniers fervents au culte du merveilleux en matière de science. Nous n'avons point à disserter, en style de plomb, sur l'évidence des faits, ni sur le vrai, ni sur le faux ; nous n'avons point assumé le devoir de faire prévaloir la vérité contre l'erreur, c'est-à-dire notre opinion sur celle d'autrui, ni la prétention de prouver surabondamment l'évidence aux dépens de Jacques ou de Paul. Nous contons avec bonhomie, exempt de la puérile faiblesse de tout savoir, de tout rectifier au bénéfice de notre amour-propre. Enfin, sans exiger qu'un érudit soit un écrivain, nous laissons en paix chacun à son métier... et même à son industrie.

Cette humeur accommodante et débonnaire explique nos sympathies pour le mysticisme allemand qui se plaît à l'incompréhensible et n'a point horreur du vide en matière de dialectique. Au temps jadis, les docteurs germaniques, en faisant des expériences au hasard, sous la seule impulsion des idées philosophiques, ont accompli beaucoup de découvertes, d'après un enchaînement d'idées fort original et souvent très-curieux à observer. La réduction du phosphore a été opérée dans ces conditions.

On sait que nos ancêtres divisaient la création terrestre en trois règnes : le règne minéral, le règne végétal et le règne animal. Suivant Joachim Bécher, l'homme, le vin et l'or sont les trois plus nobles créations du monde ; et la première, que distingue une sympathie surprenante pour les deux autres, est la synthèse de toutes trois. L'homme, à ses yeux, est, *sicut microcosmus*, comme un petit monde qui résume les trois règnes, en possède les qualités essentielles, et enferme en outre une étincelle de la flamme divine, une âme pensante, agissante et immortelle.

De cette théorie a résulté une application singulière à la recherche de la pierre philosophale. Le problème était de conquérir le secret de la création, en parvenant à détruire et à recomposer l'or, la plus noble des substances inertes. Qu'était-ce que l'or, au jugement de ces penseurs étranges ?

« Il est certain, écrivait Orschall, intendant des mines du grand-duc de Hesse, que ce corps précieux a été formé du soufre le plus pur, et d'un mercure bien cuit, à l'aide du sel le plus subtil... »

Mais ce qu'il s'agissait de pénétrer, c'est le procédé mystérieux qui présidait à cette combinaison : le moyen, c'était l'analyse, et la première, la seule difficulté à surmonter, c'était la *destruction de l'or* « qu'on a tant cherchée, poursuit Orschall, et que l'on cherchera encore longtemps. »

Anéantir l'or par voie sèche ou par voie humide ; le liquéfier, le vaporiser, ou le réduire en cendres, mais en telle sorte qu'il cesse d'être, et ne soit pas seulement déguisé ou rendu potable : telle est la solution qui a occupé des siècles. Elle a donné lieu à la découverte de la plupart des sels métalliques, et d'un grand nombre de dissolvants acides, depuis le temps de Geber, qui trouva l'esprit de nitre au huitième siècle. L'acide chlorhydrique, appelé jadis *esprit de sel*, l'acide sulfurique qui fut tour à tour qualifié d'huile *de vitriol* et d'*esprit de Vénus*, n'ont pas eu d'autre origine.

Ainsi, durant ces époques d'essais, antérieures à la science, le travail des adeptes consistait à découvrir un agent propre à consommer la destruction de l'or. L'eau régale avait produit des dissolutions où le métal n'était que transformé. Cassius, à l'aide du protochlorure d'étain, avait combiné un précipité pourpre ; les alchimistes, en dissolvant le perchlorure d'or dans l'éther connu dès le quatorzième siècle, car Basile Valentin le mentionne vers 1420, sous le nom de *naphta vitrioli*, les alchimistes avaient obtenu l'or potable ; mais ce n'étaient là que des déguisements de l'or. A chaque transformation nouvelle, l'adepte s'écriait : εὕρηκα j'ai trouvé ! puis l'action du feu précipitait le métal, et l'on recommençait.

A force de méditer sur cette question, l'on arriva à ce raisonnement : l'homme étant la créature par excellence, le *microcosme*, le symbole et la synthèse des trois règnes, c'est dans l'élément humain que doit être cachée la substance propre à opérer la destruction de l'or, car la matière humaine est seule supérieure à celle de l'or.

Innocente en apparence, cette théorie donna lieu à des applications d'un zèle scientifique exagéré. En effet, l'on distilla des cadavres, et même des vivants, parce qu'on jugeait opportun d'expérimenter sur le corps et sur l'âme. Celle-ci était *isolée* sous des appareils *hermétiquement* clos. Les vieilles légendes sont remplies d'aventures sinistres, de disparitions, d'enlèvements arrivés dans des retraites habitées par gens adonnés à la magie, à la sorcellerie... Tout était mis sur le compte du diable ; et depuis, les gens épris d'explications rationnelles ont tout attribué à des médecins qui voulaient étudier l'anatomie. Au fond, la cornue a fait plus de victimes que le scalpel.

Quoi qu'il en soit, l'on opéra sur les os, sur la chair, sur le sang, et surtout sur l'urine, à laquelle on attribuait des propriétés bizarres. C'est de là qu'on espérait, au milieu du dix-septième siècle, extraire le dissolvant de l'or ; et l'enthousiaste obstination avec laquelle on s'adonnait à ces sortes de recherches a été signalée par un ouvrage oublié maintenant, et publié en Allemagne sous le titre de SOL (1) SINE VESTE, — *l'or sans déguisement*.

Nous y avons rencontré une anecdote qui démontre que les expériences en question étaient suivies avec une ardeur poussée jusqu'à la férocité. L'auteur la tenait d'un abbé de Saint-Florian, à qui un prélat s'était vanté d'avoir extrait de l'urine *le dissolvant universel*, dans les conditions suivantes :

Un religieux coupable de meurtre ayant été condamné à mort, ce prélat « qui était *un curieux* », lui avait offert la vie à la condition qu'il se prêterait à toutes les expériences où l'on jugerait à propos de le soumettre. Le moine, redoutant moins la souffrance que la mort, avait accepté. On l'enferme donc dans un étroit cachot, sans aucun aliment, et on lui ordonne de s'abreuver de son urine. Vingt fois il obéit à cette abominable injonction ; bientôt sa tête s'égara et l'émission du liquide, rouge à force de concentration, devint si corrosive, qu'elle lui arrachait des cris lamentables. Ce malheureux expira le cinquième jour, et le prélat ayant soumis à des expériences la dernière liqueur qu'on avait recueillie, y constata « les propriétés *d'un dissolvant universel.* »

Mais, le Ciel en soit loué ! ce prélat *curieux*, comme l'appelle Orschall, garda son secret, sans propager sa méthode, et, par conséquent, l'on continua à chercher dans la même substance le dissolvant du roi des métaux.

Parmi les praticiens obscurs qui s'adonnaient à cette sorte de distillation, il y avait, en 1669, à Hambourg, un alchimiste nommé Brandt. Ce Brandt, négociant ruiné, à une époque où les négociants ruinés cessaient d'être riches, se consolait, dans un bouge, par l'étude de la médecine et la recherche du grand œuvre. Comme il n'était guère à même d'expérimenter que sur des matières peu coûteuses, ce n'est point de l'or qu'il mettait dans ses cornues. De même que la plupart de ses confrères, il trouva ce qu'il ne cherchait pas, et il fit trouver à Jean Kunckel ce que ce dernier cherchait.

Bien que ce docte personnage eût dédaigné de donner son nom au nitrate anhydre de chaux, après avoir retrouvé le secret du bailli Baudoin pour obtenir un produit phosphorescent, il était resté frappé de la bizarrerie du phénomène.

Deux ou trois semaines s'étant écoulées depuis le message de Tutzky, Kunckel fit un voyage à Hambourg où il porta quelques fragments de son calcaire lumineux pour les montrer à un de ses amis. Celui-ci, sans paraître étonné, lui dit : « Nous avons ici un docteur Brandt qui fabrique une certaine drogue douée de la propriété de luire *constamment* dans l'obscurité. »

Kunckel possédait une haute faculté d'assimilation ; il voulut connaître ce Brandt ; il le visita, il examina le phosphore avec étonnement, trouva un homme très-mystérieux, et sachant que Brandt travaillait à la pierre philosophale, il conclut judicieusement de ce fait, à la probabilité d'un résultat dont l'urine était la base.

La sagacité de Kunckel alla-t-elle plus loin ? Il est permis d'en douter, même et surtout après le récit qu'il a fait de sa découverte.

Quoi que l'on doive en penser, Brandt est le premier inventeur, et, pour ainsi dire, le Niepce du phosphore.

Tandis que Kunckel prolongeait son séjour à Hambourg dans l'espoir d'une confidence, il s'avisa d'écrire à Krafft qui habitait Dresde, en lui racontant ce qui se passait. Krafft ne répond rien, arrive sans bruit à Hambourg, et y agit de son côté. A la même époque, un Italien circonvenait aussi le docteur Brandt. Voilà donc les chercheurs de phosphore aux prises, s'efforçant de gagner le prix de la course ou de l'adresse.

Ce fut le plus riche qui le plus généreux qui l'obtint. Krafft acheta le secret, au prix de 200 thalers (environ 800 francs). La négociation fut si bien conduite, que les deux concurrents se trouvèrent simultanément, sans se voir, chez l'inventeur. Dans une de ces occasions, le dernier, laissant Krafft dans la pièce voisine, s'excusa de s'être fait attendre, sur une indisposition de sa femme ; et comme Kunckel le pressait de plus en plus : « Il m'est impossible, lui dit-il, de vous communiquer mon procédé, car j'ai vainement tenté de reproduire ce que le hasard m'a présenté une seule fois ; mes essais ont échoué. »

De retour à Wittemberg, Kunckel écrivit cinq ou six fois au docteur de Hambourg, qui finit par lui avouer que le secret était retrouvé, mais qu'il ne pouvait en disposer. A la fin Kunckel le menaça de faire des recherches, lui prouvant qu'il était sur la voie, et l'assurant que s'il trouvait seul, il ne ferait aucune mention de son concurrent. Kunckel nous a transmis la singulière réponse de Brandt. « J'ai reçu la lettre de monsieur, et je vois avec regret

---

(1) Les alchimistes représentaient, dans leurs calculs, l'or avec le signe du soleil : un rond, avec un point au centre. De là, le nom de *sol* donné à ce métal par les adeptes.

qu'il est d'assez mauvaise humeur... J'ai vendu ma découverte à Krafft pour la somme de 200 thalers. J'ai appris depuis que Krafft a obtenu une gratification de la Cour de Hanovre. Si je ne suis pas content de lui, je serai disposé à traiter avec vous, etc... »

Il conclut par demander une indemnité pécuniaire à Kunckel, dans le cas où ce chimiste découvrirait le secret tout seul.

Là-dessus, justement indigné, Kunckel le qualifie d'ignorant, de *doctor teutonicus* ; l'accuse de ne connaître que le patois hambourgeois, et de se vanter d'être médecin, quoiqu'il ignore même la composition du cérat.

Kunckel ajoute que Brandt, à force de livrer à tout venant son secret pour quelque monnaie, le rendit si vulgaire qu'il était connu de chacun. Les uns l'eurent pour douze thalers, les autres pour dix, et un Italien le revendait pour cinq.

C'est à la suite de ces mystifications, que Kunckel, de guerre lasse, se mit à l'œuvre, et fut assez heureux, dit-il, pour trouver *à son tour*, en quelques semaines, le phosphore de Brandt.

Mais, comment un homme si habile, si actif, si pénétrant que l'était Kunckel, s'est-il réduit à tâtonner dans l'incertitude pour pénétrer un secret connu de tant de monde ? Pour attribuer le phosphore à Kunckel, nous sommes réduits à nous appuyer sur la seule assertion de Kunckel. Willermoz, dans l'*Encyclopédie*, se borne à dénommer ce produit,—le phosphore de Brandt, plus connu sous le nom de Kunckel, chimiste plus illustre. Enfin, M. Guizot, qui a consacré quelques lignes à ce Brandt, avance, j'ignore d'après quelle autorité, que cet homme confia sa découverte à Kunckel et à plusieurs autres savants.

De ces assertions diverses, il résulte que la fabrication du phosphore fut connue presqu'en même temps de plusieurs personnes, et il est permis de supposer que cette circonstance contribua à la libéralité avec laquelle le conseiller Kunckel de Lowenstern publia gratuitement sa découverte, à propos de laquelle il se glorifie de son habileté comme préparateur, affirmant que son phosphore, pur et transparent comme du cristal, est doué d'une grande vertu.

Cette découverte importante fut répandue en France par le célèbre Guillaume Homberg, devant qui Kunckel consentit à opérer, en 1679, et qui décrivit la méthode en 1692, dans un mémoire intitulé : *Manière de faire le phosphore brillant de Kunckel*. Ce travail fait partie du tome X des *Mémoires* de l'Académie des sciences.

Homberg était alors à l'apogée de sa réputation : elle était européenne, et il avait été la fonder en personne dans la plupart des pays où elle avait pénétré. Né à Batavia, en 1652, il avait exercé tour à tour la médecine ou le professorat, à Bologne, à Amsterdam, à Padoue, à Londres, à Rome et à Paris, où il fut fixé par les offres de Colbert. Après la mort de ce ministre, Homberg, oublié, tomba dans la détresse, et en sortit d'une façon assez piquante. Un alchimiste voulant le convaincre de la possibilité de faire de l'or, lui fit présent, en guise de preuve, d'un lingot qu'il affirmait avoir fabriqué. « Jamais, disait Homberg, on ne s'est joué de moi d'une façon plus civile, ni plus opportune. »

En effet, Homberg resta incrédule, vendit le lingot quatre cents livres, et se vit en état de retourner à Rome, où il reprit sa clientèle de médecin.

Il fut rappelé en France par le duc d'Orléans (depuis régent du royaume), qui le fit son premier médecin et son professeur de chimie. Fontenelle a tracé un charmant portrait de cet honorable érudit, qui se signala par l'invention d'une machine pneumatique, supérieure à celle de Guéricke, de divers microscopes composés, aussi exacts que puissants, d'un pyrophore métallique (je ne sais plus lequel), et surtout par les perfectionnements qu'il apporta à la fabrication du phosphore, dont il signala la présence dans diverses substances organiques.

Ces divers travaux ouvrirent, en 1691, les portes de l'Académie des sciences à Homberg, qui mourut la même année que Louis XIV.

Homberg nous paraît être le premier chimiste qui ait parcouru avec dignité sa carrière, sans sacrifier aux faux dieux de l'alchimie. Ses expériences sur le phosphore, complément fécond de la découverte de Brandt, nous faisaient un devoir de rattacher son nom et son souvenir à l'historique d'une invention qui était destinée à exercer de notables influences sur l'avenir de la chimie.

Si, procédant comme ces gens d'autrefois, qui philosophaient la main sur le chapiteau de l'alambic, nous voulions sceller d'une moralité cette légende alchimique, elle nous serait fournie par la comparaison des moyens avec la fin des choses. Du bailli Baudouin de Grosseuhayn, qui fait des dupes en distillant *l'esprit de la terre*, jusqu'au grave et digne Homberg, tout va s'ennoblissant à mesure qu'on s'élève dans la sphère intellectuelle. Mais le charlatanisme de Baudouin, les chimères de Brandt, les intrigues dont il est l'objet, et les erreurs de dix siècles coopèrent au triomphe de la science. Ainsi l'humanité se fortifie de

ses propres faiblesses, et les plus folles utopies des âges primitifs sont les éléments essentiels de la perfection des sociétés.

Francis WEY.

A NOS ABONNÉS.

Les abonnements qui expirent le 9 août doivent être renouvelés dès ce moment, pour éviter un retard dans l'envoi du vingt-septième numéro, qui commencera le troisième trimestre de la publication.

NOUVELLES DIVERSES.

On écrit de Berlin, 4er juillet :

« Aujourd'hui le public a été admis à voir, dans la grande cour de la fonderie royale de Berlin, la statue équestre colossale en bronze du roi Frédéric-Guillaume III, qui a été modelée par M. Kis, auteur du célèbre groupe de l'Amazone luttant contre un lion.

« Le monument du feu roi est destiné à la ville de Kœnigsberg, où il sera expédié dès que le fardier que l'on construit exprès pour son transport sera terminé.

—Le sultan vient de fonder à Constantinople une Académie des sciences, qui portera le nom d'*Endschumeni Danisen* (Cercle du savoir).

Les statuts de ce nouvel établissement ont déjà été publiés. Ils se composent de vingt-six paragraphes, qui contiennent entre autres choses : que l'objet principal de la Compagnie est de publier des ouvrages scientifiques originaux, et la traduction turque d'ouvrages d'utilité générale, écrits dans les autres langues ; que le nombre de ses membres résidants est fixé à quarante, et que celui de ses membres correspondants sera illimité ; que la Compagnie décernera des récompenses de trois espèces, savoir : des sommes d'argent, des mentions honorables et des médailles.

L'Académie tiendra provisoirement, et jusqu'à l'ouverture de l'Université, déjà fondée à Constantinople, une ou deux séances par mois.

CORRESPONDANCE.

HÉLIOGRAPHIE SUR VERRE.

A Monsieur le Rédacteur de la Lumière.

Monsieur,

Des occupations incessantes m'empêchant de répondre aux nombreuses demandes de renseignements photographiques qui me sont adressées chaque jour par des héliographes de la province, je prends la liberté, monsieur, de réclamer de votre obligeance l'insertion de quelques mots de réponse dans les colonnes de votre excellent journal.

La majeure partie des questions qui me sont faites sont relatives à l'application de l'albumine sur le verre et sur le papier, et aux moyens de se procurer de bons papiers photographiques.

Pour répondre à la première question :

Quel est le moyen le plus simple, le plus facile et le plus prompt pour appliquer l'albumine sur des plaques de verre ? Quel est le procédé, selon moi, qui donne les meilleurs résultats ?

Je dirai, avec toute la franchise d'une lettre confidentielle, qu'à mon avis, le meilleur procédé, le plus simple et le plus facile à manipuler est celui-ci : (J'ai l'honneur de prévenir que je n'ai nullement la prétention ni le désir de laisser croire qu'il soit ma propriété, j'en laisse à qui de droit la revendication. Ayant eu l'occasion de le mettre très-souvent en pratique avec M. Humbert de Molard, et en ayant toujours obtenu de beaux résultats, je le livre à la publicité, persuadé que quelques zélés photographes trouveront bientôt le moyen de le perfectionner.)

Description d'un nouveau procédé héliographique sur verre et sur papier ciré, formation directe d'un iodure d'argent à la surface de la couche albuminée.

On prendra la quantité de blancs d'œufs qu'on voudra, on les fouettera avec une fourchette en bois ou un petit balai d'osier, jusqu'à ce qu'ils aient formé une neige bien épaisse. On les laissera dans le vase qui les contient jusqu'à ce qu'ils aient repris leur état naturel, on les débarrassera d'une petite quantité de matière fibreuse qui surnage à leur surface sous forme d'écume, on les versera ensuite dans un flacon à goulot et à rebord.

On prendra un support à chlorurer, muni de ses vis à caler, on y déposera une glace plane et préalablement bien nettoyée ; on versera sur le milieu de sa surface une quantité suffisante d'albumine pour qu'elle la recouvre de l'épaisseur d'une pièce de dix centimes. On allumera une

forte lampe à esprit-de-vin qu'on promènera sous sa surface postérieure, sans le moindre temps d'arrêt. On agira absolument comme si on avait une plaque d'argent à chlorurer ; la seule précaution qu'il y ait à prendre, c'est de ne pas rendre l'albumine opaque en la cuisant. Le but qu'on se propose en chauffant ainsi est simplement de faire adhérer à la feuille de verre la couche d'albumine sous-jacente. L'albuminage de deux ou trois plaques de verre, par ce procédé, suffira pour mettre au courant l'opérateur le moins expérimenté.

Quand on jugera l'adhérence suffisante on renversera l'excédant d'albumine dans un verre, on laissera égoutter la plaque en la tenant quelques instants sur un de ses angles, on achèvera de la sécher ensuite, en la passant à plusieurs reprises au-dessus de la lampe (il est bien entendu que ce sera la partie non albuminée qui devra être en contact avec la flamme de la lampe). Il faut éviter, en séchant la plaque de verre, de la gercer ; pour cela on chauffera modérément et lentement.

La plaque ainsi préparée sera déposée sur une boîte à iode pur, c'est-à-dire exempt de tout mélange quelconque.

Elle restera ainsi en contact avec l'iode jusqu'à ce qu'elle ait pris une belle nuance jaune d'or. L'albumine s'iode assez lentement, mais elle arrive toujours à la nuance indiquée. Il est essentiel de faire cette opération dans un lieu où il n'y ait pas d'émanation de vapeur de brôme, car, s'il y en avait, la plaque aurait beaucoup plus de peine à s'ioder, et on serait presque certain de ne pas obtenir d'image à la chambre noire. On pourra ioder ainsi autant de plaques de verre qu'on le voudra, car elles peuvent se conserver assez longtemps sans altération, pourvu qu'elles soient à l'abri de l'humidité et de la poussière.

Quand on voudra obtenir une image sur ces plaques, on agira de la manière suivante :

On versera dans une capsule plate de porcelaine ou de verre la dissolution suivante :

> Eau distillée. . . . . 250 grammes.
> Nitrate d'argent. 34   —
> Acide acétique cristallisable. 35   —

On fera d'abord dissoudre le nitrate d'argent, on ajoutera ensuite l'acide acétique et on filtrera.

On déposera la feuille de verre sur la surface de ce bain ; cette opération se fera en laissant d'abord glisser dans l'acéto-nitrate la partie inférieure de la plaque, et à l'aide d'un petit crochet en argent ou en os, on retiendra la partie supérieure qu'on inclinera deux ou trois fois assez promptement à la surface du bain.

La formation de l'iodure d'argent, sensible à la lumière, a lieu très-promptement, en sorte que la plaque n'a pas besoin de rester plus longtemps en contact avec l'acéto-nitrate d'argent.

On la retirera du bain, on la laissera égoutter en la tenant quelques moments sur un de ses angles, et, encore tout humide, on procédera à l'exposition de la chambre noire ; ce temps sera de cinq à huit minutes pour la reproduction d'une vue, en se servant d'un objectif français, plaque normale.

On fera apparaître l'image au moyen d'une solution saturée d'acide gallique légèrement chauffée.

On fixera l'image en plongeant la plaque de verre pendant dix minutes environ dans une solution de bromure de potassium, ainsi composée :

> Eau distillée. . . . . 250 grammes.
> Bromure de potassium. . . . 30   —

Il faudra laver cette plaque, ainsi fixée, à plusieurs eaux.

Un de mes élèves m'écrit du Midi qu'il obtient de magnifiques épreuves avec ce procédé, par la voie sèche. Il prépare ses plaques huit jours à l'avance, il faut les conserver à l'abri de la lumière et de la poussière. Lorsque les plaques de verre ont été soumises à l'action de la lumière, il n'est pas besoin de les passer immédiatement à l'acide gallique ; l'image apparaît tout aussi bien le lendemain de l'opération.

Je ne saurais trop engager, non-seulement mes élèves de province, mais encore tous les amateurs de photographie, à mettre ce procédé en pratique ; car je suis assuré que sur dix plaques de verre, ainsi préparées, ils obtiendront dix bonnes épreuves.

J'aurai l'honneur de vous adresser incessamment la description de l'autre procédé pour obtenir des portraits sur papier ciré, par la voie sèche (ce procédé diffère de ceux qui ont déjà été publiés).

Je répondrai également aux autres questions relatives aux papiers photographiques et aux moyens de s'en procurer de bonne qualité.

En attendant cette communication et d'autres plus importantes que je me propose de vous faire, veuillez agréer, etc.   AUBRÉE,

Professeur de photographie, *maintenant rue Montmartre, 67, en face le passage du Saumon*.

Le Secrétaire de rédaction F.-A. RENARD, *Gérant.*

FABRIQUE SPÉCIALE DE PRODUITS CHIMIQUES
POUR L'HÉLIOGRAPHIE
ET POUR LES SCIENCES ET LES ARTS QUI S'Y RATTACHENT,
FONDÉE SOUS LES AUSPICES DE LA SOCIÉTÉ HÉLIOGRAPHIQUE DE PARIS,

Dépôt de Plaques de HOUSSEMAINE et autres objets pour le Daguerréotype.

PUECH et Cie, rue de l'Arcade, 15.

L'ITALIE MONUMENTALE
OUVRAGE IN-FOLIO

Publié en 20 livraisons, composées chacune de CINQ GRANDS DESSINS *photographiques* recueillis et exécutés par M. Eugène PIOT.

Prix de la livraison, 25 francs. Chaque dessin à part, 6 francs.

On souscrit au bureau de *la Lumière*, rue de l'Arcade, 15.

PRIX DE DEUX MILLE CINQ CENTS FRANCS
FONDÉ A NEW-YORK,
POUR LE PERFECTIONNEMENT LE PLUS IMPORTANT
AU POINT DE VUE PRATIQUE,
A APPORTER A L'HÉLIOGRAPHIE DANS LE COURS DE L'ANNÉE 1851.

Ayant toujours éprouvé le plus vif intérêt pour le progrès et le perfectionnement de l'art photographique, j'ai été porté, par ce sentiment, à stimuler les découvertes et inventions dans cette partie, en offrant une récompense de

CINQ CENTS DOLLARS (deux mille cinq cents francs)

pour le plus important perfectionnement en photographie pratique, trouvé et indiqué dans le courant de l'année 1851.

Il n'y a pas de restriction quant à la nature du perfectionnement ; il peut être dans l'arrangement ou la disposition de la lumière, dans la préparation des plaques, dans la fabrication des matières, dans la manutention des produits chimiques, tendant à préserver la santé des opérateurs, dans le perfectionnement des lentilles, dans la construction des appareils, dans la fabrication supérieure du papier, dans la simplification des procédés pour l'emploi de ce papier, enfin dans tout ce qui a une tendance directe à l'avancement des grandes découvertes de Daguerre et Talbot.

Tout essai qui indiquera une notable amélioration sera regardé comme un sujet de récompense.

Il n'y a pas non plus de restriction quant à la nationalité des compétiteurs. Les demandes et réclamations des Anglais, des Français et des Allemands seront accueillies aussi impartialement que celles des Américains.

Aucun candidat ne sera reçu après le 31 décembre 1851, et la décision sera publiée aussitôt après que les juges auront pu s'entendre pour désigner le candidat qui aura le mieux réussi.

Les hommes éminents dont les noms suivent ont consenti avec plaisir à être juges. Leur réputation bien connue sera une suffisante garantie de leur stricte impartialité.

Samuel F.-B. Morse, professeur, inventeur du télégraphe électro-magnétique ; John W Draper, professeur à l'Université de New-York ; James Renwick, professeur au collège Colombie.

Toute communication à ce sujet devra être affranchie ; aucune autre ne sera reçue.

Toute explication qui pourra être demandée sera donnée dans le journal l'*Art photographique*, de New-York ; l'éditeur de ce journal ayant, dans ce but, offert galamment ses colonnes.

Toute communication étant marquée « Private » (particulière) sera regardée comme strictement confidentielle.

EDWARD ANTHONY,
308, Broadway, New-York.

NOTA. Cette annonce sera publiée simultanément à Paris, à Londres et aux États-Unis d'Amérique.

FABRIQUE SPÉCIALE DE DAGUERRÉOTYPES
FOURNITURES ET ACCESSOIRES

Rue Rambuteau, 58.   # WULFF ET Cie.   **Rue Rambuteau, 58.**

Appareils perfectionnés pour Plaques et pour Papier. — Objectifs garantis, Plaques, Passe-Partout et Cadres en tout genre ; Couleurs surfines, Ecrins, Broches, Médaillons, Objets de fantaisie ; Produits chimiques, Papier positif et négatif préparé et non préparé, Dissolutions prêtes à être employées. — CHASSIS POSITIF, nouveau système, qui permet de regarder les progrès de l'épreuve sans crainte de déplacer les deux papiers. — Envoi du Catalogue *franco* sur demande affranchie.

PHOZOMÈTRE HÉLIOGRAPHIQUE
PORRO. Instrument nouveau pour déterminer directement la véritable longueur focale des objectifs de chambre noire. Prix, 55 fr. — Echelle en alliage de nickel, portant un décimètre, divisé en mille parties, 16 fr. — Loupe à lire les divisions, 6 fr. — Pieds de voyage nouveaux à cinq branches, très-solides, pour chambre noire ; ces pieds permettent d'incliner l'instrument à volonté, s'arrêtent en tout sens par le serrement d'un seul écrou, se plient à plat pour le transport sans rien démonter. Toutes les garnitures sont métalliques. Prix, 50 à 60 fr. S'adresser à l'INSTITUT OPTIQUE ET TECHNOMATHIQUE, rue de l'Ouest, 80, à Paris.

ANCIENNE MAISON ZACHARIE, boulevard des Italiens,
nos 4 et 5. — Fabrique spéciale de tous les objets pour la PHOTOGRAPHIE. Appareils complets d'un nouveau système, Plaques, Passe-Partout, Cadres, Produits chimiques, Couleurs, Leçons sur plaques et sur papier. — Dépôt d'Académies et de Vues sur papier.

ALPHONSE NINET ET Cie, Commissionnaires
pour tous les articles relatifs à la Photographie sur papier et sur plaques. — Fabrique de Cadres plastiques. 37, *rue de Lille, à Paris.*

POINTEAU, 356, *rue Saint-Denis.* Fabrique spéciale de Passe-Partout pour daguerréotypes.

TRAITÉ PRATIQUE DE PHOTOGRAPHIE
sur papier, sur verre et sur plaques métalliques, par ARNAUD. — Nouveau procédé qui simplifie et abrège les opérations. Prix : 2 fr. 50 c. et 3 fr. par la poste. — Dépôt chez WULFF et Cie, *rue Rambuteau, 58, à Paris.* (Affranchir.)

LEREBOURS ET SECRETAN, opticiens de
l'Observatoire, 13, *place du Pont-Neuf, Paris.* — Appareils photographiques pour plaques de doublé, et pour opérer sur papier, de tous les systèmes, grandeur normale, de 20 centimètres sur 28, de 25 sur 35, de 30 sur 40. — Vente, après l'essai, de tous les objectifs, doubles et simples, pour les appareils ci-dessus. — Fourniture de tout ce qui est relatif à la photographie sur plaque et sur papier. — *Appareil panoramique* de M. Martens. — *Focimètre* de M. Claudet pour déterminer, dans les objectifs, la différence qui existe entre le foyer chimique et le foyer apparent. 15 francs. — *Actinomètre,* du même, pour comparer le pouvoir d'activité de toute espèce d'objectifs, 15 fr. — Brochures de tous les auteurs sur la photographie. — Le supplément au catalogue de 1846 est envoyé, *sans frais,* à toutes les personnes qui en font la demande franco.

GUILLOUX *passage de l'Industrie,* breveté s. g. d. g. — GLACES et CUVETTES en tous genres pour la Photographie.

PHOTOGRAPHIE SUR PAPIER, NOUVEAU TRAITÉ,
par M. BLANQUART-EVRARD, de Lille. — Chez A. Madelais, fabricant de Daguerréotypes, rue Chabannais, 11, place Richelieu ou Louvois, Paris.

SCHIERTZ, Ébéniste, Fabricant de DAGUERRÉOTYPES. NOUVEAU SYSTÈME DE RAPPEL A LA CHAMBRE NOIRE. — *Atelier et Magasin rue de la Huchette, 27.*

AVIS.

Toutes les demandes et réclamations relatives au service, toutes les lettres et communications relatives à la rédaction, doivent être adressées, affranchies, à M. F.-A. Renard, secrétaire de la rédaction, au bureau du journal. Les demandes d'abonnement seront accompagnées d'un mandat sur la poste ou les messageries.

Imprimerie de HENNUYER et Cie, rue Lemercier, 21. Batignolles.

CORRESPONDANTS DE LA LUMIÈRE
CHARGÉS DE RECEVOIR LES ABONNEMENTS.

ANGLETERRE.

LONDRES. — Claudet's Photographic Gallery, 107, Regent street Quadrant.
United patent Office de MM. Gardissal et Cie, 7, *Calthorpe Street,* Grey's inn lane, Holborn.

BELGIQUE.

TOURNAY. — M. Lebrun-Delannoy, imprimeur-libraire.

ESPAGNE.

BARCELONA. — Señor Bresy, librero.
MADRID. — Señor Henry Moxier, librero.
VALENCIA. — Señor Don Pascual Perez, 7, *Calle de la Parra.*

FRANCE.

Bas-Rhin. — STRASBOURG. — M. Derivaux, libraire, *rue des Hallebardes.*
Basses-Pyrénées. — BAYONNE. — M. Andréossy, libraire, *rue Pont-Mayou.*

FRANCE.

Bouches-du-Rhône. — MARSEILLE. — M. Santi, opticien, *r. Canebière,* 30.
Dordogne. — PÉRIGUEUX. — M. Bayle, libraire.
Gironde. — BORDEAUX. — M. Delpech, libraire.
Meurthe. — NANCY. — M. Gaiffe, opticien, rue Stanislas, 18.
Nord. — VALENCIENNES. — M. Lesabdy, opticien, *Place d'Armes.*
Rhône. — LYON. — M. Thierry, *rue Bât-d'Argent,* 6.
Seine-Inférieure. — Le HAVRE. — Mme Mordent, *Galerie Fouache.*
ROUEN. — M. Heynemans, *place de la République* (maison Allain).

SUISSE.

Lausanne. — M. Georges Bridel, libraire.
Neufchâtel. — M. J. Pierre Michaud, libraire.

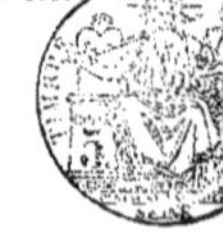

LA LUMIÈRE

JOURNAL NON POLITIQUE

HEBDOMADAIRE.

BEAUX-ARTS — HÉLIOGRAPHIE — SCIENCES.

BUREAUX, A PARIS, N° 15, RUE DE L'ARCADE, A LA SOCIÉTÉ HÉLIOGRAPHIQUE.

PRIX.—PARIS, UN AN, 16 F.; 6 MOIS, 10 F.; 3 MOIS, 6 F.—DÉPARTEMENTS, UN AN, 18 F.; 6 MOIS, 11 F.; 3 MOIS, 7 F.—ÉTRANGER, UN AN, 20 F.; 6 MOIS, 12 F.; 3 MOIS, 8 F.—CHAQUE N° 50 CENT.

SOMMAIRE.

SOUSCRIPTION

Pour élever un Monument aux Inventeurs de l'Héliographie,

NIÉPCE ET DAGUERRE.

Deux hommes de génie ont donné à la France la gloire d'avoir accompli l'une des plus utiles et des plus admirables découvertes de ce siècle.

De ces deux enfants de notre pays, l'un, au milieu d'une société intelligente et libérale, est mort dans la solitude et la pauvreté.

Joseph-Nicéphore Niépce, oublié, attend une réparation.

Son collaborateur, à qui l'opinion publique a rendu plus de justice, vient de terminer sa carrière. Les étrangers reprocheront-ils à notre patrie de s'être montrée tour à tour dédaigneuse d'un génie modeste, et ingrate envers un nom justement célèbre ?

Louis-Mandé Daguerre impose au pays qui l'a vu naître un devoir d'honneur et de reconnaissance.

Le souvenir de Niépce et de Daguerre doit être consacré par un monument public. Rivaux autrefois, ces noms sont inséparables : ces deux fronts seront rapprochés sous la même couronne.

Depuis quelques années on a dressé bon nombre de statues à des généraux qui ont conquis des palmes souvent stériles : des orateurs dont le bruit est dissipé, des compilateurs, des poëtes qui n'ont pas laissé d'envieux, ont été coulés en bronze pour avoir, autrefois, *découvert*... un sonnet, une fable, une satire, un poëme burlesque...

Sera-t-il permis, dans un pays où les hommes de talent, d'esprit, de savoir, sont si généreusement conviés à revivre en marbre ou en bronze, de réclamer le même honneur pour des hommes tels que Niépce et Daguerre ?...

Ces questions, nous les adressons à nos confrères, à nos abonnés, au gouvernement, à la France, à l'Europe intellectuelle, au monde entier.

Une souscription est ouverte pour élever un monument à Niépce et à Daguerre ; souscription dont la Société héliographique de Paris a pris l'initiative : c'était son droit. L'empressement avec lequel, avant toute publication, nos premiers confidents ont répondu à nos vœux, nous donne la ferme conviction que cet appel sera entendu.

F. WEY.

Les listes sont déposées et les souscriptions seront reçues au siège de la Société héliographique, rue de l'Arcade, 15.

DEUXIÈME LISTE.

MM.

S. E. le duc d'Ossuna et de l'Infantado, grand d'Espagne, illustre protecteur des arts et des sciences.	100 fr.	»
J. Ziégler, fondateur et président de la Société hiéliographique.	60	»
Humbert de Molard.	20	»
Eugène Constant, artiste peintre à Rome.	10	»
Célestin Liogier, artiste peintre, professeur au collége d'Alger.	10	»
Bayard, membre fondateur de la Société héliographique.	15	»
Victor Plumier, photographe.	50	»
Lépaulle, artiste peintre, membre de la Société héliographique.	10	»
Casimir Oulif, à Metz.	20	»
Coculte, artiste photographe, boulev. des Filles-du-Calvaire.	10	»
Louis-Auguste Martin, photographe, membre de la Société héliographique.	5	»
Augustin Boulet de Monvel, à Orléans.	5	»
Alexis Gaudin.	100	»
Désiré Lebrun, opticien.	10	»
Nègre, artiste peintre, membre de la Société héliographique.	10	»
Vallou de Villeneuve, membre de la Société héliographique.	5	»
Auguste-François Lemaitre, ancien graveur, membre de la Société héliographique.	10	»
Total. . .	450	»

Montant de la première liste. . . 910

Total jusqu'à ce jour . . . 1,360 fr.

ETUDES SUR L'AGENT LUMINEUX.

PARALLÈLE ENTRE L'ŒIL HUMAIN ET LES INSTRUMENTS D'OPTIQUE.

La description de l'œil humain a démontré les rapports qui existent entre sa composition et celle des instruments d'optique les plus parfaits : il offre surtout, dans les effets qu'il produit, les plus grandes analogies avec l'objectif d'un appareil héliographique. les images se formant sur la rétine comme elles se forment sur une plaque daguerrienne, et l'action de la lumière sur des sels d'argent indiquant mieux que tout autre fait physique comment une membrane nerveuse peut subir l'action de l'agent lumineux et en recevoir une impression qui se traduit par la représentation des objets.

Mais l'œil a cet avantage sur les instruments d'optique, qu'à l'état normal il n'offre aucune aberration, bien qu'il puisse subir l'action de corps placés dans des conditions très-différentes sous le rapport du volume, de la distance, du degré d'éclairage et de la coloration. C'est merveille de voir un appareil aussi petit embrasser un horizon immense et se concentrer sur un fil de soie, de le voir s'adapter aux rayons lumineux partis d'astres placés à de grandes distances, ou partis de corps placés à quelques centimètres.

Pour obtenir ces résultats merveilleux l'œil n'a besoin que d'une élongation et d'un raccourcissement peu considérables, joints à un léger déplacement des lentilles et des ménisques qui entrent dans sa composition. Ces déplacements se font par un mécanisme très-simple et par la seule pression musculaire.

En présence de ces faits, on se demande si la science de l'opticien ne doit pas trouver d'utiles indications dans l'étude de la structure de l'œil. La physiologie possède peut-être des moyens d'achromatisme inconnus à la science de l'optique ; la forme ou la densité de la cornée et du cristallin renferment peut-être un moyen très-simple de remédier à l'aberration de sphéricité et d'empêcher les rayons lumineux de s'égarer en dehors du foyer des lentilles. Si l'œil est un instrument d'optique parfait, pourquoi ne trouverait-on pas dans son examen, qui peut se répéter et se prolonger indéfiniment, les causes de sa perfection?

Telles sont les raisons qui nous font entreprendre l'étude de l'œil, non plus au point de vue du physiologiste, mais au point de vue de l'opticien.

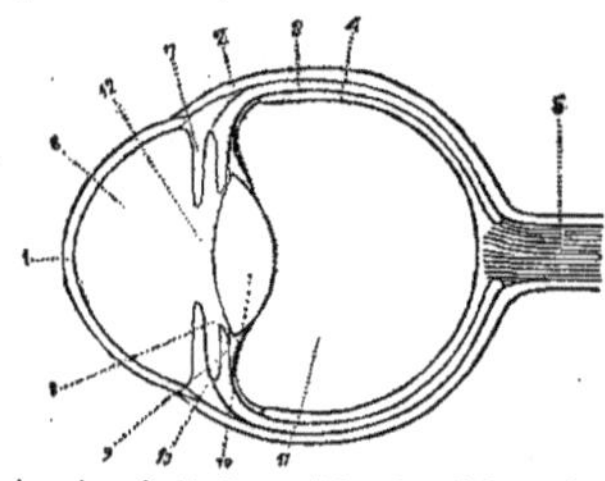

1 cornée; — 2 sclérotique; — 3 choroïde; —4 rétine; — 5 nerf optique; — 6 chambre antérieure; — 7 iris; — 8 chambre postérieure; —9 couronne ciliaire; —10 cristallin; —11 corps vitré, — 12 iris; —13 corps ciliaire.

En procédant d'avant en arrière, la première pièce que l'on rencontre, dans l'objectif représenté par l'œil, est la cornée (1). C'est un ménisque légèrement convergent, et dont la forme se rapproche, non pas d'un segment de sphère, comme on le dit généralement, mais d'un segment d'ellipsoïde, la section étant faite perpendiculairement au grand axe de l'ellipse. Derrière la cornée est la chambre antérieure (6) remplie d'un liquide dont la densité, moindre que celle des autres milieux de l'œil, implique une question d'achromatisme; puis vient l'iris, qui fait l'office de diaphragme et se trouve percé à son centre d'une ouverture (12), la pupille destinée à mettre en communication la chambre antérieure avec la chambre postérieure (8); derrière celle-ci existe une lentille (10), le cristallin, dont la structure et la forme demandent une attention extrême.

Cette lentille, d'une transparence parfaite, offre sur sa face antérieure une courbe bien moins prononcée que sur sa face postérieure, et de plus elle présente à son centre une dureté et une densité plus considérables qu'à sa circonférence.

Le cristallin est en outre enchâssé dans une membrane ou capsule qui adhère à la couronne ciliaire (9) antérieurement, et postérieurement au corps vitré (11), dont le rôle, dans l'œil, est le même que celui du flint dans les instruments achromatiques.

Derrière le corps vitré est la rétine (4) qui remplit l'office d'une plaque daguerrienne ou d'un papier préparé, dans un objectif. La rétine reçoit l'impression lumineuse et la transmet au cerveau par l'intermédiaire du nerf optique (5).

Tout l'espace enfermé dans les membranes de l'œil, à partir de la face postérieure de l'iris, est une chambre obscure tapissée par un enduit noir que contiennent les mailles d'une membrane située derrière la rétine et connue sous le nom de choroïde (3).

En cherchant dans cette structure de l'œil les causes qui remédient à l'aberration, on ne peut les trouver que dans le ménisque ellipsoïde destiné à recevoir tout d'abord l'action des rayons lumineux, ou dans la structure du cristallin.

Aucune tentative n'a été faite, à notre connaissance, pour imiter dans un instrument d'optique la disposition de la cornée et de la chambre antérieure; c'est-à-dire pour placer, en avant d'un objectif, un ménisque présentant sur sa convexité une courbe empruntée à l'ellipse, et renfermant dans sa concavité un liquide transparent et incolore, dont il serait facile de varier la densité et le pouvoir réfringent.

L'art a tiré meilleur parti du cristallin, quant à sa forme tout au moins, et nous avons des raisons de croire qu'il fut simplement copié par Herschel quand ce grand astronome traçait les courbes inégales des lentilles employées dans ses lunettes. Depuis lors cette disposition a été généralement admise; seulement la surface la plus convexe des lentilles, au lieu d'être tournée en arrière, est tournée en avant dans les objectifs.

Un perfectionnement plus avantageux pour remédier à l'inégale déviation des rayons lumineux et pour les réunir tous au même foyer, serait la construction d'une lentille, au moyen de couches concentriques et diminuant de densité à partir du centre, jusqu'à la périphérie. Il est vrai que cette disposition présenterait pour la fabrication des difficultés extrêmes. Peut-être obtiendrait-on le même résultat en changeant les courbes des lentilles, et, au lieu d'emprunter ces courbes à la sphère, en les empruntant à l'ellipse.

Tout, dans la structure de l'œil, nous prouve que les rayons lumineux qui se réfractent le plus difficilement sont ceux qui, dans le pinceau de lumière, sont les plus rapprochés de l'axe et les plus voisins du parallélisme; aussi la nature a-t-elle accumulé vers le centre des organes réfringents les moyens de déviation. Elle a exagéré la courbure antérieure de la cornée, elle a donné aux couches profondes du cristallin une dureté presque minérale. On objectera peut-être que l'aberration se produirait dans l'œil comme dans les instruments d'optique, si l'iris ou le diaphragme n'interceptait tous les rayons lumineux destinés à tomber sur le bord du cristallin et, par suite, incapables de converger au foyer.

A cela nous répondrons que l'iris est destiné bien plutôt à empêcher une trop vive lumière de blesser la rétine; et la preuve, c'est qu'il s'agrandit et rétrécit la pupille surtout quand l'œil est en présence d'objets très-éclairés : au contraire, dans une demi-obscurité, la pupille s'agrandit beaucoup, bien que l'œil considère des objets peu éloignés; et cependant nul trouble de la vision, ou, ce qui revient au même, nulle aberration ne se produit.

Pour enlever tous les doutes à cet égard, et pour compléter notre rapprochement entre les instruments d'optique et l'organe de la vision, nous allons exposer par quel mécanisme, aussi simple qu'ingénieux, il s'adapte à la vue distincte d'objets inégalement éclairés et placés à des distances diverses.

Nous avons déjà dit que quatre muscles prennent leur point d'appui au fond de l'orbite et viennent s'attacher presque sur la circonférence de la cornée, en haut et en bas, à droite et à gauche; ils subissent une déviation en contournant le grand diamètre transversal du globe oculaire, de sorte qu'en se contractant ils tendent à se redresser et pressent l'œil latéralement en même temps qu'ils le tirent en arrière et le serrent contre les graisses qui remplissent le fond de l'orbite.

Dans la contraction simultanée des quatre muscles droits, l'appareil de la vision est donc comprimé et soutenu latéralement et en arrière; la seule portion représentée par la cornée ne trouve pas d'appui; aussi est-elle obligée de céder devant les liquides qui sont poussés dans la chambre antérieure. Cette propulsion a pour effet d'augmenter la convexité de la cornée et sa puissance de réfraction, de porter un peu le cristallin en avant et de l'éloigner de son foyer représenté par la rétine.

On voit dès lors que les muscles droits doivent agir et opérer tous ces changements quand les objets à examiner sont placés fort près et exigent, par suite de la direction des rayons lumineux qui en partent, une grande puissance de réfraction.

Plus les corps éclairés sont rapprochés, plus la contraction musculaire rend la cornée saillante et entraîne le cristallin en avant; cette contraction tend, en outre, à augmenter la convexité des courbes du cristallin; nous allons dire par quel mécanisme.

Autour du globe de l'œil est disposée une série de veines qui percent la sclérotique vers le grand diamètre transversal et se rendent dans le corps ciliaire (13) d'où elles se distribuent à l'iris et à la couronne ciliaire. Lorsque les muscles se contractent, ils pressent les veines contre la sclérotique et forcent le sang à refluer vers l'anneau ciliaire et de là dans l'iris qui s'allonge par un véritable mouvement d'érection et rétrécit la pupille. Quelque chose d'analogue se passe dans la couronne ciliaire qui adhère à la capsule du cristallin; elle rétrécit la circonférence de la lentille et oblige les parties les plus fluides à passer en avant et en arrière; il en résulte une plus grande épaisseur et une force de réfraction plus considérable.

Il est facile après cela de comprendre comment, avec les moyens d'augmenter ou de diminuer la saillie de la cornée, de porter légèrement en avant ou en arrière le cristallin et de lui donner plus d'épaisseur et de puissance de réfraction, la vue distincte peut s'adapter à l'examen de corps variables sous le rapport de l'éclairage ou de la distance.

Nous espérons que les moyens fort simples qu'emploie la nature pour atteindre ce résultat et pour remédier aux aberrations ne seront pas perdus pour des artistes qui ne redoutent ni peines, ni travaux, ni dépenses, quand il s'agit d'introduire quelque perfectionnement dans la précision de leurs instruments.

Dr CLAVEL.

HÉLIOCHROMIE.

EXPÉRIENCES

AYANT POUR OBJET DE MONTRER QUE, DANS LE PROCÉDÉ DE REPRODUCTION DES IMAGES, DU A M. NIÉPCE DE SAINT-VICTOR, L'IODE AGIT, NON EN VERTU D'UNE AFFINITÉ ÉLECTIVE, MAIS CONFORMÉMENT AUX LOIS COMMUNES DE L'AFFINITÉ CHIMIQUE.
(Extrait d'une note de M. BÉNARD.)

Dans un travail sur les propriétés particulières à quelques agents chimiques et notamment à la vapeur d'iode, l'auteur, M. Niépce de Saint-Victor, dit avoir le premier découvert dans l'iode la propriété de se porter sur les noirs d'une gravure, d'une écriture, à l'exclusion des blancs. Cette sorte d'affinité élective de la vapeur d'iode m'a paru inadmissible, et il m'a semblé que, sans recourir à une *loi exceptionnelle*, on pouvait trouver l'explication du phénomène en question dans une application de la loi générale qui régit tous les corps chimiques, celle des affinités. Expliquer ces phénomènes par la théorie chimique, tel est le but que je me suis proposé, et j'ai fait dans ce but quelques expériences....

Sur une gravure préparée comme l'indique M. Niépce, j'ai étendu une certaine quantité d'iode en poudre fine; après une ou deux secondes de contact, j'ai retiré l'iode, secoué légèrement la gravure pour chasser l'iode non adhérent. Ainsi préparée, la gravure a été appliquée sur du papier amidonné; elle m'a donné une épreuve en tout semblable à celle obtenue par M. Niépce. Évidemment, ici la présence sur les blancs ne peut être contestée.

Cependant, on pourrait dire encore : la preuve que l'iode a plus d'affinité pour le noir, c'est qu'en secouant votre gravure, les noirs seuls l'ont retenu, d'où la reproduction de l'image. Pour avoir la certitude qu'une couche d'iode était restée uniformément sur toute la surface du papier, voici le procédé que j'ai employé : sans aucune préparation préalable, j'ai étendu de l'iode sur une gravure ordinaire, je l'ai mise ensuite sur du papier amidonné, et le résultat a été nul; c'est-à-dire que, noir et blanc, tout s'est trouvé confondu. J'ai répété la même opération, mais cette fois j'ai mis sur la gravure un papier non collé imbibé d'eau alcaline, et l'image s'est parfaitement reproduite. Il était dès lors évident que c'était à la préparation du papier qu'il fallait attribuer la reproduction des gravures, et non à une propriété particulière de la vapeur d'iode.

D'après cette expérience que j'ai répétée plusieurs fois en variant les circonstances, est résultée pour moi la conviction qu'il était impossible de n'admettre que sur les noirs seuls la présence de l'iode. Voyons alors comment a lieu la reproduction des images.

On peut opérer de deux manières, avec ou sans préparation.

Dans le cas où l'opération se fait sans préparation, je dis que les premières parcelles de vapeur d'iode qui arrivent sur les blancs se combinent au papier ou à la colle du papier, et ceci me paraît évident pour que la reproduction puisse avoir lieu. En effet, lorsqu'on prolonge l'exposition de la gravure, les blancs sont colorés, et la reproduction ne se fait bien nettement que lorsque cet excès d'iode est enlevé. Si mon opinion était contestée, je pourrais demander quelle est la limite de l'affection de l'iode pour le noir, puisqu'il arrive un moment où il se porte sur les blancs. Pour moi, cette limite arrive lorsque l'iode ne se combine plus au papier; toute la vapeur qui arrive alors reste libre.

Si l'on arrête le dégagement de la vapeur d'iode au moment juste où le papier refuse de l'absorber et de le retenir en combinaison, la reproduction a lieu, puisque dans ce cas les blancs retiendront l'iode. Si on laisse passer ce moment, la reproduction n'aura lieu, comme l'indique M. Niépce, qu'après plusieurs applications successives sur le papier amidonné, en raison de l'inégalité de la couche d'iode, inégalité que j'admets aussi, mais que j'explique par la combinaison des premières parcelles d'iode avec le blanc du papier; alors il arrive un moment où il reste encore de l'iode sur les noirs, tandis que sur les blancs il en existe bien aussi, il est vrai, mais à l'état de combinaison. Voyons, en effet, comment se comportera la vapeur d'iode en arrivant sur une gravure préparée. On le conçoit déjà d'après ce que j'ai dit : selon la nature des corps qu'elle rencontre, elle agira diversement. La vapeur se trouve en présence de blanc et de noir. Avec le blanc saturé d'ammoniaque, formation d'un iodure fixe indécomposable par l'amidon (l'alcali enlève, au contraire, l'iode à l'amidon ioduré). Avec le noir, au contraire, ou bien il se déposera et restera à l'état de liberté (dans ce cas on conçoit qu'il se combine avec l'amidon), ou bien il y aura formation d'une combinaison peu stable, combinaison qui sera détruite lors de l'application de la gravure sur le papier amidonné, par l'acide libre dans lequel est trempé ce papier au moment de l'opération. La reproduction sur métal s'explique de la même manière.

(*Académie des Sciences*, 14 juillet 1851).

DU BROME.

Le brôme a été découvert en 1826, par M. Balard. Il l'a trouvé en très-petite quantité dans l'eau-mère qui reste après la cristallisation du sel marin dans les salines, à Montpellier. Il existe à l'état de bromure de magnésium dans l'eau de la mer; on l'a trouvé dans presque toutes les salines du continent, surtout dans celles de l'Allemagne. Près de Kreuznach, on en rencontre assez pour en faire l'extraction avec profit; un quintal des eaux-mères des salines de cette localité fournit jusqu'à 66 grammes de brôme. Le sel marin, dans son état naturel, est souvent accompagné de petites quantités de bromure sodique et de bromure magnétique. Depuis quelques années on retire des quantités assez considérables de brôme des soudes de varech.

Le brôme, dont le nom vient du mot grec βρῶμος, *fétidité*, est un liquide d'un rouge brun foncé; il est très-vénéneux; sa saveur est forte et âpre; son odeur pénétrante ressemble beaucoup à celle du chlore. Il se solidifie de 22° à 25°, devient dur, cassant et facile à pulvériser. Sa cassure est cristalline et feuilletée, sa couleur gris de plomb foncé et son état presque métallique. Il se volatilise facilement. Il entre en ébullition, selon M. Pierre, à $+65°$, et, selon Berzélius, à 47 degrés.

A l'état liquide, sa pesanteur spécifique est de 2,966; la densité de sa vapeur est de 5,3935. Une seule goutte de brôme, jetée dans un grand flacon, le remplit à l'instant de vapeurs rutilantes. Selon Berzélius, il n'est point conducteur de l'électricité; mais sa dissolution aqueuse la conduit très-bien. L'électricité de la pile voltaïque décompose cette dissolution, sans former ni acide bromique ni acide hydrobromique.

Le brôme est peu soluble dans l'eau, assez soluble dans l'alcool, et l'éther le dissout en toutes proportions. Il forme avec l'eau un hydrate solide et cristallisable.

A l'état gazeux, le brôme éteint la lumière d'une bougie après lui avoir donné d'abord une couleur verdâtre.

Comme le chlore, qui est plus énergique et qui le déplace toujours de ses combinaisons, le brôme blanchit et décolore les substances colorées végétales. Il attaque les matières organiques en général, le bois, le liège, les résines, les huiles volatiles; dans ces circonstances l'eau est décomposée, l'oxygène se porte sur la substance organique, et l'hydrogène forme avec le brôme de l'acide hydrobromique. Le brôme se combine avec l'amidon qu'il colore en jaune. Il donne la même couleur à la peau.

Il s'unit également avec l'oxygène, et il forme de l'acide bromique; avec l'hydrogène il forme l'acide hydrobromique.

Pour préparer le brôme on soumet les eaux-mères des salines, dans lesquelles il se trouve à l'état de bromure, à l'influence d'un courant de chlore. Ces eaux prennent une couleur jaune due à l'élimination du brôme; agitées avec de l'éther, elles perdent immédiatement leur coloration, et l'éther dissout le brôme en se colorant en jaune, d'après Pelouze, et en rouge, d'après Berzélius. La dissolution de brôme dans l'éther est traitée par de la potasse qui transforme le brôme en bromure de potassium et en bromate de potasse; ce dernier sel est ramené par la chaleur à l'état de bromure de potassium. On soumet alors ce bromure à l'action d'un mélange d'acide sulfurique et de peroxide de manganèse, il se forme des sulfates de manganèse et de potasse, et le brôme se dégage.

Le brôme et le soufre se combinent ensemble lorsqu'on met le premier en contact avec le second pulvérisé. Le *bromure de soufre* est un liquide oléagineux d'une couleur brune foncée, fumant à l'air. Son odeur ressemble à celle du chlorure de soufre.

Le brôme se combine également avec le phosphore en dégageant de la chaleur et de la lumière. Ils forment ensemble un *bromide phosphorique* et un *bromide phosphoreux* (Berzélius).

On obtient aussi du *chlorure de brôme*, du *bromure d'iode* et du *bromide d'argent*; ces derniers composés, ainsi que le *bromure de potassium*, servent aux opérations photographiques.

Nous trouvons dans un long travail de M. Robert Hunt, sur les composés métalliques, quelques détails relatifs au *bromide d'argent*, qui rentrent parfaitement dans notre sujet.

Le bromide d'argent, dit-il, ne semble pas très-promptement affecté par les rayons solaires lorsqu'il est parfaitement pur. Le plus léger mélange de nitrate d'argent le rend plus altérable, et dans certaines conditions il devient l'agent photographique le plus sensible. M. Biot prétend qu'il est impossible de trouver aucune substance plus sensible à la lumière. Sir John Herschel a employé des couches de ce sel étendues des plaques de verre, qui, après avoir été séchées d'abord et lavées ensuite avec du nitrate d'argent, ont été exposées dans la chambre obscure avec le plus grand avantage.

On doit observer, à l'égard de ce sel et d'autres qui sont déclarés insensibles à l'état de pureté, que l'altération produite par la lumière n'est pas visible, mais qu'elle n'en existe pas moins. Un moment d'exposition dans la chambre obscure suffirait au bromide d'argent pur pour subir un changement qu'une préparation ultérieure rendrait évident.

Le bromide d'argent peut être employé très-avantageusement avec l'acide gallique pour la production des images. Il doit être considéré même comme préférable à l'iodide d'argent.

Si un papier couvert de bromide d'argent très-pur est lavé avec une solution de ferrocyanate de potasse, il montre une plus grande sensibilité à l'influence de la lumière.

ERNEST LACAN.

PUBLICATIONS HÉLIOGRAPHIQUES.

I.

TRAITÉ DE PHOTOGRAPHIE SUR PAPIER

PAR M. BLANQUART-EVRARD (DE LILLE),

AVEC UNE INTRODUCTION PAR M. GEORGES VILLE.

Le caractère vraiment libéral de notre époque est fortement empreint dans les esprits adonnés aux sciences, et même aux découvertes industrielles : autant on prenait de soin autrefois pour garder le secret de ses inventions et les exploiter dans l'ombre, autant aujourd'hui l'on s'efforce pour les répandre, pour les placer à la portée de tout le monde. Au temps jadis on ne révait, au delà des travaux les plus ingénieux, qu'une fortune faite, et souvent l'on mourait sans transmettre ce qu'on avait trouvé. Maintenant l'on est surtout épris de gloire, d'utilité publique, et parfois si impatient d'honorer son nom, qu'on livre au fur et à mesure le procès-verbal de ses recherches.

Cette observation, qui infirme d'une manière victorieuse l'accusation de matérialisme que les penseurs chagrins font peser sur notre siècle, est d'une application très-juste à ce qui concerne l'héliographie.

A peine en possession d'un résultat incomplet encore, Niépce, plus empressé de voir ses labeurs devenir féconds que désireux d'en recueillir seul tout l'honneur avec l'aide du temps, Niépce s'associe à un homme intelligent, actif et curieux. Dès que Daguerre est à son tour parvenu à régénérer l'invention par ses perfectionnements, au lieu de l'exploiter à son profit, dessein qui eût été pour lui la source d'une fortune immense, cet artiste livre son trésor à son pays et se contente d'une modeste indemnité, — trop modeste même, non pour l'inventeur que la célébrité console, mais pour le grand pays qui l'a décernée.

Après de si nobles exemples, qui donc eût osé mettre à haut prix les fruits de ses expériences et donner l'essor à des intérêts égoïstes !... On a donc travaillé au grand jour, *chacun pour tous*, devise nouvelle des talents associés ; et les améliorations, au lieu d'apparaître lentes et tardives, se sont rapidement succédé. Aux époques anciennes, durant ces périodes investies non mes préjugés du privilége exclusif de la foi, alors que *chacun pour soi* était l'un des préceptes de la sagesse, l'héliographie aurait employé près d'un siècle à s'élever au point qu'elle a atteint sous nos yeux en l'espace de dix années.

Mais tout a été livré, de l'ensemble au détail ; on a été aussi avide d'enseigner que d'apprendre, de faciliter que de produire, de semer que de recueillir ; des savants se sont faits artistes, et des artistes, des amateurs ont envahi le domaine de la science pour lui demander de nouvelles ressources. Puis, chacun s'est fait écrivain, pour livrer ses observations et donner à tout venant le moyen d'égaler le plus habile.

On se ferait difficilement une juste idée de la quantité d'encre que la photographie a déjà fait couler : la liste des publications relatives à cette *spécialité*, comme disent les tailleurs, sera, dans peu d'années, trop longue pour être détaillée, et, même, à l'heure où je parle, notre confrère M. Renard, qui s'occupe à relever, pour les lecteurs de la *Lumière*, cet utile document, aura un zèle persévérant et consciencieux, à beaucoup de peine à compléter son catalogue.

Notre intention n'est pas de jeter aujourd'hui un coup d'œil rétrospectif sur tant d'écrits dispersés, mais de faire connaître aux lecteurs, aux praticiens surtout, quelques

publications récemment parues, où les procédés viennent se résumer, et sont exposés à la suite de diverses notices historiques sur les premiers temps de la science nouvelle.

De ces ouvrages, l'un des plus complets est celui de M. Blanquart-Evrard, de Lille, publié à Paris, sous le titre de TRAITÉ DE PHOTOGRAPHIE SUR PAPIER, *avec une introduction* par M. Georges Ville.

Ce dernier, en ami très-dévoué, on ne saurait l'être trop, s'est chargé d'une appréciation des travaux de M. Blanquart-Evrard, appréciation que M. Blanquart lui-même n'aurait pu rendre assez flatteuse pour qu'elle fût équitable.

Rédigée sous la forme d'une notice historique, cette introduction est très-intéressante ; le style en est rapide, la forme concise et claire, et sauf quelques réserves, nous n'avons que des éloges à adresser à un écrit qui nous a vivement attaché. En ce qui concerne l'héliographie sur plaques, M. Ville a parfaitement exposé la part qui revient dans la découverte aux deux inventeurs, Niépce et Daguerre ; mais tout en rendant justice au second, M. Ville a, peut-être involontairement, glissé trop vite sur le mérite de l'auteur du *Diorama*, considéré comme artiste. Ce n'est point assez de dire que M. Daguerre *s'occupait* de décorations, et que ses toiles remarquables lui avaient fait *une sorte de célébrité*.

L'art du décor doit à Daguerre des perfectionnements très-considérables ; les treize tableaux dont il avait enrichi son *Diorama*, et qui, par malheur, ont péri dans un incendie, ont fait l'admiration de la France.

Nous regrettons aussi, et certes nos sympathies pour la photographie sur papier ne sont point suspectes, que M. Ville déclare formellement la supériorité de cette branche de l'héliographie sur la daguerréotypie proprement dite. Ces comparaisons sont dangereuses, car elles provoquent les assertions contraires, et nous aurons à combattre, dans l'ouvrage de M. Figuier, une opinion tout opposée. A notre sens, le daguerréotype a atteint le degré de perfection qu'il comporte ; la photographie donne lieu à des résultats différents, moins limités peut-être, d'un intérêt industriel plus étendu : elle a déjà fait des progrès inespérés, elle l'est dans une voie d'améliorations non interrompues. Ainsi tout en nous expliquant, tout en partageant la prédilection de M. Ville, nous désirons qu'elle ne porte aucune défaveur sur l'invention *Niépço-daguerrienne*, dont la photographie est issue.

L'historique de la photographie donne lieu à quelques restrictions que nous aimons mieux adresser au commentateur de M. Blanquart-Evrard qu'à cet amateur éminent et zélé. Après avoir décrit trop minutieusement le procédé créé par M. Talbot, M. Ville ajoute que la complication de cette méthode effraya l'Académie. « Quelques personnes, poursuit-il, essayèrent de répéter les épreuves du physicien anglais : divers essais infructueux firent **croire** que l'auteur n'avait dit son secret qu'à moitié…, etc… M. Blanquart-Evrard a *transformé* la photographie, et *tous* les progrès que la découverte de M. Talbot a faits depuis la publication de l'inventeur, sont liés de près ou *de loin* aux travaux de M. Blanquart… »

Qui ne croirait, en lisant ces lignes, que le procédé-Talbot est abandonné, et que l'invention eût été perdue si M. Blanquart n'avait découvert un procédé tout différent, en un mot, suivant l'expression de M. Ville, ne l'avait *transformée* ?

Or, M. Blanquart emploie, comme M. Talbot, l'iodure d'argent, résultat de la décomposition du nitrate d'argent par l'iodure de potassium ; comme le physicien anglais, M. Blanquart se sert de l'acide gallique ; enfin, M. Talbot a fourni les réactifs, en a indiqué l'usage, et a le premier su tirer parti des images négatives, par la superposition d'un nouveau papier, dûment préparé pour fournir, à l'aide de la lumière, une épreuve redressée.

L'application de ce système comportait-elle les imperfections, les impossibilités, que M. Ville y signale ? Non ; car si l'on s'en rapporte à la version de M. Figuier qui contredit formellement celle de M. Ville, — quand M. Blanquart publia sous son nom le procédé modifié de M. Talbot, ce dernier, agissant *en grand seigneur*, « se borna à adresser à quelques amis de Paris deux ou trois de ses dessins photographiques, qui faisaient singulièrement pâlir les épreuves de M. Blanquart. »

Notre intention n'est pas de nous prononcer sur l'objet de ce débat : nous laissons à M. Figuier la responsabilité de ses assertions, puisqu'il l'a encourue, au tome 1er de son *Exposition des principales découvertes scientifiques modernes*. Voilà dans quels termes il résume son exposé des travaux de M. Blanquart, après avoir dit que M. Talbot livra son secret, qui fut recueilli par quelques artistes nomades et par eux vendu dans nos provinces : « C'est dans ces circonstances que M. Blanquart fit paraître son Mémoire. Il y *reproduisait*, sauf quelques modifications, *le procédé de M. Talbot* : seulement, ses descriptions étaient beaucoup plus précises que celles du physicien anglais. »

Cette opinion est confirmée par M. Le Gray, dans son nou-

veau *système de photographie*, en ces termes : « M. Blanquart-Évrard, par son *traité*, a popularisé en France le procédé de M. Talbot, avec quelques modifications. » D'ailleurs, M. Le Gray affirme plus loin que sa méthode particulière lui appartient en propre, et, quant à ces modifications, il revendique l'antériorité sur M. Blanquart.

Malgré notre répugnance à participer à des discussions personnelles, il nous serait difficile de parler de trois ouvrages qui se contredisent, sans signaler ce désaccord : il nous est impossible de le signaler, sans atténuer la portée des affirmations de M. Ville.

En effet, comme plusieurs de nos confrères, par l'application du procédé Talbot, ont obtenu et obtiennent journellement des résultats très-satisfaisants, nous ne saurions, sans faillir à nos devoirs envers eux, laisser passer en silence un arrêt absolu qui, niant la valeur pratique de la méthode de M. Talbot, et discréditant en masse les artistes qui l'emploient, réduirait leurs travaux à néant.

Il nous est plus impossible encore d'accorder à M. Ville, que « *tous les progrès* de la découverte de M. Talbot *sont liés* de près ou de loin *aux travaux de M. Blanquart*. »

Ce serait un moyen trop facile de tirer un revenu glorieux des travaux d'autrui, passés et futurs. Eh quoi ! tous nos praticiens, M. Le Gray, qui annonce une méthode particulière, M. Bayard, qui a inventé le procédé direct, M. Niépce de Saint-Victor, qui a imaginé le cliché de verre, seraient les débiteurs de M. Blanquart… quand la plupart de ces esprits inventifs en sont encore à attendre avec une impatiente curiosité les résultats palpables des dernières recherches publiées dans le livre dont M. Ville a rédigé *l'introduction !*

Que nos photographes opèrent strictement d'après les errements de M. Talbot, nous sommes loin de le prétendre. Ils ont mis à profit l'expérience de M. Blanquart, la leur surtout, et ils se sont fréquemment écartés de la voie par lui suivie : chacun d'eux a cherché et cherche sans cesse. Chacun d'eux s'est fait une méthode, à force d'essais, et s'est constitué inventeur pour son propre usage. Longtemps encore il en sera ainsi ; le mérite des résultats appartient donc à chacun comme à tous. La manière d'employer les mêmes substances varie beaucoup dans le détail des manipulations. Nous accordons volontiers que M. Blanquart occupe un rang distingué à la tête des plus ingénieux de ces artistes de la science ; mais si nous lui concédions, sur les conclusions de M. Ville, le mérite exclusif d'avoir amélioré et rendu pratique la méthode de M. Talbot, nous susciterions à ce journal des réclamations sans fin.

Que l'amitié de M. Ville ne soit point alarmée : le rôle de M. Blanquart est assez brillant ; ses titres à la reconnaissance publique seront assez beaux, si comme il l'annonce, et nous n'en doutons pas, il a résolu le problème de suppléer, pour la production des épreuves positives, à la lenteur de la lumière, par l'emploi de l'acide gallique.

Dans l'état antérieur de la photographie, un négatif ne pouvait donner que six à sept épreuves par jour. M. Blanquart, qui réduit les conditions de temps à une minute, que l'atmosphère soit limpide ou pluvieuse, peut tirer quatre cents épreuves par jour, et les livrer à très-bon marché, le prix de revient ne s'élevant pas au delà de 5 à 45 centimes. Cette découverte admirable constitue la création d'une industrie, et l'on n'hésite pas à le déclarer, l'auteur d'un perfectionnement pareil serait digne d'une récompense nationale ; car il a noblement livré son secret sans arrière-pensée, sans conditions, et tout à fait *en grand seigneur*, ainsi que l'a dit M. Figuier, à propos de M. Talbot.

Sans s'arrêter à la théorie, M. Blanquart-Evrard, de Lille, annonce la publication d'un *Album* tiré à grand nombre ; ce sera le premier monument de l'imprimerie photographique, dont cet honorable inventeur sera justement proclamé le Guttenberg.

Nous attendons avec impatience l'*Album photographique*, nous réservant d'appeler, sur les conséquences considérables et bienfaisantes d'une si magnifique découverte, l'admiration du public et la gratitude du gouvernement.

Mais il faudra probablement que, joignant l'exemple au précepte, M. Blanquart prenne le soin de procéder en présence des photographes, peut-être même de compléter sa confidence ; car nos praticiens n'ont pas réussi, jusqu'à présent, à tirer parti des indications qu'ils doivent à sa générosité. Cependant, nous avons vu, hâtons-nous de le dire, des épreuves positives très-faibles, amenées par M. Blanquart, au moyen de l'acide gallique, à des degrés divers d'intensité, qui vont s'échelonnant jusqu'au noir.

Ce procédé, comme l'a judicieusement fait observer M. Ville, élève l'opérateur à la hauteur de l'artiste et du graveur sur acier ; car il lui permet, comme à ce dernier, de *faire mordre* plus ou moins, et de réaliser, suivant son goût, des tableaux vagues ou légers, fermes ou vigoureux.

M. Blanquart-Evrard était destiné, entre tous, de dégager de l'inconnu un perfectionnement propre à mettre en jeu l'intelligence et le sentiment profond de l'art. L'auteur est doué, à cet égard, d'un mérite dont son livre fait foi. Ne renfermât-il que les observations fines, et les con-seils mis à la disposition des héliographes, l'ouvrage de M. Blanquart serait précieux pour eux. Le *Traité de pho-tographie sur papier* contient en effet les éléments d'une théorie didactique excellente, appliquée aux diverses bran-ches héliographiques.

L'art d'interpréter les portraits, le paysage, la statuaire, les tableaux, les monuments, les gravures, est l'objet d'une série d'études écrites avec le charme qui s'attache aux œuvres accomplies sous la double impulsion du discerne-ment, de l'expérience et du goût.

Enfin, l'auteur disserte, *ex professo*, sur les matières premières et sur leur emploi ; tour à tour chimiste, pein-tre, ou physicien habile. Le livre de M. Blanquart est d'un usage commode, attendu que ce docte expérimentateur possède le talent si rare de décrire avec concision et lu-cidité.

L'intérêt de cette lecture nous a entraîné plus avant que nous ne le supposions, et nous sommes loin d'avoir donné une idée complète de ce curieux ouvrage. Ce n'est pas un des moindres bienfaits de l'héliographie, la plus populaire des applications de la science nouvelle, que d'avoir amené les amateurs et le public à acquérir une diversité de con-naissances, indispensable à la pratique comme à l'intelli-gence d'un mécanisme, trop singulier dans ses résultats, pour que tout esprit curieux ne se fasse pas un devoir de s'en rendre compte.   FRANCIS WEY.

A NOS ABONNÉS.

Les abonnements qui expirent le 9 août doivent être renouvelés dès ce moment, pour éviter un retard dans l'envoi du vingt-sep-tième numéro, qui commencera le troisième trimestre de la publication.

NOUVELLES DIVERSES.

L'ÉCLIPSE DU 28 JUILLET ET LA PHOTOGRAPHIE.

En 1842, la photographie était encore au berceau et ne pouvait rendre presque aucun service dans les observa-tions d'éclipses. Il n'en est plus ainsi, maintenant, que cet art merveilleux a fait d'immenses progrès ; aussi les savants de toutes les contrées espèrent beaucoup des photographes au 28 juillet prochain. Qu'ils se mettent donc à l'œuvre avec ardeur. On a considéré assez longtemps leurs travaux comme des jeux d'enfants, comme une superfluité aristo-cratique, pour qu'ils soient heureux de profiter de cette belle occasion pour se réhabiliter complètement. Toutes les images du disque du soleil, prises pendant l'éclipse to-tale ou partielle, seront accueillies avec reconnaissance, et pourront devenir le point de départ d'une explication nouvelle et plus satisfaisante.

Pourquoi faut-il que, plus mal partagée que toutes les nations rivales, la France ne puisse pas mettre à la dispo-sition de nos Martens, de nos Bayard, etc., une équato-riale armée d'une lunette de 12 à 14 pouces, comparable à celle du Pressi Observatoire de Cambridge (Amérique), et qui a fait obtenir à M. Bond ces images si précises et si délicates de la lune, qui sont admirées à Paris et à Londres ?

Mais en rendant plus sensible l'enduit chimique qui re-couvre la plaque daguerrienne ou le papier négatif, on peut suppléer à l'absence de mouvements parallactiques rigoureusement exacts. Si l'image pouvait se produire en moins d'une seconde, un objectif fixe rendrait les mêmes services qu'un objectif entraîné par l'équatoriale, et, dans le cas même où le temps de l'impression photogénique ne dépasserait pas trois secondes, un simple héliostat ou un mouvement imparfait d'horlogerie suffisent amplement à imprimer à la plaque le mouvement nécessaire à la pro-duction d'une image parfaite.

M. Biot annonçait tout récemment, à l'Académie des sciences, que M. Talbot avait réussi à donner aux plaques et aux papiers photographiques un tel degré de sensibi-lité, qu'en faisant tourner avec la plus grande vitesse pos-sible un disque couvert de caractères typographiques, et l'éclairant avec la lumière instantanée d'une étincelle élec-trique, ce disque imprimait néanmoins son image parfai-tement nette sur la plaque et le papier préparés. Le célè-bre inventeur de la calotypie mériterait de graves repro-ches s'il n'avait pas fait connaître son secret avant le 28 juillet prochain, ou si du moins, par lui ou par ses élèves, il ne s'était pas mis en mesure d'obtenir un nombre suffi-sant d'images du soleil éclipsé, de l'auréole lumineuse, des nuages ignés, etc. Ce serait une faute irréparable ; et nous savons qu'il a trop de cœur pour manquer ainsi à une mis-sion providentielle.

—Une nouvelle galerie du Conservatoire des Arts-et-Métiers a été livrée récemment au public. Située au rez-de-chaussée, entre le grand escalier d'honneur, l'un des plus beaux du monde, et l'ancienne église, elle est éclairée sur le beau jardin qui est au levant du monument. Elle est remplie de métiers à carder, filer, bobiner, dévider, organsiner, découper, tisser, etc. Il y a des métiers à la Jacquart, des métiers à bas, à lacets, à rubans, à damasser, des Mull-Jenny, des défeutreurs, des bobinoirs, etc., jusqu'à des modèles de télégraphes. Il y a des moteurs hy-drauliques de toute sorte, des balanciers, des presses, des machines à battre monnaie, des modèles de gazomètres et de fours mécaniques.

Déjà le Conservatoire compte d'entièrement réorganisées quatorze ou quinze galeries où sont méthodiquement classés tous les instruments des arts et de l'industrie, avec leurs produits, si bien que le Conservatoire réalise une encyclopédie parlante aujourd'hui.

Voici les travaux qui restent à faire : 1° un bout de ga-lerie ; 2° la grande entrée du musée à terminer sur un plan grandiose et monumental ; 3° et le principal portail de la rue Saint-Martin.

Le nouvel amphithéâtre de dessin, dans la cour de l'ad-ministration, est terminé et inauguré. Aujourd'hui même, les ouvriers menuisiers achevaient d'urgence, dans le mer-veilleux réfectoire de l'ancien couvent, restauré et décoré avec une réussite complète, de poser les armoires ... ptées et grillées qui vont recevoir la riche bibliothèque des Arts-et-Métiers, d'ici à peu de temps.

Cet édifice peut être comparé à la Sainte-Chapelle du Palais-de-Justice, pour les merveilleux détails de la splen-dide architecture byzantine. Pierre de Montreuil, l'immor-tel maçon du temps de saint Louis, en est aussi l'auteur. Les ravissantes colonnettes qui semblent supporter la voûte ogivale et abondamment nervurée, les dix-huit ro-saces, les seize doubles croisées, la merveilleuse porte du sud fouillée et travaillée comme un objet d'orfèvrerie, tout est remis à neuf et restauré.

Au fond, du côté du levant, on a peint deux bustes de femmes figurant l'Art et la Science. Au-dessous sont pein-tes quatre petites femmes qui représentent la Sculpture, l'Histoire naturelle, la Chimie et la Physique. Du côté du nord, est la plus merveilleuse chaire à prêcher qu'il y ait peut-être dans le monde. C'était là qu'un moine se plaçait pour lire des prières pendant que les autres prenaient leurs repas.

Le Secrétaire de rédaction F.-A. RENARD, *Gérant.*

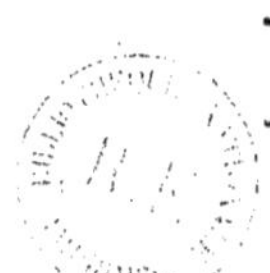

LA LUMIÈRE

JOURNAL NON POLITIQUE

HEBDOMADAIRE.

BEAUX-ARTS — HÉLIOGRAPHIE — SCIENCES.

BUREAUX, A PARIS, Nº 15, RUE DE L'ARCADE, A LA SOCIÉTÉ HÉLIOGRAPHIQUE.

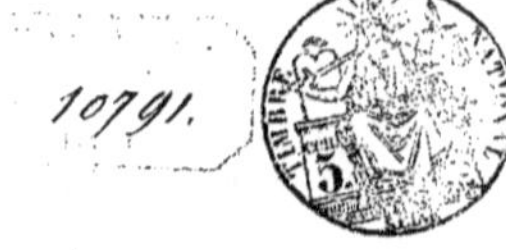

PRIX.—PARIS, UN AN, 16 F.; 6 MOIS, 10 F.; 3 MOIS, 6 F.—DÉPARTEMENTS, UN AN, 18 F.; 6 MOIS, 11 F.; 3 MOIS, 7 F.—ÉTRANGER, UN AN, 20 F.; 6 MOIS, 12 F.; 3 MOIS, 8 F.—CHAQUE Nº 50 CENT.

SOMMAIRE.

SOUSCRIPTION

Pour élever un Monument aux Inventeurs de l'Héliographie,

NIÉPCE ET DAGUERRE.

Une souscription est ouverte par la Société héliographique de Paris pour élever un monument à Niépce et à Daguerre. Nous avons la ferme conviction que cet appel sera entendu de tous ceux pour lesquels l'admirable découverte de ces deux hommes de génie a été la création d'une profession honorable et lucrative; de ceux qui y ont rencontré la source d'un utile et agréable passe-temps, et enfin de toutes les personnes qui savent comprendre qu'une œuvre grande et profitable au monde entier impose, envers la mémoire de ceux qui l'ont conçue et accomplie, un devoir d'honneur et de reconnaissance.

Les listes sont déposées et les souscriptions sont reçues au siége de la Société héliographique, rue de l'Arcade, 15.

TROISIÈME LISTE.

MM.

Wulff et Cie.	100 fr	»
Ernest Lacan, membre de la Société héliographique.	5	»
Edmond Fruit, artiste photographe.	10	»
Schwartz, ébéniste pour daguerréotype.	10	»
F. A. de La Rivière, de Rennes.	20	»
J. A. Becker.	50	»
Le vicomte Joseph Vigier, membre de la Société héliographique.	50	»
Houssemaine, fabricant de plaques pour daguer-réotype, 20, rue Bourg-l'Abbé.	15	»
Lerebours et Secrétan, membres de la Société héliographique.	40	»
Anonyme.	40	»
Dufour, amateur.	20	»
Perraud, photographe à Lyon.	5	»
Pénaux, photographe à Ploërmel.	5	»
Total. . .	500 f.	»
Montant des listes précédentes. .	1,560 f.	»
Total jusqu'à ce jour . . .	4,060 f.	»

BILAN DE LA SCIENCE ET DE L'INDUSTRIE

AU 22 JUILLET 1851.

Ou résumé rapide des progrès de la science et de l'industrie, d'août 1850 à août 1851.

Le plus grand événement scientifique de l'année est toujours la réunion, dans une des villes importantes de l'Angleterre, de l'Association pour l'avancement des sciences.

Cette célèbre Association a tenu cette année ses séances à Ipswich, à trente lieues de Londres. Elle se réunissait pour la vingt-quatrième fois, et avait élu pour président G. B. Airy, le directeur de l'Observatoire royal de Green-wich, l'un des plus illustres astronomes du monde. Chaque reunion se prolonge pendant une semaine entière : sept cent onze personnes ont pris part cette année aux travaux des diverses sections, et, en outre de presque tous les hommes distingués de l'Angleterre, on comptait parmi elles trente-cinq savants étrangers d'un mérite éminent. Les dons et cotisations se sont élevés à la somme de 620 livres sterling, près de 16,000 francs. Quatre villes, Belfast, Hull, Bristol et Leeds se disputaient l'honneur d'ouvrir leur sein, pour l'année prochaine, à la réunion de l'Association, en s'engageant à ne rien négliger pour se mettre à la hauteur de cette graudiose hospitalité. Belfast a été la ville préférée, et l'on s'est donné rendez-vous dans cette cité en août 1852, sous la présidence du colonel Sabine.

Il est d'usage que, dans son discours d'ouverture, le président résume les progrès faits par la science et l'industrie, dans l'intervalle des deux réunions; l'astronome royal a rempli dignement cette tâche difficile. Il n'a pas trouvé ces élans d'âme et de cœur qui avaient donné au discours prononcé à Edimbourg, par sir David Brewster, un caractère de jeunesse et de poésie qui étonnait et charmait dans un vieillard; mais son exposition se distingue par sa fermeté et sa précision. Nous n'avons à lui reprocher que quelques inexactitudes historiques que nous ferons disparaître dans la traduction libre que nous offrons à nos lecteurs.

ASTRONOMIE.

Il est arrêté que l'on adoptera à Greenwich le mode d'observation électro-télégraphique réalisé par M. Bond, à Cambridge (Amérique). Au lieu de compter péniblement avec l'oreille les battements de sa pendule, pendant que de l'œil il suit l'astre dans sa lunette, pour inscrire sur son registre, avec perte de temps considérable, l'instant de son observation, l'astronome, lors du passage de l'étoile devant chaque fil de son micromètre, abaissera une touche placée sous son doigt, et formera ainsi un circuit galvanique en donnant naissance à un courant qui marquera un point noir sur un cadran recouvert de papier et mû par une horloge astronomique. On pourra, de cette manière, faire dix observations pour une, et elles seront beaucoup plus exactes.

L'Association pour l'avancement des sciences avait sollicité du gouvernement les fonds nécessaires pour le transport, dans une des colonies anglaises de l'hémisphère du sud, d'un grand télescope à réflexion destiné à l'observation des nébuleuses. Leurs seigneuries de la trésorerie, tout en reconnaissant l'excellence de ce projet et l'honorabilité de cette demande, ont fait répondre qu'elles se voyaient forcées d'en différer l'exécution. M. Airy espère que de nouvelles demarches seront couronnées de plus de succès.

Les observations d'*Alpha* du Centaure, faites au cap de Bonne-Espérance et continuées pendant toute l'année qui vient de s'écouler, ont pleinement confirmé les premiers résultats obtenus. La parallaxe de cette étoile surpasse certainement neuf dixièmes de seconde : sa distance au soleil est au plus de sept billious de lieues; sa lumière met moins de soixante-douze jours pour arriver jusqu'à nous; et, autant que nous pouvons en juger, *Alpha* du Centaure est notre plus proche voisin dans la profondeur des cieux étoilés.

Les astronomes étrangers ne cessent pas d'étudier avec attention les irrégularités du mouvement propre des étoiles; et ils semblent tous amenés à penser que beaucoup d'entre elles sont associées à des compagnons obscurs, ou dont la lumière n'arrive pas jusqu'à nous.

La plus brillante découverte dans notre système solaire est l'observation faite à la fois, mais indépendamment et à des jours différents, en Angleterre et en Amérique, d'un nouvel anneau de Saturne, obscur et placé à l'intérieur de l'anneau brillant seul remarqué jusqu'ici. Il paraît que cet anneau mystérieux s'était déjà montré complaisamment, il y a quelques années, à divers astronomes, mais sans fixer leur attention. Quelle est sa formation? comment reste-t-il suspendu dans l'espace? De longues années s'écouleront peut-être avant que l'astronomie physique donne une réponse satisfaisante à ces téméraires questions.

Trois nouvelles petites planètes, situées toujours dans l'espace dévasté compris entre Mars et Jupiter, sont venues rejoindre leurs onze sœurs aînées. Quatre de ces quatorze planètes ont été découvertes dans l'observatoire privé de M. Bishop, et par un même astronome, M. Hind. Jamais homme savant n'avait fait dans les cieux autant de conquêtes.

Le gouvernement anglais avait alloué une somme assez considérable à un astronome danois, M. Haustien, qui devait mettre la dernière main à la théorie de la lune et au calcul de nouvelles tables lunaires. La désastreuse guerre du Holstein, en ruinant le gouvernement des duchés, a empêché jusqu'ici l'impression de cet immense travail; mais on l'a repris depuis peu, et tout fait espérer que la publication ne se fera pas longtemps attendre.

Tout porte à croire que la théorie, jusqu'ici trop incomplète, des mouvements d'Uranus et de Neptune va être reprise et reconstituée avec le plus grand soin : les incertitudes relatives à l'un de ses éléments les plus essentiels, la masse de Neptune, seront bientôt dissipées par les observations de son satellite dans le beau télescope de M. Loisel.

Dans la réunion d'Edimbourg, M. Otto-Strave avait appelé l'attention de l'Association sur l'éclipse totale de soleil du 28 juillet. Les singulières apparences observées dans l'éclipse de 1842 avaient inspiré au Comité d'astronomie le désir de voir les stations astronomiques reliées entre elles par groupes de trois; la première station étant placée sur la limite nord de l'ombre, la seconde au centre de l'ombre, la troisième vers la limite sud; la Russie s'était empressée de répondre à ce désir, et a dû organiser six groupes, formant 18 stations, avec un nombre suffisant d'observateurs, et les instruments nécessaires. Les officiers russes de la mer d'Azow et de la mer Noire avaient reçu de leur côté le mot d'ordre du ministre de la marine, et se sont préparés avec ardeur à former leur contingent d'observations.

L'expérience simple et ingénieuse de M. Léon Foucault sur la rotation du plan d'oscillation du pendule simple a excité un vif intérêt en France, en Angleterre et en Amérique; elle démontre réellement, si tant est qu'un fait aussi évident eût besoin de démonstration, la rotation de la terre autour de son axe. La théorie de M. Foucault est exacte, mais son expérience a besoin d'être faite avec le plus grand soin et à l'abri de toutes les influences perturbatrices pour rester comparable avec elle-même et donner partout les mêmes résultats. Faute de précautions suffisantes elle a échoué en plus d'un lieu.

La mesure du grand arc du méridien suédois et russe, du Cap Nord au Danube est tellement avancée, qu'on espère pouvoir le terminer cette année.

L'abbé F. Moigno.

(La suite à un prochain numéro.)

HÉLIOCHROMIE.

M. HILL ET SA DÉCOUVERTE.

Dans notre numéro du 1er juin nous avons annoncé, d'après le *Photographic art journal de New-York*, et sous toutes réserves, la solution du grand problème de l'hélio-chromie, par M. Hill.

Les réticences que l'auteur de cette découverte avait prodiguées dans sa lettre nous inspiraient quelques soupçons; le moyen qu'il avait indiqué aux nombreuses personnes qu'elle devait intéresser vivement, pour l'aider dans son travail, et qui consistait à souscrire à un livre qu'il vient de publier, nous paraissait avoir quelque ressemblance avec ces réclames habiles et prometteuses que les Américains savent si bien inventer, — car en fait d'invention, celle-là ne peut certes pas leur être contestée, — et nous doutions. Il nous semblait que l'homme qui aurait arraché ce nouveau secret à la nature, qui aurait fait faire ce pas immense à l'art, ne prendrait pas toutes ces précautions, et qu'il s'écrierait dans l'enthousiasme de sa création : Voilà mon œuvre ! voilà mes moyens ! sans s'inquiéter si le monde ne lui rendrait que de la gloire en échange de ses travaux. Nous pensions qu'il ferait ce qu'a fait depuis M. Niépce de Saint-Victor. S'est-il contenté de dire : J'ai fait une admirable découverte, j'ai reproduit et fixé les couleurs du spectre? a-t-il rien caché? a-t-il rien avancé qu'il n'ait prouvé? rien promis qu'il n'ait tenu? A-t-il posé aucune condition préliminaire? Non; il a tout dit, jusqu'au plus petit détail; il n'a rien gardé de ce qui pouvait être utile à tous; il a ouvert son trésor et il a dit : Puisez ! Il a ouvert la voie et il a dit : Marchez ! Et cependant nous savons tous (la notice de F. Wey sur les travaux de M. Niépce l'a suffisamment appris à ceux qui l'ignoraient) que c'est à force de persévérance, de courage, de sacrifices, d'amour pour la science, à laquelle il a consacré tout ce qu'il a pu prendre sur ses veilles et sur son modeste revenu, qu'il est arrivé à ce beau résultat.

Mais que M. Niépce et tous les artistes français qui ont pris sa découverte à cœur ne se découragent point. Voici ce que nous lisons dans le journal même qui s'est fait l'organe de M. Hill.

« Depuis la publication de notre dernier numéro, nous avons vu plusieurs personnes qui ont été visiter M. Hill dans sa retraite, et qui nous ont exprimé leur foi dans la découverte qu'il prétend avoir faite.

«Quoique nous ayons conseillé à tous de prendre patience pour le développement complet de cette grande invention, nous ne pouvons blâmer les plaintes qu'un long retard fait naître. Nous ne doutons pas, cependant, que M. Hill ne soit aussi désireux de les faire cesser et de retirer de sa découverte tous les avantages qu'elle lui promet, que nos artistes sont envieux d'obtenir la connaissance de son procédé.

«Aux nombreuses questions qui nous sont adressées à ce sujet, nous répondrons que nous ne savons absolument rien quant au temps fixé pour la promulgation du secret, si ce n'est que M. Hill nous a dit qu'il lui faudrait au moins six mois pour perfectionner ses moyens au point de pouvoir les enseigner à d'autres. Nous ne savons également, sur la manière dont il disposera de son secret, que ce qu'il en a publié dans sa circulaire.

« Des bruits divers, dont nous ne saurions attester la véracité, ont circulé au dehors; mais ils sont en opposition tellement directe avec les déclarations que M. Hill nous a faites à nous-mêmes ou qu'il a publiées dans ses lettres, que nous ne pouvons y croire. Nous serions vivement et tristement désappointés si la moindre de ces rumeurs se vérifiait.

« La plus importante est celle-ci :

« Un daguerréotypiste distingué et un riche négociant se seraient si bien insinués dans les bonnes grâces de M. Hill et lui auraient rendu des services d'une nature si particulière, qu'il lui serait impossible d'éviter de leur accorder un intérêt dans son invention, et un contrôle sur la manière dont il en disposera. Ils se proposent, dit-on, d'exercer ce contrôle d'une façon tout à fait avantageuse pour la *santé pécuniaire de leur bourse vaste et déjà bien remplie.*

« Maintenant quand nous nous souvenons de ce mot de M. Hill — *qu'il disposerait de sa découverte de la manière la plus démocratique,* — *d'une manière qui profiterait le plus au plus grand nombre* », — et quand nous savons qu'il lui a été fait une offre qui répond entièrement à ses vues; offre par laquelle il pourrait assurer sa fortune en un instant, en conservant le privilège de pratiquer sa découverte partout où il lui plairait; quand nous savons tout cela, nous disons que nous ne pouvons croire que ces bruits aient aucun fondement, bien qu'ils aient été répandus et soutenus avec une telle insistance par deux ou trois personnes qui prétendent être parfaitement instruites des intentions de M. Hill et du piège que lui ont tendu ceux que nous avons désignés plus haut et dans lequel il serait tombé.

« Si ces bruits se vérifiaient et qu'une semblable association fût formée entre l'inventeur et les deux personnages en question, nous aurions à révéler certaines choses qui profiteraient aux daguerréotypistes dans ces circonstances; mais jusqu'à nouvel ordre, nous n'ajouterons aucune foi à ces rumeurs malveillantes. »

Dans son numéro de juin dernier, le même journal contient ce qui suit :

« Selon notre promesse, nous décrirons la position dans laquelle se trouve actuellement la nouvelle découverte de M. Hill, en passant en revue les lettres qu'il a publiées et les bruits qu'elles ont fait naître depuis quatre ou cinq mois, et nous exprimerons franchement notre opinion à cet égard.

«Depuis plusieurs années nous attendions avec confiance, en l'appelant de tous nos vœux, le jour où les images daguerriennes pourraient être obtenues dans tout l'éclat des couleurs naturelles. Aussi avons-nous applaudi de tout notre cœur à la nouvelle de la solution de ce grand problème, et nous sommes-nous empressés de la reproduire. Nous n'avions aucune raison de douter de la véracité de M. Hill, et nous annonçâmes sa découverte, parce que nous avions promis à nos lecteurs de les mettre au courant de toutes les nouvelles artistiques importantes.

« Nous avions appris cette découverte par un M. Root de New-York, et ensuite nous eûmes connaissance d'une lettre confidentielle écrite par l'inventeur à un artiste distingué de cette ville. Ce fut le contenu de cette lettre, affirmant le fait de la découverte de la manière la plus positive, qui nous amena à en faire l'annonce dans notre numéro de janvier; M. Hill répondit par la lettre que nous avons publiée.

« L'impression générale que cette annonce fit sur les artistes daguerréotypistes du sud et de l'ouest, est que la nouvelle répandue par l'auteur n'est autre chose qu'une réclame pour vendre son livre et que ce résultat une fois atteint, il la laissera tomber dans l'oubli le plus silencieusement possible.

« Nous croirions difficilement qu'un homme honorablement posé se laissât entraîner par la cupidité, au point de commettre un de ces *puffs* qui ont amené plus d'une fois leur auteur devant la justice. Et dans ce cas ce ne serait pas seulement devant ses concitoyens que M. Hill aurait à répondre de son action déloyale, ce serait devant le monde entier qui s'occupe déjà de son travail.

« Nous avons eu un entretien avec son frère M. R. H. Hill et deux autres personnes, qui nous ont assuré avoir vu les spécimens dont il a parlé, en affirmant que tout ce qu'il en avait dit était exact.

« A cette question : Pourquoi, si M. Hill a réussi à obtenir les couleurs, ne montre-t-il pas ses épreuves?... il répond : Parce que dès que la découverte fut faite, il contracta, par écrit même, avec Mme Hill, un engagement solennel de ne rien communiquer à personne, et que ce ne fut que d'après l'avis d'un homme de loi, qui lui en démontra la nécessité pour obtenir un brevet, qu'il consentit à montrer les épreuves à son frère, à son beau-frère et à la personne que nous avons mentionnée plus haut. Il craint que la vue seule de ses spécimens ne fasse découvrir son procédé. »

Après avoir rappelé la lettre de M. Hill que *la Lumière* a reproduite dans son numéro du 1er juin, le *Photographic art journal* présente une considération des plus graves et des plus justes en même temps.

« Le *composé* dont M. Hill parle, — dit ce journal, — et qu'il avoue ne pas connaître lui-même, bien que ce soit à lui qu'il doive la production des images avec leurs couleurs naturelles, était donc le résultat d'un simple accident et non l'effet d'une combinaison soigneusement étudiée, fruit de ses recherches sur les phénomènes de la nature; il ignore donc les éléments qui constituent ce *composé*, et la manière de le produire. Cette pensée prend plus de force encore dans notre esprit quand nous lisons la conclusion de ce paragraphe : *Sans doute une analyse habile et attentive déterminera sa nature.* » Et pourtant dans ce même paragraphe de sa lettre, M. Hill avait dit : *Ce composé est simple et facile à produire.*

« Évidemment il y a là une contradiction; car, comment est-il possible pour une substance d'être facilement produite, quand les éléments qui la composent sont inconnus? Afin d'arriver à connaître la nature des substances simples qui forment un composé, il est nécessaire de faire une analyse très-minutieuse et souvent très-délicate de ce composé, et nous ne croyons pas faire injure au talent de M. Hill en disant que si, comme nous le supposons, il a déjà fait plusieurs tentatives infructueuses pour analyser son composé, on peut douter qu'il y arrive jamais, et le moyen d'obtenir les épreuves coloriées devra nécessairement se perdre pour un temps, lorsque le composé dont il possède aujourd'hui une certaine quantité sera épuisé.

« Nous arrivons donc à cette conclusion, que bien que l'on ne puisse douter de la découverte annoncée par M. Hill, on doit désespérer de la voir jamais complète, s'il faut s'en reposer entièrement sur lui pour la parfaire. Il nous semble qu'il pourrait mettre de côté son manque de foi dans l'honnêteté humaine et s'adresser à quelque chimiste de premier ordre pour l'analyse de son composé. Alors nous n'aurions plus à craindre que le moindre accident ne vînt retirer à l'inventeur la possibilité de rendre sa découverte permanente, et faire retomber l'art du degré immense qu'il n'aurait gravi que pour un instant. »

M. Hill dit encore :

« J'ai plusieurs portraits dans lesquels j'ai obtenu le *ton véritable de la peau, le rosé des joues et des lèvres* »; — et plus loin — : « *les rayons jaunes ne s'accordent point avec les autres rayons.* » — Or, chacun sait que le *ton véritable de la peau* comporte plus de jaune que d'autres couleurs.

Le rouge, qui prédomine aussi dans la figure humaine, est considéré comme le second rayon coloré possédant une certaine partie *non photogénique*, et comme l'un des plus difficiles à reproduire sur la plaque. Ces deux couleurs doivent donc être plus lentes à s'imprimer que les autres, telles que le bleu et ses composés.

Les contradictions que nous avons signalées peuvent provenir d'un manque de savoir et d'expérience, plutôt que du désir de faire croire ce qui n'est pas. Toujours est-il qu'un homme qui n'éprouve aucune confiance pour ses semblables doit s'attendre à ne pas en rencontrer beaucoup à son égard.

Nous croyons aussi que M. Hill a eu grand tort de publier son livre dans le but avoué d'en appliquer les bénéfices au développement de sa découverte.

Nous avions parlé, d'après le *Photographic art journal*, d'une offre qui avait été faite à l'inventeur. Le journal américain reproduit la lettre qui contenait cette offre. Elle est d'un M. Anthony, de New-York. Il s'agit d'une souscription dont le chiffre serait fixé par M. Hill lui-même. Dans chaque grande ville on établirait une liste sur laquelle toutes les personnes qui s'intéressent à sa découverte viendraient inscrire leur nom : le chiffre une fois atteint, l'argent recueilli par des personnes honorables et connues, serait remis à l'inventeur, après, toutefois, que des juges compétents auraient certifié la vérité de sa découverte, la simplicité de son opération et la perfection des résultats.

De cette façon M. Hill aurait pu livrer à la publicité un secret qui intéresse si vivement l'art, et s'assurer une aisance honorable. Pourtant il n'a pas accepté cette offre, et il n'a fait à M. Anthony qu'une réponse évasive, ainsi qu'on peut en juger :

Weskill, Greene Co.-New-York, le 28 Mars 1851.
M. E. ANTHONY,

«Comme je vous ai promis de vous écrire, je choisis cette occasion de le faire. Depuis que je suis revenu chez moi j'ai été très-souffrant; mon ancienne affection des bronches ayant été excitée de nouveau par un fort rhume. Je n'ai pu travailler un seul jour, et c'est un véritable chagrin pour moi. Pourtant je suis mieux maintenant et j'espère pouvoir reprendre mes travaux d'ici à quelque temps.

« Je me suis fait cette question : Comment pourrai-je continuer ? je suis pauvre, et il faut que j'aie les moyens de soutenir ma famille sans embarras, et je ne puis travailler. Des offres d'argent m'ont été faites à New-York, j'ai reçu d'ailleurs de semblables propositions. Mais ce que j'ai craint de faire jusqu'à présent, je suis décidé plus que jamais maintenant à ne point le faire, c'est-à-dire à ne recevoir aucune avance sur un procédé de la disposition duquel je *veux* rester complètement libre. Dans de telles circonstances que pourrais-je faire, sinon de continuer à m'aider moi-même, comme je l'ai fait jusqu'à présent? Aussi, après mûre réflexion, je suis décidé à publier un autre livre. Il renfermera mon premier ouvrage abrégé, et quelques notions nouvelles à mon procédé.

« Vous recevrez une circulaire plus explicite, et j'espère que vous coopérerez à la vente de ce volume.

« Agréez, etc. L. L. HILL. »

C'est toujours la même conclusion à toutes les propositions qui lui sont faites; à toutes les questions qu'on lui adresse, M. Hill répond invariablement : Prenez mon livre. Devant cette persistance singulière, il nous est permis de douter, — et nous doutons.

ERNEST LACAN.

PUBLICATIONS HÉLIOGRAPHIQUES.

II.

Nouveau traité théorique et pratique de photographie sur papier et sur verre, par M. Gustave Le Gray. — Exposition et histoire des principales découvertes scientifiques modernes, par M. L. Figuier, docteur ès sciences. — Promenades poétiques et daguerriennes. — Bellevue. — Chantilly; — par M. L. A. Martin.

Épris de fantaisie et de réalité, peintre et photographe, esprit à la fois aventureux et positif, M. Gustave Le Gray, qui sacrifierait volontiers le bien à l'espoir du mieux, est un des hommes les plus aptes à perfectionner, dans le détail des manutentions, une découverte récente. Sa fantaisie curieuse, servie par des goûts laborieux, autant que par un juste discernement, l'a conduit à des expériences, à des procédés dont l'emploi exige une certaine délicatesse pratique. Aussi, non content d'exposer ses théories, M. Le Gray a ouvert un atelier d'exploitation; et par des élèves, et les théories qu'il développe ont subi l'épreuve de la réalisation.

M. Le Gray est un vulgarisateur ingénieux; son *nouveau traité de photographie* en fait foi. Prenant l'invention à son principe, et remontant jusqu'à la racine des mots pour les définir, il trace en vingt lignes l'historique de la photographie, et, en résumant les conséquences avec une philosophie supérieure aux errements vulgaires, il dégage le résultat définitif dans une appréciation inverse de celles qui ont été posées par la critique inquiète et timorée.

« Le peintre, dit-il, y trouvera un enseignement et une économie de temps, qui lui permettront d'abréger le travail mécanique de ses études, pour les reporter sur les parties vraiment nobles de l'art..... Le résultat sera donc la dépréciation du travail matériel, au profit de celui de l'intelligence. »

Ces considérations, parfaitement conformes à celles que nous avons cherché à faire prévaloir, étant établies, M. Le Gray entre vivement dans le détail des procédés qui lui sont propres, et de la manière dont il met en usage ceux que ses devanciers ont publiés avant lui.

Ses premiers efforts, qui ont consisté à chercher une combinaison chimique propre à accélérer la formation des images sur papier, l'ont convaincu de l'inutilité de la chercher hors de la sphère des sels argentifères, et lui ont démontré la supériorité de l'annexion de l'iodure, du cyanure et du fluorure de potassium. En employant ces triples sels d'argent à l'état naissant, notre auteur est parvenu à obtenir des épreuves en deux secondes, durant la belle saison.

Suivant M. Le Gray, le procédé chimique a peu de progrès à faire, et tout l'intérêt doit se porter, désormais sur la fabrication des papiers : l'avenir de la photographie est là. Mécontent de l'esprit routinier des fabricants qui se sont jusqu'ici bornés à faire payer plus cher aux photographes les veines de papier que ceux-ci leur ont signalées comme bonnes, M. Le Gray s'est attaché à améliorer, par diverses manipulations, les papiers tels qu'ils sont.

Cette portion de ses travaux est très-intéressante, parce qu'elle est d'une souveraine utilité. L'auteur parvient à son but par des moyens divers; soit par l'encollage à la crème de riz, soit par l'application de la cire pour donner des clichés transparents, soit par l'albumine mêlée à du sucre de lait. C'est fort à propos, qu'à cette occasion, M. Le Gray signale la supériorité du papier en tant que substance solide, légère et facilement portative: mais il insiste peut-être d'une façon trop marquée sur les inconvénients des épreuves sur verre. N'ont-elles pas assez de leur pesanteur et de leur fragilité, sans qu'on les accuse d'être dures, sèches, et même fausses comme relations de tons ! Comment, d'ailleurs, concilier cette assertion trop sévère avec celle qui, plus haut, leur accorde *toute la finesse désirable*, une finesse à qui approche de celle des épreuves sur plaque » ! Nous remarquons même une accusation bizarre : « Le verre est difficile à préparer.... Si l'on ajoute quelques substances à l'albumine, comme le miel et les sucres, l'épreuve s'écaille et éclate à la première épreuve positive que l'on veut tirer. »

Mais, si l'on n'ajoute ni sucre ni miel, cet inconvénient disparaît, et ce sont là des additions dont il est très-facile de s'abstenir.

Nous n'avons que des éloges à donner au *Traité photographique* de M. Le Gray, qui convie généreusement ses confrères à mettre à profit des travaux minutieux, assidus et scrupuleusement expérimentaux. Son zèle s'étend à toutes choses; son érudition empiète sur le terrain de la chimie, de la physique et des beaux-arts. Ce n'est que dans une lecture assidue et réitérée de ce livre essentiellement pratique, que l'on peut s'assimiler les très-nombreuses recettes qui y sont décrites, les méthodes de préparation, en un mot les perfectionnements dont l'auteur revendique l'invention. A cet égard, chacun est plus ou moins original, et des esprits attachés à la même recherche, sur un sujet commun, procédant de principes identiques, sont destinés à se rencontrer fréquemment. Deux personnes auront fait la même trouvaille : voilà des passions en jeu, et l'on cherche laquelle des deux a dérobé à l'autre...

Dans chaque parti l'on est de bonne foi; l'un et l'autre inventeur ont raison, et quand des esprits viennent à se rencontrer ainsi, n'ont-ils pas un double motif pour s'estimer et sympathiser entre eux ?

Je ne quitterai pas le livre si pratique de M. Le Gray, sans signaler le passage où il condamne avec énergie et déprécie comme il convient les épreuves photographiques retouchées à la main : manie déplorable et contre laquelle nous ne cesserons de nous élever. Nous y reviendrons en temps et lieu.

Il nous reste à prévenir une objection relative aux procédés de M. Le Gray, objection entrevue déjà, et qui concerne les difficultés de l'application. Quelques personnes, après un essai trop rapide, rebutées par un premier échec, se montrent disposées, soit à contester la valeur des méthodes, soit à supposer que l'auteur n'a pas entièrement développé ses secrets.

Mais, outre que les explications de M. Le Gray nous semblent complètes et livrées avec une sincérité fort honorable, on ne doit pas oublier que, dans toutes les expériences où la chimie est en jeu, le résultat dépend beaucoup de l'habitude, et en quelque sorte *du tour de main* des manipulateurs. Cette idée est si vraie que, parmi les sommités de la science, il est des hommes qui ont dû en partie leur réputation à leur habileté comme préparateurs. Nous citerons M. Thénard, dont la dextérité et le tact heureux ont été si utiles à l'accomplissement de plusieurs des découvertes de Gay-Lussac. A l'époque où l'auteur qui écrit ces lignes étudiait la chimie à l'École centrale des manufactures, sous la direction de M. Dumas, lorsque les

divisions étaient appelées à manipuler, chacun agissait avec les mêmes réactifs, d'après les mêmes instructions, et dans les opérations un peu délicates quatre à cinq élèves, toujours les mêmes, arrivaient seuls à des résultats satisfaisants.

Ces applications exigent donc beaucoup d'attention, de docilité et de présence d'esprit. C'est pourquoi M. Le Gray, particulièrement en ce qui concerne le procédé à sec sur papier ciré, recommande un oubli complet des procédés ou des préoccupations antérieurs, et une excessive exactitude à suivre ses conseils. Les méthodes nouvelles ne sauraient être sainement jugées qu'après une expérimentation approfondie, et leur mérite est incontestable quand l'inventeur en apporte les preuves palpables. Or, de l'aveu de tout le monde, M. Le Gray est l'un de nos plus habiles praticiens; l'un de ceux qui, par la beauté des images obtenues, dans tous les genres, font le plus d'honneur à la photographie, et à la Société qu'un esprit élevé, généreux et libéral, M. de Montfort, a instituée pour hâter les perfectionnements.

A la différence de M. Le Gray, écrivain exclusivement pratique, M. Figuier, docteur ès sciences, dans un ouvrage écrit pour les gens du monde, se borne à l'exposé général des théories; mais le cadre qu'il s'est tracé embrasse, comme l'indique le titre du livre, L'EXPOSITION ET L'HISTOIRE DES PRINCIPALES DÉCOUVERTES SCIENTIFIQUES MODERNES. Ces deux volumes traitent successivement, — de la photographie, — de la télégraphie (aérienne et électrique), — de l'éthérisation, — de la galvanoplastie et de la dorure chimique, — des aérostats, — de l'éclairage au gaz, — de la planète Leverrier, — de la poudre de guerre et de la poudre-coton.

C'est une heureuse pensée que de chercher à populariser la science, que de retracer l'histoire des découvertes curieuses, histoire très-dramatique, féconde en péripéties inattendues, et dont les éléments ont constamment failli jusqu'ici aux moralistes en humeur d'étudier la marche singulière de l'esprit humain.

Le livre de M. Figuier est rempli de faits curieux, il remonte à l'origine des choses, et fourmille de ces détails piquants, de ces incidents oubliés à demi, de ces documents d'autant plus rares que, dispersés, enfouis dans des ouvrages qui deviennent inconnus dès que le degré scientifique où ils ont été écrits se trouve dépassé, on ne sait, non-seulement plus où les prendre, mais on ignore même où il faudrait les chercher.

Non content de débarrasser le chemin de la science, des ronces qui l'envahissent, M. Figuier a su en fleurir les abords. Il a semé ses récits d'une foule d'anecdotes, il a retracé des expériences singulières, exhumé les noms ignorés des précurseurs de chacune des découvertes analysées par lui, et retrouvé les faits antérieurs qui ont pu donner lieu aux progrès récemment survenus. C'est ainsi qu'à propos de la télégraphie, l'auteur rappelle les essais d'Amontons sous Louis XIV, au moyen d'une série de télescopes disposés de distance en distance sur des lieux élevés. Cette invention, grâce à la curiosité de Mlle Chouin, maîtresse du Dauphin, eut l'honneur d'une exhibition publique, puis fut abandonnée de ces gens curieux par désœuvrement, et, par désœuvrement aussi, disposés à courir sans cesse à des distractions nouvelles.

Au sujet de l'éthérisation, M. Figuier signale les anciennes recettes d'alchimie au moyen desquelles les docteurs créaient un sommeil artificiel, et il rapporte d'après un texte même de Canappe, médecin de François Ier, que dès le treizième siècle, un praticien nommé Théodoric endormait ses malades, avant de leur faire des opérations chirurgicales, en leur faisant respirer dans une éponge un extrait d'opium, d'eau de morelle, de jusquiame, de laitue, de mandragore, de ciguë et de stramonium. Il supprimait ainsi la sensibilité, opérait sur des corps inertes et réveillait le patient en lui frottant les narines avec du vinaigre, du jus de fenouil et de la rue. En suivant l'histoire des agents anesthésiques jusqu'au chloroforme, l'auteur passe en revue les expériences de Davy sur le protoxyde d'azote, celles de Wels à Boston avec le gaz hilarant; enfin, les essais de Jackson et du dentiste William Morton.

Ces intéressantes recherches sont accompagnées d'un tableau des phénomènes anesthésiques, qui nous a vivement frappé.

Quoi de plus attachant qu'un semblable travail, qui fournit au lecteur une exposition complète de la branche scientifique dont chaque découverte est issue ! La dorure par le procédé Ruolz donne à l'auteur l'occasion de retracer les annales de l'électro-chimie, de Volta, de Brugnatelli, jusqu'à M. Elkington.

L'histoire des aérostats n'est pas moins complète ; elle commence avec la première *mongolfière*, avec Pronst et Mme Blanchard, et se poursuit jusqu'à l'ascension de M. Bixio. Mais rien n'est plus détaillé ni plus instructif que le chapitre consacré aux poudres d'artifice ; c'est une histoire succincte et pourtant complète de la pyrotechnie. Ce travail remarquable s'ouvre par des recherches très-fortes sur les feux grégeois, sur leur emploi dans l'Orient sous le Bas-Empire, et chez les Arabes au temps des Croisades. Enfin,

la découverte de la poudre, jusqu'à Schwartz, qui perfectionna les canons, puis jusqu'à Schœnbein, qui a trouvé le le fulmi-coton.

Nous renonçons à regret au plaisir de pénétrer dans le détail de ces récits, qui nous entraîneraient trop loin : il nous suffit d'appeler sur cet ouvrage un intérêt de curiosité que sa lecture peut seule satisfaire.

C'est avec bonheur que nous y avons reconnu les éléments d'une initiation attrayante et facile aux travaux de la science moderne. Ce livre fait pour plaire à chacun est singulièrement propre à inspirer le désir de s'instruire.

A cet égard, et pour ce qui regarde les sciences naturelles, l'ignorance publique, soigneusement entretenue par le programme des études universitaires, est restée aussi grande qu'au moyen âge. Un garçon de vingt ans sait parfaitement, car on l'a forcé de n'en pouvoir douter, qu'Alexis brûlait pour le beau Corydon, — document d'une contestable utilité; et ce même rhétoricien ignore de quoi sont faits le sel qu'il mange, l'allumette qu'il brûle, l'eau qu'il boit, ou la poudre qu'il va tirer aux alouettes, aux fraîches matinées d'octobre.

Ne serait-il pas bien temps de substituer des connaissances plus réelles, plus spéculatives, à ce programme d'éternelle routine ? de se souvenir, enfin, que chez ces Grecs dont on parle tant, les sciences naturelles faisaient partie, tout aussi bien que la grammaire ou l'éloquence, de l'enseignement philosophique? Les générations modernes ne se lasseront-elles jamais d'apprendre, huit années durant, le latin, pour ne le savoir jamais, le grec enseigné par des professeurs qui le connaissent comme nous savons le latin, et de n'offrir aux jeunes esprits d'autre aliment que de vieilles tragédies humées à petites gorgées ?

Mais ces justes ressentiments, — trop jeunes pour notre âge, nous éloignent de notre sujet, et nous n'avons pas encore fait mention du travail de M. Figuier sur la photographie. Cependant, l'auteur l'a placé avec honneur en tête de la série.

Nous le citerons brièvement, car nous l'avons souvent mentionné, et la plupart de nos lecteurs l'ont lu dans la *Revue des Deux-Mondes*, dont il est extrait.

Publié pour la première fois en 1848, à une époque où l'héliographie sur papier était loin d'avoir atteint le degré de perfectionnement où elle est parvenue, le travail de M. Figuier doit être divisé en deux parties. La première, relative au daguerréotype proprement dit, fournit sur ses inventeurs et sur leurs opérations la plus excellente notice. La seconde, relative à la photographie sur papier, est écourtée. Pour la mettre en harmonie avec l'état actuel de cette branche héliographique, l'auteur aurait eu certains remaniements à faire, afin de modifier quelques opinions. Ce qu'il écrivait autrefois, en signalant l'infériorité des épreuves sur papier, le peu de fini des images, la lenteur de l'opération, a cessé d'être exact. En réservant au daguerréotype le privilège de la reproduction des sites, des monuments, des portraits, M. Figuier commet un anachronisme assimilable à une erreur.

C'est sous l'empire de ces préjugés que l'auteur aura probablement tracé son chapitre de *la photographie au point de vue des arts*, où, à l'inverse de M. Le Gray, il conclut à sa presque nullité, par rapport à leur perfectionnement; alléguant que la photographie sur papier possède encore trop peu de régularité et de *précision*, pour que l'on puisse établir à son sujet rien de *précis* en ce qui concerne les arts. Ces jugements sembleront arriérés à quiconque a feuilleté l'album de la Société héliographique.

Nous signalerons une autre inexactitude, une erreur *de fait* regrettable, concernant le procédé *direct* inventé par M. Bayard. Après l'avoir décrit, l'auteur ajoute : « On assure que c'est par une méthode *de ce genre* qu'opère M. Bayard » ; mais M. Figuier ne lui fait pas honneur de sa découverte : « Malheureusement, poursuit-il, ces produits *s'altèrent* à la lumière ; conservés pendant quelques années, ils finissent par *s'altérer*. » L'auteur termine par avouer, qu'à ce sujet, il est réduit aux conjectures.

Le fait est complètement inexact : la merveilleuse invention de M. Bayard nous a donné des produits d'une supériorité presque fantastique, et tellement inaltérables, que ce photographe, après les avoir conservés sans précautions à l'air libre pendant dix années, en a fait don à l'album de la Société, où M. Figuier est à même de les admirer quand il lui plaira.

Lorsqu'il est si facile d'échapper au domaine des conjectures, ne convient-il pas à un historien de s'enquérir de la vérité, et d'allier à un beau talent l'exactitude rigoureuse dans les faits racontés !

Il nous reste à signaler une publication toute littéraire, qui néanmoins se rattache à notre sujet : les *Promenades poétiques et daguerriennes* de M. L. A. Martin, sténographe de l'Assemblée nationale. L'auteur a décrit, en jolis vers, *Bellevue* et *Chantilly*. Laissons-le s'expliquer lui-même :

« Lorsque notre Assemblée, au dépourvu de lois,
« Laisse dormir enfin la tribune aux abois,

« Moi, son *croque-discours*, grand ami du silence,
« Avec les orateurs je me trouve en vacance ;
« Et je quitte Paris, la bruyante cité,
« Froid cloaque l'hiver, et fournaise l'été.
« Tout politique ennui de mon cœur se dissipe ;
« Des livres, du papier, un daguerréotype,
« Ma femme (comme moi, lasse de cet enfer),
« Ensemble nous courons jusqu'au chemin de fer, etc... »

Dans ces rares fériations, M. Martin, cultivant deux muses à la fois, recueille, à travers champs, des vers gracieux et faciles, et de jolis paysages photographiés sur des carrés de papier tirés à grand nombre et collés à leur place, le long de son texte imprimé.

La pensée est charmante, et l'exécution a, dans sa simplicité, une grâce familière et naïve du meilleur goût. Ces deux brochures, dont l'une, *Bellevue*, est enrichie de sept épreuves, l'autre, *Chantilly*, de six, seront un jour précieuses. Elles constituent les deux premiers ouvrages qu'ait illustrés chez nous jusqu'à ce jour la photographie.

Chacun voudra posséder ces deux petits poëmes, où la description, fine et précise dans sa rapidité, se montre à la hauteur de la nature, qui vient témoigner à chaque page. Nous avons vu avec plaisir des épreuves daguerriennes offertes à nos regards dans un cadre de poésie. Nous désirons vivement que M. Martin, sténographe de l'Assemblée, triste lot pour un poëte, *ami du silence*, reprenne le cours de ses pèlerinages, et son double talent nous ferait voter de bon cœur la *prorogation*.

Francis Wey.

NOUVELLES DIVERSES.

Héliochromie. — M. Letillois annonce avoir découvert une liqueur incolore au moyen de laquelle il peut *fixer d'une manière durable, sur papier blanc, toutes les cou-* leurs du prisme. Deux spécimens de papier ainsi préparé accompagnent la Note et présentent, en effet, des couleurs qui, sous certaines incidences de la lumière, sont très-vives et très-pures.

M. Letillois a cru qu'il pourrait obtenir, pour cette invention, l'approbation de l'Académie en communiquant à un seul commissaire, qu'il désigne, son procédé dont il conserverait d'ailleurs le secret. Les usages de l'Académie ne lui permettent pas d'accéder à une demande faite sous de telles conditions.

(Académie des sciences, 21 juillet 1851.)

Tremblement de terre dans le département des Vosges. (Extrait d'une lettre de M. P. Laurent à M. Arago.) « Un tremblement de terre bien caractérisé s'est fait ressentir le samedi 12 juillet à Remiremont (Vosges). Secousses violentes et rapides, bruit semblable à celui de chars pesants et courant sur le pavé, trépidations des planchers des maisons de la ville, frayeur des habitants, qui en a fait sortir de leurs maisons un assez grand nombre. Tout cela a été l'affaire de quelques secondes.

« La secousse s'est prolongée, à ma connaissance, au moins à trois lieues dans la direction du nord-est, dans les vallées de Saint-Amé et de Cléaric, et plus fortement peut-être encore sur le sommet d'un contre-fort de la chaîne des Vosges qui, partant de la haute chaîne au-dessus de Gérardaur, descend en se bifurquant, d'un côté sur Remiremont, et de l'autre vers Epinal. Il est très-probable que ce tremblement s'est étendu beaucoup plus loin dans les deux sens en deçà et au delà de Remiremont.

« Ces sortes de phénomènes sont très-rares dans les Vosges, qu'on regarde comme un très-ancien soulèvement. Celui-ci s'est manifesté à 5 heures 30 minutes de l'après-midi ; il a parcouru un terrain granitique surmonté de grès vosgien, de poudingue et de serpentine. La popula- tion des campagnes, occupée à la fenaison, en a été fort troublée. »

— On écrit de Saverne, le 21 juillet :

« Les réparations que l'on fait en ce moment au presbytère ont fait découvrir dans l'ancienne muraille de la ville de Saverne un autel romain à quatre faces, dont deux sont très-bien conservées ; les deux autres ont été mutilées à l'époque où ce cippe quadrilatéral fut placé à l'endroit où les maçons viennent de le trouver. Sur l'une des faces se trouve un Hercule nu, s'appuyant de la main droite sur une massue ; sa main gauche a été enlevée, à ce qu'il paraît, à l'époque de la construction de la muraille ; il porte un carquois renversé, son épaule gauche est couverte d'une peau de lion. Sur l'autre face du monument, on distingue un Mercure, représenté sous la forme d'un jeune homme agile et bien fait ; une espèce de chlamyde est posée sur une de ses épaules, sa tête est garnie d'ailes redressées ; d'une main il tient le caducée, de l'autre une bourse ; à ses pieds se trouvent un bouc et un coq.

« La pierre ne porte pas d'inscription et paraît provenir des carrières de grès blanc de Büchelberg, près Phalsbourg.

« Le maire de Saverne, dans l'intérêt historique, a fait déposer cet autel au rez-de-chaussée du collège. »

Errata du n° 25. — 2° page, 3° colonne, à l'article Brome, au lieu de bromure magnétique, *lisez* bromure magnésique.

Première page, 2° colonne, à la liste de souscription, 27° ligne, au lieu de Auguste-François Lemaitre, ancien graveur, *lisez* Augustin-François Lemaitre, artiste graveur.

Le Secrétaire de rédaction F.-A. RENARD, Gérant.

Imprimerie de Hennuyer et Cⁱᵉ, rue Lemercier, 24. Batignolles.

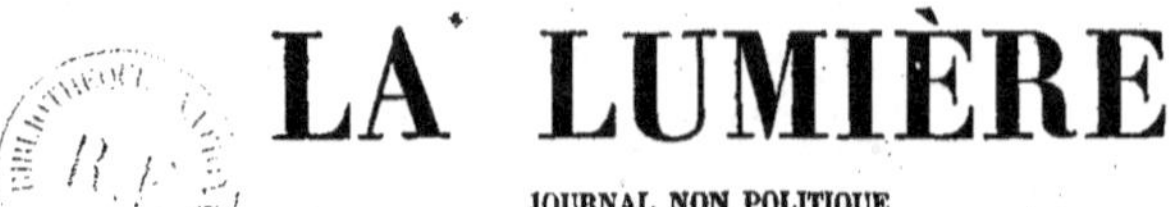

LA LUMIÈRE

JOURNAL NON POLITIQUE

HEBDOMADAIRE.

BEAUX-ARTS — HÉLIOGRAPHIE — SCIENCES.

BUREAUX, A PARIS, N° 15, RUE DE L'ARCADE, A LA SOCIÉTÉ HÉLIOGRAPHIQUE.

PRIX.—PARIS, UN AN, 16 F.; 6 MOIS, 10 F.; 3 MOIS, 6 F. — DÉPARTEMENTS, UN AN, 18 F.; 6 MOIS, 11 F.; 3 MOIS, 7 F. — ÉTRANGER, UN AN, 20 F.; 6 MOIS, 12 F.; 3 MOIS, 8 F. — CHAQUE N° 50 CENT.

SOMMAIRE.

SOUSCRIPTION

Pour élever un Monument aux Inventeurs de l'Héliographie, NIÉPCE ET DAGUERRE.

—

Une souscription est ouverte par la Société héliographique de Paris pour élever un monument à NIÉPCE et à DAGUERRE. Nous avons la ferme conviction que cet appel sera entendu de tous ceux pour lesquels l'admirable découverte de ces deux hommes de génie a été la création d'une profession honorable et lucrative; de ceux qui y ont rencontré la source d'un utile et agréable passe-temps; et enfin de toutes les personnes qui savent comprendre qu'une œuvre grande et profitable au monde entier impose, envers la mémoire de ceux qui l'ont conçue et accomplie, un devoir d'honneur et de reconnaissance.

Les listes sont déposées et les souscriptions sont reçues au siége de la Société héliographique, rue de l'Arcade, 15.

QUATRIÈME LISTE.

MM.

C. CHEVALIER, héliographe, rue Saint-Martin, 243.	10 fr.	»
DUNOTE.	5	»
BURON, fabricant d'instruments d'optique, membre de la Société héliographique.	20	»
LABROUE, peintre à Metz.	5	»
A. CLAUDET, photographe à Londres.	100	»
H. FIZEAU, membre de la Société héliographique.	20	»
FORTIER, membre de la Société héliographique.	5	»
COUSIN, membre de la Société héliographique.	15	»
BLANQUART-EVRARD et les Éditeurs de l'*Album photographique*, de l'*Artiste* et de l'*Amateur*.	100	»
Le docteur CLAVEL, membre de la Société héliographique.	10	»
MERCIER, membre de la Société héliographique.	5	»
TOTAL. . .	295 f.	»
Montant des listes précédentes. .	1,660 f.	»
Total jusqu'à ce jour . . .	1,955 f.	»

BILAN DE LA SCIENCE ET DE L'INDUSTRIE

AU 22 JUILLET 1851.

Ou résumé rapide des progrès de la science et de l'industrie, d'août 1850 à août 1851.

(Suite.)

MAGNÉTISME TERRESTRE ET MÉTÉOROLOGIE. Pour arriver plus tôt à la connaissance exacte des phénomènes et des lois du magnétisme terrestre, l'Association britannique et la Société royale avaient obtenu du gouvernement anglais la création de plusieurs stations météorologiques dans les colonies anglaises du Sud. Le plus grand nombre des observateurs ont cessé leurs travaux, les stations de Toronto, d'Hobartown, du cap de Bonne-Espérance, de Madras et de Bombay, sont seules restées actives. Mais cette grande campagne n'est pas achevée encore. On s'occupe actuellement à réduire, à discuter et à faire imprimer ces milliers d'observations qui conduiront à des résultats importants : ce grand travail s'effectue sous la direction du colonel Sabine, qui s'est fait dans ce genre de recherches une réputation européenne.

D'un autre côté, les délégués du gouvernement, unis aux délégués de l'Association britannique sont actuellement occupés, dans l'observatoire de Kew, à examiner et à juger, sous la surintendance de M. Ronalds, les nouveaux instruments enregistreurs des observations magnétiques et météorologiques proposés dans ces dernières années. On a étendu à l'instrument qui donne la composante verticale de l'action du magnétisme terrestre la méthode si simple et si efficace de fixation spontanée, par l'action photographique de la lumière, des variations diurnes. Profitant des recherches de MM. Regnault et Sheepshanks, on a grandement perfectionné la graduation des thermomètres étalons, et grâce à la munificence de la Société royale, qui a reporté sur les travaux de l'observatoire de Kew une portion de la somme mise à sa disposition par le gouvernement anglais, tout fait espérer que le centre officiel du mouvement scientifique sera le point de départ de perfectionnements inattendus apportés aux procédés et aux appareils d'observation.

Le docteur Robinson a publié récemment les instructions pratiques qu'exige l'emploi de son nouvel anémomètre; et son adoption définitive dans un plus grand nombre d'observatoires météorologiques fera mieux connaître la direction, l'intensité des vents et les lois jusqu'ici inconnues qui régissent les variations d'un phénomène si vulgaire et en même temps si complexe.

Le colonel Sabine, perçant de son regard d'aigle le chaos des perturbations magnétiques les plus contradictoires en apparence, a su en faire ressortir plusieurs lois générales nouvelles. M. Kaïnts a fait subir aux constantes magnétiques de Gauss des corrections importantes qui les réconcilient avec les faits. Mais le plus grand progrès fait dans la théorie du magnétisme terrestre est certainement la constatation expérimentale, par MM. Edmond Becquerel et Faraday, du magnétisme de l'oxygène, et des variations apportées à ce magnétisme par les changements de température. L'explication des perturbations locales et des variations diurnes de l'aiguille aimantée par l'influence du magnétisme variable de l'oxygène est une grande initiative dont la gloire revient surtout à l'illustre Faraday. Mais le temps et la comparaison prolongée entre les hypothèses et les faits peuvent seuls donner à ces aperçus la sanction d'un fait acquis, d'une théorie incontestablement vraie, de l'explication irrécusable et complète des variations régulières et des perturbations capricieuses du plus insaisissable des agents naturels.

M. Airy s'est fait un devoir de conscience de rappeler que cette intervention extraordinaire de l'oxygène dans la production des phénomènes magnétiques du globe avait été pressentie et annoncée à l'avance dans un beau mémoire de M. Christie. Mais à l'époque où le célèbre physicien anglais écrivait son mémoire, aucune expérience n'avait mis en évidence les propriétés magnétiques de l'oxygène; toute expérience de ce genre pouvait même alors être considérée comme impossible.

La distinction établie par M. Faraday entre les substances paramagnétiques et diamagnétiques a été acceptée par le monde savant tout entier, comme une des plus belles lois de la nature. Il en résulte que tous les corps sont magnétiques, c'est-à-dire sensibles à l'action des aimants. Mais les uns suspendus entre les deux pôles de l'aimant sont attirés et tendent à se diriger à la manière du fer parallèlement à la ligne qui joint ces deux pôles, ce sont les corps paramagnétiques. Les autres sont repoussés ou tendent à se placer comme le bismuth perpendiculairement à cette même ligne des pôles, ce sont les corps diamagnétiques.

Les recherches sur l'électricité galvanique ont mis en évidence, un grand nombre de faits nouveaux, qu'il serait impossible d'énumérer, mais nous ne savons pas qu'elles aient mis au jour aucune loi générale nouvelle.

Les expériences sur la vitesse de l'électricité, faites en Amérique au moyen des télégraphes électriques, tendent à prouver que le courant électrique se propage dans un fil de fer avec une rapidité qui n'excède pas vingt mille mètres par seconde. Les expériences de MM. Fizeau et Gounelle, au contraire, assignent à cette vitesse une valeur quatre fois au moins plus grande. M. Airy ne se prononce pas entre ces valeurs si différentes; un examen attentif de la question nous force invinciblement à accepter l'évaluation des expérimentateurs français.]

M. le professeur Thompson, de Glascow, a publié la première partie d'une théorie mathématique du magnétisme. Le colonel Sykes a recueilli un grand nombre de faits importants relatifs à la météorologie des Indes. M. Schlagentweit a fait un semblable travail pour la météorologie des Alpes, et la comparaison des observations de Genève et du Grand-Saint-Bernard a conduit M. Plantamour à des rapprochements singuliers et dignes d'attention.

M. Arago a fait ressortir plusieurs faits météorologiques non soupçonnés du dépouillement des observations thermométriques et barométriques faites par MM. Barral et Bixio, dans leur ascension aérostatique.

Le catalogue systématique des observations de météores lumineux, dressé par le professeur Baden-Powels, et imprimé dans les volumes de l'Association britannique, ne peut pas manquer de nous conduire à quelques découvertes importantes sur l'origine et la nature de ces corps mystérieux.

Dans la dernière réunion de l'Association britannique à Édimbourg, M. Kupfer avait proposé au Comité général un projet de fédération météorologique ou d'une union à établir entre tous les centres d'observations de l'Europe entière. Déjà une organisation centrale puissante relie par un réseau commun toutes les stations de l'empire russe. Le Conseil de l'Association, après une longue délibération, et après avoir mûrement pesé les avantages et les inconvénients du projet de M. Kupfer, s'est vu forcé, bien à regret, de le repousser ou de l'ajourner à des temps meilleurs.

En attendant, les officiers du corps des ingénieurs royaux, unis en faisceau sous les auspices du bureau de l'ordonnance, sont convenus de faire, sur un plan commun, à toutes les stations que le génie anglais occupe dans les possessions anglaises, les mêmes séries d'observations météorologiques élémentaires. Si l'on obtient que les officiers de la marine anglaise s'associent à leurs camarades du génie, on arrivera de cette manière à réaliser le plus admirable ensemble de données météorologiques qu'on puisse espérer d'obtenir.

Les télégraphes électriques et les chemins de fer apportent chaque jour à Londres l'état des vents à neuf heures du matin sur presque tous les points des trois royaumes. Un journal, le *Daily-News*, publie chaque matin ces observations : il est impossible que, continuées pendant plusieurs années, elles n'amènent pas à découvrir certaines lois précieuses relatives aux changements de temps.

Enfin une nouvelle Société météorologique s'est constituée dans ces derniers temps sur des bases qui font beaucoup espérer. Les instruments employés par les divers amateurs partent d'un centre commun de fabrication, et sont très-rigoureusement comparés entre eux. Le secrétaire de la Société nouvelle, M. Glaisher, qui s'est chargé de ces comparaisons toujours difficiles, inspire à M. Airy une très-grande confiance.

OPTIQUE. — Deux ou trois recherches d'optique, présentant un caractère particulier d'importance et de solennité, ont captivé l'attention du monde savant tout entier depuis la dernière réunion de l'Association.

M. Léon Foucault d'abord, et après lui MM. Fizeau et Bréguet, ont mesuré expérimentalement la vitesse de la lumière dans l'air et dans l'eau, d'après la méthode proposée par M. Arago et qui a de l'analogie avec celle employée par M. Wheatstone dans des recherches du même genre. Il ne semble plus douteux que la vitesse dans l'eau soit plus petite que la vitesse dans l'air, et ce résultat a une grande portée au point de vue du choix définitif entre les deux théories de la lumière; il s'accorde avec la théorie des ondulations et contredit la théorie de l'émission.

Une prévision théorique du professeur Stokes, confirmée par l'expérience, semble résoudre complétement une grande difficulté. On devra admettre désormais que le plan de polarisation du rayon lumineux est, comme Fresnel l'avait affirmé par d'autres raisons, perpendiculaire et non parallèle à la direction de vibration des molécules lumineuses.

Plusieurs théories optiques jusqu'ici rebelles, et qui avaient échappé aux méthodes imparfaites d'analyse mathématique par lesquelles on voulait les enchaîner et les expliquer, sont enfin domptées par le génie de M. Stokes.

Lord Brougham a publié une série curieuse d'expériences relatives à la diffraction de la lumière, mais elles n'ont pas encore reçu d'explication théorique; elles sont trop complexes d'ailleurs pour qu'on puisse les soumettre au calcul et les interpréter.

Les belles expériences de M. Janin sur la réflexion dans certaines circonstances particulières et la polarisation elliptique semblent parfaitement d'accord avec les formules de M. Cauchy, et contribueront à faire regarder comme tout à fait établie la théorie mathématique de la lumière que l'illustre savant français a déduite de la considération des mouvements moléculaires infiniment petits.

Plus récemment MM. Masson, Janin, de la Provostaye et Desains ont donné une étude complète de la polarisation de la chaleur, entrevue par M. Forbes, et établi par de belles expériences l'identité de ces deux agents naturels, chaleur et lumière.

Tout fait espérer que le professeur Stokes pourra déposer bientôt son rapport si impatiemment attendu sur *l'état actuel de nos connaissances relativement aux mouvements vibratoires des corps considérés en général*. Le professeur Willis, de son côté, met la dernière main à l'exposé de l'état présent de l'acoustique ou de la science des sons, exposé qui lui a été demandé par l'Association britannique. Le dernier volume publié par l'Association contient une exposition complète des recherches et découvertes ayant pour objet les effets chimiques de la radiation solaire. Ce précieux résumé a été consciencieusement rédigé par le célèbre M. Hunt, qui a fait faire à cette branche de l'optique des progrès incontestables.

Chimie. M. Airy n'est pas sûr que dans l'année qui vient de s'écouler la chimie ait fait quelques grands pas. Il signale seulement quelques petits progrès dans les procédés d'analyse chimique et quelques nouvelles relations entre les divers corps que la chimie étudie.

Géologie. L'astronome royal se félicite de voir enfin le Musée de géologie économique installé dans un local convenable et placé dans des conditions qui lui assurent une existence aussi durable que grandement utile. Au premier rang des résultats pratiques auxquels a conduit la géologie, il faut placer ce supplément d'eaux abondantes et pures que l'on a su extraire des terrains calcaires et sablonneux qui entourent la ville de Londres.

Les géologues de l'Europe et de l'Amérique ont poursuivi avec leur ardeur accoutumée leurs longues études des terrains de l'ancien et du nouveau monde, de telle sorte qu'il est actuellement très-peu de localités dont les conditions géologiques ne soient pas connues. M. Airy renonce à énumérer en détail la part que les Sedgwick, les Murchisson, les Lyell, les de Verneuil, ont prise aux progrès récemment accomplis; il n'essaiera pas même de formuler l'ensemble général des découvertes de l'année. Il lui semble seulement que le plus grand pas en avant est la ligne de démarcation distinctement et parfaitement tracée entre le groupe calcaire et le groupe inférieur de terrains tertiaires, appelée éocène : cette séparation tranchée s'est faite à l'aide de caractères paléontologiques, par la comparaison des fossiles contenus dans ces deux sortes de terrains, et non par la considération de la superposition des couches. Les recherches courageuses et éclairées d'un géologue étranger, M. Tchihatcheff, ont jeté un nouveau jour sur la géologie de l'Asie Mineure, aujourd'hui parfaitement classée. Ce qui frappe surtout dans ces contrées jusqu'ici inexplorées, c'est l'étendue et l'intensité des désordres ou dislocations produits dans les bassins relativement nouveaux : en les étudiant, les géologues ont été conduits à se demander encore si on devait ou pouvait les attribuer aux causes actuellement en action.

On doit compter au nombre des observations importantes de l'année, la découverte de traces de la tortoise, dans des couches aussi profondes que celles des roches siluriennes les plus basses; cet animal vivait donc bien longtemps avant le temps assigné jusqu'ici à son existence.

M. Airy regrette de ne pouvoir indiquer que par un mot les savants calculs de sir Ch. Lyell, sur le temps de la formation du delta du Mississipi; le Mémoire du professeur Forbes sur les volcans modernes éteints du Vivarais, et les

deux rapports de M. Mallet sur le phénomène des tremblements de terre. Il annonce à cette occasion que l'Association britannique a fait les fonds nécessaires à la construction d'une machine qui enregistrerait par elle-même les oscillations et les élévations produites par les tremblements de terre. M. Mallet sera chargé d'installer cette machine et de recueillir les indications.

L'abbé F. Moigno.

(*La fin au prochain numéro.*)

SOCIÉTÉ HÉLIOGRAPHIQUE.

Séance du vendredi 25 juillet 1851.

Présidence de M. Durieu.

M. le président annonce au commencement de la séance l'hommage que M. de Valicourt vient de faire à la Société de son nouveau Manuel complet de photographie sur métal, sur papier et sur verre. Ce Manuel comprend, outre un résumé historique et critique sur l'origine et les progrès de la photographie, toutes les découvertes et perfectionnements que l'on doit à MM. Niépce et Daguerre, F. Talbot, Herschell, Hunt, Blanquart-Evrard, Niépce de Saint-Victor, Fizeau, Claudet, baron Gros, Humbert de Molard, Le Gray, Bayard, Hennemann, Malone, Gaudin, Grove, etc.

A l'occasion de cet hommage, M. le Président demande si la Société ne devrait pas nommer une commission qui serait chargée de faire un rapport soit imprimé, soit simplement verbal sur les ouvrages présentés. Après une discussion à ce sujet, à laquelle prennent part MM. Francis Wey, de Montfort, Gaudin, Leblanc et Durieu, la Société décide qu'il ne sera pas fait de rapport de ce genre, et laisse au journal *la Lumière* le soin de rendre compte des publications relatives à la photographie, sous sa propre responsabilité et celle de ses rédacteurs. Des remerciements sont ensuite votés à M. de Valicourt.

La nomination de la commission qui sera chargée du monument à élever à Niépce et à Daguerre, pour lequel une souscription est ouverte par l'initiative de la Société, devait avoir lieu dans cette séance; sur la proposition de M. de Montfort, qui fait remarquer l'absence de plusieurs des sociétaires que la belle saison et l'exécution de travaux héliographiques fort importants appellent au dehors, la Société ajourne cette nomination.

M. Durieu, après avoir cédé la présidence à M. de Montfort, lit le rapport suivant au nom de la commission nommée pour examiner l'appareil à brômer les plaques, qui avait été présenté par M. Edmond Fruit dans la séance du 18 avril dernier.

RAPPORT

Au nom de la Commission chargée d'expérimenter l'appareil de M. Fruit, destiné à répandre les vapeurs du brôme.

Commissaires : MM. le baron Gros, de Montfort, Ribot, Bisson et Durieu.

Messieurs,

Dans une de ses précédentes séances, la Société a chargé une Commission composée de MM. le baron Gros, de Montfort, Ribot, Bisson et Durieu, d'examiner et de lui rendre compte d'un appareil présenté par M. Fruit, et destiné à répandre avec une constante uniformité les vapeurs du brôme, du chlorure d'iode ou autres sur les plaques daguerriennes. Je viens vous soumettre, au nom de la Commission, le rapport dont elle a arrêté les bases et qu'elle m'a laissé le soin de rédiger.

Les membres de la Commission ont à diverses reprises expérimenté, soit ensemble, soit séparément, l'appareil de M. Fruit, et dans ces diverses expériences ils ont pu constater d'excellents résultats.

L'appareil de M. Fruit est une boîte, dont le fond et les côtés sont entièrement doublés en glace, et dont le dessus, hermétiquement fermé, est formé par un plateau de porcelaine poreuse, à travers lequel peuvent s'infiltrer les vapeurs. Cette porcelaine est elle-même recouverte par une glace dépolie, parfaitement rodée et qui empêche toute évaporation dans l'intervalle des opérations.

Sur l'un des côtés de la boîte a été ménagée une ouverture par laquelle entre à frottement et se fixe d'une manière intime un robinet de verre, dont l'autre extrémité est adhérente à un flacon qui contient le brôme ou tout autre corps qu'il s'agit d'évaporer.

Quand le robinet est ouvert, la vapeur pénètre et se répand dans la capacité de la boîte, au degré qu'on désire et jusqu'à saturation.

Les vapeurs ainsi répandues dans la boîte pressent également toutes les parois, et ne rencontrant d'issue qu'à travers la porcelaine poreuse, donnent une évaporation aussi régulière qu'uniforme.

Ce système, indépendamment de la régularité avec laquelle il permet aux vapeurs de se répandre sur la plaque

placée au-dessus de la porcelaine poreuse, comme dans la boîte en glace dont M. le baron Gros a donné le modèle dans son ouvrage pour le bromure de chaux, a l'avantage incontestable d'évaporer les substances dans toute leur pureté, sans aucun mélange ni aucune réaction : les vapeurs sont toujours dans les mêmes conditions, et il n'est pas besoin de rappeler l'importance que cela peut avoir pour le succès des opérations.

Rien ne serait plus commode pour l'expérimentation des diverses vapeurs, et on pourrait y trouver aussi un procédé utile pour la coagulation par l'acide acétique des papiers albuminés, suivant ce qu'enseigne M. Blanquart-Evrard pour la photographie sur papier.

M. le baron Gros, qui est celui d'entre nous qui a expérimenté le plus longtemps la boîte de M. Fruit, s'en est servi pour l'emploi du *chlorure de brôme*, dont il s'est borné à mettre quelques gouttes dans le flacon; il a ainsi obtenu des tons plus beaux et en moins de temps qu'avec le brôme.

En somme, il nous a paru que cet appareil pourrait remplacer avec avantage les boîtes dans lesquelles on emploie le bromure de chaux ou la chaux chloro-brômée, substances qu'il n'est pas toujours facile de préparer et de conserver dans des conditions bien identiques.

La seule observation critique que nous avons cru devoir faire, c'est que dans son état actuel, l'appareil est trop volumineux; il pourrait être réduit, sans trop de difficultés, à la dimension des boîtes à brôme généralement en usage (1).

Enfin, il serait essentiel d'adopter pour le robinet de cristal qui ouvre ou intercepte la communication entre le *flacon-réservoir* et la boîte, un système qui permît de bien régler à volonté la quantité de vapeur que celle-ci doit contenir, suivant les dosages qu'on se proposerait d'étudier.

E. Durieu, *rapporteur.*

25 juillet 1851.

Après cette lecture, M. de Montfort fait observer qu'il serait à désirer qu'un mode analogue à celui que présente l'appareil de M. Fruit pût être employé pour l'iodage des plaques; il verrait également un grand perfectionnement dans une application de cette nature; déjà, ajoute-t-il, les Américains se servent avec avantage d'une flanelle préalablement imprégnée des vapeurs d'iode, aux influences de laquelle ils exposent la plaque. La couche d'iode se forme plus lentement par ce moyen, mais elle se répartit plus également. Ce mode présente encore cet avantage, c'est que la vapeur de l'iode venant attaquer la plaque avec une répartition égale de vapeur sur toute sa surface, si dans le commencement de l'opération on voit que cette répartition se fait mal, on peut à coup sûr en accuser le défaut de polissage, et dès lors il devient inutile de prolonger une opération qui amènerait incontestablement un mauvais résultat.

M. Vaillat trouve cette précaution entièrement inutile.

M. de Montfort n'en persiste pas moins dans la recommandation de l'emploi d'un tel moyen; si quelques opérateurs, et ils sont en bien petit nombre, sont arrivés à force de pratique à une presque certitude d'un bon résultat, peut-être y seraient-ils arrivés plus tôt et moins péniblement en s'entourant de précaution du genre de celle qu'on vient de signaler. Dès lors il ne peut être inutile de les recommander et d'appeler sur elles les investigations des maîtres de l'art photographique.

F.-A. Renard.

ALBUM DE LA SOCIÉTÉ HÉLIOGRAPHIQUE.

(Second article.)

MM. Blanquart-Evrard,—Rousselon,—Lesecq,—Mestral,—Nègre.—Plaut,—Bayard,—Vigier, et L. Leblanc.

Notre première pensée, à l'aspect des richesses dont nos confrères ont doté l'album de la Société héliographique, a pour objet M. Blanquart-Evrard. A la vérité, nous rencontrons le résultat d'une de ses expériences, dès le premier feuillet. Mais en faisant même abstraction de la future influence de cet essai chimique sur les destinées de la photographie, nous pressentons, avec la confiance dont on fortifie ses désirs, les merveilles que l'héliographie sur papier doit produire un jour, en admirant dès aujourd'hui les œuvres accomplies par nos confrères, sans le secours des perfectionnements de M. Blanquart.

Ce n'est pas que ces perfectionnements ne soient dignes de sympathie : teinter à volonté les épreuves, varier ses effets, graduer ses valeurs, comme le graveur, le dessinateur ou le peintre; choisir l'impression que l'on veut offrir, et contraindre l'instrument à obéir au goût délicat de l'artiste, c'est étendre de beaucoup les bornes primi-

---

(1) M. Edmond Fruit nous prie d'annoncer que dans le désir de répondre aux justes observations qu'on vient de lire à la fin de ce rapport, il s'était empressé de réduire de moitié le volume de son appareil. F.-A. Renard.

tives de l'héliographie. A ce titre, les deux planches de M. Blanquart sont d'autant plus intéressantes qu'elles nous montrent le point de départ d'un photographe qui s'annonce comme destiné à aller fort loin.

Au point de vue de l'art, la première de ces planches, une *Descente de croix*, copie d'un tableau ou d'une estampe à la manière noire, donne lieu à d'utiles observations : une moitié du sujet a été renforcée par les agents chimiques, l'autre est restée pâle ; or, cette dernière rend d'une façon plus délicate le sentiment de l'original ; l'autre, énergiquement poussée à l'effet de contraste, est néanmoins d'un aspect plus froid. Un résultat inverse signale le quatrième essai : un *Portrait de vieillard*. Ici la gamme renforcée rivalise de relief avec les gravures de Rembrandt.

Ces essais accroissent la juste impatience avec laquelle nous attendons l'*Album* annoncé par M. Blanquart, publication attardée d'un mois. Il nous serait agréable de passer à la pratique, après avoir étudié la théorie, et de voir comment, dans la reproduction des monuments, on peut être supérieur, soit à M. Piot qui, lui, a promis et *donné* son remarquable album des monuments de l'Italie, soit à M. Rousselon, qui a orné notre collection de deux *Vues de la façade du Palais-National*, d'une finesse daguerrienne et d'un éclat lumineux supérieur à ceux des dessins sur plaque.

De ces deux copies, la plus grande nous paraît de nature à désespérer ceux qui ont cherché jusqu'ici à combiner la simplicité de l'effet, avec la minutie dans les détails. Du reste, M. Rousselon est loin d'être sans rival : le *Portail de Reims* lutte sans désavantage le Palais-National. Ce beau cadre ogival, chargé d'ornements, d'arabesques, de colonnettes, et où l'on ne compte pas moins de cent trente figures, serait certes mieux étudié dans ses détails, sur l'épreuve de M. Lesecq, que d'après la nature même, qui vous éblouit, et qui échappe partiellement à l'analyse, à raison de l'ampleur des dimensions, susceptible d'égarer l'œil et de disperser l'attention. En ce qui concerne la perspective aérienne, le portail nous paraît supérieur au palais ; la différence provient de la nature du sujet, d'abord ; la distance étant moindre entre les deux plans du portail qu'elle ne l'est entre l'aile du Palais-National et le fond de la cour. Mais dans ce dernier dessin, le défaut provient de l'heure choisie par M. Rousselon. Le monument étant éclairé de face, la galerie antérieure donnant sur la place est du même ton que la façade, ce qui supprime la distance pour l'œil du spectateur. Ces confusions, inadmissibles dans la logique de l'art, existent dans la nature sous certaines conditions, et les artistes, en pareil cas, prennent un parti. Comme le dessin photographique ne peut être le produit d'une idée abstraite, il est essentiel que les héliographes se rendent compte des effets de leurs modèles, pour choisir avec discernement l'heure ou le jour favorables. La nature trompe quelquefois, il est essentiel de la saisir à ses moments sincères.

M. Lesecq nous paraît très-habile en cet art, qui rentre dans les théories de la composition. Sans parler de sa reproduction précieuse d'une *gravure d'après Van-Dyck*, exécutée au moyen d'un cliché de verre, et qui restitue la gravure même, nous avons admiré un petit *tableau de genre*, d'après nature, et qui est l'*heureux pendant du Chiffonnier* de M. Nègre.

Sur le seuil d'une pauvre masure de campagne, les pieds appuyés à des marches disjointes, une femme et une petite fille sont assises et se reposent. Derrière elles, une autre femme, debout, émerge de l'ombre et regarde dans la rue. Une fenêtre basse, un vieux pan de mur lézardé, dont le plâtre s'émiette, une porte d'écurie ou de cellier, des paniers, un tonneau défoncé, un tesson de pot, tels sont les accessoires de ce petit sujet à la flamande, qui charment, grâce à leur extrême convenance par rapport aux figures. La bonne femme est lasse et préoccupée ; la petite fille boudeuse, et leur compagne, — une servante de basse-cour peut-être, sourit dans la demi-teinte, en s'appuyant avec insouciance contre le chambranle de la porte. Les bras, les mains, les carnations, les étoffes rustiques, tout est rendu à merveille. Cette petite scène a été probablement surprise dans quelque hameau des environs de Paris.

M. Mestral nous entraîne plus loin ; il nous transporte en Franche-Comté, sur le bord du Doubs, devant l'*écluse du canal à Thoraise*. Des eaux endormies et transparentes, une épaisse avenue de peupliers, disposés en éventail comme au paravent de verdure ; le tout s'appuyant à un coteau couronné de roches vives, incrustées dans des ravines rocailleuses persillées de touffes d'herbes ou de ronces rabougries... Tel est ce petit paysage de montagne, dans son aspect solennel et désert. La plaque n'a pas plus de finesse ; elle a moins de moelleux, moins de simplicité, et, par conséquent, moins d'*impression*.

Nous avons remarqué que le ciel, sans donner des motifs de nuages ou des dégradations de teintes, comme celles qu'exagèrent les peintres au profit de la perspective aérienne, a, néanmoins, transmis au papier une teinte locale qui adoucit les silhouettes et rend l'ensemble harmonieux.

Cette observation n'est pas inutile, car elle touche à un ordre d'idées vers lequel nous serions heureux de diriger les efforts de nos confrères à savoir, *la production des ciels*. Jusqu'ici, l'on a obtenu, et rarement, quelques teintes, en opérant avec rapidité : le résultat le plus avantageux a consisté à communiquer au spectateur l'illusion d'un ciel un peu incandescent et sans nuages : la photographie, trop flatteuse à cet égard, prête au firmament une immuable sérénité. Il en résulte que la bourrasque et la pluie sont généralement désirées. Mais, comment parvenir à assombrir le ciel, quand on opère toujours au soleil et à l'heure de midi, qui rend le ciel éblouissant, qui, sur terre, noircit tous les objets verticaux en les effleurant, et en enlevant aux lumières les contrastes provenant des ombres allongées ?

Si l'on faisait des essais par des temps sombres, ou par des soirées vermeilles *très-montées*, je pense qu'on arriverait à des résultats assez importants pour encourager ceux qui les poursuivraient. Et même, à cet égard, nous n'en sommes plus aux conjectures. Habile entre tous, quant au talent de la composition, M. Nègre a pris *cinq petites Vues* au bord de la rivière ou dans les carrefours des vieilles rues *de Chartres* ; sites si bien choisis que le meilleur paysagiste n'aurait su mieux prendre sa place. Trois de ces paysages ont gardé quelque peu des tons du ciel. Ils ont été copiés au jour décroissant, ce qui d'ailleurs leur ajoute un charme incontestable. L'un des trois, intitulé *le Soir*, nous présente un ciel complet, sur lequel se dessinent en silhouette des arbres entourant le pignon d'une ferme entièrement submergée par les ombres : la nuit approche, et la projection crépusculaire d'un prunier frappé d'un rayon expirant ne s'emprint plus sur le sol qu'en teintes affaiblies. Au fond de ces ténèbres où il semble que l'on pourrait plonger la main sans rencontrer le papier, se dessinent vaporeusement des buissons de sureau, une fenêtre où l'on entrevoit quelqu'un, une brouette, un tombereau que l'on remarque avec peine et dont on ne perd aucun détail. Le ciel donne à ce paysage toute sa valeur, toute son harmonie, comme il le ferait dans un tableau de Berghem ou de Karel Dujardin.

Voilà une tentative dont M. Nègre ne saurait être trop félicité, et à laquelle il ne se fût certes point livré si, comme nombre de ses confrères, il eût sacrifié à la manie bourgeoisement puérile de mutiler ses épreuves en les chargeant d'un ciel fait à la main. Pourquoi M. H. Plaut nous oblige-t-il à aborder ce pénible sujet ?

Ce photographe distingué a fait don à notre album d'une *Vue du Pont-Neuf* et du quai de l'École, d'un fini si miraculeux, si homogène d'un bout à l'autre du cadre, qu'à peine pourrait-on comparer les dessins sur plaque les plus précieux à ce chef-d'œuvre de la photographie obtenu par un cliché de verre.

Mais au delà de l'horizon s'appesantit une main malheureuse en son caprice. M. Plaut a couronné cette merveille d'un ciel diapré de nuages coquets, estompés, ouatés comme des brebis de coton blanc, et d'une gracieuse invraisemblance. Il y a surtout au fond de l'horizon un nuage rond qui plafonne, au lieu de s'amincir à son plan qui devrait le montrer en raccourci.

Ce que perd cet admirable dessin à un si incohérent mélange d'éléments incompatibles : — en bas l'idéal de la perfection matérielle, — en haut le plus naïf abus d'une convention timide ; ce qu'il y perd, et comme effet, et comme proportion, ne se peut concevoir. Comme on mesure l'étendue des nuées à la diversité des plans, celles-ci, d'une valeur uniforme, sont tellement démesurées par rapport aux édifices de Paris, que le tableau, dans son ensemble, semble être la copie d'une cité-joujou conservée sous globe.

Mettez Claude Le Lorrain à la place de M. Plaut, ce grand maître n'aurait guère mieux réussi ; mais son expérience l'aurait invité à s'abstenir.

La vérité nous fait un devoir de ce jugement, dont il est essentiel de justifier l'apparente sévérité.

L'album de la Société héliographique a pour unique but de constater, d'année en année, l'état *réel* et les progrès successifs de la photographie. Dans un concours de ce genre, les conditions doivent être égales pour tous, et nous n'avons aucun intérêt à nous abuser nous-mêmes. Les collaborateurs de l'Album l'ont si bien compris, qu'ils ont livré leurs dessins tels qu'ils sont sortis de la cuve où ils les ont fixés, se faisant scrupule de la moindre retouche, de la plus innocente tricherie ; laissant même des taches, des accidents de papier, et se bornant, rarement encore, à boucher quelques écorchures dans les fonds de portraits, lorsqu'elles rendaient l'effet par trop discordant. Empiétement pardonnable, et dont cependant M. Mestral, le plus fécond, et l'un des plus expérimentés de nos portraitistes, s'est absolument abstenu. Il a cependant placé dans l'Album vingt et un portraits, très-variés de ton comme d'attitude et saisis sous des aspects intimes, familiers et vrais, qui trahissent nettement la spirituelle et originale bonhomie de leur auteur. M. Mestral procède avec tant de sûreté qu'il ne *manque* à peu près jamais un portrait : supé-

riorité peu surprenante ; il a enrichi ses cartons de près de douze cents clichés.

Comme cet amateur zélé s'est refusé toute transaction avec la sincérité absolue, il s'est réduit avec courage à acquérir beaucoup d'adresse, et les scrupules de sa conscience l'ont finalement servi.

Serait-il équitable que des praticiens qui se présentent sans apprêt, affrontant de petites imperfections inévitables, eussent à soutenir le parallèle avec des confrères qui retouchent leurs épreuves à la main ?

Et d'ailleurs, si l'on admet ici le principe de la retouche, où s'arrêtera cette pratique ? Chacun enchérira sur son voisin ; bientôt l'on aura de véritables gouaches, barbouillées de noir, de blanc, écorchées comme des lithographies, et l'épreuve photographique ne sera plus qu'un calque préparatoire. Enfin, si l'on tolérait ces tendances, l'Album dérogeant à son but, cessant de constater l'état réel de la photographie, serait bien vite assimilé aux plus vulgaires des exploitations commerciales. Un exemple fâcheux serait donné par la Société même, et la facilité des corrections manuelles convierait à la paresse, à la négligence, des artistes dont la Société se propose d'exciter l'émulation.

Ce qu'il existe de plus difficile à rendre, dans la carrière des paysagistes, c'est le ciel. Or, dans un tableau où les objets terrestres sont reproduits avec une vérité surprenante, un ciel de fantaisie sera toujours un objet monstrueux. Nous supplions M. Plaut de remplacer son image hybride du Pont-Neuf par une épreuve sérieuse et franche de ce magnifique dessin, le plus précieux, le plus fini que l'on ait obtenu sur papier d'après nature.

Chercheur infatigable, M. Bayard, l'inventeur du procédé photographique *direct*, et de divers perfectionnements que nous résumerons nous-même dans un travail spécial, M. Bayard a trouvé des méthodes accélératrices pour obtenir des épreuves positives en quelques secondes à la lumière solaire, et en quelques minutes à la lueur d'une lampe, ainsi que pour hâter la production des épreuves négatives, au moyen d'un papier sec, susceptible d'être conservé en portefeuille. On connaît la manière dont M. Bayard emploie l'acide chlorhydrique ; elle a été exposée dans le journal au mois d'avril. Joignant la preuve à l'assertion, M. Bayard nous a communiqué des épreuves, tant positives que négatives, traitées par cette méthode et qui possèdent une belle intensité de ton. Sa *Vue de Rouen*, dont le négatif a été obtenu dans l'espace d'une minute, offre une particularité digne de remarque. La flèche de la cathédrale a été reconstruite en fer et peinte en couleur de pierre ; néanmoins elle est dure, désagréable à l'œil, d'un aspect sec, tranchant, et ne fait point corps avec le monument. L'instrument photographique a fait ressortir, plus encore que la chose n'a lieu dans la nature, la laideur de cette construction métallique ; la flèche est plate, noire, et l'on voit tout d'abord qu'elle est en fer.

M. Bayard nous offre en outre une épreuve positive de *portrait*, obtenue en quatre secondes : M. Blanquart, postérieurement, n'a rien annoncé de plus surprenant ; seulement, M. Bayard joint la pratique à la théorie.

Nous ne saurions passer sous silence, à propos de M. Nègre, les deux magnifiques vues de la *Porte-Royale de la cathédrale de Chartres*, le plus exquis des monuments gothiques de tout l'Occident ; ni la façade de l'église de Longpont, très-bien rendue, sur un fort grand format, par son voisin de campagne, M. Vigier.

Depuis la publication de notre précédent article, où nous avons mentionné avec éloge deux *portraits* de M. Leblanc, ce photographe a joint à ses précédentes productions celui de notre confrère M. Vaillat, opticien.

Ces œuvres, on doit l'avouer, s'élevaient à un degré de perfection si peu commun, qu'elles ont excité quelques doutes sur la nature des moyens mis en œuvre pour les obtenir. Ces doutes devaient-ils ou non tourner à l'honneur de M. Leblanc ? Je résolus de savoir à quoi m'en tenir sur ces trois portraits véritablement admirables, et d'autant plus dignes d'intérêt, que l'auteur, déclinant la plupart des perfectionnements de ces dernières années, affirmait avoir procédé *tout bonnement* par le vieux procédé Talbot, celui que M. Blanquart déclare si imparfait et si difficilement applicable.

Ma confiance en M. Blanquart m'avait fait craindre que M. Leblanc ne possédât quelque secret particulier, et afin d'en raisonner avec connaissance de cause, j'ai été me placer devant l'objectif de M. Leblanc.

M. Leblanc procède, en effet, par voie humide et d'après la méthode de M. Talbot. Dans l'espace de deux fois trente-cinq secondes, il a produit deux clichés de papier d'une supériorité égale à celle des portraits antérieurs ; l'un, tiré de près et sur une très-forte proportion, serait le chef-d'œuvre de ce maître photographe, si le modèle en remuant n'avait causé quelque indécision dans les contours. Néanmoins l'épreuve triomphe, par la finesse du modelé et la vigueur des lumières, de ce désavantage.

L'autre portrait, plus petit, mais plus grand encore que

les trois ouvrages de M. Leblanc communiqués jusqu'ici, est véritablement splendide.

M. Leblanc est observateur et à la fois hardi et minutieux. Obstiné dans son vouloir, confiant en sa persévérance, exigeant par rapport aux résultats, il s'est cantonné dans le procédé-Talbot, persuadé qu'une méthode dont on s'est intimement assimilé les ressources, est de toutes la meilleure. Cette ligne de conduite, il l'a suivie sans dévier depuis six ans, et il est arrivé à des résultats dignes d'exciter l'étonnement et même l'incrédulité.

Doué d'un sentiment inné du style, M. Leblanc sait ajuster un modèle : il est habile à tirer les épreuves positives ; mais il y procède par tâtonnements et sacrifie en essais les deux ou trois premières.

En résumé, nous n'avons que des éloges à donner à nos confrères, pour leur zèle, pour leurs efforts, pour leur habileté croissante ; l'album retracera fidèlement les travaux intéressants de la présente année.

Francis Wey.

CONSIDÉRATIONS SUR LA REPRODUCTION,

PAR M. NIÉPCE DE SAINT-VICTOR,

des images gravées, dessinées ou imprimées,

PAR M. E. CHEVREUL.

(Suite.)

37. L'iode en vapeur se combine au cuivre. La combinaison la plus convenable pour le succès de l'opération de M. Niépce, doit être, suivant lui, mate et couleur de rouille. Mais en la conservant au milieu de l'air, et surtout au contact du soleil, la couleur se fonce en passant au bleu des ressorts de montre ; et il semblerait, sous l'influence solaire, qu'il se dégagerait de l'iode, car j'ai senti l'odeur de ce corps en flairant une plaque iodée qui venait d'être frappée par le soleil. En même temps que cet effet a lieu sous l'influence de la lumière, le cuivre des clairs se ternit en passant à l'état de protoxyde (1). (*Voir le tableau* 4.)

Il est évident que l'image du trèfle tranche sur le fond par la différence qui existe entre une surface spéculaire et une surface mate, et qu'il y a toujours moins d'opposition, entre le fond vu dans la première circonstance et le fond vu dans la deuxième, qu'il n'y en a entre le trèfle vu dans la première circonstance et le trèfle vu dans la seconde. Ajoutons que la couleur du cuivre iodé tranche encore sur la couleur du cuivre par moins de rouge. Il y a donc plusieurs causes de la production de l'image par la réserve.

38. *Observation microscopique.* Lorsqu'on examine au microscope, sur la platine tournante de George Oberhauser, la plaque numéro 1, de manière qu'elle soit vivement éclairée par le soleil dans la partie iodée et dans la partie où le cuivre est pur,

Le *cuivre iodé* présente des dessins extrêmement fins, circulaires en général ; les uns sont bleus et violets, les autres oranges et jaunes, ces derniers dominant ; le fond du cuivre iodé est jaunâtre.

Le *cuivre pur* présente des sillons rectilignes parallèles, couleur de cuivre, avec quelques traits circulaires et irisés.

De sorte que la différence est extrême quand on observe simultanément ces deux effets. Seulement en faisant tourner la platine, on constate parfaitement les effets optiques des sillons parallèles du cuivre pur par un *maximun de*

---

(1) *Note. Expérience.* Dessin sur une plaque dont la moitié est couverte d'un papier noir. Après quatre mois, la partie couverte présente une image parfaitement distincte, quoique sensiblement altérée, et la partie découverte une image effacée ; on n'aperçoit que quelques traits jaunes provenant de l'altération du cuivre iodé.

En passant la plaque au tripoli et à l'eau pure, la partie préservée de la lumière présente une légère image, tandis que tout est confus dans l'autre partie.

clarté ou *d'ombre*, suivant la position où on les voit ; la structure comme grenue du cuivre iodé ne présente rien de semblable.

39. Le cuivre, exposé au contact de la vapeur d'ammoniaque fluor, perd de sa couleur et son brillant métallique. Que se passe-t-il ? C'est ce que j'ignore encore. Quoi qu'il en soit, l'opposition entre l'image réservée et le fond produit un effet tout analogue à celui de la plaque n° 1. (*Voir le tableau* 5.)

La production de l'image par la réserve s'explique pour cette plaque de la même manière que pour la plaque n° 1 ; seulement l'opposition est plus grande, parce que le cuivre ammoniaqué est plus mat encore que le cuivre iodé, et la couleur est moins prononcée.

40. *Observation microscopique.* Par rapport au cuivre pur, le cuivre ammoniaqué présente moins de différence au microscope que le cuivre iodé ; cela provient principalement de ce que les sillons se montrent encore dans le cuivre ammoniaqué.

41. L'eau mise sur le cuivre ammoniaqué paraît ne lui rien enlever de matière soluble sensible à l'hématine et à la teinture de violette, du moins en opérant comparativement avec une plaque de cuivre non modifié.

L'eau passée sur l'enduit ammoniaqué à plusieurs reprises ne paraît avoir produit aucun effet lorsque la plaque est complètement séchée.

En passant du coton humecté sur le cuivre modifié, il se colore sensiblement en vert bleuâtre, tandis qu'il ne produit presque rien sur le cuivre non ammoniaqué. Le coton bleu verdâtre, touché par le cyano-ferrite de cyanure de potassium acidulé, se colore fortement en marron.

(*La suite à un prochain numéro.*)

Le *Secrétaire de rédaction* F.-A. RENARD, *Gérant.*

Imprimerie de HENNUYER et Cⁱᵉ, rue Lemercier, 24, Batignolles.

FABRIQUE SPÉCIALE DE PRODUITS CHIMIQUES
POUR L'HÉLIOGRAPHIE
ET POUR LES SCIENCES ET LES ARTS QUI S'Y RATTACHENT,

FONDÉE SOUS LES AUSPICES DE LA SOCIÉTÉ HÉLIOGRAPHIQUE DE PARIS,

Dépôt de Plaques de HOUSSEMAINE et autres objets pour le Daguerréotype.

PUECH et Cⁱᵉ, rue de l'Arcade, 15.

L'ITALIE MONUMENTALE
OUVRAGE IN-FOLIO

Publié en 20 livraisons, composées chacune de CINQ GRANDS DESSINS *photographiques* recueillis et exécutés par M. Eugène PIOT.

Prix de la livraison, 25 francs. Chaque dessin à part, 6 francs.

On souscrit au bureau de *la Lumière*, rue de l'Arcade, 15.

CORRESPONDANTS DE LA LUMIÈRE
CHARGÉS DE RECEVOIR LES ABONNEMENTS.

PREMIÈRE ANNÉE. N° 28.

DIMANCHE, 17 AOUT 1851.

LA LUMIÈRE

JOURNAL NON POLITIQUE

HEBDOMADAIRE.

BEAUX-ARTS — HÉLIOGRAPHIE — SCIENCES.

BUREAUX, A PARIS, N° 15, RUE DE L'ARCADE, A LA SOCIÉTÉ HÉLIOGRAPHIQUE.

PRIX.—PARIS, UN AN, 16 F.; 6 MOIS, 10 F.; 3 MOIS, 6 F. — DÉPARTEMENTS, UN AN, 18 F.; 6 MOIS, 11 F.; 3 MOIS, 7 F.—ÉTRANGER, UN AN, 20 F.; 6 MOIS, 12 F.; 3 MOIS, 8 F.—CHAQUE N° 50 CENT.

SOMMAIRE.

ACADÉMIE DES SCIENCES.

1° Télégraphie électrique entre Londres et Paris. — 2° Découvertes chimiques importantes. — 3° Nouvelle application de la dorure galvanique.

1° Une première tentative a été faite, il y a quelques mois, pour relier Londres et Paris par [un télégraphe électrique; un conducteur métallique fut jeté en travers de la manche; mais il se trouva hors d'état de résister à la force des courants et aux nombreuses causes de destruction qu'il devait rencontrer; il ne tarda pas à se rompre.

Cet insuccès n'a pas découragé nos voisins d'outre-mer, car la persévérance est un des traits les plus prononcés de leur caractère : ils veulent avoir leur télégraphe et ils l'auront, malgré le vent et la marée. Sous peu un nouvel essai va s'effectuer, et on doit en augurer favorablement d'après quelques détails donnés, à ce sujet, par le maire de Londres, pendant le court séjour qu'il vient de faire en France. Les obstacles à surmonter sont la présence de l'eau qui oblige d'entourer le conducteur d'une matière isolante, puis la présence de courants très-violents qui, en agissant sur une longueur de plusieurs lieues, font éprouver au câble métallique une tension considérable et, s'ils ne le brisent pas, tendent à l'user et à le détruire peu à peu, par un frottement énergique contre le sable et les rochers.

Voici comment on espère surmonter toutes ces difficultés : 4 fils de cuivre, de 1 millimètre de diamètre, à peu près, et distants les uns des autres de cinq ou six millimètres, ont été englobés dans une épaisse couche de gutta percha dont les propriétés isolantes, la flexibilité et la ténacité sont bien connues. L'espèce de corde qui résulte de cette agglutination a été renfermée dans une sorte de tube métallique composé d'une série de fils de fer galvanisés, pour qu'ils puissent résister à l'oxydation, et cordés sur le noyau central de gutta percha.

On a ainsi obtenu un câble de cinq centimètres de diamètre, d'un poids et d'une résistance considérables : il sera enroulé sur un appareil particulier qui, remorqué par un bateau à vapeur, le développera peu à peu et l'étendra depuis les côtes de l'Angleterre jusqu'au rivage de France.

Il est facile de comprendre que le poids seul du câble suffira pour l'entraîner dans les profondeurs de la mer, pour lui faire prendre la forme du sol et même pour le faire pénétrer dans un fond de vase, à moins d'une tension considérable que les ingénieurs auront grand soin d'éviter.

Près du rivage, aussi loin qu'il sera possible dans la mer, le conducteur sera enterré dans le sable, pour qu'il soit préservé de l'action des courants, de la marée et des tempêtes ; enfin des travaux seront entrepris dans le but de le fixer et d'empêcher les frottements. Ces travaux pourraient peut-être, à l'aide de l'appareil sous-marin du docteur Payerne, s'exécuter sur toute la largeur de la Manche et assurer, pour un temps indéterminé, une communication télégraphique non interrompue entre l'Angleterre et le continent.

2° Deux chimistes, MM. Bouis et Saint-Evre, viennent d'enrichir la science de découvertes importantes. Le premier, élève de M. Dumas, en traitant l'huile de ricin par l'ammoniaque, est parvenu à transformer l'acide *ricinique* en acide sébacique et à obtenir, par un procédé très-simple, de notables quantités de ce dernier produit.

Jusqu'ici l'acide sébacique n'avait pu être extrait, dans les laboratoires, qu'en minime quantité, et ses propriétés étaient mal déterminées ; il avait même été confondu par Berzélius avec d'autres acides organiques : M. Bouis fait disparaître toutes les incertitudes, en offrant à l'Académie des sciences de nombreux échantillons du produit qu'il vient d'extraire : l'aspect de fragments volumineux contenus dans un vase en verre diffère peu de l'aspect de l'acide stéarique. Comme ce dernier, l'acide sébacique est demi transparent et combustible : sa solidité peut le rendre d'une grande utilité pour l'éclairage, et il ne faut pas douter que, sous peu, l'industrie ne l'associe à d'autres corps gras pour la confection des bougies. L'huile de palme, si abondante sur la côte septentrionale de l'Afrique, trouvera ainsi une valeur commerciale qu'elle était loin d'avoir auparavant.

Mais là ne s'arrête pas la découverte de M. Bouis : il est parvenu à extraire également, de l'huile de ricin, un nouvel alcool, d'une odeur suave, se transformant en éther sous l'action des acides sulfurique et acétique. Ce nouveau produit pourra probablement être employé à la confection des huiles essentielles que les Anglais obtiennent artificiellement et dont on voit des échantillons à l'exposition de Londres. Telle est, par exemple, l'huile essentielle d'ananas qui se livre à bas prix, et qu'on emploie avec grand avantage à la confection des glaces et des sorbets.

Quant à M. Saint-Evre, le produit nouveau qu'il livre à l'Académie des sciences est un sel de cobalt. Il se compose d'un équivalent d'oxyde de cobalt, d'un équivalent de potasse, d'un équivalent d'acide azotique et d'un équivalent d'acide azoteux. La couleur d'un jaune peu foncé, diffère de celle des autres sels de cobalt ; elle est assez persistante pour qu'on puisse prévoir son emploi prochain dans la peinture.

3° Il nous reste à parler d'une nouvelle application de la galvanoplastie qui n'a pas encore eu de retentissement dans le monde savant et industriel, bien qu'elle puisse intéresser vivement, par la suite, la science et l'industrie.

Un officier d'artillerie, dont nous ne sommes pas autorisé à livrer le nom à la publicité, est parvenu à dorer, au moyen d'un courant électrique, des feuilles et des fleurs de plantes diverses. Les inflexions les plus délicates, les découpures les plus compliquées, les moindres sillons et les moindres nervures sont conservés avec une fidélité que ne saurait atteindre le burin du plus habile ciseleur. Rien n'est si joli comme ces feuilles et ces fleurs d'or qui déjà ont été montées en épingles par quelques intimes ; nul doute que, sous peu, des parures complètes ne viennent livrer à la convoitise des jolies Parisiennes les formes les plus gracieuses du règne végétal ou de la nombreuse famille des insectes. Ici encore le procédé industriel tend à se substituer à l'art, et à répandre à profusion dans le commerce certains chefs-d'œuvre dont la possession a été jusqu'ici le privilège de l'opulence.

Dr Clavel.

BILAN DE LA SCIENCE ET DE L'INDUSTRIE
AU 1er AOUT 1851,

Ou résumé rapide des progrès de la science et de l'industrie, d'août 1850 à août 1851.

(Fin.)

ZOOLOGIE et PHYSIOLOGIE. Les recherches électro-physiologiques de M. Matteucci paraissent éclairer d'une lumière toute nouvelle et mieux préciser les rapports et les différences entre la matière inorganique et les substances organiques et animées.

L'Association apprendra avec une grande joie que le docteur Hooker est enfin revenu de sa longue excursion botanique dans l'Inde supérieure et le Thibet. Cette expédition, qui a duré plusieurs années, a été accompagnée de très-grands dangers. M. Hooker et ses compagnons ont été faits prisonniers par un des princes du pays ; et il leur a fallu un courage extraordinaire pour mener à bonne fin une si vaste entreprise. Le monde savant leur devra la géographie physique d'une région immense et totalement inconnue. Ils affirment avoir gravi une montagne haute de 28,000 pieds, plus de 9,000 mètres, plus élevé par conséquent que l'Hymalaya et le Chimborazo.

Le progrès le plus saillant accompli par les botanistes de l'Europe a été une étude et une connaissance plus approfondie de l'organisation des plantes cryptogamiques. M. Airy appelle l'attention sur deux rapports pleins d'intérêt, l'un sur la végétation et la vitalité des graines, l'autre sur les effets probables de la destruction des forêts des tropiques.

La Géographie, l'Ethnologie et la Statistique ne figurent que pour mémoire dans le discours de M. Airy.

Mécanique et Industrie manufacturière. Les branches importantes de la science appliquée ont toujours été chères à l'Association britannique ; c'est elle qui a inspiré et fait les grandes études sur les ondes, les marées et les phénomènes analogues, etc., etc. Depuis les grandioses travaux nécessités par la construction des voies de fer, et la mise en place du pont gigantesque de la Britannia, aucun travail monumental n'a vivement excité l'attention publique. Les ingénieurs, cependant, attachent une très-grande importance à la substitution aux cloches de plongeurs, d'un long tube ou cylindre que l'on fait descendre au fond de l'eau, que l'on alimente d'air respirable et dans lequel les ouvriers, après que l'eau a été refoulée, exécutent toutes sortes de travaux. L'emploi des chutes d'eau, comme force mécanique, a reçu des perfectionnements notables. Le bureau de l'amirauté avait chargé une Commission nombreuse de faire des études nouvelles et complètes sur les usages pratiques et les propriétés des métaux ; M. James Nasmyth a été chargé par l'Association d'extraire des volumineux rapports de la Commission les données les plus importantes : ce résumé est attendu avec impatience.

Un sujet à l'ordre du jour, et qui est plein d'avenir, c'est la détermination de l'équivalent mécanique de la chaleur, la transformation directe de la chaleur en agent mécanique.

Depuis plusieurs années, l'Association pour l'avancement des sciences poursuit avec ardeur la réforme et la simplification de la loi anglaise des patentes ou brevets d'invention. M. Airy ne craint pas d'affirmer, ce qui semble cependant étrange, qu'il n'est aucun pays du monde où les lois apportent plus d'entraves qu'en Angleterre au développement des inventions mécaniques et autres. Le gouvernement anglais semble enfin tout disposé à entrer dans une voie nouvelle.

Faisant allusion, dans quelques lignes enthousiastes, à l'exposition universelle, l'astronome royal proclame hautement qu'elle n'est devenue possible et qu'elle n'a été réalisée que par la haute influence, le zèle et l'appui du Royal Conjoint, le prince Albert, et il félicite l'Association de ce qu'il pourra, lorsque, dans quelques jours, le prince honorera les réunions de sa présence, lui témoigner dignement la reconnaissance du pays tout entier.

M. Airy annonce avec bonheur que, pour la seconde fois, le premier lord de la trésorerie a mis spontanément à la disposition de la Société royale une somme de mille livres sterling, vingt-cinq mille francs : elle doit être employée suivant la volonté de la Société, en encouragements ou gratifications pour les recherches scientifiques particulières.

En résumé, dit le grand astronome, cette revue, toute rapide qu'elle soit, prouvera surabondamment, d'abord que les progrès des sciences ne se sont aucunement ralentis dans l'année qui vient de s'écouler ; puisque, suivant sa noble coutume, l'Association britannique a pris une large et efficace part à ce bienheureux mouvement des intelligences, par les recherches propres de ses membres, par les discussions scientifiques de ses sections, par la rédaction des rapports qu'elle a obtenus des savants les plus renommés de l'Angleterre, par les sommes qu'elle a généreusement affectées, suivant les ressources de ses budgets, à l'achat d'instruments nouveaux et à la réalisation de grandes expériences, par ses relations avec les autres corps savants, enfin par sa puissante influence auprès du gouvernement et sur les comités de législation, influence que des dispositions nouvelles accroîtront encore dans une très-grande proportion. La série des volumes publiés par l'Association, remarquable surtout par les rapports sur l'état actuel de toutes les branches des sciences, est déjà une collection infiniment précieuse et très-recherchée par tous les amis des progrès des sciences.

On a soulevé en Angleterre, au sein du monde savant, une question éminemment délicate et qui prouve trop cette fatale tendance des esprits les plus graves à se lasser de ce qu'ils possèdent, à désirer et à envier ce qu'ils aperçoivent ailleurs. Des membres de l'Association, et en très-grand nombre, expriment bien haut leurs regrets de voir que l'Angleterre n'ait ni une Académie des sciences, ni une Université fondées et stipendiées par l'État. La constitution privée, indépendante et isolée des universités, des écoles et des sociétés savantes les désole ; ils regardent la condition actuelle de ces établissements comme une cause d'infériorité, de dégénérescence et de stérilité. C'est toujours le triste apologue des grenouilles qui demandent un roi.

Sir Airy trouve ces plaintes déraisonnables et malheureuses, et il refuse énergiquement de s'associer à ces vœux honorables sans doute, mais abusés, qui appellent la centralisation et l'absorption par l'État de toutes les corporations scientifiques. Il est reconnaissant des services que le gouvernement a rendus et rend aux sciences ; il trouve excellent que l'Association britannique et les autres associations semblables fassent appel à la générosité des ministres ; il proclame que l'État s'honore et remplit un devoir sacré en récompensant et encourageant les belles découvertes de la science et de l'industrie ; mais il est intimement convaincu que ce seront surtout les efforts des individus et l'action des associations privées et libres qui prendront l'initiative du progrès et engendreront ces inventions mémorables qui font époque dans l'histoire. L'administration d'un grand pays est essentiellement lente et routinière, et tout ce qui viendra se fondre dans elle participera fatalement de son inertie.

Pour démontrer jusqu'à l'évidence cette vérité trop palpable, hélas ! sir Airy n'avait qu'à prier ses honorables auditeurs de jeter un rapide regard au delà du détroit, sur notre France. Mais par un excès de délicatesse il nous a épargnés, et il s'est contenté d'inviter les partisans étourdis d'une innovation dangereuse à se replier sur eux-mêmes. Dans quelle contrée donc, s'écrie-t-il, avez-vous vu les institutions salariées de l'État produire autant de travaux sérieux, autant de découvertes immortelles que les institutions particulières de la Grande-Bretagne, dont le dégoût vous a tout à coup saisis?

Les historiens futurs de l'astronomie seront saisis d'enthousiasme en énumérant les millions d'étoiles observées, les nombreuses planètes, les innombrables comètes éclairées par les télescopes des observateurs indépendants qui certes ne méritent pas vos dédains.

Les historiens futurs de la physique et de la chimie raconteront, transportés, à leurs lecteurs que toutes les découvertes splendides qui font dans la science de véritables et grandes révolutions sont sorties des cabinets et des laboratoires particuliers, etc., etc.

Mais voici un argument d'autant plus péremptoire et irrécusable, qu'il frappe au cœur les membres de l'Association britannique : Vous êtes justement fiers, leur dit-il, des résultats que vous avez obtenus, des immenses services que vous avez rendus à la science, de l'influence incomparable que vous exercez ; les bienfaits de vos réunions sont aussi éclatants que la lumière du jour. Eh bien ! L'Association britannique n'a eu tant de succès, n'a autant produit et fait produire que parce qu'elle est une société particulière, libre, indépendante de l'État, cosmopolite ; que parce que, en un mot, elle vit de sa vie propre et qu'elle a conservé son individualité, sa personnalité. Quoi ! vous invoquez l'absorption par l'État, votre fusion dans l'État? Mais si ces vœux étaient exaucés, que seriez-vous, si vous ne mettiez pas vos propres travaux faits avec vos seules ressources? quelle puissance auriez-vous quand vous viendriez solliciter pour les travaux des autres les subventions de l'État? Si l'on ne vous voyait pas, au grand jour, contribuer de votre bourse aux dépenses qu'entraînent les recherches que vous provoquez, si l'on ne savait pas avec certitude que vous ne vous faites auprès de l'État de nobles mendiants que quand vous ne pouvez plus rien par vous-mêmes, que quand les fonds de l'Association sont épuisés ; vos demandes seraient accueillies avec politesse sans doute, mais vous ne recevriez que des réponses déclinatoires et évasives, vous n'obtiendriez rien. Gardez donc, gardez bien votre liberté et votre indépendance, qui sont la source de votre force et la cause efficiente de l'immense influence que vous exercez.

Nous avons résumé, en lui donnant peut-être une forme plus vive, l'argumentation persuasive de l'astronome royal, et nous partageons ses convictions. Le président de la dernière réunion, sir David Brewster, avait défendu la thèse opposée, avec une verve et une chaleur que nous avions peine à concilier avec son caractère de penseur profond et d'expérimentateur patient, avec ses cheveux blancs. Il nous avait étonné, mais sans nous entraîner ; notre Académie des sciences et notre Université étaient à ses yeux le beau idéal, et il voulait à tout prix les importer en Angleterre. C'était une innocente illusion que l'esprit mathématique et froid de M. Airy a réduite à sa juste valeur.

F. MOIGNO.

HÉLIOCHROMIE.

ENCORE LA DÉCOUVERTE DE M. HILL.

Le Photographic art Journal, dans son numéro de juillet dernier, a reproduit, avec une loyauté que nous nous plaisons à reconnaître, l'extrait du Mémoire présenté par M. Niépce de Saint-Victor à l'Académie, que la *Lumière* avait publié le 8 juin. Après en avoir donné une traduction littérale, le journal américain, dans ses « causeries », fait à ce sujet les réflexions suivantes :

« Nous avons avancé la publication de notre présent numéro, afin de faire connaître le plus tôt possible à nos lecteurs l'importante et précieuse découverte de M. Niépce de Saint-Victor, « l'*Héliochromie*, ou l'art d'obtenir une image coloriée sur la plaque daguerrienne. » M. Niépce a été conduit à publier son procédé par l'annonce que nous avions faite de la découverte de M. Hill. Il parait toutefois que M. Niépce le possédait depuis plusieurs mois et en avait déposé un compte-rendu détaillé entre les mains de l'Académie des sciences, se réservant de perfectionner sa découverte à loisir ; mais notre annonce en hâta la publication, et nous avons le plaisir d'en faire part aujourd'ui à nos lecteurs avant tout autre journal en Amérique.

«On verra que ce procédé est incomplet, M. Niépce n'ayant pas encore découvert le moyen de fixer les couleurs qu'il obtient ; *mais nous n'avons aucun doute qu'avant peu le génie de nos artistes américains n'accomplisse ce grand desideratum.* »

Nous nous garderons bien de ravir cette patriotique espérance au *Photographic art Journal*, et nous désirons même qu'elle se réalise.

« Probablement, ajoute-t-il, le procédé de M. Niépce devra être sensiblement modifié, et nous attendons avec impatience le jour prochain où plusieurs de nos daguerréotypistes nous communiqueront le résultat heureux de leurs expériences.

« Le procédé de l'habile inventeur français nous parait, autant que nous pouvons en juger par le peu que nous savons de celui de M. Hill, différer entièrement du Hillotype, et nous croyons pouvoir décerner à notre compatriote le titre glorieux de *véritable* inventeur de *l'héliochromie parfaite.* Nous pensons que, *quand* le procédé de M. Hill sera livré à la publicité, il sera reconnu supérieur à celui que nous faisons connaître aujourd'hui. Mais, *cependant, il sera désormais obligé de partager les honneurs de la découverte avec son compétiteur de l'ancien monde,* car beaucoup d'artistes se serviront, sans aucun doute, du procédé de M. Niépce et en feront la base de différents systèmes qui seront également utiles et praticables.

Le Mémoire de M. Niépce sera trouvé très-intéressant, en dehors même de sa valeur, comme découverte d'utilité pratique. Sa théorie est très-belle, presque sublime, et le système de manipulation est également remarquable. Nous croyons qu'il est assez simple et clairement démontré pour être compris de tous. »

Voilà donc M. Niépce (l'un de ceux qui ont fait marcher l'art héliographique à grands pas) sûr d'avoir sa part, si petite qu'elle soit, de l'auréole glorieuse qui couronnera un jour le front de cet énigmatique et mystérieux personnage qui a nom Hill, et qui *doit*, qui *peut* bien avoir fait, qui a peut-être fait une découverte immense, mais qui ferme rudement sa porte au nez de ceux qui ont le malheur de lui en souffler mot, et qui menace, pour peu qu'on continue à lui en parler, de l'ensevelir avec lui dans un éternel oubli. Nous sommes certains, du moins, que *quand* la postérité jouira des bienfaits du *Hillotype*, elle se souviendra qu'un M. Niépce, qui cependant n'était pas Américain, avait trouvé quelque chose de semblable. Nous remercions très-humblement nos amis du *Nouveau-Monde* de cette concession flatteuse, mais nous n'attendrons pas que M. Hill se soit décidé à accepter le piédestal qu'on lui élève pour nous glorifier de notre compatriote.

Du reste, le *Photographic art Journal*, avec une complaisance et une patience vraiment très-louables, fait une offre nouvelle à l'intraitable inventeur. Il s'agirait pour lui de désigner dix ou douze daguerréotypistes qu'il recevrait chez lui, et, après leur avoir imposé toutes les restrictions qu'il jugerait convenables, après avoir obtenu d'eux toutes les garanties de discrétion désirables, de leur montrer ses épreuves et d'en obtenir, en échange, une déclaration formelle, constatant la valeur de sa découverte, et le temps nécessaire à son développement.

« Nous répétons à M. Hill, ajoute ce journal, qu'une démarche de ce genre est absolument nécessaire ; car on ne peut nier que le retard qui a déjà eu lieu, n'ait fait naître un mécontentement général. »

Malheureusement, nous craignons fort que M. Hill n'accepte pas davantage cette offre que les précédentes, et qu'il n'y réponde que par une troisième édition de son fameux livre.

Il serait temps cependant qu'il se décidât, car il parait, d'après le journal américain lui-même, que la découverte promise a fait le plus grand tort aux artistes photographes de New-York et de presque toutes les provinces environnantes. Leurs travaux se sont trouvés interrompus tout à coup, chacun voulant attendre la mise en pratique du nouveau système, si bien que c'est un concert général de plaintes et de récriminations contre le malencontreux inventeur, qui semble vouloir se jouer de ses confrères et du public.

ERNEST LACAN.

PUBLICATIONS HÉLIOGRAPHIQUES.

Quelques mots sur la fondation de ce Journal. — Nouveau manuel de Photographie, par M. E. de Valicourt. — L'Italie monumentale, en vingt livraisons ; estampes photographiques avec texte, par M. Eugène Piot.

Recueil à la fois littéraire, artiste et scientifique, le journal *la Lumière*, qui retrace les progrès de l'héliographie, est un monument remarquable de leur rapidité et de l'active impulsion que notre siècle communique aux découvertes nouvelles. Dix à douze ans se sont écoulés depuis que Daguerre a livré le secret de sa méthode, et déjà l'histoire des perfectionnements et des applications qu'elle a reçus, constitue les éléments d'une théorie complète, volumineuse ; déjà les produits ingénieux et divers de la photographie ont créé, dans l'art du dessin, une branche spéciale assez curieuse, assez productive pour intéresser à ses annales le public et la critique.

La photographie, qui embrasse la chimie, la physique, qui a modifié la construction des appareils d'optique, les théories antérieures sur la couleur et la lumière, la photographie possède déjà une bibliographie très-étendue : sous l'impulsion généreuse d'un esprit libéral, ardent, éclairé, cette découverte, si jeune et si féconde, fournit matière à une publication périodique : *Revue* tout à la fois consacrée aux sciences et aux arts.

Comme pour témoigner de l'opportunité de la pensée noble et salutaire de M. de Montfort, l'Amérique l'a imitée. Londres aura bientôt son journal photographique, New-York en a deux... Ainsi la France, la mère-patrie de cette découverte, serait distancée, si la munificence de M. de Montfort ne l'avait enrichie de ce moyen efficace de populariser l'héliographie et d'en accélérer les progrès.

Si donc, et nous n'en doutons pas, notre pays conserve dans l'avenir sa priorité, son initiative en fait de perfectionnements et d'habileté pratique, il en aura l'obligation à l'homme bienveillant qui a groupé autour de lui les élus de la science, les photographes les plus habiles, et qui leur a donné un organe littéraire pour y consigner leurs observations et les répandre au dehors. Cette pensée remonte tout entière à l'amour de la science ; car M. de Montfort n'est pas notre compatriote ; mais les âmes élevées appartiennent à tous les pays.

Accueillie avec un empressement qui fait honneur à la sagacité de notre fondateur, la publication de *la Lumière* obtient un succès dont la rapidité nous a surpris. Si délicate que soit la modestie de notre patron, il faut bien qu'il se résigne à recevoir ici l'hommage de la gratitude de ses cosociétaires et de ses lecteurs nombreux : en consignant l'expression de cette reconnaissance, nous sommes l'interprète d'un vœu et d'un sentiment unanimes.

Les réflexions qui nous ont conduit à cette digression relative à la rapidité de la marche théorique et pratique de l'héliographie, ainsi qu'au double but de cette *revue* scientifique et artiste, ou *artistique*, comme on dit aujourd'hui, nous ont été suggérées par deux ouvrages nouveaux, placés sous nos yeux : l'un consacré à la doctrine, l'autre destiné à fournir le premier exemple d'une application purement esthétique, appelée à un succès populaire.

Résumant les mémoires, les dissertations, les articles de journaux, les traités partiels publiés jusqu'ici, documents épars et curieux, M. de Valicourt s'est constitué à la fois le chroniqueur et le guide des héliographes. Il consacre la partie encyclopédique des théories, et les coordonne dans un MANUEL *de photographie sur métal, sur papier et sur verre.*

Ainsi, la découverte de Niépce et de Daguerre s'élance hors des limites étroites de *la spécialité*, et descend à la portée de la foule, sous la forme économique, populaire et complexe des *Manuels-Roret*.

L'application aux arts s'achemine à un résultat analogue, et en quelque sorte parallèle, sous l'impulsion de M. Eugène Piot qui, abordant le domaine des monographies iconographiques, publie par livraisons, avec texte explicatif et historique, l'ITALIE MONUMENTALE.

Procédons avec ordre ; et comme la théorie précède la pratique, parlons d'abord du *Manuel de photographie*.

Cet ouvrage justifie de son titre par la précision de la forme et par la simplicité du plan ; mais il a une portée plus étendue, à raison de sa valeur critique. Prenant *ab ovo* la découverte de Niépce, et remontant à l'examen des instruments de production, M. de Valicourt décrit les travaux héliographiques, à partir de Wedgwood et de Davy, ainsi que les perfectionnements des chambres obscures, de Porta à Wollaston et de Wollaston, à M. Charles Chevalier qui en doubla la puissance par l'invention du double objectif.

A ce propos, l'auteur, dès les premières pages, montre l'excellent esprit dont il est animé, en réclamant contre l'injuste qualification d'objectifs *allemands*, donnée au perfectionnement dont un de nos compatriotes est le véritable inventeur. Ce caractère de loyauté, cette absence de passions mesquines et de partialité, caractérisent, en général, l'œuvre de M. de Valicourt qui, appelé à énumérer une quantité prodigieuse de découvertes partielles, de procédés plus ou moins heureux, dont plusieurs personnes se disputent, et parfois avec candeur, la priorité, a su presque toujours se tenir à l'abri des querelles personnelles.

L'auteur, qui possède intimement son sujet, a pris soin, à cet égard, de se renseigner avec un zèle scrupuleux, afin de tenir la promesse de son épigraphe : *suum cuique*.

Du reste, il ne faudrait pas croire que cette tâche soit la plus facile du monde : les innovations, les méthodes de détail décrites ne s'élèvent à guère moins de la centaine, et, quant aux auteurs dont les recherches sont analysées, j'en ai compté plus de quarante. M. de Valicourt a moissonné, puis glané ; il a tout pris en considération, du cèdre à l'hysope, et tout mis à son rang.

La portion du *Manuel* relative au daguerréotype sur plaque est tellement complète et si absolument dépouillée d'opinions controversables, de conjectures hasardeuses ou d'idées incertaines, qu'en la lisant, on admire le degré de perfectionnement où l'héliographie sur plaque est parvenue, et l'on comprend que, dans cette branche de l'art, la période des progrès est finie. Ici, le *Manuel* ne vous offre plus d'option entre des méthodes rivales, plus ou moins essayées ; il retrace, avec des conséquences acceptées, une histoire accomplie, et déclare que l'intérêt qui s'attache aux inventions perfectibles dont l'avenir ne peut encore se mesurer, doit être concentré désormais sur la photographie de papier. L'auteur va même jusqu'à laisser pressentir la destinée brillante de cette branche de l'art photographique, qui a pris dans ces derniers temps un remarquable essor, et qui semble appelée à *détrôner un jour le daguerréotype sur plaque*. »

Ces prévisions, qui fortifient les nôtres, justifient d'autant mieux nos prédilections que, de l'aveu même de M. de Valicourt, les artistes, *les gens de goût* ont une préférence marquée pour le dessin sur papier. Cette préférence, l'auteur l'explique avec sagacité, en quelques lignes dignes d'être reproduites, car elles résument à merveille les qualités qui donnent *un esprit*, une vie, une pensée aux dessins photographiques.

« Dans le daguerréotype ordinaire, lorsqu'on a acquis une certaine habitude, la réussite est pour ainsi dire mathématique, et l'uniformité des moyens employés amène une identité de résultats qui accusent la précision et la régularité d'une machine. Il n'en est pas ainsi dans la photographie sur papier. Ici, la variété infinie des ressources dont on peut disposer transforme le photographiste en un véritable artiste qui reste toujours le maître de choisir les moyens qu'il emploie et de les diriger à son gré, suivant les effets différents qu'il se propose d'obtenir. C'est ainsi qu'il peut se créer une manière à lui et imprimer à chacune de ses œuvres un cachet original, individuel qui, pour un œil exercé, équivaut à une signature....

... Si nous envisageons l'avenir qui semble réservé à la photographie sur papier, nous verrons qu'elle est, dès aujourd'hui susceptible de nombreuses et utiles applications industrielles. Avant peu, les différentes branches de commerce lui demanderont ces prospectus illustrés, destinés à faire connaître aux commettants éloignés les spécimens de leurs plus gracieux modèles ; les ingénieurs et les architectes lui confieront la reproduction de leurs dessins et de leurs plans ; les sculpteurs celle de leurs œuvres ; les paléographes, les numismates, les archéologues s'en serviront pour multiplier les manuscrits et les représentations des objets curieux. Pour réaliser toutes ces merveilles, il faudrait créer une imprimerie héliographique, etc. »

Ces sympathies n'empêchent pas l'auteur de juger du mérite de la photographie avec un sens critique éclairé, parfois même trop sévère, car il lui reproche de manquer de *la pureté de lignes* qui recommande les épreuves sur métal. Cet arrêt est mal formulé : la *pureté* des lignes ou du dessin ne réside point dans la sécheresse du trait ; bien qu'elle soit douce et estompée, la ligne du Corrège est, certes, aussi *pure* et plus pure que celle d'un contemporain de Van-Eyck ou de Cimabué ; seulement la première est plus suave et, en quelque sorte, plus savante. Telle est la ligne de la photographie sur papier, qui laisse le premier rôle à l'effet et au modelé des plans.

Nous trouvons aussi que M. de Valicourt, qui a énuméré les recherches des divers photographes, depuis M. Talbot qui serait le premier si Niépce ne lui avait, dès 1826, ouvert la marche, déroge à sa bienveillance accoutumée au sujet de M. Bayard, en interprétant contre lui le silence qu'il a longtemps gardé sur la composition de ses papiers photogéniques. De plus, au lieu d'insister sur le *procédé direct* dû à M. Bayard, M. de Valicourt, tombant dans la faute qu'il reproche aux rivaux de M. Ch. Chevalier, décrit d'abord un procédé direct exposé à York par M. Grave ; puis un autre de M. Bousigues, et c'est sous forme de corollaire, qu'à la suite il mentionne légèrement, et comme à regret, M. Bayard en avouant qu'il a trouvé son procédé dès 1839. *Sic erunt primi novissimi...*

Il nous serait aisé de signaler la contrepartie de ces erreurs de détail ; mais quand la partialité se révèle par un excès d'admiration et de charité, nous lui laissons le champ libre. Détourner le trait de la critique quand il est fourvoyé, c'est un louable effort ; saccager des fleurs offertes par une main amie, ce n'est pas une fonction qui nous plaise. En général, il ne faut pas s'engouer à la légère des théoriciens très-hardis, très-féconds, très-novateurs, car l'abus, la confusion des théories amènent le désordre dans les manipulations et sèment partout l'incertitude. Nous ne suivrons pas M. de Valicourt dans une série de panégyriques trop exclusifs à notre sens, et nous nous bornerons à lui présenter une des plus sages réflexions de sa préface : « Pour nous, les procédés photographiques les plus séduisants en théorie n'ont de valeur que celle qu'ils empruntent du temps et de l'expérience. »

Je ne sais si M. Eugène Piot se pique de créer dans la science, d'être le père de toutes les théories et de marier la chimie aux beaux-arts comme le lierre à l'ormeau. Il est permis d'en douter : M. Piot produit beaucoup, promet peu, tient davantage, opère avec simplicité, et nous paraît plus empressé de nous apporter des trésors, que de nous donner des recettes pour en acquérir.

Chez M. Piot, l'artiste domine et est appelé à rendre de grands services. Quelle bonne aubaine pour un amateur qui, comme lui, a décrit les curiosités monumentales de l'Occident et du Midi, sans trouver des représentations de ces merveilles, dignes de satisfaire un esprit exact ; quelle aubaine, dis-je, que de rencontrer un instrument comme la photographie et de devenir dessinateur minutieux et précis, du jour au lendemain !

Après s'être assimilé les procédés, M. Piot s'est remis en campagne et a sur-le-champ réalisé une application spéculative de la photographie aux arts : l'*Italie monumentale*. Il a préparé son *album* et il l'a annoncé ensuite ; devançant dans la pratique l'effet des programmes de M. Blanquart-Évrard.

Le premier donc, M. Piot engage la lutte avec la gravure ; le premier, chez nous, il présente une édition populaire d'un ouvrage photographique *par livraisons*.

Tirées sur papier de Chine, les épreuves de l'*Italie monumentale*, collées sur un papier blanc avec double marge, portent, comme les estampes, leur *lettre* gravée, contenant l'indication des monuments et, en suscription, le titre de la publication. Ce sont de belles et grandes gravures à la manière noire, avec lesquelles rien ne peut rivaliser : un texte historique accompagnera ces planches. Ainsi commence la série des livres, des voyages d'art illustrés par la photographie : M. Piot vient de créer une nouvelle branche commerciale.

C'est par la ville de Pise que l'auteur est entré en campagne, et dès la première planche, représentant *la tour penchée*, il nous fournit l'occasion de signaler la supériorité qui distingue l héliographie, quant à l'exactitude absolue et aux conséquences que l'on en peut tirer. L'on a beaucoup disserté sur les causes de l'inclinaison de ce campanile bâti au douzième siècle par Guillaume d'Inspruck et Romano de Pise. Desbrosses attribuait cette bizarrerie au caprice des architectes ; opinion la plus invraisemblable et qui, pour ce motif, a trouvé créance parmi le vulgaire, en dépit de Vasari, de Bernouilli, de La Condamine, de Soufflot, qui tous, ont avec raison attribué la déviation de la *torre pendente*, à un affaissement du sol. Si cette question était encore débattue, la photographie de M. Piot la résoudrait à l'instant, en nous montrant que la place entière, composée de terrain d'alluvion sablonneux et mouvant, est environnée de maisons qui toutes surplombent plus ou moins, soit d'un côté, soit de l'autre.

Autrefois, quand ils reproduisaient ce site, les artistes qui suppriment de leur modèle les imperfections légères, et qui outrent les singularités flagrantes, les artistes exagéraient l'inclinaison de la tour, et rétablissaient la verticale à l'égard des maisons du voisinage.

Trois arceaux gothiques du *Campo Santo*, différents entre eux d'ornementation et séparés par des médaillons en relief, nous donnent un second aperçu des monuments de Pise ; aperçu complété par la vue de la *Piazza del duomo* qui les réunit tous. Cette dernière épreuve est bien venue, mais un peu grise.

Les deux autres gravures de cette livraison nous transportent à Florence, en face des deux portes latérales de *Santa Maria del fiore*, construction d'un gothique fleuri, à compartiments, où le cintre et les cadres rectangulaires se mariant à l'ogive, font pressentir la Renaissance. Cependant, l'édifice est de 1296 ; mais il est d'Arnolfo di Lapo. On s'aperçoit en Italie, et surtout à Florence, que ce mot de Renaissance ne possède un sens bien défini que chez nous. Les arts, dans ces petites républiques, poétiques images de celles de l'ancienne Grèce, n'eurent pas à renaître. Il suffirait pour le comprendre, de contempler à l'aide d'une loupe, sur les deux belles planches de M. Piot, la charmante vierge qui couronne la première porte, les séraphins agenouillés qui surmontent la seconde ; d'étudier, à l'entablement des croisées, sous les frises, aux frontons des portes, ces myriades d'arabesques, d'hélices fleuries, de médaillons, de rosaces, de guirlandes, ces bouquets de marbre dont l'édifice est jonché, et que, grâce à M. Piot, la gravure offre pour la première fois aux yeux charmés des amateurs qui n'ont pas reçu du Ciel la grâce d'aller jusqu'à Florence.   FRANCIS WEY.

Dans sa dernière séance, dont le compte-rendu ne paraîtra que dimanche prochain, la Société héliographique a suspendu momentanément ses travaux, et a fixé au vendredi 5 décembre prochain la reprise de ses réunions.

NOUVELLES DIVERSES.

M. J. Porro vient de communiquer à l'Académie des sciences la note suivante :

Éclipse du 28 juillet 1851, relevée héliographiquement par MM. Vaillat et Thompson, avec un objectif sthénallatique de M. Porro.

Je viens de découvrir tout récemment que les équations de condition de l'anallatisme, que j'applique depuis longtemps avec plein succès aux lunettes à micromètre, peuvent représenter toute la théorie de l'objectif héliographique ; seulement il ne faut pas se borner, comme dans les lunettes à micromètre, à l'anallatisme longitudinal, il faut s'occuper aussi de l'anallatisme latéral, et, dans le calcul des deux aberrations, il ne faut négliger ni la distance ni l'épaisseur des verres.

« Trois verres suffisent pour obtenir l'anallatisme latéral, c'est-à-dire l'image de grandeur invariable dans toute l'étendue du champ quand l'objet change de lieu dans l'espace, tout en se maintenant dans un seul et même plan parallèle à la plaque ; avec quatre verres on peut faire en sorte que la surface focale soit sensiblement plane, condition qui se trouve satisfaite quand la longueur focale pour les faisceaux obliques varie sensiblement comme la sécante de l'angle d'obliquité.

« On peut aussi, comme dans mes lunettes micrométriques réductrices, rendre variable la force de l'instrument, soit avec des systèmes à une seule image, soit avec des systèmes à deux images : ce sont systèmes à image variable que j'appelle *sthénallatiques*.

On peut encore, et dans tous les cas, rendre l'action de la lumière sur la plaque moins oblique ou même tout à fait normale dans toute l'étendue du champ focal, ce qui, en héliographie, contribue à l'égalité des tons ; mais ces résultats ne s'obtiennent qu'avec l'addition d'un ou deux et même de trois verres, suivant les limites de variation qu'on se propose d'obtenir et la grandeur du champ angulaire qu'on veut embrasser.

« J'ai pensé un peu tard (dimanche à trois heures de l'après-midi) à employer mon objectif sthénallatique au lever héliographique de l'éclipse ; des dispositions faites à la hâte ne pouvaient être parfaites comme je l'eusse désiré, mais les habiles photographistes MM. Vaillat et Thompson, qui ont bien voulu se prêter très-libéralement à cette expérience, ont eu le talent de tirer encore un assez bon parti de ce dispositif imparfait.

« Un objectif sthénallatique a été monté sur un pied parallactique dans une chambre noire qu'il a fallu rallonger avec du papier, à cause que l'objectif n'était pas fait pour une si grande amplification. Toutes les dispositions faites presque entièrement dans la matinée du 28, ont été terminées un quart d'heure avant l'éclipse ; rien n'avait été essayé, et les imperfections qu'on remarque encore sur les trois ouvrages de M. Leblanc communiqués jusqu'ici, est véritablement splendide.

M. Leblanc est observateur et à la fois hardi et minutieux. Obstiné dans son vouloir, confiant en sa persévérance, exigeant par rapport aux résultats, il s'est cantonné dans le procédé-Talbot, persuadé qu'une méthode dont on s'est intimement assimilé les ressources, est de toutes la meilleure. Cette ligne de conduite, il l'a suivie sans dévier depuis six ans, et il est arrivé à des résultats dignes d'exciter l'étonnement et même l'incrédulité.

Doué d'un sentiment inné du style, M. Leblanc sait ajuster un modèle : il est habile à tirer les épreuves positives; mais il y procède par tâtonnements et sacrifie en essais les deux ou trois premières.

En résumé, nous n'avons que des éloges à donner à nos confrères, pour leur zèle, pour leurs efforts, pour leur habileté croissante; l'album retracera fidèlement les travaux intéressants de la présente année.

FRANCIS WEY.

CONSIDÉRATIONS SUR LA REPRODUCTION,

PAR M. NIÉPCE DE SAINT-VICTOR,

des images gravées, dessinées ou imprimées,

PAR M. E. CHEVREUL.

(Suite.)

57. L'iode en vapeur se combine au cuivre. La combinaison la plus convenable pour le succès de l'opération de M. Niépce, doit être, suivant lui, mate et couleur de rouille. Mais en la conservant au milieu de l'air, et surtout au contact du soleil, la couleur se fonce en passant au bleu des ressorts de montre; et il semblerait, sous l'influence solaire, qu'il se dégagerait de l'iode, car j'ai senti l'odeur de ce corps en flairant une plaque iodée qui venait d'être frappée par le soleil. En même temps que cet effet a lieu sous l'influence de la lumière, le cuivre des clairs se ternit en passant à l'état de protoxyde (1). (*Voir le tableau* 4.)

Il est évident que l'image du trèfle tranche sur le fond par la différence qui existe entre une surface spéculaire et une surface mate, et qu'il y a toujours moins d'opposition, entre le fond vu dans la première circonstance et le fond vu dans la deuxième, qu'il n'y en a entre le trèfle vu dans la première circonstance et le trèfle vu dans la seconde. Ajoutons que la couleur du cuivre iodé tranche encore sur la couleur du cuivre par moins de rouge. Il y a donc plusieurs causes de la production de l'image par la réserve.

58. *Observation microscopique.* Lorsqu'on examine au microscope, sur la platine tournante de George Oberhauser, la plaque numéro 1, de manière qu'elle soit vivement éclairée par le soleil dans la partie iodée et dans la partie où le cuivre est pur,

Le *cuivre iodé* présente des dessins extrêmement fins, circulaires en général; les uns sont bleus et violets, les autres oranges et jaunes, ces derniers dominant; le fond du cuivre iodé est jaunâtre.

Le *cuivre pur* présente des sillons rectilignes parallèles, couleur de cuivre, avec quelques traits circulaires et irisés. De sorte que la différence est extrême quand on observe simultanément ces deux effets. Seulement en faisant tourner la platine, on constate parfaitement les effets optiques des sillons parallèles du cuivre pur par un *maximum* de

(1) *Note. Expérience.* Dessin sur une plaque dont la moitié est couverte d'un papier noir. Après quatre mois, la partie couverte présente une image parfaitement distincte, quoique sensiblement altérée, et la partie découverte une image effacée; on n'aperçoit que quelques traits jaunes provenant de l'altération du cuivre iodé.

En passant la plaque au tripoli et à l'eau pure, la partie préservée de la lumière présente une légère image, tandis que tout est confus dans l'autre partie.

clarté ou *d'ombre,* suivant la position où on les voit; la structure comme grenue du cuivre iodé ne présente rien de semblable.

59. Le cuivre, exposé au contact de la vapeur d'ammoniaque fluor, perd de sa couleur et son brillant métallique. Que se passe-t-il? C'est ce que j'ignore encore. Quoi qu'il en soit, l'opposition entre l'image réservée et le fond produit un effet tout à fait analogue à celui de la plaque n° 1. (*Voir le tableau* 5.)

La production de l'image par la réserve s'explique pour cette plaque de la même manière que pour la plaque n° 1; seulement l'opposition est plus grande, parce que le cuivre ammoniaqué est plus mat encore que le cuivre iodé, et la couleur en est moins prononcée.

40. *Observation microscopique.* Par rapport au cuivre pur, le cuivre ammoniaqué présente moins de différence au microscope que le cuivre iodé; cela provient principalement de ce que les sillons se montrent encore dans le cuivre ammoniaqué.

41. L'eau mise sur le cuivre ammoniaqué paraît ne lui rien enlever de matière soluble sensible à l'hématine et à la teinture de violette, du moins en opérant comparativement avec une plaque de cuivre non modifié.

L'eau passée sur l'enduit ammoniaqué à plusieurs reprises ne paraît avoir produit aucun effet lorsque la plaque est complètement séchée.

En passant du coton humecté sur le cuivre modifié, il se colore sensiblement en vert bleuâtre, tandis qu'il ne produit presque rien sur le cuivre non ammoniaqué. Le coton bleu verdâtre, touché par le cyano-ferrite de cyanure de potassium acidulé, se colore fortement en marron.

(La suite à un prochain numéro.)

Le Secrétaire de rédaction F.-A. RENARD, *Gérant.*

Imprimerie de LENNOYER et Cⁱᵉ, rue Lemercier, 24. Batignolles.

CORRESPONDANTS DE LA LUMIÈRE

CHARGÉS DE RECEVOIR LES ABONNEMENTS.

PREMIÈRE ANNÉE. N° 28.　　　　　　　　　　　　DIMANCHE, 17 AOUT 1851.

LA LUMIÈRE

JOURNAL NON POLITIQUE

HEBDOMADAIRE.

BEAUX-ARTS — HÉLIOGRAPHIE — SCIENCES.

BUREAUX, A PARIS, N° 15, RUE DE L'ARCADE, A LA SOCIÉTÉ HÉLIOGRAPHIQUE.

PRIX. — PARIS, UN AN, 16 F.; 6 MOIS, 10 F.; 3 MOIS, 6 F. — DÉPARTEMENTS, UN AN, 18 F.; 6 MOIS, 11 F.; 3 MOIS, 7 F. — ÉTRANGER, UN AN, 20 F.; 6 MOIS, 12 F.; 3 MOIS, 8 F. — CHAQUE N° 50 CENT.

SOMMAIRE.

ACADÉMIE DES SCIENCES.

1° Télégraphie électrique entre Londres et Paris. — 2° Découvertes chimiques importantes. — 3° Nouvelle application de la dorure galvanique.

1° Une première tentative a été faite, il y a quelques mois, pour relier Londres et Paris par un télégraphe électrique; un conducteur métallique fut jeté en travers de la manche; mais il se trouva hors d'état de résister à la force des courants et aux nombreuses causes de destruction qu'il devait rencontrer; il ne tarda pas à se rompre.

Cet insuccès n'a pas découragé nos voisins d'outre-mer, car la persévérance est un des traits les plus prononcés de leur caractère : ils veulent avoir leur télégraphe et ils l'auront, malgré le vent et la marée. Sous peu un nouvel essai va s'effectuer, et on doit en augurer favorablement d'après quelques détails donnés, à ce sujet, par le maire de Londres, pendant le court séjour qu'il vient de faire en France. Les obstacles à surmonter sont la présence de l'eau qui oblige d'entourer le conducteur d'une matière isolante, puis la présence de courants très-violents qui, en agissant sur une longueur de plusieurs lieues, font éprouver au câble métallique une tension considérable et, s'ils ne le brisent pas, tendent à l'user et à le détruire peu à peu, par un frottement énergique contre le sable et les rochers.

Voici comment on espère surmonter toutes ces difficultés : 4 fils de cuivre, de 1 millimètre de diamètre, à peu près, et distants les uns des autres de cinq ou six millimètres, ont été englobés dans une épaisse couche de gutta percha dont les propriétés isolantes, la flexibilité et la ténacité sont bien connues. L'espèce de corde qui résulte de cette agglutination a été renfermée dans une sorte de tube métallique composé d'une série de fils de fer galvanisés, pour qu'ils puissent résister à l'oxydation, et cordés sur le noyau central de gutta percha.

On a ainsi obtenu un câble de cinq centimètres de diamètre, d'un poids et d'une résistance considérables : il sera enroulé sur un appareil particulier qui, remorqué par un bateau à vapeur, le développera peu à peu et l'étendra depuis les côtes de l'Angleterre jusqu'au rivage de France.

Il est facile de comprendre que le poids seul du câble suffira pour l'entraîner dans les profondeurs de la mer, pour lui faire prendre la forme du sol et même pour le faire pénétrer dans un fond de vase, à moins d'une tension considérable que les ingénieurs auront grand soin d'éviter.

Près du rivage, aussi loin qu'il sera possible dans la mer, le conducteur sera enterré dans le sable, pour qu'il soit préservé de l'action des courants, de la marée et des tempêtes; enfin des travaux seront entrepris dans le but de le fixer et d'empêcher les frottements. Ces travaux pourraient peut-être, à l'aide de l'appareil sous-marin du docteur Payerne, s'exécuter sur toute la largeur de la Manche et assurer, pour un temps indéterminé, une communication télégraphique non interrompue entre l'Angleterre et le continent.

2° Deux chimistes, MM. Bouis et Saint-Evre, viennent d'enrichir la science de découvertes importantes. Le premier, élève de M. Dumas, en traitant l'huile de ricin par l'ammoniaque, est parvenu à transformer l'acide ricinique en acide sébacique et à obtenir, par un procédé très-simple, de notables quantités de ce dernier produit.

Jusqu'ici l'acide sébacique n'avait pu être extrait, dans les laboratoires, qu'en minime quantité, et ses propriétés étaient mal déterminées; il avait même été confondu par Berzélius avec d'autres acides organiques : M. Bouis fait disparaître toutes les incertitudes, en offrant à l'Académie des sciences de nombreux échantillons du produit qu'il vient d'extraire : l'aspect de fragments volumineux contenus dans un vase en verre diffère peu de l'aspect de l'acide stéarique. Comme ce dernier, l'acide sébacique est demi-transparent et combustible : sa solidité peut le rendre d'une grande utilité pour l'éclairage, et il ne faut pas douter que, sous peu, l'industrie ne l'associe à d'autres corps gras pour la confection des bougies. L'huile de palme, si abondante sur la côte septentrionale de l'Afrique, trouvera ainsi une valeur commerciale qu'elle était loin d'avoir auparavant.

Mais là ne s'arrête pas la découverte de M. Bouis : il est parvenu à extraire également, de l'huile de ricin, un nouvel alcool, d'une odeur suave, se transformant en éther sous l'action des acides sulfurique et acétique. Ce nouveau produit pourra probablement être employé à la confection des huiles essentielles que les Anglais obtiennent artificiellement et dont on voit des échantillons à l'exposition de Londres. Telle est, par exemple, l'huile essentielle d'ananas qui se livre à bas prix, et qu'on emploie avec grand avantage à la confection des glaces et des sorbets.

Quant à M. Saint-Evre, le produit nouveau qu'il livre à l'Académie des sciences est un sel de cobalt. Il se compose d'un équivalent d'oxyde de cobalt, d'un équivalent de potasse, d'un équivalent d'acide azotique et d'un équivalent d'acide azoteux. La couleur d'un jaune peu foncé, diffère de celle des autres sels de cobalt : elle est assez persistante pour qu'on puisse prévoir son emploi prochain dans la peinture.

3° Il nous reste à parler d'une nouvelle application de la galvanoplastie qui n'a pas encore eu de retentissement dans le monde savant et industriel, bien qu'elle puisse intéresser vivement, par la suite, la science et l'industrie.

Un officier d'artillerie, dont nous ne sommes pas autorisé à livrer le nom à la publicité, est parvenu à dorer, au moyen d'un courant électrique, des feuilles et des fleurs de plantes diverses. Les inflexions les plus délicates, les découpures les plus compliquées, les moindres sillons, les moindres nervures sont conservés avec une fidélité que ne saurait atteindre le burin du plus habile ciseleur. Rien n'est joli comme ces feuilles et ces fleurs d'or qui déjà ont été montées en épingles par quelques intimes : nul doute que, sous peu, des parures complètes ne viennent livrer à la convoitise des jolies Parisiennes les formes les plus gracieuses du règne végétal ou de la nombreuse famille des insectes. Ici encore le procédé industriel tend à se substituer à l'art et à répandre à profusion dans le commerce certains chefs-d'œuvre dont la possession a été jusqu'ici le privilège de l'opulence.

Dr CLAVEL.

BILAN DE LA SCIENCE ET DE L'INDUSTRIE

AU 1er AOUT 1851,

Ou résumé rapide des progrès de la science et de l'industrie d'août 1850 à août 1851.

(Fin.)

ZOOLOGIE et PHYSIOLOGIE. Les recherches électro-physiologiques de M. Matteucci paraissent éclairer d'une lumière toute nouvelle et mieux préciser les rapports et les différences entre la matière inorganique et les substances organiques et animées.

L'Association apprendra avec une grande joie que le docteur Hooker est enfin revenu de sa longue excursion botanique dans l'Inde supérieure et le Thibet. Cette expédition, qui a duré plusieurs années, a été accompagnée de très-grands dangers. M. Hooker et ses compagnons ont été faits prisonniers par un des princes du pays; et il leur a fallu un courage extraordinaire pour mener à bonne fin une si vaste entreprise. Le monde savant leur devra la géographie physique d'une région immense et totalement inconnue. Ils affirment avoir gravi une montagne haute de 28,000 pieds, plus de 9,000 mètres, plus élevé par conséquent que l'Hymalaya et le Chimborazo.

Le progrès le plus saillant accompli par les botanistes de l'Europe a été une étude et une connaissance plus approfondie de l'organisation des plantes cryptogamiques. M. Airy appelle l'attention sur deux rapports pleins d'intérêt, l'un sur la végétation et la vitalité des graines, l'autre sur les effets probables de la destruction des forêts des tropiques.

La Géographie, l'Ethnologie et la Statistique ne figurent que pour mémoire dans le discours de M. Airy.

Mécanique et Industrie manufacturière. Les branches importantes de la science appliquée ont toujours été chères à l'Association britannique; c'est elle qui a inspiré et fait les grandes études sur les ondes, les marées et les phénomènes analogues, etc., etc. Depuis les grandioses travaux nécessités par la construction des voies de fer, et la mise en place du pont gigantesque le Britannia, aucun travail monumental n'a vivement excité l'attention publique. Les ingénieurs, cependant, attachent une très-grande importance à la substitution aux cloches de plongeurs, d'un long tube ou cylindre que l'on fait descendre au fond de l'eau, que l'on alimente d'air respirable et dans lequel les ouvriers, après que l'eau a été refoulée, exécutent toutes sortes de travaux. L'emploi des chutes d'eau, comme force mécanique, a reçu des perfectionnements notables. Le bureau de l'amirauté avait chargé une Commission nombreuse de faire des études nouvelles et complètes sur les usages pratiques et les propriétés des métaux; M. James Nasmyth a été chargé par l'Association d'extraire des volumineux rapports de la Commission les données les plus importantes : ce résumé est attendu avec impatience.

Un sujet à l'ordre du jour, et qui est plein d'avenir, c'est la détermination de l'équivalent mécanique de la chaleur, la transformation directe de la chaleur en agent mécanique.

Depuis plusieurs années, l'Association pour l'avancement des sciences poursuit avec ardeur la réforme et la simplification de la loi anglaise des patentes ou brevets d'invention. M. Airy ne craint pas d'affirmer, ce qui semble cependant étrange, qu'il n'est aucun pays du monde où les lois apportent plus d'entraves qu'en Angleterre au développement des inventions mécaniques et autres. Le gouvernement anglais semble enfin tout disposé à entrer dans une voie nouvelle.

Faisant allusion, dans quelques lignes enthousiastes, à l'exposition universelle, l'astronome royal proclame hautement qu'elle n'est devenue possible et qu'elle n'a été réalisée que par la haute influence, le zèle et l'appui du Royal Conjoint, le prince Albert, et il félicite l'Association de ce qu'elle pourra, lorsque, dans quelques jours, le prince honorera les réunions de sa présence, lui témoigner dignement la reconnaissance du pays tout entier.

M. Airy annonce avec bonheur que, pour la seconde fois, le premier lord de la trésorerie a mis spontanément à la disposition de la Société royale une somme de mille livres sterling, vingt-cinq mille francs; elle doit être employée suivant la volonté de la Société, en encouragements ou gratifications pour les recherches scientifiques particulières.

En résumé, dit le grand astronome, cette revue, toute rapide qu'elle soit, prouvera surabondamment, d'abord que les progrès des sciences ne se sont aucunement ralentis dans l'année qui vient de s'écouler; puisque, suivant la noble coutume, l'Association britannique a pris une large et efficace part à ce bienheureux mouvement des intelligences, par les recherches propres de ses membres, par les discussions scientifiques de ses sections, par la rédaction des rapports qu'elle a obtenus des savants les plus renommés de l'Angleterre, par les sommes qu'elle a généreusement affectées, suivant les ressources de ses budgets, à l'achat d'instruments nouveaux et à la réalisation de grandes expériences, par ses relations avec les autres corps savants, enfin par sa puissante influence auprès du gouvernement et sur les comités de législation, influence que des dispositions nouvelles accroîtront encore dans une très-grande proportion. La série des volumes publiés par l'Association, remarquable surtout par les rapports sur l'état actuel de toutes les branches des sciences, est déjà une collection infiniment précieuse et très-recherchée par tous les amis des progrès des sciences.

On a soulevé en Angleterre, au sein du monde savant, une question éminemment délicate et qui prouve trop cette fatale tendance des esprits les plus graves à se lasser de ce qu'ils possèdent, à désirer et à envier ce qu'ils aperçoivent ailleurs. Des membres de l'Association, et en très-grand nombre, expriment bien haut leurs regrets de voir que l'Angleterre n'ait ni une Académie des sciences, ni une Université fondées et stipendiées par l'Etat. La constitution privée, indépendante et isolée des universités, des écoles et des sociétés savantes les désole; ils regardent la condition actuelle de ces établissements comme une cause d'infériorité, de dégénérescence et de stérilité. C'est toujours le triste apologue des grenouilles qui demandent un roi.

Sir Airy trouve ces plaintes déraisonnables et malheureuses, et il refuse énergiquement de s'associer à ces vœux honorables sans doute, mais abusés, qui appellent la centralisation et l'absorption par l'Etat de toutes les corporations scientifiques. Il est reconnaissant des services que le gouvernement a rendus et rendra aux sciences : il trouve excellent que l'Association britannique et les autres associations semblables fassent appel à la générosité des ministres; il proclame que l'Etat s'honore et remplit un devoir sacré en récompensant et encourageant les belles découvertes de la science et de l'industrie ; mais il est intimement convaincu que ce seront surtout les efforts des individus et l'action des associations privées et libres qui prendront l'initiative du progrès et engendreront ces inventions mémorables qui font époque dans l'histoire. L'administration d'un grand pays est essentiellement lente et routinière, et tout ce qui viendra se fondre dans elle participera fatalement de son inertie.

Pour démontrer jusqu'à l'évidence cette vérité trop palpable, hélas ! sir Airy n'avait qu'à prier ses honorables auditeurs de jeter un rapide regard au delà du détroit, sur notre France. Mais par un excès de délicatesse il nous a épargnés, et il s'est contenté d'inviter les partisans étourdis d'une innovation dangereuse à se replier sur eux-mêmes. Dans quelle contrée donc, s'écrie-t-il, avez-vous vu les institutions salariées de l'Etat produire autant de travaux sérieux, autant de découvertes immortelles que les institutions particulières de la Grande-Bretagne, dont le dégoût vous a tout à coup saisis?

Les historiens futurs de l'astronomie seront saisis d'enthousiasme en énumérant les millions d'étoiles observées, les nombreuses planètes, les innombrables comètes éclairées par les télescopes des observateurs indépendants qui certes ne méritent pas vos dédains.

Les historiens futurs de la physique et de la chimie raconteront, transportés, à leurs lecteurs que toutes les découvertes splendides qui font dans la science de véritables et grandes révolutions sont sorties des cabinets et des laboratoires particuliers, etc., etc.

Mais voici un argument d'autant plus péremptoire et irrécusable, qu'il frappe au cœur les membres de l'Association britannique : Vous êtes justement fiers, leur dit-il, des résultats que vous avez obtenus, des immenses services que vous avez rendus à la science, de l'influence incomparable que vous exercez ; les bienfaits de vos réunions sont aussi éclatants que la lumière du jour. Eh bien ! L'Association britannique n'a eu tant de succès, n'a autant produit et fait produire que parce qu'elle est une société particulière, libre, indépendante de l'Etat, cosmopolite; que parce que, en un mot, elle vit de sa vie propre et qu'elle a conservé son individualité, sa personnalité. Quoi ! vous invoquez l'absorption par l'Etat, votre fusion dans l'Etat? Mais si ces vœux étaient exaucés, que seriez-vous, si vous ne comptiez que sur vos propres travaux faits avec vos seules ressources? quelle puissance auriez-vous quand vous viendriez solliciter pour les travaux des autres les subventions de l'Etat? Si l'on ne vous voyait pas, au grand jour, contribuer de votre bourse aux dépenses qu'entraînent les recherches que vous provoquez, si l'on ne savait pas avec certitude que vous ne vous faites auprès de l'Etat de nobles mendiants que quand vous ne pouvez plus rien par vous-mêmes, que quand les fonds de l'Association sont épuisés ; vos demandes seraient accueillies avec politesse sans doute, mais vous ne recevriez que des réponses déclinatoires et évasives, vous n'obtiendriez rien. Gardez donc, gardez bien votre liberté et votre indépendance, qui sont la source de votre force et la cause efficiente de l'immense influence que vous exercez.

Nous avons résumé, en lui donnant peut-être une forme plus vive, l'argumentation persuasive de l'astronome royal, et nous partageons ses convictions. Le président de la dernière réunion, sir David Brewster, avait défendu la thèse opposée, avec une verve et une chaleur que nous avions peine à concilier avec son caractère de penseur profond et d'expérimentateur patient, avec ses cheveux blancs. Il nous avait étonné, mais sans nous entraîner; notre Académie des sciences et notre Université étaient à ses yeux le beau idéal, et il voulait à tout prix les importer en Angleterre. C'était une innocente illusion que l'esprit mathématique et froid de M. Airy a réduite à sa juste valeur.

F. MOIGNO.

HÉLIOCHROMIE.

ENCORE LA DÉCOUVERTE DE M. HILL.

Le Photographic art Journal, dans son numéro de juillet dernier, a reproduit, avec une loyauté que nous nous plaisons à reconnaître, l'extrait du Mémoire présenté par M. Niépce de Saint-Victor à l'Académie, que la *Lumière* avait publié le 8 juin. Après en avoir donné une traduction littérale, le journal américain, dans ses « causeries », fait à ce sujet les réflexions suivantes :

« Nous avons avancé la publication de notre présent numéro, afin de faire connaître le plus tôt possible à nos lecteurs l'importante et précieuse découverte de M. Niépce de Saint-Victor, « l'*Héliochromie*, ou l'art d'obtenir une image coloriée sur la plaque daguerrienne. » M. Niépce a été conduit à publier son procédé par l'annonce que nous avions faite de la découverte de M. Hill. Il paraît toutefois que M. Niépce le possédait depuis plusieurs mois et en avait déposé un compte-rendu détaillé entre les mains de l'Académie des sciences, se réservant de perfectionner sa découverte à loisir ; mais notre annonce en hâta la publication, et nous avons le plaisir d'en faire part aujourd'ui à nos lecteurs avant tout autre journal en Amérique.

«On verra que ce procédé est incomplet, M. Niépce n'ayant pas encore découvert le moyen de fixer les couleurs qu'il obtient; *mais nous n'avons aucun doute qu'avant peu le génie de nos artistes américains n'accomplisse ce grand desideratum.* »

Nous nous garderons bien de ravir cette patriotique espérance au *Photographic art Journal*, et nous désirons même qu'elle se réalise.

« Probablement, ajoute-t-il, le procédé de M. Niépce devra être sensiblement modifié, et nous attendons avec impatience le jour prochain où plusieurs de nos daguerréotypistes nous communiqueront le résultat heureux de leurs expériences.

« Le procédé de l'habile inventeur français nous paraît, autant que nous pouvons en juger par le peu que nous savons de celui de M. Hill, différer entièrement du Hillotype, et nous croyons pouvoir décerner à notre compatriote le titre glorieux de *véritable* inventeur de *l'héliochromie parfaite*. Nous pensons que, *quand* le procédé de M. Hill sera livré à la publicité, il sera reconnu supérieur à celui que nous faisons connaître aujourd'hui. Mais, *cependant, il sera désormais obligé de partager les honneurs de la découverte avec son compétiteur de l'ancien monde*, car beaucoup d'artistes se serviront, sans aucun doute, du procédé de M. Niépce et en feront la base de différents systèmes qui seront également utiles et praticables.

Le Mémoire de M. Niépce sera trouvé très-intéressant, en dehors même de sa valeur, comme découverte d'utilité pratique. Sa théorie est très-belle, presque sublime, et le système de manipulation est également remarquable. Nous croyons qu'il est assez simple et clairement démontré pour être compris de tous. »

Voilà donc M. Niépce (l'un de ceux qui ont fait marcher l'art héliographique à grands pas) sûr d'avoir sa part, si petite qu'elle soit, de l'auréole glorieuse qui couronnera un jour le front de cet énigmatique et mystérieux personnage qui a nom Hill, et qui *doit*, qui *peut* bien avoir fait, qui a peut-être fait une découverte immense, mais qui ferme rudement sa porte au nez de ceux qui ont le malheur de lui en souffler mot, et qui menace, pour peu qu'on continue à lui en parler, de l'ensevelir avec lui dans un éternel oubli. Nous sommes certains, du moins, que *quand* la postérité jouira des bienfaits du *Hillotype*, elle se souviendra qu'un M. Niépce, qui cependant n'était pas *Américain*, avait trouvé quelque chose de semblable. Nous remercions très-humblement nos amis du *Nouveau-Monde* de cette concession flatteuse, mais nous n'attendrons pas que M. Hill se soit décidé à accepter le piédestal qu'on lui élève pour nous glorifier de notre compatriote.

Du reste, le *Photographic art Journal*, avec une complaisance et une patience vraiment très-louables, fait une offre nouvelle à l'intraitable inventeur. Il s'agirait pour lui de désigner dix ou douze daguerréotypistes qu'il recevrait chez lui, et, après leur avoir imposé toutes les restrictions qu'il jugerait convenables, après avoir obtenu d'eux toutes les garanties de discrétion désirables, de leur montrer ses épreuves et d'en obtenir, en échange, une déclaration formelle, constatant la valeur de sa découverte, et le temps nécessaire à son développement.

« Nous répétons à M. Hill, ajoute ce journal, qu'une démarche de ce genre est absolument nécessaire; car on ne peut nier que le retard qui a déjà eu lieu, n'ait fait naître un mécontentement général. »

Malheureusement, nous craignons fort que M. Hill n'accepte pas davantage cette offre que les précédentes, et qu'il n'y réponde que par une troisième édition de son fameux livre.

Il serait temps cependant qu'il se décidât, car il paraît, d'après le journal américain lui-même, que la découverte promise a fait le plus grand tort aux artistes photographes de New-York et de presque toutes les provinces environnantes. Leurs travaux se sont trouvés interrompus tout à coup, chacun voulant attendre la mise en pratique du nouveau système, si bien que c'est un concert général de plaintes et de récriminations contre le malencontreux inventeur, qui semble vouloir se jouer de ses confrères et du public.

ERNEST LACAN.

PUBLICATIONS HÉLIOGRAPHIQUES.

Quelques mots sur la fondation de ce Journal. — *Nouveau manuel de Photographie*, par M. E. de Valicourt. — *L'Italie monumentale*, en vingt livraisons ; estampes photographiques avec texte, par M. Eugène Piot.

Recueil à la fois littéraire, artiste et scientifique, le journal *la Lumière*, qui retrace les progrès de l'héliographie, est un monument remarquable de leur rapidité et de l'active impulsion que notre siècle communique aux découvertes nouvelles. Dix à douze ans se sont écoulés depuis que Daguerre a livré le secret de sa méthode, et déjà l'histoire des perfectionnements et des applications qu'elle a reçus, constitue les éléments d'une théorie complète, volumineuse; déjà les produits ingénieux et divers de la photographie ont créé, dans l'art du dessin, une branche spéciale assez curieuse, assez productive pour intéresser à ses annales le public et la critique.

La photographie, qui embrasse la chimie, la physique, qui a modifié la construction des appareils d'optique, les théories antérieures sur la couleur et la lumière, la photographie possède déjà une bibliographie très-étendue : sous l'impulsion généreuse d'un esprit libéral, ardent, éclairé, cette découverte, si jeune et si féconde, fournit matière à une publication périodique : *Revue* tout à la fois consacrée aux sciences et aux arts.

Comme pour témoigner de l'opportunité de la pensée noble et salutaire de M. de Montfort, l'Amérique l'a imitée. Londres aura bientôt son journal photographique, New-York en a deux... Ainsi la France, la mère-patrie de cette découverte, serait distancée, si la munificence de M. de Montfort ne l'avait enrichie de ce moyen efficace de populariser l'héliographie et d'en accélérer les progrès.

Si donc, et nous n'en doutons pas, notre pays conserve dans l'avenir sa priorité, son initiative en fait de perfectionnements et d'habileté pratique, il en aura l'obligation à l'homme bienveillant qui a groupé autour de lui les élus de la science, les photographes les plus habiles, et qui leur a donné un organe littéraire pour y consigner leurs observations et les répandre au dehors. Cette pensée remonte tout entière à l'amour de la science; car M. de Montfort n'est pas notre compatriote; mais les âmes élevées appartiennent à tous les pays.

Accueillie avec un empressement qui fait honneur à la sagacité de notre fondateur, la publication de *la Lumière* obtient un succès dont la rapidité nous a surpris. Si délicate que soit la modestie de notre patron, il faut bien qu'il se résigne à recevoir ici l'hommage de la gratitude de ses cosociétaires et de ses lecteurs nombreux : en consignant l'expression de cette reconnaissance, nous sommes l'interprète d'un vœu et d'un sentiment unanimes.

Les réflexions qui nous ont conduit à cette digression relative à la rapidité de la marche théorique et pratique de l'héliographie, ainsi qu'au double but de cette *revue* scientifique et artiste, ou *artistique*, comme on dit aujourd'hui, nous ont été suggérées par deux ouvrages nouveaux, placés sous les yeux : l'un consacré à la doctrine, l'autre destiné à fournir le premier exemple d'une application purement esthétique, appelée à un succès populaire.

Résumant les mémoires, les dissertations, les articles de journaux, les traités partiels publiés jusqu'ici, documents épars et curieux, M. de Valicourt s'est constitué à la fois le chroniqueur et le guide des héliographes. Il consacre la portée encyclopédique des théories, et les coordonne dans un MANUEL *de photographie sur métal, sur papier et sur verre.*

Ainsi, la découverte de Niépce et de Daguerre s'élance hors des limites étroites de *la spécialité*, et descend à la portée de la foule, sous la forme économique, populaire et complexe des *Manuels-Roret*.

L'application aux arts s'achemine à un résultat analogue, et en quelque sorte parallèle, sous l'impulsion de M. Eugène Piot qui, abordant le domaine des monographies iconographiques, publie par livraisons, avec texte explicatif et historique, l'ITALIE MONUMENTALE.

Procédons avec ordre ; et comme la théorie précède la pratique, parlons d'abord du *Manuel de photographie*.

Cet ouvrage justifie de son titre par la précision de la forme et par la simplicité du plan ; mais il a une portée plus étendue, à raison de sa valeur critique. Prenant *ab ovo* la découverte de Niépce, et remontant à l'examen des instruments de production, M. de Valicourt décrit les travaux héliographiques, à partir de Wedgwood et de Davy, ainsi que les perfectionnements des chambres obscures, de Porta à Wollaston et de Wollaston, à M. Charles Chevalier qui en doubla la puissance par l'invention du double objectif.

A ce propos, l'auteur, dès les premières pages, montre l'excellent esprit dont il est animé, en réclamant contre l'injuste qualification d'objectifs *allemands*, donnée au perfectionnement dont un de nos compatriotes est le véritable inventeur. Ce caractère de loyauté, cette absence de passions mesquines et de partialité, caractérisent, en général, l'œuvre de M. de Valicourt qui, appelé à énumérer une quantité prodigieuse de découvertes partielles, de procédés plus ou moins heureux, dont plusieurs personnes se disputent, et parfois avec candeur, la priorité, a su presque toujours se tenir à l'abri des querelles personnelles.

L'auteur, qui possède intimement son sujet, a pris soin, à cet égard, de se renseigner avec un zèle scrupuleux, afin de tenir la promesse de son épigraphe : *suum cuique*.

Du reste, il ne faudrait pas croire que cette tâche soit la plus facile du monde : les innovations, les méthodes de détail décrites ne s'élèvent à guère moins de la centaine, et, quant aux auteurs dont les recherches sont analysées, j'en ai compté plus de quarante. M. de Valicourt a moissonné, puis glané ; il a tout pris en considération, du cèdre à l'hysope, et tout mis à son rang.

La portion du *Manuel* relative au daguerréotype sur plaque est tellement complète et si absolument dépouillée d'opinions controversables, de conjectures hasardeuses ou d'idées incertaines, qu'en la lisant, on admire le degré de perfectionnement où l'héliographie sur plaque est parvenue, et l'on comprend que, dans cette branche de l'art, la période des progrès est finie. Ici, le *Manuel* ne vous offre plus d'option entre les méthodes rivales, plus ou moins essayées ; il retrace, avec des conséquences acceptées, une histoire accomplie, et déclare que l'intérêt qui s'attache aux inventions perfectibles dont l'avenir ne peut encore se mesurer, doit être concentré désormais sur la photographie de papier. L'auteur va même jusqu'à laisser pressentir la destinée brillante de cette branche de l'art photographique « qui a pris dans ces derniers temps un remarquable essor, et qui semble appelée à *détrôner un jour le daguerréotype sur plaque*. »

Ces prévisions qui fortifient les nôtres, justifient d'autant mieux nos prédictions que, de l'aveu même de M. de Valicourt, les artistes, *les gens de goût* ont une préférence marquée pour le dessin sur papier. Cette préférence, l'auteur l'explique avec sagacité, en quelques lignes dignes d'être reproduites, car elles résument à merveille les qualités qui donnent *un esprit*, une vie, une pensée aux dessins photographiques.

« Dans le daguerréotype ordinaire, lorsqu'on a acquis une certaine habitude, la réussite est pour ainsi dire mathématique, et l'uniformité des moyens employés amène une identité de résultats qui accusent la précision et la régularité d'une machine. Il n'en est pas ainsi dans la photographie sur papier. Ici, la variété infinie des ressources dont on peut disposer transforme le photographiste en un véritable artiste qui reste toujours le maître de choisir les moyens qu'il emploie et de les diriger à son gré, suivant les effets différents qu'il se propose d'obtenir. C'est ainsi qu'il peut se créer une manière à lui et imprimer à chacune de ses œuvres un cachet original, individuel qui, pour un œil exercé, équivaut à une signature....

... Si nous envisageons l'avenir qui semble réservé à la photographie sur papier, nous verrons qu'elle est, dès aujourd'hui susceptible de nombreuses et utiles applications industrielles. Avant peu, les différentes branches de commerce lui demanderont ces prospectus illustrés, destinés à faire connaître aux commettants éloignés les spécimens de leurs plus gracieux modèles ; les ingénieurs et les architectes lui confieront la reproduction de leurs dessins et de leurs plans ; les peintres, les sculpteurs celle de leurs œuvres ; les paléographes, les numismates, les archéologues se serviront pour multiplier les manuscrits et les représentations des objets curieux. Pour réaliser toutes ces merveilles, il faudrait créer une imprimerie héliographique, etc. »

Ces sympathies n'empêchent pas l'auteur de juger du mérite de la photographie avec un sens critique éclairé, parfois même trop sévère, car il lui reproche de manquer *de la pureté de lignes* qui recommande les épreuves sur métal. Cet arrêt est mal formulé : la *pureté* des lignes ou du dessin ne réside point dans la sécheresse du trait ; bien qu'elle soit douce et estompée, la *ligne* du Corrège est, certes, aussi *pure* et plus *pure* que celle d'un contemporain de Van-Eyck ou de Cimabué ; seulement la première est plus suave et, en quelque sorte, plus savante. Telle est la ligne de la photographie sur papier, qui laisse le premier rôle à l'effet et au modelé des plans.

Nous trouvons aussi que M. de Valicourt, qui a énuméré les recherches des divers photographes, depuis M. Talbot qui serait le premier si Niépce ne lui avait, dès 1826, ouvert la marche, déroge à sa bienveillance accoutumée au sujet de M. Bayard, en interprétant contre lui le silence qu'il a longtemps gardé sur la composition de ses papiers photogéniques. De plus, au lieu d'insister sur le *procédé direct* dû à M. Bayard, M. de Valicourt, tombant dans la faute qu'il reproche aux rivaux de M. Ch. Chevalier, décrit d'abord un procédé direct exposé à York par M. Grove ; puis un autre de M. Bousigues, et c'est sous forme de corollaire, qu'à la suite il mentionne légèrement, et comme à regret, M. Bayard en avouant qu'il a trouvé son procédé dès 1839. *Sic erunt primi novissimi...*

Il nous serait aisé de signaler la contrepartie de ces erreurs de détail ; mais quand la partialité se révèle par un excès d'admiration et de charité, nous lui laissons le champ libre. Détourner le trait de la critique quand il est fourvoyé, c'est un louable effort ; saccager des fleurs offertes par une main amie, ce n'est pas une fonction qui nous plaise. En général, il ne faut pas s'engouer à la légère des théoriciens très-hardis, très-féconds, très-novateurs, car l'abus, la confusion des théories amènent le désordre dans les manipulations et sèment partout l'incertitude. Nous ne suivrons pas M. de Valicourt dans une série de panégyriques trop exclusifs à notre sens, et nous nous bornerons à lui présenter une des plus sages réflexions de sa préface : « Pour nous, les procédés photographiques les plus séduisants en théorie n'ont de valeur que celle qu'ils empruntent du temps et de l'expérience. »

Je ne sais si M. Eugène Piot se pique de créer dans la science, d'être le père de toutes les théories et de marier la chimie aux beaux-arts comme le lierre à l'ormeau. Il est permis d'en douter : M. Piot produit beaucoup, promet peu, tient davantage, opère avec simplicité, et nous paraît plus empressé de nous apporter des trésors, que de nous donner des recettes pour en acquérir.

Chez M. Piot, l'artiste domine et est appelé à rendre de grands services. Quelle bonne aubaine pour un amateur qui, comme lui, a décrit les curiosités monumentales de l'Occident et du Midi, sans trouver des représentations de ces merveilles, dignes de satisfaire un esprit exact ; quelle aubaine, dis-je, que de rencontrer un instrument comme la photographie et de devenir dessinateur minutieux et précis, du jour au lendemain !

Après s'être assimilé les procédés, M. Piot s'est remis en campagne et a sur-le-champ réalisé une application spéculative de la photographie aux arts : l'*Italie monumentale*. Il a préparé son *album* et il l'a annoncé ensuite ; devançant dans la pratique l'effet des programmes de M. Blanquart-Evrard.

Le premier donc, M. Piot engage la lutte avec la gravure ; le premier, chez nous, il présente une édition populaire d'un ouvrage photographique *par livraisons*.

Tirées sur papier de Chine, les épreuves de l'*Italie monumentale*, collées sur un papier blanc avec double marge, portent, comme les estampes, une *lettre* gravée, contenant l'indication des monuments et, en suscription, le titre de la publication. Ce sont de belles et grandes gravures à la manière noire, avec lesquelles rien ne peut rivaliser : un texte historique accompagnera ces planches. Ainsi commence la série des livres, des voyages d'art illustrés par la photographie : M. Piot vient de créer une nouvelle branche commerciale.

C'est par la ville de Pise que l'auteur est entré en campagne, et dès la première planche, représentant *la tour penchée*, il nous fournit l'occasion de signaler la supériorité qui distingue l'héliographie, quant à l'exactitude absolue et aux conséquences que l'on en peut tirer. L'on a beaucoup disserté sur les causes de l'inclinaison de ce campanile bâti au douzième siècle par Guillaume d'Inspruck et Romano de Pise. Deshrosses attribuait cette bizarrerie au caprice des architectes ; opinion la plus invraisemblable et qui, pour ce motif, a trouvé créance parmi le vulgaire, en dépit de Vasari, de Bernouilli. De La Condamine, de Soufflot, qui tous, ont avec raison attribué la déviation de la *torre pendente*, à un affaissement du sol. Si cette question était encore débattue, la photographie de M. Piot la résoudrait à l'instant, en nous montrant que la place entière, composée de terrain d'alluvion sablonneux et mouvant, est environnée de maisons qui toutes surplombent plus ou moins, soit d'un côté, soit de l'autre.

Autrefois, quand ils reproduisaient ce site, les artistes qui supprimaient de leur modèle les imperfections légères, et qui outraient les singularités flagrantes, les artistes exagéraient l'inclinaison de la tour, et rétablissaient la verticale à l'égard des maisons du voisinage.

Trois arceaux gothiques du *Campo Santo*, différents entre eux d'ornementation et séparés par des médaillons en relief, nous donnent un second aperçu des monuments de Pise ; aperçu complété par la vue de la *Piazza del duomo* qui les réunit tous. Cette dernière épreuve est bien venue, mais un peu grise.

Les deux autres gravures de cette livraison nous transportent à Florence, en face des deux portes latérales de *Santa Maria del fiore*, construction d'un gothique fleuri, à compartiments, où le cintre et les cadres rectangulaires se mariant à l'ogive, font pressentir la Renaissance. Cependant, l'édifice est de 1296 ; mais il est d'Arnolfo di Lapo. On s'aperçoit en Italie, et surtout à Florence, que ce mot de Renaissance ne possède un sens bien défini que chez nous. Les arts, dans ces petites républiques, poétiques images de celles de l'ancienne Grèce, n'eurent pas à renaître. Il suffirait pour le comprendre, de contempler à l'aide d'une loupe, sur les deux belles planches de M. Piot, la charmante vierge qui couronne la première porte, les séraphins agenouillés qui surmontent la seconde ; d'étudier, à l'entablement des croisées, sous les frises, aux frontons des portes, ces myriades d'arabesques, d'hélices fleuries, de médaillons, de rosaces, de guirlandes, ces bouquets de marbre dont l'édifice est jonché, et que, grâce à M. Piot, la gravure offre pour la première fois aux yeux charmés des amateurs qui n'ont pas reçu du Ciel la grâce d'aller jusqu'à Florence.

FRANCIS WEY.

Dans sa dernière séance, dont le compte-rendu ne paraîtra que dimanche prochain, la Société héliographique a suspendu momentanément ses travaux, et a fixé au vendredi 5 décembre prochain la reprise de ses réunions.

NOUVELLES DIVERSES.

M. J. Porro vient de communiquer à l'Académie des sciences la note suivante :

Eclipse du 28 juillet 1851, relevée héliographiquement par MM VAILLAT et THOMPSON, avec un objectif sthénallatique de M. PORRO.

Je viens de découvrir tout récemment que les équations de condition de l'anallatisme, que j'applique depuis longtemps avec plein succès aux lunettes à micromètre, peuvent représenter toute la théorie de l'objectif héliographique ; seulement il ne faut pas se borner, comme dans les lunettes à micromètre, à l'anallatisme longitudinal, il faut s'occuper aussi de l'anallatisme latéral, et, dans le calcul des deux aberrations, il ne faut négliger ni la distance ni l'épaisseur des verres.

« Trois verres suffisent pour obtenir l'anallatisme latéral, c'est-à-dire l'image de grandeur invariable dans toute l'étendue du champ quand l'objet change de lieu dans l'espace, tout en se maintenant dans un seul et même plan parallèle à la plaque ; avec quatre verres on peut faire en sorte que la surface focale soit sensiblement plane, condition qui se trouve satisfaite quand la longueur focale pour les faisceaux obliques varie sensiblement comme la sécante de l'angle d'obliquité.

« On peut aussi, comme dans mes lunettes micrométriques réductrices, rendre variable la force de l'instrument, soit avec des systèmes à une seule image, soit avec des systèmes à deux images : ce sont ces systèmes à image variable que j'appelle *sthénallatiques*.

On peut encore, et dans tous les cas, rendre l'action de la lumière sur la plaque moins oblique ou même tout à fait normale dans toute l'étendue du champ focal, ce qui, en héliographie, contribue à l'égalité des tons ; mais ces résultats ne s'obtiennent qu'avec l'addition d'un ou deux et même de trois verres, suivant les limites de variation qu'on se propose d'obtenir et de la grandeur du champ angulaire qu'on veut embrasser.

« J'ai pensé en outre (dimanche à trois heures de l'après-midi) à employer mon objectif sthénallatique au lever héliographique de l'éclipse ; des dispositions faites à la hâte ne pouvaient être parfaites comme je l'eusse désiré, mais les habiles photographistes MM. Vaillat et Thompson, qui ont bien voulu se prêter très-libéralement à cette expérience, ont eu le talent de tirer encore un assez bon parti de ce dispositif imparfait.

« Un objectif sthénallatique a été monté sur un pied parallactique dans une chambre noire qu'il a fallu rallonger avec du papier, à cause que l'objectif n'était pas fait pour une si grande amplification. Toutes ces dispositions faites presque entièrement dans la matinée du 28, ont été terminées un quart d'heure avant l'éclipse ; rien n'avait été essayé, et les imperfections qu'on remarque encore sur les images qui sont sous les yeux de l'Académie trouvent leur explication dans l'instabilité des parties matérielles de l'instrument, disposé plutôt pour faire une expérience d'optique qu'une observation astronomique sérieuse.

« Bien que tout l'appareil n'eût pas plus de trois quarts de mètre de longueur, la distance focale du verre théorique équivalent, mesurée avec mon photomètre, correspondit à $8^m,045$, ce qui nous promettait une image du soleil de 0,07956 en diamètre (1/8 de plus que la lune de M. Bond).

« Le diamètre mesuré effectivement sur les images s'est trouvé de 0.079415 en moyenne, sans qu'on puisse préciser une différence entre les mesures prises dans le sens de l'ascension droite et de la déclinaison, ce qui tient à la presque instantanéité de l'action qui suppléait à l'absence d'un mouvement d'horlogerie. »

(*Académie des sciences, 4 août 1851.*)

HÉLIOGRAPHIE SUR VERRE. — M. Séguier présente, au nom de l'auteur, M. Plaut, une série d'images photographiques sur papier et y joint la note suivante :

« Tous ces portraits sont obtenus par un procédé que l'auteur a décrit dans une note adressée, sous pli cacheté, à la séance précédente; procédé dans lequel on fait usage de clichés négatifs sur verre, dont l'enduit est d'une solidité à toute épreuve, n'éclatant jamais, même au feu, le miel n'entrant en aucune façon dans la préparation de l'albumine, qui est cependant d'une sensibilité telle, qu'on fait une vue en deux secondes et les portraits en dix à quarante-cinq secondes, selon l'intensité de la lumière ; ce qui permet dès lors de faire des portraits d'une grande douceur et sans la plus légère retouche, comme on peut le voir sur les spécimens mis sous les yeux de l'Académie des sciences. »

(*Académie des sciences, 4 août 1851.*)

CHASSIS NÉGATIF DE VOYAGE. — M. Marville vient de faire breveter un châssis négatif de voyage, qu'il a présenté dernièrement à la Société héliographique. Ce châssis, d'une combinaison aussi simple qu'ingénieuse, et dont nous donnerons bientôt la description avec figures, offre au photographe la possibilité de pouvoir faire impressionner successivement une quantité indéterminée de feuilles de papier préparées à sec, sans qu'il soit nécessaire de se préoccuper de la recherche d'un endroit obscur pour opérer la substitution d'une feuille à une autre dans la chambre noire.

— On sait que la ville de Paris inscrit chaque année, dans son budget, une somme de 60,000 fr. consacrée à des œuvres d'art. — Voici les travaux auxquels, d'après une récente délibération de la commission municipale, ce fonds sera appliqué cette année :

On achèvera à l'église Saint-Eustache les chapelles Saint-André, Sainte-Anne et Sainte-Madeleine, dont l'ornementation a été commencée, et l'on entreprendra dans cette même église la décoration de quatre nouvelles chapelles. — Deux nouvelles chapelles seront également décorées à l'église Saint-Séverin.

Un vitrail et des peintures murales seront exécutés dans la nouvelle chapelle des catéchismes à Saint-Jacques-du-Haut-Pas.

Enfin 16 tableaux seront commandés à nos artistes pour être répartis ainsi qu'il suit :

11 tableaux à l'église Saint-Roch.

1 tableau à l'église Saint-Nicolas-du-Chardonnet, pour compléter la décoration de la chapelle Notre-Dame-des Douleurs.

1 tableau à l'église Sainte-Elisabeth, et un autre à l'église du Gros-Caillou, pour leurs chapelles du catéchisme.

Enfin, 2 tableaux-dessus de porte à l'église Saint-Etienne-du-Mont.

Le Secrétaire de rédaction F.-A. RENARD, *Gérant.*

Imprimerie de Hennuyer et Cᵉ, rue Lemercier, 24. Batignolles.

CORRESPONDANTS DE LA LUMIÈRE
CHARGÉS DE RECEVOIR LES ABONNEMENTS.

PREMIÈRE ANNÉE. N° 29.　　　　　　　　　　　　　　　　DIMANCHE, 24 AOUT 1851.

LA LUMIÈRE

JOURNAL NON POLITIQUE

HEBDOMADAIRE.

BEAUX-ARTS — HÉLIOGRAPHIE — SCIENCES.

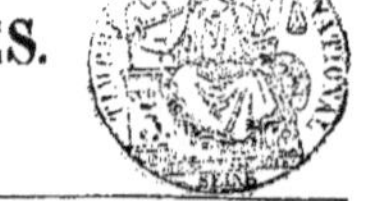

BUREAUX, A PARIS, N° 15, RUE DE L'ARCADE, A LA SOCIÉTÉ HÉLIOGRAPHIQUE.

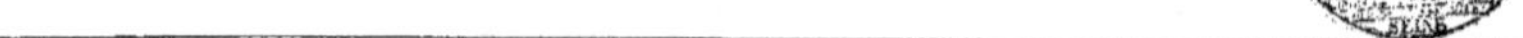

PRIX.—PARIS, UN AN, 16 F.; 6 MOIS, 10 F.; 3 MOIS, 6 F.—DÉPARTEMENTS, UN AN, 18 F.; 6 MOIS, 11 F.; 3 MOIS, 7 F.—ÉTRANGER, UN AN, 20 F.; 6 MOIS, 12 F.; 3 MOIS, 8 F.—CHAQUE N° 50 CENT.

AVIS AUX ABONNÉS DES DÉPARTEMENTS.

Nous prions nos Abonnés des départements qui veulent souscrire pour le monument à élever aux inventeurs de l'Héliographie, Niépce *et* Daguerre, *d'adresser le montant de leur souscription, en un mandat sur la poste, à* M. F.-A. Renard, *secrétaire de la Société Héliographique, au bureau du journal la* Lumière, *rue de l'Arcade,* 15.

SOMMAIRE.

ACADÉMIE DES SCIENCES.

1° Eclipse de soleil. Observations de divers astronomes.—2° Vue de la mer obtenue avec un négatif sur verre, par M. Bacot.—3° Annuaire des eaux pour 1851.

Le grand événement astronomique de l'année est certainement l'éclipse du soleil, et les savants l'attendaient avec impatience, celui-ci pour mesurer de nouveau le diamètre de la lune, celui-là pour déterminer avec précision les reliefs montagneux qui découpent sa circonférence; un troisième voulait s'en servir pour calculer des points de longitude; le plus grand nombre enfin tenait à voir le cercle et les points lumineux observés en 1842 autour des astres en conjonction, principalement par les astronomes envoyés aux îles Sandwich, où l'éclipse était totale. Pas un savant de village qui ne se préparât, pour le grand jour, avec l'aide du curé et du maître d'école; pas une lunette qui ne fût tournée vers le ciel.

Au milieu de cet empressement général, l'Observatoire de Paris ne pouvait rester indifférent, et comme la France, où l'éclipse ne devait être que partielle, était un mauvais point d'observation, il expédia deux astronomes, MM. Mauvais et Goujon, à Dantzick, lieu plus favorisé.

Nos compatriotes craignaient d'y être précédés par les astronomes de Berlin et de ne pas trouver de lieu convenable pour l'établissement de leur observation, mais ces prévisions ne se réalisèrent pas. MM. Galle et Brunow s'étaient installés à Frauenbourg, petite ville où Copernic a observé jadis; et de plus, la recommandation de M. de Humboldt, ce savant à demi Français, donna à M. Mauvais toutes les facilités désirables pour l'installation de ses instruments.

Les astronomes russes étaient échelonnés sur une ligne qui s'étend du grand-duché de Posen à la mer Noire; leurs observations, faites sous des latitudes si différentes, offriront un grand intérêt, mais elles ne nous sont pas encore parvenues.

Un quart d'heure avant l'éclipse, le ciel, à Dantzick, était sombre et couvert; mais il s'éclaircit subitement, et rien n'est venu troubler les observations de nos savants; ils ont pu suivre, dès l'origine jusqu'à la fin, la conjonction des deux astres, et noter toutes les particularités de ce phénomène intéressant.

Deux ordres de faits ont surtout attiré leur attention. C'est, en premier lieu, la couronne lumineuse déjà observée en 1842; seulement, au lieu d'adhérer, comme elle faisait alors, au cercle tracé par la lune, elle s'en détachait d'une façon très-distincte. Sa partie la plus intense était à 3 minutes de distance du bord de la lune; puis elle allait décroissant jusqu'à 8 minutes, où elle finissait ; sa couleur était jaune orangé. Elle ne se maintint distincte que pendant l'éclipse totale, et disparut avec la réapparition du premier rayon de soleil.

Le second ordre de faits est l'observation de cinq protubérances lumineuses, disséminées, à des distances variables, autour du disque de la lune. La principale s'est montrée au point de contact des deux astres ; elle a obtenu son maximum d'intensité quelques minutes avant la fin de l'éclipse ; derrière elle se trouvait une aigrette recourbée et éloignée de la lune d'un quart de degré.

Les autres protubérances observées minutieusement par M. Goujon ont présenté des particularités analogues ; elles correspondaient aux saillies montagneuses ou aux reliefs que présentait la circonférence du disque de la lune.

Une série d'autres observations touchant l'éclipse ont été envoyées à l'Académie. Il en est venu de divers points de la France, de l'Allemagne et de la Norwége, et même de la flotte française ancrée dans la rade de Cadix. Ce concours et cet empressement montrent les progrès que fait le goût des sciences astronomiques.

Dans les contrées où l'éclipse était complète, ou presque complète, des phénomènes intéressants ont été observés sur les êtres organisés. Certaines personnes ont été prises d'une terreur instinctive, une femme a perdu connaissance; les animaux paraissaient inquiets; des oiseaux voletaient en s'appelant et en s'abritant sous la feuillée; quelques-uns restaient immobiles sur les branches, comme s'ils se disposaient à dormir; des fleurs fermaient leur calice comme elles font pendant la nuit.

Il faut noter, cependant, qu'au moment où le soleil disparut entièrement, l'obscurité ne fut pas assez grande pour obliger les observateurs à se servir des lanternes qu'ils avaient préparées, soit pour prendre leurs notes, soit pour vérifier l'état de leurs instruments. Une teinte olivâtre, d'un aspect sinistre, s'étendait au loin sur les campagnes; de grandes ombres se promenaient sur la mer et changeaient la nuance du flot. Partout un abaissement du thermomètre a accompagné la diminution et la disparition des rayons solaires.

Tel est le résumé des observations recueillies sur divers points de l'Europe : elles soulèvent plus d'une question litigieuse; la principale concerne la formation de la couronne et des protubérances lumineuses. Sont-elles un fait de mirage, comme M. Faye a cherché à l'établir par des considérations ingénieuses? Sont-elles un fait de diffraction de la lumière, comme l'ont pensé bien des astronomes? La science n'a pas se prononcé, nous nous garderons bien d'émettre une opinion. Cependant la dernière théorie, celle qui tient à la diffraction des rayons lumineux, paraît confirmée par une expérience très-curieuse de M. Félice. Le lendemain de l'éclipse, il a placé un disque opaque audevant du soleil, et il a très-bien vu une couronne lumineuse se détacher de la circonférence du disque. Quelques grains de sable disséminés à la surface de ce dernier, pour représenter les saillies montagneuses de la lune, sont devenus l'origine de petites protubérances lumineuses.

Cette éclipse artificielle sera, nous n'en doutons pas, reproduite par les savants; elle parviendra peut-être à jeter du jour sur des points restés très-obscurs, bien qu'ils concernent le soleil.

L'Académie était évidemment prédestinée, dans sa dernière séance, à s'occuper de questions de lumière : après avoir écouté religieusement les discussions de ses astronomes qui, nous devons le dire en passant, participent quelque peu de l'irritabilité proverbiale des poètes, elle écouta avec non moins d'intérêt une communication de M. Regnault qui se fait volontiers, auprès d'elle, l'interprète de l'héliographie. Le savant chimiste avait à présenter, au nom de M. Bacot, une série d'épreuves photographiques, sur papier, dont les négatifs sur verre avaient été obtenus en une fraction de seconde. L'une de ces épreuves porte avec elle une démonstration manifeste de la rapidité avec laquelle on l'a obtenue, elle offre une vue de la mer, et le flot s'y trouve reproduit.

M. Bacot, qui habite le Calvados, a-t-il employé le procédé à l'aide duquel M. Talbot a obtenu des images héliographiques par la lueur d'une étincelle électrique? S'est-il servi d'un procédé qui lui est particulier? C'est ce que M. Regnault n'a pas dit, et ce qu'il nous a été impossible de savoir. Observons cependant que la *vue de la mer* laisse beaucoup à désirer, et que les vagues, quoique perceptibles, tendent cependant à se confondre. Elles sont *moutonneuses* et manquent d'arêtes, elles perdent leur élan, elles offrent l'aspect d'une mer pétrifiée.

Malgré ces imperfections, l'œuvre de M. Bacot a pour nous un grand mérite; elle annonce encore un progrès dans un art dont nul ne peut mesurer les destinées; elle réalise nos prévisions en démontrant que le mouvement d'une cascade, des nuages, ou d'un cheval de course né dépasse pas les forces de l'héliographie.

Nous espérons qu'en livrant son procédé à la publicité, M. Bacot, tout en gardant pour lui le mérite de l'initiative, appellera ses émules à concourir aux perfectionnements que demande sa manière d'opérer.

M. Dumas a présenté à l'Académie un annuaire qui renferme l'analyse des eaux douces et minérales de la France, pour 1851. Ce livre reconnaît, pour notre pays, quatre versants principaux d'où s'écoulent des ruisseaux et des rivières. Les versants rapprochés de la constitution géologique du sol impliquent quatre grandes régions dont les eaux douces et minérales, analysées avec soin, offrent de grandes analogies, non pas dans la quantité, mais dans la composition des principes minéralisateurs qu'elles contiennent.

Pour qui sait l'influence que la composition des eaux exerce, non-seulement sur le règne inorganique et les diverses stratifications, mais encore sur toute la série des êtres organisés, il est facile d'imaginer l'intérêt que peut offrir un Annuaire complet des eaux. Il peut aider à expliquer les différences qu'offrent les races animales et même l'espèce humaine dans les diverses contrées. Aujourd'hui l'espace nous manque pour en donner une analyse même rapide; mais nous reviendrons sur un sujet digne d'occuper les gens du monde et les savants.

Docteur Clavel.

HÉLIOGRAPHIE SUR PLAQUES MÉTALLIQUES.

UNE VISITE A M. CLAUDET.

A M. le Rédacteur de *la Lumière*.

Un des attraits de l'exposition universelle était pour moi l'occasion de constater les progrès de l'héliographie. Je ne vous parlerai pas des produits que j'ai vus, de la supériorité relative des nations et des individus; outre que le sujet est épineux, d'autres se sont chargés de ce compte à rendre : je veux seulement, dérobant quelques-unes de vos colonnes à l'héliographie sur papier, dont la rapidité du progrès fait presque un chaos en ce moment, revenant aux premières amours, *dulces Argos*, et à cette attrayante et délicate impression sur métal, dont on a souvent dit qu'elle avait atteint son apogée, faire partager à vos lecteurs l'impression que j'ai reçue de mes visites à M. Claudet, savant aimable, dont diverses publications ont rendu le nom familier à tous ceux qui ont mis le pied dans le vestibule du temple, et qui, depuis douze ans qu'il fait de son art l'occupation de ses jours et de ses nuits, a conservé toute la ferveur du premier jour. N'ayant négligé ni soins ni dépenses pour recueillir ou vérifier des faits, il s'est créé par l'expérience un système à lui, dont l'exposition, que je veux vous faire brièvement, contrariera bien des idées reçues et constituera un petit cours d'opérations que je vais prendre par le commencement. Constatons d'abord, ce qui est presque inutile, que M. Claudet obtient d'excellents résultats; que ses épreuves sont, entre toutes, remarquables par le modelé, le relief, la netteté des détails, et voyons comment il arrive à ces résultats.

Plaques et polissage. M. Claudet n'achète point de plaques; il fait faire par un fabricant de doublé des feuilles semblables à celles qui sont destinées à l'orfévrerie, exigeant seulement qu'elles soient au douzième, et que l'argent soit pur. Un homme coupe avec de larges cisailles un morceau dans cette feuille, le plane aussitôt, le présente au bout d'une baguette de fer et d'un cadre approprié à une meule en bois recouverte d'un velours imprégné d'huile et de terre pourrie, qu'il met en action avec la pédale d'un tour en l'air; puis, l'ayant promenée quelque temps du centre à la circonférence, l'essuie du côté cuivre et la passe couverte de cambouis à un autre ouvrier qui la jette du côté argent sur la partie étalée d'une pièce de velours enroulée dans une boîte placée à droite. Cette partie, étalée d'une longueur de quatre pieds environ sur un établi, est presque aussi noire et aussi sale à l'extrémité gauche que la meule qui a commencé le polissage. La plaque promenée en tournant par la pression de la main, depuis cette extrémité qui la reçoit toute huileuse jusqu'à la portion renfermée à droite, y arrive brillante, et prête à recevoir l'impression de la couche sensible. Point de coton, point de rouge, point d'alcool, point d'essences! c'est assez dire que la plaque sort de la *graisse* dans une certaine limite. Voilà de quoi faire triompher les partisans de l'école graisseuse, les *phihélléles*, comme on les appelait, qui depuis longtemps avaient accepté leur défaite.

Iodage et bromage. La boîte iodée ne contient qu'un carton de deux ou trois millimètres d'épaisseur, lequel est remplacé, lorsque son énergie diminue, par d'autres cartons continuellement exposés aux vapeurs dans une autre boîte où l'iode en grains s'est collé au fond, enduit d'une solution de gomme arabique. La plaque est amenée au jaune d'or seulement; sa couleur se vérifie au jour, puis elle est portée dans une chambre éclairée par une bougie, et là soumise aux vapeurs du *bromure d'iode*. Oui, du bromure d'iode, ce vieil agent reçu jadis avec tant de reconnaissance, constituant sous mille noms divers le secret de tous les vendeurs d'orviétan, aujourd'hui dédaigné, délaissé, renversé de ses autels par le bromure de chaux. Or, il est bon de savoir, avant de lui jeter la dernière pierre à ce bromure d'iode, dont le mérite réside tout entier dans le soin apporté à sa préparation, que M. Claudet obtient par son emploi au soleil une impression sur une plaque qu'une détente fait tomber devant un diaphragme d'un millimètre d'ouverture. Je l'ai vu faire des portraits en deux et trois secondes, sous un pavillon vitré; la lumière amoindrie par quelques rideaux, surtout par le ciel de Londres; il l'était encore plus par l'emploi d'un prisme et d'un diaphragme qui retranchait à l'objectif la moitié de sa surface. Ajoutons que M. Claudet, qui a toujours un grand nombre de plaques impressionnées d'avance, affirme qu'elles peuvent être gardées presque indéfiniment sans perdre leur sensibilité, à la seule condition d'être préservées de la lumière et des réactions chimiques.

Exposition. Ici M. Claudet met la plus grande importance à des précautions qu'il a indiquées dans ses publications, et qu'en général tout le monde néglige. Sa chambre obscure est renfermée dans un cabinet noir, mobile; l'objectif toujours armé du prisme porte à sa partie antérieure un appendice en toile noire de quatre à cinq pouces de long; la fenêtre du cabinet se dilate ou se rétrécit comme le veut sa distance, pour faire partie d'un cône dont le modèle a la base et l'objectif le sommet. Toutes ces précautions ont pour objet d'empêcher sur le verre antérieur l'impression des rayons obliques et de donner toute l'intensité possible aux rayons directs. Le fond placé derrière le modèle n'est ni bleu ni blanc, mais d'un ton neutre, approchant de l'ocre clair. Pendant la durée de l'exposition, M. Claudet promène un écran de velours noir à long manche sur la tête; et devant les épaules trop blanches des belles insulaires : cette opération en France compromettrait tout; elle n'altère en rien le sérieux britannique.

C'est ici la place de la question introduite par M. Claudet du foyer visuel et du foyer photogénique : les constructeurs d'appareils peuvent avoir leurs raisons pour l'éluder, mais le fait est que M. Claudet, pour obtenir une netteté parfaite, mettait au point, dans les circonstances où je l'ai vu opérer, sur une feuille d'impression placée cinq pouces en avant du nez du modèle.

Mercuriage. L'angle de 45 degrés, si singulièrement privilégié d'abord (au point que dans un cours public d'une faculté des sciences j'ai entendu affirmer par le professeur qu'il n'y avait pas d'apparition possible de l'i-mage sans cet angle mystérieux, devant lequel la science ne pouvait que s'incliner muette), est méprisé par M. Claudet au point que son appareil à mercurer est une véritable boîte à plaques, en tôle, à douze rainures verticales, dans laquelle il peut en mettre jusqu'à vingt-quatre dos à dos. Un double fond supporte le mercure et contient de l'eau dont la température est entretenue par un bec de gaz. Des ventilations bien calculées annulent les émanations nuisibles. Il prétend, contrairement à toutes les recommandations de l'école, que l'état du mercure est absolument indifférent : il m'a montré celui des boîtes qui opèrent continuellement : non-seulement il y en a beaucoup moins que nous ne croyons utile d'en mettre, mais il est sale, traînant, couvert d'oxyde ; nulle part la surface ne s'en montre brillante. Il dit que ce mercure s'étant plusieurs fois répandu sur des soudures, contient nécessairement du plomb et de l'étain, et qu'il est indifférent d'opérer avec des amalgames. C'est possible pour le plomb et l'étain, j'ai vu une boîte à mercurer qui n'était qu'une feuille de cuivre amalgamée, mais je me permets d'être plus péremptoire quant à l'amalgame de zinc; l'expérience est pour moi trop précise. Voici ce que contient mon livre de notes, à la date du 5 juillet dernier :

« J'avais versé par mégarde 40 à 50 grammes de mercure, qui m'avait servi à amalgamer une planchette de zinc pour construire la pile qu'emploie le baron Gros à l'argenture de ses plaques, dans un flacon contenant 750 grammes de mercure du commerce, lequel m'avait servi jusqu'alors aux reproductions daguerriennes sans aucun mécompte : j'y avais introduit par conséquent une minime quantité d'oxyde et de sulfate de zinc, m'étant servi d'acide sulfurique pour décaper ma feuille de zinc. Comme on prétend généralement que les métaux amalgamés ont, au même point que le mercure, la faculté de faire apparaître l'image, j'avais fait peu de cas de ma distraction. Deux mois après, voulant faire quelques épreuves, je versai ce mercure dans sa capsule et, toutes préparations faites, je fus très-surpris de retirer de la boîte une plaque verte, sans trace d'image. Croyant à une cause atmosphérique, j'augmentai la durée de l'exposition à la lumière; le résultat fut le même. Je commençai à soupçonner la véritable cause de l'accident, mais voulant profiter de l'occasion pour avoir une expérience précise, je résolus de tout changer avant de changer le mercure. Je changeai l'objectif, puis la chambre noire, l'iode, le brôme, les polissoirs, je variai l'exposition depuis cinq secondes jusqu'à un quart d'heure... la plaque sortait invariablement vert-olive. Ce fut enfin le tour du mercure; aussitôt que je l'eus remplacé, j'eus des épreuves normales. » M. Claudet, tout en se montrant un peu incrédule, se propose de vérifier cette expérience : nous allions la répéter quand nous avons été dérangés.

Lavage et fixation. Ces deux opérations diffèrent peu de ce qu'elles sont partout. M. Claudet préfère au sel d'or la solution de chlorure d'or; comme les plaques n'ont ni bizeaux ni coins rabattus, elles en portent une grande quantité; il l'échauffe avec une très-forte lampe jusqu'à l'ébullition.

Observations générales.

L'opinion la plus excentrique de M. Claudet, et que démontre victorieusement une série d'épreuves que j'ai vues, c'est qu'il y a une extraordinaire latitude dans la durée de l'exposition à la lumière. Il m'a donné comme preuve une quantité de plaques portant l'image d'un cercle divisé en segments numérotés, que la lumière a frappés successivement depuis une jusqu'à vingt secondes. Dans les conditions de plaque pure et de lumière égale, la différence entre l'impression des segments est à peine sensible de six secondes à vingt. Une autre série de plaques pour laquelle il a adopté la proportion de 2, 4, 8, 16, 32 et 64, rend la démonstration encore plus sensible.

Une autre expérience de M. Claudet démontre combien est extensible la limite au delà de laquelle se perd la sensibilité de ses plaques par l'exposition trop prolongée au bromure d'iode. Il a pris une plaque, l'a iodée au jaune d'or, puis la posant sur le bain de bromure d'iode, l'y a laissée dix minutes : plaçant alors sur le bain une feuille de verre qui cachait les trois quarts de la plaque, il l'a laissée cinq minutes; reculant le verre d'un autre quart, encore cinq minutes, etc. Il a terminé par une exposition complète de la plaque durant deux minutes, afin d'annuler les impressions lumineuses que nous avions produites en la regardant; elle portait quatre zones distinctes, représentant 12, 17, 22 et 27 minutes d'impression. Avec cette plaque il a fait une épreuve sur un groupe des trois Grâces, dont le ton de marbre uniforme devait accuser facilement les différences. Il ne s'en est trouvé aucune entre 27, 22 et 17 minutes. A des yeux très-attentifs, la portion de douze minutes pouvait marquer une légère différence; elle n'eût pas été sensible pour quelqu'un qui n'eût pas été averti; et même, comme c'était la partie où se trouvaient les trois têtes qui, par leur séparation, devaient projeter plus d'ombres, peut-être le tout se trouvait-il réellement dans la proportion voulue. Tout en ve-nant et en pensant que les parties de la plaque qui représentent les nombres bas ont été en réalité plus impressionnés que les chiffres ne semblent l'accuser, à cause de la diffusion très-subtile des vapeurs du brôme pénétrant sous le verre, il n'en reste pas moins certain que les zones étaient visibles, par conséquent que l'expérience a une valeur réelle qui, rapprochée de l'immense latitude d'exposition à la lumière, démontrée par l'expérience des segments, me paraît constituer la partie la plus remarquable des principes et des résultats de M. Claudet.

Je ne veux pas terminer sans vous apprendre l'apparition à Londres et l'accueil enthousiaste qu'a obtenu un charmant petit appareil d'optique, le stéréoscope de Wheatstone, inventé il y a une douzaine d'années, et dont M. Soleil, je crois, à Paris, a fait la plus curieuse application au daguerréotype, en soumettant au foyer de ses lentilles deux portraits de la même personne faits sous un angle différent. On ne voit qu'un seul portrait, avec des formes rond de bosse ou de statue, dont la vérité fait jeter des cris.

F. A. DE LA RIVIÈRE.

Londres, août 1851.

HÉLIOGRAPHIE SUR VERRE.

IMAGES INSTANTANÉES.

Monsieur le Rédacteur,

Je trouve dans un journal anglais, *The Patent journal*, une notice relative à l'emploi du COLLODION, préparé par M. Archer, *pour obtenir instantanément des images positives et négatives*; je vous adresse une traduction de cette notice.

Le collodion est une dissolution de coton-poudre dans l'éther; et pour faire les opérations dont il est ici question, l'on doit y ajouter une petite quantité d'iodure d'argent en dissolution dans de l'iodure de potassium. Il doit être assez liquide pour couler librement sur une plaque de verre où on le verserait; autrement il faudrait y ajouter encore de l'éther jusqu'à ce qu'on arrive à ce résultat. Si le *collodion* était trop épais, l'on éprouverait une grande difficulté pour obtenir une couche unie; mais lorsqu'il est d'une consistance convenable, l'on peut enduire facilement des plaques de toutes grandeurs.

Prenez un morceau de verre plat et uni rogné aux dimensions du cadre; l'ayant lavé avec de l'eau, puis essuyé jusqu'à ce qu'il soit très-sec, prenez-le par un angle, ou s'il est bien grand, placez-le sur un support de niveau et versez au milieu une quantité suffisante de collodion ainsi préparé, qui de lui-même se répandra d'une manière égale sur la surface. Reversez alors immédiatement le liquide dans la bouteille par un des angles en levant la plaque d'un côté; cette plaque étant soulevée, le liquide roulera vers la partie basse, où l'on tient le goulot du flacon, que l'on promène le long des bords; les premières lignes où le liquide a coulé se répandront vers les autres, donnant ainsi une surface plane et unie. Un peu de pratique mettra promptement tout opérateur à même d'obtenir ce résultat. Avant que tout l'éther ait eu le temps de s'évaporer, la plaque doit alors être immédiatement plongée dans un bain de nitrate d'argent, de 50 grains par once d'eau distillée, jusqu'à ce que l'apparence graisseuse qu'elle présente au moment de l'immersion ait entièrement disparu, et que le liquide du bain coule librement sur la surface. La plaque doit alors, dans son état encore humide, être placée dans la chambre obscure pour prendre l'épreuve; le temps de l'opération variant nécessairement avec l'intensité de la lumière; mais pour un portrait, et avec une lentille modérément vive, il suffit de 3 à 30 secondes. Des portraits magnifiques ont été obtenus en faisant poser à l'air libre, et découvrant la lentille pour la recouvrir aussitôt. L'agent servant à développer est l'acide pyro-gallique : le protonitrate de fer réussit aussi bien. Une dissolution d'acide pyro-gallique doit être faite de la manière suivante : — acide pyro-gallique, 5 grains; acide acétique cristallisable, 1 drachme; eau distillée, 1 once. La plaque, après avoir été exposée dans la chambre obscure, doit être placée sur un support de niveau, la face tournée en dessus. Une quantité suffisante de la susdite solution doit être versée promptement et également dessus, et l'on doit donner à l'image le temps de se développer, agitant légèrement cette plaque de temps à autre pour éviter qu'il se forme des dépôts à aucun endroit. Quelques gouttes d'une dissolution de nitrate d'argent, 5 grains pour une once, peuvent aussi être ajoutées avec avantage à l'acide pyro-gallique par un temps lourd, au moment de le verser sur la plaque; mais par un temps très-clair l'image se développera avec assez de promptitude avec la seule solution d'acide pyro-gallique. L'on peut facilement juger du développement en mettant de temps à autre un morceau de papier blanc sous la plaque, et aussitôt que l'on a obtenu une intensité suffisante l'on reverse la dissolution de la plaque, qu'il faut laver en y versant un petit filet d'eau.

Après ceci, il faut recouvrir la surface d'une solution saturée d'hyposulfite de soude, qui presque immédiatement s'emparera de l'iode qui n'a pas été décomposé et fixera l'image; un autre filet d'eau doit alors être versé de nouveau sur la plaque pour enlever l'hyposulfite qui pourrait encore y être, et l'épreuve est finie.

Dans cet état elles sont plus ou moins négatives à la lumière directe; et si elles n'ont pas été trop développées, elles sont positives à la lumière réfléchie (*by reflected light*). Mais des images magnifiques et entièrement positives s'obtiennent par la simple addition d'un atome d'acide nitrique dans la dissolution pyro-gallique, en prenant bien garde d'en ajouter trop. Des épreuves de couleurs pourpre et verte ont été aussi obtenues, les premières, en ajoutant de l'acétate de plomb, les dernières avec de l'acétate de chaux et de l'acide gallique ordinaire. Les épreuves ainsi obtenues peuvent être traitées comme images négatives et transportées ou imprimées par les procédés dont on se sert pour obtenir des épreuves positives d'images négatives sur papier.

L. D'AUBRÉVILLE,
Ingénieur civil, rue Saint-Gilles, 18.

DE QUELQUES APPLICATIONS
NOUVELLES ET CURIEUSES
DE LA PHOTOGRAPHIE.

Le focimètre *de* M. CLAUDET. — *Les daguerréotypes panoramiques de* MM. PEUVION *et* MARTENS. — *Fantaisies photographiques de* M. DODERO. — *Epreuves sur étoffes.* — *De la fabrication des papiers.* — *Application de la photographie à la gravure et aux* fac-simile *manuscrits ou typographiques.*

Les applications aussi diverses que nombreuses de la photographie deviennent de jour en jour plus intéressantes; mais, en dépit des progrès incessants, des confidences piquantes, ou même des hypothèses bizarres qu'amènent l'expérience ou la fantaisie, il se présente des combinaisons imprévues, des observations dont s'enrichit la théorie, ou qui enrichiront les exploitations futures.

Utilisant les appareils photogéniques, considérés comme instruments de précision, M. Claudet les fait servir à des recherches d'optique très-minutieuses. Cet habile expérimentateur a été conduit à observer que, dans les objectifs achromatiques, le foyer photogénique ne coïncide pas invariablement avec le foyer visuel, et par suite, qu'il existe une variation *constante* entre ces deux foyers. Ce fait constaté a amené M. Claudet à trouver moyen de s'assurer, en toute circonstance, de l'exacte position des deux foyers; opération dont la conséquence est de mettre les photographes en état d'obtenir des images complètes avec toute espèce d'objectifs, et même avec ceux qu'auparavant on considérait comme imparfaits.

Poursuivant le cours de ces études, et désirant prouver que notre vision ne doit pas servir de base immuable à la théorie de la lumière, voulant aussi démontrer qu'il est très-difficile de résoudre la question de la double coïncidence des foyers des objectifs, M. Claudet a imaginé successivement divers appareils : le *focimètre*, destiné à constater et à mesurer la différence en question ; puis le *dynactinomètre*, dont le but est d'évaluer la puissance comparative des objectifs, que les foyers se séparent ou qu'ils coïncident. Cet instrument permet d'apprécier d'une manière certaine le mérite des divers objectifs; il peut aussi servir de photomètre, et mesurer la puissance *actinique* résultant à la fois de la radiation lumineuse et de la force des objectifs.

Nous nous bornons à indiquer ces résultats, renonçant à décrire des appareils dont l'exposé serait incompréhensible sans l'aide des planches dont M. Claudet a illustré sa publication. Il nous suffit d'avoir indiqué cette *brochure*, publiée tout récemment en France par MM. Lerebours et Secrétan. L'objet du travail, le nom de son auteur, la considération avec laquelle l'ont accueilli deux éditeurs d'un si sérieux mérite, recommandent suffisamment à nos abonnés les recherches de M. Claudet. Pour en rendre un compte exact, il faudrait tout copier, car l'ouvrage même n'est qu'un résumé rapide. En terminant, j'appellerai toutefois l'attention des praticiens sur un fait assez grave, que l'auteur considère comme absolument démontré, à savoir, que l'achromatisme des objectifs subit des variations continuelles.

Une pareille cause d'erreur ou d'imperfection invite d'une manière pressante à recourir à l'emploi du *focimètre*.

Nous nous trouvons en présence d'un devoir non moins épineux, à l'égard du *daguerréotype panoramique rectiligne* annoncé et décrit dans une brochure de huit pages, par l'inventeur, M. Peuvion. Ici, la description est étayée de trois à quatre planches, comprenant une douzaine de figures.

Le but de cet appareil est, comme l'on sait, de reproduire, au moyen d'un objectif ordinaire, des vues très-allongées, ayant quelque analogie avec les tableaux du panorama : un quai, une longue rue, une file de rochers ou d'édifices, etc.

L'instrument de M. Peuvion est un perfectionnement, car l'idée première remonte à M. Martens, l'habile photographe sur verre. Dans son appareil, qui a été décrit avec soin dans le *Manuel* de M. de Valicourt, l'objectif fixé sur pivot se meut de manière à embrasser un angle de 150 degrés, et l'image va se peindre sur une plaque longue et circulairement disposée que l'on redresse après l'opération.

Bien que l'invention de M. Peuvion participe de ces conditions diverses, son mécanisme est beaucoup plus compliqué ; mais il donne des résultats plus précis : d'abord, son daguerréotype panoramique est *rectiligne*, ce qui permet l'emploi du verre, du carton, et de toutes les substances difficiles à ployer : ensuite, les combinaisons de M. Peuvion lui permettent de redresser les images au moyen du miroir, autre avantage très-précieux. M. Peuvion avoue qu'il est redevable de son invention à M. Garella, ingénieur des mines à Alger, qui s'est construit antérieurement un panoramique rectiligne, assez borné d'envergure, mais fonctionnant très-bien. On doit avouer que M. Peuvion a singulièrement perfectionné l'idée de M. Garella.

Je n'ai pas vu l'instrument, mais plusieurs de nos confrères, qui ont examiné des images dues à son emploi, ont été frappés de leur homogénéité complète.

Il serait intéressant de pouvoir se procurer, à l'aide de quelques bandes de papier successivement offertes à l'objectif dans des conditions identiques, puis collées à la file et roulées autour d'un cylindre, des panoramas complets, des boulevards, des quais de Paris, du cours du Rhin, de la Tamise ou du Nil.

La photographie élèverait ainsi au niveau de l'art un genre d'estampes demeuré à l'état de jouet ou de curiosité puérile, et qui se vend comme tel sous les voûtes du *tunnel* à Londres. Un étranger possédant nos boulevards ou nos quais photographiés de la sorte, pourrait, la loupe à la main, dans une revue anticipée, choisir les magasins où il lui conviendrait de faire ultérieurement ses emplettes ; il serait à même de renseigner de loin ses commettants, ou de venir lui-même frapper, sans hésiter, à des portes marquées d'avance. Enfin, il connaîtrait une ville, un port, des rivages lointains, sans quitter son fauteuil.

Ces utopies, qui seront dépassées un jour par la réalité, nous sont suggérées par une lettre très-originale et très-gaie, que nous avons reçue dernièrement de M. Dodero, photographe à Marseille, et l'un de nos abonnés. M. Dodero, qui a l'imagination vive et l'esprit pratique, nous a adressé une excellente *vue des arènes d'Arles*, obtenue au moyen d'un cliché de verre, en nous annonçant qu'il a fixé d'autres sites des contrées du Midi, non moins dignes d'intérêt : notre correspondant nous témoigne à ce sujet le désir de trafiquer, par échange, avec ses confrères du Nord; moyen facile de compléter des collections de part et d'autre. Il propose aussi que l'on établisse dans les deux villes un double dépôt, etc.

Ces pensées d'association, ces tendances à combiner des intérêts réciproques, à répandre par mutuelle assurance la renommée et les produits de la photographie, sont de nature à nous intéresser vivement. Elles concourent à l'accomplissement du but de notre Société ; elles unissent, elles rapprochent les collaborateurs de la même œuvre ; enfin, elles précipitent l'avénement commercial de la photographie.

Très-épris d'idées pratiques, M. Dodero les caresse jusqu'en ses fantaisies. Il nous raconte avec bonhomie que s'étant avisé de mettre, au lieu de son nom, son portrait sur ses cartes de visite, ce caprice a été goûté, a trouvé des imitateurs, et, par là, popularisé la découverte dans le pays. Alors, M. Dodero a marqué son linge par le même procédé, boutade assez comique, en ce qu'elle implique pour les blanchisseurs la nécessité de connaître *de visu* les traits de leurs pratiques ; mais boutade fort intelligente, car elle indique aux fabricants d'étoffes la possibilité d'appliquer la photographie à l'impression des foulards, des rideaux de coton, etc.

Une fois en belle humeur, M. Dodero ne s'arrête plus : « Si, dit-il, on parvient un jour à rendre les manipulations plus simples et moins coûteuses, on pourra les appliquer aux passe-ports, aux permis de chasse, etc... »

Il est certain qu'il deviendra praticable d'établir des bureaux photographiques, où l'on remplacera par le portrait du destinataire ces signalements ridicules à force de banalité : — yeux ordinaires, nez moyen, menton rond, visage ovale... ; une telle ressource serait surtout précieuse à la Banque et dans les grands comptoirs où l'on reçoit des dépôts d'argent destinés à être rendus sur la seule constatation de la ressemblance des signatures. Dans son *humour* enthousiaste, M. Dodero anticipe sur les années, et met son portrait à côté de sa signature, au bas de ses billets.

Il conclut par demander si l'utilité de ces diverses applications triomphera, dans l'indulgente pensée des lecteurs, de la bouffonnerie de l'idée; alléguant, en forme d'excuse, que, jeune, artiste, pourvu du nécessaire et célibataire, il a bien des raisons pour être de joyeuse humeur.

Nous présentons la cause ainsi plaidée, laissant l'arrêt à la sagacité des lecteurs. Cette verve méridionale, ces applications tant soit peu rabelaisiennes, sont, à notre sens, de nature à frapper des esprits légers ou distraits : ne dédaignons point, dans le sens comique des choses, un des moyens les plus sympathiques de propagation et de popularité.

D'autres que M. Dodero ont essayé avec succès de la photographie sur étoffes, et un artiste de talent, M. Marville, nous a montré des fleurs, des paysages, des portraits photographiés sur taffetas, sur satin et sur percaline. L'emploi de ces matières, que l'on peut préparer et encoller de diverses manières également peu coûteuses, exige, quant au relief, des effets un peu plus tranchés ; mais le résultat l'emporte de beaucoup sur les impressions de Flandre ou d'Alsace, qui nous représentent si mal les glaciers des Alpes, les illustrations du *Solitaire*, des *Incas* ou de *Paul et Virginie*. Il convient d'ajouter que l'étoffe donne lieu à des épreuves moins finies, mais moins inégales dans leur perfection limitée, que le papier, dont la fabrication ne fait pas de sensibles progrès.

Tandis que l'héliographie chemine et se répand sous tant de formes diverses, cherchant à s'implanter dans les arts industriels à tout prix; tandis que la délicatesse manuelle et le sentiment du dessin vont se fortifiant à un tel degré, que les photographes dissertant, comme les peintres, sur leur talent réciproque, désignent dans leurs rangs, — ceux qui saisissent le mieux ou le moins bien *la ressemblance*...; tous ces efforts intelligents échouent obstinément devant l'incurie, l'aveugle routine et l'ignorance des fabricants de papier. A force d'abaisser les qualités pour affronter les concurrences, on a perdu les bons procédés d'autrefois, et, il est assez humiliant de l'avouer, on ne rencontre guère que dans les plus vieux fonds de magasins des petites cités provinciales, des papiers assez anciens pour dater de l'ère des fabrications loyales.

Toutes les causes d'infériorité propres à compromettre l'héliographie procèdent de là. Les dépenses à faire [en] essais intimident des marchands aussi peu artistes que peu patriotes, et, dans cette classe intéressante, il ne se trouve pas trois hommes en état de comprendre combien il serait habile de risquer quelques tentatives sans profit immédiat, pour arriver à créer une branche nouvelle et productive de la fabrication des papiers... L'essentiel est de ne jamais risquer trois sous sans en gagner neuf, leur instinct ne s'élève pas plus haut. Aussi les papiers d'impression sont-ils si détestables, que les livres modernes, au bout de quelques années, tombent en pâte ou se pulvérisent sur les rayons qui les portent. Quant aux papiers collés, ils s'injectent, s'emboivent, se tachent et jaunissent en peu de temps. A la fois épais et déliés, mous et pourris avant d'être secs, ils peuvent rarement résister aux préparations que d'ailleurs ils absorbent inégalement.

Notre espoir dernier se porte vers l'étranger, et nous sommes réduits à hâter de tous nos vœux le moment où nos fabricants nous auront rendus tributaires des manufactures des États voisins.

Il serait vraiment à souhaiter que le gouvernement, pour conjurer cette parcimonie routinière, créât des primes d'encouragement afin de stimuler l'émulation et de régénérer en France la fabrication des papiers, qui, dans la situation actuelle, met obstacle à l'une des plus intéressantes applications de la photographie : la reproduction des vieilles gravures devenues introuvables, et des titres ou des pages dépareillés des raretés bibliographiques.

Notre confrère, M. Benard, nous a montré des reproductions de gravures d'après Rubens, d'après des tableaux de Berghem et de Terburg, véritablement remarquables. L'épreuve rend toute la finesse, toute la netteté du burin, toute la vigueur de l'effet, et le modèle ne pourrait être distingué de la copie, sans la différence de qualité des papiers ; car l'instrument rend le ton local de la feuille.

Si l'on parvenait à ressusciter les qualités des siècles anciens, la calcographie photographique restituerait les plus belles pages des Elzeviers, des Plantin, des Jehan Petit et des Thielmann.

Mais, dès à présent, elle est à même de fournir, avec une économie et une perfection inconnues, les *fac-simile* des lettres autographes, des manuscrits gothiques, et surtout des cartulaires que l'on fait autographier à petit nombre et à un prix élevé, pour les besoins des études diplomatiques suivies à l'École des chartes. Nous signalons, car tel est notre devoir, ces utiles applications à l'administration du ministère de l'instruction publique qui, bien certainement, ne daignera pas s'en occuper.

Nous avons pris l'habitude de ne compter que sur le public et sur les compagnies libres et spéciales, pour la propagation des entreprises ou des idées nouvelles. Déjà, dans sa première et assez courte session, la Société héliographique, par la salutaire influence qu'elle a exercée, a justifié de nos opinions à cet égard. La saison des vacances ayant dispersé bon nombre de nos sociétaires, l'on a jugé à propos de proroger les séances, pour se conformer à l'usage. Mais durant cette fériation, les esprits travaillent.

des essais sont pratiqués dans le silence, les photographes parcourent les campagnes, à la recherche de sites nouveaux et de monuments curieux.

Ces vacances de trois mois, utilisées par des gens qui ne se reposent guère, nous promettent de belles épreuves photographiques et des communications intéressantes pour la réouverture des séances de la Société. Elle est fixée, comme l'on sait, au 5 décembre; et nous espérons que ce jour-là nos confrères, exacts au rendez-vous, viendront en grand nombre prendre part à la reconstitution du bureau annuel pour la session de 1852. Francis Wey.

HÉLIOCHROMIE.

Nous avons rapporté ce que les journaux d'Amérique disaient de la belle découverte de M. Niépce. Voici maintenant ce que nous trouvons dans l'*Athenœum*, l'une des *Revues* les plus importantes de l'Angleterre.

ÉPREUVES PHOTOGRAPHIQUES OBTENUES AVEC LEURS COULEURS NATURELLES.

« Dans plusieurs expériences, Sir John Herschel obtint la reproduction des couleurs du spectre solaire sur du papier enduit d'un suc végétal. M. Robert Hunt publia à son tour le détail de quelques reproductions de ces couleurs dans leur ordre naturel, obtenues sur des surfaces sensibles. C'étaient, toutefois, d'excessivement faibles indications, et beaucoup de personnes, comme M. Biot, regardaient l'obtention des épreuves colorées comme une vision d'enthousiastes, qui ne deviendrait jamais une réalité par l'action dissemblable des rayons solaires.

« M. Edmond Becquerel a publié un procédé par lequel beaucoup des couleurs les plus intenses sont reproduites sur des plaques métalliques; mais il semble qu'il ait été réservé au neveu de Niépce, de celui qui a inventé la photographie, de découvrir le moyen de produire sur la plaque, par l'impression des rayons solaires, toutes les couleurs de l'échelle chromatique. Grâce à la bienveillance de M. Ma-lone, nous avons pu voir (les premiers en Angleterre) des épreuves obtenues par ce procédé que l'auteur, M. Niépce de Saint-Victor, appelle *Héliochromie*, ou *coloration par le soleil*. Ce sont trois copies de gravures coloriées : une danseuse et deux hommes en costume de fantaisie. Toutes les couleurs de l'original sont reproduites de la manière la plus fidèle sur la plaque argentée.

« La préparation des plaques est encore un secret que l'inventeur seul possède, et il a dit à M. Malone, à qui ces épreuves ont été données par lui, que cette préparation différait, sous plus d'un rapport, de celle qu'il a publiée dans son Mémoire sur la *Relation existant entre la couleur de certaines flammes colorées avec les images héliographiques colorées par la lumière*.

« Quand la plaque est préparée, elle présente une surface d'un brun foncé, presque noir, et l'image, avec ses couleurs, ronge en quelque sorte cette surface. Nous avons essayé, par un examen attentif, de découvrir quelque chose des lois qui produisent cet effet si remarquable, mais il n'est pas aisé, quant à présent, de connaître les rapports qui existent entre l'action colorante de la lumière et son influence chimique.

« La *danseuse* est vêtue de soie rouge, avec des garnitures de pourpre et des dentelles blanches. Les tons de chair, le rouge, le pourpre et le blanc sont très-bien venus dans la copie. L'une des figures d'homme est remarquable par la délicatesse de sa coloration : le bleu, le rouge, le blanc et le rose sont parfaitement obtenus. La troisième figure a un peu souffert; mais elle est, par le nombre de ses couleurs, la plus remarquable. Le rouge, le bleu, le jaune, le vert et le blanc sont distinctement reproduits, et l'intensité du jaune est très-frappante.

« Voilà les faits tels qu'ils ont été examinés par nous, et ces résultats sont supérieurs déjà à ceux qu'avaient obtenus les inventeurs de la photographie, quand cette grande découverte fut annoncée au monde. Nous pouvons donc espérer voir bientôt ces *héliochromes* nous représenter des scènes favorites, ou des amis qui nous sont chers, dans toute la merveilleuse beauté des couleurs naturelles. »

Ernest Lacan.

NOUVELLES DIVERSES.

Une mosaïque d'un fort beau travail, trouvée en Algérie et transportée en France par M. de La Mare, vient enfin d'être livrée à l'admiration du public. Elle est placée au Louvre, dans le Musée algérien, créé en 1845, dans la petite galerie du rez-de-chaussée, sous la colonnade en face de Saint-Germain-l'Auxerrois. Cette partie, qui n'est que le sujet principal d'une mosaïque d'une grande étendue, représente le triomphe de Neptune et d'Amphitrite. C'est à tort que l'inscription placée sur ce monument porte : *Donné par le duc d'Orléans*, puisqu'il a été découvert postérieurement à la mort de ce prince.

(*Revue archéologique.*)

— Les paludiers de la nouvelle saline de Kersahut, près de Gâvre (Loire-Inférieure), viennent de découvrir, en nivelant un terrain, un vase de terre renfermant un grand nombre de monnaies de cuivre, à l'effigie des empereurs Sévère, Dioclétien, Constance, Maximien, etc. Par suite d'autres découvertes de monuments analogues trouvés l'année dernière dans la même localité, on est autorisé à croire qu'il existait un poste romain important dans les environs. Déjà plusieurs archéologues ont émis l'opinion qu'il existait une voie romaine de Nottang à l'embouchure du Blavet.

(*Même revue.*)

AVIS.

Toutes les demandes et réclamations relatives au service, toutes les lettres et communications relatives à la rédaction, doivent être adressées, affranchies, à M. F.-A. Renard, secrétaire de la rédaction, au bureau du journal. Les demandes d'abonnement seront accompagnées d'un mandat sur la poste ou les messageries.

Le Secrétaire de rédaction F.-A. RENARD, *Gérant.*

Imprimerie de HENNUYER et Cⁱᵉ, rue Lemercier, 24. Batignolles.

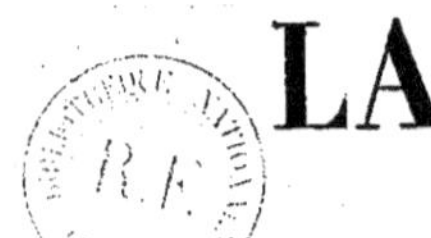

LA LUMIÈRE

JOURNAL NON POLITIQUE

HEBDOMADAIRE.

BEAUX-ARTS — HÉLIOGRAPHIE — SCIENCES.

BUREAUX, A PARIS, N° 15, RUE DE L'ARCADE, A LA SOCIÉTÉ HÉLIOGRAPHIQUE.

PRIX.—PARIS, UN AN, 16 F.; 6 MOIS, 10 F.; 3 MOIS, 6 F. — DÉPARTEMENTS, UN AN, 18 F.; 6 MOIS, 11 F.; 3 MOIS, 7 F. — ÉTRANGER, UN AN, 20 F.; 6 MOIS, 12 F.; 3 MOIS, 8 F. — CHAQUE N° 50 CENT.

AVIS AUX ABONNÉS DES DÉPARTEMENTS.

Nous prions nos Abonnés des départements qui veulent souscrire pour le monument à élever aux inventeurs de l'Héliographie, Niepce et Daguerre, d'adresser le montant de leur souscription, en un mandat sur la poste, à M. F.-A. Renard, secrétaire de la Société Héliographique, au bureau du journal la Lumière, rue de l'Arcade, 15.

SOMMAIRE.

ACADÉMIE DES SCIENCES.

Remède contre la rage.—Influence de l'agitation sur l'albumine. — Découverte de l'éther tartrique.

Peu de maladies ont suscité autant de recherches et provoqué l'emploi d'autant de remèdes que la rage. Chaque année voit éclore un ou plusieurs moyens infaillibles de guérir cette terrible affection, les journaux se hâtent de répandre l'heureuse nouvelle dans le public, et l'expérience ne tarde pas à ajouter une déception à vingt déceptions de même nature. Il y a quelques mois, M. Rochet d'Héricourt, en publiant la relation de son voyage en Abyssinie, prétendit, d'après les affirmations de plusieurs personnes de ces contrées lointaines, que la rage s'y guérissait avec la racine du *cucumis abyssinica* : le savant voyageur rapportait des échantillons de cette plante, avec l'espoir de doter son pays d'un agent thérapeutique cherché jusqu'ici sans succès. Les assertions d'un homme comme M. Rochet avaient une grande valeur ; aussi les professeurs de l'école d'Alfort, et M. Renaut entre autres, se hâtèrent de faire des expériences avec quelques racines de cucumis rapportées d'Abyssinie, ou produites par les cultures du Jardin des Plantes. Ils constatèrent d'abord que le remède agit à la fois comme un émétique et un purgatif violent, même administré à faible dose. La difficulté était de le faire avaler aux chiens enragés conservés à l'École, parce que ces animaux ne veulent rien ingérer et ont horreur à la fois des boissons et des aliments : employer la contrainte pour l'administration du remède, c'était s'exposer à des morsures et courir de graves dangers. Cependant tous les obstacles furent surmontés par M. Renaut ; il fit prendre à quatre chiens, sous des formes et des doses diverses, la racine de cucumis rapportée par M. Rochet, et cela sans aucun succès. Les animaux moururent, comme d'habitude, dans un accès convulsif.

Craignant que le remède n'eût perdu son efficacité dans le voyage, l'expérimentateur se procura de la racine fraîche au Jardin des Plantes, et l'administra encore à un chien enragé, sans produire aucune amélioration sur les symptômes de la maladie. Il croit, en conséquence, pouvoir en conclure que la rage peut, comme par le passé, être prévenue par la cautérisation des morsures et des plaies d'inoculation, mais qu'il n'existe pas de moyen de la guérir quand le virus a infecté tout l'organisme.

Une autre communication faite par M. Dumas est digne,

à plus d'un titre, d'attirer l'attention. On sait la place que tient l'albumine dans la structure et la vie des animaux : elle entre dans la composition de tous les tissus, elle est l'élément le plus abondant du sang, et peut-être l'origine d'autres principes indispensables à la vie. A diverses reprises, les physiologistes ont cherché, dans les modifications qu'elle subit de la part des acides, des alcools et des alcalis, la cause de plusieurs maladies aiguës ou chroniques. Ils ont cru, par exemple, pouvoir expliquer les troubles circulatoires de l'ivresse, au moyen d'une légère coagulation du sang contenu dans les veines de l'abdomen, par le fait de l'alcool ingéré : de même, l'action bienfaisante qu'exerce, en pareil cas, la soude, la potasse ou l'ammoniaque viendrait de ce que ces substances tendent à rendre à l'albumine sa fluidité primitive et à rétablir la circulation interrompue.

Le chimiste dont M. Dumas se fait l'interprète vient d'ouvrir une nouvelle voie à la physiologie en démontrant que l'albumine tend à se coaguler par le mouvement et l'agitation et de plus à s'organiser en pellicules membraneuses. Du blanc d'œuf battu en neige et dissous dans l'eau laisse apercevoir une série de ces membranes qui flottent dans le liquide, sous forme de petits flocons blancs ; le même fait se représente quand, dans un mélange d'eau et d'albumine, on fait passer un courant d'hydrogène, d'azote ou d'autres gaz qui, par eux-mêmes, ne peuvent produire aucune coagulation, mais qui tendent à agiter le liquide ; enfin ce dernier, étant enfermé dans un vase dans lequel on a fait le vide, laisse encore des membranes se former à chaque secousse qui lui est imprimée.

M. Dumas n'a pu indiquer si le même fait se reproduit avec l'albumine du sang, et cependant c'est le point qui offre le plus d'intérêt ; de même, il nous a laissé ignorer si les membranes sont bien de l'albumine coagulée, ou bien ont subi une altération qui tendrait à les rapprocher de la fibrine : si ces prévisions se trouvaient confirmées, on aurait l'explication d'un fait jusqu'ici inexpliqué ; c'est l'augmentation de la fibrine contenue dans le sang, par le fait de la fièvre et de l'inflammation, ou, ce qui revient au même, de l'agitation ; puis la tendance de cette fibrine à s'organiser en membranes.

Une Commission a été nommée pour prononcer sur cette curieuse découverte et répéter les expériences : espérons qu'une solution nous sera donnée prochainement.

Chaque semaine les découvertes ajoutent au domaine de la chimie : il y a quelques jours, M. Bouis trouvait un nouvel alcool en même temps qu'il tirait l'acide sébacique de l'huile de ricin ; aujourd'hui M. de Montdésir présente à l'Académie un nouvel éther et une série de composés qui, à divers titres, offrent le plus haut intérêt.

Jusqu'ici les éthers obtenus par la réaction des acides sur les alcools, étaient ou volatils, ou cristallisables, ou solubles dans l'eau ; l'*éther tartrique* obtenu par M. Montdésir n'est ni volatil, ni cristallisable, ni soluble dans l'eau. Il est liquide et présente une belle couleur jaune-paille.

Cette première découverte a été pour l'habile chimiste, auquel M. Dumas a prêté l'appui de sa parole claire et précise, l'origine de plusieurs autres. En traitant l'acide tartrique par l'alcool ammoniacal, il a obtenu la tartraline, puis l'éther paratartrique ; enfin il s'est procuré par des procédés très-simples les éthers citrique et malique. Ce dernier, traité par l'ammoniaque, donne naissance à un composé analogue, sinon identique à l'asparagine.

La formation artificielle de ce principe immédiat, si abondant dans certains végétaux, laisse entrevoir les secrets de la nature qui compose journellement tant de substances dans l'immense laboratoire constitué par le règne organisé. C'est une preuve que si la science de l'homme n'a pu arriver encore jusqu'aux lois et au secret de la vie, elle s'en rapproche et ne doit pas désespérer de l'avenir.

Clavel.

EXPÉRIENCES VARIÉES

SUR LES EFFETS DE L'ÉLECTRICITÉ APPLIQUÉE A LA PHOTOGRAPHIE,

Par M. A. Pinaud.

Le but que s'est proposé l'auteur de l'article suivant est de rechercher l'action de l'électricité sur le chlorure, l'iodure et le bromure d'argent, et de la comparer avec celle de la lumière sur les mêmes substances.

J'employai d'abord, dit-il, des plaques iodées et bromées ; en faisant passer de l'électricité sur l'une de ces plaques, j'obtins en quelques instants des taches brillantes d'un bleu d'acier et teintées vers les bords. Par ce moyen, toute sorte de figures ou de dessins peuvent être obtenus. La décharge d'une bouteille de Leyde forme instantanément des taches circulaires d'une régularité parfaite, présentant une grande analogie avec celles que Priestley a obtenues, par le moyen de fortes piles, sur des surfaces métalliques simplement polies.

Ces expériences étaient inefficaces pour le but que je me proposais ; car indépendamment de l'expérience faite par Priestley, M. Matteucci a démontré récemment qu'une série d'étincelles électriques, tombant sur la surface argentée d'une plaque, produisait une tache bleuâtre. Il est vrai que l'électricité agit beaucoup plus promptement sur l'argent quand la surface du métal a été d'abord iodée ; mais cette distinction est sans importance.

J'ai reconnu que l'action de très-petites étincelles sur une plaque d'argent est *instantanée* et que les taches qu'elles forment, bien qu'elles ne soient pas immédiatement visibles, existent cependant dès le premier moment. Pour altérer la surface métallique, il n'est pas nécessaire de prolonger le courant d'étincelles, comme le faisait M. Matteucci ; le simple passage de l'électricité, sans affecter visiblement le métal, développe à sa surface une profonde et durable altération qui devient évidente aussitôt qu'un souffle humide a été dirigé sur la plaque. La vapeur se condense autour de la partie qui a reçu l'électricité et ternit la surface métallique ; mais les points sur lesquels le fluide électrique a agi restent brillants et semblent mouillés par une goutte d'eau transparente. Ces points ont donc la propriété de condenser la vapeur d'une manière différente.

Renonçant aux plaques métalliques, je fus conduit à examiner l'action de l'électricité sur le papier photographique. Sa sensibilité, à cet égard, est extrême.

Je prends une feuille de papier recouverte d'une couche égale de bromure d'argent, et très-sèche. Après l'avoir placée ou collée sur une plaque métallique isolée, mise en rapport avec le fil conducteur d'une machine électrique, je lui présente, à une distance d'un ou deux millimètres, une pointe métallique très-fine, électrisée par avance négativement. En face de cette pointe se forme immédiatement une tache ronde et d'un brun foncé, qui suit tous ses mouvements et qui peut s'étendre à volonté. Cette décoloration ainsi obtenue est semblable à celle qui a lieu par la lumière, et produit, quand la pointe électrisée est mue lentement, l'effet d'une estompe. L'expérience réussit parfaitement quand on emploie un petit faisceau de fils de platine liés à un manche de métal.

La pointe métallique peut également être placée *en contact* avec le papier, et promenée doucement sur sa surface ; la décoloration, qui n'a lieu qu'aux endroits qu'elle a touchés, est alors d'un noir foncé, et ressemble aux traits d'un crayon noir. L'expérience ne réussit pas quand le papier est légèrement humide.

Le bromure d'argent, qui est si sensible à l'électricité négative, ne subit aucune altération *apparente* quand on l'expose à un courant d'électricité positive.

J'ai reconnu aussi que l'influence de l'électricité agit, dans l'obscurité la plus complète, sur des papiers préparés pendant la nuit, et qu'en conséquence elle est indépendante de toute action antérieure ou simultanée des rayons lumineux.

Les papiers préparés avec le nitrate d'argent seul ou

avec le chlorure d'argent, sont peu sensibles à l'électricité. Ceux recouverts d'iodure d'argent, qui sont peu sensibles à l'action de la lumière, sont au contraire très-altérables par le fluide électrique. Ils présentent, en outre, cette particularité qu'ils sont affectés aussi bien, quoique d'une manière différente, par l'électricité positive et par l'électricité négative. Le fluide négatif forme une tache noire et ronde ; le fluide positif fait naître dans tous les filaments du papier, et en forme de rayons, une décoloration violette.

Ce double phénomène est dû à la décomposition de l'iodure d'argent. L'iode est déplacé par l'électricité positive et produit la couleur violette, et l'argent sur lequel agit l'autre pôle forme la tache noire. C'est à une décomposition semblable que doit être attribuée aussi l'action de l'électricité sur le papier préparé au bromure d'argent ; et si dans ce cas nulle décoloration apparente ne se manifeste vers le pôle positif, c'est parce que le brôme, qui est rendu libre là, disparaît à cause de sa grande volatilité.

L'expérience curieuse dont les détails suivent m'a confirmé dans cette idée.

J'exposai un papier préparé au bromure à l'action directe des rayons solaires jusqu'à ce que la teinte devint aussi foncée que possible ; je le soumis alors à l'action de deux pointes métalliques, dont l'une était mise en rapport avec le fil conducteur d'une machine électrique, et l'autre avec la terre. La couleur ardoise du papier devint immédiatement noire autour du pôle négatif en formant une tache ronde, tandis qu'en face du pôle positif apparut une sorte d'étoile, blanche et très-délicate, indiquant par ses ramifications le rayonnement de l'électricité vitreuse sur la surface des fibres du papier. En changeant l'expérience et en faisant passer le fluide vitreux sur la tache noire, et le résineux sur l'étoile blanche, celle-ci devint noire et l'autre blanche. Il est bon d'observer que la lumière agit très-lentement sur les étoiles blanches produites par l'électricité positive, et qu'une exposition de plus de trois heures à la lumière directe du soleil, quoique suffisante pour ternir leur éclat, ne peut cependant en faire disparaître toute trace.

Voici maintenant quelques mots sur l'action qu'une décharge de la bouteille de Leyde exerce sur le papier photographique.

Ce papier est troué, et du côté recouvert de brôme, le trou est entouré d'un halo brun, qui a la même apparence, soit qu'on lui présente le pôle négatif ou le pôle positif. Cette décoloration produite ainsi me semble confirmer ce principe, que l'électricité est transmise par un mouvement de vibration moléculaire, et non par un mouvement de transmission.

Une autre expérience très-intéressante consiste à placer une feuille de papier sur un support isolé. On fait passer l'étincelle d'une bouteille de Leyde très-chargée sur une étendue de 4, 5 et même 6 centimètres, et la trace de cette étincelle est immédiatement imprimée sur le papier sous la forme d'une traînée rouge, qui reproduit toutes ses sinuosités et tous ses zigzags, et qui ressemble à une égratignure vive. Il est assez intéressant d'obtenir, malgré sa fugitive apparence et tracée par elle-même, la marche si capricieusement brisée d'une étincelle électrique.

De ce qui précède on peut déduire les moyens simples et infaillibles d'obtenir des dessins électriques, que j'appelle *électrographies*, en multipliant le nombre des étincelles, qui frappent la surface du papier photographique suivant la forme d'un dessin, afin de multiplier aussi le nombre des taches qui sont produites. Par exemple, sur la surface d'une plaque sur laquelle on a obtenu une épreuve, je place une feuille de papier préparée au bromure ou à l'iodure d'argent, bien sèche, que je retiens par le moyen d'une plaque de verre légèrement pressée contre elle. Je fais passer alors la décharge d'une forte bouteille de Leyde le long de la plaque métallique ; chaque solution de continuité est marquée par une étincelle, et des taches se forment sur le papier à tous les points correspondants. On obtient ainsi une reproduction très-exacte du dessin qui est tracé sur la plaque.

(*Photographic art Journal.*)

Ernest Lacan.

LES CURIOSITÉS INOUIES DE GAFFAREL.

Physionomie de la science il y a deux cents ans.

... — Et vous croyez bonnement, poursuivit le peintre, en descendant les degrés quatre à quatre, vous croyez que vous avez vu là-haut les portraits de Mme de Maintenon, de Lauzun, de Mme de Sévigné, de Mlle de La Vallière ? En vérité, vos préjugés sont robustes et votre candeur me charme !

Il fuyait comme une bête sauvage échappée d'un traquenard. Un critique était là, tenant le grave emploi de M. Prudhomme ; il prouva, par le livret du Musée, par l'authenticité des toiles, par leur conformité avec des gravures irrécusables ; bref, il prouva, comme un juge expert...; il prouvait encore, en foulant la pelouse qui conduit à la pièce d'eau des Suisses, et personne ne l'écoutait plus. Le peintre sifflait une fanfare, le docteur écartelait scientifiquement un coléoptère, et je faisais des ricochets sur l'eau.

Quand cette source d'érudition eut tari : — Remarquez, répondit l'artiste, que toutes ces femmes, que tous ces gentilshommes du grand siècle se ressemblent : la famille royale ressemble à Louis XIV, et la cour entière, pour se conformer à l'étiquette, ressemble à la famille royale. L'individualité s'éclipse derrière la mode, et vous avez contemplé le portrait d'une époque sous divers points de vue. Combien tous ces visages vous paraîtraient différents, si un photographe homérique, descendant aux enfers, allait fixer sur une plaque, aux rives de l'Achéron, ces ombres illustres et déguisées !... Si nos ancêtres avaient connu le daguerréotype...

— Louis XIV eût médiocrement goûté une invention qui, le faisant descendre de l'Olympe, eût ravalé ses traits héroïques à la réalité humaine : les Dieux terrestres n'aiment point à être peints d'après nature.

— D'ailleurs, objecta le docteur, il était matériellement impossible qu'un contemporain de Racine et de Campistron réalisât le problème de l'héliographie. Pour arriver à de pareils résultats, il fallait traverser tout un siècle de philosophie.

— On ne s'attendait guère... repartit le peintre.

Mais l'autre, dans la prévision de la rime prochaine : — Parce que vous ne réfléchissez point, interrompit-il : vous agissez, ce qui vaut mieux, et vous allez, alléguant à tout propos la nature, divinité dont on se souciait peu sous Louis XIV, et dont on ne se fût pas assez préoccupé, pour entreprendre les recherches dont le daguerréotype est le produit.

— Un paradoxe...

— Préférez-vous une raison solide, épaisse, une raison, enfin, qui soit à votre portée ? Eh bien, l'héliographie ne pouvait se dégager que d'une série d'expériences. Or, en ce temps-là, la science procédait de la théorie à la pratique, de la doctrine au fait. De nos jours, au contraire, les systèmes sont un corollaire des faits observés : méthode plus rationnelle, mais qui prête bien plus à rire, quand elle fourvoie ses adeptes.

— A telles enseignes, ajouta le critique, que dernièrement, un érudit ayant reçu les félicitations de l'Académie pour une observation étrange, qui, huit jours après, fut considérée comme fausse, et fondée sur une méprise, le rapporteur, en rendant compte de cette découverte, ne put s'empêcher de s'écrier : — Heureusement personne n'avait encore trouvé une théorie pour expliquer le phénomène...

— Cependant, objecta le susdit critique, les siècles anciens ont accompli nombre de découvertes...

— Oui, à peu près autant, en l'espace de dix siècles, que l'on en met au jour, en France, dans l'intervalle d'une année. Vous ne pouvez avoir idée de ce que fut la science entre les mains des théoriciens *à priori*, frottés de scepticisme, de superstitions, de pédanterie et de prolixité. Vous ne jugerez plus appartement, si vous aviez lu Gaffarel... mais vous n'avez pas lu Gaffarel... Tant pis ! C'est, du reste, la lecture la plus vaine, la plus oiseuse...

— Vraiment ! Nous le lirons...

— Si vous le trouvez, car le bouquin est rare.

— N'avons-nous pas les bibliothèques nationales ?

— Où l'on vous répondra que le ténor *Gaffarelli* n'a pas laissé de *Mémoires*. Quant à l'honnête Gaffarel, ces messieurs ne s'en soucient guère. Cependant, Jacques Gaffarel, Provençal, bourré d'érudition jusqu'à l'hébétement, philosophe, chimiste, philologue, physicien, polyglotte, comme feu Mezzofanti, Gaffarel mérite qu'on vous confère : il était, en son vivant, bibliothécaire du cardinal de Richelieu, et très-fort sur la cabale, ce qui avait inspiré à son maître l'idée de l'employer à convertir les protestants...

— Éternel et biographique docteur ! Où prétendez-vous nous mener ?

— Au bois de Satory. Vous prendriez plus d'intérêt à ces détails, si vous aviez lu Gaffarel ; car il est piquant d'apprendre que le livre d'un fou a été fait par un sage et grave personnage. La démence, alors, est le fait d'une époque ; elle inculpe des doctrines en usage, inspire une défiance salutaire, et explique... bien des choses.

— Allons, moraliste intempestif ; vite un exemple ?

Eh bien, l'ouvrage n'expliquerait-il que *la cause pourquoi* (comme on dit en Flandre) l'invention de l'héliographie était impossible au temps jadis, vu la méthode idéale et fantastique où il se fallait conformer, à peine de passer pour un empirique...

— Pensez-vous que ces gens-là n'expérimentaient pas ?

— Je vous concède quelques recettes de cuisine ; je vous accorde encore toutes les épreuves où l'on peut se livrer à l'aide d'un matériel composé de serpents en bocal, de caisses à momies, de têtes de morts, de cornes de bouc, d'ibis, de chat-huants et de crocodiles empaillés.

D'ailleurs, que cherchait-on ? La vérification des utopies de la philosophie antique, l'âme des pierres, le feu spirituel, l'essence éthérée des spectres, et autres quintessences. Encore une fois, la science n'était pas un but, mais un prétexte à divaguer, et si vous aviez lu Gaffarel...

Ce Gaffarel, le jour durant, devint un texte inépuisable de plaisanteries ; puis on n'y songea plus.

Il m'était réservé de retrouver ce phénix cabalistique. Dernièrement, à Amiens, un de mes parents me remit un livre couvert en parchemin, daté de M.DC.XXXVII, et intitulé : « Curiositez inouyes *sur la sculpture talismanique des Persans*, Horoscope *des patriarches*, et Lecture *des Estoilles*, par M. J. Gaffarel. » L'œuvre est dédiée à Mgr l'évêque de Nantes. Il fallait bien jeter quelques gouttes d'eau bénite sur ce grimoire.

Les livres de ce genre, qui touchent à la science par l'intention, aux beaux-arts dont ils interprètent certains monuments, à la poésie même par la bizarre fantaisie des doctrines, enfin, à l'histoire intellectuelle dont ils constituent les plus singuliers documents, ces livres, dis-je, sont livrés à l'oubli le plus profond. La littérature ne les a point classés parmi les sujets justiciables de la critique, et la science, plus occupée de l'avenir que du passé, détourne son attention de ces fatras d'erreurs énormes, sans utilité pour le progrès actuel des connaissances humaines. Constitués majestueusement en tribunes, les grands journaux ne trouvent point là matière à longs discours.

Ces compositions hétéroclites semblent plutôt prêter matière à la causerie, et, à ce titre, convenir mieux à notre journal plus familier, plus libre en ses allures, parce qu'il est l'expression d'une société qui a un salon pour siège et pour berceau. Ces circonstances privilégiées nous permettent des excursions capricieuses hors des limites étroites d'un inflexible programme, et nous autorisent à récréer le lecteur, dans l'intervalle des travaux spéciaux, en portant, de temps en temps, l'entretien sur des *curiosités* de la nature de celles du sieur Gaffarel.

Avant de traiter *scientifiquement* et de justifier par la philosophie, et l'expérience touchant les phénomènes naturels, les théories de l'Orient concernant l'art de magie, l'auteur entreprend la défense des Syriens, des Persans, et surtout des Hébreux, accusés injustement par Appion, par Plutarque, Strabon, Trogue-Pompée, Tacite et Diodore, d'avoir adoré des ceps de vigne, des nuages, des ânes, ainsi que le veau de Jéroboam, et de diverses autres superstitions, telles, que le culte du feu et celui de Moloch, en l'honneur de qui, suivant Selden, on brûlait vifs des enfants.

— On les *présentait*, dit l'auteur, en s'étayant du rabbin Joseph Karo, on les *offrait* à la flamme, on les faisait passer par-dessus le feu, tradition si répandue, qu'on la retrouve chez les Brésiliens, et même en France, où les mères font passer leurs enfants sur les feux de la Saint-Jean allumés en grand appareil de fête ; « ce qui devroit estre aboly, puisqu'un ancien concile, tenu à Constantinople, condamne cette coustume comme estant une racine des anciennes abominations. »

En dépit des censures du concile de Constantinople, l'usage s'est perpétué, et il est à observer qu'aux environs de Paris, le clergé des villages vient encore bénir solennellement les brandons de la Saint-Jean, chargés des vieux anathèmes de l'Église.

L'auteur ne peut tolérer ni les faux miracles, ni les sciences criminelles, ni les assertions illogiques et non justifiées par l'expérience *ou l'autorité*. Ce dernier principe de conviction le guide assez avant. En ce qui concerne les phénomènes et les prodiges, ses croyances sont modestes, mais bien étayées. — Les prodiges, bases de la science, sont anciens comme le monde, et ont été mis au jour au temps même de la création. Dieu, sur le soir du septième jour, créa huit choses miraculeuses : la fontaine de contradiction, l'ânesse de Balaam, l'arc-en-ciel, la manne, la verge de Moïse, l'écriture des tables de la loi, le bélier qui fut sacrifié à la place d'Isaac, enfin, le vermisseau, appelé *schamir*, dont se servit Salomon pour tailler et fendre sans bruit les pierres du temple.

« Or, ajoute l'auteur, ces choses semblent ridicules en apparence, lesquelles sont par effect très-curieuses, nécessaires et profitables, comme je monstreray au long par ailleurs, etc... »

Pourquoi douterait-on, après de tels exemples, de la sincérité ou de la puissance de la *magie* ! science apprise à l'école des astres, — ces animaux du ciel, par des Persans, nommés *sages*, ou *mages*? — Puisque toute l'antiquité chrétienne loue la pénétration de ces *mages* qui ont suivi l'étoile merveilleuse jusqu'au berceau du Christ, *pourquoi blâmerait-on leur doctrine*?...

Cet argument, je l'avoue, est robuste, et de ceux que jadis on était mal venu à combattre. L'autorité infaillible accréditait les faits surnaturels, et les *magiciens* passaient sous le manteau des trois rois *mages*.

Personne n'ignore, et nombre de savants ont eu à reconnaître par expérience, comme Galilée, les dangers qui menaçaient jadis les contradicteurs des textes saints. C'est pourquoi les habiles, quand ils avaient à spéculer sur les sciences, plaçaient leurs rêveries sous le couvert de ces mêmes textes, glissant, sous les titres de miracles, de prodiges émanés de la toute-puissance divine, toutes les inventions, toutes les chimères, toutes les illusions de leur esprit. Incontestables, incontestés, les miracles de Moïse, des prophètes ou des apôtres ne laissaient rien d'incroyable. Le phénomène était donc constitué fait normal, ou peu s'en faut, et la hardiesse se donnait pour carrière d'interpréter théoriquement l'impossible.

C'est à un travail de ce genre que se livre Jacques Gaffarel, serviteur d'un prélat peu favorable aux visionnaires, et cet ordre d'idées éclote dès que notre érudit descend à l'examen des corps inertes et de la matière organique. Voici quel est son raisonnement:

Comment révoquer en doute les prodiges de l'antiquité, quand les faits les plus singuliers nous sont affirmés par les autorités les plus respectables, ou journellement offerts par l'expérience? Comment douter, quand les animaux, les plantes et même les pierres, nous révèlent des propriétés surprenantes!

Et sur-le-champ, en guise d'exemple, survient une grave imposture dont Gaffarel est dupe de très-bonne foi. On venait de découvrir que l'aimantation d'une lame de fer lui communique la propriété de «pénétrer et couper notre corps, sans que l'on en sente la moindre douleur... »

Mais venons à la *sculpture talismanique*; l'auteur dénomme ainsi des figures naturelles ou artificielles, qui se rencontrent fortuitement ou qu'on a gravées dans un but cabalistique, parmi les pierres, les plantes ou les ossements. Pierres incisées ou peintes; cailloux enfermant des fossiles, ou veinés de manière à retracer quelque forme précise, etc...

Ces jeux de la nature ou de l'art étaient des talismans auxquels les anciens accordaient des vertus particulières. Or, le but de Gaffarel, docteur *in utroque*, médecin, philologue, etc., est de séparer les vrais, des faux talismans, ainsi que d'expliquer la puissance des pierres figurées par les propriétés réelles de la matière, en se conformant à la saine érudition de l'époque: en un mot, de prouver que la magie existe et peut être prouvée comme science exacte, sans recourir à la sorcellerie.

Il commence par émettre une théorie sur la génération de ces pierres gravées, qu'il désigne sous les noms de *camaïeu* ou d'*agates*, et par établir que les minéraux, issus d'une semence liquide, ont la propriété de se reproduire sous l'influence de la chaleur, ce qui les rend plus abondants dans le Midi que dans les régions du Nord. Il place parmi ces générations fortuites une agate du roi Pyrrhus, représentant *la danse des Muses*; cette pierre est assez célèbre, et voici comment un autre érudit, plus éminent encore, Jérôme Carden, médecin, naturaliste et philosophe, en expliqua la formation: —Un peintre aura peint la danse des Muses sur un marbre, enfoui depuis lors dans le gîte où s'engendrent les agates, et celles-ci, nées d'une copulation des humeurs minérales avec ce marbre, auront retenu les mêmes linéaments qui y étaient tracés.

Mais Gaffarel, plus éclairé, trouve cette opinion tant soit peu matérialiste, et préfère laisser à *la nature* l'honneur de cette création, explicable par d'autres raisonnements. Assurément, les graveurs en pierre fine, de Memphis ou de Syracuse, ne prévoyaient guère les théories où devaient conduire leurs chefs-d'œuvre retrouvés parmi les dépôts du vieux monde. Quoi qu'il en soit, Gaffarel incline pour la chaleur terrestre, aidée de la puissante incubation des astres.

Tel est, fort en raccourci, le fond du dogme en matière de magie. C'est la portion la plus ardue de ce livre: elle comprend la justification de Zoroastre, avec un long commentaire pour examiner s'il n'est autre que Cham, fils de Noé; un examen de sa doctrine; l'explication des statues des *Téraphim* ou Séraphins du temple de Jérusalem, et celle d'une foule de prédictions opérées par la vertu des figures, douées de propriétés naturelles.

Mais ce qui est particulièrement original et curieux, ce sont les applications de ces théories étranges à la médecine, à la physique, à la cosmogonie; ce sont les raisonnements subtils, et logiques sur le vide, qui dictaient les communes opinions sur les propriétés des corps et leurs vertus curatives.

Nous suivrons Gaffarel dans quelques-unes de ses plus piquantes divagations. Son livre indique une érudition transcendante; ses opinions y sont controversées par ses confrères; enfin, n'oublions pas que Gaffarel, un des flambeaux de l'école de Paris, symbolisait les idées saines de son siècle, et qu'il était le favori de ce Richelieu qui fit brûler Urbain Grandier.   FRANCIS WEY.

(La suite au numéro prochain.)

NOUVELLES DIVERSES.

HÉLIOCHROMIE. — Le directeur du *Daguerrian Journal*, M. Humphrey, nous écrit de New-York, à la date du 15 courant, qu'on attend dans cette ville, pour le mois prochain, une exposition publique des spécimens de HILLOTYPE.

— Une nouvelle exposition de tableaux, statues et autres objets d'arts, doit avoir lieu très-prochainement dans l'une des salles du Palais-National; ce sont ceux achetés ou commandés par le gouvernement et la ville de Paris. Après cette exposition, qui ne durera que quinze jours, trente tableaux, environ, iront enrichir la belle galerie du Luxembourg, et la statue de Jeanne d'Arc ornera son parterre. Un nombre pareil de tableaux doit aller à Versailles; une douzaine d'autres seront répartis dans les diverses églises de Paris. Une statue de saint Martin et une de la Vierge sont destinées à l'église de la Madeleine et à Saint-Sulpice; et enfin, deux beaux bas-reliefs en marbre décoreront les salles de l'Assemblée nationale.

CORRESPONDANCE.

HÉLIOGRAPHIE SUR PAPIER.

M. C. Laborde, professeur de physique à Nevers, nous prie d'insérer la note suivante:

MONSIEUR LE RÉDACTEUR,

Dans son excellent ouvrage sur la photographie, M. de Valicourt rappelle une note que j'avais communiquée à la Société d'encouragement. Dans cette note j'indique un moyen d'appliquer sur le papier, par une seule immersion, une couche qui devient très-sensible *sous et non pas sans* l'acéto-nitrate d'argent (1):

Cyanure de potassium,   1 gramme.
Eau distillée,   30 grammes.

Cette solution étant saturée d'iodure d'argent, on l'ajoute à:

Eau distillée,   60 grammes.
Iodure de potassium,   4 grammes.

Le papier, après avoir été étendu à la surface du bain, est égoutté, séché au papier buvard, et peut servir immédiatement pour la suite naturelle des opérations. — L'application de l'acéto-nitrate, etc...

M. de Valicourt, et M. Blanquart-Évrard, qui a cité cette note dans son dernier ouvrage, laissent croire que l'on peut se dispenser de l'acéto-nitrate d'argent. Le résultat serait complètement nul. Pour éviter des essais inutiles, je devais rectifier cette erreur, et je le fais d'autant plus librement, qu'elle doit m'être entièrement attribuée; j'avouerai en effet que cette phrase:

Le papier peut servir immédiatement, indique assez naturellement la mise à la chambre obscure.

L'iodure de potassium tenant en solution le sel d'argent à l'aide du cyanure de potassium, et l'acétate de chaux dans l'acide gallique, constituent pour moi, sinon le meilleur, du moins le plus rapide de tous les procédés.

On a conseillé, depuis, le cyanure de potassium ajouté au simple iodure de potassium; mais ce moyen accélérateur laisse presque toujours des taches à la surface de l'épreuve négative: et l'on pouvait s'y attendre; car le cyanure de potassium se décompose très-facilement dans sa solution, en carbonate de potasse, et acide cyanhydrique qui se dégage peu à peu.

Le *nitrite de potasse* ajouté à l'iodure de potassium donne autant de rapidité que le cynaure, et ne présente pas les mêmes inconvénients.

C. LABORDE,
Professeur de physique.

Nevers, 25 août 1851.

CONSIDÉRATIONS SUR LA REPRODUCTION,

PAR M. NIÉPCE DE SAINT-VICTOR,
des images gravées, dessinées ou imprimées,
PAR M. E. CHEVREUL.

(Suite.)

La solution de cyano-ferrite ne produit aucun effet sur l'enduit. Si on verse sur l'enduit une goutte d'acide acétique, d'acide phosphorique, etc., aussitôt apparaît le cuivre métallique, et le cyano-ferrite versé dans l'acide produit un précipité abondant rouge marron. L'enduit a donc été dissous. L'acide retient, en outre, de l'ammoniaque.

En passant à l'acide la moitié d'un cercle ammoniaqué produit sur une plaque carrée, lavant cette moitié, puis la passant à l'émeri; elle se confond alors avec le cuivre pur des angles de la plaque, tandis que la moitié simplement passée au tripoli mouillé d'eau pure montre toujours une image distincte du cuivre métallique. Enfin, on fait disparaître l'image au moyen de l'eau acidulée.

Plaque exposée à l'iode, puis à l'ammoniaque,
trèfle réservé (n° 3).

42. Le cuivre exposé au contact de l'iode d'abord, puis à celui de la vapeur d'ammoniaque fluor, prend une cou-

(1) Voir le numéro 4 de la *Lumière*, à la troisième colonne de la première page, le procédé dont il est ici question, décrit en son entier et sans la moindre altération dans le texte.
F.-A. R.....

leur brune plus foncée que le n° 2, même lorsque celui-ci a été exposé à l'air et au soleil.

Nous ignorons ce qui se passe entre le cuivre iodé et l'ammoniaque (*Voir le tableau* 6).

43. *Observation microscopique.* La différence est tout à fait analogue entre le cuivre pur et le cuivre iodé puis ammoniaqué, qu'entre le cuivre pur et le cuivre simplement iodé de la plaque n° 1; seulement, le cuivre iodé et ammoniaqué tranchant davantage par sa couleur brune, l'image est plus apparente.

Plaque exposée à l'iode avec deux trèfles réservés, exposée ensuite à l'ammoniaque avec un seul trèfle réservé (n° 4).

44. Cette plaque représente plus que les effets obtenus par le procédé de M. Niépce, puisque le trèfle réservé, que je nommerai trèfle *pur*, permet de comparer la surface du cuivre non modifiée avec la surface du cuivre modifiée seulement par l'ammoniaque, laquelle surface présente les clairs, et que je nommerai trèfle *ammoniaqué* (*Voir le tableau* 7).

Ainsi, il y a cette différence essentielle, que dans la seconde, et surtout la quatrième circonstance, le trèfle ammoniaqué paraît plus clair que le fond, tandis que le trèfle pur paraît plus obscur; mais dans la quatrième la différence est très-faible.

45. Un point bien remarquable, qu'il s'agit d'examiner, c'est l'intensité de la résistance que le cuivre modifié par le contact de l'iode ou de l'ammoniaque, et par le contact successif de l'iode et de l'ammoniaque, présente lorsqu'on soumet le métal au frottement d'un flocon de coton imprégné d'eau pure et de tripoli.
Plaque n° 1.

46. Lorsqu'on passe au tripoli une plaque n° 1 dans le sens longitudinal, aussitôt qu'elle vient d'éprouver l'action de la vapeur d'iode, la modification disparaît, et le cuivre soumis à l'action de la vapeur ammoniacale présente une surface homogène.

La modification que le cuivre vient d'éprouver de la part de l'iode n'a donc pas de résistance au frottement du tripoli humide.

Mais il en est autrement lorsque la plaque, après avoir été soumise au contact de la vapeur d'iode, est abandonnée à elle-même pendant 48 heures dans un lieu éclairé. Si le dessin a perdu de sa netteté, cependant, en passant la plaque au tripoli dans le sens longitudinal, l'image du trèfle est conservée, quoique le mat du fond ait disparu, et que celui-ci ressemble au cuivre pur.

Si on passe de nouveau au tripoli la plaque dont je parle, la surface en paraît homogène; cependant, en la regardant sous certaines inclinaisons dans une chambre à parois noires, on peut apercevoir le trèfle. Après avoir fait disparaître tout vestige d'image au moyen du tripoli, on parvient souvent à la faire reparaître en soumettant la plaque à la vapeur de l'ammoniaque. J'ai eu l'occasion de constater par l'odorat le dégagement de l'iode dans cette circonstance. Enfin, on peut, au moyen d'un nouveau passage au tripoli, faire disparaître tout vestige d'image.
Plaque n° 2.

47. La plaque n° 2, passée au tripoli, a présenté les effets suivants (*Voir le tableau* 8):
En définitive, dans les plaques n° 2, dont le trèfle a été réservé, le fond, malgré le passage au tripoli, a toujours paru plus mat que la partie réservée.

Dans le cas où la plaque n'aurait été exposée que quelques minutes à la vapeur de l'ammoniaque fluor froide, l'image disparaîtrait par le frottement du tripoli, et il pourrait arriver qu'une nouvelle exposition à l'ammoniaque la fit reparaître.
Plaque n° 3.

48. Les résultats sont analogues aux précédents (*Voir le tableau* 9).
Plaque n° 4 (Voir le tableau 10).

Lorsque le trèfle réservé lors du passage à l'iode a été découvert pendant l'exposition à l'ammoniaque, il y a moins d'opposition entre le trèfle et le fond, qu'il n'y en a lorsque le trèfle a été préservé du contact de l'ammoniaque, ainsi que cela a eu lieu pour le n° 3.

50. Lorsqu'on examine au microscope, soit à la lumière diffuse, soit au soleil, les plaques n° 1, n° 2 et n° 3, passées au tripoli, on n'aperçoit pas de différence sensible entre le cuivre pur et le cuivre qui a été simplement iodé ou ammoniaqué, ou successivement iodé et ammoniaqué.

51. Justifions maintenant ce que j'ai dit de l'application de la théorie des effets optiques des étoffes de soie à l'explication des effets optiques des plaques de cuivre présentant des images produites par le procédé de M. Niépce de Saint-Victor.

52. L'opposition la plus grande que l'on puisse faire naître dans une étoffe monochrome, est d'opposer le satin par la chaîne au satin par la trame, par la raison que lorsqu'un des deux apparaît le plus brillant, en vertu de la réflexion spéculaire dont il est doué, l'autre réfléchit la lumière spéculaire dans un sens où elle n'arrive pas à l'œil du spectateur.

On obtiendrait un effet correspondant à celui-ci, en opposant sur une plaque de cuivre, par exemple, une image à raies parallèles extrêmement fines à un fond également rayé, mais dans un sens perpendiculaire aux raies de l'image. Cet effet n'est pas celui des images de M. Niépce de Saint-Victor.

53. On peut produire des effets bien sensibles sur des étoffes de soie, quoiqu'ils ne le soient pas autant que ceux dont je viens de parler, en opposant sur fond de satin par la chaîne des images dont l'armure se rapporte au taffetas. En effet, supposons l'opposition de ces deux tissus dans une même étoffe, voici ce qu'on remarquera : en regardant l'étoffe de manière à voir le satin à son *minimum de clarté* dans la deuxième circonstance, le taffetas sera vu éclairé, parce que la trame qui le constitue apparaîtra avec le *maximum d'éclat* dont elle est susceptible ; mais par la raison que cette trame est mêlée de chaîne, et que dans le taffetas l'effet de la chaîne domine sur celui de la trame, toutes choses égales d'ailleurs, le contraste de l'image taffetas avec le fond satin sera, dans la circonstance dont nous parlons, moindre que si le contraste eût résulté de l'opposition d'un satin par la trame au satin par la chaîne formant le fond de l'image.

54. Je vais appliquer cette théorie aux images de M. Niépce telles que nous en avons étudié les effets sur les plaques n° 1, n° 2, n° 3, en distinguant le cas où elles n'ont pas été passées au tripoli du cas où elles l'ont été.

PREMIER CAS. Plaques n°s 1, 2 et 3, non passées au tripoli.

55. La grande opposition existant entre la surface du cuivre poli dans un même sens d'une part, et, d'une autre part, celle du cuivre iodé ou ammoniaqué, ou iodé d'abord et ammoniaqué ensuite, que l'on observe si bien au microscope, indépendamment de toute couleur, démontre parfaitement que la première surface, avec ses sillons fins et parallèles, réfléchit la lumière à la manière du satin, tandis que la seconde, plus ou moins grenue, la réfléchit à la manière du taffetas.

DEUXIÈME CAS. Plaques n°s 1, 2 et 3, passées au tripoli.

56. L'opposition des images de M. Niépce de Saint-Victor est bien plus faible après le passage des plaques au tripoli qu'elle n'était auparavant, par la double raison que l'opposition de la couleur entre les deux parties de cuivre a diminué, et que l'action du tripoli a sillonné la surface de cuivre, que les réactifs avaient rendue grenue. Dès lors on conçoit parfaitement la raison des effets suivants :

La vision, dans la première et même la troisième circonstance, est peu distincte, à cause du vif éclat de la lumière réfléchie ; elle est peu distincte encore dans la deuxième circonstance, parce qu'alors peu de lumière arrive à l'œil du spectateur. Il résulte de cet état de choses, qu'il existe des positions intermédiaires entre A et B, fig. 4, où la vision des images est plus distincte qu'elle ne l'est en celles-ci. On pourra aisément s'en convaincre en se plaçant successivement en C et en C, c'est-à-dire, dans des directions telles, que CP fait avec PA un angle de 45°, et EP avec PA un angle de 135°. Effectivement, en C la plaque est moins obscure qu'en A, et la vision du trèfle est plus distincte ; en E, où la lumière réfléchie spéculairement est moindre qu'en B et plus grande qu'en C, l'opposition du trèfle et du fond étant portée au maximum, l'image apparaît de la manière la plus distincte ; enfin, en D, où l'angle DPA est de 45°, la vision est moins distincte qu'en C et en E (*Voir le tableau* 11).

(*La suite à un prochain numéro.*)

Si l'honneur de l'invention et des perfectionnements de la photographie revient tout entier à la France, on a pu croire un instant qu'elle allait se trouver primée par l'Autriche pour la fabrication des objectifs de daguerréotypes. Leur supériorité était reconnue par les maîtres de la science ; suivant eux, ils satisfaisaient mieux aux conditions d'aberration de sphéricité et de réfrangibilité, quoiqu'ils eussent deux foyers, l'un visuel et l'autre chimique. Vienne avait la réputation pour cette spécialité d'appareils et en tirait naturellement un grand profit. Ce monopole vient de lui être enlevé par un de nos habiles opticiens :

M. Maugey est parvenu à faire des objectifs qui, pour la netteté et la vivacité des images, égalent, au moins, les objectifs allemands, et ont sur eux l'avantage de revenir à un prix moindre de moitié. Le verre dont ils sont faits n'en est pas moins remarquable, cependant, par sa pureté, sa transparence et sa parfaite limpidité.

Pour répondre au désir témoigné par la Société héliographique, dans sa séance du 16 mai dernier, j'ai expérimenté un de ces appareils, le 18 juin suivant, en présence de M. Fonbert, peintre photographe, et d'un amateur. Je l'ai comparé avec le numéro 221 de MM. Woigtlander et Johan de Vienne, et j'ai reconnu qu'on obtenait avec le premier des effets plus purs, une lumière plus égale de lumière sur tous les points du dessin, des épreuves plus belles, plus correctes, où les tons étaient plus fondus, les teintes moins pâles.

Grâce donc aux procédés de fabrication de M. Maugey, nous avons repris le premier rang, dans la seule branche de la photographie où nous eussions eu des maîtres et des rivaux. Nous avions le papier, nous avons dès à présent chez nous le verre le mieux approprié aux effets que peut atteindre la belle découverte de Niépce et de Daguerre.

Je recommande donc, avec une vive instance, les objectifs de notre concitoyen, M. Maugey, à mes confrères en photographie et en daguerréotypie, les invitant à s'assurer par eux-mêmes de la scrupuleuse exactitude de ce que j'affirme ici ; et je ne doute pas qu'ensuite ils ne s'affranchissent spontanément du tribut que nous payons à l'étranger pour la fabrication des objectifs de chambre noire.

J'ai cru devoir faire cette déclaration, autant pour rendre hommage à la vérité que pour accorder à l'intelligent et modeste inventeur la part d'éloges qu'il mérite, et pour obéir à un honorable sentiment de patriotisme.

MANOT,
Artiste en daguerréotypie, 30, rue Masséna, ou galerie Montpensier, 50, Palais-National.

Le Secrétaire de rédaction F.-A. RENARD, *Gérant.*

Imprimerie de HENNUYER et Ce, rue Lemercier, 24, Batignolles.

PREMIÈRE ANNÉE. N° 31.

DIMANCHE, 7 SEPTEMBRE 1851.

LA LUMIÈRE

JOURNAL NON POLITIQUE
HEBDOMADAIRE.

BEAUX-ARTS — HÉLIOGRAPHIE — SCIENCES.

BUREAUX, A PARIS, N° 15, RUE DE L'ARCADE, A LA SOCIÉTÉ HÉLIOGRAPHIQUE.

PRIX.—PARIS, UN AN, 16 F.; 6 MOIS, 10 F.; 3 MOIS, 6 F. — DÉPARTEMENTS, UN AN, 18 F.; 6 MOIS, 11 F.; 3 MOIS, 7 F.—ÉTRANGER, UN AN, 20 F.; 6 MOIS, 12 F.; 3 MOIS, 8 F.—CHAQUE N° 50 CENT.

SOMMAIRE.

SOUSCRIPTION

Pour élever un Monument aux Inventeurs de l'Héliographie,

NIÉPCE ET DAGUERRE.

Les listes sont déposées et les souscriptions sont reçues au siége de la Société héliographique.

Nous prions nos Abonnés des départements d'adresser le montant de leur souscription, en un un mandat sur la poste, à M. F.-A. Renard, secrétaire de la Lumière Héliographique, au bureau du journal la Lumière, rue de l'Arcade, 15.

CINQUIÈME LISTE.

MM.

Paul Jeuffrain, d'Elbeuf.	10 fr. »
Brion Dorgeval, de Marseille.	5 »
De Valcourt, membre de la Société héliographique.	10 »
E. Fabre, d'Uzès.	3 »
A. Frogé, de Bayonne.	10 »
Gouin, artiste photographe.	20 »
Le duc de La Fernandine, comte de Niebla.	20 »
Guillou, miroitier, fabricant d'accessoires pour la photographie.	10 »
Jommaro Landi.	5 »
Dagrin et Philippe, 18, rue du Petit-Carreau.	10 »
G. Bontemps, fabricant de verres pour l'optique.	20 »
Clément frères, photographes.	10 »
Rousseau et Cᵉ, 24, rue de la Paix.	5 »
Ladislas Chodzkiewicz.	20 »
G. Schreiber, photographe, 24, rue des Martyrs.	5 »
Le comte Léon de Laborde, membre fondateur et président de la Société héliographique.	50 »
César Daly, architecte, membre de la Société héliographique.	5 »
Hersent, membre de l'Institut.	20 »
Broock-Gréville, membre de la Société héliographique.	20 »
Leisse, membre fondateur de la Société héliographique.	10 »
Ladevèze, gérant du journal l'Echo, à Alger.	8 »
Eugène Grulet, à Sériguan.	10 »
S. Heer, photographe, à Lausanne (Suisse).	10 »
Total. . .	276
Montant des listes précédentes. .	1,955
Total jusqu'à ce jour . . .	2,231 f. »

ACADÉMIE DES SCIENCES.

Annuaire des eaux de la France pour 1851.

Depuis cinquante ans, les progrès des sciences physiques et naturelles ont changé presque entièrement les conditions d'existence des sociétés, en tant qu'elles touchent à l'industrie, à l'agriculture et à l'hygiène. La physique, en faisant de la vapeur un moteur général pour la fabrication et pour les transports, a doublé la production industrielle en économisant de moitié la main-d'œuvre ; la chimie, en analysant minutieusement la matière première et les agents généraux de la nature, a opéré des prodiges dans la teinture, dans la métallurgie, dans la minéralogie, dans les arts de toute sorte. Elle a extrait de la matière organisée une foule de principes immédiats et les a livrés au commerce ; elle a fourni à l'agriculture des engrais et des moyens d'activer la végétation ; elle a donné à la médecine une quantité d'agents de guérison ; enfin elle a fait de l'hygiène une puissance qui a augmenté de plusieurs années la moyenne de la vie humaine. De savantes analyses, en démontrant dans les eaux minérales des principes médicamenteux énergiques, ont donné aux établissements affectés à l'exploitation de ces eaux une vogue toujours croissante. Des analyses analogues ont fait découvrir dans les eaux douces ordinaires, ou dans les eaux salées, des principes utiles ou nuisibles à l'agriculture, à la teinture et à l'industrie.

Chacun doit comprendre combien il peut être avantageux pour l'agriculteur qui veut établir des canaux d'irrigation, de connaître à l'avance la composition de l'eau dont il dispose, et de juger *à priori* de l'effet qu'elle produira sur ses prairies. De même le manufacturier, avant d'installer son usine sur une rivière, doit désirer connaître l'influence qu'elle peut avoir sur le blanchiment et la teinture; enfin l'homme d'Etat doit savoir, avant de favoriser telle culture ou telle industrie dans le bassin d'un fleuve, quelles productions sont compatibles ou incompatibles avec la composition de ses eaux.

Par malheur, les travaux chimiques opérés sur les sources, les étangs, les puits, les ruisseaux et les rivières se trouvaient, jusqu'ici, éparpillés en une foule de brochures et de livres dont bien peu d'hommes pouvaient avoir la collection complète. M. Dumas, en arrivant au ministère de l'agriculture et du commerce, songea à réunir et à coordonner en un seul ouvrage tous ces travaux divers : il provoqua la formation d'une Commission composée de chimistes, de médecins et d'agriculteurs, dont la mission fut de publier un Annuaire des eaux de la France au triple point de vue de la médecine, de l'agriculture et de l'industrie.

La Commission, pour mettre de l'ordre dans ses travaux, commença, en tenant compte des dispositions géologiques du sol, et en se guidant sur l'écoulement des eaux pluviales dans telle ou telle direction, par diviser la France en quatre versants principaux : un premier, nord-est ou Rhénan, qui comprend deux bassins de premier ordre, le Rhin et la Meuse, puis un bassin secondaire, l'Escaut.

Un second versant, nord-ouest ou Séquanien, qui comprend un bassin de premier ordre, celui de la Seine, et trois subdivisions secondaires, la Somme, l'Orne et les côtes septentrionales de Bretagne.

Un troisième versant ouest ou Girondo-Ligérien, qui comprend deux bassins de premier ordre, la Loire et la Gironde, et trois subdivisions, les côtes méridionales de la Bretagne, la Sèvre et la Charente, enfin l'Adour.

Le quatrième versant, sud ou Rhodanien, comprend un bassin de premier ordre, le Rhône, et trois subdivisions, les Pyrénées Orientales, l'Aude et l'Hérault, puis les montagnes de l'Esterel et du Var.

Cette classification établie, la Commission commença immédiatement ses travaux sur les eaux douces : elle établit que la quantité de liquide porté à la mer par les rivières d'un versant ne dépend pas seulement de l'étendue superficielle qu'il présente à la pluie, mais encore de la multiplicité des montagnes qui offrent plus d'inclinaison et reçoivent plus de pluie que les plaines, de la température moyenne, de l'intensité de l'action solaire, de la disposition du sol et de son état de culture.

Les eaux douces se partagent naturellement en eau de pluie, de sources, de rivières, de lacs, d'étangs et de puits.

L'eau de pluie, qui est l'origine de toutes les autres, n'est pas toujours parfaitement pure : après les orages elle contient de l'acide azotique libre ou combiné à l'ammoniaque ; mais en très-petite quantité. Recueillie dans des citernes, elle peut s'y charger de substances solubles enlevées aux matériaux de construction, ou aux parcelles organiques qu'elle a entraînées.

Par un mécanisme analogue, l'eau de source, qui résulte de l'infiltration de l'eau pluviale à travers les roches sous-jacentes, offre de grandes variétés dans sa composition : elle peut se charger de tous les principes solubles que contiennent les divers gisements.

Même disposition pour les eaux de puits, qui, placées en outre dans le voisinage des habitations, tendent à se charger de substances végétales ou animales, produites par l'économie domestique ou l'industrie. Quant aux eaux des rivières, elles tiennent de l'action des marais, des usines, des villes, de l'atmosphère, de la pluie, etc., une multitude de causes de variation ; aussi leur analyse doit-elle présenter un très-grand intérêt.

L'eau des lacs offre les mêmes causes de variations que l'eau des rivières : celle des étangs et des marais contient la plupart des principes solubles que peut produire la fermentation des matières animales ou végétales.

Au point de vue de la végétation et même de tout être qui vit, l'eau est un agent indispensable, puisqu'elle entre pour plus de la moitié du poids dans les végétaux les plus ligneux, et pour 0,80 dans les plantes tuberculeuses ou herbacées. Toutes les molécules qu'un arbre tire du sol sont transportées par l'eau dans la tige et les rameaux ; toutes les parcelles qu'il tire de l'atmosphère sont transportées par la série des feuilles dans les divers organes.

Une terre n'est fertile qu'à la condition d'être humide ; mais toute humidité ne la rend pas fertile au même degré : une trop grande quantité d'eau et l'état stagnant sont des conditions défavorables ; au contraire, un écoulement prompt et rapide favorise la culture.

De même la composition chimique est loin d'être indifférente : on doit considérer comme favorables à la végétation les eaux qui contiennent de l'acide silicique, des bicarbonates de chaux et de magnésie, du sulfate de chaux, du chlorure de sodium et de potassium, des azotates, des bromures, des iodures, de l'acide carbonique, de l'azote, de l'oxygène et des matières organiques, parce que toutes ces substances entrent dans la composition des organes, stimulent la circulation de la sève et provoquent ses réactions intérieures auxquelles les courants électriques ne sont pas étrangers.

Sont nuisibles à l'agriculture les eaux stagnantes en ce qu'elles privent le sol de l'air et de l'oxygène indispensables à la germination, en ce qu'elles se chargent de miasmes et de principes astringents, qui attaquent les racines et leurs spongioles. Parmi les eaux courantes, ou autres, il faut considérer comme défavorables pour les irrigations celles qui, outre leur température trop basse ou trop élevée, contiennent en abondance, c'est-à-dire de 16 à 22 dix-millièmes, du sulfate de chaux ; celles qui, au moyen de l'acide carbonique, sont chargées de carbonate de chaux ; celles forment des incrustations qui s'attachent aux spongioles des racines et en bouchent les orifices. Les eaux ferrugineuses, sulfureuses, acides et astringentes ne sont guère moins nuisibles.

En passant de l'agriculture à l'hygiène, on trouve que l'importance de l'eau n'est pas moindre. Ce qui caractérise l'animal, c'est la digestion et la circulation ; or, ces deux grandes fonctions ne peuvent se passer de boissons aqueuses, qui entrent comme parties principales dans la composition du sang, de la lymphe, de la transpiration et de toutes les sécrétions. Il est donc du plus haut intérêt de déterminer, soit par le sens du goût, soit par l'analyse chimique, les eaux bonnes et potables. Doivent être considérées comme telles celles qui sont fraîches, limpides, sans odeur et sans saveur prononcées ; au contraire, il faut se défier des eaux fades, salées, douceâtres, troubles, ne dissolvant pas le savon, ou cuisant mal les légumes.

Tous les auteurs admettent qu'une eau bien aérée et contenant de l'oxygène ou de l'acide carbonique est légère à l'estomac et favorise la digestion. Le défaut d'aération est probablement ce qui fait des eaux qui proviennent de la fonte des neiges ou des glaciers, dans certaines contrées montagneuses, une cause de maladies épidémiques.

Des chlorures, des bromures et des iodures, contenus en petite quantité dans les boissons, ont un effet avantageux et souvent puissant pour remédier à certains engorgements lymphatiques; mais quand une eau contient plus d'un millième de sel calcaire en dissolution, elle cesse d'être bonne et doit être considérée comme lourde, ou crue; ici les sulfates de chaux, en raison de leur solubilité, sont plus à craindre que les carbonates; au contraire, on a moins à redouter les sels à base magnésienne que les sels à base calcaire.

En somme, si l'expérience permet de rapporter à certaines dissolutions minérales l'existence du goitre et de quelques affections du tube digestif qui se multiplient dans des localités déterminées, les sources chargées de sels calcaires ou magnésiens sont loin d'avoir l'influence délétère des eaux stagnantes et marécageuses. Ces dernières nuisent à la vie humaine de plusieurs manières; elles chargent l'atmosphère des miasmes qu'elles dégagent, et sont la cause d'un empoisonnement par les voies respiratoires, tandis qu'ingérées dans l'estomac, elles portent directement dans la circulation un principe délétère.

Les maladies qu'elles engendrent affectent principalement la forme intermittente, qui peut dégénérer en fièvre pernicieuse, quand la décomposition des matières animales et végétales contenues dans les marais est activée par une vive chaleur.

Cet aperçu, malgré sa rapidité, doit faire entrevoir quel intérêt s'attache à l'analyse des eaux douces des quatre versants principaux de la France: nous tenterons prochainement de tracer, à ce sujet, quelques généralités; et de voir si la nature des eaux, rapprochée de la composition du sol, de sa latitude et de son élévation au-dessus du niveau de la mer, ne peut donner des indications sur la végétation, sur la culture, sur l'industrie, et même sur l'état hygiénique des habitants.

(CLAVE).

LES CURIOSITEZ INOUYES DE GAFFAREL.

Physionomie de la science il y a deux cents ans (1).

Lorsque, par aventure, les contemporains de Gaffarel exhumaient, en remuant le sol, les débris fossiles d'une bête anté-diluvienne, ils étaient assez embarrassés de ces trop précieuses découvertes, dont il leur était difficile de parler, en conciliant la raison avec l'orthodoxie. Cette malencontreuse bonne fortune échut au docteur Gorris, dit Gorræus, et le mit à la gêne: il trouva des os d'une matière autre que celle des os, et d'une prodigieuse grandeur. On se moqua d'abord de Gorræus et de Gorris; mais Ortelius ou Ortell, ayant reconnu, en Tartarie, de si gros ossements, qu'il les qualifie de rocles humaines et animales, il fallut, enfin, accepter le fait, et, ce qui est pire, il fallut l'expliquer.

Auteur du premier atlas géographique, Abraham Ortell, d'Anvers, était un personnage éminent par le savoir, et plus encore par l'imagination; car il émit, en latin bien sonore, l'hypothèse de géants-pasteurs, et de troupeaux énormes, changés en pierre par quelque métamorphose soudaine.

À quoi bon, objecte à ce propos Gaffarel, à quoi bon recourir sans cesse à des miracles, et supposer le renversement des lois de la nature? C'est elle seule qui, dans le travail de ses créations fantasques, a façonné ces pierres en figures d'ossements, et rien n'est plus vain que de croire à l'existence des races gigantesques.

Il est aisé d'entrevoir, à la faveur de ces discussions, l'état vraiment élémentaire de la chimie, des sciences naturelles et de l'anatomie. Les fossiles étaient donc assimilés à des roches ordinaires, les créations primitives étaient niées, et les débris des mastodontes, des mégathériums, étaient pris pour des ossements humains figurés par un prodige quelconque. La Bible aurait pu leur offrir une solution plus acceptable, puisqu'elle mentionne des géants dans la figure de Tubal-Kaïn; mais l'Écriture, en même temps, établit que tout fut détruit par le déluge. Il n'en reste pas moins avéré que les exhumations fossiles ont exercé, bien longtemps avant Cuvier, l'intelligence des savants; car Ortell vivait au seizième siècle. Du reste, longtemps avant lui, Albert le Grand avait avancé que la nature a la propriété de faire naître, comme des fleurs, certaines figures sculptées, gravées ou peintes.

Georges Agricola, qui s'occupa de la nature des fossiles, ayant rencontré des cailloux en forme de coquilles, avait pensé d'abord que c'étaient d'anciens coquillages pétrifiés par la vertu de quelque eau. Mais ayant, depuis lors, considéré qu'on en trouve de semblables à la cime des plus hautes montagnes, il comprit combien il serait absurde de supposer que la mer a passé par-dessus les

(1) Voir le numéro précédent.

Alpes ou les Apennins, et il préféra attribuer ces bizarreries à un secret dessein de la nature.

Il est vraiment surprenant de voir à quel point ces docteurs alliés des saintes Écritures sont peu frappés par la tradition du déluge: ils l'oublient, et notre époque, pour le moins sceptique, l'a mathématiquement démontrée.

En examinant les images et les analogies capricieuses fournies par les végétaux, Gaffarel nous indique le principe des opinions de son temps par rapport aux vertus médicinales des plantes; opinions, dont quelques-unes se sont perpétuées jusqu'à nous. C'est dans la magie qu'elles ont leur origine. Ainsi, la buglosse était réputée souveraine contre la morsure des reptiles, parce que sa graine ressemble à une tête de serpent; la graine de rue, qui avait la forme d'une croix, était employée contre les possédés; on s'en sert encore dans quelques pays contre la rage; l'épilepsie et les syncopes hystériques. Cardan, Scaliger, Vignère et plusieurs autres décrivent les propriétés d'une plante appelée boramez, qui croît en Scythie, ressemble à un agneau, possède des yeux, des dents, broute l'herbe qui l'entoure et meurt d'inanition quand elle a tout dévoré. Cette plante, qui a été chantée par Ronsard, passait pour excellente contre la clavelée. La fleur d'euphraise, qui ressemble à un œil, était utilisée en décoction contre les maux d'yeux. La citrouille, ronde comme une tête, était employée contre les migraines; la dentaire, qui a la forme des dents, en apaisait les douleurs; le palmachristi fermait les blessures de la main; l'asarum, qui ressemble à une oreille, détruisait la surdité; la menthe aquatique représentait le nez, disait-on, et possédait la vertu de réveiller l'odorat, — ce qui, du reste, est parfaitement vrai; le citron, qui ressemble au cœur, était, pour ce motif, et non pour son acidité, considéré comme propre à arrêter les défaillances du cœur; la pulmonaire, pour quelque analogie de ce genre, était dévolue et l'est encore aux maladies du poumon et de la poitrine: l'hépatique était favorable au foie, etc...

Ici, Gaffarel pose une objection, afin de la résoudre: — Puisque ces plantes agissent en vertu de l'analogie et par leur configuration, comment se fait-il qu'elles gardent leurs propriétés, quand elles sont hachées, cuites, distillées, pilées ou réduites en cendre? C'est, répond Gaffarel, qu'elles ne laissent point, par une secrète et admirable puissance de la nature, de retenir toute la même forme et figure qu'elles avaient auparavant, et bien que cette forme cesse d'être visible, l'art possède le moyen de la leur restituer.

Loin de reculer devant les preuves d'une si téméraire assertion, notre auteur la fournit, appuyé sur les autorités les plus solides. Que ferions-nous de plus aujourd'hui? Rien, sans nul doute; et il est fort heureux pour les théoriciens actuels, que M. Dumas, M. Regnault ou M. Flourens résistent à la tentation de leur décrire des expériences comme celles dont nous allons parler.

Joseph Duchesne, excellent chimiste, et médecin de Henri IV; — pour tout dire, il était aussi poète, — Duchesne avait vu, il l'affirmait du moins, un médecin polonais, qui conservait dans des fioles la cendre de la plupart des plantes connues, auxquelles il avait l'art de rendre à volonté leur forme primitive. Voulait-on, par exemple, voir une rose? on prenait la fiole contenant des cendres de rosier, on la mettait sur une chandelle allumée, et, dès qu'elle avait senti la chaleur, on voyait la cendre s'agiter, se disperser, s'agglomérer, se diviser, s'organiser et former, enfin, une très-belle rose.

Duchesne avoue qu'il essaya vainement d'en faire autant; mais qu'enfin le hasard lui offrit ce qu'il avait inutilement cherché. Car, un jour qu'il se divertissait avec M. de Luynes, dit de Formentières, conseiller au Parlement, à faire certaines expériences, au cœur de l'hiver, ils laissèrent, sur un plateau de verre, une eau contenant des cendres d'orties, et le lendemain, ils la trouvèrent gelée, mais avec cette merveille, que l'espèce des orties, leur forme, leur figure, étaient si parfaitement représentées sur la glace, que les orties vivantes ne l'étaient pas mieux. L'excellence de ce secret induisit ces messieurs tout ravis à conclure en ces termes:

« Secret dont on comprend que, quoy que le corps meure,
« Les formes font pourtant au cendres leur demeure. »

Mais à présent, ajoute Gaffarell, ces merveilles ne sont plus si rares; car M. de Claves, un des excellents chimistes de notre temps, les fait voir tous les jours.

Ils n'avaient, comme on le voit, aucune notion concernant la cristallisation des liquides et des sels hydratés. Duchesne paraît être de bonne foi; mais il est difficile de se rendre compte du tour d'escamotage opéré devant lui par le docteur polonais, et de savoir jusqu'où s'étendait la dextérité du sieur de Claves.

Quant à Gaffarel, théoricien à outrance, il ne s'arrête pas là, et poursuivant, comme tous ses contemporains, des explications scientifiques, à propos de faits non expérimentés, mais considérés comme tels à priori, il établit, par similitude, que les ombres des trépassés, errantes par les cimetières, ne sont ni des âmes, ni des fantômes, mais de simples formes naturelles, composées d'émana-

tions cadavériques, suscitées par une chaleur interne des corps; de la terre, ou pompées par les feux du soleil. Les anciens, ajoute-t-il, qui étaient peu savants, furent excusables de s'imaginer que ces formes appartinssent à de bons ou à de mauvais génies et à des démons.

Ce qu'il y a de plus singulier, c'est que cette rêverie dogmatique conduit notre docteur à donner une explication raisonnable des pluies de grenouilles observées à des époques diverses. De même, dit-il, que le soleil peut aspirer, de la terre, la forme humaine contenue dans les débris des corps mêlés à l'argile; de même il peut écumer, parmi les vapeurs des marécages, des parcelles de limon chargé de frai, les rassembler en nuées épaisses; qui, venant à se résoudre, retombent en pluie de grenouilles écloses. N'est-il pas curieux de parcourir le chemin fantastique par où Gaffarel se guide à la connaissance d'un fait réel?

En suivant Gaffarel dans ses études cabalistiques relatives aux animaux, nous signalerons de nouvelles preuves de l'influence des talismans sur la thérapeutique d'autrefois. C'est en vertu de cette croyance que l'on a écrasé le scorpion sur la morsure du scorpion; que le venin du serpent a eu pour antidote le serpent même, ordre d'idées qui a présidé à la composition des thériaques; que la graisse de crocodile a passé pour un baume contre la dent des lézards verts, etc., etc... La base de cette théorie étendue aux images naturelles, et même aux camées, que ces bonnes gens considèrent, sous le nom de gamahés, comme des talismans créés par la nature; la base de cette doctrine est un fait considéré comme inattaquable: le serpent d'airain fabriqué par Aaron pour guérir les plaies des Israélites dans le désert.

On se méprendrait en supposant que la science de ces époques lointaines se jouât à divaguer à plaisir, et se fit accommodante en matière de preuves. Ces docteurs, aussi consciencieux que les nôtres, voulaient se rendre compte et remontaient de tous leurs efforts à la raison des choses. C'est surtout dans le travail de l'esprit qu'il convient de les observer.

Pourquoi l'opium fait-il dormir? — Quia in illo stat virtus dormitiva. Voilà une raison sans réplique et facile à donner. Assurément, M. de la Palisse ne date pas d'aujourd'hui; mais ce serait s'abuser que d'être par trop convaincu qu'il est meilleur, ou de s'imaginer qu'autrefois chacun raisonnait comme lui. Les niaiseries sont de tous les temps. N'avons-nous pas vu les maîtres de notre moderne école historique, sous prétexte d'introduire la philosophie dans l'histoire, prendre la peine de nous prouver, en plusieurs volumes, que le quinzième siècle devait engendrer le seizième; que Louis XIII a dû précéder Louis XIV, et que le siècle dix-neuvième est l'héritier naturel, direct et légitime du siècle de Voltaire?...

L'honnête et profond Gaffarel se proposait des problèmes autrement épineux. Tel est, par exemple, celui-ci: — Pourquoi la figure talismanique ou le corps d'un animal venimeux sont-ils salutaires et antidotiques, au lieu d'être nuisibles comme l'animal même?

Cette question touche à l'un des points les plus originaux de la doctrine de Gaffarel.

Procédons avec ordre. On a fait récemment grand bruit autour d'un crapaud qui s'était choisi une cellule dans le cœur d'une pierre. On a dûment analysé la pierre, et le crapaud, et décrit le phénomène; mais, quant aux explications, l'on s'est montré modeste et circonspect, presque autant que lors des prétendues découvertes d'Herschel dans la lune.

Cependant, le fait n'était pas nouveau: Georgius Agricola, vers 1550, trouva un crapaud vivant dans une meule de moulin; Gorris en trouva un autre à Anvers dans un marbre scié: phénomènes inexpliqués, dit Gaffarel; mais dont on peut se rendre compte, en observant la génération des figures talismaniques, que la nature produit de diverses matières en vertu de certaines analogies. Lorsqu'elle façonne une pierre dans un gisement où foisonnent les crapauds, les scorpions, ou certaines plantes, ces divers objets agissent sur la substance engendrée, lui communiquent leur forme: de là ces figures de coquillages, d'insectes, de reptiles, de feuillages, de poissons, que l'on rencontre parmi les minéraux.

Une fois formées, ces figures s'alimentent des substances qui les environnent. Or, s'il advient que celles qui représentent les scorpions ou les crapauds trouvent la nature du lieu propre à favoriser l'éclosion des crapauds ou des scorpions, si cet endroit est convenable à la bête dont ces pierres portent l'image, s'il contient la nourriture propre à développer ou à sustenter cette bête, il arrivera que ces figures de pierre, absorbant peu à peu les qualités vitales, seront changées, à la longue, en véritables scorpions, en crapauds vivants, par l'assimilation des éléments pour lesquels leur forme possède une affinité native et continue.

On a brûlé vifs nombre de gens bien moins ingénieux: aussi Gaffarel se hâte-t-il d'excepter de cette zoogénésie la figure humaine, « qui est l'œuvre de la seule main de Dieu. »

Maintenant, vous rendez-vous bien compte de ces crapauds vivants, de ces ermites lapidaires dont les plâtrières d'Argenteuil étaient remplies du temps de Gaffarel ; phénomènes si surprenants pour les Académies actuelles et si coutumiers jadis, au temps où les savants vivaient dans les campagnes ?

Ces doctrines établies, la philosophie va nous dire, puisque la chimie garde le silence, pourquoi les animaux nuisibles contiennent le spécifique propre à guérir les blessures qu'ils ont faites, ou à neutraliser le venin qu'ils ont inoculé.

Gaffarel nous a appris comment chaque animal, fût-il figuré en pierre par la seule nature, possède la faculté d'absorber, de tirer à lui tout ce qui lui est propre, favorable ou analogue. Lors donc qu'on applique sur la plaie faite par un scorpion, un talisman à figure de scorpion, cette figure trouve dans la blessure des qualités imprimées par le scorpion ; et, les reconnaissant propres et assimilables, elle les attire, elle les retient ; de façon que la plaie, dégagée de ces *qualités* qui l'envenimaient, se consolide et guérit.

En un mot, ajoute Gaffarel, dans cette affaire, le fort prend le faible pour se perfectionner davantage. Ainsi, comme la figure du scorpion possède bien plus des qualités de cette bête, qu'il n'y en a dans la plaie, ladite figure attire le tout à elle.

D'après ce principe, le scorpion vivant que l'on prend, qu'on écrase et qu'on applique sur la morsure, la guérit : il en est de même de son huile. Et c'est ainsi que la tête de l'aspic *escarbouillée*, ou réduite en poudre, guérit la morsure de l'aspic. C'est de la sorte que les remèdes les plus efficaces sont extraits des plantes ou des animaux les plus malfaisants. Ainsi la doctrine *similia similibus...* est d'une antique application, et les homœopathes sont loin d'être nouveaux sous le soleil.

Telle est, il n'en faut pas douter, l'origine d'une foule de remèdes : l'on écrasait le scorpion sur les plaies, bien avant de se rendre compte de ses propriétés alcalines, astringentes, en un mot, thérapeutiques. La thériaque a une cause analogue, et c'est en vertu de ces idées cabalistiques, que la plupart des plantes vénéneuses ont pris place depuis tant de siècles dans le formulaire des pharmacies.

Mais qu'est-ce, après tout, que cet empirisme, que cette doctrine cabalistique, talismanique ou magique ? Mon Dieu, c'est tout simplement la science, telle qu'elle peut être formulée sous la pression de la philosophie scolastique, et quand, au lieu de l'expérience, c'est la lettre morte qui fait loi.

Nous n'avons pas fini avec Gaffarel : il nous reste à le suivre dans la mécanique, dans la physique, et à lire avec lui dans les étoiles.

(*La suite prochainement.*) FRANCIS WEY.

CORRESPONDANCE.

CHAMBRE BLANCHIE A L'INTÉRIEUR.

A M. le Rédacteur de la *Lumière*.

Nouvellement abonné à votre excellent journal, je n'ai appris que depuis peu que M. Blanquart-Evrard proposait de substituer à la chambre noire une chambre *blanchie intérieurement*. Ce sujet m'a rappelé de nombreuses expériences que j'ai faites dans le temps, et que vous jugerez peut-être de nature à jeter quelque jour sur cette question.

J'avais lu dans une brochure de M. Lerebours, que je n'ai pas en ce moment sous les yeux, que M. Fizeau proposait d'exposer la plaque à une légère lumière, avant de la mettre à la chambre noire ; cette exposition devait être poussée jusqu'au point où la plaque impressionnée, encore insensible aux vapeurs du mercure, allait devenir apte à les recevoir. M. Fizeau déclarait obtenir, par ce moyen, beaucoup plus de rapidité, et une meilleure répartition de lumière entre les blancs et les noirs de l'épreuve ; mais il fallait pour cette exposition préalable de la plaque au point voulu, une lumière toujours constante, et c'était là, disait-il, la seule difficulté du procédé.

Désirant me rendre compte des résultats annoncés, je pris quatre plaques dites *quart de plaque*, et après les avoir soigneusement polies, je les réunis dans un cadre en bois, de 25 centimètres sur 17 d'ouverture, partagé en quatre par deux traverses de 1 centimètre d'équarrissage ; ses côtés avaient 2 centimètres de largeur, et une des faces était recouverte de bandes de plaqué, assez larges pour former les feuillures sur lesquelles devaient reposer les plaques. Plaçant ce cadre au-dessus de boîtes d'une dimension convenable, les quatre plaques reçurent simultanément une couche d'iode et de brome, que je pus considérer comme identiques ; elles furent alors renfermées chacune dans un châssis de plaque normale (1). La chambre noire posée sur son petit côté, et disposée, dans l'atelier même où je travaillais, en face d'un écran légèrement coloré, j'y plaçai

(1) Je me servis d'un objectif pour plaque normale, afin d'éviter les effets de la centralisation de la lumière.

un des châssis (plaqué n° 1), et soulevai la coulisse jusqu'au bord inférieur de la plaque ; me servant ensuite d'un compteur, je la fis glisser successivement d'un centimètre chaque trois secondes, et cela pendant neuf fois ; après quoi je la refermai (1). Le mouvement de la coulisse s'opérant dans le sens de la longueur de la plaque, celle-ci se trouva divisée en dix zones, dont la première à partir du haut était restée toujours couverte ; la deuxième avait été éclairée trois secondes, la troisième, six, et..... la dixième, vingt-sept. La plaque passée au mercure et à l'hyposulfite, je remarquai que plusieurs zones confondues ensemble, formaient par leur réunion un rectangle complétement noir. Je notai le nombre de secondes d'exposition de la zone de ce rectangle, qui avait reçu le plus de lumière, sans cependant devenir apte à recevoir le mercure, et prenant la plaque n° 2, je l'exposai en face de l'écran, pendant une durée de temps un peu moindre que celle que j'avais notée (2) ; j'en fis de même pour la plaque n° 3, mais seulement sur une partie de sa longueur, en ne soulevant la coulisse qu'à moitié ; la plaque n° 4 resta intacte.

Portant alors la chambre noire, garnie de la plaque n° 2, devant un écran placé en plein soleil et formé de huit bandes verticales diversement teintées, à l'encre de Chine, depuis le blanc jusqu'au noir le plus intense, je levai la coulisse d'un centimètre à chaque seconde ; lorsque toute la plaque eut été découverte, je refermai le châssis, et le remplaçai par celui qui portait la plaque n° 4. La même opération fut répétée pour cette plaque ; mais jugeant que l'exposition devait être plus longue, puisqu'elle n'avait reçu aucune lumière préalable, je ne levai la coulisse qu'à chaque deux secondes. Le châssis refermé, ces deux plaques furent placées ensemble au mercure, au moyen d'une planchette de rechange percée de deux ouvertures ; passées à l'hyposulfite, et lavées, elles présentèrent une succession de dix zones, diverses de ton, et dont chacune devait être formée sur la longueur de huit carrés progressivement teintés. Je choisis sur la plaque n° 2 la zone la mieux venue, celle dont les carrés, bien distincts entre eux, présentaient à ses points extrêmes le blanc le plus vif et le noir le plus intense, et notai le nombre de secondes de son exposition. Voulant faire de même pour la plaque n° 4, je remarquai qu'aucune des zones n'était venue complète dans toute son étendue ; je fis donc choix de celle dont la partie moyenne était très-distincte, et dont les carrés extrêmes se confondaient avec leurs voisins, et notai encore le temps de son exposition, qui se trouva être presque double du premier (3). Retournant alors bout par bout la plaque n° 5 dans son châssis, afin de placer vers la tête de la coulisse la partie déjà impressionnée par la lumière, je portai la chambre noire devant une gravure de tons bien tranchés que j'avais substituée à l'écran à bandes ; je levai entièrement la coulisse pendant le nombre de secondes noté d'après la plaque n° 2 ; après quoi, la repoussant à moitié, je prolongeai l'exposition pour compléter le nombre de secondes noté d'après la plaque n° 4.

Cette épreuve terminée et séchée, la moitié soumise à l'exposition préalable offrit une image complète, et bien venue dans toutes ses parties ; dans l'autre, les demi-teintes les plus légères avaient disparu, et les plus sombres manquaient de détails ; le ton général de cette dernière présentant un peu plus de vigueur, aurait peut-être plu davantage à certaines personnes ; mais cette vigueur était exagérée, et ne rendait pas les tons mêmes de l'original comme la première moitié.

Cette même expérience répétée, avec cette seule différence que l'éclairage de l'écran à bandes et de la gravure avait été diminué, et le temps d'exposition de chaque zone devant l'écran, augmenté, aucune des plaques n'offrit de zone bien complète ; je fis alors varier le temps de l'exposition préalable, et acquis la preuve qu'il devait être réduit d'une quantité assez notable. L'augmentation relative de rapidité devint alors bien moindre.

Diminuant progressivement l'éclairage du sujet, j'arrivai à un degré de lumière tel, que l'image venait bien complète, et avec les tons mêmes de l'original, par la méthode ordinaire, sans aucune exposition préalable de la plaque ; cette exposition ne donnant, dans ce cas, que des épreuves grises et voilées dans les parties sombres de l'image (4).

(1) J'avais pratiqué, sur le côté de la coulisse, des crans de repère dans lesquels tombait un petit ressort, afin de la soulever exactement, et sans hésitation, de la quantité voulue.

(2) Dans mes premiers essais, ce temps était absolument le même ; mais je m'aperçus bientôt qu'il devait être diminué, puisque, dans l'expérience suivante, cette plaque ne me donnait jamais que des tons grisâtres au lieu de noirs, lorsque les blancs étaient bien venus.

(3) Cette proportion a sensiblement varié dans les diverses expériences.

(4) J'ai supposé que la lumière était constante pendant la durée, d'ailleurs assez courte, de chacun de ces essais, ce qui peut être facilement admis lorsque le ciel est très-pur, comme cela arrive si souvent dans le pays où ils ont été faits ; je me suis d'ailleurs souvent assuré de cette constance, en faisant impressionner deux plaques par parties successives, l'une au commencement, et l'autre à la fin des expériences.

De ces essais, répétés très-souvent, parce qu'ils présentaient quelquefois des anomalies inexplicables, et renouvelés sur des gravures de tons différents, je crois être en droit de conclure :

1° Qu'en général, l'exposition préalable et plus ou moins prolongée de la plaque augmente de beaucoup la rapidité, et produit une bien meilleure répartition de lumière, entre les blancs et les noirs de l'épreuve.

2° Que cette exposition est d'autant plus utile, et doit être d'autant plus prolongée, que le sujet à reproduire est plus éclairé, et qu'il existe des oppositions plus marquées entre les tons de ses diverses parties.

3° Qu'enfin, elle devient nuisible lorsque le sujet est peu éclairé, et présente par sa nature des tons peu tranchés (1).

Les résultats de ces expériences pourraient être facilement expliqués ; mais, laissant de côté des théories toujours plus ou moins sujettes à controverse, je me hâte d'arriver à la *chambre blanche*.

Son effet consiste évidemment à porter par reflets sur la surface de la plaque, pendant tout le temps que l'image se produit, une couche à peu près uniforme de lumière. Si dans quelques cas exceptionnels cette couche se trouve, par hasard, d'une intensité convenable, on obtiendra les excellents résultats que j'ai signalés ; si cette intensité est trop faible on ne profitera qu'en partie de ces avantages ; mais si elle est trop forte, on n'obtiendra plus que des épreuves grises et voilées.

D'après ces considérations, je pense que *l'emploi de la chambre blanche doit être rejeté, puisque ses effets sont dus au hasard, et qu'il est impossible de régler à volonté, comme on le devrait, la couche générale de lumière qu'elle produit.*

Aux personnes qui pourraient conserver quelques doutes sur ces conclusions, je dirai : Essayez de la *chambre blanche*, reproduisez un sujet fortement et inégalement éclairé, et de tons bien tranchés ; vous n'obtiendrez que des épreuves grises et voilées ; mais si au blanc pur de la chambre vous substituez une teinte plus ou moins foncée, vous arriverez, après quelques essais, aux résultats les plus satisfaisants ; la *chambre noire* ne donnerait *dans ce cas particulier* que des images manquant de détails dans les parties les plus sombres, ou de demi-teintes dans les clairs.

En terminant cette lettre, déjà beaucoup trop longue, je ferai observer que mes essais ont été faits avant l'emploi du bromure et chloro-bromure de chaux et de l'éther dans la boîte à mercure ; ces moyens donnant plus de rapidité, et développant sur la plaque de nouvelles radiations, le temps de l'exposition préalable devra probablement être abrégé, ce qui rendrait moindre la proportion relative de rapidité résultant de cette exposition ; c'est un fait que je n'ai pas encore eu l'occasion de vérifier.

Vous pouvez, Monsieur le rédacteur, faire de ma lettre tel usage que vous jugerez convenable ; mon but sera atteint, si elle appelle, sur la question très-importante qui en est le sujet, votre attention, et celle des habiles expérimentateurs qui vous entourent.

Veuillez agréer l'assurance de ma considération :
E. GAULET.

Serignan, le 30 août 1851.

(1) Ces expériences pourraient être faites aujourd'hui avec moins de tâtonnements, et beaucoup plus de sûreté, en se servant du dynactinomètre de M. Claudet, et faisant varier, d'après les indications de ce savant expérimentateur, le temps d'exposition de chaque zone, dans une progression géométrique.

QUELQUES MOTS SUR LA CHIMIE

DANS SES RAPPORTS AVEC L'HÉLIOGRAPHIE SUR PLAQUES.

On n'accorde généralement pas à cette partie de l'art photographique toute l'attention qu'elle mérite, et pourtant elle entre pour beaucoup dans les résultats bons ou mauvais que les opérateurs obtiennent.

L'auteur de cet article a suivi attentivement tous les progrès que la photographie a faits depuis le commencement de 1840, époque à laquelle il fit ses premières épreuves en employant l'iode sec ; il doit à l'expérience plusieurs observations importantes qu'il offre aux artistes.

Les différents mélanges sensibles, les divers composés chimiques employés par les photographes pour réduire le temps d'exposition à la chambre noire, proviennent de découvertes que les nécessités de l'art, que la pratique ont fait naître, et ne datent point de l'origine de l'art lui-même.

On trouva, par exemple, que le résultat obtenu par l'usage de l'iode seul, dans la reproduction des portraits, n'était pas satisfaisant, et les premiers opérateurs s'appliquèrent à trouver quelque substance qui rendît plus prompte l'action de la lumière sur la plaque.

C'est ainsi qu'en 1841 M. Claudet, de Londres, employa le chlore combiné avec l'iode, à cause de son affinité reconnue pour cette dernière substance, et l'opération devint beaucoup plus rapide.

Peu après, le brôme fut employé avec le chlorure d'iode, et le temps fut encore abrégé. Aucune combinaison mise en usage jusqu'à ce jour n'a donné de meilleur résultat.

Il a été généralement reconnu aussi que les photographes qui fabriquent eux-mêmes leurs composés sont les plus heureux dans leurs opérations, tandis que les autres échouent fréquemment ; il est donc nécessaire pour eux de devenir familiers avec les produits chimiques qu'ils emploient, afin d'en pouvoir perfectionner les combinaisons.

Si le chlorure d'iode est bien préparé, il doit laisser échapper d'épaisses vapeurs jaunes quand on débouche la bouteille qui le renferme, et au fond de laquelle il doit toujours rester une petite quantité d'iode pur.

Le brôme doit toujours être d'un rouge cerise foncé, presque noir, et avoir l'apparence d'huile sur les parois de la bouteille. Il y a différentes qualités de brôme ; mais celui qui est connu sous le nom de brôme allemand est, dit-on, le meilleur.

Voici les proportions adoptées pour la combinaison du chlorure d'iode et du brôme.

A une once de chlorure d'iode on ajoute une demi-once de brôme ; on mélange le mieux possible ces deux produits dans un flacon ; puis on les étend de 1 litre 135 d'eau : on met alors une partie de ce mixture dans la boîte, après y avoir ajouté six fois sa valeur d'eau. On se rendra compte, du reste, de la réussite de ce mélange en observant la première couche sensible que l'on aura obtenue : s'il contient trop de brôme, la plaque prendra une couleur jaune trouble alors qu'on l'y exposera. Il faut dans ce cas ajouter de l'eau et du chlorure d'iode.

La méthode précédente, bien que mise en pratique depuis longtemps avec avantage, a été presque généralement abandonnée, par suite de l'emploi du bromure de chaux.

Pour le préparer on éteint une livre de chaux en la couvrant d'eau, et on la laisse se réduire en poudre très-fine. On la fait alors sécher à un feu doux, ou au soleil, jusqu'à ce que toute humidité ait disparu. A un litre un quart environ de cette chaux, que l'on met dans une bouteille de verre bouchée, on ajoute peu à peu une once de brôme pur, qui devra être immédiatement absorbé par la chaux en lui donnant une couleur rouge oranger. Il ne doit y avoir aucune vapeur de brôme apparente à la surface de la chaux. Après avoir placé ce bromure dans la boîte où l'on expose la plaque pour la préparer, on pourra s'en servir pendant deux ou trois semaines avec autant d'avantage ; au bout de ce temps, il sera bon d'y ajouter quelques gouttes de brôme.

Le bromure de chaux est préféré à tous les autres accélérateurs, non-seulement à cause de la facilité avec laquelle il peut se transporter, mais encore en raison de la continuité de son action et de l'uniformité de sa puissance accélératrice.

Ernest Lacan.

(Photographic art Journal.)

NOUVELLES DIVERSES.

Presse galvanique. — M. F. Foreman, imprimeur de New-Boston, dans l'Illinois, est l'inventeur d'une machine des plus ingénieuses, qui pourrait amener quelque jour une révolution dans l'imprimerie. Il est parti pour Washington afin d'y obtenir une patente. Il apporte avec lui le modèle de sa machine : c'est une presse mue et réglée au moyen de batteries galvaniques. Il serait difficile de donner une description de cette presse ; les gens du métier qui l'ont vue affirment qu'elle fonctionne admirablement : une forme s'y trouve adaptée, laquelle imprime avec la rapidité de l'éclair. Le papier est enroulé sur un cylindre en rotation constante comme celui d'un télégraphe électrique. Le papier passe sur la forme où sont enchâssés les caractères d'imprimerie ; quand un côté est tiré, on retourne la feuille et l'autre côté s'imprime avec un registre parfait ; les feuilles, au moment où elles sortent de la presse, sont coupées et mises en tas au moyen d'un mécanisme des plus ingénieux. Il n'y a pas de limite exacte à assigner à la rapidité avec laquelle cette presse pourra fonctionner ; la pureté des travaux qu'elle exécute en fait une merveille, et ce qu'il y a de mieux dans tout cela, c'est que M. Foreman prétend pouvoir établir des presses de la plus grande dimension au prix de 500 liv. st. seulement (12,500 fr.).

Le Secrétaire de rédaction F.-A. RENARD, *Gérant.*

Imprimerie de MENNPTER et Cᵉ, rue Lemercier, 24, Batignolles.

PREMIÈRE ANNÉE. N° 32.   DIMANCHE, 14 SEPTEMBRE 1851.

LA LUMIÈRE

JOURNAL NON POLITIQUE

HEBDOMADAIRE.

BEAUX-ARTS — HÉLIOGRAPHIE — SCIENCES.

BUREAUX, A PARIS, N° 15, RUE DE L'ARCADE, A LA SOCIÉTÉ HELIOGRAPHIQUE.

PRIX.—PARIS, UN AN, 16 F.; 6 MOIS, 10 F.; 3 MOIS, 6 F. — DÉPARTEMENTS, UN AN, 18 F.; 6 MOIS, 11 F.; 3 MOIS, 7 F.—ÉTRANGER, UN AN, 20 F.; 6 MOIS, 12 F.; 3 MOIS, 8 F.—CHAQUE N° 50 CENT.

ACADÉMIE DES SCIENCES.

Application de l'héliographie aux observations astronomiques.— Appareil de sauvetage. — Analyse des eaux du bassin de la Seine. — Fécondation artificielle du poisson:

Dans la séance du 8 septembre, l'éclipse de soleil et l'héliographie ont de nouveau mis en émoi la savante Académie. M. Faye a donné quelques détails sur une image daguerrienne de l'éclipse, image obtenue à Rome, au moyen d'une lunette astronomique.

L'épreuve offre des dimensions considérables : sa pureté et la vivacité des teintes paraissent lui donner une supériorité incontestable sur les relevés photographiques de MM. Vaillat et Thompson. Les bords du disque de la lune ainsi que les dentelures qu'ils présentent sont nettement accusés; quelques nuances se remarquent sur l'image du soleil; elles démontrent une grande différence d'énergie dans l'action de la lumière.

La rapidité avec laquelle a été obtenue cette épreuve (une seconde) est certainement une des causes de sa précision, de même que le poli et la sensibilité de la plaque ont été un élément d'exactitude.

Des épreuves analogues, si elles étaient affectées à l'observation du soleil, pourraient rendre d'éminents services à l'astronomie. Elles permettraient, étant obtenues par séries, à des intervalles de temps égaux, de calculer et le diamètre de l'astre autour duquel gravite notre système planétaire, et la position exacte des taches sur lesquelles tant de discussions se sont élevées. Il serait facile d'avoir, dans les cabinets d'astronomie, des images solaires prises dans toutes les saisons, d'étaler sous les yeux la circonférence entière du soleil, et peut-être de déterminer plus exactement qu'on ne l'a fait jusqu'ici, par l'action chimique de ses rayons, sa nature et son état solide ou gazeux.

Une discussion approfondie pouvait mettre ces idées en relief et agrandir le domaine de l'héliographie devenue ainsi un puissant auxiliaire de l'astronomie. Mais des paroles regrettables échangées entre deux savants ont mis fin brusquement à des développements qui pouvaient offrir un véritable intérêt.

Du reste l'Académie se ressent des vacances : les mémoires de mathématiques transcendantes, mélangés d'une correspondance sans intérêt, remplissent ses séances : à peine si une petite invention tend à se faire jour: les découvertes manquent complètement. Cependant un légiste, qui s'occupe de mécanique et d'industrie, M. Aloin, a envoyé un appareil de sauvetage de son invention. C'est une ceinture, ou plutôt une jupe tombant jusqu'aux genoux quand on la porte hors de l'eau; mais elle se relève par sa partie inférieure, et flotte à la surface de la mer, ou d'une rivière, quand on est immergé; des bandes de liège placées longitudinalement, en forme de nervures, lui permettent de supporter un poids considérable, et il ne faut pas douter qu'elle ne puisse très-bien tenir la tête et même les bras hors de l'eau. Les reproches qu'on peut lui adresser dérivent d'abord de son volume, puis de son poids et de son prix de revient. Il en sera de cette invention comme de mille autres semblables, elle va tomber non dans l'eau, mais dans l'oubli, comme tout appareil de sauvetage qui ne tiendra pas dans une tabatière et dont le prix excédera celui de deux vessies pleines d'air.

Si les travaux actuels de l'Académie nous laissent dans la pénurie, nous y trouvons l'avantage de compléter notre très-courte analyse de l'Annuaire des eaux de la France: l'étude du bassin de la Seine doit nous occuper avant tout : il comprend une superficie de territoire évaluée à 7,780,000 hectares; sa définition géologique, surtout vers la partie centrale, est très-nette; il porte le nom de *bassin tertiaire parisien*, et contient en abondance, outre des sables et des argiles, du carbonate et du sulfate de chaux, ainsi que des sels de magnésie. Il renferme d'immenses assises de craie, de grès, de plâtre, de pierre meulière et de calcaire récent : une ligne de collines jurassiques l'entoure du côté du levant et du sud; à l'ouest il a pour limites le plateau uniforme de la Beauce.

Six affluents grossissent la Seine: c'est, sur la rive droite, l'Aube, la Marne et l'Oise; sur la rive gauche, l'Yonne, l'Eure et la Rille. Les eaux de la Marne et de la Seine ont été seules l'objet d'analyses faites exactement soit dans le voisinage de Paris, soit à Rouen. Ces eaux diffèrent peu quant à leur composition et ne contiennent guère en moyenne que 0,250 de matières minérales et organiques : elles sont bien aérées, dissolvent le savon, cuisent convenablement les légumes, enfin peuvent être considérées comme excellentes, tant sous le rapport hygiénique que sous le rapport industriel. Cependant la Seine, dans certaines crues, peut devenir moins pure et se charger de 0,511 de matières minérales ou organiques.

A mesure que les eaux de la Seine s'écoulent à travers Paris leur pureté diminue, car au pont d'Ivry elles ne contiennent que 0,240 de matières sédimenteuses, tandis qu'à Chaillot elles en contiennent 0,452.

L'eau du canal de l'Ourcq donne 0,590 de matières étrangères, celle d'Arcueil en donne 0,527, tandis que celle du puits de Grenelle n'en fournit que 0,149. Cette dernière est donc préférable à toutes les autres.

Quant aux différentes sources et puits analysés dans Paris ou ses environs, ils fournissent, à peu d'exceptions près, une boisson chargée de principes minéraux, surtout de sulfate de chaux, qui se trouve en grande abondance dans le sol. De là un effet légèrement laxatif : il faut en conclure que l'approvisionnement d'eau, dans le département de la Seine, doit se faire bien plutôt au moyen des rivières que par les puits, les citernes et les sources.

En s'approchant de la mer, la Seine paraît se purifier encore : à Rouen, les eaux prises en amont de la ville ne contiennent que 0,164 de sédiment.

Il nous est impossible de poursuivre cet examen et de donner l'analyse de tous les grands cours d'eau de la France; nous pouvons avancer seulement en thèse générale qu'ils sont d'autant plus purs qu'ils roulent plus fréquemment sur un lit de granit, de calcaires durs ou de graviers.

Leur oxygénation, si utile pour la digestion, se fait principalement sous l'influence des rayons solaires : elle commence avec le jour et va augmentant jusqu'à quatre ou cinq heures, où elle atteint son maximum. Par un jour chaud et serein elle est considérable, tandis qu'elle devient nulle par un jour de brouillard et de pluie. Ajoutons que l'oxygénation des rivières paraît due en bonne partie à l'action des plantes marines, surtout à une matière organique verdâtre formée par l'enchélide monadaire de Bory.

Les êtres organisés, en même temps qu'ils ajoutent à l'eau des principes utiles, la dépouillent de ses sédiments et de particules organiques dont la décomposition putride pourrait produire des maladies. Ce n'est pas seulement les plantes qui sont chargées de cette épuration; les animaux et surtout les poissons y contribuent pour une large part; aussi l'Académie, mettant à profit des découvertes récentes, donne-t-elle les moyens de multiplier, par la fécondation artificielle, les espèces les plus productives des poissons.

Voici le procédé employé par MM. Géhin et Remy pour multiplier la truite, dans de petits cours d'eau. Au mois de novembre, ou au commencement de décembre, époque du frai, ils prennent les femelles et, au moyen d'une pression graduée opérée sur le ventre, ils en font sortir la quantité d'œufs arrivés à maturité. Ces œufs, reçus dans un vase plein d'eau, sont fécondés par la laitance du mâle, exprimée de la même manière que les œufs. Avant la fécondation, ces derniers sont transparents et jaunâtres; par le contact de l'eau spermatisée ils deviennent blancs, ou plutôt opalins. En cet état, ils doivent être déposés dans de légères excavations pratiquées dans le gravier des ruisseaux dont l'eau courante et aérée est nécessaire à la vie de l'embryon. L'éclosion ne se fait guère avant le mois d'avril.

Pendant six semaines, les jeunes truites sont nourries par la vésicule ombilicale qu'elles portent sous le ventre et n'ont guère besoin d'aliments; mais ce temps expiré, il faut leur donner plus d'espace et les déposer dans des réservoirs peuplés de grenouilles, dont le frai leur offre une nourriture abondante. A la fin de l'été le jeune poisson peut être abandonné dans les grands cours d'eau, où son agilité lui permet d'échapper à de nombreux ennemis.

On peut, par les mêmes procédés, multiplier les saumons, les carpes, la gibèle, la brème, la tanche, la perche et même l'anguille.

D' CLAVEL.

DU MERCURE.

Le mercure est connu depuis la plus haute antiquité. On le rencontre très-rarement dans les mines. Il en existe cependant des mines à Almaden en Espagne, à Idria en Illyrie, dans l'Istrie, la Bavière, et dans les Indes Orientales et Occidentales. On le trouve, à l'état natif, en globules plus ou moins volumineux, disséminés dans de l'argile durcie ou du spath calcaire, et plus souvent encore combiné avec le soufre et formant du cinabre, ou à l'état de chlorure.

Il y a plusieurs procédés pour extraire le mercure du cinabre. Après avoir réduit le minerai en poudre, on le mêle avec de la chaux vive, et on introduit ce mélange dans des cornues de fer munies de récipients en verre. Quand il ne passe plus d'eau, on bouche les jointures de l'appareil avec de l'argile, et on augmente le feu de manière à faire distiller le mercure. La chaux s'empare du soufre, le mercure se dégage. Un quintal de minerai en donne six à dix onces. En Espagne on grille le minerai dans des fourneaux particuliers : le soufre brûle et le mercure se réduit en vapeurs, qui sont reçues dans des aludels où elles se condensent.

On profite de la volatilité du mercure pour le distiller et le débarrasser des métaux étrangers qu'il tient souvent en dissolution. Il convient de procéder à cette opération par petites quantités, dans de fortes cornues de verre, dans lesquelles on a mis une quantité de limaille de fer égale au tiers ou au quart du poids du mercure. On adapte à la cornue un récipient à moitié rempli d'eau : le col de la cornue doit y avancer assez pour arriver jusqu'au-dessus de l'eau, afin que le mercure chaud ne tombe pas immédiatement sur le verre qu'il ferait éclater. On ne peut par ce moyen l'obtenir très-pur, parce que certains alliages, tels que le bismuth et le zinc, distillent en partie avec le mercure. Pour l'obtenir à l'état de pureté parfaite, il faut distiller le cinabre pur avec un poids égal au sien de chaux ou de limaille de fer; ou bien mêler le cinabre avec six fois son poids de minium et distiller le mélange. Il reste du sulfure de plomb et du sulfate plombique dans la cornue.

C'est généralement dans des bouteilles en fer forgé qui servent à transporter ce métal, qu'on le distille en employant ces bouteilles comme cornues. La bouteille communique avec le récipient par un canon de fusil courbé.

M. Millon a reconnu que si certains métaux, comme le plomb et l'étain, retardaient la distillation du mercure, d'autres métaux, comme le platine, paraissaient l'accélérer.

On peut encore purifier le mercure sans le distiller, en l'agitant simplement avec de l'acide azotique étendu, qui dissout les métaux et les oxydes que le mercure peut tenir en dissolution; il se produit d'abord de l'azotate de mercure qui est décomposé par les métaux étrangers; ces métaux entrent ensuite en dissolution, et le mercure se précipite. Le mercure peut aussi être débarrassé de l'étain avec lequel il est quelquefois mêlé, en le faisant légèrement chauffer avec de l'acide chlorhydrique du commerce (Pelouze).

Le mercure est le seul métal liquide à la température ordinaire. Il ressemble à l'argent et coule en globules ronds qui, lorsque le mercure contient un métal étranger, s'allongent en pointe par derrière. A un froid de 40 degrés il se solidifie et devient malléable, mou et donne un son sourd comme celui du plomb. Il cristallise en octaèdres. Pendant l'expédition du capitaine Parry dans les mers du Nord, on put, dit M. Pelouze, examiner les propriétés physiques du mercure solide, et l'on remarqua que ce métal prenait place à côté du plomb et de l'étain, quant à sa malléabilité, à sa ductilité et à sa ténacité. Les expériences de M. Thilorier ont confirmé et étendu les résultats observés par le capitaine Parry. En soumettant au froid produit par un mélange d'acide carbonique solide et d'éther, plusieurs kilog. de mercure, M. Thilorier a constaté que ce métal pouvait être laminé, et qu'il était facile d'en faire des médailles, dont quelques-unes furent même frappées au balancier.

Quand il a été refroidi jusqu'au point de congélation et qu'il commence à se solidifier, il se contracte tout à coup, et c'est, selon Berzélius, ce qui a été une cause d'erreur dans l'évaluation de la température à laquelle le mercure passe à l'état solide. Solidifié, il produit, lorsqu'on le met sur la peau, la même sensation qu'un corps chaud, et la désorganise presque instantanément. Ce métal n'a ni odeur, ni saveur sensibles. La pesanteur spécifique du mercure liquide est, d'après Cavendish et Brisson, de 13,568, ou, d'après Biddle, de 13,613. M. Pelouze la porte à 13,596. Celle du mercure solidifié est, selon le même auteur, de 13,391. Kupffer indique qu'à plus de 4 degrés, cette densité est égale à 13,5886, à 17 degrés elle est de 13,5569, et à 26 degrés de 13,535. La pesanteur spécifique du mercure congelé est, selon Schulze, de 14,391. Ce métal est très-dilatable par le calorique ; de 0 à 100°, sa dilatation est à peu près proportionnelle aux quantités de chaleur qu'il absorbe. Il peut absorber une certaine quantité d'air et d'eau dont on le débarrasse par une ébullition soutenue. Il bout, d'après Henrich, à 350 degrés ; d'après Dulong et Petit, à 360 degrés. La densité de sa vapeur est, suivant Dumas, de 6,976. Le mercure répand des vapeurs à des températures beaucoup plus basses que son point d'ébullition ; Faraday a montré que lorsqu'on en introduit une goutte dans un flacon dont la température est de 20 à 25 degrés et qu'on fixe une feuille d'or au bouchon, cette feuille est convertie en amalgame au bout de quelques jours, à 0 degré ; cela n'arrive que quand la feuille d'or est suspendue très-près du mercure. Stromeyer a fait voir que depuis 60 jusqu'à 80 degrés, le mercure se volatilise en grande quantité avec les vapeurs d'eau.

Le mercure exerce une action lente, mais délétère sur l'économie animale et produit des tremblements et des salivations que l'on remarque souvent chez les ouvriers exposés au contact direct du mercure, ou aux émanations de vapeurs mercurielles.

Lorsque le mercure est pur, il ne mouille presque aucun corps ; on peut ainsi reconnaître sa pureté. Mais quand il contient des métaux étrangers, comme le cuivre, le plomb, l'étain, il mouille les vases de verre. Le mercure, amalgamé à 1/4000 de plomb, forme dans les tubes une surface plane ; on s'en sert pour graduer les instruments de verre.

Exposé à l'air, le mercure se ternit peu à peu, sans s'oxyder. Mélangé à des corps gras, il devient d'une couleur grise plus ou moins foncée, s'éteint et se convertit en un corps noir comme chimistes ont considéré comme du protoxyde de mercure, mais qui paraît être du mercure très-divisé (Pelouze).

Le mercure ne décompose l'eau à aucune température. Chauffé au contact de l'air à 350 degrés, il s'oxyde et produit du bi-oxyde de mercure.

L'acide azotique attaque le mercure à froid, et il se forme un azotate de protoxyde de mercure lorsque le mercure est en excès ; mais à chaud, quand il y a un excédant d'acide, il se produit toujours un azotate de bi-oxyde de mercure.

L'acide sulfurique concentré forme avec le mercure, sous l'influence de la chaleur, du sulfate de protoxyde ou de deutoxyde de mercure (suivant la proportion du métal), et il se dégage de l'acide sulfureux. L'acide sulfurique étendu est sans influence sur le mercure.

Le mercure n'est pas sensiblement attaqué par l'acide chlorhydrique gazeux ; si l'air intervient, il se forme du proto-chlorure de mercure, comme l'a démontré M. Regnault.

Le mercure, qui s'allie avec un grand nombre de métaux, forme avec eux des amalgames.

Les vapeurs de mercure jouant un grand rôle dans la photographie sur plaque, nous reproduisons les observations suivantes empruntées au *Daguerrian Journal.*

« On place sous le bain de mercure une lampe à esprit-de-vin qu'on doit laisser allumée pendant tout le temps qu'on opère. Lorsque le thermomètre marquant la température du bain a atteint le point convenable (qui est, en général, de 70 à 80 degrés pour une courte exposition de la plaque), il faut régler la flamme de façon à ce que la température soit toujours la même. Nous exposons ordinairement la plaque pendant deux minutes aux vapeurs du mercure, et quand nous obtenons un bon résultat, nous marquons, une fois pour toutes, sur le thermomètre, la température convenable.

Pour plusieurs raisons, nous préférons une température élevée et une exposition moins longue de la plaque ; nous accélérons ainsi l'opération ; nous obtenons dans nos épreuves des lumières plus fortes et plus nettes, ainsi que des ombres plus vigoureuses.

Si l'on chauffe trop, cependant, les lumières deviennent d'un blanc trop mat, et les ombres sont altérées par de petits globules de mercure qui s'y déposent.

Le succès de cette opération est des plus importants. Si l'on croit n'avoir pas laissé la plaque tout à fait assez longtemps dans la chambre noire, il faut réduire en proportion égale le temps de son exposition au mercure. Une épreuve un peu chargée serait complètement perdue par la quantité de mercure qui en aurait amélioré d'autres plus légères.

Autant que possible, il est bon que la plaque soit soumise à l'action du mercure, immédiatement au sortir de la chambre noire. Il ne faut jamais exposer une seconde fois la plaque aux vapeurs mercurielles, les ombres prenant alors une couleur bleue très-intense.

Le bain de mercure doit toujours être couvert, d'abord pour le préserver de la poussière, et ensuite pour que l'atmosphère n'en soit point saturée, ce qui est le seul danger que la photographie sur plaque ait pour ceux qui l'exercent.

Ernest Lacan.

VOYAGES HÉLIOGRAPHIQUES.

ALBUM D'ÉGYPTE DE M. MAXIME DU CAMP.

C'est une bonne fortune pour nous que de rencontrer, sur le terrain de la photographie, M. Maxime Du Camp, un véritable littérateur, un amant passionné des lointains paysages, un des esprits les plus indépendants de notre bourgeoise époque. Ce n'est pas que M. Du Camp nous fournisse une occasion de disserter sur des perfectionnements nouveaux, d'examiner la question des objectifs, ou de traiter à fond les propriétés des bromures, des iodures ou des nitrates. A vrai dire, notre auteur est aussi peu préoccupé des expériences de physique, de chimie, qu'il l'était, en 1848, de la question d'Orient ou du commerce anglo-américain, alors que, sans s'émouvoir du bruit de la révolution de Février, il publiait avec un calme parfait les *Souvenirs et paysages d'Orient.*

« Qu'importent à ces âmes d'artistes, sincèrement éprises de la nature, les tumultes populaires et le fracas suscité par les intérêts mesquins, plus ou moins dissimulés sous des titres pompeux ? Ces vilaines *actualités* (comme s'expriment ceux qui les font, pour avoir à les exploiter) n'atteignent guère un homme qui écrit son livre uniquement « pour parler des paysages qu'il a vus là-bas, et pour vous donner envie d'aller dans le pays du soleil. »

Et si par hasard ces coassements élevés du marécage politique viennent troubler la paix du poëte, s'il vient à s'offenser d'assister à de fastidieux débats, dans un pays que la pluie suffirait bien à rendre maussade ; eh bien, ce poëte, il fait comme M. Du Camp, — il fait sa malle et retourne se plonger dans le silence éloquent et lumineux des régions orientales.

Ainsi, M. Maxime Du Camp, qui arrivait de Smyrne avec un livre charmant et vivement coloré, est retourné là-bas, pour rêver, pour voir, pour écrire... puis, n'ayant rien fait, il est revenu ; et retrouvant la discussion politique au même point qu'il l'avait laissée, il s'est une troisième fois tiré hors de ce gâchis, et s'est allé perdre au fond de la haute Egypte.

Seulement, afin de pouvoir être, en ce troisième voyage, paresseux sans remords, fidèle historien, sans emporter un mètre, ni un baromètre, ni des boussoles d'inclinaison ; glaneur d'hiéroglyphes sans tomber dans la pédanterie, et conteur de merveilles sans être suspect d'exagérer, M. Maxime Du Camp a emporté un daguerréotype avec deux ou trois rames de papier.

Donc, il a fait de la photographie par circonstance, et comme il voyage en *amateur* (expression qui remplacera bientôt le mot *artiste*, qui tend à s'effacer devant le métier ou la profession), il a, pour contenter sa fantaisie, soutenu des fatigues et bravé des dangers qu'un homme *spécial* n'affronterait qu'à un prix très-élevé. Comme en outre la passion est plus énergique qu'un froid intérêt, M. Du Camp a réalisé une collection imposante et par la profusion, et par le choix exquis des sujets.

L'auteur a tour à tour visité Jérusalem, la Terre-Sainte, la Syrie, la basse Egypte, et il a remonté le Nil jusque par delà la seconde cataracte, aux confins de la Nubie.

Deux cents dessins, copiés dans ces déserts où le passé parle encore par la voix des ruines, comme a dit Chateaubriand, deux cents révélations étranges et précises de ces contrées que nous ne connaissons pas, ou que nous connaissons mal, telle est la moisson que nous rapporte M. Maxime Du Camp, et qui nous permet d'attendre la relation écrite de ses excursions sur le Nil.

De ces épreuves, les moindres ont la valeur d'un fidèle croquis ; celles-là sont en petit nombre : les autres,—près des trois quarts de l'album, sont de très-bonnes estampes, fort bien tirées, toujours nettes ; et, sur la quantité, nous en avons remarqué environ vingt-cinq qui approchent du fini minutieux des clichés sur verre. M. Du Camp, qui a étudié l'art, qui possède un goût naturel assez sûr, et qui est tout à fait paysagiste, comme il est aisé de le reconnaître à son style, a choisi ses points de vue avec sagacité ; ses tableaux sont bien composés, et il a su concilier l'intérêt et le charme pittoresques, avec les exigences de la réalité indispensable à des sujets d'études. Personne, jusqu'ici, n'a donné autant que lui, et personne, assurément, ne fera mieux.

Divisés en plusieurs cartons que nous examinerons tour à tour, dans une série d'articles, ces voyages héliographiques nous transportent, dès la première page, au milieu d'un désert de la haute Egypte, à la *sortie de la première cataracte du Nil.*

Tranquille en apparence, et courant sans faire vaciller les reflets de ses rêves, le fleuve se présente de face, découpé en méandres gracieux, par des collines d'inégale hauteur qui viennent expirer dans l'eau qu'elles entourent comme un cadre. Au loin, le Nil se raréfie, s'enfonce et disparaît parmi des coteaux que domine une chaîne de montagnes. Un étranger qui, traversant la nuit ces solitudes, n'y verrait que l'élégante disposition des plans, la douceur et la grâce des lignes, se croyant au milieu d'un paysage arcadien, regretterait les cultures, les ombrages frais, les fleurs, les chants d'oiseau que le soleil doit faire briller sur ces rives bénies. Mais, au jour naissant, quelle serait sa surprise ! La rivière n'a pas attiré d'habitants ; sa surface est lisse comme un miroir de métal ; ses méandres sont composés de blocs de granit errants et rongés par les eaux ; les collines ne sont qu'un amas de pierres, entassées et confondues, comme si une main géante avait égrené là des cités entières. Çà et là des amas de sable, zébrés par les vestiges du fleuve décroissant, enchâssent ces myriades de roches vives, mosaïques lugubres et désordonnées, confusément amoncelées sur l'onde qui en réfléchit les silhouettes en festons bizarres.

Pas un arbuste, pas un roseau, pas une herbe, pour jeter un soupçon de la vie à travers ces lieux arides que l'on ne peut nommer campagnes, car ils n'ont pas de champs, ni pays, car ils sont inhabitables. Cependant, ces rives semblent appeler la fertilité ; la grâce ondoyante des lignes, la facile inclinaison des collines font rêver des ombrages, des prairies et des pâtres bibliques, paissant des brebis à l'ombre des palmiers ou des sycomores... Il n'y a là que des troupeaux en pierre, mordant le sable et gardés par un soleil de plomb.

A quelle époque lointaine la vie s'est-elle retirée de ce grand paysage, dont le squelette est resté là pour attrister l'âme et pour éveiller la rêverie ?...

Ces bords du Nil, vieux témoins d'une société disparue, inspirent une sorte d'effroi : le fleuve qui passe pour donner la fécondité à ces plaines, la leur a jadis vendue avec usure ; car il a fini par entraîner après lui les terres auxquelles il avait prêté son limon. Ces eaux, dans leur avidité, n'épargnent pas même la pierre ; quelquefois les rives sont encombrées de roches usées, corrodées, arrondies comme des groupes informes d'animaux monstrueux.

Ces cataractes ne rappellent nullement les cascades de la Suisse, comme le supposent les bons écoliers qui ont appris l'Egypte dans les romans-poëmes des rhéteurs des deux derniers siècles. Le Nil des cataractes est d'une placidité huileuse ; c'est un courant qui chemine vite, sans bruit, lessivant des moellons sur son passage, et les passant à l'émeri dans le sable qu'il entraîne. Çà et là surgissent quelques lits, comme des vases de fleurs le long de ces steppes démeublés : telle est celui qui porte le nom d'*Éléphantine*, en face d'Assouan : quelques mottes de terre retenues par des roseaux, et qu'épuise de ses racines un bocage de palmiers.

Pour se rendre compte de l'aspect d'une forêt de palmiers, il faut aller en Afrique, ou contempler les photographies de M. Du Camp. Ces arbres groupés offrent des masses peu familières pour nous ; leurs silhouettes ressemblent bien moins à des parapluies en loques, ou à des ombrelles dépareillées, qu'on ne se le persuade sous les bosquets de l'Opéra.

Un autre arbre qui nous est à peu près inconnu, c'est le *palmier-doum* ; tortueux et bien nourri, couvert de grandes feuilles analogues à celles du dattier, il les balance au bout de leurs tiges sveltes, comme de grands éventails. Naturalisez le doum dans nos serres, vous n'aurez pas l'aspect de cet arbre poussé au vent du désert, et abritant de hautes herbes malingres qui trouvent à végéter dans les sables. Parfois le doûm se marie au palmier commun, tous deux règnent sur les taillis qu'ils ont fait naître, et forment des forêts qui auraient réjoui Marilhat.

Quand il survient une éclaircie, les sycomores se groupent en boules de feuillage sous les palmiers en parasol, et le tout s'élance au-dessus des enceintes et des maisons basses qui donnent aux villages l'aspect de grandes caisses à fleurs. Tel est le bourg de Hamameh, non loin de Denderah.

Ce mélange d'arbres élancés, de minarets aigus, d'édifices carrés, de santons aux dômes arrondis et couverts d'arabesques, donne souvent lieu à des paysages ravissants ! l'un des plus fantastiques est celui qui représente Sabonadji et le tombeau de Mourad-Bey. La mosquée de Rou, triste et close comme un vaisseau démâté, est plus étrange encore, mais moins lugubre qu'un certain couvent copte qui s'étale au bord de l'eau sur une falaise rocailleuse que le courant a ciselée. On ne devinerait pas qu'une civilisation a pu s'épanouir le long de ces rivages, si l'on n'y rencontrait des monuments à profusion. Mais ces débris, loin d'animer ces contrées, ont été si bien assortis par le temps à la couleur du sol; la pierre taillée a tellement repris le grain des rochers, que ces pilônes, ces sphinx, ces colonnes trapues avec leurs chapiteaux de lotus, apparaissent aux yeux étonnés comme des productions bizarres d'un pays tout ensemencé de roches.

M. Maxime Du Camp a consacré six dessins au *temple d'Athor à Denderah*, rendu célèbre en France par les rédacteurs de l'ancien *Voyage d'Egypte*, et par le grand zodiaque que l'on a rapporté à la Bibliothèque de Paris. Ce monument, très-vaste, a toutes ses façades couvertes de figures allégoriques, et d'inscriptions hiéroglyphiques que notre auteur a minutieusement relevées. On pourra désormais lire ces pages énormes sans traverser la mer.

Syouh est l'une des plus remarquables de ces nécropoles, où il est resté quelques habitants pour réaliser, au milieu des ruines, une sorte de parodie de la vie et du mouvement. Syouh, jadis *Lycopolis*, est située au pied d'une montagne rocailleuse qui laisse pousser encore quelques rameaux parasites, et leur refuse le feuillage. Le versant de ce plateau, admirable étude de terrain, est percé d'une quantité de trous ronds, alignés horizontalement à la file, comme des colliers de grains noirs. Ce sont des hypogées; la montagne entière n'est qu'un vaste tombeau, ainsi que toute l'Égypte. Creusez, vous trouverez des momies ; creusez plus avant, vous en trouverez d'autres ; vous rencontrerez par millions des momies d'ibis dans des urnes, des momies de chats; puis des restes humains, et toujours, et encore. Le tout emmailloté de bandelettes de papyrus couvertes d'écriture fine et serrée. De sorte que la surface du sol égyptien est en quelque sorte la reliure en pierre d'un livre posé à plat et dont les feuillets superposés, annales mystérieuses, sont si nombreux, que nul, jusqu'à ce jour, n'a soulevé le dernier. Chaque siècle dort sur celui qui l'a précédé.

Les tombeaux, disséminés comme autant de joyaux funèbres, sont les titres et les frontispices de ce nécrologe que personne ne lira jamais. Il y a des rois, des héros qui occupent avec leurs peuples d'incommensurables espaces ; dont la gloire a rempli des milliers de volumes, et de qui nous ignorons les noms. S'il restait encore de ces ogres que naguère on appelait des conquérants, il les faudrait envoyer en pèlerinage le long des rivages du Nil.

Arrachons-nous à ces pensées qui font digression aux dépens de la curiosité des lecteurs. Il est fort malaisé de contempler, comme dans une glace magique, tous les sites, tous les aspects d'une contrée singulière, sans subir l'impression de l'étrangeté du style et du caractère, rendue dans sa plus intime réalité. Pénétrer dans cet album, c'est voyager ; la vérité vous envahit, vous frappe, vous émeut de tant de façons, que bientôt l'on oublie l'estampe; les objets sont assimilés par l'imagination, et l'on se prend à rêver comme si l'on suivait une caravane. Qu'est-ce, après tout, que ce pays lui-même ? une vision, un tableau muet, une image inerte du passé.

Le *Champ des morts* à Syouh, avec ses santons hémisphériques, ses cloîtres festonnés, ses sycomores noirs et ses blanches murailles dentelées, est une grande ville qui couvre la plaine, la cité des vivants, — quelques hangars jalonnés par deux ou trois minarets, tiendrait entre les quatre murs d'un tombeau.

Non loin de l'antique *Lycopolis*, nous rencontrons la plus étrange étude de rochers : un contre-fort de calcaire, partagé en quatre zones horizontales, et jeté à la renverse par quelque secousse intérieure, pareil à un flot géant brusquement pétrifié à l'instant où il va s'effondrer. Ce bloc éclatant a pour piédestal une prairie de cailloutages bruns, et pour coiffure un santon de couleur fauve, que l'on croirait copié sur un casque sarrasin du temps des croisades.

Cet endroit est solitaire, et partant, beaucoup moins triste que les recoins habités. On le comprend en passant devant *le hameau de Garara*. Imaginez un gros tas de sable mêlé de quelques menus cailloux ; de rares individus,

variété quelconque du genre *formica-leo*, font des trous dans ce sable où ils disparaissent. Ceci se nomme un village. Combien la ruche des abeilles éveille davantage l'idée de l'industrie humaine ! Parfois, un tourbillon de vent soulevant le tas de sable, masque les trous que se sont pratiqués dans le grès ces Troglodites abandonnés : alors, ils prennent leur chibouck, leur enfant, leur cruche, et ils vont refaire leur village plus loin.

Après avoir parcouru une trentaine d'estampes, on se demande tout à coup : — De quoi vivent ces gens-là, où trouvent-ils à manger ?

Cependant, nous approchons du Caire. Voici déjà le *sphinx*, sortant avec effort de la terre qui l'ensable de plus en plus ; le sphinx, garde d'honneur qui fait sentinelle depuis tant de siècles devant les pyramides. C'est un objet à considérer à la loupe, que la *grande pyramide*, dans le dessin de M. Du Camp, qui, dans le but de rendre le grain de la pierre, les jointures cimentées, et le tissu de la maçonnerie, a sacrifié les terrains au sujet principal.

Enfin, nous arrivons au Kaire où nous retrouvons un peu de gaieté devant les *tombeaux des kalifes*. Voici la mosquée de Naser-Huçan, avec ses pleins-cintres et ses ogives, et ses deux dômes revêtus d'une dentelle de guipure ; la mosquée du sultan Berk'ok, en marbres blancs et noirs, est presque vénitienne pour nous ; les anciens trafiquants de Venise s'étaient assimilé le goût arabe dans leurs splendides fantaisies. Le point de Malines ou d'Alençon est loin d'offrir des broderies comparables à celles du petit dôme de Schaban-el-Askraf.

Il faudrait les décrire tous, avec leurs vieux murs crénelés, leurs enceintes en ruine, leurs minarets aigus, à quadruple étage, leurs cloîtres d'où s'élancent des palmiers projetant des éventails d'ombre sur les coupoles d'étain, et leurs campaniles à jour, et ces clochetons d'orfévrerie en forme de cassolettes, tels que le minaret du khalife Hâakem, où l'on brûlait jadis, en l'honneur de ce héros des légendes arabes, des brassées de bois de santal et d'aloès; où l'on jetait des pelletées d'ambre gris, de myrrhe, d'encens ; incendie de parfums qui, de cette cassolette monumentale ouverte à jour, retombait en fumées enivrantes, que le vent répandait dans les vieilles rues du Kaire.

Il faudrait parler aussi du minaret penché de Birbas, dont les deux étages sont entourés de galeries soutenues par des saillies de pierre taillées sur le modèle des ruches des abeilles ou des guêpes. Cette tour singulière, et d'un poids énorme, a pris son élan : elle penche autant que celle de Pise. Mais c'est peu que de décrire tant de choses curieuses et charmantes : le mieux est de les voir, et d'aller en Égypte par la voie héliographique, plus rapide encore que ne le sera la route aérienne où l'on cherche un point d'appui.

Nous ferons d'autres excursions à travers les pays si fidèlement et si abondamment retracés par M. Maxime Du Camp.

En présence d'un travail si précieux, si complet, si bien entendu, nous ne comprendrions pas que le gouvernement restât impassible.

On a récemment envoyé des photographes dans nos provinces pour en copier les monuments; et nous ne pouvons qu'applaudir à une mesure si bien provoquée et sollicitée à diverses reprises. Il s'agit ici, non plus d'une promenade, mais d'un très-long, très-laborieux et très-coûteux voyage.

M. Du Camp l'a entrepris à ses risques ; il a rapporté un album précieux, environ deux cents dessins, plusieurs desquels sont inédits. A notre avis, il y a là une bonne aubaine pour l'administration des Beaux-Arts, qui, sans grands frais, est à même d'acquérir si belle collection.

Enfin, l'exemple de M. Maxime Du Camp doit être proposé aux touristes, aux gens du monde qui, grâce à la photographie, et sans se charger d'un lourd appareil, se voient à même de rapporter la fidèle image des contrées qu'ils vont admirer, de fixer les objets de leurs souvenirs, et de doter l'art des plus fidèles documents.

FRANCIS WEY.

NOUVELLES DIVERSES.

OBSERVATIONS MÉTÉOROLOGIQUES DU MOIS DE JUILLET. — Voici le résumé exact des observations météorologiques faites à l'Observatoire de Paris, pendant le mois de juillet dernier :

La température moyenne de ce mois a été de 17°08 ;

La plus haute température, observée le 1er, a été de 29°02 ;

La plus basse, observée les 10 et 19, a été de 9°09.

Il est tombé, dans la cour de l'Observatoire, 8 centimètres 654 de pluie.

Et sur la terrasse située au midi du monument, 8 c. c. 567.

La moyenne des oscillations du mercure dans le tube barométrique, à midi de chaque jour, a été de 754 27.

Le vent, à midi, a soufflé : du nord, 8 jours ; de l'ouest, 12 ; du sud, 9 ; et de l'est, 2.

Le ciel, toujours à midi, a été observé couvert ou nuageux, 24 jours ; pluvieux, 2 ; avec éclaircies, 5 ; et beau, 2.

— On vient de vendre en Angleterre, à la vente de M. Dunbarton, ancien manufacturier à Birmingham, un objet, très-précieux pour la science et pour l'industrie : c'est le modèle de la première lampe que le célèbre chimiste Davy inventa, qui porte son nom, et qu'il présenta à la Société royale de Londres en 1817.

Cet objet, de si peu d'importance en apparence, fut un véritable bienfait pour l'humanité. Il empêcha les explosions si fréquentes qui avaient lieu dans les houillères, et qui étaient causées par les gaz souterrains auxquels les ouvriers mettaient le feu avec leurs lampes ordinaires, et qui occasionnaient sans cesse la mort d'un grand nombre de mineurs.

La lampe de Davy est aujourd'hui d'un usage universel ; le modèle dont nous parlons a été vendu moyennant la somme de 162 liv. st. (2,430 fr.). On doit à ce chimiste éminent beaucoup d'autres travaux importants auxquels le monde savant tout entier a rendu justice. Humphry Davy, né en 1778, dans le comté de Cornouailles, est mort à Genève en 1828.

CONSIDÉRATIONS SUR LA REPRODUCTION,

PAR M. NIÉPCE DE SAINT-VICTOR,

des images gravées, dessinées ou imprimées,

PAR M. E. CHEVREUL.

(Suite.)

57. Reprenons maintenant le procédé de M. Niépce, pour en expliquer les effets, conformément aux actions chimiques et aux principes de la réflexion de la lumière que nous venons de rappeler.

Lorsqu'on a appliqué un dessin iodé sur une plaque de cuivre, l'iode quitte le papier pour le métal ; l'iodure de cuivre reproduit les traits et les ombres du dessin, et le cuivre non iodé les clairs.

L'action de l'iode est donc la même que dans l'expérience précédente, où une plaque de cuivre avec un trèfle réservé a été exposée à la vapeur d'iode. Les traits sont parfaitement distincts et continus ; mais l'iodure de cuivre s'altérant à l'air et à la lumière, et à la surface du cuivre y perdant son brillant métallique, l'image n'est pas dans une condition satisfaisante de conservation. Si on passait la plaque au tripoli légèrement, l'image serait faible ; et en la frottant beaucoup, elle disparaîtrait.

58. Lorsqu'on vient à exposer à la vapeur de l'ammoniaque la plaque de cuivre iodée, la vapeur agit, comme je l'ai dit,

1° Sur les clairs, en abaissant beaucoup la couleur propre au métal, et en lui ôtant tout brillant spéculaire ;

2° Sur le cuivre iodé, en en fonçant la couleur. Ce résultat, pour être obtenu, ne demande que deux ou trois minutes de contact du métal avec l'ammoniaque. L'iodure éprouve une modification dans sa couleur et dans sa composition ; mais, comme je l'ai fait observer, les traits ne sont pas purs.

59. Si on passe la plaque au tripoli, le cuivre pur ammoniaqué conserve son gris blanchâtre et reste mat, tandis que le cuivre iodé devient brillant comme le cuivre pur. Or, comme le premier est dénué de brillant spéculaire et qu'il est blanchâtre, il n'est point étonnant qu'il fasse les clairs du dessin ; tandis que le cuivre iodé, qui a repris toute l'apparence du cuivre pur, produit les ombres du dessin lorsque la lumière spéculaire qu'il réfléchit ne peut arriver à l'œil du spectateur ; et c'est alors que la vision de l'image est le plus distincte.

L'image de M. Niépce est donc alors tout à fait analogue aux images photographiques sur métal, où les ombres sont produites par le métal doué du poli spéculaire.

60. L'image que présente la plaque de cuivre, après le contact de l'iode et celui de l'ammoniaque, et après avoir été polie, est fort différente de l'image produite simplement par l'iode.

Celle-ci est beaucoup plus perceptible, et l'est dans bien plus de positions que la première ; et d'un autre côté, les clairs et les ombres rappellent plutôt la peinture ; c'est-à-dire que les traits ont disparu de plus en plus depuis l'impression de la gravure iodée, jusqu'au passage au tripoli de la plaque iodée d'abord et ammoniaquée ensuite.

(La suite, ainsi que les Tableaux, à un prochain numéro.)

Le Secrétaire de rédaction, F.-A. RENARD, Gérant.

FABRIQUE SPÉCIALE DE PRODUITS CHIMIQUES POUR L'HÉLIOGRAPHIE

ET POUR LES SCIENCES ET LES ARTS QUI S'Y RATTACHENT,

FONDÉE SOUS LES AUSPICES DE LA SOCIÉTÉ HÉLIOGRAPHIQUE DE PARIS.

DÉPOT DE PLAQUES DE HOUSSEMAINE ET AUTRES OBJETS POUR LE DAGUERRÉOTYPE.

PUECH ET Cᵉ, RUE DE L'ARCADE, 15.

FABRIQUE
DE
DAGUERRÉOTYPES
ET
ACCESSOIRES.

CI-DEVANT
Rue Rambuteau,
38.

CHANGEMENT DE DOMICILE

POUR CAUSE D'AGRANDISSEMENT.

LES MAGASINS, BUREAUX ET ATELIERS

DE

WULFF ET Cᴱ,

BREVETÉS S. G. D. G.

Sont transférés RUE CHARLOT, 57, au Marais.

FABRIQUE
D'ENCADREMENTS
EN
TOUS GENRES.

CI-DEVANT
Rue Rambuteau,
38.

Le nouveau Catalogue, modifié, est sous presse. L'envoi en sera fait, *franco*, aux personnes qui en feront la demande par lettre *affranchie*.

L'ITALIE MONUMENTALE

OUVRAGE IN-FOLIO

Publié en 20 livraisons, composées chacune de CINQ GRANDS DESSINS *photographiques* recueillis et exécutés par M. EUGÈNE PIOT.

Prix de la livraison, 25 francs. Chaque dessin à part, 6 francs.

On souscrit au bureau de *la Lumière*, rue de l'Arcade, 15.

LE PRIX COURANT NOUVEAU

DE LA MAISON

ALEXIS GAUDIN

FABRICANT DE PLAQUÉ ET D'ARTICLES DE DAGUERRÉOTYPE,

7, RUE DE LA PERLE (Marais),

Vient de paraître (16 *pages in-4°*) L'envoi en sera fait *franco* sur demande affranchie.

J. ROUSSEAU ET Cᴱ, BREVETÉS S. G. DU GOUVERNEMENT, 24, RUE DE LA PAIX, PARIS.

MACHINE A POLIR LES PLAQUES POUR DAGUERRÉOTYPE

Brunissant irréprochablement soit :   3 plaques entières par minute. | Brunissant irréprochablement soit :   3 plaques 1/2   par minute.
—   12   1/4   —   6   1/3
—   18   1/6   Soit un assortiment de 12 à 14 plaques diverses.

MACHINE A PLANER   Façonnant complètement, et dans les meilleures conditions, 300 plaques par heure. Pouvant en façonner 1,000 par heure.

DÉSIRÉ LEBRUN   4, *rue Grenétat, Paris.*—Fabrique spéciale d'Objectifs de toutes dimensions pour Portraits et Vues, Prismes à redresser. — Ces instruments se recommandent par leurs extrêmes pureté et rapidité.

A. MADELAIN *rue Chabannais, 11, place Louvois, Paris.* FABRIQUE GÉNÉRALE des articles du DAGUERRÉOTYPE, tels que Plaques, Papiers et Verres.— Optique, Ébénisterie, Plaques, Encadrements, Cadres, Écrins, et autres accessoires divers.—Dépôt des meilleurs papiers photographiques, Brochures de tous les auteurs, etc. — Magasin de Marchandises toutes prêtes, ce qui permet de livrer les plus fortes commissions dans les vingt-quatre heures, et de suite si elles sont minimes, aux prix les plus bas qu'il soit possible de faire.

PHOTOGRAPHIE SUR PAPIER NOUVEAU TRAITÉ, par M. BLANQUART-ÉVRARD, de Lille. — Chez A. MADELAIN, fabricant de Daguerréotypes, rue Chabannais, 11, place Richelieu ou Louvois, Paris.

GUILLOUX *passage de l'Industrie,* breveté s. g. d. g. — CAPSULES POREUSES, GLACES et CUVETTES en tous genres pour la Photographie.

POINTEAU, 356, *rue Saint-Denis.* Fabrique spéciale de Passe-Partout pour daguerréotypes.

LEREBOURS ET SECRETAN, opticiens de l'Observatoire, 13, *place du Pont-Neuf, Paris.* — Appareils photographiques pour plaques de doublé, *et pour opérer sur papier,* de tous les systèmes, grandeur demi-plaque, normale, de 27 centimètres sur 33 et au delà. — Vente, après l'essai, de tous les objectifs, doubles et simples, pour les appareils ci-dessus. — Fourniture de tout ce qui est relatif à la photographie sur plaque et sur papier. — *Appareil panoramique* de M. Martens. — *Focimètre* de M. Claudet pour déterminer, dans les objectifs, la différence qui existe entre le foyer chimique et le foyer apparent, 15 francs. — *Actinomètre,* du même, pour comparer le pouvoir d'activité de toute espèce d'objectifs, 15 fr. — Brochures de tous les auteurs sur la photographie. — Le supplément au catalogue de 1846 est envoyé, *sans frais,* à toutes les personnes qui en font la demande franco.

KOLB *rue Saint-Denis,* 328, CITÉ GANDAIS.—Fabrique d'appareils pour le DAGUERRÉOTYPE. Grand choix d'articles pour la Photographie sur papier et sur glace.

TRIPOLI SPÉCIAL POUR LE DAGUERRÉOTYPE approuvé par la plupart des artistes de Paris. — Dépôt unique chez COLCOMB-BOURGEOIS, à Paris, *quai de l'École,* 18.
Prix du flacon de 100 grammes, 1 fr. 25. — 10 flacons, 10 fr.

TRAITÉ PRATIQUE DE PHOTOGRAPHIE sur papier, sur verre et sur plaques métalliques, par AUBRÉ. — Nouveau procédé qui simplifie et abrège les opérations. Prix : 2 fr. 50 c. et 3 fr. par la poste.—Dépôt chez WULFF et Cᵉ, *rue Charlot,* 57, à Paris. (Affranchir.)

SCHIERTZ, Ébéniste, Fabricant de DAGUERRÉOTYPES. NOUVEAU SYSTÈME DE RAPPEL A LA CHAMBRE NOIRE.—*Atelier et Magasin rue de la Huchette,* 27.

MARCHANDISES POUR DAGUERRÉOTYPE SEULEMENT. — EDWARD ANTHONY, importateur et fabricant de tous les articles pour daguerréotype, 308, *Broadway, New-York.*

AVIS.

Toutes les demandes et réclamations relatives au service, toutes les lettres et communications relatives à la rédaction, doivent être adressées, affranchies, à M. F.-A. Renard, secrétaire de la rédaction, au bureau du journal. Les demandes d'abonnement seront accompagnées d'un mandat sur la poste ou les messageries.

Imprimerie de BRXNUYER et Cᵉ, rue Lemercier, 24. Batignolles.

CORRESPONDANTS DE LA LUMIÈRE CHARGÉS DE RECEVOIR LES ABONNEMENTS.

ANGLETERRE.

LONDRES.—M. CLAUDET, Photographic Gallery, 107, Regent street Quadrant. United patent Office de MM. GARDISSAL et Cᵉ, 7, *Calthorpe Street,* Grey's inn lane, Holborn.

BELGIQUE.

TOURNAY. — M. LEBRUN-DELANNOY, imprimeur-libraire.

ESPAGNE.

BARCELONA. — Señor BRUSY, librero.
MADRID.— Señor Henry MONIER, librero.
VALENCIA. — Señor DON PASCUAL PEREZ, 7, *Calle de la Parra.*

ÉTATS-UNIS.

New-York.—EDWARD ANTONY, 308, Broading.

FRANCE.

Bas-Rhin. — STRASBOURG.—M. DERIVAUX, libraire, *rue des Hallebardes.*
Basses-Pyrénées.—BAYONNE.—M. ANDRÉOSSY, libraire, *rue Pont-Mayou.*

FRANCE.

Bouches-du-Rhône.—MARSEILLE.—M. SANTI, opticien, *r. Canebière,* 30.
Dordogne.— PÉRIGUEUX. — M. BAYLE, libraire.
Gironde. — BORDEAUX. — M. DELPECH, libraire.
Meurthe.—NANCY. — M. GAIFFE, opticien, rue Stanislas, 18.
Nord. — VALENCIENNES. — M. LUSARDY, opticien, *Place d'Armes.*
Rhône. — LYON. — M. THIERRY, *rue Bât-d'Argent,* 6.
Seine-Inférieure.— Le HAVRE. — Mᵐᵉ MORDENT, *Galerie Fouache.*
ROUEN. — M. HEYNEMANS, *place de la République* (maison ALLAIN).

RUSSIE.

Moscou et Saint-Pétersbourg. — M. SERGE LEWITSKY, au pont de Kazan, maison IMSEN, à Saint-Pétersbourg.

SUISSE.

Lausanne. — M. GEORGES BRIDEL, libraire.
Neuchâtel. — M. J. Pierre MICHAUD, libraire.

PREMIÈRE ANNÉE. N° 33.

DIMANCHE, 21 SEPTEMBRE 1851.

LA LUMIÈRE

JOURNAL NON POLITIQUE

HEBDOMADAIRE.

BEAUX-ARTS — HÉLIOGRAPHIE — SCIENCES.

BUREAUX, A PARIS, N° 15, RUE DE L'ARCADE, A LA SOCIÉTÉ HÉLIOGRAPHIQUE.

PRIX.—PARIS, UN AN, 16 F.; 6 MOIS, 10 F.; 3 MOIS, 6 F. — DÉPARTEMENTS, UN AN, 18 F.; 6 MOIS, 11 F.; 3 MOIS, 7 F. — ÉTRANGER, UN AN, 20 F.; 6 MOIS, 12 F.; 3 MOIS, 8 F.—CHAQUE N° 50 CENT.

SOUSCRIPTION

Pour élever un Monument aux Inventeurs de l'Héliographie,

NIÉPCE ET DAGUERRE.

Les listes sont déposées et les souscriptions sont reçues au siége de la Société héliographique.

Nous prions nos Abonnés des départements d'adresser le montant de leur souscription, en un mandat sur la poste, à M. F.-A. RENARD, secrétaire de la Société Héliographique, au bureau du journal *la Lumière*, rue de l'Arcade, 15.

SOMMAIRE.

ACADÉMIE DES SCIENCES : 1° Héliographie sur verre, épreuves positives; 2° Maladie de la vigne, propagation de l'oïdium; 3° Propriétés magnétiques de l'oxygène; 4° Nouvel anneau de Saturne; 5° Crapauds séquestrés, écrevisses rouges. — Souscription ouverte en Amérique pour élever un monument à Daguerre. — Expériences héliographiques faites pendant l'éclipse solaire du 8 juillet, par le P. SECCHI. — Album photographique de M. Blanquart-Évrard, par M. FRANCIS WEY. — NOUVELLES DIVERSES. — Considérations sur la reproduction, par M. NIÉPCE DE SAINT-VICTOR, des images gravées, dessinées ou imprimées, par M. Chevreul (suite).

ACADÉMIE DES SCIENCES.

1. Héliographie sur verre. Épreuves positives. — 2. Maladie de la vigne; propagation de l'oïdium. — 3. Propriétés magnétiques de l'oxygène. — 4. Nouvel anneau de Saturne. — 5. Crapauds séquestrés, écrevisses rouges.

1. Dans la première partie de l'année 1851, l'enceinte de l'Académie des sciences avait retenti d'une série de découvertes qui toutes intéressaient, à des degrés différents, l'art de l'héliographie. Cet art avait été dignement représenté, dans le monde savant, par MM. Niépce de Saint-Victor, Bayard, Talbot, Blanquart-Evrard, etc.; ses progrès théoriques et pratiques avaient été rapides, presque quotidiens; mais avec les beaux jours, un ralentissement marqué s'était fait sentir, dans cette période ascensionnelle; on eût dit tous les expérimentateurs en vacances.

M. Lemoine, ingénieur à Limoges, s'est affranchi de la torpeur générale : il vient d'adresser à l'Académie des sciences un Mémoire plein d'intérêt pour l'héliographie. Ce Mémoire trouvera place, en partie, dans les colonnes de ce journal; nous allons, en attendant, faire de son contenu une analyse rapide. Il traite de la photographie sur verre, et a pour objet, d'une part, l'emploi plus facile de l'albumine; d'autre part, l'obtention directe d'épreuves positives. L'observation qui a guidé M. Lemoine, sous ce dernier rapport, c'est qu'une épreuve négative quand elle est vue par transparence, devient positive quand, appliquée contre un corps sombre et opaque, elle est vue directement. De plus, cette épreuve qui, observée d'un côté, représente les objets transposés de droite à gauche, les représente au contraire dans leur rectitude et leur position normale quand elle est vue par derrière, c'est-à-dire du côté où la lame de verre est libre. Il suffit donc de coller une feuille de papier noirci contre un négatif sur verre, pour avoir une épreuve positive et directe, en regardant du côté opposé.

Nous avons vu ainsi une série de portraits et de paysages obtenus en quelques secondes. Plusieurs sont imparfaits, sous le rapport de la vigueur et de la dégradation des teintes; mais quelques-uns offrent une précision de lignes, une netteté, une vivacité des arêtes, un relief et un maintien de la perspective aérienne qu'on chercherait vainement dans une foule d'épreuves sur plaques daguerriennes. Un autre avantage, c'est que le miroitage étant complétement détruit, rien ne vient distraire l'œil de la contemplation des figures.

La perfection de ces images est due, en bonne partie, à un emploi très-habile de l'albumine. M. Lemoine, pour se débarrasser des cellules organiques qu'il la renferment, cellules dont les débris, sous forme de filaments, s'opposent à une égale répartition sur le verre, et deviennent la source d'une foule de taches et de linéaments disgracieux pour la photographie, a imaginé d'ajouter un peu de sucre au blanc d'œuf, et de provoquer une fermentation dont l'effet est de briser les cellules et de les séparer de l'albumine. Cette dernière peut alors s'étendre et se fixer sur le verre avec une précision parfaite, sans perdre son aptitude à se combiner aux sels d'argent et à recevoir l'impression des rayons lumineux.

On peut déjà prévoir que les plaques albumineuses de M. Lemoine sont appelées à remplacer, en grande partie, les plaques métalliques dont elles ne partagent pas les inconvénients, surtout le miroitage; tandis qu'elles ont l'avantage du bon marché et de la représentation directe des objets.

2. Depuis quelques mois, les gens du monde aussi bien que les agriculteurs et les savants se préoccupent de certaines maladies qui attaquent les plantes alimentaires et menacent l'Europe de famine, si la science ne vient arrêter le mal. Des lettres venues de divers points de la France nous annoncent que moitié, au moins, de la récolte des pommes de terre est perdue; le blé a présenté, dans quelques localités, une altération du collet et de la tige, qui cependant n'a pas empêché la maturité de l'épi. Voilà maintenant que la vigne est atteinte dans tout l'est et le midi de la France, aussi bien que dans la plupart des contrées vinicoles de l'Italie. Après la floraison, quand le raisin commence à se former, il est envahi par une sorte de poussière ou de moisissure grisâtre; dès lors il cesse de grossir; l'épiderme durci refuse de se laisser distendre, et, s'il est trop pressé par la sève, il s'ouvre peu à peu en laissant échapper les pepins. La maturité est devenue impossible, et lors même qu'elle existerait, le raisin n'en serait pas moins perdu, par suite de la saveur chaude, amère et piquante que lui donne la maladie; peut-être même son usage ne serait-il pas sans danger.

Cette altération est produite par un champignon microscopique, l'*oïdium*, dont les effets pernicieux s'étendent non-seulement au raisin, mais encore au cep tout entier. Sous son influence, le sarment se couvre de taches brunes et ne vient pas à maturité; les feuilles se racornissent, et, au lieu d'une couleur vert sombre, prennent une teinte pâle et glauque; il semble que le mouvement de la sève se ralentit, au point mort prochaine menace la vigne.

Jusqu'ici les treilles seulement avaient été atteintes, dans un rayon de vingt lieues autour de Paris; mais voilà que plusieurs vignobles sont envahis, et l'on craint, pour l'année prochaine, que tous ne ressentent les funestes effets de l'oïdium.

Ce terrible parasite commence même, si nous en croyons les communications de M. Guérin de Méneville, à attaquer d'autres végétaux utiles, tels que le sainfoin et la luzerne. Aux environs de Milan, il a été observé sur une espèce de verbascum et de renunculus; près de Brunoy, M. Duméril l'a vu couvrir plusieurs hectares d'un terrain semé de polygonum. Il est vrai qu'en s'attaquant à des végétaux divers, il change la forme de ses sporules considérées jusqu'ici, mais à tort, selon M. Guérin, comme un caractère botanique suffisant pour établir ses variétés. Tous les ravages seraient dus à un seul et même végétal.

A quelle influence attribuer le développement de l'oïdium? La cause de ses ravages est-elle terrestre ou atmosphérique? tient-elle à la sécheresse ou à l'humidité, à la chaleur ou au froid? C'est ce qu'il est impossible de décider. Les remèdes proposés sont, jusqu'ici, des lavages avec une eau alcaline, l'aspersion du végétal avec une eau chargée de fleur de soufre, le *récépage* ou le *recouchage* de la vigne; mais tous ces moyens sont évidemment impraticables sur une vaste étendue de terrain, lors même qu'ils ne seraient pas inefficaces. Ici encore il faut attendre le bénéfice des agents généraux de la nature, ou les efforts constants de la science et de l'agriculture.

3. Une série de travaux, dus au commencement de ce siècle, avait fait découvrir des propriétés magnétiques, non-seulement dans le fer et ses composés, mais encore dans d'autres minéraux, tels que le cobalt et le nickel. Pareilles propriétés n'avaient pu être constatées dans les corps liquides ou gazeux; elles y étaient seulement soupçonnées.

M. Plouquet vient de détruire tous les doutes à cet égard; il a reconnu, de la manière la plus évidente, les propriétés magnétiques de l'oxygène. Voici comment il a expérimenté : Un ballon en verre a été rempli d'oxygène pur et a été équilibré, au moyen de poids, sur le plateau d'une balance en cuivre; un aimant vigoureux, produit artificiellement par un courant électrique, a été approché, et on a vu le ballon s'abaisser ou se relever alternativement, quand l'aimant était placé au-dessous ou au-dessus du plateau de la balance. L'attraction était évidente.

Le même ballon, rempli d'azote ou de chlore, est resté immobile en présence de l'aimant. Mais une légère action magnétique s'est manifestée pour l'oxyde d'azote; cette action est moitié moindre que celle de l'oxygène pur, dont les propriétés attractives sont elles-mêmes à celles du fer comme 0,005 sont à 1,0.

Si un mélange d'oxygène et de chlore est placé dans un ballon de verre, et si on en approche le pôle nord de l'aimant, les deux gaz se séparent peu à peu, et tout l'oxygène est attiré dans la partie du ballon la plus voisine du barreau aimanté; mais si on retourne ce dernier et si on présente le pôle sud, l'action répulsive se manifeste et l'oxygène va occuper la place que l'azote occupait précédemment. ——

4. On sait que la planète de Saturne, planète considérable, car elle est huit cents fois plus grande que la terre, est entourée d'un anneau qui, loin d'y adhérer, en est séparé par un grand espace. Cet anneau n'est pas continu et homogène. Cassini, en 1675, vit une bande obscure qui le séparait en deux cercles concentriques. M. Jifen estima la largeur à 2' 1/2. On a beaucoup discuté sur cette bande obscure, et on a fini par la considérer comme une interruption, comme un espace libre, dans lequel on pourrait apercevoir des étoiles. Pareille observation n'a pas été faite; mais, d'ici à quelque temps, la position de Saturne permettra de voir si la bande obscure change de nuance en se projetant sur la voie lactée. ——

Depuis Cassini, plusieurs astronomes avaient cru reconnaître d'autres interruptions dans le sens de la largeur de l'anneau, sans que le fait eût été généralement constaté; mais, il y a quelques mois, le bruit se répandit qu'un nouvel anneau de Saturne venait d'être découvert en Amérique. M. Bonn l'avait en effet aperçu le 11 novembre 1850, dans l'espace libre qui entoure Saturne. Lors de cette première observation, le cercle lumineux ne touchait pas la planète, mais à quelques jours de distance il en recouvrait les bords. L'astronome américain en a tiré cette conséquence, que l'anneau est divisé en plusieurs couches de densité différente et qu'il est à l'état fluide.

5. M. Arago, après avoir, de sa parole claire et précise, guidé l'Académie à travers les cieux, a cru devoir la ramener brusquement aux choses de la terre, en lui donnant communication d'une lettre de M. Séguin. Il s'agit d'une annexe à l'histoire du fameux crapaud calamite trouvé dans un silex. L'auteur de la lettre raconte avoir pris dix crapauds, les avoir placés dans de petits vases en grès et dans des tubes métalliques, puis les avoir gâchés dans du plâtre. Après quelques semaines, l'odeur putride qu'exhalaient les vases fit penser à l'expérimentateur que ses reclus étaient morts; il dégagea l'un d'eux, en brisant la gangue qui l'entourait, et il fut surpris de le trouver vivant. Il crut devoir garder les autres pendant dix ans; mais, après un si long espace de temps, tous étaient morts, sauf un seul, qui fit des efforts pour s'échapper de sa prison sitôt qu'il vit la lumière, et y serait parvenu, si l'une de ses pattes n'eût été serrée par le plâtre.

Du reste, les crapauds n'ont pas joui seuls du privilége d'occuper l'Académie. M. Antoine Passy lui a fait parvenir une écrevisse remarquable en ce que, de son vivant, elle offre la plus belle teinte rouge, que ses pareilles ne peuvent atteindre que par la cuisson ou par l'action des acides. Si ce crustacé a de la vanité, il a dû se trouver flatté de l'attention que lui accordaient tant d'érudits armés de leur binocle. Quant à nous, pour prononcer sur les mérites de l'écrevisse rouge, nous croyons indispensable d'en constater la saveur.

Docteur CLAVEL.

SOUSCRIPTION OUVERTE EN AMÉRIQUE

POUR ÉLEVER UN MONUMENT A DAGUERRE.

M. Snelling, le rédacteur du *Photographic art Journal*, nous apprend, dans une lettre datée du 1er septembre courant, que les artistes photographes de la province de New-York ont résolu de consacrer une somme de 10,000 dollars (50,000 fr.), produit de souscriptions volontaires, à la construction d'un monument en l'honneur de Daguerre.

Ainsi donc, un mois à peine après que la nouvelle de sa mort leur est parvenue, les Américains, cédant à leur admiration pour cet étranger, qui, en donnant sa magnifique découverte au monde, s'est fait le compatriote de tout ce qui professe la religion de l'art, les Américains, disons-nous, conçoivent l'idée d'élever à sa mémoire un monument de reconnaissance et de regret. Or, cette idée est bien près de sa réalisation, car, en Amérique comme en Angleterre, le chiffre d'une souscription, quel qu'il soit, est bien vite atteint, quand elle est l'expression d'une grande pensée.

Bien que M. Snelling n'ait point parlé de Niépce, nous sommes persuadés que les Américains ne l'oublieront pas. Comment, en effet, pourrait-on ne pas réunir sur le même piédestal ces deux hommes qui ont uni leurs forces, leurs talents, leurs existences pour arriver ensemble au but de leurs communs travaux? Et si l'un est tombé en chemin comme le soldat frappé au moment de la victoire, est-ce une raison pour l'oublier? — Séparer Niépce de Daguerre, ce serait séparer l'idée de l'expression.

Maintenant, nous qui sommes les compatriotes réels de ces deux hommes universels, qui les avons vus parmi nous, qui les avons vus travailler et réussir, resterons-nous en arrière? Faudra-t-il que ce soit de l'autre côté de l'Océan, dans un autre monde, que la première statue leur soit élevée? Faudra-t-il que l'on s'en aille à New-York pour trouver un monument à la mémoire de ces deux Français, qui ont légué au monde un art nouveau?

ERNEST LACAN.

EXPÉRIENCES HÉLIOGRAPHIQUES

FAITES PENDANT L'ÉCLIPSE SOLAIRE DU 8 JUILLET.

Dans notre précédent numéro, nous avons annoncé que M. FAYE venait de présenter à l'Académie des sciences une image de l'éclipse, obtenue à Rome, sur plaque daguerrienne, au moyen d'une lunette astronomique. Nous venons aujourd'hui compléter cette communication en donnant l'extrait suivant d'une lettre du P. SECCHI, l'auteur même de cet intéressant résultat, et en faisant suivre cet extrait des remarques dont M. FAYE a cru devoir en appuyer la présentation.

Extrait de la lettre du P. SECCHI.

« Pour prendre le soleil au daguerréotype, j'ai appliqué une chambre obscure ordinaire au porte-oculaire du télescope de Cauchoix, et l'image grossie par l'oculaire a été obtenue sur la plaque très-distincte et du diamètre de 76 millimètres. L'ouverture du télescope était réduite à 56 millimètres par un diaphragme. Le temps de l'impression a été au plus de ¼ de seconde, autant que je puis l'estimer d'après l'extrême vitesse avec laquelle je découvrais et recouvrais l'objectif, parce que je ne puis pas me servir du diaphragme à trappe. Dans deux épreuves faites près du maximum de la phase, les images sont très-nettes, et elles montrent les aspérités lunaires projetées sur le disque du soleil d'une manière très-parfaite. La teinte du croissant sur la plaque est un peu bleuâtre du côté du centre du soleil, mais cette nuance va graduellement blanchissant vers le bord extérieur près duquel, à 5 millimètres environ, elle est parfaitement blanche; seulement le bord extrême est beaucoup plus pâle et de teinte rose. Cette nuance du bord solaire extrême contraste très-bien avec l'autre bord intérieur du croissant, qui est terminé, comme j'ai dit, par une ligne très-forte, de sorte que l'on ne peut soupçonner que cela soit produit par des oscillations du télescope. De la simple inspection de ces daguerréotypes, on voit que l'action de la lumière a été beaucoup plus forte près du centre qu'aux bords du soleil; mais pour mettre cela plus en évidence, une autre chambre obscure a été appliquée à

une autre lunette de 2½ pieds de longueur focale, dont on avait réduit l'ouverture à 5 millimètres seulement. En ouvrant très-rapidement et recouvrant aussitôt l'objectif, de sorte que l'exposition de la plaque n'était qu'une très-petite fraction de seconde, nous avons obtenu des images de la phase de l'éclipse où le bord de la lune est très-bien tranché, mais on ne peut distinguer où se terminent les bords du soleil. On voit clairement que l'impression de la lumière a été bien forte au centre où elle a produit une teinte blanche pâle au daguerréotype, pendant qu'elle a été nulle, ou très-faible à la circonférence du disque. L'extrême faiblesse des épreuves aux bords, semble indiquer que l'extinction de la lumière solaire est très-rapide aux bords. En comparant le bord du soleil avec le bord intérieur du croissant, on pouvait déjà, dans le télescope, apercevoir à l'œil la différence d'intensité de la lumière en ces deux régions; et là on ne pouvait pas soupçonner d'illusion, vu la proximité des deux objets.

« Les papiers photographiques préparés au chlorure d'argent prouvent encore la même chose. Leur coloration était très-rapide avant que les parties centrales fussent couvertes; mais lorsque cela arriva, les impressions devinrent très-faibles. Dans le maximum de la phase, une portion du même papier qui nous avait servi auparavant n'arriva pas en soixante secondes à la même nuance à laquelle il arrivait en quinze secondes peu après le commencement de l'éclipse. Il est à remarquer que les nuances de nos papiers sont parfaitement égales à celles obtenues, à phases égales, par M. Gallo, de Trieste, comme je m'en suis assuré sur des échantillons que ce professeur a envoyés à Rome. Le thermo-multiplicateur de Melloni, qui au commencement donnait une déviation stable de l'aiguille égale à 25 degrés, à l'époque du maximum ne donnait plus que 5 degrés. Il paraît que l'effet du refroidissement commença quelque temps avant l'éclipse, parce que, à midi, le galvanomètre marquait 50 degrés, et dans les autres jours, à cette heure-là, il marque 54 degrés environ. Mais l'époque du maximum fut marquée par le galvanomètre comme par le chronomètre; aussi je pense que vous avez raison de croire que le refroidissement instantané, déterminé dans l'atmosphère au moment de l'obscuration totale du soleil, puisse produire des réfractions bien irrégulières dans les environs du soleil. Une demi-heure après le maximum, le galvanomètre marqua 17 degrés; après ce maximum, il commença à descendre, et vingt minutes avant le coucher du soleil il était réduit à cinq degrés environ. Je n'ai pas pu m'occuper des raies des Fraunhofer et voir s'il y avait quelque variation; mais M. Gallo, qui, avec M. Biochetto, s'est occupé de cela, dit que l'on aperçut une espèce d'oscillation dans ces raies après que la phase eut passé six doigts; mais alors ces lignes étaient très-faibles. Ceci est, selon moi, un sujet très-intéressant, que l'on pourrait difficilement étudier hors de ces circonstances, et dont on s'est très-peu occupé jusqu'ici. Je crois encore que l'application du daguerréotype aux éclipses solaires pourrait faire connaître mieux les rapports des diamètres du soleil et de la lune, et fournir des données précieuses pour l'astronomie, parce que l'on peut prendre sur les plaques les mesures aussi précises qu'au foyer des objectifs, sans être gêné ni par le mouvement des astres, ni pressé par d'autres circonstances, et beaucoup plus grossies. »

Remarques de M. FAYE.

« A l'occasion de cette lettre, M. Faye rappelle un plan d'observations qu'il a proposé, il y a plusieurs années, et qu'il espère pouvoir bientôt réaliser, grâce surtout aux progrès récents de la photographie. Ce plan consistait à observer au daguerréotype l'image et les taches du soleil, non par une seule empreinte, mais par deux empreintes faites sur la même plaque (au foyer d'une longue lunette immobile sans réticule, et montée d'ailleurs d'une manière quelconque) à deux minutes d'intervalle. Les épreuves ainsi obtenues portent avec elles leur échelle et leur système de coordonnées, car le parallèle apparent du soleil est donné par les tangentes communes aux deux disques. Il est donc facile de mesurer avec précision les coordonnées héliocentriques des taches, et de tenir compte, comme il convient, de leurs déplacement réels ou de leurs déformations. Les observations méridiennes elles-mêmes pourront être exécutées par l'union de la photographie et de l'électromagnétisme, sans l'intervention directe du sens de l'observateur. M. Faye rappelle encore une conséquence qui se déduit aisément des formules de son mémoire du 4 novembre dernier, à savoir que le diamètre de l'image solaire doit être d'autant plus grand, toutes choses égales d'ailleurs, que la longueur focale de la lunette est elle-même plus grande; l'influence de la hauteur du soleil a été aussi réduite en formules et celle de la transparence de l'atmosphère a été signalée. Cela suppose que l'écran mobile est placé immédiatement avant la plaque daguerrienne. Si elle était placée, au contraire, en avant de l'objectif, l'image solaire aurait, *dans tous les cas*, sa véritable grandeur. Les empreintes ainsi obtenues dans les deux systèmes d'observation, c'est-à-dire en mettant l'écran mobile, tantôt devant la plaque ou le papier photographique, tantôt devant l'objectif, donneraient des indications utiles à la théorie physique de l'atmosphère. »

ALBUM PHOTOGRAPHIQUE

DE M. BLANQUART-EVRARD.

Enfin, nous l'avons vu, cet *album*, si longtemps désiré; nous le possédons, il est sous nos yeux, et ce n'est point en vain que nous en avons désespéré…, alors que nous espérions toujours. S'il nous était permis de penser que notre impatience, un peu sceptique dans la forme, a stimulé le zèle de M. Blanquart-Evrard, sa publication aurait pour nous tout le charme d'une conquête.

Quoi de plus légitime que cet empressement! Dans son *Traité de photographie*, M. Blanquart annonçait de merveilleux perfectionnements, il décrivait des méthodes nouvelles, il revendiquait une si glorieuse part dans les progrès de l'invention-Talbot, qu'il devenait embarrassant pour nous d'avoir à statuer sur des affirmations auxquelles manquait la plus irrécusable de toutes : la preuve matérielle. Nous ne doutions pas; nous voulions voir : nous le souhaitions d'autant plus, que plusieurs de nos confrères avaient essayé sans succès d'appliquer, le livre à la main, les théories de M. Blanquart.

A la vérité, leur échec n'était pas concluant : mettez le *Cordon bleu* sous les yeux d'un homme étranger à l'art culinaire, il ne pourra préparer un bon mets. Le tour de main, l'exercice, le talent du manipulateur sont des conditions primordiales; nous l'avons dit à propos de M. Leblanc, qui fait d'excellents portraits par le procédé Talbot; nous le redirons souvent encore.

Ce qui rendait l'entreprise de M. Blanquart vraiment intéressante, c'est qu'il se glorifiait d'avoir remplacé, pour le tirage des épreuves positives, l'action du soleil, lente, intermittente et subordonnée à une foule d'obstacles, par celle des réactifs chimiques. Résoudre ce problème, c'était créer une industrie, c'était réaliser les conditions de l'imprimerie héliographique, par la rapidité des tirages. En effet, M. Blanquart nous annonce qu'il est à même d'obtenir de trois à quatre cents épreuves par jour, et pour nous le prouver, il publie un album à livraisons périodiques, à bas prix, ce qui tentera beaucoup de monde et rendra nécessaire un tirage à grand nombre.

Cette importante publication avait été annoncée pour le 15 juillet; chaque planche devait coûter aux amateurs la très-modique somme de vingt-quatre sous. L'on s'étonna donc; on cria à l'impossible! et l'on eut raison. M. Blanquart fut obligé de retarder de deux mois l'accomplissement de sa promesse; et ce délai, en lui donnant le temps de réfléchir, le conduisit à reconnaître qu'il était impossible de livrer ses planches à si bon marché.

Un retard de huit semaines n'est pas un bien grave accident : l'augmentation du prix porte la livraison de cinq dessins à dix francs au lieu de six. En dépit de cette surenchère, l'album de M. Blanquart se maintient encore dans des conditions de bon marché inusitées, et les photographes que j'ai vus ces jours derniers doutent, qu'à ce prix, l'éditeur puisse y trouver son compte.

Ce n'est certes pas nous qui, à cette occasion, querellerons M. Blanquart-Evrard pour avoir promis un peu plus qu'il ne pouvait réaliser. Loin de là, nous apprécions comme il convient le dévouement généreux d'un homme qui, entrevoyant le moyen de rendre la photographie populaire et de la mettre à la portée de chacun, débute par s'oublier lui-même, et n'exagère, dans ses premiers devis, que la modicité de ses bénéfices.

Au surplus, quand on considère le choix des sujets qui composent cette livraison, l'élégance des encadrements et l'intérêt de ces dessins, on est forcé d'avouer que l'on ne saurait acquérir, à de plus douces conditions, des estampes si précieuses.

La première représente un *fragment des portes du Baptistère de Florence*, dues à Laurenzo Ghiberti. Les bas-reliefs de ces portes sont d'un style et d'une exécution si admirables, que Michel-Ange les jugeait dignes de fermer les portes du paradis. — J'aimerais mieux qu'il eût dit : — d'ouvrir… Leur construction fut décrétée après la peste de 1400, par la seigneurie de Florence; l'œuvre fut mise au concours et le prix remporté par Ghiberti, âgé de vingt-quatre ans, qui avait pour concurrents Brunellesco et Donatello.

Coulées en bronze, puis ciselées et retouchées à la lime, les portes du Baptistère ont été dorées : l'or s'est à peu près dissous en traversant les siècles; l'airain a pris un ton verdâtre presque noir, ce qui explique la teinte foncée du beau fragment copié par M. Blanquart-Evrard. Il serait facile d'avoir une épreuve claire de cette merveille, car les portes du Baptistère ont été surmoulées, dans leur ensemble, avec leurs délicieux encadrements de fleurs et de fruits, et relevées en plâtre, dans la chapelle de l'école des Beaux-Arts à Paris.

La bacchante, copie d'une peinture antique du musée de Naples, n'offre pas les mêmes inconvénients. Elle se présente avec beaucoup d'éclat, en dépit de *la localité* grise qui enveloppe les clairs, les demi-teintes, et qui rend l'ensemble harmonieux sans l'affaiblir; grâce à la largeur, à la simplicité et à la puissance des plans d'ombres. Drapée à l'antique et coiffée de roses, assise à côte d'une corbeille de raisins, la main gauche appuyée sur un thyrse, cette belle jeune fille à l'œil noir écoute nonchalamment un satyre empourpré qui sourit et joue de la flûte derrière elle. Les bras, les mains de la principale figure sont dignes des belles époques de l'art grec : la tête, néanmoins est romaine : les motifs de la draperie qui couvre les jambes se divisent en trois masses très-simples, détaillées avec une recherche exquise, parce qu'elles arrivent à la nature la plus intime, sans déroger à la noblesse du style. C'est un morceau rare et digne d'ê.re connu; car les fragments de la peinture antique sont d'une véritable rareté.

En quittant Florence et Naples, nous nous voyons transportés tout à coup au fond de la Flandre, sur la vieille place du marché à Ypres. C'est un très-beau frontispice de ces anciennes villes libres du Nord, où les municipalités avaient leurs palais, bien avant l'avénement de la bourgeoisie chez nous; où l'architecture gothique orientale fleurissait et se festonnait en dentelles légères, finement brodées sur un fond de brume; canevas diaphana, qui, dans ces contrées, estompe d'ordinaire les lointains et double la stature des tours, des flèches, des nefs élancées et des pignons découpés en doubles échelles.

C'est vraiment un charmant point de vue que cette place d'Ypres, avec ses édifices de la Renaissance et sa *halle* à deux étages d'ogives, flanquée d'un pavillon dont la façade, portée sur une série d'arceaux, est percée d'une myriade de fenêtres partagées en croisillons, et coiffées de cintres sculptés. Travaillé comme la proue d'un navire des légendes, le pignon est adossé à une tourelle, et derrière ce monument s'élèvent, la tour massive, le clocheton grêle, et l'abside élevée de la cathédrale.

Au centre de la place sont groupés des marchands avec leurs étalages, des revendeuses de fruits ou de marée, des échoppes, des charrettes...; on distingue des étoffes pendues à des cordeaux, des légumes en tas, des corbeilles en pyramide, et même des maraîchers. Il paraît que cette épreuve a été obtenue en très-peu de temps.

Ce sujet est rempli d'intérêt : l'épreuve est bonne, mais d'un ton général un peu sourd. L'effet, quoique juste, est profondément teinté : il semble qu'un voile soit interposé entre les objets et le spectateur. Ce serait pécher par irréflexion, que d'attribuer ces apparentes imperfections au photographe; elles sont dues à la seule nature.

Avant l'invention du daguerréotype et surtout de la photographie, il eût été impossible d'évaluer d'une manière sensible à quel point l'intensité de la lumière varie, d'une latitude à une autre latitude. Les paysages d'Égypte de M. Du Camp, obtenus souvent sans grandes précautions et comme des croquis d'amateur, découpent les objets représentés avec une netteté, une vigueur, une clarté surprenantes : des clichés de verre n'auraient ni plus de finesse, ni plus de relief. Les vues d'Italie de M. Piot, non pas moins fermes, sont blondes encore; l'ombre y est transparente et la lumière vive : tandis que dans les sujets empruntés à la nature flamande, l'atmosphère est brumeuse, et l'on entrevoit les objets au travers d'une couche d'air plus vaporeuse.

Cet inconvénient est moins sensible dans la *vue de la tour des halles*, à Bruges, prise des bords du canal. Ici, la vapeur se borne à harmoniser l'ensemble à mettre de l'air sur les divers plans du tableau. La tour s'élève, svelte, sur un groupe de ces maisons à tuiles rouges bosselées, qui font ressembler les toits du pays à de grandes gaufres de Malines. Cette épreuve est très-bien venue ; ce qui le prouve, c'est le feuillé d'un arbre placé à droite, sur un mur à contre-forts de brique, lequel mur, çà et là persillé de plantes pariétaires, se réfléchit dans l'eau paisible du canal. Le tableau est assez limpide, quand on considère qu'il a été saisi à midi et demi, heure où les plans verticaux reçoivent un jour oblique, où la terre est teintée avec force et où la clarté inonde les cieux.

Pour commencer cette piquante livraison, l'auteur a donné une épreuve d'un charmant buste de jeune fille, que nous avons admiré à Lille, au musée Wicar. La planche est fine, exquise en son modelé, mais grise. Cette ancienne sculpture est en cire, matière sujette à jaunir, et ce modelé est arrivé à un ton peu différent de l'or mat, nuance que le daguerréotype assombrit encore. On a attribué, je ne sais pourquoi, ce buste à Raphaël ; je doute même qu'il soit italien : les traits, l'expression même, rêveuse, le modelé souple et timide de ce visage de seize ans, semblent relever de la muse du Nord : et, bien que la figure soit drapée à l'antique, je l'attribuerais plus volontiers à Germain Pillon ou à quelque autre sculpteur de la Renaissance. On objectera peut-être que ce buste a été rapporté d'Italie : ce n'est pas une raison suffisante : il a pu y aller, de même qu'il en est revenu.

Collés sur des marges de beau grand carton vélin, encadrés d'un triple filet d'or mat, bordure que nous avons vivement préconisée, les dessins de l'*album photographique de l'artiste et de l'amateur* sont présentés avec luxe et disposés avec un goût délicat. L'artiste a poussé le soin du détail jusqu'à faire graver en caractères d'or évidés *la lettre* de l'estampe indiquant le titre du sujet, afin d'éviter à la fois, et la lourdeur des majuscules, et la crudité de l'encre noire dans le voisinage d'un dessin doux et moelleux. Nous avions également donné ce conseil aux photographes, et nous sommes heureux de trouver notre sentiment conforme à celui de M. Blanquart-Evrard. Ces minuties ont leur importance; elles contribuent au charme de l'ouvrage, et le rendent attrayant aux yeux d'un spectateur qui se sent séduit sans savoir pourquoi. Négligez ces coquetteries, l'épreuve ne sera pas moins bonne et le public l'admirera; mais il l'admirera froidement et n'en désirera pas la possession. Rien ne lasse si vite qu'une curiosité, rien n'attache plus longtemps qu'un objet d'art. Le problème à résoudre, pour les œuvres héliographiques, est donc celui-ci : passer de l'état de *curiosité* à la hauteur des objets d'art.

M. Piot, et après lui M. Blanquart-Evrard tendent à ce but par de très-louables efforts; le premier se distingue par l'importance, par la gravité des sujets, ainsi que par le vaste format de ses magnifiques épreuves; le second se recommande par la diversité, par la fantaisie; il s'adresse au caprice de chacun, et ajoute à ces diverses séductions l'appât du bon marché.

Il nous reste, pour être parfaitement sincère, à signaler à M. Blanquart certaines imperfections : les filets d'or ne sont pas toujours placés d'équerre et à distances égales autour des dessins; ce qui nuit à l'aplomb des monuments. De plus, les motifs de tableaux reproduits, ont été si mal mis au point, qu'ils échappent à la concentration des foyers, ce qui fait dévier les lignes. Que les maisons de la place d'Ypres surplombent, j'y consens; mais la nef de la cathédrale ne surplombe pas, et la tour du beffroi de Bruges est sans analogie, à cet égard, avec la tour penchée de Pise. Ces verticales faussées aspirent toutes à se rencontrer au sommet d'un cône que la pensée devine à un mètre ou deux au-dessus du dessin. Ces défauts sont faciles à éviter, surtout quand on procède sur des proportions peu exagérées. Il suffira de signaler l'écueil pour qu'il soit évité à l'avenir.

Dans leur prospectus, les éditeurs de M. Blanquart-Evrard nous promettent des objets très-curieux : ces clichés, disent-ils, ont été exécutés en Belgique, en Italie, en France, et jusque dans l'Indoustan et à la Chine. L'on recevra aussi des sujets d'histoire naturelle, à ce sujet, je ne puis m'empêcher d'inviter les éditeurs à une grande sobriété. Ces sortes de planches n'ont guère d'intérêt qu'en collection et annexées à des ouvrages spéciaux. Comme, en outre, on y désire une fidélité absolue, afin qu'au besoin elles puissent tenir lieu de la description ou l'éclairer, le coloriage y est indispensable. Depuis dix à douze ans, on a publié à Paris une foule de ces sujets d'histoire naturelle, enluminés avec une remarquable habileté.

S'il nous était permis d'exprimer un désir et de le soumettre à M. Blanquart-Evrard, il porterait sur quelques-uns de ces tableaux gothiques, si difficiles à graver, si peu connus chez nous, et si remarquables comme sentiment, puis comme richesse des détails. D'ordinaire, ces peintures sont fermes, très-lisses, claires et d'un effet simple.

Si M. Blanquart nous donnait *la Vierge* de Van-Eyck de l'académie de Bruges, ou *le mariage de sainte Catherine*, chef-d'œuvre de cet admirable Hemmelink, si célébré par les voyageurs et si profondément ignoré à Paris, il rendrait service aux artistes et serait récompensé par un brillant succès. L'hôpital Saint-Jean possède en outre *la châsse de sainte Ursule* : le panneau qui représente les vierges débarquant à Cologne, touche à l'ethnographie par les costumes, à la peinture par le sujet même, et à l'archéologie par la représentation fidèle de Cologne en 1430. Il y a aussi, à l'église du Saint-Sang-du-Christ, tout au bas de la nef, dans une sorte de rotonde, à droite en entrant, une petite figure peinte sur panneau, représentant une dame agenouillée qui fait l'offrande d'une bourse. Ce sujet est demi-nature, tout au plus. Le costume est ravissant, et la physionomie de la dame, si vivante, si expressive en son humilité digne et recueillie, que je ne sais rien de comparable. Ce petit panneau n'a passe pour être d'Hemmelink : s'il n'est pas de lui, il faut donc qu'il ait été peint par saint Luc en personne.

Si M. Blanquart nous donnait ces trois joyaux précieux de la couronne du vieux comté de Flandre, nous lui en aurions une profonde reconnaissance, — surtout s'il obtenait sur négatif sur verre...

Ces merveilles n'ont pas été gravées, ou l'ont été si faiblement, que l'édition de M. Blanquart, considérée comme originale, prendrait rang dans le catalogue des belles estampes exécutées d'après les maîtres... M. Blanquart de Lille est entreprenant, il est possédé de la sainte passion des arts : nous espérons, lecteur, vous annoncer un jour la reproduction des chefs-d'œuvre de Van-Eyck et d'Hemmelinck...

---

linck; l'un est le Cimabuë, l'autre le Jean de Fiesole de l'école flamande.

FRANCIS WEY.

NOUVELLES DIVERSES.

LE RAPPORT DE L'EXPOSITION UNIVERSELLE DE LONDRES, ILLUSTRÉ PAR LA PHOTOGRAPHIE. — La Commission royale de l'exposition de Londres vient de décider que des exemplaires des rapports des divers jurys seront offerts à chaque pays étranger qui a participé à cette exposition universelle ; et, pour rendre ces rapports dignes à tous égards de la grande œuvre dont ils doivent consacrer le souvenir, la Commission royale a voulu que les moyens les plus parfaits de reproduction soient appelés à en faire l'illustration. Ainsi, ce qu'il y a de plus remarquable dans le nombre des objets exposés par chaque nation, sera reproduit à l'aide de la *photographie*. — D'habiles artistes, M. Hennemann de Londres, MM. Martens et Ferrier de Paris, ont été chargés de cet important travail; l'exécution s'en fait en ce moment, par le premier, au moyen des procédés sur papier de M. Talbot; et par les deux autres, avec les procédés sur verre de M. Niépce de Saint-Victor. Voilà donc la photographie investie *officiellement* en Angleterre, comme déjà elle l'était en France par la Commission des monuments historiques, du poste important que la belle et rigoureuse exactitude de ses productions devait lui assurer parmi les arts d'imitation.

— On annonce l'arrivée prochaine à Paris d'un objet archéologique du plus haut intérêt : c'est un bas-relief en pierre calcinée que M. de Saulcy a découvert en faisant l'exploration de la mer Morte. Ce bas-relief représente un roi moabite frappant un ennemi d'une lance. C'est un objet unique au monde, et M. de Saulcy le destine au Musée du Louvre.

DÉCOUVERTE D'UN CIMETIÈRE ANTIQUE. — Des antiquités romaines viennent d'être découvertes aux Loges, près de Fécamp.

Au mois de janvier dernier, M. Fauquet-Lemaître, de Bolbec, ayant fait pratiquer un chemin dans sa forêt des Loges pour relier son pavillon avec ses fermes de Fouguousemare, les terrassiers découvrirent une grande jarre ou *dolium* en terre cuite fermée avec une soucoupe rouge et contenant une belle urne en verre, encore remplie d'ossements brûlés.

Averti de cette découverte par les journaux et par l'obligeance du propriétaire, M. l'abbé Cochet se rendit immédiatement aux Loges. A l'aspect du terrain et à l'aide d'un premier sondage, il fut aisé de reconnaître, au milieu de ce bois solitaire, un cimetière antique que le chemin traversait. Sûr de son fait, il remit à la belle saison une exploration qu'il vient de compléter dans la première quinzaine d'août.

Le nombre total de vases antiques trouvés, soit dans le chemin, soit à côté, s'élève à environ cent vingt, dont cinquante au moins contenaient des cendres et des os brûlés. La plupart des urnes avaient été broyées par l'action du temps et de l'humidité, par les racines des arbres et les cailloux dont elles étaient entourées. Les plus petits vases étaient les mieux conservés, parce qu'ils étaient préservés par les grands.

M. Fauquet s'est empressé d'offrir généreusement au Musée départemental de Rouen le résultat de cette fouille faite sur ses terres. Parmi les divers échantillons de poterie de toute couleur qui y seront déposés, se trouve un plateau de terre de Samos au fond duquel l'estampille du potier Daminus (DAMINI. M.), dont le nom s'est également rencontré à Londres sur un vase romain.

Les urnes de verre ont laissé lire deux noms de verriers qui, selon toute apparence, se rattachent à la même famille. Sur l'une on voit : FRONT. S. C. F. *Frontinus senatus consulto fecit* ou *suâ curâ fecit* ; sur l'autre : F. P. FRONT., *fecit Prometheus Frontinus*. Ce vases proviennent évidemment d'une fabrique gallo-romaine exploitée par la famille Frontinus. Ce sont là des indications précieuses à recueillir pour l'histoire de l'art et des artistes dans l'ancienne Gaule.

CONSIDÉRATIONS SUR LA REPRODUCTION,
PAR M. NIÉPCE DE SAINT-VICTOR,
des images gravées, dessinées ou imprimées,
PAR M. E. CHEVREUL.
(Suite.)

61. Puisque les clairs de la plaque simplement iodée sont le cuivre nu, et que les ombres de la plaque iodée, ammoniaquée et polie sont, sinon le cuivre absolument pur, du moins du cuivre bien moins modifié que le cuivre ammoniaqué, il doit nécessairement y avoir des positions identiques pour les deux dessins, où les clairs et les ombres apparaîtront d'une manière inverse. C'est en effet ce

que l'expérience confirme parfaitement, en regardant convenablement une plaque de cuivre, dont chaque moitié présente le même dessin obtenu par les deux procédés dont nous comparons les résultats. Pour cela, on se place dans l'embrasure d'une fenêtre ; la plaque est tenue d'abord verticalement, de manière que le plan idéal où elle se trouve fasse un angle dièdre de 135° avec une des vitres, puis on la regarde dans le sens de la lumière incidente et non dans celui de la lumière réfléchie, en l'inclinant très-légèrement vers le ciel. Je mets sous les yeux de l'Académie une plaque de cuivre, sur les deux moitiés de laquelle on a imprimé une même gravure passée à l'iode. La moitié qui est à la droite du spectateur présente le dessin simplement iodé ; la moitié qui est à sa gauche, après avoir reçu l'iode de la gravure, a été exposée à l'ammoniaque, puis passée au tripoli. C'est la preuve expérimentale de ce que j'ai avancé plus haut (30). On voit, d'après cela, combien il est nécessaire, pour s'énoncer avec précision lorsqu'il s'agit de décrire des images analogues à celles dont je parle, de définir les positions où on les observe, quand il s'agit de les qualifier d'*inverses* ou de *directes*, ou, ce qui est la même chose, de *négatives* ou de *positives*.

RÉFLEXIONS.

62. Un fait, à mon sens bien remarquable, après la cémentation du métal par la vapeur d'iode, la vapeur d'ammoniaque, etc., cémentation en vertu de laquelle le poli donné jusqu'à une certaine profondeur n'efface pas le dessin, c'est le fait que, le poli ayant été poussé plus loin, mais seulement ce qui est suffisant pour faire disparaître l'image sous toutes les inclinaisons, cette image redevient sensible par l'exposition du métal à une vapeur, celle de l'ammoniaque, par exemple.

En effet, supposons le trèfle réservé dont le fond a été passé à l'iode, puis effacé avec le tripoli jusqu'à la disparition de l'image. Comment la surface du cuivre en apparence homogène, exposée à l'ammoniaque, présente-t-elle un trèfle plus blanc que le fond ? L'effet n'est-il pas remarquable, soit qu'il soit produit par l'iode resté dans le cuivre, lequel empêche le métal de blanchir par l'ammoniaque, comme cela a lieu pour le cuivre pur, soit, ce qui est bien moins probable, que, tout l'iode ayant été enlevé par le frottement du tripoli à l'état d'iodure, les particules de cuivre situées au-dessous de la couche iodée aient subi un arrangement tel, qu'en absorbant la vapeur d'ammoniaque elles ne produisent pas un composé aussi blanc que les particules du cuivre pur ?

Enfin, fait bien remarquable encore : c'est que la modification ait lieu dans le sens perpendiculaire à la surface de la plaque soumise à la vapeur.

63. M. Niépce de Saint-Victor a constaté que le chlore gazeux et sec, dans lequel on plonge un papier imprimé, se fixe sur les noirs. Il en est de même de la vapeur qui se dégage de l'eau de chlore ; mais le papier exposé à cette vapeur n'imprime pas d'image sensible sur le cuivre ; il faut l'exposer à la vapeur de l'ammoniaque fluor pour la faire apparaître. Dans tous les cas, les effets du chlore sont bien plus faibles que ceux de l'iode.

Un imprimé plongé dans l'eau de chlore, appliqué contre un papier de tournesol bleu, reproduit l'impression en lettres rouges, parce qu'il s'est produit vraisemblablement de l'acide chlorhydrique.

M. Niépce, en chauffant de l'hypochlorite de chaux à sec dans une capsule de porcelaine, a observé *quelquefois* que les premières vapeurs dégagées donnent au papier imprimé la propriété de reproduire les lettres en rouge, et que les vapeurs dégagées plus tard, étant absorbées par le papier blanc, reproduisent les lettres en bleu sur fond blanc, le chlore ayant décoloré le tournesol.

64. Le brôme n'a pas paru à M. Niépce avoir d'action bien sensible pour se porter sur les noirs d'une gravure.

65. Une gravure exposée 5 à 10 minutes à la vapeur du soufre contenu dans une capsule de porcelaine chauffée par une lampe à alcool, de manière à produire une vapeur qui ne contient pas d'acide sulfureux sensible à l'odorat et au papier de tournesol, acquiert la propriété d'imprimer une image parfaitement nette sur une plaque de cuivre, contre laquelle on la presse pendant 10 minutes. La vapeur qui a été absorbée par les noirs forme les ombres de l'image, et le cuivre métallique en fait les clairs.

(La suite, ainsi que les Tableaux, à un prochain numéro.)

Le Secrétaire de rédaction, F.-A. RENARD, *Gérant.*

PREMIÈRE ANNÉE. N° 34.　　　　　　　　　　　　　　DIMANCHE, 28 SEPTEMBRE 1851.

LA LUMIÈRE

JOURNAL NON POLITIQUE
HEBDOMADAIRE.

BEAUX-ARTS — HÉLIOGRAPHIE — SCIENCES.

BUREAUX, A PARIS, N° 15, RUE DE L'ARCADE, A LA SOCIÉTÉ HÉLIOGRAPHIQUE.

PRIX.—PARIS, UN AN, 16 F.; 6 MOIS, 10 F.; 3 MOIS, 6 F.—DÉPARTEMENTS, UN AN, 18 F.; 6 MOIS, 11 F.; 3 MOIS, 7 F.—ÉTRANGER, UN AN, 20 F.; 6 MOIS, 12 F.; 3 MOIS, 8 F.—CHAQUE N° 50 CENT.

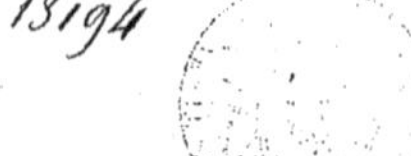

SOMMAIRE.

ACADÉMIE DES SCIENCES.

—

Note concernant un nouveau procédé sur verre
(épreuve positive),
Par M. J.-R. Le Moyne (1).

J'ai l'honneur de faire hommage à l'Académie d'une série d'épreuves photographiques et d'une Notice contenant la description des moyens qui les ont fournies.

Le procédé en question est complètement pratique, et il ne s'agit pas de quelques cas accidentels : depuis près d'une année, en effet, j'ai reconnu que les clichés sur verre peuvent présenter quelquefois l'aspect positif, et des recherches dirigées dans ce sens m'ont fourni, au bout de peu de temps, des spécimens assez beaux ; mais ce n'est qu'après une longue série d'essais, continués jusqu'à présent, que je suis arrivé à une marche sûre et constante.

La plupart de mes expériences n'ont eu pour but que de lutter contre les inconvénients connus des plaques albuminées, et, indépendamment du procédé positif, j'ai réalisé des progrès notables dans la production des clichés par les modifications suivantes, qui constituent en réalité un nouveau mode de préparation :

1° Purification de l'albumine des blancs d'œufs en les laissant longtemps vieillir et même y ajoutant du sucre pour déterminer une légère fermentation qui les clarifie beaucoup mieux que le battage en neige généralement usité.

Cette première adjonction de sucre (demi-gramme par blanc d'œuf) ne m'empêche pas d'en ajouter ensuite la dose déjà recommandée (deux et demi à trois grammes) pour obtenir plus de sensibilité à la lumière, et, avec les procédés que j'emploie ensuite, la présence de ce corps augmente l'adhérence de l'enduit, au lieu de la diminuer, comme on le lui a reproché.

2° Iodage de l'enduit albumineux, après sa dessiccation, par l'immersion dans un bain de teinture d'iode additionnée d'un dixième de son volume d'acide azotique à quarante degrés.

Ce moyen est très-simple, et il n'en résulte ni stries ni aucun des défauts inhérents à l'emploi de l'albumine contenant en dissolution de l'iodure de potassium. Parmi les procédés connus, un seul pourrait entrer en concurrence, c'est l'emploi des vapeurs d'iode ; mais la voie humide a l'avantage ici, tant comme rapidité d'exécution que comme simplicité d'appareils.

3° Suppression de l'acide acétique, et emploi, pour rendre les plaques sensibles, d'une simple solution de nitrate d'argent au un dixième.

J'ignore si l'acide acétique est réellement nécessaire, sur verre albuminé, quand on emploie l'acide gallique pour faire apparaître l'image ; mais, avec le sulfate de fer, c'est sans contredit une superfluité coûteuse ; la volatilité de cet acide est en outre une cause de modifications spontanées dans les dissolutions, et c'est là aussi un inconvénient sérieux.

4° Emploi d'un second bain de nitrate d'argent au un vingtième après le lavage des plaques au fluorure de potassium, employé comme agent accélérateur.

Cette opération a pour but, non-seulement d'ajouter encore à la sensibilité, mais surtout de transformer l'excès de fluorure de potassium en fluorure d'argent, et de l'empêcher ainsi de réagir sur le verre, et de faire décoller l'albumine ; elle est utile du reste, mais seulement au premier point de vue, quel que soit l'agent accélérateur dont on veuille se servir (1).

5° Remplacement de l'acide gallique généralement employé pour faire apparaître l'image, par un bain de sulfate de fer concentré à *la température de quatre-vingt-dix degrés*.

Il résulte de cette modification un énorme accroissement de sensibilité ; en outre, l'élévation de température fournit des images d'une nuance très-claire, et c'est de là que dépend essentiellement la production des épreuves sur verre ; enfin l'opacité est moindre que par les autres procédés, et il en résulte, au point de vue des reproductions sur papier, un moelleux qui n'exclut pas la finesse, et dont l'absence a souvent été reprochée jusqu'à présent à l'emploi des glaces albuminées.

6° Fixation des épreuves en quatre à cinq minutes, par la *dissolution complète de l'iodure d'argent*, au moyen d'un bain convenablement dosé de cyanure de potassium et d'hyposulfite de soude.

Ce mode de fixation est supérieur, sous tous les rapports, tant au bromure de potassium qu'à l'hyposulfite de soude généralement employés sans mélange. Il donne en très-peu de temps, et sans endommager les épreuves, non-seulement une fixation irréprochable, mais encore une transparence complète dans les parties non impressionnées, et enfin une augmentation considérable d'adhérence de tout l'enduit. Il peut, au surplus, s'appliquer facilement à tous les procédés connus de photographie sur verre, et même sans nul doute aux opérations sur papier.

Les épreuves obtenues par ce procédé sont formées d'images opaques, d'un blanc jaunâtre, contenues dans un milieu diaphane, et présentent, par conséquent, l'aspect positif ou négatif, suivant qu'on les place sur un fond plus obscur ou plus clair.

Comme épreuves négatives, elles résistent mieux aux variations de température, sont plus transparentes (ce qui permet de les reproduire avec une faible lumière), et, enfin, comme je viens de le dire, fournissent des dessins sur papier plus moelleux que celles préparées par les autres procédés.

Comme épreuves positives, et il suffit pour les terminer sous ce rapport d'enduire de peinture noire le côté de l'albumine, elles offrent une netteté et une finesse comparables aux plaques métalliques, infiniment plus de modelé, et, enfin, des nuances variées dont plusieurs sont très-artistiques.

Au point de vue du temps nécessaire pour l'impression lumineuse, j'ajouterai que j'ai obtenu des paysages au soleil, en une seconde (avec un objectif demi-plaque à verres combinés, muni d'un diaphragme de 0ᵐ,03 d'ouverture), et des portraits à l'ombre, au dehors en quatre à cinq secondes, et dans un appartement en huit à quinze secondes (avec le même objectif sans diaphragme). Les épreuves sont d'ailleurs naturellement redressées ; et dès lors, si la plaque métallique offre quelquefois un léger avantage comme rapidité, elle le perd complètement quand l'inversion des images ne saurait être admise, et qu'elle nécessite l'emploi des appareils redresseurs.

Telles sont, au point de vue de la pratique, les principales améliorations que j'ai réalisées ; quant à la portée théorique de mes études, il me serait difficile d'en présenter un résumé du même genre, et ma Notice étant très-concise sous ce rapport, je me contenterai d'y renvoyer pour les principales considérations qui me sont propres, savoir :

—

(1) Les modifications qui précèdent résultent en grande partie de mes premières recherches concernant la production des clichés sur verre ; les deux suivantes proviennent d'expériences postérieures, tendant surtout à l'amélioration du procédé positif sur glace albuminée ; mais il en est également résulté des avantages sous le premier rapport.

1° Objets des agents accélérateurs et principes qui doivent en diriger le choix.

2° Théorie chimique de la ressemblance dans tous les genres de photographie.

3° Solarisation des épreuves sur verre et moyen de la prévenir, ainsi que de renforcer les images trop peu venues.

J.-R. Le Moyne, ingénieur des ponts et chaussées.

—

PROCÉDÉS PHOTOGRAPHIQUES.

Un habile artiste photographe, M. Casimir Oulif, de Metz, vient de nous communiquer, en nous autorisant à les publier, les deux procédés suivants : le premier relatif à la préparation d'un papier négatif pour vues, et le second consistant en une préparation fort simple à l'aide de laquelle on peut à volonté varier la couleur locale et les tons d'une épreuve positive.

Premier procédé. — Peu satisfait des résultats que lui donnaient les papiers négatifs ordinaires, en raison de leur grain plus ou moins prononcé, M. Casimir Oulif a d'abord cherché dans l'emploi des baudruches une transparence plus satifaisante ; mais celles-ci, à leur tour, lui ont présenté dans leur contexture de petites nervures qu'il lui était fort difficile de faire disparaître ; enfin, après bien des essais de toute sorte, M. Oulif s'est arrêté à l'emploi du papier *végétal* qu'il prépare ainsi qu'il suit :

Après avoir fait tremper de la colle de poisson, il la découpe aux ciseaux, le plus fin possible, puis il la fait bouillir jusqu'à presque la totalité de l'évaporation de l'eau qu'il remplace alors par de l'alcool. Dans cet état, cette colle se conserve aussi longtemps qu'on le désire. Pour s'en servir, on en prend une certaine quantité dans laquelle on met moitié de son volume d'eau, après avoir ajouté dans celle-ci, soit de l'iodure de potassium, soit de l'iodure d'ammoniaque, environ trois grammes pour 75 d'eau. Le reste de l'opération se fait ensuite comme de coutume.

Deuxième procédé. — Pour varier les tons des épreuves positives venues un peu faibles, M. Oulif les soumet à des préparations du genre de celle-ci : S'agit-il, par exemple, d'une vue à laquelle on veut donner l'aspect d'un beau soleil couchant ; après avoir fait bouillir de la laque carminée de toute première qualité dans l'eau pure pendant trente minutes, et l'avoir laissée reposer ensuite vingt-quatre heures, on place la feuille positive parfaitement sèche sur ce bain, du côté de l'image, puis on ressuie au papier buvard. On recommence cette opération plusieurs fois, jusqu'à ce que l'épreuve soit arrivée au degré de coloration qu'on désire obtenir. Dans le cas où l'on veut arriver au rouge foncé, il faut que le bain soit chaud.

Il va sans dire qu'on peut appliquer de la même manière telle substance colorante que l'on veut, suivant le ton local qu'il convient de donner aux sujets représentés.

F. A. Renard.

—

LES CURIOSITEZ INOUYES DE GAFFAREL.

—

Physionomie de la science il y a deux cents ans (1).

Aussi longtemps qu'ils n'eurent à disserter que sur des vérités incontestables, les hommes ont pu se passer de la logique : l'amour des nouveautés, le désir d'étonner, l'ambition de s'élever au-dessus de l'opinion vulgaire ont créé, à l'usage des esprits légers le paradoxe, et pour les besoins des gens graves, le syllogisme, base de la dialectique des écoles.

Rien n'est mieux fait pour troubler les âmes candides et peu éclairées, que la folie sous l'austère défroque de la raison ; la folie à longue barbe et à bonnet pointu, la folie irréprochable dans les termes, la folie travestie en derviche. En l'écoutant dicter pesamment ses oracles, et démontrer avec la rigueur des termes classiques, le naïf

—

(1) Voir les numéros 30 et 31 du journal la *Lumière*.

auditeur s'étonne, et à demi convaincu par la vraisemblance de la forme, il se demande s'il est berné ou s'il devient fou. Si, dans cette hésitation, il est soudainement subjugué par l'évocation d'une autorité incontestable, il demeure atterré, et saisi d'une religieuse soumission, il impose silence à son entendement.

C'est ainsi qu'il convient d'expliquer le long et tyrannique empire de la science cabalistique, directe émanation de la théologie scolastique. Tout disposés que nous soyons à nous considérer comme bien supérieurs à ces préjugés gothiques, n'oublions pas que nous touchons encore au temps des miracles, que les imposteurs rencontrent encore des adeptes, même parmi les classes soi-disant éclairées de la société, et que l'amour du merveilleux, si naturel à l'homme, dès qu'il trouve un prétexte, à la faveur d'une apparence de logique, est très-prompt à se réveiller.

Tous les gouvernements ont eu à lutter contre ces sortes d'inclinations : autrefois, quand un empirique s'avisait d'exploiter le miracle, on s'en défaisait à l'aide d'une accusation de sorcellerie, — car on croyait aux sorciers ; mais comme ils procédaient du diable, on ne craignait pas de les désarçonner par la vertu d'une puissance plus haute ; de là, les exorcismes, ordinairement suivis de l'auto-da-fé ou de la pendaison. Considérés comme des monuments des temps d'ignorance ou de barbarie, les procès contre les sorciers sont, bien loin de la première protestation légale contre les intrigues des imposteurs. Les mœurs publiques ayant fait des progrès, les sorciers sont assimilés, de nos jours, aux escrocs, et mis en jugement comme tels ; car on ne croit plus aux choses surnaturelles, et l'on citerait en France à peine un sous-préfet qui fût accessible à ces superstitions.

Daignez observer, cependant, que la philosophie a été impuissante à les déraciner : pour discréditer les prodiges, il a fallu les égaler, les justifier par d'autres prodiges dus à des moyens naturels et démontrables : ce sont les miracles de la science qui ont annihilé les miracles des imposteurs. Le magnétisme, les expériences de physique, de chimie amusante, ont enseigné le scepticisme aux générations nouvelles, et, à cet égard, MM. Comte, Bosco et Oudin ont fait plus, ou tout au moins autant que Voltaire ou Dupuis.

Cette guerre aux superstitions a constamment enflammé le zèle des véritables savants, et à cet endroit, notre Jacques Gaffarel était d'aussi bonne foi, et ne se croyait pas moins fidèle au culte de la vérité, que son évêque ou que le pape lui-même. C'est donc là ce qui rend son livre si intéressant : Gaffarel n'est point un empirique, c'est un docteur ; c'est un esprit très-avancé pour son siècle ; il fait justice des erreurs, des folies, des préjugés de ses contemporains ; il démêle les vrais principes, il les établit et les prouve avec une logique irréprochable, et il extravague avec un esprit si lucide, si sain, si ferme, si solidement érudit, que des cerveaux mobiles ou faibles en pourraient être ébranlés.

Ainsi, tandis que le plus grand des trois seuls grands génies politiques qu'ait possédés la France, tandis que le cardinal de Richelieu, consommant l'entreprise de Henri IV, élaborait avec une sagacité prophétique la politique éminente qui, continuée par Mazarin, a fait la gloire du règne entier de Louis XIV, ce même Richelieu écoutait les leçons de Gaffarel, et étudiait ce livre étrange pour élever sa raison au niveau de son génie.

Cette science, au surplus, avait jeté de si profondes racines, qu'elles sont loin d'être entièrement arrachées du sol : l'industrie des talismans et des figures magiques n'est pas encore disparue : l'autre jour encore, les journaux avaient à régler les comptes d'un sorcier contre lequel des malades crédules revendiquaient le prix d'une image magique dont la vertu s'était trouvée en défaut. Il est nombre de gens qui, pour éloigner l'influence de certains maux, portent des bagues de fer, et, dans les campagnes, des empiriques touchent les écrouelles, ou les dartres avec des baguettes brûlées par un bout et cueillies la nuit à certaines époques de la lune.

Notre Gaffarel est loin d'être indulgent pour ces rêveries, et il opère des distinctions très-sévères, foudroyant la magie, et proscrivant les figures de cire baptisées du nom de Beelzebuth, comme abominables, et aussi ridicules que les songes de l'Alcoran. Notre discours, dit-il, sera seulement tissu de *la puissance naturelle* des images dressées sous certaines constellations, bannissant toute opération des démons, et toute vertu superstitieuse.

Il prouve cette puissance par trois arguments : l'influence des astres, la vertu de la ressemblance, et l'expérience ; s'en référant pour ce dernier point aux autorités les plus vénérables, parmi lesquelles figurent à profusion les saints et les pères de l'Eglise. Qui eût osé le démentir ?...

Au nombre de ces preuves, j'en avise quelques-unes qui sont, à la fois, dignes de respect et propres à intéresser nos compatriotes. Veut-on savoir, par exemple, pourquoi Paris est tellement rongé des rats, que l'on hésita plus d'un quart de siècle à supprimer la voirie de Montfaucon, de peur de livrer la capitale à une horrible invasion de rats sans ouvrage ? Grégoire de Tours va nous édifier

sur ce point. Comme on creusait, au nord de la Cité, les fondations de l'un des ponts de Paris, on trouva dans la terre un bloc de cuivre sur lequel étaient gravés en creux, un rat, un serpent et un brasier. Par la négligence des ouvriers ignorants, ce cuivre fut endommagé et rompu. C'est depuis cet accident que la ville fut envahie par des légions de rats, et aussitôt se succédèrent les incendies qui l'ont si fréquemment désolée. Grégoire ajoute à ces fléaux les serpents : il paraît que, depuis lors, on aura retrouvé un talisman contre ces reptiles. Quant aux incendies, notre époque incline à considérer le pompier comme un talisman suffisamment efficace. Reste l'image ou l'emblème du rat, préservatif amèrement regretté.

Une mésaventure toute semblable survint à Constantinople en 1453, durant l'assaut donné par Mahomet II ; la rupture de la gueule d'un serpent en bronze fit naître des reptiles par tout le pays ; tant il est vrai, s'écrie Gaffarel, que ces talismans ont la puissance de détourner beaucoup d'incommodités qui affligent les hommes. — Et qui ne sait que par leur moyen les savants des siècles passés ont chassé les insectes, comme moucherons, locustes (cigales) ou chenilles ? Scaliger pensait que les dieux tutélaires des Latins ne furent autre chose que des talismans : on les plaçait près de l'*atrium*. L'usage des talismans s'est maintenu dans la marine, et, dès la plus haute antiquité, l'on a placé des figures à la proue des navires pour les garder des naufrages, et le tout naturellement, puisqu'on peut dresser, sous le signe des *Poissons*, un talisman doué de la vertu de calmer les flots. Les Grecs ornaient le plus fréquemment leurs proues de l'image d'un animal, et plaçaient le navire sous la protection de l'un d'entre les immortels ; usage, observe très-judicieusement Gaffarel, qui aura donné lieu à la fable d'Europe enlevée par Jupiter sous la forme d'un taureau. Evidemment, le navire crétois qui la ravit était sous l'invocation de ce Dieu, et portait à la proue, en guise de talisman, un taureau dont le navire avait pris le nom. La fable de Ganimède ravi par un aigle a la même origine.

Ces raisonnements n'ont-ils pas toutes les allures de la science moderne ? Mais la conclusion pénètre en plein dans la philosophie actuelle : les chrétiens, remarque Gaffarel, ont pris de l'antiquité cette coutume de confier à des images la garde des vaisseaux : seulement, les anges et les saints ont remplacé les dieux de l'Olympe.

Là-dessus, notre auteur revient tranquillement à ses superstitions dont il parle comme de choses acceptées et vulgaires : N'avons-nous pas, dit-il, tous, en nos voyages, éprouvé les bons effets des talismans de M. Laneau contre la peste, de ceux de Julien du Pré, religieux carme, contre la goutte et la crampe, ainsi que de ceux de Nicolas de Florence, homme d'une grande piété, contre les insectes d'appartement ? Je pense qu'il s'agit ici des punaises. « Que veut-on davantage pour l'innocence et la puissance tout ensemble des figures ? Pour moy, je les recognois certaines et naturelles, et proteste n'y avoir jamais rien trouvé de supernaturel. »

On sait comment Gaffarel démontre les vertus *physiques* de la ressemblance ; nous en avons parlé au sujet des propriétés du scorpion ; mais, dans les dissertations rigoureuses, il recourt à des arguments plus serrés. Si, dit-il, une femme enceinte se représente très-vivement un objet, son enfant en retiendra l'image. Les petits écoliers savent l'histoire de la princesse qui enfanta un More, bien qu'elle et son mari fussent blancs, — parce qu'il y avait au ciel de son lit un tableau où l'on avait représenté un More en peinture. Ce More était-il bien et dûment fixé à la toile ? Qui n'a observé, poursuit le bon Gaffarel, que les enfants prennent la ressemblance des personnes dont leurs mères se seront préoccupées ? Ainsi, sous chaque règne, les enfants de Paris ressemblent aux rois, et aux plus grands seigneurs, notamment à ceux qui se sont illustrés aux guerres, et que les mères ont eu l'occasion d'admirer lorsqu'ils passaient en pompeux cortège.

J'avoue que cette remarque physiologique, très-subtile pour le temps, m'a fait grand plaisir, en confirmant celle que j'avais faite à propos des contemporains de Louis XIV.

Mais, de cette observation, Gaffarel tire, avec gravité, car il ne rit jamais, une induction vraiment plaisante, et bien plus raffinée que ne le sont nos idées vulgaires. Il suppose une femme mariée qui s'est laissé séduire, et établit que la ressemblance des enfants avec l'époux légitime est l'indice d'une faute, attendu que la coupable a dû se préoccuper excessivement du mari qu'elle outrageait et dont elle craignait le ressentiment. Voilà bien de quoi mettre martel en tête aux braves gens si fiers de retrouver leurs traits sur le visage de leur jeune postérité. A quoi donc se fier désormais !

Appliquant ces théories à la médecine, Gaffarel ajoute aux remèdes dont nous avons parlé naguère, certains autres médicaments oubliés aujourd'hui, et que l'on avait annexés à l'ancien formulaire, en vertu de ces analogies physiques. Tels sont : la graine de raves et des lentilles, contre la petite vérole, attendu que ces grains sont semblables aux taches de ce mal ; et la rhubarbe jeune qui calme la colère, parce qu'elle est de la même couleur. La

couleur de la colère est rouge-carmin ; car telle est la nuance des jeunes pousses de rhubarbe. Il conclut que notre corps se rend semblable à ce qu'il mange, et invite à se défier des viandes d'animaux dont le sang est très différent du nôtre, attendu qu'ils le gâtent et l'appauvrissent.

Notez, en passant, que ces utopies touchent à chaque instant par quelque angle à nos idées reçues, à des errements vulgaires dont nous ignorons l'origine. Gaffarel résume les doctrines saines de son temps, et il retrace à nos yeux, pour ainsi dire, la généalogie de la science.

L'astronomie, dit-il, montre aussi la vertu de la ressemblance à l'aide des propriétés des étoiles : Mars qui projette une lueur éclatante et rouge fait roux celui qui naît sous son influence ; Saturne, qui est pâle, le fait blême ; Saturne étant très-lent le rend apathique ; la Lune qui se meut avec célérité le rend agile. Ces idées, longuement déduites par Selden, Cardan et Porta, ont leur consécration dans nos *almanachs boiteux* de Berne, de Strasbourg et de Bâle, où sont énumérés d'après ces théories les horoscopes des douze mois ; singularité qui nous divertit encore et que jadis on prenait au sérieux. Il en est de même des prescriptions médicales enregistrées, d'après la vertu des lunaisons et des signes du zodiaque, sous ces rubriques :— bon saigner, — bon ventouser, — bon purger, — bon couper les ongles, etc...

Autrefois, c'était là de la science, exempte de tout arbitraire, et telle est la forme primitive de l'hygiène à l'état d'enfance.

Combien n'a-t-on pas admiré le savoir et la pénétration de Lavater ! Eh bien, Lavater était un disciple de génie, issu de la tradition de Porta, de Jérôme Cardan et de l'infortuné Campanella. Certes, on ne saurait mettre en doute les convictions d'un homme qui, pour avoir nié Aristote, et entrevu la philosophie *naturiste*, a gémi vingt-sept ans dans les cachots de l'Inquisition romaine sans vouloir se rétracter. Rationaliste audacieux, socialiste anticipé, Campanella, l'ennemi des superstitions, croyait aux talismans, et c'est en étudiant les propriétés analogiques signalées d'après lui par Gaffarel, qu'il avait, le long de sa route, et sous forme de corollaire, rencontré la physiognomonie, qui, développée depuis, a favorisé le matérialisme, moins que le système de Gall, cependant, et a illustré Lavater.

— On voit par expérience, écrit Gaffarel, et tous les savants physionomistes l'ont observé, que si un homme a le front rond, il est sujet à folie ou légèreté, ainsi que la forme sphérique est d'une assiette mal aisée. Ceux qui ont le visage avancé et pointu et le front petit, sont grandement brutaux et stupides ; ils ressemblent au pourceau dont ils reproduisent plus ou moins l'image, etc... Lavater n'a fait que répéter, en précisant : il a labouré un vaste champ d'observations pour l'ensemencer de paradoxes.

Campanella allait bien plus loin : il était parvenu à se persuader que si, se pénétrant bien des traits et de la physionomie de quelqu'un, l'on peut parvenir, en se contractant les muscles du visage, à reproduire cette physionomie, ces traits ; l'on s'assimile, tant que dure cette grimace, le caractère, les inclinations, les préoccupations coutumières de la personne, et que par là, l'on se met en état de la connaître à fond et de pénétrer dans son âme.

Comme qu'on veuille l'entendre, cette théorie contient, ou l'application la plus subtile, ou la critique la plus acérée de l'art de Lavater et de tous les physionomistes. Quant à sa valeur réelle, il est plus aisé d'en rire que de la nier absolument : ce qu'on ne peut contester, c'est que la source de ces illusions est dans une observation assez fine et assez humoristique de la nature ; car il est très-réel que si l'on pense profondément à quelqu'un, que si l'on s'efforce à l'imiter dans ses actes, que si l'on en veut rapporter les paroles, on prend son geste, on cherche sa voix, en un mot, sans s'en rendre compte, on vise à lui ressembler pour arriver à une assimilation plus intime.

De ce fait, à l'assertion émise par Campanella, il n'y a que le pas ordinaire de l'observation à l'idée, pour un esprit aventureux et profondément imprégné d'une science vagabonde.

Ajoutons que Gaffarel tenait cette théorie de Campanella, et qu'il en avait vu l'application, sur les traits de l'auteur lui-même. Rien de ce qui concerne un personnage si étrange que Campanella, et dont la vie s'est écoulée dans les ténèbres des cachots, ne saurait être indifférent. Mentionnons donc cette visite que rendit Gaffarel à l'illustre victime dans les prisons du Saint-Office.

Désirant s'éclairer sur certains points obscurs de la science, Jacques Gaffarel, qui se trouvait à Rome, obtint, non sans beaucoup de peine, de visiter Campanella à l'Inquisition. On le conduisit donc à sa chambre, où il entra en compagnie de quelques abbés. Le savant vint au-devant d'eux et les pria d'attendre qu'il eût achevé une lettre qu'il écrivait au cardinal Magalotti. « Nous étant assis, nous aperçûmes qu'il faisait souvent certaines grimaces par nous attribuées à la folie ou à quelque douleur causée par la violence des tourments dont on l'a affligé : — car il avait le gras des jambes toutes meurtries, et les fesses presque sans chair, la luy ayant été arrachée par morceaux, afin de tirer de lui la confession des crimes dont on l'accusoit... Pour revenir à notre propos, un des nôtres lui ayant demandé s'il souffroit, il répondit en riant, que non, et jugeant bien que nous étions en peine des grimaces qu'il avoit faites, il nous dit qu'à notre arrivée il se figuroit être le cardinal Magalotti, et nous demanda s'il étoit fort chargé de poil. Pour lors, moi qui avois lu dans son livre ce que dessus, je compris que ces grimaces lui étoient nécessaires pour bien juger du naturel et des dispositions de la personne à qui il écrivoit. Je ne dis point ce qui se passa en ces entrevues, parce que cela est hors de mon sujet... »

Ayant pardevers lui l'autorité de ce martyr, et de ses ouvrages pour la défense desquels il souffroit mort et passion depuis vingt ans, étayé sur Aristote, sur saint Augustin, sur la Bible et les Pères, corroboré par le concours des plus grands noms de la science, édifié sur la question de l'influence des astres par Albert le Grand et par saint Thomas lui-même, Gaffarel, prudent et philosophe, pouvait-il se dispenser de croire aux talismans, aux étoiles, et d'être un sage adepte de la science cabalistique?

FRANCIS WEY.

NOUVELLES DIVERSES.

Les journaux de Londres du 23 septembre contiennent les détails suivants sur l'établissement du télégraphe sous-marin entre la France et l'Angleterre:

« Hier lundi, à six heures du matin, a commencé l'intéressante opération de l'embarquement, pour être conduit à sa destination, à Douvres, du rouleau de 24 milles du câble électrique. Cette opération s'est faite avec succès dans les ateliers de MM. Blyth et Cᵉ, sur le bord de la rivière, à Wapping. Le *Blazer*, sous les ordres du capitaine Bullock, est un beau bâtiment que l'Amirauté avait mis à la disposition de la Compagnie. Le *Blazer*, qui jauge de 6 à 700 tonneaux, et qui ne fait plus de service actif, a été démantelé pour recevoir le câble, qui a pu être roulé sur ce ponton sans mâts et sans roues. Le *Blazer* sera remorqué par trois navires à vapeur qui, à raison de 12 milles par heure, lui feront parcourir les 120 milles de mer jusqu'à Douvres. Le poids de chaque mille de câble est de 8 tonneaux. La combinaison a été si habilement faite, et il y règne à la fois tant d'harmonie et d'uniformité dans ce câble, que, selon les prévisions, il résistera à tous les accidents de violence, de vibration ou de secousse. »

— Nous lisons dans la *Constitution*, journal de l'Yonne:

« Encore un antique manoir féodal que la hache de la destruction va bientôt faire disparaître de nos contrées.

« Le château de Turny, près Saint-Florentin, va être démoli. Propriété héréditaire de la puissante famille des La Rochefoucauld, le vieux château seigneurial de Turny était resté inhabité depuis 1789. Le mobilier le plus précieux avait disparu sous la terreur et les deux invasions avaient achevé de le dévaliser. Depuis l'Empire et jusqu'à sa mort, M. le duc de Doudeauville, son dernier possesseur, y faisait de courtes et rares apparitions; mais si de nombreuses occupations et une santé débile ne permettaient pas au noble duc de visiter souvent la terre de Turny, sa sollicitude pour le malheur et sa munificence princière veillaient de loin au soulagement de toutes les misères qui pouvaient s'y rencontrer. La mort de M. de Doudeauville a été pour Turny et les environs une perte irréparable et un malheur public.

« Depuis quelques années des réparations extérieures assez importantes avaient eu lieu au château sous l'habile direction d'un jeune ouvrier du pays, et promettaient qu'il serait conservé. Ces espérances ont été trompées, et les travaux de démolition complète du seul monument antique de ce genre qui soit resté debout dans la contrée vont commencer incessamment.

« La construction du château de Turny ne remonte pas au delà du dix-septième siècle. On voit encore les larges fossés et le pont-levis qui le défendaient autrefois. Sans rien offrir de bien remarquable sous le rapport architectural, ses colonnes, ses décors et son ensemble rappelaient un peu la forme gracieuse et les dessins des temples grecs. La restauration des deux façades était heureusement commencée. »

— M. Victor Place, nommé récemment consul de France à Mossoul, vient de quitter Paris pour se rendre à son poste. M. Place est chargé de diriger les nouvelles fouilles qui vont être faites sur l'emplacement de l'ancienne Ninive, et pour lesquelles un crédit a été voté par l'Assemblée nationale. Il a emporté les instruments géodésiques et les appareils photographiques qui lui sont nécessaires; il est accompagné de M. Tranchant, qui doit l'aider dans l'accomplissement de ses travaux.

M. Place sera prochainement rejoint à Mossoul par les membres de la Commission scientifique qui doit explorer l'Assyrie, la Mésopotamie, la Babylonie, la Chaldée et la Médie. Cette Commission se compose de M. Fulgence Fresnel, ancien consul de France en Syrie, de M. Appert, jeune philologue très-versé dans l'étude des inscriptions persépolitaines et médiques, et de M. Félix Thomas, architecte dessinateur, ancien élève de l'Académie de France à Rome. Elle doit s'embarquer, sous peu de jours, de Marseille pour Beyrouth, d'où elle continuera sa route vers Mossoul et Bagdad, points où commenceront ses recherches.

Les travaux de cette Commission embrasseront principalement les contrées les plus inexplorées de cette partie de l'Asie Mineure qui avoisine le Tigre et l'Euphrate, et qui présentent tant de richesses pour la science et pour l'archéologie. Ils devront durer deux années.

CORRESPONDANCE.

—

FONDATION D'UNE IMPRIMERIE PHOTOGRAPHIQUE (1).

MONSIEUR LE DIRECTEUR,

Dans le numéro du 21 courant du journal *la Lumière*, M. Francis Wey, dans un article plein de bienveillance et dont nous le remercions, a fait connaître à vos lecteurs la publication de l'*Album photographique de l'artiste et de l'amateur* (2).

Cet ouvrage, suivant votre critique, fournit la preuve que les principes posés dans mon traité de photographie ne sont pas de pures théories. Je viens en donner aujourd'hui, Monsieur le directeur, une preuve bien autrement concluante en ouvrant une imprimerie photographique au service des artistes et des amateurs.

J'ai la confiance que je leur donnerai à un prix moins élevé que le prix de revient de *leurs bonnes épreuves* des dessins non moins satisfaisants. Je leur offre donc à la fois économie d'argent, économie de temps, ce qui est bien plus précieux encore, et reproduction illimitée de leurs clichés dans un temps très-court et en toute saison.

C'est, comme vous le voyez, Monsieur, l'application la plus complète des principes posés dans mon ouvrage; j'appelle donc sur notre entreprise les sympathies de votre Société, qui en appréciera l'importance au point de vue de la propagation d'un art qu'elle s'est donné pour mission de vulgariser.

Agréez...   BLANQUART-EVRARD.

Lille, le 25 septembre 1851.

CONSIDÉRATIONS SUR LA REPRODUCTION,
PAR M. NIÉPCE DE SAINT-VICTOR,
des images gravées, dessinées ou imprimées,
PAR M. E. CHEVREUL.
(Suite.)

66. La vapeur de l'orpiment produit le même effet.

67. Le résultat est encore le même en employant le bisulfure de fer; mais l'opération est plus difficile.

68. Une gravure plongée dans un flacon de gaz sulfhydrique absorbe ce gaz par les noirs, et lorsqu'on la presse contre une plaque de cuivre, l'image est reproduite en sulfure.

69. Lorsqu'on expose une gravure à la vapeur de l'acide azotique d'une densité de 1,34 pendant cinq minutes environ, et qu'on l'applique ensuite contre une plaque de cuivre, ce ne sont pas les noirs, mais les blancs qui cèdent au métal la vapeur qu'ils ont absorbée. Le résultat de l'impression sur la plaque de cuivre est une matière blanchâtre et mate correspondant aux clairs de l'image, tandis que le cuivre métallique correspond aux ombres. La preuve que les blancs ont absorbé la vapeur acide, c'est qu'en appliquant la gravure sur un papier de tournesol, le dessin est produit en bleu sur un fond rouge, si l'exposition de la gravure à la vapeur acide a été faite convenablement.

Cette expérience ne prouve pas que les noirs n'ont pas absorbé la vapeur acide; car les phénomènes seraient encore les mêmes, conformément à ce que j'ai dit (28, 4°), dans le cas où les noirs, attirant la vapeur plus fortement que ne le font les blancs, la conserveraient, tandis que les blancs la céderaient à d'autres corps. L'existence d'une attraction élective de la vapeur acide, relativement à une série de corps, n'en existerait pas moins.

70. Enfin, j'ajouterai que les noirs des plumes de pic ou de vanneau, qui absorbent l'iode et qui le cèdent au cuivre, ne prennent pas l'acide azotique; car ces plumes, plongées dans cet acide, impriment au contraire leurs parties blanches sur le métal.

71. Si on met quelques grammes de phosphore dans une capsule de porcelaine à une température de 18 degrés environ, et qu'on expose une gravure à la vapeur qui s'en exhale pendant 5 ou 10 minutes, la gravure, appliquée contre une plaque de cuivre, n'y imprime pas d'image sensible; mais celle-ci se manifeste par l'exposition de la plaque à la vapeur de l'ammoniaque fluor, et l'aspect en est des plus agréables. Les clairs produits par le cuivre ammoniaqué sont d'un blanc vaporeux remarquable. Quant aux ombres, elles seraient, suivant M. Niépce, le produit de la vapeur phosphorée fixée au cuivre. L'image ainsi produite n'est pas susceptible de résister à l'action du tripoli.

72. Il paraît bien, d'après cette expérience, que les noirs d'une gravure exposée à la vapeur du phosphore brûlant lentement, absorbent une matière capable de se porter sur le cuivre et de s'opposer à ce qu'il devienne blanc par l'ammoniaque. Mais quelle est cette vapeur? Elle ne paraît pas être acide; du moins, la gravure appliquée contre un papier bleu de tournesol ne le rougit pas.

73. Il serait bien curieux de rechercher si la matière active de la vapeur de phosphore est différente réellement de l'acide phosphatique. S'il en était ainsi, l'étude des images de M. Niépce de Saint-Victor conduirait, dans certains cas, à distinguer des matières différentes, où jusqu'ici on n'a admis qu'une espèce de corps. Et, à ce sujet, je rappellerai combien nous sommes peu avancés dans la connaissance des odeurs de plusieurs matières métalliques, telles que celles du cuivre, du fer, de l'étain, et de plusieurs de leurs composés.

74. M. Niépce de Saint-Victor a produit avec l'iode des figures sur le fer, le plomb, l'étain, le laiton et l'argent; mais avec ce dernier métal, il a substitué l'exposition à la vapeur du mercure à l'exposition à la vapeur de l'ammoniaque fluor.

75. Il y a, sans doute, de l'analogie entre certaines images de Moser et certaines images reproduites par les procédés de M. Niépce; mais il me semble très-difficile de la définir, en voyant la diversité des procédés indiqués par le physicien allemand, et surtout le manque de développement d'une analyse précise des effets de chaque sorte de procédé, et si l'on considère en outre l'intention bien évidente où il est de ramener en définitive les phénomènes qu'il décrit à des actions physiques et non à des actions chimiques. Toutes les expériences de M. Niépce, bien plus circonscrites à la vérité, sont au contraire essentiellement fondées sur des effets de contact, produits entre des corps placés dans des circonstances qui relèvent de la chimie. Et en cela même elles viennent à l'appui de l'opinion de M. Fizeau, qui, rejetant la théorie des *radiations d'une lumière latente*, pour expliquer la production des images de Moser, l'attribue à des émanations de vapeurs dont la matière est déposée à la surface du corps qui donne son image à la surface d'un autre corps placé vis-à-vis du premier.

TROISIÈME CATÉGORIE D'EXPÉRIENCES.

Reproduction des images du foyer d'une chambre obscure, au moyen d'un composé d'argent, appliqué sur un enduit d'amidon ou d'albumine au lieu de l'être sur du papier.

76. Si les images produites sur papier, au moyen d'un composé d'argent sensible au contact de la lumière, laissent tant à désirer, l'inégalité de la surface où apparaît l'image en est la cause, puisqu'il y a impossibilité que les détails s'y peignent avec fidélité. Sans doute, cet inconvénient a fait préférer à son usage en photographie les plaques métalliques, malgré leur cherté, leur poids et l'effet de la réflexion spéculaire.

(La suite, ainsi que les Tableaux, à un prochain numéro.)

(1 et 2) Voir aux Annonces.

Le Secrétaire de rédaction, F.-A. RENARD, *Gérant.*

PREMIÈRE-ANNÉE. N° 55.

DIMANCHE, 5 OCTOBRE 1851

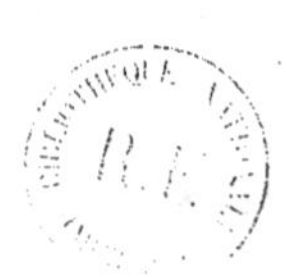

LA LUMIÈRE

JOURNAL NON POLITIQUE

HEBDOMADAIRE.

BEAUX-ARTS — HÉLIOGRAPHIE — SCIENCES.

BUREAUX, A PARIS, N° 15, RUE DE L'ARCADE, A LA SOCIÉTÉ HÉLIOGRAPHIQUE.

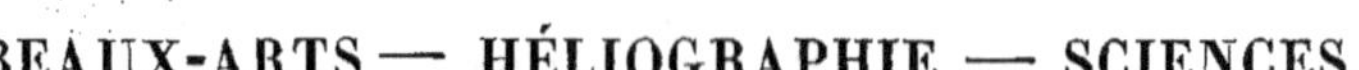

PRIX.—PARIS, UN AN, 16 F.; 6 MOIS, 10 F.; 3 MOIS, 6 F. — DÉPARTEMENTS, UN AN, 18 F.; 6 MOIS, 11 F.; 3 MOIS, 7 F.—ÉTRANGER, UN AN, 20 F.; 6 MOIS, 12 F.; 3 MOIS, 8 F.—CHAQUE N° 50 CENT.

SOUSCRIPTION

Pour élever un Monument aux Inventeurs de l'Héliographie,

NIÉPCE ET DAGUERRE.

Les listes sont déposées et les souscriptions sont reçues au siége de la Société héliographique.

Nous prions nos Abonnés des départements d'adresser le montant de leur souscription, en un mandat sur la poste, à M. F.-A. RENARD, secrétaire de la Société Héliographique, au bureau du journal la Lumière, rue de l'Arcade, 15.

SOMMAIRE.

ACADÉMIE DES SCIENCES.

—

Adhérence du fluide éthéré aux corps pondérables. — Manuscrits de l'astronome Lalande. — Planètes de M. de Gasparis. — Analyses de l'atmosphère, par M. Levy. — Moyens de combattre les incendies par le gaz acide carbonique.

Dans la séance du 29 septembre s'est débattue, au sein de l'Académie des sciences, une question que le journal la Lumière ne saurait passer sous silence ; cette question concerne la nature intime de l'agent lumineux ; les deux systèmes de l'émission et des ondulations se trouvaient en présence.

M. Fizeau, partant du système des ondulations, admet l'existence d'un fluide très-ténu, répandu dans l'espace, dans l'air et dans tous les corps translucides. Il a voulu déterminer si ce fluide (l'éther) suit les corps diaphanes quand ils se meuvent, ou s'il les abandonne pour garder exactement la place qu'il occupait auparavant.

Déjà la solution de ce problème, qui intéresse à un haut degré les sciences physiques, avait occupé plusieurs savants. Leurs expériences tendaient à constater qu'un corps lumineux mis en mouvement ajoute, sun un sens, à la vitesse de la lumière, et lui ôte dans un autre sens : ce fait étant prouvé, le transport du fluide lumineux à travers l'espace, par les corps solides ou liquides, cessait d'être douteux.

Mais c'est précisément dans la preuve expérimentale qu'existe la difficulté. Comment constater une accélération, souvent insignifiante, ajoutée à la lumière qui se meut avec une rapidité de 79,000 lieues par seconde ?

M. Arago, après avoir calculé que la vitesse de rotation de la surface de la terre est la dix-millième partie de la vitesse de la lumière, avait espéré trouver une différence entre les rayons solaires du matin, au-devant desquels nous sommes portés, et ceux du soir, que nous semblons fuir. Dans le premier cas la vitesse de la lumière doit être augmentée d'un dix-millième, et diminuée de la même quantité dans le second cas ; l'angle d'observation doit changer.

Pour constater ces différences, l'habile astronome se servit d'un prisme qui déviait la lumière de 22°. Il espérait, du matin au soir, voir se modifier la déviation ; mais aucun changement ne se manifesta ; l'expérience fut négative. Elle sembla démontrer que le prisme, porté vers le soleil par la rotation du globe, abandonne l'éther qu'il contient et n'ajoute pas à la vitesse des rayons solaires.

M. Fizeau a été plus heureux ; voici par quelle expérience il a prouvé que l'éther se déplace, au moins en partie, avec les corps.

Il a disposé deux tubes dans lesquels de l'eau limpide coulait de droite à gauche dans le premier, et de gauche à droite dans le second, avec une vitesse de 7 mètres par seconde. Un rayon de lumière fut disposé de manière à traverser les tubes dans le sens de leur longueur, et à s'accélérer de 7 mètres par seconde dans le premier, où il suivait le sens du courant, et à se ralentir de la même quantité quand il remontait le courant.

De telles différences sont insignifiantes quand on les compare aux 79,000 lieues qui forment la vitesse ordinaire de la lumière, et cependant elles ont pu être parfaitement constatées, par les interférences.

Nos lecteurs savent qu'en faisant pénétrer dans une chambre obscure un pinceau de lumière solaire, et en recevant sur un carton l'ombre d'un corps très-mince, on voit cette dernière entourée de franges alternativement obscures et colorées, qui se prolongent même dans l'intérieur de l'ombre.

Ce phénomène, lié à la diffraction de la lumière, a été expliqué par les ondes lumineuses, qui se neutralisent et produisent l'obscurité si elles se rencontrent, en vibrant en sens contraire ; tandis qu'elles produisent une clarté plus vive si, au moment de se rencontrer, elles vibrent à l'unisson.

Telle est la théorie des interférences, admirablement étudiée par Fresnel : en concentrant sur un seul point deux rayons de lumière qu'il déviait avec des miroirs, il produisait alternativement une vive lueur quand les rayons parcouraient la même distance et par suite vibraient à l'unisson, ou bien l'obscurité quand, en éloignant l'un des miroirs et en faisant parcourir une plus grande distance à l'un des rayons, il le réunissait à l'autre, au moment où il vibrait en sens contraire.

M. Arago a produit des effets analogues en faisant passer à travers des corps diaphanes et de densité variable les rayons lumineux, dont l'un, retardé dans sa marche, ne vibrait plus à l'unisson avec l'autre.

Maintenant, pour en revenir à l'expérience de M. Fizeau, on comprend que les rayons de lumière, après avoir traversé les tubes, doivent produire des interférences semblables s'ils ont conservé la même vitesse, ou bien des interférences différentes s'ils ont des vitesses dissemblables. Or, c'est précisément le dernier phénomène qui s'est produit.

Il nous est impossible de décrire minutieusement et l'appareil et l'expérience ; mais ce que nous en avons dit suffit pour faire comprendre à nos lecteurs comment des différences minimes, dans la vitesse de la lumière, peuvent être constatées. C'est une preuve des merveilles que produit la science quand elle s'aide d'un esprit sagace et inventif.

Avant de quitter les régions de la lumière et de l'astronomie, nous nous croyons obligés de soumettre à nos lecteurs un détail biographique sur le célèbre Lalande. Ce laborieux observateur a exploré minutieusement la plus grande partie du firmament, et a dirigé sa lunette sur 50,000 étoiles : ses notes manuscrites sont donc d'un haut intérêt pour la science ; mais, à sa mort, arrivée en 1807, elles furent dispersées et partagées entre ses héritiers. Son fils, officier d'état-major, a fait d'actives démarches pour réunir ces manuscrits, qui forment trente-six volumes ; il y est parvenu et en a fait don à M. Arago, qui lui-même les a transmis à la bibliothèque de l'Observatoire. C'est un vaste monument où les astronomes pourront trouver des renseignements utiles et des points de comparaison ou de départ pour des observations nouvelles. Déjà M. Mauvais y a puisé des documents précieux : qu'il y cherche encore ! Pour l'astronomie, comme pour toutes les sciences, les choses nouvelles sont rares, et plus d'une découverte a bien des années d'existence.

Cette remarque ne saurait s'appliquer à M. de Gasparis : il ne marche pas sur les traces de M. Leverrier et découvre de véritables planètes. Sa couronne astronomique se compose déjà de cinq étoiles ; de cinq joyaux de bon aloi. Le dernier porte le nom singulier d'*Eunomia*, et se trouve désigné par un signe quelque peu compliqué et sentimental.

Il faut pardonner ces excentricités à M. de Gasparis, en faveur de son éminent savoir : ajoutons que le ciel sous lequel il est né verse la poésie partout, même dans le cœur des savants.

M. Levy, dans un voyage entrepris dernièrement sous les auspices de l'Académie des sciences, s'est proposé d'étudier la composition de l'air atmosphérique dans les différentes contrées qu'il devait parcourir. Ses premières analyses, faites à Paris et au Havre, n'ont rien présenté de particulier ; mais renouvelées en mer, au milieu de l'Océan Atlantique, elles ont présenté, d'une façon constante, ce phénomène curieux, que pendant le jour la quantité d'oxygène et d'acide carbonique a dépassé la moyenne normale, tandis que l'inverse avait lieu pendant la nuit.

Il faut en conclure que sous l'influence des rayons solaires l'eau de mer exhale une notable quantité d'oxygène et d'acide carbonique, et qu'elle tend à absorber ces deux gaz, dans l'obscurité.

Dans l'Amérique, M. Levy a trouvé la composition de l'air atmosphérique semblable à celle de l'ancien monde ; cependant il a vu, dans le voisinage des volcans, ou vers les vastes défrichements qui s'opèrent par l'incendie des forêts, la proportion de l'acide carbonique s'élever de 0,0004, qui est ordinaire, à 0,0010, 0,0020 et même 0,0049, sans que ces changements aient paru agir sur la santé des plantes ou des animaux. Il est vrai que cette altération dans la composition de l'atmosphère doit être éphémère, comme les causes qui la produisent.

Les incendies qui désolent périodiquement certaines contrées agricoles de la France, font sentir plus vivement, chaque année, combien seraient utiles des moyens efficaces de combattre le feu. Bien des recherches ont été faites à cet égard par les hommes spéciaux, par l'administration et par les particuliers : à l'eau, qui est le moyen vulgaire d'éteindre les incendies, mais qui trop souvent manque ou produit des dégâts considérables, on a cherché à substituer des corps solides, tels que du sable, de la poussière, de la balle de blé, etc., puis, les gaz qui sont impropres à la combustion.

A des feux de cheminée on a opposé avec succès l'acide sulfureux, qu'il est facile d'obtenir en jetant une poignée de fleur de soufre sur un foyer incandescent ; mais le gaz qui parait devoir obtenir la préférence est l'acide carbonique ; c'est probablement avec lui qu'un Anglais a tenté récemment de préserver, au Champ-de-Mars, une maison envahie par les flammes : enfin il vient d'être employé utilement, en Écosse, pour combattre les ravages d'un incendie qui depuis plusieurs années dévorait une houillère, à quelque distance de Stirling.

Le feu s'était communiqué au charbon par suite d'un accident survenu dans une distillerie clandestine, et avait été vainement combattu par des travaux très-coûteux, tels que la construction d'un gros mur, le remblai des puits et des galeries : des éboulements successifs attestaient les progrès du fléau ; en cinq ans il avait dévoré des richesses considérables.

M. Gurney entreprit de le combattre au moyen de l'acide carbonique. Il fit au préalable boucher tous les puits, sauf deux, l'un qui devait servir à l'entrée du gaz, l'autre à sa sortie. Il fit ensuite construire un fourneau qui, par la combustion du coke, donnait par minutes 7,000 pieds cubes d'air asphyxiant ; cet air, au moyen d'une pompe, était refoulé dans la mine et empêchait l'abord de l'oxygène sans lequel nulle combustion ne peut s'opérer. Trois semaines suffirent à éteindre le feu ; mais la chaleur, encore très-considérable menaçait de reproduire les accidents : alors M. Gurney mélangea, au moyen d'un jet de vapeur, une certaine quantité d'eau très-divisée, au gaz qu'il refoulait dans la mine. Un notable abaissement de température fut obtenu par ce moyen, et on put, quelques jours après, faire péné-

trer, sans danger, de l'air atmosphérique qui produisit un refroidissement complet.

Voilà certainement un beau succès! il prouve la possibilité d'éteindre, par les gaz, les incendies qui se déclarent dans les lieux clos, tels qu'une chambre voûtée, une cave, un souterrain, la cale d'un navire, etc. A l'air libre la chose est moins facile, parce que le moindre vent, et le courant produit par le feu lui-même, permettent toujours l'accès de l'oxygène : les tentatives faites au Champ-de-Mars ont échoué ; elles ne pouvaient réussir.

Mais supposons que le feu se soit déclaré dans la cale d'un navire, ou dans la cave d'un droguiste, comme cela arrive si souvent ; supposons qu'à la place de l'eau qui produit des dégâts considérables et menace tout un équipage de famine, sinon de submersion, on puisse substituer rapidement une grande quantité d'acide carbonique ; les ravages de l'embrasement s'arrêteront instantanément, et rien de ce qu'il aura épargné ne sera détruit.

La seule difficulté sera de se procurer, dans un espace de temps très-court, une grande quantité d'acide carbonique : or, si l'on considère que ce gaz peut, sous une haute pression, se liquéfier, on trouvera que rien n'est plus facile. Deux bouteilles d'un pareil liquide, jetées dans une cave embrasée, et dont toutes les issues seront closes, feront vite explosion, et en une minute rempliront de gaz asphyxiant un espace considérable ; le même fait se produira dans la cale d'un navire. Supposons même un appareil muni d'un tube et rempli d'acide carbonique liquéfié, la moindre chaleur suffira pour produire une évaporation considérable, et un jet de vapeur qu'on pourra faire pénétrer dans un appartement, ou dans une meule de fourrages qui s'enflamme spontanément vers le centre.

Nous livrons ces appréciations aux hommes spéciaux, avec l'espoir de leur en voir déduire quelque application utile.

Docteur Clavel.

ÉPREUVES NÉGATIVES

SORTANT TOUTES FORMÉES DE LA CHAMBRE NOIRE.

PROCÉDÉ DE M. SCHEURER.

M. Scheurer, artiste photographe à Paris, vient de soumettre à l'Académie des sciences un procédé photographique à l'aide duquel il obtient, sur papier sec, des épreuves négatives qui sortent toutes formées de la chambre obscure. Il parvient à ce résultat par un moyen excessivement simple : il place au foyer de l'objectif une glace, dont le côté dépoli fait face à l'opérateur, et sur ce même côté il applique une feuille de papier préparé, comme pour obtenir une épreuve positive. Cette feuille est ensuite recouverte d'une planchette. Les choses ainsi disposées, en moins d'une minute, sur des objets éclairés par le soleil, l'image, parfaitement visible, se développe en négatif sur la feuille de papier, et forme conséquemment un cliché qu'il ne s'agit plus que de fixer par les moyens ordinaires. Ce cliché peut égaler en finesse les plus beaux clichés sur verre, si l'on a eu soin d'employer une glace dont le dépolissage ait été poussé à un grand degré de perfection.

Nous reviendrons avec détails sur ce procédé.

F. A. Renard.

DE L'HÉLIOGRAPHIE A NEW-YORK.

L'*héliographie* est devenue une véritable passion aux États-Unis. Cette nation de nations, toute pleine de jeunesse, de vigueur, d'ambition, ne veut pas rester en arrière du vieux monde de la civilisation et des arts. Elle aime surtout le nouveau, et elle n'a pas tout à fait tort. Elle est avide d'inventions utiles, de grandes découvertes. Il n'est donc pas étonnant qu'elle se soit passionnée pour la photographie et pour tout ce qui s'y rattache. Je citerai à ce sujet un fait dont j'ai été témoin. Un Américain, rédacteur en chef d'un des principaux journaux de Boston, qui venait visiter les merveilles de notre capitale, a voulu, avant tout, en arrivant à Paris, voir l'album de la Société héliographique, et je dirai, en passant, qu'il l'a trouvé supérieur à tout ce qu'il avait vu en ce genre dans son pays. Cependant cet art y fait chaque jour de nouveaux progrès, et le nombre de ceux qui s'y livrent augmente sans cesse.

Au mois d'octobre 1850, un journal spécialement consacré à la photographie fut fondé à New-York, où il paraît le 1er et le 15 de chaque mois, sous le titre de *Daguerrian journal*. Au mois de janvier suivant, parut le *Photographic art journal*, qui se publie mensuellement. Tous deux ont du succès.

Voici maintenant quelques détails statistiques assez intéressants, que nous empruntons au premier de ces journaux :

« Il y a à New-York 71 ateliers consacrés uniquement à l'art photographique, indépendamment des manufactures et des magasins où se fabriquent et se vendent les produits chimiques, les appareils, les plaques, etc. Ces ateliers, en comptant leurs propriétaires et les personnes qu'ils emploient, renferment 427 opérateurs, plus 11 femmes et 46 enfants. Le montant des loyers payés annuellement par ces artistes est de 25,550 dollars, ou 137,970 francs. Le prix du travail étant évalué à 10 doll. par semaine ou 54 fr., ce qui est certainement une estimation très-modérée, on trouve 1,270 doll., ou 6,858 fr. par semaine pour les 427 opérateurs, ou 66,040 doll., ou 356,616 fr. par an. Nous estimons le salaire des 11 femmes à 5 doll. (27 fr.) par semaine, donnant pour l'année un chiffre de 2,860 doll. (15,444 fr.). Le salaire des enfants, au nombre de 46, est évalué 1 doll. (5 fr. 40) par semaine, ou 2,392 doll. (12,916 fr. 80 c.) par an. La somme annuelle nécessaire pour couvrir toutes ces dépenses est donc de 96,842 doll., ou 522,946 fr. 80 c.

« On voit que nous ne comptons pas le matériel employé par nos artistes, les dépenses qui y sont relatives ne pouvant être évaluées même approximativement. »

Ces détails montrent suffisamment que la photographie a pris une grande importance dans cette ville d'industrie et de commerce.

Nous ajouterons quelques traits relatifs au caractère particulier des photographes américains.

Ils font d'énormes dépenses pour leurs ateliers. Ce sont de véritables palais, dignes d'entrer en comparaison avec les demeures enchantées que les Orientaux prêtent aux héros les mieux doués de leurs *contes*. Marbres taillés en colonnes, ou animés sous l'habile ciseau du sculpteur ; tentures richement brodées, encadrant des tableaux de prix ; tapis moelleux, où le pied se pose sans bruit ; volières pleines d'oiseaux de toutes les contrées qui chantent derrière un rideau de plantes rares, dont les fleurs parfument l'air en s'épanouissant à la lumière adoucie du soleil. Voilà ce que le photographe américain appelle son *atelier*. Tout y est réuni pour distraire l'âme du visiteur de ses préoccupations pénibles et donner à son visage une expression de calme et de bonheur. Le manufacturier, le médecin, l'avocat, le marchand, l'homme politique même y oublient le tracas des affaires. — Le moyen, après cela, de marchander son portrait à de pareils enchanteurs?

Ernest Lacan.

DES PROGRÈS

ET

DE L'AVENIR DE LA PHOTOGRAPHIE.

Nos prévisions se vérifient avec une rapidité inespérée : vaguement entrevu dans nos premiers articles, l'avenir de l'héliographie se révèle de jour en jour, et quelques mois ont suffi pour amener des résultats auxquels nous avions assigné le terme de plusieurs années. Au début de cette publication, nous appelions l'attention des photographes et du gouvernement sur les vieux monuments de notre architecture nationale, nous tracions le programme de voyages héliographiques profitables à l'art, propres à exciter l'émulation, à amener de nouveaux perfectionnements, à constater la puissance d'exécution dont l'invention Niépce-Daguerrienne est susceptible.

Notre voix, on le sait, a été entendue : l'administration a confié des missions à d'habiles héliographes, et donné lieu à des ouvrages qui surpassent tout ce que l'on avait justement admiré en ce genre.

Nous hâtions de tous nos vœux le moment où la photographie, mise à la portée du public, prendrait rang parmi les arts industriels : les publications pittoresques de MM. Piot et Blanquart-Evrard ne se sont pas fait attendre : enfin, nous marchions à grands pas vers la solution d'un problème bien autrement difficile, la fondation d'une imprimerie photographique. Cette conquête, désormais acquise, va compléter les honorables travaux de M. Blanquart-Evrard.

C'est de l'état peu satisfaisant de la fabrication des papiers que provenait le principal obstacle : notre infatigable confrère a tellement amélioré la préparation des feuilles, qu'il est parvenu à utiliser des papiers de qualité médiocre. C'était prendre le meilleur chemin ; les fabricants, si habiles à discerner leur intérêt prochain, le sont bien moins à pressentir des avantages éloignés. Suivant eux, le bon papier photographique ne serait profitable qu'à l'art ; ils dédaignent de se mettre l'esprit à la torture pour un si maigre résultat.

M. Blanquart, lui, a fait la moitié de leur raisonnement : il n'a songé qu'à l'art, et il a conclu autrement qu'eux. Nous désirons vivement qu'il ait raisonné juste, même au point de vue des affaires, et que son *imprimerie photographique* soit couronnée du succès qu'elle mérite. En offrant à nos héliographes un tirage facile, prompt, nombreux, économique de leurs bonnes épreuves, M. Blanquart leur ouvre à tous la publicité ; il résout le problème en son ensemble, pour tout le monde, et il place nos confrères dans la position des dessinateurs, des lithographes, en leur fournissant, comme à ces derniers, un éditeur.

Dans la lettre qu'il nous a fait l'honneur de nous adresser, M. Blanquart a parfaitement raison d'avancer que son entreprise est l'application la plus complète des principes posés dans son ouvrage : ce n'est pas sans fondement qu'il invoque les sympathies de la Société héliographique sur un projet qui concourt à nos vœux les plus ardents.

A vrai dire, le moment est admirablement choisi : dans l'espace de quelques mois, la photographie vient de constituer les bases d'un musée pittoresque et archéologique de la France : M. Bayard, que nous avons entrevu entre deux excursions, nous rapporte les monuments de la Normandie : ses clichés sont très-fins, ses points de vue heureusement saisis : Saint-Maclou, Saint-Ouen, l'hôtel Bourghteroude, la cathédrale de Rouen, ont été étudiés sous différents aspects, et nous aurons de brillantes relations à communiquer aux nombreux abonnés du journal.

Son confrère, M. Le Gray, exploite, en compagnie de M. Mestral, les contrées du Midi, de la Loire à la Méditerranée : il n'est pas encore de retour, mais il a fait des envois précieux ; ses planches sont énormes. Nous avons vu dans ses ateliers celles qui concernent le *château de Blois*, cette belle et sévère page de la renaissance : les effets ont été si bien saisis, que plusieurs d'entre elles ont la vigueur étrange, le relief puissant et l'impression semi-fantastique des gravures du Piranèse. La photographie s'élève à une magie d'impression à laquelle ni le dessin, ni la peinture n'avaient pu parvenir, surtout en ce qui concerne les édifices gothiques. Elle rend l'idée de grandeur, l'audace de proportions dont on est frappé en présence de ces merveilles.

Et tandis que la gravure, qui grandit les constructions grecques ou romaines, rapetisse celles du moyen âge, la photographie, en soufflant partout l'air à profusion, en estompant les détails fourmillants, sans en noyer les contours, présente aux yeux charmés des monuments grands comme ceux de la nature, et plus encore parfois ; car l'ancien château des Valois fait naître dans la pensée la surprise que l'on subit en face des édifices les plus vastes.

Ce qui nous a le plus frappé dans ces estampes, après un premier coup d'œil, ce sont les efforts de nos touristes pour introduire dans leurs œuvres le sentiment de la couleur ; et, certes, on ne parle pas ici de la coloration plus ou moins bistrée des épreuves : un dessin au vermillon ou à la réglisse peut être froid et pâle. Le sentiment de la couleur, dans une image, modelée à l'aide des dégradations d'une même teinte, c'est cette sorte d'accentuation qui laisse deviner, sous le même plan, des nuances disparates, et aide à deviner la matière dont le modèle est fait. Quand un dessin reproduit l'âge, la nuance, le grain des pierres, quand il révèle des oppositions vives et harmonieuses entre les teintes locales des arbres, des pelouses, des eaux ou des terrains, il dénote le coloriste ; nos héliographes, s'ils ont du goût et de la science, réussissent, à force d'essais, à introduire ces qualités essentielles dans leurs épreuves positives, tout aussi bien que les lithographes et les graveurs. Là, comme partout, l'esprit vivifie.

Un dernier progrès restait à réaliser : la copie des ciels, des objets en mouvement, et de tous les corps très-lumineux. Pour en arriver là, il fallait remonter au principe même de l'invention, la plaque daguerrienne, plus apte que le papier à s'élever à une *sensibilité* excessive par l'emploi des substances accélératrices. Nous avons, à cet égard, des prodiges à signaler. Dernièrement, on a présenté à l'Académie des sciences des plaques où l'on avait fixé les vagues de la mer, l'image du soleil, etc....

M. E. Bacot a trouvé déjà d'habiles rivaux. Chacun admire en ce moment au Havre les travaux de M. Hippolyte Macaire, qui, dans l'espace d'une fraction de seconde, et à l'aide d'une exposition si rapide, qu'il a dû acquérir une célérité manuelle vraiment prestigieuse, obtient des ciels, des flots, des feux avec leurs flammes, des effets de soleil et des réflexions miroitantes sur les eaux de l'Océan. M. Macaire est parvenu à fixer une voiture qui roule, un homme qui marche, un cheval au trot, des navires à vapeur avec leur cheminée qui fume, et les panaches d'écume que font jaillir les palettes des roues.

Nous avons reçu à cet égard les communications les plus intéressantes, d'un artiste distingué, M. Aimé Millet, sculpteur et dessinateur très-consommé, à qui l'on doit une copie à l'estompe de *la Joconde*, presque aussi admirable que le tableau original, et acquise par l'administration des beaux-arts.

M. Millet arrive du Havre ; il a admiré la surprenante collection de M. Macaire, et a acquis lui-même deux sujets qu'il nous a montrés.

L'un représente la sortie, l'autre l'entrée d'un brick, au bout de la jetée du Havre. Ces dessins réunissent le ciel avec ses nuages, le navire toutes voiles au vent, avec ses pavillons agités par la brise, et les flots moutonnant à l'entour. Rien n'égale la netteté de ces divers objets, si ce n'est leur extrême simplicité : on croirait voir quelque vieux dessin de Ruysdaël ou de Backhuisen. Les banderoles flottantes sont accusées franchement, comme si elles eussent été placées devant l'objectif dans un instant d'immobilité ; des yoles, des chaloupes à rames, dansant sur la croupe des vagues, et réduites sur la plaque à l'exiguïté des lentilles, permettent de compter les rameurs, et de les discerner à la loupe. Pour ce qui concerne les eaux, non-seulement on voit se soulever en mamelon le flot prêt à se déferler, mais, sur la partie lisse et si mobile de la volute liquide, on distingue la réflexion du bâtiment qui passe, bien mieux qu'on ne le ferait dans la nature, où ce mirage est trop fugitif. Ainsi, la reproduction a lieu au dépit de trois mouvements divers et combinés : le balancement de la vague, celui du bâtiment et celui de l'objet réfléchi sur un plan très-mobile.

Frissonnant sous une brise fraîche, la mer, que le vent égratigne et rabote, se fleurit de ces flots mêmes qui bouclent à leur chute, en frisures d'écume assez semblables à de petits copeaux de bois blanc. Cette écume argentée se dessine franchement, avec ses éclaboussures dentelées, fragile guipure de la mer. S'il passe, en rasant l'onde, une mouette, un goéland, ils restent pris sur la plaque. La vapeur blanche et la fumée noire permettent de saisir leurs panaches ondoyants : c'est une féerie ; il ne s'est rien produit de plus miraculeux depuis le jour où Josué, fils de Nun, arrêta le soleil.

Ces images fournissent aux peintres de marine des leçons profitables, en leur montrant qu'ils ont singulièrement exagéré les effets, les reliefs des eaux agitées, et forcé l'emploi des petits moyens. L'interprétation a beaucoup outrepassé la vérité. Chose étrange, l'écume des mers ne ressemble point à ces chiffons de mousseline broyés dans une savonnade ; tout ressort à l'aide d'un ou deux tons, et un simple croquis au crayon suffirait pour tout exprimer.

Aussi, MM. Gudin et Isabey ont-ils acquis une collection des *marines* de M. Macaire, dont l'atelier ne désemplit pas. Ce dernier étudie les moyens de pratiquer sur papier ce qu'il exécute sur plaque, et il espère parvenir à ses fins très-prochainement. Alors on verra se *réaliser* ce que nous avons toujours espéré ; des paysages avec des ciels. Dès à présent, il serait possible, à l'aide d'un artifice de manutention, de s'élever à de tels résultats. Quel obstacle verrait-on, en attendant mieux, à transporter un ciel nuageux, de la plaque sur la plaque dont on masquerait les plans inférieurs, et qui servirait ensuite à recevoir la contre-épreuve d'un négatif où l'on aurait fixé l'image des objets terrestres ? Si l'on procédait pour les deux étages de cet horizon, dans un même lieu, à la même heure, les valeurs des deux portions se trouveraient en harmonie.

À la vérité, ce ne serait là qu'un tour de main, qu'un artifice de procédé, en attendant mieux ; car, dès que M. Macaire aura atteint son but,—la préparation des papiers avec des réactifs suffisamment impressionnants, il arrivera ce qui a lieu pour la plaque : un quart, un cinquième de seconde suffira pour obtenir, à la fois, et le paysage et les cieux.

Pour satisfaire à l'impatience des absents, ou de ceux qui ne pourraient acquérir les plaques de M. Macaire, ne pourrait-il tirer, d'après ces mêmes plaques, quelques contre-épreuves sur papier, afin de nous donner une idée plus satisfaisante de ces travaux, que nous nous voyons contraint à mentionner d'après deux échantillons seulement ; très-curieux, il est vrai, et qui contiennent tout ce qui se peut rencontrer ailleurs ?

Enfin, comme notre mission, avant toutes choses, est de rendre l'héliographie populaire, d'exciter le courage de ceux qui la cultivent, et de les mettre sur la voie des succès productifs, nous devons appeler la concurrence sur les travaux analogues à ceux de M. Macaire. Ses procédés n'ont rien de bien secret, et les substances sont trouvées : l'application seule est ingénieuse, nouvelle, et la principale étude pour l'égaler porterait sur la dextérité manuelle. Les plus belles plaques de l'héliographie du Havre sont enlevées avec avidité, dit-on, par les amateurs, au prix de cent francs. Nous nous bornons à indiquer la source d'une exploitation si lucrative : elle offrirait de justes compensations à ceux qui, depuis des années, ont, à leurs frais, cherché de si belles améliorations dans le but de livrer à un taux, de jour en jour plus modéré, des œuvres de plus en plus belles.

Ces considérations rappellent à notre pensée M. Eugène Piot qui, après avoir consacré la saison d'été à de nouvelles études, pour améliorer encore son bel *Album* des monuments de l'Italie, est parvenu à faire des épreuves de plus d'un demi-mètre de hauteur, avec un très-petit appareil de voyage. Sûr de ses procédés, cet héliographe consciencieux et zélé vient de se remettre en route, se dirigeant sur Venise, dont il se dispose à reproduire les palais et les canaux.

Comme on le voit, d'après ce rapide exposé, la photographie acquiert chaque jour une importance nouvelle. Déjà, sous l'impulsion du gouvernement, elle tend à substituer ses dessins aux gravures coûteuses et moins précises des monographies pittoresques. L'ère des publications a commencé ; M. Blanquart fonde une imprimerie, et M. Macaire nous donne ce qu'aucun art humain n'avait pu fixer avec une précision absolue : la nature prise au vol, le mouvement saisi dans sa physionomie changeante et rapide. Jusque-là, la lutte était possible ; mais sur ce terrain, l'art est distancé, car il se voit réduit à apprendre de l'héliographie ce qu'il se bornait forcément à n'entrevoir que dans une interprétation convenue.

Et comme on a pris dans notre siècle l'habitude des prodiges, cette découverte, déjà poussée si loin dans ses applications, est considérée par le public comme une chose naissante et *qui promet*... Dans son ardeur à s'élancer vers les mystères de l'avenir, il se détourne du passé et, ingrat envers les génies qui naguère préludant à ces merveilles, ont légué à notre patrie la gloire de l'initiative, il laisse, ce public indifférent de cœur et actif par l'esprit, il laisse à l'abandon les tombeaux de Niépce et de Daguerre. L'herbe ne les couvre pas encore, et déjà l'oubli les efface.

Et si l'Amérique ne prisait plus haut, en cette circonstance, la gloire de l'humanité, que nous n'estimons celle de notre pays, le monument de Niépce et de Daguerre, manquant de souscripteurs, ne verrait pas le jour sur cette terre, où l'on prodigue le bronze et la pierre à tant de traîneurs de sabre, d'édiles obscurs et d'échevins ignorés.

FRANCIS WEY.

NOUVELLES DIVERSES.

L'église Saint-Gervais, une des plus curieuses de Paris, est souvent visitée par les touristes, qui vont admirer les pendentifs à jours qui ornent ses clefs de voûte, les vitraux historiés qui remplissent les baies de ses fenêtres flamboyantes, et surtout un tableau sur bois, placé dans une chapelle latérale, tableau signé d'un nom illustre de la vieille école allemande, Albert Durer. Cette peinture précieuse représente une des scènes de la Passion du Christ, celle où Judas le livre à ses bourreaux ; comme beaucoup d'œuvres d'art de la même époque, elle abonde en anachronismes de costumes. La plupart des nombreux personnages sont vêtus à la façon des bourgeois flamands du quinzième siècle : les armes qu'ils portent n'ont rien de commun avec celles des archers de Pilate ; ainsi du reste. Toutefois, les têtes, celles du Christ et de Judas par exemple, sont admirablement exécutées et décèlent le pinceau d'un grand maître. Par malheur, depuis quelques années, ce tableau est dans un état de dégradation déplorable et qui va s'augmentant sans cesse. L'humidité de la muraille à laquelle des pitons le tiennent juxtaposé a fait gonfler le bois ; une fente assez profonde s'est déclarée et des fragments de peinture sont tombés en écailles.

On regrette, en admirant ce chef-d'œuvre, que des précautions n'aient pas été prises pour le sauver de la ruine qui le menace. Les pages d'Albert Durer sont assez rares en France pour qu'on les conserve avec sollicitude. Le Musée de Limoges, par exemple, en possède une fort belle, mais malheureusement fort peu connue, ainsi que le sont bien des richesses inappréciées des collections départementales. Le Louvre serait heureux d'ouvrir ses portes à deux battants aux peintures sur bois d'Albert Durer, qui portent toutes deux sa signature bien connue, un monogramme composé des initiales A et D, en lettres dites onciales, entrelacées. Le tableau de Limoges est un diptyque sur panneau de chêne, représentant, d'un côté, *saint Léonard*, un des patrons du Limousin, et de l'autre, *sainte Catherine*.

— Une nouvelle statue va être placée dans la grande façade de l'Hôtel-de-ville de Paris ; c'est celle du célèbre chimiste Lavoisier. Le pavillon central du même monument vient d'être confié à des sculpteurs de mérite pour réparer les belles statues qui forment l'encadrement de l'horloge, et dont quelques-unes sont brisées.

CONSIDÉRATIONS SUR LA REPRODUCTION,

PAR M. NIÉPCE DE SAINT-VICTOR,

des images gravées, dessinées ou imprimées,

PAR M. E. CHEVREUL.

(Suite.)

Dans cet état de choses, M. Niépce de Saint-Victor a eu l'heureuse idée d'enduire des plaques de verre transparent ou dépoli d'une couche mince d'amidon cuit ou d'albumine de blanc d'œuf, et de s'en servir au lieu de papier. Les épreuves *négatives*, ou, pour parler plus correctement, *inverses*, qu'il a obtenues, ne permettent pas de douter qu'il n'ait atteint le but qu'il s'était proposé.

Il emploie 3 parties d'amidon délayées parfaitement dans 100 parties d'eau, auxquelles il ajoute 5 parties d'une solution renfermant 0,25 d'iodure de potassium ; c'est cet amidon cuit qu'il coule sur des plaques de verre où il sèche rapidement, soit au soleil, soit à l'étuve.

Ou bien il ajoute l'iodure de potassium à du blanc d'œuf frais parfaitement limpide, et ce liquide est coulé sur les plaques de verre.

Ces plaques sont ensuite imprégnées de la liqueur d'*acéto-nitrate d'argent* de M. Blanquart-Évrard, puis soumises à l'action de la lumière dans la chambre noire, conformément au procédé décrit par cet auteur.

L'Académie prendra une idée du perfectionnement apporté dans la photographie par les manipulations précédentes, en voyant les épreuves inverses obtenues par M. Niépce de Saint-Victor.

On a tout lieu d'espérer que, dans beaucoup de cas, il sera possible de reporter l'image sur bois ou sur pierre lithographique, sans qu'il soit nécessaire de la reproduire d'abord par le dessin pour la graver ensuite sur bois, ou en tirer des épreuves au moyen de la lithographie.

RÉSUMÉ.

Ces recherches, dans lesquelles M. Niépce de Saint-Victor a fait preuve de persévérance et de talent, me paraissent devoir fixer l'attention des savants sous les rapports suivants :

1° Sous le rapport de l'attraction élective avec laquelle une même vapeur peut être fixée par différents corps.

Ainsi, l'iode a plus de tendance à se fixer à plusieurs matières noires qu'au papier blanc, soit qu'il agisse à l'état de vapeur, soit qu'il agisse à l'état de solution liquide. Dans le premier cas, les noirs agissent à l'instar des solides poreux condensant des vapeurs ; dans le second, comme des mordants fixant des matières colorantes à des tissus. D'un autre côté, les matières noires cèdent leur iode à l'amidon, et celui-ci le cède enfin à des métaux ;

2° Sous le rapport de l'attraction élective de certaines vapeurs qui se fixent au papier blanc de préférence aux parties noires d'une encre grasse, ainsi que cela arrive à la vapeur de l'acide azotique ;

3° Sous le rapport de la rapidité avec laquelle peuvent réagir une vapeur et des corps solides aussi compacts que le sont les métaux, comme on l'observe entre la vapeur de l'ammoniaque fluor et le cuivre, par exemple ;

4° Sous le rapport de la distance à laquelle une vapeur qui se dégage de la matière d'une image est susceptible de reproduire cette image sur un plan où la vapeur vient à se condenser ;

5° Sous le rapport de l'influence très-diverse que différents solides pourraient exercer sur l'économie animale, après avoir été exposés à une même vapeur.

Malgré l'étendue des détails précédents, il me reste, pour remplir la tâche que je me suis prescrite, à dire quelques mots de l'auteur des recherches dont je viens de parler. Si l'Académie est toujours disposée à accorder son approbation et ses encouragements à ceux qui lui communiquent des faits nouveaux, cette disposition ne doit-elle pas se manifester surtout lorsque ces faits lui sont présentés par une personne qui, étrangère à la classe des savants, est engagée dans une carrière où tout le temps de celui qui la suit appartient à l'État ? Telle est la position de M. Niépce de Saint-Victor, digne à tous égards de porter le nom de son oncle, Joseph-Nicéphore Niépce, à qui revient l'honneur d'avoir fixé, dès 1826, les images de la chambre noire sur un métal enduit d'une matière sensible à la lumière, le bitume de Judée préalablement dissous dans l'huile de lavande. M. Niépce de Saint-Victor, à sa sortie du collège, s'engagea, et entra comme simple cavalier à l'école de Saumur. Deux ans après, il passa maréchal des logis dans le premier régiment de dragons, où il devint successivement sous-lieutenant et lieutenant, sans cesser d'y remplir les fonctions d'instructeur. Il y a cinq ans, l'administration de l'armée ayant manifesté l'intention de changer en couleur aurore la couleur distinctive *rose* des premiers régiments de cavalerie, on publia cependant de ne pas défaire les uniformes déjà confectionnés, on apprit au ministère de la guerre qu'un lieutenant de dragons, en garnison à Montauban, disait avoir trouvé le moyen de remplir cette condition difficile. Ce lieutenant était M. Niépce de Saint-Victor. Mandé à Paris pour répéter son procédé devant une commission nommée par le ministre de la guerre, le résultat en fut tel qu'il l'avait annoncé ; un peu plus tard, l'exécution qu'on en fit en grand dans plusieurs régiments eut un égal succès. Il faut savoir que jamais M. Niépce, avant cette époque, ne s'était occupé de teinture.

De retour à Montauban, M. Niépce commença à se livrer aux recherches dont l'Académie connaît maintenant les résultats. Convaincu que Paris lui offrirait plus de ressources pour se continuer que les garnisons de province, il demanda son admission dans la garde municipale, quoiqu'il sût bien qu'en changeant d'arme il perdrait de ses chances à l'avancement. En considération de ses bons services, on fit droit à sa demande. C'est depuis son séjour à Paris que j'ai pu apprécier ce que l'intelligence de M. Niépce a de qualités rares et distinguées, car les confidences qu'il m'a faites le jour même où les plus grand nombre ont été exécutés au quartier de cavalerie du faubourg Saint-Martin, dans la salle de police, qui, restait pour ainsi dire constamment libre, à cause de la sévérité du choix des hommes appelés à composer la garde municipale, a pu recevoir ainsi la nouvelle destination que M. Niépce lui a donnée.

(*La suite, ainsi que les Tableaux, à un prochain numéro.*)

Le Secrétaire de rédaction, F.-A. RENARD, *Gérant.*

BICHLORO-BROMURE DE DUBOIS. — Le Bichloro-bromure de Dubois, rue du Faubourg-Saint-Martin, 85, vis-à-vis la rue du Marais, est et sera encore longtemps l'une des plus grandes sûretés pour l'opération sur plaque.

Un flacon de cent vingt grammes, du prix de douze francs, mis dans une boîte de demi, fermant bien, peut grandement durer un an, sans y rien ajouter; après ce temps (si vous le jugez nécessaire), jetez dans votre chloro-bromure dix à quinze gouttes de brôme pur, remuez-le bien; alors il reprendra toute son activité première sans cesser de donner avec la même exactitude et avec les mêmes tons.

Les personnes qui ont avancé que j'avais vendu la manière de préparer le dit chloro-bromure sont complètement dans l'erreur; je n'ai ni donné, ni vendu mon procédé à personne; si je viens à le vendre à l'une des plus fortes maisons de Paris (comme en effet il en est question), l'acquéreur le fera connaître par une circulaire signée par moi.

Ainsi donc, MM. les daguerréotypeurs sont bien informés que, jusqu'à présent, le bichloro-bromure est toujours ma propriété, comme le procédé des trois boîtes est toute mon invention.

DUBOIS.

FABRIQUE SPÉCIALE DE PRODUITS CHIMIQUES POUR L'HÉLIOGRAPHIE
ET POUR LES SCIENCES ET LES ARTS QUI S'Y RATTACHENT,
FONDÉE SOUS LES AUSPICES DE LA SOCIÉTÉ HÉLIOGRAPHIQUE DE PARIS.
DÉPOT DE PLAQUES DE HOUSSEMAINE ET AUTRES OBJETS POUR LE DAGUERRÉOTYPE.
PUECH ET Cᵉ, RUE DE L'ARCADE, 15.

FABRIQUE DE DAGUERRÉOTYPES ET ACCESSOIRES.
CI-DEVANT *Rue Rambuteau,* 38.

CHANGEMENT DE DOMICILE
POUR CAUSE D'AGRANDISSEMENT.
LES MAGASINS, BUREAUX ET ATELIERS DE
WULFF ET Cᵉ,
BREVETÉS S. G. D. G.
Sont transférés RUE CHARLOT, 57, au Marais.

FABRIQUE D'ENCADREMENTS EN TOUS GENRES.
CI-DEVANT *Rue Rambuteau,* 38.

Le nouveau Catalogue, modifié, est sous presse. L'envoi en sera fait, *franco,* aux personnes qui en feront la demande par lettre *affranchie.*

PHOTOGRAPHIE sur PAPIER, VERRE et PLAQUES MÉTALLIQUES. — PROCÉDÉ GUILLEMAIN. — Nouveau procédé à l'aide duquel tous les Photographes pourront, sans le secours d'aucun maître, obtenir, en cinq à vingt secondes, de magnifiques portraits sur toute espèce de papiers indistinctement. Les blancs et les noirs sont inaltérables et d'une telle pureté de lignes qu'il est possible de livrer une épreuve positive sans être retouchée. — Ce procédé, applicable au verre, est supérieur à tout ce qui a été publié jusqu'ici. Les portraits et les vues sont d'une incomparable beauté. — En envoyant par la poste, et franco, un mandat de cinq francs, on recevra, par le retour du courrier, ce procédé auquel est annexé un petit opuscule intitulé *Héliographie, ou l'art d'obtenir sans Daguerréotype la reproduction de tous les objets de la nature.* — Les Daguerréotypeurs recevront également, et sans augmentation de prix, le moyen de faire eux-mêmes une nouvelle préparation à l'aide de laquelle ils obtiendront constamment et sans déception de très-beaux portraits sur plaque et d'une richesse de teinte incomparable. — La reproduction publique de ces divers procédés est formellement interdite.
S'adresser, *franco,* à Mᵐᵉ GUILLEMAIN, seule dépositaire, *rue Montmartre,* 67.

DECOIN Ébéniste, fabricant de Daguerréotypes. — Grand assortiment d'appareils de toutes grandeurs, et toute l'ébénisterie concernant le Daguerréotype pour papier et pour plaque.
Magasin et atelier *rue Galande,* 47, près la rue Saint-Jacques.

F. LAVORENTE successeur de NÉDIARD et SALCRNIER. — FABRIQUE SPÉCIALE DE PLAQUES POUR DAGUERRÉOTYPE, *place Dauphine,* 17.

KOLB *rue Saint-Denis,* 328, *Cité Gandais.* — Fabrique d'appareils pour le DAGUERRÉOTYPE. Grand choix d'articles pour la Photographie sur papier et sur glace.

GUILLOUX *passage de l'Industrie,* 7, breveté s. g. d. g. — CAPSULES POREUSES, GLACES et CUVETTES en tous genres pour la Photographie.

BON ET MORO Opticiens - Photographes, à Valence (Drôme). — Portraits sur plaque et sur papier. Magasin de toutes les fournitures pour le daguerréotype.

PRODUITS CHIMIQUES relatifs au DAGUERRÉOTYPE, à la PHOTOGRAPHIE SUR PAPIER, à la DORURE et à l'ARGENTURE ÉLECTRO-CHIMIQUES, à la GALVANO PLASTIE et l'ÉCLAIRAGE ÉLECTRIQUE — NOUVEAU SEL D'OR servant aussi bien à la fixation des portraits qu'à la dorure de tous les métaux, à 2 fr. 50 c. le gramme. — Grand choix de PILES GALVANIQUES avec tous les renseignements relatifs à leur application aux sciences et aux arts, à 2 fr. 25 c. l'élément complet. — E. DELOS, *rue de Bretagne,* 65. — Sur lettres affranchies, on donne des renseignements.

ALEXIS GAUDIN fabricant de Plaqué et d'articles de Daguerréotype; dépositaire de la Boîte à évaporation constante d'EDMOND FRUIT, prix, 50 fr. — Du chloro-bromure et de l'iodo-brôme de E. VAILLAT, prix, 50 fr. les deux flacons. — Du bichloro-bromure de DUBOIS, prix, 12 fr. le flacon. — De l'accélérateur MAYEU, pour la photographie sur papier, prix, 5 fr. — Le nouveau Tarif de cette importante maison vient de paraître en 16 pages in-4°. L'envoi en sera fait *franco* sur demande affranchie. 7, *rue de la Perle* (MARAIS).

MÉMOIRE concernant l'obtention, à la chambre noire, d'*Épreuves positives sur verre* de nature à servir également de *Clichés pour les reproductions sur papier,* par J. R. LE MOYNE, ingénieur des ponts et chaussées. — PARIS, chez MM. WULF et Cᵉ; PUECH et Cᵉ; LIMOGES (Haute-Vienne), M. LAFOND, papetier. — Prix, 5 fr.; franco, par la poste, 5 fr. 50.

MICHEL, 7, *quai de l'Horloge.* — FABRIQUE SPÉCIALE DE PLAQUES POUR LE DAGUERRÉOTYPE.

LEREBOURS ET SECRETAN, opticiens de l'Observatoire, 13, *place du Pont-Neuf, Paris.* — Appareils photographiques pour plaques de doublé, *et pour opérer sur papier,* de tous les systèmes, grandeur demi-plaque, normale, de 27 centimètres sur 33 et au delà. — Vente, après l'essai, de tous les objectifs, doubles et simples, pour les appareils ci-dessus. — Fourniture de tout ce qui est relatif à la photographie sur plaque et sur papier. — *Appareil panoramique* de M. Martens. — *Focimètre* de M. Claudet pour déterminer, dans les objectifs, la différence qui existe entre le foyer chimique et le foyer apparent, 15 francs. — *Actinomètre,* du même, pour comparer le pouvoir d'activité de toute espèce d'objectifs, 15 fr. — Brochures de tous les auteurs sur la photographie. — Le supplément au catalogue de 1846 est envoyé, *sans frais,* à toutes les personnes qui en font la demande franco.

MARCHANDISES POUR DAGUERRÉOTYPE SEULEMENT. — EDWARD ANTHONY, importateur et fabricant de tous les articles pour daguerréotype, 308, *Broadway, New-York.*

SCHIERTZ, Ébéniste, Fabricant de DAGUERRÉOTYPES. NOUVEAU SYSTÈME DE RAPPEL A LA CHAMBRE NOIRE. — *Atelier et Magasin rue de la Huchette,* 27.

A. MADELAIN *rue Chabannais,* 11, *place Louvois, Paris.* FABRIQUE GÉNÉRALE des articles du DAGUERRÉOTYPE, tels que Plaques, Papiers et Verres. — Optique, Ébénisterie, Plaques, Encadrements, Cadres, Écrins, et autres accessoires divers. — Dépôt des meilleurs papiers photographiques. — Brochures de tous les auteurs, etc. — Magasin de Marchandises toutes prêtes, ce qui permet de livrer les plus fortes commissions dans les vingt-quatre heures, et de suite si elles sont minimes, aux prix les plus bas qu'il soit possible de faire.

GAUTIER ET MARTIN 45, *rue Saintonge.* — Fabriques réunies d'Écrins, Cadres, Passe-partout, Médaillons et Broches. — Prostypes et Encadrements pour papier.

JAMIN OPTICIEN, breveté s. g. d. g. — Fabrique de verres pour tous les instruments d'optique, tels que Têtes de Daguerréotypes, Microscopes, Longues-Vues et Jumelles de spectacle. — A Paris, *rue Saint-Martin,* 127, ancien 71.

TRAITÉ PRATIQUE DE PHOTOGRAPHIE sur papier, sur verre et sur plaques métalliques, par AUDRÉE. — Nouveau procédé qui simplifie et abrège les opérations. Prix : 2 fr. 50 c. et 3 fr. par la poste. — Dépôt chez WULFF et Cᵉ, *rue Charlot,* 57, à Paris. (Affranchir.)

PHOTOGRAPHIE SUR PAPIER NOUVEAU TRAITÉ, par M. BLANQUART-EVRARD, de Lille. — Chez A. MADELAIN, fabricant de Daguerréotypes, rue Chabannais, 11, place Richelieu ou Louvois, Paris.

BISSON FILS Héliographe de l'Assemblée Nationale, Professeur de Photographie. — PORTRAITS SUR PLAQUE ET SUR PAPIER. — *Rue de la Madeleine,* 20.

TRIPOLI SPÉCIAL POUR LE DAGUERRÉOTYPE, approuvé par les premiers artistes de Paris. — Dépôt unique chez M. COLCOMB-BOURGEOIS, chimiste, à Paris, *quai de l'École,* 18 (GROS ET DÉTAIL.) Prix du flacon de 100 grammes, 1 fr. 25. — 10 flacons, 10 fr.

MARTIN 45, *rue Charlot.* — FABRIQUE SPÉCIALE DE PLAQUES POUR DAGUERRÉOTYPE.

BRICARD *rue Saint-Martin,* 343. LEÇONS DE DAGUERRÉOTYPE sur papier. — Cours complet, 50 fr. Réussite garantie. — LEÇONS DE COLORIS.

POINTEAU, 350, *rue Saint-Denis.* Fabrique spéciale de Passe-Partout pour daguerréotypes.

AVIS.

Toutes les demandes et réclamations relatives au service, toutes les lettres et communications relatives à la rédaction, doivent être adressées, affranchies, à M. F.-A. Renard, secrétaire de la rédaction, au bureau du journal. Les demandes d'abonnement seront accompagnées d'un mandat sur la poste ou les messageries.

Imprimerie de HENNUYER et Cᵉ, rue Lemercier, 24. Batignolles.

CORRESPONDANTS DE LA LUMIÈRE CHARGÉS DE RECEVOIR LES ABONNEMENTS.

ANGLETERRE. — M. CLAUDET, Photographic Gallery, 107, Regent street, Quadrant. United patent Office de MM. GANDISSAL et Cᵉ, 16, Castle street, Holborn.
BELGIQUE. — BRUXELLES et GAND. — Librairie de M. C. Macquardt. TOURNAY. — M. Lebrun-Delannoy, imprimeur-libraire.
ESPAGNE. — BARCELONA. — Señor Brusy, librero. MADRID. — Señor Henry Monier, librero. VALENCIA. — Señor Don Pascual Perez, 7, calle de la Parra.
ÉTATS-UNIS. — NEW-YORK. — Edward Anthony, 308, Broadway.
FRANCE. — BORDEAUX (Gironde). — M. Delpech, libraire. LE HAVRE (Seine-Inférieure). — Mᵐᵉ Mordent, Galerie Fouache. LYON (Rhône). — M. Thierry, rue Bât-d'Argent, 6.

FRANCE. — MARSEILLE (Bouches-du-Rhône). — M. Santi, opticien, rue Cauebière, 39. NANCY (Meurthe). — M. Gaiffe, opticien, rue Stanislas, 18. PÉRIGUEUX (Dordogne). — M. Baylé, libraire. ROUEN (Seine-Inférieure). M. Heynemans, place de la République (maison Allain). STRASBOURG (Bas-Rhin). — M. Derivaux, libraire, rue des Hallebardes. VALENCIENNES (Nord). — M. Lusardy, opticien, place d'Armes.
RUSSIE. — Moscou et SAINT-PÉTERSBOURG. — M. Serge Sewisky, au pont de Kazan, maison Insen, à Saint-Pétersbourg.
SUISSE. — BERNE. — M. J. Dalph, libraire. LAUSANNE. — M. Georges Bridel, libraire. NEUFCHATEL. — M. J, Pierre Michaud, libraire.

LA LUMIÈRE

JOURNAL NON POLITIQUE

HEBDOMADAIRE.

BEAUX-ARTS — HÉLIOGRAPHIE — SCIENCES.

BUREAUX, A PARIS, N° 15, RUE DE L'ARCADE, A LA SOCIÉTÉ HÉLIOGRAPHIQUE.

PRIX.—PARIS, UN AN, 16 F.; 6 MOIS, 10 F.; 3 MOIS, 6 F. — DÉPARTEMENTS, UN AN, 18 F.; 6 MOIS, 11 F.; 3 MOIS, 7 F.—ÉTRANGER, UN AN, 20 F.; 6 MOIS, 12 F.; 3 MOIS, 8 F.—CHAQUE N° 50 CENT.

SOMMAIRE.

SOUSCRIPTION

Pour élever un Monument aux Inventeurs de l'Héliographie,

NIÉPCE ET DAGUERRE.

Les listes sont déposées et les souscriptions sont reçues au siége de la Société héliographique.

Nous prions nos Abonnés des départements d'adresser le montant de leur souscription, en un mandat sur la poste, à M. F.-A. Renard, secrétaire de la Société héliographique, au bureau du journal la Lumière, rue de l'Arcade, 15.

SIXIÈME LISTE.

MM.

De Brébisson, à Falaise.	10 fr. »
G. Brioschi, à Milan.	10 »
Maugey aîné, opticien.	20 »
Charles Naya, artiste photographe, à Constantinople.	10 »
Adolphe du Ponceau, membre de la Société héliographique.	20 »
Martens, photographe, membre de la Société héliographique.	20 »
Le docteur Davaine.	10 »
Dévisuzanne, photographe, à Toulon.	10 »
Tullier, 9, rue de la Perle (Marais).	10 »
Bon et Mono, opticiens photographes, à Valence.	5
Karth, capitaine du Génie.	5 »
Girois, planeur.	10 »
A. Madelain.	5 »
Autin, artiste peintre et photographe à Caen,	15 »

Total. . .	100
Montant des listes précédentes. .	2,251
Total jusqu'à ce jour. . .	2,351 fr. »

ACADÉMIE DES SCIENCES.

—

Puits artésiens en Algérie, par M. Berbrugger. — Écrevisses rouges et bleues. — Circulation des insectes, par M. Blanchard. — Concordances zoologiques et géographiques dans l'histoire des singes, par M. Geoffroy Saint-Hilaire.—Physiologie du grand sympathique.

Entre la portion de l'Algérie que les Arabes nomment le Tell, et le grand désert, existe une contrée intermédiaire sur laquelle la France veut étendre sa domination. Cette contrée, connue de nos lecteurs sous le nom de Sahara, offre des conditions climatériques qui repoussent la culture du blé, mais qui favorisent la culture des dattes et de beaucoup d'autres fruits.

La terre, en effet, loin d'y être pierreuse et infertile, comme dans le désert, existe une contrée grasse et argileuse. Pendant la saison des pluies elle se couvre d'herbe, et forme une vaste prairie arrosée par de nombreux cours d'eau, et couverte de troupeaux de bœufs, de moutons et de dromadaires.

Mais le soleil de mai dessèche la terre et les rivières ; l'herbe jaunie tombe en poussière sous le pied des bestiaux ; une teinte fauve, à peine interrompue par le vert sombre des buissons de lentisques ou des bouquets de palmier, s'étend sur le sol ; le Sahara est devenu, selon l'expression pittoresque de nos soldats, le pays de la soif.

Alors les populations nomades émigrent, avec leurs troupeaux, vers le Tell, où l'herbe est abondante, tandis que les populations agricoles et manufacturières se groupent autour de quelques sources, qui ne tarissent jamais. Où se rencontre une source, on est sûr de trouver une ville, dont la grandeur se limite à la quantité d'eau dont elle dispose. Quelques-unes de ces cités ont jusqu'à dix mille habitants ; elles sont entourées de murailles en pisé ou en maçonnerie ; elles sont industrieuses, et cultivent de véritables forêts de dattiers.

Les villes du Sahara sont plus policées que celles du Tell algérien ; leurs habitants aiment le luxe, les arts et la littérature ; on retrouve en eux les mœurs chevaleresques et galantes des Maures d'Espagne ; ils sont passionnés pour les carrousels, les chasses au faucon ou au lévrier, et certaines fêtes nocturnes où leurs bois de palmiers recèlent les mêmes plaisirs que certains bosquets des parcs d'Enghien ou d'Asnières, et même de la Chaumière.

De telles mœurs indiquent une grande tendance vers la civilisation européenne, vers le commerce et l'industrie ; mais des guerres continuelles amènent peu à peu la pauvreté et la barbarie. Seule, la domination française pourrait entretenir la paix et assurer la marche paisible des caravanes ; mais comment dominer un pays où un corps d'armée est constamment exposé à mourir de chaleur et de soif?

L'administration a pensé à créer des postes d'avitaillement, qui, munis d'un puits artésien, et éloignés d'une journée de chemin, assureraient la marche des colonnes expéditionnaires et des voyageurs. Certains projets, dus à des officiers du génie, proposent même d'établir ainsi une route commerciale à travers le désert, de relier entre elles les grandes oasis, et de pousser jusqu'à Tombouctou, sur les bords du Niger. La sûreté des communications ferait affluer vers l'Algérie le riche commerce qui se porte maintenant vers le Maroc ou la régence de Tripoli.

Nous ignorons jusqu'à quel point de tels projets sont praticables ; mais un Mémoire, présenté par M. Berbrugger au ministre de la guerre, milite en leur faveur. Ajoutons que les indigènes, après avoir prédit, dans leurs légendes prophétiques, la conquête de leur pays par les Français, paraissent avoir prédit de même les sondages artésiens : ils racontent que le Sahara, sillonné jadis par de nombreuses rivières qui ne tarissaient jamais, et répandaient partout la fertilité, fut tout d'un coup frappé de sécheresse par un enchanteur. Ce génie malfaisant fit rentrer les cours d'eau dans le sein de la terre, et toutes les conjurations des Musulmans seront impuissantes à les en faire sortir. Mais le jour viendra où les Roumains (Roumi), qui sont de grands magiciens, libèreront les sources, et ramèneront sur le sol une fertilité depuis longtemps disparue.

M. Berbrugger semble avoir pris à cœur de donner raison à la prophétie : son Mémoire relate les résultats obtenus dans le voisinage de Biskara, et dans d'autres provinces, par les forages artésiens ; il indique également les points où de pareils travaux pourront être entrepris avec succès. A la demande du ministre, une Commission académique a été instituée pour prononcer scientifiquement sur l'opportunité des sondages dans diverses directions: par malheur, elle manquera de documents géologiques et géographiques suffisants. Au delà des chaines de l'Atlas, du Jurjura et des monts Aures, les renseignements précis sur la constitution et l'élévation du sol n'existent pas ; on sait, d'une manière vague, que certaines contrées sont très-basses, et sont dominées par des plateaux élevés ; on sait aussi que des puits artésiens naturels existent dans l'oasis de Tuggurth, qu'ils transforment, pendant l'hiver,

en un véritable marais. Mais, quand il s'agit de prononcer sur une contrée de plusieurs centaines de lieues d'étendue, l'embarras doit être grand, surtout pour des académiciens. On sait que loin de douter de rien, ces messieurs ont l'habitude de douter de tout : ils évitent par là de se compromettre. Quelques-uns ont secoué la tête lorsque M. le secrétaire perpétuel leur a dit, toujours d'après le Mémoire de M. Berbrugger, que de l'un des puits récemment forés en Algérie sont sortis des poissons, en assez grande quantité pour alimenter la table de l'ingénieur. D'autres, et parmi eux M. Duméril, ont dressé l'oreille : ils espèrent un nouvel animal à explorer et à décrire ; ce sera l'occasion d'une foule de savants Mémoires.

Nous avouons accorder d'autant plus de créance aux poissons rejetés avec l'eau des puits artésiens, que ce fait indique des rivières souterraines, et s'accorde très-bien avec la légende citée tout à l'heure.

Après les poissons, nous devons passer aux écrevisses, malgré une répugnance instinctive pour ce vilain animal. Mais, depuis que M. Valenciennes s'est avisé d'en présenter une variété rouge à l'Académie des sciences, il est survenu, de tous les coins de la France et de l'Allemagne, une véritable avalanche de lettres et d'écrevisses de toutes les couleurs : il y en a de bleues, de vertes, de roses, de noires, de grises, de bonnes et de mauvaises ; nous ne parlons que des crustacés, c'est bien entendu.

Il ressort de tous ces documents que si les hommes blancs, noirs, jaunes, cuivrés et olivâtres, doivent leurs couleurs différentes au pigmentum qui incruste leur peau, la coloration de l'écrevisse tient à une cause exactement semblable. A la surface de l'animal existe une multitude de petites cellules au-dessous desquelles se fait l'incrustation calcaire qui forme le test, et dans lesquelles s'accumule la matière colorante. Lorsque le test tend à se détacher, au temps de la mue, on voit de nouveau la coloration apparaître à la surface du derme, tandis que l'écaille, usée par le frottement contre les pierres ou le gravier, est presque entièrement décolorée.

Ceci est le fait ; mais il reste à expliquer pourquoi le pigmentum est bleu, rouge ou vert. Quelques savants, en voyant la teinte grise de l'écrevisse ordinaire se transformer en rouge sous l'action d'un acide, ont admis une sécrétion acide pour l'écrevisse rouge. Ils ont admis une maladie pour l'écrevisse verte et bleue. Jusqu'à plus ample informé, nous nous conformons à la manière de voir des académiciens, nous doutons ; et si nous avions à donner notre opinion, nous chercherions la solution du problème dans un Mémoire sur la circulation des insectes, de M. Blanchard. Il a expérimenté principalement sur les vers à soie, et a vu le sang de ces insectes, aussi bien que leurs branchies et leurs sécrétions, changer de couleur sous l'influence de la nourriture. Les feuilles d'indigo amenaient la coloration bleue, la garance produisait une coloration rouge.

Outre les avantages qu'en retire la physiologie mise ainsi en demeure d'étudier la circulation à travers les chairs transparentes de la chenille, on se demande si l'industrie ne pourrait pas tirer parti de la découverte, et obtenir des soies colorées naturellement et d'une manière indélébile. Il nous est démontré que le bombix du mûrier n'est pas le seul éducable, et que d'autres espèces, plus faciles à nourrir et plus robustes, offriront quelque jour leurs cocons à nos manufactures. Certaines se nourrissent indistinctement des feuilles du frêne, de l'érable, de l'orme et du noyer ; qui nous dit qu'elles n'accepteraient pas également les feuilles de l'indigo ? Si leurs volumineux cocons sont, dans l'état actuel, difficiles à filer, des soins continués pendant plusieurs générations lèveraient ces difficultés. Peut-être ne faut-il, pour réussir, qu'un peu d'obstination dans la tête d'un épicier retiré à Auteuil ou à Saint-Mandé.

Des considérations d'un autre ordre ont été présentées par M. Isidore Geoffroy Saint-Hilaire. Dans un savant Mémoire il a traité cette double question : 1° que les divisions introduites depuis l'époque de Buffon entre les différentes races de singes, concordent parfaitement avec les divisions géologiques et géographiques des contrées de l'ancien ou du nouveau monde ; 2° que les fossiles de quadrumanes trouvés en Europe ou en Amérique viennent appuyer encore cette manière de voir, ceux qui ont été découverts en Provence, en Italie, en Dalmatie et en Grèce appartenant aux singes de l'ancien continent, et ceux qui ont été découverts en Amérique appartenant aux singes du nouveau continent.

Parmi les quatorze divisions établies chez ces animaux actuellement vivants, six sont asiatiques, et huit sont africaines. Chacune de ces divisions est circonscrite dans une portion des continents, comme les Hottentots et les Cafres sont circonscrits dans une portion de territoire.

Les mêmes concordances zoologiques et géographiques se remarquent chez les lémuriens ; elles sont fort importantes au point de vue de l'histoire des animaux et de celle du globe : elles prouvent les modifications que les climats et le genre de vie peuvent apporter dans la structure et les mœurs des êtres vivants ; elles prouvent encore que la venue des singes sur la terre est récente, et bien postérieure aux cataclysmes qui ont amené la séparation des deux continents.

C'est par de tels travaux que la science progresse et se généralise. La philosophie de l'histoire naturelle doit beaucoup déjà à la famille, nous allions dire à la dynastie Geoffroy Saint-Hilaire, nous espérons qu'un jour elle lui devra plus encore. Le temps n'est pas éloigné où les milliers de faits qui ont surgi depuis Buffon seront coordonnés méthodiquement, et se condenseront dans un vaste ouvrage, qui sera une synthèse générale de la vie.

Pour en arriver là, quelques progrès sont encore nécessaires dans une science qui, malgré les efforts des Flourens, des Magendie, des Serres, des Foville, des Muller, des Bérard, des Longet, etc., reste toujours en retard : nous voulons parler de la physiologie. Depuis quelques années, cependant, elle a pris de l'avance, et un Mémoire envoyé récemment par deux médecins de Bonn, MM. Burges et Waller, permet de prédire qu'elle va faire un grand pas. Les travaux des expérimentateurs portent sur le grand sympathique. Ils tendent à prouver d'abord que ce nerf agit activement sur la dilatation de la pupille ; en second lieu, que le sens de son action, au lieu d'être de haut en bas, et du centre vers la périphérie, comme cela on constaté pour les nerfs cérébraux, est de bas en haut, et de la périphérie vers le centre. Quand on coupe un des cordons du grand sympathique, c'est la portion centrale qui se flétrit et meurt, tandis que la partie détachée se dilate et prend un excès de vitalité.

Ces faits sont surprenants ; s'ils se confirment aux yeux de la Commission chargée de vérifier les expériences de MM. Burges et Waller, de grands changements s'opéreront dans les théories nerveuses, et principalement dans celles qui ont rapport à la circulation et à la nutrition.

Dr CLAVEL.

HÉLIOCHROMIE.

Nous avons déjà rapporté dans un de nos précédents numéros l'opinion que le *Photographic art journal* lui-même avait exprimée au sujet de la découverte annoncée par M. Hill dans ses colonnes, et les détails donnés par ce journal sur le procédé que notre compatriote, M. Niépce de Saint-Victor, a présenté à l'Académie. On se rappelle que le *Photographic art journal* donnait pour titre à l'un des articles qu'il a publiés à ce sujet : « *Le Hillotype dépassé par l'Héliochromie.* »

Nous avons également reproduit ce que l'*Athenæum*, journal scientifique de Londres, a dit des épreuves envoyées par M. Niépce à M. Malone.

Le *Scientific american*, de New-York, qui recherche et donne de la publicité à tout ce qui intéresse les sciences, les arts et l'industrie, a parlé à son tour, dans son numéro du 20 septembre dernier, des deux découvertes qui, en ce moment, mettent les deux mondes en rivalité.

Cette feuille a très-impartialement rapporté les faits qui s'y rattachent, et, sans discuter la réalité du *Hillotype*, elle a tout simplement avoué que la gloire de cet immense progrès de l'art revenait en toute justice au savant français, qui le premier avait livré au public les résultats de son travail.

Voici, du reste, comment s'exprime ce journal :

« On a annoncé plus d'une fois que M. Hill, de Westkill (New-York), avait découvert une méthode simple pour obtenir des daguerréotypes reproduisant les couleurs naturelles. Le *Daguerrian journal* affirme même qu'une épreuve de ce genre sera exposée publiquement ici dans le courant de ce mois. Cette découverte a excité partout un vif intérêt ; mais quant au *procédé*, jusqu'à présent il est resté parfaitement secret.

« Depuis de longues années, les artistes ont travaillé avec ardeur à la découverte d'un tel procédé. En France, Becquerel était parvenu à produire des épreuves colorées, mais il n'avait jamais pu réussir à fixer les couleurs ; cependant beaucoup d'hommes de talent continuaient leurs recherches, dans l'espérance de trouver cet important secret, et, avant que M. Hill ait jugé convenable de donner au public aucun détail précis sur son procédé, M. Niépce de Saint-Victor, neveu du célèbre inventeur de la photographie, a fait cette grande découverte, et en a livré les résultats au monde. Trois de ses épreuves sont maintenant exposées à l'admiration du public de Londres, et le nouvel art a reçu le nom d'*Héliocromie* ou coloration par le soleil. *La gloire de la découverte appartient de droit à celui qui la premier l'a donnée au monde,* fait qu'on n'apprécie pas aussi bien ici qu'en Europe. »

Après cette exposition impartiale, le *Scientific american* reproduit tout ce que l'*Athenæum* a dit des épreuves en question. Il les décrit minutieusement. Quand il arrive à la troisième figure (Voir le numéro de *la Lumière* du 24 août 1851), où, dit l'*Athenæum*, « le *rouge*, le *bleu*, le *jaune*, le *vert* et le *blanc* sont distinctement reproduits, et où le *jaune* surtout est d'une intensité frappante, le journal américain fait remarquer très-judicieusement que « ce qui est dit du *jaune* est d'un immense intérêt, cette couleur étant celle que M. Hill a eu le plus de difficultés à obtenir, et qu'il n'a jamais pu même produire sur les plaques dans un ton plus brillant que le *chamois*. »

Le *Scientific american* donne ensuite, presque en entier, le rapport de l'Académie sur le mémoire de M. Niépce, et il termine en disant :

« L'idée du rapport qui existe entre les substances produisant des flammes colorées et les couleurs sur la plaque argentée est une des plus importantes additions qui aient été faites au trésor de la science. »

Décidément M. Hill, à qui l'on ne pourrait reprocher, sans injustice, de manquer de prudence, a pourtant trop compté sur notre proverbe : « Tout vient à point à qui sait attendre. » Il a trop attendu, et lui aussi, quand il sera prêt, il entendra résonner à ses oreilles ce mot fatal qui aurait bien le droit maintenant de figurer à côté du fameux : *Mane Thecel Phares* de la Bible : IL EST TROP TARD !...

ERNEST LACAN.

OUVERTURE DES SALLES DE LA SCULPTURE FRANÇAISE

AU MUSÉE DU LOUVRE

Quelques amis nous ont reproché d'être plus fidèle aux deux dernières promesses du programme résumé dans le sous-titre de ce journal, qu'à la première, qui concerne les *beaux-arts*. Si nous avons donné plus de place à l'*héliographie* et aux *sciences* qui s'y rattachent, qu'à l'art proprement dit, c'est que nous nous sommes défié de nos anciennes passions : craignant de trop sacrifier à des sujets entraînants, nous avons peut-être failli par excès contraire ; imitant ces amants rigides et circonspects, qui affectent l'indifférence de peur de se laisser emporter trop avant.

Il nous semblait, d'ailleurs, que les questions relatives aux beaux-arts se présenteraient ici avec plus d'avantage lorsque l'occasion s'offrirait de les rattacher aux intérêts de l'héliographie, et c'est dans ces conditions que nous prenons la plume aujourd'hui.

Plusieurs salles nouvelles, consacrées à la sculpture, viennent d'être ouvertes au Musée du Louvre : elles sont relatives à l'art français, et résument les annales du règne de François Ier jusqu'à nos jours. Enrichie d'une foule de monuments précieux que la gravure n'a pas reproduits, cette exhibition convie nos photographes à une publication très-utile, qui serait assurément goûtée du public.

A diverses reprises on a gravé au trait les tableaux, les statues de notre Musée, et ces sortes d'ouvrages, d'ordinaire accompagnés d'un texte, ont été débités à bas prix en petit format et avec succès, car les artistes, les amateurs étrangers ont trouvé là des croquis, des documents d'une précision suffisante.

Le dernier de ces ouvrages, celui de M. Reveil, réunissant les chefs-d'œuvre des musées de l'Europe, a été terminé il y a environ quinze ans. Depuis lors nos collections se sont accrues ; nombre de sujets inconnus auparavant y ont pris place. Mais la gravure ne s'est pas tenue à la hauteur de ces agrandissements. Il faut avouer aussi que la vignette au trait, sèche et négligée, ne suffirait plus aujourd'hui : la photographie a rendu le public trop difficile. On exige un dessin pur et des tableaux mis à l'effet. Nous sommes à même d'atteindre facilement ces résultats, et avec économie, en ce qui concerne les sculptures, car il est fort aisé de grouper six à huit sujets sur la même feuille. Une telle entreprise aurait l'avantage de faire connaître à la province comme aux pays étrangers les travaux peu connus de l'école française, jusqu'ici dispersés et que le moulage a rarement reproduits.

Cette portion du Musée a été réorganisée et tellement complétée, qu'on peut la considérer comme une création nouvelle. En effet, la sculpture moderne remplit neuf salles au rez-de-chaussée du palais. Les portes de ce sanctuaire s'ouvrent dans la grande cour du Louvre.

Procédons avec ordre. L'entrée des salles de la Renaissance est à l'angle sud-est de la cour, et le Musée a pour vestibule le magnifique moulage de la cheminée de Charles-Quint, à Bruges. Dans une pièce voisine, on a placé les modèles en bronze des bas-reliefs du tombeau de François Ier, ce que nous possédons de plus fin et de plus exquis de l'administration a consacré aux chefs-d'œuvre du seizième siècle un salon carré, dont le premier aspect réjouit les yeux à peu de frais. Un ton de brique étendu sur les quatre murs, avec maigre frise composée de petites rosaces bleues et de paraphes rouille, le tout sur fond blanc... l'ornementation se borne là ; elle serait suffisante si la frise était d'un goût meilleur. Ne nous montrons pas trop difficile : il suffit que les lignes, que les plans du marbre ressortent franchement, et sans dureté, de ces fonds rougeâtres ; que l'ordonnance générale soit gracieuse et sans confusion, pour qu'on ait lieu d'être satisfait. Cette sculpture du temps des Valois est, au surplus, si élégante, si originale, si vivante, si précieuse en sa coquetterie, qu'elle anime le lieu qui la possède. Ce salon pique la curiosité et captive l'intérêt tout autant qu'une galerie de peinture.

C'est la *Diane de Poitiers* de Jean Goujon, qui occupe le centre de la pièce ; nue et accroupie, le bras étendu et la main posée sur le bois doré d'un cerf, elle étale ses beautés avec la tranquille conviction d'une divinité païenne. Derrière elle, un chien barbet tout broussu, tout hérissé, grogne et s'agite : c'est le plus doux et le plus corruptible des gardiens. Placés, l'un dans la niche de la *cheminée du château de Villeroy*, sculptée par Germain Pilon ; l'autre, entre deux fenêtres, dans l'ombre, Henri II et François Ier contemplent cette syrène qu'ils ont adorée tour à tour. *Transversa tuentibus...* Deux chiens de chasse assis au pied du socle, complètent l'ensemble harmonieux de ce monument.

De chaque côté de la pièce, devant les embrasures des fenêtres, on a placé au grand jour *les Grâces* de Germain Pilon, et, en pendant, quatre autres figures se tenant aussi par la main, et groupées dos à dos. Celles ci sont du même maître et taillées en bois. Presque aussi jolies que les *Grâces*, un peu plus habillées, mais non moins païennes, ces nymphes décentes, *gratiæ decentes*, étaient destinées à servir de supports à la *châsse de sainte Geneviève* ; mais ce n'est assurément pas le village de la patronne de Paris, ce n'est pas Nanterre, de vertueuse tradition, qui a fourni le modèle des rosières de Germain Pilon. Enfin, il ne faut ni se plaindre ni s'étonner : Diane de Poitiers elle-même ne s'habillait-elle pas quelquefois pour aller à la messe?... Singulier temps ! Hommes fantasques et bizarres que ces Valois, qui entretenaient des guerres de religion et sacrifiaient aux Muses, qui encensaient tour à tour Dieu et les dieux, qui se faisaient successivement inquisiteurs et grands-prêtres d'Apollon.

Leurs visages sont de fidèles interprètes de ces poétiques démences. Assurément, on ne trouverait nulle part de plus inconcevables physionomies que celles de Henri II et de ses trois fils, François II, Charles IX et Henri III. Ces têtes de sphinx ont été rendues avec beaucoup de simplicité et un esprit prodigieux par Jean Goujon.

Lorsqu'ils délaissaient le culte des formes, et renonçaient à l'inspiration des sens, ces artistes, les plus originaux assurément des temps modernes, savaient s'élever à des effets dramatiques d'une assez lugubre puissance ; témoin le tombeau de Louis XIII, celui de François Ier, et celui de *Valentine de Birague*, que Pilon semble avoir ciselés en expiation de tant d'œuvres profanes.

C'était la mode au seizième siècle, mode issue des bords du Rhin, que l'on représentât deux fois l'image des défunts illustres sur leur tombeau. L'un des portraits était destiné à l'illustration du personnage, l'autre l'offrait comme un emblème des vanités de ce monde et de la fragilité des grandeurs. Ainsi, deux statues : l'une, agenouillée, les mains sur des carreaux de velours, le sourire aux lèvres, la majesté sur le front, sera présentée dans tout l'appareil du costume, dans toute la splendeur des cours. L'autre, l'autre statue, étendue sur un grabat, dépouillée de ses derniers vêtements, montre aux regards épouvantés le cadavre étudié dans toutes les délicatesses horribles de sa décrépitude ; le corps assurément plus que les maladies, appauvri par l'âge, flétri et *mis en form,* suivant l'expression de Brantôme, par le souffle infecto et glacé de la mort. La foudroyante éloquence de Bossuet n'a pas creusé plus vigoureusement cet enseignement douloureux des fins dernières, que ne l'a fait, au piédestal du *tombeau de Valentine de Birague,* Germain Pilon, le statuaire des trois Grâces.

Le contraste est si formidable, que le spectateur échappe à la mélancolie, par l'effroi dont il est saisi pénétré. Lorsque de la grande dame nonchalante, et qui sourit en poursuivant je ne sais quelle rêverie douce, l'œil, retombant sur le corps à demi décomposé, reconnaît le modèle au travers des ravages de la destruction, l'impression éprouvée est indicible. Cet objet, *ce je ne sais quoi*, comme a dit Bossuet, est exécuté en très-bas-relief, avec une finesse, une délicatesse de ciseau qui rappellent, quant au procédé, les mailles les plus exquises de Jean Goujon. Il est impossible de caresser plus intimement des formes plus hideuses; l'illusion est si forte, que la nature serait moins douloureuse à contempler. Ce front décharné qui se renverse et dont les os semblent percer la peau, ces mèches grises qui ruissellent, ces yeux enfouis au fond d'une orbite vide, ces lèvres béantes, flasques et convulsives, cette poitrine sèche, ce sein épuisé, ces jambes, ces bras décharnés, les osselets saillants des mains, le modelé impitoyable des nerfs, des muscles à nu, tout, jusqu'aux contours grossières dont le corps a été sillonné par l'aiguille de l'embaumeur, tout conspire à rehausser l'épouvantable effet de cette merveille anatomique, l'un des plus navrants chefs-d'œuvre de la statuaire française. Il y reste même un souvenir dérisoire, et comme une parodie amère des charmes féminins; la carnation est fine, la peau mince, les attaches menues. Si quelqu'un, au temps jadis, aimant cette Valentine, est venu s'agenouiller devant sa sépulture, il dut y expirer de douleur.

Pour écarter ces impressions tristes, nous avons franchi le seuil de la *salle de Jean de Bologne*, où l'on est tout d'abord charmé par de grands bas-reliefs en faïence peinte, de Jérôme, d'André, et de Lucca della Robbia; il en est deux de ce dernier, le plus illustre des trois frères, qui sont d'une grâce extrême et d'une valeur inestimable. L'un, c'est la Vierge adorant et caressant tout ensemble son fils, dont elle tient le talon; l'autre, d'une dimension plus grande, présente le même sujet, mais avec addition de la crèche, d'un paysage où l'on voit des animaux, enfin de deux anges dont la Madone est accompagnée. Ces figures ont la naïveté gothique, avec la souplesse de l'Italie et la pureté des anciennes écoles allemandes. L'énorme médaillon circulaire a deux cadres, formés l'un de têtes de chérubins, l'autre de jolis bouquets de lis et d'églantines, alternativement disposés. Rien de plus rare, on le sait, que ces sortes d'émaux, que ces terres cuites et faïencées. Elles sont d'un ton clair et doux; la photographie est appelée à les reproduire en perfection.

On trouverait un autre modèle non moins admirable devant un bas-relief colossal de Benvenuto Cellini, représentant, en bronze vert, *la nymphe de Fontainebleau*, couchée au bord d'une fontaine, dans une solitude ombragée, où viennent lui rendre hommage en foule les sauvages animaux des forêts: loups, renards, daims, chevreuils, sangliers, sont entassés là pêle-mêle avec des chiens. Toutes ces bêtes sont si vivantes, le pelage est si bien exécuté, la réalité est si franchement abordée, que Benvenuto, dans cette circonstance, est l'unique statuaire à qui l'on puisse comparer notre sculpteur Barye, le plus original et le plus vrai des artistes qui se sont adonnés à ce genre de travaux.

Dans la salle suivante, qui porte le nom d'*Anguier*, on voit l'art de la renaissance se raidir un peu, et perdre son accent; son parfum grec s'est évanoui. Nous rencontrons encore quelques beaux bustes, ceux de Henri IV, de Louis XIII, et des fragments de l'ancienne statue du premier de ces rois, échappés à la rage des iconoclastes politiques qui ont, en 93, brisé sur le Pont-Neuf l'œuvre de Francheville.

Après quoi il faut traverser la cour et pénétrer dans le siècle de Louis XIV, par une des portes du rez-de-chaussée, qui fait partie de la façade au milieu de laquelle est située l'horloge.

Dès l'abord, on est accueilli par Pierre Puget, le Michel-Ange de la France. *Milon de Crotone*, *l'Hercule au repos*, *Andromède et Persée*, groupe admirable de style et de mouvement, que l'on a retiré des jardins de Versailles; enfin, le moulage des *Cariatides de l'Hôtel-de-Ville de Toulon*, complètent, avec le *bas-relief de Diogène*, enlevé d'une cage d'escalier où il était enfoui dans l'ombre, ce qu'il nous est donné d'admirer dans cette salle intéressante. Hélas! il nous manque un moulage de l'une des plus délicieuses statues du Puget, du *Saint Sébastien*, qui est exilé, avec le *Saint Pierre* du même artiste, sous la coupole de l'église des Carignan, à Gênes. Nous reverrions avec plaisir aussi les cariatides du *maître-autel de San-Lorenzo*, que nous a rappelées un dogue très-fantastique qui traîne sa chaîne au premier plan du bas-relief de Diogène. Ce gueux symbolise en face d'Alexandre, la liberté; le chien, tenu en laisse par un esclave brutal, est l'emblème de la servitude: on ne saurait voir une figure de dogue plus ignoble, plus rampante ni plus avilie. Le roi de Macédoine est médiocre; mais le groupe qui cuvait le tonneau du cynique, ainsi que le philosophe lui-même, sont audacieusement conçus. Cette scène est dramatique, puissante et tumultueuse.

Il y a là encore un fort beau motif pour nos photographes, qui trouveraient aussi beaucoup de chances de succès à reproduire des bustes d'hommes illustres, tels que ceux de Bossuet, par Coyzevox, de Boileau, par Girardon, de Colbert, par Desjardins, etc.; ils sont très-vivants et d'un beau caractère. L'époque suivante fournirait, en ce genre, le Jean-Jacques Rousseau d'Houdon, et, de Pajou,

Buffon, et surtout Mme Dubarry, la perle des portraits du temps.

Du reste, plus on se rapproche de l'époque moderne, plus la décadence devient manifeste; les hommes de la renaissance possédaient le style et l'inspiration poétique; avec la vie; leurs élèves perdirent le souvenir de la Muse antique; les successeurs de ces derniers, tout en substituant l'étiquette au style, avaient cependant conservé l'animation, la recherche des physionomies et le sentiment des belles allures. Le règne de Louis XV sacrifia de nouveau aux Grâces, mais il les adora sous l'alcôve et dans le boudoir, au lieu de les poursuivre à travers les bois ou les déserts de Fontainebleau, et le long des rives de la Loire ou du Cher.

La révolution française mit fin à ces diverses tendances d'originalité, matérialisa l'art, impatronisa le culte exclusif et glacial de la ligne, de la forme *pure*, au détriment de la réalité et de la vie. La sculpture d'imagination fit place à ces froides nudités, que trop justement l'on a qualifiées *d'académies*. Telle est la dernière transformation de la statuaire, entre les mains de Gallamard de Gois, de Roland, de Chaudet, de Canova même, de Roman, de Pierre Julien, de Lemire et de Bosio. Tous ces hommes, à des degrés divers, se sont inspirés d'une puissance inconnue jusque-là, le génie de l'ennui. Sous prétexte de lignes pures, leurs figures sont maigres et roides tout à la fois. Une convention, toujours la même, asservit les visages à un type commun. Plus d'*individualisme*, plus de couleur, plus d'inspiration; l'art dit *impérial* marque une ère de décadence et par conséquent de transition.

On ne doit point se le dissimuler, la réunion des meilleurs ouvrages du génie français, pendant trois siècles, en fournissant des objets de comparaison immédiate, a porté le dernier coup à la routine des écoles. C'est un service rendu à la jeunesse actuelle, qui mettra cette sévère leçon à profit.

Avouons, en outre, que les œuvres des deux derniers siècles sont présentées, au Louvre, dans les plus déplorables conditions. Ternis par le temps, ces marbres, ces plâtres sont exposés sur des murailles blafardes; car on a partout respecté le ton de la pierre, et de la pierre regrattée. Il paraît que le badigeon en couleur de brique est d'un grand prix, puisqu'on l'a appliqué à une salle unique. Les autres sont d'une froideur, d'une nudité qui attristent; rien ne ressort, et les bas-reliefs, les bustes ne peuvent arracher leurs contours des murs blancs, sur lesquels ils se confondent. Ces salles sont des caves toutes neuves, projetant des reflets qui noient les ombres et font paraître les marbres tout enfarinés. On croit errer sous les voûtes de la crypte de saint Paul à Londres, et nulle part on n'a vu de la sculpture si cruellement sacrifiée. L'idée d'isoler la statuaire de toute ornementation, de l'entasser au milieu d'une carrière de pierres de tailles, est tout à fait sauvage.

Contradiction singulière! On a prodigué l'or, les teintes éclatantes, les arabesques autour des peintures, qui sont déjà bariolées, entourées de cadres dorés et *très-meublantes*. En revanche, on prive de tout ornement, de toute décoration, la sculpture qui est de sa nature incolore, uniforme, la sculpture, qui ne peut se passer d'une mise en scène propre à l'égayer, et à lui ôter cette austérité, ce premier aspect morne qui fait que les chefs-d'œuvre mal exposés semblent couverts de la poussière des tombeaux.

FRANCIS WEY.

NOUVELLES DIVERSES.

La tour qui existe dans l'intérieur des bâtiments du lycée Descartes, autrefois collège Henri IV, est en ce moment l'objet de réparations assez importantes. Cette tour, dernier débris de l'antique église de l'abbaye de Sainte-Geneviève, est par sa base le monument le plus ancien de ce genre que l'on rencontre à Paris, après la tour quadrangulaire qui surmonte le portail principal de Saint-Germain-des-Prés. La tour de Sainte-Geneviève, qui jusqu'à la révolution servit de clocher à l'église abbatiale, est d'une hauteur médiocre, et appartient par sa construction à trois époques différentes. La partie inférieure est du dixième ou onzième siècle, tandis que l'on reconnaît facilement le style de l'architecture gothique du treizième siècle dans les ogives des fenêtres percées au premier et au second étage de cet édifice.

Vers la fin du quinzième siècle, sous le règne de Charles VIII, le tonnerre étant tombé sur l'abbaye, y causa de graves dommages et nécessita le rétablissement de la partie supérieure de la tour dont la construction est si solide qu'elle n'a point été réparée depuis cette époque. L'ancienne église de Sainte-Geneviève, élevée sous l'invocation de saint Pierre, par Clovis et sainte Clotilde, subsista jusqu'en 857, qu'elle fut détruite par les Normands. Elle fut reconstruite et agrandie par l'abbé Etienne, vers la fin du douzième siècle. Devenu propriété nationale en 1791, cet édifice fut démoli bientôt après. La rue Clovis, dans sa partie comprise entre la place du Panthéon et le carrefour formé par les rues Descartes et Mouffetard, occupe tout l'emplacement de la nef de cette église.

— Les travaux de restauration de la cathédrale de Paris ont été vigoureusement poussés cette année: aussi plus de la moitié des réparations de l'extérieur se trouvent terminées aujourd'hui. La façade a reconquis ses balustres à jour, ses dentelles de pierre, ses guivres grimaçantes et ses mille colonnettes frêles et légères. Toutefois il y manque encore les statues qu'attendent les niches vides, avec leurs crédences historiées et leurs dais à panaches. Des sculpteurs réparent sous un abri vitré les voussures du portail, dont le temps avait dévoré les archivoltes avec leurs mille personnages, le tympan symbolique avec sa légende de granit. Après la porte centrale viendra le tour des deux portes latérales, dont les rinceaux pleins de caprices, types admirables de l'architecture mi-partie gothique, mi-partie byzantine, qui fit la gloire des douzième et treizième siècles, captivaient plus que toute autre chose au monde l'admiration de Sauval, un des historiens de Paris.

Outre ces parties encore inachevées de la façade, dont les fenêtres et la grande rose centrale sont veuves de vitraux, il est encore tout un côté de Notre-Dame qui réclame des réparations urgentes: c'est le côté septentrional. Plusieurs des contre-forts ont perdu les clochetons qui les couronnent; bien des meneaux des fenêtres rayonnantes des chapelles sont à moitié brisés; puis le salpêtre a rongé moulures et figurines, feuillages et gargouilles; l'herbe a pris racine dans les chapiteaux des colonnes, et surtout au pied de la tour. On ne saurait voir sans en être choqué deux petites maisonnettes sans style et sans architecture, enfumées, hideuses, comme des champignons qui croîtraient dans un meuble de Boule. Ces deux maisonnettes vont disparaître bientôt assurément: le goût sérieux qui jusqu'ici a dirigé les architectes chargés de la décoration de la cathédrale de Paris en est un sûr garant pour les admirateurs de l'art du moyen âge, dont la vieille Notre-Dame est un des plus précieux chefs-d'œuvre.

— On vient de retrouver sur le mont Tombelène, immense rocher granitique situé à environ 2 kilomètres du mont Saint-Michel, les débris d'une tombe qui remonte au commencement du treizième siècle, et qui est d'un grand intérêt archéologique. Ce rocher, qui a environ 40 mètres de haut sur 1,200 mètres de circonférence, a été témoin d'événements historiques nombreux et importants et qui remontent à l'époque des Gaulois et finissent au commencement de la première révolution.

En 1135, Bernard, abbé du mont Saint-Michel, y établit un petit monastère, qui dura jusqu'au dix-septième siècle, et fut, pendant cet espace de temps, un lieu de pèlerinage vénéré des habitants des pays d'alentour. On pense que la tombe dont on retrouve les vestiges, et qui était placée dans un petit caveau taillé dans le roc, était celle de Jordan, abbé du mont Saint-Michel, qui mourut vers 1212 et fut inhumé en ce lieu.

Le roi Philippe-Auguste fit construire sur le mont Tombelène un fort qui fut souvent assiégé, plusieurs fois pris et toujours repris par les Français. Lorsque Fouquet devint gouverneur de la Bretagne, il répara ce fort et augmenta ses travaux de défense; mais à sa chute il fut entièrement abandonné. On retira sa garnison, et les religieux du monastère le quittèrent également. Quelques années après, Louis XIV fit démolir les fortifications sans but, depuis qu'elles étaient sans défense.

Une chapelle, placée sur un des versants de la montagne, et que les marins apercevaient au loin en mer, survécut seule. Elle était placée sous la double invocation de Notre-Dame et de sainte Appoline. Une lampe y brûlait jour et nuit. De nombreux pèlerins venaient sans cesse en ce lieu pour adresser leurs prières à la Vierge. Cette humble chapelle disparut en 89. Nous apprenons avec plaisir qu'il est question de la rétablir. Le mont Tombelène, entouré de tous côtés par la mer, n'est abordable qu'à marée basse.

CONSIDÉRATIONS SUR LA REPRODUCTION,

PAR M. NIÉPCE DE SAINT-VICTOR,

des images gravées, dessinées ou imprimées,

PAR M. E. CHEVREUL.

(Suite.)

Ces détails sur un homme qui pendant vingt-trois ans a constamment satisfait à toutes les exigences de la profession militaire, sans jamais reculer devant aucun sacrifice que son goût des recherches scientifiques lui a imposé, ne paraîtront pas déplacés, et j'ose espérer que l'Académie accordera un témoignage d'estime à M. Niépce de Saint-Victor, qui honore doublement le titre d'officier français.

TABLEAU 1.

a', Avant l'exposition au contact de l'ammoniaque .... { les *clairs* sont le cuivre pur ; les *ombres* le cuivre iodé.

b', Après l'exposition à l'ammoniaque ...... { les *clairs* sont le cuivre touché par l'ammoniaque ; les *ombres*, le cuivre primitivement iodé, et ensuite ammoniaqué.

c', Après le passage au tripoli .... { les *clairs* sont le cuivre touché par l'ammoniaque ; les *ombres*, le cuivre primitivement iodé, et ensuite ammoniaqué, comme en *b'* lorsque l'image est vue de la manière la plus distincte ; mais il y a cette différence, qu'en *c'* le cuivre préalablement iodé a acquis l'éclat métallique, de sorte qu'il ne fait les ombres que dans la position où la lumière réfléchie spéculairement n'arrive pas au spectateur. Nous avons vu la conséquence de cet état de choses (61).

TABLEAU 2.

Côté de la lumière.

A fig. 1.

p Vue { 1. Circonstance de B en A. { Très-brillante, à cause de la lumière réfléchie spéculairement. 2. Circonstance de A en B. { Obscure. (*Maximum d'obscurité.*)

p' Vue { 3. Circonstance de B en A. { Moins brillante qu'en première circonstance. 4. Circonstance de A en B. { Plus brillante qu'en troisième circonstance. Si les sillons étaient profonds, elle pourrait être plus brillante qu'en première circonstance.

TABLEAU 3.

A fig. 2.

p Vue { 1. Circonstance de B en A. { Moins brillante que dans le premier cas. 2. Circonstance de A en B. { Moins brillante que dans la première circonstance, mais moins obscure que dans le premier cas.

p' Vue { 3. Circonstance de B en A. { Identique à première circonstance. 4. Circonstance de A en B. { Identique à deuxième circonstance.

TABLEAU 4.

A fig. 3.

p Vue { 1. Circonstance de B en A. { Trèfle clair brillant. Fond moins clair, luisant. 2. Circonstance de A en B. { Trèfle noir. Fond clair, absolument mat.

p' Vue { 3. Circonstance de B en A. { Trèfle clair, mais moins brillant qu'en première. Fond moins clair et moins brillant qu'en première. 4. Circonstance de A en B. { Trèfle moins obscur qu'en deuxième, luisant. Fond plus clair qu'en deuxième, un peu moins mat.

(*La suite à un prochain numéro.*)

Le Secrétaire de la rédaction, F.-A. RENARD, *Gérant.*

FABRIQUE SPÉCIALE DE PRODUITS CHIMIQUES POUR L'HÉLIOGRAPHIE

ET POUR LES SCIENCES ET LES ARTS QUI S'Y RATTACHENT,

FONDÉE SOUS LES AUSPICES DE LA SOCIÉTÉ HÉLIOGRAPHIQUE DE PARIS.

DÉPOT DE PLAQUES DE HOUSSEMAINE ET AUTRES OBJETS POUR LE DAGUERRÉOTYPE.

PUECH ET Cᵉ, RUE DE L'ARCADE, 15.

PHOTOGRAPHIE sur PAPIER, VERRE et PLAQUES MÉTALLIQUES. — PROCÉDÉ GUILLEMAIN. — Nouveau procédé à l'aide duquel tous les Photographes pourront, sans le secours d'aucun maître, obtenir, en cinq à vingt secondes, de magnifiques portraits sur toute espèce de papiers indistinctement. Les blancs et les noirs sont inaltérables et d'une telle pureté de lignes qu'il est possible de livrer une épreuve positive sans être retouchée. — Ce procédé, applicable au verre, est supérieur à tout ce qui a été publié jusqu'ici. Les portraits et les vues sont d'une incomparable beauté. — En envoyant par la poste, et *franco*, un mandat de cinq francs, on recevra, par le retour du courrier, ce procédé auquel est annexé un petit opuscule intitulé *Héliographie, ou l'art d'obtenir sans Daguerréotype la reproduction de tous les objets de la nature.* — Les Daguerréotypeurs recevront également, et sans augmentation de prix, le moyen de faire eux-mêmes une nouvelle préparation à l'aide de laquelle ils obtiendront constamment et sans déceptions de très-beaux portraits sur plaque et d'une richesse de teinte incomparable. — La reproduction publique de ces divers procédés est formellement interdite.

S'adresser, *franco*, à Mᵐᵉ GUILLEMAIN, seule dépositaire, *rue Montmartre*, 67.

DECOIN Ébéniste, fabricant de Daguerréotypes. — Grand assortiment d'appareils de toutes grandeurs, et toute l'ébénisterie concernant le Daguerréotype pour papier et pour plaque.

Magasin et atelier *rue Galande*, 47, près la rue Saint-Jacques.

F. LAVORENTE successeur de HÉDIARD et SALERNIER. — FABRIQUE SPÉCIALE DE PLAQUES POUR DAGUERRÉOTYPE, *place Dauphine*, 17.

KOLB rue Saint-Denis, 528, CITÉ GANBAIS. — Fabrique d'appareils pour le DAGUERRÉOTYPE. Grand choix d'articles pour la Photographie sur papier et sur glace.

GUILLOUX *passage de l'Industrie*, 7, breveté s. g. d. g. — CAPSULES POREUSES, GLACES et CUVETTES en tous genres pour la Photographie.

BON ET MORD OPTICIENS - PHOTOGRAPHES, *à Valence* (Drôme). — Portraits sur plaque et sur papier. Magasin de toutes les fournitures pour le daguerréotype.

PRODUITS CHIMIQUES relatifs au DAGUERRÉOTYPE, à la PHOTOGRAPHIE SUR PAPIER, à la DORURE et à l'ARGENTURE ÉLECTRO-CHIMIQUES, à la GALVANOPLASTIE et l'ÉCLAIRAGE ÉLECTRIQUE. — NOUVEAU SEL D'OR servant aussi bien à la fixation des portraits qu'à la dorure de tous les métaux, à 2 fr. 50 c. le gramme. — Grand choix de PILES GALVANIQUES avec tous les renseignements relatifs à leur application aux sciences et aux arts, à 2 fr. 25 c. l'élément complet. — E. DEISS, *rue de Bretagne*, 63. — Sur lettres affranchies, on donne des renseignements.

A. MADELAIN, *rue Chabanais*, 11. Fabrique d'encadrements, cadres, écrins, etc. Dépôt de plaques argentées par les procédés électro-chimiques de MM. de RUOLZ et ELKINGTON. Plaques en plaqué argent, papiers CANSON, LACROIX et anglais, appareils photographiques, et tous les objets relatifs au daguerréotype, etc.

A VENDRE, un Fonds de photographie, très-bien achalandé, dans l'un des plus riches quartiers de Paris. — S'adresser au bureau du journal, *rue de l'Arcade*, 15.

ALEXIS GAUDIN fabricant de Plaqué et d'articles de Daguerréotype ; dépositaire de la Boîte à évaporation constante d'EDMOND FRUIT, prix, 50 fr. — Du chloro-bromure et de l'iodo-brôme de E. VAILLAT, prix, 50 fr. les deux flacons. — Du bichloro-bromure de DUBOIS, prix, 12 fr. le flacon. — De l'accélérateur MAYER, pour la photographie sur papier, prix, 5 fr. — Le nouveau Tarif de cette importante maison vient de paraître en 16 pages in-4°. L'envoi en sera fait *franco* sur demande affranchie. 7, *rue de la Perle* (MARAIS).

MÉMOIRE concernant l'obtention, à la chambre noire, d'*Épreuves positives sur verre* de nature à servir également de *Clichés pour les reproductions sur papier*, par J. R. LE MOYNE, ingénieur des ponts et chaussées. — Paris, chez MM. WULF et Cᵉ, PUECH et Cᵉ, LIMOGES (Haute-Vienne), M. LAFOND, papetier. — Prix, 5 fr. ; franco, par la poste, 5 fr. 50.

MICHEL, 7, *quai de l'Horloge.* — FABRIQUE SPÉCIALE DE PLAQUES POUR LE DAGUERRÉOTYPE.

LEREBOURS ET SECRETAN, opticiens de l'Observatoire, 13, *place du Pont-Neuf, Paris.* — Appareils photographiques pour plaques de double, *et pour opérer sur papier*, de tous les systèmes, grandeur demi-plaque, normale, de 27 centimètres sur 33 et au delà. — Vente, après l'essai, de tous les objectifs, doubles et simples, pour les appareils ci-dessus. — Fourniture de tout ce qui est relatif à la photographie sur plaque et sur papier. — *Appareil panoramique* de M. Martens. — *Focimètre* de M. Claudet pour déterminer, dans les objectifs, la différence qui existe entre le foyer chimique et le foyer apparent, 15 francs. — *Actinomètre*, du même, pour comparer le pouvoir d'activité de toute espèce d'objectifs, 15 fr. — Brochures de tous les auteurs sur la photographie. — Le supplément au catalogue de 1846 est envoyé, *sans frais*, à toutes les personnes qui en font la demande franco.

MARCHANDISES POUR DAGUERRÉOTYPE SEULEMENT. — EDWARD ANTHONY, importateur et fabricant de tous les articles pour daguerréotype, 308, *Broadway, New-York*.

SCHIERTZ, Ébéniste, Fabricant de DAGUERRÉOTYPES. NOUVEAU SYSTÈME DE RAPPEL A LA CHAMBRE NOIRE. — Atelier et Magasin rue de la Huchette, 27.

PAPIERS photographiques, français, anglais, allemands. — Papiers buvards, gélatine, et autres. A. BINANT, 7, *rue de Cléry.*

GAUTIER ET MARTIN 43, *rue Saintonge.* — Fabriques réunies d'Écrins, Cadres, Passe-partout, Médaillons et Broches. — Prostypes et Encadrements pour papier.

JAMIN OPTICIEN, breveté s. g. d. g. — Fabrique de verres pour tous les instruments d'optique, tels que Têtes de Daguerréotypes, Microscopes, Longues-Vues et Jumelles de spectacle. — A Paris, *rue Saint-Martin*, 127, ancien 71.

POINTEAU, 356, *rue Saint-Denis.* Fabrique spéciale de Passe-Partout pour daguerréotypes.

TRAITÉ PRATIQUE DE PHOTOGRAPHIE

sur papier, sur verre et sur plaques métalliques, par AUBRÉE. — Nouveau procédé qui simplifie et abrège les opérations. Prix : 2 fr. 50 c. et 3 fr. par la poste. — Dépôt chez WULFF et Cᵉ, *rue Charlot*, 57, à Paris. (Affranchir.)

PHOTOGRAPHIE SUR PAPIER NOUVEAU TRAITÉ, par M. BLANQUART-EVRARD, de Lille. — Chez A. MADELAIN, fabricant de Daguerréotypes, rue Chabannais, 11, place Richelieu ou Louvois, Paris.

BISSON FILS Héliographe de l'Assemblée Nationale, Professeur de Photographie. — PORTRAITS SUR PLAQUE ET SUR PAPIER. — *Rue de la Madeleine*, 20.

TRIPOLI SPÉCIAL POUR LE DAGUERRÉOTYPE, approuvé par les premiers artistes de Paris. — (RÉDUCTION DE PRIX.) Dépôt unique chez M. COLCOMB-BOURGEOIS, chimiste, 18, *quai de l'École*, à Paris. 1 fr. le flacon, 8 fr. les 10 flacons, 6 fr. le kilogramme.

MARTIN 43, *rue Charlot.* — FABRIQUE SPÉCIALE DE PLAQUES POUR DAGUERRÉOTYPE.

BRICARD *rue Saint-Martin*, 343. LEÇONS DE DAGUERRÉOTYPE sur papier. — COURS COMPLET, 50 fr. Réussite garantie. — LEÇONS DE COLORIS.

AVIS.

Toutes les demandes et réclamations relatives au service, toutes les lettres et communications relatives à la rédaction, doivent être adressées, affranchies, à M. F.-A. Renard, secrétaire de la rédaction, au bureau du journal. Les demandes d'abonnement seront accompagnées d'un mandat sur la poste ou les messageries.

Imprimerie de BESNEYER et Cᵉ, rue Lemercier, 24. Batignolles.

CORRESPONDANTS DE LA LUMIÈRE CHARGÉS DE RECEVOIR LES ABONNEMENTS.

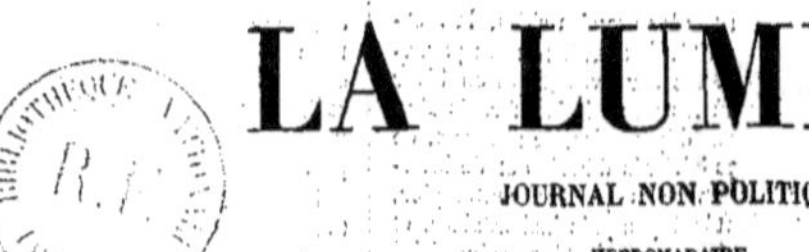

LA LUMIÈRE

JOURNAL NON POLITIQUE

HEBDOMADAIRE.

BEAUX-ARTS — HÉLIOGRAPHIE — SCIENCES.

BUREAUX, A PARIS, N° 15, RUE DE L'ARCADE, A LA SOCIÉTÉ HÉLIOGRAPHIQUE.

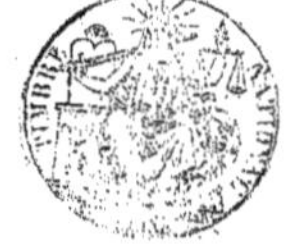

PRIX.—PARIS, UN AN, 16 F.; 6 MOIS, 10 F.; 3 MOIS, 6 F.—DÉPARTEMENTS, UN AN, 18 F.; 6 MOIS, 11 F.; 3 MOIS, 7 F.—ÉTRANGER, UN AN, 20 F.; 6 MOIS, 12 F.; 3 MOIS, 8 F.—CHAQUE N° 30 CENT.

ACADÉMIE DES SCIENCES.

Les helminthes, l'oïdium, le glyciphilla.— Lettre du Dr Gensoul. — Résumé de l'éclipse de soleil en 1851. — Vues daguerriennes de la mer.

Il y a quelques années, la loupe de M. Raspail, après avoir découvert la capsule qui entoure chaque grain de fécule, découvrait encore, au sein des organes, une foule de petits animaux, de vers parasites, dont l'occupation consistait à dévorer à belles dents la pauvre humanité. En ce temps, le palais de l'Institut retentissait des hauts faits du *ciron, acarus* ou *sarcopte* de la gale : l'Académie de médecine s'entretenait tout bas d'un certain *vibrion* qui jouait un grand rôle dans la contagion de maladies appelées spirituellement secrètes par les grandes affiches que vous savez. De tous côtés surgissaient les helminthes; on en trouvait dans le foie, dans le tube digestif, dans le poumon, dans les muscles, dans les glandes, dans la peau surtout.

Aviez-vous le mal de dents? c'était un petit ver qui en détériorait le bulbe et la racine; l'inflammation de la gorge dérivait directement des ravages faits dans les amygdales par un affreux parasite ; la colique ne signifiait pas autre chose qu'un festival des vers intestinaux ; la migraine indiquait clairement les sillons tracés, dans la cervelle, par les pattes crochues d'un arachnide en mal d'enfant ; enfin le corps humain était une vaste garenne dans laquelle se multipliaient, en guise de lapins, une foule de reptiles et d'insectes destructeurs.

Il nous souvient, hélas! des longues histoires qu'il nous fallait écouter alors : l'un avait dans l'oreille une mouche qui lui avait percé la membrane du tympan ; cet autre sentait frétiller dans son os frontal un myriapode inspiré sur une fleur : telle jolie femme se disait en proie à une bête qui lui dévorait les entrailles ; elle pleurait à l'avance ses charmes flétris, sa jeunesse perdue, sa fin prochaine.

Donner la chasse aux animaux sauvages d'où naissaient tant de maladies et de morts..... imaginaires, était un devoir de premier ordre; aussi les chasseurs ne manquaient-ils pas. Munis, non pas de poudre et de plomb, mais de solutions camphrées et de sels de mercure, ils opéraient des exploits qu'eût enviés Nemrod en personne. Leur zèle fut tel, que de tous les monstres si communs alors, il reste à peine quelques espèces obstinées : témoin celle qui, au dire de bien des personnes, promène le choléra dans les quatre coins de la terre.

Les helminthes, traqués incessamment au sein de l'organisme par le camphre et le mercure, ont usé de ruse pour continuer leur guerre contre l'homme : au lieu de lui livrer loyalement bataille, ils lui dressent des embuscades ; ne pouvant détériorer son corps, ils détruisent ses aliments. Certains, déguisés en champignons, ont envahi la pomme de terre et la tige du blé ; d'autres, sous forme d'oïdium, s'attaquent au raisin et au sainfoin : ils ne se contentent même pas de nous menacer de soif et de famine, de nous retirer à la fois les produits de Bacchus et de Cérès, comme on disait il y a cinquante ans; les voilà qui envahissent le sucre et se disposent à nous enlever cette dernière et consolante douceur.

Déjà en 1843 et 1845, M. Payen avait signalé leur présence dans quelques pains dont le centre était envahi par une foule de stries rougeâtres qui se ramifiaient autour des cristaux et finissaient par en altérer le goût et la composition. Mais alors la maladie du sucre était très-restreinte; elle ne menaçait pas sérieusement le commerce : depuis lors elle a reparu avec une nouvelle intensité et s'est montrée, cette année, dans plusieurs magasins.

Au lieu des stries rougeâtres observées précédemment, elle offre des filaments blancs, d'un aspect terne et poudreux. Son principe se trouve dans une membrane sur laquelle s'élèvent des rameaux articulés, d'une minceur extrême. Ces rameaux trouvent, en s'étendant à droite et à gauche, les particules d'azote indispensables à leur développement ; moins le sucre est pur, et plus facilement ils se propagent.

Comme tous les champignons, ils se multiplient au moyen de sporules dont le diamètre mesuré au micoscrope n'est guère que d'un millième de millimètre. Des organes aussi ténus s'infiltrent partout ; ils flottent dans l'air, ils pénètrent dans les moindres anfractuosités : vouloir leur opposer un obstacle mécanique, pour préserver les sucres, c'est se donner de la peine en pure perte.

Nous croyons, au contraire, qu'il serait facile d'attaquer les sporules du glyciphilla au moyen de certaines fumigations ou vapeurs, telles que le gaz acide sulfureux : M. Payen n'a pas poussé jusque-là ses explorations ; cependant, le point est important. A quoi servent les études sur un champignon destructeur, si elles ne donnent pas le moyen de s'en débarrasser?

Il est malheureux que la science ait des allures aussi lentes, et qu'après avoir fait une découverte, elle soit si peu disposée à en chercher les applications. C'est ainsi qu'elle a étudié l'oïdium du raisin, qu'elle en a décrit les mœurs et le mode de propagation, qu'elle a signalé une concordance presque constante entre le champignon parasite et un *acarus* placé entre les nervures des feuilles, avant de chercher sérieusement les moyens de débarrasser l'agriculture d'un véritable fléau. Presque tous les essais tentés à cet égard, viennent des agriculteurs : heureusement que les agriculteurs sont parfois des savants, témoin la lettre du docteur Gensoul, lettre dont M. de Jussieu a donné lecture à l'Académie.

L'honorable médecin lyonnais, en même temps qu'il donne des soins à ses malades, soigne avec passion une collection de cactus. Un beau jour, il trouva ses plantes envahies par une maladie analogue à celle du raisin, et les mit immédiatement au traitement préconisé par M. Raspail ; il fit des lotions, sur les régions atteintes, avec l'alcool camphré. La cure fut immédiate ; jamais le docteur n'avait opéré si heureusement.

Plus tard, quand il vit ses treilles envahies par l'oïdium, il leur appliqua le même remède, avec le même succès. Il ne se dissimule pas que le camphre et l'alcool sont des substances coûteuses, et qu'un pareil traitement appliqué à quelques hectares de vignes exigerait des dépenses énormes ; mais il est un moyen de diminuer beaucoup les frais, c'est d'étendre l'eau-de-vie camphrée avec dix ou douze fois son poids d'eau. On obtient ainsi une liqueur préservatrice qui peut être opposée à tous les champignons parasites, même à celui de la pomme de terre, dont les tubercules doivent macérer quelques minutes dans l'eau camphrée, lorsque le temps de les planter est venu.

C'est assez parler des choses de la terre ; il est temps de revenir aux choses du ciel. M. Arago avait promis à l'Académie un résumé de toutes les observations faites, dans les diverses contrées de l'Europe, sur la dernière éclipse de soleil ; il a tenu ses promesses, bien qu'il n'ait pas encore reçu communication des travaux de quelques astronomes d'Angleterre et d'Ecosse. Les documents qui lui sont parvenus d'Allemagne, de Russie, d'Italie, de Suède et de France, forment une base d'opération suffisante.

La coordination de ces travaux a pour objet principal l'étude des protubérances lumineuses qui, pendant l'éclipse, se montrent sur la circonférence du disque de la lune.

Pour donner la théorie de ces aigrettes lumineuses, il est important de constater si, vues de diverses contrées, elles occupent la même position, eu égard au disque de la lune, et si les périodes de leur accroissement et de leur diminution sont constantes.

Or, il résulte des observations faites en Suède, en Ecosse et dans l'Allemagne du nord, que les protubérances ont été vues partout dans la même position ; que celles de l'orient ont diminué avec les progrès de l'éclipse, tandis que celles de l'occident ont augmenté avec l'éclipse. De plus, les astronomes de Berlin ont cru reconnaître une relation entre les protubérances et les taches du soleil.

Voilà le fait, reste la théorie : elle n'a pas été donnée par M. Arago, et ne le sera certainement pas par nous. Espérons qu'elle viendra quelque jour ; mais, si claire et si bien appuyée que puisse la produire l'honorable secrétaire perpétuel, elle ne passera pas sans conflit ; elle trouvera sur son chemin la théorie de l'honorable M. Faye, et nous serions bien étonné si ce dernier laissait éclipser sa fille, sans rompre une lance en sa faveur.

Il nous reste, en terminant, à parler d'un *fait* qui intéresse à un haut degré l'héliographie, c'est une série de vues envoyées à l'Académie des sciences par deux artistes du Havre. Elles sont sur plaques daguerriennes, et plusieurs représentent la mer avec une fidélité qui, certainement, n'a pas été atteinte jusqu'ici. Les vagues miroitent et dressent vers le ciel leurs crêtes acérées ; elles se brisent sur la plage qu'elles couvrent d'écume, ou bien dans leurs molles ondulations viennent s'affaler sur le sable.

Ailleurs, on les voit refluer sous la proue d'un navire qui pénètre dans la darse du port : les voiles à demi ployées sont secouées par le vent ; on voit qu'elles battent les cordages, et cependant chacun de leurs plis a ses contours nettement accusés. Les matelots sont à la manœuvre ; ils parlent, ils gesticulent ; l'animation, le mouvement, la vie, existent partout, dans ces belles productions.

Il n'est pas jusqu'au ciel, ce désespoir de l'héliographe, qui ne présente ses nuages étagés. Le tableau est complet ; il rend les brumes légères qui, vues sur la mer, donnent si bien la représentation de l'immensité.

Certes, un grand progrès a été accompli, et ses auteurs avaient raison de vouloir le faire constater ; mais en demandant une Commission académique, ils ignoraient que le règlement de l'Institut devait exiger la communication de leur procédé. Nulle Commission n'a été nommée, leur nom même n'a pas été prononcé.

Il doit en être ainsi au dix-neuvième siècle, et dans une contrée où rien de ce qui intéresse la science et l'art ne saurait rester secret. A celui qui lutte contre des difficultés sans nombre, et qui, à force de travail et de patience, dote la science et son pays d'une découverte importante, la presse doit appui, publicité, gloire... Mais elle ne doit rien à qui prétend garder pour lui seul le fruit de ses travaux.

Docteur CLAVEL.

EXPOSITION DE LONDRES.

RÉCOMPENSES.

Parmi les *grandes médailles* et les *médailles ordinaires* accordées aux artistes français, par le jury de l'exposition universelle de Londres, nous mentionnons avec empressement et une bien vive satisfaction, celles obtenues par nos habiles photographes, MM. MARTENS (g. m.) et BAYARD (m. o.). Leurs magnifiques dessins, qu'on admirait à Paris, déjà depuis plusieurs années, et qui proviennent, comme l'on sait, de négatifs sur glaces albuminées suivant les procédés dus à M. Niépce de Saint-Victor, méritaient bien cette éclatante distinction.

« Nous publierons prochainement la liste générale des lauréats du grand jury, pour les différentes branches de l'héliographie.

DE MONTFORT.

PHOTOGRAPHES ET LITHOGRAPHES.

ALBUM DES ARTISTES ANCIENS ET MODERNES,

PAR MM. MOUILLERON, FRANÇAIS, NANTEUIL,
H. BARON ET EUGÈNE LE ROUX.

La plupart des critiques, après avoir étudié les ressources et les progrès de la photographie, se sont rencontrés quant à l'appréciation des conséquences futures de cette invention, et du rôle qu'elle est appelée à jouer dans les arts. Il est probable, ont-ils dit, que la médiocrité perdra ses chances d'exploitation ; tandis que les talents sérieux, forcés, à la fois, d'interpréter la nature d'une manière plus immédiate, de soigner davantage l'exécution, et de demander à l'imagination des inspirations d'une fantaisie plus grande, donneront aux arts du dessin une impulsion plus forte, une valeur plus haute. Quelques théoriciens ont ainsi résumé cet effet inévitable, heureux et prochain de l'invention daguerrienne : — Destruction des couches inférieures, élévation des couches supérieures de l'art.

Confuses encore dans l'opinion du public, comme le sont toutes les théories anticipées, ces prévisions exagérées soit dans un sens, soit dans l'autre, par des passions opposées, ont fait naître des préjugés, ont développé les germes d'un antagonisme absurde, et par cela même dangereux.

Notre intention, à nous, conforme à l'intérêt de nos confrères, est de ramener toutes les hypothèses à la vérité, et d'appeler sur nous les sympathies des artistes en rendant hommage à leurs travaux, en faisant ressortir les services signalés qu'ils nous rendent, en prouvant que leurs ouvrages, objets, pour nos photographes, d'une émulation salutaire, n'ont qu'à gagner dans l'estime des amateurs, à raison de l'avénement de l'héliographie.

Est-il trop tôt pour aborder ce genre d'études ? Non, la photographie sur papier a pris son rang et n'a aucune comparaison à redouter : comme la gravure, ou la lithographie, elle a son imprimerie, ses éditeurs, et le moment approche où les estampes daguerriennes, mises à la portée de tous les amateurs, seront assimilées aux autres *articles* du commerce ordinaire.

Nous atteindrions bien plus vite à ces conditions de succès, si les photographies, au lieu de rester confinées parmi les produits de la science, chez les opticiens et les préparateurs de substances chimiques, étaient présentées, non plus comme des résultats de curieuses expériences, mais exposées comme objets d'art, chez les éditeurs d'estampes. Nous ne voyons là pour eux qu'une branche nouvelle à exploiter : *l'album* de M. Blanquart-Evrard, *les monuments de l'Italie*, publiés en livraisons, par M. Eugène Piot, sont de véritables estampes, douées d'une valeur propre et originale, qui ne peut en aucune sorte nuire à la vente des autres collections.

C'est ce qu'il est facile d'établir, en expliquant en quoi consiste la concurrence entre les deux principes, et en montrant à quel point une belle épreuve photographique diffère, par exemple, d'une bonne lithographie, genre de travail qui se rapproche le plus, par le premier aspect, de nos épreuves sur papier.

Pour établir ces rapports et ces distinctions, nous avons attendu l'occasion d'avoir à signaler une œuvre lithographique d'une éclatante supériorité, afin de caractériser plus nettement ce qui appartient à l'une comme à l'autre des branches de l'art. L'album *des artistes anciens et modernes* nous a paru marquer franchement la séparation. Nous rendrons pleine justice à cette publication, la plus parfaite que la lithographie ait jusqu'à ce jour accomplie : nous la signalerons comme un chef-d'œuvre de goût et d'exécution à nos confrères qui trouveront là, non des modèles à copier, l'assimilation est impossible ; mais des sources nouvelles d'inspiration.

L'art a déjà exercé sur la photographie une influence très-notable : il lui a enseigné la science des effets, la manière de composer un tableau, et divers procédés pour s'élever, dans l'interprétation littérale de la nature, à l'impression qui résulte du sentiment de la couleur. Parmi nos praticiens, les plus habiles sont ceux qui ont été peintres, et qui ont cherché, dans l'emploi de la chambre obscure, l'application de leur savoir. Si des artistes, tels que MM. Français, Mouilleron, Nanteuil, etc., s'adonnaient au procédé daguerrien, ils y trouveraient l'emploi de leurs rares qualités et surpasseraient en peu de mois leurs émules. Ceci soit dit en passant, pour faire comprendre que cette forme spéciale de l'art est loin d'être sèchement mécanique, comme nombre de gens l'ont supposé.

Il nous serait difficile de savoir, si les interprètes *des artistes anciens et modernes* ont été préoccupés du daguerréotype : mais s'ils se fussent proposé la tâche de réaliser, dans une synthèse complète, ce que la photographie ne saurait chercher et ne pourrait atteindre, ils n'eussent pas mieux réussi. La photographie répondra : elle aussi prendra possession de son domaine où elle restera inexpugnable. Les sujets fourmillants de détails, les monuments chargés d'arabesques, les carrefours des vieilles cités, les vues prises à vol d'oiseau sur les grandes villes, la mettent au-dessus de toute rivalité. Nous avons vu des paysagistes en admiration devant des épreuves prises en hiver dans les forêts, épreuves où les plans étaient formés d'un fouillis prodigieux de ronces dépouillées, de rameaux, de troncs d'arbres, de terrains hérissés d'herbes et de branches menues. Nous avons vu des peintres contempler, ébahis, certains effets réputés à peu près inabordables, et rendus par la photographie avec une clarté, une simplicité de moyens, dont l'art ne se fût point avisé, mais dont le secret lui appartiendra désormais. Ainsi, pour eux, cette invention est un champ indéfini d'observations profitables, une source précieuse de documents. Et n'oublions pas qu'elle empiète de jour en jour dans le domaine de la vie, du mouvement, mystères que l'imagination avait seule entrevus. Un cinquième, un dixième de seconde suffisant pour saisir la nature au vol, on fixe le cheval au trot, l'oiseau qui vole, la draperie qui flotte, le vaisseau qui file sur l'onde, le nuage errant, la fumée qui s'élance des toits, la vague soulevée qui vient déferler sur les galets du rivage.

À la vue de ces prodiges, que pensent les peintres vraiment dignes de ce nom ? — Quel trésor ! s'écrient-ils ; et comme Isabey et Gudin, ils se composent un petit musée de dessins de marine ; précieux croquis daguerriens qui serviront aux progrès de la peinture.

L'art véritable, pour être digne de ce nom, se propose un but idéal ; comme la poésie, il doit parler à l'imagination, et saisir, dans la nature même, quand il se borne à la copier fidèlement, ce que saisit quelle impression rêvée qui réveille dans l'âme du spectateur un sentiment particulier. Ainsi l'invention, la faculté créatrice n'ont rien à redouter du procédé photographique : loin de là ; les artistes oseront davantage, pour s'en éloigner d'une manière plus formelle. Mais, les petites vues léchées, sans effet, avec des arbres maigres ; mais les *portraitures* bourgeoises de petits sites prosaïques, calques insignifiants et glacés ; mais la vignette de pacotille, cesseront d'être possibles en face de la nature rendue naïvement et mathématiquement, par la plus infime photographie. Mais la miniature vicieuse, mais les portraits crayonnés à bas prix, mais les petits dessins grimaçants et minaudés qui courent les rues, mais les pesantes et vulgaires images de nos grands hommes, comme on les voit affichées le long des quais……, toutes ces drogues, tournent des yeux, disparaîtront : déjà même la photographie en a fait justice.

N'est-ce donc rien que ce service par elle rendu à l'art véritable, et n'a-t-elle pas, dès ce jour, bien mérité des peintres ?

À leur tour, les artistes s'attachent à rendre aux photographes la carrière difficile, en élevant à l'école moderne un monument lithographique d'une perfection, d'un charme, d'une fantaisie poétique, où l'on n'avait pas encore atteint. Nous nous ferons un devoir d'admirer, en un bonheur d'applaudir à de si brillants résultats, dans cette feuille consacrée à toutes les formes de l'art, et qui s'efforce de les concilier toutes dans une émulation qui doit tourner à l'honneur de chacun.

Un mot sur l'œuvre et la pensée qui y préside. Six jeunes peintres, qui sont en même temps des dessinateurs très-fins et très-spirituels, ont entrepris d'élever un monument à leurs confrères, aux talents les plus distingués, les plus gracieux de cette époque, à ces novateurs charmants, dont les amateurs se disputent les tableaux, exclus pour la plupart du Luxembourg, ce musée des artistes vivants, presque exclusivement dévolu aux morts qu'on a oublié d'enterrer. Decamps, Bonington, Diaz, Rousseau, Corot, Baron, Leys, Isabey, Leleux, Gavarni, Meissonier, Baron, Français, Tassaert, Jadin, Marilhat, sont les principaux fleurons de cette couronne. Un choix exquis a été fait parmi leurs tableaux les plus attrayants, et les six artistes que nous avons nommés en tête de cet article, qui sont évidemment les six plus merveilleux lithographes de ce monde sublunaire, se sont donné la tâche fraternelle de traduire les chefs-d'œuvre de leurs amis, de leurs rivaux. Ils ont même voulu, dans cette interprétation intelligente, se surpasser eux-mêmes, et ils y ont réussi.

L'*Album des artistes anciens et modernes*, qui marque l'apogée des procédés lithographiques, a déjà fourni deux volumes ; ensemble cinquante planches. Nous ne parlerons que du tome II, le seul que nous ayons sous les yeux. Un texte explicatif indique le sujet, en donne la description, ainsi que le nom du possesseur du tableau original.

Ces messieurs semblent avoir eu l'intention de résoudre un double problème : Rendre la lithographie supérieure à la gravure, et interdire que l'on peut *créer* en copiant avec fidélité. De ces deux difficultés, la première devait être tôt ou tard résolue ; car le dessin sur la pierre présente une finesse, un moelleux, une douceur et une fermeté tout ensemble, que rien n'égale : seulement, ces qualités disparaissaient en partie dans le tirage, et, soit par la qualité vicieuse des papiers, soit par la négligence des imprimeurs, soit par l'inexpérience des dessinateurs, les épreuves tirées étaient le sujet d'une série de déceptions. Nos aînés les lithographes étaient, comme nous, tenus en échec par les difficultés du tirage. L'imprimerie de M. Bertauts (ici, nous comptons les imprimeurs pour quelque chose) vient enfin de donner au résultat pur et complet, et de montrer toute la supériorité que comporte la lithographie, émanation bien plus sincère, bien plus libre, bien plus directe que la gravure, de la pensée de l'artiste.

Le second problème à résoudre, pour être au-dessus de toute concurrence, n'est pas à la portée de beaucoup de gens. Placez un tableau de Leys ou de Corot devant un daguerréotype : l'instrument le copiera avec une précision complète. Mais il ne l'interprétera pas ; mais il ne l'achèvera pas ; mais il n'ajoutera point, en guise de commentaire, ce que le peintre a exprimé, tout ce qu'il n'a fait qu'indiquer ; en un mot, le daguerréotype ne réalisera pas une seconde création, comme l'ont fait M. Mouilleron, par rapport à l'*Aumône* de H. Leys, et M. Français, en dessinant la *Matinée* de Corot. Je ne sais si je m'abuse, mais ces deux estampes m'ont paru les diamants de cet écrin. Français a un autre paysage, *Après la pluie*, copie d'un tableau de Rousseau, qui est d'une verve... On ne saurait plus intimement se mettre au lieu et place d'autrui, ni éclairer plus nettement les intentions d'un peintre. Rousseau est un des artistes qui heurtent le plus vivement les préjugés et la routine des amateurs ordinaires. Les lithographies de Français, d'après les toiles de ce maître, sont une véritable initiation : tel, à qui le peintre est peu sympathique, saurait le comprendre et l'aimer, après se l'être assimilé dans la traduction précise, élégante et claire, de M. Français.

Cette souplesse est un don de nature que possèdent à un degré fort étrange MM. Mouilleron et Français. Le premier a rendu *la grand' Cour* d'Isabey, avec une touche si particulière et si *voulue*, que l'on croit voir un dessin original du maître, non tel qu'il le pourrait faire, mais tel qu'on le rêve d'après l'aspect de sa peinture. Plus ferme peut-être, moins impressionnable de sa nature, M. Célestin Nanteuil arrive à des résultats analogues par la volonté. La *Causerie*, d'après E. Isabey, est un tableau charmant, où le maître apparaît avec toute sa coquetterie, simplifié sans être appauvri. M. Diaz, au contraire, sous la main du même dessinateur, se complète sans s'enrichir. En contemplant ce dessin, on oublie aisément M. Diaz, et l'on s'avise de regretter le Titien. Le dessinateur s'est fait critique, à son insu probablement. Mais il est entré pleinement dans la manière et dans l'esprit de son modèle, en copiant, d'après M. Tassaert, le *Suicide* : — deux femmes exténuées par la faim, et aux prises avec la vapeur du charbon, au fond d'un grenier. La *Tentation* nous offre le talent de M. Nanteuil dans ses plus vives allures. Il faut citer aussi l'*Abreuvoir*, tableau très-original et très-vigoureux de Jadin, rendu par M. Français avec une intensité de ton supérieure à la puissance ordinaire de la lithographie. On ne saurait voir plus clair au travers d'ombres plus profondes.

Un sujet d'une grâce et d'une élégance parfaites, c'est la *Lecture* de M. Baron. Assise sur un banc rustique, au milieu des fleurs, sous les ombrages d'un grand parc, une dame écoute un semillant cavalier qui lui dit ses vers. Le jeune homme, costumé comme au temps de Louis XIII, est campé à merveille ; le ton local de ce joli tableau est d'une douceur qui n'exclut point la fermeté. Quant au dessin même, il est digne de la collection ; c'est tout dire. Baron seul pourrait si bien interpréter la peinture de Baron. Nous admirons encore plusieurs le second dessin du même maître : *Des femmes pêchant à la ligne*. Toutes deux sont charmantes : la blonde, drapée avec un goût parfait, rappelle, et par le costume, et par l'attitude, et par la coiffure, les statues de la renaissance. Quant à cette brunette, qui tient la perche, et suit des yeux le liège qui glisse au fil de l'eau, elle est un peu bien dégingandée. M. Baron, dont le tact est fin et le goût délicat, se plaît cependant à prêter des postures violentes, même à des personnages en repos.

Deux dessins, l'un d'après Géricault, l'autre d'après Decamps, font honneur à l'adresse et à la flexibilité de M. Eugène Le Roux. Le premier représente une *Course de chevaux*, que des esclaves romains entraînent au Cirque ; le second, des *Cavaliers turcs* traversant un gué. On ne saurait mieux faire sentir la différence de sentiment, de style et d'exécution qui sépare deux écoles. Géricault, avec sa fougue étudiée, sa vigueur académique, sa préoccupation des poses, de la facture du *morceau* ; Decamps, avec ses enivrements de lumière, de couleur, sa fantaisie originale, et la vivacité apparente de son imagination poétique... Le ciel est splendide, les chevaux piaffent dans le marécage et ruissellent ; le tableau est baigné d'une vapeur dorée.

Les bords de la Seine, petit paysage de Bonington, un peu vide, un peu froid, témoignent des progrès accomplis depuis vingt-cinq ans par nos paysagistes ; il s'agit ici d'une étude d'après nature, et quelque habile que soit le lithographe, son dessin pâlirait et semblerait mort, à côté d'une photographie du même site. Il en sera de même chaque fois que l'artiste n'aura rien ajouté à la nature, et n'aura point, en la contemplant, trouvé un sentiment qui l'anime et l'idéalise.

Ainsi, la plus essentielle conséquence de l'invention daguerrienne, est de contraindre l'artiste à penser, à traduire pour les yeux l'églogue, le drame, le poëme ou le roman qu'il rêve. C'est à cette puissance d'imaginer, à ce rayonnement intérieur de la poésie, que M. Corot doit ses hautes qualités de style, et le charme qu'il répand sur des compositions dont l'exécution n'est pas toujours suffisante. Aussi, quand un dessinateur, qui de plus est un peintre, comme le sont MM. *Français, Baron, Nanteuil, Anastasi,* etc..., interprète une œuvre de ce genre, et l'achève sans en dénaturer le caractère, il résulte de cette double inspiration un tableau parfait et évidemment supérieur à toute copie mathématiquement exacte.

Mais les intelligences capables de s'élever jusque-là sont très-rares, ce qui confirme nos assertions sur l'influence de la photographie dans les arts : elle anéantira la médiocrité, tournera à la gloire des artistes éminents, et les forcera de s'élever de plus en plus dans les régions de l'esprit et de la pensée.

Il faudra donc, tôt ou tard, que la peinture, que le dessin, deviennent d'une manière plus absolue, non *le but de* l'artiste, mais le moyen, mais le langage dont il se sert pour émouvoir la foule. Observons, à ce propos, que les progrès des connaissances humaines remontent parfois à des causes bien singulières et bien imprévues. — Depuis quelques années, sous prétexte de *naturisme,* l'art, qui, pour échapper aux conventions routinières des écoles, se jette d'un excès dans un autre, tend à se matérialiser, à changer en quelque sorte le monde entier en un vaste atelier de nature morte. Qui mettra des bornes à ces tendances mécaniques ? — L'invention d'un mécanisme qui les pousse à l'extrême, et qui, se substituant à tout art qui ne voit rien au delà, force le dessinateur à quitter le métier, ou à devenir artiste par l'invention, par le sentiment, en un mot par l'expression d'une idée.

Du reste, le matérialisme, si commode pour les âmes serviles, est si antipathique à nos instincts, que les ouvriers de la mécanique daguerrienne, en concentrant sur elle toutes leurs facultés, parviennent à y jeter un souffle de vie, et la forcent d'exprimer ce qu'ils ont eux-mêmes senti. Tandis, donc, que l'art fait des manœuvres, la machine de Niépce et de Daguerre fait éclore des artistes, qui déjà contribuent, et contribueront bien davantage à compliquer les conditions du problème.

Nous accueillons *l'Album des artistes anciens et modernes,* comme une confirmation manifeste des opinions que nous avions fréquemment émises à propos des arts du dessin, et de l'influence de l'héliographie. Cette collection résume les tendances les plus récentes, les plus intelligentes de la jeune école, de celle qui vit, qui cherche, qui travaille, qui aime son art et qui le fait aimer. Par la grâce des sujets, par l'habile interprétation des originaux, par l'exquise délicatesse de l'exécution, cet *Album* se place hors de toute concurrence, au-dessus de toute rivalité, et nos confrères les héliographes, à qui nous signalons ce monument, peuvent l'examiner avec fruit. Nous sommes heureux, dans ce journal tout dévoué aux intérêts généraux des arts, le seul où l'on puisse juger sans réserve et louer sans être suspect, d'avoir à recommander une œuvre originale, et d'offrir nos fraternelles sympathies à des artistes qui ont suivi avec un vif intérêt les travaux de la Société héliographique.

FRANÇOIS WEY.

DE L'INFLUENCE DES RAYONS SOLAIRES

SUR LES SUCS VÉGÉTAUX.

En reproduisant le mémoire sur la *Relation existant entre la couleur de certaines flammes colorées avec les images héliographiques,* présenté à l'Académie par M. Niépce de Saint-Victor, plusieurs journaux anglais et américains ont rappelé les faits d'expériences desquelles Sir John Herschel obtint la reproduction des couleurs du spectre solaire sur du papier enduit d'un suc végétal, et le travail que M. Robert Hunt a publié sur l'influence de la lumière sur les sucs végétaux. Ces questions intéressant vivement tous ceux qui s'occupent d'héliographie, et l'auteur américain ayant passé en revue, dans un ouvrage, les résultats obtenus par Sir John Herschel, nous donnerons quelques extraits de cet important travail.

Après avoir mentionné les recherches de M. Chevreul sur les fleurs, M. Hunt continue ainsi :

« L'influence que les rayons lumineux exercent séparément sur le suc des plantes a été l'objet d'études sérieuses de la part de sir John Herschel. L'auteur de cet ouvrage a bien fait quelques expériences, mais presque tout ce qui suit est dû au savant anglais.

« Certaines précautions sont indispensables pour extraire la matière colorante des fleurs. Les pétales de fleurs fraîches et choisies avec soin doivent être réduits en pâte dans un mortier de marbre. Cette pâte, à laquelle on peut ajouter un peu d'alcool, est ensuite pressée dans un linge bien propre, pour en extraire le jus qu'on étend sur le papier avec une brosse plate. On laisse sécher à l'air sans le secours de chaleur artificielle. Si on n'a point ajouté d'alcool, l'application sur le papier doit avoir lieu immédiatement, car l'air (même en quelques minutes), change ou détruit complètement la couleur. L'effet de l'alcool est de prévenir, ou tout au moins de retarder de beaucoup cette altération.

« La couleur d'une fleur n'est pas toujours, comme on pourrait le croire, celle que son suc exprimé donne au papier blanc. La rose rouge panachée, que les fleuristes appellent *rose noire,* lui donne une teinte bleu-ardoise, comme la giroflée ou la rose trémière, et le *coquelicot* (*papaver rhœas*) teint le papier d'un bleu riche et éclatant. Sir John Herschel attribue ces divers changements au dégagement de l'acide carbonique, dans certains cas ; à une altération chimique résultant de l'absorption de l'oxygène, dans d'autres ; ou, enfin, lorsque le suc se coagule, à une perte de vitalité, on désorganisation des molécules.

Avant de donner les remarques de sir John Herschel sur les résultats de ses recherches, et les observations que j'ai faites moi-même, je mentionnerai, aussi brièvement que possible, quelques-uns des résultats les plus intéressants qu'il a obtenus avec les sucs végétaux.

« *Corchorus Japonica.* Les fleurs de cette plante donnent au papier une belle couleur jaune. Sir John Herschel dit n'avoir jamais trouvé de couleur végétale aussi sensible à la lumière. Si ces fleurs sont recueillies au moment le plus favorable de leur saison, le papier teint par elles commence à se décolorer au bout de dix ou douze minutes, au soleil, et redevient complètement blanc en une demi-heure. La couleur semble d'abord résister à la première impression de la lumière ; puis elle commence à s'altérer, et la décoloration continue rapidement *et ne cesse même pas dans l'obscurité dès qu'elle a commencé* ; d'où il résulte que les images photographiques obtenues sur le papier préparé avec le suc de ces plantes, s'effacent peu à peu.

« Si l'on expose ce papier à l'influence du *spectre,* en quinze ou vingt minutes la couleur est complètement détruite, et le papier blanchi dans toute la région soumise aux rayons verts, bleus et violets, dont l'action est évidemment la plus énergique.

« *Mathiola annua (Giroflée quarantaine).* La couleur donnée à l'alcool par la variété double de cette fleur est d'un rose foncé très-riche ; les papiers qui en sont enduits se décolorent sensiblement en quelques heures, et blanchissent complètement au bout de deux ou trois jours. Si on les expose à l'action du *spectre,* on reconnaît que les rayons les plus puissants pour la décoloration sont ceux compris entre le *jaune* et le *rouge* le moins réfrangible, au delà duquel l'action cesse brusquement. Au-dessus du *jaune,* elle diminue rapidement jusqu'au *bleu,* où elle recommence faiblement pour atteindre une nouvelle, mais plus faible intensité dans les rayons violets.

« L'acide sulfureux blanchit ce papier, mais il reprend bientôt sa couleur originale, surtout avec l'aide de la lumière, qui active beaucoup ce résultat. Le papier, décoloré complètement lorsqu'il est exposé à l'influence du spectre, reprend sa couleur originale par l'action des rayons complémentaires de ceux qui détruisent cette même couleur dans l'état naturel du papier. Ainsi, les rayons violets agissent beaucoup, de même que les rayons bleus ; l'action des rayons verts est plus faible, et, quant à celle des rayons jaunes, oranges et rouges (les plus réfrangibles), elle est nulle.

« On a remarqué que, dans beaucoup de circonstances, l'alcool affaiblit les couleurs des sucs végétaux, et quelquefois les fait disparaître complètement. Ceci est vrai surtout pour le *papaver orientale* (*pavot oriental*). La couleur de cette fleur est orange brillant ; « sa matière colorante ne peut être extraite que par l'alcool, et ce liquide la dissout tellement, qu'elle ne donne plus au papier qu'une très-faible teinte jaunâtre ou rose clair, qu'il conserve toujours, lorsqu'il est bien séché, sans aucun accroissement d'intensité. » Ce papier devient immédiatement écarlate quand on le soumet à un acide. — Le papier, enduit de cette dissolution alcoolique, s'il est exposé pendant longtemps à l'influence de la lumière, éprouve une certaine désorganisation, de sorte que si, après l'avoir couvert d'une gravure, on le soumet aux vapeurs de l'acide muriatique, une reproduction vague de cette gravure, mais d'un style doux et agréable, s'y développe dans l'espace de vingt à trente jours. »

ERNEST LACAN.

(La fin au prochain numéro.)

NOUVELLES DIVERSES.

Nous avons parlé des grands travaux de restauration de Notre-Dame de Paris : ceux du Palais de Justice, qui se poursuivent avec activité, ne sont pas moins importants. Une aile nouvelle a été construite à gauche de la porte principale. Cette aile donne sur la rue de la Barillerie, puis, se repliant à angle droit parallèlement à la rue de la Sainte-Chapelle elle va rejoindre les bâtiments de la préfecture de police. Les bureaux du parquet, les cabinets des juges d'instruction y sont déjà installés, et à la prochaine rentrée, les trois Chambres de police correctionnelle y fonctionneront dans des salles spacieuses et bien aérées. C'est également dans cette aile que sera la nouvelle prison pour les détenus qui viennent attendre leur jugement.

L'autre aile du Palais de Justice, celle comprise entre la grille d'honneur et la tour de l'Horloge, vient d'être réparée : on lui a rendu ses voûtes ogivales, qu'on a bâties dans le même style que la grande crypte située sous la salle des Pas-Perdus, et qui servit, dit-on, de cuisine à Louis IX. La tour de l'Horloge, si curieuse par sa forme quadrangulaire avec le beffroi pointu qui la couronne, a recouvré à sa base ses fenêtres à cintres étroits, et dans ses étages supérieurs ses baies en rectangle, coupées par des croisillons de pierre. Bientôt l'horloge aura repris sa place ; on sculpte en ce moment la rosace écussonnée qui doit recevoir le cadran.

L'espace compris entre la tour de l'Horloge et les deux grosses tours circulaires dites de Philippe Auguste est rempli par un mur plat qui va disparaître pour faire place à une façade semblable à celle tournée vers le Marché-aux-Fleurs, avec des portes ogivales et des fenêtres à meneaux de pierre. Plus tard, à ce qu'on assure, cette décoration sera prolongée jusqu'à la rue du Harlay. En attendant, on répare le groupe élégant de statues qui surmonte le fronton de la cour d'honneur.

À l'intérieur, on a restauré l'escalier du treizième siècle qui conduit à la crypte de la salle des Pas-Perdus. C'est dans cette salle que toutes les Chambres du tribunal civil auront désormais leurs entrées. En ce moment on construit les unes, on répare les autres ; la première, par exemple, qui d'ici à quelques jours tiendra ses audiences dans un prétoire provisoire en planches et en plâtre que les ouvriers achèvent dans la salle des Pas-Perdus.

On regrette que tous ces travaux n'aient pu être faits sans que les arts éprouvent une perte considérable. Nous voulons parler d'un plafond attribué à l'un des peintres célèbres du dix-huitième siècle, Boucher. Ce plafond, qui est celui de l'ancienne salle de la septième Chambre correctionnelle, va être détruit cette semaine par le marteau de la démolition, parce que, dit-on, les précautions qu'il faudrait prendre pour le desceller pièce par pièce et le conserver seraient trop coûteuses.

On espère, toutefois, qu'il n'en sera pas de même du beau plafond de la Cour d'assises et de celui de la Chambre du conseil de la même Cour, qui date de François Ier, quand on en viendra à restaurer cette partie du vieux Palais.

— L'opération du grattage à vif de la nef, des bas-côtés et des voûtes de l'église Saint-Eustache, commencée il y a deux ans, se poursuit aujourd'hui avec activité. Un échafaudage, établi à une hauteur de trente mètres environ, règne dans toute l'étendue du chœur de cette église, dont l'élévation surpasse celle de la basilique métropolitaine elle-même de plus d'un mètre et demi. Produit remarquable de la combinaison des deux styles grec et gothique, cet édifice, qui est peut-être unique en France par son architecture, offre un luxe d'ornementation extraordinaire.

Les colonnes, les pilastres, les clefs de la voûte, qui sont en grand nombre, ont été surchargées de sculptures traitées pour la plupart avec une grande délicatesse. Cette multiplicité d'ornements rendait le travail du grattage plus difficile encore ; il a jusqu'à présent parfaitement réussi. Dans quelques mois, le chœur de cette église, que l'étroitesse des fenêtres terminées en ogives, et les vitraux peints, dont les couleurs sont généralement peu éclatantes, rendent fort obscur, aura recouvré la blancheur et l'éclat qu'il avait il y a près de trois siècles.

Toute la partie méridionale de l'église, complétement dégagée aujourd'hui, a été restaurée avec goût et intelligence ; et l'on répare l'appendice servant de chapelle des catéchismes qui fait saillie sur la rue Montmartre, et qui est un triste produit de cette époque où des constructions sans caractère se trouvaient accolées à nos principaux édifices religieux. À l'intérieur, les travaux de pose du grand orgue sont commencés depuis quelque temps. On sait que cette église possédait l'instrument le plus parfait que l'on connût en France après celui du chapitre de Saint-Denis, et qu'il fut détruit par un incendie qui éclata dans le mois de décembre 1844.

Plusieurs chapelles peintes à fresque sont en voie de restauration ou seront décorées de peintures nouvelles, et, entre autres, la chapelle de la Sainte-Vierge, la plus vaste de toutes celles qui existent dans les églises de la capitale. Diverses circonstances indépendantes de la volonté de l'administration municipale paraissent avoir ralenti depuis quelque temps les travaux de décoration intérieure, ainsi que tous ceux qui s'exécutaient simultanément dans les principales églises de Paris.

<hr>

Le Secrétaire de rédaction, F.-A. RENARD, *Gérant.*

FABRIQUE SPÉCIALE DE PRODUITS CHIMIQUES POUR L'HÉLIOGRAPHIE

ET POUR LES SCIENCES ET LES ARTS QUI S'Y RATTACHENT,

FONDÉE SOUS LES AUSPICES DE LA SOCIÉTÉ HÉLIOGRAPHIQUE DE PARIS.

DÉPOT DE PLAQUES DE HOUSSEMAINE ET AUTRES OBJETS POUR LE DAGUERRÉOTYPE.

PUECH ET Cᵉ, RUE DE L'ARCADE, 15.

IMPRIMERIE PHOTOGRAPHIQUE

SOUS LA DIRECTION

DE M. BLANQUART-ÉVRARD,

QUAI DE LA HAUTE-DEULE, 5 bis, A LILLE.

L'établissement se charge du tirage des épreuves positives.

ALBUM PHOTOGRAPHIQUE

DE L'ARTISTE ET DE L'AMATEUR

PUBLIÉ SOUS LA DIRECTION

DE M. BLANQUART-ÉVRARD.

Par an : 12 livraisons de 3 planches chacune. — 6 fr. la livraison. — 72 fr. par an.

Voir pour les détails notre n° 54 (28 septembre).

A PARIS, chez MM. RORET, libraire, rue Hautefeuille, 12. — CHARLES CHEVALIER, cour des Fontaines, 1 bis. — LEREBOURS et SECRETAN, place du Pont-Neuf.

IMPRIMERIE PHOTOGRAPHIQUE

RUE SAINT-NICOLAS-D'ANTIN, N° 72, PRÈS LA RUE DE L'ARCADE,

POUR LE TIRAGE DES ÉPREUVES POSITIVES

A DES PRIX MODÉRÉS.

Si on le désire, on colle les épreuves positives sur carton Bristol. — Cette Imprimerie Photographique, la première à Paris, est fournie du matériel nécessaire pour satisfaire à toutes les demandes.

PROCÉDÉ GUILLEMAIN En envoyant 5 fr. par la poste, on reçev. ce procédé et le moyen d'obt. de mag. portr. sur pap. et sur v. en quelq. secondes, et celui de prép. soi-m. une nouv. poud. accél. pour plaques. (V. les nᵒˢ 35 et 36 du journal, et le rapp. de M. Arange prés. à l'Académ. des scienc.)

PAPIERS photographiques, français, anglais, allemands. — Papiers buvards, gélatine, et autres. A. BINANT, 7, rue de Cléry.

GAUTIER ET MARTIN 43, rue Saintonge. — Fabriques réunies d'Ecrins, Cadres, Passe-partout, Médaillons et Broches. — Prostypes et Encadrements pour papier.

JAMIN OPTICIEN, breveté s. g. d. g. — Fabrique de verres pour tous les instruments d'optique, tels que Têtes de Daguerréotypes, Microscopes, Longues-Vues et Jumelles de spectacle. — A Paris, rue Saint-Martin, 127, ancien 71.

POINTEAU, 356, rue Saint-Denis. Fabrique spéciale de Passe-Partout pour daguerréotypes.

TRAITÉ PRATIQUE DE PHOTOGRAPHIE sur papier, sur verre et sur plaques métalliques, par Arange. — Nouveau procédé qui simplifie et abrège les opérations. Prix : 2 fr. 50 c. et 3 fr. par la poste. — Dépôt chez WULFF et Cᵉ, rue Charlot, 57, à Paris. (Affranchir.)

LEREBOURS ET SECRETAN, opticiens de l'Observatoire, 13, place du Pont-Neuf, Paris. — Appareils photographiques pour plaques de doublé, *et pour opérer sur papier,* de tous les systèmes, grandeur demi-plaque, normale, de 27 centimètres sur 33 et au delà. — Vente, après l'essai, de tous les objectifs, doubles et simples, pour les appareils ci-dessus. — Fourniture de tout ce qui est relatif à la photographie sur plaque et sur papier. — *Appareil panoramique* de M. Martens. — *Focimètre* de M. Claudet pour déterminer, dans les objectifs, la différence qui existe entre le foyer chimique et le foyer apparent, 15 francs. — *Actinomètre,* du même, pour comparer le pouvoir d'activité de toute espèce d'objectifs, 15 fr. — Brochures de tous les auteurs sur la photographie. — Le supplément au catalogue de 1846 est envoyé, *sans frais,* à toutes les personnes qui en font la demande franco.

MICHEL, 7, quai de l'Horloge. — FABRIQUE SPÉCIALE DE PLAQUES POUR LE DAGUERRÉOTYPE.

A. MADELAIN, rue Chabanais, 11. Fabrique d'encadrements, cadres, écrins, etc. Dépôt de plaques argentées par les procédés électro-chimiques de MM. de Ruolz et Elkington. Plaques en plaqué argent, papiers Canson, Lacroix et anglais, appareils photographiques, et tous les objets relatifs au daguerréotype, etc.

A VENDRE, un Fonds de photographie, très-bien achalandé, dans l'un des plus riches quartiers de Paris. — S'adresser au bureau du journal, rue de l'Arcade, 15.

DECOIN Ebéniste, fabricant de Daguerréotypes. — Grand assortiment d'appareils de toutes grandeurs, et toute l'ébénisterie concernant le Daguerréotype pour papier et pour plaque. Magasin et atelier rue Galande, 47, près la rue Saint-Jacques.

F. LAVORENTE successeur de HÉDIARD et SALERNIER. — FABRIQUE SPÉCIALE DE PLAQUES POUR DAGUERRÉOTYPE, place Dauphine, 17.

KOLB rue Saint-Denis, 328, Cité Gandais. — Fabrique d'appareils pour le DAGUERRÉOTYPE. Grand choix d'articles pour la Photographie sur papier et sur glace.

GUILLOUX passage de l'Industrie, 7, breveté s. g. d. g. — CAPSULES POREUSES, GLACES et CUVETTES en tous genres pour la Photographie.

ALEXIS GAUDIN fabricant de Plaqué et d'articles de Daguerréotype ; dépositaire de la Boîte à évaporation constante d'Edmond Fenit, prix, 50 fr. — Du chloro-bromure et de l'iodo-brôme de E. Vaillat, prix, 50 fr. les deux flacons. — Du bichloro-bromure de Dunois, prix, 12 fr. le flacon. — De l'accélérateur Maven, pour la photographie sur papier, prix, 5 fr. — Le nouveau Tarif de cette importante maison vient de paraître en 16 pages in-4°. L'envoi en sera fait *franco* sur demande affranchie. 7, rue de la Perle (Marais).

BISSON FILS Héliographe de l'Assemblée Nationale, Professeur de Photographie. — PORTRAITS SUR PLAQUE ET SUR PAPIER. — Rue de la Madeleine, 20.

TRIPOLI SPÉCIAL POUR LE DAGUERRÉOTYPE, approuvé par les premiers artistes de Paris. — (RÉDUCTION DE PRIX.) Dépôt unique chez M. COLOMB-BOURGEOIS, chimiste, 18, quai de l'École, à Paris. 1 fr. le flacon, 8 fr. les 10 flacons, 6 fr. le kilogramme.

MÉMOIRE concernant l'obtention, à la chambre noire, d'*Epreuves positives sur verre* de nature à servir également de *Clichés pour les reproductions sur papier,* par J. R. Le Moyne, ingénieur des ponts et chaussées. — Paris, chez MM. WULF et Cᵉ; PUECH et Cᵉ; Limoges (Haute-Vienne), M. LAFOND, papetier. — Prix, 5 fr.; franco, par la poste, 5 fr. 30.

BON ET MORO Opticiens — Photographes, à Valence (Drôme). — Portraits sur plaque et sur papier. Magasin de toutes les fournitures pour le daguerréotype.

PRODUITS CHIMIQUES relatifs au DAGUERRÉOTYPE, à la PHOTOGRAPHIE SUR PAPIER, à la DORURE et à l'ARGENTURE ÉLECTRO-CHIMIQUES, à la GALVANOPLASTIE et à l'ÉCLAIRAGE ÉLECTRIQUE. — NOUVEAU SEL D'OR servant aussi bien à la fixation des portraits qu'à la dorure de tous les métaux, à 2 fr. 50 c. le gramme. — Grand choix de PILES GALVANIQUES avec tous les renseignements relatifs à leur application aux sciences et aux arts, à 2 fr. 25 c. l'élément complet. — E. DEISS, rue de Bretagne, 63. — Sur lettres affranchies, on donne des renseignements.

MARTIN 45, rue Charlot. — FABRIQUE SPÉCIALE DE PLAQUES POUR DAGUERRÉOTYPE.

BRICARD rue Saint-Martin, 543. LEÇONS DE DAGUERRÉOTYPE sur papier. — Cours complet, 50 fr. Réussite garantie. — LEÇONS DE COLORIS.

MARCHANDISES POUR DAGUERRÉOTYPE SEULEMENT. — EDWARD ANTHONY, importateur et fabricant de tous les articles pour daguerréotype, 308, Broadway, New-York.

SCHIERTZ Ebéniste, Fabricant de DAGUERRÉOTYPES. Nouveau système de rappel à la chambre noire. — Atelier et Magasin rue de la Huchette, 27.

AVIS.

Toutes les demandes et réclamations relatives au service, toutes les lettres et communications relatives à la rédaction, doivent être adressées, affranchies, à M. F.-A. Renard, secrétaire de la rédaction, au bureau du journal. Les demandes d'abonnement seront accompagnées d'un mandat sur la poste ou les messageries.

CORRESPONDANTS DE LA LUMIÈRE CHARGÉS DE RECEVOIR LES ABONNEMENTS.

PREMIÈRE ANNÉE. N° 58.   MERCREDI, 29 OCTOBRE 1851.

LA LUMIÈRE

JOURNAL NON POLITIQUE

HEBDOMADAIRE.

BEAUX-ARTS — HÉLIOGRAPHIE — SCIENCES.

BUREAUX, A PARIS, N° 15, RUE DE L'ARCADE, A LA SOCIÉTÉ HÉLIOGRAPHIQUE.

PRIX.—PARIS, UN AN, 16 F.; 6 MOIS, 10 F.; 3 MOIS, 6 F. — DÉPARTEMENTS, UN AN, 18 F.; 6 MOIS, 11 F.; 3 MOIS, 7 F.—ÉTRANGER, UN AN, 20 F.; 6 MOIS, 12 F.; 3 MOIS, 8 F.—CHAQUE N° 50 CENT.

AVIS AUX ABONNÉS.

Le journal *la Lumière* ne paraîtra plus. Messieurs les abonnés dont le prix de souscription n'aura pas été compensé par des annonces, recevront en argent la différence de leurs abonnements, au bureau du journal, rue de l'Arcade, n° 15, pendant tout le courant du mois de novembre, les jours ouvrables, de dix heures du matin à une heure, et sur la présentation de leurs quittances d'abonnement.

Les correspondants des départements et de l'étranger sont autorisés à payer les différences des souscriptions qui auront été faites dans leurs bureaux respectifs.

La clôture du journal n'entraîne aucunement celle de la souscription pour le monument de NIEPCE et DAGUERRE; les souscripteurs pourront verser leurs offrandes chez M. JAUSSAUD, notaire, rue Neuve-des-Petits-Champs, n° 61, entre les mains de qui a été déposé le montant des sommes reçues jusqu'à ce jour.

ACADÉMIE DES SCIENCES.

Insectes parasites. Acarus mâle et femelle de la gale. Mémoire sur la physiologie de l'œil. Influence des grilles en fer sur le son.

En rappelant, dans le dernier numéro de *la Lumière*, la série de parasites qui dévorent la substance des êtres vivants, nous avons commis une grande imprudence. Nos paroles ont été une véritable évocation ; les ombres de tant d'ennemis disparus se sont ranimées, et l'Académie a été littéralement envahie par les insectes : à leur tête, comme toujours, marchait l'*acarus*, auquel doivent revenir les honneurs de la séance. Dès l'abord il nous est apparu, dans un savant Mémoire de M. Roboam, dévastant les champs de pommes de terre, les treilles et les vignobles, les sainfoins et même les arbres de nos forêts. Nous le vîmes s'attaquer aux feuilles, aux fruits, aux écorces, aux racines, et convier à cette œuvre de dévastation d'autres insectes et des champignons parasites, tels que l'oïdium.

La lecture du Mémoire achevée, nous pensions en être quitte ; mais nous comptions sans notre hôte, ou plutôt sans M. Bourguignon. Cet honorable médecin, l'un de nos amis, avait parfaitement décrit, dans un Mémoire couronné jadis par l'Académie des sciences, les mœurs et la figure de l'acarus de la gale ; mais ses investigations n'avaient porté que sur l'acarus femelle ; le mâle lui avait échappé, en raison de sa ténuité, ou plutôt d'habitudes très-vagabondes.

Plus heureux, M. Lanquetin, interne à l'hôpital Saint-Louis, vient de découvrir l'insecte inconnu et de le surprendre désertant le lit conjugal : un portrait de ce vilain petit coureur, portrait grossi plusieurs centaines de fois, a aussitôt été envoyé à l'Académie, conjointement avec celui de l'acarus femelle. En voyant les suçoirs et les pattes acérées qui hérissent ces vilains animaux ; en songeant surtout qu'ils s'incrustent dans la peau pour y tracer des sillons rouges et enflammés, on se sent pris d'un prurit des plus désagréables.

Nous avons hâte de quitter ce sujet, et nous aurions épargné à nos lecteurs des descriptions peu séduisantes, si les omissions nous étaient permises : il n'est pas donné à la science d'avoir des répugnances ; elle peut tout au plus glisser légèrement sur certains travaux ennuyeux, tels, par exemple, qu'un long Mémoire sur les fonctions très-compliquées des muscles de l'œil. L'auteur est un certain docteur Clavel dont il nous est loisible de dire tout le mal imaginable. C'est une sorte de maniaque qui, s'étant mis en tête, un beau matin, de découvrir la cause des mouvements de la pupille et des changements qui permettent à l'œil de voir à toutes les distances, comme dans toutes les positions, a poursuivi pendant dix ans la solution de son problème.

Dieu sait tous les yeux de mouton, de veau, de bœuf, de cheval, de panthère, de hiène, de chouette, de poisson, etc., qu'il a disséqués. Dieu sait les chiens et les lapins qu'il a éborgnés, sous prétexte d'y voir plus clair dans une question très-controversée. Il vient enfin de livrer à l'Académie ce qu'il appelle le fruit de ses veilles : une Commission a été nommée pour examiner son travail : espérons qu'elle le laissera dormir dans quelque carton, comme doit faire toute Commission, bien apprise : nous n'agirons pas autrement, et malgré des notions toutes spéciales sur le travail du docteur Clavel, nous n'entreprendrons pas une analyse qui serait forcément hérissée d'anatomie et de mots techniques pardonnables, tout au plus, dans un journal de médecine.

Une lettre de M. Baudrimont annonce à l'Académie une découverte acoustique que chacun peut vérifier, car elle a été faite en pleine rue de Paris : il s'agit d'une influence très-singulière des grilles de fer sur la production et la propagation du son. Sur le pont des Saints-Pères, par exemple, où une grille peu élevée sert de garde-fou, un claquement de fouet, au lieu de produire un son sec et retentissant, se convertit, au dire de l'auteur de la lettre, en un sifflement presque doux et légèrement prolongé : dans la rue de Rivoli, où les parois sont formées d'un côté par une grille et de l'autre par les maisons, le coup de fouet répercuté par les murs se fait entendre ; mais il est aussitôt suivi du sifflement déjà mentionné ; il a d'ailleurs bien moins d'éclat que dans une rue ordinaire.

Ce fait si simple, et qui a échappé jusqu'ici à la sagacité de tant de milliers d'hommes, probablement parce qu'il se reproduisait constamment en leur présence, menace de changer toute la théorie acoustique. Il démontre que les parois, au moyen desquelles se limite une certaine quantité d'air, ont une action très-marquée, non-seulement sur la propagation du son, mais encore sur sa production. On savait déjà que les plis des draperies suppriment l'écho et amortissent la voix, dans les appartements : mais on ignorait que les grilles de fer, si fréquentes dans les basiliques, mettent les chantres placés dans le chœur, dans des conditions particulières d'acoustique. Au surplus, de nouvelles expériences doivent sous peu confirmer scientifiquement ou infirmer cette découverte ; elles nous diront si le fer soustrait le son parce qu'il a la forme d'une grille, ou parce qu'il est excellent conducteur des ondes sonores ; en un mot, s'il agit sur ces dernières comme un paratonnerre agit sur un nuage chargé d'électricité.

Dr CLAVEL.

EXPOSITION UNIVERSELLE DE LONDRES.

RÉCOMPENSES.

HÉLIOGRAPHIE FRANÇAISE.

Grande médaille.

MARTENS. Héliographie sur verre albuminé. (Voir n° 7, p. 27 de *la Lumière*.)

Médailles ordinaires.

BAYARD (Hippolyte). Héliographie sur verre albuminé. (Voir n° 7, p. 27 de *la Lumière*.)
BERTAUD jeune. Objectifs et prismes.
FLACHERON. Héliographie sur papier, vues panoramiques.
PLAGNIOL (A.). Objectifs héliographiques.
SCHIERTZ. Instruments d'optique et appareils héliographiques. (Voir n° 7, p. 27 de *la Lumière*.)

Mentions honorables.

BERNARD (D.-F.). Instruments d'optique.
GOUIN. Héliographie sur plaques métalliques, coloriée.
JAMIN. Verres d'optique.
MAUCOMBLE. Héliographie sur plaques métalliques, coloriée.
THIERRY, de Lyon. Héliographie sur plaques métalliques. (Voir n° 7, p. 27 de *la Lumière*.)

HÉLIOGRAPHIE SUR PLAQUES.

ÉPREUVES INSTANTANÉES.

Il y a quelques semaines, nous invitions M. Macaire à nous adresser quelques contre-épreuves sur papier, de ses plaques obtenues d'après nature d'une manière instantanée. Cet héliographe a fait plus ; il a envoyé les plaques mêmes, et s'est décidé à les accompagner.

Nous avons sous les yeux huit dessins sur métal, que nous allons nous hâter de décrire, avec un médiocre espoir d'en venir à bout, car, depuis cinq heures qu'ils sont entre nos mains, la juste curiosité des amis et des confrères ne nous a pas laissé seul un instant.

Prenons au hasard et sans trier :

1° C'est un ciel orageux, tout moiré de nuées pesantes, vigoureusement estompées, au milieu desquelles éclate le disque du soleil. La mer est très-sombre, l'astre est à son déclin, et les vagues n'offrent au rivage que le côté de l'ombre. Quand on compare cette marine aux autres, qui sont en général très-claires, on reste assez surpris de constater la différence de valeur introduite dans le ton local par la présence du soleil. La teinte est tellement montée, que tout se nuance dans des gradations de noir ; c'est un paysage d'ébène veiné, avec un diamant au milieu. Autour du disque éclatant, la zone atmosphérique s'imprègne de quelques lueurs, qui créent de la distance derrière un nuage dont les pointes viennent écorner le rond lumineux qui scintille au travers. Quant au soleil même, il faut l'examiner à la loupe... Ceux qui ont, à l'aide d'un verre noirci, contemplé fixement ce globe enflammé, ont observé sans doute qu'il est plus brillant à son contour qu'il ne paraît l'être au centre. Presque insaisissable à la vue, cette double teinte de la lumière incandescente semble d'autant plus inaccessible à la sensibilité du daguerréotype, qu'en général, on le sait, le blanc des étoffes se brûle pendant l'opération, et perd ses demi-teintes légères. Ici, grâce à la rapidité de l'exposition, le blanc de la lumière solaire se dégrade. Dans l'épreuve de M. Macaire, la circonférence du soleil forme un anneau plus brillant que ne l'est le centre du disque.

2° Un brick marchand, sortant vent arrière et toutes voiles déployées du port du Havre. Sur le pont, parmi les cordages, on distingue les matelots qui travaillent, le capitaine qui dirige les manœuvres ; au sommet du grand mât se balance une flamme tricolore parfaitement nette ; les toiles de la voilure ont la netteté d'un morceau d'architecture : l'eau clapote et se brise autour de la carène, et la lumière découpe des rayures mobiles dans la réflexion plus assombrie du navire. A droite, des promeneurs circulent le long de la jetée ; au fond s'élève une côte brumeuse derrière une forêt de mâts : à gauche, la tour de François Ier apparaît au-dessus d'un triple rempart, au pied duquel file une légère embarcation conduite par des rameurs. Ces derniers sont de la grosseur d'une très-petite fourmi. Jugez de la dimension des rames. Cependant l'une d'elles, en sortant de l'eau, reçoit un coup de soleil sur son tranchant, et fait jaillir quelques éplnies d'eau salée. Avec une forte loupe, on compterait les gouttes qui sautillent ainsi. Clair et brumeux à la fois, le ciel est meublé de quelques flocons de nuages à moitié dissous dans le brouillard ; ces accidents sont rendus avec une finesse indicible.

3° Le ciel de la troisième marine est bien autrement doux, aérien, et compliqué comme détails. Il est partagé par un groupe de ces grosses nuées arrondies, éclairées d'en haut, et qui fuient en s'assombrissant sur l'horizon. Les demi-teintes, du blanc de perle au gris soutenu, se multiplient à l'infini. Le ciel seul serait une composition. Mais, en voyant qu'il harmonise et fait reculer un lointain de plusieurs lieues, en admirant ces vastes espaces franchement accusés dans une vapeur qui enveloppe le tableau tout entier, on est pris de la plus fantastique illusion. Ce n'est plus un dessin, c'est la nature même dans une harmonie à la fois si tranquille et si simple, que la préoccupation d'un objet d'art s'évanouit de la pensée. Tout est réel : nous sommes loin du rivage, où s'en vont à pas comptés les petits flots frissonnant sous la brise de terre, — Et ces deux chasse-marées qui rentrent de la pêche ; l'un, laissant après lui un sillage très-long, indice de la rapidité de sa course ; l'autre, plus lent, et laissant pendre sa toile qui descend indolente en longs plis ondoyants... Est-il rien de plus animé, de plus vivant, de mieux indiqué?...

4° Mais voici bien une autre affaire ! quarante portraits groupés, quarante figures qui sourient, qui babillent, quarante enfants ; un pensionnat de jeunes filles, un essaim de petits démons, saisis au vol, à la sortie de la classe... Elles sont là, les unes assises, d'autres à genoux ou accroupies ; la plupart debout et assez ébahies de ce qui va se passer devant elles. Mais l'étonnement durera peu ; il faut prodigieusement se hâter... La ruche entière est amoncelée le long des degrés par où l'on monte à l'école. Sept religieuses, bergères d'un si joli troupeau, donnent un certain style à cette composition improvisée, — très-arrangée, toutefois, et presque trop. — Pourquoi ? Voici comment s'est passée la chose : on sort pêle-mêle de l'école : tout à coup l'on se voit braquées par un instrument étrange qui a un gros œil de cuivre... L'artiste s'empresse de tout préparer, et, comme le poète implorant la clémence du Temps, —suspendez votre vol ! dit-il ; arrêtez-vous une seconde, et moins encore ! Avec leur instinct de symétrie, nos petites coquettes s'ajustent, se rangent, prennent des attitudes, mettent la bouche en cœur... Et voilà une vaste composition ordonnée en deux secondes, exécutée en un clin d'œil, et qu'on a mis trop longtemps à préparer ! Des garçons eussent mieux compris le désordre, mais auraient-ils offert tant de jolis visages, tant d'expressions fines et transparentes, dans la grâce de leur émotion fugitive ?

L'une regarde des images, une autre défile un chapelet, celle-ci tire à elle le trousseau de clefs d'une religieuse, et sa voisine se penche pour lui dire : Finissez, mademoiselle! celle-là grignote un morceau de pain, cette autre coudoie sa camarade, et les plus jeunes rient aux éclats.

L'image est d'une netteté prodigieuse ; les petites physionomies ont toute leur vivacité ; les robes sont nuancées avec justesse : un trou, pas un ton criard. Un des plus remarquables résultats de cette manière de procéder si rapide, c'est que toutes les couleurs se reproduisent sans altération : le bleu n'a pas le temps de pâlir, ni le jaune de se bronzer, le noir prend du relief, et le blanc le plus vif, le blanc empesé des guimpes des religieuses, loin d'être solarisé, dessine ses plis et les nuance avec une délicatesse parfaite. La robe blanche d'une des pensionnaires est d'un fini merveilleux. Au point de vue de la propreté et de la bonne tenue, nous n'avons que des éloges à donner à ce pensionnat : les mains sont proprettes, les collerettes point chiffonnées, les enfants sont très-bien peignées. Cependant, nous signalerons une petite fille vêtue d'une robe à carreaux : il manque un lacet à son brodequin droit. On ne peut s'aviser de tout.

5° Quittons la ville et retournons au bord de la mer où nous suivrons M. Macaire, le long des falaises qui s'étagent et se profilent sur la gauche. A droite, une ligne d'eau ferme l'horizon. L'Océan est assez calme ; la marée décroît, laissant à découvert des bancs de sable, sur lesquels on aperçoit, à un quart de lieue, quatre à cinq points noirs, comme des points d'admiration en miniature. Dans la nature réelle, on ne pourrait, sans l'aide d'un télescope, se rendre compte de ces petits objets : la loupe est le télescope de la nature daguerrienne. Donc, ces menus objets sont trois baigneurs : l'un est dans l'eau jusqu'à mi-corps, l'autre jusqu'au cou, le dernier jusqu'à la cheville. Près d'eux, un garçon qui porte un panier sous le bras cherche des coquillages. Enfin, plus loin, un homme debout, à l'extrémité d'une langue de terre, regarde une bouée que la vague entraîne. Des embarcations à voiles latines glissent sur l'eau qui, dans le lointain, reflète vaguement les clartés des nuages : la falaise de Sainte-Adresse se présente avec une prodigieuse fermeté ; d'où, la transparence, la fluidité de la mer. Cependant, quand les yeux vont chercher le ciel, la comparaison restitue à la mer une remarquable solidité. Ces leçons-là ne

seront point perdues pour les peintres de marine : elles leur enseigneront que c'est de la valeur du ciel que procède la qualité des eaux.

Sur ces plaques, il est impossible de confondre le sol avec l'élément liquide, ou la mer avec les cieux. Ce n'est pas que la valeur de ceux-ci soit atténuée par le daguerréotype ; loin de là ; mais les nuées sont si profondément lancées dans l'espace, elles concourent si intimement et avec tant de souplesse à l'accord de l'ensemble, que le ciel ne fait qu'un seul et même fond, très-lointain et dont aucun fragment ne se détache.

Jusqu'ici, les conventions d'école avaient eu leur équivalent en héliographie ; le mécanisme avait ses caprices et ses infirmités bien connues dont il fallait tenir compte : la photographie instantanée donne l'effet juste et conserve les rapports des tons.

6° Elle fournit également le moyen d'opérer dans un milieu assez sombre, et de reproduire, avec une singulière lucidité, des intérieurs d'appartement. M. Macaire s'est transporté dans le cabinet d'un amateur de curiosités, et là, tournant le dos à la fenêtre, il a placé son objectif en face d'un mur où sont appendus huit tableaux dans des cadres anciens. Plus bas, un beau dressoir sculpté du seizième siècle, en bois de chêne, porte une foule de poteries : des Cupidons en porcelaine, une soupière de Saxe, des corbeilles de fruits, un hanap ciselé, un compotier de cristal, une grande conque nacrée dans une assiette de Chine, des verres anciens, une aiguière de faïence à dessins bleus qui ne sont pas venus noirs. Enfin, deux lampes, sur les globes opaques desquelles se réfléchit l'unique fenêtre de la salle, une fenêtre cintrée dont on compte les vitres. La nuance et la matière des objets sont si bien rendus, qu'on échappe à toute indécision : on copierait les bordures, on dessinerait les paysages dans leurs moindres détails ; on se rend compte du coloris ; il est impossible d'imaginer une gravure plus fine et plus splendide comme effet. Le plein soleil n'a jamais produit une épreuve plus arrêtée.

7° Nous aimons moins l'établi de menuisier sur lequel un compagnon scie une planche. Les oppositions de lumière et d'ombre y sont trop violentes. Cependant, cette plaque présente un curieux phénomène ; la naïve et juste interprétation du mouvement. La pose du menuisier, dont la tête est très-belle, est prise sur le fait ; la main crispée qui retient le lambris est une étude excellente qu'un modèle échouerait à présenter. A côté du scieur, le compas à la main, figure un second personnage qui n'est autre que M. Macaire. Ces deux portraits sont beaux ; mais les accessoires du tableau manquent de tranquillité.

8° Il nous reste à mentionner le plus surprenant de ces huits dessins : une vue de la pleine mer, très-agitée, et sur les vagues de laquelle le soleil projette un large éventail de lumière qui s'étend jusqu'au sommet de l'horizon. C'est là, sans contredit, le tableau le plus fantastique du monde. Plus on le contemple, plus la curiosité s'accroît ; c'est un objet à étudier de l'ensemble au détail. Jamais l'héliographie, dans ses recherches les plus minutieuses, n'a accusé les aspérités d'un terrain rugueux, ni les arabesques d'un édifice gothique, avec une précision plus désespérante, qu'elle ne l'a fait ici, en modelant les rides les plus délicates, les plans les plus fragiles de ces volutes liquides. Autant l'effet général est simple et large, autant le détail est compliqué. Ce que nul être au monde n'a jamais eu le temps d'examiner, — à savoir la contexture des flots, — est ici livré à la plus complète analyse. Les grandes lames montent et dévalent échelonnées, et vous parcourez toute la gamme des clartés, des reflets et des ombres. Le tranchant de la vague où le rayon solaire jette un filet d'or, la teinte foncée du flot vertical qui se creuse à sa base, la nuance glauque et moirée du vallon d'eau où le ciel se mire, la blancheur de l'écume que la nappe d'eau entraine, l'ourlet transparent et mousseux de la montagne d'eau qui se renverse et s'effondre, tous ces aspects si changeants, si vivants, si insaisissables dans leur rapidité, sont fixés avec une incompréhensible précision. L'onde se fonce en s'éloignant, et les reflets lointains du soleil s'assourdissent sans perdre leur valeur scintillante. Au second plan plus rapproché, les coups de lumière sont plus larges, et les ombres plus accentuées. Aux pieds du spectateur, la dernière lame qui vient se briser sur la grève allume un incendie parmi les sombres galets du rivage. Les cieux très-clairs se dégradent jusqu'à la ligne d'eau séchement arrêtée, et donnent à cette masse mouvante une solidité qui se traduit par l'idée de la profondeur : on sent très-bien que ce firmament enveloppe l'Océan et se continue derrière. La nature a même justifié là une coquetterie coutumière des peintres, en faisant passer, au sommet du ciel, à la hauteur du second plan, un gros nuage qui rappelle la valeur des eaux. De plus, comme pour déguiser l'artifice, elle a fait suivre cette nuée de quelques autres traînées de vapeur. Quant à la portion de cette nappe d'eau qui échappe à l'action directe des rayons du soleil, elle reçoit encore, en glacis légers,

quelques teintes du ciel qui suffisent à accuser le tissu capricieux des ondes. La perfection irait moins loin : l'idéal ne rêve rien au delà de ce mirage éblouissant.

Nous souhaitons, dans l'intérêt des arts, que M. Macaire se livre à de nouvelles applications de son admirable procédé. Il serait très-intéressant d'étudier sur ses plaques des masses d'arbres dans leur valeur véritable, et surtout des cimes balancées par le vent. Elles sont d'un vert moins olivâtre que la mer, et bien moins agitées. Or, l'Océan se montre très-clair et très-net, ce qui ne permet pas de révoquer en doute la supériorité des résultats qui seraient demandés à la nature végétale.

Il reste à chercher l'assimilation de ces perfectionnements à la photographie sur papier ; il n'est pas douteux qu'elle ne soit praticable, surtout si, comme l'a dit M. Macaire, le succès est dû non-seulement à l'emploi de certains réactifs, mais encore à une modification dans la construction des appareils.

Si cet habile expérimentateur livrait le secret de ses procédés, ce nouveau progrès ne tarderait pas à être réalisé. Nous ne pouvons, à cet égard, que nous associer aux pensées généreuses, énergiquement émises dimanche dernier par notre collaborateur et ami, le docteur Clavel. Déjà M. Macaire n'est pas seul à obtenir de si curieuses épreuves ; il a un rival, M. E. Bacot, qui a de son côté découvert une méthode instantanée, et qui reproduit aussi la mer, le soleil et les nuages. Ainsi, que M. Macaire prenne un brevet de perfectionnement, aussitôt son concurrent, qui est en mesure de revendiquer une égale antériorité, peut annihiler les effets du privilège, en dévoilant sa manière de procéder.

Un tel dénoûment s'accorderait avec nos vœux, qui tendent tous au perfectionnement de la découverte. M. Niépce de Saint-Victor, M. Le Gray, M. Blanquart-Evrard, et plusieurs autres, ont généreusement apporté à l'œuvre commune le tribut de leurs lumières et le résultat de leurs veilles. Si ces chercheurs infatigables avaient tous gardé leurs secrets, M. Macaire aurait-il aujourd'hui un si beau secret à nous confier ?... Non sans doute. Eh bien, de même qu'il a pu profiter des efforts de chacun, il serait beau que ses labeurs devinssent profitables à tous.

Pour être équitable, il convient cependant de présenter les circonstances atténuantes. M. Macaire cherche l'application de sa méthode à la photographie sur papier : il voudrait la trouver lui-même. On doit l'avouer, cette ambition est légitime. Puis, n'est-il pas juste qu'un artiste éminent puise dans l'exercice d'un art par lui créé l'indemnité de ses travaux, de ses expériences souvent coûteuses ? Assurément : et, pour notre compte, nous comprenons qu'il serait très-louable au gouvernement d'acquérir le procédé de M. Macaire, et de rémunérer l'auteur d'un si notable perfectionnement. Il est opportun de conserver à la France la priorité dans l'exploitation d'une découverte qui lui appartient, et elle ne peut la conserver qu'en agissant au grand jour.

Déjà l'Angleterre annonce bruyamment l'invention d'une méthode encore plus rapide que celle de nos compatriotes : elle est possédée d'un grand zèle pour l'appropriation de nos trouvailles, et d'une certaine habileté à déclarer après coup qu'elle a précédemment inventé ce que nous découvrons. De son côté, l'Amérique, où l'on devrait rebâtir le temple de Jérusalem, fait des annonces toutes semblables. Pour les besoins de leurs corsaires, les Etats-Unis ont imaginé le chantage *au canard*, et c'est ainsi qu'ils ont arraché à M. Niépce de Saint-Victor le secret encore incomplet de la reproduction des couleurs. Auparavant, ils avaient, disaient-ils, résolu le problème. Quant d'être devancé, M. Niépce a parlé, et soudain, tout bruit a cessé au delà des mers.

Il n'est pas sans intérêt pour M. Macaire de méditer sur ces exemples : nous vivons dans un temps où, si l'on veut tout cacher, il faut à la fois ne rien montrer et se réduire au plus profond silence. M. Macaire en a déjà trop dit ; ses œuvres admirables parlent très-haut d'ailleurs : il est des rivaux ; il aura des imitateurs, et l'impulsion vers les progrès héliographiques est si forte, les esprits sont si éclairés, qu'il serait peut-être habile d'imposer à tout le monde le secret de M. Macaire, avant qu'il devînt le secret de tout le monde.

Francis Wey.

DE L'INFLUENCE DES RAYONS SOLAIRES

SUR LES SUCS VÉGÉTAUX.

(Suite.)

Le papier couvert d'une teinture alcoolique de *safran des Indes* est lentement impressionné. Les rayons bleus et violets le blanchissent sous l'influence du carbonate de soude, qui le brunit ; il devient plus sensible, surtout lorsqu'il est humide, et l'altération cesse brusquement là où tombent les rayons rouges (*Herschel*).

En étudiant la bulbine à deux sillons (*bulbine bisulcata*), et deux autres espèces provenant du cap de Bonne-Espérance, sir John Herschel a trouvé que l'épiderme de leurs feuilles et de la tige de leurs fleurs contenait un suc d'un jaune brillant, qui se change rapidement en brun rouge sous l'influence de la lumière. Si on l'étend sur une feuille de papier qu'on expose au spectre solaire, les rayons les moins réfrangibles sont impuissants à en changer la teinte ou à préserver la portion du papier, sur laquelle ils frappent, de l'action de la lumière diffuse. La teinte brune commence vers les rayons jaunes, continue très-faiblement sous les rayons verts, au delà desquels elle s'assombrit davantage pour atteindre son maximum d'intensité dans les rayons bleus. Après les rayons violets, elle s'étend à une grande distance, en conservant un certain degré de force.

Giroflée jaune (*cheiranthus cheiri*). Les fleurs doubles de cette plante cultivée, remarquables par la pureté de leurs couleurs d'un jaune brillant, et par leur abondance et leur durée, répandent, lorsqu'elles sont pilées dans l'alcool, un suc qui donne, en reposant, une fécule très-fine d'un beau jaune, et un liquide transparent, légèrement coloré à sa surface d'un jaune verdâtre. Cette fécule se répand facilement sur le papier, et est très-sensible à l'action de la lumière. Elle se comporte alors comme si elle était composée de deux principes colorants très-distincts, affectés très-différemment. Le premier, celui d'où provient à la fois l'intensité et la partie *orange* de la couleur, est promptement détruit ; mais le papier n'est pas pour cela tout à fait blanchi. Un jaune plus pâle reste comme un résidu de la première teinte, qui, par une exposition plus longue à la lumière, au lieu de diminuer de ton, brunit peu à peu. Exposé à l'action du spectre, le papier est d'abord presque complètement blanchi dans la région des rayons bleus et violets. Ensuite, une image solaire isolée se forme en blanc dans la partie que frappent les rayons rouges les moins réfrangibles. L'exposition continuant, une trace brune apparaît au milieu de la portion que les rayons blancs viennent frapper, et devient de plus en plus foncée dans la région qui s'étend entre les rayons bleus inférieurs et les rayons violets extrêmes. Elle n'arrive pas à une grande intensité, mais elle présente un aspect singulier au milieu de la partie du papier qui a d'abord été blanchie.

Le *souci commun* donne une fécule insoluble, qui paraît identiquement semblable à celles produites par la *giroflée jaune* et le *corchorus japonica* ; et elle est tout aussi sensible à la lumière. Le *mimulus* de Smith (*mimulus Smithii*) donne une teinture jaune, absolument semblable aux deux précédentes. La *ferraria ondulée* (*ferraria undulata*), fleur d'un brun foncé, répand, lorsqu'elle est pilée, un suc vert sombre, qui, étendu sur le papier et séché, se change rapidement en bleu sous l'influence des rayons bleus et violets du spectre. Ce changement est dû à la destruction du principe colorant jaune, qui, mêlé à la substance bleue, donne à ce suc végétal sa couleur verte.

La fleur du *souci* de France (*tagetes patula*) passe rapidement du brun au vert, lorsqu'elle est exposée au soleil.

La *violette cultivée* (*viola odorata*) donne à l'alcool une teinte bleue très-riche, qu'il cède parfaitement au papier. Exposée au soleil, cette teinte disparaît assez rapidement ; mais il reste un résidu bleu qui résiste longtemps à la lumière. Quand on ajoute du carbonate de soude à cette solution alcoolique, elle devient verte, et si, après en avoir enduit une feuille de papier, on l'expose à l'action du spectre, cette couleur se change en jaune sous les rayons *orange* et *rouge* ; une légère décoloration apparaît dans la région des rayons *indigo*, mais aucune altération ne se manifeste sous les rayons verts. La matière colorante de l'iris montre le même phénomène d'une manière encore plus frappante. Dans ces deux cas, le bleu constitutif du vert est détruit par les rayons solaires.

Une variété de *sparaxis* du cap de Bonne-Espérance donne au papier une couleur vert-olive foncée, presque insensible à la lumière. L'addition de carbonate de soude la change en vert franc, assez sensible à l'influence solaire. Une épreuve photographique, obtenue sur un papier préparé avec le suc de ces fleurs, est rougie par les vapeurs de l'acide muriatique. Si on la soumet ensuite à l'influence de l'ammoniaque, qu'on en sature, en laissant échapper l'excès de l'alcali, elle est fixée, et garde une teinte vert sombre (Herschel).

Le *pavot rouge* (*papaver rheas*) donne une très-belle couleur rouge, qui est entièrement détruite par la lumière. Quand elle est étendue sur du papier et parfaitement séchée, elle se change en bleu. Cette couleur est très-promptement enlevée par les rayons du soleil, et sur les papiers ainsi préparés, on obtient de très-agréables épreuves. (Herschel.)

Les sucs, extraits des feuilles d'un grand nombre de plantes, ont été examinés par l'auteur (M. Robert Hunt), et ceux provenant des feuilles de laurier, de vigne, de chou, ainsi que de différentes herbes, ont été trouvés, par lui, suffisamment sensibles, lorsqu'on les étend sur du papier, pour donner des reproductions très-satisfaisantes de gravures en une heure, pourvu que l'atmosphère soit claire et le soleil brillant.

L'examen de ces admirables recherches, faites par sir John Herschel sur la matière colorante des plantes, démontre que l'action des rayons solaires détruit la couleur en séparant deux principes colorants parfaitement distincts. Elle détruit l'un et laisse subsister l'autre. L'action est limitée au spectre visible, et ainsi une importante distinction est démontrée entre l'influence des rayons solaires sur les sucs végétaux et sur les composés argentins, ces derniers étant plus sensiblement affectés par les *rayons invisibles* qui se trouvent au delà des rayons violets.

On doit remarquer aussi que les rayons qui détruisent une certaine couleur, sont, dans beaucoup de cas, ceux dont l'union produit une couleur complémentaire de celle-là même, ou au moins, appartenant à la série de couleurs dans laquelle cette teinte complémentaire peut être classée. Par exemple : le *jaune orange* est détruit le plus énergiquement par les rayons bleus ; le *bleu*, par les rayons rouges, oranges et jaunes ; le *pourpre* et le *rose*, par les rayons verts et jaunes.

Je dois mentionner ici que des changements remarquables ont lieu dans les couleurs d'un grand nombre de poudres végétales, qui sembleraient le moins susceptibles d'altération. L'expérience a démontré aux pharmaciens la nécessité de conserver dans l'obscurité les poudres de digitale, de ciguë, de jusquiame, d'aconit et d'autres végétaux également utiles en médecine. Il est prouvé que ces poudres ne perdent pas seulement leur couleur, en passant du vert à un gris d'ardoise, et ensuite à un jaune sale ; mais encore qu'elles subissent une certaine décomposition, qui leur fait perdre en même temps une partie de leurs qualités médicinales, au point qu'après une saison, elles deviennent presque entièrement inefficaces.

Peu de produits pharmaceutiques souffrent plus, dans ces circonstances, que la poudre de racine de jalap ; l'ipécacuanha perd aussi beaucoup de son pouvoir émétique quand il reste exposé à la lumière. Cela est entièrement indépendant de l'action que l'air ou l'humidité peuvent exercer. J'ai observé cette détérioration sur des poudres qui avaient été conservées dans des bouteilles hermétiquement fermées.

Les poudres d'écorce de cascarilla, de racine de valériane et quelques autres, particulièrement celles appartenant aux variétés de rhubarbe et de gingembre, adhèrent fortement aux parois des bouteilles qui les renferment, du côté où frappe la lumière, pendant que les parois qui sont dans l'ombre restent parfaitement intactes. J'ai remarqué qu'il en était de même pour les bouteilles contenant des teintures végétales. Cela provient de la même cause qui fait que le camphre se dépose en cristaux sur le verre, du côté de la lumière. Si l'on retourne la bouteille, les cristaux changent graduellement de place et viennent encore se fixer là où les rayons lumineux pénètrent d'abord.

Ces phénomènes ont dû être observés depuis longtemps, et nous n'en avons encore aucune explication satisfaisante. Cependant il semble que nous avancions peu à peu vers la solution de tant de problèmes qui ont frappé souvent ceux qui observent et étudient, sans les avoir conduits à aucune recherche sérieuse.

Pour moi, j'ai la conviction arrêtée que la lumière agit continuellement sur la matière, quelle que soit la forme sous laquelle elle se soumette à son influence ; et qu'un rayon de soleil ne peut tomber sur un corps solide sans y laisser une trace permanente de son action. »

ERNEST LACAN.

CONSIDÉRATIONS SUR LA REPRODUCTION,

PAR M. NIÉPCE DE SAINT-VICTOR,

des images gravées, dessinées ou imprimées,

PAR M. E. CHEVREUL.

(Suite et fin.)

TABLEAU 5.

Circonstance	Description
1. Circonstance de B en A...	Trèfle clair brillant. / Fond moins clair, légèrement luisant.
2. Circonstance de A en B...	Trèfle noir. / Fond d'un gris rougeâtre, blanchâtre.
3. Circonstance de B en A...	Trèfle un peu moins clair qu'en 1. / Fond gris jaunâtre, moins luisant qu'en 1.
4. Circonstance de A en B...	Trèfle obscur, mais moins qu'en 2. / Fond d'un gris rougeâtre, plus blanchâtre que 2.

TABLEAU 6.

Circonstance	Description
1. Circonstance de B en A...	Trèfle clair, brillant, spéculaire. / Fond moins clair, plus brun que n° 2 et n° 1, luisant.
2. Circonstance de A en B...	Trèfle noir. / Fond d'un jaune brun.
3. Circonstance de B en A...	Trèfle clair, un peu moins brillant spéculaire qu'en 1re circ. / Fond d'un gris brun, non luisant si la lumière n'est pas vive.
4. Circonstance de A en B...	Trèfle brun, moins obscur qu'en 2e circ. / Fond d'un gris jaunâtre, plus clair qu'en 2e circ.

TABLEAU 7.

Circonstance	Description
1. Circonstance de B en A...	Trèfle pur, brillant spéculaire. Trèfle ammoniaqué mat jaunâtre. / Fond moins clair, plus brun que n° 1 et n° 2, luisant.
2. Circonstance de B en A...	Trèfle pur, noir. Trèfle ammoniaqué mat, se détachant très-faiblement du fond en gris. / Fond d'un jaune brun.
3. Circonstance de B en A...	Trèfle pur, un peu moins brillant qu'en 1. / Trèfle ammoniaqué mat, un peu moins clair qu'en 1. / Fond d'un gris brun, non luisant si la lumière n'est pas vive.
4. Circonstance de A en B...	Trèfle pur, bien moins obscur qu'en 2e circ., fond plus clair, mais très-peu. / Trèfle ammoniaqué, plus clair ou plus gris que le fond.

TABLEAU 8.

Circonstance	Description
1. Circonstance de B. en A...	Trèfle apparaît en clair, mais vision peu distincte, à cause de l'intensité de la lumière.
2. Circonstance de A en B...	Trop d'obscurité ; cependant, dans certains moments, l'image apparaît un peu moins obscure encore que le fond.
3. Circonstance de B en A...	Trèfle apparaît en clair, mais faiblement ; cependant peut-être la vision est-elle plus distincte qu'en 1. par la raison qu'il y a moins de lumière réfléchie spéculairement.
4. Circonstance de A en B...	Trop d'obscurité, quoique moindre qu'en 2, pour avoir une vision distincte ; cependant, dans quelques moments, le trèfle paraît moins obscur que le fond.

TABLEAU 9.

Circonstance	Description
1. Circonstance de B en A...	Trèfle brillant, bien plus visible que le trèfle du n° 2. / Fond moins brillant que le trèfle et que le fond n° 2, différent encore du fond n° 2 par une couleur d'un gris jaunâtre.
2. Circonstance de A en B...	Trèfle obscur, très-peu visible, un peu plus que le fond : ce fond est sensiblement plus clair que le fond du n° 2.
3. Circonstance de B en A...	Trèfle brillant, se détachant du fond, à peu près comme en 1re circ., fond moins jaunâtre.
4. Circonstance de A en B...	Trèfle invisible ou peu visible, mais fond aussi clair qu'en 2 et un peu plus mat et plus jaune que le fond n° 2.

TABLEAU 10.

Circonstance	Description
1. Circonstance de B en A...	Trèfle pur et trèfle ammoniaqué, se détachant très-facilement en clair ; le trèfle pur est un peu plus apparent.
2. Circonstance de A en B...	Trèfles très-peu visibles, surtout le trèfle ammoniaqué, à cause de l'obscurité.
3. Circonstance de B en A...	Apparence à peu près analogue à 1, sauf que les trèfles sont un peu plus apparents.
4. Circonstance de A en B...	Plus de clarté qu'en 2, mais trèfles invisibles ou peu visibles.

TABLEAU 11.
Fig. 4.

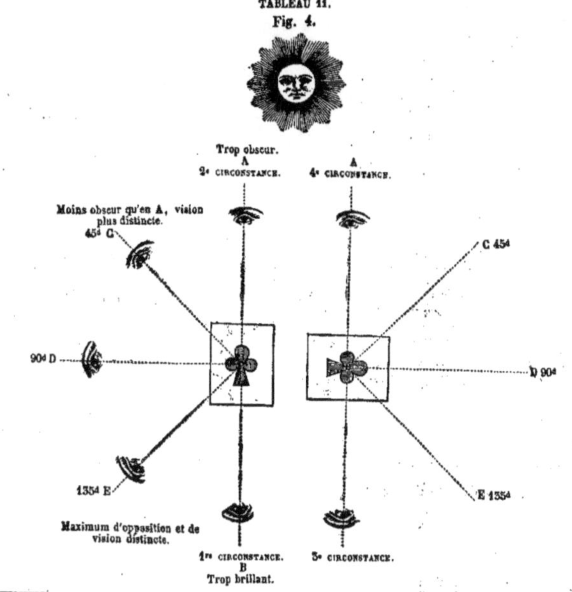

NOUVELLES DIVERSES.

ARGENTURE DES PLAQUES MÉTALLIQUES. — Un perfectionnement notable vient d'être apporté dans la fabrication des plaques daguerriennes, par M. Delezennes, rue de Thorigny, 3.

On sait que ces plaques, avant d'être argentées, doivent être rendues parfaitement planes, sans quoi elles seraient défectueuses. Une difficulté grave se présentait dans cette opération; il était très-difficile, sinon impossible, d'empêcher les poussières répandues dans l'air de venir se déposer sur les plaques, dans lesquelles elles étaient ensuite incorporées par le choc des marteaux des métiers à planer. M. Delezennes a vaincu cette difficulté en faisant arriver sur la plaque à planer un courant d'air chaud. Cet air est débarrassé d'une grande partie des poussières en passant contre la paroi rouge d'un calorifère, et la température et la vitesse qu'il possède en arrivant sur la plaque empêchent celles qui pourraient provenir de l'air extérieur de s'y déposer. Les plaques au planage desquelles ce procédé a été appliqué sont très-supérieures à celles fabriquées par les procédés ordinaires.

— M. Alexandre de Humboldt vient de donner, dans la *Gazette de Spener*, quelques détails sur la découverte faite, il y a peu de temps, à Athènes, de l'édifice où siégeait le célèbre Conseil des Cinq-Cents. Bien qu'on ne soit arrivé encore qu'à la profondeur d'un pied de la surface de la terre, on y a déjà trouvé plus de cent inscriptions, colonnes, statues, etc., qui ne permettent pas de douter que c'est bien l'endroit où se trouvait autrefois ce bâtiment. Les fouilles ont éprouvé quelque retard par suite des expropriations auxquelles on s'est vu forcé de recourir. C'est, sans contredit, la plus importante découverte qu'on ait faite depuis longtemps.

Le Secrétaire de rédaction, F.-A. RENARD, *Gérant*.

Imprimerie de BERNOYER et Ce, rue Lemercier, 24. Batignolles.